KB270381

근대서지총서 01

해방기 간행도서 총목록

1945-1950

편저자

오영식(吳榮植, Oh, Young-Shik)은,
중앙대학교 대학원 국문학과를 졸업, 현재 보성고등학교 국어교사로 있다.
전『불암통신』(1990~2005) 발행인이며, 반년간『근대서지』편집인이다.
대한출판문화협회에서 주최하는 1988 모범장서가로 선정된 바 있다.
저서로『보성 100년사』(편저, 보성고등학교)가 있다.

근대서지총서 01

해방기(1945~1950) 간행도서 총목록

초판 인쇄 2009년 12월 15일 **초판 발행** 2009년 12월 25일
엮고지은이 오영식 **펴낸이** 박성모 **펴낸곳** 소명출판 **출판등록** 제13-522호
주소 서울시 서초구 서초동 1621-18 란빌딩 1층
전화 02-585-7840 **팩스** 02-585-7848 **전자우편** somyong@korea.com

978-89-5626-443-1 91010
978-89-5626-442-4 (세트) | 값 100,000원

ⓒ 2009, 오영식

근대서지총서 01

해방기 간행도서 총목록

1945-1950

소명출판

題字 윤양희

해방기 시대사 연구의 기초자료

정진석 한국외국어대 명예교수, 언론정보학

광복 전후의 출판환경

오영식 선생이 편찬한 『해방기 간행도서 총목록』은 1945년 8월 15일 이후 6.25전쟁이 일어나던 1950년 6월 사이의 5년여의 시기에 해당하는 출판물을 일목요연하게 목록으로 정리한 책이다. 8.15 해방은 일제 치하에 억눌려 있던 출판계가 화산의 분출과 같은 폭발적인 물량을 쏟아내는 계기가 되었다. 광복 이후 3년 간의 미군정을 거쳐 대한민국 정부가 수립되고 6.25전쟁이 일어나기까지 이데올로기적인 갈등이 심화되던 혼돈의 시기였다. 남북한의 분단이 고착되던 정치적인 격동기이기도 했다. 이 시기에 우리말과 글로 출간된 책과 정기간행물은 새로운 국가건설의 나침반이자 우리 문화 재건의 토대가 되었고, 오늘의 출판대국이 될 수 있는 기반을 마련했다. 이 시기 출판물의 서지(書誌)적인 정리가 매우 중요한 이유다.

광복 이전에 총독부는 일어를 '국어'라 하여 공식언어로 상용할 것을 강요하고 우리말을 쓰지 못하도록 하였다. 따라서 한국어 출판물은 쇠퇴일로를 걸어 고사 지경에 이르렀다. 일제 치하 출판의 자유에 재갈을 물렸던 장애물은 '출판법'(1909.2.26 공포)이었다. 이 법은 출판물을 발행하려면 먼저 원고의 검열을 받아야했고, 검열 받은 원고라도 인쇄한 후에 다시 납본검열을 받도록 되어 있었다. 출판활동은 2중의 규제장치에 묶인 상태로 명맥을 이어야 했으니 서적의 발행이 활성화 될 수 없었다.

광복 이후에 출판환경이 완전히 달라졌다. 우리말을 되찾아 교과서를 비롯한 한국어 서적의 수요가 폭증하자 신생 출판사가 무수히 생겨났고, 다양한 서적들이 쏟아져 나오게 되었다. 미군정은 일제 치하의 출판물에 대한 제한을 원칙적으로 폐지하여 출판에 대한 규제가 철폐되었다. 다만 용지와 인쇄시설의 부족, 경제사정의 악화와 같은 어려움은 있었지만 저자와 출판인들은 어려움을 무릅쓰고 열성적으로 출판활동을 전개했다.

　　미군정은 언론에 대해 간섭 없는 '문자 그대로 절대적인 언론자유'를 보장한다고 선언하고 신문 잡지 출판물에 대한 검열을 폐지했다. 군정장관 아놀드는 1945년 9월 일제하에 한국인을 억압하던 악법 가운데 출판법·치안유지법·보안법 등 12개를 폐지했고, 기타 법령에서도 인종·국적·종교·정치사상을 기초한 차별적인 조항은 모두 폐지한다는 내용의 지령 제5호를 공포했다. 이어서 10월 9일에는 출판법·안보법·예비검속법 등 7개 법률을 폐지(법령 제11호)하여 표현과 사상의 자유를 제한 없이 보장하겠다는 입장을 명백히 했다. 미군정은 그 후 1948년 4월 8일에도 법령 제183호를 공포하여 집회취체령·조선불온문서임시취체령·보안법·조선임시보안령 등 7개 법령을 폐지했다.

　　이같은 미군정의 언론정책에 따라 수많은 정기간행물과 출판물이 나오기 시작했다. 그러나 38선을 경계로 남북한의 분단이 고착되면서 남한에서도 좌익과 우익의 정치적인 대립이 심화되고 이에 따르는 사회적인 혼란이 가중되자 미군정도 신문 통신 등의 정기간행물에 대해서는 규제를 가하기 시작했다. 그러나 출판물은 좌익 서적도 상당히 많이 발행되었다.

시대상을 개관하는 자료 정리

　　미군정 3년이 끝나고 1948년 8월 15일에 수립된 대한민국 정부는 미군정의 언론정책과 근본적인 차이는 없었지만 공산주의자와 북한에 대해서는 강경한 입장을 취했다. 북한에서는 정권 수립 이전부터 언론과 출판을 획일적으로 통제하고 김일성을 우상화하는 공산독재 체제를 확립하고 있었던 사태에 대응한다는 측면도 있었다.

　　정부 수립 이후에도 남한에는 공산주의자나 공산주의 동조세력이 있었다. 정부는 9월 18일 대한민국의 국시와 국책을 위반하는 기사를 비롯하여 "공산당과 이북 괴뢰정권을 인정 내지 옹호하는 기사" 등 신문기사 게재금지 7개항을 언론기관에 통보하였다. 정부는 거의 같은 시기에 북한정권을 인정하는 내용의 기사를 싣지 못하도록 금지하는 신문 게재금지 9개 항목도 시달했다. 그 가운데는 '북조선 인민공화국'은 '북한 괴뢰정부'라 할 것과 미군의 철수를 보도하여 민심에 어떤 정치적 불안을 끼치는 논조를 피할 것 등이 포함되어 있었다. 이같은 규제는 잡지와 일반 출판물에도 준용되었지만, 완벽하게 차단효과를 거두지는 못했다.

남북한의 대치는 점차 무력충돌로 발전하면서 북한은 치밀하게 남침을 준비하기 시작했던 준전시 상황에 도달했던 때이므로 당시 정부의 언론에 대한 규제는 불가피한 측면도 있었다. 그런 가운데도 출판의 내용은 다양하고도 비교적 자유로웠다고 평가 할 수 있다.

오영식 선생의 이 책은 흔히 '해방공간'으로 부르는 광복 이후 5년 사이에 출간된 책과 잡지를 총체적으로 개관할 수 있도록 자료를 망라하여 정리한 것이다. 이 자료집이 지니는 중요성은 다음과 같이 요약할 수 있다.

첫째, 광복 후 5년 사이의 정치 사회 문화 전반에 걸친 저작물을 통해 남북한의 분단이 고착되던 특정 시기의 사상적 조류를 개관할 수 있다. 일제 잔재의 청산, 자유민주주의와 언론자유의 도입과 정착을 비롯하여 공산주의 이데올로기와의 갈등과 같은 당시의 시대상은 거기서 머무는 것이 아니라 오늘로 이어지고 있다. 우리의 존재는 해방기의 연장선에 있는 것이다.

둘째, 시기적으로 출판 사정이 극히 열악했던 여건이었는데도 비교적 많은 책이 출간되었다. 이 자료집은 어떤 책들이 나왔는지 실증적으로 살펴보고 연구할 수 있는 기초자료이다. 북으로 간 문인과 정치인, 학자 등 각 분야의 전문가들의 책도 빠뜨리지 않고 수록하여 이 분야 연구의 안내자 역할을 담당할 수 있다.

셋째, 출판 역사 연구에 중요한 기초자료가 된다. 출판의 역사에 관한 논문과 책은 적지 않으나 해방기 개별 출판사의 출판활동을 세세하게 정리한 자료가 없었다. 오영식 선생이 정리한 자료집은 출판역사를 실증적이고도 정밀하게 연구할 수 있도록 치밀하게 정리되어 있다.

넷째, 이 자료집은 그 자체로서도 출판의 역사를 정리한 책이라 할 수 있다. 이 분야 연구에 기초자료를 제공하는 동시에 개별 출판사와 관련이 있는 서술적인 문헌을 담고 있어서 출판의 역사 이해에 도움이 되고 있다.

다섯째, 책의 표지 장정은 물론 출판사의 로고와 인지(印紙) 그리고 거기에 찍힌 저자의 도장을 접할 수 있다는 즐거움도 있다. 당시에는 화가들이 친교나 호구지책으로 책의 표지를 그리는 일이 많았다. 이후 월북하거나 작고하여 작품을 찾아보기 힘들어진 유명화가들의 그림을 이 책을 통해 만날 수 있다. 그리고 당시 출간된 책의 판권에 찍힌 문인, 학자, 또는 전문가들이 사용하던 도장을 수록하였다. 지금은 인지에 도장을 찍어 판권에 붙이는 책이 없어졌지만 해방기에는 판권에 저자의 도장을 찍도록 되어 있었다. 판권에 찍힌 저자들의 도장은 어떻게 생겼는지, 호기심을 충족시킨다는 차원을 넘어 저자들의 체온을 접할 수 있는 여러 의미를 지니는 것이다.

시간과 전문성 요구되는 노역

문헌 서지 작업은 많은 시간이 소요되는 힘든 노역(勞役)이다. 전문성과 끈질긴 집념이 있어야 결실을 볼 수 있는 작업이다. 그러고도 작업에 따르는 합당한 평가를 받기도 어렵다. 다른 연구자들에게 필수적인 기초자료를 제공하는 숨은 공로자로 남아야 한다.

편자 오영식 선생은 오랜 기간 고서들을 모으는 고된 작업을 수행하면서 이를 체계적으로 정리하는 각고의 노력 끝에 이 자료집을 완성하였다. 이미 절판이 된 책들은 물론, 그 존재조차 잘 몰랐던 책들을 새롭게 찾아내고 그 가치를 매기는 일을 하고 있다. 책에 대한 애정이 없이는 감히 손댈 수 없는 일이다.

서양에서는 서지 작업의 중요성을 일찍부터 인식하였다. 저술의 끝에는 참고문헌을 붙이고, 책 내용을 쉽게 찾을 수 있도록 인덱스를 달아야 신뢰성을 인정받는다. 목차—본문—인덱스가 합쳐져야 비로소 하나의 완전한 책이라 할 수 있는 것이다. 오영식 선생은 한 권의 책이 아니라 우리 근대사에서 가장 복잡했던 한 시대의 책에 대한 인덱스를 만들었다. 우리나라에도 서지학자가 있지만 서양에서는 인덱서(Indexer)라는 명칭으로 인덱스 작성하는 사람의 전문성을 존중한다.

오영식 선생의 이 자료집이 해방기 출판사 연구에 길잡이가 될 것은 물론이고 문학사, 문화사, 사상사, 출판문화사를 비롯한 여러 분야의 연구에 기초 자료로 활용될 것으로 믿는다.

2009년 10월

雨後竹筍의 보석들

오영식 보성고등학교 교사, 근대서지학자, 반년간 『근대서지』 편집인

1. 들어가는 글

> 續續 新聞雜誌가 발행되고 출판사가 雨後竹筍같이 생겨 各種 圖書가 출판되었다.[1]

> 날이 감에 따라서 大小 出版社가 雨後竹筍처럼 나타나기 시작하여 實로 현재는 847에 達하는 數字가 되고 말았다.[2]

> 10월에야 비로소 잡지가 나오기 시작하였다. 아니 터지도록 나왔다. 奔流같이 그리고도 雨後竹筍格이었다.[3]

1945년 8월 15일 해방이 되었다. 동시에 언론과 출판에 자유의 물꼬가 트이고 그야말로 기다렸다는 듯이 엄청나게 많은 출판사들이 생겨났다. 위의 예에서 보듯 그 현상을 모두들 '雨後竹筍'이라는 말로 리얼하게 표현하고 있다. 더 이상 적합한 단어가 없을 정도의 적나라한 표현이다. '雨後竹筍'이란 말이 꼭 부정적 의미만을 갖고 있지는 않지만 대개 냉소적인 의미를 우회적으로 나타내는 경우가 많다. 위의 인용에서도 다분히 '亂立'을 꼬집는 생각이 담겨 있음을 어렵지 않게 알 수 있다.

당대의 평가가 어떻든 간에 필자는 이 대목을 하나의 중요한 역설로 읽고 싶다. 마구잡이로 어중이떠중이까지 모두 출판에 뛰어든 모양새가 눈에 선하다. 이런 현상은 근래 20여 년간의 민주화 과정에서도 여실하게 드러났던 예와 매우 흡사하다. 아무튼 당대의 경우를 추산해보면 책 한 권 내

---

1   金昌集, 「出版界의 四年」, 『출판대감』, 4쪽.
2   崔暎海, 「출판계의 回顧와 展望」, 같은 책, 6쪽.
3   강상운, 「해방 4년간의 잡지」, 같은 책, 9쪽.

지도 못하고 문을 닫은 출판사도 적지 않았던 듯하다. 그러나 새로운 세상을 맞이하여 그동안 묵히고 삭혔던 말들을 출판 언론의 매체를 통해 희망의 설계도를 보여주려고 했던 그들의 의욕과 지향이 결과적으로 저렇듯 풍부하고 다양한 해방기 출판문화를 탄생시켰음엔 분명하다. 비록 지향과 방향은 달랐을 지라도 이후 전 국토가 폐허가 된 한국전쟁을 겪었으면서도 오늘 우리가 그 시대를 보다 풍부하고 객관적으로 되살필 수 있었던 것은 이와 같이 해방기를 장식한 우후죽순의 출판사들이 있었기에 가능했으며 그 자체가 소중한 존재들이었다. 뿐이랴, 거기에서 탄생된 책들이야말로 그 어떤 수사로도 표현할 수 없는 빛나는 보석들임에 누가 부정할 것인가.

역사학이나 사회학적 시각에서 보는 해방기는 百人百色의 다양하고 첨예한 견해 표출이 있었을 수밖에 없었고, 복잡다단한 시기이기 때문에 감히 필자가 감당할 영역이 아니다. 이 글은 해방기가 갖고 있는 정치·사회사적 의미에 대해서는 저만큼 비켜서서 해방기가 갖고 있는 출판문화사적 의미에 한정하여 주목하고자 한다. 이미 앞의 서문에서 정진석 교수께서 이 부분에 대해 간략하게나마 밝혀 주셨기에 나름 이 분야에서 수십 년간 관심을 가져온 필자로서도 해방기 출판문화의 특징에 대한 정리를 요목화하는 데 한결 짐을 덜 수 있게 되었다.

이 책의 목록만 보아도 쉽게 알 수 있듯이 해방기 출판목록은 내용별 분류는 차치하고라도 잡지를 포함해 그 수만도 5천여 種을 넘는다. 따라서 이들에 대한 밀도 높은 解題는 원칙적으로 불가능하다. 그리고 이 목록집이 처음부터 의도한 것도 解放期 出版社 자료의 集成이었다. 따라서 이 글에서는 수록된 도서들에 대한 개개의 언급보다는 이 목록집을 가능하게 해준 자료들에 대해 해명하고, 거기에서 도출된 통계숫자가 갖는 의미를 밝혀 미력이나마 해방기 출판문화의 특징을 큰 틀 안에서 명료하게 요목화하는 데 있다.

2. 목록의 출처에 대하여

이 책은 1945년 해방 이후 1950년의 한국전쟁 이전까지(이하 '解放期'라 칭함) 5년간의 출판물을 정리한 목록집이다. 물론 이 작업은 앞선 이들의 수많은 노력과 오늘날의 소통문화를 대표하는 인터넷의 도움이 없었다면 불가능했을 것이다. 먼저 오랫동안 필자에게 이 목록집을 작성하라는 명령과도 같은 무언의 동기를 만들어 주었고 동시에 도움이 된 선행 자료들에 대해 살펴보겠다.

1) 『출판대감』

해방기 출판 史料의 寶庫는 무엇보다 『출판대감』이 단연 앞자리에 놓인다. 이 책에는 1945년

9월부터 1948년 말까지 간행된 1,720종의 도서들의 목록이 정리되어 있다. 먼저 1,720종의 목록을 내용별로 정리하여 살펴보면 다음과 같다.

내용별	종수
아동도서	168
총서·전집(156), 연감(6), 사전(18), 독본·잡서(21), 잡서(35)	236
철학(50), 심리학(7), 윤리학(16), 종교(22)	95
국사(76), 史學·제2차대전도표(21), 중국사(18), 地誌·기행문(22), 조선인전기(35), 외국인전기(8)	180
사회학(11), 정치학·기타(131), 행정(9), 경제학·경제대책(58), 법률(26), 사회사상(96), 계급·인종·노동(11), 산업(29)	371
교육(41), 식량·부인·풍속(35), 운동(9)	85
理學(67), 의학(11)	78
음악·연극·무용·시나리오(21), 공예공업(5), 미술사(7)	33
조선어(23), 한문(7), 외국어(58), 천자문·문법(20)	108
문학(18), 조선문학(9), 고시·시조(34), 신시합집(11), 신시별집(56), 희곡(7), 문학전집·선집(9), 현대소설(138), 기타문학(35), 외국문학(49)	366
합계	1,720

위에서 보듯 『출판대감』은 총 1,720종의 도서들을 지나칠 정도로 다양하게 분류해 놓았는데 그것을 다시 묶어서 대략 열 개의 항목으로 나누어 보았다.

표를 보면 알 수 있듯이 문학 서적이 가장 많으며, 사회과학류가 그 뒤를 잇고 있다. 특이한 것은 아동도서의 비중이 적지 않다는 점인데, 학생들이 보는 학습서류는 물론이고 당시 사회문제로까지 대두되었던 만화책들도 대부분 제외된 수치이다. 그에 반해 적지 않은 수치를 보이고 있는 理學의 경우에는 학생들의 학습서가 대부분을 차지하고 있다.

자료집으로서의 『출판대감』은 당시에 출판된 많은 도서들의 목록뿐 아니라 출판사와 인쇄소, 서점 등의 명부까지 정리해놓은 귀중한 出版史 자료임에 틀림이 없다. 그럼에도 이 자료집은 다음 몇 가지의 한계를 갖고 있기도 하다. 첫째 『출판대감』은 1945년 9월부터 1948년 12월까지의 제한된 시기의 자료만을 다루고 있다. 따라서 이 자료집은 1949년부터 1950년 한국전쟁 이전까지의 자료가 배제된 해방 3년간의 출판 자료집인 것이다. 둘째로 지적할 것은 『출판대감』에는 지방의 출판 자료들이 전혀 반영되지 않았다는 점이다. 도서목록은 말할 것도 없고 출판사와 인쇄소도 지방 자료는 들어 있지 않다. 다만 서점의 경우에는 道別로 구분하여 제시하고 있어 지방을 포함하고 있다. 끝으로 지적할 것은 정리 방법의 소략함이다. 도서목록의 경우에는 내용별로 지나치게 세분화하여 제시하고 있으나 그 과정에서 중복이 적지 않고 독자에 대한 배려가 없는 편의적 목록으로 말미암아 著者別로는 찾아볼 방법이 없으며, 특히 출판사 명부는 실체보다는 문서상의 참고였었는지 당시의 출판사 등록번호 순서로만 정리되어 있어 실질적인 참고를 하기에는 '찾아보기'가 여간 어려운 것이 아니다. 이와 같은 몇 가지 아쉬운 점을 보완하기 위하여 이 책의 끝에 『출판대감』에 나와 있는 출판사 명부를 새롭게 정리해 놓았다.

2)『韓國書目 1945-1962』

　『韓國書目』은 국립중앙도서관이 1960년부터 4년여에 걸쳐 국립중앙도서관 장서 및 각급 도서관 자료를 1차 조사하고 그 외에 각 저자와 출판사에 조사의뢰서를 보내 추가 조사하여 만든 목록집이다. 이 책은 1945년 8월부터 1962년 말까지의 18년 간 우리나라에서 출간된 도서와 정기간행물, 석·박사학위논문 및 악보, 지도까지 수록하고 있다. 외형적으로는 그야말로 근대서지 목록의 집대성이라 할 수 있다. 朴奉石의 K.D.C에 의하여 주제별로 정리되었으나 아쉽게도 전체 저자별 색인이 빠져 있다. 또한 이상하게도 앞선『출판대감』의 성과를 거의 반영하고 있지 않고, 작성과정에 있어서도『출판대감』보다 엄밀하지 못한 부분이 적지 않게 확인되기 때문에 자료에 대한 신뢰도면에서는 크게 떨어진다.

　『한국서목』에는 모두 17,347종의 도서가 실려 있다. 그 가운데 1945년부터 1950년 사이 5년 사이에 발행된 책은 모두 2,180종이다.[4]『출판대감』이 3년간의 자료인 점을 고려하면 양적으로『한국서목』은『출판대감』의 성과를 넘어서지 못했다는 지적을 받아 마땅하다. 다만『한국서목』의 '편집방침'에 초중고 교과서 및 이에 준하는 부교재 등과 각급 학교의 교지 및 학보를 제외한 것으로 되어 있어 그 점을 감안하면『한국서목』의 통계수치는 그런대로 의미로운 것이다.

　국가 차원에서 진행된 출판사료집인『한국서목』도 몇 가지 아쉬운 점을 갖고 있다. 대표적인 것으로 전체 저자명 색인이 없으며 서지사항을 기재함에 있어 도서의 發行 月日字가 없는 점, 그리고 인쇄소 등 기타사항을 알 수 없는 점 등은 참으로 아쉽다. 그러나『한국서목』은『출판대감』에서 누락된 1949년과 1950년의 자료를 포함하고 있으며 특히 당시의 판매정가를 밝힌 점 등은 시대상의 반영이라는 측면에서 볼 때 매우 중요한 자료임에 틀림없다.

　『韓國書目』에서 확인할 수 있는 해방기 도서를 내용별로 보면 다음과 같다.

구분	종수	구분	종수
총류	162	미술 연예	50
철학	104	사회 교육	243
종교	75	정법 경제	351
역사	156	이학 의학	79
지리	80	공학 공업	17
어학	171	산업 교통	74
문학	618	합계	2,180

4　정확한 수치는 아니다. 부분적 오류를 제외하고도『한국서목』에는 月日 표기 없이 '1950'이라고만 되어 있어 한국전쟁 이후 발행된 것으로 생각되는 책은 제외하였다.

『한국서목』의 통계자료를 살펴보면, 역시 문학 서적이 월등히 많고 그 다음으로는 정치, 경제, 법률, 사회, 교육 관련 서적이 차지하고 있으며, 역사나 어학 등이 그 뒤를 잇고 있다. 이는 앞의 『출판대감』과 동일한 양상이라 할 수 있다.

3) 해방 기념 자료들

(1) 「건국 전후 1945-1954 출판도서전」 종로도서관 1985.11.28

이 목록집은 서울시립 종로도서관이 광복 40주년을 맞이하여 개관 이래 수집, 보존하고 있는 장서를 바탕으로 개최한 전시회의 팸플릿이다. 14쪽밖에 안 되는 소책자로 총 146종의 목록을 소개하고 있다. 참고만 했을 뿐 실질적인 도움은 되지 못했다.

(2) 『책방소식』 1985년 7 · 8월호 통32호

1945년	41종
1946년	208종
1947년	196종
1948년	121종
1948년 이후	8종
계	574종

잡지 『책방소식』(한국출판판매주식회사 발행)은 해방 40년을 맞이하여 1945년 8월부터 1948년까지의 해방기 출판물을 특집으로 다루면서 작성된 목록이다. 당시 斯界의 권위자라고 할 수 있는 안춘근, 하동호, 신영길, 여승구 제씨들의 해당 장서 총 574종의 목록을 소장자별로 제시하였는데 서지사항이 지나치게 소략하거나 정확하지 못해 큰 도움이 되지는 못했다. 참고삼아 제시된 목록들의 연도별 종수를 소개하면 왼쪽 표와 같다.

(3) 「해방공간의 도서들 1945-1950」

광복 60주년을 맞이하여 2005년 8월에 국립청주박물관과 청주문화원이 공동으로 해방기 간행도서들의 특별 전시회를 개최하였다. 전시된 책들은 모두 청주 대성중학교 교사 강전섭의 장서이며 도록에 수록된 목록은 주제별, 연도별로 정리되어 있다

내용별	1945.8~	1946	1947	1948	1949	1950.6	합계
독립운동관련도서	3	16	3	2	4	0	28
역사서 · 역사교과서	12	23	17	9	11	3	75
시집 · 시조집 · 가사집	1	18	17	16	11	8	71
소설 · 희곡	3	20	16	12	15	5	71
수필 · 평론	0	10	12	18	17	5	62
문선 · 어문 · 문학이론	1	16	18	19	13	5	72
국어(문법)교과서/각종참고서	6	13	18	11	21	5	74
철학 · 사상 · 심리학 · 종교	2	7	12	15	15	10	61
정치학(정치노선) · 사회학 · 경제학 · 법학	5	22	20	26	13	7	93
사전 · 연감 · 잡지 · 기타도서	9	37	31	16	28	9	130
합계	42	182	164	144	148	57	737

이 자료는 개인 수집가의 장서라는 것과 광복 60주년을 기념하는 행사용 도록이라는 두 가지 점에서 의미와 한계를 동시에 가지고 있다. 전체적으로는 결코 적은 수치가 아니지만 개인 수집 자료가 갖는 구조적 한계 때문에 분류에서 보듯이 해방기 전체를 조망하기에는 부족한 점이 적지 않다. 또한 전시회 도록이기 때문에 해당 도서들의 서지사항에 대한 자세한 언급보다는 자료의 시각성이 중심이 되었다는 점에서 서지 자체의 체계화라는 면에서 아쉬움이 남는다. 위의 자료를 살펴보면, 문학 서적이 276종, 역사 서적이 103종, 사회과학이 154종, 총류·기타가 130종, 국어학이 74종 등으로 앞서 제시한 목록들의 양상과 특별한 차이점은 없다.

몇 가지 아쉬운 점에도 불구하고 이 자료는 해방기 도서들의 시각 이미지를 많이 담고 있다는 점과 연도별 수치를 밝히고 있는 점 등이 의미롭다.

4) 기타 목록자료들

(1) 『雅丹文庫 藏書目錄』 雅丹문화기획실 편·발행 1995.3.2

근대서지 최고의 수집가로 알려진 白淳在 선생의 藏書를 정리해 묶은 목록집이다. 백순재 선생은 주지하다시피 잡지 수집에 일가를 이룬 분이기에 단행본 목록은 상대적으로 빈약한 편이다. 단행본의 수록 대상도 개화기부터 1970년대까지이기 때문에 해방기 자료는 상대적으로 많지 않으며, 제시된 서지사항도 소략한 편이다.

(2) 「韓國近代詩集叢林書誌整理」 河東鎬 작성(『한국학보』 28호 일지사 1982.9.15)

고서수집가로서 위의 백순재 선생과 쌍벽을 이룬 분으로 하동호 선생을 들 수 있는데 하 선생의 장서 목록은 아직 그 전체 면모가 발표되지 않고 있다. 다만 誌上에 발표된 여러 글을 통해 再構해볼 때 古書부터 근대서지에 이르기까지 방대한 양임을 짐작할 수 있다. 이 책에서는 특히 위의 『한국학보』에 실린 '시집총목록'을 통해 그동안 파악하지 못했던 해방기 간행 시집들의 서지를 여럿 추가할 수 있었으며, 기타 문고본 관련이나 총서·전집류 관련 글 등 큰 참고가 되었다.

(3) 『乙酉 50年史』 을유문화사 편·발행 1997.8.15

해방기에 창립된 출판사로서 거의 유일하게 社史를 간행한 출판사가 을유문화사이다. 1997년에 이어서 2005년에 『乙酉文化社 出版 60年』을 간행하였는데, 자료적인 면에서는 위의 50년사와 『出版人 鄭鎭肅』(대한출판문화협회, 1983.10.31)이 을유문화사의 출판목록을 확인할 수 있는 자료이다. 이외에 계몽사의 『啓蒙社 四十年』과 『寶晉齋 七十年史』가 있기는 하지만 전자의 경우는 해방기, 즉 전쟁 이전의 기록이 너무 빈약하기 때문에 참고할 것이 거의 없고, 후자인 보진재는 1912년에 설립되어 주로 인쇄를 전문으로 해온 출판사였기 때문에 역시 참고할 만한 해방기 자료는 실려 있지 않다.

　을유문화사 목록은 을유문화사와 조선아동문화협회 간의 미묘한 관계 때문에 정확성을 기본으로 하는 서지분류상 난맥상이 있다. 을유문화사 측에서는 조선아동문화협회 명의의 출판물까지 을유의 출판물로 간주하고 있으나, 당시 아협의 책임자였던 윤석중은 상반된 주장을 편 바 있다. 이 문제는 을유의 초창기 동인 네 사람이 모두 세상을 떠났기 때문에 이제는 결론을 내리기 어려운 일이 되고 말았다. 이 책에서는 을유문화사와 조선아동문화협회를 각기 따로 설정하였다.

(4)『韓國敎育目錄』중앙대학교 교육학과 편·발행 1960.11.11

　교육 관련 자료만 정리한 목록집이다. 해방 직후 민족의 살 길은 교육에 있다고 판단해서인지 교육과 관련된 저술이 적지 않았는데 교육 분야의 부족한 자료는 이 목록집을 참고하였다.

5) 개인 수집가들의 자료들과 인터넷 자료들

　위의 여러 목록집에 실려 있는 자료들보다 훨씬 더 값진 것은 상업성이 배제된 순수 개인 소장자들이 갖고 있는 자료들이다. 수집가들은 일반적으로 자기 관심 분야의 특별한 책을 수집하는 것을 큰 즐거움으로 삼기 때문에 공공 서가에서 만나기 힘든 자료들의 경우 해당분야의 전문 수집가를 통하면 어렵지 않게 그 실체를 확인할 수 있다. 이 책을 만드는 데 큰 도움을 준 全甲柱(교육자료), 金賢植(풍속자료), 朴成模(문학자료) 세 분은 모두 근대서지학회 회원으로 각각 관심 분야에서 일가를 이룬 수집가들이다.

　끝으로 이 책을 엮는 데 있어 가장 큰 보탬이 된 것은 인터넷이다. 대략 10여 년 전부터 시작된 인터넷 고서점 및 경매 사이트는 이제 고서의 유통을 한눈에 파악할 수 있는 절대적인 통로가 되었다. 다만 각각의 시스템에 따라 확인할 수 있는 정보가 제한되거나 부정확하게 왜곡되는 등 재차 확인을 거쳐야 하는 어려움에도 불구하고 대체로 실물들의 존재를 모니터상의 사진 실체로 확인할 수 있고, 세심한 부분에서는 판권지까지 명확히 볼 수도 있어 목록 작성에 절대적인 힘이 되었다.

3. 수집된 자료들의 통계

1) 수집 자료의 출처별 통계

　앞 장의 출처들을 통해서 수집한 해방기 간행도서 목록들을 출처별로 구분하여 도표로 제시하

면 다음과 같다.[5]

略號	출판사별 목록	저자별 목록	주제별 목록
亻	914	991	896
出	513	657	545
韓	467	532	467
全	172	199	172
朴	94	102	106
乙	74	94	76
雅	53	58	47
冊	38	37	44
賢	32	38	33
河	22	25	22
淸	14	16	15
敎	9	8	8
누계	2,402	2,757	2,431
오영식	1,463		
총합계	3,865		

통계 산출에 있어서 출처가 중복된 경우에는 필자 소장본을 우선으로 하였으며, 당시 자료로서 비교적 서지사항이 충실한 『출판대감』을 다음으로 삼았다. 김현식, 박성모 님의 자료들은 실물을 직접 확인한 자료이기 때문에 신뢰도가 정확한 데 비해 『한국서목』과 청주 전시도록, 『책방소식』의 경우에는 서지사항이 미비한 경우가 적지 않아 가급적 최소화하였다.

전체적으로 보아 필자 소장본이 약 삼분의 일에 해당되는데 이 가운데에는 20여 종의 영인(복사)본이 포함되어 있다. 다음으로는 인터넷에서 수집한 자료가 매우 많은데 모니터를 통해서 사진 실체를 확인한 자료이니만큼 신뢰도는 높으나 서지사항의 정확성에는 문제가 없지 않다. 그 다음으로는 『출판대감』과 『한국서목』이 앞에서 언급한 특성상 많은 보탬이 되었다.

출판사별 목록의 수치와 저자별 및 주제별 목록의 수치가 다른 이유는 수록 기준이 다르기 때문이다. 출판사 목록에서는 초판뿐만 아니라 재판 이후까지도 최대한 수록하였다. 출판사의 출판 활동과 해당도서의 위치 등을 판단하는 데 도움이 되기 때문이다.

저자별 목록에서 통계 수치가 더 늘어난 이유는 共著의 경우 각 필자별 이름이 중복 수록됐기 때문이며, 특히 번역서의 경우 저자별 목록의 말미에 원저자인 외국인명을 기준으로 재수록한 까닭에 수치가 늘어날 수밖에 없었다.

---

5   단행본만의 수치임. 잡지의 경우 단행본과 출처가 일치하지 않아 제외하였음. 다음 쪽 참조.
6   재판 등을 포함하고 있어 種이 아니라 件이라 하였다.

주제별 목록의 경우 改正이나 增補가 아닌 재판 이후의 판본들은 개별적 의미가 없어 가급적 생략했다. 때문에 일부 수치가 줄어들기도 했지만 範疇 설정을 최소한의 범위 내에서는 중복되었기 때문에 일부는 늘어나기도 했다.

이처럼 목록별로 작성기준에 차이가 있고, 전체적인 수치를 판단하고자 할 때에는 재판 등이 포함된 사실을 염두에 두고 출판사별 통계를 주목하면 될 것이다.

2) 수집 자료의 연도별 통계

해방기 출판물에 대한 연도별 통계는 신뢰할 만한 자료가 거의 남아 있지 않다. 왜냐하면 미군정하에서는 문화사업과 관련해 국가 단위의 통계 자료가 작성되지 않았으며, 민간에서도 1947년 봄이 되어서야 조선출판문화협회가 결성되어 출협 자료 또한 설립 이전의 출판물에 대해서는 자료를 갖출 수가 없었기 때문이다.

먼저 이 책에서 정리한 해방기 출판물의 연도별 통계를 보면 아래와 같다.

〈표〉
해방기 연도별 발행 건수

연도별	단행본	잡지	합계
1945년 8월~	128	45	173
1946	719	278	997
1947	743	270	1,013
1948	945	284	1,229
1949	876	360	1,236
~1950년 6월	440	175	615
미상	25	0	25
(누계)	3,876	1,412	5,288

이것을 바탕으로 하여 기존의 자료들과 비교해보면 다음과 같다.

연도	김창집	통계연감[7]	이두영[8]	출판연감[9]	오영식(단행본)
1945	數十種	자료없음	61	자료없음	173(128)
1946	近千種	552	980	자료없음	997(719)
1947	950	957	1028	자료없음	1,013(743)
1948	1,200	1,176	1,137	1,136	1,229(945)
1949	자료없음	자료없음	자료없음	1,754	1,236(876)
1950	자료없음	자료없음	자료없음	자료없음	615(440)

---

7 『대한민국통계연감』, 내무부통계국, 1954(『출판저널』 210호, 1997.3.20, 13쪽 재인용).
8 이두영, 「유형별로 본 우리출판 100년」(『우리출판 100년』, 이중한 外, 현암사, 2001.12.20, 97쪽).
9 『한국출판연감 1963』, 대한출판문화협회, 1963.9.10, 611쪽.

위에서 보듯이 해방기의 후반부인 1949년과 1950년의 통계자료를 찾아보기가 매우 힘들다. 추측하건대 1948년 8월 15일 대한민국정부가 수립되어 정리될 여건은 마련되었으나 1950년 한국전쟁 때문에 정리할 경황이 없었던 것으로 보인다. 이런 점으로 보아 『한국출판연감 1963』의 1949년 자료인 '1,754종'도 정확도에서 일정 부분 의문시되는 자료로 판단된다.

어쨌든 필자의 통계자료를 기존의 자료들과 비교해보면, 1945년의 경우 단행본만이든 잡지 포함이든 훨씬 더 풍부한 출판물을 확인할 수 있었으며, 1950년의 통계자료는 거의 유일한 자료인 것으로 생각된다. 그밖에 1946년부터 1949년까지의 통계는 구체적 수치에서 약간의 차이가 있을 뿐 크게 보아 같은 맥락을 유지하고 있다.

4. 해방기 출판의 특징

1) 출판사

출판사별 목록을 보면 알 수 있듯이 이 책에서 말하는 출판사란 엄밀히 말하면 출판발행처이다. 출판을 생업으로 하는 전문 출판사뿐만 아니라 책을 발행한 주체까지를 출판사 속에 포함시킨 것이다. 예를 들어 학교, 신문사, 연구소 등의 다양한 기관에서도 많은 책이 출판되었는데 해당기관에 전담 출판부가 없는 경우에도 그 기관이 출판처가 되기 때문에 결과적으로 출판처의 숫자가 많아질 수밖에 없었다. 예를 들어 『출판대감』에 출판사 등록을 한 대학은 성균관대학(등록번호 754번), 단국대학(등록번호 601번), 국민대학(등록번호 756)뿐이며 중학교로는 경기중학교(등록번호 272번)와 한성중학교(등록번호 732번) 두 곳에 불과했지만[10] 실질적으로는 등록되지 않은 많은 학교들에서 다종다양의 출판물을 발행하였다.

(1) 1945년의 출판사들

1945년 8월 이후 연말까지 4개월 사이에 설립된 출판사는, 정음사, 한성도서, 박문서관 등 기존의 출판사들과 해방 후 설립된 을유문화사, 고려문화사 등을 합하여 45個所에 불과했다고 한다.[11] 해방기 出版史에서 항상 언급되는 김창집의 글을 여기에서는 실증적 자료를 통해 검증해보겠다.

---

10 해방기에는 學制가 중학교 6년제로 고등학교는 없었다.
11 김창집, 위의 글, 4쪽.

구분	해당 출판사명	비고
일제강점기부터 활동해온 출판사	가토릭출판사 근흥인서관 남창서관 덕흥서림 동명사 명문당 박문서관(출판사) 삼문사 삼중당서점 성문당서점 세창서관 時兆社 영창서관 정음사 조광사 조선어학회 조선출판사 중앙출판사 태화서관 한성도서	20
설립일자가 1945년인 출판사	건설출판사 고려문화사 국제문화협회 노농사 대조사 동지사 백민문화사 서울출판사 아문각 을유문화사 조선공업문화출판부 조선문학사 해방출판사	13
출판물로 확인한 출판사	경성도서출판사 경성정치문제연구소 경천애인사 계림학회 계몽구락부 대성당서점 대한출판사 덕흥인서관 동무사 東方문화사 東邦社출판부 동심사 동진당서점 동화당서점 민심사 민우사 사회과학연구회 사회발전사 삼우출판사 서광사 성결교회출판부 숭문사 時潮社 신문예사 신문화연구소출판부 신인사 신홍서관 여론사출판부 영인서관 우리문화사 웅변구락부출판부 유문각 을문각 인민문화사 일신사 젊은이모임출판부 正文館 정치문제연구소 조남사 조선공산당중앙위원회 조선교학도서 조선법정연구회 조선서적인쇄 조선영어연구회 조선은행조사부 조선음악교육협회 조선정경연구사 조선정치경제연구회 조선정치경제교양동지회 중앙문화협회 천도교중앙총부경리원 靑丘舍 청년사 한얼몯음 해방사 혁명사 현우사 홍문서관	58
지방출판사	국로사(慶州) 안동기독청년회	2
기타	남향문화사12 조선좌익서적출판협의회	2

〈표〉 **1945년의 출판사들**

위에서 보는 바와 같이 1945년에 활동한 출판사로 추정되는 곳은 45개소가 아니라 총 95개소에 달한다. 그리고 이에 덧붙여 잡지를 발행한 출판사까지 합한다면 그 수는 120개소까지 늘어날 수 있다.13 참고로 앞에 인용한 김창집의 글에는 '등록 출판사'라는 언급이 없었는데 이두영은 이를 군정법령 제19호(1945.10.30)에 의해 1945년에 등록한 출판사의 總數라 밝히고 있다.14 기타로 처리한 남향문화사는 1945년으로 볼 수 없으며, 조선좌익서적출판협의회의 경우에는 1946년 2월에야 출판물을 확인할 수 있지만 협의회가 1945년 하반기에 결성되었기에 1945년 존재 가능성을 열어놓았다.

해방기에 존재했던 출판사들의 연도별 통계를 살펴보면 1945년에 45개소에 불과했던 것이 1946년에는 150개소(1947년 3월 조선출협창립 당시 조사자료)로 늘어나고, 1947년에는 581개소로 비약적으로 증가한 후, 1948년에는 792개소에 이르렀으며, 끝으로 1949년 3월 현재 공보처 출판과에 등록된 출판사가 847개소나 되었다 한다. 김창집의 「출판계의 4년」에 실려 있는 이 통계는 이후 거의 모든 자료에 통용되고 있으나, 필자가 앞에서 살펴본 1945년의 통계 경우를 보더라도 지방자료가 제외된 점 등의 이유로 다시 산출해볼 여지가 있다.

(2) 출판량으로 본 출판사들

거의 일천 개소를 넘었던 출판사들 가운데에는 1년에 겨우 책 한 권을 낸 출판사도 있고 수십 권을 낸 곳도 있다. 실제로 책 한 권을 내기 위해서 출판사를 설립한 경우도 있고, 총서를 기획하여

---

12 국립중앙도서관의 『한국서목』이나 『미소장도서목록』(국립중앙도서관 1964)에는 남향출판사에서 1945년에 강소천의 동요집 『꿈을 찍는 사진관』을 발행했다고 되어 있으나 사실은 1954년 홍익사에서 나온 동화집이다.

13 필자는 잡지출판사도 마땅히 포함되어야 한다고 생각한다. 일례로 '국제보도연맹'에서는 『국제보도』라는 잡지를 1945년 11월 20일에 창간호를 발행했는데 이후 단행본도 함께 출판하였다. 따라서 이런 잡지출판사들도 1945년에 활동한 것으로 보아야 한다는 것이다.

14 이두영, 「유형별로 본 우리출판 100년」(『우리출판 100년』, 이중한 外, 현암사, 2001.12.20, 94쪽).

십여 종을 출판한 곳도 있다. 1945년 당시 설립 2,30주년을 맞은 박문서관이나 한성도서와 같이 관록 있는 곳도 있었지만 출판 물량이 많았던 곳은 의외로 그들이 아니었다. 출판 물량별로 출판사들을 구별하면 다음과 같다.

구분	출판사명(잡지 제외)
100종 이상 출판	을유문화사(175건)15 정음사(167)
50종 이상 출판	금룡도서(78) 동지사(67) 박문출판사(64) 동방문화사(62) 삼중당(60) 조선서적인쇄주식회사(51)
30종 이상 출판	문화당(41) 조선교학도서주식회사(41) 백양당(39) 한성도서주식회사(38) 대성출판사(37) 동명사(36) 민중서관(35) 조선아동문화협회(34) 조선기독교서회(33) 선문사(33)
20종 이상 출판	조선금융조합연합회(29) 조선공업문화사출판부(28) 숭문사(27) 연학사(27) 건국사(25) 영창서관(24) 동심사(23) 삼문사(23) 서울출판사(23) 아문각(23) 중앙출판사(23) 청구출판사(23) 고려문화사(22) 덕흥서림(21) 신생사(21) 노농사(20)
10종 이상 출판	국제문화협회(19) 서울신문사출판국(19) 수도문화사(18) 문우인서관(17) 조광사(17) 탐구당서점(17) 국제출판사(16) 세문사(16) 신학사(16) 동문사서점(15) 정문관(15) 대양출판사(14) 조선문화연구사(14) 국민음악연구회(13) 백민문화사(13) 백양사출판부(13) 일성당서점(13) 가토릭출판사(12) 대한민국공보처(12) 모던출판사(12) 웅변구락부출판부(12) 조선과학문화사(12) 청년사(12) 홍문서관(12) 국제문화관(11) 계몽사(11) 동문사(11) 문교사(11) 문조사(11) 병학연구사(11) 산호장(11) 상호출판사(11) 서울문화사(11) 우리문화사(11) 제일출판사(11) 창인사(11) 현우사(11) 건설출판사(10) 경북학무국(10) 경향잡지사(10) 경향출판사(10) 민교사(10) 생활사(10) 영인서관(10) 일한도서(10) 조선문학사(10) 조선어학회(10) 조선출판사(10)

위에서 보는 것처럼 1945년 12월 1일에 설립된 을유문화사와 1930년대 설립된 정음사가 월등한 수위 다툼을 하고 있다. 을유문화사의 경우 『을유 50년사』에 200종에 가까운 종수를 발행한 것으로 되어 있으나 그것은 조선아동문화협회(아협)의 출판물을 합한 수치이기에 문제가 있다. 아협의 대표였던 윤석중과 을유문화사가 끝내 의견 일치를 보지 못하기도 했지만 어쨌든 을유문화사는 등록번호가 248번이었고, 아협은 249번인 것처럼 등록 자체가 달리 되어 있었으므로 이 둘의 경우는 나누어 보는 것이 합당하다고 생각한다. 다만, 연번을 고려하면 다른 각도에서 논의의 필요성은 있을 수 있겠다.

이에 반해 정음사는 국어학자 외솔 최현배 선생의 자제 최영해가 1935년 무렵에 세운 출판사로16 일제강점기에는 외솔의 조선어 관련 저서를 출판하는 정도였기 때문에 큰 주목을 받지 못했던 출판사였다. 그러나 해방이 되자 그 동안 동광당, 조광사, 신시대사 등에서 꾸준히 편집 수련을 쌓고 경성일보사에서 교정일을 보아온 최영해가 뛰어난 편집능력은 물론이고 특유의 친화력과 폭넓은 인문학적 사고로 정음사를 해방기의 대표적인 출판사로 만들었다. 최영해는 연희전문 재학 시절 〈삼사문학〉 동인활동을 하였으며 동창이며 同人으로 함께 활동한 홍이섭 등 인문학 쪽에 폭넓은 인맥을 갖고 있었는데, 특히 좌우 구분 없는 대인관계를 바탕으로 출판계의 중심인물이 되어

---

15 재판 또는 삼판 이후도 고려하였기 때문에 種보다 件 개념으로 봐야 함.
16 하동호, 『한국 근대문학의 서지연구』, 깊은샘, 1981.11.15, 177쪽.
　　조풍연, 「연희전문 시절의 우리」(『세월도 강산도』, 정음사, 1974.5.17, 32쪽)

1947년 3월 조선출판문화협회의 산파 역할을 하기도 하였다. 정음사 출판에 대해 한 가지 크게 아쉬운 점은 판권지 형식을 갖추지 않았다는 점인데 을유문화사는 사회학잡지 『학풍』을, 정음사는 민속잡지 『향토』와 창간호만 나온 『역사학연구』를 출판하였다. 그러나 두 출판사 모두 정기간행물에 치중하지는 않았다. 또한 당시 거의 모든 출판사들이 수익사업이라는 측면에서 큰 비중을 두었던 학습서 출판에 있어서도 두 출판사는 적정선을 유지한 것으로 보인다. 이러한 점들로 보아 을유문화사와 정음사는 양과 질 모두에서 해방기를 대표하는 출판사라 할 수 있다.

여담 하나를 보탠다면 정음사와 을유문화사는 해방기에 대표적인 출판사였지만 둘의 사이는 그리 좋지 않았던 것으로 보인다.

> 이 무렵에는 이상하게도 (정음사가－編者) 을유문화사와 박문출판사가 이웃에 있으면서도 서로 사이가 좋지 않았고, 또 이 두 출판사가 모두 출협에 가입을 하지 않았다. 그래서 내가 사무국장으로 취임한 후 을유문화사는 정진숙 씨와 조풍연 형에게 부탁하여 가입하게 하였고, 박문출판사는 당시 이응규 사장을 설득시켜 가입케 하였다.[17]

두 출판사의 사이가 왜 이렇게 좋지 않았는지 확실히 알 수는 없으나 추정하건대 라이벌 구도 때문이었을 것이다. 출판물 구도에서도 정음사에서 문고본을 내면 을유문화사에서 바로 따라갔고, 을유문화사에서 아동문고를 내면 정음사에서 바로 뒤따라 아동문고를 내는 식이었다.[18] 그러다가 조선어학회의 『조선말큰사전』 문제로 인해 관계가 더 악화된 것으로 보인다. 어쨌든 이러한 두 출판사의 경쟁은 결과적으로는 해방기의 출판을 더욱 풍요롭게 하지 않았나 생각한다.

(3) 출판사 기타

해방기 출판사에 대한 기록이나 이야기는 출판사의 總數 이상으로 무수히 많을 터이다. 그러나 사람과 인정의 관계 때문인지 불행히도 개개 출판사에 대한 기록은 일부 기억에 의존한 후일담 정도 외에 남아 있는 것이 거의 없다. 그 결과 그 전체상을 엮어내는 담론도 쉽게 이루어지지 못하고 있다. 이 글에서는 단편적인 몇 가지를 언급하는 것으로 해방기 출판사에 대한 논의를 마치고자 한다.

① 좌익서적출판협의회(이하 '좌협' 약칭)

이렇게 社會情勢가 돌아가는 가운데 불쑥 튀어나온 것이 左翼出版協議會였다. 이는 무질서하게 洪水같이 출판되는 좌익서적에 대하여 相互 協助하는 동시에 濫費를 절약하고 規律 있

---

17 강주진, 「출판의 왕좌」, 위의 책, 50쪽.
18 서지정보를 알 수 있는 아동문고가 적으며, 특히 초창기 정음사 출판물은 판권지가 없어 정확한 발행일자를 알 수 없고, 따라서 선후관계를 확정짓기는 출판물 자체의 내용분석과 학계의 정밀한 검토가 있기 전에는 매우 어려운 일이다.

는 普及을 목적으로 創立된 것이었다. 조선출판문화협회가 胎動하게 된 것은 이 좌협이 組織된 후 수개월이 지난 1947년 2月頃이었다.

조선출판문화협회(이하 '출협' 약칭) 사무국장 姜尙雲이 「朝鮮出版文化協會小史」(『출판대감』 108쪽)에서 언급한 위 글은 두 가지 점에서 검토가 필요하다. 참고로 강상운(姜周鎭)은 해방 직후 革新社라는 출판사를 설립하여 1945년 12월에 월간지 『革新』을 창간하기도 한 출판인으로 金鎬善에 이어 제2대 출협 사무국장을 맡아 『출판대감』을 내는 등 적극적인 활동을 하였고, 이후 중앙대학교 교수와 국회도서관장을 역임한 인물이다. 따라서 누구보다도 해방기 출판계에 정통한 인물이기 때문에 누구나 그의 견해에 의심의 여지를 갖지 않아서 이후 좌협에 대해서는 모두 위와 같은 판단을 갖게 되었다.

그러나 필자의 생각은 조금 다르다. 해석을 어떻게 하느냐에 따라 달라질 수 있겠지만 분명한 것은 좌협은 이미 1945년 하반기에 존재했다는 사실이다. 社會科學硏究會가 1945년 12월 28일에 번역, 발행한 『레-닌 국가론』의 판권지를 보면, 발행주체인 사회과학연구회와 總販賣所인 우리書院 모두 좌협 회원이라고 명기되어 있다. 이 책뿐만 아니라 1946년 1월 25일 解放社에서 나온 『組織論』의 판권지도 앞의 책과 같이 좌협 사실을 밝히고 있는데 필자가 소장하고 있는 자료만 가지고 보더라도 1945년 말이나 1946년 초 좌협에 가입한 출판사들을 어렵지 않게 확인할 수 있다.

한 가지 더 보탠다면 출판사로 등록한 조선좌익서적출판협의회도 1946년 초에 존재했다는 것이다. 『출판대감』에 의하면 출판사 등록번호 496번인 同社는 溫樂中이 代表로 안국동 155번지에 소재한 것으로 되어 있다. 구체적 출판활동으로는 일단 『靑年에게 주는 演說』(1946.2.1)과 『유물변증법과 맑쓰주의』(1946.2) 두 책이 확인된다. 1946년 4월 28일 우리서원출판부에서 나온 『中國共産黨 最近의 動向』의 경우에는 朝鮮左翼書籍出版協議會飜譯部의 번역으로 되어 있어 좌협의 규모가 작지 않았음을 알 수 있다. 곧 좌협은 번역과 출판을 병행한 서점연합회의 성격을 지녔던 것으로 보인다. 끝으로 좌협에 소속된 회원출판사로는 노농사, 신문예사, 동심사, 우리서원출판부, 적성문화회, 해방사 등을 확인할 수 있었으며 실제로는 좌협류의 출판을 하더라도 좌협에 가입하지 않은 출판사들이 훨씬 더 많았다.

위의 강상운의 글에서 하나 더 지적하고 싶은 대목은 좌협이 조직된 후 수개월이 지나서 출협이 결성되었다는 것이다. 문면만으로는 시간 순서상 좌협이 먼저 조직되고 나서 출협이 만들어졌다는 것인데 이것을 좌익이 협회를 만들고 활동하자 이에 분발하여 우익도 단체를 만들게 되었다고 이해하는 경우가 적지 않다. 허나 이러한 이해는 1947년 2월 출협의 결성 당시 좌협도 출협의 회원으로 참여하였으며, 출협의 창립총회에서 좌익에 속하는 건설출판사의 조벽암이 부회장에 당선된 점 등으로 볼 때 정확한 판단이라 할 수 없다. 좌우 양분법에 익숙한 오늘날의 논리로 해방기를 재단해서는 안 될 것이다. 이와 관련된 내용은 뒤의 출판사를 소개하는 회고에서 볼 수 있기에 이쯤에서 생략한다.

② 출판사 이모저모

'우후죽순'의 해방기 출판사들을 살펴보면 여러 가지 흥미로운 사실들이 발견된다. 출판사를 두세 곳 갖고 있는 사람들도 있었고, 한 출판사가 두 개의 등록번호를 갖고 있기도 했다. 먼저 출판사를 직접 운영한 문인, 학자들은 다음과 같다.

직업	성명(출판사)
시인	김동명(문융사) 김상원(구고산방) 김상옥(수향서헌) 김상훈(백우서림,민중조선사) 김용호(예술신문사) 김원용(신문예사, 새동무사) 김동환(삼천리사) 노천명(여성문화사) 모윤숙(동백사, 문예사) 여상현(현대문화사) 오상순(고려문화협회) 윤영춘(경진기업공사출판부) 이수형(헌문사) 이해문(문학평론사, 출판문화보급회) 장만영(산호장) 조벽암(건설출판사) 채규철(예술평론사)
소설가	김광주(애미사), 김송(백민문화사, 야사연구회) 김팔봉(애지사) 박영만(학예사) 백제현(지문각) 송지영(국제신문출판부) 김래성(해왕사) 전영택(새사람사) 이태준,현덕(조선문학가동맹) 주요섭(상호출판사) 홍구(우리문학사)
기타 문인	김경탁(취영암) 김소운(청려사) 문철민(네오르네쌍스) 백효원(남북사) 신정언(계몽구락부) 오천석(대한교육연합회) 유치진(행문사) 윤석중(조선아동문화협회) 이영철(글벗집) 이헌구(중앙문화협회) 임경일(대범사) 허집(무대예술사) 현철(근역인사통신사, 근역출판사)
화가	김만형(미술사) 김용준(신건사) 김용환(만화뉴스사) 김의환(아모로舍) 이항성(조선문화교육출판사)
학자	김일출(신문화연구소) 박봉석(온문사) 서두수(신생활사) 송석하(조선민속학회, 진단학회) 송을수(총문각) 유자후(東邦문화사) 유열(보신각) 윤행중(조선과학자동맹출판부) 이극로(한글사, 조선에스페란토사) 이재욱(욱문사, 국립도서관사업회) 장도빈(국사원) 정열모(東方문화사, 대종교총본사) 최남선(동명사) 한치진(조선문화연구사)
언론인	곽복산(조선신문학원출판부) 김동성(합동통신사) 김을한(국제문화협회) 이해창(제7서방, 신문평론사) 최준(라이트서사)

소재지별로 출판사들을 살펴보면 을지로에 출판사들이 가장 많았다. 『출판대감』 소재 출판사들만을 대상으로 할 때 총 87개의 출판사가 을지로에 있었는데 이는 전체의 10%를 넘는 수치이다. 을지로2가 199번지 한 곳에 공립통신사(김범승), 서울음악신문사(김병태), 동심사(김준수), 후생신문사(송찬도), 조선사(정교병), 공립문화사(정두근) 여섯 개의 출판사가 있었고, 을지로1가 101번지에도 다섯 개의 출판사가 있었다. 종로에는 총 71개의 출판사가 있었고, 충무로에는 43개가 있었다. 한 주소에 가장 많은 출판사가 있었던 곳은 청진동 188번지였던 것 같다. 이 곳에는 신조선사(권태당), 조선전기기술협회(김봉집), 발명과학사(김용관), 조선토목기술협회(이규완), 한글사(이극로), 조선공업기술연맹(이석화), 조선자동차통신(차태경) 모두 일곱 개의 출판사가 있었다.

고려문화사의 이강렴은 고려서적주식회사와 국민음악연구회출판부, 조선학교도서출판부 세 곳의 대표를 맡고 있었고 김봉집은 출판사 네 곳을 등록하기도 했다. 이처럼 한 사람이 여러 개의 출판사를 갖고 있으면 그 출판사들의 관계를 쉽게 알 수 있는데 다른 사람의 명의로 등록을 해놓고 실제로는 한 사람이 운영하는 곳이 있을 수 있어 출판사의 소재지를 파악하는 것도 그런 점에서 의

미 있는 작업이 될 수 있다.

2) 유형별로 살펴본 해방기 출판의 특징

(1) 옛 책의 재출판(복간)

일제강점기 출판 현상의 난맥상을 일컬어 흔히 '三難'이라고 한다. '三難'은 檢閱難, 原稿難, 用紙難이었다. 해방 이후의 三難은 무엇일까. 검열 문제가 해결됐으니 짐 하나는 내려놓을 수 있었지만 '原稿難'과 '用紙難'은 여전하거나 더 심해졌으며 거기에 한 가지가 더 늘어난 것이 '印刷難'이었다. 갑작스런 해방으로 인해 용지의 생산이 거의 중단되다시피 한 현실에 반해 수요는 폭발적으로 늘어나 재고가 금방 소진되었다. 그리고 일제강점기 말 조선어 탄압으로 인해 한글 출판물을 거의 내지 못했기 때문에 적지 않은 한글 활자가 사라진 뒤였기 때문에 해방 이후의 엄청난 수요를 감당할 수 없었던 것이다. 그러나 뭐니뭐니해도 그 세 가지 가운데 가장 심각한 문제는 原稿難, 곧 筆者의 부족이었을 것이다.

갑작스레 맞이한 해방은 한글로 된 모든 책자가 날개 돋친 듯 순식간에 팔려버렸다고 하지만 한글로 된 제대로 된 글이나 책을 쓸 수 있는 사람은 상대적으로 그리 많지 않았을 것이다. 1938년 조선어를 폐지시킨 일제의 치밀한 식민통치를 새삼스레 거론하지 않아도 충분히 이해할 수 있는 대목이다. 따라서 많은 출판사들이 우선 일제강점기 때 출판되었던 책들을 그대로 복간하는 데 주력할 수밖에 없었다.

> 해방 직후에는 주로 예전에 펴낸 책을 다시 찍는 식의 출판물이 많았어요. 양주동의 『조선고가연구』, 이태준의 『문장강화』 같은 책들이 생각나는군요. 양주동 씨의 『고전독본』은 교과서 구실을 하면서 굉장히 많이 팔렸어요. 그래서 양주동 씨의 딸들이 륙색에 책을 짊어지고 학교 앞에 나가서 팔기도 했습니다.[19]

> 해방 직후엔 대개 묵은 지형으로 재출판 했지요. 권덕규의 『朝鮮史』를 제일 먼저 복간했는데 이 책을 해방 후에 나온 최초의 출판물로 꼽는 이도 있습니다. 당시 상황이 그랬지만 요즘처럼 치밀한 기획이 있었던 것은 아니고 최영해 씨가 워낙 저자를 많이 알고 있어 별다른 문제는 없었지요. 최영해 씨의 동창인 홍이섭 씨가 바로 그렇습니다. 그가 해방 전 일본말로 썼던 『朝鮮科學史』는 해방 되자 우리말로 다시 써 출간했죠.[20]

---

19 이응규 · 이경훈 대담, 「증언을 읽는 해방 전후 출판계」, 박문서관 편(이경훈, 『속 책은 만인의 것』, 보성사, 1993.12.22, 292쪽).
20 윤재영 · 이경훈 대담, 「증언을 읽는 해방 전후 출판계」, 정음사 편, 위의 책, 373쪽.

이러한 사정은 박문서관이나 정음사에 국한된 것만이 아니었다. 정음사에서 낸 권덕규의 『朝鮮史』는 1920년대에 나왔던 『朝鮮留記』를 표지만 바꾸다시피 해서 냈다고 한다.

앞에서 해방기 출판도서를 살펴보았듯이 내용면에서 문학관련 서적이 압도적으로 많은 양을 차지하고 있었는데 그 이유는 일제강점기 문예물의 복간이 많았기 때문이다. 한글 서적의 수요는 폭발적인데 저술 능력을 갖고 있는 문화예술인들이 기다렸다는 듯이 단기간에 책을 낼 수 있는 것이 아니기 때문에 어쩔 수 없이 택한 고식지계였을 것이다. 물론 출판사 입장에서는 옛날에 떠두었던 지형이 남아 있기도 해 어렵지 않은 일이기도 했을 것이다.

(2) 번역서

해방기 출판의 특징으로 번역서들이 많았다는 점도 들 수 있는데 이것 역시 옛 책의 복간과 근본 원인은 같다고 할 수 있다. 筆者의 절대 부족으로 인해 새로운 저술은 쉽지 않았고, 일제에 의해 가로막혔던 서구지식과 문물에 눈뜨게 되자 현실적 필요와 새로운 지식을 알리기 위한 번역이 시급했을 것이다. 특히 해방 직후 지식계의 중심이 政治였다는 것을 생각하면 쉽게 이해할 수 있다. 예를 들어 마르크스, 엥겔스의 유물사관이나 서구 민주주의와 관련해서 자신들의 정치적 신념을 홍보하고 계도하기 위하여 국민대중이 쉽게 읽을 수 있는 자료를 만들지 않으면 안 되었을 것이다. 이 때 번역되어 나온 사회주의 서적들을 1980년대 소위 운동권 학생들이 다시 읽기도 하였다.

번역의 유형은 크게 두 가지로 나누어 볼 수 있다. 하나는 우리 古典籍의 번역이며 다른 하나는 서양 서적의 그것이다. 먼저 洋書 번역에 있어 대표적 양상은 이미 언급한 사회주의 또는 민주주의 이론 관련이 가장 많다. 구체적인 목록은 이 책의 저자별 목록 말미에 첨부한 '번역서 목록'과 주제별 분류에 정리되어 있다. 그 목록을 살펴보면 실제 출판물에 있어서는 마르크스나 엥겔스보다는 레닌이나 스탈린, 그리고 모택동의 저서가 많은 게 특징이다. 이는 유물론 등에 대한 사상적 접근보다는 그것을 정치개념화 하는 데 치중했기 때문인 것으로 생각된다.

이 범주에 속하는 책들은 주로 좌협회원 출판사에서 나왔다. 좌협에 속하지 않으면서 양서의 번역, 출판에 앞장섰던 출판사로는 대성출판사를 들 수 있다. 대성출판사의 출판물은 모두 36종인데 그 가운데 19종이 번역서이다. 물론 대성출판사의 경우에도 마르크스, 엥겔스, 레닌, 스탈린 등의 책이 많지만 아리스토텔레스나 루소와 밀 등의 책도 있으며 특히 연암의 『渡江錄』이라든지 달레의 『朝鮮敎會史』 등을 포함하고 있는 것으로 보아 그야말로 폭넓은 번역에 힘썼다고 할 수 있다.

번역 문제를 해방 이후 남한의 현실과 관련지어 살펴본다면 영어의 유행을 이야기하지 않을 수 없다. 일제강점기에는 일본어를 강요당했지만 해방 이후 미군정이 시작되면서부터는 영어 구사 능력이 있는 사람들이 거의 모든 요직을 차지했기 때문에 출세의 수단으로서 우리나라의 영어 열풍은 이때부터 시작되었다고 해도 과언이 아니다. 영어와 관련된 출판물을 내놓은 대표적 곳은 국제출판사와 국제문화협회였다. 특히 전자는 영어 학습서에 치중하였다.

이 당시 번역의 양상을 한 마디로 정리하면 정치사상 관련 도서뿐만 아니라 아동도서부터 문학 서적에 이르기까지 거의 모든 분야에서 폭넓게 이루어졌다. 이는 창작 저술이 가능한 필자가 절대로 부족했기 때문이며 더불어 새로운 지식을 섭취하려는 적극적인 노력의 결과라고도 할 수 있다.

(3) 문고본의 유행

해방기 출판에 있어 용지난은 심각한 문제였다. 갱지, 선화지, 마분지 등의 부족 문제, 연도별 가격 대비 등은 『출판대감』에 잘 나와 있다. 이러한 용지난과 관련된 해방기 출판의 특징으로 문고본의 유행을 들 수 있다. 文庫란 '출판물의 한 형식으로, 값이 싸고 또 가지고 다니며 읽기 편리하도록 菊版의 반쯤 되게 하여 만들어낸 총서류'[21]를 말하는데 해방기 출판에 있어서 문고는 여기에 정확히 부합하지는 않는다. 을유나 정음의 아동문고들이나 건국사의 문고들은 판형면에서 半菊版이 아니라 四六版에 가깝고 여러 곳에서 나온 총서들과 비교해보아도 큰 차이점을 발견하기 힘들다. 따라서 이 글에서 말하는 문고본이란 출판사에서 '문고'란 명칭을 붙인 경우로 한정할 수밖에 없다. 출판사들로부터 쏟아져 나온 문고본들을 도표를 통해 살펴보면 다음 쪽의 표와 같다.

이번 목록 작업을 통해 확인할 수 있었던 문고본은 위에서 보듯이 31개 출판사에서 나온 34종인데 이외에도 더 많은 문고본들이 존재했을 것이다. 다만 이 당시의 문고본이란 휴대하기 편하며 값이 싼 책을 보급하기 위해 만들었다기보다는 어느 정도 볼륨 있는 단행본으로 묶기에는 적합지 않은 책들이 용지 부족이라는 현실을 만나 궁여지책으로 만들어졌을 것이다. 문고본들의 내용은 다분히 시대상을 반영한다. 사회주의 사상 관련이 가장 많고 번역서, 아동도서와 古典의 주석본도 적지 않다.

(4) 기타

해방기 5년간의 베스트셀러로는 어떤 것들이 있을까. 정확한 자료가 남아있지 않기 때문에 어쩔 수 없이 판권지의 판차를 통해 확인할 수밖에 없다. 『우리출판 100년』에서 楊平은 해방기 베스트셀러로 김구의 『백범일지』와 김용제의 『김삿갓방랑기』, 그리고 일본인 여성 후지하라의 『내가 넘은 삼팔선』 등을 들고 있다.[22] 여기에는 윤동주의 유고시집 『하늘과 바람과 별과 시』도 거론되었는데 '초판 1,000부가 2년 뒤의 한국전쟁 때까지 팔리지 않았다'[23]고 밝히고 있으면서 왜 베스트셀러로 거론했는지 필자로서는 그 이유를 모르겠다.

김구의 『백범일지』에 대해서는 초판 5천부를 찍었는데 동지들 몫으로도 모자라 1년 반 만에 7판을 거듭했다고 밝히고 있다. 이 책의 출판사별 목록에 나와 있듯이 初版이 1947년 12월 15일에

---

21 박신홍, 『출판학사전』, 경인문화사, 1991.5.20, 79쪽.
22 양평, 「베스트셀러로 본 우리출판 100년」(이중한 외편, 『우리출판 100년』, 현암사, 2001.12.20, 241~249쪽).
23 위의 글, 245쪽.

출판사	문고명	비고
건국사	건국상식문고	네 책 확인. *우리동무문고 광고만 확인.
건국사	우리과학문고	세 책 확인.
계몽출판사	계몽문고	①만확인. *계몽사(서점)와는 다른 곳임.
고려문화사	소년문고	⑦만 확인.
국사원	國士문고	『백범일지』
국제문화관	국민문고	②까지 확인.
노농사	인민문고	인민문고 ⑦까지 나온 것으로 보임.
대성출판사	대성문고	대성문고 ①만 확인.
대한농회	농촌문고	1책 확인
동무사	신세기문고	⑦,⑨ 두 책 확인.
동심사	소년과학문고	①,③ 두 책 확인.
문교사	아동교육회문고	②,⑤ 두 책 확인.
만유사서적출판부	구국문고	①,② 두 책 확인.
민중서관	민중문고	④까지 세 책 확인.
박문출판사	박문문고	일제강점기에 17종 18책, 해방 후 4종 발행.[24]
백양사출판부	농사교도문고	열 책 확인.
사회과학총서간행회	레닌문고	①,③ 두 책 확인.
산호장	산호문고	⑦까지 여섯 책 확인.(외국문학 번역)
삼중당	대중문고	열 책 확인, 전후 속간됨.
삼중당	학생문고	①만 확인.
수문당	레닌문고	③만 확인.
신인사	신인문고	①-1부터 ①-5까지 확인.
연학사	연학문고	두 책 확인.
온문사	세계명작문고	①만 확인.
을유문화사	을유문고	26종 발행.[25]
을유문화사	조선농업문고	네 책 확인.
인민평론사	인평문고	①만 확인.
정음사	정음문고	25종 30책 발행.[26]
정음사	조선아동문고	다섯 책 확인.
조선금융조합연합회	협동문고	제1부:학술, 제2부:농민 계몽, 제3부: 고전, 제4부:민중예술 모두 열한 책 확인.
조선사	조선사문고	①만 확인.

〈표〉 **출판사별 문고본 발행목록**

나왔고 三版이 1949년 11월 11일에 나와 결국 2년 사이에 3판이 나온 셈인데 '7版 운운'은 도대체 무슨 이야기인지 역시 알 수가 없다.

　『내가 넘은 삼팔선』은 만주에 살던 일본여성이 일본이 패전하자 아들과 딸을 데리고 함경도를

24　하동호, 『한국 근대문학의 서지 연구』, 깊은샘, 1981.11.15, 156쪽.

25　위의 책, 191쪽.

26　위의 책, 177쪽.

거쳐 삼팔선을 넘어 귀국하기까지 1년 동안의 수난을 일본으로 돌아가 잡지에 수기 형식으로 쓴 글이다. 原題가 '흐르는 별은 살아 있다'인 이 글을 합동통신의 鄭廣鉉이 번역하고 鄭玄雄이 삽화를 그려 1949년 11월에 수도문화사에서 발행하였다. 11월 25일에 초판이 나온 이 책은 12월 10일에 再版, 同 20일에 三版, 1950년 1월 15일에 四版, 동 25일에 五版이 나왔다. 위의 양평에 의하면 이 책은 한국전쟁까지 7개월 사이에 45,000부나 팔렸다고 한다. 한국의 분단과는 전혀 무관한 책이었지만 전쟁으로 월남한 실향민들의 가슴을 적셔주었고, 1950년대에도 반공교재 비슷한 성격으로 꾸준히 읽혀 1960년 무렵에는 15판까지 기록하였다.

양평은 金龍濟의 『김삿갓방랑기』가 1950년 문예서림에서 발행된 베스트셀러라 했는데, 직접 확인하지는 못했다. 다만 1954년 개척사에서 나온 6版을 확인할 수 있었고, 그 책에 1950년 3월 1일자 서문이 실려 있는 것으로 보아 1950년 발행임은 확인할 수 있다. 그 책에는 1953년 봄의 改題 三版 서문도 실려 있고, 또한 판권지에 1953년 9월 10일에 4版이 나왔다는 기록도 확인할 수 있었다. 정리해보면 1950년 봄에 초판이 나온 뒤 바로 한국전쟁이 일어났고, 재판은 언제 나왔는지 알 수 없고 1953년 봄에 3판, 가을에 4판이 나온 뒤 1954년에 6판이 나온 것이다. 이렇게 볼 때 이 책은 해방기가 아니라 1950년대 초반의 베스트셀러로 보는 것이 타당할 것이다.

김삿갓과 관련해서는 일제강점기 경성제대 출신의 李應洙에 의해 새롭게 조명되어 임화가 실질적으로 운영하던 학예사에서 1939년 조선문고 시리즈로 『김립시집』이 출판된 이래 1941년 한성도서에서 증보판이 나온 것으로부터 시작된다. 해방 후 이응수는 월북하고 여러 편자와 출판사들에서 우후죽순처럼 김삿갓 시집을 다시 찍어내었다. 그 가운데에서 정현웅이 裝幀하고 朴午陽이 편찬한 동진문화사판 『김립시집』은 戰後에도 재판을 거듭한 베스트셀러라 할 수 있다.

윤동주의 유고시집의 경우 초판 1천부가 채 팔리지 않았다는 기록에 수긍이 간다. 유고시집 서문을 정지용이 쓰긴 했지만 윤동주는 당시로선 일반독자가 알 만한 대중적 詩人 대열에 들지 못했기 때문이다. 그 당시 많이 팔리지 않았기 때문인지 오늘날 윤동주 유고시집을 헌책 시장에서 만나기란 여간 어려운 일이 아니다.

이외의 해방기 베스트셀러에 대해 살펴보면 가장 먼저 문학작품, 특히 소설에서 찾게 된다. 판권지를 통해서 정확한 版次를 확인하기가 쉽지 않지만 대중 통속소설류가 많이 읽혀진 것은 이론의 여지가 없다. 박계주의 『순애보』는 일제 때부터 시작하여 1949년에 49판이 나왔고, 김말봉의 『찔레꽃』은 1948년에 7판을 찍었다. 김래성의 탐정소설 『摩人－범죄편』은 1949년 20판을 냈는데 김래성의 탐정모험소설들은 대부분 인기가 높았다.

다른 영역에서는 李承澤이 번역하고 三一文化社에서 낸 『長崎의 鐘』을 들 수 있다. 1949년 8월 1일에 초판 발행한 이 책은 가와사끼에서 직접 원자탄을 맞은 永井隆 박사가 "원자폭탄의 실상을 널리 알려 사람들로 하여금 전쟁을 증오하고 평화를 사랑하는 마음을 가지게 하려고"(저자 序

文) 쓴 책이다. 이 책은 영어로 번역되기도 했는데 일본에서 원작이 나온 지 6개월 만에 한국에서 번역되었다. 1949년 9월 10일 再版이 나왔고 10월 31일에 三版이 나왔으며, 11월 21일에 四版이 나왔다. 추정컨대 1950년에 들어서도 계속 출판되었을 것으로 보인다. 이와 유사한 책으로는 미국인 존·허쉬가 지은 『히로시만 廣島』를 들 수 있다. 경위사에서 金鍾健의 번역으로 1949년 11월 3일에 출판된 이 책 역시 히로시마에 떨어진 원자탄의 피해를 고발한 책이다.

앞에서 얘기한 『내가 넘은 삼팔선』과 내용은 전혀 다르지만 양상이 비슷한 책으로 크라브첸코가 쓴 『나는 自由를 選擇하였다』를 들 수 있다. 1946년 미국의 베스트셀러인 이 책은 駐美蘇聯商務官을 지낸 빅톨·크라브첸코가 그의 조국인 소련을 배반하고 死線을 헤매며 쓴 책으로 국제문화협회에서 李元植의 번역으로 출판되었다. 上下 두 책으로 나온 이 책은 1948년 10월 1일에 初版, 동 10일에 再版, 1949년 7월 10일에 三版이 나왔는데 1950년대에 들어서도 반공교재 내지는 소련의 실상을 고발하는 책으로 계속 발행되었다.

근대문학사상 가장 뛰어난 문장가로 평가받는 尙虛 李泰俊의 저작들도 해방기 베스트셀러에 속한다. 초판이 대부분 일제강점기에 출판된 상허의 책들은 해방기에도 우리글의 典範으로 폭넓은 독자층을 확보하고 있었다. 백양당에서 裝幀을 달리하며 3版까지 나온 『尙虛文學讀本』과 박문서관의 『문장강화』, 『서간문강화』 등이 이에 속한다. 당시 상허의 일부 저작들은 판권 자체가 없이 출판된 경우가 많아 얼마나 많이 팔렸는지 통계 자체가 잡히지 않는다.

聽川 金晉燮의 수필집 『生活人의 哲學』도 宣文社에서 1949년 3월 1일에 초판이 나왔는데 얼마 지나지 않아 7월 25일에 재판이 발행된 것으로 보아 인기가 좋았던 것을 알 수 있다. 그밖에 베스트셀러로는 카네기의 『인간처세학』(6판 확인)이나 『신처세학』(3판 확인)처럼 바뀐 세상에 대처하는 처세술 책들이 인기가 높았다.

연차마다 약간의 차이는 있지만 분명하면서도 엄청난 베스트셀러는 교과서이다. 수십만 부를 찍은 『한글 첫걸음』부터 대학교재에 이르기까지 학생들의 교재는 물량면에서 타의 추종을 허락지 않는다. 따라서 이러한 교재류들을 제외하고는 해방기에는 사회 현실과 출판 여건상 베스트셀러가 많을 수밖에 없던 시대였다. 먹고사는 문제에서 조금 자유로워진 1950년대 중반을 지나서야 『소월시집』, 『자유부인』 등 유명한 베스트셀러가 나오게 되는 것이다.

참고로 수집한 자료들의 주제별 분포와 주제별 분류를 설정한 배경 그리고 잡지에 대한 논의는 해당 목록의 일러두기를 참고하기 바란다.

5. 남은 과제들

서두에서 밝혔듯이 해방기의 시대사적 의미나 해방기 간행도서들에 대한 구체적 해제는 능력 밖의 문제라 비켜갔음에도 글이 지나치게 길어지고 말았다. 수집한 자료들의 출처와 그 통계숫자에 대한 해명이 필요 이상으로 길었던 것 같다. 글쓰기에 익숙지 않은 필자로서는 독자들의 海諒을 바라며 모름지기 이 책에 수록된 목록자료들에 대해서만 주목해주기를 바랄 뿐이다. 끝으로 목록을 정리하고 이 글을 쓰면서 느낀 몇 가지를 적어 다음 작업의 시금석이 되기를 당부하고자 한다.

첫째, 무엇보다도 해방기 출판문화의 寶典이라 할 수 있는 『출판대감』이 보완판으로 다시 출판되기를 간절히 희망한다. 1945년부터 1948년까지만의 기록이지만 말할 수 없이 복잡했던 당시의 출판계를 가장 정확하게 정리한 자료이기 때문에 이 책은 독보적인 가치를 지닐 수밖에 없다. 그런데 1949년판은 이제 눈요기조차 하기 어려운 희귀본이 되었고, 1985년 보성사 복각판 역시 300부 한정판이라 쉽게 볼 수 없다. 그리고 앞에서도 이야기했지만 체제면에서 이용하기에 불편한 점이 적지 않으니 편집을 새롭게 하여 다시 출판하면 큰 도움이 되리라 생각한다. 『출판대감』에는 도서목록이나 출판사 등의 내용만 있는 것이 아니라 '文化人 名簿'와 '人名—雅號' 목록 등 당시 문화를 풍부하게 알 수 있게 해주는 좋은 자료들도 포함하고 있어 그것들을 대폭 보완하여 증보판을 출판한다면 더없이 귀중한 자료집이 될 것이다.

둘째, 이 글, 나아가서 이 책에 대한 변명이 되겠지만 목록 작업 자체의 한계성을 이야기하지 않을 수 없다. 필자가 소장하고 있는 책만을 대상으로 한다는 식으로 뚜렷한 한계를 짓고 시작한 일이면 형식적이고 면피성 말은 할 수 있겠지만 필자 소장본만을 대상으로 한다는 것 자체가 무슨 의미가 있겠는가. 결과적으로 기존의 목록자료들과 수집가들을 직접 방문 확인하고 또 인터넷의 도움으로 작업을 시작했는데 대부분의 출처가 제 각각 문제의 소지를 안고 있었다. 특히 인터넷과 공식 비공식적으로 진행되는 경매장이 어림잡아 100여 곳을 훌쩍 넘는 작금의 현실을 고려하면 지금 이 순간에도 전국 어디에선가 목록의 존재조차 알려지지 않았던 새로운 자료들이 속속 드러나고 있다. 놀랍지만 사실이다. 그것들 모두를 수용할 수는 없다는 것을 잘 알고 시작했으나 기본적인 정리가 된 이후에도 매 순간순간 보다 온전한 서지정리라는 욕망 때문에 작업은 시간에 비례하여 점점 어려워졌고, 당연히 늦어질 수밖에 없었다. 훗날 가능하다면 증보판을 내고 싶다.

셋째, 이 책은 처음 계획될 때부터 해방기 출판사 자료의 정리라는 제한된 범위를 염두에 두고 시작되었다. 그런데 당시 출판사들에 대한 자료를 찾는 일은 서지목록 자체를 찾는 것보다 수백 배 힘든 일이었다. 그리하여 결국은 출판계 원로들의 대담을 轉載하는 등 남의 글을 옮겨오는 데 그치고 말았다. 욕심 같아서는 시간의 구애없이 1천여 개에 이르는 모든 출판사들에 대해서 가능한 언급하고 싶었으나 역부족이 아니라 불가능했다. 훗날 누군가는 분명히 정리해야할 큰 숙제다. 해방기라는 어수선한 역사적인 정황도 있었겠지만, 기록을 남기는 데 소홀한 우리 문화적 후진성을 현실로 다시금 뼈저리게 느낄 수밖에 없었다. 그러나 다른 한편으론 이번에 확보한 자료만 가지고도 어느 정도의 出版史 골격의 정리는 되었지 싶은 생각도 들지만, 미처 다루지 못한 부분에 대한 아쉬움이 내내 마음에 걸린다. 필자 개인의 능력에 버거운 일이라면 동아리를 지어서라도 다시 도전해야 할 일이다. 숙제가 한둘이 아니다.

이 목록 작업을 권하신 정진석 교수께 해방기 책들이란 게 누구나 흔히 알고 있고, 접할 수 있는 자료가 아니겠느냐고 말씀드렸더니 정 교수께서는 의외로 간단하고 상식적인 답변을 주셨다. "구슬이 서 말이라도 꿰어야 보배"라는 말로 답을 주신 것이다. 서 말이나 되는 구슬을 모두 찾기나 했는지, 또 제대로 꿰었는지도 사실 잘 모르겠다. 그나마 관심 있는 이들에게 작은 보탬이 된다면 다행한 일이다.

차례

머리말 해방기 시대사 연구의 기초자료 | 정진석 —————— 5

해제 雨後竹筍의 보석들 – 解題를 兼한 解放期 出版文化 略攷 | 오영식 —————— 9

1 출판사별 목록 —————— 35

2 저자별 목록 —————— 277

3 주제별 목록 —————— 439

4 1945-50 定刊物(雜誌) 目錄 —————— 581

부록

1. 서점별 스탬프 모음 —————— 651

2. 해방기 출판사명부 1 —————— 655

   해방기 출판사명부 2 —————— 679

후기 모두에게 감사하며 —————— 693

<u>**일러두기**</u>

1. 본서는 1945년 8월 15일 이후 1950년 6월25일 이전까지(이하 '해방기'라 칭함) 남한에서 발행된 도서들을 대상으로 했다.

2. 1964년 유네스코의 발표에 의하면 서적은 표지를 제외하고 49쪽이 되는 부정기간행물로 그 나라에서 출판되어 일반적으로 입수되는 것이고, 46쪽 이하의 책자는 서적이 아닌 팸플릿으로 규정하였으나, 본서에서는 해방기의 출판 여건을 고려하여 그 구분을 두지 않았다.(박신홍 편,『출판학사전』, 경인문화사, 1991.5.20, 122쪽 참조)

3. 본서는 출판사별 발행도서 목록을 우선하였으며, 이용자의 편의를 위해 주제별 목록과 편저역자별 목록을 함께 제시하였는데 편저역자별 목록은 색인의 기능을 겸하도록 하였다. 그리고 잡지의 경우 출판사별 목록에는 잡지 이름만 소개하여 출판사의 출판활동을 알 수 있게 하였고, 잡지의 구체적 서지 내용은 잡지 서명에 의한 별도의 목록에서 볼 수 있게 하였다. 네 가지 유형의 목록을 제시함에 있어 참고할 사항은 해당 목록의 앞머리에서 간략히 밝혔다.

4. 목록을 표기함에 있어 원전의 표기상태를 확인한 경우(주로 편집자 소장본과 인터넷 확인본 가운데 일부, 김현식 님과 박성모 님의 소장본 등)는 발행 당시의 표기 그대로 기록하였다.

5. 본서는 해방기 출판자료의 이미지를 최대한 포함하였다. 출판사의 로고와 판권지에 있는 인지는 출판사별 목록에서 제시하였고, 표지장정은 저자별 목록에서 제시하였다. 그리고 서점 스탬프는 별도로 지면을 할애하였다. 잡지 관련 이미지는 후속작업을 위해 생략하였다.

6. 본서는 편집자의 소장 자료를 중심으로 인터넷과 여러 목록집을 참고하였는데 출처를 분명히 하기 위해 다음과 같은 略號를 사용하였다. (잡지목록의 출처는 별도로 밝힘.)

   i —— 인터넷 확인 자료

   出 ——『出版大鑑』조선출판문화협회편,발행 1949.4.15(〈출판문화〉7호)

   韓 ——『韓國書目1945−1962』국립중앙도서관편 · 발행 1964.10.30

   乙 ——『乙酉50年史』을유문화사편 · 발행 1997.8.15

   雅 ——『雅丹文庫 藏書目錄』雅丹문화기획실편 · 발행 1995.3.2

   冊 —— 〈책방소식〉 제32호 한국출판판매주식회사 1985.8.1

   河 —— 河東鎬 目錄(「韓國近代詩集叢林書誌整理」(『한국학보』28호 일지사 1982.9.15)

   敎 ——『韓國敎育目錄』중앙대학교 교육학과 편,발행 1960.11.11

   淸 ——『해방공간의 도서들−광복60주년기념』국립청주박물관 편 도서출판 직지 2005.8.2

   全 —— 전갑주 님 소장본

   朴 —— 박성모 님 소장본

   賢 —— 김현식 님 소장본

   ※ 표시가 없거나 **Z**의 경우에는 편집자 소장본임.(**Z**는 영인 또는 복사본)

1. 목록의 정리를 통해 해방기 출판의 면모를 알아보는 것이 본서의 주된 목적이다. 그런데 현재 출판사별 발행목록은 물론이고 출판사의 역사 등을 알 수 있는 자료가 거의 남아있지 못하다. 해방 당시 이미 설립 40년을 넘긴 출판사부터 신생 출판사에 이르기까지 1천여 곳에 이르는 출판사들이 명멸했으나 그들의 자취를 기록으로 남긴 곳은 불과 몇 곳에 지나지 않는다. 60여 년이 지난 오늘날 그들의 모습을 再構하기란 매우 어려운 일이 아닐 수 없다. 따라서 이 책에서는 몇몇의 대표적인 출판사에 국한되지만 당시에 활동했던 출판계 원로들의 회고담을 중심으로 몇 가지 기록을 轉載하는 정도에 그치고 말았다. 몇 안 되는 출판사 소개글이나마 관심 있는 분들에게 도움이 되길 바라며 소개글이 여럿 있는 경우에는 아래 순서를 따랐다.

   (1) 편집자가 작성한 소개글

   (2)『출판대감』

   (3)『속 책은 만인의 것』(출판저널 연재) 이경훈 대담

   (4)『한국출판인쇄백년』조성출

   (5) 기타

2. 출판사(엄밀한 의미로는 출판발행처) 社名 가나다순으로 배열하였다.

3. 동일 출판사 내에서는 출판일자 순으로 정리하는 것을 원칙으로 하고, 출판물이 많은 경우 학습서나 문고본 등은 따로 묶기도 하였다.

4. 구체적 목록 제시방식은 아래의 例示와 같다.

   ① 단행본만 출판한 경우

㉮ 開拓社 ㉯金東鎭 金大雲 ㉰의주로1가32 ㉱등록번호149(1947.9.20)			
㉲朝鮮文化史序說 | ㉳金壽卿(모리스쿠랑) ㉴1947.10.31 ㉵191쪽 ㉶170원 ㉷18㎝ ㉸印吳昌根			
㉹쏘동맹의 경제학 | 조선맑스엥겔스레닌연구소 편 1947.10 133쪽 90원 19㎝ ㉺韓			

   ㉮ 출판사 社號.

   ㉯ 출판사 대표명 : 바뀐 경우 이름 倂記했는데 변경일자의 확인은 불가능함.

   ㉰ 출판사 소재지 : 가급적 區名 생략, 옮긴 경우 倂記했으나 변경일자의 확인은 불가능함.

   ㉱ 등록번호와 등록일자.

   ㉲ 도서명 : 원전표기 확인 경우.

   ㉳ '편저역자(원저자)'의 형식을 취함. 복잡한 경우 별도로 밝혔음.

   ㉴ 출판일자: 초판을 포함한 版次를 모두 밝혔는데 같은 해인 경우 연도표기는 생략하였음.

   ㉵ 쪽수는 책에 표기된 숫자를 우선하였는데 도판이나 부록 등도 포함시켰음.

   ㉶ 정가 : 해방 후에도 조선은행권의 '원'이 그대로 유통되었고, 1948년 이후 고액권인 100원권 지폐가 발행되었으며 이 체제는 '환'으로 바뀌는 1953년 2월의 통화개혁 때까지 계속되었음.

   ㉷ 판형: 도서의 세로 크기만 ㎝로 밝혔으며 예외 판형 경우 세로×가로 ㎝로 제시하였음.

㉮ 인쇄소 사호명, 대표 성명, 소재지, 등록번호 및 등록일자 등을 밝혔음.
㉰ 도서명 : 원전을 확인하지 못한 경우.
㉲ 목록의 출처를 略號로 밝혔다. 표시가 없는 것은 편집자 소장본임.

② 단행본과 잡지를 함께 출판한 경우

開闢社　李應辰　경운동88　등록번호168

鉛筆의 奔流 | 金燦承　1950.1.10　225쪽　18㎝　㊞보성사

(잡지1)　〈開闢〉
(잡지2)　〈어린이〉

출판사 한 곳에서 단행본과 잡지를 함께 출판한 경우에 속한다. 전체적으로 앞과 같으나 점선 아래에 잡지 이름을 제시하였고 그 잡지에 대한 자세한 내용은 '잡지별 목록'에 제시하였다.

③ 잡지만 출판한 경우

建國技術學校

(잡지)　〈同友誌〉

建國公論社　　(잡지)　〈建國公論〉→〈韓國公論〉

잡지는 정기간행물이라 하여 달리 취급하려는 경향이 적지 않은데 잡지만 출판하였다 하더라도 해방기 출판사 목록에 들어가야 한다고 생각한다. 위의 경우에는 건국기술학교에서 〈동우지〉라는 잡지를 발행한 경우이고, 아래는 건국공론사에서 〈건국공론〉을 발행하다가 잡지의 이름이 〈한국공론〉으로 바뀐 경우이다.

가톨릭靑年社　　명동2가1　尹亨重　(인쇄,판매)대건인쇄소　허가번호56(1946.6.24)→번호52(1947.7.29)

(잡지)　〈가톨릭靑年〉

가톨릭출판사

가정봉헌의식서 | 이재현 편 1945 26쪽 3원 15㎝ 韓

게세마니의 예수 | 이재현 편 1945 125쪽 20원 18㎝ 韓

서간성서 | 성분도수도원 역 1945 719쪽 90원 15㎝ 韓

聖敎工課 | 盧基南 편 1945 649쪽 50원 15㎝ 韓

聖敎禮規 | 노기남 편 1945 183쪽 25원 18㎝ 韓

성모성월 | 천주교서울교구 편 1945 157쪽 15원 15㎝ 韓

聖體朝拜 | 이재현(알퐁스리고리오) 1945 561쪽 70원 15㎝ 韓

煉靈聖月 | 이재현 역편 1945 109쪽 10원 15㎝ 韓

연중묵상 | 이재현 역 1945 467쪽 70원 18㎝ 韓

복음성서 | 韓바오로 역 1945 587쪽 100원 19㎝ 韓

聖요셉聖月 | 李秀芳 1945 183쪽 18원 15㎝ 韓

성체성사에서 성삼께로 | 이재현 역 1949 114쪽 2000원 18㎝ 韓

성탄시기묵상 | 이재현 역 1949 172쪽 25원 19㎝ 韓

合誦미사 | 成신부 편 1949 54쪽 5원 15㎝ 韓

어린 용사(동화집) | 윤병희 1950 85쪽 3000원 18㎝ 韓

가톨릭학생회

(잡지)　〈가톨릭학생〉

歌好音社

新選국민애창집 | 崔寧煥 편 1947.8 44쪽 90원 出

甲文堂　　鄭釩秀　종로4가112　등록번호371

부부행진곡 | 金南樹 1948.10 200원 出

대한민국헌법 | 갑문당 편 1948 ⓘ

강릉문화협회

고압선시집 | 盧斗永 편 1946 河

강화문화원　　(발)具鳳會 (편)尹甲老

(잡지)　〈江華〉季刊

개벽사 로고

開闢社　李應辰　경운동88　등록번호168

鉛筆의 奔流 ▎金燦承　1950.1.10　225쪽　18cm　㊞보성사

(잡지1)　〈開闢〉
(잡지2)　〈어린이〉

개성부

開城府勢一般 ▎개성부 편　1948　54쪽　100원　19cm　[韓]

改潮出版社　朴朝憲　누상동166　등록번호807

희곡창작법연극과 생활 ▎유치진　1949.12.10　100원　㊞석담사　ℹ️

한국행정법강의 ▎李鍾極　1949　240쪽　550원　21cm　[韓]

탐정소설 비밀의 열쇠 ▎이석훈 역　1950.1.30　480원　ℹ️

개척사 로고

개척사 인지

開拓社　金東鎭　金大雲　의주로1가32　등록번호149(1947.9.20)

朝鮮文化史序說 ▎金壽卿(모리스쿠랑)　1947.10.31　191쪽　170원　18cm　㊞吳昌根 의주로1가21

쏘동맹의 경제학 ▎조선맑스엥겔스레닌연구소 편　1947.10　133쪽　90원　19cm　[韓]

民族과 人民의 理論 ▎朴克采　1947.7.5(初)1948.6.5(再)1천부　96쪽　120원　18cm　㊞槿榮舍 苧洞2가84
등록번호142(1947.9.30)

藝術論 ▎金永錫·金萬善·羅漢(藏原惟人)　1948.2.25　250쪽　270원　18cm　㊞槿榮舍

哲學辭典 ▎白孝元(이시첸코)　1948.7.15　369쪽　700원　19cm　㊞槿榮舍

歐洲文學發達史 ▎宋完淳(프리체)　1949.4.20　342쪽　600원　㊞조선단식

거이집

수수꺼끼 ▎金慶鳳　1946　32쪽　[雅]

建國公論社　대구부 東本町70　(편집겸발행)鄭泰永　허가번호241(1946.7.15)

(잡지)　〈建國公論〉　1950년〈韓國公論〉으로 改題

建國技術學校

(잡지)　〈同友誌〉

建國社　金亨燦(前일본독서신문사장)　원남동23　명동2가42　등록번호543

處女의 衛生讀本生活改善講座① ▎朝鮮生活改善協會 편　1946.3.18(初)5천부3.28(再)5천부　63쪽　10원
㊞고려문화사　[매]삼중당　[出]

新郎新婦의 衛生讀本生活改善講座② ▎朝鮮生活改善協會 편　1946.5.10(初)5.15(再)5.20(三)　60쪽　15원　ℹ️

新郎新婦의 衛生讀本生活改善講座(2) ▎朝鮮生活改善協會 편　金錫煥醫學博士 감수　1947.1.8　52쪽　35원
19cm　㊞同社인쇄부　[朴]

朝鮮家庭料理生活改善講座(3) ▎京城女子師範大學家事科 편 孫貞奎 감수 1946.8.25 64쪽 18원 19㎝ 印고려문화사 朴

재미 많은 과학얘기우리과학문고① ▎건국사 편 이태규 감수 1946.5.5(初)5.15(再)5.18(三) 12원 印고려문화사 
건국사 로고

재미 많은 과학공부우리과학문고② ▎건국사 편 이태규 감수 1946.5.5(初)5.15(再)5.18(三)8.10(四) 35원

과학공부 첫거름우리과학문고 ▎건국사 편 1946.9 63쪽 18원 出

日常生活에 必要한 經濟의 基礎知識 建國常識文庫① ▎金亨燦 1947.4.13 63쪽 40원 18㎝

今後 活動에 必要한 社會思想의 基礎知識 建國常識文庫② ▎金亨燦 1946.4.13(서문일자) 62쪽 40원 18㎝

쏘聯이 본 美國의 實情 建國常識文庫③ ▎조선문화보급회(쏘련국립백과사전연구소) 1946.12.25 64쪽 30원 朴

조선지정학적 개관 建國常識文庫④ ▎表海雲 1947.6 92쪽 80원

理科교수법의 지침 ▎朴萬奎 1947.1 64쪽 40원 出

世界文化發達史(西曆篇) ▎吳璋煥(HG웰쓰) 1947.6.10 217쪽 230원 18㎝

세계문화발달사(西曆前篇) ▎오장환(HG웰쓰) 1950 220쪽 600원 18㎝

血戰 ▎이범석 1947.8 120원 出

식물계 ▎이덕봉 1947.9.15 80원 印同인쇄부

中等漢文敎科書 卷二 ▎趙楨(서울중학교유) 1947.11.18 32쪽 40원 21㎝ 印同社 全

殉國時調集 ▎劉昌惇 1948.4.1 83쪽 120원 18㎝ 印高麗

물상과제장Ⅱ겨울방학중등 ▎편집부 1948.11.1 50원

표준영한사전 ▎임학수 1948 252쪽 250원 韓

식물 이름 찾기 ▎崔基哲(사범대학 교수) 1949.5.1 136쪽 250원 18㎝

중등새수학Ⅱ ▎심형필 1949.8.8 全

중등새수학Ⅰ ▎심형필(중앙고 교장) 1949.8.25 111쪽 200원 18㎝

自然科學發達史 ▎建國社科學部 編 金東一 監修 1950.2.18(初)3.1(再) 227쪽 700원 18㎝

사람을 統率하는 法應用心理學篇 ▎金世億(D카네기) 1950.3.18(初)5.1(三) 176쪽 500원 18㎝ 印愛智社

일반과학식물계 ▎남태경문리과대학 1950.5.8 100쪽 2700원 印보성사

건국사 로고

建國實踐員養成所 金錫吉 원효로2가73 충무로2가109 등록번호646(1948.4.29)

韓國民族의 當面進路 ▎金錫吉 1948.5.10 248쪽 280원 18㎝ 印協進 金慶洙 충무로2가109 등록번호17(1947.9.30)

건국웅변회 대구

(잡지) 〈웅변〉

건국정신추진회

동포에 충고 ▎姜兄 1948 68쪽 70원 18㎝ 韓

건문사 로고

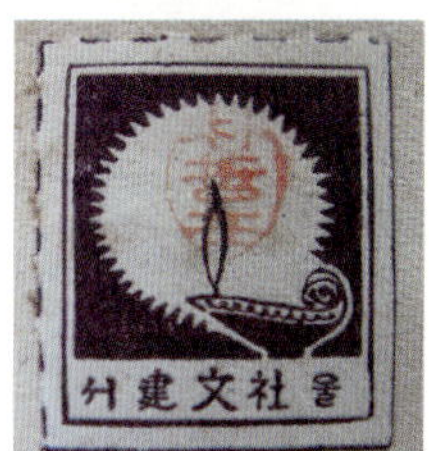

건문사 인지

건민문화사 로고

건론사출판부

민주주의의 해설 | 曺璞 연도미상 25쪽 ㉝

建文社　金鍾弼　충무로4가150　등록번호673(1948.6.10)

초등국어공부책5,6학년용 | 최근학 교열 1946.6 15원 ㊞협진 ⓘ

영어기초4천단어집 | 趙國衡 1947.5 190쪽 90원 ㊲

新世紀의 原子勢力 | 朴哲在(데빗드듸쓰) 1948.11.30 208쪽 18㎝ ㊞협진

健民文化社　玄圭煥　신당동333-61　등록번호656(1948.5.16)

救護手帖 | 현규환 1948.7.15(初)10.15(再)1949.2.15(三)8.15(四) 277쪽 500원 ㊞창원사 ⓘ

刑法總論 | 沈鉉尚 1949.9.25 288쪽 600원 18㎝ ㊞협진

건설문화사　대구

〈잡지〉〈건설〉

建設出版社　趙碧岩　종로4가 里西側　무교동6　등록번호107(1947.9.20)

건설출판사

　건설출판사는 시인 조벽암이 설립한 출판사로 1945년 11월 10일 〈주보 건설〉 창간호를 내면서 본격적 출판활동을 시작하였다. 매주 토요일에 26×18㎝의 판형으로 18 내지 26쪽의 분량(창간호: 18쪽, 제2호 11월 17일 18쪽, 제3호 12월 1일 26쪽)으로 발행되었다. 이뿐만 아니라 동년 12월 1일에는 반월간으로 잡지 〈예술〉을 창간하여 "예술은 間食物이 아니고 裝飾物品이 아니다. 예술은 酸素며 飲料水다. 조선을 장식하고 빛내도록 일부계급 사람들의 舍廊房에서 예술을 解放시키"려 노력하였다.(同誌 創刊號 창간사) 〈건설〉과 같은 판형으로 분량은 모두 18쪽인데 1946년 1월 1일에 제3호가 나왔으며 제4호는 2월1일에 나왔으니 반월간의 계획이 잘 지켜진 것 같지는 않다. 확인 가능한 책 가운데 대부분이 彰興社印刷所에서 인쇄되었다.

　단행본으로는 『3.1기념시집』이 첫 출판물인 것으로 보이는데 출판사 대표가 시인이기 때문인지 문학 서적, 특히 월북한 문학인들의 작품집이 주류를 이루고 있다. 同社의 단행본이나 잡지에 실려 있는 근간 예고 기사를 보면 다음의 책들이 예고되어 있다

김소월 『김소월시집』	설정식 『(시집)해바라기』	오장환 『(시집)獻詞』
김기림 『(시집)氣象圖』	조벽암 『(시집)鄕愁』	윤영춘 『현대중국시선』
염상섭 『염상섭창작집』『(소설집)輪轉機』		최서해 『(소설집)血痕』
이효석 『(소설집)露領近海』	김남천 『(소설집)男妹』	박화성 『(소설집)비탈』
송영 『(소설집)月波先生』	엄흥섭 『(소설집)흘러간 마을』	안회남 『(소설집)機械』
채만식 『(소설집)邂逅』	이근영 『(장편소설)第3奴隷』	정래동 역 『阿Q正傳』

이와 같은 문학 서적 외에도 건설출판사에서 번역한 『공산당선언』(맑스,엥겔스), 『철학의 빈곤』(맑스), 『공산주의 가나다』(뿌하린), 『공상적 사회주의와 과학적 사회주의』(엥겔스) 등의 사회과학 서적들을 인쇄 중이라 광고하였으나 출판되지 못하였고 후에 다른 출판사를 통해서 발행되기도 하였다.

앞의 문학책들 경우에도 "朝鮮文學의 建設을 위하야 爲先 過去의 文學遺産을 發刊하고 앞으로 繼續하야 새 文學의 횃불이 되려고 한다"고 했으나(〈주보건설〉 제3호 광고면) 광고에 언급된 책들은 건설출판사에서는 발행되지 못했고, 김기림, 윤영춘, 엄흥섭, 이근영 諸氏의 책 경우 다른 출판사에서 출판되었다.

잡지들이 주로 창흥사인쇄소에서 인쇄되었는데 아래 목록에서 보듯이 단행본들도 대부분 창흥사인쇄소에서 인쇄되었다. 창흥사인쇄소의 대표는 權赫彰이었는데 그는 서울출판사의 대표이기도 했다. 이 책의 '서울출판사'편의 목록을 보면 쉽게 알 수 있듯이 건설출판사나 서울출판사 모두 1945년 말에 결성된 조선좌익서적출판협의회 성향의 출판사였다고 볼 수 있다. 조벽암과 권혁창 모두 조선출판문화협회 창립 임원이었는데 관련 내용은 아래 趙誠出의 글을 참고하기 바란다.

건설출판사는 출판사 대표 조벽암을 비롯해 많은 좌익계 문인들이 월북한 1948년 중반 이후에는 출판활동이 부진할 수밖에 없었다.

1945년 11월에 〈건설주보〉라는 종합주간지를 창간시킨 시인이자 소설가인 趙碧岩이 12월에 발족시켜 한설야의 『泥濘』, 조명희의 『낙동강』을 비롯하여 조선문학가동맹 시부편의 『3.1기념시집』, 권환의 『동결』, 임화의 『회상시집』 등 문학서만을 출판했다. 조벽암은 1947년 2월말일 104명의 출판인이 참석하여 조선출판문화협회 창립 발기총회를 개최할 때 임시의장으로 선출되었고, 동협회의 창립총회에서는 의장으로, 다시 동협회의 초대 부위원장으로 선출되어 출판계와 문단을 위해 많은 일을 했다. 그는 대한민국 정부 수립 후 자진 월북하여 북한의 출판문화계에서 많은 활약을 한 것으로 알려지고 있다.

— 조성출 『한국인쇄출판백년』(보진재 1997.8.23) 425쪽

三一紀念詩集 ┃ 朝鮮文學家同盟詩部 編 1946.3.1 61쪽 10원 18cm 印高麗

洛東江 ┃ 趙明熙 1928.4.17(初)1946.5.3(再) 108쪽 20원 18cm 印彰興社 태평로1가 71

鄭芝溶詩集 ┃ 鄭芝溶 1935.10.27(初)1946.5.30(再) 157쪽 35원 18cm 印彰興社

民村 ┃ 李箕永 1946.6.30(再) 120쪽 28원 18cm 印彰興社 

凍結 ┃ 權煥 1946.8.20 120쪽 33원 18cm 印彰興社

泥濘 ┃ 韓雪野 1946.9.20 127쪽 33원(改定價100원) 19cm 印彰興社 

맑스·엥겔스 藝術論 ┃ 朴贊謨 譯 同社 編 1946.12.1 90쪽 40원 18cm 印彰興社 朴文遠 裝幀

回想詩集 ┃ 林和 1947.4.5(再) 123쪽 130원 18cm 印彰興社

玄海灘 ┃ 林和 1938.2.28(初)1947.4.5(再) 123쪽 130원 18cm 印彰興社
　　1938년 초판 발행된 임화의 『현해탄』에서 24편을 뽑아 엮은 축약본 형태의 시집. 원래 '현해탄'이란 제목으로 표지가 인쇄되었지만, 임화가 서문에서 밝힌 것처럼 '回想詩集'이 더 적합한 제목이라고 해서 '현해탄'으로 인쇄된 제호 위에 '回想詩集'이란 제호의 스티커를 덧붙여 출판하였는데 이 책은 표제를 붙이기 전에 출고된 책으로 보인다.

戀愛論 ┃ 李鎭遠(茶洞5통)(스탕달) 1948.7.1 121쪽 200원 18cm 印大東印刷所 인사동119
　　등록번호107(1947.9.30)

(잡지) 〈建設〉週報
(잡지) 〈藝術〉月2回

경기공립상업중학교

베틀노래집 ┃ 金龍卿 편 1948.5.5 河

京畿公立中學校

中等禮法要項 ┃ 李寬燮 1947.9.15 72쪽 70원 印창홍사 ℹ️

卒業紀念第45回 ┃ 경기공립중학교 1949.6 圖柳사진관 印경성사진인쇄사 필동1가46 朴

卒業紀念第46回 ┃ 경기공립중학교 1950 봄 印首都寫眞工藝社 인현동2가127

(잡지) 〈文藝京畿〉
(잡지) 〈一葉舟〉

京畿道鑛工部鑛工課課友會 韓鍾洙

(잡지) 〈綠芝〉

京畿道汽罐協會 장택상

(잡지) 〈원동력〉隔月

京畿道內務局

京畿道勢一般 ┃ 경기도내무국공보과 편 1949 38쪽 70원 21㎝ 韓

許可關係法規集 ┃ 京畿道內務局法務課 編 1948(본문참고) 142쪽 18㎝ (판권 없음)

경기도상공국광공과과우회

(잡지) 〈鑛工〉

경기도학무과

초등국사교본임시교재: 오륙학년용 ┃ 군정청문교부 1946.11 20원 印경성인쇄 김천흥
　　　　매한양서적도매공사 ℹ️

초등지리교본오륙학년용 ┃ 경기도학무과내임시교재연구회 편 1946.4 60쪽 10원 21㎝
　　　　印서울인쇄소 ℹ️

京畿女子學徒護國團 文藝班

(잡지) 〈梅苑〉

慶南韓方醫藥會 부산부 중앙동4가 59

(잡지) 〈韓方醫藥〉

京東公立中學校

(잡지) 〈學海〉

警務部警察敎育局

警察官昇進試驗問題解答集 ┃ 金正皓 편 1947.12.10 147쪽 印선광 *〈민주경찰〉부록 ℹ️

〔잡지〕 〈民主警察〉

慶文社

상급학교 입학안내 ┃ 조선교재사 편 1948.8 100원 田

경복중학교

한글맞춤법교본 ┃ 장하일 1946 114쪽 雅

〔잡지〕 〈校友會誌〉

慶北果物동업조합

과수재배제요 ┃ 文忠坤 1949 530쪽 21㎝ i

慶北教育協會

The English Readers[Book3] ┃ 이규동 1946.4.20 全
新生國語讀本[中等用上卷] ┃ 金思燁 編 18㎝ 印合進 (판권 없음:1946년?)
新生國語讀本[中等用下卷] ┃ 金思燁 編 18㎝ 印合進 (판권 없음:1946년?)
겨울방학공부 ┃ 경상북도학무국 1947.12.10 印동아정판인쇄 i

〔잡지1〕 〈嶺南教育〉
〔잡지2〕 〈경북교육〉[年刊]

경북학무국

중등교육수학교과서[고급1년1류] ┃ 오용진 1946.9.5 全
중등교육수학교과서[초급1년1류] ┃ 오용진 1946.9.5 全
一般科學 [卷1] ┃ 林茂德 1946.9.5 31원 印南鮮文化社 [金元和] i
중등신생국어교본[초급1년용] ┃ 김사엽 1946.9.25 全
중등교육수학교과서[4학년 하] ┃ 오용진 1947.3.25 全
한글의 빠른 길 ┃ 이철우 1947.4.21 冊
현대화학[상] ┃ 趙龜淳 1947.5.5 100원 印조선출판사 [金天標] i
중등교육수학교과서[3학년] ┃ 오용진 1947.11.15 全

慶尙南道農會 미국군정 경상남도농회 부산부 中島町2정목16 金景洙(同會 囑託主事)

〔잡지〕 〈우리농사〉

慶尙北道農業經濟課

農村指導展望 ┃ 경상북도농촌경제과 편 1948.8.10 36쪽 印경북인쇄소 [등록번호1118] 朴

慶尙北道山林課

조선주요삼림수목명칭표 | 경북산림과 편 1946 20쪽 18㎝ [i]

京城圖書出版社 申憲均 종로1정목77번지

각도군읍면간이정표 | 신덕균 편 1945.8.25 [冊]

朝鮮民曆檀君紀元四二七九年 | 京城圖書出版社 編 1945.11.30 32쪽 5원 21㎝ [印]大城 徐廷烈 舟橋町147

경성안내사

해방기념 서울안내 | 白成基 편 1947 120쪽 220원 19㎝ [韓]

京城印書社 李寬昌 인현동1가11 등록번호276(1947.9.30)

음악이론기초편 | 朴競完 1947.5 60쪽 120원 [出]

數表중학교용 | 同社편집부 1948.7.8 50원 [印]同社 [i]

중등국어문법초급용 | 박태윤 1948.8.25 220원 [印]同社 [i]

熟語辭典 | 劉昌惇 1948.11.15 175쪽 290원 18㎝ [印]同社

태극기의 의의와 그 유래 | 朴泰禮 1948 36쪽 [雅]

영어 기본단어숙어집 | 蔡中黙 1948 198쪽 250원 15㎝ [韓]

圖案文字集 | 崔德休,任直淳 1948 42쪽 200원 21㎝ [韓]

경성전기주식회사 (편집겸발행)鄭寅應 등록번호74(1947.9.30)

(잡지) 〈京電〉

京城政治問題硏究所

政黨團體調査 | 同연구소 편 1945(추정) 쪽 油印本 [Z]

경성초등교육건설회 정동1번지 덕수공립초등학교 내

초등이과교재4학년용 | 경성초등교육건설회 편 1946.2.10(再) 3원20전 [i]

초등이과교재5,6학년 | 조병욱 1946.1 [冊]

初等地理敎材第六學年用 | 京城初等敎育建設會 編 1946.2.10(再) 3원40전 [i]

經緯社 李錡範 종로3가80 金膺顯 계동147-24 등록번호572(1947.12.31)

학생세계연표 | 김정현 1948 47쪽 100원 19㎝ [韓]

現代英美一幕劇 | 崔鳳守 편 1948 130쪽 300원 19㎝ [韓]

英詩 첫걸음 INTRODUCTION TO ENGLISH POETRY | 康鳳植 1949.6.25 119쪽 230원 18㎝ [印]대건

廣島히로시마 | 金鍾健(죤허쉬) 1949.11.3 164쪽 300원 18㎝ [印]廣文社印刷所

哲學의 諸問題 | 李熙載(러셀) 1949.10.5 183쪽 400원 18㎝ [印]愛智社 을지로3가251 등록번호128(1947.9.30)

경위사 로고

중급불어선집 | 손우성 1949 250원 韓

히틀러 侍女의 告白 | 김종건(폴라인코흘레르) 1950 206쪽 18㎝ ℹ

경제공론사

(잡지) 〈경제공론〉

경주중학교

玉笛(시집) | 경주중학교문예반 편 1950.2.1 河

警察敎養協助會 警察專門學校內(世宗路) 金一秀 등록번호815(1949.2.5)

結婚讀本 | 경찰교양협조회 편 1949.5.20 268쪽 400원 18㎝ 印서울공인사 趙能植 裝幀 朴

行政警察實務大要 | 金南榮 1949.11.30 171쪽 300원 18㎝ 印농림부귀속농지관리국인쇄소

赤化戰術祖國을 좀먹는 그들의 흉계 | 金一秀 編 1949.12.15(再) 256쪽 1000원 19㎝ ℹ

국회의 이론과 운영 | 李鍾璋 1949 292쪽 450원 19㎝ 韓

檀奇古史 | 김해암,이화사(大野勃 원저) 1950.5.1 167쪽 ℹ

敬天愛人社 張時華 한강로1가205 등록번호559

건국훈화 | 장시화 1945 44쪽 ℹ

建國理念 | 錢鎭漢 著 鄭珍容 編 1948.12.18(初)12.25(再) 50쪽 100원 印서울공인사

京鄕新聞社 韓昌愚 소공동74 등록번호151(1947.9.30)

社會秩序의 大憲章附 朝鮮社會의 再建路線 | 李海南(성신대학교수 명륜동58) 역 1948.3.1 236쪽 250원
印大建 ℹ

大韓民國憲法 | 同社 편 1948.7.13(初)7.27(再) 27쪽 50원 印大建 ℹ

隨筆集 困憊의 書 | 崔永秀 1949.6.1 270쪽 450원 18㎝ 印大建 發同社文化部 著者 裝幀

眞理의 밤下卷 | 朴啓周 1949.12.20 568쪽 600원 18㎝ 印대건 發同社出版局 著者 裝幀

(잡지1) 〈婦人京鄕〉
(잡지2) 〈新京鄕〉

경향신문사 인지

京鄕雜誌社 천주교회서울교구 명동2정목1번지 등록번호131(1947.9.20)

獨立運動先驅 安重根先生公判記 | 朴性綱 編 1946.4.8 235쪽 25원 18㎝ 印鐘峴印刷所 명동2정목1번지

心戰 | 洪泰華(노렌조스꾸뽈리) 1939.9.21(初)1949.5.26(再) 242쪽 印종현 ℹ

미사공과 청년미사 증간 | 조분도(창회)신부(혜화동 천주교회) 편찬 1946.12.25(初)1947.10.31(再)1949.10.26(三)
208쪽 15㎝ 賣백동가톨릭청년회

가톨릭사상의 기초 | 道磨秀 1949 181쪽 300원 19㎝ 韓

천주교회의 신학 | 고요왕 1949 119쪽 130원 19㎝ 韓

강림시기묵상 | 이재현 역 1949 102쪽 15원 19㎝ 韓

가톨릭교인의 사명 | 柳鳳九 1949 62쪽 100원 19㎝ 韓

강림시기묵상(상) | 이재현 1950 158쪽 300원 19㎝ 韓

부활시기묵상 | 이재현 역 1950 166쪽 30원 19㎝ 韓

사순시기묵상 | 이재현 역 1950 205쪽 30원 19㎝ 韓

소일과 절요 | 천주교회서울교구 편 1950.5.1 印종현 ℹ

〈잡지〉 〈京鄕雜誌〉

京鄕出版社　韓宗洙　서대문로2가94　등록번호2

섬색씨新小說 | 한종수(저작겸발행) 1947.8.20 19㎝ 印협진 買

陽山道 | 閔素泉 1947.10 100원 出

靑春譜長篇小說 | 咸大勳 1947 183쪽 18㎝

희망의 계절 | 함대훈 1948.1 300원 出

死人島의 秘密傑作探偵小說叢書1 | 金海浪(아가사크리스티) 1948.5.10 119쪽 150원 18㎝ 買

사랑과 결혼 | 방인근 1948.7 300원 出

望夫石유모어小說 | 金奎澤 1948.10.30 300원 印수영사 㕮정음사 ℹ

비둘기戀愛小說 | 閔素泉 1948.12.5 187쪽 300원 印대동 鄭玄雄 裝幀 ℹ

집 없는 아이상 | 윤가온(마로오) 1948.11.20 276쪽 350원 18㎝ ℹ

연애기담 | 강영수 1948 84쪽 150원 18㎝ 韓

京和出版社

丁亥年曆書式日記 | 梁在斗(서대문구 평동정34) 1946.11.10 15원 印하흥기 ℹ

세계경제의 현상 | 魯哲煥 1949 352쪽 750원 21㎝ 韓

鷄林社　金河璟　을지로1가162　등록번호125(1947.9.20)

大韓獨立運動과 臨時政府鬪爭史 | 金河璟 編 1946.3.30 107쪽 25원 21㎝ 印대동

어린이물리화학이야기우리들은 과학자가 되자 | 편집부 1946.10.8 142쪽 25원 印조선노트 ℹ

戰後日本文化의 現實과 批判 | 鷄林社 編 1948.3.15 158쪽 150원 18㎝ 印朝鮮노트

世界科學界偉人傳 | 鷄林社 編 1948.12.5 196쪽 280원 18㎝ 印朝鮮노트 등록번호18(1947.9.30)

과학위인전 | 최윤식 1948 280원 韓

詩集 머들령 | 丁薰 1949.3.5 161쪽 300원 19㎝ 印朝鮮노트 㕮연문당서점 대전부 중동66 李東勳 裝幀 鄭周相 題字

花郎道 | 鷄林社 編 1949.4.17(初)5.30(再) 233쪽 350원 18㎝ 印朝鮮노트

朝鮮偉人傳 | 鷄林社 編 1948.5.22(初)1949.2.5(再)6.15(三)11.20(四) 142쪽 230원 19㎝ 印朝鮮노트

現代中國文學史 | 尹永春 1949.12.16 186쪽 350원 印조선노트 ℹ

계림사 로고들

鷄林書館　대구부 대화정81　李光雨　21㎝

（잡지）　〈無窮花〉

鷄林印書館　趙容吉　종로6가215-6　등록번호138

초등영어문법 ┃ 유경상　1946.10.25　70원　**i**

조선위인의 어머님의 힘-어머니독본① ┃ 계림인서관 편　1946　78쪽　15원　19㎝　**出**

中等數學3 第二類 ┃ 계림인서관 편　1947.8.31(서문일자)　68쪽　60원　18㎝　**印**草溪인쇄소　**매**유길
　　　일성당,한양서점　**i**

基礎製圖 ┃ 실업교재편찬회　1947　120쪽　140원　19　**韓**

중등수학前학기용1,2,3 ┃ 계림인서관 편　1947　117쪽　60원　**出**

신제수학의 연구초급중학1,2,3년용 ┃ 허만학　1948.5.1　**全**

수험영문법연구 ┃ 朴承薰　1950　222쪽　500원　18㎝　**韓**

鷄林出版社　등록번호1395

中等化學實驗書 ┃ 柳永熙　1950.4.28　63쪽　200원　21㎝　등사판

鷄林學會　李晢洛

영어회화 ┃ 이석락　1945.12　180쪽　3원　**出**

（잡지）　〈鷄林〉

啓蒙俱樂部　申翔雨　황금정1정목168번지　등록번호541

朝鮮獨立의 緊急問題-啓蒙叢書第1輯 ┃ 申鼎言(충신정54번지1호)　1945.10.20(初)10.30(再)　87쪽　5원　18㎝
　　　印光星 종로3정목156번지

常識國史 ┃ 申鼎言　1945.12.20(再)　181쪽　100원(개정가)　18㎝　**印**光星　**매**삼중당

朝鮮의 마음 ┃ 尹白南(前在滿朝鮮農民文化協會常務理事)　1945.12.25(初)1946.1.15(再)　139쪽　20원→150원
　　　18㎝　**印**光星 申昌煥

救恤國史 ┃ 申鼎言　1946.3.9　121쪽　15원　18㎝　**印**서울印刷所 본정4정목131

어린이국사지리서상하 ┃ 신정언　1947.3.20　60원　66쪽　**i**

교육실화선집 ┃ 朴診圭 편　1947　94쪽　70원　**出**

호국정신사화집 ┃ 신정언　1950　179쪽　**i**

계몽구락부 로고

계몽문화사

연초경작인보감나의 할일 ┃ 편집부　1949.11.15　100원　**印**金成會　**i**

啓蒙社書店 → 啓蒙社　金源大　대구부 중앙로　종로구1가42　등록번호1102

말씀해주신 분: 金源大(68, 계몽사 회장)

　해방된 나라에서 지식 산업의 뜻을 펼치려다 6.25 동란으로 좌절감을 안게 된 많은 출판인들은 대구지역에서 다시금 再起를 다짐한다. 이 무렵 영남일대에 책을 공급하는 매개자로서 충실한 몫을 했던 계몽사는 분명 그 시기 지역문화의 터를 일구게 한 커다란 물줄기였다. 계몽사의 창립자인 김원대 씨로부터 해방 직후 대구지역의 출판, 서점가 주변이야기를 듣는다.(편집자 주)

－아동도서출판사로서 확고한 자리를 굳힌 계몽사는 해방 직후 대구와 경북 일대에서 제일 규모가 큰 서점으로 발돋움했던 것으로 압니다. 계몽사 창립(1946)을 전후한 시기의 대구지역 출판 상황과 함께 서점계 주변 이야기를 듣고 싶습니다. 먼저 김회장께서 맨 처음 대구서 서점을 하게 된 동기부터 말씀해주시지요.

대구역 앞에서 신문 가판으로 시작

　"당시엔 사람들이 모두 신문 한 조각이나 전단이라도 봐야겠다는 염원이 있었어요. 나는 해방 직후 고향(안동) 근처에서 제일 큰 도시인 대구로 나와 일거리를 찾던 중이었죠. 시국이 불안정한 때라 사람들은 신문을 목말라할 것이 틀림없으리란 생각에서 우선 생활의 방편으로 대구역 앞에서 신문을 팔아봤습니다. 조그마한 탁자 하나에 〈동아일보〉 같은 신문 서너 가지를 벌여놨는데 예상대로 아주 잘 팔렸습니다. 반나절도 못돼 동이 날 정도여서, 추운 날도 새벽 6시면 뛰어나가 팔았죠. 그때 한창 좌익계통의 팜플렛이 많이 나올 때라 연말에는 그런 것들도 팔았는데 어쨌든 우리말로 된 출판물은 가져다 놓기가 무섭게 팔려나갑디다. 사실 해방 직후엔 활자가 박힌 출판물이라면 무엇이든지 洛陽의 紙價를 올리던 시절 아니었습니까. 그 덕분에 조금씩 저축도 해서 1946년 말쯤엔 대구 중앙통의 포정동에 가게 자리를 잡을 수 있었던 거지요."

[編] 1945~46년의 출판 경향을 어떤 이는 '정치사상에 관한 팜플렛시대'로 규정하기도 한다. 실제로 해방 후 1년간 출판의 특징적 경향이라면 우선 50면 안팎의 얇은 팜플렛 형태의 출판물이 많았다는 점을 들 수 있다. 일제에 의해 봉쇄됐던 언론은 해방을 맞아 봇물 터지듯 자유를 구가했지만, 국문활자와 인쇄시설이 미비했고 용지마저 부족하여 출판 여건은 상당한 제약 아래 놓여 있었다. 그런 상황 속에서 정치사상 관계를 다룬 46판 크기의 허름한 각종 팜플렛은 거리의 노점에서 불티나게 팔려 당시 서민들의 갈증을 다소 해갈시키는 역할도 했다. 김원대 회장이 가판에서 2만부 이상 팔아 본격적으로 서점을 마련할 수 있게 한 『한글맞춤법통일안』이라는 책자 역시 100면 정도의 보잘 것 없는 프린트물이었다.

－계몽사라는 상호도 그때 만든 겁니까.

　"그렇죠. 사실 특별한 의미를 부여한 건 아닙니다만, 해방이 된 나라에서 지식을 보급하는 서점이란 곧 계몽운동의 출발이 아니겠냐는 생각이 떠올라 그렇게 이름붙인 것뿐입니다. 군이 의미를 생각해본다면, 우리 서점을 통해 계몽운동을 펼치고 다른 분야에서도 국민을 계몽시키겠다는 뜻을 담았다고나 할까요."

교통, 통신 미비로 서울 출판사와 직거래

－서점 운영은 어떤 식으로 하셨습니까?

　"과거엔 지방 도시들의 여건이 모두 비슷했는데, 대구 역시 우편, 통신 등이 서울과 쉽게 연결되지 않았습니다. 책 몇 권을 소포로 보내는 것조차 47년 초에 들어서야 가능했으니까요. 그때까지 일주일에 두세 번씩 내가 직접 출장을 다녀오곤 했지요. 시간을 아끼려고 밤차로 올라가 새벽차로 내려오는 강행을 했었어요. 모두 젊었으니 가능했던 게지요. 될 수 있는 한 많이 가져오려고 등에는 배낭에 책을 가득 넣어 메고, 양손에도 책 보따리를 양껏 들고서 어떤 때는 내내 서서 오기도 했습니다. 그렇게 해서 책상 서가에 꽂아놓으면 하루 이틀 새에 다 팔려나가는 겁니다. 그러면 또다시 밤차로 올라가는 거지요. 대구서 나온 책이 거의 없었으니 서울의 출판사들과 직접 거래할 수밖에요."

[編] 8.15 이전의 도서 판매는 대부분 출판사가 직접 경영하는 소매점에서 독자에게 공급하는 형태로 이우어졌는데, 그 대표적인 곳이 회동서관, 한성도서, 박문서관, 영창서관 등이었다. 해방 직후에도 이러한 방법은 계속됐으나 출판사가 급진적으로 증가하고 새로이 총판이나 도매점이 생김으로써 소매상이 독립, 일반 독자들에게 책을 공급하는 유통구조가 정착되기 시작했다. 한편 경쟁적인 할인판매로 말미암아 독자의 불신을 초래, 후에 정찰제 운동과 출판협동조합을 발족시키게 되는 요인을 이루기도 했다.

－대구의 다른 서점들은 어땠습니까.

　"裵聖道라는 분이 일본인이 하던 고서점을 인수해서 太陽堂書店을 운영했었어요. 그 아들이 이어받아 서점을 운영했는데 지금은 어떻게 됐는지 모르겠군요. 또 손중태 씨라는 분이 大榮堂書店을 경영했었는데, 주로 초중고교 교과서를 전문으로 취급하던 서점이었지요. 그때 학원사의 金益達 씨도 대구에서 洛東書館이란 간판을 내걸고 서점을 운영했습니다. 그이는 그때까지 나왔던 수백 곡의 유행가를 모아 당시 유행한 프린트물 형식으로 만들어 재미를 봤지요. 그 후 김익달 씨는 서울에 올라가 陽洞에 조그만 2층집을 얻어 大洋出版社(뒤의 學園社)를 차려서 학습참고서를 발행했습니다. 나는 일반도서들을 고루 갖추느라 서울을 부지런히 오가며 웬만한 책을 모두 진열했는데, 사람들도 으레 우리 서점에 와서 책을 찾더군요. 그러면서 차츰 서점이 커나갔고, 아마 영남방면에서 내 서점이 제일 컸으리라 생각해요. 사변 후까지도 상당히 활발하게 했고 거래망도 많았습니다. 새로 시작한 일이니 악착같이 해보겠다고 결심하고 뛰었지요. 태양당서점은 골목에서 좀 들어간 곳에 위치해서 사람들이 그리 많지 않았는데, 거기서 신간을 더러 취급했거든요. 그래 나는 구색을 맞추기 위해 그 집에 있는 책을 정가로 사다 우리 서점에다 진열해 놓기도 했습니다."

『맞춤법통일안』, 『문장강화』 등이 인기

―당시 제일 잘 팔렸던 책은 무엇이었습니까?

"한글학회에서 최현배 씨에 의해 프린트돼 나온 『맞춤법통일안』이 있었는데, 그게 2만부 이상 팔렸어요. 초창기엔 출판물의 대부분이 프린트로 된 것이었는데, 이 책 역시 프린트물이었지요. 주로 교직원들이 많이 사서 봤어요. 한권 값이 2,3원이었는데, 당시 쌀 한 말에 6,7원 할 때였으니까 2만부라면 상당한 겁니다. 덕분에 내가 서점을 마련하는 데 커다란 도움이 됐긴 했지만요. 6만여 원으로 서점을 차린 후에는 아까 말했듯이 주로 서울에서 직접 가져온 책들이 잘 팔렸어요. 이태준의 『문장강화』가 꽤 많이 나갔고, 박문서관의 대중소설이나 영창서관의 교대소설, 덕흥서림에서 나온 서간문, 명문당의 점치는 책 따위도 많이 팔렸습니다. 해방 후 새로 생긴 을유문화사에서 만들었던 윤석중 씨의 아동책들도 인기가 있었지요."

―대구의 독자층은 주로 어떤 사람들이었습니까?

"주로 학생들이나 교사 상대였어요. 교직원들은 대부분 책을 많이 찾아 봤으니까요. 그때 알게 된 동국대의 金思燁 씨에게서는 자문도 많이 받았습니다."

―그럼 계몽사에서 출판을 시작한 것은 언제쯤입니까.

"해방 직후부터 6·25사변 이전까지는 모두들 무언가를 만들어보겠다는 뜻을 지닌 사람들이 많았어요. 나도 그중 한 사람인 셈이지요. 서점을 경영한 지 2년쯤 지난 1948년에 조그만 시집을 한 권 간행했습니다. 당시 청구출판사 같은 몇몇 군데를 제외하고는 기왕의 출판사들이 책을 새로 낼 엄두를 못 냈던 상태였지요. 옛날 지형을 가지고 재판만 찍어 겨우 명맥을 유지하던 형편이었고, 용지난까지 겹쳐 사실 출판상황이 별로 좋질 않았어요. 나 역시 본격적인 출판을 한다기보다 시험 삼아 창고 겸 직원숙소로 쓰던 2층 다락방에서 편집부도 없이 필자와 내가 어렵게 어렵게 책을 만들었습니다. 그것이 李雪舟의 『放浪記』라는 시집이었죠. 그 후 6·25가 나고 대구로 피난 온 출판인들이 많아서 1950~51년에는 출판활동을 좀 하게 됐습니다."

[編] 미군정청에 출판등록을 한 후 계몽사가 처음으로 출간한 『放浪記』(1948.9)는 46판 크기의 자그마한 시집이다. 굳이 출판등록을 하지 않고도 책을 낼 수 있었기 때문에 프린트물 형태로 된 소책자도 몇 권 있어 몇만부씩 팔리기도 했다. 어쨌든 처녀출판한 이후 1,2년 동안 『生活常識』, 『玉篇』 등의 소책자를 몇 권 발행했으나 판매가 부진했고, 또 계몽사는 도매부를 창설하여 주력하느라 출판에는 뚜렷한 성과가 없었다. 계몽사가 본격적으로 출판에 의지를 보인 것은 1949년. 이미 영남 일대 제일의 서점으로 자리를 굳힌 계몽사는 서울 종로1가에 사무실을 마련하고 편집진을 구성, 학습서적과 사전류 편찬에 힘을 쏟는다. 그 결과 나온 책으로 金思燁 교수의 『鄭松江研究』와 최숙형 교수의 『詳說西洋史』 등의 학술서적과 『한글사전』, 『최신콘사이스영한사전』 등의 사전류가 있다. 특히 『최신콘사이스영한사전』은 1949년 편찬사업에 착수, 1952년 5월에 출간했는데 학생들 사이에서 인기가 높았다. 출판의 불황기였던 1950년대에 계몽사는 이러한 사전류와 학습서를 펴내며 어려운 고비를 넘기게 된다. 계몽사가 아동도서로 출판방향의 대전환을 꾀한 것은 1959년경부터. 출판계 불모지였던 아동도서에 뜻을 굳힌 계몽사는 당시 유행하던 전집물 형태를 대대적으로 기획, 『세계소년소녀문학전집』(전50권)이 탄생한다. 이후부터 계몽사는 명실공히 아동도서출판사의 대명사로서 확실한 위치를 차지하게 된다.

―6.25동란을 계기로 많은 출판인들이 대구로 피난 와 활동했었지 않습니까. 그 얘기도 좀 들려주시지요.

"대구에서 활발히 활동한 곳으로 월간 〈학원〉을 창간한 학원사와 〈건국공론〉을 펴낸 현암사 등이 대표적이겠지요. 동아출판사도 참고서류를 만들어 발판을 굳혔어요. 동아출판사의 金相文 씨는 부부가 다 교사 출신이라서 대구로 와서도 국민학교용 참고서들을 직접 원고도 쓰고 프린트도 해서 만들었습니다. 부인이 상당히 글씨를 잘 썼죠. 그렇게 만든 책들을 자전거로 우리 서점에다 실어나르고 팔았던 기억이 납니다. 그이는 수복 후 서울로 근거지를 옮겼죠. 인쇄소로는 합진인쇄소라는 곳이 있었는데 기계가 3,4대 정도 있어 인쇄시설을 꽤 갖춘 편이었습니다. 나와 합작해서 참고서 종류를 몇 권 만들기도 해서 그걸 계기로 사조사라는 출판사도 차렸고, 6.25 직전엔 문성당이란 서점도 냈습니다. 사변이 난 후엔 대구에서 인쇄사업을 충실히 했답니다."

대구지역에 대형 도서유통기구 창설하기도

―1950년을 전후해서 김회장께서 한국출판물판매주식회사도 설립하지 않았습니까. 그대의 상황도 궁금하군요.

"6.25 동란기에 대구와 부산의 출판상황은 엄청난 차이가 있었어요. 부산에는 주로 교과서를 출판하던 사람들이 피난을 많이 갔고, 일반도서를 취급하던 출판인은 거의 대구에 정착을 했습니다. 대구로 온 출판사 가운데 제대로 된 곳으로 장왕사, 백영사, 탐구당 등이 있었고, 신재영 씨의 동국문화사나 민중서관 등 참고서 관계 출판사는 거의 부산에 있었습니다. 일반 출판물을 다루는 60여개 社가 대거 대구로 내려와 있다보니 이들의 출판물을 거의 우리 서점에서 소화할 수밖에 없었지요. 외형적으로는 서점의 규모도 확장되어 계몽사를 통해 밀양, 울산, 진주까지 책이 나갈 만큼 됐어요. 그런데 그때 대구서 서점을 하던 평범사의 이활원 씨가 부산에서 몇몇 서점과 함께 대형유통기구인 대한도서공급주식회사를 만든다는 소식이 들려왔습니다. 거기에 자극받아 대구에서는 한국출판물판매주식회사를 만든 겁니다."

[編] 6.25 이후 전반적인 출판 상황이 어려워지고 출판사의 형편이 나빠지자 덤핑업자를 중개로 하는 비정상적인 유통경로가 무질서하게 혼재해 출판물 거래는 몹시 혼란스러웠다. 이에 계몽사를 구축으로 한 한국출판물 주식회사가 1951년 말에 설립, 대형 도서유통기구가 조직된다. 이 법인체의 사장엔 李準轍 씨, 상무는 金源大 씨와 서울에서 일성당 도매상을 경영하던 黃宗勳 씨가 각각 맡아 부산의 대한도서를 능가하는 전국 제일 규모로서의 활발한 활동을 보였다. 그러나 유통체계의 본질적인 무질서와 원활하지 못한 수금 사정 등등 여러 요인으로 말미암아 1953년 이 조직은 와해되고 만다. 유통구조의 문제는 오늘날에도 여전히 과제로 남아 있지만, 한국출판물판매주식회사가 2년 남짓한 활동밖에 할 수 없었던 원인을 살펴봐도 혼란기였던 당시 도서 유통의 여건이 얼마나 무질서했던가를 짐작할 수 있다.

—전쟁을 겪으면서도 많은 출판사들이 그 맥을 끊지 않고 대구지역에서 활동할 수 있었던 것은 역시 계몽사와 같은 탄탄한 서적상이 뒷받침했기에 가능하지 않았나 생각됩니다. 끝으로 후배 출판인들에게 들려주고 싶은 말씀은 없으신지요.

"지금 나는 출판 현역에서 떠난 지 오랩니다. 사실 난 이제껏 출판에 대해선 이론적인 면보다는 장사에 비중을 뒀다고 봐야겠지요. 그러다보니 영업면에서 만큼은 다른 이들보다 조금 낫지 않았느냐는 생각도 듭니다. 다만 편집인이 철저하게 양심적으로 만든 책이라면 그것이 곧 양서가 아니겠어요. 저는 그렇게 성의를 다해 만든 책을 정당한 통로로 독자들이 구입할 수 있도록 신경을 쓴 것뿐입니다. 최소한 계몽사의 책들은 덤핑시장에서 볼 수 없도록 노력하고 있어요. 하지만 이제 출판사업도 이론적인 면이 뒷받침돼야 하는 시대라고 봅니다. 지금 막내아들(金俊植.34)이 출판사를 맡아 하고 있는데, 현상 유지는 하고 있어 다행이라고 생각하고 있습니다."

—지금은 계몽사 하면 아동도서출판의 명문으로 알려져 있습니다만, 해방 직후엔 대구지역의 대형서점으로서 전국에 책을 공급하는 커다란 물줄기였음을 새삼 발견할 수 있었습니다. 긴 시간 말씀 주셔서 감사합니다. (정리 〈출판저널〉 김지원 기자)

— 이경훈,『속 책은 만인의 것』(보성사 1993.12.22) 325~332쪽

放浪記詩集 | 李雪舟 1948.9.15(대구) 117쪽 200원 18㎝ 印合進 용덕동8 메啓蒙社 徐東均 題字 吳錫九 裝幀 安素雲 扉畵　*계몽사의 정식 첫 출판물

The New English Readers Book⁵ 練習問題及本文註解書 | 계몽사서점 편 1949.1.5 145쪽 300원 18㎝ 印합진 ⓘ

한양가 | 계몽사서점 편 1949.2.10 170원 印합진 ⓘ

영어문법 ENGLISH GRAMMAR | 受驗英語硏究會編(小野圭次郞) 1950.2.25(대구) 375쪽 800원 18㎝ 印합진

放浪의 歌人下卷 | 方仁根 1950.3.10 318~572쪽 600원 18㎝ 印박문 賢

鄭松江硏究 | 金思燁 1950.6.25 425쪽 병제1400원,특제1800원 18㎝ 印協進 金基昶 裝幀 孫在馨 題字

신영어회화집 | 金雲鳳 1950 180쪽 2000원 19㎝ 韓

병사필수요람 | 계몽사 편 1950 170쪽 400원 19㎝ 韓

무인도의 비밀 | 羅萬植 1950 220쪽 5000원 19㎝ 韓

청춘의 情熱 | 李允成 1950 250쪽 7000원 19㎝ 韓

고향의 봄 | 정비석 1950 220쪽 2000원 19㎝ 韓

〈잡지〉 〈語文〉

啓蒙出版社 남대문통2정목132

共産主義解說^{啓蒙文庫①} | 同社 編 1946.3.23 8원 15cm ㊞金九龍인쇄소 도렴정50

계문사

쉬운 조선말본 | 박창해 1946.11 107쪽 40원 雅

계성문화사

이성과 신앙 | 朴夢煥 1949 154쪽 300원 18cm 韓

계성여중학도호국단

(잡지) 〈啓星〉

啓養社 대구

興國方途 | 金義鐸 1948 58쪽 雅

高麗圖書院 韓觀燮 을지로1가46 등록번호146

중학국사 | 張道斌 1947.8 152쪽 150원 出

민주주의와 교육 | 쫀듀이 1947.8 169원 出

高麗文化社 柳明韓 태평로2가1 등록번호195(1947.9.20)

　　고려문화사는 해방기에만 활동한 것으로 볼 때에는 가장 대표적인 출판사라 할 수 있다. 그 자세한 내용은 아래 轉載한 여러 글을 통해 알 수 있는데 굳이 한두 가지만 덧붙이고자 한다. 고려문화사는 출판사이기 이전에 인쇄소였고, 단행본보다는 〈民聲〉과 〈어린이신문〉 등의 정간물 발행을 통해 해방기 출판문화에 주춧돌을 놓은 대표적인 출판사이다. 아래 목록에서 보듯이 고려문화사가 발행한 단행본이 그리 많지 않은 이유는 이런 점으로 이해해야 할 것이다.

　　을유의 창립동인 네 사람이 각기 特長을 갖고 있었던 것처럼, 고려문화사 역시 柳明韓이 대표, 이강렴이 부이사장, 김창집이 편집, 황석하가 경리 등 각자의 책임 운영을 통해 당시로서는 가장 큰 회사였던 고려문화사를 이끌어갈 수 있었다. 理事인 김창집이 조선출판문화협회 초대회장을 맡았고, 의심이 갈 정도의 많은 부수인 10만부를 찍었다는 〈민성〉을 비롯해 〈어린이신문〉 등의 발행으로 고려문화사는 인지도도 매우 높았으며 여러 면에서 출판문화를 선도하였는데 안타깝게도 한국전쟁 중에 문을 닫고 말았다. 원래 출판, 인쇄勞組가 심한 편이었는데 한국전쟁이 발발하자 좌익쪽이 득세하여 인민군의 소굴이 되는 바람에 유엔군의 집중포화를 피할 길이 없어 결국 모든 시설이 파괴되고 설상가상으로 부산으로 피난가 있던 柳明韓 대표가 여객선 사고로 참변을 당하는 바람에 재기하지 못하고 영원히 역사 속으로 사라지고 말았다.

　　해방4년 동안의 문화업적 찬연－고려문화사의 꾸준한 노력 역사적 감격의 해방을 맞이하여 물끓듯하는 환희 가운데서 언론 출판의 자유와 신문화건설의 크나큰 출발이 있을 때 이에 보조를 맞추어 원대한 포부와 기획을 가지고 누구보다도 먼저 일어선 곳이 고려문화사이었다. 동사는 1945년 10월1일에 창립되어 새로운 언론계와 출판계에 왕자연한 태세를 갖추고 패기왕성하게 출발하였다.

　　동사는 언론출판으로 해방조선의 신문화 건설에 일조의 역할을 하겠다는 신념을 가지고 마음과 뜻이 맞는 동지자들이 모이어 큰 포부와 굳은 결의로서 조직되었거니와 동사 이사장 柳明韓 씨는 일찍이 외지에 유학하여 선진외국문화에 溶한 분으로 문화사업에 대한 이해와 열성이 클 뿐 아니라 조선의 실업계에 있어서도 큰 존재를 나타내고 있다. 씨는 해방 전후를 통하여 유한양행 사장으로 민완을 떨치었는데 지난 3월에는 외국의 문화, 경제 등 각 방면의 시찰을 목적으로 渡美하였고 귀로에는 歐洲 등지도 歷訪하리라 한다. 그 간 부진용은 유한양행 이사장 유명한 씨를 이사장으로 하여 출판계에 다년간의 경력을 가진 李康濂 씨, 언론계의 거장 林炳哲 씨(其後 고인이 됨), 언론출판계에 수십년의 경력자인 金昌集 씨, 경리방면에 오랜 경험을 가진 黃碩夏 씨 등을 이사진으로 하고 편집진용에는 임병철 씨, 朴啓周 씨, 蔡廷根 씨, 金永壽 씨, 崔永秀 씨, 趙豊衍 씨, 尹石重 씨 등 혁혁한 문인들을 간부로 하였다. 동사에서는 주간 〈民聲〉(현 월간), 주간 〈어린이신문〉을 발간하고 각종도서를 출판하기 시작하였다. 해방 후 4년의 시간이 흘러가는 동안 사회정세는 날로 혼란하여지고 언론계와 출판계는 조삼모사로 기복이 무상한 가운데 일어서는 곳도 많고 쓰러지는 곳도 많은가 하면 영리를 일삼는 곳도 있고 허장성세를 떠들기만 하는 곳도 있었다. 그러나 고려문화사는 처음부터 금일에 이르기까지 조용하고 꾸준하게 여러 가지 난관을 돌파해가면서 경험과 기초를 쌓고 백년대계를 세우고 가장 확실성 있게 가장 양심적으로 꾸준한 노력을 계속하고 있다. 그동안 인사이동도 다소 있었으나 여전히 철벽의 강진을 갖추고 있으니 현재의 이사 진용은 유명한 씨, 이강렴 씨, 김창집 씨, 황석하 씨, 金文泰 씨 등이고, 편집진은 김창집 씨, 박영준 씨, 李舜在 씨, 李相魯 씨, 李庸岳 씨, 林虎權 씨, 白仁淑 씨 등 사계에 쟁쟁한 인사들이다.

대잡지 〈민성〉－최고 연조와 최고 발행부수를 점유 해방 후 혼란의 4년 동안에 무수한 잡지가 우후죽순같이 일어섰다 쓰러졌다 하여 잡지계에 뚜렷한 존재를 가진 잡지를 찾아보기 어려운데 오직 〈민성〉지만은 창간호를 낸 뒤로부터 절찬호평 가운데에서 꾸준히 계속하여 대잡지로서의 권위를 보유하고 있으니 지금까지 통권 31호를 발행하였다. 그리고 발행부수로서도 남한에서 최고부수를 점하고 있다. 그 내용은 정치, 경제, 사회, 문예 등 종합기사로써 새롭고 무게 있게 편집하고 있는데 국외국내를 통하여 권위 있는 필자와 기사를 선택하여 지식층의 독자를 상대로 하면서도 일반대중 독자들도 끌 수 있도록 다각적으로 기사를 취재한다. 그리하여 빗발치듯하는 호평 아래서 많은 독자를 가지고 있다.

유익하고 재미있는 『어린이신문』－어린이들의 오직 하나인 주간 신문 주간 『어린이신문』은 해방 초부터 현재에 이르기까지 130호를 발행했는데 아동에게 없을 수 없는 ‘재미있고 유익한’ 신문으로 정평을 가지고 있다. 한때는 각 국민학교에서 교재로도 사용했고, 현재에도 각 국민학교에 아니 들어가는 곳이 없는데 어린이들로서 『어린이신문』을 모르는 이가 없게끔 되었다. 그 발행수는 어른 신문을 능가할 정도인데 아동독물로서는 최고부수를 내고 있다. 어린이신문부에서는 아동을 위하여 원예회, 음악회 등을 개최하여 아동문화건설에 적극적으로 봉사하고 있으므로 어린 동무들이 날마다 어린이신문 편집부로 찾아와서 기고도하고 지도를 받기로 하며 학교에서는 견학도 가끔 오고 있다. 이만큼 『어린이신문』은 유명해졌는데 시골에 있는 아동들은 편지와 기고를 날마다 보내고 있으며 간혹 신문을 받아보지 못하는 경우에는 요금을 넣어보내면서 신문을 청구한다고 한다.

인쇄공장－설비와 기술로 제1위 고려문화사의 인쇄공장이라 하면 너무도 세상에 유명한 설비기술의 완벽을 다한 인쇄공장이다. 직공은 220여명인데 모두 훌륭한 기술을 가지고 일사불란한 태도로 열심히 종업하고 있다. 그동안 여러 다른 공장에서는 파업과 분쟁이 있었으나 여기는 한번도 그런 일이 없이 꾸준히 誠과 熱로 직장을 지키어 건국에 이바지하고 있었다. 본 공장은 활판, 옵셋트, 사진부의 설비를 갖추어 있는데, 수십 대의 인쇄기는 잠시도 쉬일 틈이 없이 돌아가고 있다. 본 공장에서 인쇄되는 각종 인쇄물은 정밀하고 선명하기로 유명한데 본사 인쇄물 외에 각 출판사와 관공서, 회사의 각종 인쇄주문이 폭주하고 있는 현상이다.

출간도서 그동안 고려문화사에서 발행한 도서 가운데 그 중요한 것을 약기(略記)하면 아래와 같다. (생략)

앞으로의 새 계획 고려문화사에서는 그동안 언론출판문화에 기여함이 많았거니와 앞으로는 더욱 활발하게 나아갈 것이라고 하는데 출판문화사업은 하루이틀이나 한달두달만 하고 그치는 것이 아니고 영구히 꾸준하게, 견실하게 하지 않으면 안 될 것이므로 동사에서는 견실하게 양심적으로 한다는 목표를 세우고 원대한 계획을 세우고 나아가고 있다. 일반독서층의 경제적 현상과 구매력을 무시한 사업방침은 결국 실패를 가져오게 되는 것이므로 주도(周到)한 관찰과 민활한 계획으로 나아가고 있는 것이 동사의 특징이다. 새 도서의 원고를 공장에 넘겨둔 것만도 수십 종이나 된다 하니 앞으로 기대되는 바가 크다. ─『출판대감』 10,11쪽

고려문화사편

말씀해주신 분 趙權順(70. 국제투자자문주식회사 회장)

　일제의 사슬을 벗어난 지 불과 한달여만인 1945년10월 1일 창립된 고려문화사는 해방 직후의 어려운 상황 속에서도 발행부수 10만의 월간지 〈민성〉을 비롯한 일련의 잡지 및 신문, 단행본 출판으로 우리 출판사에 뚜렷한 족적을 남기고 있다. 그러나 한국전쟁의 와중에서 고려문화사는 폭격과 대표 유명한 씨의 죽음이 겹쳐 그만 문을 닫고 마는데, 그 짧지만 번성했던 고려문화사에 얽힌 얘기를 당시 경리담당자로 일했던 조권순 씨에게 듣는다. (편집자 주)

─해방 직후인 1945년 9월부터 그 해 12월까지 새롭게 출판 등록을 한 출판사의 수가 45개사에 이른다는 기록이 있습니다. 고려문화사의 경우 대표적인 신생 출판사로서 우리 출판계에 미친 영향이 큰 것으로 알려져 있어 오늘 당시의 경리담당자였던 조선생님을 모시고 고려문화사의 성립과

정과 배경 등에 대한 말씀을 듣고자 합니다. 먼저 45년 10월 1일이 고려문화사의 창립일로 되어 있는데, 해방된 지 불과 한달여만에 대단위의 규모를 지닌 출판사가 설립될 수 있었던 배경에 대해 말씀해주십시오.

일제의 敵産 시설 이용해 창업

"저는 창립에 직접 참가하지 않은 관계로 당시의 자세한 사정은 잘 모르겠습니다. 다만 입사한 뒤에 다른 분들의 얘기를 통해서 들은 바는 있습니다. 일제 때 敵産인 '판본'이라는 인쇄소가 있었는데, 해방이 되면서 일본인들이 돌아가니까 유한양행의 사장인 유명한 씨가 이사장으로 취임해서 운영하게 되었죠. 당시의 발족 취지는 기존 인쇄시설을 이용해서 출판업에 투자, 국민의 정서와 민족정신을 되찾아주자는 의도였어요. 前身인 일본인의 인쇄소에 출판부를 신설해서 고려문화사라는 출판, 인쇄 겸업의 사업체를 만든 겁니다. 사실 고려문화사의 인쇄부는 조선서적인쇄공사, 조선인쇄회사와 함께 설비와 기술면에서 우열을 다투던 수준 높은 인쇄소여서, 출판만으로는 운영이 어려웠던 시절인 당시의 회사 운영을 순조롭게 만들었어요. 기존의 인쇄시설을 활용해서 얻은 이윤을 양서 출판에 투자한다는 운영 방침을 세웠던 겁니다. 이사장으로 취임한 유명한 씨는 중국 등지에서 선진문물을 많이 접했던 분이라서 출판업을 통한 국민계몽 운동을 적극적으로 펼쳤던 것 같습니다. 유명한 씨가 출자자로서 이런 노력을 기울였다면, 부이사장인 이강렴 씨는 실무 전반에 걸친 총책임자 역할을 수행했습니다. 물론 이분들 말고도 편집국장인 김창집 씨, 편집국의 임병철 씨 등이 이사로서 많은 일을 했습니다."

—그렇군요. 그럼 조선생님이 고려문화사에 입사하시게 된 시기와 동기를 설명해주시죠.

"일제 말기에 저는 만주에 있었어요. 그러다가 서울로 돌아온 것이 1945년 12월27일의 일이라고 기억합니다. 신탁통치 반대 데모가 한창이어서 사회는 혼란과 무질서로 불안하기 짝이 없었습니다. 더군다나 타국땅 만주에서 돌아온 저에게는 더더욱 그럴 수밖에요. 그때 유한양행의 설립자인 유일한 씨의 동생 유명한 씨를 만나서, 저간의 사정얘기를 했더니 자신이 이사장으로 있는 고려문화사를 소개하더군요. 일제 치하 36년간 말도, 글도, 생각도 제대로 못하고 살아온 국민의 아픔을 통감하던 저는 출판업이 전망도 밝고 국민의 아픔도 씻어줄 좋은 사업이라고 생각해서 입사하길 원했습니다. 그래서 1946년 2월1일부로 고려문화사로 전속되어 갔던 겁니다."

—유한양행의 사장인 유명한 씨가 고려문화사를 완전히 인수한 겁니까?

"인수했다기보다는 운영권만을 넘겨받았습니다. 하지만 문서 등은 모두 유명한 씨의 명의로 되어 있었어요. 실질적인 운영은 이강렴 씨가 맡았구요."

—실질적인 업무를 담당했던 이강렴 씨는 어떤 분이셨고, 유한양행의 설립자인 유일한 씨는 당시에 어디에 계셨습니까?

"확실치는 않지만 부이사장인 이강렴 씨는 일제 때부터 인쇄소에서 일을 했다는군요. 그러다가 해방으로 일본인들이 쫓겨가니까 종업원들의 대표로 나서서 출자자인 유명한 씨와 함께 고려문화사를 이끌었던 것으로 알고 있습니다. 부이사장으로 재짓하면서도 개인적으로는 국민음악회라는 업체를 경영했는데 오히려 고려문화사보다 더 번창했을 거에요. 물론 국민음악회의 모든 인쇄물은 고려문화사에서 했구요. 유일한 씨는 대동아전쟁이 시작되면서 친미파로 몰려 일본에 의해 추방당했습니다. 동생인 유명한 씨가 사업체를 맡아서 사세를 국내외로 확장시켰죠."

문인, 작가 등 쟁쟁한 편집진

—고려문화사의 위치가 중구 태평로2가 1번지였는데 지금으로 따지자면 어디쯤 되고 건물이나 사무실의 규모는 어느 정도였는지 궁금합니다.

"인쇄부인 공장은 시청앞 광장에 있었습니다. 지금의 프라자호텔 건너편이 되겠군요. 제 기억으로는 공장부지가 8백~천 평쯤 된 것 같습니다. 건물은 3,4층 정도의 사무실이 따로 있었구요. 종업원은 2백 명이라는 말도 있지만 약 8백 명은 넘었던 걸로 기억합니다."

—고려문화사는 특이하게도 이사제를 채택하고 있는데, 그 이유와 이사진들을 소개해주십시오.

"주식회사의 체제를 택하지 않고, 이사장을 중심으로 한 이사제로 운영한 것은 종업원 대표와 출자자의 공동운영을 돕기 위해서인 것 같습니다. 이사진은 출판계에 다년간 몸담은 경력을 가진 김창집 씨와 경리분야의 책임자였던 황석하 씨, 그리고 이강렴 씨, 임병철 씨로 구성되어 있었습니다. 김창집 씨는 기독교 관련 잡지인 시조사의 편집책과 사장을 역임하신 분이셨고, 황석하 씨는 유한양행에서 파견된 분으로 고려대의 전신인 보성전문학교 출신으로 영어에 능했고, 경리 분야에 밝아 경리책임자로 계셨습니다. 나중에 이사로 들어온 김문태 씨는 서북청년회에서 왔던 걸로 기억합니다. 그리고 편집진의 임병철 씨는 유한양행의 학술부에 계시던 분인데 고려문화사 편집부로 오셨다가 다시 1948년에 동아일보 편집국장으로 자리를 옮기셨죠. 같은 편집부의 김영수 씨도 학술부 출신이었는데, 이외에도 박계주, 채정근, 박영준, 최영수 씨 등 쟁쟁한 인재들이 고려문화사의 편집부를 메우고 있었습니다."

월간잡지 〈민성〉은 10만부씩 발행

—고려문화사가 발행했던 〈민성〉은 당시 최고의 부수를 기록한 잡지라는데, 〈어린이신문〉과 함께 얼마만큼 발행했으며, 제작, 판매 과정 등에 대한 말씀도 부탁드립니다.

"처음엔 주간으로 발행하다가 월간으로 발행한 〈민성〉은 약 10만부 정도 인쇄했던 기억이 납니다. 주간 〈어린이신문〉 역시 10만부를 발행했는데, 10만부 돌파 기념식을 했습니다. 월간지로서 당시에 가장 인기가 높았던 〈민성〉은 김영수 씨와 채정근 씨, 여기자 백인숙 씨가 함께 만들었고, 전국특약점을 통해 배포했습니다. 주간 〈어린이신문〉은 윤석중 씨 등이 편집했고, 有價보다 無價誌로 전국 국민학교에 배포하기도 했죠. 특히 〈민성〉은 〈라이프〉지와 같은 판형과 표지 장정으로 당시의 월간지들과 색다른 점이 돋보여서 많은 독자를 확보할 수 있었습니다."

─임병철 씨 등 영어에 능한 편집자와 기획의 특이성으로 성공한 셈이군요. 당시의 용지 사정은 어땠습니까?

"광복 당시 용지 사정은 갱지가 매일신보사, 경성일보사 등에 1천여 連 정도가 남아 있었고, 몇 군데의 인쇄소에 조금 있었지만 용지의 생산 능력은 거의 마비된 상태였습니다. 다행히 고려문화사에는 일본사람들이 버리고 간 재고가 있어 1년쯤 견딜 수 있었어요."

─내부 인쇄 말고도 인쇄를 했나요?

"내부 인쇄물은 〈민성〉과 〈어린이신문〉 그리고 단행본 몇 종뿐이어서 외부의 인쇄 의뢰를 받아 작업을 했었죠. 인쇄시설이 워낙 대규모여서 벽지 인쇄도 했을 정도니까요. 일제 때 우리나라 사람들에게 벽지의 개념은 아예 없었어요. 신문지로 도배를 하거나 갱지를 사용했던 거죠. 해방이 되면서 2도, 3도의 인쇄된 벽지가 비로소 등장했는데, 당시 수백 連씩 찍어냈습니다."

한국전쟁의 와중에 문 닫아

─고려문화사가 문을 닫게 된 이유는 무엇 때문입니까?

"저는 46년 2월1일 입사해서 49년 봄인 4월경에 결혼과 함께 고려문화사를 떠났습니다. 유명한 씨가 부산에 있는 제약회사를 인수했는데 그 책임자로 저더러 내려오라는 거에요. 그래서 처음엔 망설였지만, 개척정신을 앞세워 내려가게 됐습니다. 그후 고려문화사가 없어진 것은 1년 뒤인 1950년 6.25전쟁에 의해서였지요. 해방 후 좌익사상이 농후했던 곳이 출판노조였는데, 들리는 말로는 인민군이 들어오자 좌익 인쇄공들이 고려문화사에서 화폐를 인쇄했다고 합니다. 그래서 주요 폭격지점이 되었고, 전쟁중에 심한 폭격으로 흔적도 없이 파괴돼 현재의 시청 앞 광장이 된 겁니다. 이사장인 유명한 씨는 부산으로 피난을 내려갔습니다. 처음에는 시내에서 살았는데, 노모의 건강을 위해 풍광이 수려한 다대포로 이사를 했어요. 다대포에서 부산까지 연락선을 타고 출퇴근을 하던 유명한 씨는 수복 직후 다대포 조난사건을 당해 그만 돌아가시고 맙니다. 결국 서울에 있던 고려문화사는 폭격으로 재가 되고, 이사장이셨던 출자자가 돌아가셨으니 전쟁 와중에 흐지부지돼, 우리 출판계의 역사 속에만 존재하는 출판가사 된 겁니다."

─조선생님은 고려문화사의 이사를 하셨고, 초대 출협회장을 지낸 김창집 선생의 사위분이신데, 그 분에 대해 말씀해주십시오.

"장인어른이 돌아가신 지 20년이 되었군요. 몇해전 돌아가신 장모님을 합장해드렸는데, 작년에 비석을 세우려다가 여의치 않아 어제사 비석을 세워드렸습니다."

─조선생님은 최고경영인상도 수상하셨고, 유한양행 사장, 광명인쇄소 사장을 역임하시는 등 실업인으로서 한평생을 사셨는데, 출판 경영에 대한 조언을 부탁드립니다.

"동서양을 막론하고 출판으로 큰돈 벌기란 어려운 일일 겁니다. 정부 차원의 지원이 있어야겠지만 출판인 스스로도 국민정서와 양식을 향상시키기 위한 사업이라는 생각을 먼저 해야 할 것으로 봅니다."

─긴 시간 좋은 말씀 해주셔서 감사합니다. (정리 〈출판저널〉 최태원기자)

— 이경훈『속 책은 만인의 것』(보성사 1993.12.22) 412~417쪽

고려문화사는 1945년 10월 1일에 유한양행의 설립자이자 사장인 柳明韓을 이사장으로 하여 경영에 李康濂, 黃碩夏, 편집에 林炳哲, 金昌集의 理事陣으로 발족했다. 우선 출판에 앞서서 현재의 서울 시청 앞 광장에 있었던 일본인 경영의 활판인쇄소 大海堂과 평판인쇄소 東洋오프셋을 접수하여 그 해 12월 1일을 기해 종합교양지 〈民聲〉을 週刊으로 창간시켰다가 1946년 1월에 月刊으로 바꾸어서 1950년 5월까지 통권 45호를 기록하고 6.25 전쟁으로 終刊되었다. 또 〈민성〉과 같은 달에 주간 〈어린이신문〉을 창간하여 1950년 6월까지 제180호를 기록하는 한편, 소년문고와 중학 교재들을 주로 출판했다. 초창기에 소설가 朴啓周와 아동문학가 尹石重이 편집에서 일을 했고, 소설가 朴榮濬과 시인 李相魯는 6.25 전쟁 전까지 편집 일을 맡아 했다. 6.25 전쟁 때 인쇄시설 태반이 戰火로 灰塵되는 바람에 회사가 와해되고 말았다. 편집국장이었던 김창집은 대한출판문화협회 초대 회장으로 선출된 이후 1957년 10월의 제11차 정기총회 때까지 10대에 걸쳐 회장직을 연임했다. 또 경영을 맡았던 이강렴은 국민음악사를 창설하여 큰 업적을 남겼다.

— 조성출『한국인쇄출판백년』 423쪽

조선독립혈투사 | 강홍수 1946.5.5 165쪽 35원 19㎝ 印고려 고정수 장정 ⓘ

靑磁賦詩集 | 朴鍾和 1946.5.5 96쪽 20원 18㎝ 印高麗 朴啓周 裝幀

女聲唱歌集 | 任東爀 1946.5.25(初)9.10(再) 60쪽 40원 26㎝ 印高麗 朴

三國遺事 | 史書衍譯會 譯 1946.6.25 362쪽 150원 21㎝ 印高麗

한글맞춤법교본 | 장하일 1946.7.10 冊

한글맞춤법교본 | 장하일 1946.9 114쪽 30원 出

田園創作集 | 安懷南 1946.10.26 350쪽 85원 18㎝ 印高麗 鄭玄雄 裝幀

조선의 전설소년문고⑤ | 林炳哲 1947.4 60쪽 55원 出

고급국어권⑥ | 서울사대 편 1947.6.1 全

과학의 지식 | 교문사 편 1947.7 145쪽 45원 19㎝ 出

소년소설집 | 이영철 1947.10 70원 出

人類生活史圖解第一 | 朝鮮人類學會 編 1947.11.5 절첩본16면 100원 36×13.5㎝ 印고려

英文解釋總括的研究法受驗參考 | 韓乙出(서울工大講師) 1948.1.25 153쪽 150원 印문석린 ⓘ

재봉교본 | 이소담 1948.3 140원 出

천문교실 | 김계택 1948.4 145원 出

匹夫의 노래詩集 | 林學洙 1948.7.10 130쪽 270원 18㎝ 印고려 吉鎭燮 裝幀

冷靜戰爭 | 朴琦俊(월터립맨) 1948.9.30 74쪽 150원 18㎝ 印高麗

桑園時調集 | 朴宗玉(남영동43) 1948.10.20 94쪽 150원 18㎝ 南農 表紙畵 以堂 題字

비행기이야기소년문고⑦ | 김공권 1949 63쪽 100원 出

고급국어상중하 | 손낙범 · 정학모 200원 出

다른나라생활하 | 윤재천 250원 出

어린이국어책 | 한인현 (재판 인쇄 중) 出

그림수공책 | 홍은순 150원 出

(잡지1) 〈民聲〉

(잡지2) 〈史海〉

高麗書籍株式會社 李康濂 을지로2가17 의주로1가21 등록번호682(1948.6.20)

고전문학교본 | 최창국,황희영 편 이병기교열 1948.11.20 200원 20㎝ ⓘ

동요 짓는 법 | 김철수 1949.4.20 113쪽 200원 18㎝ 林同恩 表紙·揷畵

武藝圖譜新志 | 郭東喆 1949.8.31 380원 印조선단식 ⓘ

國防槪論 | 金弘一 1949.11.15 98쪽 200원 19㎝ 印조선단식 ⓘ

동서금언경구집 | 李鍾喆 1949 113쪽 150원 15㎝ 韓

다람쥐兒童自由詩集 | 金英一 1950.2.20 99쪽 280원 21㎝ 印朝鮮單式 林同恩 表紙·揷畵

표준중등말본 | 장하일 1949.9.15(初)1950.3.25(再) 108쪽 275원 印조선단식 ⓘ

高麗先鋒社 梁在健 종로6가 238-17 등록번호34

최신영어분류해석법 | 許然 1946.10 72쪽 25원 出

고려문화사 로고

고려문화사 인지

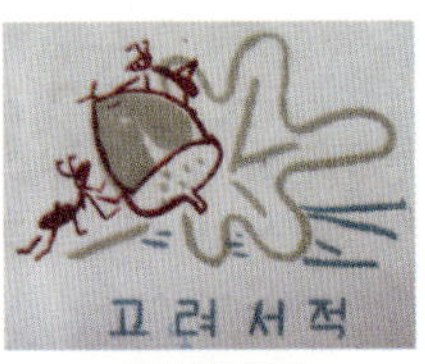

고려서적 로고

고려선봉사 로고

중국쏘비에트지구시찰기 ┃ 文銓澤(에드가스노) 1946.11 45쪽 18원 出

신제중등공민교과서 ┃ 고려선봉사 편 1947.1 94쪽 50원 出

西洋哲學史要 上卷 ┃ 金在範(波多野精一) 1947.7.15 173쪽 160원 19㎝ 印協進

高麗神學校 釜山府 광복동1가7

啓示錄註釋 ┃ 朴允善 1949.4.1 443쪽 비매 印慶北印刷公社 ⓘ

高麗神學學友會 광복동1가7 21㎝

(잡지) 〈把守軍〉

고려출판사 洪思泳 종로1가54 등록번호400

중등수학자습서 제2학년기하제2류 ┃ 수리연구회 편 1946.11 88쪽 68원 出

동양의학 원리의 과학적 체계 ┃ 韓昇璉 1949 111쪽 ⓘ

대한독립운동사감 ┃ 편집부 1950 170쪽 ⓘ

패전과학의 실상 ┃ 全林 편역 1950 154쪽 300원 19㎝ 韓

공신인쇄주식회사

大韓李朝末史 ┃ 이청열 1946.3.25 43쪽 ⓘ

工業文化社 ☞ 朝鮮工業文化社

公州郡廳友會 등사본

(잡지) 〈廳友〉

科學文化社 兪泰燮 서소문동53-5 등록번호723(1947.9.9)

체육보건교범 ┃ 서울사대체조보건연구회 1949 278쪽 500원 21㎝ 韓

최신자연환경과 인류생활 ┃ 崔福鉉,李智晧,金相昊 1950.4.30 161쪽 600원 21㎝ 印서울인쇄

보건공부③ ┃ 김진팔,신충선(서울사대부속국교) 1950.5.10 87쪽 180원 18㎝ 印서울인쇄사 유태섭
등록번호86(1947.9.30) ⓘ

과학사 로고

科學舍 張炳台 교남동56 등록번호252(1947.9.20)

칼·맑쓰론 ┃ 金聲大,김영민(라스키) 1946.11 106쪽 40원 出

希臘文化硏究 ┃ 趙義高(신촌동57-9) 1946.12.15 103쪽 70원 21㎝ 印高麗

나의 世界像 ┃ 金永祿(아인슈타인) 1947.4.15 86쪽 60원 18㎝ 印高麗

民主主義 革命의 歷史와 理論 ┃ 과학사편집실 역편 1947.5.30 100쪽 70원 19㎝ 印고려문화사 林
伊豆公夫의 『靑年의 世界歷史』와 淺田光輝의 『民主主義革命의 歷史와 理論』을 합하여 편집한 책.

쏘聯의 新文化 쏘비에트民主主義 ┃ 金愚巖 洪淳昶 共譯 1947.7.15 65쪽 60원 18㎝ 印高麗

청년을 위한 세계역사 ┃ 과학사(伊豆公夫) 1947 55쪽 70원 19㎝ 韓

아메리카史槪說 | 신문화연구소 1948.10.15 149쪽 250원 18㎝ 印高麗

유엔憲章 | 金鍊軾 1948 46쪽 60원 18㎝ 韓

政治學槪論 | 徐壬壽(HJ라스키) 1947.10.10(初)1949.5.1(再) 107쪽 200원 18㎝ 印聲文

科學書院 金榮胤 명륜동2가21 등록번호88(1947.9.20)

英韓 醫學小辭典 | 兪炳瑞 編 金鳴善 校閱 1948.7.1 179쪽 350원 16.5㎝ 印高麗

식물의 생활형 | 김준민(마운키엘) 1949 188쪽 460원 21㎝ 韓

영한치과의학소사전 | 世醫大치과학교실 편 1949 160쪽 400원 15㎝ 韓

科學振興社 朱貞順(용강동107) 李基淳 만리동2가1 등록번호596

신제화학문제기본 | 朴林鍊(마포구 염리동148-3) 1948 131쪽 250원 19㎝ 韓

고급표준화학 I | 朴林鍊 1949.3.26(初)1950.3.15증정(再) 156쪽 480원 21㎝ 印大韓印刷公社 등록번호105

光明出版社(光州) 金萬興 광주부 충장로3가4

黃山式富國農法 | 吳聖友 1949.2.1 74쪽 19㎝ 印전남지공주식회사 충장로4가32

光文社 權泰益 효자동145 등록번호791(1948.12.3)

壬辰倭亂後篇 | 權泰益 1949.1.5 457쪽(연속) 300원 18㎝ 印文化印刷社

廣文社 金東根 을지로4가159 등록번호251(1947.9.20)232(1949.7.21)

초등셈본참고서 4學年1用 | 進學硏究會 編 1946.12.5 印同印刷所 金東九 매同社 i

중등입학시험 문답집 | 진학연구회 편 1947.4 46쪽 90원 出

우리나라의 발달6-2 참고서 | 진학연구회 편 1947.9.20 180원 印同印刷所 i

ALICIA'S DIARY언니의 日記 | 金英根 註解(T·하아디) 1948.5.5 120쪽 200원 18㎝ 印同印刷所

고등미분학강의상 | 李廷紀 1948.7 250원 出

전과종합상식공부책 五六學年用 | 진학연구회 편 1948 182쪽 i

광문전과4-2 | 진학연구회 1949.10.26 378쪽 550원 印同印刷所 등록번호41(1947.9.30) i

자주조선의 지향 | 배성룡 1949 208 雅

외우는책지리력사리과공민구두시문 | 진학연구회 편(연도 미상)35원 15㎝ 印同印刷所 發金東九

廣文書林 金政圭 을지로3가230 동대문구 돈암동242 등록번호178(1947.9.20)

문장독본 | 이광수 1948.4 246쪽 300원 i

仁祖反正 | 洪曉民 1949.1.25 420쪽 580원 18㎝ 印高麗 金胡星 表紙

新婚日記一名 세동무 | 李泰俊 1949.2.15 384쪽 550원 18㎝ 印高麗 金泰卿 金胡星 裝幀

天機大要 | 광문서림 편 1949.3.30 350원 印서울합동사 李應錫 등록번호8(1947.9.30) 매보문서관 i

아름다운 전설소년소녀과외독본 | 김송 글 김용환 그림 1949(三) 101쪽 i

片手美人탐정소설 | 광문서림 편 1949 213쪽 200원 19㎝ 韓

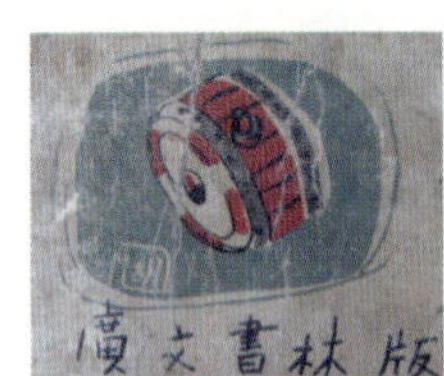

광문서림 로고

黑과 白長篇小說 ┃ 崔杲(펄벅) 1950.2.20 316쪽 750원 18㎝ 印高麗

廣文出版社　洪秉璇　홍파2동2-22　등록번호604(1948.3.5)

농업협동조합과 조직법 ┃ 홍병선 1948.3.15 38쪽 40원 18㎝ 印國都 吳民煥 등록번호149(1947.9.30)

丁抹農民과 朝鮮 ┃ 洪秉璇 1948.3.15(初)1949.6.10(再) 63쪽 120원 18㎝ 印중앙인쇄사

광복단중앙총본부　韓焄　무교정13

光復團略史 ┃ 韓焄 편집겸발행 1946.8.3 28쪽 印협진 Z

광성서점

전후아세아각국의 최근정세 ┃ 해외사정연구소 1947 i

光信堂　와룡동132

고장생활사회생활과 ┃ 충남학무국내 한밭硏學會 1947.10.28 36쪽 30원 i

光州府

解放前後回顧 8.15해방1주년기념출판 ┃ 光州府總務課公報係 1946.8.15 171쪽 18㎝ 印無等書籍印刷㈱

光州의과대학학우회문예부

(잡지) 〈瞳子〉

광주형무소

한글첫걸음 ┃ 문교부 1950 18쪽 i

광지사

한미회화 ┃ 동양사편집부(사아젠트) 1950 281쪽 65원 19㎝ 韓

光昌閣

韓國의 憤怒일명 청산리혈전실기 ┃ 李範奭 저 김광주 역 1946.4 82쪽 15원 出

우리임시정부 ┃ 윤재현 1946 23쪽 清

廣韓書林　金松圭　창신정142-3

朝鮮史論 제1집丹齋申采浩先生遺稿 ┃ 申采浩 1946.4.30 61쪽 18㎝ 印서울

회중신옥편 ┃ 金松圭 1948.2 出

교계춘추사

민족의 각서 | 金鏡(국립조선해양대학강사) 1949 115쪽 [i]

교계춘추사 김재준

(잡지) 〈십자군〉

敎文社 孫熙朝 후암동389-9 등록번호162(1947.9.30)

發展的自由主義의 思想體系 | 崔載喜(고려대 교수) 1947.10.25 140쪽 130원 18cm [印]朝鮮單式
우리나라의 발달 따른 그림책 | 申興鎬,辛東燁 1948.3.10 34쪽 115원 21cm [印]조선단식
교문영습자 KYOMOON ENGLISH PENMANSHIP | 편집부 1948.8 25쪽 50원 21cm [印]조선단식 [i]
現代文章新講 | 朴泰潤 1948.9.5 243쪽 350원 18cm [印]서울신문사 태평로1가31 등록번호14(1947.9.30)
俗談大辭典 | 金思燁,方鍾鉉 1949.1.31 437쪽 950원 21cm [印]朝鮮日報社
俗談大辭典 | 金思燁,方鍾鉉 1950.2.3 437쪽 1700원 18cm [印]조선단식 등록번호125(1947.9.30)
時調詩學 | 安自山 1949.4.15 192쪽 50원 18cm [印]朝鮮日報社 등록번호60(1947.9.15)

교문사 로고

敎文社 대구부 동일동11번지 등록번호1104(1947.12.1)

대낮 詩集 | 申東集(계산동2가71) 1948.8.25 87쪽 160원 18cm [印]교문사 李海南 白泰鎬 裝幀 朴木月 序文

교양프린트社 대구부 삼립정39

한글맞춤법해설 | 全在涉 1946.5.1 [i]

敎育新聞社

야구규칙 | 최상준 1949 144쪽 200원 [韓]

(잡지) 〈敎育新聞〉週刊

敎育硏究社 인사동119 등록번호193(1947.9.20)

經濟地理學槪論 | 表海雲 1947.9.25 103쪽 130원 21cm [印]대동
NEW METHOD ENGLISH GRAMMAR AND COMPOSITION 영작문 | 安鎬三 1947.9.30 108쪽 120원 18cm [印]대건
영어발음 | 우형규 1947.9 38쪽 40원 [出]
신영어교재 | 우형규 1947.9 91쪽 120원 [出]
생물학용어집 | 조선생물학회 편 1947 78쪽 70원 [i]
中等動物 | 石宙明 1947.9.15(初)1948.8.20(四) 106쪽 200원 21cm [印]대동 [매]박문
The New Living English Readers 주해서 | 편집부 1949.11.25 [全]

교육연구사 인지(석주명)

교육연구사 인지(표해운)

교육자료조사연구회

지능검사수련장 | 尹亨植 7원 出

교육주보사 로고

教育週報社　鄭建永　필동2가　등록번호443(1947.11.1)

教育法解義 | 朴熙秉 1950.4.15 223쪽 600원 18㎝ 印 서울신문사

교재연구사　金錫培　청운동89-1　등록번호533

중등새말본 | 장하일 1947.12(初) 128쪽 150원 出
중등새말본 | 장하일 1948.8.1(再) 118쪽 全

交通部

運轉取扱規則 _{1948년 7월1일부터 實施} | 교통부 편 1948.5.27 達甲 第30號 別冊 122쪽 21㎝
運轉取扱細則 _{1948년 7월1일부터 實施} | 교통부 편 1948.5.27 達甲 第31號 別冊 132쪽 21㎝

교학사

The King's Crown Readers^{주해서 권2} | 교학사 1947.3.3 40원 印 창인사 賣 창인사 i
The New English Readers Book^{주해서} | 교학사 편 1947.8 87쪽 65원 出
The New English Readers^{주해서2} | 교학사 편 1947.10.20 95원 印 창인사 賣 창인사 i

교학서관(서울지점)　鄭寅爽　당주동45-12　등록번호356

젊은 교사에 드림 | 表光浩 1947.5.15 121쪽 120원 19㎝ 敎

교화사업국민수양원　인천

(잡지) 〈修養〉

교회음악연구회　劉寬祜　金瑛主　신설동399　등록번호535

중등노래교본초급용 | 계정식(명륜동3가153-2) 1946.12.5 58쪽 40원 i

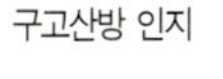
구고산방 인지

九皐山房　북아현동1-66　등록번호811(1949.1.25)

白鷺^{詩集} | 金相瑗 1949.3.30 104쪽 300원 18㎝ 印 서울신문사 金基昶 裝幀

구국기도단

(잡지) 〈아멘〉

救國文化社　남대문로2가12　申泰嶽　허가번호244　21㎝ [출판사는 남대문로2가15 白信子 등록번호 401]

(잡지) 〈救國〉

救世軍大韓本營

구세군지침 **|** 구세군대한본영 편 1948 250원 19㎝ 韓

菊露社　경북 경주군 江東面 良洞里107

朝鮮獨立血史 **|** 李海煥 編 1945.12.2 107쪽 12원50전 18㎝ 印合進 崔昌秀 대구부 영정 8번지

국립개성박물관

국립개성박물관 안내 **|** 국립개성박물관 편 1948 35쪽 50원 19㎝ 韓

국립농사교도국　임인본 태평로1가72

米의 商品化 **|** 蔡丙錫 1949.1.30 115쪽 150원 印경성인쇄 i

국립농사시험장

국립농사시험장요람 **|** 국립농사시험장 편 1948 41쪽 비매 19㎝ 韓

國立圖書館　李在郁 남대문로2가 등록번호307

조선십진분류표(KDC) **|** 朴奉石 편 1947.10 88쪽 280원 出
조선서지관계도서전람회목록 **|** 국립도서관 편 1948.6 冊
朝鮮東書遍目規則 **|** 朴奉石 1948.10.11^(5백부한정) 50쪽 21㎝ i

(잡지) 〈文苑〉국립도서관관보

國立中央觀象臺

歲次丙戌曆書 **|** 국립중앙관상대 편 1946 58쪽 1원95원 出
歲次戊子曆書 **|** 국립중앙관상대 편 1947.12 50원 出

국무원총무처

電信略符號 **|** 국무원총무처 편 1950.5.20 158쪽 i

國文社　李成九 돈의동88 등록번호446(1947.10.1)

愛慾의 彼岸^下 **|** 李光洙 1949.1.15 321~634쪽 450원 18㎝ 매文研社 종로2가66
첫사랑 **|** 최독견 1949 260쪽 400원 19㎝ 韓
우리나라 역사 **|** 최남선 1949.12.25^(初)1950.1.25^(再) 900원 19㎝ 印박문 매문연사 i
세계역사요항^{국사동양사서양사합편} **|** 최남선 1950 189쪽 900원 21㎝ 韓

國民公論社　대한독립촉성국민회 姜顯元

(잡지) 〈國民公論〉

國民大學校出版部 李新憲 창성동117 등록번호765

行政法講義案 | 鄭雲甲(학도호국대 문화부 출판국) 1949.10.21 96쪽 20㎝ 등사본

헌법강의 | 박일경 1949 116쪽 350원 19㎝ 韓

比較政府論 | 朴一慶 1950.3(서문일자) 79쪽 19㎝ 등사본

(잡지) 〈국민대학학보〉

國民文化社 李東燁 충정로3가3번지29 등록번호564

民族의 進路 | 朱東根,崔正浩,李正燮,尹基善,李澗松 1947.12.15 102쪽 150원 17㎝ 印 朝日
만리동1가209

국민사상통일협회

민주조국발전과 査察警察의 임무 | 金憲 1949 300원 韓

國民音樂研究會 李康濂 궁정동87 등록번호166(1947.9.20)

이강렴은 고려문화사 부이사장이면서 국민음악연구회와 고려서적(주), 조선학교도서출판부를 설립, 운영하였다. 해방기에 중요한 출판인이지만 관련되는 자료가 많지 않아 『1957출판연감』(대한출판연감사 1957.4.30 320쪽)에 있는 그의 약력을 간략히 밝힌다.
現 국민음악연구회 대표, 康湖문화사 사장, 한국검인정교과서(주) 부사장 / 본적 서울 / 주소 서울시 종로구 궁정동 87 / 나이 52세 / 학력,경력 중동중학교 졸업, 동경미술학교도안과 졸업, 동경제국음악학교 졸업, 경성음악연구소 창립.

중등음악교본 | 전국음악교육협회 편 1947.7 41쪽 95원 出

중등악전교본 | 이승학 1948.1.30 150원 i

중등합창교본 | 국민음악연구회 1948.4.2 66쪽 200원 i

중등음악교본3 | 음악교육연구회 1948.8.10 冊

화성학제1집 | 국민음악연구회 1948 98쪽 280원 i

金順愛가곡집 | 국민음악연구회 편 1948 50쪽 35원 26㎝ 韓

올갠교본 | 국민음악연구회 편 1948 56쪽 450원 26㎝ 韓

초등음악책1,2,3학년용 | 국민음악연구회 편 1949.6.15 200원 印 고려문화사 i

초등음악책4,5,6학년용 | 국민음악연구회 편 1949.7.20 300원 印 고려문화사 i

남녀중등음악교본제1권 | 국민음악연구회 편 1949 65쪽 26㎝

남녀중등음악교본제2권 | 국민음악연구회 편 1949 26㎝

중등음악통론 | 김형근(신당동411) 1950.5.15 106쪽 305원 21㎝ 印 高麗

오르갠명곡집 | 국민음악연구회 편 1950 33쪽 700원 21㎝ 韓

국민일보사

義兵大將韓鳳洙 | 洪元吉 1950 124쪽 400원 18㎝ 韓

국민출판사

3.1운동과 대한민국임시정부 ┃ 계림학인 1946.1 40쪽 4원 出

국방부

국방과 기술 제1,2호 ┃ 국방부병기행정본부정훈과 편 1950 비매 26㎝ 韓

국방부정훈국

(잡지) 〈육군〉

국방연구회

建軍의 이론적 근거국방연구총서① ┃ 국방연구회(金盛鎬) 1948 54쪽 60원 18㎝ 韓

國史院 장도빈 궁정동55

國史 ┃ 張道斌(궁정동44) 1946.1.20(初)3.20(再) 120쪽 16원 18㎝ 印朝鮮印刷 봉래정3정목62

국어교육연구회 (발)조윤제 (편)천성환

(잡지) 〈국어교육〉

國際文藝社 沈相準 창신동290 등록번호437(1947.10.1)

中等音樂敎本 ┃ 李升學 1948.8.30 48쪽 200원 印문해당 창신동233 등록번호140(1947.9.30)

中等音樂敎本三卷 ┃ 李升學(아현동472-15) 1948 54쪽 26㎝ 

人間金九 上篇 ┃ 吳蘇白 1949.3.15 233쪽 400원 18㎝ 印文海堂

거리의 情報室 ┃ 吳迅 1950 214쪽 300원 19㎝ 韓

국제문예사 로고

國際文化公會 북아현동1-53

民主主義敎育의 建設 ┃ 吳天錫 1946.11.15 57쪽 20원 19㎝ 印朝鮮書籍 崔長秀 용문동38

아메리카民主主義成長史 ┃ 오천석(빈센트비네) 1947.10.5 144쪽 120원 印朝鮮교학 때선문사 朴

국제문화공회 로고

國際文化館 河敬德 충무로2가3 등록번호582(1947.12.31)

杭州旅行記世界女子基督敎靑年會大會參加報告 ┃ 崔以權 1948.4.1 56쪽 70원 18㎝ 印新韓公社

우리 민족의 걸어온 길국민문고 ┃ 손진태 1948.7 100원 出

가정채소원예국민문고② ┃ 유달영 1948.10 120원 出

民主主義와 敎育上 ┃ 吳天錫(짠뜌이) 1948.11.25 244쪽 750원 19㎝ 印조선인쇄 李命珪

壬辰錄민족문학총서제1집 ┃ 李明善 校正 1948.11.30 160쪽 250원 18㎝ 印서울인쇄사

近朝內簡選민족문학총서제2집 ┃ 李秉岐 編註 1948.12.25 102쪽 150원 18㎝ 印서울인쇄사

가루지기타령민족문화총서제3집 ┃ 李秉岐 校註 1949.5.10 72쪽 120원 18㎝ 印서울인쇄사

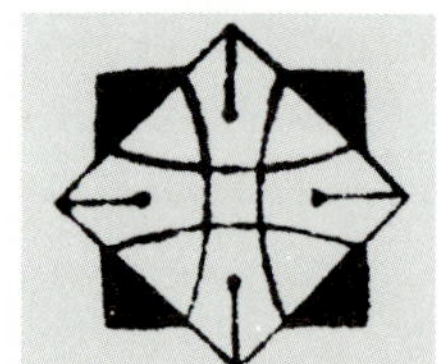

국제문화관 로고

국제문화관 인지(전봉덕)

於于野談민족문화총서제4집 | 李秉岐 校註 1949.5.30 100쪽 150원 18cm 印대건
　　등록번호21(1947.9.30)

고급생물상 | 김준민 1948 142쪽 280원 21cm 韓

法學通論 | 田鳳德 1947.11.10(初)1949.10.1(六) 138쪽 250원 19cm 印대건 韓昌愚

裵裨將傳·雍固執傳민족문화총서 제6집 | 金三不 校註 1950.4.25 111쪽 300원 18cm 印대건

國際文化交流協會 　수표동20번지

美國의 大學生活 | 崔佑喆(양칭큰) 1947.6.1 103쪽 90원 18cm

국제문화사

영어연습1-3 | 문교영어학교 편 1948.11 30쪽 50원 出

世界名歌百曲集 | 李升學 편 1949 228쪽 1400원 26cm 韓

國際文化協會 　金乙漢(東溟)　종로2가9번지 YMCA내　등록번호267

본 국제문화협회는 1945년 9월 조직, 隣邦은 물론 멀리 세계 각국과 문화 교류를 꾀하는 동시에 우리 문화를 널리 세계에 전파함을 주목적으로 발족한 것으로 출판은 그 사업의 일 부문이다.
　　　　　　　　　　　　　　　　　　　　　　　　　　—『출판대감』12쪽

建國과 理想 | 이승만 1945.12.12 40쪽 ⓘ
屠倭實記 | 嚴恒燮 著 崔埈 編 1946.3.1 119쪽 25원 21cm 印경성일보사 李承萬 裝幀
金九先生血鬪史 | 嚴恒燮 著 崔埈 編 1946.3.1 119쪽 25원 21cm 印경성일보사 李承萬 裝幀
TALES FROM KOREA朝鮮童話集 | 卞榮泰 1946.10.20 148쪽 60원 18cm 印同社
패망 일본군벌의 흑막 | 崔武吉 편 1946.11 52쪽 25원 出
독일어초급문법독본 | 김진섭 1947.2 100쪽 50원 出
愛國者閔忠正公 | 趙容萬 1947.3.15 103쪽 800원 18cm 印근영사
甲申政變과 金玉均 | 閔泰瑗 1947.9.30 154쪽 200원 18cm 印대건
美蘇相剋과 極東風雲 | 柳光烈 1947.12.15 82쪽 18cm 印근영사
死線을 헤매이며 | 尹在賢 1948.8.10 191쪽 200원 18cm 金奎澤 裝幀 ⓘ
美國印象記 | 金東成 1948.10.30 120쪽 180원 18cm 印대건 發崔埈 劉允相 裝幀
나는 自由를 選擇하였다상 | 李元植(크라브첸코) 1948.10.1(初)10.10(再)1949.7.10(三) 388쪽 600원
　　　18cm 印대한인쇄
나는 自由를 選擇하였다하 | 李元植(크라브첸코) 1948.10.1 426쪽 600원 18cm
동물농장 | 金吉俊(G오어웰) 1948.10.31 111쪽 150원 18cm ⓘ
Songs From Korea英文 朝鮮詩調集 | 卞榮泰 1948.12.30 112쪽 200원 18cm
민주주의와 공산주의 | 박노춘(W다그라스) 1948 35쪽 60원 出
KOREA MY COUNTRY(祖國 朝鮮) | 卞榮泰 1950.1.20 224쪽 450원 18cm
第二次世界大戰回顧錄 | 朱耀燮(처-칠) 1949.5.15(初)1950.1.30(再) 159쪽 400원 19cm

소련인 조선에 오다 | 정한경 (기타사항 미상) 出

國際報道聯盟 宋政勳 을지로3가349 등록번호26

제주도 현지보고평화의 憧憬 | 宋政勳 편 1949 38쪽 300원 26㎝ 韓
KOREA 1950년판 | 宋政勳 편 1950.1.10 229쪽 2500원 26㎝
KOREA 1950년판 | 宋政勳 편 1950.4.1(再) 229쪽 US $ 3.00 26㎝ 朴

(잡지1) 〈國際報道〉
(잡지2) 〈세계문화〉

국제문화협회 로고들

國際社 曹和龍

옳으냐 긇으냐과학적지능고사문제집 | 과학진흥고사연구회 편 1949.11.25 印백양사 ⓘ
초등글짓기5,6학년용 | 朴木月, 全林 1950.5.10 280원 印서울공인사 全

국제문화협회 인지

국제사업연구소

에디슨전기 | 국제사업연구소(메도크롭트) 1950 205쪽 450원 19㎝ 韓

國際事情研究所 李重華 서린동 30 등록번호85(1949.11.16)

新處世學 | 梁炳鐸(카네기) 1949.11.15(初)1950.1.15(再)4.10(三) 168쪽 360원 18㎝ 印서울신문사
제2차세계대전 스파이비화 | 李龍鎬(싱거) 1950 262쪽 550원 19㎝ 韓

(잡지) 〈국제정보〉

국제문화협회 인지도장

國際新聞社出版部 宋志英 소공동45 등록번호788(1948.12.23)

韓國美軍政史國際小叢書1 | 國際新聞社出版部(라우터백크) 1948.12.25 143쪽 250원 18㎝
UN朝鮮委員團報告書國際小叢書2 | 林命三 역 1949.1.20 234쪽 450원 18㎝ 印서울신문사 朴
高麗史卷一古典叢書① | 李丙燾 編 1948.12.25 293쪽 1000원 21㎝ 印조선단식
高麗史卷二古典叢書② | 李丙燾 編 1949.1.15 605쪽 1000원 21㎝ 印조선단식

국제사정연구소 로고

國際音樂文化社 朴泰鉉 종로2정목7 명동2가68 등록번호325

臨時中等音樂教本 | 中等音樂教科書編纂委 編 1946.5.1 71쪽 21㎝ 印서울오프세트프린트사 명동2정목16

조선의 민요 | 성경린, 장사훈 1949.2.10 580원 印고려문화사 홍사영 ⓘ

(잡지) 〈음악문화〉

국제음악문화사 로고

국제조판사

〈종로〉도이취-한 사전 | 張河龜 1949 1540쪽 3000원 19㎝ 韓

國際出版社　曺華永　충무로1가39　등록번호142(1947.9.20)

국제출판사는 여러분으로부터 많은 호평을 받고 있는 일류출판사로서 주로 영문학 관계 서적을 간행하여 이미 문교부 檢定畢인 중등영작교과서 회화교본, 영문교본이고 금년도 검정 신청 중인 것은 영어독본, 기초영어교본과 數種의 副讀本 등인데 同社는 이익의 多寡를 불구하고 斯界의 권위자 諸先生의 가장 선구적인 양서만을 출간하여 우리나라 문화향상을 위하여 공헌하는바 지대하며 앞으로도 일층의 노력이 있을 것으로 기대되는바 크다 아니할 수 없습니다. 出版文化誌를 通하시는 여러분께서 국제출판사에 많은 후원과 애호를 加하시여 일진월보 무럭무럭 자라 장래 출판계에 왕자가 되도록 이끌어주실 줄 믿고 간략히 동사의 陣容을 소개하겠습니다. (사장)조화영 (총무)崔岐洙 (편집부)梁炳鐸 사전편찬계:최기수　영어공부계:張㻞鎭,梁炳鐸　일반도서계:양병탁　교정계:高憲,卜淑子, 張㻞鎭,양병탁 (업무부)李聖峰 서무계:문서:이성봉　회계:金春姬　업무계:판매:이성봉　인쇄:任彙昌　잡무:李秉朝 ─『출판대감』52쪽

국제출판사는 조화영이 대표였고, 젊은 영문학자인 양병탁이 편집을 맡아서 대학의 영문학 교재와 중·고등학교의 영어교재, 참고서, 사전과 월간 영어잡지 〈Study of English〉를 발행한 영어서적 전문 출판사였다. 同社의 대표적인 출판물은 『국제영한한영사전』으로 46배판 1,200면이었다. 그밖에 당시 전국 중·고등학생들의 영어 부교재로 최고의 환영을 받은 미국 하버드 대학의 R·J·Dixson교수가 만 5년간의 각고 끝에 편찬한 『기초영어교본』, 『영어회화교본』, 『영어문법교본』의 3권이 있다. 그리고 당시의 고려대 교수 권중휘, 이인수가 공저하여 문교부의 검정을 받은 『중등영작교과서』 또한 당시 최고의 발행부수를 기록한 영어교과서의 하나였다. 그 이유의 하나는 출판사상 최초로 영어교사용 지침서를 만들어서 무료로 배포했기 때문이었다. 그의 대학의 영문학도들의 환영을 받은 수주 변영로의 영시집 『진달래꽃』과 영문으로 된 『현대미국단편걸작집』, 서울대학 편 『미국독립선언서 및 헌법』, 라스키 저 『정치학입문』, 『세계위인전』과 고려대 교수 김정학 역 '1권 사회학, 2권 역사학, 3권 고고학, 4권 인류학'을 『과학입문총서 전4권』으로 묶은 것과 주역총서의 이름 아래 양병탁 주역 『영웅전』, 석동수 주역 『청십자가』 등을 출판했고, 특별한 사전으로 『국제그림영어사전』과 『특수시사영어단어사전』, 『독일어숙어사전』을 출판했다. 일반도서로는 한세광 저 『미국유학안내』, 劉永祜 저 『범죄과학』, 이하윤 편 『현대국문학정수』, 최준 저 『신문문화사』, 박목월 시집 『석상의 노래』, 『그림동화집』, 『아라비안나이트』 등이 호평을 받았다. ***최준, 박목월 등의 책들은 출판되지 않았다.**

여기서 私談 한 마디를 삽입한다. 8.15 광복 후 K대학의 영문과에 적을 두고 있었던 필자가 6.25 전쟁 이전까지 책값을 가장 많이 지불했던 우리나라 출판사가 신생사와 국제출판사였다. 우리나라 출판사에 엑센트를 준 것은, 당시 필자의 장서 약 800권 중 60%가 일서였고, 나머지 40%는 영문원서 30%에 우리말 도서 10%였다. 책값으로 따져서 그 30% 중의 약 2,3%와 10% 중의 2,3%가 두 출판사에서 발행한 책이었다는 말이다. 그 점은 그 당시 장차 영어로 밥을 먹겠다는 생각을 가졌던 필자와 동년배의 사람들에게 거의 공통되었던 사실이었던 것이다. ─ 조성출 『한국인쇄출판백년』 439~441쪽

국제출판사 로고들

Grove of Azalea ┃ 卜榮魯 編　1947.7　83쪽　120원　18㎝

미국독립선언서급헌법영문 ┃ 서울대학교 편　1947.9　50쪽　80원　出

AN INTRODUCTION TO POLITICS ┃ Lasky　(발행자)국립서울대학　1947.11.15　112쪽　220원　18㎝

美國의 大學制度美國留學案內 ┃ 韓世光(한흑구)　1948.4.25　81쪽　150원　i

Rudiments of English Compositionpart① ┃ 권중휘, 이인수　1948.6.30　쇼

국제그림영어사전 ┃ 국제출판사 편　1948.8.30　480쪽　700원　19㎝　i

회화영어교본영문 ┃ 로바드딕숀　1948.8　130쪽　200원　出

영문법교본영문 ┃ 로바드딕숀　1948.9　160쪽　250원　出

영작문상 ┃ 李仁秀, 權重輝　1948.9　110쪽　150원　出

영작문하 ┃ 李仁秀, 權重輝　1948.9　125쪽　200원　出

Great Livies in History세계위인전 ┃ 국제출판사편집국　1947.10.13(初)1948.10.2(三)　250원　i

독일어숙어사전 ┃ 편집부　1948.10.30　135쪽　200원　印경성인쇄지기유한회사 종로5가261 製중앙사진문화사 을지로2가199　i

犯罪科學 | 劉永祜 1948.11.30 165쪽 400원 18㎝

기초영어교본영문 | 로바드딕숀 1948.12 190쪽 300원 出

Workbook for winter vacation① | 편집부 1948 30쪽 i

養育의 나라農民史話 | 최종준 1949 136쪽 200원 韓

국제영한영영사전 | 국제출판사 편 1949 1074쪽 1800원 19㎝ 韓

國學大學 현저동46 (발행겸편집)金昌眞 다동152

졸업앨범 | 國學大學 編 1949 輯해동사진관 印경성사진인쇄소 중구 필동1가 46

(잡지) 〈國學〉

국학대학 국학연구회 金昌眞 현저동46 등록번호120

몽고어만주어교과서 | 表文和 1947 册

表情시집 | 李範赫 1949.6.1 河

國學圖書出版館(株) 광주부 성남동122

李忠武公一代記 | 李殷相(광주부 장동50) 1946.12.1(初)12.20(再) 120쪽 70원 21㎝ 印호남신문사인서관
朴信海 광주부 남1동1 허백년 題字

군산기독청년회 朴昌睦

어린이찬송유년주일학교초등부용 | 군산기독청년회 편 1948.12.25 21㎝ 印完一프린트 i

群山民報社 군산부 금동10번지

全北人名錄 | 陸福述(군산부 월명동) 1947.11.1 150쪽 18㎝ 印金溶萬 군산부 창성동

群山天主教會 박분도 신부

가톨릭성가집 | 강승히 1948.11.10 148쪽 24㎝ 印군산천주교회청년

群書堂書店 김성기 충무로2가14 등록번호696

여운형선생에 대한 판결서조선사상운동연구자료 | 군서당서점 편 1946.3.1 75쪽 i

群星文化社 장교동35

金九主席略史 | 김진섭 1947.10.30 6쪽 30원 印조선사진인쇄사 李起玉 i

군정청공보부

남조선 농업의 현세 | 군정청 편 1947.4 册

민주주의해설 강연집 | 군정청공보부 편 1947 79쪽 50원 出

군정청 로고

(잡지) 〈군정청관보〉

군정청문교부

民主主義敎育法 | 문교부편수국(맥밀런회사 편집) 1946.8^(서문일자) 46쪽

軍政廳保健厚生部 세종로79

南朝鮮地域^(三八度以南)及 性別 現住人口－^{1946年9月現在} | 軍政廳保健厚生部生政局 편 1946 70쪽 50원 21㎝ 朴

朝鮮食品性分硏究報告 | 蔡禮錫^{보건후생부 국립화학연구소} 1947.3.5 143쪽 비매 26㎝ 印조선서적인쇄

남조선인구동태총계¹⁹⁴⁶ | 보건후생부 편 1948 105쪽 200원 21㎝ 韓

군정청보건후생부부녀회

(잡지) 〈새살림〉 2－5호 이후 중앙정부사회부부녀회 발행

군정청상무부

상공행정연보^{1946년도판} | 군정청상무부 편 1947 58쪽 雅

군정청여론국출판부

濟衆新編 | 군정청여론국출판부 편 1946 166쪽 80원 21㎝ 韓

軍政廳政治敎育課

立憲政治槪要 | 軍政廳政治敎育課 編 1946.9^(서문일자) 48쪽 10원 18㎝

군정청특허원

特許法^{1946년} | 군정청특허원 편 1946 126쪽 60원 21㎝ 韓

권준장군兵書출판후원회 봉래동1가 6번지

遊擊戰綱要 | 權晙(葉劍英) 1949.8.1 277쪽 300원 12㎝ 印농림부귀속농지관리국 매병학연구사판매소 李範奭 題字 i

극동문화사

쏘베트동맹 제4차5개년계획^{1947년도예산표} | 玄聖鎭(게베려프) 1946.1 45쪽 6원 出

鄭圃隱先生事行精選 | 정병모 1946.5 89쪽 21㎝ i

쏘베트로씨아토지법 | 李世麟 1947 97쪽 90원 19㎝ 韓

偉大한 10月 社會主義革命 28週年 | 玄聖鎭 역 1947 50쪽 45원 18㎝ 韓

극동정보사 朴駟遠 남대문로3가

南勞黨總批判上 | 朴駟遠 저작겸발행 1948.1.20 164쪽 150원 [朴]

總選擧에 對한 南勞黨의 動向 批判 | 朴駟遠 1948.4.1 22쪽 30원 [朴]

* 출판사 표기가 없어 추정한 것임.

근역인서관 인사동120

우리글씨체 | 김충현 1946 36쪽 13원 [i]

槿域出版社 玄僖運 신설町294 창신동494-2 등록번호418

己未年 學生運動의 全貌 朝鮮獨立運動秘史第二輯 | 素石學人 1946.2.10 42쪽 4원50전 18cm [印]李根成

槿友출판사

삼팔선은 어찌 되나 | 文洪範 1948.8.15 61쪽 [i]

부업양봉법 | 朱世中 [發]槿友社 1949 100원 [韓]

槿興印書館 尹昨重 창신정323 등록번호373

時行尺牘最新家庭 | 槿興印書舘 編 1945.9.15 98쪽 18cm [印]大城 [매]근흥인서관

한글문법 | 李奎昉 1946.1.20 213쪽 13원 18cm [印]근흥인서관인쇄부

人生의 幸福 | 金世徽(톨스토이) 1946.5.30(初)1947.6(再) 205쪽 18cm [매]有吉書店

개정한 한글맞춤법 해설참고서 | 申在均 1946.5.30 [i]

새 출발전편 | 방인근 1946.8.25 242쪽 [i]

초등조선력사 | 근흥인서관 편 1946 82쪽 15원 [雅]

중국어속성강의록 | 문세영 1946 500원 [韓]

여러 곳의 사회생활학습서 | 국민교육연구회 50원 [出]

근흥인서관 로고

글동무사

(잡지) 〈글동무〉

글벗사 후암동104 李根宇

哲學的 人間學 | 李康世(막쓰쉐러) 1947.6.10 111쪽 100원 19cm [i]

글벗집 李永哲 원효로4가122 등록번호712

감자꽃동요집 | 權泰應 1948.12.12 [河]

금강문화연구사

國字新論 | 宋珌秀 1946 38쪽 30원 19cm [韓]

金龍圖書文具→ 金龍圖書 金時必 태평로2가1번지
종로2가 91번지(기독교삘딩) 등록번호102(1947.9.20)

　　미국 시카고대학의 BM파커 교수가 쓴『기초과학교육전집』전63권을『어린이과학전집 전63권』이라는 제하에 번역 출판하면서 우선 당시 문교부 과학교육국장이었던 최규남의 다음과 같은 요지의 추천서를 받았다. [추천서 내용 생략] 이 전집 가운데 30여권이 6.25 전쟁 이전에 출판되었는데『물의 순환』,『하늘』,『태양계의 저쪽』,『식물의 일년 동안』[이하 생략] 등이 각권 제목이었다. 同社는 그 밖에 김영기 저『조선미술사』, 김정환 저『논리학신강』, 김성태 편곡『조선민요곡집』등의 대학교재와 김동인 저『김연실전』, 염상섭 저『삼팔선』, 강용흘 저『초당』, 정비석 저『성황당』등의 조선문학의 단행본들도 출판했다.

— 조성출『한국인쇄출판백년』437~438쪽

　　현재 유명한 출판사 중에도 그 당시에는 이런 만화책을 낸 출판사가 많이 있었다. 종로에서 포목상을 하다가 만화출판사로 전업한 '금룡도서'는 특히 많은 만화책을 출판했었다.

— 김용환『코주부표랑기』(융성출판 1983.7.25) 100쪽

금룡도서 로고

금룡도서 인지(염상섭)

금룡도서 인지(정비석)

各國憲法論 | 金正實 1946.10.18 108쪽 40원 18cm 印同社 매한성상회 종로1가54번지

바보온달만화 | 금룡도서문구 1946.10 128쪽 20원 出

을지문덕 장군의 전술만화 | 금룡도서문구 1946.10 114쪽 20원 出

조선민요곡집제1집 | 金聖泰(광희동1가88) 1946.11.10 17쪽 50원 매한성상회 i

金硏實傳 | 金東仁 1946.11.30 155쪽 50원 印대건 매금룡도서문구,한성상회 i

화랑관창만화 | 금룡도서문구 1946.11 128쪽 20원 出

社會生活科의 理論과 實際 | 李相鮮 1946.11.25(初)12.5(再) 128쪽 60원 18cm 印협진 매한성상회

돈과 물건인플레對策 | 李健赫 1946.12.28 105쪽 40원 18cm 印한성당 관철동108 매한성상회

판화자료 | 금룡도서문구 편 1946.12.28 13쪽 35원 印서울옵셋트 i

효동이①야담만화 | 금룡도서문구 1946.12 128쪽 20원 出

건국과 국민경제우리는어떻게살까 | 이건혁 1946 128쪽 50원 雅

哲學新講 | 金龍培 1947.1.15 156쪽 120원 18cm 印한성당 매한성상회

哲學新講 | 金龍培 1947.4.12(再)4.15(三)6.15(四) 156쪽 180원 18cm 印한성당

똘똘이의 모험남양편 만화 | 금룡도서문구 1947.1 128쪽 20원 出

거북선만화 | 금룡도서문구 1947.1 128쪽 20원 出

朝鮮體育叢書복싱BOXING篇 | 梁道允師範 1947.2.15 114쪽 80원 18cm 印문석린 매한성상회

화랑김유신 | 금룡도서문구 1947.3 28쪽 25원 出

국사첫걸음 | 辛東燁 1947.4.10(三) 100원 18cm 全

植物의 世上 | 李德鳳 1947.4.26 60쪽 50원 印한성당 매한성상회 i

民主主義 國語教育 | 崔根學 1947.4.25 39쪽 80원 印한성당 매한성상회 朴

初等手工工夫 | 아동문예춘추사 편 1947.5.7 50원 印서울옵세트 매한성상회 i

保健體育의 理論과 實際 | 편집부 1947.5.20(再) 218쪽 158원 19cm 印고려문화사 매한성상회

朝鮮史話 | 문일평 1947.12.22 271쪽 250원 19cm 印한성당 i

城隍堂創作集 | 鄭飛石 1948.1.20 163쪽 18cm 印대건 매한성상회 朴性奎 裝幀

三八線小說 | 廉想涉 1948.1.12 159쪽 200원 18cm 印한성당 매한성상회 林同恩 裝幀

新婚記 | 廉想涉 1948.2.2 164쪽 200원 18cm 印대건 매한성상회 林同恩 表紙畵

朝鮮美術史 | 金永基 1948.4.22 341쪽 800원 18㎝ 印고려 金剛民 賣한성상회 著者 裝幀

論理學新講 | 金貞煥 1948.5.22 254쪽 400원 18㎝ 印고려

조선식물도설有毒植物篇 | 都逢燮,沈鶴鎭 1948.9 170쪽 300원 出

農民의 樂園인 丁抹 | 梁柱三 1946.10.10(五)1948.10.15(六) 41쪽 70원 18㎝ 印고려문화사 賣한성상회

草堂 | 姜鎔訖 著 金聖七 譯 1948.10.22 225쪽 400원 18㎝

希望영화작품집① | 安夕影 1948.10.25 200원 印서울신문사 ℹ

女學生영화작품집② | 안석영 1948.10 186쪽 300원 ℹ

戀戀記소설집 | 鄭人澤 1948.12.27 130쪽 200원 ℹ

童子蔘 | 김동인 1948.10 300원 出

우리나라歲時記 | 李允熙 편 1948.10.13 110쪽 150원 18㎝ 印고려 朴

하늘어린이과학전집 | 아동과학연구회 편 1948.9.30 50쪽 120원 印대건 賣한성상회 ℹ

식물의 일년동안어린이과학전집 | 아동과학연구회 편 1948.11.30 40쪽 120원 18㎝ 印서울신문사
　　　　賣한성상회 ℹ

電氣어린이과학전집 | 아동과학연구회 편 1948 50쪽 ℹ

이로운 동물과 식물어린이과학전집 | 아동과학연구회 편 1948 60쪽 50원 出

씨와 씨의 여행어린이과학전집 | 아동과학연구회 편 1949.2.20 78쪽 120원 印고려문화사
　　　　賣한성상회 ℹ

人生의 活用對譯THE USE OF LIFE | 金東舜 역 1948.12.25 133쪽 250원 18㎝ 印고려문화사 朴

현상작문책 | 아동문예춘추사 1948 70쪽 80원 出

생명 있는 건설 | 曹世杖 편 1948 292쪽 250원 19㎝ 韓

새로운 城하권 | 박영만 1949 559쪽 600원 ℹ

재봉양재편 | 김복길 1949 128쪽 300원 韓

解放의 아들 | 염상섭 1949 207쪽 350원 韓

인류문화의 발달 | 김학엽 1950.4.21 全

大學史 | 金成植 1950.3.21 340쪽 1500원 21㎝ 敎

國史要論 | 李仁榮(혜화동22-18) 1950.4.27 242쪽 160원 21㎝ 印泰洋인쇄공사 낙원동98 등록번호43(1947.9.30)

中等習字帖初級中學1學年用 | 金台錫 1946.7 31쪽 45원 21㎝ 全

중등습자교본제1학년용 | 金台錫 1949.8.15 110원 全

중등국어참고서① | 同社 편 1948.9 130원 出

最新受驗學習國文解釋法 | 崔英朝 1949.4.1(三) 135쪽 全

현대중등글짓기2 | 최영조 1950.4.10(수정再) 全

중등국어2 | 이병기 1949.9.15(再) 200원 全

중등국어4 | 李秉岐 編 1949.8.5 134쪽 250원 21㎝ 印대건

중등국어5 | 이병기 편 1949.8.5 270원 全

新編高等漢文 | 金龍培 1947.5.10 90원 印한성당 ℹ

신편고등한문詳解 | 김용배 1947.10.31 80원 印한성당 ℹ

중등철필습자첩둘째권 | 林東俊 1947 32쪽 60원 印서울옵셋트 ℹ

초등셈본지도해설서1학년前期用 | 金哲壽 1947? 80쪽 60원 出

초등셈본지도해설서2학년전기용 | 金哲壽 1947? 76쪽 60원 出

초등셈본지도해설서2학년後期用 | 金哲壽 1947.10 69쪽 65원 出

초등셈본지도해설서3학년전기용 | 金哲壽 1947? 76쪽 70원 出

초등셈본지도해설서4학년전기용 | 金哲壽 1947? 94쪽 85원 出

초등셈본지도해설서6학년후기용 | 金哲壽 1947? 61쪽 65원 出

초등셈본지도해설서5학년전기용 | 金哲壽 1947? 90쪽 80원 出

초등셈본지도해설서5학년후기용 | 金哲壽 1947? 68쪽 65원 出

音樂敎本女子中等 | 金信德 編 1947 45쪽 21cm ℹ

中等音樂敎本 | 崔熙南 1949.9.10(初)1950.4.29(再) 500원 印고려 김문태 ℹ

중등음악교본2 | 최희남 엮음 1949.9.10 78쪽 290원 26cm 印고려

일반과학식물계 | 이민재 1950.4.11 114쪽 870원 印고려문화사 ℹ

상업경제상 | 김효록(공덕동175-221) 1950.4.11 280원 印고려문화사 全

상업경제하 | 김효록 1950.4.11 240원 印고려문화사 全

역사부분먼나라 생활 | 김성식(명륜동3가32) 1949.9.5(初)1950.4.25(再) 195쪽 505원 18cm 印한성당

Rudiments of English Compositionpart① | 편집부 1950.4.28 全

기독교공보사 金應洛 종로2가100 등록번호86

천로역정 | 吳天泳 역 1948.5 120원 出

（잡지） 〈기독교공보〉

기독교농민회 대구

（잡지） 〈농민회보〉

기독교신문사 張時華(한강로1가205) 종로2가91 등록번호558

동포에게 호소함 | 方洙源 1947.3 25쪽 出

鐵窓재소자일화 | 金永濟 목사(공덕동105) 1947.10.5 153쪽 120원 ℹ

기독교중국형제단본부

（잡지） 〈興國時報〉반월간

기독세계사

신학원론 | 변홍규 1949.12 438쪽 ℹ

기독청년연합회

원대한 건국 | 曹世杖 1947.6 冊

紀新社 黃泰恩 갈월동98-1 등록번호725

인류계일반과학 ┃ 공정 1948.3.25(初)8.20(再)1950.5.20(三) 330원 ✉

奇雅書舘 등록번호238

百草藥學 ┃ 姜豪 1949 34쪽 19㎝ 등사본 朱

김구자서전『백범일지』출판사무소 충무로2가10(國士院內)

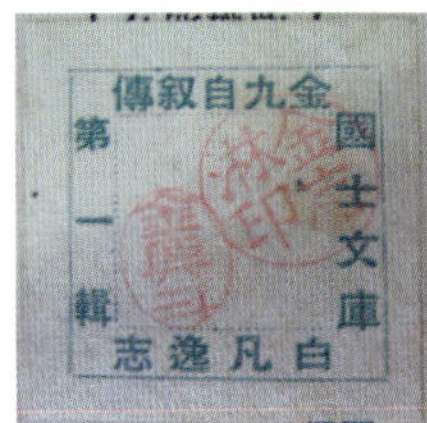

김구자서전출판사무소 인지

圖書出版 國士院 金志淋 충무로2가10번지(舊일한서방) 등록번호654

白凡逸志國士文庫第一輯 ┃ 김구자서전『백범일지』출판사무소 편집겸발행 1947.12.15 385쪽 350원 18㎝ 印朝鮮印刷 Ⓟ國士院

白凡逸志 ┃ 金信 편집겸발행 충무로2가10(國士院內) 1948.3.1(再) 385쪽 300원 18㎝ 印朝鮮印刷 Ⓟ國士院

白凡逸志 ┃ 金信 편집겸발행 충정로1가1 1949.11.11(三) 385쪽 300원 18㎝ 印朝鮮印刷 Ⓟ國士院

김구자서전 백범일지

　　초판은 1947년 12월 15일에 도서출판국사원 내에 소재를 둔 '김구자서전백범일지출판사무소'의 편집겸발행으로 간행되었다. 조선인쇄회사에서 인쇄, 도서출판국사원이 총발매를 맡았는데 임시정가는 350원. 책의 구성을 보면, 사진화보 11장(사진 게재면 19쪽), 목차와 저자 서문 7쪽 그리고 본문 366쪽, 권말의 '나의 소원' 19쪽으로 되어 있다.

　　재판은 1948년 3월 1일에 간행되었는데 백범 선생의 자제인 金信이 편집겸발행인으로 되어 있어 자가본이라 할 수 있다. 다만 발행인 金信의 주소가 초판과 같이 국사원으로 되어 있는 점이 의문점으로 남는다. 그러나 초판에 있는 국사원의 印紙가 재판과 삼판에는 붙어 있지 않다. 인쇄소 및 발매소는 초판과 동일한데 정가는 오히려 300원으로 초판보다 싸졌다. 책 구성에 있어서는 사진화보의 백범선생 사진이 近影사진으로 교체된 것을 제외하곤 모두 동일하다. 재판이 주목받는 이유는 김구 선생의 친필서명 증정본이 모두 재판이기 때문이다.

　　삼판은 1948년 11월 11일에 나왔다. 재판과 같이 金信이 편집겸발행인인데 주소가 '충정로1가1번지'로 되어 있어 확실히 자가본 형태로 봐야 할 것 같다. 전체적인 사항이나 구성에는 큰 차이가 없으나 정가가 다시 350원으로 바뀌었고, 사진화보에서 초판과 같이 백범선생의 사진에 金信의 작은 사진이 함께 들어 있으며, 이봉창 의사의 사진이 추가되었고, 경순왕릉에 祭 올리는 사진을 제외하는 등 약간의 변화가 있다.

　　결론적으로 김구자서전『백범일지』는 초판은 同출판사무소에서 간행되었고 재판과 삼판은 자가본의 형태로 간행되었는데, 다만 이 책에서는 편의상 초판, 재판, 삼판을 함께 제시했음을 밝힌다.

金木浪시집간행회

흰나비시집 ┃ 김목랑 1946.6.20 河

김상옥열사기념사업협회

김상옥열사의 항일투쟁실기 ┃ 김상옥열사기념사업협회 편 1949 258쪽 350원 19㎝ 韓

김천형무소

발자국詩集(第二號) ┃ 洪性文 1949.12 95쪽 250원 18㎝ ✉

꿈의과학연구소 로고

꿈의 科學硏究所　卓哲秀　종로5가78번지　등록번호649(1948.4.29)

解夢 ┃ 卓哲秀　1948.5.15　67쪽　개정가2,000원　18cm　印보성사　매부활사　종로5가79

꿈과 인간과학 ┃ 탁철수　1948.5.15　150원　ⓘ

美人論 ┃ 卓哲秀　1949.5.1　134쪽　1000원　18cm　印근영사　매부활사　金胤喆 裝幀

洛東書館　金盆達　大邱府 錦町1丁目31　元町1丁目25

傑作流行歌謠集第一輯 50曲 ┃ 낙동서관출판부 편　1946.4.5　46쪽　12×18cm　印同인쇄공장
매삼중당서점　質

中等作文學習書 ┃ 낙동서관 편　1946.10.5(三)　46쪽　20원　19cm　朴

朝鮮古典歌詞集卷一 ┃ 朴寅秀 編　1946.12.1　90쪽　30원　18cm　印대구인쇄합자회사　質

명심보감한글상해 ┃ 裵容璨　1947.1　102쪽　60원　21cm　韓

남대문국민학교

남대문교육재건(7)우리학교의 Curriculum 교육과정유형 및 학습구조 ┃ 남대문국민학교 편　1949　38쪽　비매
20cm　敎

남산소년교호상담소 로고

南山少年敎護相談所　權基周　남산동1가18-1　등록번호552(1947.11.1)

兒童精神衛生學 ┃ 權基周 編　1948.1.5　326쪽　300원　18cm　印이강렴

兒童保護敎育提要 ┃ 金圓珪　1948.8　280원　出

박달방망이 ┃ 丁洪敎(소년교호상담소)　1948.10　100원　出

現代衛生學 ┃ 張熙國　1949.3.10　379쪽　900원　21cm　印고려문화사

남선문화사(株)

가사재봉교수세목초등용사오륙학년용 ┃ 경상북도학무국 편　1946.9.15　69쪽　40원　21cm　印金元和
대구부전정37　ⓘ

南星社 출판사　趙正鎬

(잡지)　〈史話·野談〉

남원공립국민학교　李起弘　남원읍

南原誌 ┃ 趙成敎 編　1950.5.10　비매　20cm　印해성 전주　ⓘ

南朝鮮過渡政府

西紀一九四七年度歲入歲出總豫算 ┃ 남조선과도정부 편　1947(?)　125쪽　21cm　Z

南朝鮮過渡政府 勞動部

團體交涉勞動組合解說第三輯 ┃ 勞動部 編　1948.3.25(3천부)　47쪽　비매　18cm　印조선인쇄회사

南朝鮮産業勞務力及賃金調査1946.11現在 | 南朝鮮過渡政府中央經濟委員會 編 1948.3 560쪽 i

제2회남조선노동통계조사경과보고 | 남조선과도정부노동부 편 1948 251쪽 300원 21cm 韓

노동관계법령집 | 남조선과도정부노동부 편 1948 50쪽 80원 18cm 韓

최고노동시간해설 | 남조선과도정부노동부 편 1948 38쪽 40원 19cm 韓

노동조합해설 | 남조선과도정부노동부편,발행 1948 비매 韓

南朝鮮過渡政府 公報部與論局 政治教育課

民主主義原論卷二 | 韓稚振 1947.7.1 322쪽 220원 18cm 印문화인쇄사 충무로4가145

민주주의원론卷三 | 한치진 1947.9 297쪽 260원 出

민주주의적 생활 | 쩨이피쉬(필운동1번지) 1947.8.20 248쪽 200원 18cm 印조선인쇄 매조선야소교서회

새 조선의 민주정치 | 남조선과도정부정치교육과(께일클리란드) 1947.9 84쪽 80원 出

조선과 민주주의 | 한치진 1947 297쪽 i

總選擧와 民主政治 | 李昌洙(안암동186-11) 1948.1.10 181쪽 130원 18cm 印대건 매유길서점

민족운명의 기로 | 조병옥 1948 50쪽 비매 發남조선과도정부공보실 i

南昌書館 南昌熙 신설정132 신설동135-4 등록번호343

王子好童上卷 | 李泰俊 1945.9.15 180쪽 30원 18cm 印同社인쇄부 李承萬 裝幀 賢

王子好童下卷 | 李泰俊 1945.9.18 374쪽 22원 18cm 印同社인쇄부 李承萬 裝幀

南프린트社 숭인동183-10

第二回初等教育研究發表大會要項 | 國立서울師大附屬國民學校 1949.5 152쪽 21cm

南鄕文化社 소공동93 등록번호53

꿈을 찍는 사진관동요집 | 강소천 1945 120쪽 40원 19cm 韓 * 하동호 목록: '새동무사 1947'

진달래와 철쭉동요집 | 강소천 1945 110쪽 40원 19cm 韓

내 고향동요집 | 金元龍 1946 124쪽 30원 19cm 韓 * 아단문고 목록에는: '새동무사 1947'

종달새동요집 | 이원수 1946 126쪽 30원 19cm 韓 *이상 네 책은 새동무사 발행으로 추측됨

美術槪論 | 白榮洙 1950.4.10 228쪽 600원 18cm 印고려문화사

浪漫派社 경남 마산부 본정 3정목2 趙燮濟

(잡지) 〈浪漫〉

浪州文化社 전북 부안읍 東中里

슬픈 牧歌詩集 | 辛夕汀 1947.7.25 94쪽 90원 18cm 洪祐伯 裝幀

內務部治安局   경무부경찰교육국(15호 이후 발행처가 내무부치안국으로 바뀜)   세종로   金正皓   21㎝

    〈잡지〉 〈民主警察〉

내외공보사

    대한민국인사록 ┃ 康晉和 편   1949   280쪽   3700원   26㎝ 韓

內藏寺   정읍

    불교요의경 ┃ 金映遂   1947   270원   18㎝ 韓

勞農社   李敏   안암정166   황금정 3정목291   종로2가8   등록번호484   좌협회원

> 1945년 11월에 李敏이 발족시킨 출판사로서 1948년 7월 대한민국 정부가 수립되기 이전까지 좌익계통의 정치와 사상에 관한 책을 가장 활발하게 많이 출판했다. 앞에 적은 1945년 12월 말 이전 출판의 일반도서 40여 권 중 레닌 저 『칼마르크스』, 스탈린과 조지웰스 회담기인 『양세계관』을 비롯하여 『스탈린선집(전8권)』, 『인민문고』, 『사회과학사전』 등을 출판했고, 조선좌익서적협의회 구성과 조선출판문화협회 발족의 핵심 멤버로 활약했다.
>   — 조성출 『한국인쇄출판백년』 424쪽

노농사 로고들

兩世界觀 스탈린웰스會談記 ┃ 勞農社 역편   1945.12.30   45쪽   3원80전   18㎝ 印공신 청진정188 朴

카르맑쓰 ┃ 노농사(레닌)   1945.12   64쪽   5원 出

레닌주의의 기초 스타린선집① ┃ 노농사 편   1946.1   147쪽   30원 出

레닌주의의 제諸문제 스타린선집② ┃ 노농사 편   1946.7   119쪽   20원 出

레닌주의와 민족문제 스타린선집③ ┃ 노농사 편   1946.5   119쪽   20원 出

레닌주의를 위한 투쟁 (상) 스타린선집④ ┃ 노농사 편   1946.6   204쪽   60원 出

레닌주의를 위한 투쟁 (중) 스타린선집⑤ ┃ 노농사 편   1946.6   204쪽   60원 出

레―닌主義를 爲한 鬪爭 (하) 스타―린選集 第六卷 ┃ 勞農社 編   1946.9.29   150쪽   비매   18㎝ 印협진 남미창정159   販우리서원 李周洪 裝幀

十月革命에의 길 (上卷) 스타―린選集 第七卷 ┃ 勞農社 譯   1947.7.20   193쪽   비매   18㎝ 印협진 販우리서원 李周洪 裝幀

十月革命에의 길 (下卷) 스타―린選集 第八券 ┃ 勞農社 譯   1947.7.30   191쪽   비매   18㎝ 印협진 販우리서원 마리서사 朴

맑스主義의 源泉과 構成 人民文庫① ┃ 勞農社(레닌)   1946.8.20   80쪽   16원   15㎝ 印金慶洙 李周洪 裝幀

경제학교정 인민문고② ┃ 노농사(헤르만뚱카)   1946.9   68쪽   20원 出

철학입문강화 인민문고③ ┃ 노농사(戶坂潤)   1947   15㎝ 韓

과학자가 본 쏘련 인민문고④ ┃ 옥명찬(쩨이학스레이)   1946.12   116쪽   40원 出

계급과 국가 인민문고⑤ ┃ 노농사(永田廣志)   1946.12   117쪽   40원 出

쏘동맹민주주의 인민문고⑦ ┃ 김진태(만나루이스스트롱)   1947.7   148쪽   100원   15㎝ 韓

李朝社會經濟史 ┃ 朝鮮科學者同盟 編纂   1946.10.10   267쪽   70원   18㎝ 印협진

前衛詩人集 ┃ 金光現, 李秉哲, 兪鎭五, 朴山雲, 金尙勳   1946.12.30   70쪽   60원 印김경수 李周洪 裝幀 Z

사회과학사전프로레타리아사전 | 劉永祐,張柱春 1947.1 256쪽 150원 出

第二次世界大戰史上 | 尹世昌(DP게스테스,HS커메이기) 1947.5.27 185쪽 300원 21㎝ 印협진
　　李周洪 裝幀 i

싸우는 두 世界와 戰後弱小民族의 進路 | 林相俊 1948.7.31 162쪽 200원 18㎝ 印서울신문사 朴

(잡지) 〈新朝鮮〉〈新文藝〉의 改題(1946.12.7認可)
(잡지) 〈노동〉

노동자사 박거정 충무로1가31 등록번호453

노동조합교정 | 金養齋 1947 221쪽 300원 18㎝ 韓

녹십자사문화부 李鍾桓 [출판사 이종환 강자동15 등록번호298]

(잡지) 〈녹십자〉

農林部 農地局

농지개혁법해설 | 농지국 편 1949 47쪽 i

農地改革法關係法令集 | 農地局 編 1950.5.1(서문일자) 76쪽 18㎝

農林新聞社 을지로2가3

農業經濟年報1949年版 | 同社 編 1949.1.25 341쪽 600원 18㎝ 印채문사 Z

農民聲報社 주교동313 (편집겸발행)나운몽 허가번호8

(잡지1) 〈農民聲報〉
(잡지2) 〈號外時談〉

農本社 수표동85 등록번호180(1949.12.21)

우리 民族의 살 길 | 蘇完奎 1949.12.25 124쪽 300원 18㎝ 印근영사 賣三一書院 종로2가9

農事改良院

조선농업행정의 개혁론 | 玄槿 1948 40쪽 60원 21㎝ 韓

경상남도토성조사보고서상중하 | 농사개량원 편 1948 비매 26㎝ 韓

충청남도토성조사보고서1948 | 농사개량원 편 1948 596쪽 1200 26㎝ 韓

農山漁村文化協會 全忠憲 관훈동192 등록번호31(1947.10.1)

人生과 成功어떻게하여希望을達成할가 | 全忠憲 1949.3.26(初)5.25(再) 122쪽 220원 18㎝ 印서울신문사

교양문고행정보감 | 전충헌 1950 94쪽 200원 15㎝ 韓

농림부 로고

농산어촌문화협회 로고

農藝圖書出版社 태평로2가326 등록번호453(1949.7.21)

實際 病蟲害의 藥劑驅除 | 曺宗鉉 1949.7.30 115쪽 200원 18㎝ 印 귀속농지관리국 희병 장정

農村文化社 서울시외(자문밖) 은평면 구기리223

理想村 | 李一善 편집겸발행 1947.3.30 84쪽 50원 印 고려문화사 李淵湖 表紙 實

能仁中學校文藝部

(잡지) 〈보리수〉

檀民出版社 白大鎭 무교정36번지 등록번호246

朝鮮史話四千年歷史國 | 金熙祥 편 1946.4.15 113쪽 25원 18㎝ 印 白榮堂 白鶴洙 무교정 71

수험작문연구 | 최영조 1947.12 150쪽 133원 出

국회의원선거법해설국회의원선거법급등시행령세칙 | 金龍根,田鳳德 1948 240쪽 330원 19㎝ 韓

대건인쇄소

위폐사건공판기록 | 대건인쇄소 편 1947 143쪽 35원 出

대건출판사 오창수 대구시 남산동225 남대문로1가99번지

중등수학④ | 오용진(대구사대) 1946.8.31(初)1950.5.20(개정五) 216쪽 605원 i

중등수학Ⅱ | 오용진 1950.6 全

大邱國民琢磨塾 金政圭

(잡지) 〈琢磨〉年4回

대구사범대학출판부 대구부 대봉정

윤리학원론 | 柳正基 1946.11.19 印 제일등사당 李鍾吉 i

대구서부공립초등학교

(잡지) 〈사리못가〉

대구여자중학교교우회

(잡지) 〈梅花〉

대구중학교교우회

(잡지) 〈大友〉

대구지방법원심리원등기과

商業法人 登記手續要覽 | 李鉉雨 1948 601쪽 800원 21㎝ 韓

大東文化社　金鍾湜 종로6가114 종로6가278 등록번호627

대동문화사 로고

시조시작법 | 김종식 1948.7.30 96쪽 150원 印고려문화사 ⓘ

菜蔬園藝 | 尹益燮 1948.9 79쪽 160원 19㎝ 韓

농업통론 | 백남혁(이리농과대학장) 1949.7.15 165쪽 320원 21㎝ 印보성사 매보문서관

古時調五百撰註解 | 金鍾湜 1949.11.15(三) 182쪽 300원 18㎝ 印白楊社

소학생상식2,000문답집지능고사겸한 | 최태홍(을지로2가116) 1949.11.1 192쪽 300원 18㎝

時調槪論과 作詩法 | 金鍾湜 1950.2.10 450원 18㎝ 印보성사

원자들의 비애 | 南炳憲(永井隆) 1950 179쪽 80원 18㎝ 韓

大東社　朴章熙 죽첨정 2정목10

國文學選 | 朴章熙(안암정174-5) 1946.4.5 127쪽 16원 18㎝ 印中央 朴在純 안국정153

大東商業中學校

(잡지) 〈大東〉

大東新聞社　李鍾榮 수송정27

청년의 진로 | 劉徹 1946 149쪽 200원 19㎝ 韓

大東新聞社　수송정27　이종영

(잡지) 〈大東政論〉

大陸出版社　북창동90 등록번호136

朝鮮共産黨派爭史 | 張福成 1949.11.28 110쪽 250원 18㎝ 印고려문화사

大明文化社

김상옥의사만화 | 백문영 그림 1949 32쪽 ⓘ

大法社編輯局　李正立 마포구 합정동27 등록번호589(1948.1.31)

大巡哲學 | 李正立 1947.12.27(初)1949.2.16(再) 221쪽 500원 18㎝ 印서울공인사 태평로1가 31번지

大巡典經 | 李祥昊(김제군 금산면 금산리) 1929.7.30(初)한문본1933.7.15(再)순국문본1947.12.22(三)한자현역국문본
　　　　1949.2.16(四) 367쪽 600원 18㎝ 印서울공인사 ⓘ

大省堂書店　申泰殷　관철정104　등록번호240

초등국어교본첫째권 ┃ 대성당서점 편　1945.10.2　㊞동인쇄부　全

現代靑年新式交際法 ┃ 申翔雨　1945.10.5　19cm　㊞同社인쇄부　申宇均　朴

大成出版社　成在慶　禮智町200　등록번호254(1947.9.20)

渡江錄 ┃ 朴趾源 著 李允宰 譯　1946.5.10　133쪽　25원　18cm　㊞수영사　金瑢俊 裝幀

自由論 ┃ 成仁基(밀)　1946.6.15　112쪽　25원　18cm　㊞수영사　金瑢俊 裝幀　朴

지도자군상제1집 ┃ 金午星　1946.9.15　195쪽　60원　ℹ

우리 民族의 갈 길 ┃ 최재희　1946.9.25　81쪽　15원　18cm　㊞수영사

賃勞働과 資本大成文庫① ┃ 田元培(맑스)　1946.8.15　53쪽　25원　15cm　㊞수영사

倫理學槪論 ┃ 金斗憲　1946.11(初)　234쪽　100원　出

倫理學槪論 ┃ 金斗憲　1949.10.20(증보판)　600원　㊞조선일보사공무국　ℹ

어린이국사 ┃ 김윤경　1946　243쪽　50원　ℹ

東學과 東學亂 ┃ 金庠基　1947.1.15　125쪽　70원　18cm　㊞수영사

朝鮮敎會史 ┃ 李能植,尹志善(다레)　1947.3.5　317쪽　280원　18cm　㊞수영사

三民主義 ┃ 成仁基(孫文)　1947.3.25　196쪽　18cm　㊞수영사

論理學 ┃ 李載壎　1947.4.30　197쪽　200원　18cm　㊞수영사

復活上 ┃ 이석훈(톨스토이)　1947.6.30　235쪽　200원　ℹ

農民과 革命 ┃ 姜鋌澤(두부로후쓰키)　1947.3.20　197쪽　170원　18cm　㊞수영사　朴

쏘베트民族政策論 ┃ 洪淳昶(스타린)　1947.8.30　164쪽　130원　18cm　㊞수영사　朴

自然科學論 ┃ 金鳳集　1947.11.25　262쪽　220원　ℹ

西歐自由主義의 發達 ┃ 權重輝(라스키ー)　1947.12.10　189쪽　200원　18cm　㊞수영사

反듀ー링그론哲學篇 ┃ 田元培(엥겔스)　1948.10.20　223쪽　400원　18cm　㊞수영사　朴

相互扶助論 ┃ 成仁基(크로포트킨)　1948.9.15　230쪽　400원　18cm　㊞수영사　朴

太宗大王長篇歷史小說 ┃ 洪曉民　1948.9.30　246쪽　360원　18cm　㊞수영사

唯物論과 經驗批判論上卷 ┃ 田元培(레닌)　1948.10.10　262쪽　450원　18cm　㊞수영사

唯物論과 經驗批判論下卷 ┃ 田元培(레닌)　1948.6.30　234쪽　400원　18cm　㊞수영사

藝術社會學 ┃ 金容浩(프리ー체)　1948.10.30　236쪽　400원　18cm　㊞수영사

방법론서설 ┃ 박홍규(데칼트)　1948.10　95쪽　180원　出

政治哲學 ┃ 成仁基(아리스토텔레스)　1948.11.10　295쪽　500원　18cm　㊞수영사　金瑢俊 裝幀

신경찰법 ┃ 朴在祐　1948.11　365쪽　550원　19cm　出

近代資本主義發展史論 ┃ 趙岐鎬,李集生(홉슨)　1948.12.15　314쪽　ℹ

李朝社會經濟史研究 ┃ 李北滿　1948.12.25 1천부　388쪽　800원　18cm　㊞수영사

哲學槪論 ┃ 이종우　1948　191쪽　40원　19cm　韓

民約論 ┃ 本社飜譯部(룻소)　1946.9.10(初)1949.1.30(三)　190쪽　350원　18cm　㊞수영사　金瑢俊 裝幀

전쟁 없는 사회 ┃ 張世奇　1949.1.25　350원　㊞수영사　ℹ

近世社會思想史 ┃ 崔文煥　1949.2.15　263쪽　500원　18cm　㊞수영사

대성출판사 로고들

대성출판사 인지(최재희)

自然科學論 第二卷 | 金鳳集 1949.5.10 382쪽 800원 18㎝ 印대동

育兒手帖 | 朴英姬,朴楠吉 1949 133쪽 280원 18㎝ 韓

民法總論 | 陳承錄 1949 312쪽 800원 21㎝ 韓

政治와 理想 | 성인기(CD뻰즈) 1950 305쪽 i

群衆心理 | 成百善(르본) 1950.5.25 289쪽 900원 18㎝ 印박문

社會學槪論 | 金賢準(前조선대문리학부장) 1950.2.15 281쪽 900원 18㎝ 印박문 i

大雅出版社

조선역사사회생활과참고상고사제1권 남북조시대 | 신동엽 1947(再) 265쪽 i

조선역사사회생활과참고상고사제2권 남북조시대 | 辛東燁 1947.9 165쪽 130원 i

조선 위인의 소년시대 | 신동엽 1947.11 100원 出

大洋公司 저동2가72-9

조선 음식 만드는 법 | 方信榮 1946.11.5 569쪽 500원 18㎝ 印신한 沈亨求 裝幀 金在寅 題字

大洋堂 金榮滿 전주부 殿洞140

봄나라1948년도어린이날기념동화집 | 金永培 編 1948.5.1 50원 印吳永文 金永培 裝幀 i

도야지 三神 | 朴相南 1948 132쪽 130원 18㎝ 韓

大洋出版社 金盆達 중구 양동87 등록번호123(1947.9.20)

셈본참고서6-1 | 교육사조연구회 1947.9.5 60원 i

신중등작문초급용 | 李成斗 1947.11.10 53쪽 60원 全

셈본참고서5-2 | 교육사조연구회 1948.2.10 100원 i

국어참고서5-1 | 교육사조연구회 편 1948.4.10 90원 i

지능고사문답 | 교육사조연구회(대표 李成斗) 편 1948.4.10 128쪽 100원 i

글짓기공부 | 崔英朝 1948.7 120원 出

통속의학강좌1집 | 金衡翼 1948.7 250쪽 350원 出

중등국어② | 최영조 1948.11 150원 出

時調百首精解 | 崔雲亭 1949.1.15(初)11.15(六) 94쪽 120원 印고려

중등국어학습서① | 편집부 1949.11.15 90쪽 120원 18㎝ 印보성사

국한영실용사전 | 대양출판사 편 1949 543쪽 600원 19㎝ 韓

最新東洋史大要受驗自習 | 朴洪俊 1950.3.15 312쪽 全

아동상식문답 | 교육사조연구회 편 1950.6.5 400원 印고려문화사 i

수험자습최신서양사대요 | 許哲中 1950 i

大潮社 李弘基 수창동194

大潮社·朝鮮出版社는 1945년 12월에 李弘基가 발족시킨 출판사로서 1946년 1월 1일에 종합지 〈大潮〉를 국판 214면으로 창간시켜 1948년 11월30일 제3권제4호로 종간할 때까지 좌익계열의 간행물과 대립하여 우익노선을 관철했다. 그러는 한편 朝鮮出版社의 명의로 김래성의 『백가면』, 정비석의 단편집 『파도』, 계용묵의 『백치아다다』, 이무영의 『흙의 노예』, 김동인의 『태형』, 이석훈 소설집 『황혼의 노래』, 문일평의 『오천년조선사화집』, 김동인의 『진역오천년사초집』, 이석훈의 『순국혁명가열전』 등의 많은 일반도서를 출판하고 출판문화협회 임원으로 선출되기도 했다.　　　　　— 조성출 『한국인쇄출판백년』 425쪽

대조사 로고

대조사 인지(정비석)

波濤短篇集 | 鄭飛石　1946.7.10　187쪽　30원　18㎝　印皮昌錄

세계명작동화선 | 계용묵 역　1946.6.15　88쪽　7원　18㎝　ℹ

白痴아다다 | 桂鎔默　1946.7.20　194쪽　30원　19㎝　印피창록　ℹ

笞刑 | 金東仁　1946.11.20　192쪽　80원　印피창록　ℹ

(잡지)　〈大潮〉

대조출판문화사　黃秀烈　을지로3가41　등록번호268

중국어기초독본 | 金泰植　1948.1　99쪽　150원　19㎝　韓

解放速記 | 李東根　1948.4　150원　出

Beautiful Stories(text book) | 채관석　1948.6.25(再)　全

大倧敎總本司　鄭烈模　영락정2정목7

검결풀이 합본 | 鄭烈模　開天4403년(1946)12.1(再)　96쪽　30원　18㎝　印서울공인사

神檀民史 | 金敎憲 著　鄭烈模 編　1946.9.20(再)　250쪽　80원　印서울공인사　趙文淳　매삼중당서점　ℹ

대중공론사

맑스주의의 비판 | 柳一葉 편　1946.7　62쪽　20원　19㎝　出

(잡지)　〈대중공론〉

대학출판사 로고

대학출판사 인지(도남)

大學出版社　趙在熙　종로4가95　을지로3가175　등록번호575(1947.12.31)

現代文鑑 | 趙潤濟(동숭동25)　1948.2.15　185쪽　300원　21㎝

古代文鑑 | 趙潤濟　1948.9.25(初)1949.10.20(再)　218쪽　500원　21㎝　印고려인쇄소

國語國文學要講 | 高晶玉　1949.2.20　488쪽　750원　18㎝　印명진

고요한 동第1卷 | 李洪鍾,玄德(쇼-로홉)　1949.4.25　209쪽　380원　ℹ

신생중등국어2 | 趙潤濟　1949.8.11　132쪽　200원　21㎝　印명진

대한고무공업협회

(잡지)　〈고무공업〉

대한교과서주식회사　金琪午　계동147-24

　　1948년 4월 주식회사 문화당 사장 金琪午를 중심으로 창립준비위원회를 결성하여 문교부의 승인을 받음. 창립준비위 상임위원: 김기오, 申在永, 黃宗洙, 崔長秀. 1948년 9월 자본금 8천만 원의 대한교과서주식회사를 창립하고 김기오가 초대사장에 취임. 專務 李壽鍾, 常務 최장수, 理事 朱在中, 閔孝植, 裵誠道, 金華一, 李應奎, 全南敎育會, 監事 황종수. 1949년 6월부터 교과서 출판 시작. 1949년 18종 번각발행, 1950년 전쟁으로 부산 피란. 결국 해방기(1945~1950) 출판량은 많지 않음.

—『大韓敎科書史(1948~1983)』(대한교과서(주) 1988.10.30)

우리나라의 발달1 | 문교부 편 1949.8.31 145원 🅸

우리나라의 발달2초등사회생활과 | 문교부 편 1949.12.20 145쪽 125원 印同社

우리나라의 발달3 | 문교부 편 1949.12.30 126쪽 110원 21㎝ 🅸

다른 나라의 생활지도와 그림(1) | 문교부 편 1949.12.5 220원 印同社 🅸

다른 나라의 생활지도와 그림(1) | 문교부 편 1950.3.25 250원 印同社 🅸

대한교육연합회 吳天錫 삼청동 산2

페스타롯찌의 生涯와 事業敎育叢書第1集 | 朴之榮 編 1949.12.5 211쪽 300원 18㎝ 印平安 朴容輔 등록번호99(1947.9.30)

자유인의 교육 | 중앙교육연구소(NEA교육정책위원회) 1950 291쪽 雅

겨울공부(2) | 同會 편 1949.12.1 60원 🅸

대한교육학회 盧永鎬 계동96-1 등록번호295

역대시조정해 | 노영호 편 1946 170쪽 30원 出

한글美文書翰해방기념 | 一貫學人 편 1947 80쪽 15원 19㎝ 韓

大韓敎學株式會社(舊 同心社) 金俊秀 을지로2가199 등록번호280(1950.5.20)

우리는 왜 改憲을 反對했나 | 曹奉岩(명륜동1가10-1) 1950.4.30 99쪽 200원 18㎝ 印대한인쇄공사

중등공민Ⅲ | 權相澈, 吳洙玉 1950.5.20(八) 143쪽 395원 21㎝ 印대한인쇄공사

大韓民國道德과聖經硏究會 吳成龍 대구부 덕산동 290-7

國民道德講演集第一輯 | 오성룡 1947.5.25 39쪽 18㎝ 印경북인쇄소 吳秉基 대안동52

대한금융조합연합회 ☞ 조선금융조합연합회

대한기독교서회 ☞ 조선기독교서회

大韓農會 견지동111 등록번호854(1949.4.22)

水稻病蟲害硏究 | 洪基昶 1949.10.25 123쪽 200원 18㎝ 印백양사

농사와 농촌 농촌문고 | 金聖濟 1949 87쪽 300원 🅸

(잡지) 〈農村〉

대한독립국회성립사간행회

대한국회성립사 ┃ 同會 편 1948 600쪽 韓

대한독립청년단총본부

我國의 국방론 ┃ 徐相天 1948 114쪽 雅

대한독립촉성국민회선전부 운니정114 (편집겸발행겸인쇄)吳夏英

（잡지） 〈國民〉

대한독립투사후원회사업부 金鳳洙 茶洞123

鐵帳幕의 正體解剖 ┃ 鄭九山(쟌리틀페지) 1949.12.20 306쪽 500원 17㎝ 印인창당 견지동68

대한문화협조회 李容高(남대문로5가25) 남대문로1가93 등록번호233(1950.2.24)

육아독본 ┃ 張在鏞(미국사회보장국아동과) 1950.3.10 212쪽 400원 印대한인쇄공사 賣태극서관 을지로3가
22 i

大韓民國公報處 李哲源 *공보처 출판물은 판권지가 없음.

共産黨治下의 中國 ┃ 許宇成(章內炎) 1949.12.15(서문일자) 123쪽 18㎝

獨立一 周年 記念文獻集 ┃ 공보처 편 1949 40쪽 21㎝

武裝獨立運動秘史 ┃ 蔡根植 1949 208쪽 18㎝

北韓 傀儡集團의 正體 ┃ 崔象德(前海州日報編輯局長) 1949.9(서문일자) 73쪽 18㎝

이북공산도당 화폐 개혁의 진상 ┃ 공보처 1948(?) 8쪽 i

第1回總人口調査員銘心書 ┃ 公報處 1949 42쪽 비매 20㎝

第1回總人口調査 質疑應答 ┃ 公報處 1949 12쪽 비매 18㎝

UN총회와 한국문제 ┃ 공보처 1949 82쪽 i

韓國獨立問題에 關한 덜레쓰氏의 演說全文 ┃ 공보처 1949(?) 13쪽

蘇聯軍政의 始末 ┃ 공보처 편 평안남도 제공 1950.2(서문일자) 105쪽 18㎝

20세기의 동태제1집 ┃ 박상길 1950 41쪽 i

한국의 정치·경제 ┃ 공보처 1950 96쪽 150원 21㎝ i

北韓의 政治保衛局全貌 ┃ 공보처 편 1950.2(서문일자) 43쪽 200원 19㎝ 朴

（잡지1） 〈週報〉
（잡지2） 〈韓國政戰日誌〉

대한민국국회

制憲國會經過綜合報告 ┃ 대한민국국회사무처 편 1948 186쪽 비매 26㎝ 韓

（잡지） 〈국회보〉

大韓民國外務部情報局

(잡지) 〈外務月報〉

대한민국임시정부 선전부

대한민국임시정부에 관한 참고문건제1집 ｜ 同선전부 편 1946.2.1 42쪽 비매 ⓘ

大韓民國獎學士會 안호상

(잡지) 〈大韓敎育〉

大韓民國政府

檀紀4282年略曆 ｜ 國立中央觀象臺 編 1948.11.30 100원 24㎝ 印서울공인사 매한성일보사 ⓘ

歲次庚寅曆書1950 ｜ 國立中央觀象臺 編 1949.11.15 70쪽 100원 24㎝ 印매조선교학도서
　　　　등록번호36(1947.9.30)

(잡지) 〈大韓民國施政月報〉

대한민국정부공보처통계국

(잡지) 〈대한민국통계월보〉

대한민국정부기획실

(잡지) 〈대한민국경제월보〉

대한민보사 [출판사 고천구 도동1가38-18 등록번호161]

(잡지) 〈대한민보〉

대한민족청년단 金泉團部

발자국詩集(第一號) ｜ 李廷基 1948.12.10 河

大韓民族靑年團

(잡지) 〈創立2周年紀念特報〉

大韓法理硏究會(법제처법제조사국내) 朱東垕 (편)유달호 허가번호180(1949.3.14) 26㎝

(잡지) 〈法律評論〉

대한상공회의소

대한상공회의소3년사 ｜ 대한상공회의소 편 1949 543쪽 雅

은행회사단체명부1950 ｜ 대한상공회의소 편 1950 380쪽 韓

(잡지) 〈商工經濟〉

대한서림 李基洛 충무로2가59 등록번호492

표준조선전도 | 이기락 편 1947.11.20 ㊞서울옵셋 ⓘ

대한소방사 田昌烈

(잡지) 〈대한소방〉

대한애국정신보급회

義士 羅錫疇傳建國鬪士 | 鄭時愚 편 1947.1 34쪽 20원 ㊌

대한원예회

果樹園藝各論이론실험 | 金聲遠 1949 732쪽 1300원 19㎝ 韓

大韓柔道聯盟 을지로1가163

新柔道 | 李濟晃 1950.4.10 151쪽 비매 21㎝ ㊞선경

대한인쇄공사 이명규

초등공작① | 문교부 1950.5.20 180원 ㊞대한인쇄공사 ⓘ
초등공작② | 문교부 1950.5.20 170원 ㊞대한인쇄공사 ⓘ
초등공작③ | 문교부 1949.6.20 100원 ㊞대한인쇄공사 ⓘ

대한일보사

38이북의 현황과 우리 민족의 각오 | 劉徹 1948 142쪽 ⓘ

大韓蠶絲會 저동2가26-3 (발)權憲吉 (편집인쇄)柳翼秀

(잡지) 〈蠶絲新報〉

大韓赤十字社宣傳局

(잡지) 〈赤十字消息〉

大韓財務協會 印泰植 등록번호117(1949.7.15)

(잡지) 〈財務〉

大韓出版社 장사동48

韓英辭典 | 金東成(開城府 高麗町163) 1945.11.20 672쪽 45원 15㎝ ㊞同社

대한토건협회

(잡지) 〈建設〉 격월간

大韓行政學會　林炳潾　효자동146

地方行政區域 名稱一覽 | 大韓行政學會 編 1949.11.25 239쪽 550원 18㎝ 印고려 ℹ

大韓民國法令集 | 國務院法制處 編 1949 487쪽 21㎝ ℹ

대한화학회

(잡지) 〈대한화학회지〉 계간

대흥사　유연욱　대구 삼덕동35-3

지능검사문제와 해답 | 대구사범부속국민학교 편 1948.8.15 400원 18㎝ 印합진인쇄소 ℹ

대흥출판사　李琪鎔　청운동57-2　등록번호415(1947.10.1)

문장독본 이광수 1948.9.30 246쪽 450원 ℹ

德興書林　金東縉　종로2가20　등록번호347(1947.10.1)

덕흥서림편

　덕흥서림을 찾기는 다섯 번이나 하였으나 돈을 모으시는 분이라 좀체 주인은 만날 수가 없다. 출타를 하여 만나지 못하는 때는 그래도 좀 낫다. 번연이 만나서 잠깐이니 寸隙을 내어달라고 해도 못 내겠노라고 오직 영업에 忠實하실 意向만을 보이므로 할 수 없이 기자는 뒤통수를 털며 돌아오기를 數次, 이번까지 못 만나면 그의 子弟라도 붙들고 물으리라는 마음을 새려 먹고 社를 또 나서기는 10월 11일. 그러나 자제분은 責任上 입을 열지 않는다.

　"이제 한 시간 後면 가친이 돌아오실 테니 그 때에 다시 한번 와주십시오."

하고 묻기를 계속할까봐 자리를 멀리 한다. 하는 수 없이 거리를 또 나와 할 일 없이 배회하다 正午 소리를 들으며 기자는 다시 이 종로 2정목의 순조선식 2층 붉은 목제집을 향하여 달렸다. 요행 주인은 들어와 계시다. 씨도 여러 번 기자를 걸음 걷게 만든 것이 미안한 듯

　"아이, 이것 참 이렇게 여러 번이나……"

하고 기자를 맞아 방 안으로 引導한다. 자부동을 권하고 담배를 내어놓고……

　"재미 좋으십니까?"

　여러 번 다닌지라 기자 이미 親熟한 감이 있어 이렇게 인사를 한 다음 묻기를 시작하였다.

　"서점을 시작한 지가 얼마나 오래됩니까?"

　"大正 元年(1912년) 10월입니다."

　"動機는 어떻게 돼서 시작하셨습니까?"

　"動機, 動機요? 네, 그게 말이 좀 길어지겠습니다."

하고 한참 무엇을 생각하는 듯하더니

　"이렇게 되어서 시작을 했습니다. 제가 수원서 올라오기는 바로 명치 43년입니다. 手中에는 동전 한 푼 든 것 없이 혼솔이 떨쳐나 올라왔지요. 그러니 어데 依託할 곳이 있습니까? 게다가 내 食口뿐이 아니라 伯氏의 食口까지 돌보지 않으면 안 될 신세였습니다. 참, 생각하면 세상에 貧寒, 貧寒해야 나처럼 貧寒을 겪은 사람이 또 있을까? 없으리라고 생각합니다."

하고 씨는 二十의 아직 철도 채 나지 않은 어린 몸이 손에는 오직 앞길의 운명을 판단하여 줄 손금밖에 쥐인 것이 없이 가족의 운명까지 짊어지고 四顧無親의 이 서울로 밥을 빌러 올라오던 그 시절의 그 艱難 정도가 어떠하였던 것인가 하는 그 貧寒을 記者에게 認識시

키려 자못 그 표현에 窮해 한다.

"아! 참 그렇게 赤手로 서울을 오셔서 이렇게 성공을 하셨구려."

記者는 眞心으로 그 놀라운 성공에 다시 한번 씨의 觀相을 훑어보았다.

"그런데 이거 보세요. 그 때 義進社라는 書舘이 있었습니다."

하고 씨는 뒷말이 그냥 밀려나옴을 참을 수 없는 듯 말을 繼續한다.

"그래 그 의진사에 서기로 들어갔지요. 월급은 4원을 받았습니다. 그러니 그것으로 열 식구가 생활을 하겠어요? 불도 못 지피고 덮지도 못하고 얼음장 같은 맨구들에서 몇 해 겨울을 났습니다."

"그래 그 때 백씨도 같이 계셨습니까?"

"네 같이 있었지요. 한 해는 하는 수 없으니 제 집으로 보내고. 참, 기가 막힙니다. 굶어가다가도 그래도 어찌어찌 밥이라고 해서 먹다 두면 방 안에서 전부 얼어 얼음이 됩니다. 그러나 배가 고프니 어거라도 먹어야지요. 애들이 그래도 살겠다고 그 얼음덩이를 깎아 먹은 생각을 하면……"

하시는데 바라보니 씨의 눈시울은 벌겋게 물이 든다. 記者 분명히 이때의 씨의 눈알이 눈물에 젖어드는 것을 보았다. 그러나 기자 慰勞할 말에 窮하여 잠깐 沈黙을 지키는 동안

"이렇게 冷房에서 몇 해를 지내니 脚氣가 생겨서 다리뿐이 아니라 全身이 잔득 부어서 寸步도 움직이지 못하고 그 냉방에 누웠지요. 참 죽는 줄 알았습니다. 그랬더니 지금은 그 醫師가 죽었습니다만 '流氣飮'이라는 漢藥을 먹고 차차 붓기가 낫기 시작해서 살아났습니다. 그게 바로 24,5歲 시절입니다."

하고 자못 감개가 깊은 듯 한숨을 길게 내쉰다.

"참 고초 많이 겪으셨습니다. 그래 서점은 언제 시작하셨습니까?"

"그래 의진사에 들어가서 얼마 되지 않았는데 지금도 있지요. 本町에 가메야라고. 거기를 누가 천거를 하더군요. 월급을 十圓을 줄 것이니 오란다. 그러나 이미 의진사에 허락을 하고 들어와서 한 달도 못 되어 돈을 좀 많이 준다고 다른 데로 가겠습니까? 사람은 信用이 있어야 하느니라 하고 그 십원짜리 월급을 거절하고 4원짜리를 그냥 붙들고 있었지요. 이게 아마 서적상을 하게 만든 동기인가 봅니다. 그러지 않고 가메야로 갔던들 나는 지금 어떠한 다른 장사를 하게 되었을 것입니다. 그러니까 서적업은 내 운명인가 보아요. 그런데 그 때 그렇게 간난을 겪으면서도 一日 一錢씩의 貯金을 하였습니다. 그래 1주년이 되니까 한 삼원 되더군요. 몇 해 후에는 돈 5원을 가지고 의진사를 나와 堅志洞에다 德興書林이라는 册肆를 베풀어 놓았습니다. 그게 바로 大正 元年이지요."

"네 그 때 처음으로 출판한 서적이 무엇이었습니까?"

"출판이라니요? 5원에서 3원은 집 貰 주고 2원은 판자를 사다 책시렁을 매어놓으니 돈이 있나요. 그래도 信用이 있어 외상으로 남의 책들을 가져다 놓고 팔았습니다. 그런데 대정 5년이지요. 그 때 施政記念으로 서울에 共進會가 열렸지요. 그래 시골서 온 손님이 旅館마다 들어찼습니다. 이 機會를 이용해서 여관으로 돌아다니며 책을 꽤 많이 팔았습니다."

"그래 그 때 利를 착실히 보셨군요?"

"네, 利라야 뭐……. 그런데 바로 그 해, 대정 5년이지요. 각학교 참고서의 지정판매를 총독부로부터 맡았지요."

하고 씨는 오늘까지의 지난 경력을 묻기도 전에 한참 쏟아놓고 다시 담배를 한개 파이푸에 꽂는다.

"그래 서적 출판은 언제부터 시작하셨습니까?"

하고 기자는 이야기가 자꾸 橫道로 뻗어나가는 것을 다시 몰아넣었다.

"네 그 후부터 시작하였지요."

"어떤 종류의 것을 출판했어요?"

"네 종류야 뭐……"

하고 씨는 그것을 밝혀 말하기가 자못 부끄러운 듯 한참 머뭇머뭇하더니

"尺牘 그저 이런 類지요."

한다. 하기에 기자는 이 분이 尺牘이나 이런 舊小說類의 그러한 것의 출판을 좀 부끄러워하는 빛이 있으니 이제 累萬金을 貯蓄한 此際에 출판업자의 한 사람으로 應當이 良心的 出版에 意向을 가진 것 같이 보여

"앞으로는 어떠한 서적의 출판에 留意를 하고 있습니까?"

"네 長篇全集을 하나 내어볼까 하고 생각하고 있습니다."

"네 참 좋은 의견이십니다. 이렇게 優秀한 서점에서 文藝書籍의 출판을 하셔야지 어디 되겠습니까?"

"그렇지요. 앞으로 생각하고 있습니다."

無雙明心寶鑑 | 德興書林 編 1945.10.28 93쪽 6원 21cm

무선생영어자통 | 덕흥서림 편 1945.10.30 258쪽 10원 ℹ️

한국말년사상중하합편 | 장도빈 1945.11.3 280쪽 50원(개정가) ℹ️

無先生速修영어자통 | 李奎洪 1946.4 258쪽 230원 出

대학집주원본비지 | 편집부 1946.5.25 80쪽 印서울인쇄사 ℹ️

國漢文喪禮 | 德興書林 編 1946.7.25 79쪽 印서울인쇄사 ℹ️

천하명작 천자뒤푸리 노래 | 덕흥서림 편 1946.9.7 冊

正本萬歲曆 | 德興書林 編 1947.10.30 100쪽 21cm 印서울인쇄사

紅桃의 半生원명:眉愁 | 윤백남 1947.10 298쪽 230원 賢

시테국문편지틀家庭簡牘 | 편집부 1925.12.15(初)1948.9.25(五) 80쪽 130원 18cm
印중앙토지행정처인쇄공장 禹相容 ℹ️

현대사교신영어회화 | 朴仁煥 1948 151쪽 180원 15cm 韓

原本小學集註上 | 德興書林 編 1945.2.10(初)1949.3.20(再) 194쪽 21cm 印서울인쇄사

紅雲白雲 | 방인근 1949.5.30 479쪽 700원 ℹ️

正本孟子集註 | 德興書林 編 1949.7.15 印대동 ℹ️

古文眞寶前集懸吐註解 | 德興書林 編 1949.9.5 143쪽 3000원 18cm 印서울인쇄사

古文眞寶後集懸吐註解 | 德興書林 編 1949.1.25 333쪽 600원 18cm 印서울인쇄사

熱血靑年論 | 朱雲成 1935.11.25(初)1948.9.25(五) 204쪽 320원 18cm 印중앙토지행정처

중용집주 | 德興書林 編 1948.9.30 140쪽 280원 印서울 ℹ️

무쇠탈 | 閔泰瑗 1948.10 620원 印婦人新聞社 ℹ️

白花장편소설 | 박화성 1949 487쪽 650원 19cm 韓

新玉篇 | 德興書林 編 1945.11.1(初)1950.4.15(六) 496쪽 1200원 18cm 印大韓印刷公社

덕흥인서관

삼민주의 **|** 손중산 1945.10.1 册

島山安昌浩先生記念事業會 을지로3가22

島山安昌浩 **|** 島山安昌浩先生記念事業會 編 1947.5.30 398쪽 300원 18㎝ ⑲태극서관

圖書通販社 尹亨重 종로2가100 등록번호377

지능고사수련장6-1 **|** 교육자료연구회 편 1947.10.20 14쪽 26×18㎝ ⑬백영당 ⓘ

동물표본 제작법과 채집법 **|** 조복성 1949.2.20 60원 ⓘ

로빈손크루스 **|** 김상봉(다니엘데포) 1949 172쪽 ⓘ

都市文化社 洪性普 갈월동8-12 등록번호816(1949.2.14)

새로운 都市와 市民들의 合唱SIN SHI RON ANTHOLOGY **|** 金璟麟 外 1949.4.5 92쪽 21㎝
⑬국립도서관관우회

독립노농당선전부

독립노농당당헌 **|** 양일동 편 1946.7 29쪽 出

獨立生活研究所 全忠憲 서린동88

獨立과 新生活 **|** 全忠憲 1947 41쪽 40원 ⑲康生書籍出版社

독립신문사출판부 남대문로2가133 등록번호146(1947.5.31)

呂運亨殺害事件眞相記 **|** 金燮(서대문로1가129) 1948.5.1 234쪽 250원 18㎝

獨立精神普及會 金永玉 회기동95 등록번호731(1948.9.16)

獨立路線의 勝利 **|** 梁又正 1948.10.10(初)1949.1.30(再)3.25(三) 280쪽 500원 18㎝ ⑬대건

돌다리사 石橋敎會基督靑年會 (발)安斗榮(편)李培根

(잡지) 〈돌다리〉

東溪文化硏楊社

朝鮮佛敎史之硏究 **|** 李載丙 1946 319쪽 120원 19㎝ 韓

東光堂書店 李晶來 齋洞町112 등록번호273

黃眞伊 **|** 李泰俊 1946.8.10 245쪽 18㎝ ⑬동양문화출판사 洪淳燮 본정 1정목51

鼠火 **|** 李箕永 1946.3.12 195쪽 ⑬고려문화사 朴

敵産 관계법규 병 수속편람 | 鄭光鉉 편 1948 195쪽 350원 21cm 韓

동광문화사 徐仲仁 연건동28 등록번호625

고급국사의 정해^{수험본위} | 박수복 1948.10.15 380원 印경성인서사 全

東光社

(잡지) 〈東光〉

東光新聞社 광주부 광산동

靑隱隨筆 | 高永煥 1947.11.18 126쪽 170원 18cm 印무등서적 金一善 금남로2가 8

東國大佛教史學研究室

동국대학교 로고

元曉大師全集第二冊 | 東國大佛教史學研究室 編^(線裝本 등사본) 1949.7.30 40장 26cm 印三羊社 주교동168 i

元曉大師全集第三冊 | 東國大佛教史學研究室 編^(위와 같음) 1950.3.1 67장 26cm 印三羊社 i

元曉大師全集第四冊 | 東國大佛教史學研究室 編^(위와 같음) 1949.8.15 55장 26cm 印三羊社 i

元曉大師全集第六冊 | 東國大佛教史學研究室 編^(위와 같음) 1949.9.30 73장 26cm 印三羊社 i

元曉大師全集第七冊 | 東國大佛教史學研究室 編^(위와 같음) 1949.10.15 43장 26cm 印三羊社 i

元曉大師全集第八冊 | 東國大佛教史學研究室 編^(위와 같음) 1949.8.30 44장 26cm 印三羊社 i

元曉大師全集第九冊 | 東國大佛教史學研究室 編^(위와 같음) 1950.3.1 58장 26cm 印三羊社 i

元曉大師全集第十冊 | 東國大佛教史學研究室 編^(위와 같음) 1950.2.15 61장 26cm 印三羊社 i

불설아미타경^{韓滿漢英四譯合照} | 동국대불교사학연구회 편 1950 98쪽 4500원 21cm 韓

東國大學生會 李外潤

(잡지) 〈東國〉

東國大學學生會文化室 필동3가 26 金映燧 18cm

(잡지) 〈東國學生詩集〉

동국서림 廉仁燦 관훈동37 등록번호748

훈몽자회^{국어고전총서①} | 최세진 1948 21cm 선장본 金武森 題字 방종현 발문 金益煥 藏書 i

東農社 方鍾鉉 청량리 188-7

古語材料辭典^{前集} | 方鍾鉉 1946.12^(등사본) 133쪽 26cm 印權重華 전농동558-200

同德女子中學校文藝部

(잡지) 〈同德〉 속간

東明文化社   黄宗連   홍파동2-16   등록번호724(1948.9.9)

高等積分學 | 漢陽學術研究會(竹內端三) 1949.11.15 243쪽 19cm 印보성사
매한양서적도매공사 ℹ️

최신연구영문법 | 한양학술연구회 역 1950 477쪽 800원 18 韓

그 여자의 사랑 | 방인근 1950 300쪽 6000원 韓

東明社   崔南善   고양군 숭인면 우이동   익선동34-3   등록번호28(1947.9.15)

말씀해주신 분: 崔漢雄(72. 동명사 사장)

근대문화의 여명기에 시작된 동명사는 우리나라 최장수 출판사로 기록된다. 육당이 창립한 신문관(1907)을 그 전신으로 한 동명사의 지나온 길은 혼미했던 우리 출판 역사의 질곡을 어김없이 보여준다. 육당의 차남으로 2대 사장을 지낸 최한웅 씨가 동명사 일생의 굴곡을 이야기한다. (편집자 주)

―육당 선생이 창립한 동명사는 우리나라에서 가장 역사가 오랜 출판사라고 할 수 있습니다. 선친의 사업을 이어받은 후 최 박사께서는 서울대 의과대학 교수를 정년퇴직하신 지금도 여전히 출판사업에 힘을 쏟고 계신데요. 동명사의 창업 당시의 이야기부터 차근차근 들어보기로 하죠. 그 전신은 아무래도 新文館으로 볼 수 있지 않습니까?

육당이 창설한 新文館이 전신

"원래 동명사는 1922년에 창설됐지만 선친께서 1907년에 창립한 신문관의 후신이 되니까 동명사의 역사는 1907년부터 시작된다고 봐야죠. 그대 상황은 러일전쟁에서 이긴 일본이 우리나라에 통감부를 설치하면서 강점을 시작하던 시기였죠. 일본에 유학 중이던 선친은 망국의 한을 달래기 위해 출판사업을 하기로 결심했던가 봐요. 일본의 秀英社에서 인쇄시설과 기술자 5명을 데리고 귀국해서는 다음해 여름에 上犁洞(지금의 을지로2가) 자택을 고쳐서 출판사 겸 인쇄소를 차렸던 겁니다. 그것이 바로 신문관인데, 그때 부친의 나이가 17세였지요. 당시 인쇄설비는 엄청났어요. 활자주조기가 3,4대, 자모인각기가 2대, 그리고 활자체별로 각호 수종이 있었고, 문선대와 인쇄기뿐만 아니라 석판 제판기까지 있어서 당시로선 최신 설비를 갖춘 셈이었죠. 나중에 이 기계들은 〈시대일보〉를 창간하면서 다 그쪽에 합쳐버렸습니다만 아무튼 신문관은 우리나라 청소년을 계몽 발전시키기 위해 서양의 신지식을 소개하고 여러 가지 문예물을 발해하겠다는 취지로 출발했던 겁니다."

[編] 신문관의 출발은 육당의 부친(崔獻圭)의 도움으로 순조로웠던 것 같다. 그는 한말에 관상감을 지내면서 역서를 만들어 팔아 재산을 모으는 한편 중국 상인들과 약초 거래를 하면서 성공, 크게 치부했다. 재산이 많으면서도 육당이 출판을 하겠다고 했을 때 선뜻 7만 원의 자본금을 즉석에서 줄 정도로 마음이 넓은 분이었다는 이야기도 전한다. 한편 우리나라 신문화의 요람이 된 신문관의 출판 업적은 평가될 만한 것이었다. 특히 1908년 11월 1일 우리나라 최초의 근대잡지인 〈소년〉을 창간한 것을 비롯해서 〈붉은저고리〉(1912), 〈아이들보이〉(1913), 〈청춘〉(1914), 〈새별〉(1915) 등 월간지를 계속 창간했고, 단행본으로는 육당이 쓴 『新字典』(1915), 『時文讀本』(1916)과 『大韓地誌』, 『外國地誌』, 『大韓敎育史』, 『朝鮮佛敎通史』, 『禪學入門』 등 수십 종의 교양서적을 펴냈다. 또 육전짜리 문고본으로 『사씨남정기』, 『전우치전』, 『남훈태평가』 등 고대소설 20여 종 펴낸 것은 문고본의 효시라고 볼 수 있다.

'광문회'선 사라져가는 옛 문헌 간행

―그럼 조선광문회와의 관계는 어떤 것이었습니까?

"선친은 1910년에 삼각동으로 집을 옮기고는 광문회를 창설했는데, 당시 지성인과 학자들이 삼각동집 사랑에 모여 시국을 논하고 민족을 걱정하기도 했죠. 한편으로 주시경 선생이 『조선어사전』을 편찬하는 등 한글 운동이 싹텄던 모임이었습니다. 말하자면 광문회는 한국에서 사라져가는 고문헌을 발굴해서 재발행하겠다는 취지로 시작한 겁니다. 어쨌든 신문관과 광문회는 목적은 다르지만 사실은 한 덩어리였던 셈인데 광문회가 '溫故'라면 신문관은 '知新'이었다고나 할까요."

[編] 당시 광문회 규칙을 보면 그 성격을 더욱 뚜렷이 알 수 있다.

제1조: 본회는 조선 舊來의 문헌도서 중 중대하고 긴요한 者를 수집, 편찬, 개간하야 귀중한 문서를 傳布함을 목적함.

제2조: 본회는 上條의 목적을 달하기 웨해 名家의 명저와 내외 秘藏을 온갖 방법으로 인수하여 가장 短小한 시일에 가장 근소한 代價로 가장 희귀한 도서를 가장 정밀하게 活印 혹은 石印하야 가입하는 회원에게 特廉한 실비를 受하고 정기 혹은 부정기로 배포함.

이처럼 광문회는 회원제 출판을 유도, 조선 고서 보급운동을 전개하면서 1915년까지 『동국통감』, 『해동명장전』, 『택리지』, 『동국세시기』, 『삼국사기』 등 20여 종의 고전을 간행했다.

최초의 시사주간지 〈東明〉 발행

—그럼, 신문관이 동명사로 전신하게 된 것은 언제쯤입니까?

"선친이 3.1운동에 연루되어 투옥됐다가 풀려나온 뒤 1922년에 신문관을 해산하고 동명사를 창립했어요. 사옥은 삼각동에 있었는데 지금도 그 자리에 '光文會터'라는 비석이 세워져 있습니다. 창립 직후 우리나라에서는 처음으로 시사주간지 〈동명〉을 발간했는데 거기엔 이런 사연이 있었어요. 처음엔 일간신문의 허가를 얻으려 했는데, 일본인들이 그리 호락호락하지 않았던가 봅니다. 일간지 허가를 받기 위해 미즈노렌타로라는 정무총감과 교섭했는데 그가 일간지 허가를 한꺼번에 해줄 수 없으니 먼저 주간지를 창간하고 나서 일간으로 바꾸는 게 수월치 않겠느냐는 제안을 했답니다. 결국 〈동명〉은 23호로 끝나고 1923년 7월에 〈시대일보〉의 발행허가를 얻게 됐던 거죠."

[編] 〈동명〉은 흑색의 표지에 제호를 상징하는 수탉 한 마리가 홰를 치며 우는 모습을 새겨 넣었는데, 일요일마다 발행되어 15전에 판매됐다. 이 주간지는 秦學文 씨가 주간으로 있었는데 1923년 9월 3일자의 창간호로 찍은 2만 부가 2,3일 만에 매진되는 인기를 끌었다고 한다. 일간지를 창간하기 위해 〈동명〉은 1923년 6월 폐간되고, 이어서 7월에 〈시대일보〉의 발행허가를 얻고 명동에 사옥을 마련, 사장에 최남선, 편집국장에 진학문 씨가 각각 취임했다. 〈시대일보〉 발간으로 인해 사실상 이 기간 중 동명사에서는 일반 출판물 발행이 중지된 상태였던 셈이다.

—일간지를 발행하기 위한 투자도 막대했을 텐데요.

"사실 그전까지 들어간 재산도 엄청난 것이어서 25만원, 그러니까 3萬石거리를 선친이 출판사업에 쏟았던 것인데, 또다시 일간지를 창간하려니 당장 인쇄시설비만 해도 감당키 어려웠습니다. 하지만 윤전기는 들여와야겠기에 秦學文 씨가 일본에 직접 가서 7만 원짜리 기계를 우선 3만원만 지불하고 4만원은 외상으로 들여왔습니다. 어찌어찌해서 1924년 3월 1일자로 창간했는데, 이번에는 총독부가 와서 훼방을 놓는 겁니다. 신문이 거의 인쇄될 무렵이면 경찰이 나타나 기사가 잘못됐다느니 하면서 인쇄된 신문을 몽땅 압수하거나 연판을 마구 긁어냅니다. 그러면 종이를 새로 사가지고 와서는 또 인쇄를 하죠. 그러기를 세 번이나 거듭한 적도 있어요. 그러니 종이값만 해도 얼마나 굉장한 겁니까? 그들의 속셈은 재산을 없앰으로써 육당의 반일행위를 억압하겠다는 계산이었던 겁니다. 식산은행(지금의 산업은행)에 문서를 맡기고 돈을 빌려 썼는데 그들은 얼마든지 빌려줬어요. 그러다보니 은행채무는 37만원으로 불어나버렸죠. 육당을 친일파, 민족반역자로 이야기하는 마당에 이런 얘기는 변명 같겠지만, 사실 육당은 일제에 이용당했다고 봐야 합니다."

—악랄했던 일제 탄압의 일면이기도 했겠지요.

"선친은 세상물정을 모르는 사람이었어요. 어쨌든 이렇게 자금에 쪼들리던 때 普天教에서 제의가 들어왔던 겁니다. 3만원에 〈시대일보〉를 인수하되 사장직은 그대로 두기로 한다는 협상이었나 봅니다. 이 협상에 편집국장이던 진학문 씨가 펄쩍 뛰며 반대하는 바람에 〈시대일보〉는 휴간하게 됐고, 선친도 석달 만에 사장직을 그만두게 됐으니, 결국 〈시대일보〉는 3만원조차 제대로 못 받고 보천교에 넘기고 말았습니다."

'〈시대일보〉 파동' 후 일제 말까지 침체되기도

—그런 파동을 겪었으니 그때 동명사의 출판활동도 미미했겠군요.

"선친께서 시대일보를 나와 〈동아일보〉의 객원으로 집필활동을 하던 때는 생활이 아주 어려웠습니다. 내가 중2 때였는데 3전짜리 전차권을 살 수가 없어 밑창이 다 빠진 구두를 신고 종로6가 집에서 효자동에 있는 경복고등학교까지 걸어다녔을 정도였어요. 연말이면 덕흥서림, 영창서관, 한성도서 같은 서점으로 『신판조선역사』와 〈괴기〉 잡지의 얼마 안 되는 책값을 수금하러 다니던 생각도 나는군요. 그러니 책을 만들 만한 자금 여유가 전혀 없었죠. 다만 선친은 『심춘순례』, 『백팔번뇌』를 동광사에서, 『백두산근참기』, 『아씨조선』은 한성도서에서 출판하면서 인세가 좀 생기면 다시 동명사에서 책을 찍어내곤 했습니다. 간헐적이나마 이렇게 해서 동명사의 출판은 일제 말기까지 면면히 이어져온 셈입니다."

[編] 이 시기 일제 말 암흑기에 침체됐던 우리나라 출판계 실정은 동명사에서도 그대로 드러나고 있다. 1928년에서야 『조선유람가』를 간행했고, 『조선역사』와 『임진란』을 1931년에 발간한 후 1944년에 『천만인의 상식』을 펴낸 것만이 출판목록으로 남아있을 뿐이다. 한 가지 특이한 것은 1929년 〈怪奇〉라는 잡지를 창간한 일이다. 잡지에 실린 글들은 대체로 '奇怪한 嗜好', '생식기 숭배의 俗', '심령현상의 불가사의', '매음의 종교적 기원', '조선어 男女根 명칭 語源考' 등 독특한 내용으로 꾸며진 것이 이채롭다. 또 하나 이 시기에 육당이 함경남도 마운령에 있는 진흥왕 순수비를 발견하고 그것을 고증한 논문을 발표, 학계에 큰 센세이션을 일으킨 것도 기억해둘 만한 일이었다.

—육당의 저술활동이 동명사의 생명을 이어준 셈이 되겠군요. 당시 육당의 『고사통』은 굉장한 베스트셀러 아니었습니까?

"이미 그전에 『삼국유사』도 많이 팔렸지만, 조선역사를 다룬 선친의 『고사통』은 역사책인데도 초판 3만부가 한달 만에 모두 매진됐었습니다. 1943년 삼중당에서 출판했는데 처음엔 무모하다고 생각했지만, 또다시 3만부를 찍었는데도 몽땅 팔려나갔을 정도였어요. 주로 북쪽지방의 함경도와 간도에서 많이 사갔죠. 그 인세만 해도 엄청났으니 덕분에 우리 집과 동명사가 다시금 일어나게 된 것이지요."
―그럼 최 박사께서 출판사업을 이어받으신 때는 언제쯤입니까. 그리고 차남이신데도 선친의 사업을 물려받으신 각별한 이유가 있으신지요.

50년대에 이공계통 전문출판사로 전환

"형님은 태어나자마자 후사가 없던 백부님 댁에 양자로 들어갔기 때문에 내가 호적상 장남이고 상속권자였습니다. 선친의 사업을 마땅히 이어야 했지요. 해방된 해 10월 동명사를 재건하고 내가 2대 사장으로 들어가 모든 실무를 맡아 하기 시작했습니다."

[編] 해방과 더불어 동명사는 다시금 출판활동을 보인다. 해방 이듬해에 『조선독립운동사』를 비롯해서 『조선상식문답』, 『쉽고빠른 조선역사』, 『조선의 문화』 등 민족의식을 고양시키기 위한 서적들을 펴내는 한편 『影印新字典』(1947), 『나라말본』(1947), 『한글사전』(1949) 등 주로 국사·국어 관계책을 펴냈다. 『조선역사지도』와 『국사독본』, 『백범일지』 등도 이 무렵 나온 책들이다. 그러다가 1950년을 고비로 동명사의 출간목록은 그 성격을 완전히 새롭게 바꿔버렸다. 『일반화학』, 『물리학본론』 등 수학, 물리, 화학, 의학, 약학, 기계공학, 전자공학 등 이공계통의 전문서적만을 다루게 된 것. 그동안 나온 수백 종의 이공서적 가운데 지금까지도 500여 종은 계속 판매된다고 한다. 아마도 최한웅 사장의 전공이 의학인 것과도 무관하지 않은 듯하다.
―그럼 해방 후 육당 선생은 주로 저술활동만 하셨겠군요.

"당신께선 마지막 필생의 사업으로 『조선역사사전』의 편찬을 계획하고 계셨어요. 선친의 장서는 17만 권으로 웬만한 대학도서관보다도 많은 책을 갖고 계셨죠. 손수 '素園'이라고 이름 붙인 서재에서 조선역사사전의 원고 집필에만 전념하셨습니다. 태평양 전쟁 때 B29기의 폭격을 피해 우이동으로 이사를 갔는데, 그것도 다 책을 보존하기 위한 것이었어요. 그런데 6.25 때 중공군이 들어오면서 미군기의 폭격을 맞아 '素園'의 17만 권이 모두 불타버리고 말았습니다. 그때가 1951년 봄입니다. 불타버린 장서와 사전 편찬을 위해 만든 문헌카드, 원고, 모든 자료를 처음부터 다시 시작하시더군요. 종이 재료로 팔려가는 구 문헌과 양서류 중에서 사전 편찬에 필요한 문헌들을 모으기 시작하셨어요. 조선학의 완성을 위해선 가장 기본적인 것이 사전 편찬이라고 생각하셨던 겁니다. 나는 그때 대구에 있었는데 부친께 돈을 부치면 당신은 짠지만 드시면서 책을 사 모으셨어요. 그때부터 모은 책이 바로 고려대학교 아시아문제연구소에 기증한 23,400권입니다. 『조선역사사전』을 편찬하기 위해 필요한 최소한의 긴요한 참고문헌이었던 셈이죠. 선친께서 돌아가시자 내 힘만으로는 당신의 문집을 편찬하기에 부족하다고 생각하던 중에 고려대에서 육당문집을 만들겠다는 제의가 들어왔어요. 그래서 그 장서를 모두 기부하기로 한 겁니다. 『육당최남선전집』(전15권)이 바로 그것이죠."
―어쨌든 동명사는 3대에 걸쳐 82년을 장수를 하고 있어 다른 출판사에도 좋은 귀감이 되고 있습니다. 출판역사를 돌아보시면서 후배 출판인들에게 들려주시고 싶은 말씀을 해주시지요.

"나는 당연히 선친의 뜻을 잇는다는 생각으로 출판사업에 임했을 뿐이에요. 소아과 의사를 지내면서 서울대학교 교수직을 떠난 지도 6년이 됩니다만, 이제 동명사가 제대로 굴러갈 수 있도록 거드는 일만 남았다고 봐야죠. 지금 내 아들은 서초동에서 서울클리닉이라는 피부과 의원을 하고 있는데, 미력이나마 집안에서 3대째 내려오는 출판사업에 힘을 바치겠다고 하니 다행입니다. 며느리(李恩周. 35)도 여기에 기획관리실장이라는 직함을 가지고 나와서 일을 보니 마음이 든든해요. 동명사는 연간 30종꼴로 지금까지 모두 1천여 종도 넘게 출판했습니다. 저자들만 해도 800여 명 정도인데 대부분 대학교수이지요. 선친께서 출판에 기울였던 사랑과 희생에 얼마만큼 근접할지 모르겠지만 앞으로 사회각계에서도 계속 지켜봐주시길 바라겠습니다."
―어두운 시절에 신문화를 일궈왔던 동명사는 모든 출판인들의 지속적인 본보기가 되리라 믿습니다. 말씀 들려주셔서 감사합니다. (정리 〈출판저널〉 김지원 기자)

— 이경훈 『속 책은 만인의 것』 308~315쪽

동명사 인지

新板朝鮮歷史附:獨立運動의 經過 ┃ 崔南善 1945.12.20 印선일 매삼중당 ℹ

新板朝鮮歷史附:獨立運動의 經過 ┃ 崔南善 1946.2.20 224쪽 印서울인쇄사 매삼중당 ℹ

朝鮮獨立運動史 ┃ 崔南善(고양군 숭인면 우이동5) 1946.2.15 102쪽 10원 18㎝ 印대동 李相五 매삼중당서점
관훈정123

朝鮮常識問答 ┃ 崔南善 1946.6.20(初)10.20(再) 184쪽 50원 18㎝ 印대동인쇄소

國民朝鮮歷史 ┃ 崔南善 1946.12.15 240쪽 250원 18㎝ 印근영사
매유길,박문,일성당,한양,문연,보문서점

쉽고빠른朝鮮歷史 ┃ 崔南善 1946.11.5 130쪽 50원 17㎝ 印대동인쇄소 ℹ

歷史日鑑上卷 | 崔南善 1947.4.20 200쪽 21cm [印]대건인쇄소 [매]삼중당서점
歷史日鑑下卷 | 崔南善 1948.7.20 423쪽 450원 21cm [印]대건인쇄소
朝鮮遊覽歌 | 崔南善 1947.8.20 57쪽 18cm [印]대건 [매]유길,박문,문연,일성당,한양서점 金昌燮 裝幀
中等國史 | 崔南善 1947.8.25 100원 21cm [印]대동 [i]
中等國史 | 崔南善 1948.7 200원 [i]
中等東洋史朝鮮本位 | 崔南善 1947.8.25 100원 21cm [印]대동 [全]
中等東洋史朝鮮本位 | 崔南善 1948.8.10(수정판) [全]
新字典 | 崔南善 1947.8 498쪽 450원 [出]
朝鮮의 山水-崔南善講演集(1) | 崔南善 1947.10.1 116쪽 100원 18cm [印]근영사
朝鮮의 古蹟-崔南善講演集(2) | 崔南善 1948.2.10 123쪽 150원 18cm [印]근영사
朝鮮의 文化-崔南善講演集(3) | 崔南善 1948.4.20 126쪽 200원 18cm [印]근영사
국사독본성인교육 | 최남선 1947.11.30 67쪽 50원 [出]
朝鮮常識問答續編 | 崔南善 1947.12.10 394쪽 350원 18cm [印]대동인쇄소
朝鮮歷史地圖 | 崔南善 1947.12.15 17쪽 50원 [印]서울옵셋트 [i]
나라말본 | 김윤경 1948.5.15 500원 [印]대동 [全]
중등말본초급용 | 김윤경 1948.7.10 114쪽 200원 21cm [印]대동 [朴]
制度篇朝鮮常識 | 崔南善 1948.7.20 170쪽 250원 18cm [印]대건
風俗篇朝鮮常識 | 崔南善 1948.10.31 168쪽 250원 18cm [印]대건
한글조선말사전 | 노영호 1948.9.20 487쪽 800원 19cm [印]대동
천만인의 상식 | 최남선 1948 146쪽 200원 19cm [韓]
한글조선말사전 | 광문회 편 1948 500쪽 1200원 19cm [韓]
고등대수학 | 박경찬,李敬衡 1949.8.20 [全]
신수학② | 박경찬 1949.8.25 [i]
적분학 | 이경형,박경찬 공역 1949.11.25 [全]
대한독립운동사 | 최남선 1946.2.20(初)1950.3.1(再) 102쪽 200원 [印]박문 [i]
미분학 | 이경형 역 1950.6.15(三) [全]
측량학 | 이경형 1950 143쪽 80원 21cm [韓]
문과의 수학 | 이경형 1950 228쪽 [i]
물리학본론상 | 本多光太郎 1950 253쪽 [i]
신법학통론 | 李鍾極 1950 172쪽 600원 21cm [韓]

東明出版社 을지로1가133 등록번호207(1950.1.30)

白鹿潭詩集 | 鄭芝溶 1941.9.15(初)1946.10.15(再)1950.3.15(三) 134쪽 400원 18cm [印]서울합동사 吉鎭燮 裝幀 *초판은 문장사, 재판은 백양당에서 출판

동무社 長谷川町74(삘딩4層)

쏘베트同盟 教育制度 | 동무사 편 1945.10.1 20쪽 1원 18cm [i]

공산당선언 | 조선맑쓰엥겔스레닌스타린연구소 역편 1945.11 74쪽 8원 出

중국혁명의 전망 | 조선맑스엥겔스레닌연구소 역편 1946.2 145쪽 12원 出

현 정세와 다음의 과업신세기문고⑦ | 동무사 편 1947.5 35쪽 30원 19㎝ 出

미국의 흑인문제신세기문고⑨ | 동무사 역편 1947.5 38쪽 30원 出

동문사 로고

童文社 金榮錫 명동2가82 등록번호81(1947.9.20)

백가면그림이야기 | 동문사 1947.2 133쪽 4원 出

解放少年小說 第1回懸賞當選作品 | 朴哲 1948.3.20 72쪽 100원 18㎝ 印수영사

노지심만화 | 정현웅 1948.10.15 24쪽 i

종달새 | 任熙宰 1948.3 100원 出

베토벤만화 | 동문사 편 1948 80쪽 120원 出

동물문화 | 동문사 편 1948 80쪽 120원 出

성웅간듸전 | 동문사 편 1948 80쪽 110원 出

스티븐슨만화 | 정현웅 1948 50쪽 70원 出

아부라함·린컨 | 동문사 편 1948 50쪽 65원 出

소년에디슨만화 | 정현웅 1948 60원 出

콜럼버스만화 | 김용환 1948 60원 出

동문사서점 로고

東文社書店 尹時重 충무로4가7 등록번호327

西洋倫理史 | 崔己元 1945.12.25(서문일자) 217쪽 18㎝

朝鮮民族運動年鑑 | 同社 編 1946.4.7 326쪽 300원 18㎝ 印청구사

어린이讀本 | 高丙敦 編 1946.5.5 174쪽 20원 18㎝

朝鮮名士書翰大集 | 尹時重 編 1948.2.10 289쪽 250원 18㎝ 印조선인쇄

明朗笑話集 | 金玄松 1948.12.10 220쪽 330원 18㎝ 印조선인쇄

妖婦의 末路세계명작탐정모험소설 | 靑黃生 역 1949 342쪽 500원 18㎝ 韓

부기회계상업부기 | 金麗一 1949 154쪽 290원 21㎝ 韓

빠이론시집 | 張致卿 편역 1949.5.20 194쪽 200원 15㎝ i

괴테ー시집世界名作詩人選集③ | 金又正 譯 1949.10.20 168쪽 300원 15㎝ 印대한

보ー드레ー르詩集世界名作詩人選集④ | 李巴湖 譯 1949.11.5 190쪽 300원 15㎝ 印국립중앙도서관관우회

하이네시집 | 金琴湖 역 1949.1.13 200쪽 250원 15㎝ 印대한 i

바레리시집世界名作詩人選集⑦ | 張民秀 譯 1949.12.25 170쪽 300원 15㎝ 印대한

헤루만·헷세詩集世界名作詩人選集⑧ | 崔一民 譯 1950.1.15 186쪽 300원 15㎝ i

콕토ー詩集世界名作詩人選集⑨ | 梁秉道 譯 1950.3.15 176쪽 350원 15㎝ 印대한

와아즈와즈시집 | 李陵九 역 1950 180쪽 280원 15㎝ i

海外朝鮮革命運動小史 ▎崔衡宇　1945.12.10　92쪽　6원　18cm　印명문　영락정 2정목52

해외조선혁명운동소사2집 ▎최형우　1946　69쪽　ⓘ

東邦文化社　柳子厚　金熙俊　종로1가60　등록번호78(1947.9.20)

文學槪論 ▎白鐵　1947.3.30　179쪽　250원　18cm　印선광　등록번호5(1947.9.30)　賣유길서점

文學槪論 ▎白鐵　1947.4.25　179쪽　특제180원,병제150원　18cm　印서울공인사

文學槪論 ▎白鐵　1948.1.20(再)　200원　印한성당　ⓘ

文學槪論 ▎白鐵　1948.8.20(三)　179쪽　250원　18cm　印동양노트회사　賣유길서점

금잔듸 ▎金岸曙 譯(계동54)　1947.4.1　188쪽　특제150원,병제120원　18cm　印서울공인사

朝鮮文學硏究 ▎李江魯　1947.5.25　119쪽　18cm

狂想詩人탐정소설집 ▎김래성　1947.6　270쪽　250　ⓘ

인생예찬 ▎김진섭　1947.7　212쪽　200원　出

露西亞文學史 ▎洪曉民　1947.9.10　162쪽　160원　18cm　印李海明　賣유길서점

경제사대강 ▎최호진　1947.9　330쪽　400원　ⓘ

李儁先生傳 ▎柳子厚　1947.10.15　419쪽　비매　21cm　印대건　(辦事處)一醒李儁先生事業記念會

고문신석 ▎신영철　1947.12.30　308쪽　300원　18cm　ⓘ

신사회정치철학론 ▎鄭命岳　1947.12　526쪽　600원　雅

音樂과 文化 ▎任東赫　1948.1.30　191쪽　200원　18cm　賣유길서점

시조해석 ▎노영호　1948.1　130쪽　80원　出

哲學槪論 ▎李載壎　1948.3.30　271쪽　400원　18cm　印대건　賣유길서점　李順石 裝幀

英詩選集ENGLISH POEMS ▎卞榮魯,異河潤 選譯　1948.4.10　93쪽　150원　18cm　印고려

사회생활교육원론 ▎오준영　1948.7　231쪽　380원　19cm　ⓘ

栗谷先生傳 ▎柳子厚　1947.10.10(初)1948.8.20(再)　266쪽　350원　18cm　印고려문화사

近世東洋外交史 ▎申基碩　1948.9.30　421쪽　600원　18cm　印평화당

大韓民國憲法大義부록·한미중불일헌법전문 ▎李昌洙　1948.10.5　350원　21cm　印대건　賣유길　ⓘ

美學·藝術學 ▎金龍培　1948.11.30　221쪽　450원　21cm　印대건

創作集 感情의 風俗 ▎任西河　1948.12.15　323쪽　500원　18cm　印선광　賣유길　金晩炯 裝幀

兒童年鑑1949년판 ▎아동문화건설회 편　1948.12　18cm

고시조신석 ▎신영철　1948　266쪽　ⓘ

朝鮮古語辭典 ▎鄭熙俊　1949.1.5　512쪽　1200원　18cm　印김경수

經濟學入門 ▎金耕普　1949.1.15　202쪽　400원　18cm　賣유길서점

心理學 ▎金泰午　1949.4.10　326쪽　900원　20cm　印선광　賣유길서점

認識論 ▎文熙奭　1949.5.10　270쪽　550원　18cm　印선광

國文學史 ▎趙潤濟　1949.5.10　529쪽　1600원　21cm　印선광

哲學辭典 ▎李載壎　1949.6.20　489쪽　1500원　18cm　印선광

한글공문의 기초지식 ▎신기철　1949.11.3　328쪽　880원　18cm　印선광　賣유길서점

동방문화사 로고

동방문화사 인지

兒童年鑑1950년판 | 편집부 1949.11.20 402쪽 900원 18㎝ 印선광,서울옵셀 i

社會學槪論 | 李載塤 1948.1.15(初)1949.11.25(三) 259쪽 600원 18㎝ 印대건

기초독일어문전 | 유응호 1949.12.25 全

新文章講話 | 申瑛澈 1950.2.20 384쪽 1500원 18㎝ 印선광 韓甲洙 裝幀

學生年鑑 | 編輯部 1950.2.27 366쪽 1200원 18㎝ 印선광,서울옵셋트

敎育國文學史 | 趙潤濟 1950.4.6 120쪽 550원 21㎝ 印선광

民族心理學 | 金泰午 1950.4.20 376쪽 1800원 21㎝ 印선광

신편고등국문독본현대편 | 정렬모 편 1946 126쪽 雅

초급중학한문독본권2 | 김경탁 1947.8 45쪽 60원 出

초급중학한문독본권3 | 김경탁 1947.10 57쪽 65원 出

中等漢文讀本卷1 | 金敬琢 1950.5.10 41쪽 全

中等漢文讀本卷三 | 金敬琢 1949.7.30 140원 全

中等漢文讀本卷四 | 金敬琢 1950.5.20 175원 21㎝ 印선광 賣유길서점 朴

국사부도사회생활과 | 윤보현 1947.10.15 80원 印서울옵셋 i

중등서양사사회생활과 | 노도양 1947.8 84쪽 100원 出

중등동양사 | 서울사대부속사회생활과연구회 1948.8.25 全

중등서양사 | 사공환,이동윤 1948.8.25 全

먼나라 역사지도 | 편집부 1949.9.5 400원 21㎝ 印서울옵셋트 賣유길서점 i

우리나라 역사지도 | 편집부 1949.9.5 450원 印서울옵셋트 i

우리나라의 생활 | 신석호 1949 216쪽 淸

이웃나라1학년용 | 吳駿泳 1947.7.15 92쪽 110원 全

이웃나라지도 | 地學社 편 1948 36쪽 i

먼나라2학년용 | 오준영 1947.10 124쪽 140원 全

먼나라의생활 지리 | 오준영 1950.6.5 全

중학생의 대수 | 김민태 1950.3.20(三) 全

중학생의 물상 | 金炳建 1949.10.5 700원 i

고등생물상 | 박만규 1949.8.15 360원 印선광 i

고등생물상 | 박만규 1950.5.15 全

고등생물하 | 박만규 1950.5.15 175쪽 400원 印김시달 i

東邦社出版部 金敎朋 숭인동61-180 등록번호331

日人재산을 사면은? | 金甲注 편 1945.11 30쪽 4원 19㎝ 出

동방신문사 대전

敵産과 배상 | 李鍾浩 1948 139쪽 150원 19㎝ 韓

冬柏

북소리詩集 | 韓晶熙 1947.11.20 18㎝

동백社　　毛允淑　회현동2가10번지

옥비녀詩集 | 毛允淑(회현동2가10번지) 1947.2.15 102쪽 10원 18㎝ 印협진 매삼중당 鄭弘巨 裝幀

동백사 로고

東西文化出版社　　吳龍煥　충무로3가82　등록번호179

蘇聯 敎育 視察記 | 朴日昐 1949.4.15 153쪽 200원 18㎝ 印평화당 등록번호3(1947.9.30)

동서출판사　　金英植　용강동284　등록번호329

기본불란서어 | 이휘영 1947.10 144쪽 200원 出

東鮮인쇄주식회사

신편조선사 | 元東潤 1946.9 175쪽 50원 出

東省社　　盧泳根　광화문통210　등록번호70

한글맞춤법 統一案講義 | 李熙昇(죽첨정2정목5-27) 1946.11.10 208쪽 70원 18㎝ 印동신

한글맞춤법 統一案講義 | 李熙昇 1947.3.15(再) 120원 印고려문화사 ℹ

소련의 진상 | 呂文熙(뿌룩스멜킨스) 1946.12 74쪽 40원 ℹ

文學讀本 | 方鍾鉉,金亨奎 1946.9.20 146쪽 印東新인쇄 黃坐衍 全

文學讀本 | 方鍾鉉,金亨奎 1947.9.15(개정판) 146쪽 160원 印한성당 ℹ

古語材料辭典後集 | 方鍾鉉 1947.6 194쪽 26㎝ 印권중화 전농동558-200

朝鮮文化叢說 | 方鍾鉉 編 1947.11.25 214쪽 250원 18㎝ 印한성당

同心社　　金俊秀 (전무 김명수)　을지로2가199(청목삘딩)　등록번호387(1947.10.1)　左協會員

공산주의원칙 공산당선언에 관한 초안 | 사회과학연구소(엥겔스) 1945.12 45쪽 3원50전 出

帝國主義論 | 印貞植(N-레닌) 1946.3.20 152쪽 20원 18㎝ 印협진

지식계급문제 | 크라라체트킨 1946.4 50쪽 10원 出

재미나는 理化실험소년과학문고① | 동심사 편 劉在晟 감수 1946.9.15 202쪽 25원 印협진 ℹ

재미나는 世界탐험이야기소년과학문고③ | 동심사 편 1947.3.20 97쪽 70원 21㎝ 印청구사 ℹ

재미나는 동물이야기 | 동심사 편 1947.11.15 冊

新民主主義의 建設原名 中國의 赤星 一名 紅軍從軍記 | 印貞植,金炳謙(에드가스노) 1946.5.25(初) 9.15(再)
177쪽 35원 18㎝

朝鮮經濟의 基本構造 | 權泰燮 1947.1.10 242쪽 120원 18㎝ 印협진

혁명과 반혁명 | 성홍(칼맑스) 1947.5 186쪽 180원 出

쏘련선거제도해설 | 편집부 역편 1947.8 82쪽 60원 出

THE NEW ENGLISH COMPOSITIONEASY COURSE BOOK2 | 동심사 편 1947.9.10(再) 全

동심사 로고

동심사 인지(권태섭)

THE NEW ENGLISH COMPOSITION EASY COURSE BOOK1 | 동심사 편 1946.11.5(初)1947.1.10(再)7.20(三)9.15(四) 80원 18cm [印]협진 [i]

쉑스피어抄話集 | 全炯國(찰스램) 1947.8.5 90쪽 95원 18cm [i]

중등공민1학년용 | 권상철,오수옥 1949.9.18(수정) 250원 [i]

중등공민2학년용 | 권상철,오수옥 1949.9.5(수정증보) [全]

중등공민3학년용 | 권상철,오수옥 1948.9.15(初)1949.3.10(수정) 200원 21cm [印]협진 [i]

고등공민경제 | 권상철,오수옥 1949.3 [全]

고등공민법제 | 권상철,오수옥 1949.9.5 [全]

고등공민 | 권상철,오수옥 1947.4.30(初)1949.7.25(수정판) 380원 [印]협진 [i]

민주주의민족교육론 | 사공환,조재호,이상선,심태진,최병칠 1949.5.20 139쪽 360원 [i]

A CONCISE SCHOOL GRAMMAR기본학생영문법 | 한찬오 1947.10.25(初)1949.7.5(개정三) 128쪽 200원 18cm [印]고려문화사

하나의 哲學 | 安永泰 1949.11.15 197쪽 450원 18cm [印]백양사

자연의 교실 | 성홍철(라리,양) 1949 170쪽 300원 [韓]

東亞大學小芸群像同人會 동아대학 부산

(잡지) 〈小芸群像〉

동아문화사 黃俊成 만리동2가153-36 등록번호457(1948.10.15)

입학시험문제 모범답안집1949 | 동아문화사 편 1948.11.30(初)1949.1.20(再) 350원 [i]

東亞印書館 李昌洙 돈암동420-8

大韓民國憲法大意 | 李昌洙 1948.9.30(初)1949.9.22(再) 242쪽 450원 21cm [매]숭문사

第三次戰爭은 일어날까 | 李白洲 1949 308쪽 400원 19cm [韓]

東亞日報社 李晶來 鄭均轍 태평로1가31

解放以後 | 薛義植 1947.2.20 306쪽 200원 18cm [印]서울공인사

今日의 政客들 | 高永煥 1949.5.1 198쪽 350원 18cm

동아출판사 朴淳漢 을지로3가173 등록번호262

경찰법대의 | 洪淳鳳 1947.10 96쪽 100원 [出]

현대문수국문학보습서 | 김석경 편 1949.12.1 131쪽 [i]

東亞出版社 金相文(대구시 동성로2가90) 등록번호1034(1947.12.1)

新羅史 | 黃互根 1948.12.3 116쪽 비매 [印]朱仁龍 대구 [i]

수험생의 셈본 | 同社 편 1949.12.30(初)1950.1.30(再)3.20(三) 300원 [印]동아등사소 [i]

동양건설문화사

대한민국정부행정구역편람 | 金載鄕 1948 153쪽 300원 19㎝ 韓

東洋公司出版部 閔東植 소공동50

民族意識과 階級意識朝鮮의 今明日 | 李載壎 1946.10.30 138쪽 70원 18㎝ 印대건

동양문화사 閔東植 소공동50 등록번호10

風琴敎則本 | 同社 편 1947.9 80쪽 354원 出

동양사 丁斗燮 신당동377-120 등록번호337

영어숙어집 | 정두섭 1950 243쪽 3000원 19㎝ 韓

東洋書院

日本戰爭罪惡史 | 聯合軍司令部 1946.3(서문일자) 76쪽 21㎝

영어독학회화를 중심으로 한 | (저자 미상) 1946 288쪽 30원 出

동양순보사

(잡지) 〈동양순보〉

東洋醫學會 (발)李炳天 (편)黃玄

(잡지) 〈東洋醫學〉

同硏社(株) 종로2가8 등록번호386(1950.1.7)

貨幣金融論 | 崔虎鎭 1950.1.20 248쪽 700원 21㎝ 印조선노트 賣백양당

李忠武公三百五十週忌紀念論叢 | 震檀學會 編 1950.4.15(初)5.5(再) 262쪽 7,000(개정가) 18㎝ 印애지사 賣백양당

現行民法總論 | 張厚永 1950.5.15 363쪽 1300원 21㎝ 印대한인쇄공사 賣백양당

로―마法槪論 | 玄勝鍾 1950.5.20(初)8.15(再) 169쪽 1400원 21㎝ 印대한인쇄공사 賣백양당

회사법강의 | 주유순 1950 291쪽 ℹ

상법총칙강의 | 주유순 1950 235쪽 700원 19㎝ 韓

東人社 金善泌 남산동3가17 등록번호760

실용양계법 | 김선필 1948.11 320원 出

고급영문법영문해석법 | 全日鉉 1949 308쪽 550원 19㎝ 韓

同志社 白南弘,李大儀 교북동95 태평로2가73 등록번호501(1947.10.1)

동양공사출판부 로고

동연사 인지(장후영)

1945년 11월 1일에 李大儀, 白南弘의 공동 출자로 발족하여 이병도의『조선사대관』, 박종홍의『일반논리학』, 金洵植의『簿記要綱』, 趙璣濬의『독일어문법』등의 권위 있는 대학 교재와 아동도서를 활발히 출판하다가 6.25 전쟁 이후 검인정교과서를 주로 출판하는 이대의의 章旺社와 백남홍의 동지사로 갈라졌다.
— 조성출『한국인쇄출판백년』423쪽

동지사 로고

동지사 인지 (조선생물학회)

길 콩트 | 김영훈 1946.1 77쪽 5원 出

일반논리학 | 박종홍 1947.9 195쪽 350원 出

一般論理學 | 朴鍾鴻 1948.9.5(初)1949.2.5(再)10.31(增訂三) 195쪽 600원 21㎝ 印明進

物理學 | 金俊冀 1947.10.1 179쪽 200원 18㎝ 印조선단식인쇄

운동화 | 朴元壽 1948.5 100원 出

신동양사 | 김상기,김일출,김성칠 1948.6.10 印명진 i

인도동화집 | 정비석 1948.6 60쪽 80원 出

독일어입문독본 | 정희철,조기준 1948.7.15 全

西洋文化史 | 李能植 1947.10.30(初)1948.7.15(再) 103쪽 150원 18㎝ 印김경수

조선사대관 | 이병도 1948.7.25 520쪽 1000원 i

새국사교본 이병도 1948.7 211쪽 380원 出

戰後의 日本 | 曹正煥 1948.9.5 196쪽 400원 21㎝ 印서울인쇄사 金台錫 題字

近代史觀研究 | 李能植 1948.10.25 208쪽 350원 18㎝ 印명진

어디만큼 왔냐유년동화동시집 | 林仁洙 1948.10 40쪽 80원 出

太平天下長篇小說 | 蔡萬植 1948.12.5 316쪽 500원 印명진 i

우리 집은 초가집 | 李鍾星 글 金龍煥 그림 1948 60쪽 80원 出

마음에 꽃다발 | 동지사 편 1948 50쪽 65원 出

유관순 | 동지사 편 1948.3.15 50쪽 65원 i

聯合國의 政治組織,政黨,各主義主張 聯合各國의 學校制度 | 동지사 편 1948 46쪽 i

압록강창작집 | 김만선 1948 278쪽 400원 19㎝ 韓

朝鮮動物名脊椎動物 | 朝鮮生物學會 編 1949.1.20 61쪽 200원 21㎝ 賣동지사

李庸岳集現代詩人全集① | 李庸岳 1949.1.25 168쪽 350원,특제500원 21㎝ 印명진

散文 附 譯詩 | 鄭芝溶 1949.1.30 300쪽 700원 18㎝ 印명진 吉鎭燮 裝幀 豪華藏書版

꽃피는 동산소년소녀소설 | 송경재(파네트) 1949.3.1 87쪽 130원 19㎝ 印명진 i

盧天命集現代詩人全集② | 盧天命 1949.3.15 155쪽 350원 21㎝ 印명진

國史大觀 | 李丙燾 1948.7.25(初)1949.1.10(再)4.1(三)11.20(四) 557쪽 1500원 21㎝ 印협진

동물해부학 | 尹益炳 1949 353쪽 3000원 26㎝ 韓

世界地理統計 | 李智皓 1950.3.25 116쪽 800원 印명진

西洋史槪說 | 趙義卨 1950.2.1 708쪽 2000원 21㎝ 印명진 i

가정과 학교일학년용 | 동지사 편 1947.2.10 38쪽 印협진 賣동지사 i

작문독본 | 尹聖容(서울사대부중 교유) 1947.9.10 93쪽 150원 18㎝ 印명진 李浩盛(군정청초등교육과장) 序

동양사중등역사 | 이동윤 1947.8.20 72쪽 100원 全

西洋史중등력사 | 林炳森,金弘柱 1947.9.5 141쪽 200원 21㎝ 印협진

서양사신독본 | 조의설 1948 204쪽 380원 21㎝ 韓

역사이웃나라의 생활 | 김상기,김일출,김성칠 1949.3.31(初)1950.3.25(수정) 480원 印고려 i

역사먼나라생활 | 조의설 1949.7.27 380원 21㎝ 印명진 등록번호22(1947.9.30) 全

역사우리나라의 생활 | 이병도 1949.4.30 430원 印김경수 i

역사우리나라의 생활 | 이병도 1950.5.15 211쪽 555원 21㎝ 印협진

인류문화의 발달 | 조의설 1949.9.6 320원 印서울 i

먼나라생활부도(역사) | 조의설 1950.4.10(수정) 490원 印수문사 朴

고장생활② | 동지사 편 1947 i

우리나라의 생활4학년용 | 동지사 편 1947.4.10 印협진 i

공민①중등사회생활 | 김두헌 외 1949.7.28 全

공민③중등사회 | 김두헌,박종홍,육지수,고병국 1949.9.5 230원 印협진 i

지리이웃나라의 생활 | 박노식 1948.7.1(初)1949.3.15(수정再) 165쪽 350원 21㎝ 印명진

이웃나라중등지리 | 박노식 1947.8.20(初) 72쪽 100원 印협진 i

이웃나라중등지리 | 박노식 1948.4.15(수정증보) 91쪽 180원 20㎝ 印申貞植 i

신조선지리 | 朴魯植 1947.8 135쪽 200원 出

먼나라중등지리 | 박노식 1947.9.5 150원 印협진 i

우리나라중등지리 | 陸芝修 1947.9.1(初)1948.4.15(再) 114쪽 230원 21㎝ 印명진

지리통론인류와 자연환경 | 이봉수,최홍준 1948 115쪽 250원 21㎝ 韓

지리우리나라의 생활 | 육지수,이봉수 1948.7.1(初)1949.3.15(再) 176쪽 350원 21㎝ 印명진

지리먼나라의 생활 | 육지수 1950.5.15(수정판) 580원 印명진 全

자연환경과 인류생활 | 이봉수 1949 142쪽 i

자연환경과 인류생활 | 최홍준 1949.3.15(初)1950.5.15(수정판) 142쪽 395원 印명진

우리나라의 생활부도중등사회생활(지리부) | 이봉수 1949.8.30(初)1950.5.15(수정) 425월 印수문사
등록번호49(1949.9.30) i

생물학상 | 李敏載,姜永善 1948.7 400원 出

화학Ⅰ | 국립서울대학화학교실 1948.8.1 全

물리Ⅰ | 권영대 1949.9.20 320원 印명진 i

물리Ⅱ | 권영대(문리과대학교수) 1949.9.20 320원 印명진 i

표준물리2 | 권영대(문리과대학교수) 1950.6.10(수정) 365원 印명진 i

물상③ | 권영대,김용호 1949.8.31 290원 印명진 i

동물계일반과학 | 선우기 1948.7.1(初)1949.3.15(再)8.5(정정)1950.5.5(수정) 335원 印고려인쇄소 全

중등가사교본 | 孫貞圭,趙欣洪,表景祚,朱月榮 1948.8.20 134쪽 280원 印명진 i

중등가사교본3 | 孫貞圭,趙欣洪,表景祚,朱月榮 1948.9.20 250원 印신정식 i

중등가사교본4 | 손정규,조흔홍,표경조,주월영 1949.8.9 全

여름방학3학년용 | 장학회 편 1947.7.15 印조선단식 i

공부동무겨울방학삼학년용 | 경기도교육회 편 1947.12.15 印협진 i

同志社兒童園

　（잡지1）　〈兒童文化〉

　（잡지2）　〈어린이나라〉

東進堂書店　洪千成　숭인정106　등록번호372

土亭秘訣^{萬人必備}　李光浩　1945.12.5　7원　ℹ️

千字文　홍천성 편　1946.1.10　5원　⑪동진당인쇄소　⑭동화당서점　종로3정목77　ℹ️

동진문화사 로고

동진문화사 인지(이무영)

東震文化社　金知修　내자동233　등록번호607(1948.3.10)

사회생활과사전^{국민학교공민,역사,지리,상식}　학습연구회 편　1948.3.25　120원　15cm　⑪문상당

金笠詩集　朴午陽 編　1948.9.20　314쪽　500원　18cm　⑪宋永鎬　鄭玄雄 裝幀

世紀의 딸^上　李無影　1949.1.20　352쪽　500원　18cm　金千惠 裝幀

小說作法　李無影　1949.9.1　336쪽　550원　18cm　衛宗煥 裝幀

東方의 빛^{시집}　崔琦宇　1949　60쪽　100원　18cm　韓

동학사

국어문법국어풀이 씨가름^{표해도식 국어용어분류}　柳在軒　1947　160쪽　130원　21cm　韓

動向社

에세닌시집　吳章煥 譯　1946.5.28^(上製 千部)　112쪽　40원　21cm　⑪大洋社　金正源　황금정3정목123

東和堂書店　申昌煥　종로3정목77　등록번호88

康明花^{딱지본}　東和堂書店 編　1945.9.20　58쪽　18cm　⑪광성　權完必

中國漢新玉篇　문세영　1947.4　199쪽　150원　田

童話社　대구부 동문동1번지

靑顆集^{詩集}　尹啓炫^(동인동230),金聖道,朴木月　1948.1.31　200원　⑪洋洋인쇄사　동성로2가117　ℹ️

同和出版社　孫洪明　경운동96-6　등록번호263

흥부와 놀부^{만화-그림동화집①}　金台炯 그림　1946.6　120쪽　13원　田

임금노동과 자본^{맑스경제학제1편}　조선학술연구회(맑쓰)　1946.6　47쪽　15원　田

註解 龍飛御天歌　李常春^(개성부 만월정191)　1946.9.20　78쪽　80원　18cm　⑪서울인쇄사
　　(배책소)국어연구사보급부

歷史觀　金煥洙 譯　1946.9.20　122쪽　65원　18cm　⑪고려문화사공무국

소년旗手^{소년소설}　丁洪敎　1947.5　118쪽　80원　田

東洋史槪說　盧道陽　1947.8.20　174쪽　130원　18cm　⑪서울인쇄사

철도운전사고 방지대책 및 처치법　朴順範　1948　228쪽　250원　18cm　韓

WHAT IS LITERATURE 文學論영문판 ┃ 梁柱東 編 1949.11.15 202쪽 400원 18㎝ ㊞대한인쇄

부기회계상업부기 ┃ 김려일 1950.5.30 全

東興書籍　鄭容洙 부산

(잡지)　〈학생동무〉

登龍閣

현행형법요설 ┃ 黃聖熙 편 1947.7 129쪽 120원 出

民法精選百二十題研究 ┃ 李俊植,黃聖熙 1950 205쪽 5000원 19㎝ 韓

라이트書舍　崔埈 동자동12-32 등록번호757

헬렌켈러傳世界의 燈人불 ┃ 李德興 1948.10.26 98쪽 150원 18㎝ ㊞근영사 ㎢조선기독교서회 朴魯壽
　　　　裝幀

蘭水社　후암동142-30 등록번호664(1948.5.26)

挑發된 戰爭 ┃ 李牧(앙드레모로아) 1949.2.28 72쪽 15㎝ ㊞협진 ㎢후생관서적판매부 서린동42

露語學會

露語독본제1권 ┃ 로어학회 편 1947 155쪽 290원 出

萬有社書籍出版部　鄭奉勳 무교정89

建國方略 思想篇(序論)救國文庫① ┃ 鄭奉勳 1946.12.20 95쪽 25원 18㎝ ㊞文憲社 광화문통153

建國方略 思想篇(續論)救國文庫②共産運動의 現勢와 新興思想의 展望 ┃ 朝鮮學會 編 1946.11.10 82쪽 35원 ℹ

만화신문사　(발)김용환 (편)方吉榮

(잡지)　〈만화뉴스〉週刊

맑·레출판사　崔百根 신당정247-7

社會主義의 婦人觀 及 男女關係의 進化 ┃ 山川菊榮,堺利彦 1946.1.30 32쪽 4원 19㎝ ㊞李元澤
　　　　효제정130 朴

勉學書鋪　金善亮 갈월동93

꿈 ┃ 李光洙 1947.6.5 180쪽 150원 18㎝ ㎢태극서관 을지로3가22

明光社

가정치료법전서 ┃ 국민후생연구소 편 1946.12 144쪽 100원 19㎝ 出

동화출판사 로고

동화출판사 인지(무애)

라이트서사 로고

란수사 로고

明吉堂

국회의원선거법해설 **|** 尹吉重 1950 175쪽 4000원 19㎝ 韓

明文堂 金赫濟 수송동19 등록번호431(1947.10.1)

명문당과 이문당 편

말씀해주신 분: 김성원(67. 명문당 편집고문. 90년 작고)

　　1920년대의 가장 큰 서점이자 출판사였던 이문당과 박문서관 등에서 일하던 김혁제 씨가 창립한 명문당은 일제시대에 가장 활발한 출판활동을 벌인 곳이다. 1936년 15세의 나이로 명문당에 입사, 현재까지 편집인으로 일해오고 있는 김성원 씨로부터 명문당과 이문당을 중심으로 당시 출판, 서적상계의 이야기를 듣는다.(편집자 주)

　—오늘 김선생님을 모시게 된 것은 60여년의 역사를 지닌 명문당과 잘 알려지지 않은 1920년대의 대형서점인 이문당에 대한 말씀을 듣고자 해서입니다. 먼저 선생님께서 출판계에 발을 들여놓게 된 동기와 시기, 그리고 첫 근무지에 대한 말씀을 들려주시기 바랍니다.

　"제가 출판계에 몸담게 된 것은 1936년의 일입니다. 당시에 꽤 명성을 떨치고 있던 명문당이 저의 첫 근무지였죠. 입사할 당시 사간동 96번지에 위치했던 명문당은 곧 식산은행의 사택으로 일인들에 의해 강제매입을 당해서 수송동 20번지로 쫓겨갑니다. 그 이전에도 관훈동 24번지, 낙원동 35번지, 수송동 8번지 등으로 전전했던 명문당이 현재의 안국동 17번지로 자리를 굳히게 된 것은 식산은행에 의해 수송동으로 자리를 옮기고서도 몇 차례의 이전을 거듭한 뒤였습니다."

　—입사 당시의 선생님은 나이는 몇 살이셨습니까?

　"제 나이 15살이었습니다. 낮에는 명문당에서 일을 보고, 밤에는 선린학교에 다니게 되었죠. 마침 명문당에선 전과지도서를 출판하고 있던 때라 매일같이 교정을 보던 제가 시험을 치렀으니 잘 볼 수밖에 없었죠. 그 덕분에 1등으로 입학할 수 있었습니다."

　—우리가 학창서림이나 영창서관에 대해서는 많은 얘기를 들어왔지만 이문당에 대한 기록이나 아시는 분은 별로 없더군요. 이문당에 대해 아시는 대로 말씀해주십시오.

　"이문당 창립은 제가 태어나기 전의 일이었고, 정확한 기록을 가진 것도 없어서 확실한 연대나 배경을 알 길은 없습니다만 1910년대 중반쯤으로 추측합니다. 1926년에 창립된 명문당보다 약 10년쯤 앞서 창립됐다고 보는 거죠. 하지만 창립자인 김갑제 씨와 저와는 친척간이기도 하고 제 부친께서 이문당에 관여하셨던 관계로 이문당의 전체적인 모습은 기억할 수 있습니다. 명문당의 창립자인 김혁제 씨와 이문당의 김갑제 씨, 두 분의 고향은 충남 보령군 웅천면 죽천리로 동향분들이셨죠. 나중에 자세히 말씀드리겠지만 김갑제 씨와 동향이자 친척간인 김혁제 씨가 그러한 이유로 이문당에서 일한 적도 있습니다."

　—선친께서 어떻게 이문당과 관계하셨는지요?

관직 뺏긴 한말 고관들 출판계로 많이 나서

　"김갑제 씨와 제 선친께서는 일가친척이셨죠. 그래서 1924년에 족보를 만들려고 상경하신 선친께서는 김갑제 씨의 소개로 박문출판사의 인쇄소인 대동인쇄소에서 족보(갑자보)를 만드셨습니다. 귀향하려는 선친을 김갑제 씨가 붙잡아서 이문당에 남게 되신 겁니다. 이문당이 화재를 입은 적이 있어요. 새로 사옥을 지었는데 관훈동 입구의 3층 건물로 후에 신민당 당사로 사용되기도 합니다. 그때의 이문당 편집자가 저의 선친 김경제 씨입니다."

　—당시로서는 가장 큰 서점이자 출판사였던 이문당의 책으로 어떤 것이 있었는지 말씀해주십시오.

　"워낙 많아서 다 기억할 수는 없지만, 주로 전과지도서(요즘의 학습참고서)를 출판했습니다. 『청춘광야』, 『만주의 달밤』 등의 시집도 있었습니다. 당시의 유행이었던 『농촌부업 성공법』이니 하는 책도 출판했던 걸로 기억합니다. 개인적으로는 노자영이 쓴 『사랑의 불꽃』이란 책이 가장 인상에 남아요. 46배판 크기에 120면 남짓한 책이었는데, 지금도 고서점에서 가끔 눈에 띄더군요. 한 달에 2,000부 넘게 팔렸다고 하니까 지금으로 말하면 베스트셀러였어요. 매장에 깔아놓으면 책값 50전을 슬그머니 놔두고 슬쩍 책보로 가려서 사가는 고객이 있었죠. 그때의 여학생들은 연애소설을 그런 식으로 사갔던 겁니다."

　—격세지감을 갖게 하는 얘기로군요. 김갑제 씨의 사진은 남아 있습니까?

　"제겐 없어요. 딸만 둘로, 아들을 못 두었던 분이셨고, 동생이 한 분 계시지만 이북에서 피난 와서 고향에 병원을 차렸다는데 난리통에 사진인들 남아있을까요. 이문당을 정리한 김갑제 씨는 만주로 이주했다고 합니다. 거기서 호박농사를 지었지만 일찍 닥쳐온 서리 탓으로 농사는 다 망하고 끝내 凍死했다고 들었습니다."

　—당시의 가장 큰 서점과 출판사였던 한성도서와 이문당과의 시장점유율은 어느 정도였습니까?

"이문당이 훨씬 컸죠. 사실 그 얘기를 해주실 분은 서재수 씨란 분인데, 이미 작고하셨으니 안타깝군요. 당시의 출판계에 대해 많은 말씀을 해주실 분이었는데, 보통학교도 못 나온 분이라 이문당에서 제 선친께 글을 배웠다고 합니다. 그래서 제가 크도록까지 선친의 안부를 묻곤 하셨죠. 여담이지만 행림출판사 사장 이갑섭 씨의 조부이신 이태호 씨, 문교부장관과 한성도서 전무를 하셨던 이선근 박사도 제 선친과는 많은 교류를 가지셨다고 합니다."

—김갑제 씨가 이문당을 정리하고 만주로 가셨다고 하셨는데, 그 후에 이문당은 어떻게 되었습니까?

"김갑제 씨로부터 이석구 씨가 매입하기는 했지만 출판업에 익숙지 않은 경영인들의 참여로 사세가 기울어가고 맙니다. 이석구 씨는 동덕여학교 설립자이기도 하지요."

경무국 도서관서 사전 원고검열

—당시의 가장 큰 서점으로 출판사로 위세가 당당했던 이문당과 설립자의 숨겨진 이야기가 세상에 알려진 셈이군요. 그럼 이번에는 김혁제 씨가 상경해서 명문당을 창립하게 된 이야기를 들려주십시오.

"김혁제 씨는 저희 집안 6대 종손이었습니다. 큰집에서는 학업을 위해 그분을 저희 집으로 보내 공부하게 합니다. 그런데 한 3년을 견디더니 그만 서울로 올라가고 말더군요. 상경해서 이문당을 들락거리며 YMCA에서 하는 학교에 다니던 김혁제 씨는 학업을 계속하기 위해 동경으로 건너갔지만 곧 돌아오고 말았습니다. 관동대지진을 만나 구사일생으로 탈출해 돌아와서는 박문서관, 제일서점 등에서 일을 하다가 독립을 하게 됩니다. 1926년 원래 이름인 영제를 따서 영산방이라는 상호로 고본을 취급하는 서점과 함께 문산당이란 출판사도 겸업했어요. 그러다가 본격적인 출판을 결심하고 낙원동 35번지로 자리를 옮겨 獅子그림을 표지로 꾸민 전과지도서를 낸 것이 명문당의 출발입니다. 당시의 우리나라 전과지도서는 2학년부터 6학년까지의 것과 4년제학교, 간이학교의 것이 있었는데 명문당에서는 4년제인 間島의 국민학교용 전과지도서까지 출판해서 판매했으니 대단한 규모의 출판사로 커가고 있었던 겁니다. 그런데 김혁제 씨가 처벌을 당하는 일이 생깁니다. 일제 강압 시기인 그때에는 일본인들은 납본만으로 출판을 할 수 있었지만, 조선인들의 경우는 달랐어요. 조선인이 출판을 하려면 원고를 경무국 도서과로 가져가서 사전 검열을 받아야 했습니다. 그나마 통과하기가 보통 까다로운 일이 아니었죠. 그러니 시기물인 전과지도서를 제때에 맞춰 출판하기가 무척 힘들었을 거에요. 허위의 일본인 명의로 출판을 할 수밖에요. 그러다 탄로가 나서 금고형을 당하는 곤욕을 치른 거죠. 일본인들은 그런 식으로 조선인의 문화사업을 박해했습니다. 명문당의 출판자금을 지원했던 영창서관이 김혁제 씨가 그런 일을 당하자 명문당이 책에 영창서관의 판권을 붙여서 판매하는 사건이 발생하지만 재판을 통해 되찾은 일도 있었죠."

—영창서관과 박문서관 등의 다른 서점에 대해서도 말씀해주십시오.

"영창서관의 강의영 씨는 원래 박문서관 출신이죠. 그러다가 담 하나를 사이에 두고 영창서관을 냈는데, 박문서관보다 오히려 크게 성공합니다. 종각 근처에 매장을 두었죠. 지금의 교보문고처럼 고객이 무척 많았어요. 그렇게 해서 번 돈으로 철원에 2만여 평의 농장을 매입했던 강의영 씨는 자신의 아호를 따서 有厦학원을 설립합니다. 당시의 출판업자들은 육영사업에 투자하는 것을 당연한 일로 생각했던 모양이에요. 이문당 역시 동덕학교에 투자했습니다. 제가 알기로는 우리나라 활자개량의 선두주자는 박문서관이 아니었나 싶어요. 옥편을 만들면서 모양새를 보기 좋게 하기 위해 장활자를 깎아 썼죠. 〈신시대〉라는 잡지와 문고판을 출판하려고 새로운 활자를 깎기도 했습니다. 그런데 6.25가 나서 피난 갔다가 돌아와 보니 북괴군이 훔쳐가고 없더군요. 박문서관 이전에는 회동서관이 상당한 비중을 가진 서점이었죠. 중종 때의『전운옥편』의 한자 훈을 인쇄하다가 판매했는데, 이익금은 서점인들의 단합을 위한 기금으로 쓰였습니다. 지금까지도 업계 발전을 위해 기여하셨던 회동서관의 고유상 씨를 기억하는 분들이 많습니다."

—귀감이 될 일입니다. 선생님의 말씀을 듣다보니 당시의 서점은 출판업을 겸하는 것이 통례였던 것 같군요.

'한 근에 얼마' 식이던 책값

"예, 그렇습니다. 별도의 출판사 등록이 필요치 않았어요. 그저 납본만으로 출판이 가능했습니다. 어떤 사람이 조판을 해서 활자가 깨지도록 여러 장의 지형을 떠서 서점 등으로 팔러 다니곤 했습니다. 그러면 그 지형을 사서 인쇄를 하는 출판형태였습니다. 예를 들어『춘향전』의 지형을 사서『절대가인』,『옥중화』,『옥중한』이라는 다른 제목으로 출판하는 웃지 못할 일이 많았어요. 박문서관, 명문당, 이문당 등 몇몇 군데를 빼놓고는 마찬가지 현실이었습니다. 책을 팔 때도 요즘처럼 정가 판매가 지켜지지 않았어요. 도매점에서 저울로 달아 '한 근에 얼마' 하는 식으로 팔았습니다. 시골 장터에서 가마니 위에 펼쳐놓고 팔던 '빨간딱지'의 애정소설들이 그런 판매경로를 통한 책들이었습니다. 문화가 뒤떨어졌던 1930년대의 일입니다."

—명문당 역시 전과지도서가 주종을 이루었다고 하셨는데, 그밖의 다른 책들은 어떤 것이 있었습니까?

"'별천지'라는 한 장으로 된 출판사 광고물이 있었죠. 일종의 찌라시 비슷한 겁니다. 환산 이윤재 씨 등의 글을 실었죠. 문세영, 송완식 씨 같은 분들도 필진으로 계셨고, 연희전문 출신으로 카프문학을 하다 월북한 이동규 씨가 있었는데 저와는 많은 일을 같이 해서 기억에 남습니다. 그분의 글로는『낙랑공주』,『뭇솔리니전』,『히틀러전』이 있었죠.『나의 투쟁』을 번역한『히틀러전』은 상당한 판매부수를 기록했어요. 종이가 귀한 때라 선화지에 인쇄하기도 했는데 그래도 참 많이 나가더군요. 그밖에는 주로 농촌 진흥과 자력갱생을 표방한『농촌진흥국어독본』,『농촌진흥조선어독본』,『농촌진흥산수독본』등이 있었습니다.

—저도 소학교 교사로 재직중에 야간학교에서 교본으로 사용했던 생각이 납니다."

"만몽일보사 문화부장으로 있던 신영철 씨란 분은 편지 잘 쓰기로 유명했어요. 사학자인 황의돈 씨와 공저로『학생서한문』이라는 책을 내서 더욱 유명해졌죠. 명문당에서도『신여성편지투』,『학생편지투』,『사랑의 편지투』란 제목으로 그분의 책을 낸 일이 있었는데,『사랑의 편지투』의 원고는 소실되고 말았습니다. 무당이 성행했던 시절이라 조판중이던 인쇄소가 굿을 하던 옆집의 화재로 함께 전소되었던 겁니다."

—1940년대의 명문당은 전과지도서에 이어 이른바 아이디어 출판을 하게 되었다는 말씀이군요. 이번에는 해방을 전후한 말씀을 부탁드립니다.

"해방이 되니까 사회가 혼란해서인지 책이 통 안 나갔다고 합니다. 해방 후에 처음으로 낸 것은 어느 소설가가 쓴『김유신장군』이었다더군요. 이때는 제가 낙향해서 금융조합일을 하고 있던 때라 잘은 모르겠습니다. 어쨌거나 1948년에 저는 상경하고 곧 서울고등학교 옆에서 육일서점 신재영 씨의 도움으로 서점을 차립니다. 그러다가 명문당에 복귀해서 처음으로 만든 책이『신옥편』이었죠. 음력 정월을 전후한 몇 개월 동안의 판매량이 연간 5만부가 넘었던『토정비결』을 출판한 것도 때를 같이 합니다."

—지금도 책력 하면 남산당과 명문당의 것이 유명한데, 책력에 대한 말씀을 해주십시오.

"그렇습니다. 그때에도 의학관계서적을 주로 출판하던 남산당의 책력과 명문당의 책력이 가장 많이 팔렸습니다. 1968년까지 명문당의 책력은 제가 도맡아 만들곤 했습니다. 그러다가 제가 신구문화사로 이직을 하는 바람에 다른 분들이 작업을 하게 되었죠."

구두쇠로 유명했던 김혁제 사장

—6·25 동란 이후의 명문당에 대해 말씀해 주셨으면 합니다.

"어디나 마찬가지겠지만 명문당 역시 자금부족으로 허덕였습니다. 그리고 한번은 박영사의 안원옥 씨가 찾아와서 고충을 말하길래『가정보감』의 지형을 빌려 드리면서 2만부를 찍어 팔면 괜찮을 거라고 했더니, 위험부담이 있다고 생각했는지 1만 5000부만 찍더라구요. 그런데 배본을 마치고 돌아와서는 서점에서 주문이 쇄도 한다면서 5,000부를 찍더군요. 물론 나중에 200부를 가져왔습니다. 당시엔 지형을 빌려주면 1할을 책으로 받곤 했습니다."

—명문당의 김혁제 사장은 출판업계에 일화를 많이 남겼던 분이라고 하던데요.

"아마 구두쇠라고 소문이 났을 거예요. 서점에 배본을 하러 가면서 포장지를 아끼려고 보자기에 싸서 간다거나, 반품온 책을 맨 새 끼줄을 이어서 쓴 일, 지방서점에 출장을 다닐 때 숙박비 절감을 위해 야간열차를 고집하던 일 등이 그분을 그렇게 보게 했겠죠. 어려 웠던 시절에 절약과 검소한 생활을 솔선수범한 일이라고 생각합니다."

—명문당이 우리나라 문화발전에 기여한 공은 어디에 있다고 보십니까?

"한문 서적의 영인본을 발행한 일이 아닐까요.『사서삼경』『동국여지승람』등의 영인본 작업은 훌륭한 업적이라 하겠죠.『사서삼경』은 원래 동국문화사에서 하다가 명문당으로 넘겨진 것인데, 현암사의 그것과는 달리 완역된 최초의『사서삼경』인 셈입니다. 1970년 당시에 기계가 서지 않고 7판을 찍었다고 합니다. 제가 22년간에 걸쳐 완성한 4,000면 가량의 자전이 있는데, 작고하신 김혁제 씨와 공저로 출판했지요. 그것 역시 명문당이 해낸 큰일 중의 하나가 아닌가 생각합니다."

—한자사전과 자전, 옥편의 구분이 일반인들에게는 정확하지 않은데.

"한자사전은 단어를 함께 수록한 것이고 자전과 옥편은 같은 뜻으로 보면 됩니다. 요즘 한한사전들이 시중에 많이 나와 있지만 제대로 엮어진 것은 드물더군요. 왜냐하면 애초에 잘못 만들어진 것들을 가위질해서 만들었기 때문에 오류를 거듭한 사전이 많기 때문입니다."

—이제까지 귀한 말씀 잘 들었습니다. 출판계의 후진들에게 도움이 될 만한 말씀을 부탁드립니다.

"글쎄요. 출판은 양심의 소산물이라는 게 제 소신이라고 할까요. 그릇된 생각과 어떤 오류가 활자화되고 나면 그것은 무궁한 세월 동안을 바로잡을 수 없는 일이죠. 오류를 범하지 않도록 양심을 가지고 열심히 노력해주길 바랄 따름입니다." (정리 〈출판저널〉 최태원 기자)

— 이경훈『속 책은 만인의 것』394~402쪽

丙戌年農書 │ 明文堂 編 1945.12.10 80쪽 21㎝ ㊞同인쇄소

初等國史 │ 李周洪 1945.12.15 ㊞同인쇄소 全

國語讀本卷上 │ 明文堂 編 1945.12.15 78쪽 5원 ㊞同인쇄소 金弘濟 朴

中等國史 │ 中等教育研究會(수송동19) 1947.3.15 83쪽 100원 21㎝ ㊞同인쇄소

명문口頭試驗 | 김혁제 편 1947.3 146쪽 100원 出

戊子年民曆 | 명문당 편 1947.12.10 50원 印同社 i

새流行歌謠名曲集신구잡가 | 명문당 편 1950.4.30 79쪽 180원 12㎝ 印白榮堂 무교동63 등록번호96 賢

明星社 李浩雲 종로2가45

朝鮮史外史 | 車相贊 1947.5.20 168쪽 150원 18㎝ 印李命珪

명성출판사

愛妻의 密計 | 崔夏成 1950 19㎝ 韓

明世堂 朴起實 청진동201 서대문로2가91 등록번호677(1948.6.19)

政治學說史 | 徐壬壽(슈테른베르히) 1949.7.17 189쪽 350원 18㎝ 印백양사

財政學要論 | 李海東 1949.7.25 273쪽 580원 21㎝ ㉙永一인쇄 을지로2가195 印聲文 을지로1가192

憲法解義 | 兪鎭午(법제처장 고대법대학장) 1949.2.15(初)2.29(再)5.30(三) 250쪽 480원 印서울신문사 i

憲法의 基礎理論 | 兪鎭午 1950.1.20 252쪽 800원 21㎝ 印백양사

歸屬財産處理法槪要 | 康明玉 1950.4.17 238쪽 700원 印창홍사 i

명세당 로고

모던서울사

(잡지) 〈모던서울〉

모던出版社 李得龍 남창동23(고려삘딍) 등록번호465(1948.2.13)

新聞記者手帖 | 金史林 編 1948.7.26(再) 300원 18㎝ 印국도 刑文基 表紙

괴기사건실화집 | 김사림 편 1948.8.20 500원 i

成功實記 | 金史林 編 1948.9.25(再) 275쪽 450원 18㎝ 印서울신문사인쇄국

國際스파이實話 | 金史林 編 1949.1.30(初)6.5(再) 323쪽 500원 18㎝ 印서울신문사

一線記者의 告白 | 金史林 編 1949.6.18 367쪽 550원 18㎝ 印서울신문사 金龍煥 裝幀

應接室 上篇–讀者와 記者의 賢問愚答 | 忙中閑人(薛義植) 1949.7 156쪽 250원 18㎝ 印서울신문사

應接室 下 | 김사림 편 1949.7 250원 印김원식 i

世界거짓말俱樂部우습고 재미있는 | 김사림편 1949 155쪽 250원 19㎝ 韓

世界三傑傳 | 金史林,崔龍河 編 1950.3 184쪽 450원 18㎝ 印서울신문사

成功으로 가는 길 | 崔龍河 編 1950.3.15(再) 190쪽 450원 18㎝ 印서울신문사

UN과 韓國 | 鄭一亨 1950.5.5 191쪽 500원 18㎝ 印백양사

스파이와 스파이 | 강영수 편 1950 221쪽 500원 i

모던출판사 로고

목포공립상업중학교 문예부

(잡지) 〈마을〉

(목포)예술문화동맹　목포예술문화동맹　목포시 본정2정목3

네 동무詩集 | 李東柱,沈仁燮,鄭哲,吳德　1946.2.10　147쪽　20원　18cm　印寶城인쇄　보성읍 본정

(잡지)　〈예술문화〉

목포정명공립여중

식물계 | 李炳碩　1946.12.15　80원　印목포프린트사 

無窮花社　갈월동69번지　蔡龍煥

(잡지)　〈無窮花〉

무대예술사

전후세계연극동향 | 무대예술연구회　1948.7.10

無等敎育出版　광주부 금남로2가23

물리화학용어모음 | 전라남도학무국(초안자:장종양,이은성,신호선)　1947.5　印同社

國民學校 行政의 槪要 | 尹炯順　1948.8.5　69쪽　21cm　印무등서적인쇄

무등서적인쇄(주)　광주시 금남로2가8

受驗學習用國語國文學要覽 | 朴曾求 편　1950.2.10　84쪽　비매　18cm　印同社　朴

無名社　盧益煥　중림동65　등록번호749

僧房悲曲 | 崔獨鵑　1948.11.5　394쪽　550원　19cm　印대동　朴

무명악기점

조선가요곡 | 金草鄕 작사 金一牛 작곡　1946　16쪽　雅

文耕社　周載益　중구 삼각동115　등록번호817(1949.1.14)

창작방법론문학론총서1 | 洪晃植(로젠타리)　1949.4.10　229쪽　400원　19cm　印창홍사　Z

文學原論 | 白孝元(누시노브쎄이트린)　1949.6.25　278쪽　400원　18cm　印창홍사　등록번호11

문경사 로고

文敎堂　朴珍圭　원남동145　등록번호83(1947.9.20)

익쌀주머니우슴동산 | 朴珍圭　1946.10　88쪽　25원　出

중학 국문법책 | 김근수　1947.8.15　83쪽　85원　21cm　印문교당인쇄부　효자동197

高等國語 | 金根洙 編註　1948.3.5　171쪽　400원　21cm　印수도　李昌植　효자동197　등록번호59(1947.9.30)

문교당 로고

文敎圖書株式會社 高志英 金瓚植 을지로2가199-46 등록번호425(1947.10.1)

중등한문교본권1 | 김능근 1947.8.5 全

중등한문교본권2 | 김능근 1948.8.30 38쪽 70원 印고려 i

中等漢文敎本卷三 | 金能根 1950.4.15 51쪽 140원 i

中等漢文敎本卷四 | 金能根 1949.8.20 50쪽 110원 21㎝ 印고려

中等漢文敎本卷四 | 金能根 1950(再) 55쪽 i

중등한문교본권5 | 김능근 1948.8.30 100원 印고려 全

문교부

문교행정개황 | 문교부조사기획과 편 1947.1 60쪽 40원 出

문화론중학교사회임시교재 | 문교부 편 1949 90쪽 i

학교 급 교학단체 실태조사표 | 문교부 편 1947 308쪽 300원 26㎝ 韓

중등교육기관列錄 | 문교부 편 1949 110쪽 비매 26㎝ 韓

문교부과학교육국

소년과학항공기이야기 | 조병욱 편 1949.8.15 62쪽 100원 18㎝ 印대동당인쇄소 등록번호166(1948.4.23)

소년과학배만들기 | 조병욱 편 1949.8.15 57쪽 100원 18㎝ 印문화인쇄사

소년과학라디오는어째서들리는가 | 조병욱 편 1949.8.15 62쪽 100원 18㎝ 印신한도서 충무로1가39 등록번호641

소년과학위대한 발명(4) | 조병욱 편 1949.8.15 100원 印문화인쇄사 i

문교부과학교육국 로고

문교부교화국

敎化 及 文化事業 槪況 | 문교부교화국 편 1947.10 56쪽 비매 21㎝ 出

문교부기획과

(잡지1) 〈새교육〉 문교부 기관지

문교부기획과

(잡지2) 〈民主的 民族敎育硏究〉

문교부문화국성인교육과

성인교육지도총서 | 문교부문화국성인교육과 편 1949.6.15 비매 印대동당인쇄 i

문교부 비서실

(잡지) 〈문교순보〉

문교부정신측정연구소

지능검사법 | 문교부정신측정연구소 편 1949.5.1^(서문일자) [i]

文教部體育課

(잡지) 〈體育文化〉

문교부편수국

(잡지) 〈편수시보〉

文教社 중구 을지로2가166 등록번호636(1948.4.12)

1946년 6월 창립. 초등교육 발전과 초등교육문화의 창달을 위하여 該방면의 도서출판을 제1 목적으로 하고 금일에 이르렀음.
—『출판대감』, 65쪽

페스타로찌의 교육사상^{아동교육연구회문고②} | 아동교육연구회 편 1947.1 21쪽 8원 [出]
민주주의와 교육^{아동교육연구회문고⑤} | 아동교육연구회(존듀이) 1947.4 82쪽 100원 [出]
상용한자편람 | 金泳薰 1947 30원 19㎝ [韓]
어린이국사사전 | 아동교육연구회 1948.5.15 200원 [印]고려문화사 [賣]문교사 [i]
어린이국어사전 | 아동교육연구회 1948.5.15 166쪽 200원 15㎝ [印]고려문화사 [賣]문교사 [i]
여름동무^{4년용} | 조선교육연합회 1948.6.10 [印]대동 [i]
소년과학총서① | 鄭榮萬 1948.7 300원 [出]
民主主義國語敎授法講話 | 李浩盛^(가회동31-37) 1948.8.30 151쪽 300원 21㎝ [印]대동 [賣]문교사
단위교육조직법^{공부단위세우기} | 성내운(루스G스트릭랜드) 교육문화협회 1948.12.30 230원 [i]
사회생활과 교수지침 | 성내운^(미국어린이교육협회) 1949.5.3 73쪽 200원 [敎]
南岡李昇薰傳記 | 金道泰^(오산동창회) 1950.6.25 350쪽 1000원 18㎝ [印]한국인쇄

文求堂서점 李鍾參 충무로4가68 등록번호143

똘똘이의 冒險^{난쟁이나라구경편} | 김래성 1947.5.1 130쪽 [印]한양 [賣]

文明社 魯萬澈 인현동2가128

초등셈본모범학습서⁵⁻¹ | 김철수 외 1946.11.5 35원 [印]同인쇄부 [i]
註釋千字文 | 魯汝天 編 1947.12.25 188쪽 180원 18㎝ [印]鄭海源 ^{인현동2가128}

文星社 金鎭鳳 도동1가38-7 등록번호188(1950.2.10)

日用熟語講話 | 金鎭鳳 1949.11.25^(初)1950.2.23^(再) 231쪽 600원 18㎝ [印]三英社 ^{수송동46-5 등록번호64} [賣]문성사

文言社　申泰榮　종로2가70　등록번호140

이억만원의 사랑장편연애탐정소설 ┃ 노춘성(모리스루부랑)　1948.5.1　390쪽　450원　18㎝　ℹ

문연당

동서고금여류명인전 ┃ 강홍수　1949　139쪽　18㎝　淸

文榮堂(書店)　尹錫勳　인현동1가37　등록번호55(1947.9.15)

원숭이재판동화 ┃ 조선아동문화보급회 편　1946.8　86쪽　12원　出
朝鮮書式寶鑑一般의 必要한 ┃ 尹錫勳　1946.9.15(初)1947.3.30(再)　84쪽　60원　印청구사　權泰用　ℹ
美蘇對立과 國際危機 ┃ 柳一山 編　1947.5.15　82쪽　80원　18㎝　印청구사
現代文化讀本 ┃ 金貞煥 編　1948.6.25　225쪽　350원　21㎝　印청구사　명동2가82

문영당 로고

文英社　朴圭緒　종로3가2　등록번호416

공산주의 정치교정 ┃ 조선유물론연구회(S잉그로프外)　1947.6　162쪽　150원　出

文榮社出版部　文榮鎭　충정로3가398　등록번호84(1947.9.30)　문영환　등록번호734

고란초시집 ┃ 金燾星(연희대사택105호) 저 박화목 編選　1948.10.30　153쪽　200원　18㎝　印문영사　裴雲成
表裝
역사새요목 이웃나라의 생활 ┃ 김종무　1950.5.20　465원　21㎝　印文榮鎭　ℹ

文藝社　毛允淑　남대문로2가　등록번호160(1949.7.13)

늪詩集 ┃ 金春洙　1950.3.20　100쪽　350원　19㎝　印平民인쇄소　ℹ
거울 앞에서隨筆集 ┃ 田熙福　1950.6.1　196쪽　500원　18㎝　印부인신문사　朴順天 등록번호280

문예사 로고

文藝社　남대문로2가6　(발)모윤숙　(편)김동리　21㎝

(잡지)　〈文藝〉

文藝書林　金熙鳳　명동1가63　등록번호205(1947.9.20)　★자매회사: 曙光出版社

국제살인사건 ┃ 김희봉 편　1947.8.30　102쪽　80원　印고려　賣
보물섬해양모험소설 ┃ 金熙昌(로버트루이스스티븐슨)　1947.10.30　296쪽　280원　18㎝　賣
상식영어대전 ┃ 조용만　1947　273쪽　120원　15㎝　韓
朝鮮刑政史 ┃ 尹白南　1948.7.25　204쪽　300원　18㎝　印조선인쇄회사
性敎育讀本 ┃ 金致恒　1948.9.10(再)　150쪽　250원　18㎝　印조선인쇄회사
Tales from Shakespeare강의 ┃ 김희봉　1948.9.20　全
주해강의 Fifty famous stories ┃ 문예서림 편　1948　153쪽　250원　19㎝　韓
現代政治學槪論 ┃ 姜尙雲　1948.9.30(初)1949.1.15(再)　210쪽　350원　18㎝　印靑丘舍　劉允相 裝幀
英雄나폴레온 ┃ 宋正熹　(연도 미상)　18㎝　劉允相 裝幀

문예서림 로고

문예서림 인지(강상운)

（잡지） 〈新人〉

文藝新聞社　廉周用　부산 大橋通1가 48　종로구 필운동 33

召燕歌詩集 | 金洙敦 1947.2.15(300부) 96쪽 80원 21㎝ 印大華堂 朴守根 西町1정목18 吳永壽 裝幀

山驛의 밤詩集 | 朴民 1949.5.5 80쪽 18㎝ 印金星堂

문예신문사 인지

문예조선사　부산

（잡지） 〈文藝朝鮮〉

文友社　李玄載　내수동219　등록번호48

중등국토지리부도사회생활과용 | 지학사 편(製圖者 柳錫龍) 1947.11.1(初)1948.4.20(再) 36쪽 200원 ℹ

조선의 문화 | 최남선 1948.4 冊

文友印書館　(出版部)종로4가13　(書店)중학동12

The New King's Crown Readers주해 | 문우인서관연구부 편 1946.1 91쪽 50원 出

近代世界謀略事件 | 朝鮮科學者同盟 編輯兼發行人 1946.6.25 82쪽 16원 18㎝ 印협진

노동자정치독본 | 온낙중 1946.8 80쪽 15원 出

朝鮮解放一年史 | 民主主義民族戰線 編 1946.10.31 461쪽 100원 19㎝ 印협진

文學槪論 | 金起林(중학동12) 1946.12.20 87쪽 90원 21㎝ 印한성당

정치상식문답 | 李友狄 1946.10 72쪽 20원 印고려문화사 出

朝鮮解放史三一運動篇 | 조선과학자동맹(종로2가3) 1946.11 40원 153쪽 印한성당 ℹ

民主主義12講 | 李康國 외 1946.11.15 200쪽 60원 印고려 문석린 Ⓩ

唯物論과 經驗批判論上 | 印貞植(레닌) 1947.3.25 156쪽 120원 18㎝ 印고려 매문우인서관 ℹ

唯物論과 經驗批判論中 | 印貞植(레－닌) 1947.6.30 133쪽 120원 18㎝ 印대동 매문우인서관

청년운동의 이론과 역사 부:각국청년운동개관 | 홍순창 역편 1947.8 80쪽 30원 出

A English Compositioncourse① | 황재욱 1947.9.15 112쪽 100원 全

人類社會發展史 | 崔昌益 1947.7.25 42쪽 ℹ

黨員의 修養 | 沈栗岩(劉少奇) 1947 138쪽 150원 19㎝ 韓

黃眞伊는 왜 妓生이 되었는가婦人과 민주주의 | 李友狄 1947 71쪽 30원 19㎝ 韓

유물론통사 | 松原宏 1948 175쪽 150원 19㎝ 韓

社會科學大辭典 | 李錫台 編 1948.8.20(初)1949.6.20(再) 767+20쪽 1700원 18㎝ 印조선단식

（잡지1） 〈科學戰線〉
（잡지2） 〈8.15記念社會科學論文集〉

文運堂　李茂熙　훈정동89－2　등록번호773(1948.11.10)

壬辰倭亂과 丙子胡亂 | 姜興秀 1948.11.20 213쪽 350원 18㎝ 印대동

復讐탐정소설 | 방인근 1948.12.10 218쪽 350원 印대동 買

배우고 본받을 편지체 | 김충현 1948 32쪽 150원 26㎝ i

괴도루팡813의 비밀상하 | 방인근 1949.1.30 226쪽 350원 印대동 i

生의 悲劇비련소설 | 方仁根 1949.3.30 316쪽 500원 18㎝ 印대동 買

探偵小說惡魔 | 方仁根 1949.11.20 201쪽 450원 印박문 買

哀戀 사포─의 사랑世界大衆文學選集② | 廉尙燮(알폰스도데) 1950.2.25 203쪽 500원 18㎝ 印대건

문운당 로고

文隆社 金東鳴 태평로2가73

三八線詩集 | 金東鳴(동자동17) 1947.9.20 127쪽 130원 18㎝ 印조선인쇄회사 李福順 題字

하늘詩集 | 金東鳴 1948.1.12 128쪽 180원 18㎝ 印조선인쇄 賣숭문사 金在奭 裝幀

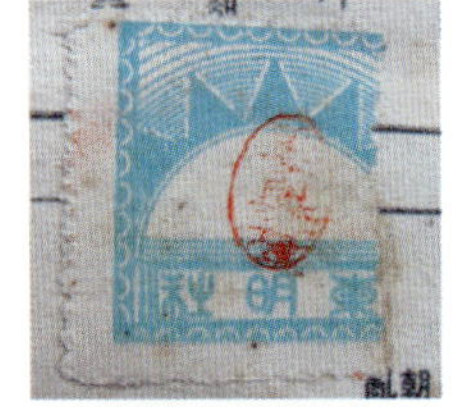

문운당(=동명사) 인지

文章社 을지로1가 101 金鍊萬 허가번호120(1948.6.17)

(잡지) 〈文章〉

문융사 로고

文潮社 金鎭求 충무로1가47 등록번호362(1947.10.1)

초생달詩集 | 林學洙(타골) 1948.7.5 106쪽 200원 18㎝ 印고려 鄭玄雄 裝幀

朝鮮平民文學史 | 具滋均 1948.7.15 135쪽 270원 18㎝ 印고려

제3정당론미국정당정치의 사적 고찰 | 윤세창(WB헷셀린) 1948.11.25 171쪽 350원 19㎝ i

상급영작문 | 洪福柔 1948 123쪽 220원 18㎝ 韓

초급영작문 | 홍복유 1948 149쪽 220원 18㎝ 韓

國文學 解說詩歌小說篇 | 朝鮮古典文學硏究會 編 1949.2.15 148쪽 300원 18㎝ 印고려

法制槪要 | 朴商鎰,尹世昌 1949.12.10 270쪽 550원 印한일공인사 서대문로1가60 등록번호181

경제학의 건설자 | 손응록(레빈스키) 1949 168쪽 350원 21㎝ 韓

자동차학전집 | 수도교통운수협력회 편 1949 282쪽 800원 21㎝ 韓

政治學綱要이론편 | 閔丙台(라스키) 1949 400쪽 900원 21㎝ 韓

라인江의 監視全3幕 | 吳說(吳華燮)(헬먼) 1950.2.25 129쪽 400원 18㎝ i

문조사 로고

문조사 인지(구자균)

문진문화사 李東浩 명동2─69 등록번호685(1948.7.2)

시정방침연설집 | 문진문화사 편 1948.12 200원 出

대한민국대통령초대각부장관시정방침연설집 | 李東浩 편 1948 76쪽 200원 21㎝ 韓

叛亂과 民族의 覺悟 | 全國文化團體總聯盟 編 1949.1.25 143쪽 150원 18㎝ 印보성사

天才夢중국현대문선 | 崔章學(張愛鈴 等) 1949.6.20 175쪽 300원 18㎝ 印귀속농지관리국 賣동우공사
　　　을지로2가199─34 조선사진문화사 명동 2─69

문진문화사 로고

文昌堂 李載復 연지동5─3 등록번호653(1948.5.6)

巨僧泗溟堂 | 金鍾烈 1948.7.25 123쪽 200원 18㎝ 印조선인쇄소 賣문예서림

偉大한 아브라함·린컨 | 崔埈 1948.7.25 168쪽 260원 18㎝ 印조선 賣문예서림

문창당 로고

最新雄辯術 ┃ 李奇南 1949.11.15 164쪽 350원 印고려

표준국문해석법 申琦澈 1950.3.1(初)3.30(再) 364쪽 ℹ️

현행민법총칙 ┃ 張庚鶴 1950 337쪽 1000원 21㎝ 韓

문학연구회

성황당고개시집 ┃ 金秀煥 1947.6.30 82쪽 150원 18㎝ 韓

문학정신사

(잡지) 〈문학정신〉

文學評論社(百濟의 개제) 명동1가 59 朴海文 개제허가(1947.2.15)

(잡지) 〈文學評論〉

文海社 李鎬湘 훈정동100 등록번호853(1949.4.12)

獨文解釋硏究 ┃ 金敬洙 1949.12.5 242쪽 580원 18㎝ 印백양사 조판裕豊 을지로2가 107

文憲社 崔世宗(관훈동84-7) 세종로153 등록번호94

英語工夫法 ┃ 方侖壽 1949.1.26 107쪽 200원 18㎝ 印광문사

학교교련교본전편 ┃ 육본작전교육국(金熙德 편) 1949.5.10 405쪽 280원 12㎝ 이범석 題字 ℹ️

학교교련교본전편 ┃ 육본작전교육국(金熙德 편) 1949.9.1(再) 415쪽 320원 12㎝ ℹ️

문화공론사

북조선노선비판 ┃ 朴鐵 1949 126쪽 150원 雅

문화교육출판사

농사짓기 ┃ 同社 1948.10 130원 出

文化堂 金琪午 효제동130 등록번호50(1947.9.30)

천자문實用韓英 ┃ 자성문화사편집부 편 1946.5 44쪽 20원 出

한문독본新修 ┃ 박병연 1946.9.20(再) 全

글씨첫걸음상 ┃ 문화당 편 1946 32쪽 淸

THE ENGLISH COMPOSITION BOOK1 ┃ 문화당 편 1947.1.20 55원 印同社 매同社 ℹ️

唯物論批判 ┃ 安浩相 1947.6.30 62쪽 100원 18㎝ 印同社

우리의 부르짖음 ┃ 安浩相 1947.6.30 127쪽 100원 18㎝ 印同社

國語敎育의 當面問題 ┃ 趙潤濟 1947.6.30 138쪽 120원 18㎝ 印同社

인체생리중등인류교과서 ┃ 尹益炳 1947.6.30 59쪽 90원 出

문화당 로고들

다른나라의 생활사회생활공부5-1 | 사대부속성동국교 편 1947.7.30 30원 ⓘ

우리나라의 생활사회생활공부6-1 | 사대부속성동국교 편 1947.7.30 30원 印同社 ⓘ

사회생활공부5학년용 하 | 사대부속성동국교 편 1947.7.30 50원 ⓘ

主義와 解說 | 編輯部 1947.8.10 94쪽 100원 18cm 印同社

물리고급중학 | 편집위 1947.8 72쪽 80원 出

중등家事敎本 | 金貞姬 1947.10 108쪽 120원 出

中等音樂 | 吳晸珍 편 1947.10.20 80쪽 100원 21cm 印同社 매문화당 朴

遊戲競技지도서국민학교초급중학 | 沈泰鎭,金振八 1947.11 216쪽 300원 出

우리의 취할 길 | 안호상 1947 110쪽 ⓘ

국사사전국민학교 | 편집부 1947 115쪽 15cm ⓘ

국어사전국민학교 | 편집부 1948.4.20 100원 印同社 ⓘ

중등삼각법 | 同社 1948.1 85원 出

敎授新論 | 權赫豊 1948.4.10 193쪽 400원 21cm 印同社

교육학 | 李康烈 1948.4 400원 出

올림픽競技史 | 金泰植 1948.6.15 124쪽 100원 18cm 매문화당

世界名歌集 | 吳晸珍(혜화동45-1 서울음악원) 1948.7.10 106쪽 200원 21cm 印同社

大韓現代詩 英譯對照集 | 鄭寅燮 譯 1948.8.15 321쪽 500원 18cm 매문화당

사회생활3학년용 | 편집부 1948.8.30 80원 印同社 ⓘ

사회생활5학년용(상) | 편집부 1948.8.30 64쪽 80원 印同社 ⓘ

영문구조의 기초지식 | 李庚烈 1948.8 280원 出

국민학교교육의 新方途 | 表光浩 1948.8 300원 出

메논博士演說集국제연합조선임시위원단의장 | 정인섭 역 모윤숙 편 1948 182쪽 ⓘ

누나를 찾아서 | 방기환 1948 130쪽 120원 出

결핵 요양의 대도 | 金鍾珠 1948.5 105쪽 150원 ⓘ

국어지도서 국민학교제6권 | 윤태영 1948 379쪽 600원 21cm 韓

古語의 音韻과 文法 | 李崇寧 1949.4.1 140쪽 300원 印同社 李元澤 全

哲學入門 | 方昇煥(BRUNO BAUCH) 1949.8.15 156쪽 300원 21cm 印同社 매문화당

論理學 | 安浩相 1948.7.30(初)10.5(再)11.25(三)1949.4.10(四)11.30(五) 241쪽 500원 21cm 印서울신문사
          매문화당

민족의 소리 | 안호상 1949 199쪽 雅

영어신교수법과 학습법 | 정인섭 1949 462쪽 700원 18cm 韓

國民敎育學 | 李海南 1949.5.15(初)1950.3.10(再) 227쪽 600원 21cm 印同社

韓國鳥類名彙 | 南泰卿 1950.3.30 218쪽 1200원 21cm 印同社 매문화당

초등학교지리사전 | 편집부 (이하 미상)

(잡지1) 〈兒童敎育〉
(잡지2) 〈少年〉

문화보급사

현대사상독본 | 金炳淳 1946 71쪽 35원 19㎝ 韓

建國要綱 | 김병순 1947.7 64쪽 70원 出

문화사 李仁永 충무로4가5 등록번호395

세계신문화사 | 정용식 1948 368쪽 淸

손목잡고 아동극집 | 방기환 1949 i

문화서원 慶北 慶山

整枝剪定槪要 | 劉鳳林 1948 104쪽 250원 19㎝ 韓

문화신문사출판국 경북 金泉

白羊詩集 | 趙文在 편 1949.4.20 河

黎明詩集 | 崔東煥 편 1949 122쪽 雅

文化印刷社 충무로4가145

學生水泳讀本 | 金泰植 1949.7.30 71쪽 300원 18㎝

文化情報社 朴永朗 관철동95 등록번호412(1947.10.1) *職員名單: 金舜根 具基運 金泰源 李鉉澤 朴銀台 朴永朗

獨立血史 第一卷 | 金舜根,具基運 共編 1949.6.30(初)7.30(再)8.20(三) 157쪽 2500원 26㎝ 印고려문화사 본사공장 崔錫岐 인현동2가127

文化出版社 楊濟賢 을지로2가40 한강로1가217 등록번호22(1947.9.12)

문화출판사 로고

現代世界人物評 | 世界事情硏究會 譯編 1948.7.20 220쪽 380원 18㎝ 印서울인쇄사

戀愛와 結婚 | 楊美林,鄭泰炳(싱클레어) 1948.8.10 192쪽 350원 18㎝ 印서울인쇄사 金義煥 裝幀

New Business English | 박기실 1948.11.25 全

農地改革法解說 | 姜辰國(농림부농지국장) 1949.9.5(初)11.1(再) 74쪽 120원 18㎝ 印世界堂 예지동166 등록번호203(1949.10.26)

문화통신사 종로3정목8 黃珪運 26㎝

(잡지) 〈文化通信〉週刊

미국공보원

국제연합과 세계평화 | 미국공보원(톰골트) 1948.7.25 108쪽 150원 18㎝ 印고려문화사 賣大圈社 陽洞99

南勞黨의 宣傳煽動에 關하여 | 朴馴遠 1948.11.5 10원 印廣信社인쇄부 서대문로2가 i

美國對中白書要約 | 미국공보원 편 1949.8 i

애치슨국무장관의 연설 | 미국공보원 편 1949 45쪽 ℹ

(잡지1)　〈아메리카〉
(잡지2)　〈문화·풍속〉
(잡지3)　〈희망〉

美術프린트社　金丙喆　대구부 팔운정81

膽寫印刷術講義 | 미술프린트사 편 1950년? 76쪽 ^(판권 없음)

民鼓社　대구부 前町2

들국화詩集 | 李雪舟(龍壽)(봉산정218) 1947.2.25 211쪽 70원 18㎝ 印대구인쇄합자 朴成達 대구부 상정54
安素雲 裝幀

(잡지)　〈民鼓〉

民教社　閔壯植　회현동2가6　등록번호688(1948.7.5)

強한 사람들黑人詩集 | 金宗郁 編 1949.1.10 150쪽 250원 18㎝ 印서울신문사 金起林 序文
THE STANDARD DICTIONARY OF ENGLISH PHRASES | 韓贊五 編
　　　1949.2.15(初)4.15(再)9.30(三)1950.2.10(四) 349쪽 700원 15㎝ 印대한인쇄
音樂과 現實 | 朴容九 1949.4.15 193쪽 350원 18㎝ 印서울신문사 鄭芝溶 題字 朴文遠 裝幀
要領化學 | 金鍾建 1949.5.20 184쪽 15㎝ ℹ
희망의 꽃다발소년장편소설 | 최병화 1949.10.30 ℹ
The National English Readers① | 김선기 1949 149쪽 ℹ
The National English Readers Ⅳ | 김선기 1949.8.20 270원 印대한인쇄공사 ℹ
THE NATIONAL ENGLISH READERS Ⅵ | 김선기 1950.4.15 380원 18㎝ 印대한인쇄공사
靑春소설 | 薛貞植 1949.1.15 401쪽 600원 18㎝ 印조선노트제조 李碩鎬 裝幀 ℹ
Paramount English Composition | 편집부 1950.5.20 全

민교사 인지

民聲社　남대문통 4정목66　康祐榮　21㎝

(잡지)　〈新建設〉

民心社　[잡지　金三龍　영락정2정목73]

대한민국임시정부의 내용 | 편집부 1945.10 46쪽 3원 ℹ
공산주의원칙 공산당선언에 관한 초안 | 사회과학연구소(엥겔스) 1945.12 45쪽 3원50전 19㎝ 出

(잡지)　〈民心〉

民友社　鄭龍根　태평로2정목43　등록번호444

新民族主義와 新民主主義 | 安在鴻(長橋町21 국민당본부) 1945.12.20 67쪽 5원 印행정학회 ℹ

閔后弒害事件의 眞相 | 民友社 譯編 1946.7.30 136쪽 30원 18㎝ 印신한인쇄
朝鮮上古史鑑上卷 | 安在鴻 1947.7.20 322쪽 350원 18㎝ 印李致鍾 태평로1가31
朝鮮上古史鑑下卷 | 安在鴻 1948.4.1 328쪽 410원 18㎝ 印朴升煥 태평로1가31

(잡지) 〈民友〉

民政社 殷有仁 21㎝

(잡지) 〈民政〉

民朝社 閔壯植 내수동186 등록번호688

국제공산당기본강령 | 同社출판부 편 1946.4 108쪽 20원 出
신어사전 | 同社출판부 편 1946.4.5 190쪽 35원 印조선단식 i
對譯50名話集下 | 朴聖煥 역편 1947 121쪽 40원 出

民族文化研究所 장곡천정111 백남운

조선민족의 진로 재론 | 백남운 1947.6 29쪽 30원 出

(잡지) 〈民族文化〉

民族文化出版委員會 梁又正 운니동98 등록번호173

싸우는 民族의 理論 | 梁又正 1947.10.18 102쪽 100원 18㎝ 印조선노트제조 賣조선서관
충무로2가109-4

민족문화협회 金炯圭 다동24 등록번호663

영작문문법백인백담속편 | 편집부 1948.11.30 全

민주공론사 李秀泳 21㎝

(잡지) 〈민주공론〉

민주문화사

貧農에게 | 李正一(레닌) 1946.8 126쪽 30원 出
평화혁명론 | 黃啓周(레닌) 1947.7 74쪽 60원 出

民主議員公報部 咸尙勳 舊王宮

民族社會主義 序曲 | 金三奎 1947.4.10 38쪽 30원 17㎝ 印文海堂 鄭台益

民主戰線社 세종로3 梁泰淳 허가번호401(1947.3.8)

(잡지) 〈民主戰線〉

議事錄 民主主義民族戰線 結成大會 **|** 민주주의민족전선선전부 편　1946.2.25　111쪽　35원　21㎝
印 조선정판사 賢

民衆書館 **|**　李炳俊　관훈동112　등록번호519(1947.11.1)

말씀해주신 분: 南元祐(65, 도서출판 石州閣 대표)

　　1940년대초, 조선 고서적 전문의 고본서점으로 출발한 민중서관은 '포켓', '엣센스' 등의 사전시리즈로 사전 출판의 본포로 불리었을 뿐 아니라 우수한 인력을 많이 배출함으로써 초창기 우리나라 출판계에 큰 영향을 끼쳤다. 민중서관에 얽힌 이야기를 당시 편집국장을 거쳐 편집담당 부사장을 역임한 남원우 씨로부터 듣는다. (편집자 주)

　—민중서관은 해방을 전후로 한 우리 출판계의 초창기에 개척자적인 역할을 한 것으로 우리 업계 모두가 인정하고 평가하고 있습니다. 민중서관의 창립 배경과 성장과정에 얽힌 이야기들을 듣고자 민중서관의 초창기부터 편집 외길을 걸어오신 남선생님을 모시게 되었습니다. 우선 선생이 민중서관과 인연을 맺게 되신 동기부터 말씀해주십시오.

　"사실 나는 대학 졸업 당시만 해도 출판계에 큰 관심을 갖고 있지는 않았습니다. 전공도 경제학이었구요. 대학 졸업 후 한 달 만에 6.25를 맞았고 1.4후퇴로 마산으로 피난을 갔었는데 거기서 당시 타블로이드 1장으로 발간되던 신문에서 민중서관 직원모집 광고를 본 것이 계기가 되었지요. 1952년 12월경 부산 대청동에 있던 민중서관으로 시험을 보러 갔는데 그때 눈이 얼마나 왔던지 눈에 쓰러진 전신주가 열에 다섯은 되었던 것 같습니다. 국어, 영어, 일어 번역과 우리말의 일역 등으로 시험을 치르고 난 일주일 후에 합격통지서가 왔더군요. 그래서 대청동 사무실로 다시 찾아갔더니 아, 글쎄 회사가 사라지고 없지 않겠습니까. 순간 놀란 마음에 혹시 유령회사가 아닌가 했지요. 그런데 가만히 살펴보니 쪽지가 붙어있는데 회사를 보수동으로 옮겼다고 적혀있더군요. 그곳으로 찾아갔더니 번듯한 2층짜리 적산 건물에 회사를 차려놓고 있고 당시 영업을 담당하고 있던 朴允哲 씨가 아주 반갑게 맞아주더군요. 크게 안심이 되었습니다."

　—재미있는 이야기군요. 그러면 선생이 입사했을 당시, 그러니까 민중서관의 부산피난 시절의 상황과 그 당시 하신 일은 어떤 것인지 들려주십시오.

　"내가 한 일은 『포켓 영한사전』의 원고를 작성하고 또한 남의 것을 검토 加除하는 일이었습니다. 원본은 일본 研究社의 영어사전이었으나 POD나 COD 등의 외국사전 및 국어사전과 엄밀히 語義를 대조해 나가는 일이었습니다. 당시 2층에 꾸며놓은 편집실은 한 20평 가량 되는 넓은 방에 가솔린 난로를 피워놓고 30여명의 직원들이 일을 하고 있었습니다. 아침 9시부터 저녁 9시까지 12시간 일을 하고 받은 월급이 130만환이었는데 당시 중,고등학교 교사의 월급이 80만환 내외였으니 상당히 좋은 대우였지요. 또 당시는 전시여서 모든 산업이 위축되어 있던 때임에도 불구하고 草場洞에 一貫作業이 가능한 인쇄공장까지 갖추고 있을 정도로 규모가 컸습니다. 편집실에서 최종원고가 나오면 공장에 넘겨서 조판, 인쇄, 제본하는 작업이 가능했습니다. 辭典校正은 12校까지 나간 적도 있었습니다. 이렇게 해서 『포켓 영한사전』의 조판이 끝나고 轉寫를 뜰 즈음 서울로 올라오게 되었지요. 화차 8대를 빌려 민중서관 전체가 환도했는데 그때가 아마 53년 추석 무렵이었을 겁니다."

　—그러면 환도 후의 상황과 활동에 대해서도 말씀해주십시오.

　"환도 후 민중서관은 종로구 통의동 파출소 뒤의 東拓 관사 6채를 연결시켜 사옥으로 사용했는데 초입에는 사장실과 편집국, 다음으로 영업부 사무실, 그리고 나머지는 모두 공장으로 사용했습니다. 환도 후 얼마 있지 않아 부산에서 조판을 끝냈던 『포켓 영한사전』을 발행했지요. 그리고 특기할 만한 것은 사장이신 李炳俊 씨가 환도 후 주택이 없던 간부들에게 집을 마련해주었다는 점입니다. 저도 처음에는 堅志洞에 40간이나 되는 큰 한옥을 다른 직원 한 분과 함께 쓰다가 나중에는 花洞으로 옮겨가 독채를 쓸 수 있었거든요. 물론 명의변경을 해준 것은 아니었고, 또 당시의 주택난이 지금과는 사정이 달랐다 하더라도 여하튼 집 걱정은 전혀 없이 산 셈입니다. 그리고 있다가 편집국이 제1,2,3부로 나뉘어지면서 나는 제1편집부장이라는 사령을 받았습니다. 또 64년에는 법인업체로 체제를 전환했고 당시 6명의 理事 중에 저도 포함이 되었지요. 그리고 공장장으로는 인쇄업계의 원로이신 柳昌鉉 씨가 계셨습니다."

　—이야기가 거슬러 올라가는 것 같습니다만 민중서관의 창립 배경에 대해서도 한번 짚고 넘어가야 할 것 같은데요. 혹시 아시는 바가 있으시면 말씀해주시기 바랍니다.

　"글쎄요, 내가 목격한 바가 아니어서 정확히는 모르겠습니다만 알고 있는 대로 말씀드리지요. 이병준 사장은 고향이 평북이고, 중앙중학교 출신입니다. 아버님이 일찍 돌아가셔서 편모슬하에서 자라셨답니다. 그 자당 되시는 분을 저도 뵌 적이 있습니다만 몹시 알뜰

하고 생활력이 강한 분이라는 느낌이 들더군요. 서울대의 鄭然泰, 성균관대의 鄭炳祖, 경희대의 尹世元 같은 분들이 이병준 씨와 동기입니다. 재미있는 이야기가 있지요. 중 1,2학년 때 선생님이 장래 희망을 물으니 이병준 씨는 '나는 돈 벌어야 한다.'고 했다는 겁니다. 그분이 졸업 후에 京城府廳에서 근무하기도 했다는데 그의 꿈과 야망에는 틀에 박힌 공무원 생활이 맞지 않았던 것이지요. 그래서 시작한 것이 민중서관이라는 古本商이었답니다. 해방 후에 미군정이 들어서며 영어교육의 비중이 높아지자 『Living』이라는 영어독본을 내면서 출판을 시작한 것으로 들었습니다."

—민중서관이 창립된 것이 몇 년인지요. 그리고 일설에는 경성대학 국어과 교수로 계시던 方鍾鉉 교수가 해방 전에 운영하던 고본상을 해방 후 이병준 씨가 인수받았다는 말도 있습니다만.

"제가 중학교 상급반일 때에도 관훈동에 있던 그 서점에 들른 기억이 있으니 창립연도는 1942,3년경이 아닌가 싶습니다. 그냥 1940년대 초라 해두지요. 방종현 교수가 운영하던 것을 인수받았는지, 그의 권고로 이병준 씨가 창설한 것인지는 아는 바가 없습니다. 단지 방종현 교수와 이병준 씨가 무슨 연척관계였던 것 같습니다. 이후에 방종현 교수가 작고하시고 그 따님을 특채로 편집국 직원으로 채용한 것으로 봐서도 각별한 사이였음을 알 수 있지요."

—민중서관은 해방 후 우리 출판계에 대표적 위치로 성장했는데 당시 편집을 맡으셨던 선생께서는 그 성장 요인이 어디에 있었다고 보십니까.

"모든 사업이 다 그렇겠지만 민중서관의 경우는 때를 잘 맞추었고 기업적 패기가 컸다는 것이 가장 큰 성공요인일 겁니다. 해방 후 교육기관의 재정립과 확충에 따라 교재와 참고서 등의 수요가 급증했고 각종 사전의 수요는 가히 폭발적이었는데 민중의 경우 사전을 주요 출판물로 채택하고 검인정 교과서와 참고서 등을 꾸준히 출판했으니까요. 여하간 예나 지금이나 '사전하면 민중', 이런 말이 있지 않습니까. 제가 영업에 관여를 하지 않아 구체적인 것은 알 수 없습니다만 당시 졸업, 입학 시즌에는 매출액이 상당했던 것으로 알고 있습니다. 또 독특한 영업방법도 있었구요. 전국에 걸친 판매조직과 외판조직을 통한 판매 등도 빼놓을 수 없는 성공요인입니다. 그러나 무엇보다도 이병준 회장의 배짱과 사업가적인 기질이 성공의 큰 밑바탕이 되었을 것입니다."

—이병준 회장은 1965년 출판협회 회장을 역임하시기도 한 분이어서 저도 개인적으로 잘 알고 있습니다만 선생께서 함께 일을 하시면서 보신 이병준 회장의 출판경영자로서의 철학이라면 어떤 것이 있을까요.

"이병준 회장은 제가 시험을 치르고 입사해서 처음 만나봤는데 뚱뚱하고 거무튀튀한 분이 영락없이 사업가 싶더군요. 배포가 크고, 무슨 일을 시작하는 데 있어 결단력 있게 하시고 일단 결정된 후에는 그대로 밀고나가는 타입이었습니다. 辭典이라는 것이 워낙 오랜 시간을 요구하는 것이어서 당시로서는 상당히 모험적인 것이었음에도 불구하고 그 분은 기획회의에서 어떤 것이 결정되고 나면 그 이후로 일절 간섭도, 독촉도 하지 않으시더군요. 빨라야 2년에서 4년, 늦으면 7년도 족히 걸리는 사전 출판 작업을 그렇게 지켜볼 수 있다는 것이 쉬운 일은 아니지요. 언젠가는 내가 '가끔씩 편집국에 들러보십시오.'라고 말씀드렸더니 '맡겼으니 믿어야지요.' 하시더군요. 어떤 기획안이 나오면 판매 구상까지 하는 치밀함을 갖추셨는데도 말입니다. 그리고 그분의 필생의 꿈은 출판과 언론, 그리고 육영사업을 다 이루는 것이라는 이야기를 직접 들은 기억이 납니다. 실제로 육영사업은 어느 정도 한 셈이지요. 聖貞여중고와 景福국민학교가 이병준 회장이 운영한 학교인데, 성정여중고의 경우는 6.25때 작고하신 博文書館 李應奎 씨가 하던 것을 인수받아 갈현동에 대지를 마련하여 번듯하게 교사를 지어 운영하였습니다. 경복국민학교는 당시 교육감이셨던 崔福鉉 선생이 이병준 씨 은사이기도 하셨고, 출판사와는 지리교과서 관계로 인연을 맺고 있던 터라 그분의 힘을 얻어 통의동 파출소 뒤에 사옥을 짓고, 사옥의 여분 공간을 이용, 설립한 것입니다."

—사실, 이병준 회장이 학교 경영의 동기를 저한테도 이야기하신 기억이 나는데 단순히 교육자가 학교를 경영하는 것보다는 우리 같은 출판업자가 하면 더 합리적이고, 또 의의도 있지 않겠느냐고 하시더군요.. 지금까지 민중서관의 성공요인과 이병준 회장의 경영철학에 대해 말씀을 들었습니다. 그러면 이번에는 실제로 민중서관에서 간행된 출판물의 기획과 편집, 제작과정과 종류 등을 한번 훑어봐 주십시오.

"해방 후 6.25 이전까지는 중고등학교용 교과서, 崔虎鎭 교수의 『朝鮮經濟史研究』와 梁柱東 교수의 『國文學菁華』 등의 단행본도 출간했고, 『스쿨 영한사전』을 발행하여 재미를 본 것 같습니다. 사전 출판의 묘미를 알았다고나 할까요. 사전 종류로 그 뒤를 이은 것이 『포켓 영한사전』인데 부산 피난시절에 만들어진 것이지요. 당시 편자는 동경제대 영문과 동기이고, 서울대 교수였던 李敭河, 權重輝 두 분이었고, 첫 발행은 1954년 8월 경 제2학기가 시작될 무렵이었습니다. 그 반응은 가히 폭발적이었지요. 그래서 다음으로 『포켓 한영사전』을 만들었습니다. 그리고 이어 獨韓사전과 姜斗植 교수가 편찬한 韓獨, 李彙榮 교수가 편찬한 佛韓, 그리고 중국어사전 등으로 포켓사전 시리즈만 10여종을 냈습니다. 물론 그 외에 漢韓대자전이며 옥편 같은 것도 계속 발행을 했지요. 그러다가 一石 李熙昇 선생의 『국어대사전』을 출간하게 되었습니다. 1961년 12월 10일 초판이 나왔는데, 이 사전은 인디언페이퍼로 3,450페이지에 이르는 방대한 분량의 이른바 국어사전의 결정판이었습니다. 초판가격이 25,000환이었는데, 이것 역시 큰 영업 성과를 거두었지요. 이밖에 사전으로 기억에 남는 것은 1968년 2월 1일에 출간한 『韓美대사전』이 있습니다. 미국의 SE마틴과 이양하 교수, 張聖彦 씨가 함께 편찬한 것으로 46배판 크기의 1,900페이지로 가격은 6,000원이었습니다. 포켓사전 시리즈가 폭발적인 인기를 거두었습니다만 시대의

진전에 따라 보다 참신하고 충실한 사전을 속간해야 한다는 방침 하에 새롭게 편찬을 했는데 그것이 '엣센스'사전입니다. 현재 포켓은 사라지고 엣센스는 남아 민중서관에서는 그 시리즈를 계속해서 내는 것으로 알고 있습니다. 이러한 사전류 외에 기억에 남는 간행물로는 1959년에 발행한 『한국문학대전집』이 있습니다. 당시 우리나라에 8포인트 명조 자관이 없어서 독일에서 주조기를 들여와서 활자주조를 해가면서 작업을 했습니다. 1달에 두권씩 1년 8개월에 걸쳐 全36권을 완간했는데 완전 양장본으로 책도 책다웠거니와 외관조직을 통해 대성공을 거둔 책입니다."

―그러면 당시 함께 일을 하셨던 분들은 어떤 분들이셨는지요.

"초창기(부산 피난시절) 영업을 담당하셨던 분이 朴允哲 씨로 한때 사장을 맡으셨지요. 편집에는 崔基元, 金明道 씨가 부산서부터 쭉 있었고, 劉漢成 씨도 환도 후에 함께 일했습니다. 편집부의 인원은 봄, 가을 실시되는 공채를 통해 뽑았는데 제 생각에는 민중서관을 거쳐나간 인원이 700명에 이를 것이라고 봅니다. 아마 현재 우리나라 출판사의 중진들 중에 민중 출신이 많을 겁니다."

―민중서관을 거쳐나간 인사들을 기억나는 대로 좀 소개해주시기 바랍니다.

"우선 학계에 서울대 高昌範, 李甲圭, 韓永愚, 金安濟, 車京守 등 諸氏가 있고, 서강대 金烈圭, 성균관대 金芝雲, 尹順豪, 원광대 李相斐, 충남대 金晃鎭 등 제 씨가 있습니다. 언론계에는 金俊燦, 申東澈, 張辛勳, 吳東煥, 金道源 제 씨, 사업계에는 작고한 대우건설 徐萬錫 사장, 정계에는 孫世一 씨, 출판에는 金京熙, 丁畢 제 씨 등 일일이 예거하기 바쁩니다. 그리고 각 저명 출판사에는 모두 민중 출신이 중진으로서 큰일을 하고 있고, 큰 評을 받고 있습니다.

―결국 민중에서 배출된 인사들이 우리나라 학습교재나 사전류 출판의 핵심 역할을 계속적으로 떠맡고 있는 셈이군요. 이러한 민중서관이 와해된 것은 언제이며 그 이유는 무엇인지 말씀해 주십시오.

"민중서관의 도산이 1977년 3월 28일입니다. 와해된 이유는 아무래도 지나친 다각경영에 원인이 있지 않았나 싶습니다. 결정적이었던 것은 전자산업이었습니다. 1968년 등촌동에 기공식을 하고 70년에 개업한 민성전자라는 업체였는데 시계와 계산기를 주로 생산했던 것으로 압니다. 국가의 정책적인 지원도 없지 않았고 우수한 인력도 동원되었습니다만 결국 경험 부족과 품질관리 소홀 등의 결함이 컸던 모양입니다. 결국 민중의 와해는, 소위 '검인정교과서 파동'의 격랑을 과중한 다각경영으로는 극복하지 못하였고, 산업화사회에의 진입단계에서 적응을 못한 데 그 원인이 있다고 봅니다."

―선생께서는 1952년부터 줄곧 출판계에 몸담아 외길을 걸어오신 분이신데, 요즈음의 우리 출판계에 하시고 싶은 말씀이 없으신지요.

"나는 출판계가 해야 할 일이 두 가지 있다고 봅니다. 첫째가 출판물에 있어 한글과 한자를 혼용해야 한다는 것입니다. 한자는 漢四郡 시대 이전부터 씌어진 우리 글자라고도 할 수 있습니다. 또 실제로 우리가 사용하는 어휘 중에서 10가지에 7~8가지는 한자에서 비롯된 것인데 그 뿌리를 모르고서야 심도 있는 이해가 가능하겠습니까? 이는 곧 우리 학술과 문화의 발전을 망치는 일입니다. 저는 언어학자도, 문법학자도 아니지만 우리 출판인들이 이를 개선해 나아가야겠다고 생각합니다. 두 번째는 서점계와 출판계가 연계하여 근대적인 도서유통기구를 설립하는 일입니다. 현재와 같은 모습으로 나간다면 서적상, 출판계, 독자 모두가 불이익을 당하는 것이 됩니다."

―긴 시간 좋은 말씀 감사합니다.(정리 〈출판저널〉 박남정 기자)

― 이경훈, 『속 책은 만인의 것』, 418~425쪽

민중서관

　신문 보도에 의하면 민중서관이 60억원의 부채를 입고 도산 위기에 있다 한다. 아는 사람은 알겠지만, 이 민중서관은 고 방종현 교수가 일제시대 경영하시던 고서점의 후신이다. 해방 후 현 이병준 회장에게 인계되어 그동안 국내 유수의 권좌를 차지했던 것은 주지하는 바이다. 나는 여기에서 『국문학개설』, 『한중록』, 『단편소설선』고전문학대계 또 요즈음은 고등학교 국어 『고전』의 교과서를 써서 민중으로서는 유일한 합격본이어서, 이 소식을 들을 때 가슴이 아프다.

　이병준 회장은 방종현 교수로부터 인계받을 당시는 자전거에 참고서를 싣고 다니면서 외판으로 시작한 입지전중의 인물이다. 이제 말하여 무엇하리오마는 자기 전문 외의 전자공업에 손을 댄 것이 대실책이다. 가장 첨단을 걸어야 할 공업에 차관만 믿고 시작한 것이 실패의 시작이다. 계산기를 합하여 전자공업은 현재 미리미터㎜의 전쟁이다. '더 얇게 더 얇게'가 구호이다. 이 업계에서는 아직 일본의 뒤를 쫓아가기에 바쁘다. 일제 Casio의 최근 제품의 계산기는 5㎜의 두께에 키 보턴이 10여개 달려 있다. 그만큼 마이크론의 세계는 비정하다. 이런 세계에 경험이 없는 민중이 뛰어든 것이 잘못이었다.

　민중이 출판기업으로 대성한 만큼, 이의 문화적 사면에 철저하였더라면, 오늘의 비극은 없었을 것이다. 이것은 민중의 비극인 동시에 한국 출판기업들의 비극들이기도 하다.

나도 그동안 20여권의 책을 내면서 여러 출판사와 거래를 해보았다. 대개는 출판에서 돈을 벌어 부동산에 투자하는 것 같았다. 이런 출판사는 다시 일어날 수 있었다. 또 아예 이민 간 출판사 사장도 있는 것 같다. 대개는 문화의식이 철저하지 못한 뜨내기 같다고 하면 나만의 편견일까? 슬픈 일이다.

— 金東旭 「민중서관 이야기」 『羅孫通信』 제6호 1978.6.17 11쪽
(한국문학비건립동호회 편 『나손서실통신』(영인) 84쪽 민속원 1991.4.13)

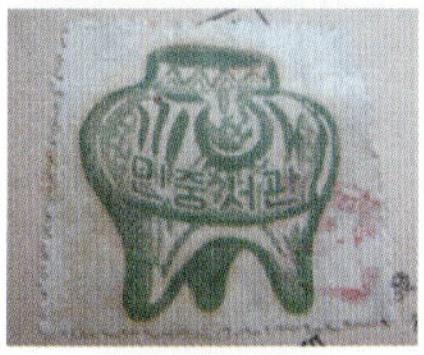
민중서관 인지들

민중서관 인지(김기림)

민중서관 인지(채만식)

貨幣論講義 | 崔虎鎭 1947.11.25 210쪽 300원 18cm [印]대건
근대조선경제사연구제1집 | 최호진 1947 200쪽 280원 [雅]
東洋文化史 | 蔡羲順 1948.3.15 196쪽 120원 18cm [印]대건
경제원론 | 최호진 1948 211쪽 650원 21cm [韓]
잘난 사람들小說集 | 蔡萬植 1948.9.26 320쪽 500원 18cm [印]대건 [朴]
國文學箐華 卷上 | 梁柱東 1949.2.10 394쪽 1200원 21cm [印]대건
山家李無影農民文學選集1 | 李無影 1949.3.5 500원 [印]선광 崔永秀 裝幀 [朴]
鄕歌李無影農民文學選集2 | 李無影 1949.3.5 335쪽 500원 [印]대건 金龍煥 裝幀 [i]
濁流(上)現代朝鮮文學全集② | 蔡萬植 1949.3.5 375쪽 550원 18cm [印]대건
탁류(下)現代朝鮮文學全集③ | 蔡萬植 1949.3.5 726쪽 550원 18cm [印]대건
스쿠울英韓辭典 | 李敭河,權重輝 1949.4.30 872쪽 1300원 18cm [印]대건
朝鮮儒學史 | 玄相允 1949.12.5 488쪽 1200원 21cm [印]대건
文章論新講 | 金起林 1950.4.25 381쪽 950원 18cm [印]보성사
婦人論(上)民衆文庫③ | 金三不(아우구스트베벨) 1946.5.30 143쪽 20원 15cm [印]동신 본정 4정목 145
婦人論(下)民衆文庫④ | 金三不(아우구스트베벨) 1946.6.25 82쪽 15원 15cm [印]동신
時調集民衆文庫② | 朴允哲 編 1946.8.30 160쪽 25원 15cm [印]대한
겨울방학국어③1948년 | 편집부 1948.12.20 [全]
여름방학 국어②1949년 | 민중서관 편 1949.6.15 31쪽 [全]
겨울방학 국어III 4282년도판 | 민중서관 편 1949.12.5 100원 [i]
중등국어교사용1,2 | 편집부 1948.9.1 88쪽 [全]
중등국어1 | 이숭녕,방종현 1948 88쪽 [淸]
중등국어3 | 이숭녕,방종현 1949 122쪽 [淸]
Winter Exercise③ | 편집부 1947.11.25 [全]
A CONCISE ENGLISH GRAMMAR | 李敭河 1948.7.30(初)9.1(再)1950.4.30(十) 204쪽 470원 18cm [印]대건
ENGLISH COMPOSITION AND CONVERSATION BOOK1 | 李敭河 1948.8.25(初)1950.4.30(12판) 85쪽 230원 18cm [印]대건
THE NEW LIVING ENGLISH READERS 2 | 민중서관 편 1946.8.20 124쪽 38원 18cm [印]동신 [i]
THE NEW LIVING ENGLISH READERS 3 | 李敭河 1947.8.25(初)1949.8.1(16판) 166쪽 250원 18cm [印]대건
The New Living English Readers④ | 이양하 1949 186쪽 200원 [i]
SHORT STORIES by THOMAS HARDY | 張聖彦 編 1949.10.20 185쪽 300원 18cm [印]대건
신교육중등수학II | 정의택 1950.4.11(16판) [全]

일반과학Ⅱ ┃ 조병욱 1947.8.20(初)1949.8.1(수정13판)1950.4.20(28판) 全

중등미술①,② ┃ 김인승,김경승 1948.9.20 각250원 印서울옵셀트 i

中等美術③ ┃ 金仁承,金景承 1950.4.20(10판) 20쪽 530원 25×17 印서울신문사 全

사회생활과중등공민공동생활 ┃ 현상윤 1950.5.7 133쪽 400원 i

신편중학한문 권3 ┃ 李允熙 1950 40쪽 i

(잡지1) 〈초등영어〉
(잡지2) 〈중등영어〉

民衆書館Ⅱ   柳錫柱   명륜동

家庭治療寶典 ┃ 柳錫柱(西尾恒敬) 1949.5(등사본) 32쪽 150원 19㎝ 印호남인쇄소명륜동 i

民衆朝鮮社   종로3정목3

朝日合邦史 ┃ 李奇範 1946.2.15 53쪽 6원 19㎝ 印청구사 李泰永

(잡지) 〈民衆朝鮮〉

민중조선사 로고

博文出版社(해방 전 博文書館)   종로2가86   등록번호191(1947.9.20)

　사장:李應奎, 주간:李元壽, 편집국장:崔秉和, 자매기관: 박문서관, 대동인쇄소(인사동119)
박문은 조선 독서인의 사랑과 신뢰 속에서 자라왔다. 일찍이 미약한 조선출판계에서 문고본으로 독서자들의 환영을 받고 문학소설전집 고전서 등 영리를 도외시한 출판문화사업에 미력을 다해온 것은 박문이 가지는 기쁨의 하나이다. 그러나 8.15이후에 있어서 사회적 혼란과 출판계의 무질서한 소란 속에서 완전한 역량을 발휘하지 못하였으나 이제 제반 곤란을 극복하고 전력을 경주하여 양서 출판에 빛나는 성과를 쌓으려 한다. 본사는 인쇄공장인 대동인쇄소와 판매기관인 박문서관으로 더불어 3위1체가 되어 독서인이 가장 신뢰하는 출판사로서의 책무를 다하려 노력하고 있다. 즉 서적 간행에 있어서 내용 집필자 엄선주의를 견지하여 문화향상과 지식계발에 다소라도 공헌코자 힘쓰며 또 앞으로도 노력해갈 것이다. 현재 본사에서는 여러 가지 새로운 출판계획을 세우고 있다. 그 중의 하나로 경제학전집 30권의 간행계획은 斯學에 관한 서적이 지극히 희귀한 조선에서 가장 대중이 갈망하던 것으로 지난 11월에 그 제1권이 출간되자 전국에서 일어나는 환호와 격찬의 물결에 휩싸여 그 의외의 반향에 본사의 사기는 백배하였으며 과연 조선출판계의 일대 센세이션을 일으키게 되었다. 독서인의 총애를 오로지 차지하던 박문문고의 계속 간행, 걸작장편소설전집, 현대세계문학전집의 간행 등 경제, 학술, 문예, 산업, 교육 각 부문에 달한 출판을 활발히 추진시켜 박문의 역량을 십분 발휘하게 될 것이다. ─『출판대감』, 68쪽

박문서관편

말씀해주신 분: 李應奎(79. 전 박문서관 사장)

　박문서관은 우리 문화의 근대화에 커다란 몫을 담당했던 출판사로 첫손에 꼽힌다. 격랑의 세월을 살았던 박문서관의 자취는 그대로 우리 출판 역사의 한 章이다. 노익형, 노성석 씨에 이어 박문서관 3대 사장을 맡았던 이응규옹(79)으로부터 박문서관 시절의 이야기를 듣는다.(편집자 주)
─박문서관은 우리나라 민족문화사에 커다란 출판업적을 남긴 곳으로 첫손을 꼽을 수 있습니다. 직접 경영을 맡으셨던 선생님께 당시의 이야기를 듣는 것은 퍽 의미 있는 일이라고 생각합니다. 처음에 박문서관과는 어떻게 인연을 맺게 되셨는지요?

自手成家한 창업주 노익형 씨

　"내 나이 79세라 기억이 몽롱하니 그 점 양해해주시기 바랍니다. 내가 박문서관에 관계한 것은 1940년경부터입니다. 창업주 노익형

씨의 유일한 혈육이었던 노성석 씨가 2대 사장을 맡으면서 조직을 새로 개편했어요. 그때 내가 수석 理事로 갔죠. 노성석 씨와는 제2고보(경복)와 경성제대 동기였어요. 그이는 건강이 좋지 못한 편이라 나를 후계자로 지목했는데, 해방 후 고혈압으로 쓰러져 내가 3대 사장을 맡게 된 겁니다. 하지만 이사에 취임하기 전에도 노성석 씨와 절친했기 때문에 박문서관에는 자주 드나들곤 했습니다."

[編] 박문서관은 개화기인 1907년에 창설되어 1957년에 문을 닫기까지 활발한 출판활동을 보였다. 원래 서울토박이인 노익형 씨가 자본금 2백만 원을 가지고 남대문로에서 출발, 봉래동을 거쳐 1925년 종로2가 20번지에 정착했다. 처음엔 야시장에서 고대소설을 파는 일부터 시작했다는 이야기도 전하며, "우리 조선에도 신문화가 수입되기 시작하는데 책전 같은 것도 필요할 것 같기에 시작해봤던 것"이라는 본인의 기록도 남아 있다.

―노익형 씨의 인품은 어떻게 기억하고 계십니까?

"그 분은 출판문화에 대한 의식이 투철했다기보다는 서적상으로 유능한 분이셨죠. '딱지본'이라고 불렸던 고대소설을 많이 팔았어요. 옛날에는 『춘향전』이니 『심청전』 같은 것들은 인기가 대단했거든요. 추수가 끝난 겨울이면 마을 사람들이 모여 앉아 목소리 좋은 사람이 얘기책을 들고 낭독하는 것을 즐겼던 시절이니까요. 그런 책들은 주로 장돌뱅이가 전국 방방곡곡을 다니며 팔았어요. 노익형 씨는 그런 어려웠던 시절 얘기를 별로 달가워하지 않았고, 나 역시 굳이 알려고 하지는 않았습니다. 어쨌든 교회에 착실히 다니면서 사업에만 열중했던 분으로 기억합니다. 돈을 많이 벌고도 딴 사업엔 눈을 돌리지 않고 강원도, 황해도에 땅을 좀 샀죠. 이북 땅이 됐으니 결국 모두 잃어버린 셈이지만. 그래도 장수하셨지요. 해방되기 얼마 전에 돌아가셨는데, 돌아가시기 전에 사업은 모두 아들에게 맡겼습니다."

―노성석 씨는 어떤 사람이었습니까?

노성석 씨, '유머감각이 뛰어난 秀才'

"그인 대단한 걸물이에요. 부잣집 외아들이 제2고보와 경성제대에 들어간 것도 놀랄 만한 일이지요. 그는 한국사를 전공했고 나는 법률을 전공했는데, 노성석 씨는 학식도 풍부해서 해방 직후엔 이화여자전문대학에 강의도 나갔습니다. 목청이 좋아 노래도 잘 부르고, 농담이나 유머감각도 뛰어난데다가 술도 좋아해서 교제범위가 꽤 넓었습니다. 당시 같이 어울렸던 사람들도 모두 지식층이거나 문인들이 대부분이었어요. 그러다가 해방 후에 지병이었던 고혈압으로 코에서 피를 쏟고 쓰러졌는데 아마 그때 나이가 33세였던 걸로 기억합니다. 부인 예정수 씨와의 사이에는 아들 하나와 딸 넷이 있는데, 지금 큰 사위가 소설가 황순원 씨 동생 황순필 씨(한국도시가스 사장)예요. 노성석 씨의 아들 노승주 씨(동사 상무)와 함께 사업을 하고 있지요. 노성석 씨 부인은 9년 전 고혈압으로 돌아가셨어요. 경기고녀 출신인데, 노성석 씨가 돌아가신 후에도 사업에는 일절 관여하지 않고 나를 전적으로 신뢰했지요. 덕분에 나는 박문서관 사장으로서 소신껏 일을 맡아 할 수 있었어요."

―그럼, 박문서관 얘기를 좀 들어볼까요. 박문서관은 서점과 출판을 겸했었지요?

"그 시절엔 서점에서 출판업을 겸하는 것이 보통이었습니다. 1920년대의 신소설들은 거의 박문서관에서 발행됐죠. 그러다가 박문출판사를 독립시키고, 일종의 방계 회사라 할 대동인쇄소는 후에 박문인쇄소로 이름을 바꿨습니다. 박문상사도 새로 설립해서 주로 종이 무역 업무를 추진했으니 서점, 출판, 인쇄, 무역을 모두 갖춘 셈이었지요."

―박문서관은 어디쯤 위치했었습니까?

"지금 종로2가의 고려당 바로 옆 건물 자리입니다. 한 60평 쯤 되는 서점매장이 아래층에 있었고, 2층은 출판사 편집실로 사용했습니다. 당시 지금으로 말하자면 당시 박문서점은 영창서관, 덕흥서림과 함께 서울의 3대 서점으로 꼽혔지요. 지금으로 말하자면 종로서적이나 교보문고에 해당하는 걸 텐데, 모두 종로2가에 모여 있었어요. 주로 소매를 했는데 각 학교 교과서 배급을 맡기도 했습니다. 또 그때는 서점에서 문방구류나 운동화까지 팔기도 했었어요."

―박문인쇄소는 아마 그때 제일가는 인쇄능력을 가졌지 않았습니까?

"네, 그렇습니다. 가장 어렵다는 인쇄를 모두 박문인쇄소로 가져왔으니까요. 지금의 YMCA 건물 뒤쪽에 위치하여, 원래 대동인쇄소라는 이름으로 되어 있었는데, 후에 박문인쇄소로 바꿨죠. 당시 寶晋齋는 옵셋인쇄를 맡고, 박문인쇄소는 활판을 맡아 어렵고 복잡한 글자를 인쇄했습니다."

―그럼 박문상사는 무슨 일을 했었나요?

"박문상사는 해방 후에 설립했는데 일종의 紙業商이었죠. 주로 마카오紙라고 하는 갱지를 수입하고 구내판매도 했습니다. 일본 미쓰비시 부사장이 경성제대 선배였기 때문에 해방 후에도 종이 수입은 비교적 원활하게 할 수 있었지요."

―일제 때는 종이 구입을 어떻게 하셨습니까?

"사실 종이가 큰 문제였어요. 일제의 조선군 사령부에 '가바'중사라는 일본인이 있었는데, 그가 항상 지식층을 모아다 놓고는 협력을 강요했습니다. 출판업자들도 명맥을 잇기 위해서는 조금씩 협력을 하는 한편으로 도산 안창호 선생의 강연에 쫓아다니는 이중생활을 했어요. 그게 당시의 현실이었습니다. 종이에 대한 권한은 조선총독부 경무국에 있었는데 배급은 경성부(서울시)에서 했죠. 모든 물자는 조선총독부가 관장했는데 노골적으로 나서는 게 아니라 뒤에서 조종만 했습니다. 일단 경무국의 눈에 거슬리면 출판을 할 수 없던 시절이라 종이 얻어 쓰기가 여간 힘들지 않았습니다."

인쇄 用紙難 심각 ─ 총독부 경무국이 통제

[編] 그 당시는 일제가 전쟁을 위해 모든 물자를 통제했기 때문에 그 여파가 출판계에까지 미쳤다. 당시 종이에 대한 심각성은 박문서관에서 발행하던 잡지 〈박문〉(1940.3)의 '출판 私談'란에서도 발견된다.

"종이가 참말 없다. 某紙와 같은 경우에는 갱지 100연을 구하지 못하여 2개월간의 시일과 7,8종의 대용물을 섞어서 겨우 인쇄하였다. 앞으로의 전망은 당분간 혼돈하다. 출판업자들의 고심은 이제와서는 원고난도 판매난도 선전난도 아니요, 오직 용지난이 가장 큰 고민이다. ……남은 문제는 책을 소중히 하자, 종이를 아끼자 하는 소극적 방향밖에 없다. 책을 만드는 이는 한권의 신간에 그 애착이 전의 십배 이십배 더하다." 실로 책 만들기에 참담한 시절이었다.

─이제 박문서관의 출판활동에 대한 얘기를 좀 들어보고 싶군요. 아무래도 박문서관의 전성기는 1920, 1930년대라고 할 수 있지 않습니까? 그 때 좋은 책이 꽤 많이 나온 것으로 알고 있는데요.

"해방 후에는 을유문화사가 적극적으로 출판에 뛰어들어 활약이 두드러졌지만 해방 전까지는 박문서관의 독무대였다 해도 과언은 아니지요. 한성도서도 활발한 출판을 했지만 박문서관에는 못 미쳤습니다."

[編] 박문서관의 출판활동에 관해서는 하동호 교수의 『한국 근대문학의 서지연구』(깊은샘 1981)에 상세히 고찰돼 있어 참고가 된다. 그에 의하면 1920년대 이전까지 박문서관은 주로 '얘기책'들을 발행하다가 1920년대에 들어서 근대문학기의 신소설들을 출판하기 시작한 것으로 보인다. 더불어 『한일선대자전』, 『한일선신옥편』 등 사전류도 발행했다. 또 『청년신수양독본』(현병주), 『심리학』(홍병선), 『신앙의 路』(김익두) 등 일반교양서와 함께 희곡집, 시집, 동화집도 당시의 독자를 이끈 듯하다.

─1930년대로 들어서면 박문서관이 더욱 활기차게 출판활동을 했던 것 같습니다. 그 당시에 나왔던 출판물 가운데 기억에 남는 책은 어떤 것인지요?

"글쎄요, 구체적인 책 이름은 잘 기억나지 않는군요. 춘원의 『사랑』 같은 것이 대단한 인기를 끌었었지요. 문세영의 『조선어사전』도 중요한 출판물로 꼽을 수 있겠구요."

베스트셀러가 된 춘원의 『사랑』

[編] 박문서관의 출판은 1930년대에 이르러 전성기를 맞는다. 노익형 씨가 '어디 지금까지 우리 집에서 책 같은 것을 하나나 출판해보았습니까, 앞으로는 문예소설에 주력하겠습니다.'는 포부를 피력한 결과 『현대걸작장편소설집』(전10권)을 간행함으로써 춘원의 『사랑』(상하)을 필두로 김동인, 염상섭, 박종화 등 8인의 대표걸작을 망라한 문예소설이 판을 거듭하기에 이른다. 당시 편집을 맡았던 崔泳柱는 〈博文〉(제3호) '편집실 日記抄'에 이런 글을 적고 있다.

"○월○일 『사랑』 천부 돌파? 『금삼의 피』 교정을 읽던 우리들은 쾌재를 부르며 교정지를 밀쳐놓고 이야기의 꽃을 피웠다. 항용 소설은 千部를 1판씩 잡으니 우리도 곧 나머지 책은 재판으로 찍어서 팝시다, 아니야 동경서는 500을 1판으로 친다든데 3판이라고 떠들 일이야……, 이 '죠ㅡ시'면 금년 안에 4,000은 나갈 테지……, 갑자기 출판부 안은 수선해졌다. 그러나 우리는 초판 2,000을 고수키로 하였다. 판수보다 實數가 제일이다─ 하는 고집에서다. 『사랑』이 나온 지 엿새 되던 날의 광경이다."

이 기획물이 성공하자 『신선역사소설전집』(전5권)도 잇따라 추진, 문예물에 총력을 기울인다. 또 이상협의 『해왕성』이 번안소설로 나왔고, 박태원의 『천변풍경』 등도 창작물로 발행됐다. 한편 이 시기에 나온 문세영의 『조선어사전』과 더불어 박문서관의 중요한 업적으로 꼽히는 것은 박문문고의 발행이었다. 이것은 학예사의 조선문고와 함께 당시 문화의 대중화에 크게 기여했다고 평가된다. 『김동인단편선』, 『윤석중동요집』, 『로시아법률철학사』 등 모두 22권이 발간되어 30전씩에 판매됐다. 또, 1938년 월간잡지 〈박문〉을 창간한 것도 이 시기 박문서관의 빠뜨릴 수 없는 출판활동 가운데 하나다.

─〈박문〉은 박문서관의 전성시대를 반영한 것이라고도 생각됩니다만, 그 잡지에 대한 이야기도 좀 들려주시지요.

명사들의 수필 모은 월간 〈博文〉도 발행

"〈박문〉은 30페이지 정도의 아주 자그마한 책자였지만 내용과 기획이 아주 짭짤했습니다. 최영주라는 사람이 출판부와 그 잡지의 편집 책임을 맡았는데, 편집에는 아주 귀신같은 사람이었지요. 이태준, 김남천, 이광수, 이극로 등 당시 쟁쟁한 문인들의 수필을 실었던 것으로 기억합니다."

[編] 1938년 10월에 창간되어 4권 1호(1941.1)까지 통권23호를 발행한 〈박문〉은 국판 크기, 32페이지에 정가 5전이 매겨진 자그마한

월간지였다. 그 발간사는 이렇다.

"〈박문〉은 조그마한 잡지외다. 이 잡지는 박문서관의 기관지인 동시에 각계인사의 수필지로서 탄생된 것입니다. 이 잡지의 사명이 점점 커지는 때에는 이 잡지 자신도 점점 자라갈 것입니다. 우리는 이 조그마한 책이 점점 자라나서 반도출판계에 큰 자리를 차지할 때가 오기를 기다립니다. 그리고 앞으로 더욱 이 지면을 광채 있게 꾸며갈 것을 여러분께 약속합니다."

일종의 社報 구실을 겸한 이 〈박문〉은 출판私談, 출판토픽, 청색포스트, 가두수첩 등 아기자기한 난을 꾸며 당시의 문화계 소식을 전하기도 했다.

―1940년대로 접어들면서 나라 안팎이 어지러워 출판계도 침체된 듯한데요, 박문서관은 어땠습니까?

"활발하지는 못했지만 출판은 꾸준히 계속했습니다. 출판을 더 적극적으로 못한 데는 내 개인적인 상황도 작용했을 겁니다. 終戰이 가까워오자 경기도 경찰부(지금의 道警)나 종로경찰서 고등계에서는 그동안 좋지 않게 여겼던 인물들을 예비검속했는데, 그 때 나도 경기도 경찰부에 구속됐죠. 다행히 내가 알던 묘심사 주지가 조선총독부 사상고문으로 있어 齋藤이란 검사에게 특별석방하도록 얘기를 해주었어요. 그 후에도 '스가이'라는 형사가 늘 내 뒤를 밟으며 따라다녀 마음대로 활동할 수가 없었어요. 출판도 자연히 소극적이 돼버렸습니다."

―해방이 되면서는 출판활동도 의욕적이 됐을 것 같은데요?

"해방 직후에는 주로 예전에 펴낸 책을 다시 찍는 식의 출판물이 많았어요. 양주동의 『조선고가연구』, 이태준의 『문장강화』 같은 책들이 생각나는군요. 그래서 양주동 씨 딸들이 류색에 책을 짊어지고 학교 앞에 나가서 팔기도 했습니다."

―그런 책들은 말하자면 해방 후 우리 것, 우리 문화를 다시 찾아보자는 의도로 출판된 것이겠지요?

"그런 의미도 있습니다. 해방 직후 일간신문을 발행했던 것도 그런 의미에서 출발했다고 볼 수 있어요. 박문서관의 계열회사로 신조선보사를 만들어서 〈신조선보〉를 찍었죠. 양재하 씨가 편집국장을 맡았는데 100호까지밖에 발행하지 못했지만 나름대로 의욕적인 사업이라고 생각했습니다."

[編] 1940년대의 사회적 상황으로 말미암아 박문서관의 출판활동은 자연히 위축됐다. 그런 가운데서도 춘원 이광수의 문단 30년을 기념한 『춘원시가집』을 500부 한정판으로 출판했고, 양주동의 『조선고가연구』, 방정환의 『소파전집』 등도 간행했다. 광복 이후에는 본격적인 출판 전열을 가다듬어 사회과학분야에서 『경제학전집』(전30권)을 기획, 간행했으며, 『신선걸작장편소설전집』(전14권)을 발간해서 박계주의 『순애보』와 현진건의 『무영탑』 등이 인기를 끌었다.

―그렇게 왕성한 출판을 하려면 편집진의 실력도 대단했을 텐데요. 대개 어떤 분들이 실무를 맡아보았습니까?

편집진용엔 박계주 이원수 씨도

"사실 나는 경영진의 입장에 있었기 때문에 편집 실무에 대해선 뚜렷한 기억이 없습니다만, 아까 말한 최영주 씨 외에 소설 쓰던 박계주 씨 같은 분도 떠오르는군요. 고려문화사에서 일하다가 해방 후에 왔는데, 노성석 씨와도 친분이 있었고, 우리와도 아주 친했어요. 일이 끝나면 같이 술잔을 기울이곤 했었죠. 이원수 씨와 윤석중 씨도 한때 일을 했지만 오래 있지는 않았습니다. 그분들은 인간성도 좋고 편집에도 뛰어난 재주가 있었어요. 이종익 씨는 박문서관 출신으로 비교적 성공한 인물이라고 볼 수 있어요. 신구문화사와 신구전문대학까지 만들었으니까요. 그 외에 인쇄소에서 일을 보던 이상오 씨도 착실하고 얌전한 인물이었습니다. 원래대로라면 그가 인쇄소의 사장이 됐어야 할 사람이었지요."

―직원들의 대우는 어땠습니까?

"편집부에 열너댓 명, 그리고 서점에도 여남은 명 정도 직원이 있었습니다. 그때나 지금이나 출판사 월급수준이야 비슷하지 않겠습니까. 직원대우는 그리 넉넉한 편이 아니었다고 생각해요. 도시락을 싸들고 출근하는 것이 일반적인 풍경이었지요."

―경영진은 어떻게 구성됐나요. 해방을 전후로 해서 박문서관에는 인척들이 상당히 많이 관계했던 것으로 알고 있습니다만.

"네 그런 셈이었죠. 노성석 씨가 작고하기 전에는 노성석 씨 사촌 노준석 씨와 처남인 예동수 씨, 매부인 조진호 씨, 그리고 내가 주요 멤버였습니다. 나만 유일하게 인척관계가 아니었죠. 바로 그 이유로 노성석 씨가 나를 후계자로 지명했던가 봅니다. 내가 사장으로 취임하고 나서는 인쇄소에 조진호 씨, 서점에 예동수 씨, 출판사에 노준석 씨가 각각 전무로 앉게 되었지요. 이들을 통괄하는 자리가 사장이지만, 사실 나는 인척들 간에 생길 갈등을 완화시키는 완충지대 역할을 한 셈입니다."

―해방 이후에 박문서관의 출판이 다소 저조했던 것도 그런 이유가 작용했겠군요.

동란중에 인쇄소 被爆……社運 기울어

"그렇지요. 해방 후 설립된 을유문화사가 아주 적극적으로 출판활동을 한 데 비해 상대적으로 위축되었다고나 할까요. 박문출판사가 다시 활발하게 황금시대를 부흥하려고 노력을 하던 중에 6.25를 만났습니다. 부산으로 피난을 갔지만 기계는 물론이고 紙型조차 하나도 건지지 못했어요. 인쇄소는 폭격을 맞아 모두 불타버렸는데, 옥상에 고사포를 설치해놓아서 비행기의 표적이 됐다더군요. 민중서관 같은 곳은 비교적 보존이 잘 된 것을 보면, 그 책임이 나에게도 있었다는 생각이 듭니다. 행동이 자유스러웠던 다른 사람이 박문서관을 맡았더라면 기계나 지형 모두 안전하게 옮길 수도 있지 않았었을까 하는 안타까움이 남습니다."

―그럼 선생님께서 박문서관을 완전히 떠난 것은 언제쯤입니까?

"9.28 수복 후 얼마 안돼 내부분쟁이 심해져서 더 이상 박문서관에 있을 수 없었지요. 마침 〈코리언리퍼블릭〉을 발행하던 대한공론사와 국정교과서주식회사에서 일을 도와달라는 요청도 있었고 해서 박문서관을 그만두었습니다. 그 후엔 일절 박문서관의 일에 관여하지 않는데, 확장공사를 하는 중에 누군가에게 속임을 당했는지 공사도 하지 못한 채 박문서관은 문을 닫고 말았지요. 노성석 씨가 오래 살아서 이끌어왔다면, 아니면 장성한 혈육이라도 있었으면 박문서관의 운명은 달라졌을지도 모르죠. 내 나름으로 열심히 하려고 노력했지만, 결국 인쇄시설과 서점, 무역상사까지 거느렸던 박문서관이 끝내 일어서지 못하고 쓰러지는 모습을 나는 그저 지켜볼 수밖에 없었습니다."

―생각할수록 안타까운 일인 것 같습니다. 하지만 나라 안팎이 어지러운 때 박문서관이 남긴 출판업적은 지금까지도 소중한 유산으로 남습니다. 선생님의 이야기를 통해 후배 출판인들은 출판의 산 역사를 다소나마 이해하게 됐으리라 생각합니다. 어려운 말씀 주셔서 감사합니다.(정리 〈출판저널〉 김지원 기자)

— 이경훈, 『속 책은 만인의 것』 285~295쪽

박문출판사는 한성도서와 마찬가지로 자체 경영의 대동인쇄소라는 큰 활판인쇄소를 가지고 일제강점기 때부터 활발히 출판을 해왔다. 더구나 박문출판사는 종로2가에 박문서관이라는 큰 서점까지 경영하여 당시는 나라 안에서 첫째 둘째를 다투는 출판사였다. 광복 후에는 박문문고 가운데서 이병도역 『삼국사기 1,2,3』, 이병기 편 『역대시조선』, 『이태준단편선』, 『이효석단편선』 등 일부를 선별하여 재판하는 한편 새로 '걸작 장편소설전집 전14권'을 기획하여 출판했다. 이태준의 『청춘무성(상하)』, 박계주의 『순애보(상하)』, 현진건의 『무영탑(상하)』, 김동인의 『帝星臺(全)』, 한설야의 『초향(상하)』, 나도향의 『어머니』, 염상섭의 『이심(상하)』, 윤백남의 『봉화(상하)』 등이었다. 그리고 최호진의 『경제사』, 김영호의 『협동조합론』, 전석담의 『조선경제사』, 이순탁의 『경제원론』, 조동필의 『경제학사』, 신태환의 『화폐론』, 김세련의 『계획경제』, 최문환의 『경제사상사』, 육지수의 『경제지리』, 이용원의 『경영학』 外 20권 해서 '경제학전집' 30권을 출판해나아가는 한편, 양주동의 『국문학교전독본』, 이희승의 『역대조선문학정화』, 안호상의 『철학강론』, 이태준의 『문장강화』, 『서간문강화』, 김동석 평론집 『예술과 생활』, 수필집 『해변의 시』, 성경린의 『조선의 아악』, 고유섭의 『송도고적』 등 무게 있는 단행본들을 간행하여 인텔리층 독자들의 큰 영합을 받았다. 당시 아동문학가 이원수가 동사의 주간으로 있으면서 권위 있는 저자 확보와 양서의 출판 기회에 공로가 있었다.

— 조성출, 『한국인쇄출판백년』 437쪽

박문서관

출판업으로 누만금을 모았다는 풍설이 항간에 젖어있는 박문서관은 어떠한 경로를 밟아 어떠한 서적의 출판으로 그렇게 致富를 하였나. 일반이 궁금해 하는 수수께끼를 풀어보려 기자는 社를 나서 鐘路로 내달았다. 종로도 가장 번화한 1丁目의 즐비하게 늘어선 상가 속에 홍진에 빛을 잃은 백색 벽돌의 소담한 2층 양옥. 그것이 박문서관임은 기자 이미 아는 바이라 다달아 썩 들어서니 언제나같이 신구소설류가 천정에 닿도록 前左右의 삼면벽에 가득 들여꽂혔다. 주인을 찾아 명함을 드리고 내의를 말하니 이 반백의 중노인은 보던 사무를 걷어치우고 의자를 권한다.

"네, 고맙습니다."

하고 기자는 권하는 대로 의자에 몸을 싣고 잠깐 숨을 태인 후

"이 서점을 시작한 지가 몇 해나 되었습니까?"

하고 묻기 시작했다.

"네, 그게 丁未년* 四月이니까 바로 33년 전입니다. 허, 옛날이지요."　●1907년

그리고 氏는 그때의 그 시절을 회상이나 하는 듯이 고개를 반쯤 들고 묵묵히 무슨 상념에 잠긴다.

"처음에는 蓬萊町에 있었지요?"

"아니올시다. 남대문통에 있다가 봉래정으로 갔었지요. 그랬다 종로로 왔습니다."

"종로로 온 건 몇 해나 됩니까?"

"대정14년*이었습니다."　●1925년

"그러면 처음에 선생께서 이 서점을 경영하시게 된 그 動機는 어데 있었습니까?"

"동기요? 동기는 그때 우리 조선에도 신문화가 수입되기 시작하는데 역시 冊廛 같은 것도 필요할 것 같기에 시작해봤던 것입니다."

"그러면 처음에 자본금은 얼마나 가지고 시작을 하셨습니까?"

"單 二百圓을 가지고 시작했습니다."

하고 씨는 지금 생각하면 어처구니가 없다는 듯이 웃으신다. 이 二百圓이란 너무도 상상 밖의 적은 액수라 기자는 자못 놀라며

"뭐 二百圓요? 그러면 큰 성공이십니다그려."

하고 저도 모르게 눈을 크게 떴다.

"千萬이 무슨 성공이요? 처음보다는 그저 좀 발전된 셈이지요."

"그러면 서점을 시작하고 처음으로 출판한 서적은 무엇이었습니까?"

"지금은 뭐 이야기할 자유들이 없는 서적이었습니다."

"네, 그러면 그 다음으론?"

"네, 그 後 말씀이요? 그 후엔 春香傳, 심청전, 옥루몽, 유충렬전 그저 이런 것들이었습니다."

그리고 그러한 종류의 구소설들이 아직도 있다는 듯이 손을 들어 저쪽 書架를 가리킨다.

"그래 그런 것들이 잘 팔렸습니까?"

"잘 팔리구 말구요. 지금도 잘 팔리지요. 예나 이제나 같습니다. 春香傳, 심청전, 유충렬전 이 셋은 農村의 敎科書이지요."

"그러면 그런 것의 출판으로 돈을 착실히 모으셨겠군요?"

"네, 손해는 없었지요. 그러나 거 어디 몇 푼 남습니까?"

"그럼 出版에 있어서 失敗해보신 일은 없습니까?"

"왜 없어요. 純粹文藝 書籍을 출판했다 損害보았지요. 廉想涉氏라면 문단에 이름도 높으시고 해서 팔리리라고 推測했었는데 결과는 그렇지 않았습니다."

"춘원 선생 것도 출판하셨지요?"

"네, 했지요. 한 十餘種 했습니다."

"그래 그것도 실패였습니까?"

"아니올시다. 춘원은 잘 팔립니다. 다 重刊이 됐지요. 廉想涉氏 것은 참 이상하게 안 팔립니다."

하고 그의 名聲 보아서는 너무도 意外라는 듯이 다시 한번 말을 거듭하며 고개를 흔든다.

"그러면 일반적으론 아직도 舊小說類가 잘 나가는 형편이군요."

"그렇습니다. 원래 一般의 水準이 그런 문예소설을 이해를 못하니까요."

하고 자못 痛嘆할 일이라는 듯이 입을 한번 다신다.

"그러면 앞으로 문예 방면의 서적은 출판할 의향이 없으십니까?"

"왜 없어요. 하겠습니다. 지금까지 어디 우리집에서 冊 같은 것을 하나나 出版해보았습니까? 앞으로는 문예소설류에 主力하겠습니다."

"참 좋으신 意向입니다. 宅에서 長篇小說全集을 간행한다는 風說이 있는데 그게 사실입니까?"

"네 그건 방금 착수해서 진행하는 중입니다. 春園의 『사랑』이라는 것은 벌써 나왔습니다."

"모두 몇권이나 됩니까?"

"모두 열 권입니다. 춘원을 위시해서 염상섭, 金基鎭氏, 朴月灘氏 이런 분들입니다."

"네 文世榮氏의 『朝鮮語辭典』도 宅에서 出版하셨지요?"

"네 했습니다. 그이가 그것을 編纂해놓고 刊行費가 없어서 출판을 못한다는 소리를 듣고 집에서 했지요. 冊 같은 冊을 처음으로 한번 출판해봤습니다."

"참 『朝鮮語辭典』의 간행은 우리 학계에 큰 공헌이 있으리라고 믿습니다. 앞으로도 이런 방면의 출판에 주력해주셨으면 감사하겠습니다."

"네 생각하고 있습니다. 그러나 『朝鮮語辭典』 같은 것은 犧牲的 출판입니다."

하고 이번 처음으로 양심적 출판을 해보신 것이 아주 마음에 滿足한 듯한 그러한 태도로 벙글벙글 웃으면서 말을 계속하신다.

"잡지는 무엇이 많이 팔립니까?"

"〈朝光〉, 〈三千里〉가 많이 나갑니다."

"內地 것은 취급하지 않습니까?"

"네, 합니다."

"그럼 그것은 어떤 것이 많이 나갑니까?"

"〈キンダ°〉가 많이 나가지요. 〈富士〉도 많이 찾습니다."

"그러면 〈조광〉 같은 것과 〈キンダ°〉같은 것이 어느 것이 많이 나가요?"

"네, 〈조광〉이 많이 나갑니다. 〈キンダ°〉는 내어놓지 않고 두었다 찾으면 줍니다. 그런데 〈조광〉이나 〈삼천리〉는 그렇지 않지만 다른 잡지들이야 頁數가 있어야지요. 하기야 收支가 안 맞으니까 그렇겠지만."

"그렇지요. 어디 수지가 맞습니까?"

"그런데 거기선 어떻습니까? 잘 되지요?"

하고 조선일보출판부의 소식이 궁금한 듯 말을 붙인다.

"네, 조선일보출판부는 잘 됩니다.『朝鮮文學全集』같은 것은 벌써 3版까지 나왔습니다."

하고 기자는 솔직히 대답을 했다.

"지금 연세가 얼마입니까?"

"쉰다섯입니다."

"선생께서 一般 出版界에 대한 무슨 요망이 없으십니까?"

"별로 없습니다."

"文人들에게 대해선 무슨 하고 싶은 말씀이 없으십니까?"

"없습니다."

"실례입니다마는 출판업으로 현재 모으신 돈이 얼마나 됩니까?"

하고 기자는 巷間의 風說을 聯想하며 물었다. 그러나 氏는

"뭐 얼마 모았나요?"

하고 그 액수에 입은 안 대신다. 사양으로 안 대시는지, 밝히기 싫어 안 대시는지 그저 웃음으로 대답을 받고만다.

"이렇게 출판업으로 성공을 하시기까지의 苦心談을 좀 들려주셨으면……?"

"뭐 고심한 것도 없습니다."

"一 個月 賣上高는 얼마나 됩니까?"

"일개월 매상고요? 글쎄, 그렇게는 자세히……年 賣上高가 한 팔십만원 가량 됩니다."

"굉장하시군요. 아이 참, 바쁘신데 실례 많이 했습니다."

"천만에요."

하는 소리를 들으면서 밖으로 나오니 紅塵에 쌓인 鐘路街上은 언제나 같이 電車 소리에 귀가 아프다.

— 「出版業으로 大成한 諸家의 抱負 – 出版文化의 殿堂 博文書舘의 業績」『조광』1938.12(4~11) 312~315쪽 (記者 作成)

조선고가연구 ┃ 양주동 1945 867쪽 350원 出

哲學講論 ┃ 安浩相 1946년판 286쪽 17원 18㎝

松都古蹟 ┃ 高裕燮 1946.3(발문일자) 328쪽 19㎝

朝鮮詩歌史綱 ┃ 趙潤濟 1946 453쪽 21㎝

戱曲集 童僧 ┃ 咸世德 1946.6.20 209쪽 170원 18㎝ 印대동 매박문 鄭純謨 裝幀

돌다리 ┃ 李泰俊 1946년판 228쪽 40원 18㎝ 金瑢俊 裝幀

皇帝 ┃ 李孝石 1946? 278쪽 18㎝ 鄭玄雄 裝幀

祭饗날 ┃ 蔡萬植 1946.4.7(서문일자) 216쪽 18㎝ 鄭玄雄 裝幀

초생달(동요집) ┃ 윤석중 1946 61쪽 13원 ⓘ

海邊의 詩(수필집) ┃ 金東錫 1946.4.23(후기일자) 128쪽 18㎝ 李大源 裝幀

海邊의 詩(수필집) ┃ 金東錫 1949.2.10(再) 128쪽 300원 18㎝ 印대동 金基昶 裝幀

박문출판사 로고

박문출판사 인지들

박문출판사 인지(=이태준)

박문출판사 인지(이태준)

박문출판사 인지(조윤제)

박문출판사 인지(최익한)

社會主義·共産主義·無政府主義 第一部 ┃ 韓春燮(칼디르) 1947.2 226쪽 100원 朴

增訂 文章講話 ┃ 李泰俊 1947.4 342쪽 280원 18cm

增訂 文章講話 ┃ 李泰俊 1949.4.10 342쪽 550원 18cm 印대동

川邊風景 ┃ 朴泰遠 1947.5.1 491쪽 480원 19cm 印대동 朴文遠 裝幀

評論集 藝術과 生活 ┃ 金東錫 1947.6.10 229쪽 200원 18cm 印대동 賣박문서관 李周洪 裝幀

朝鮮社會政策史 ┃ 崔益翰 1947.6.15 155쪽 150원 18cm 印대동

朝鮮의 雅樂 ┃ 成慶麟 1947.7.10 220쪽 200원 18cm 印대동 賣박문 金基昶 裝幀

아름다운 새벽(전편) ┃ 채만식 1947 257쪽 i

꽃다발 ┃ 김억 역 1947(중판) 200쪽 i

文學讀本 ┃ 鄭芝溶 1948.2.5 214쪽 250원 18cm 印대동 賣박문 吉鎭燮 裝幀

新英語敎材 II A RAPID ENGLISH COURSE ┃ 禹亨圭 편 1948 95쪽 21cm i

新英語敎材 III A RAPID ENGLISH COURSE ┃ 禹亨圭 편 1948.4.20 96쪽 220원 21cm 印대건

處女地 ┃ 朴啓周(돈암동산72-1) 1948.8.15 258쪽 400원 18cm 印대동 著者 裝幀 鄭芝溶 題字

訂正 歷代朝鮮文學精華(상) ┃ 李熙昇 1947.7.20 275쪽 200원 19cm 印대동 賣박문 金瑢俊 裝幀

정정 역대조선문학정화(상) ┃ 이희승 1948.10.1 274쪽 400원 18cm 印대동 賣박문

國文學古典讀本 ┃ 梁柱東 1948.10.15 500원 印대동 i

국문학고전독본 ┃ 양주동 1949.2.15(再) 254쪽 550원 21cm 印대동

書簡文講話 ┃ 李泰俊 1948.1.30 166쪽 300원 18cm 印대동 朴

윤리학개론 ┃ 최재희 1948 170쪽 250원 18cm 韓

동양사 ┃ 채희순 1948 168쪽 300원 21cm 韓

THE GIRL'S ENGLISH READERS 1 ┃ 이화여자대학교 영어교육연구회 1948.8.20 200원 印대건 賣박문서관

여자영어독본2,3 ┃ 이대영어교육연구회 편 1948 379쪽 600원 18cm 韓

經濟史－經濟學全集第一卷 ┃ 崔虎鎭 1948.11.20(初)1949.2.15(再)12.30(三) 195쪽 450원 18cm 印박문 賣박문서관

協同組合論－經濟學全集 第二卷 ┃ 金永浩 1948.12.2 136쪽 300원 18cm 印대동

朝鮮經濟史－經濟學全集第三卷 ┃ 全錫淡 1949.2.15 319쪽 500원 18cm 印대동

朝鮮農業經濟論－經濟學全集第四卷 ┃ 印貞植 1949.4.10 213쪽 350원 18cm 印대동

經濟政策－經濟學全集第五卷 ┃ 洪又 1949.6.20 217쪽 600원 18cm 印대동

인플레이슌의 基礎理論－經濟學全集第六卷 ┃ 趙岐鎬 1949.12.10 252쪽 500원 18cm 印박문 賣박문서관

音樂入門 ┃ 朴容九 1949.5.15 105쪽 200원 18cm 印대동 賣박문

殉愛譜(下卷)－新撰傑作長篇全集第二卷 ┃ 朴啓周 1939.10.15(初)1945.12.25(48판)1949.7.25(49판) 616쪽 500원 18cm 印대동 著者 裝幀

자연환경과 인류생활 ┃ 최복현 외 1949.8.5 380원 印대동 全

短篇集 約婚者에게(上) ┃ 金東仁 1949.8.10 208쪽 400원 18cm 印대동 金瑢俊 裝幀

短篇集 徘徊(下) ┃ 金東仁 1949(판권없음) 209~427쪽 18cm *위책과 상하 한 秩임.

먼나라 역사 ┃ 김성근 1949.9.22 全

수정증보 **한글맞춤법통일안강의** | 이희승 1946.11.5(初)1949.12.20(수정三) 308쪽 600원 18㎝ 印박문 ⅿ박문

女性書簡文讀本 | 盧天命 1949.12.20 400원 19㎝ 印박문 등록번호107(1947.9.30) ⅰ

美國은 戰爭을 願하는가? | 高光林(프레스톤슬로손) 1949.12.30 153쪽 350원 19㎝ 印박문 ⅿ박문서관

心理學 | 李鎭淑 1949 197쪽 400원 21㎝ 韓

현대서정시선 | 이하윤 편 1949 172쪽 180원 15㎝ 韓

端宗哀史(下)-春園選集第一卷下 | 李光洙 1950.1.30 235쪽 600원 18㎝ 印박문 ⅿ박문 金基昶 裝幀

Middle School English① | 安鎬三 外 1950 128쪽 雅

초등국어문법 | 이희승 1950 194쪽 ⅰ

사랑 | 이광수 1950 289쪽 1600원 19㎝ 韓

사랑의 선물-세계명작동화집(하) | 방정환 60원 出

로시아법률철학사 | 朱愈淳(막스라쎄르손) 1949.2.15 104쪽 120원 15㎝ ⅰ

素月詩抄-博文文庫⑧ | 金素月 著 金億 選 1946? 184쪽 15㎝

歷代時調選-博文文庫⑫ | 李秉岐 校註 1946.8 180쪽 32원 15㎝

三國史記 第一冊-博文文庫⑯ | 李丙燾 譯註 1947.1 343쪽 130원 15㎝

三國史記 第二冊-博文文庫⑱ | 李丙燾 譯註 1947.5 479쪽 260원 15㎝

三國史記 第三冊-博文文庫 | 李丙燾 譯註 1947 253쪽 15㎝ ⅰ

仁顯王后傳-博文文庫⑲ | 李秉岐 註解 1946 86쪽 13원 15㎝

하멜漂流記-博文文庫 | 李丙燾 譯註 1946년판 98쪽 12원 15㎝

李泰俊短篇選-博文文庫⑨ | 李泰俊 1946? 162쪽 160원 15㎝

李孝石短篇選-博文文庫⑭ | 李孝石 1946? 176쪽 180원 15㎝

베니스의 商人-博文文庫㉑ | 崔珽宇 譯 1948.11.12 210쪽 290원 15㎝

박애원문화부

(잡지) 〈現代公論〉

朴烈獎學會출판부 가회동36 등록번호22(1949.10.18)

各界人士가 본 朴烈 | 吳鳳彬 편 1949.10.27 147쪽 300원 18㎝ 印보성사 朴

반딧불社 예지동197 등록번호818(1949.2.14)

알리바바와 40명의 도적 | 申尙舜 譯註 1950.4.15 65쪽 200원 18㎝ 印三和公司 예지동197 등록번호205(1949.10.27)

반딧불사 로고

發展社出版部 金容大 古市町35바五

社會用語集說-民主主義建國須知 | 金允 편 1946.5.20 105쪽 18원 印李根成 견지동60 朴

밝은문화사

불어교과서제1집 │ 서영해 1949.10.15 182쪽 ⓘ

倍達再建社 대구부 삼덕동40

國民運動의 理念 │ 崔成煥 1948.2.8 19쪽 ㊞金胄元 대구부 동인동 ㉓

培民社 李汶圭 낙원동198

시험에흔히나는가장중요한 英語熟語千題解 │ 韓成 1948.11.15 109쪽 220원 18㎝ ㊞세문사 최돈상 남산동3가3
등록번호344

培材中學校

(잡지) 〈培材〉

백남공업중학교

(잡지) 〈白南〉

白嶺社 崔寅植(명동82) 효자동137 효자동145 등록번호324

時調讀本-修辭及感賞 │ 金鍾浞 1947.8.30 96쪽 18㎝ ㊞교학사

白林社 林大阡

朝鮮野史全集第壹卷 │ 朝鮮史料刊行會 編 1949.11.20 18㎝ ㊞고려문화사

白脈會 旭町2정목 소화삘딩내 具慶書(하왕십리정 339-25)

(잡지) 〈白脈〉

白民文化社 金玄松 申相浩 누상정9 등록번호14

소설가 金松이 1945년 11월에 발족시킨 출판사로서 그 해 12월에 종합교양지 〈白民〉을 격월간으로 창간시켰다가 좌익계열의 계급 문학론에 대항하여 순수문학론을 주장하느라고 도중에 순문예지로 바꾸고 말았다. 순수문학론의 필자로 소설에 김동리, 시에 조지훈 이 많은 기고를 했으며, 1950년 5월 통권 제22호를 발행하고 제23호를 편집 중에 6.25 전쟁으로 종간되었다. 그 동안 소설에 홍구범, 손소희, 박연희, 유주현을, 시에 김윤성, 이인석, 설창수, 김종문 등의 쟁쟁한 신인을 발굴 등장시켰다. 동사에서는 〈백민〉 외에 김안 서의 서사시집『먼동틀제』, 김동인 소설집『광화사』, 김동리 평론집『문학과 인간』, 임학수의『팔도풍물시집』, 서정주 편『현대조선 명시선』,『해방4년간 문학선집』등의 문학서적을 출판하다가 6.25 전쟁 이후 쇠잔했다.

— 조성출『한국인쇄출판백년』424쪽

百萬人의 敎師 │ 金松 編 1945.10.30(初)2만부 54쪽 2원50전 18㎝ ㊞광성인쇄소
南漢山城 │ 林耕一 1946.1.25 15원 ㊞대동 ⓘ
님 向한 一片丹心 │ 尹昇漢 1946.2.5 84쪽 7원 18㎝ ㊞대동

名作野談集 ┃ 野談社 編 1946.4.20 236쪽 33원 18㎝ 印광성 李周洪 裝幀

故苑(장편소설) ┃ 鄭飛石 1946.8.25(初)5,500부 240쪽 50원 18㎝ 印고려 金煥基 裝幀

長篇敍事詩 먼동 틀 제 ┃ 金岸曙 1947.2.15 127쪽 120원 18㎝ 印李相五 兪湖 裝幀

小說集狂畫師 ┃ 金東仁 1947.4.25 160쪽 120원 印대동 ℹ

아름다운 전설 ┃ 김송 1947.12 80원 出

文學鑑賞讀本 ┃ 李石薰 1947.9.1(初)1948.8.1(再)1949.4.20(三) 222쪽 300원 18㎝

八道風物詩集 ┃ 林學洙 1948.4.5(再) 77쪽 150원 18㎝ 賣한영서점 충무로2가91 金興洙 裝幀

隨筆集 春雨頌 ┃ 金光洲 1948.4.30 167쪽 300원 19㎝

武器 없는 民族 ┃ 金松 1946.10.30(初)1948.5.15(再) 236쪽 220원 18㎝

評論集 文學과 人間 ┃ 金東里 1948.10.25 231쪽 18㎝ 印대동

(잡지) 〈白民〉 통22호부터 〈文學〉으로 改題

백민문화사 로고

백민회출판부 (발)姜旭中 (편)李亨雨

(잡지) 〈우리공론〉

白樹社 李揆完 관수동132 등록번호318

罪囚 ┃ 임학수,이호근 공역 1947.5 183쪽 100원 出

기초통계 ┃ 조병국 1948.12 400원 出

민족과 청년 ┃ 이범석 1948 253쪽 ℹ

白蛾社 종로2가84 등록번호113(1950.4.14)

國文學解題 ┃ 李弼甲 1950.6.25 123쪽 500원 18㎝ 印대한공인사 賣영창

백아사 로고

白楊堂 裵正國(성북동270) 종로2가8 등록번호29(1947.9.15)

　　종로 화신백화점 바로 옆에 백양당이 있었다. 주인은 배정국. 본시 모던적인 조그만 양품점이었는데 이를 출판사로 발전시킨 것은 배정국의 남다른 시대적 안목에서 왔다. 진보적 지식인의 취향에 맞는 것만을 골라 모던한 감각으로 만든 책을 간행함으로써 백양당은 단연 독서계에 군림할 수 있었다. 진보적 지식인 취향이란 주로 남로당계 저자들을 가리킴이어서 이태준의 『상허문학독본』, 『소련기행』, 이여성의 『조선복식고』, 박치우의 『사상과 현실』, 김기림의 『시론』, 박화성의 『홍수전후』, 지하련의 『도정』 등이 속속 간행되었다.
　　배정국이 좌익계에 속한 인물이었던 만큼 자연 좌익문사 및 학자와 교우에 기울어졌지만, 단 하나 예외적인 인물이 있었다. 서예가 소전 손재형이 그인데 그는 주인 배정국과 가장 가까웠다. 그들의 교우관계는 일제강점기부터였다. 서예와 골동에 취미를 가진 배정국이기에 효자동 손재형의 집에 드나들었다. 일제 말기, 사라져가는 조선 골동품이나 전통적 물건에 대한 수집으로 기울어진 풍조와 궤를 같이 하는 것으로는 이병기의 난초, 이태준의 상고 취향 등이 지적될 수 있다. 고담한 선비 취향이, 간행되는 책에도 반영되기 마련이었다. 백철의 책도 짙은 노란색 바탕에 동양 고전책 장정을 본따, 붉은 테두리를 따로 세우고 그 속에 題字를 넣었는데 그것은 손재형이 쓴 것이었다. 노란색 상단과 파란색 하단 그리고 가운데를 공백으로 하고 굵은 활자체로 책제목을 단 수선사판 상권과 비교해 보면 그 기품면에서 천양지차라 할 만하다. 요컨대 백철의 신문학사의 하권은, 내용은 차치하고 책 자체가 기품있는 예술품이었다.
　　(중략)

P 부르디외의 말투로 하면 백양당은 일종의 중간과 '문화자본'의 그룹이라 할 만했다. 일단 이 '문화자본'의 회로에 들어가면 그 효용성이 여지없이 보증되었다. 『조선신문학사조사』 상권과는 달리 그 하권이 간행된 지 불과 한 달 반 만에 이천 부가 매진되고 잇달아 재판을 찍었다고 백철이 자랑스럽게 말한 것이 이를 증거한다.

— 김윤식『백철연구』소명출판 2008.1.15 427-428쪽,439쪽

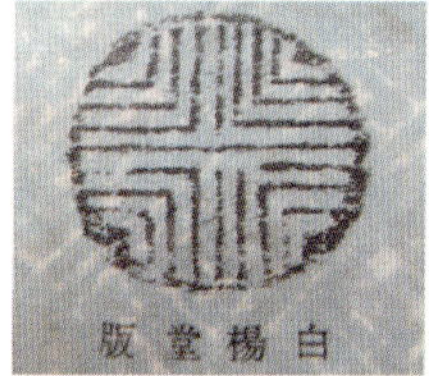

백양당 로고들

백양당 인지들

尙虛文學讀本 ┃ 李泰俊(성북동248) 1946.7.25 247쪽 65원 18cm 裵正國 裝幀

尙虛文學讀本 ┃ 李泰俊 1948.11.10(三)1949.2.1(四) 247쪽 350원 18cm 印서울신문사

白鹿潭 ┃ 정지용(돈암동 산11-123) 1946.10.31 134쪽 보급판50원 18cm

白鹿潭 ┃ 정지용 1946.10.31 134쪽 특제판80원 18cm

思想과 現實 ┃ 朴致祐 1946.11.20 230쪽 90원 18cm 裵正國 裝幀

朝鮮服飾考 ┃ 李如星(옥인동56) 1947.1.25 370쪽 550원 18cm 印오창근 裵正國 裝幀

詩集 讚歌 ┃ 林和(회기동103) 1947.2.10 137쪽 80원 18cm 印조선단식 裵正國 裝幀

大河 ┃ 金南天(가회동11) 1947.3.1 396쪽 200원 18cm 印조선단식

詩集 鐘 ┃ 薛貞植(청운동) 1947.4.1 152쪽 150원 18cm 裵正國 裝幀 崔載悳 컷

唯物史觀世界史敎程 第一分冊 ┃ 金永鍵,朴贊謨(보챠로프,요아니시아니) 1947.8.15 284쪽 250원 18cm

唯物史觀世界史敎程 第二分冊 ┃ 金永鍵,朴贊謨(보챠로프,요아니시아니) 1947.8.15(初) 1948.8.31(再) 242쪽 380원 18cm

唯物史觀世界史敎程 第三分冊 ┃ 金永鍵,朴贊謨(보챠로프,요아니시아니) 1948.7.30 276쪽 450원 18cm 印서울신문사

唯物史觀世界史敎程 第四分冊 ┃ 金永鍵,朴贊謨(보챠로프,요아니시아니) 1948.12.31 366쪽 500원 18cm 印서울신문사

語錄 ┃ 金永鍵(홍파동) 1947.8.15 112쪽 100원 17cm

嘉藍時調集 ┃ 李秉岐(계동2-24) 1947.9.20 104쪽 150원 21cm 裵正國 裝幀

若山과 義烈團 ┃ 朴泰遠(돈암동) 1947.9.25 211쪽 200원 18cm

若山과 義烈團 ┃ 朴泰遠 1948.10.31(再) 211쪽 280원 18cm 印서울인쇄

詩論 ┃ 金起林 1947.11.15 249쪽 250원 18cm

朝鮮나비이름의 由來記 ┃ 石宙明(만리동3가35) 1947.12.5 61쪽 70원 18cm

詩集 박꽃 ┃ 李熙昇(충정로2가65-27) 1947.12.15 141쪽 150원 18cm 朴文遠 裝幀

박꽃(시집) ┃ 이희승 1949.2.28(再) 143쪽 250원 印서울신문사인쇄국 ℹ

意幽堂日記 ┃ 李秉岐 校註 1948.5.15 82쪽 150원 18cm 印서울신문사

轉換期의 理論 ┃ 申南澈 1948.5.31 278쪽 400원 18cm 印서울신문사

英詩百選 ┃ 梁柱東 譯 1948.12.10 226쪽 350원 18cm 印대건

創作集 道程 ┃ 池河連(李現郁) 1948.12.15 292쪽 450원 18cm 印서울신문사

創作集 洪水前後 ┃ 朴花城 1948.12.15 309쪽 450원 18cm 印서울신문사

하므렡 ┃ 薛貞植 譯 1949.1.30 285쪽 350원 18cm 印대건

李箱選集 ┃ 李箱 著 金起林 編 1949.3.31 219쪽 330원 18cm 印서울신문사 趙炳俊 裝幀

行政法要論 ┃ 尹世昌 1949.5.20 262쪽 400원 18cm 印서울신문사

近代植民政治論 ┃ 姜志元(파울S라인슈) 1949.5.20 310쪽 480원 18cm 印서울신문사

朝鮮新文學思潮史 ┃ 白鐵 1949.7.25 413쪽 700원 18cm 印대한인쇄

財政學 ┃ 崔虎鎭 1949.9.10 311쪽 700원 21cm 印서울신문사

經濟學大要 ┃ 崔虎鎭 1948.8.10(初)10.15(再)12.15(三)1949.3.15(四) 6.30(五)11.10(六) 281쪽 550원 18cm 印서울신문사

인문지리학 ┃ 정갑(불라쉬) 1949 347쪽 500원 韓

法律과 現實 ┃ 張厚永 1950.4.25 230쪽 620원 18cm 印서울신문사

법학대요 ┃ 朴商鎰 1950 306쪽 3000원 21cm 韓

歷史는 흐른다 ┃ 韓戊淑 1950 367쪽 i

백양당 인지(이현욱=지하련)

白楊社出版部 白槿榮 후암동60 등록번호695(1948.7.19)

흘러간 마음 ┃ 엄흥섭 1948.3 250원 出

DDT사용법 – 農事敎導文庫 ┃ 國立農事敎導局 1948.8.15 20쪽 30원 印同社인쇄부 i

肥料技術 – 農事敎導文庫 ┃ 國立農事敎導局 1948.11.11 44쪽 60원 印同社인쇄부 i

陸地棉栽培法 – 農事敎導文庫 ┃ 國立農事敎導局 1948.12.15 34쪽 印同社인쇄부 i

技術指導의 理念 – 農事敎導文庫 ┃ 蔡丙錫 1948.12.25 90쪽 130원 印同社인쇄부 朴

養兔法 – 農事敎導文庫 ┃ 國立農事敎導局 1949.1.25 70원 印同社인쇄부 i

朝鮮의 土壤 – 農事敎導文庫 ┃ 國立農事敎導局 編 1949.3.25 57쪽 60원 18cm 印同社인쇄부

보리밟기 – 農事敎導文庫 ┃ 國立農事敎導局 編 1949.3.25 25원 18cm 印同社인쇄부 i

果樹栽培法 – 農事敎導文庫 ┃ 國立農事敎導局 編 1949.4.1 153쪽 160원 19cm i

고구마재배법 – 農事敎導文庫 ┃ 중앙농업기술원 編 1949.7.5 120원 印同社 i

감자소출을 더 많게 하는 법(제1부) ┃ 국립농사교도국 編 1949? 40원 i

世紀의 課題 ┃ 金基泰(흑석동232-88) 1949.8.20 186쪽 350원 18cm 印同社인쇄부 朴

셈자(計算尺) 쓰는 법 ┃ 홍봉룡(흑석동194-17) 1949.9.25 115쪽 300원 印同社인쇄부 i

白葉文化社 張浩 을지로4가149 등록번호750(1948.10.20)

覆面紳士 ┃ 白哲(카보리오) 1948.10 320원 出

반민자회상기 ┃ 高元燮 1949.4.15 172쪽 350원 19cm 印서울신문사 i

白羽書林→白羽社 金尙勳 관훈동39 등록번호280(1947.9.30)

詩集 隊列 ┃ 金尙勳 1947.5.28 99쪽 120원 18cm 印靑丘舍 朴文遠 裝幀

詩集 隊列 ┃ 金尙勳 1948.6.10(再) 99쪽 150원 18cm 印靑丘舍 朴文遠 裝幀

敍事詩集 家族 ┃ 金尙勳 1948.10.30 136쪽 250원 18cm 印청구사

詩集 小白山 ┃ 朴文緖 1948.11.15 115쪽 18cm 印문성인쇄소

朝鮮女性讀本 – 女性解放運動史 ┃ 崔華星 1949.1.10 142쪽 (개정가)2000원 18cm 金起林 序文

백우사 로고

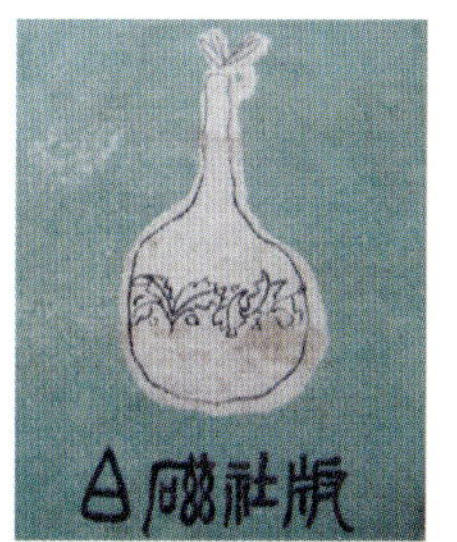

백자사 로고

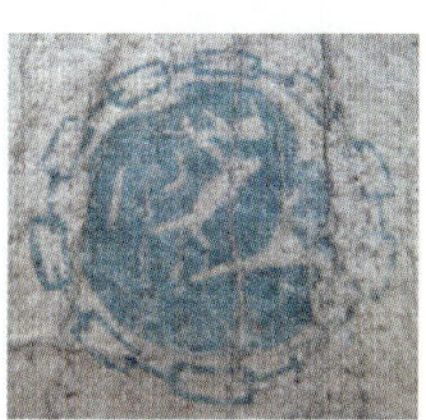

백조사 로고

백조사 인지

범문사 로고

범장각 로고

범장각 인지

白磁社 * 내제지에는 '백자사', 판권지에는 '行文社'로 표기되어 있음.

　詩集 蜻蛉日記 ┃ 柳致環　1949.5.15　127쪽　400원　18㎝　印金明堂　부산부 신창동2가18　매수선사　朴性圭
　裝幀

百濟社　명동1가59　박해문　허가번호114(1946.6.30)　21㎝

　(잡지)　〈百濟〉〈文學評論〉으로 改題

白潮社　徐光源(청파동1가1－98)　당주동37－3　등록번호419

　행복의 위치 ┃ 김래성　1947.7.15　212쪽　[i]
　도깨비감투 ┃ 김래성　1948.1　110원　[出]
　眞珠塔(報恩篇) ┃ 金來成　1947.5.10(初)11.25(再)1948.2.15(三)　299쪽　300원　18㎝　朴性圭 裝幀
　眞珠塔(復讐篇) ┃ 金來成　1947.12.20　332쪽　250원　[賢]
　眞珠塔(復讐篇) ┃ 金來成　1948.10.11　330원　[i]

白鳥社　全永淳　을지로2가179　등록번호507(1948.2.1)

　民族의 覺書 ┃ 金鏡(조선해양대강사)　1949.5.15　115쪽　220원　18㎝　印同社인쇄부
　남한경제살림 ┃ 주한경제협조처(吉益善 역)　1950.1.10　154쪽　350원　18㎝　印同社인쇄부
　　등록번호32(1947.9.30)　[i]

凡文社　金永昱　동숭정2번지

　花粉(前篇) ┃ 李孝石　1946.3.30　151쪽　18원　18㎝　印김시달　수송정27
　花粉(後篇) ┃ 李孝石　1946.6.20　108쪽　20원　18㎝　印김시달
　長篇小說 세 동무(前篇) ┃ 李泰俊　1946.5.30　202쪽　25원　18㎝　印김시달

凡人社　邊聖鳳　태평로2가364　등록번호165

　고등국어 ┃ 손낙범　1947.8　[册]

凡章閣　金東鎭(청운정84)　어성정86

　朝鮮文化史序說 ┃ 金壽卿(혜화정74)(모리스쿠－랑)　1946.5.20　191쪽　18㎝　印김시달　製本龍進 특장본
　朝鮮文化史序說 ┃ 金壽卿(모리스쿠－랑)　1946.5.20　191쪽　60원　18㎝　印製本上同 보급판　朴性圭
　　裝幀
　朝鮮短篇文學選集 第一輯 ┃ (著者代表)安懷南　1946.1.20　471쪽　27원　18㎝　印東新印刷

凡章閣　御成町 86　김동진

　(잡지)　〈人民科學〉

범조사

우리말 새 사전 | 범조사 편 1948 1292쪽 3000원 19㎝ 韓

法律評論社

형사소송개정법해설 | 閔復基,鄭潤煥 1947 262쪽 500원 21㎝ 韓

法務部

불란서민법전-법무자료④ | 법무부조사국 1949.7 448쪽 i

불란서형법전 및 인도형법전-법무자료⑦ | 법무부조사국 1948.12 129쪽 i

이태리형법전 외-법무자료⑧ | 법무부조사국 1948.12 361쪽 i

瑞西형법전 및 서반아형법전-법무자료⑨ | 법무부조사국 1948.12 399쪽 i

瑞西채무법전-법무자료⑫ | 법무부조사국 1949.7 252쪽 i

중국상법전 외-법무자료⑬ | 법무부조사국 1949.7 285쪽 i

미국국제私法전-법무자료⑮ | 법무부조사국 1949.7 175쪽 i

영국민사소송법-법무자료⑰ | 법무부조사국 1950.3 303쪽 i

美洲各國憲法典-法務資料⑲ | 法務部調査局 1950.4 289쪽 21㎝

法政社 병목정29-6 을지로1가 12 (발)최대용(편)이봉재 허가번호291(1946.10.22) 26㎝

(잡지) 〈法政〉

法制處

現行 各國憲法典-法制資料第一輯 | 법제처 법무조사국 1949.5.25 365쪽 비매 21㎝ 印成版社

法曹協會 정동38 洪璡基 허가번호119

(잡지) 〈法曹協會雜誌〉

별나리社出版部 安俊植 서대문정 1정목166

詩集 산제비 | 朴世永(은평면 불광리135) 1938(初)1946.2.1(再) 166쪽 15원 18㎝ 印東亞社 李有基 서대문정1정목166

* 林學善 裝幀이라 되어 있으나 再版은 李周洪 裝幀임.

(잡지) 〈별나라〉

兵學研究社 芮珹壽 태평로1가61(조선일보삘딩 2층) 국방부 육군본부 지정출판사

戰術學敎程(臨時) | 陸軍士官學校 編 1948.1.1 매同판매부 i

훈련교범 | 육본작전교육국 편 1948.10.30(初)12.30(再) 272쪽 250원 15㎝ 題字 李範奭 i

軍隊符號 | 統衛部작전교육국 편 1948 45쪽 50원 15㎝ 韓

내무위병복무규정 及 폭동진압의 참고 | 통위부작전교육국 편 1948 84쪽 100원 15㎝ 韓

훈련교범 ┃ 통위부작전교육국 편 1948 291쪽 300원 19㎝ 韓

공산군의 유격 전법과 경비와 토벌 ┃ 정일권,芮珖壽 1948 154쪽 250원 19㎝ 韓

通信學理–無線 ┃ 曹應天 1948 165쪽 비매 19㎝ 韓

한영영한통신술어사전 ┃ 조응천 1948 100쪽 비매 19㎝ 韓

訓練須知 ┃ 한국민족청년단 편 1948 186쪽 200원 15㎝ 韓

露西亞戰線史第二次大戰史集第三卷 ┃ 육본작전교육국 1949.3.10 106쪽 ℹ

쏘베트露西亞를 暴露함 ┃ 李昌範(WG크리부이쯔키) 1949.4.15 133쪽 18㎝ 매병학연구사판매소
　　　　　　충무로2가98

보건문화사

대한 의사한의사 시험준비서 ┃ 石履慶 1949 1098쪽 4300원 21㎝ 韓

普光出版社 石東洙 원효로1가17–62

蘇聯의 歷史的 現實 ┃ 石東洙(윌리암씨뷸리트) 1947.1.15 67쪽 40원 19㎝ 印대건 朴

보린원 로고

保隣院 盧再憲 후암동370 등록번호742(1949.5.6)

建國과 基督敎 ┃ 韓景職 1949.5.10 222쪽 400원 18㎝ 印신한인쇄문화사 등록번호177(1949.2.28)
　　　　　매大凡社書店 종로4가21

寶林舍 성북동183–37

修養書般若心經 ┃ 尹柱衡 편 安震湖 閱 61쪽 150원 印조선교학도서 매卍商會 ℹ

보문서관

국제살인사건(탐정소설) ┃ 李守榮 1946.10 76쪽 25원 出

보문출판사 로고

寶文出版社 최수환 종로6가 등록번호353(1947.10.1)

지방자치법해설 ┃ 金敬遇,趙載昇 1946 223쪽 350원 19㎝ 韓

著作權法槪要 ┃ 金斗洪 1950.2.25 145쪽 450원 18㎝ 印근영사 매보문서관

民族文化와 世界文化 ┃ 李載壎 1950.4.30 149쪽 350원 18㎝ 印선광 朴

역사이야기 ┃ 이창훈 편 1950 140쪽 30원 21㎝ 韓

여학생의 심리 ┃ 金容虎 1950 113쪽 250원 18㎝ 韓

普成社出版部 金南 경운동88번지 등록번호167

동경대전 ┃ 天道敎宗學院敎書編纂會 編 1947.4.5 93쪽 18㎝ 印보성사

물리학강의(상) ┃ 金貳甲 1948.7 580원 出

천도교정치이념 ┃ 천도교총본부知道觀 편 1948 72쪽 雅

普成中學校 혜화동1번지 26㎝

（잡지） 〈인경〉

보신각 柳烈 사간동91-11 등록번호488

원본 훈민정음풀이 | 유열 1947.10.15 58쪽 50원 26㎝ 印보진재 한갑수 장정

鳳仙花童謠會 裵俊鎬 명륜동2가111

一麥동요집 제일집 | 朴在勳 1948.2.25 20쪽 100원 26㎝ 印李成萬 청파동1가91-4

부산경제연구회

（잡지） 〈경제〉

부산 수산대학교

對馬島의 朝鮮還屬과 東洋平和의 永續性 | 鄭文基 1945.10.15 16+6⁽영문⁾쪽 18㎝ 朴

부산인민해방보사 鄭成昊

（잡지） 〈前線〉

부인사（잡지부록） 金相德 운니동100-1 등록번호286

사랑의 詩集 | 이양하 외역（〈婦人〉 1949년2,3월합호 별책부록） 1949.2 42쪽 15㎝

姙娠과 解産讀本－家庭敎養叢書1 | 부인사 편（〈婦人〉 1949년7월호 별책부록） 1949.7.1 19쪽 18㎝ 印대건

婦人社 운니동100-1 김상덕 허가번호91(1947.6.28) 26㎝

（잡지） 〈婦人〉 * 조선출판문화사에서 창간호(1946.4.1)가 나왔으나 제3호(1946.10.1)부터 부인사 발행.

북미세계교회사업상담소외국전도조선위원회

찬송가 | 북미세계교회사업상담소외국전도조선위원회 편 1947 331쪽 150원 15㎝ 韓

北鮮學生援護會

국사 강의 | 장도빈 1947.8 300원 出

北岳社 金玉信 청운동89-7 등록번호103(1950.1.14)

韓國思想의 展開 | 金得榥 1950.4.10 403쪽 1000원 18㎝ 印北岳社

北韓特報社 을지로1가192 高聖勳 등록번호130 26㎝

（잡지） 〈北韓特報〉

북악사 로고

佛教社 李泰俊 張道煥 한강로1가177 등록번호131(1946.7.2) 등록번호428

　佛教入門講話 | 徐京保 1949.6.10 147쪽 300원 18㎝ 印鄭徜憲 창신동126 매安養寺 창신동130

　부처님의 설화 | 장도환,서경보 1949 99쪽 雅

佛教社 한강로1가177 본각사 張道煥 허가번호131(1946.7.2)

　(잡지) 〈佛教〉〈新生〉의 改題

飛鳳學會 鄭琪永 진주부 봉산정

　晉陽城戰記 | 鄭琪永 1946.9.10 40쪽 15원 18㎝ 印경성인쇄 청진정188 李炳注 序文 朴生光 表裝

사법부형치부 申彦瀚

　(잡지) 〈새길〉

사법신문사 吳健一 車相道 서소문동37 등록번호63

　현행대한민국법령유집 | 사법신문사 1948.11.10 印사법신문사인쇄소 崔鍾哲 i

辭書출판사 林豹 소격동43-17 등록번호407

　신자원 | 오한근 편 1950 1032쪽 2500원 18㎝ 韓

사진순보사

　(잡지) 〈寫眞旬報〉

社會科學硏究會 좌협 회원

　國家論 | 社會科學硏究會(레닌) 1945.12.28 32쪽 3원50전 18㎝ 印조선정판사 매우리서원

　민주주의와 독재 | 사회과학연구회(레닌) 1946.3 24쪽 4원 出

社會科學叢書刊行會 필동

　레닌주의 기초 –사회과학총서① | 同會 1946.1 114쪽 8원 出

　국가와 혁명 –사회과학총서② | 同會(레닌) 1946.2 150쪽 20원 出

　聯合政府論 –사회과학총서③ | 스탈린학회(모택동) 1946.2.20 112쪽 15원 印조선정판사 매同會 朴

　농민조합조직법 | 崔學韶 1946.4 118쪽 18원 出

　맑스주의의 本質 –레닌文庫第一輯 | 黃民(레닌) 1947.5.15 106쪽 18㎝ 매유길서점

　무엇을 할 것인가? –레닌文庫第三輯 | 印貞植 譯 1946.8(서문일자) 18㎝

社會文化社 張禮學 청파동1-31 등록번호440(1947.10.1)

　世界正義 | 民村 1948.4.27 100쪽 130원 印東西文化社 낙원동98 朴

社會發展社

主義解說 ┃ 金允 1945 73쪽 **i**

社會部勞動局

美英勞動運動小史 ┃ 社會部勞動局勞政課 編 1949.3.30 80쪽 비매 18㎝ **印**대한인쇄공사 陸鍾昊 表紙

山聲會 (발)합진 [山林 내지 林業 관계]

(잡지) 〈山聲〉

山雅房 山雅房 원효로3가 277-46 박목월 21㎝

아침까치 ┃ 윤석중 1950.5.5 64쪽 **雅**

현대명작동요선 ┃ 박목월 편 1950.6.10 **河**

(잡지1) 〈詩文學〉
(잡지2) 〈女學生〉

산악사

고시조풀이 ┃ 郭柄周 1948.8 200원 **出**

산업공론사

(잡지) 〈산업공론〉

珊瑚莊 張萬榮 회현동2가42-2 등록번호568(1947.12.31)

소월민요집 ┃ 金岸曙 撰 1948.1 **河**

블래익詩抄-산호문고⑤ ┃ 임학수 역 1948.7.20 62쪽 60원 **出**

園遊會-산호문고⑥ ┃ 張瑞彦(맨스필드) 1948.8.10 76쪽 70원 **i**

背信者-산호문고⑦ ┃ 田昌植(메리메) 1948.10.10 101쪽 100원 15㎝ **i**

소녀의 노래 ┃ 윤태웅(릴케) 50원 **出**

맹인과 그의 형 ┃ 김진섭(슈니츨러) 60원 **出**

長詩 氣象圖 ┃ 金起林 1948.9.20(336/오백부) 64쪽 400원 20㎝ **印**고려 金璟麟 構成

幼年頌(시집) ┃ 張萬榮 1948.10.30(59/오백부) (면수표시 없음) 200원 18㎝ **印**고려

詩集 秋風嶺 ┃ 金哲洙 1949.1.15 106쪽 350원 21㎝ **印**고려 張萬榮 裝幀

詩集 버리고 싶은 遺産 ┃ 趙炳華 1949.7.1(1000부) 80쪽 특제400원,병제300원 21㎝ **印**고려 張萬榮 裝幀

詩集 하루만의 慰安 ┃ 趙炳華(인천시 官洞3가3) 1950.4.13(1000부) 82쪽 600원 21㎝ **印**문영사 著者 裝幀

(잡지) 〈新詩論〉부정기

산호장 인지(김기림)

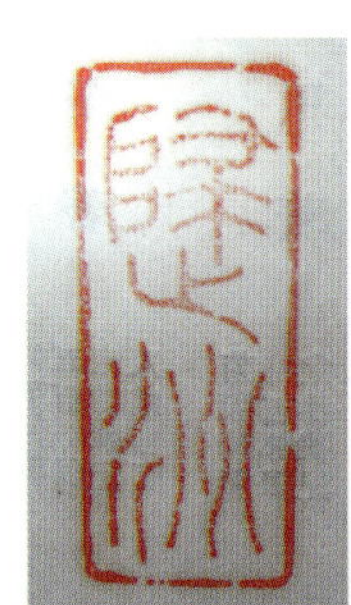

산호장 인지(김철수)

삼문사 로고들

三文社出版部 → 三文社　申泰和　관철정75　종로2가70　명동2가49　등록번호218(1947.9.20)

조선역사 ┃ 신태화 편 1945.9.30 印同社인쇄부 ⓘ

周時經先生遺稿 ┃ 周時經 著 同社 編 1945.9.30 177쪽 20원 21㎝ 印同社 池泰煥

한글歷代選 ┃ 同社 편 1945 192쪽 21㎝

국어철자법 ┃ 同社 편 1945 78쪽 雅

한글통일조선어문법 ┃ 同社출판부 편 1945.9.30 全

한글통일조선어문법 ┃ 同社출판부 편 1946.9 98쪽 20원 出

한글통일조선어철자법 ┃ 同社 편 1946.9 77쪽 30원 19㎝ 韓

時調集 – 朝鮮文學全集第一卷 ┃ 申明均 編 李秉岐 校閱 1945.11.10 331쪽 10원 16.5㎝ 印同社

時調集 – 朝鮮文學全集第一卷 ┃ 同출판부 편 이병기 교열 1948.5.30 印同社 관철동공장 ⓘ

洪吉童傳 – 朝鮮文學全集第4卷小說集(下) ┃ 同출판부 편 1948.5.30 366쪽 550원 18㎝ 印同社

고시조선 ┃ 同社 편 1950 304쪽 ⓘ

스파이의 魔手 ┃ 삼문사 편 1946 314쪽 50원 19㎝ 韓

社會問題辭典 ┃ 編輯部 1947.3 154쪽 100원 18㎝ 印同社

최신지능검사문제집 ┃ 멘탈테스트연구회 1947.5 全

국어소사전 ┃ 문세영 1947.6 247쪽 300원 出

中等朝鮮語辭典 ┃ 文世榮(누상동159) 1948.1(再) 356쪽 400원 18㎝ 印삼문사관철동공장

中等朝鮮語辭典 ┃ 文世榮 1950.3.25(四) 356쪽 900원 18㎝ 印근영사 매삼문사

소학생국어사전 ┃ 同社 편 1948.7 100원 出

長篇小說 젊은 안해 ┃ 方仁根 1949.2.25 251쪽 380원 18㎝ 印普成社 매全州 平和堂

長篇小說 젊은 안해 ┃ 方仁根 (기타사항 미상) 이승철 표지 賢

우리나라지도 ┃ 宋基柱(韓洋社:서대문구 북아현동 1–228) 1949.10.10 16쪽 480원 印보진재 ⓘ

朝鮮民謠集 ┃ 삼문사 편 1950.5.5 600원 18㎝ 印근영사 매삼문사 朴

최신문학신어사전 ┃ 지중세 편 1950 270쪽 80원 19㎝ 韓

三省文化社　李起英　남대문로1가1　등록번호759(1948.10.28)

親日派群像 豫想登場人物 ┃ 民族政經文化研究所 편 1948.11.1 174쪽 350원 19㎝ 印同社 朴

경제학입문(상) ┃ 박기혁 1948.8 280원 出

The Use of Life ┃ 편집부 1948(再) 167쪽 ⓘ

三星文化社　李成器　원서동123　등록번호315(1947.10.1)

農土 ┃ 李泰俊 1948.8.10 300원 205쪽 印새한공인사 등록번호35(1947.9.30) 金周經 裝幀 朴

經濟學槪說 ┃ 李勉範(中大法大 敎授) 1948.12.1 215쪽 350원 19㎝ 印서울신문사

三省社　李起先　草洞 140

私的 唯物論 ┃ 鄭一然 역 안드라츠키 편 레닌 저 1946 106쪽 雅

모범공부책 ┃ 학습지도연구회 편 1947.2.20 112쪽 85원 印경성인쇄 ⓘ

뉴잉그리쉬리더 자습서① | 삼성사 편 1947.9.7 96쪽 75원 [매]문연사 [i]
정선고등한문독본 | 金春東 1947 80쪽 [雅]
초등셈본참고서(5-2) | 학습지도연구회 편 1948.2.20 85원 [i]
다른 나라의 생활 제5학년용 | 학습지도연구회 편 1948.8.30 90원 [i]

三星出版社 金明根 충정로3가466 昌成洞94-2 등록번호584(1948.1.31)

世界文化史論 上卷 | 趙奎東,李英熙(노스룹) 1948.8.15 299쪽 800원 21cm [印]보성사
미국의 자유문화-일명OK | 金潤雨(벨리냐크) 1948.11.25 202쪽 350원 19cm [i]
靑天將軍의 革命鬪爭史 | 池憲模 1949.6.6 226쪽 400원 18cm [印]고려인쇄소

三羊舍 부산

결혼 직업 과학적 운명판단 | 同社 편 1950 112쪽 220원 19cm [韓]

삼우출판사

탐정괴기 루팡전집①천고의 비밀 | 劉斗應 역 1945.9 165쪽 20원 [出]
단국오천년사 조선역사 | 삼우사 편 1946 90쪽 30원 19cm [韓]

三義社 林敏英 旭町3정목11(舊 護國寺) 회현동3가11 충정로3가3-44 등록번호141(1947.9.20)

獨立과 左右合作 | 鄭時遇 1946.11.20 73쪽 35원 21cm [매]일성당서점,한양서적도매공사
초등국어참고서(6-1) | 조영식 1947.4.20 80원 [i]
標準 世界年表 | 黃山德,趙基烈 共編 1948.3.15 497쪽 900원 22cm [印]대동
조선민족사 | 조선역사연구회 1948.5.1 144쪽 [印]문화인쇄사 [i]
초등국어참고서(5-1) | 同社 편 1948.7.5 140원 [i]
초등국어모범참고서(2-1) | 同社 편 1948.8.15 90원 [i]
Three Stories from Conan Doyle | 조용만(코난도일) 1948 108쪽 150원 [韓]

三一出版社 李炳壽 명동1가59 한흥빌딩2층 등록번호753(1948.10.27)

삼일출판사 로고

金九主席 最近言論集 | 嚴恒燮 編 1948.10.30 99쪽 150원 18cm [印]조선인쇄
政治學槪論 | 金敬洙(겟텔) 1949.9.30 369쪽 670원 19cm [印]고려 [매]三一書苑
長崎의 鐘-原子彈에 맞고서 | 李承澤(永井隆) 1949.8.1(初)9.10(再)10.31(三)11.21(四) 143쪽 280원 18cm [印]고려인쇄소 [매]삼일서원
外交學大意 | 申常雨 1949.12.31 139쪽 300원 18cm [印]고려인쇄소 [매]삼일서원
토지개혁론요강 | 김준보 1949 57쪽 120원 [i]
議會論 | 金正實(신설동320-5) 1949.3.10 218쪽 350원 18.5cm [印]서울신문사 [매]삼일서원
動亂의 중국 | 于星 1949 95쪽 200원 18cm [韓]
死線萬里 | 金晙燁 1950.3.20(初)4.15(再) 219쪽 550원(지방600원) 18cm [印]백양사 [朴]
의회정치론 | 김정실 1950(再) 213쪽 [i]

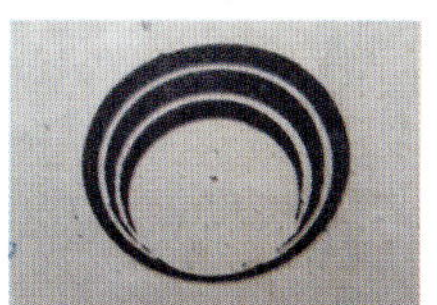

삼중당 로고

삼중당 인지(홍웅선)

삼중당 인지(홍효민)

三中堂(株) 徐載壽 관훈동 123 등록번호5(1947.9.12)

안중근사기(희곡집) | 김춘광 1946.1 册

나의 花環 | 노춘성 1946.3.10 153쪽 印 서울 朴

紀行 三千里江山 | 李光洙 外 1946.3.20 278쪽 25원 18cm 印 서울인쇄소 매 삼중당

增訂 中等朝鮮歷史 | 黃義敦(관철정176) 1946.4.15 21cm 印 서울인쇄소 全

故事通 | 崔南善 撰 1946.10.27 306쪽 150원 21cm 印 김시달 매 삼중당

新訂 삼국유사 | 최남선 1946 320쪽 i

朝鮮裁縫 | 孫貞圭 1947.3 150원 出

세계헌장 | 金正實 1947.5.20 267 250원 18cm 印 선광 i

司法警察實務大要 | 金南榮 1948.2.29 198쪽 200원 18cm 印 선광

형법 | 金南榮 1948.3 144쪽 200원 出

올림픽 | 尹志向 1948.5.10 250원 出

재미있는 世界發明家 이야기 | 金哲宇 編 1948.6.15 125쪽 150원 18cm 印 선광

우리 음식 | 손정규 1948.8 350원 出

女傑閔妃 | 洪曉民(신설동239-1) 1948.11.5 252쪽 350원 19cm 印 선광 賣

The Atom and Democracy | 영어교재연구회 1948.11.15 全

대원군(상하) | 윤승한 1948.11 각500원 出

양귀비 | 홍효민 1948.11.5 244쪽 350원 印 선광 i

경찰관,형무관,소방관수험준비서 | 김남영 1948 167쪽 180원 i

홍장미 필 때-미문서간집 | 노춘성 1949.1.15 150원 印 선광 i

古詩歌註解 | 洪雄善,朴魯春 編 1949.4.10 204쪽 3000원 18cm 印 선광 鄭鍾汝 裝幀

月光賦-朝鮮三國志 | 尹昇漢 1949.5.30 466쪽 750원 18cm 印 선광

준교사 시험문제 해답집 | 교사수험지도연구회 편 1949.8.15 208쪽 350원 19cm 教

현대교육학 | 權赫豊 1949 200쪽 370원 19cm 韓

국민학교각과생활요목집 | 서울사대부속국교 1949 345쪽 700원 21cm 韓

〈알기쉬운〉영어공부 | 朴良洙 1949 178쪽 250원 18cm 韓

과학문답 | 具建 1949 78쪽 100원 19cm 韓

유봉이의 승리(애국소설) | 윤태영 1949 160쪽 250원 19cm 韓

異人奇話 | 신정언 1949 250원 韓

범죄수사법 | 김남영 1949 158쪽 300원 21cm 韓

犯罪報告書作成實例要覽 | 김남영 1949 226쪽 350원 19cm 韓

教師試驗問題解答集 | 教師試驗指導研究會 編 1950.3.10 523쪽 1200원 18cm 印 선광

문예미문서간집 나의 花環 | 盧春城 1950.4.25 253쪽 3000원 18cm 印 선광

논리학 | 김기석,권상철 1950.5.30 全

최신작문교본 | 윤태영 1950 103쪽 i

룩신이야기-三中堂大衆文庫 | 윤태영 1948.12.15 57쪽 80원 印 선광 i

행운 개척의 사화-三中堂大衆文庫 | 신정언 1949.6.20 200원 i

廉書房의 橫財-三中堂大衆文庫 | 申鼎言 1949.6.30 116쪽 200원 印선광

정열의 낙랑공주-三中堂大衆文庫 | 윤백남 1949.9.15 115쪽 印선광 賢

구리개奇譚-三中堂大衆文庫 | 洪曉民 1949.9.30 119쪽 250원 印선광

깨여진 물동이-三中堂大衆文庫 | 金東仁 1949.9.30 134쪽 180원 19㎝ 印선광 賢

李土亭의 奇話-三中堂大衆文庫 | 申鼎言 1949.11.20 180원 印서울인쇄사 i

살기 좋은 나라-三中堂大衆文庫 | 노일관 1949.11.30 150원 i

庚寅年大韓民曆-三中堂大衆文庫 | 삼중당 편 1949.12 59쪽 i

천안삼거리-三中堂大衆文庫 | 盧一貫 1949 i

초등국어 6-1 | 국어교육연구회 편 1947 74쪽 雅

초등새국어자습서6-2 | 국어연구회 편 1948.4.15 120원 印선광 i

새중등 작문교본 | 윤태영 1948.2.29 88쪽 150원 21㎝ 印김시달

새중등 작문교본 | 윤태영 1949.6.29 全

국사 | 서울사대부속사회생활과연구회 1948.8.20 280원 i

새잇과자습서(5-1) | 신학습지도연구회 편 1947.9.7 55원 印선광 i

새잇과자습서(6-1) | 신학습지도연구회 편 1947.9.7 77쪽 60원 21㎝ 印선광 i

학습본위代數學 초급용 | 姜魯植 1950.1.30 900원 印선광 i

모범잇과4학년용 | 잇과지도연구회 1948.3.25 册

초등모범전과(3-1) | 신학습지도연구회 1948.8.16 印선광 i

초등모범전과(4-2) | 신학습지도연구회 편 1949 i

초등모범전과(6-2) | 신학습지도연구회 편 1948 328쪽 400원 i

초등모범전과(6-2) | 신학습지도연구회 편 1949.12.25 500원 印선광 i

초등새전과자습서(4-1) | 신학습지도연구회 180원 出

초등새전과자습서(6-1) | 신학습지도연구회 200원 出

겨울동무② | 대한교육연합회 편 1948.11.25 45원 i

三重文化社 崔康郁 金光濟 태평로1가64 등록번호847

精選中等漢文 | 張鉉參 1949.8.30 68쪽 150원 21㎝ 印文星 태평로2가354

社會文化年代表 | 崔雲丘 1949.11.20 164쪽 400원 21㎝ 印근영사

체육보건(운동생리·위생) | 李丙緯,金鍾燮 1949.9.1(初)1950.2.10(三) 110쪽 260원 21㎝ 印근영사

三中社

東條는 어찌되나 | 田英鐸 1948.7 130원 出

三千里社 金東煥 남대문로1-11 남대문로2가15 등록번호258(1947.9.20)

日本은 敗했다 | 崔洛鍾(丹羽文雄) 1950.2.20(初)3.15(再) 174쪽 500원 18㎝ 印채문사

總選擧政見集(上卷) | 三千里社 編 1950.4.27 248쪽 600원 18㎝ 印彩文社 필동1가46 등록번호164

總選擧政見集(下卷) | 三千里社 編 1950.5.18 208쪽 600원 18㎝ 印채문사

삼천리사 로고

〈잡지〉 〈三千里〉

삼천리인서관

여학생시집어머님의 모습 | 서창근 1947.5 76쪽 50원 出

三淸(서울)國民學校

졸업기념 제3회 | 삼청국민학교 편 1947.7 ℹ

三八社 李北 태평로1가31 등록번호49(1947.9.15)

삼팔사 사장 李北

1914년 8월5일 평북 태천 출생
1939년 일본 명치대학 신문학과 수료
1947년 〈이북통신〉 발행인, 사장
1952년 6월 임시수도 부산에서 〈중앙일보〉 창간, 사장
1953년 중앙일보 문화사업으로 미스코리아선발대회 개최, 3회까지 계속.
1954년 9월2일 별세

　해방 후 〈以北通信〉(삼팔사 발행, 등사•로 된 월간)의 발행인 겸 편집인 이북의 본명은 李慶得이다. 이북 출신이기에 이름과 통신사명을 그렇게 따랐다고 했다. 그는 1.4후퇴 후 부산 피난시절 일간 〈중앙일보〉의 판권을 허가받아 1952년 6월 5일자로 조간지 대판 2면을 발간, 화제가 되었다. 서울이 탈환되어 정부가 환도함에 따라 본사를 서울 을지로1가의 3층건물(전 조선피혁, 미대사관 옆)로 옮겨왔다. 〈이북통신〉은 1947년 초 발간되어 5년간 지속하여 북한의 실상을 파헤쳤고 월남피난민들에게는 고통을 함께하는 반공지로서 역할을 자부해왔다. 그는 1954년 9월 지병으로 사망했다. 그에 이어 힘이 되어준 동생 李聖得(중앙일보 편집국장)은 소양강 상류에서 실족사로 불운이 겹쳐 중앙일보의 사세는 결정적으로 기울었다. 짧은 기간이었으나 언론계에 숱한 화제를 남긴 그의 고향은 평안북도 태천. 부친 이재영의 4남매(2남2녀) 중 장남으로 1914년 8월5일에 태어났다. 부친은 금광의 대부격인 方應謨, 崔昌學 등에 힘입어 광산에 손을 댔으나 생산 부진으로 중농으로 변신했다. 그러나 부유한 기독교 집안으로 정서적인 환경에서 어린 시절을 보내다 부친이 가업에 실패한 뒤로는 의지가 꺾여 만학으로 검정시험에 합격하였다. 당시의 사회실정은 민중을 깨우쳐 독립을 해야 된다는 신문화운동에 교회가 주동이 되었고, 이에 감화된 그는 1935년 일본의 명치대학에서 신문학을 전공, 학업을 끝낸 그는 1939년 목적한 것과는 달리 일본인 선배의 간곡한 권유에 따라 만주 신경(지금은 長春)에 정착, 일본관동군에 납품할 식품가공공장을 세웠다고 한다. 모든 것이 관급이어서 적은 자본으로 할 수 있었다는데 욕망은 부친이 못다한 가업(금광)에 미련을 두고 있었다고 했다. 해가 거듭될수록 많은 수입이 있었으나 수시로 대하는 일본인 고급장교들이 평소 주고받는 말에 전쟁의 승산이 없어 보이는 감이 잡혀 금광에 필요한 자금은 물론 부대시설에 힘을 기울였다는 것이다. 1943년 봄 같은 교회 최목사로부터 혼담이 있었는데 양가의 뜻이 맞아 崔嬉涉과 결혼했다. 장인은 인천사범학교 교장을 지냈고 한때 홍사단 최고위원을 역임한 崔鳳則. 최봉칙의 장녀이자 최목사의 조카딸이 그의 부인이다. 금광에 착수할 무렵은 2차대전의 막바지로 모든 행정 분야에 통제가 심해 우여곡절 끝에 광산요원은 징용에서 제외되는 특전이 부여되었고 그나마 각종 배급이 후해서 교회를 통해 주변에 도움을 주었다.　●창간호를 확인하지 못했으나 등사판이란 기록은 사실과 다름.
　해방을 맞은 그는 광복의 기쁨 못지않게 가업의 꿈에 부풀어 있었다. 그러나 그 꿈은 꿈이 되어 송두리째 깨어졌다. 수십년간 내려온 집안의 농토는 농민들로부터 착취했다는 것이고 광산을 가질 정도이니 친일파라는 낙인이 찍혔다. 하루아침에 모든 재산이 몰수되었다. 갈 곳을 찾아 피신했으나 부친은 이것이 화근이 되어 불귀의 객이 되고 말았다. 정의롭게 바르게 살던 부친의 가훈이나 삶의 지혜를 주관하는 교회의 진리나 공산당 앞에서는 무용지물이었다. 그들은 날이 갈수록 가진 자와 못 가진 자를 갈라놓고 가진 자는 소위 '반동'으로 낙인찍어 박해했다. 개중에는 피해의 억울함을 직소할 경우 가차 없이 공개처형으로 맞섰다. 그럴수록 북한주민들은 악독한 친일파도 아닌데 죄 없는 무고한 사람을 참혹하게 처형하는 데 의구심이 생겼다. 공산당들이 떠들어대는 인민해방은 한낱 허구였다. 그는 월남하여 서울로 정착, 갖은 고난 속에서도 '범죄 집단은 공산주의자들'이라는 신조 밑에 그들을 응징하는 것만이 소명이라
고 믿어 〈이북통신〉을 발간하게 된다. (以下는 전쟁 후 관련 내용이라 생략함)
— 金鎭燮 '李北'『韓國言論人物史話—8.15後篇(下)』대한언론인회 편/발행 1993.11.15 161~163쪽

蘇聯의 세계정책 | 金興濟(윌리암C블리트) 1948.11 237쪽 380원 19㎝ 韓

長篇小說革命家의 一生 | 方仁根 1949.4.15 380원 印 대건 i

국제간첩사건 | ⒡金昊翊 1949.11.20 500원 印 서울공인사 i

李承晩博士傳 | 徐廷柱 1949.10.15 306쪽 500원 18㎝ 印 대건 i

유모어小說集 코 | 崔永秀 1950.3.15 141쪽 400원 18㎝ 印 대건 著者 裝幀

北韓日記 | 趙靈巖 1950.3.25 151쪽 3000원 18㎝ 印 서울공인사

民族의 黎明(논설집) | 金三奎 1950.5.10 273쪽 600원 18㎝ 印 서울공인사 李象範 裝幀

김일성위조사 | 李北 1950(再) 52쪽 i

(잡지1) 〈以北通信〉
(잡지2) 〈民族公論〉
(잡지3) 〈新世紀〉

삼팔사 로고

三向社　石東洙　원효로1가17-62　등록번호566

세계는 어데로? | 石東洙 譯編 1947.12 121쪽 100원 19㎝ 印 대건 朴

三協文化社　金濟炫　부산시 동광동39

債權總論 | 康鳳濟(石田文次郎) 1949.11.5 350쪽 850원 21㎝ 印 삼협 金秉炫 등록번호1020(1947.12.1)

삼협문화사 로고

三乎閣　金榮世　종로2정목40

韓國痛史 | 朴殷植 著 金榮世 編 1946.6.15(683/3000부) 172쪽 120원 21㎝ 印 조선인쇄

상문관

조선유기략 | 권덕규 1946 99쪽 淸

尙文堂　李錫重　청파동1가97-21　등록번호500(1947.9.30)

民謠와 鄕土樂器 | 張師勛 1948.6.25 145쪽 250원 18㎝ 印 서울단식 등록번호123(1947.9.30) 李世得 揷圖

문학독본 | 이병기 편 250원 出

尙文堂　을지로2가17　유익　등록번호308(1947.1.16)

(잡지) 〈진달래〉 * 발행처가 진달래사로 바뀜

象牙塔社 황금정1정목 金東錫 26㎝

(잡지) 〈象牙塔〉 週刊, 5호부터 月刊

상업일보사

무역연감1949 ┃ 상업일보사 편 1948.12 450쪽 400원 出

상호출판사 인지

相互出版社 견지동49

抒情詩集 ┃ 皮千得 1947.1.20 64쪽 50원 18㎝ 印조선인쇄 李象範 裝幀

朝鮮史溫古(말못하던 史疑) ┃ 金東仁 1947.10.10 100쪽 100원 18㎝ 印선광

朴勝杰詩集 ┃ 朴勝杰(미아리537-47) 1947.11 80쪽 100원 18㎝ 印선광 洪命熹 序文

KIM YUSIN 김유신 ┃ 주요섭YOSUP CHU 1947 110쪽 200원 18㎝ 印조선인쇄

승리의 날-歐美作家短篇集第1輯 ┃ 주요섭 역 1947 181쪽 85원 18㎝ ℹ

종교란 무엇인가 ┃ 鄭永軺(톨스토이) 1947 48쪽 30원 出

현대청년필독예의법과 사교상식 ┃ 상호출판사 편 1947 52쪽 50원 15㎝ 韓

가정상식보전 ┃ 상호출판사 편 1947 119쪽 30원 19㎝ 韓

결핵과 요양 ┃ 金起鎬(미국국립결핵협회 편) 1948 40쪽 90원 19㎝ 韓

吸血鬼 ┃ 박도일(코난도일) 1948 160쪽 18㎝ ℹ

꽃 ┃ 주요섭 60원 出

새글사 朴承豪 주교동313 회현동1가125

고구마재배론 ┃ 김성제 1947.9.15 84쪽 90원 18㎝ 印고려문화사

勞農運動의 文獻 ┃ 蔡奎恒 編 1947.10.20 121쪽 18㎝ 印수도인쇄사

새나라사

자본주의와 사회주의 그리고 공산주의 ┃ 黃薰 1946.4 39쪽 8원 出

새동무사 金元龍 소공동93 등록번호53

童謠童詩集 내 고향 ┃ 金元龍 1947 59쪽 임동은 표지화 雅

종달새(동요집) ┃ 이원수 1947 河

새동무사 소공동93 김원룡 허가번호139(1946.7.2)

(잡지) 〈새동무〉

새문화社 金鍾和 원남동 145 등록번호555(1947.12.1)

片片想 ┃ 馬海松 1948.4.5 94쪽 180원 18㎝ 印근영사

續片片想 ┃ 馬海松 1949.2.28 121쪽 200원 18㎝ 印조선인쇄 盧壽鉉 裝幀

새벽鐘閣 朝鮮共産黨서울市委員會宣傳部 낙원정282

民主主義戰線의 現段階 ┃ 朝鮮共産黨서울市委員會宣傳部 編 1946.1.10 44쪽 5원 18㎝
　　매새벽종각

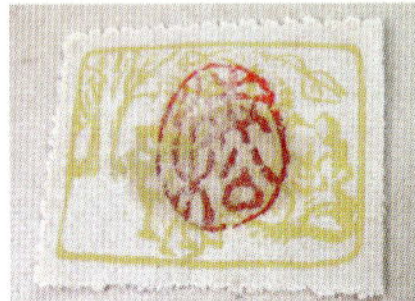
새문화사 인지(마해송)

새사람사 충정로2가69-12 (발)趙敏衡 (편)전영택

(잡지) 〈새사람〉

새싹사 崔敏泰 대구

(잡지) 〈새싹〉

새한민보社 鄭珪鉉 태평로1가31 등록번호422(1947.10.1)

臨時政府樹立大綱-새한판프레트第一輯 ┃ 새한민보社 編 1947.8.5 121쪽 130원 18㎝ 印安浩承

新國家의 國號-大韓·高麗·朝鮮 是非論- -새한팜프레트第二輯 ┃ 薛義植 1947.8.5 44쪽 60원 18㎝
　　印국제公印社 李軷 북창동93

獨立 前夜 ┃ 薛義植 1948.7.5 263쪽 350원 18㎝ 印서울공인사 金奎澤 裝幀

解放 以前 ┃ 薛義植 1948.10.15 256쪽 350원 18㎝ 印서울공인사 안호승 등록번호13(1947.9.30)

統一 祖國 ┃ 薛義植 1948.11.10 273쪽 350원 18㎝ 印서울신문사 朴燦植 裝幀

花洞 時代 ┃ 薛義植 1949.1.20 287쪽 400원 18㎝ 印서울인쇄사 裴正國 裝幀 孫在馨 題字

禁斷의 自由 ┃ 薛義植 1949.2.20 255쪽 350원 18㎝ 印서울공인사 鄭玄雄 裝幀

(잡지) 〈새한민보〉

새한민보사 로고들

새한출판사 金正琦 조치원읍 점산동132

신요목 중등공민(제1학년용) ┃ 김정기 1948.11.25 101쪽 180원 印유광렬 조치원읍 원동 122 ⓘ

생활과학사 金潤雨 순화동68 등록번호691

性의 신비 ┃ 金一宙 1948.7 175쪽 300원 19㎝ ⓘ

생활미술연구회

우리 글씨 쓰는 법 ┃ 金忠顯 1948 봄(서문일자) 82쪽 21㎝ 鄭寅普 序文

生活社 吳億 다동145 등록번호124(1947.9.20)

朝鮮菜蔬栽培의 實際 ┃ 吳成國(경성원예학교교유) 1946.5.30 175쪽 ⓘ

近古朝鮮歌謠撰註 ┃ 尹崑崗(普成中 教諭) 1947.12.15 174쪽 170원 18㎝ 印生活公印社

나 ┃ 李光洙 1947 200쪽 200원 18㎝ 韓

元曉大師 上 ┃ 李光洙 1948.6.10 302쪽 450원 18㎝ 印生活公印社

元曉大師 下 ┃ 李光洙 1948.7.21 336쪽 500원 18㎝ 印生活公印社

생활사 로고

돌벼개 ┃ 李光洙 1948.6.15 228쪽 350원 18㎝ ㊞생활공인사 張桓 裝幀
돌벼개 ┃ 李光洙 1948.8.20(再) 228쪽 350원 18㎝ ㊞생활공인사 張桓 裝幀
保育讀本 ┃ 咸處植 1948.7.10 124쪽 200원 19㎝ 教
스므살고개(나청춘편) ┃ 이광수 1948.10.15 224쪽 350원 ㊞생활공인사 ℹ
조선독립과 국제관계 ┃ 함상훈 1948 174쪽 230원 ℹ

생활신보사

민족 학생운동의 이념 ┃ 兪海濬 1948.8.20 46쪽 60원 教

書光社

독립기념애국시 ┃ 陳今道 편 1945.11.5 河
새만나 ┃ 진금도 1946 229쪽 3원 19㎝ 韓

曙光출판사 金熙鳳 연지동5-2 등록번호671

젊은 베르테르의 슬픔 ┃ 문철민 역 1948.10 350원 出

서울經濟硏究會 남대문로2가123 羅翼鎭 허가번호84(1948.7.26)

(잡지) 〈經濟評論〉

서울공인公印사

歲次戊子曆書 ┃ 국립중앙관상대 편 1947.12 50원 出

서울교향악협회 태평로1가60 국립극장 (발)金生麗 (편)金聖道 (주간)金聖泰 허가번호233

(잡지) 〈필하아모니〉

서울機關協會

(잡지) 〈鐵馬〉

서울대학교 문리과대학 동물학교실

한국산조류목록 ┃ 남태경 1949.8 ℹ

서울대학교 문리과대학 예과

소년시집 ┃ 徐昌根 1947.3.15 110쪽 雅

서울大學校師範大學 國文學會

(잡지) 〈國文學會月報〉

서울대학교사범대학 기독학생회

(잡지) 〈盤石〉

서울대학교사범대학부속중학교

(잡지) 〈附中〉

서울대학교신문사출판부

사회주의정당사론 | 韓春燮(슘페타) 1948.5 176쪽 230원 出

夢路(시집) | 金平玉 1949 119쪽 雅

서울대학교약학대학

(잡지) 〈藥友〉年刊　* 1950년 〈藥苑〉으로 개제.

서울대학예과최종기념잡지편집위원회

(잡지) 〈淸凉里〉

서울대학교의과대학

(잡지) 〈의대〉

서울文化社 李寬昌　인현동1가11　을지로2가36　등록번호276(1947.9.30)

식물도보 | 박만규,홍원식 1949.4.8 全

世界偉人美談逸話選集 | 朴炳奎 1949.5.20 190쪽 300원 18㎝ 印서울문화사

TROIS CONTEURS 佛蘭西短篇三人集 | 李彙榮 譯 1949.9.23 87쪽 230원 18㎝ 印서울문화사

영어회화편 | 李孝雄 1949 181쪽 320원 18㎝ 韓

우리나라의 지리개관 | 朴壽福 1949 223쪽 370원 18㎝ 韓

학생공화국 | 모의국회준비위원회 편 1950.2.15 印서울문화사 이관창 을지로3가326 i

學生雄辯選集 | 편집부 1950.3.15 700원 印同社 買同社 i

古代文문답선 | 박태윤 1950.3.20 700원 印서울문화사 i

新聞記者가 본 中國 | 金炳道 1950.3.25 253쪽 600원 18㎝ 印백양사

중등국어문법(하급용) | 박태윤 1950.5.20 全

우리나라 초유의 모의국회의사록 | 모의국회준비위원회 편 1950 115쪽 300원 18㎝ 韓

서울문화사 로고

서울미술연구회

중등미술교본권1 | 서울미술연구회 1946 i

서울시공보과

〔잡지〕 〈서울〉

서울시교육회학무국

서울시학무국 직원록 1948.1월말 현재 | 학무국 편 1948 100쪽 ℹ️

서울시교육회 (편집겸발행)학무국장 등록번호33(1948.2.24)

〔잡지〕 〈敎育〉

서울신문社出版局 河敬德(가회동11-29) 朴鍾和 태평로1가31 등록번호84(1947.9.20)

　　1946년 1월부터 1950년 6월까지 당시의 우리나라 일간신문사 중에서는 제일 활발하게 양서를 발행한 출판사였다. 우선 1946년 1월 15일자로 월간 종합교양지 〈신천지〉를 창간시켰다. 국판 300여 면으로 시사평론, 학술논문, 문예작품을 위주로 한 내용 전체를 좌우익 어느 한쪽에 치우치는 일이 없이 공평하게 다루어서 철저히 중립을 지켰다. 특히 각호마다 문예와 학술 쪽에 지면을 많이 할애하고 원고료를 많이 주어서 그 분야의 권위 있는 필자를 동원했기 때문에 당시의 교양지들 가운데서 왕자적인 평가를 받았고, 아울러 제일 많은 발행부수를 기록했다. 〈신천지〉는 창간호부터 1949년 7월의 제4권 제6호까지는 편집 겸 발행인이 서울신문의 발행인인 부사장 하경덕이었고, 1949년 8월부터는 새로 서울신문의 발행인이 된 박종화였다. 또 출판국장은 전홍진, 정현웅, 김진섭으로 바뀌었고, 1950년 6월 제5권 제6호를 발행하고 6.25전쟁으로 발행이 중단되었다가 1951년 1월 제6권 제1호와 1952년 1월 제7권 제1호의 두 권을 전시판으로 발행했다. 그 후 출판국 차장 김동리가 주재하여 1952년 5월의 제7권 제3호까지 발행하다가 다시 중단되고, 1953년 4월 제8권 제1호로 속간호를 발행했으나 내용이 정부와 여당의 기관지 성격을 다분히 띠는 통에 전날처럼 독자의 영합을 받지 못하여 1954년 10월 제9권 제10호 통권 제68호를 기록하고 영영 종간되고 말았다. 아무튼 〈신천지〉는 앞에서 거론한 〈협동〉지 다음으로 수명이 길었던 월간지였다. 同社에서는 〈신천지〉를 발행하는 한편으로 1946년 4월에 박은식 저 『한국독립운동지혈사』의 단행본을 출판하기 시작하여 조선학술원 편 『해방기념논문집』, 정인보 저 『조선사연구(상하)』, 홍기문 저 『정음발달사』, 윤희순 저 『조선미술사연구』 등 무게와 부피가 있는 단행본들과 옥명찬 저 『하나의 세계』, 오기영 저 『민족의 비원』, 서울신문사 편 『전후약소민족의 진로』, 『전후의 세계동향』, 박경호 저 『전쟁과학모략』 등의 시사적인 도서를 활발히 출판하여 당시의 인쇄, 출판계와 문단, 학계, 지식층에 많은 공헌을 했다.
　　　　　　　　　　　　　　　　　　　　　　　　　　　　　　　　— 조성출 『한국인쇄출판백년』 438~439쪽

서울신문사출판부 로고

서울신문사출판부 인지(고유섭)

韓國獨立運動之血史 | 朴殷植 著 河敬德 編 1946.4.15 305쪽 50원 21㎝ 印河敬德

正音發達史 上卷 | 洪起文(판권지엔 '沈恩淑': 경운동64) 1946.8.30 231쪽 21㎝ 印김원식 金瑢俊 序文

正音發達史 下卷 | 洪起文(판권지엔 '沈恩淑') 1946.8.30(初)1947.5.10(再) 238쪽 21㎝ 印김원식

朝鮮史硏究 (上卷) | 鄭寅普(혹석정173-3) 1946.9.20 301쪽 100원 21㎝ 印김원식 궁정동1번지

朝鮮史硏究 (下卷) | 鄭寅普 1947.7.20 383쪽 500원 21㎝ 印김원식

朝鮮美術史硏究 | 尹喜淳(삼청동35-169) 1946.11.25 158쪽 70원 18㎝ 印김원식

朝鮮文法硏究 | 洪起文(경운동64) 1947.6.30 420쪽 3000원 18㎝ 印김원식

하나의 世界 | 玉明燦(웬델 우윌키-) 1947.9.25 251쪽 160원 18㎝

民族의 悲願 | 吳基永(장충동1가33) 1947.12.18 264쪽 230원 18㎝ 印동아사

濟州道方言集 | 石宙明(만리동3가35) 1947.12.30 188쪽 250원 21㎝ 印김원식

濟州道의 生命調査書-濟州道人口論 | 石宙明 1949.3.30 190쪽 400원 21㎝ 印서울신문사

濟州道文獻集 | 石宙明 1949.11.1 252쪽 500원 21㎝ 印서울신문사

戰後의 世界動向 ┃ 서울신문사 편 1948.8 300원 出

第二次世界大戰秘話 戰爭·科學·謀略 ┃ 朴慶浩 1948.11.25 280쪽 350원 18㎝ 印서울신문사

日本의 極東侵略秘史 ┃ 金昌憲 編 1949.1.10 380원 262쪽 18㎝ 印서울신문사 賣백양당

朝鮮美術文化史論叢 ┃ 高裕燮 1949.2.27 385쪽 800원 21㎝ 印서울신문사

特使유엔紀行 ┃ 趙炳玉 1949.4.5 102쪽 200원 18㎝ 印서울신문사

西伯利亞諸民族의 原始宗敎 ┃ 李弘稙(니오랏체) 1949.9.30 176쪽 400원 18㎝ 印서울신문사

蘇聯을 스파이하고 ┃ 具沆會(로버-트마기도프) 1950.1.25 122쪽 300원 18㎝ 印서울신문사

(잡지1)　〈新天地〉
(잡지2)　〈서울週報〉
(잡지3)　〈주간서울〉
(잡지4)　〈學術〉(조선학술원논문집)

서울여자의과대학

(잡지)　〈女醫大〉

서울音樂研究會　명륜동4가36　등록번호83(1947.9.30)

歌曲集 槿花詞 ┃ 李齊九 1948.12.30 24쪽 500원 26㎝

서울音樂出版社　황금정2정목199

時調六首 ┃ 任東爀 作曲 1946.3.25 20원 印서울단식 ℹ

서울의사회

서울의사회회원명부 ┃ 서울의사회 편 1947 91쪽 70원 19㎝ 韓
미국약품해설집① ┃ 姜必求 1948.9 600원 出
미국약품해설집② ┃ 姜必求 1948.12.25 600원 印고려문화사 ℹ

서울자동차운수협력사

조선자동차 취체법규 수험준비문답서 ┃ 宋秉夏 편 1947.7 31쪽 50원 出

서울정치교육사

鬪爭과 勝利-偉大한 祖國 防衛戰爭에 對하야(스딸린연설집) ┃ 同社(스딸-린) 1946.3 162쪽 20원 ℹ

서울중학교문예부

(잡지)　〈慶熙〉年刊

서울地方檢察廳

國家保安法實務提要 ┃ 吳制道 1949.8.15 125쪽 250원 18㎝ 印대한인쇄공사

서울出版社 權赫彰 태평로1가72-2 등록번호54(1947.9.15)

1945년 12월에 權赫彰이 설립한 좌익서적 위주 출판사로서 칼 마르크스 저『자본론(전6권)』과『노신단편소설집 제1집』, 조벽암 역 맥심고리키『문학론』, 리카드 저『경제학원리』, 윤행중 저『이론경제학』, 유석림● 역『시경』,『이육사시집』, 조벽암 역『큐리부인전(상하)』등 여러 권의 무게 있는 책을 출판했고 대한출판문화협회 창립임원으로 선출되었다. ●유석빈(柳錫彬)의 잘못

— 조성출,『한국인쇄출판백년』(보진재, 1997.8.23), 424~425쪽

서울출판사 로고

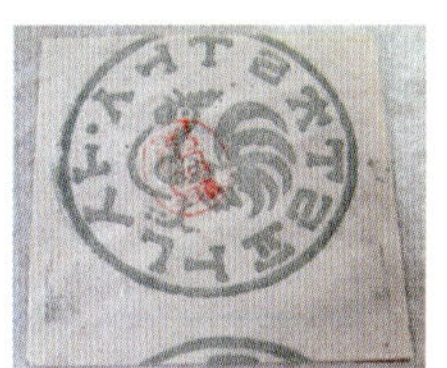

서울출판사 인지

詩經(周南,召南) ┃ 柳錫彬 역 1946.4 45쪽 10원 出

魯迅短篇小說集 第一輯 ┃ 金光洲,李容珪 譯 1946.8.20 200쪽 45원 18cm 印彰興社 柳錫彬 裝幀

魯迅短篇小說集 第二輯 ┃ 金光洲,李容珪 譯 1946.11.15 148쪽 45원 18cm 印彰興社 柳錫彬 裝幀

陸史詩集 ┃ 李陸史 1946.10.20 70쪽 40원 19cm 吉鎭燮 裝幀

三人隨筆集 토끼와 時計와 回心曲 ┃ 金哲洙,金東錫,裵澔 1946.10.20 146쪽 45원 18cm 趙炳悳 裝幀

資本論 第一卷第一分冊 ┃ 崔英澈,全錫淡,許東(맑쓰 저 엥겔스 편) 1947.6.30 160쪽 330원 18cm 印창흥사 매里里書店 당주동8-2 제본龍進

資本論 第一卷第二分冊 ┃ 崔英澈,全錫淡,許東(맑쓰 저 엥겔스 편) 1947.8.20 161~386쪽 18cm 印창흥사 매리리서점 제본용진

資本論 第一卷第三分冊 ┃ 崔英澈,全錫淡,許東(맑쓰 저 엥겔스 편) 1947.11.15 387~656쪽 18cm 印창흥사 매리리서점 제본용진

資本論 제2권 ┃ 전석담,최영철,허동역 1946.12 500원 出

資本論 제4권 ┃ 최영철,전석담,허동역 1948.4 650원 出

資本論 5 第二卷 第一分冊 ┃ 崔英澈,全錫淡,許東(맑쓰 저 엥겔스 편) 1948.7.15 351쪽 18cm 朴

資本論 6 第二卷 第二分冊 ┃ 崔英澈,全錫淡,許東(맑쓰 저 엥겔스 편) 1948.10 15 352~594쪽+43쪽 50원 朴

理論經濟學제1집 ┃ 尹行重 1947.10 217쪽 320원 出

文學論 ┃ 趙碧岩(고리키) 1947.11.30 148쪽 160원 18cm 印권혁창

歷史哲學 ┃ 申南澈 1948.1.30 228쪽 400원 21cm

文化와 評論 ┃ 金永鍵 1948.6.20 134쪽 250원 18cm 印창흥사

大衆哲學 ┃ 李曉鳴(艾思奇) 1948.10.30 226쪽 400원 18cm 印창흥사

經濟學原理 上 ┃ 金世鍊,李英培(리카-도) 1948 204쪽 500원 i

經濟學原理 下 ┃ 金世鍊,李英培(리카-도) 1949.2.20 228~446쪽 800원 18cm 印창흥사

민족운명의 기로 ┃ 조병옥 1948 50쪽 비매 i

변증법적 유물론 ┃ 李世悅(미이친) 1948 200쪽 350원 19cm 韓

큐리 夫人傳(하) ┃ 趙碧岩 역 1949.1.25 293쪽 400원 18cm 印창흥사 i

철학입문(상) ┃ 인정식(高橋庄治) 1949 400원 韓

서울타임스社出版局 閔瑗植 황금정1정목101 등록번호208(1947.9.20)

中國의 運命 ┃ 宋志英(張介石) 1946.7.5(初)2만부 129쪽 30원 18cm 印서울인쇄사

木花씨 뿌릴 때 ┃ 朴榮濬 1946.8.5 217쪽 60원 18cm 印서울인쇄사 吳之湖 裝幀

朝鮮代表作家全集 第三卷 李箕永集 人間修業 | 李箕永 1946.9.20(初)12.10(再) 441쪽 130원 18cm [印]서울인쇄사 [i]
朝鮮代表作家全集 第八卷 蔡萬植集 | 蔡萬植 1947.3.10 345쪽 200원 18cm [印]서울공인사

서울타임스사 인지

(잡지1) 〈新文學〉
(잡지2) 〈新世代〉

서울통신대학 金正修 을지로2가180 등록번호392

신조선법학전집 제1권 | 김정수 편 1948.1.20 비매 [印]고려문화사 문석린
신조선법학전집 제2권 | 김정수 편 1948 285쪽 250원 21cm [韓]
신조선법학전집 제3권 | 김정수 편 1949.8.20 171쪽 비매 21cm [印]고려문화사 [i]
신조선법학전집 제4권 | 서재원 외 1949 190쪽 비매 [i]

서울통신대학동공회본부

(잡지) 〈獨學生〉

石琴同人社

石凱 | 朴太甫 編 1946.3 56쪽 75원 [出]

석담사

인생안내 | 노자영 1950 291쪽 [i]

선구회 洪鍾夏 원남동151 등록번호480

무정부주의개론 무정부주의 도덕 | 梁能得(크로포트킨) 1947.6 68쪽 60원 [出]

先驅會本部 (발)高麟燦 (편)安峯守 남미창정159 허가번호189 21cm

(잡지) 〈先驅〉

善隣公立商業中學校

(잡지) 〈善隣〉

宣文社出版部 → 宣文社 尹景燮 종로1정목62 당주동45-2 등록번호357(1947.10.1)

선문사 로고

資本主義와 家庭破壞 | 林浩(필립랍아포-트) 1946.3.5 69쪽 8원 18cm [印]조선단식
雷雨(희곡4막) | 김광주(曺寓) 1946.4.30(3천부) 125쪽 25원 21cm [印]조선단식 崔廷翰 裝幀 [朴]
8.15이후 방송소설걸작집① | 선문사 편 1946.6 142쪽 25원 [出]
* 박태원 안회남 윤백남 박계주 김래성 조용만 김영수 유호
中國現代短篇小說選集 | 李明善 譯 1946.6.30 149쪽 27원 18cm [印]조선단식
* 내용은 아래 책과 같음.

선문사 로고

선문사 인지

선문사 인지(한흑구)

선문사 인지(김동완)

맨발−中國現代短篇小說選集 **|** 李明善 譯 1946.6.30 149쪽 50원 17cm 印조선단식

文學入門 **|** 朝鮮文藝研究會 飜譯責任者: 金永錫,羅善榮 (비노그라도프) 1946.9.20(初)10.5(再)1947.1.20(三) 179쪽 90원 18cm 印조선단식

夫婦日記 **|** 선문사 편 1946 142쪽 60원 出

결핵과 性 문제 **|** 李溶昇 1946 116쪽 80원 出

카−니포사회주의적 민주주의의 승리 **|** 학술연구회 역편 1947.7 85쪽 80원 出

社會科學入門 **|** 金東煥(오부긴니코바 外編) 1947.9.30 158쪽 140원 18cm 印同인쇄부

朝鮮古典文學讀本 **|** 李明善 1947.10.30(再) 155쪽 170원 18cm 印조선단식

性慾論 **|** 楊于涉(톨스토이) 1947.10.1 122쪽 100원 19cm 印同인쇄부 賢

性慾論 **|** 楊于涉(톨스토이) 1948.3.20(四) 150원 印相光 金相源 金湖星 表紙 i

詩集 歸蜀道 **|** 徐廷柱 1948.4.1 71쪽 150원 18cm 印조선단식 金榮注 裝幀

영문해석법연구 **|** 윤태웅 1948.7 550원 出

政治學史要綱−學生文庫① **|** 張錫萬(카스파리−) 1948.11.10 190쪽 250원 15cm 印일신 金周萬

政治學史要綱−學生文庫① **|** 張錫萬(카스파리−) 1949.10.5 192쪽 320원 17cm 印고려

여학생을 위한 생리위생 **|** 李溶昇 1948.11 400원 15cm 韓

生活人의 哲學 **|** 金晋燮 1949.3.1 213쪽 380원 18cm 印고려인쇄소 洪思泳

生活人의 哲學 **|** 金晋燮 1949.7.25 213쪽 380원 18cm 印고려 安鍾元 題字 宋秉敦 裝幀 金榮注 面畵

現代美國詩選 **|** 韓黑鷗 譯 1949.6.10 161쪽 350원 18cm 印고려

薔薇의 季節 **|** 鄭飛石 1949.7.1(再) 370쪽 550원 印洪思泳 i

詩創作法 **|** 徐廷柱,趙芝薰,朴木月 1949.12.25 233쪽 480원 18cm 印고려

人間處世學 **|** 李祥河(D카−네기−) 1949.9.8(七) 139쪽 220원 18cm 印고려

性과 文學 **|** 趙奎東,姜利弘(알버−트모−델) 1949.12.10(初) 312쪽 650원 18cm 印고려 朴

性과 文學 **|** 趙奎東,姜利弘(알버−트모−델) 1950.2.10(再) 312쪽 700원 18cm 印한성인쇄소 禹玉哲

國際法要論 **|** 朴觀淑(법과대교수) 1949.7.20(初)9.20(再)12.15(三) 239쪽 450원 18cm 印고려

國文解釋法研究 **|** 李明善(문리과대교수) 1949.3.25(初)3.30(再)9.20(三) 290쪽 650원 18cm 印조선단식

첫사랑 **|** 安民翼(투루게네프) 1949 160쪽 550원 15cm 韓

처세성공학 **|** 전충헌 1950.1.3(서문일자) 129쪽 i

學生과 政治−學生叢書第1輯 **|** 선문사 편 1950.3.10 285쪽 750원 18cm 印고려

學生과 文學−學生叢書第2輯 **|** 선문사 편 1950.3.25 298쪽 800원 18cm 印고려

政治學原論 **|** 張錫萬(러스키−) 1949.6.30(初)1950.7.1(四) 219쪽 550원 18cm 印고려

(잡지) 〈藝術朝鮮〉

先鋒社 종로6정목 238−17 양재건

GENERAL THEORY OF STATE(영문판) **|** HANS KELSEN 1948 208쪽 19cm 朴

(잡지) 〈先鋒〉

선일사

신라사화 ┃ 손대호 1950 156쪽 500원 19㎝ 韓

禪學院(재단법인)

선가구감 ┃ 한글선학간행회 1948.1 ⓘ

雪友社

맑스주의와 기독교 ┃ 高永春(야나이하라矢內原忠雄) 1949 192쪽 19㎝ ⓘ
복음적 기독교 ┃ 田鎬潤(高倉德太郎) 1950 169쪽 400원 19㎝ 韓

醒覺社 蔡廷根 장교동26(민주일보삘딩내) 통의동35－2 등록번호698(1948.7.22)

自由祖國을 爲하여 ┃ 吳基永(장충동1가33) 1948.9.15 207쪽 350원 18㎝ ⑬대건 ⑩醒覺社
사슬이 풀린 뒤 ┃ 吳基永 1948.9.30 256쪽 400원 18㎝ ⑬동아사 등록번호74(1947.9.30) 鄭玄雄 裝幀
隨筆集 三面佛 ┃ 吳基永 1948.10.15 207쪽 350원 18㎝ ⑬대건 ⑩성각사 鄭玄雄 裝幀

성각사 로고

聖潔敎會出版部 朴炫明 충정로3가35 등록번호509

창세기 영적 연구 ┃ 陳晟烈(아이다테이트) 동양선교회성결교회출판부 1945 135쪽 5원 18㎝ 韓
基督敎의 大綱領 ┃ 李明稙 1948.4.17 87쪽 100원 18㎝ ⑬曺榮一 현저동101 ⑩世界書林 교남동75

성공사

지방행정법규집 ┃ 同社 편 1950 560쪽 2000원 21㎝ 韓
공무원법해설 ┃ 安龍大 1950 400쪽 2000원 21㎝ 韓

星光文化社 趙尙俊 충정로3가3번지

聖書的 立場에서 본 朝鮮歷史 ┃ 咸錫憲(부천군 소사읍 오류동) 1950.4.1 286쪽 750원 18㎝ ⑬星光社

성광문화사 로고

成均館 金昌淑 명륜동3가53 등록번호754(1948.10.27)

법학개론 ┃ 高湛龍 1947.7 91쪽 110원 19㎝ ⒣
儒敎哲學思想槪要 ┃ 金敬琢 1950.6.20 112쪽 500원 21㎝ ⑬선광 ⑩유길서점
革新 儒道槪論－人生學原論 ┃ 柳正基 1950.6.10 244쪽 ⓘ

(잡지) 〈儒道〉
(잡지) 〈成均〉

醒島社 대구

한양오백년가 ┃ 權佑相 1947 119쪽 100원 19㎝ 韓

성동문화사 로고

星東文化社 종로4가38 등록번호36(1949.11.10)

新講物理學 上卷 | 李根茂 編 1949.12.20 258쪽 700원 20cm 印청구사 제판신한인쇄 매首英社

盛文堂書店 李宗壽 서대문로1가 79 등록번호319

韓國最近世史 | 金鍾國(洪城女中 校長) 1947.4.20 134쪽 150원 18cm 李承晩 題字

二千字文 | 이종수 편 1947.2.10 19cm i

朝鮮武士英雄傳 | 安自山 1947.9.5 189쪽 180원 18cm 印성문당서점인쇄부 金晶熙

유랑 | 이광수 1948.9 204쪽 300원 出

蓮塘의 비밀 | 박용환 1948 282쪽 300원 19cm 韓

烽火 上篇 | 嚴興燮 1949.1.10 400원 印백영당 i

烽火 下篇 | 嚴興燮 1949 430원 19cm 韓

誠文社 徐相源 안암동167-15 등록번호680(1948.6.19)

慶尚南道 農用土性圖1,2 | 성문사 편 1947 각1000원 26cm 韓

프런더어스의 개 | 조풍연 1948.7 150원 出

詩集 故園의 曲 | 金相沃 1949.1.10 116쪽 280원 21cm 著者 裝幀

聖文學舍 金春培

聖書人物考 | 金春培 1949.12.15 208쪽 400원 18cm 印문영진 매조선기독교서회

聖神大學附屬中學校 李在現 원효로4가1

예수수난 | 李在現 譯 1948.11.10 130쪽 250원 18cm 印鐘峴

성심의 멧세지 | 李在現 1949.4.17(再) 217쪽 130원 i

聖神大學 혜화동90-2 등록번호611(1948.3.10)

준주성범遵主聖範 | 尹乙洙신부 역 1942.8.15(初)1949.11.20(再) 244쪽 350원 i

카톨릭성가집 | 이문근 편 (성신대학음악부) 1948 i

(잡지) 〈ALMA MATER 聖神大學誌〉

성인교육협회총본부

공민학교성인교육종합독본 | 성인교육협회총본부 편 1947.9 43쪽 70원 出

조국의 지식 조선국세독본 | 신정언 편 1947.10(서문일자) 103쪽

공민학교성인교본 | 문교부성인교육국 편 1947.10 92쪽 出

성인교본 | 성인교육협회총본부 편 1947 92쪽 80원 18cm 韓

국문독본 | 金昊圭 편 1948.4.5 58쪽 全

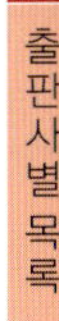

星座社　함석헌

(잡지) 〈말씀〉

世界文學社　李北　태평로1가 31　등록번호25

標準英語發音法 ┃ 金興濟　1948.1　150원　126쪽　ⅰ

評論集 文學과 思想 ┃ 趙演鉉　1949.12.10　308쪽　600원　18㎝　㊞대건　崔永秀 裝幀

世界文化硏究所　金一秀　수송동27　등록번호655

쏘聯의 日常生活 ┃ 金一秀　1948.5.20　208쪽　300원　18㎝　㊞선광

世界書林　鄭星圭　교남동75　등록번호132

세계서림 로고

哲學槪論 ┃ 金俊燮　1946.11.30　80쪽　60원　18㎝　㊞蒼圖社 張埈植 회현동1가99

법학통론 ┃ 李相助　1947　112쪽　90원　出

심야의 음모 ┃ 이석훈(코난도일)　1948.3　239쪽　ⅰ　•『바스카아빌의 怪犬』과 題名만 바뀐 책.

세계약소민족해방사통신처

만국에 웨치는 한국인의 소래 ┃ 세계약소민족해방사 편　1946.5　58쪽　10원　出

세계평화연맹

세계어회화 ┃ 정인소　1948　58쪽　150원　19㎝　韓

世光社　吳斗煥　청파동2가52　등록번호562

복음의 강단 ┃ 金有淵　1947.11　202쪽　200원　出

세기과학사　李鍾昊　장교동26(민주일보 하층)　중학동28　등록번호529

이과공부(6학년용) ┃ 홍순정　1948.2.10(三)　70원　全

이과공부(5학년용) ┃ 홍순정　1948.4.5　冊

世文社　趙聖鎭　남산동3가13　등록번호344

중등식물－보충교재 ┃ 同社교재연구부 편　1946.9.20　25원　ⅰ

중등서양사 ┃ 중등교재연구회　1946.11.30　75쪽　75원　出

인생의 진로 ┃ 金日斌　1946.11　45쪽　28원　出

偕仁의 조화 ┃ 鄭道郞　1946　44쪽　20원　19㎝　韓

데카브리스트연구 ┃ 金日斌 편　1947.3　60쪽　55원　出

생물학교본 ┃ 白大鉉　1947　192쪽　85원　19㎝　韓

諸학교편람 ┃ 세문사 편　1948.1　180쪽　250원　出

전국남녀 諸학교안내편람 ┃ 세문사 편 1948 240쪽 250원 19㎝ 韓

雄辯術講義 ┃ 李奇南 1949.4.15 164쪽 250원 18㎝ 印 서울인쇄사

國家試驗－憲法 刑法 商法篇 ┃ 朝鮮通信法政學會 編 1949.8.30 284쪽 480원 18㎝ 印 同社

보병교육의 지침 ┃ 金東斌 1949 900쪽 1500원 19㎝ 韓

고등고시변호사시험문제모범해답집 ┃ 조선통신법정학회 편 1949 379쪽 480원 19㎝ 韓

수험논문작성요결 ┃ 대한문장연구회 편 1950 520쪽 9000원 19㎝ 韓

國史重要問題答案集 ┃ 朝鮮通信法政學會 編 1950.6.10 254쪽 650원 18㎝ 印 同社

국가시험준비총서제2집 ┃ 朝鮮通信法政學會 編 1950 220쪽 650원 19㎝ 韓

국가시험준비법률지식함양六法口述문답집 ┃ 조선통신법정학회 편 1950 355쪽 750원 19㎝ 韓

──────────
(잡지) 〈과학나라〉

세브란스의대출판부

생리학강의 ┃ 金鳴善 1948 498쪽 1800원 21㎝ 韓

世宗文化社 등록번호239(1950.2.24)

푸쉬킨詩集 ┃ 趙永熙 譯 1950.2.5 113쪽 250원 18㎝ 印 文星

世昌書館 申泰三 종로4정목77 등록번호139

朝鮮歷史 ┃ 李昌煥 1945.12.30 186쪽 18㎝ 印 同社인쇄부 李元珪

批難鄭鑑錄眞本 ┃ 雲汀道人 1945 100쪽 ℹ

暴風前夜 ┃ 咸大勳 1949 532쪽 ℹ

인생여로 ┃ 신태삼 편 1949 441쪽 300원 18㎝ 韓

新開地 ┃ 이기영 1949 580쪽 850원 19㎝ 韓

장편소설 純情 ┃ 雲汀 1941.9.30(初)1950.2.30(三) 300원 18㎝ 印 자유신문사인쇄부 買 이기영의 『신개지』 해적판

소양학술연구회

국문신선 ┃ 신영철 1946.1.25 全

수도경찰학교출판부

刑法要覽 各論 ┃ 鄭萬金 1948 157쪽 150원 19㎝ 韓

首都管區警察廳 張澤相 태평로1가101

首都警察發達史 ┃ 首都管區警察廳 編 1947.7.31 321쪽 비매 21㎝ 印 國都 李鶴珪

警察實務要綱(上) ┃ 金道源 著 朴珉柱,金井大 編 1948.1.26(初)6.20(再) 89쪽 비매 18㎝ 印 조선단식

警察實務要綱(下) ┃ 金道源 著 朴珉柱,金井大 編 1948.1.26(初)6.20(再) 78쪽 비매 18㎝ 印 조선단식

首都文化社 邊宇景 남대문로2가32 수송동108 등록번호609

수도문화사 로고

농업통론 ^{1,2학년소용} | 농업교육연구회^(全東善 옥인동113) 1948.4.15 167쪽 320원 21㎝

작물따로풀이 | 池泳鱗 1948 132쪽 410원 21㎝ 韓

오늘의 知識 | 合同通信社外信部 編 1949.1.20 153쪽 350원 18㎝ 印서울공인사

축산각론 | 이용빈 1949.3.25 全

작물각론 | 지영린 1949.3.30 全

日本紀行 | 薛國煥 1949.4.15(初)5.5(再) 195쪽 350원 18㎝ 印서울공인사 鄭鍾汝 裝幀

토양비료 | 魚大慶^(농림부 토성조사위 사무장) 1949.6.25 매용도사서적부 ^{윤형식 수하동35} 全

수도문화사 인지

社交室 | 天一方^(全弘鎭) 1949.7.5 146쪽 230원 18㎝ 印서울공인사

농업통론^(실업과1,2학년용) | 농업교육연구회 1949.8.15 全

채소원예 | 유달영,李宅里 1949 220쪽 390원 21㎝ 韓

聖林紀行－헐리웃드紀行 | 安哲永 1949.10.25 178쪽 400원 18㎝ 印서울공인사

내가 넘은 三八線 | 鄭廣鉉(藤原데이) 1949.11.25(初)12.10(再)12.20(三)1950.1.15(四) 1.25(五) 251쪽
　　　　450원 18㎝ 印서울공인사 鄭玄雄 揷畵

學生과 學園 | 金起林,兪鎭午,崔虎鎭,李建鎬 1950.2.15 179쪽 400원 18㎝ 印서울공인사

激動하는 世界 | 合同通信社編輯部 編 1950.3.20 260쪽 700원 18㎝ 印서울공인사 매삼일서원

임업통론 | 현신규 1950.4.15 101쪽 345원 21㎝ 印한성당

수로사 로고

學生과 新聞 | 洪鍾仁,白鐵,趙容萬,安哲永 1950.4.20 175쪽 700원 18㎝ 印서울공인사

無何先生放浪記^(수필집) | 月波 金尙鎔 1950.2.28 117쪽 280원 19㎝ 印서울공인사 林

美國農村視察記 | 金浩植 1950.3.6 130쪽 350원 18㎝ 印한성당

秀路社 李泰雨 종로2가77 등록번호643(1948.6.21)

國文學史 | 우리어문학회 1948.8.31 181쪽 350원 18㎝ 印협진

國文學史 | 우리어문학회 1949.3.15(再) 181쪽 350원 18㎝ 印서울합동사 ^{등록번호8}

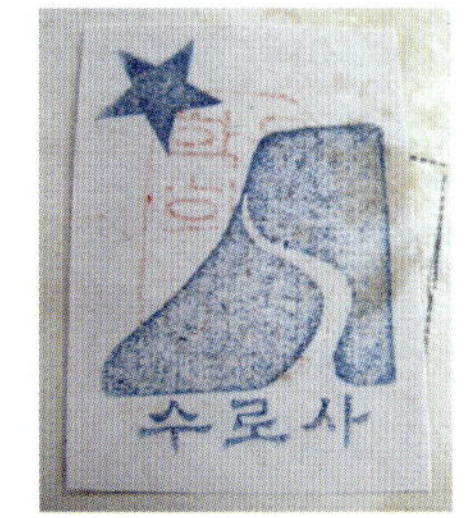
수로사 인지

修文館 金明燮 충무로3가28 등록번호257(1947.9.20)

수문관은 중구 충무로3가28번지에 점포를 두고 신간 서적류를 다루는 수문관서점과 동일한 경영체다. 다시 말하자면 현재 수문관은 출판부와 판매부를 가지고 있는데 앞으로 편집부와 인쇄부를 증설, 확충하여 적극적으로 출판방면에 진출하리라고 한다. 수문관이 지금까지 걸어온 길을 보면 주로 학생용도서에 치중하는 듯한 경향을 보이고 있다. 아직까지 많은 수효의 출판물을 내지는 못하였으나 다음에 게재한 출판목록에서도 엿볼 수 있듯이 우선 학생들에게 양서를 제공하여야겠다는 데 중점을 두고 있는 것만은 사실이다. 그밖에 서울사범대학 생물학교실을 중심으로 한 조선생물교육회와 긴밀한 관련을 가지고 있어서 안으로 생물에 관한 학술서적 또는 잡지 간행을 기도하고 있다. 1947년 4월에 발행한 생물 제1집이 그 실천의 제일보이다. 이렇듯이 학생용 도서에 착수하는 한편 순 학술적인 도서 잡지에도 착안하고 있음은 곧 수문관이 미약하나마 앞으로 각 방면에 걸쳐서 다각적으로 또 종합적으로 출판의 범위를 확장하려는 성격의 일면을 엿보이게 하는 것이라고 할 것이다. 수문관의 현재는 겨우 지상에 새싹을 내밀은 봄철 초목과 같으니 그 장래는 아직 미지수에 속한다고 할 수밖에 없다.

—『출판대감』79쪽

중등지리통론 | 서울사대부속사회생활과연구회 1948.3.31 160원 全

신제중등수학요람^(제2류) | 金鎬樑,박경찬 1948.10.5 350원 i

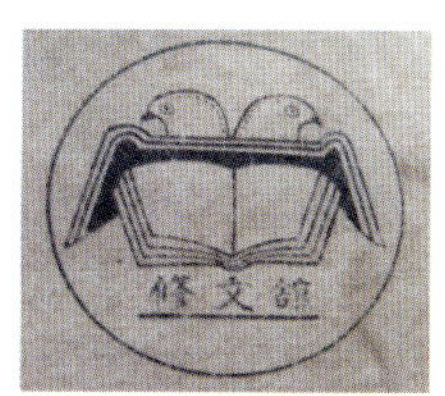

수문관 로고

地理通論 | 서울사대 편 1948 160원 21cm [韓]
물리화학술어及정리공식집 | 김종건,강윤모 1949(四) 104쪽 [i]
학생동물도보 | 최기철 1949 95쪽 300원 21cm [韓]
중등생리실험③ | 윤익병 1950.6.15 [全]
卓上式辭演說寶鑑 | 修文館編輯部 1948.9.1(初)1949.4.10(再) 189쪽 250원 17X9cm [印]고려
조선식물도보 | 張亨斗 1948.10.30(初)1950.5.5(五) 430원 [i]
물리학연습 | 편집부 편 1949 211쪽 550원 21cm [韓]
고급영작문② | 朴時仁,黃燦鎬 1950.6 3,000원 [印]고려 [i]

秀文堂 權五敬 대화정1정목

民主主義의 勝利(原名 人民은 우리 便) | 王明(에드가스노) 1946.6.30 118쪽 18cm [印]문화당 [매]우리서원,청구서원 종로3정목
레닌그라드攻防記 | 崔英澈 역 1946.9 89쪽 25원 [出]
무엇을 할 것인가?-레닌문고③ | 수문당 편 1946.9 124쪽 35원 [出]

修文社 李虛愁 효제동8 등록번호89

文學入門 | 金耕普(아놀드벤넷트) 1947.12.25 100쪽 150원 19cm [印]서울인쇄사 [i]
활민숙(젊은그들) | 김동인 1950.2.13 100원 19cm [i]

首善社 白麟濟 명동2가45 등록번호494(1947.10.1)

계용묵이 대표를 대행한 백병원 원장 백인제가 발족시킨 수선사. 남대문로2가에 있던 수선사의 출판실적을 소개한다. 『서재필박사자서전』은 46판 270면이었는데 서재필 박사가 구술한 것을 사학자 김도태가 필기한 것이었다. 염상섭 저 『만세전』, 주요섭 저 『사랑손님과 어머니』, 김동인 저 『발가락이 닮았다』, 박종화 저 『청춘승리』, 정비석 저 『제신제』, 김동리 저 『황토기』, 최정희 저 『천맥』, 계용묵 저 『별을 헨다』, 윤석중 동요선집 『굴렁쇠』, 전영택 저 『유관순전』, 백철 저 『조선신문학사조사』, 『속 신문학사조사』, 고정옥 저 『조선민요연구』, 박영종 저 『동요의 감상과 지도』, 주요섭 역 『안델센동화선집 『어머니의 사랑』, 이하윤 역 『불란서시선』, 양주동 역 『현대영시선』, 예루살렘 저 김종흡 역 『철학개론』 등이었다. — 조성출 『한국인쇄출판백년』 442쪽

수선사 로고

哲學概論 | 金宗洽(W에루-잘렘) 1948.2.20 242쪽 350원 18cm [印]수영사
萬歲前 | 廉尙燮 1948.2.25 204쪽 250원 18cm [印]근영사
天脈(장편소설) | 최정희 1948.2 251쪽 250원 [i]
徐載弼博士自敍傳 | 金道泰 1948.7.25 269쪽 특장본450원,병제본380원 18cm [印]애지사
불란서시선 | 이하윤 편역 1948.7.27 108쪽 200원 18cm [i]
어머니의 사랑-안델센동화선집 | 주요섭(안델센) 1948.7.5 126쪽 200원 18cm [i]
創作集 諸神祭 | 鄭飛石 1948.9.20 244쪽 350원 18cm [印]근영사 金龍煥 表紙 金煥基 內畵
朝鮮新文學思潮史 | 白鐵 1948.9.25 421쪽 700원 18cm [印]대건 上製本
朝鮮新文學思潮史 | 白鐵 1948.9.25 421쪽 650원 18cm [印]대건 竝製本
함석헌시문집 | 함석헌 1948.10 [河]

現代英詩選 ┃ 梁柱東 譯 1948.11.10 175쪽 320원 18cm 印근영사

文章讀本 ┃ 梁柱東 1948.11.15 194쪽 330원 18cm 印일신

文章讀本 ┃ 梁柱東 1948.11.15(初)1949.10.25(再) 194쪽 360원 18cm 印일신 등록번호52(1947.9.20)

사랑손님과 어머니 ┃ 朱耀燮 1948.11.10 223쪽 350원 18cm 印근영사 安夕影 裝幀

굴렁쇠(동요선집) ┃ 윤석중 1948.11 150원 鄭玄雄 揷畫 出

발가락이 닮았다 ┃ 金東仁 1948.12.20 192쪽 230원 18cm 印고려 金煥基 裝幀

실무본위선거법해설 ┃ 盧鎭卨 1948 203쪽 300원 18cm 韓

黃土記 ┃ 金東里 1949.1.20 217쪽 350원 18cm 印관우회인쇄처 南寬 裝幀

靑春勝利 ┃ 朴鍾和 1949.2.10 242쪽 380원 18cm 印한성당 崔木朗 裝幀

朝鮮民謠硏究 ┃ 高晶玉 1949.3.10 544쪽 1200원 19cm 印한성당

創作集 별을 헨다 ┃ 桂鎔默 1949.5.15 194쪽 350원 18cm 印고려 金煥基 裝幀

殉國處女 柳寬順傳 ┃ 田榮澤 1948.3.1(初)9.5(再)1949.1.15(三)10.25(四) 91쪽 150원 18cm 印대한 張桓 裝幀

에스페란토단기강좌 ┃ 김억 1949 92쪽 220원 18cm 韓

民主主義의 法律原理 ┃ 黃聖熙(尾高朝雄) 1950.4.26 147쪽 350원 18cm 印歸屬農地管理局

首英社

중등체육(하) ┃ 정화용 1950.5.15 375원 i

새싹 ┃ 홍재필 편 1950 64쪽 雅

水鄕書軒 종로구 관훈동121   부산시 본정1정목1

詩集 草笛 ┃ 金相沃 1947.4.1(1000부) 72쪽 90원 21cm 著者 裝幀

受驗社 을지로3가36 (발)李寬昌(편)朴泰潤   허가번호327(1950.5.8)

(잡지) 〈受驗生〉

수험연구사

시험공부 ┃ 수험연구사 편 1947.4 100쪽 40원 出

국민학교교원시험문제급해설집 ┃ 교원고시지도연구회 편 1947 179쪽 150원 19cm 韓

The New English Readers ④ 주해서 ┃ 수험연구사 편 1949.11.25 300원 印대건 賣수문서관 i

---

受驗指導社 姜雲鶴 원효로1가131 등록번호799(1949.1.20)

民事訴訟法解義 ┃ 梁準模 1948.12.15(初)1950.4.10(再) 205쪽 550원 18cm 印서울신문사

刑事訴訟法問題解義 ┃ 受驗指導社 1949.5.5(初)6.28(再) 211쪽 450원 18cm 印南洋인쇄소
등록번호78(1947.9.30)

淑明女子中學校

제39회졸업기념-1949년도 ┃ 淑明女子·中學校 編 1950.4 • 박완서,한말숙—박노갑,김찬삼

수선사 인지

수선사 인지(박종화)

수선사 인지(백철)

수향서헌 로고

수향서헌 인지

淑明女子中學校

〈잡지〉 〈淑明〉

順天建國婦人會 韓聲 전남 順天邑 南門外

詩集 曉星 ┃ 李福林(春影)(순천읍 榮町32) 1948.9.25 40쪽 16cm 印鮮華堂印刷所

崇文社 韓鏞善 서대문로1가3 등록번호35(1947.9.15)

숭문사 로고

영어회화 ┃ 유형기 1945 178쪽 30원 18cm 韓

愛誦時調集 ┃ 金億 選 1946.3.15 100쪽 12원 15cm 印조선인쇄 朴

新語辭典 ┃ 숭문사 편 1946.4.5(初)1947.11.15(三) 156쪽 180원 18cm 印조선인쇄회사

革命家의 안해 ┃ 李光洙 1946.8.15 88쪽 25원 18cm 印보성사 李寅基

국제공산당대응변집 ┃ 金雲祥 편 1946.8 117쪽 30원 出

가정의학보감 ┃ 숭문사 편 김석환,김응윤,유석균 감수 1946.11 457쪽 26원 出

Tales from Shakespeare ┃ 한용선 편 1946 171쪽 25원 19cm 韓

로시아말 첫거름(初等露西亞語自通) ┃ 金圭敏 1947.8.10 100쪽 100원 印조선인쇄 i

友道 ┃ 李桓信(카네기) 1947.8.15 207쪽 200원 18cm 印조선인쇄 i

독일어문법신생소독문전 ┃ 유형기 1948 108쪽 80원 19cm 韓

長篇小說愛情 ┃ 方仁根 1947.5.15(初)1948.8.10(再) 222쪽 350원 印조선인쇄 매전주 평화당 조병덕
　　　　장정 i

소독문전 ┃ 한용선 편 1947 108쪽 40원 19cm 韓

중등한영사전 ┃ 유형기 1947 866쪽 150원 18cm 韓

Selection from fifty famous stories ┃ 한용선 편 1947 151쪽 50원 19cm 韓

독일어문법 ┃ 류형기 1948.4 80원 出

ENGLISH PHRASE BOOK ┃ 柳瀅基(북아현동1-390) 1945.12.25(初)1948.6.15(21판) 177쪽 300원 13cm
　　　　印조선인쇄

詩集 無花果 ┃ 尹永春 1948.7.25(初)8.28(再) 118쪽 170원 18cm 印조선인쇄 金基昶 裝幀

김유신(상) ┃ 윤승한 1948.7 338쪽 480원 i

김유신(하) ┃ 윤승한 1948 324쪽 450원 i

수양대군(상) ┃ 김동인 1948.10 272쪽 400원 出

수양대군(하) ┃ 김동인 1948.10 307쪽 400원 i

短篇集 男寺黨 ┃ 金松 1949.3.10 264쪽 390원 18cm 金榮注 裝幀

新生中等英韓辭典 ┃ 柳瀅基 1949.8.15 933쪽 1300원 18cm 印대한인쇄공사

人間無情 ┃ 김광주(뷕톨유고) 1949.11.30(初) 334쪽 700원 i

素月詩集 진달래꽃 ┃ 金廷湜 1950.2.5 227쪽 800원 19cm 印대한 특장본

素月詩集 진달래꽃 ┃ 金廷湜 1950.2.5 227쪽 300원 19cm 印대한 병제본

勝利社　회현동1가189　등록번호790(1948.12.23)

北韓眞相(第一輯) | 勝利社 編　1949.2.15　61쪽　150원　18cm

詩文學社　林春吉　종로1가 42　등록번호288(1947.9.20)

詩集 해마다 피는 꽃 | 金容浩　1948.6.25　118쪽　18cm　印愛智社　金完錫 裝幀

시집 살어리 | 윤곤강(화동138-23)　1948.7.15　138쪽　250원　18cm　印고려 한갑수 겉그림 李靚 새긴그림

風葬(시집) | 鄭鎭業　1948.8　230원　出

創作集 梨羅記 | 孫素熙　1949.1.5　271쪽　400원　18cm　印애지사　朴崍賢 裝幀

詩集 바다의 合唱 | 朴巨影　1949.11.25　157쪽　350원　18cm　印조선노트　金薰 表紙　白榮洙 揷畵

形象(7인시집) | 崔子玄 편　1949.3.10　49쪽　100원　21cm　韓

시문학사 로고

시문학사 인지

時潮社

조선사회민족운동의 회고-사선을 넘어서 | 徐仁均　1945.11　47쪽　3원50전　出

時兆社　裵義悳 元倫常　동대문구 청량리동1번지　등록번호111(1947.9.20)

건강과 행복 | 조지H루　1945　113쪽　i

찬미가 | 王大雅 편　1947.9　250쪽　65원　15cm　韓

예언의 등불-마태복음24장연구 | 왕대아 편　1948　158쪽　350원　18cm　韓

正路의 階段 | 왕대아 역　1948.4.5(三)　169쪽　300원　18cm　印同社

안식일 학교교과 | 시조사 편　1948　83쪽　20원　18cm　韓

原子時代 | 왕대아 편　1949.1.4　150쪽　400원　18cm　印시조사 文善一　i

산상설교 | 왕대아　1949.8.20　300원　印문선일　i

家庭과 健康 | 王大雅(엘렌·지·화일)　1950.3.31　395쪽　21cm　印시조사

예수의 행적 | 王大雅(알마·이·멕키븐)　1932.7.19(初)1950.6.15(再)　174쪽　20cm　印시조사

時調硏究會　전주시 남계동99

雅樂譜 | 石菴 鄭坰兌　1950.2　비매　印한림사　i

詩塔社　을지로5가224　정한모　허가번호41(1946?월20일)　17×19cm

(잡지) 〈詩塔〉

食糧公司

남한의 식량사정 | 원용석　1948　218쪽　2000원　19cm　韓

新建社　金瑢俊　종로구 경운동64

朝鮮民族의 進路 | 白南雲(혜화동14-5)　1946.7.15　64쪽　18원　18cm　印박철민 태평통2정목1

新古社출판부

태극기의 원리 | 朴敬哲 1946.1 26쪽 5원 出

新光出版社 池中世 李命珪 종로6정목239-37 등록번호784

朝鮮思想犯檢擧實話集 | 池中世 譯編 1946.8.15 300쪽 60원 18㎝ 印青丘舍 매청구서점
現代語辭典 | 池中世 編 1946.4.15(初)1948.12.15(再) 243쪽 500원 18㎝ 印조선인쇄
三一運動 때 外國新聞에 나타난 朝鮮 | 池中世 編 1948.12.5 152쪽 250원 18㎝ 印조선인쇄

신광출판사 로고

新教育研究會 尹在千

(잡지) 〈新教育〉

新紀문화사

(잡지) 〈어린이세계〉

新農民社 鄭釸秀 岡崎町2

농민과 땅 | 정범수 1946.1 56쪽 6원 出
變遷(소인극각본집) | 정범수 1946.5.20 70쪽 印덕영인쇄소 신당정128-8 매우리서원 Z
누구나 잘 사는 도리 | 정범수 1946.6 80쪽 12원 18㎝ 出
素人劇하는 法 | 申鼓頌 1946.8.15 77쪽 18원 18㎝ 印德永인쇄소

신대한도서 로고

新大韓圖書(주) 태평로2가81 등록번호840(1949.4.2)

小説作法 | 鄭飛石 1946.8.15 310쪽 500원 18㎝ 印근영사
* 서문일자가 1949년 7월인 것으로 보아 발행연도 1946은 1949의 오류인 듯.

新羅書店 洪性英 중학동23

맑쓰主義와 基督教의 路線 —基督教思想啓蒙팜프렡第一輯 | 基督教思想啓蒙協會(신당동377-34) 1947.2.10
　　　36쪽 20원 18㎝ 印崔相浩 종로구 경운동88
허드슨테일러 신앙의 전도자 — 근세기독교위인전기총서① | 김재준(조선신학원교수) 1946.10.20 155쪽 50원
　　　印고려 i

신망애양로원 韓衛世 부산

(잡지) 〈養老〉

新明社 李清 등록번호667

소학생웅변집 | 李清 (연도 미상) 80원 出

신문관

신자전 ▍조선광문회 편 1947 498쪽 400원 15㎝ 韓

신문예사　金元龍　황금정 3정목291　좌협회원　등록번호47

階級鬪爭의 必然性과 必然的 轉化(일본어) ▍신문예사(河上肇) 1945.11.25 85쪽 4원50전
　　　印조선정판사 ⓘ

新文藝社　황금정 3정목291　신문예사　허가번호18(1946.6.18)　21㎝

(잡지) 〈新文藝〉 〈新朝鮮〉으로 改題

新聞評論社　충무로2가49　이해창　허가번호330(1947.3.14)　21㎝

(잡지) 〈新聞評論〉

新文學社

학생문예 ▍林貞姬 1950 21㎝ 韓

新文化社　李鍾沃　부산시 大橋通5정목258

靑年에게 訴함 ▍新文化社(크로포트킹) 1946.5.5 54쪽 12원 19㎝ 印大原印刷公司 ⓜ天命堂書店
　　　辨天町2정목23

新文化社　회현동2가10　(편집겸발행)河駿錫　허가번호281(1946.9.17)　21㎝

(잡지) 〈文化〉

新文化硏究所出版部　金一出　황금정2정목199　등록번호18

유물사관 ▍신문화연구소 편 1945.12 20쪽 3원 19㎝ 韓
新民主主義論-신문화총서① ▍金一出 譯註(毛澤東) 1946.1.30 41쪽 5원 18㎝ 印光星
　　　ⓜ일성당서점 ⓘ
詩集 바다와 나비 ▍金起林(이화정134) 1946.4.20 106쪽 30원 21㎝ 印光星 韓尙鎭 裝幀
인민당의 노선 ▍조선인민보사 편 1946.4 71쪽 12원 ⓘ
어린이 국사교본-신라편 ▍鄭元燮 1946.10 84쪽 15원 出
美國의 極東政策 ▍新文化硏究所(HA윌레쓰) 1946.11.27 57쪽 25원 18㎝ 印대건 ⓜ문우인서관
文學槪論 ▍金起林 1946.12.20(初)1947.8.18(再) 127쪽 140원 18㎝ 印조선노트
文學槪論 ▍金起林 1948.8.3(三)11.4(四) 127쪽 220원 18㎝ 印조선노트 을지로1가162 韓相鎭 裝幀

新民社　吳晴　신당동372-13　등록번호454

The King's Crown Readers주해서 ▍吳世豪 편 1947.5 74쪽 80원 出

蘇聯의 現實－美國人의 蘇聯十年間의 體驗記 ┃ 趙史齊(쨘리틀페지,데마리베스) 1947.7.26 306쪽 300원 18cm 印조선인쇄회사 朴

인류와 자연환경(지리통론) ┃ 육지수,이지호 1947.9 104쪽 100원 出

최신중등서양사 ┃ 박의창 1948.8.28 全

新思潮社 명동2가63 金后今 (편집고문)김영랑 허가번호212(1949.11.30)

(잡지) 〈新思潮〉

신생교재사 金圻洙 대구부 본정1정목30번지

중등신생국어교본 고급용 ┃ 김사엽 편 경상북도학무국 발행인 1946.9.26 52원 印신생교재사 ℹ

新生社 柳瀅基 북아현정1－390

감리교 목사인 유형기가 대표였는데, 그는 8.15 광복 이후 미 군정청에 의해 당시 전 조선에서 두 번째로 컸던 일본인 경영의 조선인쇄 주식회사의 관리인으로 지명되어 있으면서 출판을 겸하였기 때문에 당시의 출판사들 중에서는 제반 조건이 월등히 유리한 처지에 있었다. 신생사는 우선 유형기 자신이 편자 겸 발행인이 되어 출판사상 최초로 본격적인『영한사전』과『한영사전』을 출판하여 8.15 광복 후 조선 출판계에서 가장 찬란한 금자탑을 쌓았다.『영한사전』은 1946년 10월 발행으로 1,146면의 분량이었고,『한영사전』은 1947년 10월 발행으로 866면이었다. 또 1949년 5월에는 600면의『중등한영사전』을 발행했다. 그는 이 사전들 간행에 주력하는 한편으로 19세기 초의 영국의 저명한 수필가인 찰스램이 편한『Tales from Shakespeare』를 비롯하여『Selection from Fifty Famous Stories』,『Christmas Carol』,『The Sketchbook』,『English Prase Book』,『신생영문법』,『신생소독문전』,『신생독일어교본』등 대학과 중·고등학교 교재와 부독본을 출판했다. 그리고 아울러서『가정예배서』,『나사렛예수』,『나는 이렇게 믿는다』,『철학사화(상하)』, 듀란트 저 유형기 역『영한대역 신약전서』등 값진 종교서적도 다수 출판했다.
— 조성출『한국인쇄출판백년』439쪽

기독교의 眞髓 ┃ 유형기 1946.1.15 册

가정예배서 ┃ 유형기 1946.2 371쪽 12원 出

기독교史 ┃ 유형기,기이부(윅커) 1946.3.15(8판) 421쪽 15원 印조선인쇄 ℹ

哲學史話 上卷 ┃ 柳瀅基 譯述 1946.4.8 328쪽 30원 18cm 印조선인쇄 매숭문사

哲學史話 下卷 ┃ 柳瀅基 譯述 1947.1.10 303쪽 75원 18cm 印조선인쇄

哲學史話 上卷 ┃ 柳瀅基 譯述 323쪽 *판권이 없으나 아래 책과 한 秩인 듯.

哲學史話 下卷 ┃ 柳瀅基 譯述 1947.6.25 303쪽 300원 18cm 印조선인쇄

신생영한사전 ┃ 유형기 1946.10 1145쪽 375원 出

신생영작문 ┃ 유형기 편 1946.12 185쪽 65원 出

신생영작문 ┃ 유형기 편 1947.5.15(三) 全

Charls Lamb Tales from Shakespeare ┃ 유형기 1946 171쪽 40원 出

Charls Lamb Tales from Shakespeare ┃ 유형기 1946.12.3(再) 全

舊約文學槪論 ┃ 유형기 1946(三) 427쪽 ℹ

나사렛예수 ┃ 유형기 역편 1947.2 349쪽 75원 19cm 韓

初級小獨文典 ┃ 유형기 편 1947.3.3(初)9.15(再) 120원 印조선인쇄회사 ℹ

동서미담 ┃ 朴哲 1947.7.5 册

新生 韓英辭典 | 柳瀅基 編 1947.7.15 866쪽 19㎝ 印조선인쇄 매조선인쇄

나는 이렇게 믿는다 | 유형기(무우어아아더S) 1947 130쪽 35원 18㎝ 韓

영한대조신약전서 | 유형기 편 1948.1.3 764쪽 600원 18㎝ 印조선인쇄㈱

單卷 聖經註釋 | 柳瀅基 編 1935.12.6(初)1938.12.17(再)1946.8.15(三)1947.3.1(四)1949.11.10(五) 1149쪽 2,000원 26㎝ 印대한인쇄공사 매숭문사

Schiler William Tell | 신생사 편 1947 186쪽 12원 出

新生社 전남 제주읍 三徒里   高石志

　(잡지) 〈新生〉

新生社 한강통1정목177 본각사   장도환

　(잡지) 〈新生〉 1947년 이후 〈불교〉로 개제

신생사 * 출판대감 26쪽에 실려 있는데 위의 신생사와는 구별되는 것으로 보임.

　김일성장군 | 한설야 1947.5 110쪽 100원 出

신생한글연구회

　받침공부 | 정태진 1946.5.20 Z 『석인정태진전집(상)』(서경출판사 1995.4.30)

신생활사 徐斗銖 을지로1가79 등록번호374

　농약의 이론과 실제 | 崔應祥 1946 74쪽 60원 18㎝ 韓

新生活協會出版部 황금정 5정목133

　나의 抱負와 希望 | 新生活協會 編 1946.1.1 192쪽 15원 18㎝ 印廣漢社 若草町2번지

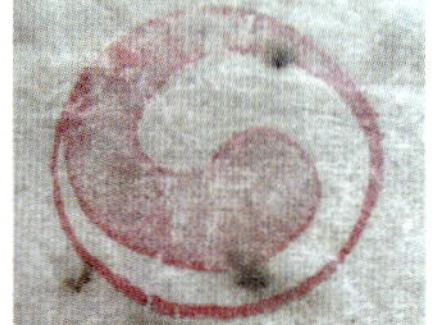

신생활협회 로고

신성문화사 국어문화보급회 교남동155

　조선동요전집1 | 정태병 편 1946.2.25 94쪽 8원 18㎝ 印대성인쇄소 李周洪 表紙

　홍길동모험 | 신성문화사아동출판부(신당동393-17) 1947.3 14쪽 80원 出

　조선동요전집 | 아동문예춘추사 1948 100쪽 150원 出

　(잡지) 〈新星〉

新聲文化社 대전부 中洞 120 朴東根   허가번호24(1946.6.18)

　(잡지) 〈新聲〉

신성문화사출판부

　(잡지) 〈학생영어주보〉

新世代社 安晒吉 충무로4가131 을지로1가101 등록번호736(1948.9.20)

自由日本의 自己批判–그들이 본 解放朝鮮 | 洪祀 역 1949.1.20 208쪽 300원 [印]서울인쇄사 [朴]

신소년사 李甲星 아현동570–54 등록번호367

中等東洋史精圖 | 李甲成 1947.12 90원 [出]

삼국지 1집–신소년사그림책 | 김용환 1947.12.25 28쪽 [印]청구사 [i]

신앙동지회

(잡지) 〈불기둥〉

신앙세계사

十字架의 호소설교집 | 김상권 1950 172쪽 250원 18㎝ [韓]

新女苑社 文景錫

(잡지) 〈新女苑〉

신영화사 (발)申永淳 (편)金宗訓

(잡지) 〈신영화〉

新藝閣 元致豪 팔판동46 등록번호745

국사사전 | 국사교육연구회 편 1948 300원 [韓]

新苑社

(잡지) 〈新苑〉

新人社 朴漢爽 신당정294–34 등록번호313 좌협회원

共産黨宣言 | 新人社編(맑–스,엔겔스) 1945.12.1 47쪽 5원 18㎝ [印]大城인쇄

신민주주의론–신인문고①毛澤東朱德選集① | 同社(모택동) 1946.2 73쪽 25원 [i]

문예정책론–신인문고①모택동주덕선집② | 同社(모택동) 1946.3 69쪽 25원 [i]

연합정부론–신인문고①모택동주덕선집③ | 同社(모택동) 1946.4 82쪽 25원 [出]

持久戰論–신인문고①모택동주덕선집④ | 同社(모택동) 1946.9 104쪽 30원 [出]

革命家의 修養 | 同社(劉少奇) 1946.5.25(初)6.25(再) 95쪽 20원 18㎝ [印]박철민 [매]우리서원

新人會

(잡지) 〈雄飛〉

新章閣　남대문통 2정목133번지

中國革命과 中國共産黨 **|** 新章閣 譯編(毛澤東)　1946.4.15　44쪽　8원　18㎝　印조선정판사

新潮社　金泳煥　남대문통2정목133

世界短篇選集 **|** 林學洙 編(돈암정181−14)　1946.7.20　183쪽　38원　18㎝　印이명규

고등수학대요 **|** 趙炳國　1947.1.20　150쪽　120원　出

탁류속에서(장편소설) **|** 김송　1950　400쪽　250원　19㎝　韓

신조사 로고

新潮社　李桂錫

(잡지)　〈新潮〉

신조선권투사

(잡지)　〈권투〉

新朝鮮文化社　咸敦盒　신당동410

朝鮮英雄名人傳−學生大衆讀本 **|** 碧海 咸敦盒　1947.5.5　266쪽　非賣品　21㎝　印大城　ⓘ

新朝鮮社　부산시 동대신정 2정목405 (처음 발행처는 弘山書館)

弘山詩集 **|** 崔容學 編　1946.1.10　36쪽　7원　18㎝　印서울인쇄소 南福鉉

(잡지)　〈新朝鮮〉

新昌社　張寬　충무로1가 동화서적부내　등록번호850(1949.4.4)

文章寶鑑 **|** 文章研究會 編　1949.4.1　217쪽　380원　18㎝　印대한인쇄공사

중점동양사 **|** 신창사편집부 편　1950　274쪽　500원　19㎝　韓

신창사 로고

新太陽社　(발)金世淙　(주간)金周鳳　허가번호41　26㎝

(잡지)　〈新太陽〉　* 10호부터 제일문화사로 회사명 변경.

新太平洋社　윤치영

(잡지)　〈新太平洋〉週刊

新學社　崔泰成　다동53 태평로2가190　등록번호150(1947.9.20)

歷史哲學−헤−겔哲學解說叢書第五部 **|** 崔斗星　1947.5.15　100쪽　90원　18㎝　印全忠璿

戀愛와 新道德 **|** 申允善(아·콜론타이女史)　1947.10　121쪽　100원　出

文學의 本質藝術論叢書1 **|** 白孝元(누시노프)　1947.11.1　97쪽　80원　18㎝　印全忠璿　朴

政治學入門 **|** 林浩　1947.12.1　98쪽　80원　18㎝　印전충선

신학사 로고

社會主義經濟學第一步 ┃ 人民文化研究所 編 1947.5.10 102쪽 90원 18㎝ ㊞협진 ℹ️

社會主義政治學第一步 ┃ 人民文化研究所 編 1947.5.10 93쪽 18㎝ ㊞조선단식 ℹ️

현대조선사회경제사 ┃ 전석담 1948.1 180원 出

經濟學入門 ┃ 林浩 1947.12.1(初)1948.4.1(再) 101쪽 ㊞조선단식 ℹ️

법률철학개론 ┃ 조중학(하루므스) 1948.7 181쪽 280원 出

新婦人論 ┃ 申允善(에스·야·보리브손) 1948.8.20 142쪽 240원 18㎝ ㊞조선단식

現代唯物論哲學槪論 ┃ 李孝鎭(船山信一) 1948.8.31 156쪽 270원 18㎝ ㊞조선단식

詩集 獄門이 열리든 날 ┃ 常民 1948.9.10 138쪽 140원 18㎝ ㊞조선단식 崔恩哲 表紙

辨證法的論理學 ┃ 白孝元(투이미얀스키ー) 1947.5.15(初)1948.11.15(再) 132쪽 220원 18㎝ ㊞조선단식

詩集 諸神의 憤怒 ┃ 薛貞植 1948.11.18 137쪽 280원 18㎝ ㊞서울신문사 朴文遠 裝幀

國文學參考圖鑑 ┃ 金三不 編 李秉岐 監修 1949.11.15 109쪽 21㎝ ㊞조선단식 朴魯壽,李錫雨 그림

영어단어숙어의 철저적 연구 ┃ 수험영어교육연구회 1949 550원 韓

新韓圖書印刷(株) 金載卿 충무로1가39 등록번호641(1948.4.19)

大科學者傳 ┃ 崔秉一(종로구 궁정동68) 1949.10.5 117쪽 18㎝ ㊞同社

신교육학 ┃ 원홍균 1949 270쪽 ℹ️

신한인쇄공사

조선토지문제논고 ┃ 朴文圭 1946 145쪽 19㎝ ℹ️

新韓正義社

臨時政府 革命領袖 略歷 ┃ 신한정의사 편 1947.5 37쪽 50원 出

신한출판사 로고

新韓出版社 광희동30-28 등록567(1948.10.1)

今明日의 國家 ┃ 李載薰 1949.4.20 149쪽 280원 18㎝ ㊞선광 ㎢보문서관 종로6가

자습독일어 ┃ 白鳳儀 1950 19㎝ 韓

新興國語研究會 金鍾桓 수송동110 당주동37-3

한글문예독본 첫권 ┃ 정렬모(도렴동205-11) 추린 1946.2.10 136쪽 30원 21㎝ ㊞공신

한글문예독본 닫권 ┃ 한글문화보급회 편 1946.6.5 175쪽 35원 ㊞신한 ℹ️

詩歌集 아름다운 江山 ┃ 丁泰鎭 編 1946.12 86쪽 50원 17㎝

新興文化社 李洛範 도렴동113 등록번호135(1947.9.11)

國文學史 ┃ 우리어문학회 1948.8.30(初)1949.3.15(再)1950.3.30(三) 168쪽 500원 18㎝

新興書館 洪千成 종로3정목77번지

春香傳 소춘향가 ┃ 朴淚月編^(林町84번지) 1945.10.10 120쪽 4원50전 15㎝ 印同社인쇄부 買同社

신흥출판사

모범중등글짓기 ┃ 이희승 1950.6.5 소

신흥문화사 로고

實業敎育會 金應芳 종로2가7번지 등록번호213(1950.4.10)

理論經濟學槪要 ┃ 韓文洙(舞出長五郞) 1950.6.5 379쪽 1400원 21㎝ 印중앙

실업교육회 로고

實業朝鮮社 양동86 金應芳 허가번호297

(잡지) 〈實業朝鮮〉

십자가사 宋台用 주교동313-3

천로역정강화 ┃ 이성봉 1949.10.1 186쪽 비매 19㎝ 印이선옥 광주 東明洞157

아동교육연구사출판부

이숲이야기 ┃ 아동교육연구사 편 1946 80쪽 35원 出

아동교육연구회 서울사대부속국민학교내(대표 김기서) 문화당 발행 허가번호96(1947.6.29)

(잡지) 〈아동교육〉

아동구락부사

(잡지) 〈아동구락부〉 *〈진달래〉에서 개제

아동문예춘추사

현상작문선집-제1회전국아동현상작문선집 ┃ 아동문예춘추사 편 1946.7 128쪽 20원 出

兒童社 李謹鍾 서소문동62

못난 도야지(동화집) ┃ 이주홍 1947.6.10 印開壽堂 ^{洪啓德} 이주홍 표지 김의환 삽화 i

兒童藝術院 남창동23(고려삘딩) 등록번호860(1949.5.25)

小學生文藝讀本 ^{6학년치} ┃ 서정주 외편 1949.8.12 51쪽 100원 21㎝ 印서울신문사
꽃초롱별초롱 ┃ 윤복진 1949.8.25 122쪽 18㎝ 雅

雅文閣 李達永 李錫重 공평동121 등록번호282

1945년 12월 李錫重이 발족시킨 출판사로서 조벽암 시집『지열』,『조선소설집』, 이용악 시집『오랑캐꽃』, 김남천 창작집『삼일운동』, 이기영의 장편소설『고향(상하)』, 김기림 시집『새노래』, 현덕 시집●『남생이』등 주로 조선문학가동맹 회원들의 문학작품을 출판했으나 좌익서적협의회 회원은 아니었다. 1948년 4월 조선출판문화협회 제1회 정기총회에서 좌익서적협의회 소속의 임원들이 축출될 때 동협회의 부위원장 자리에서 물러난 건설출판사의 조벽암 후임으로 부위원장에 선출되었다. ●소설집임

— 조성출『한국인쇄출판백년』425~426쪽

아문각 로고

아문각 인지

아문각 인지(오장환)

아문각 인지(김기림)

아문각 인지(이기영)

소년소설집 집을 나간 소년 | 현덕 1946.10 214쪽 45원 出

한자 안 쓰기 문제 | 정태진 1946.6.20 56쪽 12원 印조선단식 Z 『석인정태진전집(상)』(서경출판사 1995.4.30)

詩集 오랑캐꽃 | 李庸岳 1947.4.20 94쪽 80원 21㎝ 印조선단식 金浩顯 裝幀

詩集 城壁 | 吳章煥 1947.1.10 88쪽 60원 21㎝ 印조선단식

朝鮮小說集 1946年版 | 朝鮮文學家同盟小說部委員會 編 1947.6.20 244쪽 230원 18㎝ 李周洪 裝幀

土地 | 조선문학가동맹농민문학위원회 편 1947.7.1 206쪽 200원 印조선단식 이주홍 장정 i

三一運動(창작집) | 金南天 1947.8.15 270쪽 250원 18㎝ 印조선단식 김만형 장정 朴

實驗圖解 朝鮮語音聲學 | 李克魯 1947.11.15 52쪽 120원 19㎝ 印조선단식인쇄 i

創作集 남생이 | 玄德 1947.11.20 285쪽 250원 18㎝ 印조선단식 朴文遠 裝幀

표준조선말사전 | 李允宰 著 金炳濟 編 1947.12.20 908쪽 특제본1000원 19㎝ 印조선단식 제본宇一社

표준조선말사전 | 李允宰 著 金炳濟 編 1947.12.20 908쪽 특제본1000원 19㎝ 印조선단식 제본光海堂

詩集 새 노래 | 金起林 1948.4.15 126쪽 18㎝ 印조선단식

故鄕 上卷 | 李箕永 1938.1.17(初)2.10(再)1939.4.17(三)1940.9.1(四)1947.6.30(五) 432쪽 350원 18㎝ 印조선단식

故鄕 下卷 | 李箕永 1938.1.17(初)2.10(再)1939.4.17(三)1940.9.1(四)1948.10.30(五) 423쪽 600원 18㎝ 印조선단식 Z

詩集 地熱 | 趙碧岩 1948.7.25 126쪽 200원 18㎝ 印조선단식 金晩炯 裝幀

地下로 뚫린 길 | 金永錫 1948.8.15 320원 18㎝ 印조선단식 i

流星(창작집) | 洪九 1948 243쪽 18㎝ i

표준중등말본 | 정인승 1949.9.15 108쪽 印협진 i

음악개설 | 朴殷用 1949.5.10 132쪽 印조선단식 i

風流 잡히는 마을 | 崔貞熙 1949.7.10 221쪽 400원 18㎝ 印조선단식 金煥基 裝幀

행복론 | 池泰景(아랑) 1949 287쪽 500원 19㎝ 韓

第3奴隷 | 李根榮 1949 550원 韓

兒文社 丁海興 태평로2가46 등록번호747

아이나의 모험(만화) | 배옥천 글 백문규 그림 1948.11.15 32쪽 i

아세아출판사

어린 천사(단편집) | 강금종 1948 133쪽 150원 19㎝ 朴

아시아문화사

첫영문법(상) ┃ 편집부 1950.1.30 全

安東基督靑年會 안동읍 법상정 1정목

詩集 祭祀 ┃ 金淇漢 1945.12.25 68쪽 25원 18㎝ 印미술프린트사 金丙喆 대구부 八雲町81 매낙동서관 대구부
元町 1정목 삼신당서점 안동읍 법상정 2정목146

안동철도국

教養列車添乘記(局報號外) ┃ 安東鐵道國 編 1949 27쪽 17㎝ i

안성문화사

安城大鑑 ┃ 金台榮 1950 270쪽 i

安義中學校文藝部

(잡지) 〈샛별〉

안중근선생36주기추도회

안중근공판속기록 ┃ 金鄕雲 1946.2.11 冊

愛美舍

혁명가의 생애 ┃ 李何有(巴金) 1949 62쪽 130원 19㎝ 韓

愛智社 등록번호62

政治學原論 ┃ 徐必源 1950.1.20 350원 印同社 등록번호128 i

애지세계사

세계어문법 ┃ 鄭寅笑 1947 40쪽 80원 18㎝ 韓
세계어사전 ┃ 정인소 1947 228쪽 500원 19㎝ 韓

야담사

(잡지) 〈야담〉

야사연구회 金玄松 누상동9 등록번호13

朝鮮野史集 ┃ 인왕거사 편 1946.4.15 印신한 매문우사서점 i
佳人情談集 ┃ 鬼風道士 編 1946.6.30 167쪽 90원 18㎝ 印국도인쇄 i
바스카아빌의 怪犬 ┃ 이석훈(코난도일) 1948.9.1 239쪽 300원 18㎝ i

야사연구회 로고

洋洋社 李銀興 태평로1가72-2 등록번호58

경주의 고적전설 | 최상수 1947.10.25 79쪽 200원 印창홍사 매월성당 i

쟌발잔 | 곽종원 역 1948.8 150원 出

養正中學校

(잡지) 〈養正〉年刊

輿論社出版部 숭인정183-9

朝鮮의 將來를 決定하는 各政黨 各團體 解說 | 同社 編 1945.10.19 85쪽 10원 18cm 印南푸린트社

여명각 로고

黎明閣 權明秀 천연동90-6 등록번호45(1947.9.15)

심야의 공포 | 김래성(코난도일) 1947.10 185쪽 150원 18cm 賢

寶窟王 | 김래성 1948.2 300원 19cm 出

신연애론 | 金光學(싱클레아) 1948.8 178쪽 300원 19cm 出

부부애정독본 | 姜貞河(월프) 1948.10 200원 出

사람은 얼마만한 土地가 必要한가 | 南薰(톨스토이) 1948.12.20 108쪽 220원 18cm 張桓 장정

成功의 秘訣 | 李尙凡(W좌아몬드) 1949.7.30 181쪽 350원 朴

麗膽社 대전

제1원리(제1부) | 崔炳柱 1949 52쪽 250원 21cm 韓

여성공론사 李庚植

(잡지) 〈여성공론〉

여성문화사 吳承元

(잡지) 〈여성문화〉

역도중앙총본부출판부

심신단련법 | 徐達 1950 200쪽 500원 19cm 韓

聯建출판부

現정치노선비판과 그 新방향 | 申皓 1949 96쪽 200원 19cm 韓

延光社 車萬基 정동17 저동2가26-3 등록번호467(1947.10.1)

동물학 | 이기인 1948.8.25 全

일반과학식물편 | 김준민 1949.9.1 84쪽 130원 20cm i

研教社　梨花洞132　등록번호386(1948.2.13)

A HUNDRED BEST ENGLISH POEMS 英詩百選 ┃ 梁柱東 編註　1948.10.30　163쪽　280원　18㎝　印대건
　　㎢백양당

연교사 로고

연구사　金柱麗　桃洞2가91　등록번호127

各國選擧制度讀本 ┃ 朝鮮科學同盟 編　1947.5.30　227쪽　130원　18㎝　印근영사

신영어독본 ┃ 연구사 편　1947.12　90원　出

주산교본 ┃ 趙光彙　1947　50원　韓

法規 民法集 上卷 民法總則 ┃ 李龍澤　1947　75쪽　50원　19㎝　韓

연구사 로고

研文社　李元甲　관훈정26

唯物辨證法敎程 上卷 ┃ 研文社 編譯　1946.9.5　130쪽　35원　18㎝　印한성당　㎢연문사서점

珠算術(기초편) ┃ 趙光基　1946.11　120쪽　30원　出

회의진행의 상식－공민상식독본① ┃ 연문사역,편　1948.9　80원　i

연구사 인지(무애)

연문사　중구 壽町5　남대문통 2정목133　李喆嬊　21㎝

（잡지）〈人民藝術〉

研修社　李昌根　냉천동81－38　등록번호768(1948.11.4)

SELECTED BEST ENGLISH ESSAYS 영국수필선 ┃ 梁柱東 編(종로6가12－13)　1948.11.10　164쪽　300원　18㎝
　　印고려문화사

연구사 인지(윤행중)

練心社　李鍾郁　창신동13－5　등록번호758

(원문국역대조)고려보조국사법어 ┃ 李在郁 역　1946　179쪽　雅

研進社　千炳勝　영천동180　등록번호256

중등악전교과서 ┃ 金淳龍　1947.11　55쪽　120원　出

연수사 인지

延泉中學校期成會　元容根　延白郡 溫井面 錦城里580

安重根血鬪記(一名 義彈의 凱歌) ┃ 李全(금성리1－309)　1949.12.31　89쪽　200원　18㎝　印대건

研學社　黃宗洙　종로2정목 74　등록번호75(1947.9.16)

　　양춘가절인 1946년 4월1일 새로운 봄빛과 함께 呱呱의 소리를 치고 탄생한 '연학사'는 우리 출판계에 부침과 파란이 많은 지나간 3년 동안의 난관을 돌파하고 교육도서 출판을 주로 하여 빈약한 우리 출판문화계에 끼친바 공적이 적지 않았음은 자타가 공인하는 바이다. 동계의 '일성당'은 실로 연학사의 모체로 1942년 4월에 창립되어 일제 패망 이전까지 연멸하여가는 우리 고전과 문헌을 널리 섭렵하여 당시 비밀리에 갈구하던 조선학 수호의 학자와 학도에게 편리를 보아주었을 뿐 아니라 日文서적을 판매한 代價로 국문판인 어

학, 역사, 문학 등 諸書를 구입, 藏置하였다가 8.15의 해방이 되자 일반에게 반포한 일은 특필대서할 만한 일이라 할 수 있다. 1946년 1월부터 당시 속출하는 신간서적의 도매업을 개시하여 그 간 隆隆한 발전으로 우리 출판문화 보급에 부동적인 기반을 확립한 후 1947년 9월에 그 주업인 서적도매는 자매기관인 조선서적판매주식회사에 양도하고 주로 양서 출판에 전력하고 있는데 그 역사와 함께 앞날의 발전이 매우 기대된다. 구성 진용은 사장에 황종수 씨, 당년 41세 일찍 笈을 지고 일본 京都에서 고투 5년, 立命館대학 법과를 1930년에 졸업하고 그동안 여러 사업에 고군분투한 경험을 가진 백절불굴의 투사적 인물이다. 편집부장에 이종렬 씨, 당년 39세 일찍 경성사범학교 연습과를 거쳐 동경 청산학원 영문과를 1936년에 졸업한 후 해방 직후까지 다년간 교육계에 종사하다가 뜻한바 있어 출판계에 투신한 착실온후한 교육가적 인물로 연학사와 일성당의 발전은 물론 우리 출판문화의 발전을 위하여 그 앞날이 매우 촉망된다. 출판과장 이성학 씨는 당년 37세, 1925년에 그 향리인 遂安에서 그 곳 농업전수학교를 졸업하고 뜻한바 있어 상경 후 專혀 서적업과 출판업에 종사하여 그동안 우리 출판문화계에 令名을 날리던 한성도서주식회사, 학예사, 조선고전문헌 취급의 雄인 群書堂書店 등에 근무하다가 해방 후론 예술통신사 편집부장 등을 역임한 강직한 수완가다. 이상 구성 진용의 인물과 경험과 아울러 그 투지만만한 의욕으로 미루어 보건대 그동안 3년간의 업적은 다소 牛步의 감이 있으나 이는 건설기라 뜻하지 않은 파생적인 隘路의 소치라 볼 수 있으며 금후도 꾸준한 노력과 아울러 그 자매연맹인 조선서적판매주식회사의 전국적 판매망을 배경으로 우리 출판문화의 향상발전에 이바지하는 바 크기를 기대한다. 연학사와 일성당 발행 주요도서를 소개하면 別記와 같다.

南鮮에 산재한 서적소매상은 약 350處며, 중등학교가 430여교, 그리고 전문대학이 20여교인데, 이 모든 곳으로 나가는 서적을 신속, 정확히 공급하는 데가 즉 서적도매상이다. 서울에 있는 군소서적도매상이 10餘處, 그 중에서도 수위를 다투고 있는 데가 조선서적판매주식회사, 약칭 '조선서판'이다. 조선서판이 창립된 것은 1947년 9월이요 公稱 자본 1만원 주식회사며 영업종목은 신간도서 잡지 급 외국도서 잡지 판매업인데 후자는 대외무역 관계로 아직 착수하지 못하고 있다. 지금 사옥인 茶洞으로 자리 잡은 것은 작년 11월15일이며, 사무기구와 그 조직이 정연하여 다른 회사나 동업자들 간에서 보기 드물게 질서가 잡혀 있다. 이 이유는 사장 황종수 씨가 치밀한 계획 아래 오랜 구상을 결실시킨 까닭이다. 회사의 운영기구와 간부진용은 다음과 같다. 사장 黃宗洙, 상무 겸 영업부장 黃宗勳, 감사역 李鍾烈, 기획 겸 총무과장 李成學, 경리과장 朴承植, 판매과장 元貞煥, 仕入과장 趙鍾熙 이외에 사원이 15명으로 상하화목하여 회사발전에 주력하고 있으므로 해방 후에 퍼진 유행성 분규가 여기서는 그림자도 찾아볼 수 없는 이상적 기업체라 할 수 있을 것이다.

—『출판대감』94쪽

연학사, 일성당

두 출판사를 경영한 황종수는 당시로서는 남한에서 규모가 제일 컸던 조선서적판매주식회사라는 서적 도매상까지 경영했다. 그는 일제강점기에도 서점을 경영했던 사람이었다. 연학사의 대표적 출판물은 문일평 저 호암전집 전3권 제1권『정치외교』, 제2권『문화풍속』, 제3권『사담수필』을 비롯하여 서울대학 교수 방종현 저『세시풍속집』,『고시조정해』,『훈민정음통사』와 신채호 저『조선사연구초』, 정태진·김병제 공저『조선고어방언사전』, 최상수 저『조선전설지명집』, 김근수 저『한글 바로 읽고 바로 쓰는 법』등의 국학관계도서와 중등교재로 김원숙 저『이웃나라』,『먼나라』, 김신덕 편『여자중등음악1,2,3』,『기본영문법』,『초급영작문 1권,2권』, 이용택 저『부기회계』등과 초등교재로『전과시험공부』,『지능고사공부』등을 출판했다.

— 조성출『한국인쇄출판백년』441쪽

초등국어교본참고서(중) | 초등교육연구회 1946.6.25(三) 10원 印광문사 金東九 황금정4정목160 **i**

朝鮮史研究草 | 申采浩 1946.8.31 137쪽 45원 18cm 印김시달 매일성당서점

국어교본참고서(오학년용) | 초등교육연구회 편 1946.9.30 印선광 **i**

초등국어교본참고서 | 초등교육연구회 편 1946.12.15 22원 印정교사 **i**

최신영작문A NEW ENGLISH GRAMMAR | 黃載旭 1946.12.5 100원 印대건 매일성당 **i**

최신영문해석법 | 崔鳳守 1947.1 191쪽 120원 出

古語讀本 | 丁泰鎭 1947.4.25 122쪽 150원 21cm Z『석인정태진전집(상)』(서경출판사1995.4.30)

한글 바로 읽고 바로 쓰는 법 | 김근수 1947.5.15 50원 매일성당 **i**

중등국어교본(3,4학년용) | 중등교육연구회 1947.5.15 册

朝鮮地名傳說集 | 崔常壽 1947.5.20 139쪽 120원 18㎝ 매일성당서점
소년역사독본 | 文一平 1947.7.15 118쪽 140원 인선광 매일성당 i
초등국어참고서(6-1) | 초등교육연구회(대표 李鍾烈) 1947.9.30 80원 인협진 i
서양인과의 교제상식 | 최연구 1948.3 150원 i
古時調新釋 | 申瑛澈 1948.4.10 217쪽 130원 인선광 매일성당 金瑢俊 裝幀
民主主義와 敎育 | 崔秉七(존듀이) 1948.5.25 187쪽 200원 18㎝ 매조선서판 具本雄 裝幀
호암전집(전3권) | 문일평 1948.5 (합)2000원 出
부기회계 | 이용택 1948.8.15 154쪽 全
이웃나라 | 金元淑 1948.8.15 250원 인보성사 i
문학독본 | 방종현,김형규 1949.8.20 全
은행부기-부기회계Ⅱ | 이용택 1949.8.20 320원 인보성사 매조선서판 i
기본영작문(1) THE BASIC ENGLISH COMPOSITION BOOK 1 | 편집부 1948.8.30 106쪽 150원 18㎝ 인협진
　　　매조선서판 i
雄辯法講話 | 安晳濟 1948.9.20(三) 106쪽 150원 18㎝ 인창흥사 매조선서판
樂典과 樂譜 | 金信德 1949.11.20 90쪽 300원 19㎝ 인고려 매조선서판
雄辯學과 演說式辭 指針 | 安晳濟 1949.12.20 97쪽 450원 18㎝ 인협진 매조선서판
基礎經濟學 | 李鍾極 1949 203쪽 450원 19㎝ 韓
朝漢英 俗談集-硏學文庫 | 方鍾鉉 1946.8.31 103쪽 25원 15㎝ 인한성당 매일성당
歲時風俗集-硏學文庫 | 方鍾鉉 1946.11.20 133쪽 35원 15㎝ 인신한 매일성당

연학사 로고들

연학사 인지(안석제)

연합성서공회

신약 | 연합성서공회 편 1947 662쪽 200원 15㎝ 韓

聯合新聞社 태평로1가

李大統領 建國政治理念 | 梁又正 1949.10.20 141쪽 250원 18㎝ 인서울공인사

연희대학출판부

延禧大學校 學則(1946.8.15認可) | 연희대학교 1946 37쪽 朴
우리말본 | 최현배 1947 1282쪽 1500원 21㎝ 韓
사람과 사회(하) | 조효원 외편 1949 186쪽 雅

연희대기독학생회

(잡지) 〈좁은문〉

연희대학신문부

(잡지) 〈延禧타임쓰〉

연합신문사 로고

영남국어학회

(잡지) 〈국어〉

영남국어학회

(잡지) 〈한얼〉

영남문학회　薛昌洙　대구

(잡지) 〈嶺南文學〉 *〈등불〉의 改題, 이후 〈嶺文〉으로 改題

嶺南日報社　韓應烈(대구부 동성로2가68)　서문로1가71

慶北年鑑 단기4281년판 ┃ 趙若瑟 編(대구부 남산동228-4)　1947.12.31　447쪽　500원　18cm　印同社 북성로2가56

印緬血戰記 ┃ 崔德新　1949　154쪽　ⓘ

慶北年鑑 4283 ┃ 李興魯 編　1950.1.25　495쪽　1000원　18cm　印영남일보사

永文社　裵永培　權周遠　낙원동284-20　등록번호16(1947.10.1)

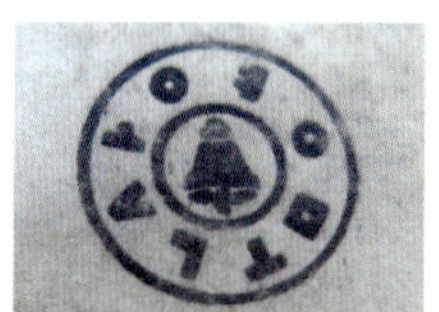

영문사 로고

영문사 인지

隨筆紀行評論雜筆 人生案內 ┃ 盧子泳　1946년판　299쪽　60원　19cm　印협진　ⓘ

똘똘이의 冒險(上卷:박쥐편) ┃ 金來成　1946.11(初)　160쪽　45원(初)　印협진　이승철 장정　ⓘ

똘똘이의 冒險(上卷:박쥐편) ┃ 金來成　1947.1(再)　160쪽　60원(再)　印협진　이승철 장정　ⓘ

난쟁이나라와 키다리나라 ┃ 김상덕　1946　30원　韓

사랑의 罪 ┃ 李光洙　1950.1.10　445쪽　800원　18cm　매문연사　ⓘ

小說作法 ┃ 李無影　1949.9.1(初)1950.3.30(再)　336쪽　900원　18cm　印박문　매문연사　衛宗煥 裝幀

永寶書館

한말비화매국노암살사건 ┃ 李元珪　1946　80쪽　20원　出

英友社

초급영어해설 ┃ 金宰夏　1949　156쪽　300원　18cm　韓

영웅사　韓秉庸　등록번호1018(1947.12.1)

學兵脫出記 上篇 ┃ 金而鉉,崔正植　1948.10.5　137쪽　240원　18cm　印합진 朱仁龍　매유길서점　章吉書房 裝幀

인수분해풀이연구 제1권 ┃ 수물연구회　1949.4.1　全

중등수학풀이 ┃ 최윤식　1949.12.25　全

永遠한福音社　한에녹　저동2가88　등록번호581

永遠한 福音 ┃ 한에녹　1947.12.24　372쪽　18cm　印신한공사인쇄소 태평로2가340

永寅書館　姜善馨　종로2가84　등록번호31(1948.9.15)

초등언문독본 ┃ 姜義永 편　1945　70쪽　30원　21㎝　韓

영어자습 ┃ 金東成　1945　100쪽　20원　19㎝　韓

사회진화론 ┃ 한국출판회 편　1946.9　78쪽　28원　出

여학생의 정조 ┃ 방인근　1946　150쪽　50원　韓

괴시체 ┃ 방인근　1946　160쪽　50원　19㎝　韓

血脈(희곡집) ┃ 金永壽　1949.9.20　305쪽　700원　18㎝　印창홍사　매血脈社　具仁會 裝幀

학생영한사전 ┃ 金錫圭　1949　330쪽　250원　15㎝　韓

(신라사화)미륵왕자-출세편 ┃ 김춘광　1949　127쪽　130원　19㎝　韓

사랑의 길 ┃ 朴賢　1949　220쪽　300원　19㎝　韓

新戀愛性慾論 ┃ 李奎燁　1949　230쪽　300원　19㎝　韓

최신유행가요집 ┃ 영인서관 편　62쪽　(기타사항 미상)　Z

永昌書館　姜義永 姜南馨　종로2가98　등록번호244(1947.9.15)

영창서관편

　　어느 것이 兄이고 아우인지는 알 수 없으되 한 同生같이 영창서관은 박문서관과 몇 집 건너 나란히 앉았다. 들어서니 주인 姜義永氏는 무슨 會計인지 가방을 들고 온 한 분의 손님과 대좌하여 한참 算알을 띄며 주고 거스르고 하기에 奔走하다. 기자는 잠간 눈을 벽으로 돌려 어떠한 책들이 꽂혀 있나 살피며 회계가 끝나기를 기다려 인사를 청하고 來意를 말하였다. 씨는 의외라 다시 한번 쳐다보고 일어서서 敬意를 표한 다음

　　"저 같은 것을 찾아주십니까?"

하고 인사말로 對한다.

　　"출판업이 재니 좋으십니까?"

　　"네, 그저 그렇습니다."

　　"그런데 출판업을 시작하신 지가 얼마나 오랩니까?"

하고 기자는 의자를 당기며 정면으로 씨와 가까이 앉았다.

　　"글쎄올시다."

하고 아무 것도 없는 천정을 쳐다보며 궁라를 하더니

　　"한 20년 됐습니다."

하는데 옆에 섰던 역시 관계자인 듯한 한 사람이

　　"왜요, 23년째입니다."

하고 다만 몇 해라도 좀더 긴 역사를 가지고 있는 것이 사실인데 알면서는 줄여서 말할 필요가 없다는 듯이 주인의 대답에 訂正을 가하여 수첩으로 가던 기자의 붓대를 멈추게 한다.

　　"그러면 한 20여 년 되었군요?"

　　"네, 그게 참 대정 5년이니까 그렇게 됩니다. 처음에 저위에(3丁目을 가리킴) 있다 이리로 내려왔지요."

하고 씨는 그것이 벌써 20여 년인가 자못 세월이 빠름을 다시 한번 새삼스럽게 느끼지 않을 수 없다는 듯이 그리고 그 시절의 추억에 잠겨보는 듯 잠간 눈을 감아본다.

　　"그래 이리로 이사한 지는 몇 해나 됩니까?"

　　"한 8,9년 됩니다."

　　"이리로 내려오신 원인은?"

　　"네 차차 발전이 되니까 자연이 이리로 내려오게 되었지요."

하고 웃으신다.

"그러면 선생께서 서점을 시작하시게 된 동기는 어데 있습니까?"

"뭐 별 동기 있었나요. 저는 어려서 학교에 다닐 때부터 이런 영업이 하고 싶었습니다. 그래서 학교를 그만두자 곧 시작했던 것입니다."

그리고 미소를 짓는다.

"그럼 취미사업으로 시작하셨군요?"

"그렇지요."

"그럼 그 때 처음으로 출판한 서적은 무엇이던가요?"

"尺牘 같은 것이었지요."

"그래 그것이 잘 팔렸습니까?"

"잘 팔렸습니다."

"그리곤 어떠한 종류의 것을 계속해 출판했습니까?"

"유행창가집 같은 것도 발행했지요."

"그것도 잘 나갔어요?"

"잘 나가고말고요."

"춘향전이나 심청전 같은 것은 안 했습니까?"

"네, 그런데 그 때는 책을 교환을 했습니다. 가령 甲이라는 出版社에서 갑이라는 書籍을 출판하면 乙이라는 출판사에서 출판한 乙이라는 서적과 교환을 하고 같은 서적은 발행하지를 않았습니다. 그랬던 것이 차차 경쟁을 하게 되면서 판권이 없는 것이라 너도나도 발행을 하게 되었지요."

하고 氏는 과거의 출판사업에 있어 그것이 가장 인상 깊은 듯이 말하신다.

"그러면 그 때 잘 팔리던 책이 무엇이었습니까?"

"역시 그저 尺牘類와 춘향전, 심청전 이런 것들이었지요."

"실례올시다만 그래 그 시절에 얼마나 모았습니까?"

"뭐 모을 게 있나요? 원체 값이 적은 것이 되어서 몇 푼씩 남습니까? 利를 좀 봤다는 게 그저 이것저것 여럿을 파는 가운데서……"

하다가 사환아가 전화를 잘 받지 못하는 것 같은지 손수 일어서 수화기를 받아든다. 무슨 서적 주문이 들어온 양 무슨 책이 어떻고 어떻고 한참 奔走하시다. 돌아오기를 기다려

"앞으로는 어떠한 서적의 출판에 主力하시겠습니까?"

하고 다시 말을 P속했다.

"네 그저 닥치는 대로 하겠습니다."

"문예서적을 출판할 의향은 없으십니까?"

"그저 무엇이나 닥치는 대로 해볼까 합니다."

"그런데 출판하는 책에 있어 그 내용보다도 제목으로 팔리지 않습니까?"

"출판을 해보면 그렇지도 않습니다. 제목이 좋으면 발행 당시에는 좀 팔립니다. 그러나 두고 지나보면 그렇지도 않아요."

"그러면 내용이 결국은 좌우하는 모양이군요?"

"글쎄올시다. 그런데 보십시오. 이러이러한 책을 출판하면 잘 팔리리라는 자신을 갖고 해도 안 팔릴 때가 있고, 그와 반대로 이런 건 시원치 않은데 하고 자제를 하다가 한 것도 그것이 의외로 잘 팔릴 때가 있지요."

하고 시는 그 알 수 없는 독자의 심리에 퀘슈춘막을 기다랗게 한번 표정으로 그리며 그 알 수 없는 원인에 같이 의아해 달라는 듯이 기자를 바라본다. 그러나 기자 그렇지 않은지라 독자의 심리를 해부하기에 간난을 느낀다. 화제를 돌려

"그래 그렇게 돼서 실패하여 본 적이 있습니까?"

"네 그러니까 의외에 실패도 하고 의외에 이익도 보게 되지요. 허"

하고 씨는 실패는 보아도 한낱 재미스러운 현상이라는 듯이 빙긋이 웃는다.

"잡지는 어떤 것이 많이 나갑니까?"

"잡지요? 잡지는 〈朝光〉이 제일 많이 나갑니다."

"네, 〈조광〉이 많이 나가요?"

기자 〈조광〉이 제일 많이 팔린다는 데 아니 반가울 수 없어 다시 한번 재처 물으니
"이 위에 박문서관, 또 저 건너(德興書林을 가리키는 모양)도 있고 해서 갈려서 그렇지 혼자만 팔면 상당히 팔릴 것입니다."
"네, 참 그렇겠군요. 출판계에 대한 무슨 요망은 없으십니까?"
"없습니다."
"朝鮮文人에 대한 요망은 없으세요?"
"뭐 있을 게 있습니까. 또 있대야 뭐……"
"실례올시다만 한 달 매상은 얼마나 됩니까?"
"네 年收가 한 육십만여 원 되지요."
"네, 그러세요. 이거 분주한데 실례했습니다. 선생의 사진을 하나 주셨으면?"
하고 요구하여 사진 한 장을 받아들고 나왔다.
— 「尺牘類에서 産聲을 發한 永昌書館의 今日―只今은 六十萬餘圓의 賣上」 『조광』 1938.12(4~11) 316~319쪽 (記者 作成)

수정증보조선어사전 | 문세영 1946.5 1854쪽 500원 出

수정증보조선어사전 | 조선어사전간행회 1949.1.31 1854쪽 3500원 22㎝ 印서울인쇄사
　　　　제본협신제본사 朴

朝鮮의 悲劇 | 黃中燁(진해고등상선학교)(FA맥캔지) 1946.7.20 150쪽 35원 18㎝ 印신한인쇄㈱

하이네詩集 | 金時弘(하이네) 1946.7.31 233쪽 35원 15㎝ 印보성사 金湖星 裝幀

빠이론詩集 | 金時弘(빠이론) 1946.7.31 144쪽 30원 15㎝ 印보성사 朴

초등영어문법 | 영창서관 편 1946.8.31 25원 印보성사 i

新修 國漢文大辭典 | 宋完植 編 1946.10.2 881쪽 18㎝ 印중앙인쇄소

家庭讀本 | 李萬珪 1946.10.31 245쪽 80원 18㎝ 印대건 金湖星 裝幀

주해부음무쌍금옥尺牘 | 편집부 1946 132쪽 雅

魔都의 香불 | 방인근 1947 533쪽 120원 19㎝ 韓

李舜臣 | 李光洙 1948.8.31 469쪽 600원 18㎝ 印협진 매영창 金湖星 裝幀

黑頭巾 | 윤백남 1948.8 526쪽 500원 出

久遠의 女像 | 이태준 1948.9 353쪽 500원 19㎝ 韓

젊은 그들 上卷 | 金東仁 1948.10.20 414쪽 600원 19㎝ 印고려문화사 김호성 장정 i

젊은 그들 下卷 | 金東仁 1948.10.20 850쪽 600원 19㎝ 印고려문화사 김호성 장정 i

黃昏 | 한설야 1948.11 750원 出

어머니 | 李箕永 1948.12.20 684쪽 800원 18㎝ 印협진 제본協信 金湖星 裝幀

水平線 넘어로 | 金東仁 1949.5.30 466쪽 650원 印보성사 김호성 장정 i

자전석요 | 지석영 편 1949 800원 韓

女人盛裝 | 박태원 1949 574쪽 750원 19㎝ 韓

행복 | 엄흥섭 1949 322쪽 450원 19㎝ 韓

海鳥曲 | 윤백남 1949 593쪽 750원 19㎝ 韓

먼동이 틀 때 | 이무영 1949 450쪽 650원 19㎝ 韓

조선구전민요집 | 김소운 1950.4.20 606쪽 3500원 21㎝ 韓

영창서관 로고들

영화시대사 본정3정목 34-1　（발)韓鏡　（주필)朴嶁越

俳優의 手帖 ┃ 영화시대사 편 1949 160원 韓

金笠詩集 ┃ 이응수 역편 1949 151쪽 230원 15cm 韓

（잡지）〈映畵時代〉續刊

영화출판사

수험참고명해국사 ┃ 손보기 외 1950.6.15 全

藝文閣 을지로1가 1

民族 前篇 ┃ 朴鍾和 1947.6.20 292쪽 280원 18cm 印서울공인사 李承萬 裝幀
民族 後篇 ┃ 朴鍾和 1947.9.15 292쪽 280원 18cm 印서울공인사 李承萬 裝幀
檀君聖跡巡禮 ┃ 玄鎮健 1948.2.23 108쪽 180원 18cm 印평화당 金奎澤 裝幀

예문각 로고

예문각 인지(월탄)

藝文出版社 李東烈　충무로2가60

共産主義論 ┃ 李相殷(가회동1-63)(H·J·라스키) 1947.8.10 199쪽 170원 印고려문화사 朴

藝術部落社 명치정2정목69　조연현　26cm

（잡지）〈藝術部落〉

예술시대사

（잡지）〈예술시대〉

藝術新聞社 林春吉 김용호　종로1가42　등록번호72

1947年版 藝術年鑑 ┃ 金容浩 編 1947.5.1 175쪽 150원 18cm 印조선노트 白泰元 裝幀
새 무용 안무집 ┃ 朴勇虎 편 1947.4 15쪽 35원 26cm 韓

예술신보사

（잡지）〈예술신보〉

예술영화사 李喆燦

（잡지）〈예술영화〉부정기

예술타임스사 韓鍾植

（잡지）〈예술타임스〉월2회

예술통신사

전국음악경연대회지정곡집(문교부주최) ┃ 문교부교화국예술과 편 1946 73쪽 80원 26㎝ 韓

藝術評論社 필동3가 79 채규철

(잡지) 〈藝術評論〉

예천서부공립국민학교

졸업기념-제5회 ┃ 예천서부공립국민학교 1950.3 진미현사진관 ⓘ

五線社 金夕園

건국학도가 ┃ 金炯奎 작시 金炯來 작곡 李宥善 감수 1946.10.10 8원 ㊞한양인쇄소 황금정4정목39
㉹무명악기점 ⓘ

애창곡집 제1집 ┃ 李寅善 편 1948 38쪽 500원 30㎝ 韓

溫文舍 朴泳洙 남대문로2가 등록번호308(1947.10.1)

朝鮮史精解 ┃ 朴奉石(회현동1가 37) 1949.6.21 292쪽 480원 18㎝ ㊞國立圖書館館友會
등록번호151(1947.9.30) ㉹國立圖書館事業會 圖書斡旋系 남대문로2가

感想集 生活의 香氣 ┃ 崔載喜 1949.10.15 150쪽 320원 18㎝ ㊞國立圖書館館友會

現代朝鮮名詩選 ┃ 徐廷柱 編 1950.2.15 268쪽 600원 18㎝ ㊞국립도서관관우회 洪祐伯 裝幀

噫無情(一名 짠발쨘)世界名作文庫① ┃ 南薰(빅톨유고) 1950.6.5 217쪽 350원 15㎝ ㊞국도관우회

집없는 아이 ┃ H마로 1950 350쪽 660원 19㎝ 韓

온문사 로고

용산공립중학교

(잡지) 〈文苑〉

우리공론사

(잡지) 〈우리공론〉

우리文學社 洪九 茶屋町61

詩集 心火 ┃ 朴芽枝 1946.3.10(3천부) 90쪽 15원 18㎝ ㊞수영사 ㉹문우사 통의정134 李周洪 裝幀

解放記念詩集 횃불 ┃ 朴世永 外 1946.4.20(3천부) 151쪽 25원 18㎝ ㊞수영사 ㉹문우사 李周洪 裝幀

(잡지) 〈우리文學〉

우리문화사 (책임)蕃鈺 황금정2정목195 洪九 소공동93 등록번호275

쏘聯邦憲法 ┃ 朝鮮産業勞動調査所 譯編 1945.11.7 88쪽 7원 ㊞行政學會 ⓘ

옳은 노선을 위하야 ┃ 조선산업노동조사소 편 1945.11 96쪽 10원 ㊍

중국공산당과 민족통일전선 | 조선산업노동조사소 역편 1945.12 56쪽 4원 出

국제공산당선언강령규약–일명콤민테룬선언강령규약 | 청년전선사 역편 1946.1 126쪽 30원 出

(1)쏘베트동맹의 국가와 정부의 성질에 관한 자료 (2)공장신문에 관한 결의(1925년) | 조선산업노동조사소 역편 1946.2 40쪽 8원 出

사회주의와 종교 | 조선산업노동조사소(레닌) 1946.3 57쪽 6원50전 出

당조직활동의 ABC | 姜文錫(A웨벨) 1946.6 89쪽 18원 出

일본공산당선언강령규약 | 청년전선사 1946.6 29쪽 7원 出

제1회 전세계노동조합회의 의사록–부록:세계노동조합연맹의발족 | 조선산업노동조사소 역편 1946.6 115쪽 30원 出

조선 인민에게 드림–박헌영선생논설① | 박헌영 1946.8 206쪽 40원 18㎝ 出

반팟쇼통일전선의 경험과 비판 | 조선공산당중앙위청년부(위르헤·파크) 1947.4 113쪽 80원 出

우리사 宋春奉 묘동130 등록번호429

公式表 | 李熙哲 1948.3 120원 出

우리書院出版部 全禹鎭 경운정69 등록번호445 좌협회원

聯合政府論 | 申如勤(모택동) 조선좌익서적출판협의회 감수 1946.3.1 117쪽 10원 金洪漢 발행 朴

中國共産黨 最近의 動向 | 朝鮮左翼書籍出版協議會飜譯部 譯 1946.4.28 93쪽 25원 18㎝ 印명문인쇄소 賣우리서원

쏘련헌법 | 金完稷 역 1946.6 115쪽 15원 出

강철(전편) | 조선맑스엥겔스레닌연구소(느요쓰뜨롭쓰끼) 1946.6 203쪽 30원 出

레닌과 勞動組合運動 | 朴一龍(로조프스키) 1946.8.15 99쪽 18㎝ 印근영사 賣우리서원

巴里콤뮨 | 李錫台 1946.10 58쪽 15원 出

一般哲學史 | 우리書院出版部(미-친外) 1948.5.24 151쪽 200원 18㎝ 印李三成 삼청동18

新민주주의론 | 眞理社(모택동) 1949 72쪽 40원 19㎝ 韓

(잡지) 〈노동자〉

宇信商事出版部 李宇榮(신설정132–153) 신설정142

國際殺人事件 | 李宇榮 著作兼發行 1946.10.15 76쪽 25원 印李宇鳳 賣寶文書舘 ℹ

우신사

세계명작총서(제1권) | 우신사 편 1948 421쪽 650원 19㎝ 韓

운수국공무과건우회사업부

鐵道關係建築工事見積積算參考集 | 운수국공무과건우회사업부 편 1946 219쪽 50원 21㎝ 韓

운수국운전과내운전협회

(잡지) 〈運協〉

雄辯俱樂部出版部　姜齊煥　사직정1번지　사직동262-4 사직공원 좌측　등록번호224(1947.9.20)

政治要論 ┃ 金炳淳　1945.10.30(初)1946.2.20(再)　94쪽　10원　18㎝　印共信　청진정188

新國民讀本第1卷 ┃ 金炳淳　1946.1.15　61쪽　6원　18㎝　印서울인쇄소

新國民簡牘 ┃ 白世明 편　1946.1.15　63쪽　6원　18㎝　印서울인쇄소　朴

新政治思想 ┃ 金炳淳(럿셀)　1946.1.25　90쪽　12원　印서울인쇄소　i

第二大戰의 遠因近因 ┃ 김병순　1946.2　52쪽　8원　出

신달타(한 印度의 詩) ┃ 金俊燮(헬만·헷세)　1946.6.5　59쪽　15원　18㎝　i

三八度線에 異狀 있다 ┃ 강제환　1946.6.20　128쪽　30원　i

哲學要論 ┃ 金俊燮　1946.6.　182쪽　20원　18㎝　印경성인쇄(株)

朝鮮最近三大運動史 ┃ 趙鍾浯 撰　1946.8.11　57쪽　50원　i

崔海月先生一代記 ┃ 趙鍾浯　1946.8.21　59쪽　25원　18㎝　印한성인쇄소

孫秉熙先生傳 ┃ 趙鍾浯　1946.9.15　78쪽　25원　18㎝　印경성인쇄

島山安昌浩雄辯全集 ┃ 姜齊煥 編　1950.5.20(初)5.25(再)　276쪽　800원　19㎝　印백영당　金暎奎 裝幀

雄辯文化社　趙萬石(사단법인 청년웅변협회)　교남동125　등록번호275

最新模範 式辭演說雄辯大鑑 ┃ 李奇南(을지로2가65)　1950.5.15　348쪽　850원　18㎝　印世文社　남산동3가13

(잡지) 〈雄辯〉

웅변사

(잡지) 〈雄辯〉

원불교원광사

(잡지) 〈원광〉

원불교중앙총부원광사

불교의 인생관 ┃ 朴昌基 1949 105쪽 200원 19㎝ 韓

有吉書店　申在永　서대문동1가3번지　종로1가60　등록번호77(1947.3.15)

朝鮮名士書翰大集 ┃ 李宗壽 편 1946.5.1 289쪽 35원 19㎝ 印同인쇄부 韓

金笠詩集 ┃ 李應洙 1946.10.15 152쪽 30원 15㎝ 印유인창 저동2가84번지

현대여성해부 ┃ 유길서점 편 1946.11 54쪽 20원 出

레닌主義哲學 附錄 國際赤色데이解說 ┃ 崔鉉 譯 1947.3.20 73쪽 40원 19㎝ 매유길서점 朴

問題敎授法 ┃ 金雲漢 1947.4.10 61쪽 50원 19㎝ 印上黨인쇄소 청주 본정4정목 i

국사학습사전-유길학습사전④ ┃ 신조선아동문화건설회 편 1948.5.15 200원 15㎝ 印선광 i

잇과학습사전 ┃ 신조선아동문화건설회 편 1948.6.20 150원 印선광 i

지능고사공부(6-1,2) ┃ 신조선아동문화건설회 편 1949.1.10 250원 印선광 i

有文閣　安承烈(돈암정111-1)　낙원정209

조선사상사 ┃ 장도빈 1945 28쪽 비매 21㎝ 雅

朝鮮獨立殉國烈士傳 第一集 ┃ 朴泰遠(돈암정487-22) 1946.1.28(初)2.15(再) 74쪽 7원 18㎝ 印청구사

유문각 로고

유문각 인지(박태원)

유문사

국문단어의 종합적 정리 ┃ 이병기 감수 1950 276쪽 i

有廈出版社

鷺山文選(野花集) ┃ 李殷相 1947년도판 624쪽 450원 18㎝ 印대건 매영창서관 金湖星 裝幀

陸軍本部作戰敎育局

군가집 ┃ 육군본부작전교육국 편 1949.4.1(서문일자) 134쪽 i

陸軍本部情報局

防諜과 國防 ┃ 陸軍本部情報局 1950.4.25 48쪽 18㎝

陸軍士官學校敎務處

(잡지) 〈陸士之光〉

陸軍本部政訓監室 한강로

十勇士傳 | 政訓監室 編 1949.9.20 193쪽 250원 18cm [印]정훈감실

(잡지) 〈國防〉

育文社 李康俊 관훈동198 등록번호144(1947.9.20)

四十年 | 朴魯甲 1948.7.30 308쪽 480원 18cm [印]조선노트제조인쇄 [朴]

검정시험안내 | 愼翼成 1948.8 150원 [出]

초등새글씨본 | 이철경 1948.9.5 50원 [印]보진재 [i]

창작집 목넘이마을의 개 | 황순원 1948.12.7 272쪽 400원 18cm [印]협진 鄭玄雄 裝幀

育生社 洪錫禹 혜화동113-2 등록번호595

實習錄 | 朝鮮教材社 편 1948.8 250원 [出]

詩集 잠자리 | 蒼氓人(李雪舟) 1949.10.9 148쪽 250원 18cm [印]대동 吳錫九 裝幀

敗走病院船의 愛慾 | 金顯濟(尾高芳雄,弓田미네) 1950 187쪽 500원 19cm [韓]

育成閣 崔大鎔 을지로1가12 등록번호349(1947.10.1)

변호사시험수험비결 | 최대용 1948.4 310쪽 400원 19cm [出]

刑法概論 | 李鍾基 1949.10.10 233쪽 600원 18cm [印]대한인쇄

헌법요론 | 金潤根 외 1949 350쪽 600원 19cm [韓]

변호사시험답안집(상권) | 육성각 편 1949 400쪽 600원 [韓]

국가시험문제모범해답집-민법.민사소송법.국제사법 | 육성각 편 1949 344쪽 600원 19cm [韓]

채권총론 | 鄭義和 1949 221쪽 500원 19cm [韓]

(잡지) 〈受驗界〉

育英社 黃宗連 종로1가74 등록번호159(1947.9.20)

朝鮮英雄名賢傳-學生大衆讀本 | 咸敦益 1949.3.25 266쪽 500원 21cm [印]보성사 [매]평화당

銀映社

(잡지) 〈銀映〉

을문관

한영사전 | 卞仁善 1945 1114쪽 60원 15cm [韓]

乙酉文化社 閔丙燾 종로2가82 영보삘딩 등록번호248(1947.9.20)

연혁 •1945.12.1: 서울시 종로구 종로2가 영보빌딩 삼층 一隅에서 동인 수명이 을유문화사를 창설하고 부대사업으로 조선아동문화협회를 조직함. •1946.2.11: 아동잡지 〈주간소학생〉 창간 •1946.2월 중순부터 일반단행본 출판 개시 •1946.11월부터 戰災학도(초등생) 60명에게 향10개월간 장학금을 수여 •1947.3월 조선문화총서 제1집 간행 •1947.4월 주간소학생을 소학생으로 개제하여 월간으로 전향 •1947.5월 조선어학회 편찬 조선말큰사전 계약 •1947.9 소학생을 위한 음악연주회 개최 과학동우회와 공동주최로 우리과학전람회 개최 •1947.10월 조선말큰사전 제1권 간행 •1947.12월 을유문고 간행 •1948.2월 『임거정』 제1권 간행 •1948.4월 『호우총과 은령총』 발간 •1948.5월 조선농업문고 제1집 발간 •1948.10월 학술지 〈학풍〉 창간 •1949.2월 학술지 〈진단학보〉 속간 • 1949.2월 공업문화총서 제1집 『면방직』 출간 •1949.3월 『조선말큰사전』 제2권 출간 그리하여 오늘날에 이르기까지 총서류 4종목, 단행본 약 180종, 정기간행물 2종을 발간하여 강호독자의 절대한 애호를 받고 있다.

을유문화사의 지향 1.원고를 엄선하여 민족문화 향상에 기여하자. 2.교정을 엄밀히 하여 오식이 없도록 하자. 3.제품을 지성으로 하여 독자의 애호를 받자. 4.가격을 저렴히 하여 독자에게 봉사하자.

빛나는 민족문화─본사 감행 '총서'의 실력을 과시

우리나라 민족문화의 총결산으로 국내학계는 물론 구미 각국의 학계에서도 중요시하고 있는 본사 간행의 조선문화총서는 이번에 두 가지 대저를 내외독자에게 보낸다. 그 하나는 함화진 씨 저의 『조선음악통론』이오 또 하나는 손진태 씨 저의 『조선민족사개론』이다. 함화진 씨는 이미 다 아는 바와 같이 우리 국악의 유일한 계승자로 60평생을 오직 국악연구에 바친 국보적 존재이거니와 씨가 고전을 연구, 정리하기 십여 년 이제 처음으로 『조선음악통론』을 내놓으니 이로써 우리들은 우리 민족음악의 전모를 더듬어 알겠거니와 이러한 문헌은 서양음악을 연구하는 학도에게도 또한 귀중한 연구재료가 될 것이다. 본사에서는 책의 성질에 따라 이를 1천부 가량 제한하여 발행하였다.(1천원) 손진태 씨의 『조선민족사개론』으로 말하면 씨가 일찍이 일본의 조도전대학 당시부터 민속학을 통한 조선역사연구에 몰두하여 이래 20년에 가까운 연구를 거듭해오던 중 세월을 만나지 못하고 오직 서재에서 연구를 거듭 해오던 터인데 해방을 당하여 곧 정리와 집필에 종사하여 마침내 우리나라 통사에 새로운 기원을 이루었다. 본편은 상고사로부터 여초에 이르기까지의 서술로써 역사를 공부하는 이의 큰 과제요 개척부면인 상고사에 대한 뚜렷한 규명을 하여 사학의 주목을 끌 것으로 기대된다.(6백원) 본사 발간의 조선문화총서는 지금까지 전후 아홉 권을 발간하였고, 현재 진행 중인 것이 사오 편 있는데 이 총서는 한국민족문화 연구의 최고의 자료라 하여 구미 각국 대학 및 도서관에서 주문이 들어와서 다음과 같은 방면에 각기 1부 혹은 2부씩 발송하였다. 불란서 소르본느대학, 리용대학, 영국런던대학, 미국캘리포니아대학, 컬럼비아대학, 의회도서관.　　　　　　　　　　　　　─『출판대감』91쪽

乙酉文化史 편

말씀해 주신 분: 徐洙玉(70·대한출판문화협회 부설 출판대학 강사· 전 을유문화社 편집상무)

　　일제의 압제에서 막 벗어난 1945년 12월 "출판사업이야말로 가장 중요한 建國사업"이란 기치 아래 창립된 乙酉文化史는 해방 직후 가장 활발한 활동을 펼친 출판사들 가운데 하나이다. 을유문화사에서 30여년 간 편집자로 일했던 徐洙玉 씨로부터 당시의 이야기를 듣는다.(편집자 주)

─乙酉文化史가 건국 후의 우리 문화·학술계에 끼친 공로와 업적이 크다는 것은 누구나 인정하는 사실입니다. 30년 가까이 을유에서 편집일을 맡아하신 선생님을 모시고 많은 말씀을 듣고자 합니다. 먼저 창사 당시의 社是와 창업에 얽힌 이야기를 들려주십시오.

　　"을유문화사 나름의 '출판의 지향'이란 것이 있었습니다. 첫째 원고를 엄선하여 민족문화 향상에 기여한다는 것이고, 둘째 교정을 엄밀히 해서 오식이 없도록 하며, 셋째 제품생산에 지성을 다해 독자의 애호를 받을 수 있게 하며, 마지막으로 가격을 저렴히 하여 독자에게 봉사하자는 것입니다. 말하자면 좋은 원고를 엄선하여 정성껏 만들어 싸게 팔자는 것이지요. 한마디로 양심적인 출판을 하자는 것이었죠."

─초창기 편집진의 구성과 그분들에 대해서 말씀해 주시지요.

　　"乙酉文化社에는 네 분의 주춧돌이 있었습니다. 전 한국은행 총재로 사장이기도 하셨던 閔丙燾 씨가 자금을 염출하는데 주력하셨고, 조흥은행의 전신인 한성은행 출신으로 현회장인 鄭鎭肅 씨가 영업을 담당하는 전무로 계셨죠. 편집은 趙豊衍 씨와 아동문학가인 尹石重 씨가 맡았습니다. 1948년에 제가 입사해서 보니까 조풍연 씨는 〈소학생〉을 위시한 초등학교 아동을 위한 도서와 일반지식인, 대학생을 상대로 한 〈學風〉을 만들고 있었고, 윤석중 씨는 아동관계서적과 일반 단행본을 맡아서 편집하고 계셨습니다. 이분들 말고도 실무진으로 많은 분들이 수고하셨어요. 잡지과에서는 전 국회의원이기도 하셨던 박현서 씨가 〈주간소학생〉을, 그리고 배화여고 교장으로 불문학자인 안효식 씨가 조풍연 씨와 함께 〈학풍〉을 제작했습니다. 이밖에도 일일이 거명할 수는 없지만 뛰어난 일꾼들이 많았던 걸로 기억됩니다."

─출판에서 필진의 중요성을 간과할 수 없는데 을유문화사의 필진 선정과 섭외는 어떻게 하셨습니까.

"조풍연 씨의 활약이 대단했습니다. 부지런하고 다재다능한 재사로 학계의 중진들을 을유의 필진으로 끌어들이는데 큰 몫을 했습니다. 이병도, 조윤제, 김상기 박사 등을 섭외해서 '문화총서' '대학총서'니 하는 것들이 나올 수 있게 했죠. 특히 이상백 씨는 을유문화사의 고문 역할을 하시면서 많은 도움을 주셨습니다. '을유문고' ,'대학총서', '문화총서'의 간행사를 모두 이상백 씨가 썼을 정도였으니까요."

─선생님의 입사 동기가 특별하다던데 그 일화를 들려주십시오.

"예. 저는 해방을 전후로 해서 안양국민학교에서 교편을 잡고 있었습니다. 그런데 해방을 맞고 보니 우리말과 역사를 소중히 여기고 아이들에게 가르쳐야겠다는 생각이 들더군요. 해서 국어, 국사 강습회에 열심히 뛰어다니고 조선아동문학협회에서 나오는 간행물을 학급도서로 비치하기도 했습니다. 또 아이들에게 〈주간소학생〉에 투고를 시켜 작품이 소개되도록 했어요. 그런데 잡지의 오자나 맞춤법이 틀린 것을 지적해서 을유의 편집실로 자주 보냈더니, 답신이 왔는데 서울에 오는 길이 있으면 한번 방문해 달라는 거예요. 그래서 들렀더니 당시 조풍연 국장이 정색을 하며 반기더군요. 이름으로 봐서 여선생인줄 알았나 봐요. 어쨌든 그렇게 해서 입사 권유를 조풍연 씨와 윤석중 씨로부터 받았지요. 1948년 입사해서 1978년 나왔으니 30년을 을유와 함께 산 셈입니다."

─1946년 1월 창립된 조선아동문학협회는 해방과 함께 국어교육의 필요성이 절실할 때 좋은 책을 많이 내며 중요한 역할을 했다고 봅니다만.

"그렇습니다. 특히 〈주간소학생〉은 기획이 퍽 잘되어서 많은 독자를 확보했어요. 정현웅 씨가 그림을 그렸고 다색도로 인쇄해서 양서보급의 역할을 톡톡히 했습니다. 나중에 월간이 됩니다만 〈주간소학생〉은 초등학교 3학년 쯤의 아동을 대상으로 하는 좋은 잡지로 기억에 남습니다. 국어교과서가 특별히 없던 때라 일부에선 교재로 활용하기도 했죠."

─제가 볼 때 을유문화사의 독특한 점은 민족문화의 재발견과 관련된 기획출판에 있다고 보는데, '조선문화총서' '국립박물관연구시리즈' '을유문고' '조선농업문고' '조선공업문화총서' 등이 있었던 걸로 알고 있습니다. 기획은 어떤 분들이 하셨는지요.

"조풍연 씨와 윤석중 씨가 안을 내면 민병도 씨와 정진숙 씨가 채택해서 출판하였습니다."

─이른바 월북작가 작품집도 상당수 펴낸 것으로 알고 있습니다. 그 부분에 대해서 한 말씀 부탁드립니다.

"홍명희의 『임꺽정』은 제가 입사하고 나서 판매금지가 되었습니다. 책은 창고에 쌓여 있는데 판금이 되니까 아는 사람들이 오면 '쉰떡 돌리듯이'줘서 보내곤 했습니다. 이태준의 『사상의 월야』나 정지용·김기림 등의 작품들은 그분들이 6·25 후에 월북되거나 납북된 인사들이니까 그냥 판매했습니다. 정지용 시집은 많은 판매부수를 기록했습니다."

─조선문화총서'와 '을유문고' 그리고 학술지인 〈학풍〉에 대해서 말씀해 주십시오.

"'조선문화총서'는 상당히 빠른 속도로 나왔습니다. 1948년경에 이미 7~8권이 출판될 정도였습니다. 조풍연 씨, 윤석중 씨가 기획을 하였고 이상백 씨의 자문을 받아서 학자들에게 원고를 청탁했어요. 이 '문화총서'에는 이병도 박사 등 7~8명의 박사학위논문이 포함돼 있는 것이 특징이었습니다. 菊半版의 판형으로 6·25 전까지 30여 권이 나왔던 을유문고는 그때의 대학생치고 주머니에 '을유문고' 한 권 들어있지 않으면 행세를 못할 정도로 인기가 대단했습니다. 〈학풍〉 역시 상당히 수준 높은 잡지로 평가받았는데 편집국장 겸 주간은 주간은 조풍연 씨가 맡았고, 안효식 씨가 실무를 주로 했어요. 학술적 내용에 근원 김용준 씨가 표지화를 그렸으니 당시 지식인 사회의 화제가 되기에 충분했죠."

─을유의 중요한 업적으로 『조선말큰사전』 편찬을 꼽을 수 있다고 보는데 여기 얽힌 이야기들을 들려주시죠.

"제가 입사하니까 협진인쇄소에서 제1권을 찍어서 벌써 나왔더군요. 그다음 제2권부터 록펠러재단의 지원을 받았습니다. 이때부터 제가 교정 심부름을 전담해서 한글학회를 오고가면서 일했습니다. 후일담이지만 지금처럼 월부판매제가 있었다면 아마 엄청난 발행부수를 기록했을 겁니다. 3권은 제본 중이었고 4권은 교정을 보는 도중에 6·25가 발발하고 그래서 『조선말큰사전』의 작업은 중단되고 말았습니다. 그러다 부산 피난 중에 정태진 씨 등이 을유의 요청을 받고서 서울신문사에서 나머지 교정을 보게 됩니다. 그런데 이 정태진 씨가 교정 작업을 하시면서 일요일에 양식을 구하러 가다 차량전복사고로 돌아가셨습니다. 하버드大 출신의 한글학자로 유능하신 분이었는데 아까운 분을 잃은 셈입니다."

─을유가 진단학회, 국립박물관과 인연을 맺은 경위는 어땠습니까.

"진단학회와 을유와의 관계는 진단학회 이사장인 이병도 씨가 을유의 양심적인 출판에 대한 믿음과 간부들과의 교분에서 비롯되어졌다고 봅니다. '박물관총서'를 낸 경위도 마찬가지구요. 사실 〈진단학보〉나 '박물관총서'는 수지타산이 맞는 출판은 아니거든요. 기껏해야 학자들이나 도서관을 대상으로 한 성격의 출판이었으니까요. 문화사업 측면에서 기획·제작되었던 거죠."

─6·25로 인해 우리 민족이 받은 타격은 엄청난 것이었습니다. 이 전쟁이 을유문화사에 미친 영향과 피해는 어떠했는지요.

"전쟁 전에 사옥이 종로의 YMCA 건너편의 영보빌딩이었던 걸로 기억납니다. 길 건너 쪽에는 소매부인 '문장각'이 있었고 영보빌딩 지하에는 도매부가 있었습니다. 전쟁이 나서 직원들이 모두 흩어졌습니다. 윤석중 씨는 미8군에서 대북선전물을 제작했다고 하고 조풍연 씨는 문공부에서 일하셨고, 민병도 씨는 부산에서 조흥은행의 상무이사로 취임하셨어요. 결국 정진숙 씨만이 남아 을유를 지금까지 지키게 된 겁니다. 영보빌딩은 전쟁과 함께 민청본부가 되었나 봐요. 수복 후에 돌아와 알았지만, 그들이 후퇴하면서 방화를 한 건지 화재로 책과 장부 등 전재산이 소각되었더군요. 저는 전라도 등지로 피난을 다니다 부산으로 내려갔습니다. 그런데 정재표 씨란 분이 하시던 '신생사'라는 서점에 '을유문화사연락소'가 있다고 해서 찾아갔더니 정진숙 씨, 민병도 씨, 그리고 영업부직원이었던 김석창이란 분만 있어요. 얼마 후에 김석창 씨가 서울서점으로 자리를 옮기면서 제가 다시 을유에 복귀하게 됩니다. 신학기가 돼서 교과서는 만들어야겠는데 지형도 없고 조판 시설도 형편없어서 박술음 씨의 영어책을 사진으로 찍어내게 됩니다. 그런데 제본과정에서 그만 실수를 했어요. 페이지가 바뀐 거예요. 이미 배본이 끝난 상태에서 정정하기 위해 전주와 대구 등지로 쫓아다니며 일일이 잘못된 부분을 수정했어요. 그때의 실수는 지금까지도 잊을 수 없습니다."
―수복 후의 을유문화사의 이야기를 들려주세요.

"환도는 했지만 사옥을 마련하고 온 것이 아니라서 필동에 있던 근화약품주식회사에 일단 임시로 있다가 종로빌딩으로 이전했습니다. 아래층엔 대구로 피난 갔던 '문장각'이 들어오고 2층은 편집부로 사무실을 배정하였습니다. 부산 피난시절에도 최재서가 번역한 『주홍글씨』 등 미국문화원에서 지원받은 구미신서를 몇권 저 혼자 내기도 했지만, 환도 후엔 교과서도 해야겠는데 인원부족이라 충원을 했습니다. 탁경숙 씨란 분이 처음으로 입사해서 『한국사』 교정을 거의 다 보았어요. 큰일을 한 겁니다. 그러다 전에 있던 문용구·박헌서 씨 등이 임시로 와서 합류했어요. 이때 을유의 편집자로 공적을 많이 남긴 통역장교 출신의 안춘근 씨도 문용구 씨의 소개로 들어와 박술음 씨의 자문을 얻어가면서 많은 일을 했습니다. 초기에는 이상백 씨가 을유의 자문역이었다면 그후엔 휘문학교 교장이었던 박술음 씨의 공이 컸습니다."
―이제 그럼 30년간을 편집자의 세계에서 사신 분으로서 우리나라 어문정책 등에 대한 견해를 듣고 싶습니다.

"얼마 전 을유문화사에 갔더니 편집을 담당하고 계신 분이 그래요. 과거에 나왔던 '문학전집'이니 '사상전집'이니 하는 것들을 컴퓨터로 수정해서 가로짜기 개정판을 만든다더군요. 세로짜기는 요즘 독자들에게 먹혀들지 않는다는 거죠. 젊은이들이 학교교육을 받으면서 가로짜기에 익숙해진 건 사실이지만, 이건 습관의 문제라고 생각합니다. 1978년 제가 을유문화사를 나올 때도 교과서를 제외하고는 가로짜기가 별로 없었어요. 억대가 넘는 재정을 들여 단지 독자의 성향 때문에 멀쩡한 책에 손을 댄다는 건 낭비라고 보는데 글쎄 고루한 발상일까요."
―그럼 끝으로 출판계의 원로이신 선생님이 후배들에게 바라는 바나 전하고 싶은 바가 있으시면 말씀을 부탁드립니다.

"어려운 질문이시군요. 제 자신 교육계에 그냥 남았더라면 지금쯤 교장직에서 정년퇴임한 교육자로 남았겠지요. 을유문화사에 제가 입사할 때 조풍연 씨와 윤석중 씨가 이래요. "교단에서 아이들을 직접 가르치는 것이나 아이들에게 좋은 읽을거리를 만들어 주는 것이나 다름없는 일인 듯싶소"라구요. 지금 생각해보면 교육계에서 출판계로의 자리바꿈을 후회하진 않습니다. 피난시절의 실수담처럼 힘든 일도 많았지만 우리문화를 가꾸는데 일조를 했다고 생각하고 있습니다. 30년간 꾸준히 성실하게 일해왔다는 점에선 어느 정도 자부를 할 수도 있으니까요. 요즘 사람들이 들으면 수긍 못할 일이기도 하겠지만 언제 꽃이 피고 지는지 모르고 일요일도 없이 일을 했습니다. 그게 잘한 일인지 아닌지는 모르겠지만 시대가 아무리 변한다고 해도 자기 일에 정열과 힘을 아끼지 않는다는 생활태도는 진리가 아닐까 합니다. 그리고 제가 지금은 출판대학으로 승격된 편집인대학에서 15년쯤 강의를 하면서 느낀 사실인데, 일부 젊은이들은 출판관계 서적을 보면서 열심히 공부도 하고 노력하는데 반해 대부분의 사람들은 그렇지 못한 것 같아요. 예를 들면 용지 하나의 규격과 성질도 제대로 모르고 있는 편집자나 사주들이 많아. 제가 생각하는 편집자의 자세는 늘 공부하면서 자신의 분야에 대한 확고한 신념을 갖는 것이라고 봅니다. 사주가 지시하는 책의 출판이 민족문화의 향상에 도움이 안 된다고 생각된다면 과감히 사표를 던질 수 있는 자세가 올바른 편집자의 모습일 거라고 봅니다."
―바쁘신 시간에 틈을 내어 좋은 말씀 들려주셔서 감사합니다. (정리 〈출판저널〉 최태원 기자)

— 이경훈 『속 책은 만인의 것』(보성사, 1993.12.22) 387~393쪽

가정글씨체첩 ┃ 이각경 쓴 1946.2.1 26쪽 8원 26㎝ 겉장그림 趙炳悳 속그림 金龍煥

새시대 가정여성훈 ┃ 이만규 지음 이각경 쓴 1946.5.1 32쪽 20원 26㎝ 金基昶 表紙畵

靑鹿集 ┃ 朴斗鎭, 趙芝薰, 朴木月 1946.6.6 109쪽 30원 21㎝ 金瑢俊 裝幀 金義煥 素描

詩集 靑鹿集(再版) ┃ 朴斗鎭, 趙芝薰, 朴木月 1949.11.20 109쪽 300원 21㎝ 印채문사 金瑢俊 裝幀 金義煥 素描

芝溶詩選 | 鄭芝溶 1946 82쪽 20원 21㎝ 金瑢俊 裝幀

石艸詩集 | 申應植 1946.6.30 94쪽 25원 21㎝ 金瑢俊 裝幀

Basic English^(상)-영어첫걸음 | IA리챠아즈 1946.11 144쪽 160원 18㎝ 乙

諷刺諧謔家列傳^(漫畫) | 金奎澤 그림 1946.9.1 80쪽 25원 乙

創作集 殘燈 | 許俊 1946.9.20 185쪽 50원 18㎝ 金瑢俊 裝幀

朝鮮文學硏究鈔 | 李熙昇 1946.9.20 105쪽 30원 18㎝

초록별동요집 | 박목월 글 정현웅 그림 1946.10.1 82쪽 30원 乙

조선순교복자전 | 안응렬(아드리앵로네) 1946.10.26 260쪽 120원 ⓘ

종이접기수공책 | 李順伊 모음 1946.10 62쪽 40원 乙

思想의 月夜 | 李泰俊 1946.11.1 318쪽 100원 18㎝ 印협진 尹喜淳 裝幀

苦鬪四十年 | 李克魯 1947.2.1 90쪽 40원 18㎝

쏘크라테쓰의 辨明 | 金恩雨(플라톤) 1947.2.1 77쪽 40원 18㎝ 印대건

春香傳 | 김기창 그림 1946.2.1 96쪽 80원 21㎝ 印조선단식 買

詩와 科學 | 이양하(IA리챠아즈) 1947.2.1 64쪽 50원 18㎝ 乙

美蘇의 敎育制度 | 李相佰,洪淳昶 共編 1947.2.20 168쪽 60원 18㎝ 印협진

創作集 불 | 安懷南 1947.2.20 170쪽 100원 18㎝ 鄭玄雄 裝幀

朝鮮營養讀本 | 韓龜東 1947.3.10 77쪽 90원 21㎝ 印협진

創作集 張三李四 | 崔明翊 1947.4.10^(3000부) 234쪽 200원 18㎝ 印한성당 吉鎭燮 裝幀

麗謠箋注 | 梁柱東 1947.4.20 463쪽 170원 21㎝ 印협진

短篇集 巫女圖 | 金東里 1947.5.10 217쪽 180원 18㎝ 印협진 金瑢俊 裝幀

短篇選 福德房 | 李泰俊 1947.5.20 174쪽 150원 18㎝ 印수영사 金瑢俊 裝幀

美國論 | 金秉逵 1947.5.20 112쪽 80원 18㎝ 印조선단식

朝鮮民間傳說集 | 崔常壽 1947.7.1 257쪽 250원 18㎝ 印조선단식

심리학 | 글렌키이퍼어 1947.7 20 55쪽 45원 21㎝ 賣문장각

英語發音法 | 金英源 1947.8.10 102쪽 120원 21㎝ 印대건 賣문장각

ENGLAND AND AMERICA^(영문판) | 李仁秀 1947.9.1 120원 93쪽 18㎝ 印협진 賣문장각

조선말큰사전⁽¹⁾ | 조선어학회 1947.10.9^(初)1949.7.1^(再) 564쪽 2000원 26㎝ 印조선교학도서㈜

조선말큰사전⁽²⁾ | 조선어학회 1949.5.5 1178쪽 1500원 26㎝ 印협진

조선말큰사전⁽³⁾ | 한글학회 1950.6.1 1812쪽 2000원 26㎝ 印서울신문사

馬術敎本 | 閔丙瑄 編 1947.10.20 109쪽 90원 15㎝

朝鮮語學論攷 | 李熙昇 1947.11.15 272쪽 270원 18㎝ 印한성당

創作集 麥 | 金南天 1947.11.25 237쪽 200원 18㎝ 印협진 鄭玄雄 裝幀

三代 上卷 | 廉尙燮 1947.11.25 388쪽 350원 18㎝ 印대건 吉鎭燮 裝幀

三代 下卷 | 廉尙燮 1948.11.20 400쪽 600원 18㎝ 乙

三代 下卷 | 廉尙燮 1949.12.25^(再) 388쪽 750원 18㎝ 印중앙 吉鎭燮 裝幀 ⓘ

李敭河隨筆集 | 李敭河 1947.12.25 226쪽 250원 18㎝ 印협진 吉鎭燮 그림

을유문화사 로고들

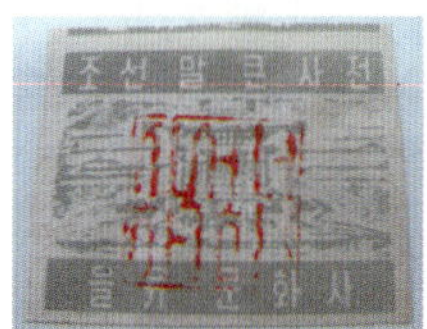

을유문화사 인지들

을유문화사 인지(김용준)

을유문화사 인지
(상심루=이태준)

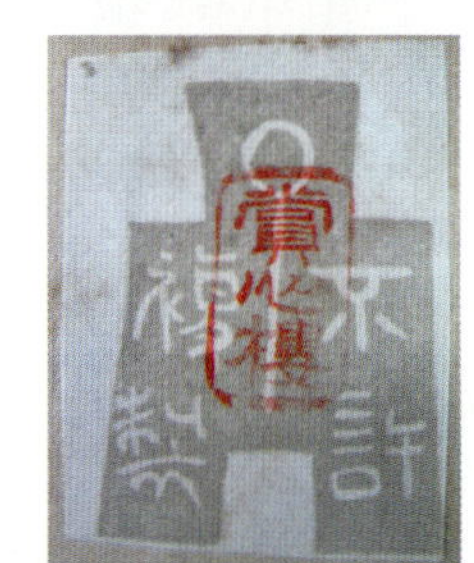

울유문화사 인지(정인보)

朝鮮敎育史 上 | 李萬珪 1947.12.25 404쪽 450원 18cm 印협진

朝鮮敎育史 下 | 李萬珪 1949.2.25 488쪽 750원 18cm 印서울신문사

舊園時調 | 鄭寅普 1948.2.5 140쪽 240원 18cm 印협진 洪命熹 題字

民族理論의 展望 | 金斗憲 1948.2.20 311쪽 400원 18cm 印대동

민주경제론 | 윤행중 1948.4.20 120쪽 180원 乙

近園隨筆 | 金瑢俊 1948.6.30 164쪽 240원 18cm 印서울신문사 著者 裝幀

사랑의 哲學原名 饗宴 | 李康烈(플라톤) 1948.7.15 83쪽 140원 18cm 印협진

朝鮮衣服·婚姻制度의 硏究 | 洪姝瓊,洪茂瓊 1948.7.20 73쪽 140원 18cm 印협진 金瑢俊 裝幀

洋樂鑑賞法 | 文學準 1948.7.20 127쪽 280원 21cm 印협진 趙炳悳 裝幀

중국어교편 | 윤병희 편 1948.7 110쪽 160원 乙

이순신장군역사소설 | 박태원 1948.7 114쪽 180원 乙

철학논총 | 안호상 1948.9.5 250쪽 400원 18cm 乙

朝鮮政治史 | 高權三 1948.9.10 254쪽 400원 19cm 印채문사

철학개론 | 이종우 1948.10.1 212쪽 280원 18cm 乙

美쏘外交秘史 | 黃鎭南,申基彦(번즈) 1948.10.10 161쪽 250원 18cm 印채문사

林巨正 －義兄弟篇一 | 洪命熹 1948.11.15 440쪽 700원 18cm 印서울신문사 金瑢俊 裝幀

林巨正 －義兄弟篇二 | 洪命熹 1948.4.1 412쪽 700원 18cm 印서울신문사 金瑢俊 裝幀

林巨正 －義兄弟篇三 | 洪命熹 1948.6.1 589쪽 750원 18cm 印서울신문사 金瑢俊 裝幀

林巨正 －火賊篇一 | 洪命熹 1948.7.15 480쪽 700원 18cm 印서울신문사 金瑢俊 裝幀

林巨正 －火賊篇二 | 洪命熹 1948.10.15 436쪽 650원 18cm 印서울신문사 金瑢俊 裝幀

林巨正 －火賊篇三 | 洪命熹 1948.11.15 410쪽 650원 18cm 印서울신문사 金瑢俊 裝幀

金佐鎭將軍傳 | 徐廷柱 1948.12.10 176쪽 18cm 印한성당 李秉玹 裝幀

西洋哲學史 | 李載壎 1948.12.10 397쪽 550원 18cm 印한성당

학생조선어사전 | 同社 편 1947(수정판) 223쪽 150원 朴

퀴리夫人 | 安應烈(에브퀴리) 1949.1.20 476쪽 700원 18cm 印협진 趙炳悳 裝幀

待春賦 前篇 | 朴鍾和 1949.2.15 334쪽 450원 18cm 印협진 乙

待春賦 後篇 | 朴鍾和 1949.6.5 330쪽 450원 18cm 印협진

錦衫의 피(역사소설) | 박종화 1949.4 514쪽 乙

心理學槪論 | 李鎭淑 1949.5.20 329쪽 650원 18cm 印대동

실용영어(Practical English) | 金圭植 1949.5 160쪽 330원 乙

育兒法 | 李光根 1949.6.1 184쪽 350원 18cm 乙

인도기행 | 高凰京 1949.6.1 178쪽 330원 18cm 乙

宗敎哲學 | 尹聖範(에밀뿌룬너) 1949.6.15 192쪽 400원 印보성사

朝鮮美術大要 | 金瑢俊 1949.6.15 310쪽 800원 18cm 印보성사

評論集 思想과 自由 | 崔載喜 1949.6.25 239쪽 460원 18cm 印채문사

조선옛말사전 | 이상춘 1949.9.10 325쪽 1000원 18cm

通俗韓醫學原論 | 趙憲泳 1949.11.25 532쪽 乙

國史大要 ┃ 孫晋泰 1949.6.1(初)12.20(再) 259쪽 650원 18cm 印중앙 등록번호62(1947.9.30)

國史大要 ┃ 孫晋泰 1950.1.25(三) 259쪽 650원 18cm 印한성당

法學槪論 ┃ 金安鎭 1949.4.1(初)8.1(再)10.30(三)12.24(四) 341쪽 650원 18cm 印중앙

중학교 들기 위한 소년상식 3000문답집 ┃ 글벗집 편 1949.12 450원 乙

朝鮮歷代女流文集 ┃ 閔丙燾 編 1950.1.1(500부 한정) 577쪽 비매 21cm 印고려문화사

統計學 ┃ 鄭永述(돈암동87) 1950.3.25 270쪽 900원 21cm 印한성당

詩의 理解 ┃ 金起林 1950.4.10 225쪽 18cm 印중앙 김경린 장·안

國史講話 ┃ 孫晋泰 1950.5.1 220쪽 650원 18cm 印협진

經濟原論 ┃ 洪又 1950.5 334쪽 18cm 900원 乙

나의 鬪病記일명 棺속에서 나온 者의 手記 ┃ 金正俊 1950.5 264쪽 800원 乙

多情佛心역사소설 ┃ 박종화 1950.6.10 462쪽 1000원 乙

壺杅塚과 銀鈴塚국립박물관고적조사보고① ┃ 김재원 감수 1948.4.10 250쪽 1200원 乙

朝鮮産蝶類總目錄국립과학박물관연구보고① ┃ 석주명 1947.7 40원 乙

제주도의 접류국립과학박물관연구보고② ┃ 석주명 1948.9 100원 乙

금강산동물지국립과학박물관연구보고③ ┃ 조복성 1948.9 150원 乙

衣服과 創意양재학기초:국립과학박물관연구보고④ ┃ 石宙善 1948.9 120원 乙

綿紡織섬유공업문화총서① ┃ 김병운 1949.2 26cm 乙

力織機學纖維工業叢書第2卷 ┃ 姜昌燮 (공동발행)大韓纖維工業硏究會 1949.9.1(1천부) 184쪽 1800원 26cm
印서울신문사

朝鮮民族說話의 硏究朝鮮文化叢書第1輯 ┃ 孫晉泰 1947.4.1 236쪽 260원 21cm 印대건

朝鮮文化史硏究論攷朝鮮文化叢書2輯 ┃ 李相佰 1947.8.15 339쪽 300원 21cm 印대건

朝鮮塔婆의 硏究朝鮮文化叢書第3輯 ┃ 高裕燮 1948.2.10 269쪽 700원 21cm 印대건

高麗時代의 硏究朝鮮文化叢書第4輯 ┃ 李丙燾 1948.3.30 424쪽 900원 21cm 印대동

朝鮮民族文化의 硏究朝鮮文化叢書第5輯 ┃ 孫晉泰 1948.1.25 451쪽 800원 21cm 印협진

朝鮮詩歌의 硏究朝鮮文化叢書第6輯 ┃ 趙潤濟 1948.4.5 280쪽 650원 21cm 印협진

朝鮮語音韻論硏究제1집•음고조선문화총서⑦ ┃ 이숭녕 1948.12.20 332쪽 21cm 乙

東方文化交流史論攷朝鮮文化叢書第8輯 ┃ 金庠基 1948.6.30 243쪽 500원 21cm 印협진

李朝建國의 硏究朝鮮文化叢書第9輯 ┃ 李相佰 1949.12.20 240쪽 900원 21cm 印중앙

朝鮮音樂通論朝鮮文化叢書第10輯 ┃ 咸和鎭 1948.12.20 236쪽 1000원 21cm 印대동

朝鮮民族史槪論朝鮮文化叢書第11輯 ┃ 孫晋泰 1948.12.20 332쪽 600원 21cm 印고려

朝鮮家族制度硏究朝鮮文化叢書第12輯 ┃ 金斗憲 1949.6.30 786쪽 2200원 21cm 印대동

米作法朝鮮農業文庫4 ┃ 金致善 1948.6.30 97쪽 18cm 印애지사

과수재배법조선농업문고⑤ ┃ 金命潤,崔在甲 1948.6.30 98쪽 150원 乙

農業氣象講話조선농업문고⑰ ┃ 최재갑 1949.2.15 112쪽 160원 18cm 乙

畜産汎論조선농업문고㉓ ┃ 李根台 1949.2.15 84쪽 120원 乙

조선농업기술소사조선농업문고㉙ ┃ 이춘영 1950.2.1 62쪽 140원 乙

要路院夜話記乙酉文庫2 ┃ 李秉岐 選解 1949.5.10 175쪽 220원 15cm 印협진

미른수필집을유문고③ │ 양주동(AA미른) 1948.4.10 136쪽 160원 15cm 乙

전원교향악을유문고④ │ 안응렬(앙드레지이드) 1948.8.15 124쪽 120원 15cm 乙

시경초 詩經抄 을유문고⑤ │ 양주동 역 1948.8.15 182쪽 200원 15cm 乙

科學槪論乙酉文庫6 │ 金起林(JA톰슨) 1948.6.30 303쪽 260원 印근영사

聖誕祭 自選創作集乙酉文庫7 │ 朴泰遠 1948.2.10 236쪽 200원 15cm 印협진 ℹ

이충무공행록을유문고⑧ │ 박태원(李芬) 1948.5.20 138쪽 160원 15cm 乙

조선사교정을유문고⑨ │ 전석담 1948.5.15 156쪽 180원 15cm 乙

슬픈 騎兵을유문고⑩ │ 임학수(T하아디) 1948.6.30 204쪽 210원 15cm 乙

카르멘乙酉文庫11 │ 李彙榮(메리메) 1948.10.20 137쪽 150원 15cm 印서울합동사

경제학입문을유문고⑫ │ 고승제 1948.7.15 218쪽 200원 15cm 乙

橄欖나무밭乙酉文庫13 │ 崔完福(모오팟상) 1948.6.20 149쪽 150원 15cm 印애지사

螳螂의 傳說乙酉文庫14 │ 蔡萬植 1948.10.15 241쪽 240원 15cm 印서울신문사

信仰과 人生을유문고⑮ │ 金敎臣 1948.6.30 210쪽 200원 15cm

좁은 문을유문고⑯ │ 김병규(앙드레지이드) 1948.8.15 260쪽 260원 15cm 乙

하이데커박사의 실험을유문고⑱ │ 주요섭(N호오돈) 1950.4.10 138쪽 250원 15cm 乙

昆蟲記乙酉文庫19 │ 趙福成 1948.12.15 132쪽 140원 15cm 印협진

現代文豪의 民主主義觀乙酉文庫20 │ 權重輝 譯編 1949.12.10 101쪽 150원 15cm 印백양사

소련기행을유문고㉓ │ 윤영춘(郭沫若) 1949.5.10 314쪽 350원 15cm 乙

사회주의사상사을유문고㉔ │ 김경수(후올랜더어) 1949.5.10 244쪽 300원 15cm 乙

漢文學常識乙酉文庫㉕ │ 金東成(徐敬修) 1949.5.10 279쪽 310원 15cm 印한성당

중국민족해방사서설을유문고㉗ │ 李辰永 1949.5.10 380쪽 480원 15cm 乙

그림 없는 그림책을유문고㉙ │ 서항석(안데르센) 1949.6.20 104쪽 130원 15cm ℹ

정치이론과 경제이론을유문고㉝ │ 申泰煥(GDH코올) 1949.11.10 124쪽 220원 15cm 乙

露西亞史乙酉文庫34 │ 洪在益(밀스키) 1949.6.20 137쪽 180원 15cm 印한성당

중국의 문화운동을유문고㉟ │ 민태식(陳高佣) 1949.12.10 136쪽 210원 15cm 乙

중등국어문법 │ 이영철 1948.2 130쪽 130원 乙

우리나라독본 │ 우리나라연구소 편 1949.5 188쪽 340원 乙

우리나라생활 │ 손진태 1949.7.1 220쪽 400원 印협진 ℹ

標準英習字영국교재影刷 │ 을유문화사 편 1948.9 150원 乙

Model English Book② │ 박술음 1950.4.20 全

英文法 THE NEW ENGLISH GRAMMAR │ 京城中等英語敎員會英語敎科書編纂委員會 편
    1946.12.15 186쪽 70원 18cm 印협진

THE NEW ENGLISH READERS BOOK ① │ 京城中等英語敎員會英語敎科書編纂委 1948.8.1 142쪽
    85원 18cm 印協進

THE NEW ENGLISH READERS BOOK ② │ 京城中等英語敎員會英語敎科書編纂委 1948.8.1(수정판)
    189쪽 200원 18cm

THE NEW ENGLISH READERS BOOK ③ │ 京城中等英語敎員會英語敎科書編纂委 1947.3.1 210쪽
    85원 18cm 印협진 ; 1948.8.1 18cm

THE NEW ENGLISH READERS BOOK ④ | 京城中等英語教員會英語教科書編纂委 1947.9.1 160원 18cm [印]협진

THE NEW ENGLISH READERS BOOK ⑤ | 京城中等英語教員會英語教科書編纂委 1947.9.1 18cm [全]

고등적분학·입체기하학 | 최윤식 1948.7 310쪽 700원 [乙]

중등수학① | 정순택 1950 [乙]

요해유기화학 | 田豊鎭,李世萬 1948.7 700원 [乙]

물리학통론 | 辛孝善 1949.8 400원 [乙]

일반과학물상편 제1권 | 신효선,이종서 1946.9.9(서문일자) 77쪽 130원 21cm

일반과학물상편 제1권 | 신효선,이종서 1949.7.1 [全]

일반과학물상편③ | 신효선,이종서 1947.9.1 120원 [印]보진재 [i]

일반과학물상편③ | 신효선,이종서 1950.4.20 [全]

경제지리 | 노도양 1948.9.20 138쪽 250원 [印]漢城堂 등록번호91(1947.9.30)

우리나라사회생활과지리부 | 정갑 1948.9.20 [全]

이웃나라사회생활과지리부 | 정갑 1947.3.1(서문일자) 120쪽 130원 [出]

먼나라사회생활과지리부 | 정갑 1948.5.25 [全]

먼나라사회생활과지리부 | 정갑 1948.8.1 [全]

우리나라생활중학교사회생활과지리부분 | 정갑 1950.4.20 [全]

먼나라생활중학교사회생활과지리부분 | 정갑 1949.9.1 [全]

이웃나라생활사회생활과지리부 | 정갑 1949.7.1 [全]

자연환경과 인류생활중학교사회생활과지리부분 | 정갑 1949.7.1 [全]

일반과학 인류계개정판 | 이덕봉,이덕상 1950.4.20 90쪽 270원 21cm [印]삼영사

일반과학동물계 | 이덕봉,이덕상 1947.9.1 21cm [全]

일반과학동물계 | 이덕봉,이덕상 1950.4.20 [全]

일반과학식물계 | 이덕봉 이덕상 1949.7.1 180원 21cm [印]한성당 [매]문장각

일반과학식물계 | 이덕봉 이덕상 1950.4.20 86쪽 270원 21cm [印]동양노트 등록번호174(1948.9.23)

상업경제상업편: 중학교실업과 | 정영술 1950.4.20 [全]

상업경제-제1,2학년용 | 李亨雨 1947 52쪽 45원 [出]

상업경제(하) | 李亨雨 1947.8 90쪽 65원 21cm [i]

중학교실업과은행부기 | 정영술 1950.4.20 185쪽 455원 21cm [印]고려인쇄소 [매]문장각

(잡지) 〈學風〉

音樂社 崔聖斗 본정1정목18

세계명가곡집 | 최성두 1946.1.20 15원 [印]동양문화출판사 [i]

콜위봉겐 | 최성두 1946.5.20 [冊]

朝鮮童謠百曲集 上篇 | 洪蘭坡 作 崔聖斗 編 1946.6.30 58쪽 50원 26cm [印]보진재 관철동217

박태준동요곡집 | 朴泰俊 1947 40쪽 15cm [韓]

醫友會 全秉勳

(잡지) 〈醫友〉年刊

以文會출판사 梁承勛 을지로3가303-1

한국반백년사 ┃ 양승훈 1949 125쪽 

理想社

撤兵問題 ┃ 朱東明 1948.1 100원

理想書院 朴炳順 을지로1가178 등록번호460

일반경제사 ┃ 최호진 1946.6 220쪽 130원

理想村社 廣州 張時華

(잡지) 〈이상촌〉

二友(商)社 姜興遠 을지로1가199 등록번호787 / 을지로1가62 등록번호40(1949.11.10)

譯詩集 玉簪花 ┃ 金岸曙 譯 1949.12.20 238쪽 600원 18㎝ 印韓興社 예지동108 등록번호199(1949.10.18)

이우사 인지(안서 김억)

梨花女子大學出版部 대현동 산1 등록번호423(1950.2.24)

詩集 望鄉 ┃ 金尙鎔 1939.5.1(初)1950.3.1(三) 57쪽 450원 19㎝ 印대건

(잡지) 〈梨花〉

이화여자중학교

(잡지) 〈배꽃〉

인민문화사 종로3정목83

소비에트 同盟의 實狀(일본어판) ┃ 인민문화사 편 1945.11.15 37쪽 18㎝ 印조선정판사
조선인민공화국의 탄생경로와 중앙인민위원회의 활동 ┃ 인민문화사 편 1945.11 36쪽 2원

人民社 황금정 2정목40 姜大玉 21㎝

(잡지) 〈人民〉

人民評論社 林哲 본정1정목31 충무로1가32 등록번호277

世界의눈에빛인 解放朝鮮의 眞相 ┃ 人民評論社 譯編 1946.8.1 95쪽 28원 18㎝ 印영광인쇄소 황금정 2정목
國際情勢(上)-人評文庫① ┃ 金彰漢 1947.5.18 96쪽 50원 18㎝

(잡지) 〈人民評論〉

인창서관

매국노암살사건 ❙ 이원규 1946 80쪽 40원 19㎝ 韓

똘똘이의 모험 ❙ 李承喆 1946 64쪽 80원 19㎝ 韓

인천공업중학교

(잡지) 〈文鶴〉

仁華출판사

봄은 到處에(소설집) ❙ 이원규 1950 201쪽 180원 19㎝ 韓

一民主義研究院 등록번호804

一民主義의 본바탕 ❙ 安浩相 1950.2.20(初)2.25(再)3.1(三)4.15(四) 86쪽 190원 18㎝ 印박인환 賣조문사

일민주의연구원 로고

一般프린트社 중구 인현동1가136

朝鮮文學史 ❙ 權相老(동국대교수) 1947.11.25 238쪽 350원 21㎝

一成堂書店 黃宗洙 다동12 등록번호74(1947.9.15)

訓民正音通史 ❙ 方鍾鉉 1948.1.20 215쪽 300원 18㎝ 印선광 賣조선서판

湖岩全集 第一卷 ❙ 文一平 1948.3.31 413쪽 비매 21㎝ 印대건

湖岩全集 第二卷 ❙ 文一平 1948.3.31 413쪽 비매 21㎝ 印대건

湖岩全集 第三卷 ❙ 文一平 1948.3.31 413쪽 비매 21㎝ 印대건

朝鮮古語方言辭典 ❙ 金炳濟,丁泰鎭 1948.12.25 244쪽 특제550원,병제450원 19㎝ 印협진

한글강좌 ❙ 유열 1948 286쪽 750원 19㎝ 韓

순정기 ❙ 김송 1948 309쪽 450원 19㎝ 韓

古時調精解 ❙ 方鍾鉉 1949.2.15 379쪽 600원 18㎝ 印협진 賣조선서판 金基昶 裝幀

國文學槪論 ❙ 우리어문학회 1949.10.30 361쪽 1000원 18㎝ 印협진 賣조선서판

文學槪論 ❙ 洪曉民 1949.11.30 166쪽 400원 18㎝ 印협진 賣조선서판

國語學槪論 ❙ 金亨奎 1949.12.30 214쪽 500원 18㎝ 印협진 賣조선서판

歷史小說 張禧嬪 ❙ 尹昇漢 1950.2.20 474쪽 18㎝ 印보성사 賣조선서판 金基昶 裝幀

三國志 卷之四 ❙ 玄載德 역 1950 352쪽 19㎝ i

일성당서점 인지(정태진)

一醒李儁先生記念事業協會 康基德 인사동59 등록번호700(1948.7.22)

한국혼의 부활 ❙ 이준 1946 52쪽 i

海牙密使 ❙ 柳子厚 1948.9.25 132쪽 200원 18㎝ 印동아사 등록번호74(1947.9.30) 賣유길서점

日新社　등록번호158(1947.9.20)

공산당선언 ┃ 카알마르크스 외 1945 46쪽 3원 18㎝ 韓

초등국어참고서5-2 ┃ 장학연구회 편 1948.5.30 54쪽 18㎝ 매學硏社 i

一心社(舍)　洪鳳珍　을지로4가217　沈在吾　등록번호639(1948.4.15)

杞憂 ┃ 朴淵氷 1949.5.18 157쪽 350원 20㎝ 印조선서적인쇄

UNION READERS③ ┃ 洪鳳珍 1947.8.25(初)1948.8.20(再)1949.8.20(三) 126쪽 250원 18㎝ 印보진재
등록번호61(1947.9.30)

(잡지) 〈世界評論〉 (An Anthology of the Review of the World)

일심프린트사

편지 ┃ 함석헌 1948 202쪽 250원 21㎝ 韓

日月社　高在善　종로1가58　등록번호448

조선의 새 주인 ┃ 韓學 편 1947.1.1 冊

文學의 理論과 實際 ┃ 朴英熙 1947.4.25 112쪽 80원 18㎝ 印경성인쇄

(잡지) 〈新少女〉

一六同進會

(잡지) 〈黑鷹山〉

一韓圖書出版社　徐福煥　봉래동1가116　수표동38　등록번호1(1947.12.30)

일한도서출판사 로고

영어문법기초 ┃ 金貴錫 1947.12 出

眞正民主主義論 ┃ 安知鴻 1949.7.5 235쪽 400원 18㎝ 印대동인쇄소

韓國行政法總論 ┃ 黃東駿 1949.8.5 322쪽 700원 21㎝ 印대동

韓國行政法總論 ┃ 黃東駿 1949.8.5(初)11.20(再) 322쪽 900원 21㎝ 印박문

한국행정법(中:공무원법,행정구제법,경찰법) ┃ 황동준 1949.12.25 650원 印보성사 i

두 破産 ┃ 염상섭 1949 262쪽 450원 19㎝ 韓

刑法讀本 ┃ 黃聖忠 1949 180쪽 300원 21㎝ 韓

세계의 역사 ┃ 고병익,郭潤直(르네세디오) 1950 340쪽 1200원 21㎝ 韓

경제원론 ┃ 신태환 1950 500쪽 2000원 21㎝ 韓

상법총칙 ┃ 朱愈淳 1950 292쪽 450원 19㎝ 韓

임마누엘사

(잡지) 〈임마누엘〉

自省文化社 효제정130

中等三角法 參考書 | 편집부 1946.6.10 135쪽 30원 18cm [印]문화당 [매]문화당

작문교본 | 윤태영 1946.7.15(初)10.30(再) 134쪽 35원 18cm [印]문화당 [매]문화당

자성문화사 로고(문화당)

自由文學社 부산

古典文學粹-대학국문학 | 조향 편 1950 343쪽 1500원 21cm [韓]

장로회총회종교교육부 鄭仁果 서대문로2가89 등록번호474

신편찬송가 | 장로회총회종교교육부 편 1935.9.5(初)1949.12.22(七) 416쪽 15cm [印]조일 [매]교문서관 [i]

장로회신학교 (서울남산공원 편집겸발행)박형룡

(잡지) 〈神學正論〉

壯文社 申台熙 종로2가61 등록번호8(1949.1.7) 등록번호795

新玉篇 | 文世榮 1950.2.15(再)4.10(三) 259쪽 350원 15cm [印]고려 [총판]문연사

THE USE OF LIFE(對譯) | 權大周 역 1947.2.10(初)1948.5.10(再)5.25(三)1950.3.1개정(四) 155쪽 700원 18cm [印]서울합동사 [매]문연사

장문사 로고

再建社 안국정177

唯一한 再建精神 强力主義 | 馬鳴 1946.7.5 134쪽 30원 18cm [印]대동

(잡지) 〈再建〉

赤星文化會 李源憲 남대문로1가97 등록번호134 좌협회원

無産階級이야기第二貧乏物語上卷 | 朴雄傑(河上肇) 1946.2.1 113쪽 10원 18cm [印]조선정판사 [매]우리서원 [i]

코민테른대회결정 勞動組合의 指導理論정치교양총서제20권 | 趙元 역 1946.2.10 52쪽 5월 [印]협진 [매]우리서원 [朴]

唯物史觀經濟史資本主義以前 | 車東焆(라피두스) 1946.5.25 77쪽 15원 18cm [印]협진 [매]우리서원 [i]

(잡지) 〈赤星〉

전국농민총연맹선전부

토지개혁은 이렇게 하자! | 전국농민총연맹선전부 편 1947.7 45쪽 35원 [出]

全國文化團體總聯合會 허남대표 문총삘딩 고희동 246 21cm

(잡지) 〈民族文化〉

全國服裝研究會

洋服裁斷全集 ▎韓柏 1949 122쪽 700원 21㎝ 韓

전남국어학회 _{광주 동명동1} 유찬식

（잡지）〈국어교육〉

전남물가감찰서 _{광주}

（잡지）〈호남경제〉

전남산림회 _{광주}

삼림과 벌채 ▎李栽洙 1948 108쪽 200원 19㎝ 韓

全羅南道農業技術院

（잡지）〈敎導月報〉

전라남도청

전라남도도세일반⁻¹⁹⁴⁸⁻ ▎전라남도청 편 1948 249쪽 250원 19㎝ 韓

전라북도학무과

초등지리교본 _{오륙학년용} ▎전라북도학무과 1946.5 印서울인쇄소 賣대영상회 _{전주부 본정3정목100} ℹ

全羅北道厚生局

醫學綱要⁽一⁾▎전라북도후생국 1948.1 78쪽 ℹ

全同盟共産黨中央委員會所屬政治出版部 _{鄭秉謨 을지로3가264}

마륵스,엔겔스,레닌,쓰딸린 傳記 ▎李世麟 譯 1947.5.15 68쪽 18㎝ 印협진 賣우리서원

全北公論社 _{전주부 본정2정목64 선북동48 （편집겸발행）金光弼 21㎝}

（잡지）〈全北公論〉

전북중학교

신편중등한문독본⁽상⁾▎曺龍承 1947.7.5 印동양인쇄사 _{李鳳圭 전주부 청석동64} 賣평화당서점 _{중앙동80} ℹ

全鮮看護協會

（잡지）〈看護大韓〉

전주서문외교회 유년주일학교

어린이찬송가 **|** 조준길 편 1950.1.15 177쪽 15㎝ 등사판

全州專賣局

朝鮮種煙草耕作法 **|** 全州專賣局 92쪽 21㎝ ^(기타사항 미상)

전주해방사

동양사 **|** 전북교육협회 1946 88쪽 ⅰ

前進社 漢城市 中區 大和洞

김일성장군투쟁사 **|** 石單 1946.1 33쪽 5원 出

現代中國革命史 **|** 心鄕學人 1946.4.15 88쪽 12원 ⅰ

한일합병의 비사와 이완용내각의 최후 **|** 진성준 1946 35쪽 淸

（잡지）〈어린이조선〉

젊은이모임出版部 중구 명동78

目的的 生活 **|** 安浩相 著 普成專門哲學硏究會 編 1945.11.28 63쪽 비매 18㎝ 등사판

정경연구회출판부 李晶燮

（잡지）〈政經〉

精巧社 尹殷鏞 세종로15

愛唱歌謠名曲集 **|** 柳錫龍編^(내수동219) 1946.11.5 78쪽 30원 18×11㎝ 印정교사

正文公司

현행 사법경찰관 집무편람 **|** 金鍾三 편 1947.5 160쪽 90원 出

正文舘 李允成 종로1가42 등록번호41(1947.9.15)

한미사전 **|** 卞仁善 1945.12 1114쪽 60원 出

AESOP'S FABLES 에숖우화(上卷) **|** 林圭一 譯 卞仁善 編 1946.7.1 120쪽 18㎝ 印동양문화사공무국

史話集 月下笛聲 **|** 張德祚 1946.2.20 232쪽 25원 18㎝ 印조선단식

最新流行歌集 **|** 李允成 編 1946.7.5 18㎝ 매보문서관 ⅰ

국어사전 **|** 조선도서간행회 편 1946.12 1270쪽 500원 出

국어소사전 **|** 문세영 1947.6.10 244쪽 350원 17㎝ 印선광 ⅰ

한글습자가정편지글 **|** 회월 박영히 지음 갈물 이철경 씀 1947.4.1 52쪽 60원 18㎝ 印수영사 線裝本

징검다리^(시집) **|** 表一浩 1947.7.1 河

정문관 로고

New King Crown Readers Book① ┃ 李圭煥 편 1947.12 86쪽 80원 出

代數精解 ┃ 姜魯植 1947.12 224쪽 200원 出

종합영어분석법 ┃ 온병헌 1947 247쪽 1000원 21㎝ 韓

기초영어5천어집 ┃ 卞仁善 1948.6 280원 15㎝ 韓

행복한 사람들 ┃ 南園(톨스토이) 1948 100쪽 200원 出

國史精解 ┃ 姜草仁 1950.4.10 258쪽 650원 18㎝ 印 조선단식

결혼교본 ┃ 신생활연구회 편 1950 187쪽 500원 19㎝ 韓

精文社 方駿榮 남대문로5가74 종로2가71 등록번호477(1947.10.1)

新自動車關係法規解說集 ┃ 朴鍾文 1950.3.10(천오백부) 434쪽 2000원 21㎝ 印 백영당
매 대한여객자동차협회 을지로6가18

正民文化社 金聲淑 상도동248 등록번호550

國民精神의 確立과 國民皆兵의 意義 ┃ 蔡秉德 1949.11.7 84쪽 120원 印 同社 朴

선전전의 이론과 실제 ┃ 金宗文 1949.12(初)1950(再) 109쪽 i

正相奬學會 貞洞 培材中學校內

隨筆 無常 ┃ 李殷相 1936.11.23(初)1947.6.20(五) 100쪽 120원

정신과학연구회

成功要諦 ┃ 金潤東 1949 114쪽 200원 19㎝ i

精神文化社(목포) 李成萬 대의동1가5 등록번호1101(1949.6.3)

觀相科學 ┃ 朴志遠(목포부 대의동1가5) 1949.6.11 450원 印 목포인쇄소 등록번호1230(1947.12.1) i

木浦 高下鎭史址와 忠武公遺跡 ┃ 李成萬 1949.9.5 32쪽 100원 19㎝ 印 목포인쇄소

불과 불꽃 ┃ 이홍권 1950 100쪽 i

正音社 崔暎海 북미창정93-20 회현동1가3-2 등록번호106(1947.9.20)

문화인의 정음

   모두가 서투른 솜씨로 첫걸음을 나선 8.15! 출판계의 末端에서 있는 힘, 없는 힘을 다하고 나서 돌아다보니 이렇다 할 성과 없는 고무풍선 같은 오늘이 되고 말았다. 누구를 탓할 것 없는 재주 없는 우리들의 所致이다. 오로지 滿天下 讀書子 諸位께 엎드려 빌어 마지 않을 뿐이다. 제 자식이 귀엽고 사랑스러운 건 人情이라기, 정음사도 아래에다 변변찮은 목록을 나열하여 제위께 선을 보이는 바이다. 幸히 여러분의 귀염을 받고 사랑을 받는다면 이 이상 무엇을 더 바라리오. 게다가 우리 문화를 한 걸음이나마 향상시키려는 微衷이 어쩌다가 여러분의 눈에 띄기만 하면 우리들의 바람은 여기서 끝나고 말 것이 아닐까 한다. 봄이 오면 꽃이 피려니 4월의 훈풍이 우리 출판계에도 틀림없이 불어주어 참된 독서자를 위한 출판인이 되도록 마련해주었으면, 출판인으로서 우리들의 기쁨도 여기에 그칠 것이다. (崔暎海)
　　　　　　　　　　　　　　　　　　　　　　　　　　—『출판대감』104쪽

말씀해주신 분: 尹在瑛(78. 당시 정음사 근무. 전 출판협동조합 이사장)

　일제의 문화말살정책으로 갖은 탄압을 겪으면서도 우리말 연구와 보급에 힘썼던 정음사가 우리 出版史에 갖는 의미는 자못 각별하다. 주로 인문서적을 발간함으로써 우리글과 정신을 보존하는 데 주력했던 정음사의 해방 직후 활동을 당시 직접 편집일을 맡았던 윤재영 씨로부터 들어보기로 한다.(편집자 주)

－정음사는 일제 때부터 한글과 역사 관계 양서를 출간해온 출판사로 잘 알려졌습니다. 해방 직후 상황을 당시 입사해 직접 편집일에 종사하셨던 윤재영 씨를 모시고 들어보게 되었습니다. 그럼 정음사와 인연을 맺게 된 동기부터 말씀해 주십시오.

　"제가 해방 소식을 들었던 곳은 만주였습니다. 많은 한민족이 거주하던 곳이지요. 거기서 농장을 경영하기도 했고 만주척식회사에서 일도 봤지요. 8.15로부터 사흘 뒤에야 해방 소식을 듣고, 별다른 준비가 없었던 터라 가족들을 남겨둔 채로 조국에 돌아왔습니다. 그때 저를 포함한 33명의 젊은이들이 뜻을 합해 여운형 계열로 들어갔었지요. 막상 서울에 도착했으나 좌니 우니 정치적으로 소란했을 뿐만 아니라 온 사회가 혼란스럽더군요. 해방 조국을 위해 뭔가 해보겠다는 열정만으로 가득 찼던 33명이 뿔뿔이 흩어져버렸고, 그 중 한 친구와 『한글독본』을 가지고 지방으로 주로 학교를 돌아다니면서 팔았습니다. 정음사책을 취급했으니까 자연 최영해 씨와 만날 수 있었고, 46년에 정음사의 한 가족이 되었습니다. 당시 사무실은 회현동 1가에 있었는데 한쪽엔 잠시 동안이긴 했지만 외솔 선생의 책상도 놓여있었습니다. 박대희 씨, 월북한 柳烈 씨 등 직원이 6~7명 가량 되었고 영업을 맡아하던 이로 정환철이란 사람이 있었지요. 여성도 좀 있었는데 지금은 연락이 끊겼지만 그땐 영업, 편집 할 것 없이 모두가 한 가족처럼 지냈습니다."

[編] 정음사는 일제하인 1928년, 평생을 한글 연구에 몸 바쳐 일한 외솔 최현배 박사에 의해 창설되었다. 동년, 외솔 자신의 문법서인 『우리말본』 제1권과 그 추가본, 그리고 『조선민족 갱생의 도』를 발간했으며, 34년에서 40년 사이에는 『조선중등말본』, 『우리말본』(전3책), 『조선어표준어』, 『한글의 바른 길』 등을 간행했다. 1942년 무렵 『한글갈』을 펴낸 뒤 일제의 탄압으로 활동이 중단되었다가 해방과 함께 외솔의 장남인 최영해 씨가 이어받게 된다. 현재는 그 3대가 운영해나가고 있다.

정음사 책 지방에 공급하다 입사

－최영해 씨는 어떤 분이셨습니까?

　"외솔선생이 교편을 잡고 있던 연희전문에서 수학했고, 제게는 편집의 스승이나 다름없습니다. 그분을 알게 해주는 두 가지 기억나는 일이 있지요. 하나는 '교정은 앉아서 볼 때 다르고, 누워서 볼 때 다르다'는 말입니다. 원문과 착오 없이 완전하게 교정본다는 것은 어려운 일이고 다만 조금이라도 더 정성들여 봐야 한다는 말이겠지요. 또 하나는 어느 신문 기사에 '지난밤 화재로 집이 완전히 타버렸다.'는 대목을 보고 '완전하다'는 표현은 온전하다는 뜻인데 의미상 잘못 쓰였다는 점을 지적하더군요. 언어의 쓰임새에 대한 올바른 지식을 갖춘 편집자의 자질을 일깨웠다고나 할까, 제겐 값진 교훈이 되었지요."

－한글을 지키려는 노력이 대단했던 것으로 아는데 정음사의 社是 내지는 편집방향은 어떠했는지 궁금하군요.

　"일제가 우리말과 글을 말살하려 할 때 '정음'이라는 社名 그대로 한글을 연구하고 이를 널리 펴기 위해 창립되었지요. 처음엔 외솔선생의 한글 관계책을 내는 것으로부터 출발했습니다. 이러한 일련의 출간을 통해 전통적인 것을 복원하려고 했어요. 일제에 의해 단절되었던 순수한 조선으로 돌아가고자 하는 것이지요. 또 그 당시는 좌익 출판이 상당한 비중을 차지하고 있었는데 우리는 일체 취급하지 않았습니다. 좌익서적이 다분히 선동적이라면 정음사는 계몽적이고 일반교양적인 내용을 담은 책들을 주로 출간했다고 할 수 있습니다."

[編] 대한출판문화협회에서 발행한 『대한출판문화협회30년사』를 보면 당시 출판계 상황을 좀더 상세하게 알 수 있다. 일제하부터 정음사를 비롯해 영창서관(유장렬), 한성도서(주)(이창익), 박문서관(이응규), 삼중당(서재수), 덕흥서림(김기방) 등 몇 안 되는 출판사만이 활동해왔는데, 해방과 함께 고려문화사(유명한), 을유문화사(민병도), 일성당(황종수), 서울출판사(권혁창), 민중서관(이병준), 숭문사(한용선), 동명사(최남선) 등이 신설된다. 『출판연감』에 따르면 45년 9월부터 12월까지 약 45개 출판사가 탄생했고, 46년 들어 약 150개사로 늘어났다. 46년 1년간 발행된 출판권수는 천권에 달했고, 단행본 초판 발행부수가 보통 5,000부였다. 이로써 46년 한해 동안 약 500만부의 책이 출간되었던 것으로 추측할 수 있다.

박태원, 방종현 씨 등 자주 들러

－언뜻 보기에도 정음사의 기획은 돋보이는데 원고는 어떻게 준비하셨는지요.

　"해방 직후엔 대개 묵은 지형으로 재출판했지요. 권덕규의 『조선사』를 제일 먼저 복간했는데 이 책을 해방 후에 나온 최초의 출판물로 꼽는 이도 있습니다. 당시 상황이 그랬지만 요즘처럼 치밀한 기획이 있었던 것은 아니고 최영해 씨가 워낙 저자를 많이 알고 있어 별다른 문제는 없었지요. 최영해 씨의 동창이었던 홍이섭 씨가 바로 그렇습니다. 그가 해방 전 일본말로 썼던 『조선과학사』는 해방 되자 우리말로 다시 써 출간했죠. 또 소설가 박태원 씨가 늘 드나들었습니다. 자유분방한 성격이었죠. 언제든지 원고 쓸 준비를 해가지

放浪의 情熱 | 李範奭 著 宋志英 譯 1950.2.15 152쪽 500원 18cm 印협진 鄭玄雄 裝幀

水滸傳 中 | 朴泰遠 譯 1949.2.20(初)1950.2.15(再) 432쪽 1000원 18cm 印협진

수호전(권3) | 박태원 역 1950.1.15 536쪽 ⅰ

별과 같이 살다 | 黃順元 1950.2.27 280쪽 800원 18cm 印협진

三國志 卷之一 | 朴泰遠 譯 1950.3.15 395쪽 1000원 18cm 印협진

現代詩集 I 金永郎,金起林,盧天命,鄭芝溶 1950.3.19 197쪽 600원 18cm 印협진

현대시집 II 張萬榮,金光均,申夕汀,柳致環 1950.3.10 254쪽 800원 18cm 印협진

현대시집 III 朴木月,朴斗鎭,徐廷柱,趙芝薰 1950.3.20 234쪽 800원 18cm 印협진

哀生琴 上 | 沈熏 1949.6.25(初)7.23(再)1950.3.21(三) 248쪽 18cm 印대동 鄭玄雄 裝幀

哀生琴 中 | 沈熏 1950.2.20 206쪽 500원 18cm 印협진 鄭玄雄 裝幀

各國靑年組織과 訓練 | 崔章學(陸軍大尉) 1950.3.1 143쪽 800원 18cm 印협진 ⅰ

作故詩人選 | 徐廷柱 編 1950.3.13 163쪽 450원 18cm 印박문

海東歌謠 | 金三不 校注 1950.3.25 260쪽 800원 18cm 印박문

美學槪論 | 金泰午 1950.4.28 235쪽 700원 18cm 張桓 裝幀

학교와 아동－正音文庫 | 姜正德(쫀뛰이) 1947.12.25 117쪽 70원 15cm 教

學校와 社會－正音文庫 | 姜正德(쫀듀이) 1948.1.6 124쪽 100원 15cm 朴

經濟學批判序說－正音文庫 | 洪斗杓(카알맑스) 1948.1.20 92쪽 80원 15cm

熱河日記 I (渡江錄)－正音文庫 | 朴趾源 著 金聖七 譯註 1948.1.30 122쪽 70원 15cm

熱河日記 II (盛京雜識)－正音文庫 | 朴趾源 著 金聖七 譯註 1948.1.20 137쪽 80원 15cm 印수영사

熱河日記 III －正音文庫 | 朴趾源 著 金聖七 譯註 1948.4.30 122쪽 100원 15cm 印협진 ⅰ

熱河日記 IV －正音文庫 | 朴趾源著 金聖七 譯註 1948.10.20 119쪽 100원 15cm ⅰ

熱河日記・5－正音文庫 | 朴趾源 著 金聖七 譯註 1950.2.10 172쪽 250원 15cm

中國小說選・I －正音文庫 | 朴泰遠 譯 1948.2.10 125쪽 80원 15cm 印수영사

中國小說選・II －正音文庫 | 朴泰遠 譯 1948.3.20 116쪽 80원 15cm 印수영사

中國封建社會史－正音文庫 | 金一出(陶希聖) 1948.3.5 141쪽 120원 15cm ⅰ

어머니와 아들－正音文庫 | 李哲(루이필리프) 1948.3.20 163쪽 130원 15cm ⅰ

朝鮮古代文化 | 金敬安(梅原末治) 1948.6.10 162쪽 15cm ⅰ

하이네戀愛詩集－正音文庫 | 尹泰雄 譯 1948.6.30 116쪽 100원 15cm

自然科學과 辨證法 | 田元培(A데보오린) 1948.7.5 73쪽 15cm ⅰ

短篇小說集 봄이 오면－正音文庫 | 安懷南 1948.7.20 192쪽 180원 15cm 印수영사

孤山歌集－正音文庫 | 윤곤강 찬주 1948.7.30 103쪽 100원 15cm ⅰ

歷代中國詩選－正音文庫 | 金尙勳 譯 1948.8.15 113쪽 100원 15cm ⅰ

黎明期의 朝鮮－正音文庫 | 金永鍵 1948.8.30 95쪽 80원 15cm 印수영사

朝鮮裸負商攷－正音文庫 | 柳子厚 1948.10.31 123쪽 100원 15cm 印수영사

六韜三略－正音文庫 | 辛奭柱 譯註 1948.11.20 201쪽 200원 15cm 印서울

사람은 무엇으로 사나－正音文庫 | 崔雲杰(똘쓰또이) 1948.11.30 102쪽 100원 15cm 印수영사

蘆溪歌集－正音文庫 | 申瑛澈 校注 1948.12.5 115쪽 100원 15cm 印대동

漢陽歌－正音文庫 | 宋申用 註 1948? 160쪽 120원 15㎝ 出

幼年時代・上－正音文庫 | 李哲(막심골키이) 1949.1.9 176쪽 170원 15㎝ 印협진

古長時調選註－正音文庫 | 高晶玉 校註 1949.1.20 115쪽 100원 15㎝ 印협진

朝鮮人物誌－正音文庫 | 文一平 1949.5.15 149쪽 200원 15㎝

洪景來－正音文庫 | 趙鏞薫 1949.7.22 175쪽 250원 15㎝

松江歌辭－正音文庫 | 方鍾鉉 譯 1949.9.30㈢ 103쪽 150원 15㎝

중등조선말본 第三版 | 최현배 1945 12원 印靑丘舍 李泰永

중등조선말본 | 최현배 1946.2 176쪽 20원 21㎝ 印朝鮮精版社

중등조선말본－초급학년쯤 | 최현배 1948.3.25 82쪽 100원 21㎝ 印서울 全

중등말본－초급소용 | 최현배 1950.5.10 91쪽 255원 21㎝ 印고려문화사

중등조선말본교수참고서 | 최현배 1946년판 10원 印대동 i

국어①(남자) | 이극로,정인승 편 1948.3.25 78쪽 120원 21㎝ 印고려 全

국어① | 정인승 1948.3.25 76쪽 120원 21㎝ 印고려 i

국어① | 정인승 1949.7.25 180원 21㎝ 印고려 全

국어② | 정인승 1949.7.30 全

국어③ | 정인승 1949.7.20 全

가려 뽑은 옛글 | 장지영 1950.5.23 160쪽 21㎝

중등문화사－우리나라의 문화 | 吳璋煥 1949.9.20 196쪽 i

우리나라생활역사부문 | 김성칠 1947.7.1 135쪽 280원 印대동 i

이웃나라역사 | 홍이섭 1950.6.11 全

중등수학1 | 최윤식 1950.5.15 140쪽 430원 21㎝ 印협진

중등수학1(초급중학교) | 최윤식(공과대학) 1948.4.1 100원 20㎝ i

중등수학(초급3) | 최윤식 1947.7.1 95쪽 90원 全

고등평면삼각법,대수학,평면해석기하,미적분 | 최윤식 1948.6.5 700원 全

數表(상:1,2,3학년용) | 정음사 편 1948.7.30 50원 17㎝ 印고려 i

중등조선지리 | 鄭洪憲 1946 80쪽 35원 出

사회생활과지리부 우리나라 | 정홍헌,이기섭,이부성 1949.8.30 127쪽 250원 20㎝ 印협진 i

中等動物 動物界敎科書 | 石宙明 1947년판 100쪽 21㎝

중등식물 | 金遵敏 1947 100원 出

일반과학동물계 | 조복성 1950.5.8 21㎝ 印협진 i

일반과학인류계 | 최신해(세브란스의대) 1948.8.20 150원 印협진 i

고등물리학－역학,물성편 | 김병희 1948 106쪽 300원 21㎝ 韓

중등생리학 | 최신해,김명선 1947 i

상업경제 | 洪又 1948.4 120원 出

中等 樂典 | 金聖泰 1949.9.18 52쪽 200원 26㎝

―――――

(잡지) 〈鄕土〉

(잡지) 〈歷史學硏究〉

正義社 金正文 을지로3가292 등록번호119

史觀時事사람 | 金榮勳 1946.6 87쪽 10원 19㎝ 出

해방기념素人劇 建國行進曲 | 김영훈,이규하 1946.7.20 15원 印고려문화사 賣우리서원 ⓘ

통속철학강화 | 全無學 1948 80쪽 80원 19㎝ 韓

정치경제연구회

육천만의 취업−정경총서② | 정치경제연구회(윌레스) 1947.6 36쪽 35원 出

정치문제연구소

우리나라 立憲政體는? | 趙春雲 1945 41쪽 雅

精華社 북창동152 金壽善 허가번호76(1949.5.31)

(잡지) 〈新政〉

제5관구경찰서 대구

건국과 경찰 | 공보실 1948 100쪽 ⓘ

(잡지) 〈경북경찰공보〉

제8관구경찰청 목포?

(잡지) 〈警聲〉

第十區경찰서

(잡지) 〈雲水〉 〈鄕保〉 改題

第一文化社 7호부터 第一文化社로 회사명 변경. (발)崔祥林 (편)柴均錫 (편집고문)崔泰應

(잡지) 〈新太陽〉

제일출판사 로고

第一出版社 曺華永 충무로4가145 종로1가52 등록번호792(1948.12.29)

과학기술의 건설 | 안동혁 1946.7 124쪽 30원 19㎝ 雅

중등동물학교과서(초급1,2학년용) | 중등교재편찬위 1946.8 77쪽 36원 出

사회생활해설 | 許鉉 1946.8 55쪽 20원 出

중등화학 | 중등교과서편찬위 1946.9.25 35원 印曺圭洪 전남순천읍 ⓘ

부기회계(권1,2) | 鄭永述,李龍澤 1946.10 209쪽 95원 出

초등이과(5−1:임시교재) | 군정청편수국 1946.11.10 35원 印제일출판사인쇄부 黃垈衍 ⓘ

詩集 문들레 | 韓寅鉉 1946.11.10 158쪽 25원 河

中國革命運動史 | 崔鳳滿(孫文) 1947.1.5 93쪽 50원 18㎝ 印동인쇄부

최신數學 | 李基燦 1947.5 103쪽 160원 ⊞

중등최신수학(대수,기하,삼해,해석기하) | 李渠燦 1949.4 106쪽 160원 ⊞ *李基燦의 誤植?

苦悶하는 中國 | 崔永植 譯 1949.5.25 248쪽 400원 18㎝ ⊠文尙堂 ㊞대동

朝光社 태평통 1정목61 등록번호711(1948.8.6)

朝鮮同胞에게 告함–자주독립과 우리의 진로 | 月秋山人(가회동96) 1945.9.5 72쪽 3원 19㎝ ⓘ

韓米五十年史–湖岩全集 第一卷 | 文一平 1945.11.30(初)12.30(再) 233쪽 18원 21㎝ ⓑ

朝鮮文化·藝術–湖岩全集 第二卷 | 文一平 1946.3.20 185쪽 22원 21㎝ ㊞明文

史外異聞秘話–湖岩全集 第三卷 | 文一平 1946.5.20 218쪽 30원 21㎝ ㊞광성

現代朝鮮文學全集 (隨筆篇) 第一卷 | 安在鴻 外 1946.1.20 157쪽 15원 18㎝ ㊞명문

현대조선문학전집 (短篇集上) 第二卷 | 조광사 편 1946.2 171쪽 15원 18㎝ ⊞

現代朝鮮文學全集 (短篇集中) 第三卷 | 金東仁 外 1946.4.20 176쪽 20원 18㎝ ㊞조광사

現代朝鮮文學全集 (短篇集下) 第四卷 | 玄鎭健 外 1946.9.20 153쪽 18㎝ ㊞한성당

世界傑作童話集 | 朝光社 編 1946.2.25 172쪽 15원 ㊞공신

林巨正 第一卷 | 洪命熹 1946.6.27 212쪽 30원 18㎝ ㊞한성당 ⓘ

朝鮮史話 | 文一平 1948.10.15 271쪽 400원 18㎝ ㊞조선일보사공무국

朝鮮名人傳 上 | 朝光社 編 1948.12.30 338쪽 비매 18㎝ ㊞서울신문사 ⑩백양당

朝鮮名人傳 中 | 朝光社 編 1948.12.30 351쪽 비매 18㎝ ㊞서울신문사 ⑩백양당

朝鮮名人傳 下 | 朝光社 編 1948.12.30 408쪽 비매 18㎝ ㊞서울신문사 ⑩백양당

世界名人傳 上 | 朝光社 編 1948.12.30 393쪽 비매 18㎝ ㊞서울신문사 ⑩백양당

世界名人傳 中 | 朝光社 編 1948.12.30 417쪽 비매 18㎝ ㊞서울신문사 ⑩백양당

世界名人傳 下 | 朝光社 編 1948.12.30 506쪽 비매 18㎝ ㊞서울신문사 ⑩백양당

(잡지) 〈朝光〉

祖國文化社 李革 광화문통 옛동아일보사2층 장충동2가193–37 등록번호299

愛國삐–라全集 第一輯 | 李革 編 1946.6.25 130쪽 25원 18㎝ ㊞경성인쇄

祖國再建本部出版局 崔仲集 낙원동143

大闘宣言 | 朱大闘 1948.8.10 183쪽 300원 18㎝ ㊞고려인쇄소 사직동150 등록번호130

朝南社 南廷沃 사직정266

국문해석 증감록진본 | 同社 編輯部 1945.12.25 85쪽 20원 19㎝ 謄寫本

朝文社 邊庚傑 중학동12 등록번호133(1949.12.5)

灰色노오트 | 李彙榮(마르탱·듀가아르) 1950.1.20 176쪽 400원 18㎝ ⊠조영근 ⑩조선공업문화사

조선YMCA연합회

에밀브룬너博士講演集第一輯 | 同會 편 1950.1.17 46쪽 80원 印石潭社

戰後歐美歷訪記 | 李恒信 1949 143쪽 250원 19㎝ 韓

조선건국촉진청년동맹　(발)洪賢基　(편)林松竹

(잡지) 〈신인조선〉

조선건민후생단생활문화사　張雲杓　26㎝

(잡지) 〈생활문화〉

조선건축기술단

(잡지) 〈조선건축〉

朝鮮經濟社　남대문로2가135　申鉉七　26㎝

(잡지) 〈朝鮮經濟〉 반월간

朝鮮啓蒙文化社　張直煥　을지로4가95　등록번호513

讀書와 文化 | 李在郁(마포구 아현동369-8) 1947.7 78쪽 80원 18㎝ 印金敬學 소공동6

조선고미술협회

서화골동입찰즉매회도록 | 조선고미술협회 편 1946.8 冊

朝鮮公民敎育會　鄭台盆(퇴계원리276)　남창동159　등록번호322(1947.10.1)

영문타잎교칙서 | 조선공민교육협회 편 1948 500원 韓

陸軍士官學校 및 各學校 入學試驗問題 | 編輯部 1949.12.10 114쪽 300원 18㎝ 印협진

조선공산당중앙위원회

現情勢와 우리의 任務-政治路線에 對한 決定(暫定的) | 조선공산당중앙위원회 편 1945.9.25 ℹ️

일반정세와 조선의 진로 | 박헌영 1946.5 39쪽 8원 出

朝鮮工業圖書出版社　金八顯　북창동45　등록번호250

科學新話-科學技術叢書第2號 | 安東赫(중앙공업연구소장) 1947.5.25 433쪽 350원 21㎝ 印고려문화사

原子와 宇宙 | 楊東秀(한쓰·라이핸·빠흐) 안동혁 監修 1947.5.30 88쪽 60원 18㎝ 印문해당인쇄소

화학의 학교(상)-과학기술총서③ | 안동혁,양동수(윌헬름오스드왈스) 1947.9.20 336쪽 350원 印고려 ℹ️

미국공과대학입학시험문제집 | 상무부기술교육지도위원회 편 1947 118쪽 100원 21㎝ 韓

조선공업도서출판사 로고

미국파견유학생급시험문제집 ▎ 상무부기술교육지도위원회 편 1947 118쪽 100원 21㎝ 韓

殺人魔 ▎ 방인근 1948.2 371쪽 350원 韓

동방의 새 봄⁽상권⁾ ▎ 방인근 1949 533쪽 700원 韓

동방의 새 봄 ▎ 방인근 1950 396쪽 淸

朝鮮工業文化社出版部　邊庚傑　1945년 12월26일 창립　서대문정 2정목89
종로구 중학동12　등록번호181(1947.9.20)　대한중등교과서협회회원번호9

수학자인 변경걸이 1945년 12월 하순에 설립한 출판사로서 김종건의 『기초화학』, 『기초무기화학』, 변경걸의 『기초미분적분학』, 이길상의 『기초정성분석화학』, 『數表』 등의 理數계통의 어려운 책을 주로 출판하는 한편, 중학생용의 『기초영문법』, 『기초영작문』 등도 간행했고, 린데의 『시민의 전기학(전7권)』의 발간을 추진 중에 6.25 전쟁을 당하여 쇄잔하고 말았다. 우리나라 최초의 理數工 계통 도서의 출판인이었다.
　　　　　　　　　　　　　　　　　　　　　　　　　　　　　　　　　　　— 조성출 『한국인쇄출판백년』 426쪽

基礎化學 ▎ 金鍾建⁽西四軒町109⁾ 1946.6.20 228쪽 55원 18㎝ 印서울인쇄사

기초물리 ▎ 조선공업문화사 편 380원 出

기초무기화학 ▎ 김종건 1948.7 285쪽 500원 出

기초현대과학 ▎ 韓鍾命 1949 164쪽 280원 19㎝ 韓

數表 ▎ 同社편집부 1946.8.15 18㎝ 全

數表 ▎ 同社편집부 1948.12.20⁽20판⁾ 50원 i

중등학생의 순열조합이항정리확률 ▎ 조선수물연구회 편 1946.10.28 62쪽 25원 印동사 出

중등신수학－중학교용1 ▎ 조선수물연구회 편 1946.11.25⁽再⁾ 70쪽 35원 21㎝ 印서울인쇄사 i

기초미분적분학 ▎ 변경걸 1947.10 230쪽 300원 i

중등학생의 기초영작문 ▎ 同社편집부 1946.10 83쪽 30원 出

기초영작문① ▎ 同社편집부 1947.9.30⁽四⁾ 112쪽 110원 全

續기초영작문① ▎ 同社편집부 1947.9.30 187쪽 180원 全

중학생의 기초영문법 ▎ 편집부 1946.10.10⁽初⁾12.7⁽再⁾1947.4.10⁽三⁾8.20⁽四⁾10.10⁽五⁾1948.5.10⁽六⁾ 130원
　　　印서울 i

基礎國史辭典 ▎ 柳志玉 編 1949.4.15 383쪽 750원 18㎝ 印중앙

基礎綿紡績機械 ▎ 曺梡榮 1949.4.30⁽5백부 한정판⁾ 221쪽 900원 21㎝ 印서울

일반과학물상편1 ▎ 이낙복,심길순,이정기 1949.7.30⁽初⁾8.10⁽再⁾8.25⁽四⁾1950.5.25⁽五⁾ 146쪽 445원 21㎝
　　　印창흥사

일반과학물상편2 ▎ 이낙복,심길순,이정기 1949.7.27 250원 i

일반과학물상편3 ▎ 이낙복,심길순,이정기 1949.7.27 123쪽 260원 20㎝ 全

기초불란서어 ▎ 이휘영 1949.10.25 156쪽 380원 i

市民의 電氣學 ▎ 崔善根 (린데) 1950.4.25 129쪽 350원 18㎝ 印彰興社

밤酒幕⁽文化新書50-1⁾ ▎ 咸大勳 (고리끼) 1949.10.15 139쪽 300원 18㎝ 印同조판부

敎養의 文學⁽文化新書50-2⁾ ▎ 金晋燮 1950.1.20 269쪽 800원 18㎝

純粹法學⁽文化新書50-3⁾ ▎ 黃山德 (켈젠) 1949.10.25 500원 18㎝

조선공업문화사 로고들

조선공업문화사 인지(이휘영)

공업문화사 인지(최선근)

人形의 집(文化新書50-4) ┃ 許執(잎센) 조선공업문화사출판부 1949.10.20 171쪽 380원 朴

베토벤의 生涯(文化新書50-6) ┃ 李彙榮(로맹·롤랑) 1950.4.25 182쪽 400원 18cm 印창흥사

經濟學의 範圍와 方法(文化新書50-7) ┃ 金斗熙(케인즈) 1950.1.20 231쪽 500원 18cm

經營經濟學(文化新書50-9) ┃ 李容元(에슐리) 1950.1.15 133쪽 300원 18cm

法과 法學의 本質(文化新書50-11) ┃ 韓泰淵(슈타믈러) 1950.1.30 147쪽 350원 18cm

朝鮮科學技術聯盟　崔新燮

(잡지) 〈大衆科學〉

朝鮮科學同盟 서울市支部

民族과 人民 ┃ 朴克采 1947.7 96쪽 90원 18cm 印근영사 賣개척사 의주로1가32

조선과학동맹서울지부 로고
(개척사와 동일함)

朝鮮科學文化社　兪泰燮　서소문동53-5 등록번호723(1947.9.9)

다른나라지도(5학년용) ┃ 高碩均 1948.8.20 200원 印대건 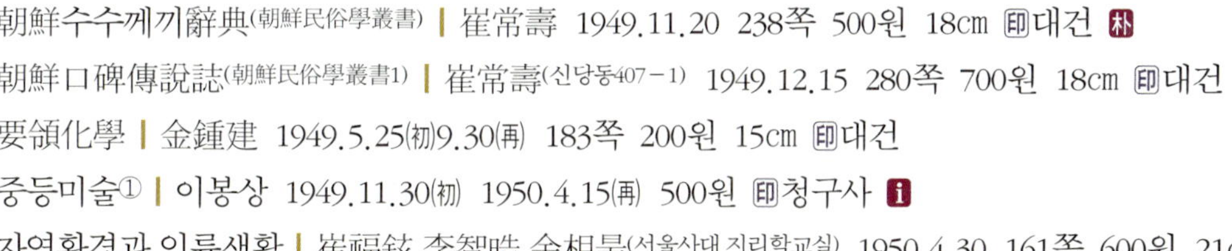

强制搜査와 경찰연구 ┃ 權五奎 1948.10 280원 19cm 出

중등도법 ┃ 박상동(개성사범학교) 1949.2.15(初)7.5(再) 98쪽 250원 21cm 印조선단식

訓練必攜 ┃ 서울師大學徒護國隊訓練部 1949.3.25 197쪽 200원 15cm 印대건

초등글씨본 ┃ 정주상(대전공립중학교) 1949.8.8 60원 印고려문화사

초등지도 6학년용-우리나라발달의 지도공부 ┃ 서울조선지도연구원(대표李鳳洙) 편 1949.8.10 130원
印서울옵셑인쇄소 등록번호109(1947.9.30)

朝鮮수수께끼辭典(朝鮮民俗學叢書) ┃ 崔常壽 1949.11.20 238쪽 500원 18cm 印대건 朴

朝鮮口碑傳說誌(朝鮮民俗學叢書1) ┃ 崔常壽(신당동407-1) 1949.12.15 280쪽 700원 18cm 印대건

要領化學 ┃ 金鍾建 1949.5.25(初)9.30(再) 183쪽 200원 15cm 印대건

중등미술① ┃ 이봉상 1949.11.30(初) 1950.4.15(再) 500원 印청구사

자연환경과 인류생활 ┃ 崔福鉉,李智晧,金相昊(서울사대 지리학교실) 1950.4.30 161쪽 600원 21cm
印서울인쇄사

초등공작 ┃ 吳世根(서울사대부국) 100원 印고려문화사

조선과학문화사 로고들

조선과학사

理科敎育의 新進路 ┃ 윤재천 1947.5 151쪽 150원 出

刑法總論중요문제해결 ┃ 조선과학사 편 1949 154쪽 320원 19cm 韓

조선과학문화사 인지(최상수)

朝鮮科學者同盟　(발)박극채(편)김옥균 허가번호107(1946.6.29) 26cm

(잡지) 〈民主主義〉週報

朝鮮光文社　종로1가45 등록번호702(1948.7.22)

世界情勢 ┃ 金永義 1948.7.26 208쪽 200원 印마포형무소 공덕동105

조선광업기술협회

(잡지) 〈鑛業技術〉

朝鮮教文社　崔常壽　명치정 2정목25

學生科學 | 崔常壽 編 1946.4.20 140쪽 20원 18㎝ 印창흥사

朝鮮教育文化　魚允一　남대문로3가94　등록번호101(1947.9.20)

상식독본 | 어윤일 1948.1 130원 出

資本論解說 | 韓哲,尹一史(카-르·카우쓰키-) 1949.5.20 329쪽 1600원 19㎝

朝鮮教育研究會　안호상　종로6가185　등록번호15　(잡지)　허가번호119　21㎝

新教育序說 | 尹在千 1946.12.25 82쪽 30원 18㎝ 印문화당 賣문화당 i

사회생활공부5학년용(하) | 사대부속성동국교연구부 편 1947.4.30 35원 18㎝ 印문화당 賣문화당 i

영어문법 | 우형규 1947.9.1(三) 全

(잡지1) 〈朝鮮教育〉
(잡지2) 〈朝鮮教育〉

朝鮮教育聯合會　최규동　(발)조선교학사　등록번호18　21㎝

(잡지) 〈새교육〉

조선교육출판

영어문법 | 禹亨圭 1946.10 124쪽 45원 出

朝鮮教學圖書　崔相潤　남대문통 3정목92　등록번호36(1947.9.30)

한글 첫걸음 | 조선어학회 편 1945.11.6 49쪽 65전 21㎝ 印同社인쇄부 發군정청학무국 全

초등공민(하) | 군정청문교부 1946.5.5 4원50전 印조선교학도서 i

國史教本 | 震檀學會 1946.5.26 177쪽 20원 21㎝ 印朝鮮教學 發軍政廳文教部

초등셈본(5-상) | 군정청문교부 1946.10.13 10원 i

초중등학교각과교수요목(1)-㉠국민학교이과㉡중학교과학과 | 군정청문교부 1946.11.17 25쪽 12원 21㎝ 印同社 i

초중등학교각과교수요목(3)-㉠국민학교산수과㉡중학교수학과 | 군정청문교부 1946.11.17 18쪽 11원 21㎝ 印同社 i

초중등학교각과교수요목(4)-국민학교사회생활과 | 군정청문교부 1947.1.10 54쪽 14원 19㎝ 印同社 Z

민주주의 교육법 | 군정청문교부편집국(맥밀런회사 편) 1946.11 46쪽 8원 21㎝ 出

중등국어교본 중3,4학년소용 | 조선어학회 1947.1.10 199쪽 30원 21㎝ 印조선교학 發군정청문교부

초등국어교본(6-1) | 군정청문교부 1947.10.15 41원 印조선교학 i

글자의 혁명-문교연구총서① | 최현배 1947.5.6 206쪽 140원 21㎝ 印조선도서 賣조선도서문구 全

조선교문사 로고

조선교학도서 인지

초등잇과(5-1) ┃ 군정청문교부 1947.5.20 65쪽 20원 ㊞조선교학 ⓘ

중등국어교본(하-5,6학년용) ┃ 조선어학회 1947.5 174쪽 55원 ㊲

중등공민(하) ┃ 문교부 편 1946.4.5(初)1947.10.28(개정) 22원 ⓘ

국민학교교칙 ┃ 군정청문교부 1947.7.25 ㊞조선교학 ⓘ

일반과학Ⅰ ┃ 맹원영,조병욱 1947.8.20 140원 ㊄

일반과학Ⅲ-Ⅰ(식물편) ┃ 孟元永 1947.8.21 86쪽 80원 ㊞조선교학도서 ⓘ

일반과학Ⅲ-Ⅱ동물 ┃ 맹원영 1947.8.21 ㊄ ; 1949.8.13 ㊄

일반과학Ⅲ-Ⅲ ┃ 맹원영 1947.8.2(검정일자) ⓘ

우리나라의 발달(6-1) ┃ 군정청문교부 1947.9.20 56원 ⓘ

중등국어1 ┃ 문교부 1948.1.20 199쪽 120원 21㎝ ㊞조선교학

중등국어2 ┃ 문교부 1949.8.29 155쪽 210원 21㎝ ㊞조선교학

중등국어3 ┃ 문교부 1949.8.29 184쪽 240원 21㎝ ㊞조선교학

중등국어5 ┃ 문교부 1949.10.15 133쪽 190원 21㎝ ㊞조선교학

초등노래책3학년용 ┃ 문교부 편 1948.4.27 40원 ㊔

초등노래책④ ┃ 문교부 1948.4.27 24원 ⓘ

초등노래책5학년용 ┃ 문교부 편 1948.4.27 24원 ㊔

초등노래책⑥ ┃ 문교부 1948.4.27 26원 ⓘ

우리말 도로 찾기 ┃ 문교부 1948.6.2 36쪽 30원 18㎝ ㊞조선교학

여름동무2년용 ┃ 조선교육연합회 1948.6.10 20㎝ ㊞대건 ⓘ

초등가사(5학년소용) ┃ 문교부 편 1948.7 50원 ⓘ

초등가사(6학년소용) ┃ 문교부 편 1948.7.25 45원 ㊞同社 ⓘ

한자 안 쓰기의 이론 ┃ 문교부 1948.8.6 44쪽 ㊄

우리나라의 발달(6-2) ┃ 문교부 1948.12.15 135원 ⓘ

도덕론 ┃ 문교부 편 1948 64쪽 55원 21㎝ ㊔

우리나라식물명감-문교연구총서 제2즙 ┃ 박만규 1949.2.10 515쪽 2200원 21㎝ ㊞조선교학

THE NEW STANDARD ENGLISH READERS Ⅵ ┃ 吳天錫,高光萬 1949.9.15 146쪽 220원 ㊞조선교학

읽기 지도의 실제(1-1) ┃ 홍웅선 1949.12.19 700원 ㊞조선교학도서 ⓘ

생물도해 ┃ 박만규 1949 131쪽 600원 21㎝ ㊔

새상업경제(중) ┃ 권오익 1949 161쪽 ⓘ

새상업경제(하) ┃ 권오익 1949.8.8 ㊄

조선교학사 중구 하수동35

The King's Crown Readers① 주해서 ┃ 편집부 1947.4.27 ㊄

The King's Crown Readers③ 주해서 ┃ 편집부 1947.12.5(再) ㊄

Deutche Grammatik ┃ 이운용 1948.5.10 ㊄

겨울동무⑥ ┃ 대한교육연합회 1948.11.25 55원 ⓘ

前腕運筆英習字 제1권 ┃ 申應均 1948 56쪽 120원 21㎝ ㊔

우리나라의 발달 ┃ 敎育資料査硏會 1948 120쪽 90원 19㎝ 韓

건국과 유교 ┃ 柳熙晋 1950.4.10 68쪽 i

(잡지) 〈새교육〉 ☞ 조선교육연합회(잡지)

조선국민음악연구회 李春木(발행인겸주간) 한성시 궁정정87

解放記念愛國歌集 附 伴奏 ┃ 조선국민음악연구회 편 1946.2.20 18쪽 매苑南서림(李永根: 원남정96-4 서울대학의학부) 賢

조선국어학회출판국 同文會 개성부 대화정315

국어문법 ┃ 이상춘(개성부 만월정191) 1946.9.7 165쪽 18㎝ 印선광 배본조선국어학회보급부 경운정96-6

朝鮮金融組合聯合會 朴元植 충정로1가75 등록번호234(1947.9.20)

   1946년 1월에 김성칠의 『조선역사』46판 310면을 250원*이라는 싼 정가로 출판하여 그 해에 6만부 돌파라는 경이적인 베스트셀러의 기록을 세웠다. 이어서 광복 1주년을 기념한다는 구호 아래 종합교양지 〈협동〉을 창간했다. 〈협동〉지는 지면의 절반은 금융조합 직원을 위해 할애하고 나머지 절반은 바깥 대중을 위한 내용물로 충당했다. 또 문인이나 저명인사에게 원고를 청탁할 때는 당시의 시류를 감안하여 좌우인사 반반씩을 선정하였다. 〈협동〉지는 6.25 전쟁으로 한때 발행이 중단된 시기가 있었으나 1956년 3월 금융조합연합회가 농업은행으로 바뀔 때까지 10년 동안 발행되어 그 때까지 우리나라에서 발행된 잡지들 중에서 최장수의 기록을 세웠다. 그리고 동연합회는 1946년 후반기부터 '협동문고'의 이름 아래 제1부 학술, 제2부 농민 계몽, 제3부 고전, 제4부 민중 예술의 4개 부문으로 나누어서 단행본을 출판하기 시작했는데 독자의 참고를 위해 간행사 일부를 소개하면 다음과 같다. [간행사 생략]이런 간행사 아래 동연합회는 1946년 10월부터 채만식의 『허생전』, 김영석의 『이춘풍전』, 朴齊家(金漢錫역)의 『북학의』, 박지원(이석구역) 『양반전』, 박태원 저 『홍길동전』, 김성칠 주해 『용비어천가(상하)』, 이건창(이병식,이민수공역) 저 『당의통략』, 황순원 외 『농민소설전집』 등의 값진 책들을 출판하였다. ●250원은 정확한 금액이 아닌 것으로 보인다. 1946년에 나온 책들은 대부분 몇십원 代 가격이었다.

— 조성출 『한국인쇄출판백년』 435~436쪽

조선역사 ┃ 김성칠 1946년 第一版 310쪽 50원 18㎝ 印평화당인쇄부

고쳐쓴 조선역사 ┃ 김성칠 1949.11.1(三)개정판 294쪽 500원 21㎝ 印평화당

조선금융조합통계년보1946 ┃ 조금련조사과 편 1946.12 106쪽 30원 26㎝ 韓

각국 선거제도 독본 ┃ 이종갑 1947.4.20 冊

靑春雜組 ┃ 朴元植 1948.9.1 120쪽 120원 i

한글강좌 ┃ 유열 1948.9.20 18㎝ 全

한글강좌 ┃ 유열 1949.2.20(再) 18㎝ 印하홍기 i

國際聯合講話 ┃ 尹亨南 1949.7.15 162쪽 280원 18㎝ 印경화

經濟解說民生講話-協同常識叢書 ┃ 全弘鎭 1949.12.30 217쪽 250원 18㎝ 印文星 李長夏 등록번호15(1947.9.30)

協同組合講話 ┃ 朴東奎 1949.5.15 188쪽 270원 18㎝ 印평화당 朴

日帝下의 朝鮮社會經濟史(協同文庫1-1) ┃ 全錫淡,李基洙,金漢周 1947.4.20 177쪽 80원 18㎝ 印근영사

人間의 歷史(協同文庫1-2) ┃ 金萬善 1947.7.1 112쪽 60원 18㎝ 印근영사

朝鮮民主思想史(協同文庫1-2) ┃ 柳子厚 1949.9.5 142쪽 250원 18㎝ 印경화

조금련 로고

조금련 인지(구보)

兩班傳(協同文庫2-3) | 朴趾源 著 李彛求 譯 1947.11.1 103쪽 70원 18cm 印근영사

農國史譚(協同文庫2-3) | 申翔雨 1949.11.5 227쪽 300원 18cm 印백양사

李春風傳(協同文庫2-4) | 金永錫 1947.1.15 109쪽 30원 18cm 印근영사

洪景來傳(協同文庫3-4) | 李明善 1947.3.15 126쪽 45원 18cm 印근영사

黨議通略(協同文庫3-5) | 李建昌 著 李丙植,李民樹 共譯註 1948.12.25 372쪽 480원 18cm 印근영사

龍飛御天歌(上卷)(協同文庫3-3) | 金聖七 譯 1948.4.20 180쪽 260원 18cm 印근영사

龍飛御天歌(下卷)(協同文庫3-4) | 金聖七 譯 1948.5.15 270쪽 260원 18cm 印근영사

洪吉童傳(協同文庫4-4) | 朴泰遠 1949.2.15 176쪽 250원 18cm 印동서문화사 劉盛康 낙원동98

감자농사-협동농업총서 | 許仁聖(한국농민교육회) 1948.11.30 73쪽 100원 印경화 i

농민의 노래-協同農業叢書 | 정상록 엮음 1948.12.20 46쪽 100원 21cm 印京和 등록번호72(1947.9.30)

이상 농가의 경영-협동농업총서 | 주세중 1948 75쪽 i

새 나라의 농민-협동농업총서 | 이덕봉 1948 78쪽 i

가축 기르기-同農業叢書 | 李起仁,許仁聖 1949.2.20 92쪽 120원 18cm 印경화

大韓의 肥料협동농업총서 | 중앙농업기술원(수원읍 西屯洞1) 편 1949.3.10 87쪽 100원 印중앙인쇄소 등록번호62(1947.9.30) i

우리나라인푸레實情敎養叢書1 | 全弘鎭 1950.5.25 65쪽 100원 18cm 印경화

ECA와 韓國經濟敎養叢書2 | 元容覩 1950.5.25 77쪽 100원 18cm 印경화

(잡지1) 〈協同〉(1947년6월 이후 휴간 중 조합기관지 금융조합을 협동으로 개제하여 속간함.)

(잡지2) 〈金融組合〉(〈協同〉으로 개제)

(잡지3) 〈調査及資料〉

조선기계기술협회 李采鎔 태평로2가365 등록번호528

공작기계선반편기술신서 | 廉永夏 1947.9 166쪽 180원 出

(잡지) 〈기계기술〉

조선기독교서회 로고들

朝鮮基督敎書會 金春培 종로2가91 등록번호198(1947.9.19)

農村의 使徒오벌린傳 | 金在俊 1948.11.25 140쪽 100원 18cm 印일신 金周萬 i

現代人의 危機 | 金在俊(트루-뿔러드) 1948.11.25 126쪽 170원 19cm 印김주만

구약사기 | 蘇安論(조선야소교서회) 1948 284쪽 i

神學要覽 | 구례인,김규당(레셀·씨실) 1949.1.30 108쪽 18cm 印서울공인사

썬다싱그전 | 강흥수 목사 1948.3.10(初)1949.2.1(再) 157쪽 250원 印서울인쇄소 i

그날의 양식 | 全弼淳(J·H쪼엘) 1949.2.20 366쪽 550원 印김주만

聖經史話大集THE STORY OF THE BIBLE | 김필례(촬스포스터) 1949.3.10 800원 印김주만 i

새時代의 建設者 | 姜元龍 1949.4.20 183쪽 300원 18cm 印서울공인사

천로역정 | 吳天泳 역편 1939.6.1(初)1949.9.5(再) 231쪽 印南洋인쇄소 남송학 i

어거스틴 | 金正俊 1949.10.10 197쪽 350원 18cm 印협진

戲曲香 | 朱岩山 1949.11.12 200원 印全相七 전영택 서문 i

1950년만국통일 주일공과 청년부 ┃ 대한기독교교육협회 편 1949.11.25(서문일자) 186쪽

유년만국통일 주일공과 ┃ 대한기독교교육협회 편 1949.12.5 174쪽 250원 ㊞남양인쇄소 ⓘ

基督信仰의 事實과 神秘 ┃ 구례인,김규당(앨벌르스피터스) 1949(初) 232쪽 ⓘ

주일학교지도법 ┃ 鄭達斌 1949 238쪽 ⓘ

봄이 오는 날동화집 ┃ 임인수 1949 76쪽 150원 18㎝ ㉿

그리스도와 人生苦 ┃ 스탠리쫀쓰 1949 209쪽 15㎝ ⓘ

방문전도법 ┃ 구례인,김규당 공역 1949 ⓘ

찬송가 ┃ 찬송가합동위원회 1950.3.10 ㊞보진재 ⓘ

찬송가곡조折皮 ┃ 대한기독교서회 편 1950 636쪽 2600원 19㎝ ㉿

찬송가곡조찬송신약성서합부 ┃ 대한기독교서회 편 1950 1058쪽 3500원 19㎝ ㉿

찬송가곡조布衣 ┃ 대한기독교서회 편 1950 634쪽 1000원 19㎝ ㉿

찬송가무곡5호 ┃ 대한기독교서회 편 1949 376쪽 400원 19㎝ ㉿

세계 재건의 기초 ┃ 金周柄(트루불러드) 1950 108쪽 ⓘ

명상과 기도 ┃ 김주병(샤아안) 1950 165쪽 200원 19㎝ ㉿

마태福音신약성서강해① ┃ 朴遜赫(촬스어드맨) 1949.11.30 500원 338쪽 ㊞남양 ⓘ

누가福音신약성서강해③ ┃ 田榮澤(촬스어드맨) 1950 386쪽 ⓘ

使徒行傳신약성서강해⑤ ┃ 金在俊(촬스어드맨) 1950(再) 318쪽 ⓘ

에베소書신약성서강해⑩ ┃ 洪寬(촬스어드맨) 1950(再) 199쪽 ⓘ

빌립보書신약성서강해⑪ ┃ 文勝啞(촬스어드맨) 1950(初) 221쪽 ⓘ

데살로니가前·後書신약성서강해⑬ ┃ 金在俊(촬스어드맨) 1949(初) 169쪽 ⓘ

듸모데前·後書 듸도書신약성서강해⑭ ┃ 金在俊(촬스어드맨) 1950(再) 266쪽 ⓘ

共同書簡신약성서강해⑯ ┃ 金在俊(촬스어드맨) 1949(初) 297쪽 ⓘ

(잡지) 〈基督敎家庭〉

조선기독교청년연합회 邊成玉

(잡지) 〈기독교청년〉

조선농회

조선농가독본 ┃ 조선농회 편 1947.1.10 142쪽 30원 18㎝ ㊞조선인쇄회사 ⓘ

朝鮮大學校

文化史講義案(第一分冊의 一) ┃ 朴東浩(조선대학 조교수) 1950.3.31(서문일자) 42쪽 21㎝ 등사본

(잡지) 〈探求〉

조선도덕촉진회 金振璜

(잡지) 〈도덕〉

조선맑스엥겔스레닌연구소

전동맹공산당볼셰비끼 17차대회에서의 사업보고 **|** 동연구소 1946.1 160쪽 16원 田

이-스딸린 산림사업에 대하야 **|** 동연구소 편 1946.1 203쪽 18원 田

이브스딸린농촌사업에 대하여 **|** 동연구소 편 1946 203쪽 18원 19㎝ 韓

시월혁명과 로시아공산주의자들의 전술 **|** 동연구소 1946.3 64쪽 7원 田

쏘베트동맹의 노동자재판 **|** 同연구소 1946.3 74쪽 8원 田

공산주의에 있어서의 좌익 소아병레닌선집⑯ **|** 同연구소 1946.3 183쪽 30원 田

시월혁명과 사회주의를 위한 투쟁 **|** 同연구소(몰로로프) 1946.4 52쪽 10원 田

푸로레타리아의 헤게모니를 위한 투쟁레닌선집② **|** 동연구소 1946.5 268쪽 35쪽 田

조선문학가동맹 로고

朝鮮文學家同盟 李泰俊 玄德 남대문로 2가133 등록번호279(1947.9.30)

朗讀詩集詩의 밤 **|** 朝鮮文學家同盟詩部/詩人의 집 1946.4.20 10쪽 26㎝

年刊 朝鮮詩集 1946年版 **|** 朝鮮文學家同盟詩部委員會 編 1947.3.20 198쪽 200원 19㎝ 매雅文閣 李周洪 裝幀

蘇聯紀行 **|** 李泰俊(성북동248) (공동발행)朝蘇文化協會 1947.5.1 282쪽 300원 18㎝ 매백양당 裵正國 裝幀

建設期의 朝鮮文學 第一回朝鮮文學者大會會議錄 **|** 洪九 편집겸발행 1946.6.28(5천부) 234쪽 50원 18㎝ 印협진 매백양당

(잡지) 〈文學〉

朝鮮文學家同盟兒童文學委員會 남대문로2가133 (편집겸발행)金永鍵

(잡지) 〈兒童文學〉

朝鮮文學社 池奉文 장곡천정93 등록번호129(1947.9.20)

1945년 12월에 池奉文이 발족시킨 출판사로서 무게 있는 좌익계통 서적인 『마르크스 레닌주의 경제학교정(전4권)』, 『고르키에게 보낸 레닌 서간집』 등 소설문고 제1권으로 이태준의 『해방전후』 등을 출판했고, 출판문화협회 창립총회에서 임원 선출의 전형위원과 창립 후 임원으로 선출되었다.
— 조성출『한국인쇄출판백년』424쪽

조선문학사 로고

世界經濟史槪論맑스레-닌주의經濟學敎程第一卷 **|** 同出版部(라비토스·오스트로비차노프) 1946.8.10 96쪽 비매 18㎝ 印한성당

生産論(맑스레-닌주의經濟學敎程第二卷) **|** 同出版部(라비토스·오스트로비차노프) 1946.12 170쪽 40원 朴

貨幣論(맑스레-닌주의經濟學敎程第三卷) **|** 同出版部(라비토스·오스트로비차노프) 1947.3.5 292쪽 비매 18㎝ 印한성당

剩餘價値論(맑스레-닌주의經濟學敎程第四卷) **|** 同出版部(라비토스·오스트로비차노프) 1947.5.28 474쪽 190원 i

文化와 政治-꼴키에게보낸레닌서간집 **|** 同社출판부 역(카메네프 편) 1946.9.30 117쪽 37원 印한성당 Z

小說集 解放前後 ┃ 李泰俊 1947.1.10 148쪽 80원 18㎝ 印한성당 李周洪 裝幀

文學,批評 ┃ 同社 편 1947.6 202쪽 250원 出 •잡지 〈文學批評〉을 혼동한 듯.

금일의 예술과 明日의 예술 ┃ 同社편집부 1947 118쪽 雅

조선역사 ┃ 咸敦益 1947(五) i

朝鮮文學史 ┃ 李明善 1948.11.25 153쪽 250원 18㎝ 印중앙토지행정처 李周洪 表紙

(잡지) 〈文學批評〉

조선문학신인회서기국출판사

(잡지) 〈신인문학〉

朝鮮文化教育出版社 李恒星 필동1가37 등록번호185(1947.9.20)

초등미술도화와 공작 ┃ 미술교재연구회 1948.8.20 80원 i

藝術과 社會 ┃ 韓相鎭(하-바-트·리-드) 1949.2.25 207쪽 380원 18㎝ 印대건

創作集 靑春圖 ┃ 桂鎔默 1949.4.20 251쪽 350원 18㎝ 印애지사

花手道教本 ┃ 黃琦 1949.5.30 193쪽 380원 18㎝ 印협동인쇄서울지점 북미창동 등록번호1042(1947.12.1)
    매武德舘事務所 한강로3가63

향토풍물화집 ┃ 박성규 1949 20쪽 250원 26㎝ 雅

西洋美術史먼나라 미술의 발달 ┃ 韓相鎭(이화여자대학 미술학부) 1950.1.25 103쪽 350원 21㎝ 印수문관
    등록번호195(1949.10.20) 조판신한

조선문화단체총연맹

전후구라파제국에 있어서의 민주주의의 발전 ┃ 朴睦鍾(올레슈끄) 1948 58쪽 50원 19㎝ 韓

조선문화사 金東郁 태평로2가207 한강로2가32 등록번호61

중등학교조선역사 ┃ 함돈익 1946.6.10(三) 全

남녀각대학 입학시험문제 모범해답안집 ┃ 金東郁 편 1946.11 172쪽 80원 出

쏘베트연방의진상 ┃ 金永哲 1947.4 79쪽 60원 出

형법총론각론 ┃ 편집부 편 1947.9 128쪽 150원 出

무기화학 ┃ 金東一,孫炳洙 1947.12 163쪽 出

반공일 ┃ 金益鎬(올더스헉슬리) 1948 48쪽 70원 19㎝ 韓

朝鮮文化研究社 韓稚振 충무로4가145 사직동304-1 등록번호592(1948.1.31)

社會學槪論 ┃ 韓稚振(사직동304) 1947.3.1 216쪽 200원 18㎝ 印東新 朴淳哲

民主主義原論 卷一 ┃ 韓稚振 1947.5.1 248쪽 200원 18㎝ 印문화인쇄사

민주주의원론(4) ┃ 한치진 1947.5.1 冊

美國實用主義 ┃ 韓稚振 1947.10.1 100쪽 18㎝ 印문화인쇄사

壬辰倭亂前篇 ┃ 權泰益 1948.2.1(再) 250원 印문화인쇄사 丁學鎭 충무로4가145 매화신서적부 i

人生과 宇宙觀史 − ^{世界哲學史} | 韓稚振 1948.8.10 534쪽 550원 18㎝ 印문화

변화철학 | 한치진(윌든카) 1948.10 145쪽 150원 出

宗敎哲學 | 韓稚振 1949.10.5 338쪽 800원 18㎝ 印문화 昧서울화신서적부

國家學 | 金基洙(H·켈젠) 1949.11.20 128쪽 250원 18㎝ 印문화 昧서울화신서적부

민주주의투쟁사 | 한치진(JE피시어) 1949 52쪽 i

종교개혁사요 | 한치진 1949 211쪽 250원 19㎝ 韓

동서문화철학 | 한치진 1949 i

현대사회문제 | 한치진 1949 143쪽 200원 21㎝ i

現代歐美哲學 | 韓稚振 1950.3.10 241쪽 600원 18㎝ 印문화 昧서울화신서적부

哲學槪論 | 韓稚振 1950.5.30(五) 250쪽 600원 18㎝ 印문화 昧서울화신서적부

(잡지1) 〈자주생활〉
(잡지2) 〈신문화〉

조선문화영화연구소

(잡지) 〈映畵旬報〉

조선문화창조사 앵정정1정목130 종로1가42 김용호   허가번호244(1946.7.19)

(잡지) 〈문화창조〉

朝鮮民族靑年團組織部 을지로5가77

組織에 關한 參考 | 盧泰俊^(조직부장) 1948.3.1 25쪽 비매 18㎝ 印대건

조선민주애국청년동맹중앙위원회

자유와 민주를 위한 동남구라파청년들의 투쟁 | 金東哲,鄭國錄(유뿔랴꼬) 1947 54쪽 50원
19㎝ 出

조선발명고안연구위원회

煉炭粘結劑에 관한 문헌초록 | 조선발명고안연구위원회 편 1948 72쪽 100원 21㎝ 韓

조선방직기술협회

(잡지) 〈紡織〉

朝鮮紡織協會 (발)金容完 (편)李種世 등록번호91(1948.10.27)

(잡지) 〈會誌〉

朝鮮法政研究會 영등포구 상도정 산64-8

會議便覽 | 朝鮮法政研究會 編 1945.10.5 22쪽 15㎝ 印평화당 柳琦諄 賣文明堂書店 본정2정목 91

조선보육사 崔明姬

(잡지) 〈保育〉

조선복음사 서울驛前 동자동12

檀奇古史 | 김해암,이화사(大野勃 원저) 1949.12.3 100쪽 🅸
묵시록 새 해석 | 이재명 1949 290쪽 🅸

조선복장협회

改訂服裝術語 | 조선복장협회 1946.12 16쪽 19㎝ 韓

조선불교학생동맹→조선불교학생회문화부 필동3가79 (편집겸발행)金昌浩

(잡지) 〈鹿苑〉

朝鮮社 鄭橋炳 태평로2가 336 을지로2가199 등록번호253(1947.9.20)

山林問題 | 劉載煥 1946.12 48쪽 15원 出
曹雲時調集 | 曹雲 1947.5.5 92쪽 125원 18㎝ 印고려 李秉岐 題字 李承萬 裝幀
왜 가난한가?조선사문고① | 방한 1947 淸
詩集 새벽길 | 崔石斗 1948.8.10 77쪽 150원 18㎝ 印동아사 金順男 跋文 崔恩錫 裝幀

조선사료간행회

조선야사전집① | 윤백남 편 1949.11.20 印고려문화사 🅸

朝鮮寫眞文化社 명동2가69 (발)李揆完(편)申吾星(주)李東浩 허가번호133

(잡지1) 〈寫眞文化〉
(잡지2) 〈서울그래프〉

朝鮮産業勞動調查所 고주석(종로구 견지동49-2) 장곡천정74(조선정판삘딩) 허가번호129(1946.7.6) 26㎝

(잡지) 〈産業勞動時報〉

조선상업은행

제일시집 (《天一》부록) | 〈천일〉편집실 1949.12.25 河

朝鮮商業銀行　曺秉模　21㎝

（잡지）〈天一〉

조선생물교육회

（잡지）〈생물〉

朝鮮生産品管理院　명동1가59-1　（편집겸발행）李寅基

（잡지）〈食糧硏究〉

朝鮮生活品營團

조선생활품영단 沿革과 槪要 ┃ 조선생활품영단 편　1948　91쪽　180원　21㎝　韓

朝鮮書籍印刷株式會社　趙鎭周

초등국어교본한글교수지침 ┃ 조선어학회 편　1945.12.30　36쪽　85전　印조선서적인쇄　方台榮　i

고급국어①-③(3책) ┃ 서울사범대학국문학회 편　1945　雅

초등국어교본(상) ┃ 조선어학회 편　1945.12.30　110쪽　1월50전　印同社　i

초등국어교본(중) ┃ 조선어학회 편　1946.4.15　全

초등국어교본(하) ┃ 조선어학회 편　1946.5.5　83쪽　7원　全

초등국어교본(2-1) ┃ 문교부 편　1947.8.5　30원　i

초등국어(3-2) ┃ 문교부 편　1949.3.10　70원　i

초등국어교본(4-1) ┃ 군정청문교부 편　1946.11.6　15원　i

초등국어(5-1) ┃ 문교부 편　1947.11.10　30원　i

초등국어(5-1) ┃ 문교부 편　1950.3.30(再)　i

초등국어(5-2) ┃ 문교부 편　1948.12.30(再)　75원　i

초등국어(6-1) ┃ 군정청문교부 편　1947.1.25　24원　i

초등국어(6-1) ┃ 문교부 편　1949.7.10　105원　i

초등국어(6-1) ┃ 문교부 편　1950.4.30(再)　123쪽　165원　朴

초등국사5,6학년용 ┃ 군정청학무국 편　1946.3.15　11원30전　20㎝　印영남일보사출판국　i

초등국사 ┃ 군정청학무국 편　1946　54쪽　雅

초등공민(상)제1,2학년용 ┃ 군정청학무국 편　1946.5.5　4원50전　i

초등공민(5,6학년용) ┃ 조선어학회 편　1946.5.5　48쪽　4원50전　印同社　i

중등공민(3,4학년용) ┃ 학무국 편　1946　44쪽　i

초등노래책제일이학년용 ┃ 군정청문교부 편　1946.8.3　4원50전　i

초등노래책제5,6학년소용 ┃ 군정청문교부 편　1946.7.20　3원50전　21㎝　印同社　i

초등노래책제3,4학년소용 ┃ 군정청문교부 편　1946.8.3　5원　印同社　i

초등셈본(산수공부)(4-1) ┃ 문교부 편　1948.8.30(再)　62쪽　51원　印同社　i

초등셈본(4-2) ┃ 문교부 편　1949.2.10(再)　67쪽　60원　朴

초등셈본(4-2) | 문교부 편 1950.10.30(三) 60원

초등셈본(6-1) | 군정청문교부 1946.9.15 71쪽 10원

초등셈본(산수공부)(6-1) | 문교부 편 1947.8.30(再) 25원

초등셈본(6-1) | 문교부 편 1948.9.10(再) 60원

초등셈본(6-1) | 문교부 편 1949.5.30(三) 60원

초등셈본(6-2) | 군정청문교부 1947.5.5 71쪽 15원

초등지도(우리나라생활의지도공부:4학년용) | 조선지도연구원(청운동 산1-26) 1947.9.30 100원

농사짓기(5) | 문교부 편 1948.3.20 1949.4.10 100원

농사짓기 6 | 문교부 편 1949.6.30 100원 印同社

초등잇과(임시교재) 6-1 | 군정청문교부 편 1947.1.30 49쪽 7원50전 21㎝

초등잇과(6-1) | 문교부 편 1948.3.30 37원

과학공부(4-1) | 문교부 편 1949.9.10(三) 65원

과학공부(4-2) | 문교부 편 1950.1.20 110원

과학공부(5-1) | 문교부 편 1949.8.20(三) 80원 朴

과학공부(5-2) | 문교부 편 1950.1.30 95원 朴

과학공부(6-1) | 문교부 편 1949.6.15(再) 100원

과학공부(6-1) | 문교부 편 1950.5.10 146쪽 190원 朴

과학공부(6-2) | 문교부 편 1949.10.30(再) 120원

다른 나라의 생활(5-1) | 문교부 편 1949.2.20 180원

사회생활과4학년소용 우리나라의 생활1 | 문교부 편 1948.9.15 56원 朴

사회생활과4학년소용 우리나라의 생활1 | 문교부 편 1949.8.10(再) 64쪽 55원 21㎝ 印同社

사회생활과4학년소용 우리나라의 생활2 | 문교부 편 1950.1.20(再) 55원 19㎝ 印同社

여러 곳의 사회생활(3-1) | 문교부 편 1949.9.30(再) 180원

여러 곳의 생활3학년소용 | 문교부 편 1950.5.10(三) 180원

초등글씨본4학년소용 | 문교부 편 1949.10.30(再) 45원

초등글씨본(5) | 문교부 편 1949.10.30(再) 45원 50쪽 印同社

歲次丁亥曆書 | 국립중앙관상대 편 1946.12.10 58쪽 30원

조선서적판매주식회사 황종수

신제중등수학 | 李春昊 1949.9.5 133쪽 250원 印협진

朝鮮纖維會 金聖奎

(잡지) 〈朝鮮纖維〉

조선성서공회

마가복음한영문대조 | 조선성서공회 편 1948 71쪽 80원 19㎝ 韓

창세기 | 조선성서공회 편 1948 70쪽 70원 19㎝ 韓

신약의 사복음과 사도행전 **|** 조선성서공회 편 1950 **ⅰ**

조선소년단중앙연합회 全秉儀 중앙청 구내 등록번호59

조선소년단교본 **|** 全秉儀 1947.5 267쪽 **ⅰ**

〔잡지〕 〈소년운동〉

조선속기보급학회

조선속기술강의 **|** 嚴正友 1948 65쪽 150원 19㎝ **韓**

朝鮮水利組合聯合會 朱碩均 세종로189 등록번호12

식량문제와 수리사업 **|** 金昇濬 1947 59쪽 100원 21㎝ **韓**

〔잡지〕 〈農土〉

조선수산업회

수산업정책론 **|** 柳龍大 1947.5 124쪽 70쪽 **出**

조선수산학회 부산

〔잡지〕 〈조선수산학회지〉

조선수산협회

〔잡지〕 〈수산월보〉

조선스포 – 쓰사

〔잡지〕 〈조선스포 – 쓰〉

조선시론사 허송서 서린동1 – 5 등록번호633

조선경제의 기본구조 **|** 권태섭 1947.4.10 242쪽 120원 **ⅰ**
심리학개론 **|** 韓永錫 1948 140쪽 300원 21㎝ **韓**

朝鮮時報社 을지로5가255 (편집,발행,인쇄)廉漢榮 허가번호67(1947.6.1)

碧血을 뿌린 烈士의 群像 **|** 廉漢榮 편 1946.3 41쪽 7원 19㎝ **出**

〔잡지〕 〈朝鮮時報〉

朝鮮殖産銀行調査部 남대문통2정목 權石臣 허가번호127(1946.7.2)

〔잡지〕 〈殖銀調査月報〉

朝鮮殖産銀行行友會本部　金永徽　허가번호126(1947.6.1)

（잡지）〈無窮〉

조선신론사　尹衡重　황금정2정목65　견지동65　등록번호525

장개석전 ┃ 金桓 1946.4.25 145쪽 25원 印선일 ⓘ

朝鮮兒童文化社　梁基鑄　황금정 1정목177

六學年童謠童話集 ┃ 梁雨庭 編 1946.4.15(再) 108쪽 30원 18㎝ 印서울인쇄소

朝鮮兒童文化協會(略稱 兒協)　尹石重　閔丙燾　종로2가 영보삘딩　등록번호249(1947.9.20)

어린이글씨체첩 ┃ 李珏卿 1946.2 16쪽 4원 乙

世界의 樂聖兒協어린이讀本 ┃ 洪蘭坡 編 1946.7 66쪽 20원 21㎝ 金義煥 그림

웅철이의 모험장편동화-아협어린이문고 ┃ 주요섭 글 김의환 그림 1946.7 86쪽 20원 出

소학생모범작문집 ┃ 조선아동문화협회 편 1946.9.1 52쪽 15원 乙

朝鮮童謠百曲選上卷 ┃ 兒協童謠研究所 編 1946.10.1 25쪽 25원 18㎝ 매을유

학생조선어사전 ┃ 이영철 편 이희승 감수 1946.10.9 226쪽 70원 乙

아동극집白雪公主兒協文庫 ┃ 신고송 1946.11.20 73쪽 30원 18㎝ 매을유 鄭玄雄 그림

틀리기 쉬운 말 ┃ 이영철 편 1947.5.10 98쪽 80원 18㎝ 매을유 印협진 ⓘ

토끼삼형제동화집 ┃ 현덕 글 길진섭 그림 1947.5.10 32쪽 40원 ⓘ

朝鮮音樂讀本 ┃ 成慶麟 1947.5.27 102쪽 100원 印협진 ⓘ

곤충이야기소년과학독본 ┃ 조복성(국립과학박물관장) 1948.6.25 71쪽 150원 21㎝ 매을유

노래동무 ┃ 윤석중 꾸밈 1949.3 乙

중학교들기위한소년상식 1000문답집 ┃ 글벗집 편 1949.5 90쪽 140원 乙

어린이한글책아협그림동산① ┃ 윤석중 글 홍우백 그림 1946.5.5 31쪽 20원 ⓘ

이소프이야기그림동산② ┃ 조풍연 글 김의환 그림 1946.6 14쪽 15원 乙

우리 마을그림동산③ ┃ 조지훈 글 조병덕 그림 1946.9 14쪽 15원 乙

우리들 노래(제1회아협당선동요집)그림동산⑤ ┃ 아협 편 김용준,정현웅,김규택,김기창,김용환外 그림 1947.1
　　　16쪽 30원 26㎝ ⓘ

흥부와 놀부아협그림 얘기책① ┃ 김용환 그림 1946.9.1 32쪽 15원 乙

손오공아협그림 얘기책② ┃ 김용환 그림 1946.9.1 32쪽 15원 乙

피터어팬아협그림 얘기책③ ┃ 김의환 그림 1946.10.1 32쪽 15원 乙

보물섬아협그림 얘기책④ ┃ 김용환 그림 1946.10.1 32쪽 15원 乙

어린 예술가아협그림 얘기책⑤ ┃ 김의환 그림 1946.11 32쪽 15원 乙

걸리버여행기아협그림얘기책⑥ ┃ 아협 편 1947.3.10 32쪽 15원 乙

토끼전아협그림얘기책⑦ ┃ 김용환 그림 1947.8 32쪽 40원 乙

로빈손크루소아협그림얘기책⑧ ┃ 조선아동문화협회 편 1947.12.5 32쪽 40원 乙

왕자와 부하들아협그림얘기책⑨ ┃ 조풍연 편 김의환 그림 1948.3 64쪽 100원 乙

조선아동문화협회 로고들

린큰그림 얘기책 ┃ 아협 꾸밈 1948.12.12 32쪽 150원 26㎝ ㊞조선단식

꿈나라의 아리쓰아협그림얘기책 ┃ 정현웅 1948.11.30 32쪽 80원 ㉠

사랑의 학교아협그림얘기책● ┃ 이영철(아미치쓰) 1948.12.10 204쪽 300원 ㉠
　　　　　●『을유출판사50년사』의 기록을 따랐는데 204쪽인 것으로 보아 '아협그림얘기책'은 아니다.

까치옷소파동화독본① ┃ 방정환 저 김의환 그림 1946.11 170쪽 30원 ㊏

울지 않는 종소파동화독본② ┃ 방정환 글 정현웅 그림 1946.11 140원 ㉠ 140원이면 1948년 경?

나비의 꿈소파동화독본③ ┃ 방정환 글 윤희순 그림 1947.6.1 60원 ⓘ

귀먹은 집오리小波童話讀本④ ┃ 方定煥 글 金奎澤 그림 1948.1.5 68쪽 80원 18㎝ ㉺을유

황금거위소파동화독본⑤ ┃ 방정환 글 한홍택 그림 1946.11 72쪽 140원 ㉠

(잡지) 〈소학생〉 週刊이었다가 47호부터 月刊

朝鮮兒童旬報社

해와 달조선동화집 ┃ 조선아동문화보급회 편 1946.10 96쪽 7원 ㊏

朝鮮兒童會 대구부 남산정1 大鳳洞139

朴泳鍾童詩集 ┃ 朴木月(東門町1) 1946.6.15 72쪽 21㎝ ㊞劉在永 대구부 동본정77

葵圃詩集 ┃ 黃允燮 1947.9.15 58쪽 110원 ㊞태평출판사 유재영 ⓘ

(잡지) 〈兒童〉

조선아동회 로고

조선애국부녀동맹출판부

과학의 메스로 해부 공산주의의 정체 ┃ 洪晩吉 1946.10 43쪽 20원 ㊏

朝鮮語辭典刊行會 누상동159–9 등록번호859(1949.5.16)

틀리기 쉬운日用語辭典 ┃ 朴宗玉 1949.6.10(初)9.1(再) 145쪽 250원 15㎝ ㊞고려문화사 ⓘ

조선어연구회

조선민족의 살 길 ┃ 안영섭 1946.12 48쪽 50원 ㊏

우리글 가로푸러쓰기법 통일안 ┃ 안영섭 1946 23쪽 ㊟

조선어학회 청진정188 이극로 (잡지) 허가번호219(1946.7.12)

초등국어(중) ┃ 조선어학회 등사본 (기타사항 미상) ⓘ

개정한한글 맞춤법 통일안새판 ┃ 조선어학회 편 1945.9.11(11판) 1원 54쪽 ⓘ

개정한한글 맞춤법 통일안새판 ┃ 조선어학회 편 1945.12.10(31판) 54쪽 2원 18㎝ ㊞동국인쇄공사 白鶴洙
　　　　수송정27

사정한조선어표준말 모음 ┃ 조선어학회 1936.10.28(初)1945.11.3(四)1946.1.18(五) 239쪽 15원 21㎝
　　　　㊞조선교학도서(주)

訓民正音韻解 ┃ 조선어학회 편 鄭寅普 校 1946.6.12(再) 98쪽 25원 ㊞김시달 ⓘ

국어입문 ┃ 장지영 1946.6.15 全

訓民正音影印 ┃ 朝鮮語學會 1946.10.9 66쪽 31㎝ 印보진재 線裝本 ⓘ

조선민족의 살 길 ┃ 푸른산 1946 58쪽 50원 19㎝ 韓

원본 훈민정음 풀이 ┃ 유열 1947.8.15 57쪽 80원 26㎝ 印보진재 매한글사 청진동188

외래어표기법통일안 ┃ 조선어학회 편 1947.12.20 冊

(잡지) 〈한글〉 *발행처가 한글사로 바뀜.

조선에스페란토학회 이극로 을지로2가199-17 등록번호468

국제어에스페란토교과서 ┃ 洪亨義 1947.6.10 100원 印고려문화사 全

국제어에스페란토교과서 ┃ 석주명 1949 75쪽 200원 21㎝ 韓

朝鮮旅行社出版局 閔瑗植 을지로 1가 101 등록번호762

古都勝地大觀 ┃ 李無影 1948.1.20 438쪽 500원 18㎝ 印서울인쇄사

조선여행안내출판사전매사업발행부

건국과 전매사업 ┃ 金成會 편 1947.12 61쪽 出

朝鮮歷史編纂會

朝鮮近代史硏究 ┃ 李淸原 1947.6.20(서문일자) 362쪽 姜湖 裝幀

朝鮮英語硏究會 河榮壽 종로구 竝木町24

英語會話獨習案內 ┃ 朝鮮英語硏究會 編 1945.9.30 印金東淳 ⓘ

조선예술연맹 다옥정61 洪九

(잡지) 〈藝術運動〉

朝鮮窯業協會 서린정128 金容瓘 26㎝

(잡지) 〈窯業之朝鮮〉

조선운수주식회사

(잡지) 〈朝運〉

朝鮮園藝會 농무부 농산국 작물과 내 (발)金乎(편)金福卿 등록번호28(1947.7.10)

(잡지) 〈園藝〉

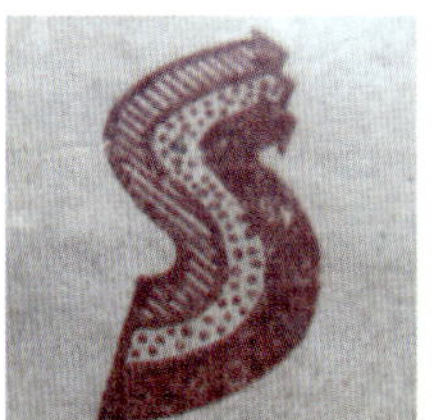

조선여행사출판국 로고

조선여행사 인지(이무영)

朝鮮銀行調査部 朴在郁 張基榮 남대문로3가110 등록번호684(1948.7.3)

物價綜覽 1945.8-1946.4 │ 조선은행조사부 편 1949 120쪽 비매 26cm 韓

朝鮮經濟年報 1948年版 │ 張基榮 編 1948.7.5 880쪽 2000원 26cm 印대건,조선은행,조선서적 金奎澤
　　　　　韓相建 裝幀

經濟年鑑 1949年版 │ 張基榮 (편집겸발행) 1949.10.10 920쪽 2500원 26cm
　　　　　印대건,조선은행,조선서적인쇄소

───────

(잡지1) 〈海外經濟事情〉
(잡지2) 〈朝鮮銀行調査月報〉
(잡지3) 〈朝鮮銀行統計月報〉

조선은행행우회본부

(잡지) 〈行苑〉

조선음악교육협회

(獨伊)獨唱名曲集 │ 이효상 譯詞 1945 114쪽 1원 26cm 韓

조선음악출판사

拔萃生徒用 고－뤼－분겐 CHORUBUNGEN │ 김형근 편 1946 48쪽 26cm ℹ

朝鮮醫報社 金斗鍾 필동3가21－3 등록번호122

일반과학인류계 │ 이갑수 1948.9.10 全

(잡지) 〈朝鮮醫報〉

조선의학협회 金晟鎭

(잡지) 〈朝鮮醫學協會報〉

朝鮮人民報社厚生部 鄭昊燮(명륜정 4정목151) 황금정 1정목156

指導者論 │ 金午星 (숭인정70-7) 1946.4.25 147쪽 25원 18cm 印조선정판사 李快大 裝幀

세계와 조선 │ 박헌영 1946.8 66쪽 18원 出

民主主義 朝鮮의 建設 │ 李康國 著 鄭鎭泰 編 1946.4.20 202쪽 18cm 印협진 尹喜淳 表紙

조선인쇄회사

Load Aveburry the use of life │ 조선인쇄회사 편 1946.2 162쪽 70원 出

A Christmas Carol │ 유형기 1946.8.15 全

The Sketchbook By Washington Irving │ 편집부 1946.8.15(再) 177쪽 70원 全

初級小獨文典 │ 유형기 1947.3.3(初)9.15(再) 108쪽 120원 印同社 賣同社 ℹ

Earlier ⅩⅨCentryPoets ┃ 임학수 역편 1948.7.15 97쪽 18cm ℹ️ 『19세기초기영시집』(한성도서)과 동일한 책.

조선임업회 청파동2가 산1번지

朝鮮樹木서울대학교수원농과대학특별연구보고제1호 ┃ 이창복(임학연구실) 1948.6.30 400원 ㊞대건 ℹ️

조선적십자사

응급구호법 ┃ 조선적십자사 편 1947 淸

조선전업공사

(잡지) 〈鐵塔〉

朝鮮政經硏究社 金載學(신당정274-2) 靑葉町2정목10 劉浩震(古市町12) 金鐘範 桃洞2가104 등록번호274

解放前後의 朝鮮眞相 ┃ 金鐘範,金東雲 1945.12.26 120쪽 10원 18cm ㊞開化 六大和町1정목46 ㎺삼중당
北朝鮮의 現象과 將來 ┃ 金基石(현저정46) 1947.3.25(再) 168쪽 100원 18cm ㊞선광
日本戰犯 裁判記 ┃ 金哲宇 編(행당동225) 1947.7.29(初)8.3(再)11.20(三) 126쪽 18cm ㊞선광 ㎺삼중당

朝鮮政治經濟硏究會 月秋山人 태평통1정목61(조선일보빌딩 내)

朝鮮同胞에게 告함自主獨立과 우리의 進路 ┃ 月秋山人(가회동96) 1945.9.5(初)11.2(再) 96쪽 15원 18cm
　　㊞동아사인쇄소

조선정치경제연구회 로고

朝鮮政治敎養同志會 황금정117

맑스엥겔스農業理論及農民政策政敎팜플렛第二輯 ┃ 李錫台 譯(효자정50-22) 1945.11.10(初)12.8(再) 64쪽
　　20원 18cm ㊞수영사 劉國鍾
레닌及콤민테룬의 農業理論及農民政策政敎팜플렛 第三輯 ┃ 李錫台 譯 1945.12.25 72쪽 6원50전 18cm
　　㊞수영사

조선정치교양동지회 로고

조선정판사 [인쇄소 長谷川町74]

민주주의와 조선 건설 ┃ 조선공산당중앙위원회선전부 편 1946.3 24쪽 4원 19cm 韓
십일월혁명의 교훈 ┃ 조선경제연구소 편 1946.3 58쪽 7원 出

조선조형예술동맹

(잡지) 〈造型藝術〉

朝鮮左翼書籍出版協議會 溫樂中 의주통1정목21 안국동155 등록번호496

靑年에게 주는 演說 ┃ 朝鮮共産黨靑年同盟出版部(N·레닌) 1946.2.1 31쪽 3원50전 18cm
　　㊞조선단식 ㎺우리書院 朝鮮左翼書店總販賣所
유물변증법과 맑쓰주의 ┃ F엥겔스 1946.2 14쪽 2원50전 出

朝鮮週報社　남대문통4정목76　卞東昱　허가번호142　26㎝

(잡지)　〈朝鮮週報〉

朝鮮中央日報社出版部　을지로1가97-1　등록번호172(1948.9.30)

夢中錄 ┃ 溫樂中　1948.6.20　123쪽　150원　18㎝　㊞협진 청진동188

북조선기행 ┃ 온낙중　1948.8　113쪽　170원　㊊

조선지도출판사　車濟標　세종로 204번지　등록번호391

다른 나라 지도 ┃ 高碩均(세종로1-3)　1947.5.20　㊞서울옵셋트　ⓘ

중학교겸일반용최근세계지도 ┃ 高碩均　1948.5.12　250원　18×26㎝　㊞서울옵셀 김건 명동2가16　ⓘ

朝鮮珍書刊行會　吳漢根　관훈동73　등록번호644(1948.4.23)

靑丘永言 ┃ 吳漢根 編　1948.5.30(42/500부)　135쪽　21㎝　㊞조선인쇄

朝鮮天主敎會殉敎者顯揚會

朝鮮天主敎會史上卷 ┃ 柳洪烈　1949.2.10　292쪽　400원　18㎝　㊞대건

朝鮮靑年文學家協會慶南本部　卓昌悳　부산부 中島町 1정목20

날개解放一週年記念詩集 ┃ 朝鮮靑年文學家協會慶南本部 編　1946.8.15　43쪽　15원　21㎝　㊞乙酉出版社

朝鮮遞信文化協會　체신부총무국 내　21㎝

(잡지)　〈遞信文化〉

조선체육연구원 로고

朝鮮體育硏究院

體操敎本 ┃ 朝鮮體育硏究院 篇　1948.2.10(初)10.20(再)　64쪽　150원　18㎝

조선체조연맹출판사

체육과 보건조선체조연맹총서① ┃ 姜弼尚　1947.9　116쪽　80원　18㎝　㊌

朝鮮春秋社　(발)韓寅洙　(편)張鉉七　齋洞112

(잡지)　〈春秋〉

朝鮮出版文化社　金相德　종로3정목38

朝鮮獨立運動史 ┃ 北岳山人(金相德)(충신정18-75)　1946.2.25　120쪽　15원　18㎝　㊞서울인쇄
　　　㊙동진당서점 숭인정106

형사소송법개론 ┃ 민복기,정윤환　1948.7　171쪽　350원　㊌

법령총집제1집 | 대한법정협회 편 1949 318쪽 500원 19㎝ 韓

〈잡지〉〈부인〉 ☞ 부인사

朝鮮出版文化協會 金昌集 26㎝

〈잡지〉〈出版文化〉

조선출판문화협회소사

　　1947년 2월이라고 하면 8.15 해방 후 햇수로는 3년째였고, 날짜로는 1년 반이 되던 때였다. 해방 후 우리들은 하필 출판계뿐이리요 마는 기분에 날뛰었고, 감격에 날뛰었던 것도 사실이지마는 이것도 1947년경에는 점차로 이지적인 행동으로 나아가려 할 때이었다. 무질서에서 조직적으로, 비공식에서 공식적으로, 浮動에서 안정으로, 이렇게 사회정세가 돌아가는 가운데 불쑥 튀어나온 것이 좌익출판협의회였다. 이는 무질서하게 홍수같이 출판되는 좌익서적에 대하여 상호 협조하는 동시에 濫費를 절약하고 규율 있는 보급을 목적으로 창립된 것이었다. 조선출판문화협회가 태동하게 된 것은 이 좌협이 조직된 후 수개월이 지난 1947년 2월경이었다. 물론 이것은 일반도서출판업자를 중심으로 한 것인데 이것이 2월 15일경에 표면화하여 2월 25일 영보그릴에서 1차 발기인회를 개최하게 되었으니 이 날 참석 출판사는 정음사, 아문각, 건국사, 좌협 등 百餘 社였는데, 이 날 좋은 결과를 얻지 못하고 2차 발기인회를 3월 2일 북창동 앞 정음사내에서 개최하여 대략 준비를 갖춘 다음, 3월 15일 오후 1시 YMCA강당에서 123사 출석하에 창립총회를 개최하여 조선출판문화협회를 창립하니 초대위원장에 김창집, 부위원장에 최영해, 조벽암, 위원에 김형찬, 최준, 김준수, 李癸河, 윤석중, 지봉문, 이민, 성인기, 이정래, 이수형, 이석중, 권혁창, 정문웅, 김경배, 노영근, 추종수, 김호선, 오억, 김정수 제씨가 선출되고, 검사위원으로 김시필, 이응규, 최장수 제씨가 선출되었다. 그리고 초대 사무국장은 김호선 씨가 피임되고, 사무실은 정음사의 호의로 북창동전 정음사옥을 사용하여 사무를 개시하였다.

　　그 후 인세의 조정, 용지문제의 토의, 판매 대책 등을 강구하고 상호친목을 도모하기 위하여 매월 정기위원회를 개최하여 이의 해결책을 토의, 연구하는 동시에 출판 자유와 출판계 발전을 위하여 많은 노력을 계속해왔으며, 5월에는 정릉리에서 친목야유회를 개최하고, 6월에는 도하 각신문에 공동신문광고를 게재하였다. 10월에는 경기도 학무국 주최로 인천에서 개최한 교육전람회에 본협회에서 교육문화관을 설치하였으며, 동10월에 김 사무국장이 사임하는 동시에 조 부위원장도 휴직하게 되어 김형찬 씨가 부위원장에 보임하게 되었다. 12월에 강상운 씨가 사무국장에 신임하고 기관지 판권을 학생사의 호의로 양도받아 1948년 2월에 기관지 〈출판문화〉 창간호를 발간하였다. 3월에 도매할인문제를 원만하게 종전대로 해결하고 日語重版 출판을 거부하는 동시에 이를 도매상조합과 협의하여 본협회 승인 없는 한 발매중개를 거절케 하였고, 금융·세금 대책위원을 선정하여 재무당국과 절충하였다. 1948년 4월 20일에 제1차 정기총회를 YMCA강당에서 개최하여 임원을 다음과 같이 개선하였다. 부위원장에 이석중 씨가 피임되고, 신 위원으로 신재영, 계용묵, 이대의, 최대용, 한영기, 이병준, 이건춘, 배정국, 윤석중, 윤경섭, 제씨가 선출되었으며, 이민, 조벽암, 지봉문, 이수형, 추종수, 정현웅, 김경배, 노영근, 김호선, 최장수, 이정래, 김준수, 제씨가 퇴임하였고 其外는 재선되었다. 6월에 출판사의 상호 출판권을 존중하자는 목적으로 출판권 결의문을 채택하고, 10월에 반민족자 친일과 거두의 저서의 출판을 거부하자는 결의문을 채택하였다. 1949년1월에 협회 알선으로 각 출판사 상호간에 개재하여 있는 분규를 원만히 해결하여 출판계의 친목을 조장하는 동시에 출판계의 발전을 연구, 토의하여 금일에 이르렀다.
　　　　　　　　　　　　　　　　　　　　　　　　　　　　　　　　—『출판대감』108쪽

朝鮮出版文化協會 편

말씀해 주신 분: 姜周鎭(71·成均館 이사장. 당시 '조선출협' 사무국장)

　　해방과 함께 자유를 찾은 출판계는 또한 스스로 그 자유스러움의 무질서를 통제할 필요성을 의식하게 된다. '조선출판문화협회'는 좌우이념이 공존하던 시대에 범출판단체로 출발, 산적한 현안문제를 하나씩 풀어가기 시작했다. 초창기 조선출협 사무국장을 맡아 조직의 체제정비에 큰 몫을 했던 姜周鎭 씨(71)가 당시의 상황을 증언한다. 姜박사는 이후 중앙대 법대교수, 국회도서관장, 독서신문사 사장 등을 지냈으며, 전국문화원연합회장을 거쳐 현재 성균관 이사장으로 있다.(편집자 주)

　　—해방 직후 결성된 '조선출판문화협회'의 사무국장을 맡아 여러모로 활약하셨던 강박사께선 아무래도 그 시기 출판계에 대해 누구보다 잘 알고 계시리라 생각됩니다. 우선 '출협'이 탄생하게 된 배경설명부터 해주시지요.

'좌익서적출협'에 자극받아 결성

"해방 직후는 무슨 책이든 낼 수 있을 만큼 출판의 자유가 허용되던 시절이었습니다. 별로 할 만한 일이 없던 지식층에게 아무런 기반 없이 뛰어들 수 있었던 좋은 사업이란 바로 출판사였지요. 그래서 지식층들은 거의 출판업에 손을 댔고, 자연히 출판사가 늘면서 책들도 각양각색으로 쏟아져 나왔습니다. 출판의 질서도 문란해질 수밖에 없었는데, 그를 통제할 만한 단체가 하나도 없는 형편이었어요. 그때 처음으로 좌익서적을 내는 출판사들이 먼저 모임을 만들었습니다. 바로 '좌익서적출판협의회'였죠. 당시 마르크스·레닌의 책들이 여러 군데서 마구 쏟아져 좌익서적의 혼란상도 극심했거든요. 그들끼리 좀 합리적으로 정리를 해보자 해서 만든 단체였습니다. 趙碧岩·權赫彰·李源朝 같은 이가 주축이 됐는데, 출판업자단체로선 최초의 것이라 할 수 있죠. 그러자 훨씬 수가 많은 일반서적 출판사들이 자극을 받아 金亨燦·崔暎海·金昌集·黃宗洙 씨 등이 주축이 돼서 만든 단체가 바로 朝鮮出版文化協會입니다."

[編] 출판업자들의 조직의 필요성에 대한 본격적인 논의는 1945년 말 시작된다. 『韓國出版文化協會 40年社』에는 당시 출협창립을 위해 출판업자들 간에 여러 차례 모임이 있던 것으로 기록돼 있다. 1945년 金昌集·金亨燦·盧聖錫 등 5,6명의 주요 멤버들이 박문서관 인쇄고 사무실에서 협회조직의 뜻을 모으고, 그해 12월 10일 이에 동조하는 서울시내 60여 개 출판·잡지사 대표들이 미군정청 회의실에서 출협의 조직을 결의한다. 그러던 중 1946년 말 '조선좌익출판협의회'가 먼저 결성되자,● 다시 이를 포괄할 수 있는 범출판업자 단체를 만들기 위한 여러 차례의 조정모임 끝에 1947년 3월 15일 창립총회가 개최된다. 그해 1947년 2월 20일자 동아일보에서는 '조선출판협회 창립'의 예보를 이렇게 전하고 있다.　　●조선좌익서적출판협의회는 1945년 말에 결성되었다.

"조선출판문화의 정상적 발전을 위하여 현재 서울시내 출판업자 중 고려문화사·건국사·국제문화협회·박문출판사·서울신문사 출판부·서울타임즈출판부·創人社·文友印書館·정음사·大成출판사·左協 등 12개 출판사가 발기하여 朝鮮出版協會를 창립하기로 하고 준비 중이던 바 드디어 오는 25일 오후 1시부터 시내 종로 영보그릴에서 그 결성식을 거행하기로 되었다."

그러나 이 기사에서 예보한 2월 25일의 창립총회는 무산되고, 그후 3월 15일 정음사에서 가입회원 124명 가운데 71명이 참석, 趙碧岩의 개회선언으로 창립총회를 갖게 된다. 이 총회에서 金昌集 씨가 위원장에, 崔暎海·趙碧岩 씨가 각각 부위원장에 선출됐고 초대 사무국장에 金鎬善 씨가 선임됐다. 좌익계열과 가까웠던 趙碧岩·金鎬善 씨가 임원진으로 안배된 것을 보면, 출협은 이른바 좌우통합을 지향하는 범출판 단체였음을 알 수 있다. '조선출협'은 1948년 8월 대한민국 정부수립과 더불어 '대한출판문화협회'로 그 명칭을 바꾸게 된다.

―좌익출판협의회측과 조선출판문화협회와는 어떤 알력 같은 것이 없었나요.

"그런 것은 없었어요. 그때 '좌익'은 지금 우리가 생각하는 좌익과는 좀 성격이 달랐죠. 진짜 공산주의라기보다 그저 대중을 위해 일한다는 명분을 가진 지식층의 상당수가 좌익에 가까웠습니다. 가령 呂運亨 씨 같은 분도 그렇죠. 출판인들 가운데도 이런 성향의 사람이 많을 수밖에요. 그러니 좌익측에서 최영해 씨에게 호감을 갖는다든가 해서 비교적 관계가 원만했다고 봐야죠. 물론 좌우대립이 점점 심각해지면서 개인들도 각자 노선을 분명히 해야 했지만, 그 당시엔 모든 것이 공존하던 때였어요."

좌익측 위원진 기능 발휘 못해 교체하기도

―강박사께서 사무국장으로 취임하신 건 언제쯤입니까.

"출협이 창립되고 나서 약 7개월쯤 뒤였을 거예요. 사실 초대 사무국장인 김호선 씨는 김창집 위원장과 별로 친한 편도 아니었고, 좌익에 줄이 닿았던 사람이라 제대로 기능을 발휘하지 못했죠. 마침 출협 사무실이 없어 자기 사옥을 가진 최영해 씨의 정음사 2층을 빌려 써야 했기 때문에 자연히 사람을 바꿔야 했습니다. 그래서 제가 김호선 씨 후임으로 사무국장에 취임하고 趙碧岩 부위원장도 사퇴해서 金亨燦 씨가 부위원장으로 보임됐습니다."

―그전에 어떤 일을 하셨습니까.

"해방 전에는 경성일보 조사실에서 일했어요. 그때 최영해 씨도 함께 있었기 때문에 친하게 된 겁니다. 해방 후에는 대학을 졸업한 고급인력들이 출판에 눈을 돌렸던 것과 마찬가지 이유로 나 역시 '혁신사'라는 출판사를 시작했습니다. 〈혁신〉이란 잡지도 몇호 내고 동물에 관한 번역서도 몇권 출판했는데 그다지 뚜렷한 활동은 없었구요. 출협 사무국장을 맡으면서 출판사를 병행하기가 힘들기도 했지만, 6·25가 나고 나는 중앙대학교로 가는 바람에 혁신사는 자연히 없어지고 말았지요. 지금은 내 이름이 姜周鎭으로 돼 있지만, 출협에 있을 땐 姜尙雲이란 이름을 사용했어요. 일제 때 나는 학병을 반대하다가 동경 스가모형무소로 끌려가 미결로 1년반 정도 있었거든요. 창씨한 이름도 있었지만 그 이름을 쓸 순 없고 해서 尙雲이란 이름으로 있었는데, 1950년대에 호적이 자동적으로 정리돼 어느 날 호적등본을 떼어보니 姜周鎭이라는 어릴 적 이름이 올라 있더군요. 국회도서관 관장을 맡으면서 다시 周鎭이란 이름을 찾았습니다."

―그럼 정음사의 최영해 씨와는 이미 경성일보시절부터 친분이 두터웠던 사이였군요.

"최영해 씨는 의리가 있는 친구였어요. 어려운 사람도 돌봐주는 인간적인 사람이었죠. 최영해 씨 부친이 외솔 崔鉉培 선생도 일제시대에 출판을 했는데, 2차대전으로 출판여건이 어려워져 최영해 씨가 서울신문사에 취직을 했습니다. 그이는 신문사에 있으면서도 늘

출판사 일만 생각했기 때문에 종이도 미리미리 준비해 놨다가 해방이 되자 곧바로 출판을 다시 시작했어요. 그래서 만든 것이 『조선왕조실록』 영인본입니다."

─조선출협에서는 주로 어떤 사업을 했습니까. 자료를 보면 印稅조정에 큰 역할을 한 것으로 되어 있던데요.

인세조정·용지난 해결 등 본격적 활동 벌여

"해방이 되자 일제 때의 책에 대한 출판권이 유명무실해진 경우가 많았어요. 출판권이 없는 곳에서 불법으로 인쇄하는 경우도 있었고, 그 사실을 안 저자와 출판권을 가진 원래의 출판사들 간에 분쟁이 잦았죠. 예컨대 朴鍾和 씨의 『금삼의 피』는 일제시대에 이미 박문서관에서 나온 책인데, 해방 후 박문서관이 출판활동을 별로 못하자 그 책이 거의 없어지다시피 했었어요. 그때 을유문화사에 있던 趙豊衍 씨가 月灘과도 잘 아는 사이라 교섭을 해서 책을 찍었습니다. 박문서관에서 그 사실을 알고 조정제의를 했고, 월탄과 박문서관 측의 李應奎 씨, 을유문화사의 조풍연 씨가 함께 자리한 가운데 몇 번인가 조정위원회를 열었지요. 결국 출판을 하지 않는 판권은 인정할 수 없다는 결론으로 끝났습니다. 이응규 씨는 조풍연 씨의 景福高 선배이기도 했지만, 박문서관의 출판권은 소멸된 셈입니다. 그땐 저작권법이 없어서 그런 문제들이 심각했죠."

─용지난 대책도 출협의 사업 활동 중의 하나였지요?

"용지문제는 말할 수 없을 만큼 심각했어요. 그땐 종이제조회사가 기능을 발휘하지도 못했고, 용지가 출판에 얼마나 중요한가를 인식하고 있는 사람도 드물었습니다. 출판사를 직접 경영하는 사람조차 용지관계에 대해 잘 몰랐어요. 정음사의 최영해 씨는 일제시대에 책 출판해본 경험이 있어 용지의 중요성을 알고 서울신문사 등을 다니며 용지를 구입해 두더군요. 해방 후 정음사가 비교적 출판활동을 활발히 할 수 있었던 것은 그런 용지문제를 해결할 수 있었기 때문입니다. 시실 그때 책의 종이질은 형편없었어요. 그 시커멓고 누런 선화지마저도 구할 수 없을 정도여서 출협에서는 미군정청에 용지수급에 관한 대책을 강력히 요구하기도 했습니다."

[編] 새로 출범한 출협은 출판계에 산적한 문제들을 하나하나 정리하기 위한 본격적인 업무활동을 시작한다. 즉 강한 결속력과 행정력으로 도매상 할인이나 용지문제, 인세조정, 출판업에 대한 免稅진정등 시급하 현안대책을 강구하는 등의 활동을 전개했다. 특히 심각했던 용지문제를 해결하기 위해 黃宗洙·李癸河·吳億 씨 등으로 용지전문위원회를 구성하기도 했으며, 금융·세금대책위원회를 조직, 재무당국과 금융지원 및 면세조치운동도 시작했다. 한편 출판계 동향을 알리는 기관지로 1948년 2월 17일 〈出版文化〉를 창간했다. 출협이 창립된 지 11개월 만에 탄생한 이 〈출판문화〉는 4·6배판 크기에 8페이지 분량의 월간지로 발행됐는데, 발행인 金昌集, 편집인은 崔暎海로 돼 있다. 창간호에는 용지문제에 대한 두 가지 기사가 실려 있어 해방 직후 우리 출판계의 종이사정이 얼마나 가난했던가를 짐작케 한다. 崔暎海 씨는 '용지난 雜感'이란 글에서 "현재의 한국경제가 빈약하여 무역선 一隻이 입항했다 하면 물가가 흔들리고 용지가도 변화곡절이 많다. 실로 마카오무역선 一隻에 한국 문화의 計量針이 동요된다."고 적고 있으며, 역시 창간호에 실린 HP生의 '용지문제'를 보면 "해방 이후에 종이가 낭비되었다면 그것은 정당의 삐라와 그와 동류의 신문용지로 낭비된 것임에도 불구하고 신문용지는 배급하고 출판용지는 배급치 않는다는 것은 출판업자는 물론이요 일반이 크게 불만을 가지고 있다. 일반 생필품과 신문대금 등을 용지가가 高勝할 때마다 대금을 인상하고 있으나, 도서대금은 그렇게 인상하지 않고 한권이라도 싸게 많이 국민에게 읽게 하려는 도서출판에 용지를 배급하지 않는다면 영리적인 고질도서만 횡행하게 되는 것이니 당국에서는 양서출판을 장려하며 문화사업을 정상적으로 발전시키기 위하여는 반드시 출판문화협회를 통하여 용지를 배급케 하라"고 강력한 요구를 제의하고 있다. 어쨌든 유일하게 업계를 대변하는 역할을 했던 〈출판문화〉는 그후 6·25로 잠시 중단됐다가 1952년 6월 5일 다시 속간, 1965년 2월호로 혁신한 이후 지금까지 계속 발간되고 있다.

─日書 출판 거부운동이나 친일파 저서출판 거부운동도 출협에서 벌인 활동이었지 않습니까.

"해방된 조국에서 계속 일어판 서적들이 출판돼 나온다는 것은 우리 출판계로서도 민족적 양심상 부끄러운 일이었지요. 우리의 정신문화를 일본에게 지배당하게 할 순 없다는 생각에서 출협에서는 공식적으로 일어판을 출판하지 못하게 했던 겁니다."

친일파의 저서출판 거부운동 펴기도

"친일파의 거두라 하면 李光洙를 일컫는다고 봐야 하는데, 지금은 모두들 생각 없이 그의 소설을 읽고 있지만 그때 이광수는 완전한 친일파로 낙인이 찍힌 상태였어요. 이런 일화가 있습니다. 일제 때 여운형 씨가 늘 아침마다 삼청동으로 산책을 하러 가는데 산책길에서 이광수 씨를 만났답니다. 그래 여운형 씨가 먼저 "이 선생 안녕하셨소" 하고 인사를 했더니 이광수 씨는 대뜸 '오하이 고자이마스' 하더랍니다. 정이 뚝 떨어지는 얘기죠. 그러니 모두들 그를 피할 수밖에요. 하지만 이광수 씨만 나무랄 순 없죠. 형무소에서 하도 시달리다보니 주위의 모든 사람들이 형사처럼 보였을 겁니다. 자기 일신상의 평안함을 위해서 무슨 일이든 했을 테죠. 결국 이광수 씨는 지식인들에게서 등돌림을 받게 된 겁니다. 崔南善 씨의 경우도 그래요. 鄭寅普 선생이 육당의 집을 찾아가 "이제 최남선은 죽었구나" 하고 통곡을 했다는 유명한 일화도 있잖습니까. 친일파는 산사람으로 대할 수 없다는 얘기였죠. 요즘 젊은이들은 그런 걸 실감 못하겠지만, 그때 우리가 보기에 그들은 보통 친일파가 아니었거든요."

―그 또한 민족의 아픔이라 할 수 있겠군요. 그런데 강박사께서 출협 사무국장으로 계실 때 『出版大鑑』을 펴낸 것 역시 커다란 업적으로 생각되는데요.

"출협에 있으면서 무언가를 남겨야겠다고 생각했는데, 그것이 바로 『출판대감』이었던 것 같습니다. 1949년에 만들고 난 후 곧바로 6·25가 터져 불타버리는 바람에 책이 희귀해졌죠. 해방 직후부터의 출판상황을 정리할 필요성이 절실하기도 해서 내가 편집 일체를 맡아 진행했습니다. 이 책을 보면 그 당시의 출판계를 충분히 파악할 수 있다고 봅니다. 언젠가 미국에 갔을 때 미국회도서관에서 한국책을 수집하던 梁基伯 씨가 이 『출판대감』이 그 도서관에서 아주 귀중한 책이라면서 칭찬을 하더군요. 어쨌든 이 책이 아니면 그 당시 출판계를 잘 알 수 없을 만큼 중요한 자료가 된 것은 다행이라고 생각합니다."

[編] 1948년 5월 5일자 발행으로 찍혀 나온 이 『출판대감』은 원래 출판연감을 만들려던 것을 경비문제 때문에 출협 기관지인 〈출판문화〉 제7호 특집 별책의 형식으로 발행하게 됐다. 여기엔 1945년부터 1949년까지 출판된 책의 종합목록은 물론 출판관계법령과 출판사명부, 서울시내 인쇄소명부, 정기간행물 일람표, 1948년 출판서적 분류통계표까지 수록, 이 시기 출판계 전반의 동향을 파악할 수 있도록 했다. 또한 아동도서와 서적 도매계, 잡지계 등 해방 4년간을 회과하고 전망하는 출판인들의 글을 실어 당시의 출판사정을 짐작케 한다. 특히 중간 중간에 삽입된 광고지면도 당시 출판사들의 성격을 파악할 수 있는 귀중한 자료이기도 하다. 국제출판사·서울출판사·정음사 등이 2, 3페이지에 걸쳐 대대적인 광고를 낸 한편 동심사·동직사·대양출판사·박문출판사 등도 큰 광고주로 단단한 출판사였음을 알 수 있다.

많은 출판사들이 서점·인쇄소 겸업

―당시 출판사들의 특징이랄까 그런 것이 있으면 기억나시는 대로 말씀해주시지요.

"金昌集 씨의 고려문화사는 인쇄소를 겸했는데 일본인이 경영하던 것이라 시설은 좋았습니다. 지금의 소공동에 있었죠. 裵正國 씨가 하던 백양사는 종로 YMCA 아래쪽에 있었는데 꽤 아담한 출판사였어요. 장정도 깔끔하고 모양도 깨끗한 책만 만들었죠. 서점까지 경영했는데, 책을 그냥 쌓아놓는 것이 아니라 제대로 진열할 줄 알았어요. 그이는 그림도 그리는 멋쟁이여서 화가들도 자주 드나들곤 했습니다. 金亨燦 씨의 건국사는 일제 때부터 출판계에서 주역이었지만 두드러진 책은 별로 없었던 것 같고, 잘 알려지지 않은 출판사로 대성출판사라는 곳이 있었어요. 원래 주인은 성재경이란 사람인데, 동대문시장 안 큰 기와집에서 출판일을 했지요. 성인기 씨에게 사장을 맡겼는데, 아리스토텔레스의 철학책 같은 비교적 품격 있는 교양서적을 만들었습니다. 權赫彰 씨의 서울출판사는 조선일보 뒤쪽에 있었는데, 그 역시 인쇄소를 가지고 있으면서 『자본론』같은 경제관계 책을 많이 발행했습니다. 그밖에 金時必 씨의 금융도서는 교재물을 주로 했고, 청구문화사의 李建春 씨도 꽤 짭짤한 책을 냈죠. 학원사의 金益達 씨나 탐구당의 洪錫禹, 민중서관 李炳俊, 동지사 李大儀·白南弘, 선문사 尹景爕, 동국문화사 申在永 씨 등도 활발히 출판을 했었구요. 그땐 출판사들이 서점이나 인쇄소를 겸한 곳이 많았고, 주로 교재물을 내는 출판사들이 재미를 많이 봤죠. 교양서적만 취급하는 출판사는 거의 없었다고 해도 그다지 틀린 말은 아닌 것 같습니다. 그리고 黃宗洙 씨의 일성당은 이런 기억이 남는군요. 6·25로 전쟁이 한창일 무렵 내가 그의 사무실에 찾아간 적이 있었어요. 그가 나에게 2층으로 한번 올라와보라고 조용히 말해서 갔더니 바로 그곳이 인민군 정보실이라는 거예요. 당시 민간업체는 어디든지 방을 내달라 하면 아무소리 못하고 내놓을 수밖에 없던 형편이었죠."

―6·25로 인해 출판계의 타격은 무척 컸겠군요.

"그렇죠. 대부분의 출판사들은 인쇄해놓은 책들이 폭격에 불타버렸고 또 전시중이라 책이 안 팔려 손실이 많았습니다. 서울에 있던 출판사들은 거의 대구나 부산으로 피난가서 그 곳에 있는 서점에 매달렸어요. 방을 얻어들기도 하고 외상값도 받고, 지형도 팔아가면서 근근히 살았던 거죠."

―해방된 자유도 잠시, 또다시 전쟁으로 출판의 뜻을 꺾인 아픔이 컸겠습니다. 하지만 오늘날 이렇게 출판계는 발전을 해오고 있으니 자긍심을 가져도 좋을 만합니다. 끝으로 출판계나 정책당국에 당부하고 싶으신 사항이 있으면 말씀해 주시지요.

"지금 출판계는 너무 상업적인 면에만 신경을 쓰는 것 같습니다. 출판 방향에 지조가 없고, 이런 책을 내면 좀 팔릴까 하는 궁리만 하는 것 같아요. 출판업자와 저자가 진지하게 공동으로 기획해서 책을 만드는 풍조가 있었으면 좋겠어요. 그러면서 저자도 발굴하게 되는 거죠. 출판문화에 남을 만한 책을 만들어야 하지 않겠습니까. 그리고 정책당국에는 국내도서를 보존하는 곳을 몇 군데 만들었으면 하는 바람을 말하고 싶군요. 국립도서관 말고 또 보관하는 곳이 한두 군데 더 있어야 해요. 몇 년 지나면 지금 나온 책들은 희귀본이 될 테니까요. 미국회도서관은 전세계의 책을 다 보존하는데, 우리는 국내에서 나온 책조차 제대로 보관을 못한다면 안 될 일이죠. 또 적어도 전국의 시·군 소재지마다 시·군립도서관이 있어야 한다고 생각합니다. 도서관이 그 정도만 있어도 출판사업은 좀더 안정적인 발전을 할 수 있을 겁니다. 물론 학교도서관도 황폐하죠. 대학도서관의 장서기준이 15만권인데, 사실 학문을 공부하는 대학엔 50만권에서 100만권쯤 책을 갖춰놓아야 합니다. 단지 장서기준만 높일 것이 아니라 학교운영비 가운데 도서구입비를 지금의 몇 배는 더 늘려야 한다고 봅니다. 도서진흥 정책이 한 나라의 지적 수준을 결정하는 중요한 문제라는 인식이 있어야겠죠."

—좋은 말씀 감사합니다. (정리 〈출판저널〉 김지원 기자)

— 이경훈 『속 책은 만인의 것』 333~339쪽

朝鮮出版社 李弘基 내수정194

조선출판사/조선통신사 로고

白假面 | 金來成 1946.2.25 206쪽 50원 18cm [印]일신인쇄소

創作集屛風에 그린 닭이 | 桂鎔默 1946.4.20 375쪽 40원 18cm [印]일신

흙의 奴隸 | 李無影 1946.7.15 40원 [印]皮昌祿 鄭玄雄 裝幀 [i]

野談集貞婦恨 | 李弘基 編 1946.8.25 222쪽 40원 18cm [印]일신

鴛鴦佳緣야담집 | 신정언 1946.8 198쪽 40원 [出]

세계명작에 나타난 사랑의 편지 | 李濟 편 1946.12 121쪽 40원 [出]

오천년 조선사화집 | 王明 1946 261쪽 [i]

순국혁명가열전 | 이석훈 1947.9 218쪽 200원 [出]

小說集黃昏의 노래 | 李石薰 1947初秋(서문일자) 236쪽 18cm

震域五千年史屑集 | 金東仁 1947.6.1 216쪽 150원 15cm [印]피창록 [朴]

조선출판중앙총사 金天標 남대문로1가99 등록번호379(1947.10.1)

중등교육수학교과서(1년-하) | 오용진 1947.3.5(번각발행)1949.5.5개정(三) 109쪽 140원 [印]조선출판사인쇄공장 등록번호1031(1947.12.1) [i]

중등교육수학교과서③ | 오용진 1947.11.15 1949.8.20(수정三) 290원 [全]

한솔시집山 | 李孝祥 1948.12.15 98쪽 특제250원,병제200원 18cm [印]同社

중등교육수학교과서 | 오용진 1949 90쪽 [雅]

조선탁구타임스사

(잡지) 〈탁구타임스〉

조선통신법정학회

법률정치학강의 | 조선통신법정학회 편 1948.2.5 [冊]

조선통신법정학회 로고

朝鮮通信社 金丞植 종로2가8 北星大廈 등록번호87

조선통신사(1945.9.4~1948.10.13: 〈조선통신〉 발행)

광복 직후 9월4일부터 사장 김승식, 부사장 김용채, 편집국장 이종모 등이 종로 장안빌딩에서 일제시대 조선일보, 동아일보에 있던 기자들과 함께 〈라디오프레스〉로 출범하여 라디오 외신과 내신만으로 통신을 발행하였는데 정식 출판허가를 받은 날짜는 1946년 7월3일이었다.

　김승식은 미국 콜롬비아대학 대학원을 졸업하고 북경에서 무역회사를 경영하던 사람이며, 김용채는 조선일보 동경지사장 출신이었다. 이종모는 동아일보 기자, 조선일보 사회부 차장을 지냈다. 그밖에 동맹통신 상해총국 기자였던 최원열과 김규식의 아들 김진동(필립김) 등이 있었다.

　조선통신은 10월 27일 UP와 수신계약을 체결하여 광복 후 첫 대 통신사가 되었다. 조선통신은 공립통신과 함께 좌익계로 분류되었다. 편집국장 이종모는 좌익 중심이었던 기자단체 조선신문기자회의 회장에 선출되었다. 그러나 후일 이종모는 '기자들 중 일부가 좌익계 집회 및 좌경인사들에 관한 뉴스를 비교적 상세히 보도하는 경향이 있었을 뿐'이며, 사장 김승식과 부사장 김용채 등 경영진의 성분으로 보나, 계약 외신사인 UP로 보나 좌익일 수는 없었다고 말했다.

　조선통신은 UP와 통신계약을 체결하여 12월 말부터 기사를 수신하여 유력한 통신사의 지위를 확보했다. 1947년 3월 22일에는 이승만의 단독정부안은 광신적이며 언어도단이라는 요지로 미국무성 요인의 말이라 하여 UP통신 기사를 보도했다가 외신부장 李相均이 청년단원으로부터 구타를 당하고 납치되었으나 구출된 사건이 있었다. 정부 수립 후인 1948년 10월에는 사장 김승식이 영등포 소재 적산 고주파중공업공장 관리인이었음을 기화로 공장 소유 선철 70여만 원어치를 방매 횡령한 혐의로 영등포경찰서에서 수사에 착수하자 홍콩으로 도주하였다. 이 무렵 조선통신은 '모택동과 朱德은 연서로 金枓奉 대장에게 메시지'(9.20)와 '민족의 군대 되라는 유언 남기고 文 孫 兩名 조용히 就死'(9.24) 두 기사로 필화를 입었다. 10월 4일 수도관구경찰청 사찰과는 조선통신을 검색하고 부사장 이중희, 편집국장 장현칠, 업무국차장 김문수, 지방부장 김철준 등 7명을 검거하고 무전기, 장부, 원고지, 등사판 등을 압수하여 통신은 중단되었다.

　공보처장 김동성은 이 사건은 특정한 기사 문제가 아니고 '사상취체'이기 때문에 공보처의 관할이 아니라고 말했다. 한편 AP통신은 서울발 기사에서 조선통신의 폐쇄는 북조선을 찬양했기 때문이라고 보도하면서, 홍콩에 체재 중인 사장 김승식은 적산 공장을 관리하면서 공금을 횡령했으며 김일성과도 연락이 있었다는 경찰 발표를 보도했다. 경찰은 조선통신은 원래 북노당의 후원과 사주 밑에 어떤 정치적 계획성을 띠고 미국의 UP와 계약하에 발간해왔는데 북한노동당 직계로 북한의 재정조달은 담당하고 있는 조선상사주식회사 해주지사와 1946년 남북물자교역이 시작되자 사장 김승식이 경영하고 있는 북성기업사는 북한 경제 조달에 전력을 경주하는 물자교역을 독점하여 노동당으로부터 배당되는 금품으로 통신사를 운영했다고 발표했다. 이 사건에 대해 UP 부사장 겸 원동 지배인 바우엔(M.W.Vaughn)이 사건 경위의 조사를 위해 내한하여 유감을 표했고, 각 신문 통신 편집국장과 주필로 구성된 담수회가 이 사건은 언론 자유에 대한 침해라는 성명을 발표하였다. 이리하여 10월 12일부터 통신은 재개되었으나 10월 13일자로 공보처는 조선통신의 발행허가를 취소하여 폐간되었다. 한편 사장 김승식은 그 후 어느 때인지 귀국하여 1950년 1월에는 한국통신의 사장으로 복귀했다.

　　　　　― 동화통신사우회 편『격동 속에 부침한 어느 뉴스도매상 이야기』(커뮤니케이션북스　2004.12.30)　38~40쪽

1947年朝鮮年鑑 ｜ 朝鮮通信社 編　1946.12.1　501쪽　250원　18㎝　㊞동양문화출판사 충무로1가51

1948年版朝鮮年鑑 ｜ 朝鮮通信社 編　1947.12.1　482쪽　500원　18㎝　㊞보성사

（잡지）〈시사순보〉월2회

조선통신사출판부　　남대문로2가122　（발행겸편집）김명식　허가번호208(1946.7.8)

（잡지）〈朝鮮春秋〉

朝鮮學校圖書出版社　　李康濂　궁정동87　등록번호64(1947.9.15)

초등지도우리나라발달의 지도공부 육학년용 ｜ 조선지도연구원(청운동 산1−26)　1947.8.20　60원　㊞고려　ⓘ

朝鮮外交史槪要上卷 ｜ 朴鳳陽(조선대학교수 종로6가12−5)　1950.3.20　160쪽　650원　21㎝　㊞고려문화사

조선학술원문화출판부

露語發音明解 ｜ 玄武鎭 편 玄聖鎭 교열　1949　101쪽　ⓘ

朝鮮合會教育部 第7安息日耶蘇再臨教 청량리동1번지

再臨運動의 始作과 進行卷一 | 朝鮮合會教育部 編 1948.3.31 147쪽 ⓘ

조선항공협회 尹昌鉉

(잡지) 〈航空朝鮮〉

朝鮮行政學會 林炳潾 남대문로2가15 효자동146 등록번호614

특허법 | 상무부특허국 편 1946.11 49쪽 35원 出

軍政法令集法令第1號－第130號 | 軍政廳 1947.4.15 190쪽 21㎝ 印고려문화사

南朝鮮過渡政府法令集法令第1號－第156號 | 軍政廳 1947.12.15 185쪽 250원 21㎝ 印고려

(잡지) 〈조선행정〉

조선향토생물연구회보급부

식물 이름 찾기 | 玄大評,康錫範 공편 1947.6 71쪽 200원 出

朝鮮火災海上保險社友會 중구 태평로1가19

保險要論 | 金瑛祥(중구 東四軒町106) 1946.11.25 162쪽 36원 18㎝ 印종현인쇄소

조알社 (발)羅士行 (편)이봉구

(잡지1) 〈조알〉 반월간
(잡지2) 〈크리스챤〉

朝洋社出版部 崔成原 을지로2가40 등록번호740(1948.9.30)

朴烈鬪爭記 | 姜一錫(布施辰治) 1948.11.30 194쪽 350원 18㎝ 印동양노트

宇宙彈宣言 | 朴相吉 1948.12.25 156쪽 250원 18㎝ 印대건

東洋史概論 | 蔡義順 1949.2.15 384쪽 750원 21㎝ 印고려

英雄이여 나오라오호 8백만 조국청년이여 | 朴相吉 1949.4.15 83쪽 160원 印동양노트 賢

韓民族의 基本進路 | 安在鴻 1949.5 116쪽 18㎝ 印동양노트 신공덕동56-1 金奎澤 裝幀

世界文化史 | 蔡義順 1950.4.10 452쪽 1600원 21㎝ 印농지관리 태평로2가340

조양사출판부 로고들

棕櫚社 (발)林白圭 (편)朴甲星

(잡지) 〈종려 Palma〉

종로서관 金相培 등록번호70(1949.11.14)

독한사전 | 장하구 1949 1200쪽 330원 15㎝ 韓

영어개론 | 朴容道(헨리토마스) 1949 330쪽 550원 18㎝ 韓

조양사출판부 인지

종로서관 로고

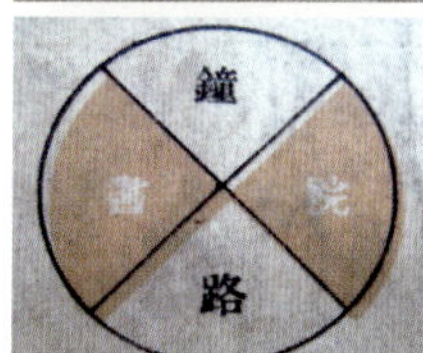

종로서원 로고들

종로서원 인지

社會科學入門 ┃ 金廷鶴(듈케엠外) 1950.1.10 194쪽 800원 18㎝ 印남양 매종로서관

物理學 ┃ 崔善根(로베슨) 1950.2.1 407쪽 960원 18㎝ 印남양 등록번호70(1949.11.14) 매종로서관

文化科學入門 ┃ 金廷鶴(베르그송 外) 1950.4.10 218쪽 700원 18㎝ 印남양 매종로서관

鐘路書院 徐光圓 종로3가13 등록번호718(1948.8.14)

朝鮮上古史 ┃ 申采浩 1948.10.5 372쪽 18㎝ 印국도인쇄국 金瑢俊 裝幀

哲學及哲學史入門 ┃ 李載壎 1948.11.29 251쪽 18㎝ 印대동

解放文學選集 ┃ 廉想燮 外 1948.12.29 284쪽 450원 18㎝ 印서울신문사 金煥基 表紙 金瑢俊 揷畵

眞珠塔報恩篇 ┃ 金來成 1947.5(初)11.25(再)1948.2.15(三)1949.2.1(四) 299쪽 450원 18㎝ 朴

鐘三書房

詳解金笠詩集 ┃ 이응수 편 1949 151쪽 200원 15㎝ 韓

鐘峴가톨릭청년회

가톨릭과 공산주의 ┃ 강아오스딩 1948 56쪽 60원 19㎝ 韓

竹筍詩人俱樂部 대구시 본정2정목32 李潤守 허가번호224(1946.7.15)

(잡지) 〈竹筍〉

衆聲社 부산

(잡지) 〈중성〉週刊

(잡지) 〈중성〉月刊

중앙경제위원회

1946현재남조선산업노무력 급 임금조사 ┃ 서무처통계서 편 1947 560쪽 비매 26㎝ 韓

中央工業研究所

(잡지) 〈中央工業研究所年報〉

中央工業研究所研究會

(잡지) 〈科學時代〉격월간

(잡지) 〈현대과학〉 ☞ 현대과학사

中央堂

歌曲集 옛이야기 ┃ 趙斗南 作曲 1949 26쪽 i

중앙도서출판사 金奭燦 金明植 남대문로1가122 등록번호73(1947.9.15)

基督敎生活哲學 | 김춘배 1947.10 120원 出

科學的 不老强力法 | 權也成 1948 107쪽 200원 19㎝ 韓

動亂中의 中國과 韓國 | 金奭燦 1949.7.15 62쪽 150원 18㎝ 印태평 崔仁煥 을지로6가20

중앙문화보급사

고향 없는 사람들 | 박화성 1948.1 200원 出

중앙문화사 金致福 종로2가91 등록번호27

大道論수필집 | 이은상 1947.3.20 112쪽 100원 18㎝ 印호남신문사 ℹ

中央文化協會 李軒求 적선동51 金玄松 세종로187 남산동2가1 등록번호427

解放記念詩集 | 中央文化協會 編 1945.12.12 97쪽 15원 21㎝ 印평화당 李根成

일본 패전의 진상태평양전쟁사 | 연합군사령부 1946.3.30 81쪽 ℹ

現代國文學精髓 | 異河潤 編 1946.9.15 118쪽 50원 21㎝ 印평화당 매三光堂 本協會 內

민법총칙상권 | 陳承錄 1947.6 91쪽 出

永郞詩選 | 金允植 1949.10.25 (면수 표시 없음) 400원 21㎝ 印대한 金龍煥 素描

詩集마음 | 金珖燮 1949.12.10 141쪽 특제400원 21㎝ 印박문 白榮洙 裝幀

詩集揭示板 | 尹復九 1949.12.31 108쪽 300원 21㎝ 印고려문화사 金文泰

李大統領訓話錄 | 金珖燮 編 1950.3.1 142쪽 300원 21㎝ 印박문

(잡지) 〈中央旬報〉

중앙문화협회 로고

중앙서사

세계문학선집(상) | 문학감상회 편 1948.11 218쪽 380원 19㎝ 韓

중앙인민위원회서기국

중앙인민위원회 제문헌 제1집 | 중앙인민위원회서기국 편 1946 66쪽 300원 19㎝ 韓

중앙인서관

資本論入門 下篇－大衆叢書第四輯 | 同社大衆叢書編輯部 19㎝

중앙정경연구소

(잡지) 〈선거특보〉

중앙정론사

建國工作의 具體的 路程－馬勝忠 / 民主主義 路線은 부른다－蘇武大 ^{民主路線叢書一輯} | 중앙정론사 1946.2 18쪽 3원 出

所謂臨政의 斷然 解散을 勸告함－國論社 / 非常國民會議는 어데로 가나?－馬勝忠 ^{民主路線叢書二輯} | 중앙정론사 1946.3 20쪽 3원 出

後見制의 由來와 本質과 그 實施에 對한 展望－呂運亨 / 政治講話抄錄 之徽山을 외친다－蘇武大 / 南朝鮮大韓民國代表民主議院의 自任하는 性格과 實際的 本質－蘇武大 ^{民主路線叢書三輯} | 중앙정론사 1946.3 38쪽 3원 出

중앙중학교

朝鮮民謠槪論 | 周王山 1947.10.28^(서문일자) 190쪽 21㎝ 등사본

(잡지) 〈桂友〉

중앙청공보부

미국민주주의 | 한치진 1948.5 冊

中央廳公報部輿論局政治敎育課 (발)李哲源 (주간)한치진 (편집)권태익

(잡지) 〈民主朝鮮〉

中央出版社 閔明善 金振福 황금정3정목71 을지로3가73 등록번호177(1947.9.20)

龍文將軍傳^{딱지본} | 中央出版社 編 1945.12.31 49쪽 ℹ

독립창가집 | 김진복 편 1946.3.1 冊

계몽편 | 편집부 1946.3.10 印金泰卿 ℹ

^{解放新版} 朝鮮歷史 | 鄭碧海^(신당정347－192) 1946.7.15 147쪽 50원 18㎝ 印同社인쇄부

^{解放新版} 朝鮮歷史 | 鄭碧海 1949.11(再) 350원 ℹ

童蒙必習 | 中央出版社 編 1946.9.20 28쪽 26㎝ 印고려문화사공무국

왜놈이 민비 죽인 이야기 | 보현산인 1946.9.20 34쪽 20원 18㎝ 印고려문화사 朴

왜놈 이등박문 죽인 안중근실기 | 김진복 편 1946.9 28쪽 20원 出

朝鮮全圖 | 中央出版社 編 1946.11.15 50원 76✕54㎝ 印同社인쇄부 ^{비도서자료}

최후의 복수^{사회소설} | 김진복 1946.12 96쪽 15원 出

초등셈본모범학습서⁶⁻² | 金哲壽^(군정청문교부 편수사) 1947.2.25 65원 18㎝ 印문명사 ℹ

대한민국교통산업지도 | 편집부 1948.7.15 ℹ

三快亭^{딱지본} | 중앙출판사 편 1948.10.1 71쪽 印全奉明 ℹ

黃金狂時代 | 蔡萬植 1949.4.20 302쪽 450원 18㎝ 印고려

貞操와 女學生^{장편소설} | 方仁根 1949.4.20 131쪽 200원 印고려 賢

신식국문가정척독 | 김진복 편 1949.10.30 印고려 ℹ

청년편지투 | 중앙출판사 편 1949.10.30 121쪽 350원 印고려 ℹ

원본소학집주 | 중앙출판사 편 1949.12.2 ㊞경화 🅸

원본만세력 | 중앙출판사 편 1949.12.5 ㊞경화 🅸

原本備旨中庸集註 | 중앙출판사 편 1949.12.5 121쪽 21㎝ ㊞경화

방랑자 | 이광수 1949 205쪽 🅸

사랑의 편지청년남녀서간집 | 方仁根 1949 74쪽 150원 🅗

怪屍體 | 方仁根 1950.5.5 138쪽 2500원 18㎝ ㊞서울인쇄소

南風 | 월파 1950 19㎝ 🅗

中央通信中學校

(잡지) 〈中央通信中學講義錄〉

(중앙중학강의록 부록) 〈中等學友〉

중앙평론사

(잡지) 〈中央週刊〉

中央厚生事業聯合會 사회부후생국조사연구과 내 을지로2가1

(잡지) 〈厚生〉

중외경제연구회 申泰翊 종로구 서린동151－1

농지개혁법경제상식보급 | 중외경제연구회 편 1950.5.1 61쪽 200원 18㎝ 🅸

중외문화협회

戊子年朝鮮民曆 | 조선천문연구회 편 1947.12.5 60원 🅸

중외정보사 申徹

(잡지) 〈中外情報〉週刊

中學生社 남대문로4가76 (발)沈活 (편)교육문화협회 허가번호139(1949.4.2)

(잡지) 〈中學生〉

芝文閣 白濟賢 봉익동159－1 등록번호761(1948.10.29)

老院長단편집 | 白濟賢(문리대재학생) 1948.11.20 142쪽 230원 18㎝ 송지영 서문 🅸

李俊詩集 | 李俊 1949.11.20 102쪽 200원 18㎝ ㊞협진 金基昶 裝幀

지성사

美朝對譯국제협정서조선관계편 | 조선정치자료연구소 편 1947.6 95쪽 75원 🅗

국회의원선거법 시행령편람 | 同社 편 1950 71쪽 200원 19㎝ 韓

職業女性文化社 崔天基 허가번호272(1950.4)

(잡지) 〈職業女性〉

眞教文化社 등록번호1113(1949.8.31)

자연과학의 신비 | 오준송(아더아이브라운) 1949.10.20 365쪽 500원 印전주일보 매문장각

震檀學會

(잡지) 〈震檀學報〉

진달래사 을지로2가17 유익 등록번호308(1947.1.16)

(잡지) 〈진달래〉 *1950년 1월호부터 〈아동구락부〉로 개제.

진리총서간행회

운동경기해설 | 文履珏 1946.11 150쪽 35원 出

眞誠堂 金佑勳 충무로4가 93 등록번호21(1947.9.12) 대한중등교과서출판협회원 제7호

진성당 로고

詩作과 眞實背信的 革命 | 黃中燁(북아현3-24) 1948.10 156쪽 260원 18㎝ 印광성 매한일백화점서적부
충무로2-3
신교육중등수학精解(3) | 鄭義澤 1949.1.23 135쪽 270원 18㎝ 印서울
신교육중등수학(3)년용 | 정의택 1947.9.20(初)1948.8.5(再)1949.8.5(三) 90쪽 170원 21㎝ 印대건
신교육중등수학(4)년용 | 정의택 1947.9.20(初)1949.9.30(三) 300원 21㎝ 印대건 i
전등신화 | 윤태영 역 1950.4.5 217쪽 550원 19㎝ 印대건 i
영어문장론 | 조성식(C.T.Onions) 1950.6.15 185쪽 550원 印대건 全

진주사범학교

花郎傳記 | 金性奉(진주부 본정339) 1946.8.3 72쪽 15원 印진주 개문사 i

진주농과대학기성회 金千洙 진주부 동성동198

農家寶鑑 | 晋州公立農林學校實科部 編 1947.12 62쪽 21㎝ 印開文社 진주부 동성동198

晋州프린트社(한얼 배달학원 지정 프린트집)

教育學의 基本的 研究筆記代用 | 同社冬季學校 1947 18쪽 19㎝

震學出版協會　鄭再雲　중구 태평통 2정목81

朝鮮文字及語學史 | 金允經(누하정249)　1946.9.15(三)9.30(四)　851쪽　200원　22cm　印선일　李圭贊 태평통2정목35

원본해석훈민정음 | 방종현　1946.7.10　全

振興書林　姜南馨　관수동6번지　등록번호716(1948.8.14)

新小說雪上加霜 | 진흥서림 편　1949.12.15　印보성사　賣영인서관　ⓘ

振興精版社　金鍾石　을지로3가344

詩集그집앞 | 金允國　1948.6.20　120쪽　230원　18cm　印韓一公印社　申鉉玉

진흥정판사 인지

創建社　高英福　후암동335-5　등록번호692

조선 식량 문제와 그 대책 | 金鍾範　1946　106쪽　ⓘ

창경공립국민학교

졸업기념사진제2회 | 서울창경공립국민학교　1947.6　ⓘ

創光社　朴鳳鎭　중학동 18-5　등록번호744

薔薇의 季節 | 鄭飛石　1949.1.15　370쪽　550원　18cm　印대건　金基昶 表紙

創元社　金瓚植　명동1정목45　필동2가78　등록번호426

人類思想史概觀百科知識叢書 | 金鴻(G・허드)　1946.4.25　86쪽　17원　18cm　印협진

科學發達史概觀百科知識叢書 | 金鴻(C・씽어,D・씽어)　1946.6.30　76쪽　20원　18cm　印협진

조선의 농업 통계로 본 식량사정 | 金永基　1946.7　115쪽　37원　出

創人社　李癸河　명동2가25　종로3가15　저동2가(자유신문사4층)　등록번호38(1947.9.15)

레닌선집 제5권상부 1905-1907년혁명의 성질 동력 전망 | 조선맑스엥겔스레닌연구소 역편　1946.11.10　328쪽
비매　18cm　印협진　朴

변증법적 사적 유물론 | 스딸린　1946　42쪽　ⓘ

골키選集第1卷 短篇集 첼카슈 | 李哲 譯　1947.2.15(初)3.25(再)　146쪽　100원　18cm　印同社 갈월동10

골키선집 제2권 나의 대학(상) | 宋範儀 역　1947.4.18　143쪽　180원　18cm　ⓘ

中等養蠶讀本 | 桂正三　1947.8.4(初)9.12(再)　82쪽　70원　印同社　ⓘ

中等養蠶學 | 桂正三　1949.11.10(初)1950.6.20(再)　130쪽　450원　20cm　印석담사　ⓘ

民戰選擧綱領細則集 - 북조선인민위원선거세칙 | 창인사 편　1947.4　56쪽　40원　19cm　韓

降伏없는 백성(上) | 이석훈(보리스・고르바또프)　1947.3.15　127쪽　100원　18cm　ⓘ

陜川海印寺誌 | 韓贊奭　1949.1.1(서문일자)　250쪽　400원　18cm　印서울신문사

敗戰學校 | 朴順來(德富猪一郎)　1950.1.20(初)1.25(再)　130쪽　300원　18cm　印귀속농지

詩文學入門 | 金容浩　1949.12.10(初)1950.2.11(再)　229쪽　500원　18cm　印백양사　崔永秀 裝幀

창인사 로고

創造社 　徐廷烈(주교정74)　충무로4가68

論文集創造 ┃ 金仁炯(무학여고)　1946.11.30　140쪽　80원　19㎝　㊞협진

채문사출판부 　印翊煥　서린동26　등록번호293

도이취말교본 ┃ 韓南徹　1949.5.25　250원　㊞채문사　ℹ️

천도교총부경리원 　白世明　경운정88

수운심법강의 ┃ 천도교총부 편　1945　278쪽　400원　15㎝　韓

인내천요의 ┃ 천도교총부 편　1945　281쪽　300원　19㎝　韓

천덕송 ┃ 李敦化 편　포덕87년(1946)3.15　72쪽　5원　㊞李團　경운정88　ℹ️

천도교요람 ┃ 천도교총부　1949　28쪽　雅

千文社 　남대문로5가15　등록번호100(1949.9.30)

刑法總論 ┃ 沈鉉尙　1950.5.15　288쪽　800원　18㎝　㊞협진

형법각론 ┃ 심현상　1950　294쪽　700원　19㎝　韓

천문사 로고

천안공립농업중학교

(잡지)〈天農〉

천문사 인지(심현상)

천주교경성교구

진리본원 ┃ 경성교구　1947.5.15　ℹ️

소일과 절요 ┃ 천주교서울교구 편　1947　86쪽　30원　15㎝　韓

성모성월 ┃ 천주교서울교구 편　1948　155쪽　80원　15㎝　韓

철야당서점 로고

哲也堂書店 　申三洙　대구시 田町46　대구시 화전동16　등록번호1091(1948.4.12)
　　　　　　　　　서울철야당: 내수동70-54　등록번호112(1949.12.27)

金笠詩集 ┃ 哲也堂書店 篇　1946.5.21　38쪽　18㎝　㊞동무사　대구부 東城町2정목160

詩集象形文字 ┃ 尹周榮　1948.11.8　84쪽　200원　18㎝　㊞正文社　申完永 대구시 동성로1가34

長篇詩追憶의 노래(IN MEMORIUM) ┃ 哲也堂編(A·L·테니슨)　1949.10.25　105쪽　250원　18㎝　㊞조선출판사
　　대구시 종로2가98　등록번호1031(1947.12.1)

학생을 위한西洋史詳解 ┃ 黃泹根　1949.11.30　211쪽　300원　㊞조선출판사인쇄공장　ℹ️

실용옥편 ┃ 신삼수 편　1949.12.5　80원　㊞조선출판사인쇄공장　ℹ️

국제연합의 해부연구편 ┃ 梁炳昊　1949　137쪽　250원　18㎝　韓

페스타롯치와 숨은 이의 저녁 때 ┃ 韓正愚 편 (서울철야당)　1950.4.20　㊞조선출판사인쇄공장
　　등록번호1441(1950.2.27)　ℹ️

피리소리시집 ┃ 金尙烈　1950.4.30　河

청구문화사 로고

青丘文化社 　李建春(명륜동2가147-3)　朴源昊　송현동47-3　등록번호245(1947.9.20)

SELECTED SHORT STORIES ┃ 金尙鎔 編(동자동19-15)　1948.2.5　130쪽　250원　18cm　㊞梁基涉

고등물리학(하) ┃ 李容達　1948.5　600원　出

해석기하학개요 ┃ 任昌淳　1948.7　480원　出

해석기하학개요 ┃ 任昌淳　1950.6.15　全

高等數表 ┃ 청구문화사 편　1948.9.15　270원　㊞대건　ℹ

토끼와 원숭이(상)(하) ┃ 마해송　상하 각각　1948　50쪽　50원　出

聖書와 世界 ┃ 孫膺祿(에미-르·부룬넬)　1949.2.28　116쪽　220원　18cm　㊞근영사

高等物理學 上卷 ┃ 孫元祿,李容達　1947.10.10(初)1948.8.30(수정再)1949.5.15(三)　288쪽　650원　21cm
　　　　㊞대건

經濟學槪要(上) ┃ 孫膺祿(마샬)　1949.5.20　294쪽　680원　㊞대건

GEMS OF POETRY ┃ 金尙鎔 編　1949.6.10　162쪽　450원　㊞대건　ℹ

原子 ┃ 崔奎南　1949.10.25　163쪽　500원　21cm　발행인朴源昊　㊞대건

刑事政策學要綱 ┃ 張承斗　1949.11.10　198쪽　550원　21cm　㊞대건

刑法講義總論 ┃ 李建鎬　1949.10.15(初)11.15(再)　303쪽　850원　21cm　㊞대건

高等英文法 ┃ 趙成植　1949.12.10　225쪽　850원　21cm　㊞대건

적분학 ┃ 李林學(동숭동 201)(그랜드빌)　1949.3.10(初)1950.3.5(四)　308쪽　980원　㊞대건　ℹ

미분학 ┃ 이임학(그랜드빌)　(연도 미상)　310쪽　730원　出

기독자의 신앙 ┃ 손응록(부루넬)　1949　340원　韓

위기의 신학 ┃ 손응록(부루넬)　1949　170쪽　360원　16cm　韓

경제학교정(상) ┃ 손응록(라피두스)　1949　750원　韓

렌의 애가 ┃ 모윤숙　1949　356쪽　650원　21cm　韓

국가론 ┃ 윤세창(오펜하이머)　1950　137쪽　8000원　21cm　韓

형법요론총론각론 ┃ 장승두　1950　368쪽　120원　21cm　韓

青丘舍 　宣鎭秀(동숭정2-22)　本町 2丁目1

朝鮮史話 ┃ 文一平　1945.11.18　271쪽　12원　19cm　ℹ

인생일대의 경제학 ┃ 宣鎭秀　1945.12　41쪽　6원　出

초등한글글씨체첫째권 ┃ 이철경　1946.4.25(四)　28쪽　4원　21cm　㊞同社 이태영　ℹ

청구서점 　朴商完　낙원동300　등록번호360

중등과학생물편 ┃ 박만규　1948.2　册

중학교자연과학생물편(1)(2) ┃ 박만규　1948.8.15　240원,250원　全

겨울방학⑤ ┃ 대한교육연합회 편　1948.11.25　55원　ℹ

青丘出版社 　李亨雨　대구시 동성로3가12　등록번호1107(1949.7.19)

中國遊記李相定將軍遺稿 ┃ 李相定　1950.2.15　164쪽　500원　매文星堂서점 대구시 중앙동　Z

청년문학예술연구회

(잡지) 〈청년문학〉

청년문화사 金元澤 화원정21의1

解放의 날 ┃ 姜金鍾 1946.4.25 116쪽 16원 印금성인쇄 尹敎榮 종로1정목25 朴

미적분 ┃ 李林學 1948.10 730원 出

靑年社 朴鍾善 朴鍾大 명동2가82 태평로2가46 등록번호82(1947.9.20)

청년사 로고

청년사 인지(양주동)

레닌의 生涯와 事業新興靑年文化叢書第2輯 ┃ 金曉星 역 1945.12.30 58쪽 4원 18cm 印백학수 朴

民族文化讀本下卷 ┃ 梁柱東 編 1946.11.15 209쪽 180원 21cm 印대건 發朴鍾善

民族文化讀本 上卷 ┃ 梁柱東 編 1946.12.20 168쪽 160원 21cm 印대건 發朴鍾大

靑年을 爲한 世界歷史 ┃ 韓龍孫(伊豆公夫) 1947.3.5 58쪽 45원 18cm 印수영사 發朴鍾大

現代中國詩選 ┃ 尹永春譯 編 1947.7.29 174쪽 180원 21cm 印대건 發朴鍾大 金基昶 裝幀

미국과 극동 ┃ 康德秀 1947 73쪽 35원 雅

통일 조선을 위하여 ┃ 박종대 1948.4 30원 出

北朝鮮紀行 ┃ 徐光霽 1948.7.25 162쪽 250원 18cm 印서울신문사 發朴鍾大 鄭玄雄 裝幀

청년을 위한 로서아 현대사 ┃ 신용우 1948.8 150쪽 出

세계기문선 ┃ 양주동 역편 1948.9.30 252쪽 500원 i

세계흥망도표 ┃ 청년사 편 1948 180원 出

특별한 형태의 민주주의 ┃ 金澤泳,李旼(뜨라이닌,바르가) 1949 150원 21cm 韓

(잡지1) 〈科學戰線〉 * 제1,2호는 청년사, 2−4,2−5는 문우인서관 발행.

(잡지2) 〈新人〉

청년신앙운동본부

(잡지) 〈복음주의신앙운동〉

청년외교협회

청년외교 ┃ 청년외교협회 편 1949 150쪽 雅

청년조선동맹남산지부 楊常權

(잡지) 〈청년조선〉

靑濤社

(잡지) 〈歸鄕者〉

靑銅時代社　黃皓

（잡지）〈청년예술〉

靑驢社　金素雲

（잡지）〈만화행진〉

靑路社　洪思健　돈암동412-9　등록번호752

눈물의 철학 | 李奎南　1950　298쪽 　淸

靑巒舍　李啓舜　등록번호156(1947.9.20)

詩集해 | 朴斗鎭　1949.5.15　128쪽　380원　21cm　印고려　組신한　매유길　金瑢俊 裝幀

청만사 로고

靑石庄

異端의 詩 | 金相沃　1949.6.15　126쪽　250원　18cm　著者 裝幀

靑樹社　韓在愚　봉익동12　등록번호361

조선의 토지문제 | 인정식　1946　134쪽　i

第三奴隷소설 | 朴浣　1949　188쪽　270원　19cm　韓

淸友구락부

（잡지）〈淸友〉

청운국민학교

졸업기념제26회 | 서울청운국민학교 편　1950.5　i

淸進서관

공무원제도해설 | 安龍大　1949　132쪽　250원　19cm　韓

靑春劇場出版部　全光男　명륜정 2정목 195-10

戲曲端宗哀史6幕8場 | 金春光　1946.4.10　156쪽　25원　18cm　印서울인쇄소 남복현 도렴정117

戲曲安重根史記前篇 | 金春光　155쪽 （후편에 준하는지 별도 판권 없음）　18cm

戲曲安重根史記後篇 | 金春光　1946.3.1　121쪽　15원　18cm　印서울

大院君 | 金春光　1946.10.27　131쪽　35원　18cm　印보문사 무교정63

미륵왕자복수편 | 김춘광　1946　130쪽　50원　出

청춘사

청춘극장제1부 청춘의 전설 | 김래성 1950(再) 369쪽 ℹ️

靑和社

국회의원선거법해설 | 李漢一 1950 105쪽 300원 19㎝ 韓

體育文化社　명동2가82　李丙學　인가등록번호35(1947.8.11)

(잡지) 〈體育文化〉 文敎部體育課 機關誌

초등교육출판주식회사

아기네 과학생물편 | 金甫炫 1947.4 89쪽 50원 出

初音社　鄭熙哲　중학동 12-2　등록번호51

세계웅변집2집 | 金永上 편 1949.12.1 246쪽 500원 18㎝ 印 서울신문사 ℹ️

叢文閣　宋乙洙　黃玄民(1947)　무교정33

呂運亨鬪爭史 | 李萬珪 1946.5.25 277쪽 18㎝ 印 서울인쇄소
通俗社會主義講話上卷총문각문고① | 鄭大石 1947.7.15(再) 80원 18㎝ 印 개수당 洪啓德 서소문동62
通俗社會主義講話下卷총문각문고② | 鄭大石 1947.9.15 108쪽 80원 18㎝ 印 개수당

春秋社　安光毅　을지로3가259　등록번호770(1948.11.8)

나의 告白 | 李光洙 1948.12.1 213쪽 380원 18㎝ 印 대건 張一徹 裝幀

出發社　金敬順　남창동105　등록번호500(1950.2.9)

戀愛手帖 | 李奭鉉(웰리너그린여사) 1950.2.15 250원 ℹ️

출판문화보급사

이조가요선주(상하) | 박노춘 1949 197쪽 500원 21㎝ 韓
이조산문문학선주(하) | 박노춘 1949 155쪽 300원 21㎝ 韓

충남농업기술원

人工育雛法解說 | 孫明奎(대전시 문화동 337) 1950.3.30 비매 (등사판) ℹ️

충북문화사

남녀동등권 | 洪元吉 1948 75쪽 200원 19㎝ 韓
牛胃囊筆 | 홍원길 1949 52쪽 200원 15㎝ 韓

의병대장 ┃ 홍원길 1950 121쪽 200원 21㎝ 韓

충청북도건국교육회   柳大馨   청주

(잡지)〈新教師〉

鷲山書林   申相浩   누상정22번지

風雲韓末秘史 ┃ 尹孝定 1946.4.20 199쪽 30원 21㎝ 印광성

聚英庵   金敬琢   紅把町115   東方文化機關

태극의 원리 ┃ 金敬琢 1946.6 25쪽 10원 21㎝ 出

초급중학한문독본① ┃ 金敬琢 1946.10 45쪽 20원 出

詩集얼 ┃ 金敬琢 1947.8.1 57쪽 60원 19㎝ 印일신 金重鉉 裝幀

초급중학한문독본권2 ┃ 김경탁 1947 64쪽 50원 出

唯物論철학의 근본문제 ┃ 金敬琢 1947 49쪽 90원 21㎝ i

治刑協會(財團法人)   尹用燮(사법부刑政局長)

行刑法概論 ┃ 李龍基,白興洙 1948.2.1 180원 228쪽 18㎝ 印마포형무소

一死刑囚의 懺悔 ┃ 張聖玉 編著 沈相龍 編輯 1948.3.1 94쪽 110원 18㎝ 印애지사 김팔봉

一醒李儁 永生의 密使 ┃ 홍효민 1949.7.26 296쪽 i

探求堂書店   李亨雨   남대문로2가32   등록번호217

고등대수학 ┃ 최윤식 1947.12.20(初) 450원 出

고등대수학 ┃ 최윤식 1948.4.20(再)1949.3.1(개정三)10.20(개정四) 650원 印협진 全

먼나라생활역사부분 ┃ 이해남 1948.9.2 164쪽 280원 21㎝ 印조선서적 i

먼나라생활역사부분 ┃ 이해남 1950.4.10 164쪽 440원 i

미분적분학연습 ┃ 鄭淳宅 1948.10 650원 出

評論集뿌르조아의 人間像 ┃ 金東錫 1949.2.5 274쪽 400원 18㎝ 印서울공인사

먼 나라지리부분 ┃ 노도양 1949.6.20 380원 21㎝ 印조선서적 i

近代外交史 ┃ 申基碩 1950.2.15 378쪽 1200원 21㎝ 印귀속농지관리국인쇄소 제본한흥

債權各論講義 ┃ 朱宰璜 1950.2.20 295쪽 950원 21㎝ 印백양사 제본한흥

중등사회생활과공동생활공민부분1학년용 ┃ 최재회 1949.6.20(初)1950.4.15(수정판) 113쪽 305원 21㎝

The Inductive English Grammar① ┃ 高光萬 1950.4.20 200원 印중화시보사 i

경제생활공민부문3학년용 ┃ 이상선 1949.6.23(初) 290원 印조선서적인쇄 i

경제생활공민부문3학년용 ┃ 이상선 1950.4.25(수정) 440원 印조선서적인쇄 i

중등사회생활과 經濟問題 공민부분5학년용 ┃ 홍우 1950.5.5 146쪽 400원 21㎝

우리나라지리부분 ┃ 노도양 1949.5.20(初)1950.5.20(수정판) 510원 印조선서적 i

自然環境과 人類生活 ┃ 노도양 1950.5.20 168쪽 450원 21㎝

탐구당서점 로고

탐구당서점 인지(신기석)

인생과 사회^{공민3학년} | 이재훈 1950 134쪽 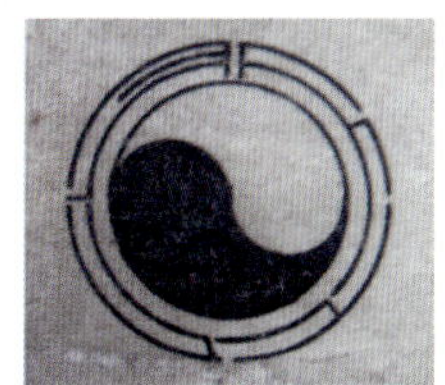

太極書館^(株) 金弘敍 金炳淵 을지로3가 22 등록번호76(1947.9.15)

民族의 受難 ^{百五人事件眞相} | 鮮于燻^(회현동1가92-5) 1948.11.20 146쪽 280원 18㎝ 매태극서관

民族의 受難 ^{百五人事件眞相} | 鮮于燻 1949.11.15⑷1950.1.30㈢ 154쪽 400원 매독립정신보급회 ^{金永玉}
　　^{회기동95} 金基昶 表紙

東仁史譚集 토끼의 肝 | 金東仁 1948.4.30 211쪽 280원 印조선인쇄

先導者 | 이광수 1948 322쪽 500원

世界一周記 鵬程十萬里 | 安東源^(홍파동2-1) 1949.9 203쪽 400원 18㎝ 印대한인쇄공사

歐洲理想國家群 ^{世界一周記續篇} | 安東源 1949.12.5 186쪽 400원 18㎝ 印대한 매태극서관

태극서관 인천

인천부세일람^{-1948년도} | 인천부 편 1949 96쪽 150원 18㎝ 韓

太白書籍公司^(舊 丸善) 본정2정목3번지 (지배인)襄涉

映畵脚本 自由萬歲 | 全昌根 1946 78쪽 18㎝

論理學 | 金俊燮^(高麗大,中央女子大學敎授) 1947.10.31 160쪽 150원 21㎝ 印대건 朴

법학통론 | 田熙鳳 1947.11.10 136쪽 200원 印신한공사

太白出版社 을지로2가199-53 崔鍾煥 허가번호330 26㎝

(잡지) 〈太白〉

太陽堂 吳圭元 인현동2가181-53 등록번호90 崔東基 갈월동71 등록번호651

詩集 어느 地域 | 張永暢^(蔡萬植 序文) 1948.6.20 91쪽 150원 18㎝ 印조선인쇄 매동문사 鄭玄雄 裝幀

태양사 金永植

(잡지) 〈太陽〉

태평문화출판사 呂文淵 曺奎卨 을지로6가20-3 등록번호590

第二次世界大戰 文獻 | 韓志成 1946.8.31 170쪽 40원 印同社

태평양사 수송정27 宋義淳 허가번호109(1946.6.29)

(잡지) 〈太平洋〉

太華書館 姜夏馨 종로구 예지동101번지 등록번호265

新舊流行雜歌 | 太華書館 編 1928.10.18㈀1945.10.25⑷ 60쪽 18㎝ 印서울

劉忠烈傳 ^{딱지본} | 태화서관 편 1946.2.28 85쪽 18㎝ 印합동인쇄 ^{박준영 櫻井町 1정목113}

薔花紅蓮傳^{딱지본} | 태화서관 편 1928(初)1947.12.10(五) 40쪽 18㎝

콩쥐팟쥐젼^{딱지본} | 태화서관 편 1928.11.20(初)1947.11.10(再) 36쪽 18㎝ *金氏烈行錄 合本

人情小說꿈속의 꿈^{딱지본} | 태화서관 편 1932.10.9(初)1947.11.10(五) 96쪽 19㎝ 印同인쇄부 賢

無情한 汽笛聲^{딱지본} | 李祖承 1935.1.30(初)1948.1.15(三) 59쪽 18㎝

박씨부인전^{딱지본} | 태화서관편 1948 58쪽 50원 19㎝ 韓

無情한 芳草^{딱지본} | 태화서관 편 1947? 53쪽 18㎝

토지개량조합연합회 세종로2가 朱碩均(동회부회장 옥인동47-3) 허가번호254(1946.7.23)

(잡지) 〈農土〉^{年3回}

通文館 李謙魯 관훈정147 등록번호511

聖雄 李舜臣 | 李允宰 1946.2 78쪽 9원 18㎝ 印백영당

靑丘永言^{新文庫1} | 周王山 校訂 1946.8.30 193쪽 50원 15㎝ 印백영당 趙重鉉 裝幀

偉人의 敎訓-서양편 | 장인 1949.6 ⓘ

특허국

특허안내 | 특허국 편 1947 24쪽 40원 21㎝ 韓

파랑새사

초등용가요곡집 | 윤복진 1946 册
중등용가요곡집 | 윤복진 1946 册

平文社 趙容均 종로6가215-6 등록번호171(1947.9.20)

조선의 안해 | 梁孤峰 1948.1 100원 出

第二詩集사랑물레 | 高永鎭(개성부 고려정224) 1948.1.30 105쪽 100원 18㎝ 印同社 매유일서점 李順東 裝幀 金台炯 揷畵

第三詩集 | 高永鎭 1948.10.15 76쪽 100원 19㎝ 印평문사 매유길서점 金晶培 裝幀

北京時代 | 丁來東 1949.4.25 216쪽 350원 18㎝ 金榮注 裝幀

외별詩集 | 박승훈 1949 78쪽 150원 18㎝ 韓

平凡社 朴漢壽 충무로3가58 등록번호742(1948.9.27)

隨筆集바다와 肉體 | 金起林 1948.12.25 264쪽 420원 18㎝ 印협진 매한영서점

長篇小說새 출발 | 方仁根 1948.12.18 250쪽 680원 印조선인쇄 매한영서점 賢

東學史 | 吳知泳 1948 300쪽 韓

世界雄辯集 | 金永上 編 1949.3.15 208쪽 350원 19㎝ 印대건 매한영서점 朴

사랑의 水族館 | 金南天 1949.2.22 546쪽 780원 18㎝ 印대건 매한영서점

영어회화편 | 이효웅 1950 19㎝ 韓

平安靑年會 광화문통139

西北의 愛國者朝鮮人物集第一輯 | 鮮于基聖 1946.9.10 56쪽 25원 印국도 朴

평화교육문화사 최기영 사직정211

兒童取扱法敎授法指針 | 崔基榮(경성부視學 사직정211) 1946.415 印同社 매동양문구점 이규일 ⓘ

平和圖書(株) 林洸 대구부 남성로18 을지로2가199

印緬抗日戰記 | 최덕신 1947.8 120원 出

옛터에 다시 오니시집 | 李元熙(경북공립중5학년) 1948.1.20 90원 印태평출판사 대구부 교동77 ⓘ

陣痛의 記錄 | 林洸 1948.7.1 123쪽 250원 Ⓩ

豊國學園출판사

經驗과 교육 | 오천석(존듀우이) 1947 147쪽 380원 21㎝ 韓

豊文女子中學校

(잡지) 〈豊文〉

學林社

大地 1부 | 펄벅 1949 421쪽 650원 18㎝ 韓

學兵同盟本部 삼청동1 이춘영

(잡지) 〈學兵〉

학생공론사 李泰元

(잡지) 〈학생공론〉

學生文藝指導硏究會 대구 남산정225-2 崔榮基 21㎝

(잡지) 〈學生文藝〉

학생문화연구사 (편집겸발행)김재준 목포시 상락동2가8

(잡지) 〈學生文化〉

學生社 金正修(황금정2정목180) 번호230(1947.9.20)

사랑의 학교 | 학생사(三浦修吾) 1946.6 117쪽 20원 出

어머니를 찾어서 삼천리 | 학생사 역 1946.6 62쪽 出

偉大한 發明 | 金正修(아ー르・기뿌슨) 1946.9.18 144쪽 25원 18㎝ 印국도인쇄국

성공의 길 | 김정수 편 1947.4 84쪽 40원 出

청년학생 애국독본 | 申義燮 1947.9 137쪽 100원 韓

아동과학공부(6) | 서울사대부속국민학교아동교육연구회 1949.2.15 150원 印고려 i

아동과학공부(4-2) | 서울사대부속국민학교아동교육연구회 1949.3.1(서문일자)

군인의 思考 | 李蘇(국방부정훈국) 1950.1.15 350원 i

(잡지1) 〈學生〉
(잡지2) 〈여학원〉
(잡지3) 〈여학생〉
(잡지4) 〈신교육건설〉
(잡지5) 〈진학〉

學生英語社 (편집겸발행)崔昌健 (편)玄受吉 남영동71 허가번호161

(잡지) 〈學生英語〉

學生月報社 종로3가1 종로4가11 (발)申井雨 (주간)金衡均

New English Grammer | 孫宗珍 1946.4 149쪽 100원 出

(잡지) 〈學生月報〉

학습연구사

獨逸語文法講義 | 廉仁傑(關口存男) 1950.1.12 360쪽 900원 18cm 印백양사 i

學英社 安容純 신당동393-17 등록번호498

신영문법 | 文哲民 1947.9 345쪽 300원 出

(잡지) 〈週間英語學友 THE SCHOOL FRIEND〉

學藝社 朴英晩 인현동1가132 등록번호746

새로운 城上卷 | 朴英晩 1948.11.1 284쪽 420원 18cm 印대건 徐軒 表紙 金基昶 扉

學友社 安鍾七 효자동 185-2 등록번호104(1947.9.20)

人生沙漠 | 嚴興燮 1949.1.25 355쪽 500원 印보성사 賣평화당서점전주 朴

國民學校 國語敎育의 理論과 實踐 | 李熙福(서울사대부국) 1949.3.15 236쪽 600원 18cm

The National English Readers③주해서 | 영어교육연구회 편 1949.10.30 217쪽 400원 i

The English Readers⑥주해서 | 영어교육연구회 1950.3.20 380원 18cm 賣평범사 부산진동 i

學苑社 양동156 등록번호43(1949.7.30)

The Sketch Book註解書 | 학원사(Washington Irving) 1948.11.20㊉1949.11.15㊐ 141쪽 300원 18㎝
㊞농림부귀속농지관리국

한국무역협회 남대문로2가144 김도연 등록번호59(1948.1.15)

(잡지)〈貿易〉격월

한국문화연구소

蘇聯아 잘 있거라 | 申明求 편 1950 178쪽 400원 19㎝ 韓

(잡지)〈별〉

한국민주당선전부

한국민주당소사 | 同선전부 편 1948 101쪽 100원 19㎝ 韓

한국발명협회 박기원

(잡지)〈과학과 발명〉

한국상공회의소

(잡지)〈한국다이제스트〉

한국여론협회

위폐공판소동진상팜프레트여론 | 한국여론협회비판국 편 1946.8 38쪽 20원 出

한국외교협회

미국외교정책 | 姜亨烈(월터맆맨) 1950 210쪽 5000원 韓

한국은행

(잡지)〈에코노믹스테이티스틱스〉

한국은행조사부 劉彰順

(잡지)〈世界經濟〉격월

韓國印刷(株) 趙鎭周 용문동38

우리나라의 생활(1)사회생활과4학년소용 | 文敎部 1950.5.30㊂ 64쪽 95원 ㊞同社 i

초등국어1-1(바둑이와 철수) | 문교부 1950.5.30㊂ 85쪽 21㎝ ㊞同社

한글同學會 부산부 영주동671

　속성한글강의 | 趙鏞萬 1949.3.30 210원 ㉥대동출판인쇄 부산 신창동3가36 등록번호1046(1947.12.1) ⓘ

한글문화보급회

　조선역사 | 함돈익 1946.6 134쪽 ⓜ

　(잡지) 〈한글문화〉

한글문화사 등록번호539 등록번호793

　신편고등국어문법 | 정렬모 1946.10.20 219쪽 100원 ⓗ

한글사 이극로 청진동188 (조선어학회 내) 등록번호20

　諺文志 | 朝鮮語學會 編 1938.3.28㉑1946.6.12㉞ 19쪽 15원 21㎝ ㉥김시달

　중등국어독본 | 정태진,김원표 1946.10.15 138쪽 40원 ㉥경성인쇄 ⓩ『석인정태진전집(상)』(서경출판사
　　　　1995.4.30)

　풀이한농가월령가 | 유열(사간동91-1) 1948.2.1 157쪽 18㎝ ㉥선광 韓甲洙 題字

　한글 | 이극로 1948.2 60원 ⓗ 잡지〈한글〉의 착오인 듯.

　(잡지) 〈한글〉 ☞ 조선어학회

한길사 장관철 남대문로3가103 등록번호822(1949.2.22)

　고등국어² | 조지훈 엮음 1949.8.1 102쪽 200원 21㎝

　현대동시선 | 박목월 편 1949.3.15 이인성 그림 ⓘ

한미프린트사

　국어의 참 두루미 | 문명훤 1948 29쪽 40원 21㎝ ⓗ

韓美協會出版部

　(잡지) 〈亞美理駕〉

한민출판사 朴春陽 인의동92 등록번호6

　한민족의 혈누사 | 朴春錫(월파) 1946 110쪽 20원 19㎝ ⓗ

한밝사

　성 어거스틴 어머니 몬니카 | 李浩雲 1949 124쪽 200원 19㎝ ⓗ

한보사 충무로1가38 (발행,인쇄)趙覺山 (편)嚴道海 허가번호252(1946.7.19)

　(잡지) 〈한보〉旬刊

漢城圖書(株) 韓奎相 李昌翼 견지동32

* 등록번호 문제 : 한성도서와 을유문화사 모두 등록번호가 248호로 되어 있다. 『출판대감』에는 한성도서의 등록번호는 99번이고 을유문화사가 248번으로 되어 있다.

한성도서편

말씀해주신 분: 韓鏞善(76. 전 한성도서 영업부장, 숭문사 회장, 작고), **李恒振**(64. 전 한성도서 사장, 내과의사)

　일제 탄압의 올가미가 우리 출판계를 옥죄던 시절, 올곧게 민족문화를 지켜보고자 탄생한 출판사가 한성도서주식회사(1920~1956)이다. 전국 방방곡곡에 우리 출판물을 전하며 민족정신을 심어주던 한성도서의 일생에도 수난의 흔적은 묻어있다. 한성도서 전성기에 영업부장으로 활동했던 한용선 씨와 실질적 창업주인 초대사장 이봉하 씨의 손자이며 5대 사장을 맡았던 이항진 씨가 당시를 회고한다.(편집자 주)

－한성도서는 3.1운동 직후 출판을 통해 조국 발전에 이바지해보겠다는 몇몇 유지들에 의해 이뤄진 것으로 압니다만 설립 때의 이야기부터 좀 들려주시지요.

[李恒振(이하 李)] 정확한 창립일자는 1920년 4월9일로 기록되어 있어요. 3.1운동이 일어나 齋藤 총독이 문화정치를 한다고 해서 제한적인 언론의 자유를 주고, 〈동아일보〉, 〈조선일보〉 등 신문사와 출판사들을 허가해주던 시절이었죠. 그때 선친(李昌翼)과 몇몇 분들이 문화사업을 해보자고 시작한 것이 한성도서였답니다. 당시로는 드물게 전국에서 주식을 공모해서 출판사를 설립했다는 점에 특별한 의미가 있었던 거죠. 株主에 고려대 창립자인 仁村 金性洙 씨도 있더군요. 선친은 주식의 반을 가져서 아마 상당한 재산을 투자했던가 봅니다.

[韓鏞善 이하 韓] 처음엔 신문사를 하려다 허가가 나오지 않아 출판사로 출발했다고 들었습니다. 신문기자로 이름을 날렸던 張道斌 씨가 먼저 제안해서 李鍾駿, 이창익, 韓奎相 세 분이 힘을 모았다는군요. 그분들은 서로 처남, 매제 사이인데 모두 동경에서 공부한 인텔리였죠.

[李] 그러니까 가장 큰 주주였던 제 할아버님이 초대 사장이었지요. 황해도 瑞興에서 만석꾼이라고도 했다는데, 初試에 급제한 어른이었습니다. 후에 2대 사장이 된 이종준 씨는 저의 큰 이모부이십니다. 돌아가신 후에는 별로 왕래가 없었는데 그 아드님이 원효사상 연구로 유명한 李箕永 박사(한국불교연구원장)입니다. 전무를 맡았던 한규상 씨는 저의 큰 외삼촌이시니까 아버님의 처남이 되죠. 아버님은 1943년부터 3대 사장을 맡다가 1956년에 병환으로 돌아가셨습니다. 제일고보 출신으로 동경 立敎대학을 다녔는데 柳致眞 씨와 동기입니다. 고향인 서흥에서 '瑞興農業學校'를 지을 때 땅을 기부하기도 했습니다.

[編] 주식회사 한성도서는 1920년, 자본금 30만원으로 출판, 서점, 인쇄의 운영 체제를 갖춰 출발하게 된다. 당시 '사업소개'에는 한성도서의 사업방향이 포괄적으로 나타나있다.

출판부: 각종 서적을 편집, 출판하며 또한 외국의 유명한 서적을 번역하여 사회에 소개한다. 영업부: 내외국 만종서적과 문방구를 無漏完備하고 가장 신용 있고 저렴하게 판매한다. 인쇄부: 각종 인쇄물을 鮮明美麗하게 인쇄하며 제종 장부와 제본을 迅速低廉하게 酬應한다. 당시 한성도서와 관계했던 인물들을 살펴보면, 한말의 문장가이며 정치인이었던 金允植과 언론인, 독립지사로 활약한 梁起鐸이 고문이었고, 신문기자로 명필을 날렸던 장도빈과 교육가 吳天錫, 소설가 田榮澤, 시인 金億, 李瑄根 등 쟁쟁한 명사들이 편집진용으로 활약했다. 이들을 중심으로 한성도서의 출판사업은 의욕적으로 펼쳐지게 된다.

－설립 당시 사옥은 어디였습니까?

[韓] 지금의 광화문 우체국 건너편 청진동의 한규상 씨 집에서 창립 모임을 가졌습니다. 자그마했지만 아담한 한옥이었는데 나중에 견지동 32번지에 사옥을 지어 옮겼죠. 새 사옥은 그러니까 지금의 안국동 로터리 근처 우정국 터 부근입니다. 당시 대부분 출판사들이 그랬듯이 출판과 서점을 같이 경영했는데, 아래층은 서점이고, 위층은 사무실이었어요. 뒤쪽에 인쇄공장도 함께 있었죠. 내가 있을 당시 실무진으로 편집에 소설가 嚴興燮 씨와 서너 명이 있었고, 영업부엔 나를 포함해서 단 두 명이 일했습니다. 인쇄소에는 아마 네 명 정도 있었던 것 같군요. 직원이 지금처럼 많은 것도 아니어서 가족처럼 지냈어요.

[編] 당시 한성도서의 분위기를 〈학생계〉 주간을 맡았던 오천석 씨는 이렇게 회고했다. "漢圖 시절 1년간은 실로 잊을 수 없이 유쾌하고 유익한 기간이었다. 청진동 시절은 개인의 주택이요, 사원의 수가 적어 한집안 식구들처럼 다정하게 지냈다. 중역들은 인격적으로 한결같이 훌륭한 분들이었고, 국가를 위하여 좋은 일을 해보려는 패기와 정열이 넘쳐흘렀다. 점심에는 중역도 평사원도 다같이 설렁탕을 한자리에서 먹는 민주사회였다."

최신 인쇄시설 갖춰

－인쇄시설은 어땠습니까?

[韓] 꽤 최신기계가 있었어요. 4.6판 전지가 돌아가는 기계를 처음으로 들여놓았으니까요. 아마 당시 책임자는 김진호 씨였다고 기억하는데요.

[李] 인쇄소에서 〈대동신문〉도 찍었습니다. 해방이 된 후에는 제대로 된 한글 활자를 지닌 인쇄소가 별로 없었고, 英字 활자도 없었지 않았습니까. 그래서 〈코리아타임스〉도 새로운 인쇄제본 시설을 갖추고 있던 한성도서 인쇄소에서 찍었거든요. 직원 가운데 南大熙 씨와 元泰善 씨가 있었는데, 나중에 '南제본소'와 '元제본소'를 차렸죠.

—한선생님께서 한성도서에 오신 때는 언제쯤입니까?

[韓] 견지동 사옥을 지은 후였습니다. 전무였던 한규상 씨가 내 堂叔이어서 그분 소개로 영업부에 취직했죠. 그때 내 나이가 17세였는데 나중에 영업부장으로 올랐습니다. • 질문 누락.

[韓] 각 서점에 도매하는 형식이었습니다. 당시 전국에는 100여 군데의 서점이 있었는데, 종로3가 국일관 옆자리에 있던 회동서관이 제일 老舖였어요. 박문서관, 영창서관, 덕흥서림은 다 그 후에 생겼지요. 수금은 대금인환방식이었습니다. 책을 주면서 돈을 받았죠. 철도 우송도 다 대금인환으로 처리했는데, 말하자면 철도국에서 '짐이 왔으니 가져가라'하면 서점에서 대금을 지불하고서 책이 들어있는 짐을 찾아갔습니다. 그때 나는 일년에 한 번씩 출장을 다녔죠. 여름에 한가할 때 책을 만들어 판매할 책을 확보해두었다가 가을이나 겨울쯤 되면 주문을 받으러 떠납니다. 출장 다니는 것도 참 묘미가 있었어요. 떠나기 전에 미리 안내장을 발송하는데 漢圖에서 간다면 학수고대하는 서점들이 많았죠.

—그러니까 출장은 수금을 위한 것이 아니라 책을 파는 일종의 판촉 활동이었군요.

책 한 권에 쌀 한 말 값 …… 함경도서 많이 팔려

[韓] 맞아요. 제일 먼저 철원부터 들르죠. 원산과 청진을 거쳐서 용정, 목단강, 치치할까지 갔습니다. 용정의 박문서관, 연길의 연길서점, 함경도의 경성서점이 생각나는군요. 책은 함경도에서 제일 많이 나갔습니다. 서울도 함경도만 못할 정도로 독서열이 높았죠. 신문 팔리는 것을 봐도 알 수 있는데 북청 같은 곳에서 300부 이상 신문이 팔렸거든요. 그곳에 가면 사람들이 대환영이었죠. 남쪽 지방은 정반대였는데, 출장을 가도 여비조차 안 나올 정도였습니다. 부산이나 대구 같은 큰 도시도 판매가 시원치 않았어요. 하여튼 북쪽지방으로 출장판매를 해서 우리가 성공하니까 남창서관 같은 곳에서도 출장판매를 시도하더군요.

—당시 책값은 어느 정도였습니까?

[韓] 좁쌀 한 가마에 2,3원 하던 때였는데 책 한 권에 2원 정도였으니가 좁쌀 한 가마, 쌀 한 말 값에 해당하는군요. 지금 쌀 한 말에 9천원 정도라니 당시 책값은 좀 비싼 편이었나 봅니다. 그런데도 북쪽지방으로 출장가면 한 서점 당 5천원에서 만원 정도까지 팔 수 있었고, 좀 큰 서점에선 3만원까지 팔았습니다. 주로 만주지방에서 재미를 봤죠. 이상한 것은 남쪽지방 사람들은 『춘향전』 같은 고대소설이나 사주관상, 『토정비결』 같은 책들을 찾더군요. 반면에 북쪽 사람들은 신소설들을 많이 읽었으니 아마 대륙적인 문화풍토가 있었나 봅니다.

[李] 함경도 지방은 독서열도 높았지만 그만큼 지방 경찰부의 검열도 혹독했던 것 같습니다. 이광수 씨의 『흙』이 총독부 도서과 검열에 통과된 후인데 함경북도 경찰부로부터 항의가 들어왔어요. 이런 책을 어떻게 허가했느냐는 것이죠. 그래서 찍어냈던 1천부 이상의 책들을 모조리 압수당하고 말았던 일도 있습니다.

—한성도서에서 지금 말씀하신 『흙』 같은 문예물들을 많이 출판하지 않았습니까. 한성도서에서 만든 책에 관한 이야기를 해보죠. 설립 초기에는 번역물에 주력했던 것 같은데요.

[韓] 처음엔 세계위인들의 전기를 번역한 책부터 출판하기 시작했지요. 당시 박문서관이나 영창서관에서는 모두 고대소설 같은 이야기책을 많이 만들었는데, 문예물은 몇 종 안 됐어요. 한성도서는 다른 데와는 달리 문예물을 본격적으로 출판하겠다고 출발했기 때문에 문예서적이 주종이었습니다.

[編] 초기에 한성도서에서 출판한 책은 번역물이 대부분이다. 호메로스의 『일리아드』, 보카치오의 『데카메론』 등을 번역해서 모은 『세계문학걸작집』(吳天園 옮김) 외에 편집부에서는 『세계명부전』을 엮어 세계 각국의 정치. 경제, 종교, 교육, 과학에서 공적이 두드러진 여성들의 기록을 담았다. 또 『끄림동화』(吳天錫 옮김. 1925년)와 『인형의 家』(이상수 옮김. 1922년)를 소개하는가 하면, 전기총서 식으로 『한니발』(愛國英雄), 『짠닥크』(殉國烈女), 『테모쓰네테네쓰』(愛國志士), 『프랭크린』(萬古達德) 등이 1921년과 1922년에 걸쳐 100페이지 안팎의 4.6판으로 발행됐다. 이때 나온 몇 권의 창작물 가운데 馬夫의 필명을 지닌 鄭然圭가 쓴 『魂』이라는 풍자소설이 있는데, 한성도서에서 발행한 『서적총목록』(1927)에 그 소개의 글이 있어 흥미를 끈다.

"4년간이나 경무국 창고에서 썩다가, 다시 이 세상에 나오게 되야 천지를 경동시키는 일대 풍자소설이오니 내용인즉 우리 민족인 천재작가 정연규 씨가 1919년 3월1일을 잊지 못하야 우리 반도의 과거를 말하고 현재의 피눈물에 끓고 장래를 예언하야 짓기를 마치고 국외로 무기추방까지 당한 책이니 우리 민족은 최후에 일인까지도 남지 아니하고, 보기를 마치고 구할 바를 찾으라."

이처럼 한성도서는 초기에 번역물과 함께 민족정신을 고취하는 책을 발간하면서 본격적인 출판의 토대를 다지게 된다.

―한성도서에서 만든 잡지도 여러 종류가 있죠?

〈학생계〉 〈學燈〉 등 월간잡지도 발행

[李] 〈서울〉, 〈학생계〉, 〈창조〉 등의 잡지를 낸 것으로 압니다. 해방 후 주보로 나온 〈한성순보〉는 林學洙 씨가 편집인이었습니다. 앞의 잡지들에 대해선 잘 모르겠군요.

[韓] 내 기억에는 〈학등〉이란 잡지가 아마 15주년 기념으로 발간됐다고 생각됩니다. 無價誌였죠. 누가 보아도 좋게끔 종합지로 만들었는데, 편집장은 엄흥섭 씨였어요. 애석하게도 지금 나한테 남아있는 책은 한권도 없군요.

[編] 『한국출판론』(全泳杓 지음)에 수록된 '한국잡지연표'를 살펴보면 〈창조〉는 김동인 씨가 동인지로 일본에서 간행하다가 3.1운동 후 국내에서 속간한 것으로 기록돼있어 아마도 한성도서에서 인쇄만 했던 것으로 추측된다. 1919년 12월에 창간된 〈서울〉은 장도빈 씨가 발행인으로 되어있는데, 도덕, 예술, 경제 등의 분야를 다룬 종합지의 성격을 띠었으나 다음해 12월에 종간하고 만다. 1920년 7월에 창간된 〈학생계〉는 18세의 약관에 편집주간으로 발탁된 오천석 씨에 의해 발행됐는데, 그 창간호에 새로운 학생잡지를 내면서 오천석 씨가 쓴 '〈학생계〉를 새로히 내힘'이라는 古文투의 글이 실려 있다.

　"남과 같이 살려하면 반드시 남과 같이 지식을 배워야 하겠으니, 남과 같이 알아야 하겠으니 어허 슬프도다, 우리 조선인 자녀에게는 완전한 가정교육이 있나뇨, 충실한 학교교육이 있나뇨, 同情하는 사회교육이 있나뇨. 돌아볼지로다. 그럼으로 세계의 모든 자녀들 중에 가장 가련하고 가장 의지 없고 가장 고독한 자녀를 택하라 하면, 조선의 자녀이라 말하기에 주저치 아니하겠노라. 〈학생계〉는 이러한 비운에서 슬피 우는 조선자녀의 감초인 同情者가 되기 위하야 홀로 넓은 들에서 방황하는 배달자녀의 벗이 되기 위하야, 1920년 뜻이 깊은 이 날 이 時에 항해의 맨 처음의 노를 저어보랴 하도가."

　이 창간호에는 '서양남녀학생의 운동' 사진을 담았고, 김억, 김소월, 金煥 등의 시와 소설, 수필을 고루 실었으며 각종 소식란도 꾸며 넣었다. 비교적 오랫동안 발행되어 통권22호까지 나왔다. 한성도서에서 만든 또 하나의 잡지 〈학등〉은 1933년 10월에 창간되어 통권 23호까지 나왔는데 발행인은 한규상 씨로 기록돼있다.

―아마 〈학등〉이 나오던 그 시기를 전후로 한성도서는 아주 활발한 출발활동을 했던 것 같은데요. 어떤 책들이 있었습니까?

문예물이 주종 …… 총독부 검열 심해

[韓] 역시 문예서적이 많았습니다. 김억의 『안서시집』(1929), 김소월의 『진달래꽃』, 沈熏의 『상록수』(1936) 등이 기억나고 『조선문학전집』 10권도 만들었지요.

[李] 심훈의 책은 상당히 많이 팔렸어요. 일화 하나 소개하죠. 심훈 씨는 서울에 오시면 늘 한성도서 사옥에 묵으면서 창작을 하셨거든요. 그분이 돌아가신 것은 한도 사옥에서 머물다가 외식을 하시곤 장티푸스에 걸려서였답니다.

[韓] 『흙』도 굉장한 베스트셀러였어요. 한번에 1,000부씩 찍는 것이 보통인데 『흙』은 2,000부를 찍었으니까요. 원고를 검열 받으러 내가 총독부 도서과에 다니곤 했는데, 3번이나 퇴짜를 받은 끝에 출판허가를 받았죠. 원고를 고쳐서 들여보내면 퇴자를 놓고, 또 고쳐놓아도 허가를 내주지 않더군요. 결국 검열에 통과해서도 상당히 경계를 했는데, 『흙』을 책꽂이에 꽂아두면 경찰서에서 가만두지 않았다는 이야기를 하면 학생들이 더 많이 그 책을 사곤 했습니다. 그러다가 당한 사람도 많았죠.

[編] 한성도서의 출판목록은 1920년대 후반에서 1930년대 중반에 걸쳐 더욱 풍성해진다. 이른바 계몽적인 성격의 출판물이 두드러져, 李允宰가 엮은 『문예독본』(1931)이 신문학운동 이후의 문인들의 걸작을 모아 그 내용과 함께 새 한글철자법을 알렸다. 또 六堂과 춘원의 저작으로 각각 『白頭山觀參記』와 『혁명가의 아내』를 발행하고 김억의 『안서시집』을 간행한 것도 주요한 출판물로 꼽는다. 아동을 위한 간행물도 주목할 만한데 『설은 이야기』(1926)는 프랑스 쌍 피에르의 작품집을 번역한 것이고, 『조선동화대집』은 沈宜麟이 한국 전래의 이야기를 엮어 담았다. 문학류가 아닌 것으로는 김경배의 『한글 철필자습서』와 이은상의 『조선사화집』, 김억의 『현대모범서한집』을 꼽을 수 있다. 한편 베스트셀러라 할 수 있는 작품들도 속속 한성도서에서 발간되는데, 대표적인 것이 이광수의 『흙』(1933)으로 후에 나올 심훈의 『상록수』와 함께 농촌운동의 기수 역할을 하게 된다. 이태준의 처녀 작품집 『달밤』(1934), 전영택의 성극집 『순교자』(1933)와 함께 김소월의 『진달래꽃』, 한용운의 『님의 침묵』(1934)이 시집으로 구색을 맞춰 나왔다. 1930년대 후반으로 접어들면 출판도서는 17종목으로 분류되어 문예물만 100여 종에 이르는 등 출판활동이 더욱 활발해진다. 심훈의 『상록수』(1936), 김동인의 『운현궁의 봄』(1938), 엄흥섭의 『길』 등 소설류와 尹崑崗의 『동물시집』, 임학수의 『候鳥』 등 문예창작물이 활발히 쏟아져 나왔고, 이밖에 『朝鮮留記略』(權悳奎), 『表解조선지리』(朴玄寶), 『조선농업론』(李勳求) 등 일반 서적류도 괄목할 만하다. 한편 李箕永의 『고향』, 심훈의 『직녀성』이 포함된 『현대장편소설전집』(전10권)의 기획도 이대 완간되었다.

─일제 말 전쟁이 점점 극에 달하면서 우리의 출판 상황 역시 어려움이 심했을 텐데요.

[李] 지금 생각하면 우습게 들릴지 모르겠는데, 당시는 책을 인쇄해서 파는 것보다 차라리 종이를 그대로 놔뒀다가 파는 것이 훨씬 이익이 높을 거라는 이야기도 있었답니다. 종이 값은 마구 올라가고 책값은 오르지도 않고 팔리지도 않으니까 그런 얘기가 나온 거겠죠. 어쨌든 그럴 정도로 출판계가 힘들었습니다. 그래도 한성도서는 나름대로 지조가 있었다고나 할까요. 이런 얘기도 할 수 있겠군요. 그 때만 해도 서점에서는 일본책들을 많이 취급했고, 특히 〈퀸〉이니 〈소년〉이니 하는 일본 잡지들이 잘 팔릴 때였는데, 우리 영업부에선 일절 일본책을 갖다놓지도 않았거든요. 그러니 장사도 별 재미가 없었을 밖에요. 수지가 안 맞아 결손 보충하기에 바빴습니다. 말하자면 설립 의지인 민족주의 정신을 계속 실천했던 거죠.

[編] 1940년대에 이르러 혼돈한 출판 실정에도 불구하고 한성도서는 '창립 이래 처음으로 1944년에 주주에 대한 이익금 배당까지 했다'는 기록도 전한다. 일제의 우리 말 말살 정책에 대한 말 없는 반항으로 국민이 '한글 책'을 열렬히 사보게 됨으로써 한성도서의 판매량을 부추긴 결과였다는 해석이다. 이 시기에 출판된 한성도서의 책들로 李應洙가 번역한 『金笠詩集』(1941)과 方仁根의 산문집 『花心』(1940) 등이 눈에 띄지만 출판계가 침체됐듯이 한성도서의 출판목록 역시 빈약함이 드러난다.

'해방 전 저작권 매매 무효'로 큰 타격

[李] 이런 일도 있었어요. 해방 되고 나서 공장에 화재가 난 직후였지요. 한글책이 귀하다보니 한글책은 무엇이든 다 잘 팔리던 때였습니다. 한성도서에서는 『흙』의 저작권을 가지고 있어서 모두들 『흙』 하나만 다시 찍어도 공장을 새로 지을 수 있다고 했어요. 그런데도 부친께서는 『흙』을 인쇄하지 않았습니다. 이광수 씨가 '친일파'니 '민족반역자'라는 생각을 갖고 있었던 때문이죠. 결국 1946년 1월에 인쇄공장과 사옥이 불타버린 후 모든 작업이 중단되고 말았습니다. 그 후 한규상 씨가 가지고 있던 종로2가의 점포에 영업부를 마련하고 뒷건물에 사무실을 얻어 썼지요. 견지동 사옥은 수복 후 공군에 징발됐구요.

─그럼 한성도서가 완전히 문을 닫게 된 것은 언제입니까?

[李] 어머님(韓英淑)이 사장을 잠시 맡았던 1955년부터 사실상 회사는 정리단계로 들어갔습니다. 편집진에는 사람도 거의 없었고, 예전에 출판했던 책을 다시 찍는 작업으로 회사를 유지했죠. 제가 5대 사장으로 간 것이 1956년이었는데, 그해 완전히 정리하고 문을 닫았습니다. 그렇게 출판사업을 정리하기로 결심한 데에는 또 다른 이유도 작용했던 것 같아요. 자유당 시절 저작권법이 국회에서 통과됐는데, 부칙에 '해방 전의 저작권 매매는 무효로 한다.'는 조항이 들어 있었습니다. 당시 한성도서는 200여 종의 저작권을 가지고 있었지요. 그것도 사실 사고 싶어 산 것이 아니라, 문인들의 생활이 곤란하니까 인세를 받는 것보다 차라리 저작권을 팔겠다고 해서 산 것이었습니다. 그런 저작권이 모두 무효가 돼버렸으니 더 이상 출판할 의욕을 상실하고 만 거죠. 저작권도 사유재산인데 그렇게 부정할 수 없지 않느냐고 생각해서 처음엔 믿지 않았지만, 결국 그 법안은 통과되더군요.

─한성도서의 마지막에는 그런 숨은 사연도 있었군요. 대내외적으로 다사다난했던 시기에 지식층이 힘을 모아 나라 사랑의 정열을 쏟아 부었던 한성도서의 일생을 돌아보니 선배 출판인들의 노고에 다시 한번 고개를 숙이게 됩니다. 지금 생존해 계신 분은 모두 어떻게 지내시는지 궁금하군요. 한 선생님께서는 숭문사를 만들어 계속 출판계와 연을 맺고 계신데요.

[韓] 일제 말기쯤 나는 한성도서를 나와 시골에 내려가 있다가 해방 후 다시 서울로 와서 숭문사를 차렸습니다. 종로 네거리에 서너 평 점포로 시작한 것이 계속 이어져왔는데, 지금은 아들이 맡아 해줘서 고맙게 생각하고 있어요. 숭문사 출신 서점인도 많죠. 朴義欽 씨가 계림출판사를 차렸고, 김용한 씨는 영등포에서 지금도 서점을 하는 것으로 압니다. 나는 올해 76세인데, 몸이 좋지 않아서 예전에 좋아하던 골프도 못 치고 있지요. 한평생 책 곁에서 생활했지만 내세울 만한 것이 없는 듯싶습니다.

─겸손하신 말씀이십니다. 이 선생께서는 의학박사로 인제대학 내과 외래교수이시면서 보문동에서 개업하신 지도 꽤 오래된 걸로 압니다만.

[李] 해방 후 경성제대 의학부를 졸업하고 대학병원에 있다가 군의관을 지낸 후 개업을 했죠. 큰아들도 의대를 나와 지금 백병원 내과에 있습니다. 어쨌든 오늘 이렇게 선친께서 몸담았던 한성도서에 대한 회고를 하고보니 새삼 각별한 느낌이 듭니다. 일제의 압박에도 불구하고 한성도서가 민족문화와 문학의 진흥에 공헌했다는 것에 긍지를 느끼면서도 시대가 여의치 않아 출판을 계속하지 못했다는 것이 여간 섭섭한 게 아닙니다.

─일제 치하 한성도서의 고고했던 지조는 아마 오늘날에도 지녀야 할 출판인의 윤리가 아닌가 생각합니다. 바쁘신 가운데 말씀 주셔서 감사합니다.
(정리 〈출판저널〉 김지원 기자)
— 이경훈 『속 책은 만인의 것』 296~307쪽

일제강점기부터 자체 인쇄소를 가진 출판사로서 광복 후에는 우선 조선문학전집 제1기 전10권(①심훈 『상록수』, ②김동인 『운현궁의 봄』, ③염상섭 『모란꽃필때』, ④한인택 『선풍시대』, ⑤박태원 『금은탑』, ⑥안회남 『풍속』, ⑦현진건외 『단편집(상)』, ⑧이태준외 『단편집(중)』, ⑨이기영외 『단편집(하)』, ⑩한용운외 『시집』)을 비롯하여 '한도영어총서'로 임학수 역의 『19세기초기영시집』, 이호근

역의『학슬리단편집』, 설정식 역의『헤밍웨이단편집』, 김기림 역의『서머셋몸단편집』, 이인수 역의『TS 엘리옷평론집』을 간행했는데 역자 다섯 명은 모두 당세 최고의 기라성 같은 영문학자들이었다. 그밖에 현제명 편의『세계명가곡집1,2집』, 이윤재 편의『문예독본(상하)』, 이은상 저『조선사화집 삼국시대편, 고려편』등의 값진 단행본도 출판했으나 애석하게도 1948년 초에 당시로서는 굴지로 꼽혔던 인쇄소가 불의의 화재로 시설 태반을 회진시킨 후유증으로 그 이후의 출판활동이 크게 위축되고 말았다. 당시의 출판계, 문단, 학계가 모두 애석해 마지 않았다.

— 조성출『한국인쇄출판백년』436쪽

한성도서 로고들

한성도서 인지(안서)

文藝讀本上下合編 | 李允宰 編 1945.12(初)1947.8.25(九) 287쪽 200원 18cm 印한성도서 매숭문사

조선사화집삼국시대편 | 이은상 1947.8 272쪽 200원 出

조선사화집고려편 | 이은상 1949 210쪽 400원 19cm 韓

文化史概論 | 金有邦 1948.1.15 73쪽 130원 21cm 印대동

신중등수학(2-상) | 박경찬 1948.1 册

모범서한문 | 김안서 1948.2 176쪽 230원 出

常綠樹 | 沈熏 1938.8.28(初)1948.3.20(七) 389쪽 400원 18cm 印조선인쇄

EARLIER ⅩⅨ CENTURY POETS19世紀初期英詩集－漢圖英語叢書① | 林學洙 1948.7.15 97쪽 150원 18cm 印조선인쇄

第二의 運命上 | 李泰俊 1948.7.15 293쪽 450원 18cm 印대동

제2의 운명(하) | 이태준 1948.8 450원 出

DEUTSCHES LESEBUCH독일어교본 | 한영기 편 1948.10.30 97쪽 180원 18cm 印조선

民謠詩集 | 金岸曙 1948.12.20 206쪽 280원 15cm 印대동

세계명작가곡집 | 현제명 1948 31쪽 200원 i

열세동무 | 한성도서 편 1948 100쪽 180원 出

ALDOUS HUXLEY'S SHORT STORIES漢圖英語叢書(2) | 李皓根 1949.1.15 93쪽 160원 18cm i

花心 | 方仁根 1949.1.25 280쪽 400원 印조선인쇄 i

花郎道(上) | 金東仁 1949.4.10 267쪽 400원 18cm 印대동 金煥基 表紙

花郎道(下) | 金東仁 1949.4.30 293쪽 400원 印대동 金煥基 表紙

永遠의 微少(下) | 沈熏 1949.4.15 308쪽 500원 18cm 印조선인쇄

그 날이 오면詩歌,隨筆 | 沈熏 1949.7.30 208쪽 350원 18cm 印대동

織女星(上) | 沈薰 1949.8.30 477쪽 700원 18cm 印대한인쇄

海東艶史 | 車相贊 1949.12.6 277쪽 1000원 18cm 印보성사

靑春夜話 | 방인근 1949 313쪽 500원 19cm 韓

조선요리제법 | 방신영 1949 284쪽 450원 19cm 韓

情熱記 | 嚴興燮 1950.3.30 300쪽 650원 18cm 印보성사

님의 침묵 | 한용운 1950.4.5 167쪽 90원 19cm 韓

이차돈의 死 | 이광수 1950.4.30 399쪽 900원 i

조선문학전집② 운현궁의 봄 | 김동인 1948.9 600원 出

조선문학전집② 운현궁의 봄 | 김동인 1949.10.20(再) 446쪽 600원 i

朝鮮文學全集③牧丹꽃 필 때 | 廉想涉 1948.11.10(初)1949.12.20(再) 446쪽 700원 18cm 印대한인쇄공사

朝鮮文學全集④旋風時代 | 韓仁澤 1949.1.15 433쪽 600원 18cm 印대동

조선문학전집⑤ 金銀塔 | 朴泰遠 1949

朝鮮文學全集⑦ 短篇集 上 | 蔡萬植 外 1948.6.20 321쪽 400원 18cm 印조선인쇄

朝鮮文學全集⑧短篇集 中 | 朱耀燮 外 1948.11.30 333쪽 500원 18cm 印조선인쇄 ⓘ

朝鮮文學全集⑩詩集 | 林學洙 編 1949.4.20 343쪽 550원 18cm 印대동

華想譜(上)長篇小說全集② | 兪鎭午 1950.2.20 356쪽 650원 18cm 印박문 등록번호107

純情海峽長篇小說全集③ | 咸大勳 1950.3.30 320쪽 700원 18cm 印박문 朴

白蓮流轉記長篇小說全集④ | 尹白南 1950.4.15 445쪽 1000원 18cm 印대한인쇄공사

漢城書林　金政圭　종로2정목77

劉忠烈傳딱지본 | 漢城書林 編 1946.1.27 99쪽 18cm 印金在同 마포구 공덕정257

한성출판사

義士 安重根 | 보현산인 1946.1 32쪽 3원50전 出

청년운동의 大本 | 鄭海駿 1949 141쪽 500원 19cm 韓

漢陽書籍都買公社　종로1정목74

초등국토지리(초등지리임시교재5.6학년용) | 경기도학무과임시교재연구회 편 1946.10 印경성인쇄 김천홍 ⓘ

한얼몯음(배달학원)　부산 초량정744

중등국문독본 | 유열(학생동무사와 공동 발행) 1946.5.26 72쪽 20원 21cm 印동흥서적인쇄 부산시 본정3-1
　　　　印학생동무사 본정3-1

초등국어교본교수지침 | 조선어학회 1945.10.9(서문일자) 印진주프린트사 10쪽 21cm

용비어천가 | 배달학원 편 1945.12.5 印진주프린트사 ⓘ

(잡지) 〈한얼〉

한일공인사

민주주의 자유론 | 趙永植 1948 158쪽 ⓘ

韓中協會中央本部

現代各國政黨論 | 權晙 역 1948.8.20 240쪽 300원 18cm 印中央土地行政處

한중문화협회

(잡지) 〈韓中文化〉

韓豊出版社   白鳳儀   동자동75   등록번호821

歷史小說 南漢山城 ❙ 林耕一 1942.10.10(初)1946.8.5(再)1949.2.28(三) 284쪽 300원 18㎝ 圖한풍서점

反民者大公判記 ❙ 金永鎭 1949.4.10 172쪽 300원 18㎝ 圓대건

韓興洋裁文化研究會

(잡지) 〈洋裁文化〉

韓興出版社

露國혁명사 ❙ 한흥출판사 편 1946.9 26쪽 10원 圓

사회진화론 ❙ 한흥출판회 1946.9.20 28원 圓협진 圖영인서관 圓

한말비사친일파의 비명 ❙ 이원규 1946 80쪽 25원 19㎝ 圓

검사와 여선생 ❙ 김춘광 저 李元珪 편 1947.3 106쪽 130원 圓

촌색시 ❙ 김춘광저 이원규 편 1947.3 100쪽 130원 圓

林虎隱傳上下合本딱지본 ❙ 한흥출판사 편 1949.1.20 132쪽 圓

여학생의 정조 ❙ 방인근 1949 152쪽 300원 18㎝ 圓

합동도서(주)   양이영   을지로2가69   등록번호240

성인교육용공민독본④ ❙ 문교부 1949.5.15 62원 21㎝ 圓

甘藷 栽培 貯藏 原理와 實際論 ❙ 尹武赫 1950.2.25 122쪽 270원 18㎝ 圓김주만

합동사서점   鄭秉謨   을지로4가91

찔레꽃 ❙ 김말봉 1938.10.12(初)1948.11.20(七) 圓이응석 등록번호634(1948.4.12) 정지용7판 서문 圓

학생백과사전 ❙ 이창석 1948 292쪽 350원 15㎝ 圓

현대영국시인집(Modern English Poets) ❙ 이하윤 편역 1949 136쪽 圓

합동통신대구지사

경상북도회사총람 ❙ 馬鶴宣 편 1947.1 308쪽 150원 21㎝ 圓

해군본부

軍隊繃帶學教範해위교령 제1호 ❙ 해군본부교육감실 편 1949.10.25 圖

航海와 氣象 ❙ 海軍本部教育監室 1950.6.30 221쪽 21㎝ 圓문화당인쇄부

海東公論社   金后今

(잡지) 〈海東公論〉

해동도서주식회사 　金海天　세종로139　등록번호155

학생의 書 ｜ 林鍾奎　1948.5　180쪽　200원　出

海東文化社 　金是達　수송동27　등록번호626(1948.3.30)

수험대수학연습 ｜ 金正來　1948.4　300원　出

國語敎育의 基本인 音聲言語의 敎育 ｜ 沈宜麟　1949.10.20　120쪽　300원　18㎝　印선광

민족의 위기와 청년의 진로 ｜ 이선근　1949　56쪽　100원　韓

解放社 　명륜정 2정목195-8　左協會員

政治路線에 관하여 ｜ 해방사 편　1945.11　75쪽　1원50전　19㎝　韓

문맹퇴치 인민독본 ｜ 해방사 편　1946.1.20(서문일자)　56쪽　21㎝

組織論 부록:볼쉐비키당창립사정 ｜ 解放社(피앳트닛키)　1946.1.25　75쪽　7원　印조선정판사　매우리서원

十月人民抗爭 ｜ 해방사 편　1947.1.25인쇄　30원　i

解放書林 　李互濟　경운동96-3　등록번호630

鄭鑑錄에 對한 社會學的 考察 ｜ 崔守正　1948.4.5　55쪽　100원　18㎝　印보성사

解放日報社 　장곡천정75

三一運動의 歷史的 意義 ｜ 解放日報社 編(解放日報 72號附錄)　1946.2.28　12쪽　18㎝　印조선정판사　朴洛鍾

삼상회의 결정과 조선 ｜ 박헌영　1946.2　32쪽　4원　出

(잡지) 〈解放週報〉

해방출판사 　秋教哲　수표동36　등록번호495

　　1945년 12월 秋教哲(鍾洙)이 발족시킨 좌익계통 서적의 전문출판사로서『마르크스주의 경제학의 기초』,『조선혁명의 국제적 관련성』,『조선의 토지제도와 북조선 토지개혁의 의의』,『민족통일전선 결성에 대하여』등 여러 권의 좌익서적을 출판했고 조선출판문화협회의 창립임원으로 선출되었다.　　　　　　　　　　　　　　　— 조성출『한국인쇄출판백년』424쪽

민족통일전선결성에 대하야 ｜ 해방출판사 편　1946.2　44쪽　5원　出

조선혁명의 국제적 관련성 ｜ 趙斗元,權五稷　1946.2　69쪽　10원　19㎝　韓

맑스주의 경제학의 기초 ｜ 河上肇　1946.2　31쪽　5원　出

과학적 사회주의의 기초 ｜ 해방출판사(RS삭스)　1946.3　74쪽　10원　出

조선의 토지제도와 북조선 토지개혁의 의의 ｜ 趙斗元　1946.5　44쪽　8원　出

해방통신사

(잡지) 〈해방뉴—스〉旬刊

해양경제연구소　金圭禧　남대문로5가1　등록번호108

해운계의 현세와 전망 | 해양경제연구소 편　1948　62쪽　300원　26㎝　韓

海王社　金來成　돈암동69-10　등록번호689(1948.7.5)

探偵小說秘密의 門 | 金來成　1949.5.10(初)11.15(再)　특제장서판　600원　鄭玄雄 裝幀　i

幸福의 位置 | 金來成　1947.7.15(初)1949.2.28(再)　350원　i

魔人犯罪篇 | 金來成　1939.12.15(初)1948.7.31(19판)1949.11.28(20판)　289쪽　550원　18㎝　張桓 裝幀

魔心佛心세계명작탐정소설 | 金來成(포우)　1949.11　212쪽　350원　19㎝　韓

魔人探偵篇 | 金來成　290~554쪽?　18㎝　張桓 裝幀

杏林書院　재동11　안국동153　등록번호829(1949.3.2)

鍼灸經驗方 | 李泰浩　1946.9(初)1949.3.20(再)　700원　印중앙인쇄소　i

小兒醫方 | 최규헌　1949　182쪽　i

신역주해小兒醫方 | 이태호 역주　1949(再)　186쪽　i

동의사상진료의전 | 행림서원 편　1949　290쪽　i

天日製鹽工業 | 李鳳熙(재무부전매국)　1950.6.5　282쪽　1200원　18㎝　印경화

行文社　柳致眞　갈월동7-28　등록번호520

행문사 로고

詩集生命의 書 | 柳致環　1947.6.20　113쪽　120원　18㎝　印신한공사 태평로2가340

戲曲集소 | 柳致眞　1947.6.20　132쪽　130원　18㎝　印한성당

詩集鬱陵島 | 柳致環　1948.9.1　98쪽　250원　21㎝　박성규 장정

구름과 장미시집 | 김춘수　1948.9.1　66쪽　250원　21㎝　전혁림 장정　韓

자명고희곡집 | 유치진　1948.11　400원　出

현대국문학수대학국문학 | 趙鄕 編　1948　226쪽　500원　21㎝　韓

詩集蜻蛉日記 | 柳致環　1949.5.15　127쪽　400원　18㎝　印金明堂 부산부 신창동2가18　매 수선사　박성규 장정　*내제지에는 '백자사' 판권지에는 '行文社'로 표기되어 있음.

달무리 | 윤이상　1949　20쪽　300원　26㎝　韓

빛 잃은 태양시집 | 徐正律　1950.2.10　河

향토문화연구회

조선상말사전 | 丁大一 편　1947.9.10　230쪽　(등사판)　i

向學社　南廷沃　중구 태평로2가73　번호501　인사동201　등록번호769

조선의 유우모아 | 李景南　1949.1.30　114쪽　200원　印명진　賢

모범지능검사수련장社會생활편6-1 | 향학사 편　1949.10.1　120원　印명진　매동지사영업부　i

獻文社 李秀馨 남대문로2가123 등록번호112

The Current English Reading for Senier Course | 외국어연구회 편 1946.10 171쪽 60원 出

Short Stories by Aldous Huxley | 편집부 1946.11.5 全

詩集 **나 사는 곳** | 吳章煥 1947.6.5 94쪽 150원 21㎝ 李秀馨 裝幀 李仲燮 原色畵 崔恩喆 版畵

헌문사 로고

헌문사 인지

혁명동지사

전동맹볼쉐비키史略講공산주의연구총서제1집제1권제1분책 | 조선공산주의연구소 역편 1947.5 143쪽 250원 出

전동맹볼쉐비키史略講공산주의연구총서제1집제1권제2분책 | 조선공산주의연구소 역편 1947.7 143쪽 250원 出

(잡지) 〈革命〉

혁명사

공산당선언혁명문고① | 혁명사(맑스엥겔스) 1945.12 46쪽 3원50전 出

革新社 姜尙雲 세종로210 광화문빌딩 등록번호169

三一運動의 眞相 | 姜永壽(다니엘·파이버) 1946.2.25 93쪽 10원 18㎝ 印고려문화사공무국 金泰卿

학생자연관찰 | 姜尙雲 역편 1946.9 79쪽 30원 出

(잡지) 〈革新〉

革新書院 金奉孫 충정로3가65 등록번호538

푸로레타리아雄辯學 | 崔鉉 편술 1947.6.25 149쪽 130원 賣同社 朴

초등불어문전 | 南龍基 1947.12 105쪽 250원 19㎝ 韓

민주통일전선의 경험과 비판 | 피코 1948.3 120원 出

영어교실 | 金龜承 1948 71쪽 140원 18㎝ 韓

혁신서원 로고

革新出版社 중구 명동2가25 등록번호834(1949.3.2)

民族正氣의 審判 | 編輯部 1949.4.17 231쪽 470원 18㎝ 印국도인쇄국

혁신출판사 로고

革進社 李圭鎬

(잡지1) 〈革進〉

(잡지2) 〈法政時報〉

現代科學社 앵정정(인현동)2가130 (발)白南興 허가번호13(1946.6.18)

(잡지) 〈現代科學〉 →중앙공업연구소연구회(1948년 8월)

현대문화사 충무로4가144 등록번호432(1947.10.1)

중등새작문 | 이남준 1948.10.25 全

한글문답 | 정인승 1950.1.30 158쪽 350원 18㎝ 印서울신문사

현대사 朴大愚 갈월동27 등록번호475

현대학생우리말사전 | 유열 編 1950 1308쪽 3000원 18㎝ 韓

現代社 金鍾泰 대전 元洞47 허가번호24(1946.6.18) 21㎝

(잡지) 〈現代〉

玄友社 李謹鐘 남대문통2정목10 古市町14 광화문통151 서소문동62 천연동120-9 등록번호32

共産黨宣言 | 勞動戰線社 편, 발행인(칼맑스, 엥겔스) 1945.11.15 83쪽 4원50전 18㎝ 印조선정판사 朴

朝鮮歷史年代圖表 | 洪以燮 1945.11.15 절첩본 5원 印조선정판회사 賣정음사 비도서자료

圃隱鄭夢周傳 朝鮮歷代偉人畵帖 第一輯 | 趙容萬 글 李承萬 그림 1946.3.1 10쪽 15원 26㎝ 印조선정판사 編畵精巧舍

共産主義 ABC 上卷 | 印貞植(N·뿌하린) 1946.6.15 110쪽 25원 印협진

쏘련토지혁명사 | 인정식(마르텔) 1946.6 85쪽 10원 出

이뻐스타린 | 현우사(에스크리브로프) 1946.8 64쪽 18원 出

社會主義의 發展 - 空想에서 科學으로 | 김상형(F·엥겔스) 1946.10.20 114쪽 35원 印고려문화사

가족·사유재산 및 국가의 기원 | 金相瀅(F·엥겔스) 1947.4.15 270쪽 印협진 ℹ

공산청년회의 임무에 대하야 | 유물론연구회(스탈린) 1947.5 65쪽 30원 出

조선해방의 국제적經緯와 미쏘共委 사업 | 온낙중 1947 64쪽 60원 出

맑스주의와 민족문제 | 조선맑스엥겔스레닌연구소(스탈린) 1947 136쪽 120원 19㎝ 韓

協啓社 金廣平 청파동3가118-81

大韓國民運動의 基礎理論 | 徐芝悅 편 1949.12.23 137쪽 370원 印同人쇄소 朴

協同文化社 전주

(잡지) 〈파랑새〉

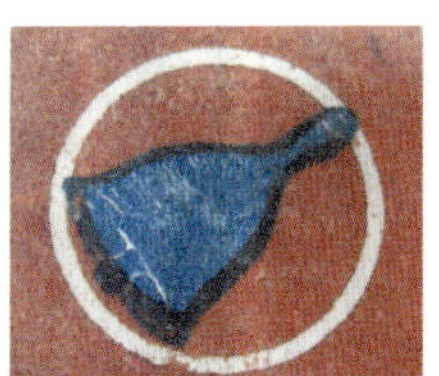

협성문화사 로고

협성문화사 인지

協成文化社 종로구 창성동98-6 등록번호182(1949.12.29)

世界雄辯集 二輯 | 金永上 編 1949.12.1(初)1950.3.31(再) 246쪽 600원 18㎝ 印고려

協信인쇄사

時調 歌謠 民謠選集 | 李時億 편 1948 155쪽 250원 19㎝ 韓

彗星社 _{(발)손소희 (편)전숙희}

(잡지) 〈彗星〉

혜화공립국민학교

졸업기념사진첩^{제22회} | 서울혜화국민학교 편 1949.6 ℹ

護國譯經院 _{孔福用(혜화동15-118) 金寂音 충무로3가50 등록번호202(1949.9.17)}

불타전석가모니일생 | 成樂熏 1947.5.1 137쪽 100원 印평화당 매同판매부 ℹ

佛敎槪論 | 徐京保^(창신동130) 1949.11.20 177쪽 550원 18㎝ 印金一宣 예지동197
　　　　매동일백화점서적부_(동국대지정서점)

불교입문강화 | 서경보 1948 300쪽 450원 19㎝ 韓

釋迦如來와 그 弟子傳 | 徐京保 1949.9.15 150쪽 400원 21㎝ 印鄭尙憲

湖南公論社 _{김남중 광주 금남로1-1 허가번호26(1949.12.30}

(잡지) 〈湖南公論〉

湖南文化社 _{白象基 종로구 연건동 등록번호154(1949.9.20)}

探偵小說放火殺人事件 | 方仁根 1949.11.30 193쪽 450원 매삼성사 평화당 초동140 ℹ

湖南文化社 _{林秉周 광주}

(잡지) 〈湖南文化〉

호남평론사 _{이순우}

(잡지) 〈湖南評論〉복간

호서남공립국민학교

음악교재집 | 호서남공립국민학교음악부 편 1948.11^(서문일자) ℹ

호서민중대학 _{대전}

(잡지) 〈湖西學報〉

好樂社

^{新選}國民愛唱歌 | 호악사 편 1947 44쪽 90원 19㎝ 韓

洪城公立中學校學徒護國團

(잡지) 〈홍중〉

洪文社

신수중등한문 권2 | 金得楚 1950 30쪽 ℹ️

弘文書館 洪秉錫 종로5정목44 金完起 종로2가78 등록번호24(1947.9.15)

홍문서관 로고

流浪 | 이광수 1945.9 205쪽 50원 出

無雙明心寶鑑 | 홍문서관 편 1945.9.20 21㎝ 印大城인쇄소

朝鮮歷代御製詩選 | 宋柱憲 編 1947.3.15 60쪽 40원 15㎝ 印협진

常識讀本 | 宋永浩(서울중앙방송국) 1947.4.25 137쪽 130원 18㎝ 印협진

상식질문응답(2) | 송영호 1947.12.15 125쪽 18㎝ ℹ️

실용과학 | 李浩基 1947.12 170원 出

知識寶庫 | 李浩基 1948.1 554쪽 350원 19㎝ 韓

小學集註 | 홍문서관 편 1948.2.28 172쪽 21㎝ 印서울합동사 관철동33

正本孟子集註 | 홍문서관 편 1949.3.15 21㎝ 印대동

越南亡國史 | 金振聲 譯 1949.4.30 76쪽 150원 18㎝

朝鮮史概說 | 京城大學朝鮮史硏究會 編 1949.5.15 750쪽 특제1900원,병제1700원 21㎝ 印협진

인생안내 | 노자영 1950.1.30 291쪽 ℹ️

홍익대학국문학연구회

악장가사 | 홍익대학국문학연구회 편 1950.4.12 등사본 ℹ️

홍익사 宋好耀 회현동3가9 등록번호284

중등국어②참고서 | 편집부 1949.10.25 全

홍지사 朱在中 茶洞18-1 등록번호612(1948.8.10)

새교육사전 | 崔秉七 1950.5.1 2300원 印박문 ℹ️

고급생물하 | 김준민,최기철 1950.5 全

중등작문③ | 김영랑 외 1950.6.10 全

화랑사 李志雄

(잡지) 〈花郎〉

華城堂

조국시집 | 靑波兒 1947.8.5 100쪽 100원 18㎝ 韓

화악동인회 경남 밀양

(잡지) 〈華岳〉

활문사출판부 황금정2정목(을지로2가) 69

獨立精神 ┃ 李承晚 1910.2(初)1946.4(再)1946.6(三) 344쪽 18cm

獨立精神 ┃ 李承晚 1949.1(四) 344쪽 600원 18cm 印대건 공동발행소 국민정신진흥회

活泉社

(잡지) 〈活泉〉

厚生文化社 徐在鴻 갈월동52-3 등록번호782

남북통일의 열쇠 ┃ 대한계몽단 1950 120쪽 ℹ

휘문중학교

(잡지) 〈徽文〉

輝人書社

위대한 쏘베트국가 ┃ 朴仁植(로·엠·까리닌) 1947.7 50쪽 30원 出

輝震社 창성동57

여러 곳의 사회생활부도 ┃ 오준영(창성동 130) 1947.6.25 30원 印고려 ℹ

興國時報社出版部 全相守 신당동333-88

第四의 十字架 ┃ 全相守 1949.3.10 81쪽 170원 18cm 印五星堂 鄭雲初 매조선복음사 이연호 표지
김말봉 서문

興國出版社 尹琦炳(무교동63) 서대문로1가 77 등록번호833

青年書簡文 ┃ 編輯部 1950.3.10 163쪽 450원 印백영당

흥문당서점 李興培 서린동126 등록번호39

ASOPS FABELN 獨文이숲이야기 ┃ 李興培 註 1948.10.30 111쪽 200원 18cm 印협진 朴

흥문사

중등음악이론기초편 ┃ 박긍완 1948 66쪽 ℹ

興民社 李漢鎔 창신동449-15 원효로1가17번지42호 등록번호7(1947.9.12)

작문공부 ┃ 윤재천 1946.11.10 冊

心理學槪論 ┃ 金再出 編 1947.3.21 90쪽 80원 18cm 印조일인쇄소 李德基

國會知識 ┃ 李漢鎔 1949.2(서문일자) 98쪽 18cm 金龍煥 裝幀 ℹ

詩集땀과 薔薇와 詩 | 살매 金泰洪 1950.4.10 108쪽 300원 18cm [印]세문사 李俊 裝幀

흥사단

3천만의 誓願 | 宋鐘翊 1946.12 52쪽 15원 [出]

흥사단운동략해 | 흥사단국내위원부 1947 87쪽 13×9cm [i]

興韓財團 朴永斌 종로2가5(화신삘딩)

獨立路線 | 金俊淵(한국민주당) 1947.12.20(再) 152쪽 130원 18cm [印]협진 [매]동아일보사

戲曲文學社 경운동88 (발)金同順(편)李烺民 등록번호405(1949.1.20)

(잡지) 〈戲曲文學〉

희망각

전후의 국제정세민주주의전서① | 玄東洙 1947.5 60쪽 70원 19cm [出]

자가본–발행년도 순

倍達朝鮮 正史 | 申泰允(전남곡성) 1945.9.3 112쪽 26cm [發]金奉壽(전남순천) [印]順天鮮華堂

詩集 朝鮮美 | 李泰煥(숙대 도서관장) 1945.9(후기일자) 104쪽 17cm 판권 없음

韓國略史 | 韓鴻求 編 1945 102쪽 35원 [印]上黨인쇄소 清州

조선유림기미년독립운동사 | 宋柱憲 1946.4 71쪽 [出]

國文學 | 具滋均 編輯兼發行 1946.4.18 [印]創設푸린트사 謄寫本 [i]

朝鮮古典 歌詞集 | 朴寅秀(대구부 남산정163) 編輯兼發行 1946.6.1 90쪽 20원 18cm [印]대구인쇄합자회사 [매]낙동서관

朝鮮五千年興亡史 | 權琦煥(대구부 삼립정149-1) 저작겸발행인 1946.6.10 12쪽 30원 [印]普文 權元煥 대구부 삼립정184 [매]三韓文庫 [i]

白沙場(시집) | 朴沆植(전주부 高砂町12) 저 李源彭 편 1946.8.1(120부 한정) [發]郭安栒 55쪽 비매 (등사본) [i]

詩集 搖籃 | 金容得(원서정227-2) 1946.10.15 71쪽 20원 18cm [印]고려 문석린 [매]민중서관

破鐘(시집) | 河永元(素影) 1946(진주) [i]

偉大한 사랑전오막육장희곡 | 趙靈出 1946 등사본 기타사항 미상 [Z]

時調集 出帆 | 梁相卿 1947.1.1 96쪽 60원 18cm [發]白安基 관훈동67 [印]대건 [매]삼중당 吳世昌 題字 崔永秀 裝幀

詩集 綠野 | 方基煥(용산구 新契洞1-55) 1947.1(후기일자) 21cm 면수표시 없음 등사본 鄭容淳 裝幀

불사른 일기(시집) | 김도성 1947.2 [河]

增補正音 觀音文字 | 釋金陀 자가본 운문도량(장성 백양사) 등사본 1947.6.30 [i]

野球規則 | 崔相俊(인천부 신포동56) 1947.8.20 144쪽 100원 15cm 印협진 發최문혁 인천부 내동109 [i]

朝鮮農村의 新建設 | 崔秉協(성동구행당동333-68) 編輯兼發行 1947.10.2(初)10.26(再) 105쪽 100원 18cm
印愛鄕인쇄소 全京祿 주교동313

天國魂 特히 眞正한 愛國者에게 | 晶明(일월각주인) 1947.10.10(후기일자) 208쪽 18cm
發海印島彌勒山正心道總本部 [朴]

朝鮮古典文學作品展覽會目錄 | 문리과대학조선어문학연구회 주최 1947.10.24~26 12쪽 18cm
印대동인쇄소

詩集 黃牛 | 徐泰寬(광주시 지산동405) 1948.1.25 49쪽 100원 18cm 印호남신문사부속인서관
許敬永(서석동429) 금남로1-1 李坰謨 裝幀

바른 말과 글 | 김재찬 1948.6.30(부산) [全]

朝鮮歷史(上) | 曺秉烈(高敞 月山樵舍) 1948.9.18(발문) 162쪽 22cm 線裝本

朝鮮歷史(中) | 曺秉烈(高敞 月山樵舍) 1948.9.18(발문) 208쪽 22cm 線裝本

朝鮮歷史(下) | 曺秉烈(高敞 月山樵舍) 1948.9.18(발문) 174쪽 22cm 線裝本

蕙山遺稿 | 白奎洙 藏玉精舍(충남) 1948 24쪽 [雅]

燃料半節約 增補 孫式아궁이改造法 | 孫沉培 1947.12.1(初)1949.3.1(증보) 印호남신문사인쇄관 [朴]

詩集 荒野에 叫喚 | 金炳昊(개성부 동흥동815-1) 1949.3.10 110쪽 230원 18cm 印평화당 李一秀 견지동60
등록번호3(1947.9.3)

新舊熟語解說 | 曺龍承(전주부 화원동34) 1949.3.10 印전라민보사인쇄국 李承用 전주부 청석동64 매평화당서점
전주부 중앙동80 [i]

春亭集 | 金鎭萬 著 金天浩(북아현동3-2) 編輯兼發行 1949.7.20 208쪽 비매 23cm 印개성지업사 李炳九
개성부 북안동399 線裝本

地方自治法解說 | 韓熙錫(충무로2가40) 1949.7.22 印대한인쇄공사 [i]

南鍾時調集 | 金鎰烈 1949.10.1 [河]

國民心讀 | 李恩和(돈암동1-3) 編輯兼發行 1949.12.25 41쪽 2000원 18cm 印대성인쇄소 매대한공사

東西金言集 | 崔龍泰(光州) 편집겸발행 1950.3.22 78쪽 1500원 印光文舘인쇄소 崔倫柱 광주시
황금동89 [i]

일러두기

1. 저자별 목록은 출판사별 목록에 비해 최소한의 서지사항만을 한글로 제시하였으므로 보다 자세한 서지 사항이 필요한 경우 출판사를 확인하여 앞의 출판사별 목록에서 찾아보면 된다.
2. 저자별 목록은 이 책의 저자별 색인을 겸하고 있다.
3. 同名異人의 경우 漢字를 併記하여 구분하였고, 구분이 모호한 경우에는 모두 한글로 표기하였다. 파악된 雅號나 異名의 경우에는 참고설명을 보탰다.
4. 류(柳), 리(李) 등은 설정하지 않았다.
5. 내용상 중복되지만 서지사항이 다른 경우 再版도 가급적 밝혔다.
6. 맨뒤에 번역서를 따로 모아 원저자명에 의해 정리하였는데 원저자가 확실치 않은 경우 제외하였다.
7. 해당도서 장정의 사진이 있는 경우 나란히 제시하는 것을 원칙으로 하였으나 사진이 한 곳에 집중된 경우 다소 밀리기도 했다.
8. 저자별 목록의 예시

    강명옥   **귀속재산처리법해의** 명세당 1950 238쪽 500원 **ⓘ**

    강문석(A웨벨)   **당 조직 활동의 ABC** 우리문화사 1946.6 89쪽 18원 **出**

위에서 보듯이 국내 저작인 경우

    편저역자명 도서명 출판사 발행일 쪽수 정가 출처

의 순으로 제시하였고, 번역서의 경우에는 원저자명을 괄호 안에 제시하였다.

갑문당 편,발행 **대한민국헌법** 1948 55쪽 100원 ⓘ

강금종 **해방의 날** 청년문화사 1946.4.25 116쪽 16원 朴

강금종 **어린 천사**단편집 아세아출판사 1948 133쪽 150원 韓

강노식 **대수정해** 정문관 1947.12 224쪽 200원 出

강노식 **대수학**학습본위 삼중당 1950.1.30 900원 ⓘ

강덕수 **미국과 극동** 청년사 1947 73쪽 35원 雅

강명옥 **귀속재산처리법해의** 명세당 1950 238쪽 500원 ⓘ

강문석(A웨벨) **당 조직 활동의 ABC** 우리문화사 1946.6 89쪽 18원 出

강봉식 **영시첫걸음** 경위사 1949.6.25 119쪽 230원

강봉제(석전문차랑) **채권총론** 삼협문화사 1949.11.5 350쪽 850원

강상운 **현대정치학개론** 문예서림 1949.1.15(再) 210쪽 350원

강상운 역편 **학생자연관찰** 혁신사 1946.9 79쪽 30원 出

강석범,현대평 **식물 이름 찾기** 조선향토생물연구회보급부 1947.6 71쪽 200원 出

강소천 **꿈을 찍는 사진관**동요집 남향문화사 1945 120쪽 40원 韓

강소천 **진달래와 철죽**동요집 남향문화사 1945 110쪽 40원 韓

강승히 **가톨릭성가집** 군산천주교회(등사판) 1948.11.10 148쪽

강아오스딩 **가톨릭과 공산주의** 종현가톨릭청년회 1948 56쪽 60원 韓

강영선,이민재 **생물학**상 동지사 1948.7 400원 出

강영수(다니엘파이버) **3.1운동의 진상** 혁신사 1946.2.25 94쪽 10원

강영수(와일드) **행복한 왕자**조선아동문고 정음사 1946? 98쪽

강영수 **연애기담** 경향출판사 1948 84쪽 150원 韓

강영수 편 **스파이와 스파이** 모던출판사 1950 221쪽 500원 ⓘ

강용흘 저 김성칠 역 **초당** 금룡도서 1948.10.22 225쪽 400원

강원용 **새 시대의 건설자** 조선기독교서회 1949.4.20 183쪽 300원

강윤모,김종건 **물리화학술어급정리공식집** 수문관 1949(四) 104쪽 150원 ⓘ

강의영 편 **초등언문독본** 영인서관 1945 70쪽 30원 韓

강이홍,조규동(알버트모델) **성과 문학** 선문사 1949.12.10(初) 312쪽 650원

강이홍,조규동(알버트모델) **성과 문학** 선문사 1950.2.10(再) 312쪽 700원

강일석(포시진치) **박열투쟁기** 조양사 1948.11.30 194쪽 350원 出

강정덕(쫀뛰이) **학교와 아동**정음문고 정음사 1947.12.15 117쪽 70원 敎

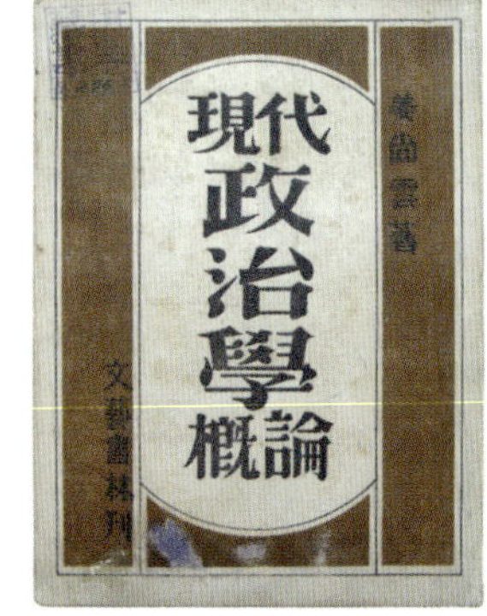

강상운 『현대정치학개론』(유윤상 장정)

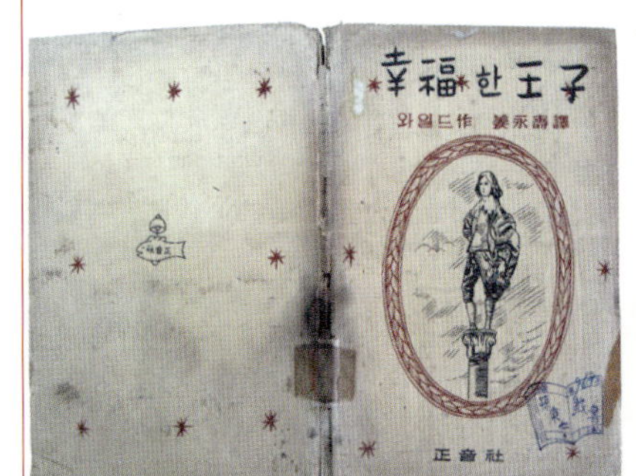

강영수 역 『행복한 왕자』(정현웅 장정)

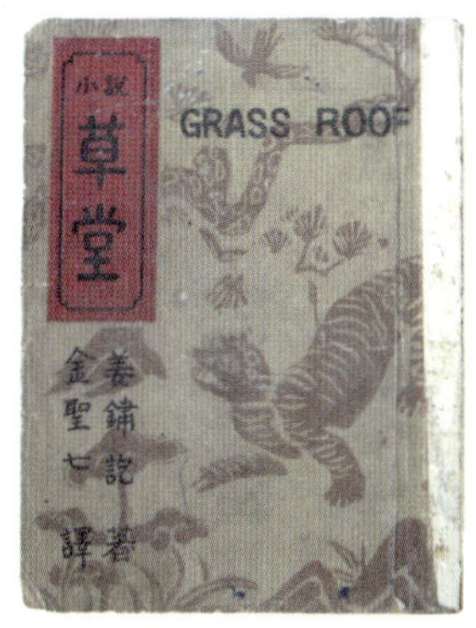

강용흘 저 김성칠 역 『초당』

강정덕(죤듀이) **학교와 사회**정음문고 정음사 1948.1.6 124쪽 100원 朴

강정택(두부로후쓰키) **농민과 혁명** 대성출판사 1947.3.20 197쪽 170원 朴

강정하(월프) **부부애정독본** 여명각 1948.10 200원 出

강제환 **38도선에 이상 있다** 웅변구락부 1946.6.20 128쪽 100원 i

강제환 편 **도산안창호웅변전집** 웅변구락부출판부 1950.5.25㈜ 276쪽 800원

강지원(파울S라인슈) **근대식민정치론** 백양당 1949.5.20 310쪽 480원

강진국 **농지개혁법해설** 문화출판사 1949.11.1㈜ 74쪽 120원

강진화 편 **대한민국인사록** 내외공보사 1949 280쪽 3700원 韓

강창섭 **역직기학**섬유공업총서2 을유문화사 1949.9.1 184쪽 1,800원

강초인 **국사정해** 정문관 1950.4.10 258쪽 650원

강필구 **미국약품해설집**① 서울의사회 1948.9 600원 出

강필구 **미국약품해설집**② 서울의사회 1948.12.25 600원 i

강필상 **체육과 보건** 조선체조연맹출판사 1947.9 116쪽 80원 i

강형 **동포에 충고** 건국정신추진회 1948 68쪽 70원 韓

강형렬(월터맆맨) **미국외교정책** 한국외교협회 1950 210쪽 5000원 韓

강호 **백초약학** 기아서관 1949 34쪽 등사본 朴

강홍수 **조선독립혈투사** 고려문화사 1946.5.5 165쪽 35원 i

강홍수 **임진왜란과 병자호란** 문운당 1948.11.20 213쪽 350원

강홍수 **동서고금여류명인전** 문연당 1949 139쪽 250원 淸

강홍수목사 **썬다싱그전** 조선기독교서회 1949.2.1㈜ 157쪽 250원 i

개성부 편 **개성부세일반** 개성부 1948 54쪽 100원 韓

건국사 편,발행 **재미있은 과학얘기**우리과학문고① 1946.5.18㈜ 12원 i

건국사 편,발행 **재미있은 과학공부**우리과학문고② 1946.8.10㈜ 35원 i

건국사 편,발행 **과학공부 첫거름**우리과학문고 1946.9.1 63쪽 18원 出

건국사 편,발행 **물상과제장**Ⅱ겨울방학중등 1948.11.1 50원 i

건국사과학부 편 **자연과학발달사** 건국사 1950.3.1㈜ 227쪽 700원

경기공립중학교 편,발행 **졸업기념**제45회 1949.6 活柳사진관 朴

경기공립중학교 편,발행 **졸업기념**제46회 1950 봄

경기도교육회 편 **공부동무**겨울방학삼학년용 동지사 1947.12.15 i

경기도내무국공보과 편,발행 **경기도세일반** 1949 38쪽 70원 韓

경기도내무국법무과 편,발행 **허가관계법규집** 1948 142쪽 (판권 없음)

경기도학무과내임시교재연구회 편,발행 **초등지리교본**오륙학년용 1946.4 60쪽 10원 ⓘ

경기도학무과임시교재연구회 편 **초등국토지리**5.6학년용 한양서적도매공사 1946.10 ⓘ

경상북도농촌경제과 편,발행 **농촌지도전망** 1948.8.10 36쪽 朴

경상북도산림과 편,발행 **조선주요삼림수목명칭표** 1946 20쪽 ⓘ

경상북도학무국 편 **가사재봉교수세목**초등용사오륙학년용 남선문화사 1946.9.15 69쪽 40원 ⓘ

경상북도학무국 편 **겨울방학공부** 경북교육협회 1947.12.10 ⓘ

경성대학조선사연구회 **조선사개설** 홍문서관 1949.5.15 750쪽 특제1,900원,병제1,700원

경성도서출판사 편,발행 **조선민력**1946년 1945.11.30 32쪽 5원

경성여자사범대학가사과 편 **조선가정요리** 건국사 1946.8.25 64쪽 18원 朴

경성인서사 편,발행 **수표**중학교용 1948.7.8 50원 ⓘ

경성정치문제연구소 편,발행 **정당단체조사** 1945(추정) 49쪽 油印本 Ⓩ

경성중등영어교원회영어교과서편찬위 **The New English Readers Book**① 을유문화사
1947.8.1 142쪽 85원

경성중등영어교원회영어교과서편찬위 **The New English Readers Book**② 을유문화사
1948.8.1 189쪽 200원

경성중등영어교원회영어교과서편찬위 **The New English Readers Book**③ 을유문화사
1947.3.1 210쪽 85원

경성중등영어교원회영어교과서편찬위 **The New English Readers Book**④ 을유문화사
1947.9.1 160원

경성중등영어교원회영어교과서편찬위 **The New English Readers Book**⑤ 을유문화사
1947.9.1 全

경성중등영어교원회영어교과서편찬위 **The New English Grammar** 을유문화사
1946.12.15 186쪽 70원

경성초등교육건설회 편,발행 **초등지리교재**6학년용 1946.2.10㈆ 3원40전 ⓘ

경성초등교육건설회 편,발행 **초등이과교재**4학년용 1946.2.10㈆ 3원20전 ⓘ

경주중학교문예반 편,발행 **옥적**시집 1950.2.1 河

경찰교양협조회 편,발행 **결혼독본** 1949.5.20 268쪽 400원 朴

경향신문사 편,발행 **대한민국헌법** 1948.7.27㈆ 27쪽 50원 ⓘ

계림사 편,발행 **세계과학계위인전** 1948.12.5 196쪽 280원

계림사 편,발행 **어린이물리화학이야기** 1946.10.8 142쪽 25원 ⓘ

계림사 편,발행 **전후일본문화의 현실과 비판** 1948.3.15 158쪽 150원

계림사 편,발행 **조선위인전** 1949.11.20㈣ 142쪽 230원

계림사 편,발행 **화랑도** 1949.5.30㈐ 233쪽 350원

계림인서관 편,발행 **조선위인의 어머니의 힘**－어머니독본제1집 1946 78쪽 15원 田

계림인서관 편,발행 **중등수학3**제이류 1947.8.31⁽서문일자⁾ 68쪽 60원 ℹ

계림인서관 편,발행 **중등수학**前學期用1,2,3 1947 117쪽 60원 田

계림학인 **3.1운동과 대한민국임시정부** 국민출판사 1946.1 40쪽 4원 田

계몽문화사 편,발행 **연초경작인보감**나의 할 일 1949.11.15 100원 ℹ

계몽사서점 편,발행 **The New English Readers Book**⁵연습문제及본문 주해서 1949.1.5 145쪽 300원 ℹ

계몽사서점 편,발행 **한양가** 1949.2.10 170원 ℹ

계몽사 편,발행 **병사필수요람** 1950 170쪽 400원 韓

계몽출판사 편,발행 **공산주의해설**계몽문고① 1946.3.23 8원 ℹ

계용묵 **병풍에 그린 닭이**창작집 조선출판사 1946.4.20 375쪽 40원

계용묵 역 **세계명작동화선** 대조사 1946.6.15 88쪽 7원 ℹ

계용묵 **백치아다다** 대조사 1946.7.20 194쪽 30원 ℹ

계용묵 **청춘도**창작집 조선문화교육출판사 1949.4.20 330원

계용묵 **별을 헨다** 수선사 1949.5.15 194쪽 350원

계정삼 **중등양잠독본** 창인사 1947.9.12㈐ 82쪽 70원 田

계정삼 **중등양잠학** 창인사 1950.6.20㈐ 130쪽 450원 ℹ

계정식 **중등노래교본**초급용 교회음악연구회 1946.12.5 58쪽 40원 ℹ

고광림(프레스톤슬로손) **미국은 전쟁을 원하는가?** 박문출판사 1949.12.30 153쪽 350원

고광만,오천석 **The New Standard English Readers**⑥ 조선교학도서 1949.9.15 146쪽 220원

고광만 **The Inductive English Grammar**① 탐구당 1950.4.20 200원 ℹ

고권삼 **조선정치사** 을유문화사 1948.9.10 254쪽 400원

고담용 **법학개론** 성균관대출판부 1947.7 91쪽 110원 田

고려선봉사 편,발행 **신제중등공민교과서** 1947.1 94쪽 50원 田

고려출판사 편,발행 **대한독립운동사감** 1950 170쪽 ℹ

고병국 외 **공민**중등사회③ 동지사 1949.9.5 230원

고병돈 편 **어린이독본** 동문사서점 1946.5.5 174쪽 20원

고병익,곽윤직(르네세디오) **세계의 역사** 일한도서출판사 1950 340쪽 1200원 韓

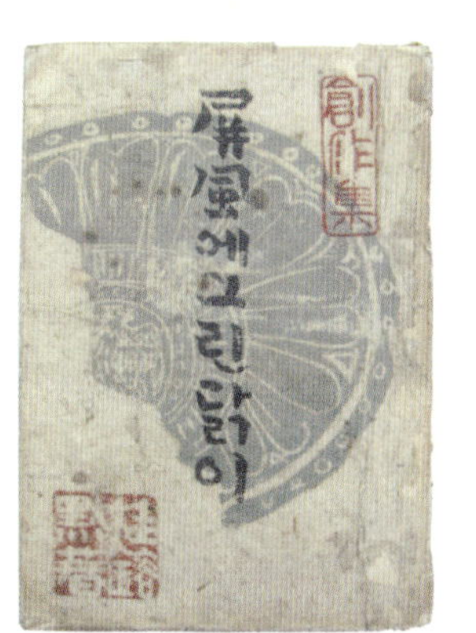

계용묵 『병풍에 그린 닭이』

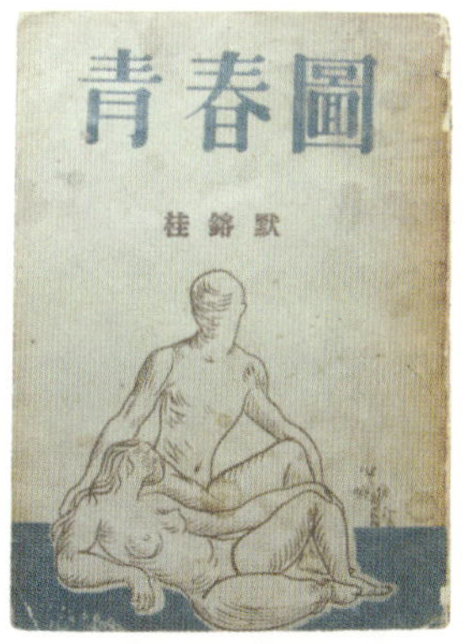

계용묵 『청춘도』

고광림 역 『미국은 전쟁을 원하는가?』

고석균 **다른나라지도** 조선지도출판사 1947.5.20

고석균 **최근세계지도**^{중학교겸일반용} 조선지도출판사 1948.5.12 250원

고석균 **다른나라지도**^{5학년용} 조선과학문화사 1948.8.20 200원

고승제 **경제학입문**^{을유문고⑫} 을유문화사 1948.7.15 218쪽 200원

고영진 **사랑물레**^{시집} 평문사 1948.1.31 105쪽 130원

고영진 **제3시집** 평문사 1948.10.15 76쪽 100원

고영춘(야나이하라) **맑스주의와 기독교** 설우사 1949 192쪽 380원

고영환 **청은수필** 동광신문사 1947.11.18 126쪽 170원

고요왕 **천주교회의 신학** 경향잡지사 1949 119쪽 130원 韓

고원섭 **반민자회상기** 백엽문화사 1949.4.15 172쪽 350원

고유섭 **송도고적** 박문출판사 1946.3^(발문일자) 328쪽 120원

고유섭 **조선탑파의 연구**^{조선문화총서3} 을유문화사 1948.2.10 269쪽 700원

고유섭 **조선미술문화사논총** 서울신문사출판국 1949.2.27 385쪽 800원

고정옥 선주 **고장시조선주**^{정음문고} 정음사 1949.1.20 115쪽 100원

고정옥 **국어국문학요강** 대학출판사 1949.2.20 488쪽 750원

고정옥 **조선민요연구** 수선사 1949.3.10 544쪽 1200원

고황경 **인도기행** 을유문화사 1949.6.1 178쪽 330원 乙

공정 **인류계**^{일반과학} 기신사 1950.5.20^(六) 330원

과학사 역,발행(이두공부) **청년을 위한 세계역사** 1947 55쪽 70원 韓

과학사편집실 역편,발행 **민주주의혁명의 역사와 이론** 1947.5.30 100쪽 70원 朴

과학진흥고사연구회 편 **옳으냐글으냐**^{과학적지능고사문제집} 국제사 1949.11.25

곽동철 **무예도보신지** 고려서적 1949.8.31 380원

곽병주 **고시조풀이** 산악사 1948.8 200원 出

곽복록 **독문신선** 200원 出

곽윤직,고병익(르네세디오) **세계의 역사** 일한도서출판사 1950 340쪽 1200원 韓

곽종원 역 **쟌발잔** 양양사 1948.8 150원 出

곽하신(씨모노브) **낮이나 밤이나**^상 정음사 1948.10.15^(再) 278쪽 350원

곽하신(씨모노브) **낮이나 밤이나**^하 정음사 1948.11.25 331쪽 500원

광문서림 편,발행 **천기대요** 1949.3.30 350원

광문서림 편,발행 **편수미인** 1949 213쪽 200원 韓

고영진 『사랑물레』(이순동 장정)

고영진 『제3시집』(김정배 장정)

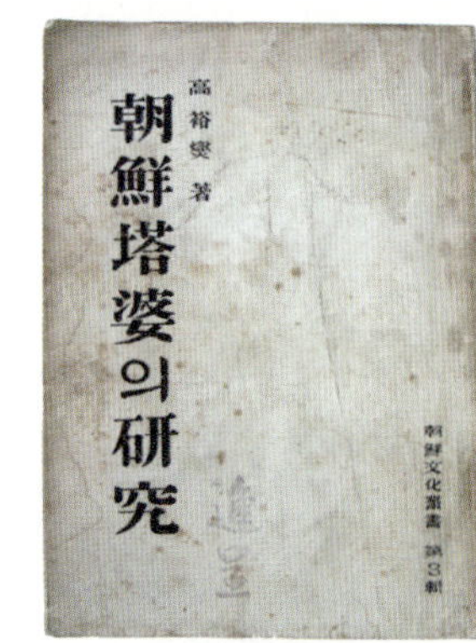

고유섭 『조선탑파의 연구』

고정옥 선주 『고장시조선주』

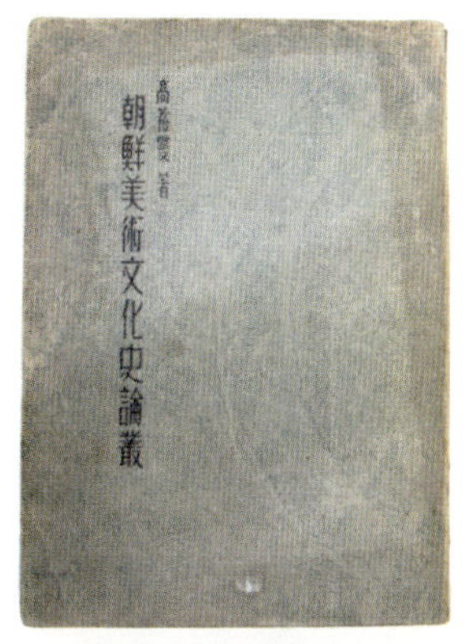

고유섭 『조선미술문화사논총』

곽하신 역 『낮이나 밤이나』

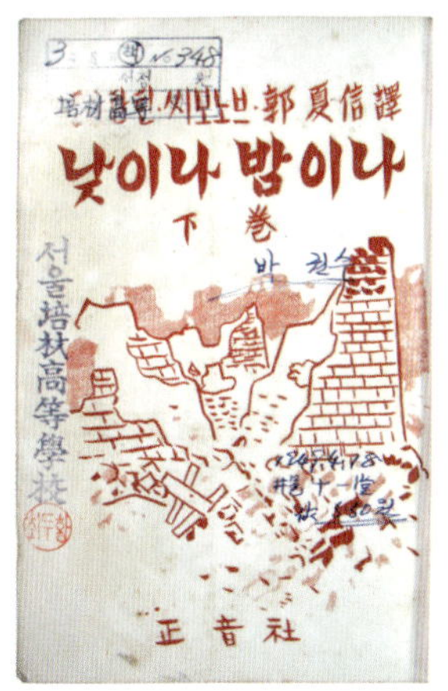

『낮이나 밤이나』 속표지

광문회 편　**한글조선말사전**　동명사　1948　500쪽　1200원　韓

광주부총무과공보계 편　**해방전후회고**　광주부　1946.8.15　171쪽

교문사 편　**과학의 지식**　고려문화사　1947.7　145쪽　45원　出

교문사 편,발행　**교문영슬자**　1948.8　25쪽　50원　ℹ

교사수험지도연구회 편　**준교사시험문제해답집**　삼중당　1949.8.15　208쪽　350원　教

교사시험지도연구회 편　**교사시험문제해답집**　삼중당　1950.3.10　523쪽　1200원

교원고시지도연구회 편　**국민학교교원시험문제급해설집**　수험연구사　1947　179쪽　150원　韓

교육사조연구회 편　**셈본참고서**6-1　대양출판사　1947.9.5　60원　ℹ

교육사조연구회 편　**셈본참고서**5-2　대양출판사　1948.2.10　100원　ℹ

교육사조연구회 편　**국어참고서**5-1　대양출판사　1948.4.10　90원　ℹ

교육사조연구회 편　**지능고사문답**　대양출판사　1948.4.10　100원　ℹ

교육사조연구회 편　**아동상식문답**　대양출판사　1950.6.5　400원　ℹ

교육연구사 편,발행　**The New Living English Readers 주해서**　1949.11.25　全

교육자료사연회 편　**우리나라의 발달**　조선교학사　1948　120쪽　90원　韓

교육자료연구회 편　**지능고사수련장**6-1　도서통판사　1947.10.20　14쪽　ℹ

교통부 편,발행　**운전취급규칙**　1948.5.27　122쪽　달갑達甲　제30호　별책

교통부 편,발행　**운전취급세칙**　1948.5.27　132쪽　달갑達甲　제31호　별책

교학사 편,발행　**The King's Crown Readers 주해서**　권2　1947.3.3　40원　ℹ

교학사 편,발행　**The New English Readers Book 주해서**　1947.8　87쪽　65원　出

교학사 편,발행　**The New English Readers 주해서**2　1947.10.20　95원　ℹ

구건　**과학문답**　삼중당　1949　78쪽　100원　韓

구기운,김순근 공편　**독립혈사**제1권　문화정보사　1949.8.20(六)　157쪽　2500원

구례인,김규당(시실,레쉘)　**신학요람**　조선기독교서회　1949.1.30　108쪽

구례인,김규당(앨벌르스피터스)　**기독신앙의 사실과 신비**　조선기독교서회　1949(初)　232쪽　ℹ

구례인,김규당 공역　**방문전도법**　조선기독교서회　1949　ℹ

구세군대한본영 편,발행　**구세군지침**　1948　250원　韓

구원회(로버트마기도프)　**소련을 스파이하고**　서울신문사출판국　1950.1.25　122쪽　300원

구자균 편집겸발행　**국문학**　1946.4.18　(등사본)　자가본　ℹ

구자균　**조선평민문학사**　문조사　1948.7.15　135쪽　270원

국립개성박물관 편,발행　**국립개성박물관안내**　1948　35쪽　50원　韓

국립농사교도국 편   **DDT사용법** 농사교도문고 백양사출판부 1948.8.15 20쪽 30원 ℹ

국립농사교도국 편   **비료기술** 농사교도문고 백양사출판부 1948.11.11 44쪽 60원 ℹ

국립농사교도국 편   **육지면재배법** 농사교도문고 백양사출판부 1948.12.15 34쪽 ℹ

국립농사교도국 편   **양토법** 백양사출판부 1949.1.25 70원 ℹ

국립농사교도국 편   **조선의 토양** 백양사출판부 1949.3.25 57쪽 60원

국립농사교도국 편   **보리밟기** 백양사출판부 1949.3.25 25원 ℹ

국립농사교도국 편   **과수재배법** 백양사출판부 1949.4.1 153쪽 160원 ℹ

국립농사교도국 편   **감자소출을 더 많게 하는 법** 제1부 백양사 1949? 40원 ℹ

국립농사시험장 편,발행   **국립농사시험장요람** 1948 41쪽 비매 韓

국립도서관 편,발행   **조선서지관계도서전람회목록** 1948.6 冊

국립서울대학(Lasky)   **An Introduction To Politics 정치학입문** 영문판 국제출판사 1947.11.15 112쪽 220원

국립서울사대부속국민학교   **제2회초등교육연구발표대회요강** 남프린트사 1949.5 152쪽

국립서울사대부속국민학교   **국민학교각과생활요목집** 삼중당 1949 345쪽 700원 韓

국립서울대학화학교실   **화학** Ⅰ 동지사 1948.8.1 全

국립중앙관상대 편   **세차정해** 丁亥**역서** 조선서적인쇄 1946.12.10 58쪽 30원 出

국립중앙관상대 편   **단기4282년약력** 대한민국정부 1948.11.30 100원 ℹ

국립중앙관상대 편   **세차경인역서** 1950 대한민국정부 1949.11.15 70쪽 100원

국립중앙관상대 편,발행   **세차병술** 丙戌**역서** 1946 58쪽 1원95전 出

국립중앙관상대 편,발행   **세차무자** 戊子**역서** 1947.12 50원 出

국무원법제처 편   **대한민국법령집** 대한행정학회 1949 487쪽 ℹ

국무원총무처 편,발행   **전신략부호** 電信略符號 1950.5.20 158쪽 ℹ

국민교육연구회 편   **여러 곳의 사회생활 학습서** 근흥인서관 50원 出

국민음악연구회 편,발행   **중등합창교본** 1948.4.2 66쪽 200원 ℹ

국민음악연구회 편,발행   **화성학** 제1집 1948 98쪽 280원 ℹ

국민음악연구회 편,발행   **김순애가곡집** 1948 50쪽 35원 韓

국민음악연구회 편,발행   **올갠교본** 1948 56쪽 450원 韓

국민음악연구회 편,발행   **초등음악책** 1,2,3학년용 1949.6.15 200원 ℹ

국민음악연구회 편,발행   **초등음악책** 4,5,6학년용 1949.7.20 300원 ℹ

국민음악연구회 편,발행   **남녀중등음악교본** 제1권 1949 65쪽

국립농사교도국 편 『조선의 토양』

국민음악연구회 편,발행   **남녀중등음악교본** 제2권 1949 53쪽(이하 낙장)

국민음악연구회 편,발행   **오르갠명곡집** 1950 33쪽 700원 韓

국민후생연구소 편   **가정치료법전서** 명광사 1946.12 144쪽 100원 出

국방부병기행정본부정훈과 편,발행   **국방과 기술** 제1,2호 1950 비매 韓

국방연구회 편,발행   **건군의 이론적 근거** 국방연구총서제1권 1948 54쪽 60원 韓

국사교육연구회 편   **국사사전** 신예각 1948 300원 韓

국어교육연구회 편   **초등국어** 6-1 삼중당 1947 74쪽 雅

국어연구회 편   **초등새국어자습서** 6-2 삼중당 1948.4.15 120원 ℹ

국제사업연구소(메도크롭트)   **에디슨전기** 국제사업연구소 1950 205쪽 450원 韓

국제신문사출판부 역,발행(라우터백크)   **한국미군정사** 국제소총서① 1948.12.25 143쪽 250원

국제출판사 편,발행   **국제그림영어사전** 1948.8.30 474쪽 700원 ℹ

국제출판사 편,발행(로바드딕손)   **회화영어교본** 영문 1948.8 130쪽 200원 出

국제출판사 편,발행(로바드딕손)   **영문법교본** 영문 1948.9 160쪽 250원 出

국제출판사 편,발행(로바드딕손)   **기초영어교본** 영문 1948.12 190쪽 300원 出

국제출판사 편,발행   **Great Livies in History** 1948.10.2(六) 250원 ℹ

국제출판사 편,발행   **독일어숙어사전** 1948.10.30 135쪽 200원 ℹ

국제출판사 편,발행   **Workbook for winter vacation**① 1948 30쪽 ℹ

국제출판사 편,발행   **국제영한영영사전** 1949 1074쪽 1800원 韓

국학대학 편,발행   **대학 1949** 앨범 활해동사진관 1949

군산기독청년회 편,발행   **어린이찬송** 유년주일학교초등부용 1948.12.25 ℹ

군서당서점 편,발행   **여운형선생에 대한 판결서** 조선사상운연구자료 1946.3.1 75쪽 ℹ

군정청 편   **남조선농업의 현세** 군정청 1947.4 冊

군정청 편   **군정법령집** 조선행정학회 1947.4.15 190쪽

군정청 편   **남조선과도정부법령집** 조선행정학회 1947.12.15 185쪽 250원

군정청공보부 편,발행   **민주주의해설강연집** 1947 79쪽 50원 出

군정청문교부 편   **교수요목** (1)초중등학교각과 조선교학도서 1946.11.17 25쪽 12원 ℹ

군정청문교부 편   **교수요목** (3)초중등학교각과 조선교학도서 1946.11.17 25쪽 12원 ℹ

군정청문교부 편   **교수요목** (4)초중등학교각과 조선교학도서 1947.1.10 54쪽 14원 Z

군정청문교부 편   **국민학교 교칙** 조선교학도서 1947.7.25 ℹ

군정청문교부 편   **우리나라의 발달** 6-1 조선교학도서 1947.9.20 56원 ℹ

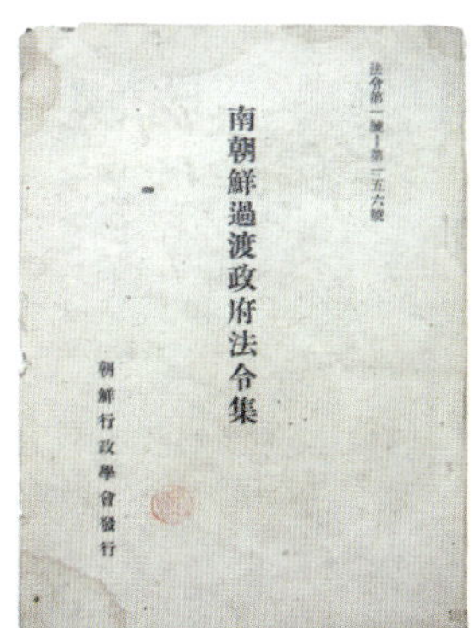

군정청 편 『남조선과도정부법령집』

군정청문교부 편　**초등공민** 하　조선교학도서　1946.5.5　4원50전　[i]

군정청문교부 편　**초등국사교본** 임시교재: 오륙학년용　경기도학무과　1946.11　20원　[i]

군정청문교부 편　**초등국어교본** 4-1　조선서적인쇄　1946.11.6　15원　[i]

군정청문교부 편　**초등국어교본** 6-1　조선교학도서　1947.1.25　24원　[全]

군정청문교부 편　**초등국어교본** 6-1　조선교학도서　1947.10.15　41원　[i]

군정청문교부 편　**초등노래책** 제일이학년용　조선서적인쇄　1946.8.3　4원50전　[i]

군정청문교부 편　**초등노래책** 제3,4학년소용　조선서적인쇄　1946.8.3　5원　[i]

군정청문교부 편　**초등노래책** 제5,6학년소용　조선서적인쇄　1946.7.20　3원50전　[i]

군정청문교부 편　**초등셈본** 5-상　조선교학도서　1946.10.13　10원　[i]

군정청문교부 편　**초등셈본** 6-1　조선서적인쇄　1946.9.15　71쪽　10원　[i]

군정청문교부 편　**초등셈본** 6-2　조선서적인쇄　1947.5.5　71쪽　15원　[i]

군정청문교부 편　**초등잇과** 5-1　조선교학도서　1947.5.20　65쪽　20원　[i]

군정청문교부 편　**초등잇과** 임시교재6-1　조선서적인쇄　1947.1.30　49쪽　7원50전　[i]

군정청문교부편집국 역　**민주주의교육법**　조선교학도서　1946.11　46쪽　8원　[出]

군정청보건후생부 편,발행　**남조선지역 급 성별현주인구** 1946.9현재　1946　70쪽　50원　[朴]

군정청보건후생부 편,발행　**남조선인구동태총계** 1946　1948　105쪽　200원　[韓]

군정청상무부특허국 편　**특허법**　조선행정학회　1946.11　49쪽　35원　[出]

군정청상무부 편,발행　**상공행정연보** 1946　1947　58쪽　[雅]

군정청여론국출판부 편,발행　**제중신편**　1946　166쪽　80원　[韓]

군정청정치교육과 편,발행　**입헌정치개요**　1946.9 (서문일자)　48쪽　10원

군정청특허원 편,발행　**특허법**　1946　126쪽　60원　[韓]

군정청편수국 편　**초등이과** 임시교재 5-1　제일출판사　1946.11.10　35원　[i]

군정청학무국 편　**중등공민** 3,4학년용　조선서적인쇄　1946　44쪽　[i]

군정청학무국 편　**초등국사** 1946　조선서적인쇄　54쪽　[雅]

군정청학무국 편　**초등국사** 5,6학년용　조선서적인쇄　1946.3.15　11원30전　[i]

군정청학무국 편　**초등공민** 상 제1,2학년용　조선서적인쇄　1946.5.5　4원50전　[i]

권기주 편　**아동정신위생학**　남산소년교호상담소　1948.1.5　326쪽　300원

권기환　**조선오천년흥망사**　자가본 (대구)　1946.6.10　12쪽　30원　[i]

권대주 역　**The Use of Life** 대역　장문사　1950.3.1개정(四)　155쪽　700원

권덕규　**조선사**　정음사　1945　230쪽　15원

권덕규 『조선사』

권덕규 『을지문덕』(정현웅 장정)

권상로 『조선문학사』

권덕규　**을지문덕**　정음사　1946　151쪽　50원

권덕규　**을지문덕**　정음사　1948.7.1(再)　200원　인대동　**i**

권덕규　**조선유기략**　상문관　1946　99쪽　淸

권상로　**조선문학사**　일반프린트사　1947.11.25　238쪽　350원

권상철,김기석　**논리학**　삼중당　1950.5.30　全

권상철,오수옥　**고등공민** 경제　동심사　1949.3　全

권상철,오수옥　**고등공민** 법제　동심사　1949.9.5　200쪽　全

권상철,오수옥　**중등공민** 1학년용　동심사　1949.9.18(수정)　250원　**i**

권상철,오수옥　**중등공민** Ⅱ　동심사　1949.9.5(수정증보)　全

권상철,오수옥　**중등공민** 3학년용　동심사　1949.3.10(수정)　200원　**i**

권상철,오수옥　**고등공민**　동심사　1949.7.25(수정판)　380원　**i**

권상철오수옥　**중등공민** 3　대한교학주식회사　1950.5.20(八)　143쪽　395원

권아성　**과학적불로강력법**　중앙도서출판사　1948　107쪽　200원　韓

권영대　**물리** Ⅰ　동지사　1949.9.20　320원　**i**

권영대　**물리** Ⅱ　동지사　1949.9.20　320원　**i**

권영대　**물리** 2　동지사　1950.6.10(수정)　365원　**i**

권영대,김용호　**물상** ③　동지사　1949.8.31　290원　**i**

권오규　**강제수사와 경찰연구**　조선과학문화사　1948.10　280원　出

권오익　**새상업경제** 중　조선교학도서　1949　161쪽　**i**

권오익　**새상업경제** 하　조선교학도서　1949.8.8　全

권우상　**한양오백년가**　성도사 (대구)　1947　119쪽　100원　韓

권준 역　**현대각국정당론**　한중협회중앙본부　1948.8.20　240쪽　300원　**i**

권준(葉劍英)　**유격전강요**　권준장군병서출판후원회　1949.8.1　277쪽　300원　**i**

권중휘,이인수　**Rudiments of English Composition** part①　국제출판사　1948.6.30　全

권중휘(라스키)　**서구자유주의의 발달**　대성출판사　1947.12.10　189쪽　200원

권중휘 역편　**현대문호의 민주주의관**　을유문화사　1949.12.10　101쪽　150원

권중휘,이양하　**스쿠울영한사전**　민중서관　1949.4.30　872쪽　1,300원

권중휘,이인수　**영작문** 상　국제출판사　1948.9　110쪽　150원　出

권중휘,이인수　**영작문** 하　국제출판사　1948.9　125쪽　200원　出

권태섭　**조선경제의 기본구조**　동심사　1947.1.10　242쪽　120원

권태섭 **조선경제의 기본구조** 조선시론사 1947.4.10 242쪽 120원 ⓘ

권태응 **감자꽃** 동요집 글벗집 1948.12.12 河

권태익 **임진왜란** 전편 조선문화연구사 1948.2.1(再) 250원 ⓘ

권태익 **임진왜란** 후편 광문사 1949.1.5 457쪽 (연속) 300원

권혁풍 **교수신론** 문화당 1948.4.10 193쪽 400원

권혁풍 **현대교육학** 삼중당 1949 200쪽 370원 韓

권환 **동결** 시집 건설출판사 1946.8.20 120쪽 33원

귀풍도사 편 **가인정담집** 야사연구회 1946.6.30 167쪽 90원 賢

근흥인서관 편,발행 **시행척독** 최신가정 1945.9.15 98쪽

근흥인서관 편,발행 **초등조선력사** 1946 82쪽 雅

글렌키이퍼어 **심리학** 을유문화사 1947.7.20 55쪽 45원

글벗집 편 **소년상식1000문답집** 조선아동문화협회 1949.5 90쪽 140원 乙

글벗집 편 **소년상식3000문답집** 중학교들기위한 을유문화사 1949.12 450원 乙

금룡도서문구 편,발행 **바보온달** 만화 1946.10 114쪽 20원 出

금룡도서문구 편,발행 **을지문덕장군의 전술** 만화 1946.10 128쪽 20원 出

금룡도서문구 편,발행 **화랑관창** 만화 1946.11 28쪽 20원 出

금룡도서문구 편,발행 **효동이** 만화 1946.12 128쪽 20원 出

금룡도서문구 편,발행 **거북선** 만화 1947.1 28쪽 20원 出

금룡도서문구 편,발행 **똘똘이의 모험** 남양편만화 1947.1 28쪽 20원 出

금룡도서문구 편,발행 **화랑김유신** 만화 1947.3 28쪽 25원 出

금룡도서 편,발행 **보건체육의 이론과 실제** 1947.5.20(再) 218쪽 158원

금룡도서 편,발행 **중등국어참고서** ① 1948.9 130원 出

금룡도서 편,발행 **판화자료** 1946.12.28 13쪽 35원 ⓘ

금룡도서 편,발행 **Rudiments of English Composition** (part①) 1950.4.28 全

기독교사상계몽협회 **맑쓰주의와 기독교의 노선** 신라서점 1947.2.10 36쪽 20원

길익선 역(주한경제협조처) **남한경제살림** 백조사 1950.1.10 154쪽 350원 ⓘ

김갑주 편 **일인재산을 사면은?** 동방사출판부 1945.11 30쪽 4원 出

김경 **민족의 각서** 백조사 1949.5.15 115쪽 220원

김경 **민족의 각서** 교계춘추사 1949 115쪽 ⓘ

김경린 외 **새로운 도시와 시민들의 합창** 도시문화사 1949.4.5 92쪽 350원

김경린 외 『새로운 도시와 시민들의 합창』

김경탁 『얼』(김중현 장정)

김광균 『기항지』(최재덕 장정)

『기항지』 속표지

정음사판 『현대시집』 1,2,3

김경보(아놀드벤넷트)　**문학입문**　수문사　1947.12　100쪽　90원　ⓘ

김경보　**경제학입문**　동방문화사　1949.1.15　202쪽　400원

김경봉　**수수꺼끼**　거이집　1946　32쪽　雅

김경수(후올랜더어)　**사회주의사상사**　을유문화사　1949.5.10　244쪽　300원　乙

김경수　**독문해석연구**　문해사　1949.12.5　242쪽　580원

김경수(겟텔)　**정치학개론**　삼일출판사　1949.9.30　369쪽　670원

김경승,김인승　**중등미술**②　민중서관　1948　ⓘ

김경승,김인승　**중등미술**③　민중서관　1950.4.20(10판)　全

김경안(매원말치)　**조선고대문화**　정음문고　정음사　1948.6.10　162쪽　ⓘ

김경우,조재승　**지방자치법해설**　보문출판사　1946　223쪽　350원　韓

김경탁　**얼**　시집　취영암　1947.8.1　57쪽　60원

김경탁　**유물론철학의 근본문제**　취영암　1947　49쪽　90원　ⓘ

김경탁　**유교철학사상개요**　성균관　1950.6.20　112쪽　500원

김경탁　**한문독본**　권1　취영암　1946.10　45쪽　20원　出

김경탁　**한문독본**　권2　동방문화사　1947.8　45쪽　60원　出

김경탁　**한문독본**　권2　취영암　1947　64쪽　50원　出

김경탁　**한문독본**　권3　동방문화사　1947.10　57쪽　65원　出

김경탁　**중등한문독본**　권3　동방문화사　1949.7.30　140원　全

김경탁　**중등한문독본**　권1　동방문화사　1950.5.10　41쪽　全

김경탁　**중등한문독본**　권4　동방문화사　1950.5.20　175원　朴

김경탁　**태극의 원리**　취영암　1946.6　25쪽　10원　出

김계택　**천문교실**　고려문화사　1948.4　145원　出

김공권　**비행기이야기**　소년문고⑦　고려문화사　1949　63쪽　100원　出

김광균　**기항지**　시집　정음사　1947.5.1　47쪽　50원

김광균　**와사등**　시집　정음사　1946(연도,면수 표시없음)　10원

김광균 외　**현대시집**Ⅱ　정음사　1950.3.10　254쪽　800원

김광섭　**마음**　시집　중앙문화협회　1949.12.10　141쪽　특제400원

김광섭 편　**이대통령훈화록**　중앙문화협회　1950.3.1　142쪽　300원

김광주(뷕톨유고)　**인간무정**　숭문사　1949.11.30(初)　334쪽　700원　ⓘ

김광주 역　이범석 저　**한국의 분노**　일명청산리혈전실기　광창각　1946.4　82쪽　15원　出

김광주(曺寓) **뇌우** ^{희곡} 선문사 1946.4.30 125쪽 25원 ㉫

김광주 **춘우송** ^{수필집} 백민문화사 1948.4.30 167쪽 300원

김광주,이용규 역 **노신단편소설집** ^{제1집} 서울출판사 1946.8.20 200쪽 45원

김광주,이용규 역 **노신단편소설집** ^{제2집} 서울출판사 1946.11.15 148쪽 45원

김광학(싱클레어) **신연애론** 여명각 1948.8 178쪽 300원 ㊌

김광현 외 **전위시인집** 노농사 1946.12.30 70쪽 60원 ㉸

김교신 **신앙과 인생** ^{을유문고⑮} 을유문화사 1948.6.30 210쪽 200원

김교헌 저 정렬모 편 **신단민사** 대종교총본사 1946.9.20(再) 250쪽 80원 ⓘ

김구 **백범일지** 同출판사무소 1947.12.15(初) 385쪽 300원

김구 저 김신 편집겸발행 **백범일지** 同출판사무소 1948.3.1(再) 385쪽 300원

김구 저 김신 편집겸발행 **백범일지** 同출판사무소 1949.11.11(六) 385쪽 300원

김구승 **영어교실** 혁신서원 1948 71쪽 140원 ㉩

김귀석 **영어문법기초** 일한도서 1947.12 ㊌

김규당,구례인(시실,레쉘) **신학요람** 조선기독교서회 1949.1.30 108쪽

김규당,구례인(앨벌르스피터스) **기독신앙의 사실과 신비** 조선기독교서회 1949(初) 232쪽 ⓘ

김규당,구례인 공역 **방문전도법** 조선기독교서회 1949 ⓘ

김규민 **로시아말 첫거름** 숭문사 1947.8.10 100쪽 100원 ⓘ

김규식 **실용영어** ^{Practical English} 을유문화사 1949.5 160쪽 330원 ㉸

김규택 **풍자해학가열전** ^{만화} 을유문화사 1946.9.1 80쪽 25원 ㉸

김규택 그림 방정환 글 **귀먹은 집오리** ^{소파동화독본④} 조선아동문화협회 1948.1.5 68쪽 80원

김규택 **망부석** ^{유모어소설} 경향출판사 1948.10.30 300원 ⓘ

김근수 **녹수청산** ^{時調類選} (출판처 미상) 1948 120쪽 125원 ㊌

김근수 **중학 국문법책** 문교당 1947.8.15 83쪽 85원

김근수 **한글 바로 읽고 바로 쓰는 법** 연학사 1947.5.15 72쪽 50원 ⓘ

김근수 **고등국어** 문교당 1948.3.5 171쪽 400원

김금호(하이네) **하이네시집** 동문사서점 1949.1.13 200쪽 250원 ⓘ

김기림 **바다와 나비** ^{시집} 신문화연구소 1946.4.20 106쪽 30원

김기림 **새노래** ^{시집} 아문각 1948.4.15 126쪽

김기림 **기상도** ^{시집} 산호장 1948.9.20 64쪽 400원

김기림 **바다와 육체** ^{수필집} 평범사 1948.12.25 264쪽 420원

김광섭 『마음』(백영수 장정)

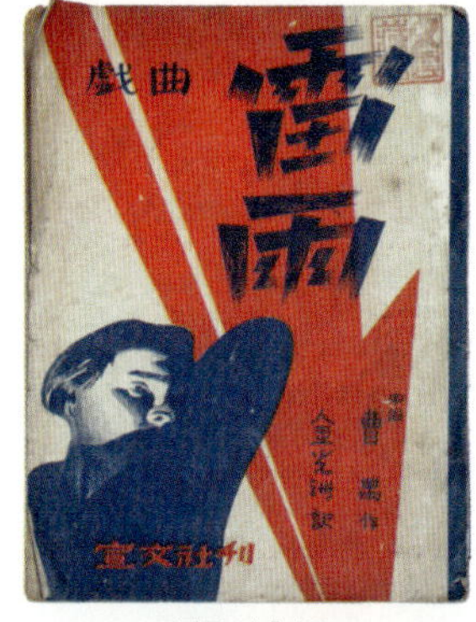

김광주 역 『뇌우』

김광주 · 이용규 역 『노신단편소설집』 1(유석빈 장정)

김기림 『새노래』

김기림 『기상도』 (김경린 장정)

김기림 『바다와 육체』

김기림 『문장론신강』

김기림 『시의 이해』

김기림　**문장론신강**　민중서관　1950.4.25　381쪽　950원

김기림　**문학개론**　문우인서관　1946.12.20　87쪽　90원

김기림　**문학개론**　신문화연구소　1947.8.18㊐　127쪽　140원

김기림　**문학개론**　신문화연구소　1948.11.4㈣　127쪽　220원

김기림　**시론**　백양당　1947.11.15　249쪽　250원

김기림　**시의 이해**　을유문화사　1950.4.10　225쪽

김기림 외　**현대시집**Ⅰ　정음사　1950.3.19　197쪽　600원

김기림 외　**학생과 학원**　수도문화사　1950.2.15　179쪽　400원

김기림(JA톰슨)　**과학개론** 을유문고⑥　을유문화사　1948.6.30　303쪽　260원

김기림 편　**이상선집**　백양당　1949.3.31　219쪽　330원

김기석,권상철　**논리학**　삼중당　1950.5.30　全

김기석　**북조선의 현상과 장래**　조선정경연구사　1947.3.25㊐　168쪽　100원

김기수(켈젠)　**국가학**　조선문화연구사　1949.11.20　128쪽　250원

김기창 그림　**춘향전**　을유문화사 편,발행　1946.2.1　96쪽　80원　賢

김기태　**세기의 과제**　백양사　1949.8.20　186쪽　350원　朴

김기한　**제사** 시집　안동기독청년회　1945.12.25　68쪽　25원

김기호　**결핵과 요양**　상호출판사　1948　40쪽　90원　19　韓

김길준(G오어웰)　**동물농장**　국제문화협회　1948.10.31　111쪽　150원　i

김남수　**부부행진곡**　갑문당　1948.10　99쪽　200원　出

김남영　**사법경찰실무대요**　삼중당　1948.2.29　198쪽　200원

김남영　**형법**　삼중당　1948.3　144쪽　200원　出

김남영　**경찰관,형무관,소방관수험준비서**　삼중당　1948　167쪽　180원　i

김남영　**행정경찰실무대요**　경찰교양협조회　1949.11.30　171쪽　300원

김남영　**범죄보고서작성실례요람**　삼중당　1949　226쪽　350원　韓

김남영　**범죄수사법**　삼중당　1949　158쪽　300원　韓

김남천　**맥** 창작집　을유문화사　1946.11.25　237쪽　200원

김남천　**대하**　백양당　1947.3.1　396쪽　200원

김남천　**삼일운동** 창작집　아문각　1947.8　270쪽　250원　朴

김남천　**사랑의 수족관**　평범사　1949.2.22　546쪽　780원

김능근　**중등한문교본권**¹　문교도서주식회사　1947.8.5　全

김능근 **중등한문교본권** 2 문교도서주식회사 1948 38쪽 [i]

김능근 **중등한문교본권** 3 문교도서주식회사 1950.4.15 51쪽 140원 [i]

김능근 **중등한문교본권** 4 문교도서주식회사 1949.8.20 50쪽 110원

김능근 **중등한문교본권** 4 문교도서주식회사 1950(再) 55쪽 [i]

김능근 **중등한문교본권** 5 문교도서주식회사 1948.8.30 100원 [全]

김대균 **근대문학사조** 정음사 1948.12.15 312쪽 500원

김도성 **불사른 일기** 시집 자가본 1947.2 [河]

김도성 **고란초** 시집 문영사출판부 1948.10.30 153쪽 200원

김도원 **경찰실무요강** 상 수도관구경찰청 1948.6.20(再) 89쪽 비매

김도원 **경찰실무요강** 하 수도관구경찰청 1948.6.20(再) 78쪽 비매

김도태 **서재필박사자서전** 수선사 1948.7.25 269쪽 특장본450원,병제본380원

김도태 **남강이승훈전기** 문교사 1950.6.25 350쪽 1,000원

김동리 **무녀도** 소설집 을유문화사 1947.5.10 217쪽 180원

김동리 **문학과 인간** 평론집 백민문화사 1948.10.25 231쪽 350원

김동리 **황토기** 소설집 수선사 1949.1.20 217쪽 350원

김동명 **삼팔선** 시집 문융사 1947.9.20 127쪽 130원

김동명 **하늘** 시집 문융사 1948.1.12 128쪽 180원

김동빈 **보병교육의 지침** 세문사 1949 900쪽 1500원 [韓]

김동석 **길** 시집 정음사 1946.1 71쪽 30원

김동석 **예술과 생활** 평론집 박문출판사 1947.6.10 229쪽 200원

김동석 **뿌르조아의 인간상** 평론집 탐구당 1949.2.5 274쪽 400원

김동석 **해변의 시** 수필집 박문출판사 1946.4.23(후기일자) 128쪽 25원

김동석 **해변의 시** 수필집 박문출판사 1949.2.10(再) 128쪽 300원

김동석 외 **토끼와 시계와 회심곡** 수필집 서울출판사 1946.10.20 146쪽 45원

김동성 **영어자습** 영인서관 1945 100쪽 20원 [韓]

김동성 **한영사전** 대한출판사 1945.11.20 672쪽 45원

김동성 **미국인상기** 국제문화협회 1948.10.30 120쪽 180원

김동성 역편 서경수 저 **한문학상식** 을유문고(25) 을유문화사 1949.5.10 279쪽 310원

김동순 **인생의 활용** 대역 금룡도서 1948.12.25 133쪽 250원 [朴]

김동욱 편 **남녀각대학입학시험문제 모범해답안집** 조선문화사 1946.11 172쪽 80원 [出]

김남천 『대하』

김기림 편 『이상선집』(조병준 장정)

『이상선집』의 이상 사진

김기한 『제사』

김남천 『맥』(정현웅 장정)

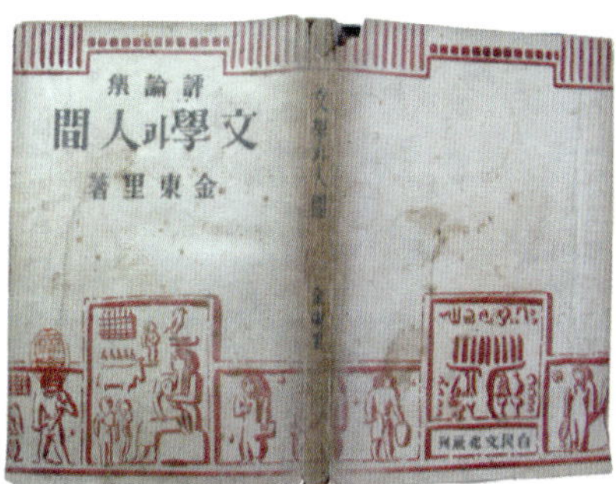

김동리 『문학과 인간』

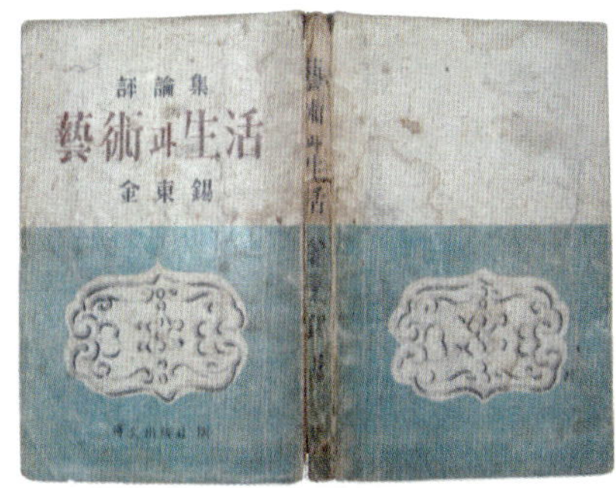

김동석 『예술과 생활』(이주홍 장정)

김남천 『사랑의 수족관』 속표지

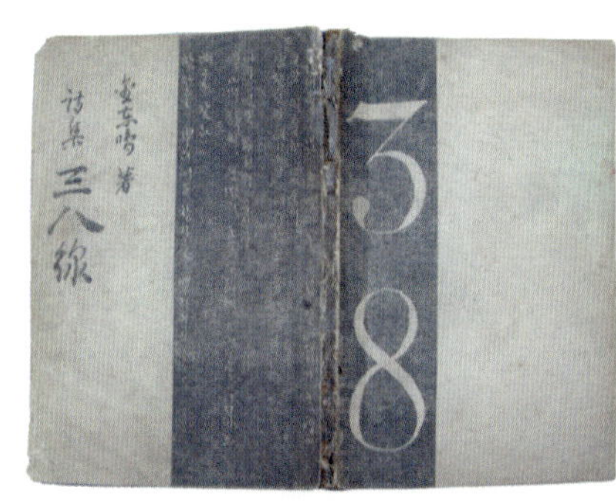

김동명 『삼팔선』

김동석 『해변의 시』(김기창 장정)

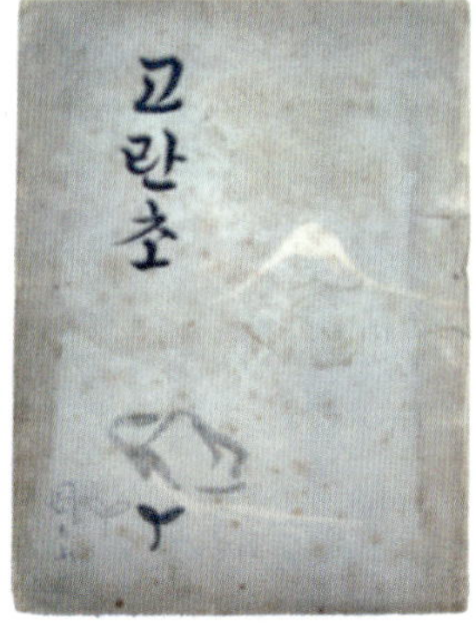

김도성 『고란초』(배운성 장정)

김동명 『하늘』(김재석 장정)

『해변의 시』 속표지(김기창 그림)

김동리 『무녀도』(김용준 장정)

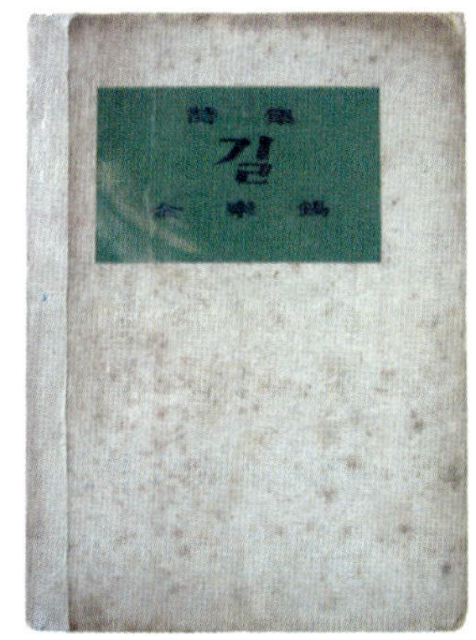

김동석 『길』(이대원 장정)

김동석 『뿌르조아의 인간상』

김동운,김종범 **해방전후의 조선진상** 조선정경연구사 1945.12.26 120쪽 10원

김동인 **태형** 대조사 194611.20 192쪽 80원 ℹ

김동인 **김연실전** 금룡도서 1946.11.30 155쪽 50원 ℹ

김동인 **광화사** 소설집 백민문화사 1947.4.25 158쪽 120원 ℹ

김동인 **발가락이 닮았다** 수선사 1948.12.20 192쪽 230원

김동인 **수평선 넘어로** 영창서관 1949.5.30 466쪽 650원 ℹ

김동인 **약혼자에게** 단편집(상) 박문출판사 1949.8.10 208쪽

김동인 **배회** 단편집(하) 박문출판사 1949 211~427쪽

김동인 **수양대군** 상 숭문사 1948.10 400원 出

김동인 **수양대군** 하 숭문사 1948.10 307쪽 400원 ℹ

김동인 **화랑도** 구 아기네(상) 한성도서 1949.4.10 267쪽 400원

김동인 **화랑도** 구 아기네(하) 한성도서 1949.4.30 293쪽 400원

김동인 **운현궁의 봄** 조선문학전집② 한성도서 1949.10.20(再) 446쪽 ℹ

김동인 **젊은 그들** 상 영창서관 1948.10.20 414쪽 600원 ℹ

김동인 **젊은 그들** 하 영창서관 1948.10.20 415~850쪽 600원 ℹ

김동인 **활민숙** 젊은그들 수문사 1950.2.13 100원 ℹ

김동인 **조선사온고** 상호출판사 1947.10.10 100쪽 100원

김동인 **진역오천년사초집** 조선출판사 1947.6.1 216쪽 150원 朴

김동인 **토끼의 간** 사담집 태극서관 1948.4.30 211쪽 280원 ℹ

김동인 **동자삼** 금룡도서 1948.10 300원 出

김동인 **깨여진 물동이** 삼중당 1949.9.30 134쪽 180원 貫

김동인 외 **단편집** (중)현대조선문학전집(제3권) 조광사 1946.4.20 176쪽 20원

김동일,손병수 **무기화학** 조선문화사 1947.12 163쪽 250원 出

김동철,정국녹(유뿔랴꼬프) **자유와민주를위한 동남구라파청년들의 투쟁**
조선민주애국청년동맹중앙위 1947 54쪽 50원 出

김동환(오브킨니코바) **사회과학입문** 선문사 1947.9.30 158쪽 140원

김두헌 **윤리학개론** 대성출판사 1946.11 234쪽 100원 出

김두헌 **윤리학개론** 增訂 대성출판사 1949.10.20 600원 ℹ

김두헌 **민족이론의 전망** 을유문화사 1948.2.20 311쪽 400원

김두헌 **조선가족제도연구** 조선문화총서⑫ 을유문화사 1949.6.30 786쪽 2,200원

김동성 『미국인상기』 (유윤상 장정)

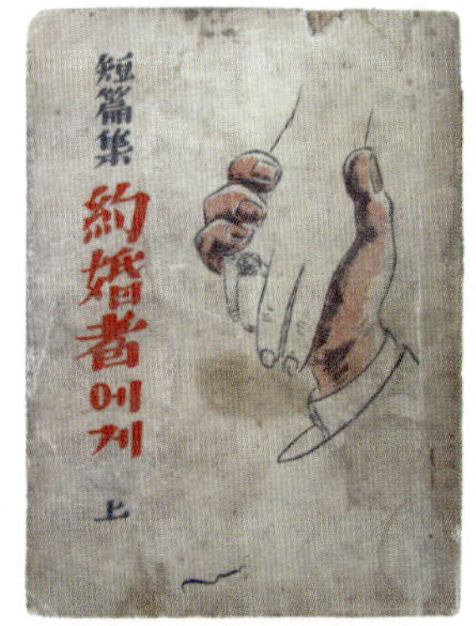

김동인 『약혼자에게』 (김용준 장정)

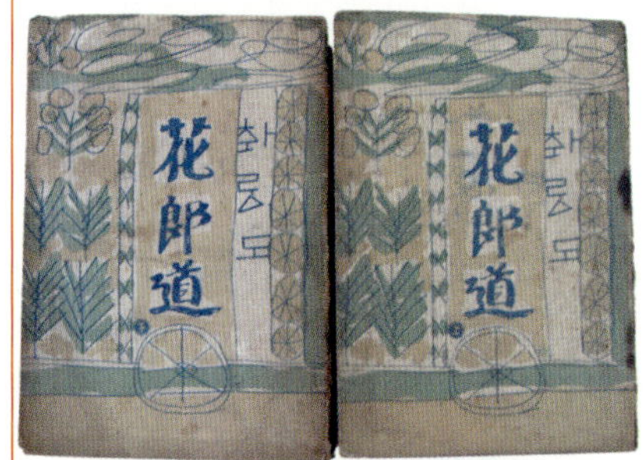

김동인 『화랑도』 상·하(김환기 장정)

김동인 『깨여진 물동이』

김두홍 『저작권법 개요』

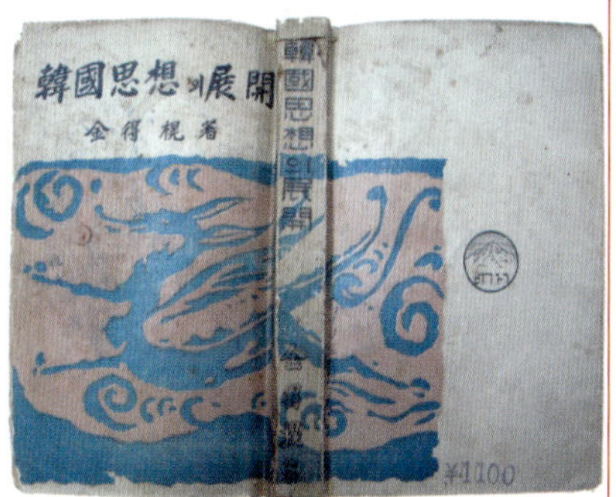

김득황 『한국사상의 전개』

김래성 『진주탑』(박성규 장정)

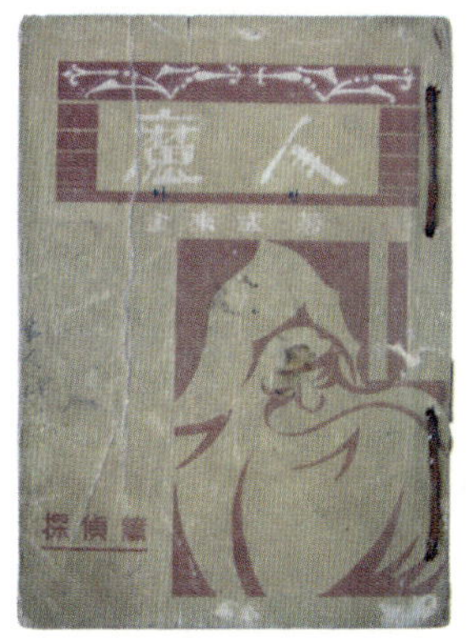

김래성 『마인』(장환 장정)

김두헌 외 **중등사회생활공민** ① 동지사 1949.7.28 全

김두헌 외 **중등사회 공민** ③ 동지사 1949.9.5 230원 i

김두홍 **저작권법개요** 보문출판사 1950.2.25 145쪽 450원

김두희(케인즈) **경제학의 범위와 방법** 조선공업문화사출판부 1950.1.20 231쪽 500원

김득초 **신수중등한문** 권2 홍문사 1950 30쪽 i

김득황 **한국사상의 전개** 북악사 1950.4.10 403쪽 1000원

김래성 **똘똘이의 모험** 상권:박쥐편 영문사 1947.1(再) 160쪽 60원 i

김래성 **똘똘이의 모험** 난쟁이나라구경편 문구당서점 1947.5.1 賢

김래성 **광상시인** 탐정소설집 동방문화사 1947.6 270쪽 250원 i

김래성 **행복의 위치** 백조사 1947.7.15 212쪽 i

김래성 **행복의 위치** 해왕사 1949.2.28(再) 350원 i

김래성 **도깨비감투** 상하 백조사 1947.12.5 110원 出

김래성 **보굴왕** 여명각 1948.2 300원 出

김래성 **진주탑** 복수편 백조사 1947.12.20 332쪽 250원 賢

김래성 **진주탑** 복수편 백조사 1948.10.11 330원 i

김래성 **진주탑** 보은편 백조사 1948.2.15(六) 299쪽 300원

김래성 **진주탑** 보은편 종로서원 1949.2.1(四) 299쪽 450원 林

김래성 **마인** 탐정편 해왕사 1948.9 450원 290~554쪽

김래성 **마인** 범죄편 해왕사 1949.11.28(20판) 289쪽 550원

김래성 **비밀의 문** 해왕사 1949.11.15(再) 259쪽 600원 i

김래성 **청춘극장** 제1부 청춘의 전설 청춘사 1950(再) 369쪽 i

김래성(에드가A포우) **마심불심** 해왕사 1949.11 212쪽 350원 韓

김래성 **백가면** 추리소설 조선출판사 1946.2.25 206쪽 50원

김래성(코난도일) **심야의 공포** 여명각 1947.10 185쪽 150원 賢

김려일 **부기회계** 상업부기 동문사서점 1949 155쪽 290원 韓

김려일 **부기회계** 상업부기 동화출판사 1950.5.30 全

김만선 **인간의 역사** 협동문고(1-2) 조선금융조합연합회 1947.7.1 112쪽 60원

김만선 **압록강** 창작집 동지사 1948 278쪽 400원 韓

김만선 외(장원유인) **예술론** 개척사 1948.2.25 250쪽 270원

김말봉 **찔레꽃** 합동사서점 1948.11.20(七) 정지용 7판 서문 i

김명선 **생리학강의** 세브란스의대출판부 1948 498쪽 1800원 韓

김명선,최신해 **중등생리학** 정음사 1947 ℹ

김명윤,최재갑 **과수재배법** 조선농업문고⑤ 을유문화사 1948.6.30 98쪽 150원 乙

김목랑 **흰나비** 시집 김목랑시집간행회 1946.6.20 河

김민태 **중학생의 대수** 동방문화사 1950.3.20㈥ 全

김병건 **중학생의 물상** 동방문화사 1949.10.5 700원 ℹ

김병겸,인정식(에드가스노) **신민주주의의 건설** 홍군종군기 동심사 1946.5.25 177쪽 33원 ℹ

김병규 **미국론** 을유문화사 1947.5.20 112쪽 80원

김병규(앙드레지이드) **좁은문** 을유문고⑯ 을유문화사 1948.8.15 260쪽 260원 乙

김병도 **신문기자가 본 중국** 서울문화사 1950.3.25 253쪽 600원

김병순 **신국민독본** 제1권 웅변구락부출판부 1946.1.15 61쪽 6원

김병순(럿셀) **신정치사상** 웅변구락부출판부 1946.1.25 90쪽 12원 ℹ

김병순 **정치요론** 웅변구락부출판부 1946.2.20㈒ 94쪽 10원

김병순 **제이대전의 원인근인** 웅변구락부 1946.2 52쪽 8원 出

김병순 **현대사상독본** 문화보급사 1946 71쪽 35원 韓

김병순 **민주정치론** 문화보급사 1946 67쪽 ℹ

김병순 **건국요강** 문화보급사 1947.7 64쪽 70원 出

김병운 **면방직** 섬유공업문화총서① 을유문화사 1949.2 1800원 乙

김병제 **한글맞춤법해설** 정음사 1946.3.28(서문일자) 132쪽 30원

김병제 편 이윤재 저 **표준조선말사전** 아문각 1947.12.20 908쪽 특제본1,000원

김병제,정태진 **조선고어방언사전** 일성당서점 1948.12.25 244쪽 특제550원,병제450원

김병호 **황야에 규환** 시집 자가본 1949.3.10 110쪽 230원

김병희 **고등물리학** 역학,물성편 정음사 1948 106쪽 300원 韓

김보현 **아기네과학** 생물편 초등교육출판㈱ 1947.4 89쪽 50원 出

김복길 **재봉** 양재편 금룡도서 1949 128쪽 300원 韓

김봉집 **자연과학론** 대성출판사 1947.11.25 262쪽 220원 ℹ

김봉집 **중등물리** 정음사 1947년판 129쪽 ℹ

김봉집 **자연과학론** 제2권 대성출판사 1949.5.10 382쪽 800원

김사림 편 **신문기자수첩** 모던출판사 1948.7.26㈒ 300원

김사림 편 **괴기사건실화집** 모던출판사 1948.8.20 500원 ℹ

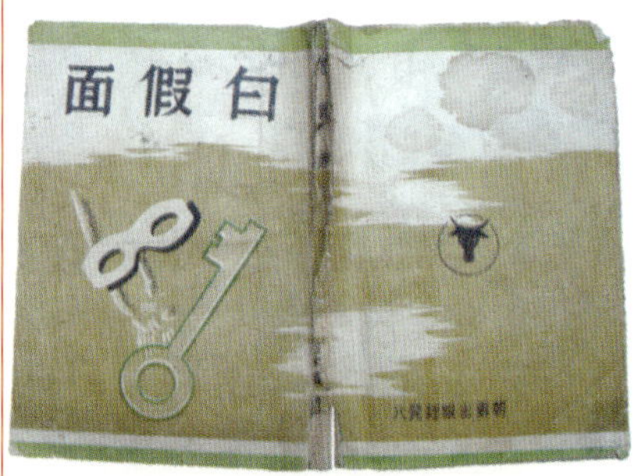

김래성 『백가면』

김병호 『황야에 규환』

김사림 편 『신문기자수첩』(형문기 표지)

김사림 편 『국제스파이실화』

김사림 편 『일선기자의 고백』(김용환 장정)

김사엽 『조선문학사』

김사림 편 **성공실기** 모던출판사 1948.9.25(再) 275쪽 450원

김사림 편 **국제스파이실화** 모던출판사 1949.6.5(再) 123쪽 500원

김사림 편 **일선기자의 고백** 모던출판사 1949.6.18 367쪽 550원

김사림 편 **응접실**하 모던출판사 1949.7 250원 ℹ

김사림 편 **세계거짓말구락부**우습고 재미있는 모던출판사 1949 155쪽 250원 韓

김사림,최용하 편 **세계삼걸전** 모던출판사 1950.3 184쪽 450원

김사엽 **조선문학사** 정음사 1948.12.20 342쪽 600원

김사엽 **조선문학사** 정음사 1950.1.20(再) 357쪽 900원

김사엽 **정송강연구** 계몽사 1950.6.25 425쪽 병제1,400원,특제1,800원

김사엽,방종현 **속담대사전** 교문사 1949.1.31 437쪽 950원

김사엽,방종현 **속담대사전** 교문사 1950.2.3 437쪽 1,700원

김사엽 외 **조선민요집성** 정음사 1948.11.20 342쪽

김사엽 **중등신생국어교본**초급1년용 경북학무국 1946.9.25 全

김사엽 편 **중등신생국어교본**고급용 신생교재사 1946.9.26 52원 ℹ

김사엽 편 **신생국어독본**중등용(상) 경북교육협회 (판권 없음 1946년?)

김사엽 편 **신생국어독본**중등용(하) 경북교육협회 (판권 없음 1946년?)

김삼규 **민족사회주의 서곡** 민주의원공보부 1947.4.10 38쪽 30원

김삼규 **민족의 여명**논설집 삼팔사 1950.5.10 273쪽 600원

김삼불 교주 **배비장전옹고집전** 국제문화관 1950.4.25 111쪽 300원

김삼불 교주 **해동가요** 정음사 1950.3.25 260쪽 800원

김삼불(아우구스트베벨) **부인론**(상)민중문고③ 민중서관 1946.5.30 143쪽 20원

김삼불(아우구스트베벨) **부인론**(하)민중문고④ 민중서관 1946.6.25 82쪽 15원

김삼불 저 이병기 감수 **국문학참고도감** 신학사 1949.11.15 109쪽

김상권 **십자가의 호소**설교집 신앙세계사 1950 172쪽 250원 韓

김상기 **동학과 동학란** 대성출판사 1947.1.15 125쪽 70원

김상기 **동방문화교류사논고**조선문화총서⑧ 을유문화사 1948.6.30 243쪽 500원

김상기 **중국고대사강요** 정음사 1948.4.30 184쪽 350원

김상기 외 **신동양사** 동지사 1948.6.10 ℹ

김상기 외 **역사**이웃나라의 생활 동지사 1949.3.31 390원 ℹ

김상덕(북악산인) **조선독립운동사** 조선출판문화 1946.2.25 120쪽 15원

김상덕 **난쟁이 나라와 키다리 나라** 영문사 1946 30원 韓

김상렬 **피리소리** ^{시집} 철야당서점 1950.4.30 河

김상봉(다니엘데포) **로빈손크루스** 도서통판사 1949 172쪽 ℹ

김상옥 **고원의 곡** ^{시집} 성문사 1949.1.10 116쪽 280원

김상옥 **이단의 시** ^{시집} 청석장 1949.6.15 126쪽 250원

김상옥 **초적** ^{시집} 수향서헌 1947.4.1^(1000부) 72쪽 90원

김상옥열사기념사업협회 편,발행 **김상옥열사의 항일투쟁실기** 1949 258쪽 350원 韓

김상용 **망향** ^{시집} 이화여대출판부 1950.3.1^(六) 57쪽 450원

김상용 **무하선생방랑기** ^{수필집} 수도문화사 1950.2.28 117쪽 280원 朴

김상용 편 **Selected Short Stories** 청구문화사 1948.2.5 130쪽 250원

김상용 편 **GEMS OF POETRY** 청구문화사 1949.6.10 162쪽 450원 ℹ

김상원 **백로** ^{시집} 구고산방 1949.3.30 104쪽 300원

김상형(엥겔스) **사회주의의 발전** 현우사 1946.10.20 114쪽 35원

김상형(엥겔스) **가족 · 사유재산 및 국가의 기원** 현우사 1947.4.15 270쪽 250원 ℹ

김상호 외 **최신자연환경과 인류생활** 과학문화사 1950.4.30 161쪽 600원

김상훈 **대열** ^{시집} 백우사 1947.5.28 99쪽 120원

김상훈 **대열** ^{시집} 백우사 1948.6.10^(再) 99쪽 150원

김상훈 **가족** ^{서사시집} 백우사 1948.10.30 136쪽 250원

김상훈 외 **전위시인집** 노농사 1946.12.30 70쪽 60원 乙

김상훈 역 **역대중국시선** ^{정음문고} 정음사 1948 120쪽 100원 ℹ

김석경 편 **현대문수** ^{국문학보습서} 동아출판사 1949.12.1 131쪽 ℹ

김석규 **학생영한사전** 영인서관 1949 330쪽 250원 韓

김석길 **한국민족의 당면진로** 건국실천원양성소 1948.5.10 248쪽 280원

김석찬 **동란중의 중국과 한국** 중앙도서출판사 1949.7.15 62쪽 150원

김선기 **The National English Readers** ^① 민교사 1949 149쪽 ℹ

김선기 **The National English Readers** ^④ 민교사 1949.8.20 270원 ℹ

김선기 **THE NATIONAL ENGLISH READERS** ^Ⅵ 민교사 1950.4.15 380원

김선필 **실용양계법** 동인사 1948.11 168쪽 320원 出

김섭 **여운형살해사건진상기** 독립신문사출판부 1948.5.1 234쪽 250원

김성근 **먼나라역사** 박문출판사 1949.9.22 全

김삼불 교주 『해동가요』(홍우백 장정)

김삼불 역 『부인론』 상권

김삼불 『국문학참고도감』

김상옥 『이단의 시』 속표지

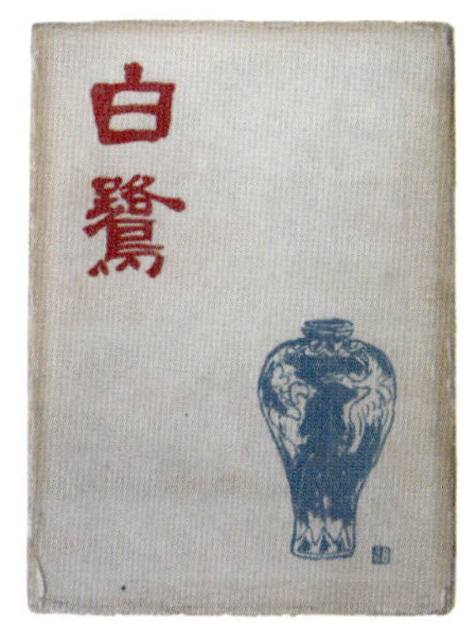

김상원 『백로』(김기창 장정)

김상훈 『대열』 초판(박문원 장정)

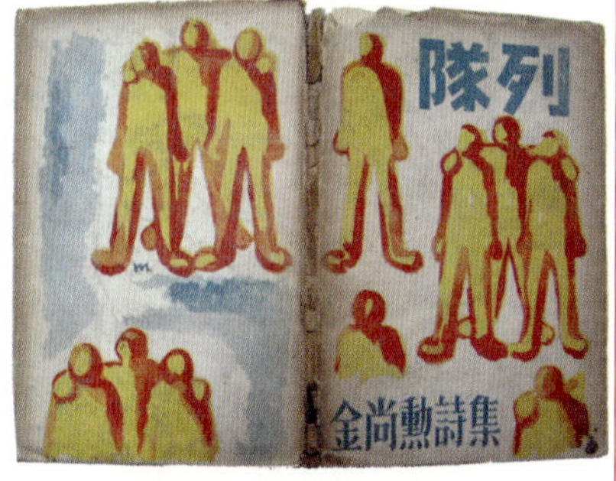

김상훈 『대열』 재판(박문원 장정)

김상훈 『가족』

김성대,김영민(라스키) **칼·맑쓰론** 과학사 1946.11 106쪽 40원 出

김성봉 **화랑전기** 진주사범학교 1946.8.3 72쪽 15원 i

김성식 **대학사** 금룡도서 1950.3.21 340쪽 1,500원 教

김성식 **먼나라생활** 역사 금룡도서 1950.4.25(再) 195쪽 505원

김성원 **과수원예각론** 이론실험 대한원예회 1949 732쪽 1,300원 韓

김성제 **고구마재배론** 새글사 1947.9.15 84쪽 90원

김성제 **농사와 농촌** ─농촌문고 대한농회 1949 87쪽 300원 i

김성칠 **조선역사** 조선금융조합연합회 1946년제1판 310쪽 30원

김성칠 **조선역사** 정음사 1947년판 128쪽

김성칠 **조선역사** 고쳐쓴 조선금융조합연합회 1949.11.1 253쪽 500원

김성칠 **역사부문** 우리나라생활 정음사 1947.7.1 135쪽 280원 i

김성칠 **동양역사** 정음사 1947.8.21 106쪽 90원 i

김성칠 외 **신동양사** 동지사 1948.6.10 i

김성칠 외 **역사** 이웃나라의 생활 동지사 1949.3.31 390원 i

김성칠 역 **용비어천가** 상 조선금융조합연합회 1948.4.20 180쪽 260원

김성칠 역 **용비어천가** 하 조선금융조합연합회 1948.5.15 270쪽 260원

김성칠 역 강용흘 저 **초당** 금룡도서 1948.10.22 225쪽 400원

김성칠 역 박지원 저 **열하일기** I (도강록)정음문고 정음사 1948.1.30 122쪽 70원

김성칠 역 박지원 저 **열하일기** II (성경잡지)정음문고 정음사 1948.1.20 137쪽 80원

김성칠 역 박지원 저 **열하일기** III 정음문고 정음사 1948.4.30 122쪽 100원 i

김성칠 역 박지원 저 **열하일기** IV 정음문고 정음사 120쪽 100원 i

김성칠 역 박지원 저 **열하일기** V 정음문고 정음사 1950.2.10 172쪽 250원

김성태 **중등악전** 정음사 1949.9.18 52쪽 200원

김성태 편곡 김치윤 편 **조선민요집** 제1집 금룡도서 1946.11.10 17쪽 50원 i

김성회 편 **건국과 전매사업** 조선여행안내전매사업발행부 1947.12 61쪽 50원 出

김세련,이영배(리카도) **경제학원리** 상 서울출판사 1948 204쪽 i

김세련,이영배(리카도) **경제학원리** 하 서울출판사 1949.2.20 205~414쪽 800원

김세련(베·옷신스키) **계획경제론** 서울출판사 1949 274쪽 i

김세억 편(D카네기) **사람을 통솔하는 법** 응용심리학편 건국사 1950.5.1(六) 176쪽 500원

김세휘(톨스토이) **인생의 행복** 근흥인서관 1947.6(再) 205쪽 30원

김소운 **조선구전민요집** 영창서관 1950.4.20 606쪽 3500원 韓

김소월 저 김억 選 **소월시초**박문문고⑧ 박문출판사 1946? 184쪽

김소월 저 김억 撰 **소월민요집** 산호장 1948.1 河

김소월 **진달래꽃** 숭문사 1950.2.5 227쪽 800원(특장본)

김소월 **진달래꽃** 숭문사 1950.2.5 227쪽 300원(병제본)

김송 편 **백만인의 교사** 백민문화사 1945.10.30 54쪽 2원50전

김송 **아름다운 전설** 백민문화사 1947.12 80원 出

김송 **무기 없는 민족** 백민문화사 1948.5.15(再) 236쪽 220원

김송 **순정기** 일성당 1948 309쪽 450원 韓

김송 **남사당**단편집 숭문사 1949.3.10 264쪽 390원

김송 **탁류속에서**장편소설 신조사 1950 400쪽 250원 韓

김(현)송 편 **명랑소화집** 동문사서점 1948.12.10 220쪽 300원

김송 글 김용환 그림 **아름다운 전설**소년소녀과외독본 광문서림 1949(六) 101쪽 ⓘ

김송규 **신옥편**회중 광한서림 1948.2 出

김수경(모리스쿠랑) **조선문화사서설** 범장각 1946.5.20 191쪽 특장본,병제본

김수경(모리스쿠랑) **조선문화사서설** 개척사 1947.10.31 191쪽 170원

김수돈 **소연가**시집 문예신문사 1947.2.15 96쪽 80원

김수환 **성황당고개**시집 문학연구회(수원) 1947.6.30 82쪽 150원 韓

김순근,구기운 공편 **독립혈사**제1권 문화정보사 1949.8.20(六) 157쪽 2500원

김순용 **중등악전교과서** 연진사 1947.11 55쪽 120원 出

김승준 **식량문제와 수리사업** 조선수리조합연합회 1947 59쪽 100원 韓

김시홍 역 **하이네시집** 영창서관 1946.7.31 233쪽 35원

김시홍 역 **빠이론시집** 영창서관 1946.7.31 144쪽 30원 朴

김신덕 편 **음악교본**상 금룡도서문구㈜ 1947.3.31 45쪽 50원 ⓘ

김신덕 **악전과 악보** 연학사 1949.11.20 90쪽 300원

김안서 ☞ 김억

김안진 **법학개론** 을유문화사 1949.12.24(四) 341쪽 650원

김양재 **노동조합교정** 노동자사 1947 221쪽 300원 韓

김억 選 **애송시조집** 숭문사 1946.3.15 100쪽 12원 朴

김억 **먼 동 틀제**시집 백민문화사 1947.2.15 127쪽 120원

김성칠 역 『도강록』(김용준 장정)

김송 편 『백만인의 교사』

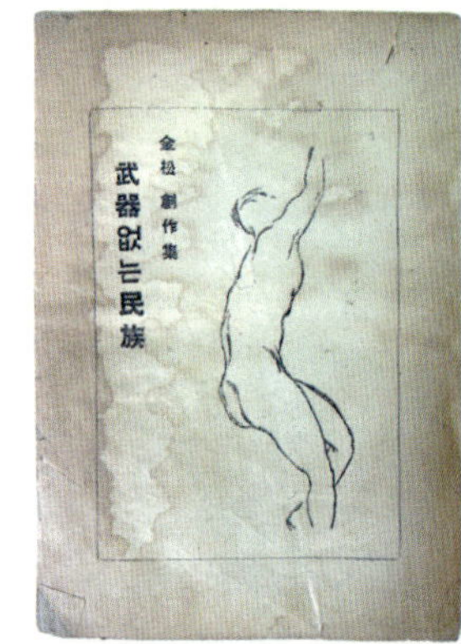

김송 『무기없는 민족』 속표지(김만형 그림)

김수돈 『소연가』(김호현 장정)

김수경 『조선문화사서설』

김시홍 역 『하이네 시집』

김신덕 『악전과 악보』

김억 선 『애송시조집』

김억 **민요시집** 한성도서 1948.12.20 206쪽 280원

김억 撰 **소월민요집** 산호장 1948.1 河

김억 選 김소월 저 **소월시초** 박문문고⑧ 박문출판사 1946? 184쪽

김억 역 **금잔듸** 역시집 동방문화사 1947.4.1 188쪽 특제150원,병제120원

김억 역 **꽃다발** 박문서관 1947(중판) 200쪽 ℹ

김억 역 **옥잠화** 역시집 이우사 1949.12.20 238쪽 600원

김억 **모범서한문** 한성도서 1948.2 176쪽 230원 出

김억 **에스페란토단기강좌** 수선사 1949 92쪽 220원 韓

김여제 **표준영어발음법** 세계문학사 1948.1 126쪽 150원 ℹ

김여제 **소련의 세계정책** 삼팔사 1948.11.15 237쪽 380원 ℹ

김연식 **유엔헌장** 과학사 1948 46쪽 60원 韓

김영건 **조선개화비담** 정음사 1947년판 (서문일자1946.9) 128쪽

김영건 **어록** 백양당 1947.8.15 112쪽 100원

김영건 **문화와 평론** 서울출판사 1948.6.20 134쪽 250원

김영건 **여명기의 조선** 정음문고 정음사 1948.8.30 95쪽 80원

김영건,박찬모 공역 **세계사교정**[1]유물사관 백양당 1947.8.15 284쪽 250원

김영건,박찬모 공역 **세계사교정**[2]유물사관 백양당 1948.8.31(再) 242쪽 380원

김영건,박찬모 공역 **세계사교정**[3]유물사관 백양당 1948.7.30 276쪽 450원

김영건,박찬모 공역 **세계사교정**[4]유물사관 백양당 1948.12.31 366쪽 500원

김영근 주해(T·하아디) **언니의 일기** Alicia'sDiary 광문사 1948.5.5 119쪽 200원

김영기 **조선미술사** 금룡도서 1948.4.22 341쪽 800원

김영기 **조선의 농업** 통계로본식량사정 창원사 1946.7 115쪽 37원 ℹ

김영랑 **영랑시선** 중앙문화협회 1949.10.25 (면수표시 없음) 400원

김영랑 외 **현대시집**Ⅰ 정음사 1950.3.19 197쪽 600원

김영랑 외 **중등작문**③ 홍지사 1950.6.10 全

김영록(아인슈타인) **나의 세계상** 과학사 1947.4.15 86쪽 60원

김영민,김성대(라스키) **칼맑스론** 과학사 1946.11 106쪽 40원 出

김영배 편 **봄나라** 동화집 대양당 1948.5.1 50원 ℹ

김영상英祥 **보험요론** 조선화재해상보험㈜ 사우회 1946.11.25 162쪽 36원

김영상永上 편 **세계웅변집** 평범사 1948 208쪽 350원 韓

김영상永上 편 **세계웅변집**2집 초음사 1949.12.1 246쪽 500원 **i**

김영상永上 편 **세계웅변집**2집 협성문화사 1950.3.31(再) 246쪽 600원

김영석 **이춘풍전**협동문고(2-4) 조선금융조합연합회 1947.1.15 109쪽 30원

김영석 **지하로 뚫린 길** 아문각 1948.8.15 219쪽 320원 **i**

김영석 외(장원유인) **예술론** 개척사 1948.2.25 250쪽 270원

김영세 편 박은식 저 **한국통사** 삼호각 1946.6.15 172쪽 120원

김영수映邃 **불교요의경** 내장사(정읍) 1947 270원 **韓**

김영수永壽 **소복**단편집 정음사 1949.2.25 207쪽 400원

김영수永壽 **혈맥**희곡집 영인서관 1949.9.20 305쪽 700원

김영원 **영어발음법** 을유문화사 1947.8.10 102쪽 120원

김영일 **다람쥐**아동자유시집 고려서적 1950.2.20 99쪽 280원

김영제목사 **철창**재소자일화 기독교신문사 1947.10.5 153쪽 120원 **i**

김영진 **반민자대공판기** 한풍출판사 1949.4.10 172쪽 300원

김영철 **쏘베트연방의 진상** 조선문화사출판부 1947.4 79쪽 60원 **出**

김영호 **협동조합론**경제학전집② 박문출판사 1948.12.2 136쪽 300원

김영훈 **길**콩트 동지사 1946.1 77쪽 5원 **出**

김영훈榮勳 **사람**사관시사 정의사 1946.6 87쪽 10원 **出**

김영훈,이규하 **건국행진곡**해방기념소인극 정의사 1946.7.20 15원 **i**

김영훈泳薰 **상용한자편람** 문교사 1947 30원 **韓**

김영희 **세계정세** 조선광문사 1948.7.26 208쪽 200원 **朴**

김오성 **지도자론** 조선인민보사후생부 1946.4.25 147쪽 25원

김오성 **지도자군상**제1집 대성출판사 1946.9.15 195쪽 60원 **i**

김완직 역 **쏘련헌법** 우리서원 1946.6 115쪽 15원 **出**

김용경 편 **베틀노래집** 경기공립상업중학교 1948.5.5 **河**

김용근,전봉덕 **국회의원선거법해설** 단민출판사 1948 240쪽 330원 **韓**

김용득 **요람**시집 자가본 1946.10.15 71쪽 20원

김용배 **철학신강** 금룡도서문구 1947.1.15 156쪽 120원

김용배 **철학신강** 금룡도서문구 1947.6.15(四) 156쪽 180원

김용배 **미학·예술학** 동방문화사 1948.11.30 221쪽 450원

김용배 **신편고등한문** 금룡도서문구 1947.5.10 90원 **i**

김억 『먼동틀제』(유호 장정)

김억 『민요시집』

김소월 『소월시초』 문고본

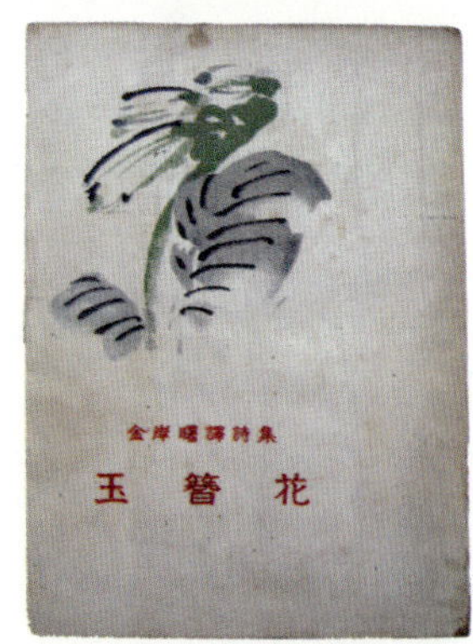

김억 역 『옥잠화』

김영건 『조선개화비담』

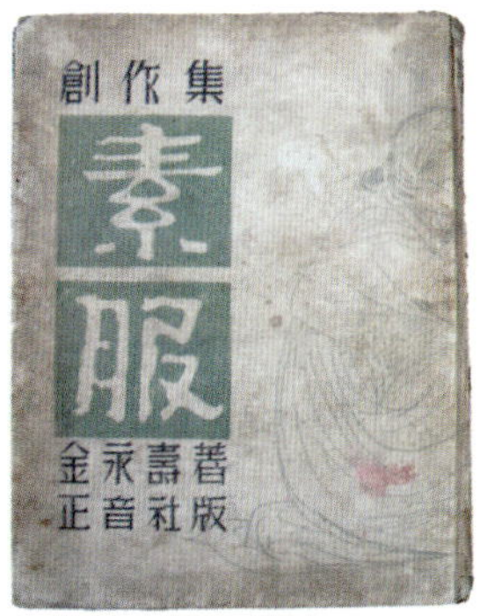

김영수 『소복』(정현웅 장정)

김영진 『반민자대공판기』

김영랑 『영랑시선』

김영수 『혈맥』(구인회 장정)

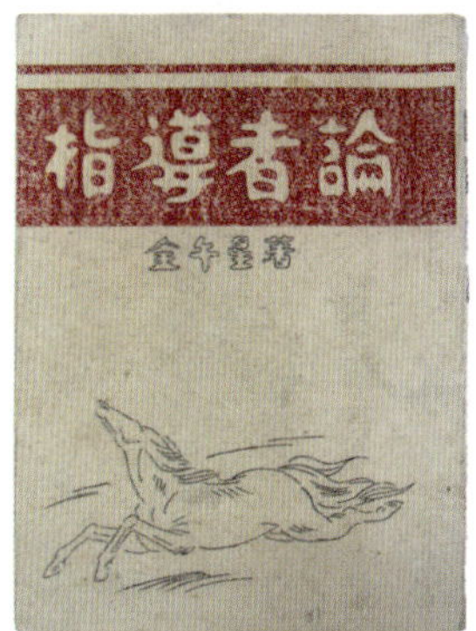

김오성 『지도자론』(이쾌대 장정)

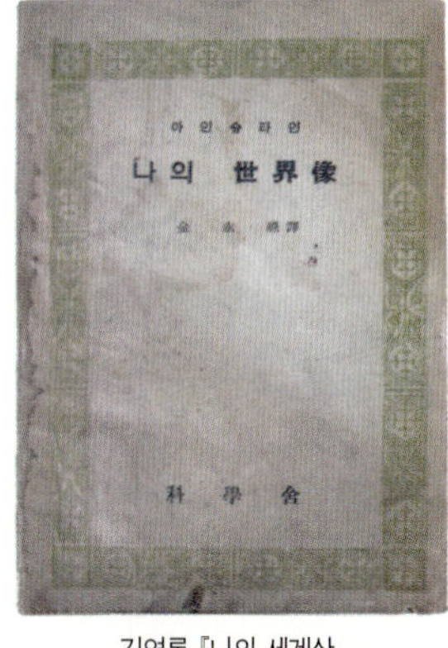

김영록 『나의 세계상』

『혈맥』 면지

김용득 『요람』

김영상 편 『세계웅변집』 2집

김영일 『다람쥐』(임동은 장정)

김용배 **신편고등한문상해** 금룡도서문구 1947.10.31 80원 i

김용욱 **신교수법개설** 정음사 1947.11 303쪽 200원 出

김용준 **근원수필** 을유문화사 1948.6.30 164쪽 240원

김용준 **조선미술대요** 을유문화사 1949.6.15 310쪽 800원

김용호容浩 편 **예술연감** 1947년판 예술신문사 1947.5.1 175쪽 150원

김용호容浩 **해마다 피는 꽃** 시집 시문학사 1948.6.25 118쪽

김용호容浩 **시문학입문** 창인사 1950.2.11(再) 229쪽 500원

김용호容浩(프리체) **예술사회학** 대성출판사 1948.10.30 236쪽 400원

김용호容虎 **여학생의 심리** 보문출판사 1950 113쪽 250원 韓

김용호,권영대 **물상**③ 동지사 1949.8.31 290원 i

김용환 그림 **흥부와 놀부** 조선아동문화협회 1946.9.1 32쪽 15원 乙

김용환 그림 **손오공** 아협그림 얘기책② 조선아동문화협회 1946.9.1 32쪽 15원 乙

김용환 그림 **보물섬** 아협그림 얘기책④ 조선아동문화협회 1946.10.1 32쪽 15원 乙

김용환 그림 **토끼전** 아협그림 얘기책⑦ 조선아동문화협회 1947.8 32쪽 40원 乙

김용환 **삼국지** 1집-신소년사그림책 신소년사 1947.12.25 28쪽 i

김용환 그림 이종성 글 **우리 집은 초가집** 1948 60쪽 80원 出

김용환 그림 김송 글 **아름다운 전설** 소년소녀과외독본 광문서림 1949(六) 101쪽 i

김용환 **콜롬버스** 만화 동문사 1948 60원 出

김우암,홍순창 공역 **쏘련의 신문화** 과학사 1947.7.15 65쪽 60원

김우정 역 **괴테 – 시집** 세계명작시인선집③ 동문사서점 1949.10.20 168쪽 300원

김운봉 **신영어회화집** 계몽사 1950 180쪽 2000원 韓

김운상 편 **국제공산당대응변집** 숭문사 1946.8 117쪽 30원 出

김운한 **문제교수법** 유길서점 1947.4.10 61쪽 50원 i

김원규 **아동보호교육제요** 소년교호상담소 1948.8 280원 出

김원숙 **이웃나라** 연학사 1948.8.15 250원 i

김원용 **내 고향** 동요집 남향문화사 1946 124쪽 30원 韓

김원용 **내고향** 동요집 새동무사 1947 59쪽 雅

김원표 **조선속담집** 정음사 1946.5 (서문일자) 49쪽 12원

김원표,정태진 **중등국어독본** 한글사 1946.10.15 138쪽 40원 乙
  『석인정태진전집(상)』(서경출판사1995.4.30)

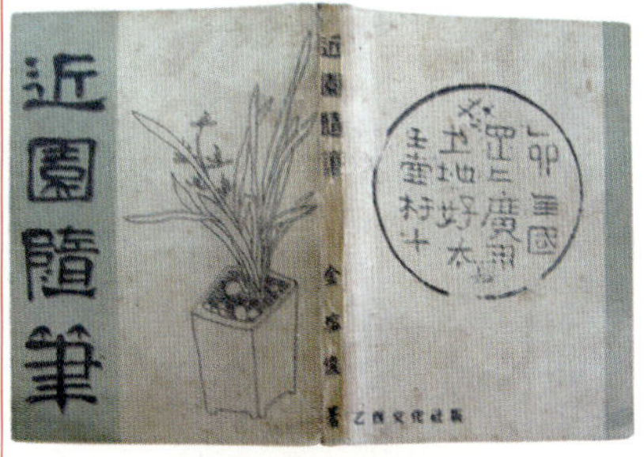

김용준 『근원수필』(김용준 장정)

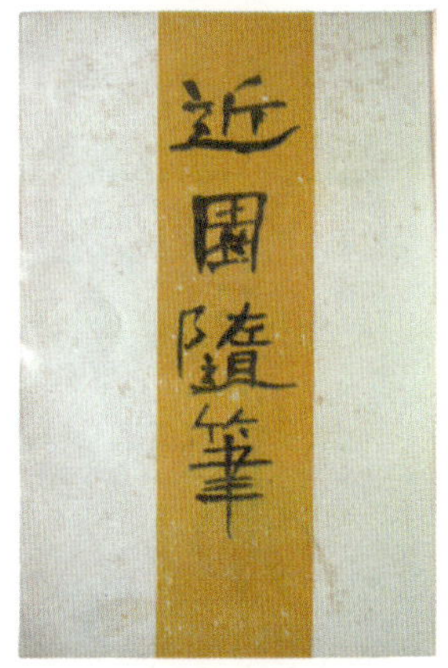

『근원수필』 속표지

김용준 『조선미술대요』

김용호 편 『예술연감』(백태원 장정)

김우암 · 홍순창 공역 『쏘련의 신문화』

김윤국 『그집앞』

김유방 **문화사개론** 한성도서 1948.1.15 73쪽 130원

김유연 **복음의 강단** 세광사 1947.11 202쪽 220원 出

김윤 편 **주의해설** 사회발전사 1945 73쪽 i

김윤 편 **사회용어집설** 발전사출판부 1946.5.20 105쪽 18원 朴

김윤경 **조선문자급어학사** 진학출판협회 1946.9.30(四) 851쪽 200원

김윤경 **어린이국사** 대성출판사 1946 243쪽 50원 i

김윤경 **나라말본** 동명사 1948.5.15 500원 全

김윤경 **중등말본** 초급용 동명사 1948.7 114쪽 200원 朴

김윤국 **그집앞** 시집 진흥정판사 1948.6.20 120쪽 230원

김윤근 외 **헌법요론** 육성각 1949 350쪽 600원 韓

김윤동 **성공요체** 정신과학연구회 1949 114쪽 200원 i

김윤식 ☞ 김영랑

김윤우(벨리냐크) **미국의 자유문화** 일명 OK 삼성출판사 1948.11.25 202쪽 350원 i

김은우(셈조우크) **철학입문** 정음사 1949.4.25 133쪽 250원

김은우(플라톤) **쏘크라테쓰의 변명** 을유문화사 1947.2.1 77쪽 40원

김의탁 **흥국방도** 계양사 (대구) 1948 58쪽 雅

김의환 그림 조풍연 글 **이소프이야기** 그림동산② 조선아동문화협회 1946.6 14쪽 15원 乙

김의환 그림 주요섭 글 **웅철이의 모험** 조선아동문화협회 1946.7 86쪽 20원 出

김의환 그림 **피터어팬** 조선아동문화협회 1946.10.1 32쪽 15원 乙

김의환 그림 **어린 예술가** 조선아동문화협회 1946.11 32쪽 15원 乙

김의환 그림 조풍연 편 **왕자와 부하들** 조선아동문화협회 1948.3 64쪽 100원 乙

김이갑 **물리학강의** 상 보성사 1948.7 270쪽 580원 出

김이현,최정식 **학병탈출기** 상 영웅사 1948.10.5 137쪽 240원

김익호(올더스헉슬리) **반공일** 조선문화사 1948 48쪽 70원 韓

김인권,홍기창 **과수채소** 정음사 1948.8.10 95쪽 150원 i

김인승,김경승 **중등미술**② 민중서관 1948 i

김인승,김경승 **중등미술**③ 민중서관 1950.4.20(10판) 20쪽 530원 全

김인형 **창조** 논문집 창조사 1946.11.30 140쪽 80원

김일렬 **남종시조집** 자가본 1949.10.1 河

김일빈 **인생의 진로** 세문사 1946.11 45쪽 28원 出

김이현 · 최정식 『학병탈출기』 상편(장길서방 장정)

김일빈 편 **데카브리스트연구** 세문사 1947.3 60쪽 55원 出

김일수 **쏘련의 일상생활** 세계문화연구소 1948.5.20 208쪽 300원

김일수편 **적화전술** 경찰교양협회 1949.12.15⒓⒠ 256쪽 1,000원 ℹ

김일우 작곡 김초향 작사 **조선가요곡** 무명악기점 1946 16쪽 雅

김일주 **성의 신비** 생활과학사 1948.7 175쪽 300원 出

김일출(모택동) **신민주주의론** 신문화총서① 신문화연구소 1946.1.30 41쪽 5원 ℹ

김일출 외 **신동양사** 동지사 1948.6.10 ℹ

김일출 외 **이웃나라의 생활** 역사 동지사 1949.3.31 390원 ℹ

김일출(도희성) **중국봉건사회사** 정음문고 정음사 1948.3.5 141쪽 120원 ℹ

김재범(파다야정일) **서양철학사요** 상 고려선봉사 1947.7.15 173쪽 160원

김재원 감수 **호우총과 은령총** 을유문화사 1948.4.10 250쪽 1200원 乙

김재원 **단군신화의 신연구** 정음사 1947.1⁽서문일자⁾ 75쪽 12원

김재준 **농촌의 사도 오벌린전** 조선기독교서회 1948.11.25 140쪽 100원 ℹ

김재준 **신앙의 사도 허드손테일러** 신라서점 1946.10.20 155쪽 50원 ℹ

김재준(트루뷀러드) **현대인의 위기** 조선기독교서회 1948.11.25 126쪽 170원

김재준(촬스어드맨) **데살로니가** 전·후서―신약성서강해⑬ 조선기독교서회 1949⒤ 169쪽 ℹ

김재준(촬스어드맨) **공동서간** 신약성서강해⑯ 조선기독교서회 1949⒤ 297쪽 ℹ

김재준(촬스어드맨) **듸모데** 전·후서 **듸도서** 신약성서강해⑭ 조선기독교서회 1950⒓⒠ 266쪽 ℹ

김재준(촬스어드맨) **사도행전** 신약성서강해⑤ 조선기독교서회 1950⒓⒠ 318쪽 ℹ

김재찬 **바른 말과 글** 자가본⁽부산⁾ 1948.6.30 全

김재출 편 **심리학개론** 홍민사 1947.3.21 90쪽 80원

김재하 **초급영어해설** 영우사 1949 156쪽 300원 韓

김재향 **대한민국정부행정구역편람** 동양건설문화사 1948 153쪽 300원 韓

김정기 **신요목중등공민** 제1학년용 새한출판사⁽조치원⁾ 1948.11.25 101쪽 180원 ℹ

김정래 **대수학연습** 수험 해동문화사 1948.4 300원 出

김정수(기뿌슨) **위대한 발명** 학생사 1946.9.18 144쪽 25원

김정수 편 **성공의 길** 학생사 1947.4 84쪽 40원 出

김정수 편 **신조선법학전집** 제1권 서울통신대학 1948.1.20 비매

김정수 편 **신조선법학전집** 제2권 서울통신대학 1948 285쪽 250원 韓

김정수 편 **신조선법학전집** 제3권 서울통신대학 1949.8.20 171쪽 비매 ℹ

김정식 ☞ 김소월

김정실 **각국헌법론** 금룡도서 1946.10.18 108쪽 40원

김정실 **세계헌장** 삼중당 1947.5.20 267 250원 **ⓘ**

김정실 **의회론** 삼일출판사 1949.3.10 218쪽 350원

김정실 **의회정치론** 삼일출판사 1950(再) 213쪽 **ⓘ**

김정의 **소공녀** 정음사 1948 50쪽 60원 **出**

김정준 **어거스틴** 조선기독교서회 1949.10.10 197쪽 350원

김정준 **나의투병기** 을유문화사 1950.5 264쪽 800원 **乙**

김정학(듈케엠) **사회과학입문** 종로서관 1950.1.10 194쪽 800원

김정학(베르그송 外) **문화과학입문** 종로서관 1950.4.10 218쪽 700원

김정현 **학생세계연표** 경위사 1948 47쪽 100원 **韓**

김정호 편 **경찰관승진시험문제해답집** 경무부경찰교육국 1947.12.10 147쪽 **ⓘ**

김정환 **논리학신강** 금룡도서 1948.5.22 254쪽 400원

김정환 편 **현대문화독본** 문영당 1948 225쪽 350원

김정희 **중등가사교본** 문화당 1947.10 108쪽 120원 **出**

김종건 **기초화학** 조선공업문화사출판부 1946.6.20 228쪽 55원

김종건 **기초무기화학** 조선공업문화사 1948.7 285쪽 500원 **出**

김종건 **요령화학** 민교사 1949.5.20 184쪽 **ⓘ**

김종건 **요령화학** 조선과학문화사 1949.9.30(再) 183쪽 200원

김종건,강윤모 **물리화학술어 급 정리공식집** 수문관 1949(四) 104쪽 150원 **ⓘ**

김종건(죤허쉬) **광도** 히로시마 경위사 1949.11.3 164쪽 300원

김종건(폴라인코흘레르) **히틀러시녀의 고백** 경위사 1950 206쪽 **ⓘ**

김종국 **한국최근세사** 성문당 1947.4.20 134쪽 150원

김종렬 **거승사명당** 문창당 1948.7.25 123쪽 200원

김종무 **이웃나라의 생활** 문영사출판부 1950.5.20 465원 **ⓘ**

김종문 **선전전의 이론과 실제** 정민문화사 1950(再) 109쪽 **ⓘ**

김종범,김동운 **해방전후의 조선 진상** 조선정경연구사 1945.12.26 120쪽 10원

김종범 **조선식량문제와 그 대책** 창건사 1946.12.12 106쪽 50원 **ⓘ**

김종삼 **현행 사법경찰관 집무편람** 정문공사 1947.5 160쪽 90원 **出**

김종섭,이병위 **체육보건** 삼중문화사 1950.2.10(六) 110쪽 260원

김정환 편 『현대문화독본』(임동은 장정)

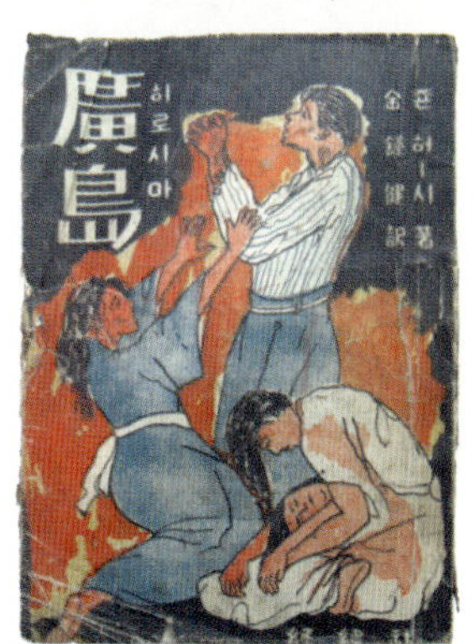

김종건 『광도(히로시마)』

김종식　**시조독본** 수사와 감상　백령사　1947.8.30　96쪽

김종식　**시조시작법**　대동문화사　1948.7.30　96쪽　150원　**i**

김종식　**고시조오백찬주해**　대동문화사　1949.11.15(六)　182쪽　300원

김종식　**시조개론과 작시법**　대동문화사　1950.2.10　195쪽　450원

김종욱 편　**강한 사람들** 흑인시집　민교사　1949.1.10　150쪽　250원

김종주　**결핵요양의 대도**　문화당　1948.5　105쪽　**i**

김종한　초등이과**생물교과서**　대전사범생물연구실　1947.4.28서문일자　80쪽　등사본　**i**

김종흡(W에루잘렘)　**철학개론**　수선사　1948.2.20　242쪽　350원

김주병(샤아안)　**명상과 기도**　대한기독교서회　1950　165쪽　200원　**韓**

김주병(트루불러드)　**세계재건의 기초**　조선기독교서회　1950　108쪽　**i**

김주현　**통계학입문** (출판처 미상)　1948　250원　**出**

김준기　**물리학**　동지사　1947.10.1　179쪽　200원

김준민　**중등식물**　정음사　1947　100쪽　**出**

김준민　**식물편** 일반과학　연광사　1949.9.1　84쪽　130원　**i**

김준민(마운키엘)　**식물의 생활형**　과학서원　1949　188쪽　460원　**韓**

김준민　**고급생물** 상　국제문화관　1948　142쪽　280원　**韓**

김준민,최기철　**고급생물** 하　홍지사　1950.5　**全**

김준보　**토지개혁론요강**　삼일출판사　1949　57쪽　120원　**i**

김준섭　**철학요론**　웅변구락부출판부　1946.6　182쪽　20원

김준섭(헬만·헷세)　**싣달타** 한 印度의 詩　웅변구락부출판부　1946.6.5　59쪽　15원　**i**

김준섭　**철학개론**　세계서림　1946.11.30　80쪽　60원

김준섭　**논리학**　태백서적공사　1947.10.31　160쪽　150원　**朴**

김준섭　**서양철학사**　정음사　1949.1.20　308쪽　650원

김준연　**독립노선**　홍한재단　1947.12.20(再)　152쪽　130원

김준엽　**사선만리**　삼일출판사　1950.4.15(再)　219쪽　550원(지방600원)　**朴**

김진만 저 김천호 편집겸발행　**춘정집**　자가본　1949.7.20　208쪽　비매

김진복 편　**독립창가집**　중앙출판사　1946.3.1　**冊**

김진복 편　**이등박문 죽인 안중근실기**　중앙출판사　1946.9　28쪽　20원　**出**

김진복 편　**최후의 복수** 사회소설　중앙출판사　1946.12　96쪽　15원　**出**

김진복 편　**신식국문 가정척독**　중앙출판사　1949.10.30　**i**

김종욱 편 『강한 사람들』

김진섭 『생활인의 철학』(송병돈 장정)

김진섭 『교양의 문학』

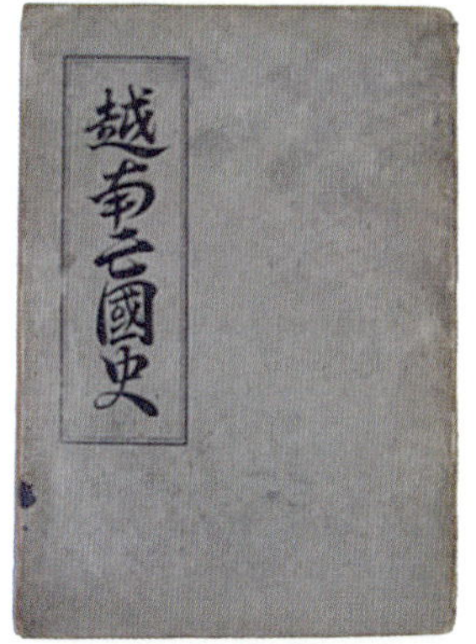

김진성 역 『월남망국사』

김찬승 『연필의 분류』

김진봉　**일용숙어강화**　문성사　1950.2.23⒅　231쪽　600원

김진섭　**독일어초급문법독본**　국제문화협회　1947.2　100쪽　50원　出

김진섭　**인생예찬**　동방문화사　1947.7.1　212쪽　200원　出

김진섭　**김구주석약사**　군성문화사　1947.10.30　6쪽　30원　ℹ

김진섭　**생활인의 철학**　선문사　1949.3.1　213쪽　380원

김진섭　**생활인의 철학**　선문사　1949.7.25⒅　213쪽　380원

김진섭　**교양의 문학**　조선공업문화사출판부　1950.1.20　269쪽　800원

김진섭(슈니츨러)　**맹인과 그의 형**　산호장　60원　出

김진성 역　**월남망국사**　홍문서관　1949.4.30　76쪽　150원

김진태(만나루이스스트롱)　**쏘동맹민주주의** 인민문고⑦　노농사　1947.7　148쪽　100원　韓

김진팔,심태진　**유희경기지도서** 국민학교초급중학　문화당　1947.11　216쪽　300원　出

김진팔,신충선　**보건공부**③　과학문화사　1950.5.10　87쪽　180원　ℹ

김찬승　**연필의 분류**　개벽사　1950.1.10　225쪽

김창한　**국제정세**상　인민평론사　1947.5.18　96쪽　50원　ℹ

김창헌　**일본의 극동침략비사**　서울신문사출판부　1949.1.10　262쪽　380원

김천호 편집겸발행　김진만 저　**춘정집**　자가본　1949.7.20　208쪽　비매

김철수哲洙　**추풍령** 시집　산호장　1949.1.15　106쪽　350원

김철수哲洙　**동요 짓는 법**　고려서적㈜　1949.4.20　113쪽　200원

김철수哲洙 외　**토끼와 시계와 회심곡**　서울출판사　1946.10.20　146쪽　45원

김철수哲壽　**초등셈본지도해설서** 제1학년전기용　금룡도서　1948　80쪽　60원　出

김철수哲壽　**초등셈본지도해설서** 제2학년전기용　금룡도서　1948　78쪽　60원　出

김철수哲壽　**초등셈본지도해설서** 제2학년용　금룡도서　1947.10　69쪽　65원　出

김철수哲壽　**초등셈본지도해설서** 제3학년전기용　금룡도서　1948　76쪽　70원　出

김철수哲壽　**초등셈본지도해설서** 제4학년전기용　금룡도서　1948　94쪽　85원　出

김철수哲壽　**초등셈본지도해설서** 제5학년전기용　금룡도서　1948　90쪽　80원　出

김철수哲壽　**초등셈본지도해설서** 제5학년후기용　금룡도서　1948　68쪽　65원　出

김철수哲壽　**초등셈본지도해설서** 제6학년후기용　금룡도서　1948　61쪽　65원　出

김철수哲壽 외　**초등셈본모범학습서** 5-1　문명사　1946.11.5　35원　ℹ

김철수哲壽　**초등셈본모범학습서** 6-2　중앙출판사　1947.2.25　65원　ℹ

김철우 편　**재미있는 세계발명가 이야기**　삼중당　1948.6.15　125쪽　150원

김철우 편   **일본전범재판기** 조선정경연구사 1947.11.20㈥ 126쪽 100원

김초향 작사 김일우 작곡   **조선가요곡** 무명악기점 1946 16쪽 雅

김춘광   **대원군** ^{희곡} 청춘극장출판부 1946.10.27 131쪽 35원

김춘광   **미륵왕자** ^{복수편} 청춘극장출판부 1946 130쪽 50원 出

김춘광   **미륵왕자** ^{출세편} 영인서관 1949 127쪽 130원 韓

김춘광   **안중근사기** ^{희곡: 전편} 청춘극장출판부 155쪽

김춘광   **안중근사기** ^{희곡: 후편} 청춘극장출판부 1946.3.1 121쪽 15원

김춘광   **안중근사기** ^{희곡집} 삼중당 1946.1 册

김춘광   **단종애사** ^{희곡} 청춘극장출판부 1946.4.10 156쪽 25원

김춘광(이원규 편)   **검사와 여선생** 한흥출판사 1947.3 106쪽 130원 出

김춘광(이원규 편)   **촌색시** 한흥출판사 1947.3 100쪽 130원 出

김춘동   **정선고등한문독본** 삼성사 1947 80쪽 雅

김춘배   **기독교생활철학** 중앙도서출판사 1947.10 120원 出

김춘배   **성서인물고** 성문학사 1949.12.15 208쪽 400원

김춘수   **구름과 장미** ^{시집} 행문사 1948.9.1 66쪽 250원 韓

김춘수   **늪** ^{시집} 문예사 1950.3.20 100쪽 350원 i

김충현   **우리글씨체** 근역인서관 1946 36쪽 13원 i

김충현   **배우고 본받을 편지체** 문운당 1948 32쪽 150원 i

김충현   **우리 글씨 쓰는 법** 생활미술연구회 1948 봄^(서문일자) 82쪽

김치선   **미작법** ^{조선농업문고④} 을유문화사 1948.6.30 97쪽

김치항   **성교육독본** 문예서림 1948.9.10㈜ 150쪽 250원

김태석   **중등습자첩** ^{초급중학제1학년용} 금룡도서문구 1946.7 31쪽 15원 全

김태석   **중등습자교본** ^{제1학년용} 금룡도서 1949.8.15 110원 全

김태식   **학생수영독본** 문화인쇄사 1949.7.30 71쪽 300원

김태식   **올림픽경기사** 문화당 1948.6.15 124쪽 100원

김태식   **중국어기초독본** 대조출판문화사 1948 99쪽 150원 韓

김태영   **안성대감** 안성문화사 1950 270쪽 i

김태오   **심리학** 동방문화사 1949.4.10 326쪽 900원

김태오   **민족심리학** 동방문화사 1950.4.20 376쪽 1800원

김태오   **미학개론** 정음사 1950.4.28 235쪽 700원

김철수 『추풍령』(장만영 장정)

김철수 『동요 짓는 법』(임동은 표지)

김철우 편 『재미있는 세계발명가 이야기』

김춘광 『안중근사기』 전후편

김춘광 『대원군』

김치선 『미작법』

김태식 『올림픽경기사』

김태홍 『땀과 장미와 시』(이준 장정)

김태형 그림 **흥부와 놀부** 만화-그림동화집① 동화출판사 1946.6 120쪽 13원 出

김태홍 **땀과 장미와 시** 홍민사 1950.4.10 108쪽 300원

김택영,이민(뜨라이닌,바르가) **특별한 형태의 민주주의** 청년사 1949 150원 韓

김평옥 **몽로** 시집 서울대학교신문사출판부 1949 119쪽 雅

김필례(찰스포스터) **성경사화대집** 조선기독교서회 1949.3.10 800원 ℹ

김하경 편 **대한독립운동과 임시정부투쟁사** 계림사 1946.3.30 107쪽 25원

김학엽 **인류문화의 발달** 금룡도서 1950.4.21 全

김한석 역 박제가 저 **북학의** 협동문고(3-1) 조선금융조합연합회 1947.10 79쪽 50원 出

김한주 외 **일제하의 조선사회경제사** 조선금융조합연합회 1947.4.20 177쪽 80원

김해랑(아가사크리스티) **사인도의 비밀** 경향출판사 1948.5.10 119쪽 150원 賣

김해암,이화사 역 대야발 저 **단기고사** 조선복음사 1949.12.3 100쪽 ℹ

김해암,이화사 역 대야발 원저 **단기고사** 경찰교양협회 1950.5.1 167쪽 ℹ

김향운 **안중근공판속기록** 안중근선생36주기추도회 1946.2.11 冊

김헌 **민주조국발전과 사찰경찰의 임무** 국민사상통일협회 1949 300원 韓

김혁제 편 **명문구두시문** 명문당 1947.3 146쪽 100원 出

김현제(尾高芳雄 외) **패주병원선의 애욕** 육생사 1950 187쪽 500원 韓

김현준 **사회학개론** 대성출판사 1950.2.15 281쪽 900원 ℹ

김형규,방종현 **문학독본** 동성사 1946.9.20 146쪽 全

김형규,방종현 **문학독본** 改訂 동성사 1947.9.15 146쪽 160원 ℹ

김형규,방종현 **문학독본** 연학사 1949.8.20 全

김형규 **국어학개론** 일성당서점 1949.12.30 214쪽 500원

김형규 작시 김형래 작곡 **건국학도가** 오선사 1946.10.10 8원 ℹ

김형근 **고-뤼-분겐** 조선음악출판사 1946 48쪽 ℹ

김형근 **중등음악통론** 국민음악연구회 1950.5.15 106쪽 305원

김형익 **통속의학강좌**① 대양출판사 1948.7 250쪽 350원 出

김형찬 **경제의 기초지식** 건국상식문고① 건국사 1947.4.13 63쪽 40원

김형찬 **금후활동에 필요한 사회사상의 기초지식** 건국사 1947.4.13 62쪽 40원

김호규 **국문독본** 성인교육협회총본부 1948.4.5 58쪽 全

김호량,박경찬 **신제중등수학요람** 제2류 수문관 1948.10.5 350원 ℹ

김호식 **미국농촌시찰기** 수도문화사 1950.3.6 130쪽 350원

김호익 **국제간첩사건** 삼팔사 1949.11.20 500원 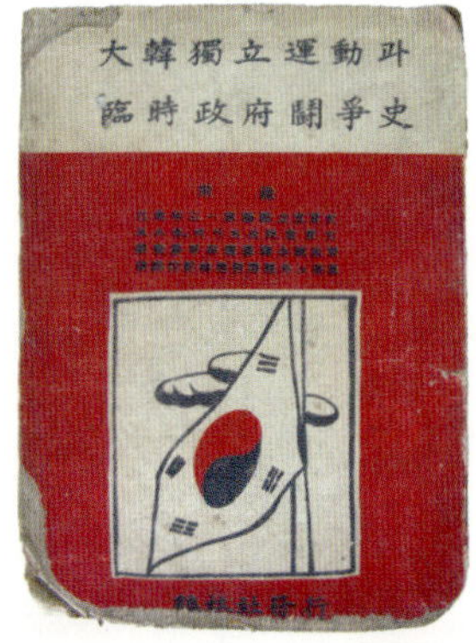

김홍(C·씽어,D·씽어) **과학발달사** 창원사 1946.6.30 76쪽 20원

김홍(G·허드) **인류사상사** 창원사 1946.4.25 86쪽 17원

김홍일 **국방개론** 고려서적 1949.11.15 98쪽 200원

김홍주,임병삼 **서양사** ^{중등력사} 동지사 1947.9.5 141쪽 200원

김환 **장개석전** 조선신론사 1946.4.25 145쪽 25원

김환수 역 **역사관** 동화출판사 1946.9.20 122쪽 65원

김효록 **상업경제** 상 금룡도서 1950.4.11 280원 全

김효록 **상업경제** 하 금룡도서 1950.4.11 240원 全

김효성 역 **레닌의 생애와 사업** 청년사 1945.12.30 58쪽 4원 朴

김희덕 **학교교련교본** 전편 문헌사 1949.5.10 405쪽 280원

김희봉 **Tales from Shakespeare강의** 문예서림 1948.9.20 全

김희봉 **국제살인사건** 문예서림 1947.8.30 102쪽 80원 賢

김희상 **조선사화** 4천년역사국 단민출판사 1946 113쪽 25원

김희창(로버트루이스스티븐슨) **보물섬** 문예서림 1947.10.30 296쪽 280원 賢

김희태 **조선미작연구** 정음사 1948.4.15 338쪽 500원

김희태 **농업통론** 정음사 1947.8.17 100쪽 65원

김희태,홍기창 **토양비료** 정음사 1947 71쪽 70원 韓

나만갑 저 윤영 역 **병자록** 정음사 1947.4.15 189쪽 150원

나만식 **무인도의 비밀** 계몽사 1950 220쪽 5000원 韓

나한 外(장원유인) **예술론** 개척사 1948.2.25 250쪽 270원

낙동서관출판부 편,발행 **걸작유행가요집** 제1집 50曲 1946.4.5 46쪽 賢

낙동서관출판부 편,발행 **중등작문학습서** 1946.10.5(六) 46쪽 20원 朴

남대문초등학교 편,발행 **남대문교육재건** (7) 1949 38쪽 비매 敎

남병헌(영정융) **원자들의 비애** 대동문화사 1950 179쪽 80원 韓

남용기 **초등불어문전** 혁신서원 1947.12 105쪽 250원 韓

남원(톨스토이) **행복한 사람들** 정문관 1948 100쪽 200원 出

남조선과도정부 편,발행 **서기1947년도세입세출총예산** 1947(?) 125쪽 Z

남조선과도정부노동부 편,발행 **단체교섭** 1948.3.25 (삼천부) 47쪽 비매

남조선과도정부노동부 편,발행 **제2회남조선노동통계조사경과보고** 1948 251쪽 300원 韓

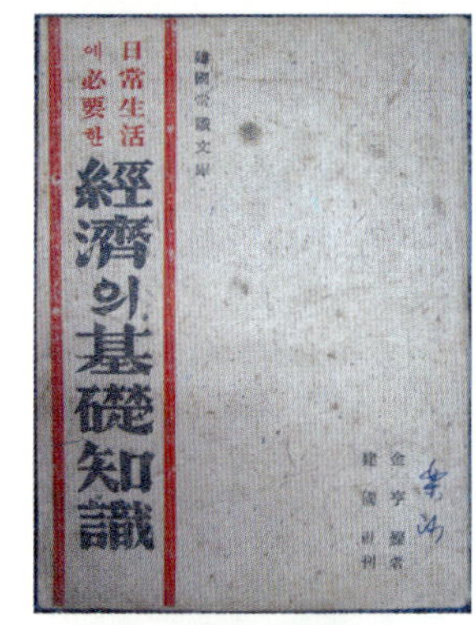

김하경 편 『대한독립운동과 임시정부투쟁사』

김형찬 『경제의 기초지식』

나만갑 저 윤영 역(김규택 장정)

남조선과도정부노동부 편/발행 『단체교섭』

남조선과도정부노동부 편,발행 **노동관계법령집** 1948 50쪽 80원 韓

남조선과도정부노동부 편,발행 **최고노동시간해설** 1948 38쪽 40원 韓

남조선과도정부노동부 편,발행 **노동조합해설** 1948 비매 韓

남조선과도정부중앙경제위원회 편,발행 **남조선산업노무력급임금조사** 1946.11현재 1948.3 560쪽 i

남태경 **한국산조류목록** 서울문리대 동물학교실 1949.8 i

남태경 **한국조류명휘** 문화당 1950.3.30 218쪽 1200원

남태경 **식물계**일반과학 건국사 1950.5.8 100쪽 2700원

남훈(톨스토이) **사람은 얼마만한 토지가 필요한가** 여명각 1948.12.20 108쪽 220원

남훈(빅톨유고) **희무정(쨘발쨘)** 세계명작문고① 온문사 1950.6.5 217쪽 350원

남훈 『희무정』(쨘발쨘)

노기남 편 **성교공과** 카토릭출판사 1945 649쪽 50원 韓

노기남 편 **성교례규** 카토릭출판사 1945 183쪽 25원 韓

노농사 역,발행(호판윤) **철학입문강화**인민문고③ 1947 韓

노농사 역,발행 **레닌주의의 기초** 스타린선집① 1946.1 147쪽 30원 出

노농사 역,발행 **레닌주의의 제문제** 스타린선집② 1946.7 119쪽 20원 出

노농사 역,발행 **레닌주의와 민족문제** 스타린선집③ 1946.5 119쪽 20원 出

노농사 역,발행 **레닌주의를 위한 투쟁** (상)스타린선집④ 1946.6 204쪽 60원 出

노농사 역,발행 **레닌주의를 위한 투쟁** (중)스타린선집⑤ 1946.6 204쪽 60원 出

노농사 역,발행 **레닌주의를 위한 투쟁** (하)스타린선집⑥ 1946.9.29 150쪽 비매

노농사 역,발행 **10월혁명에의 길** (상)스타린선집⑦ 1947.7.20 193쪽 비매

노농사 역,발행 **10월혁명에의 길** (하)스타린선집⑧ 1947.7.30 191쪽 비매 朴

『스타린선집』 7(이주홍 장정)

노농사 역편,발행 **양세계관** 스탈린웰스회담기 1945.12.30 45쪽 3원80전 朴

노농사 역,발행(레닌) **카―르맑쓰** 1945.12 64쪽 5원 出

노농사 역,발행(레닌) **맑스주의의 원천과 구성**인민문고① 1946.8.20 80쪽 16원

노농사 역,발행(영전광지) **계급과 국가**인민문고⑤ 1946.12 117쪽 40원 出

노농사 역,발행(헤르만뚱카) **경제학교정**인민문고② 1946.9 68쪽 20원 出

노도양 **동양사개설** 동화출판사 1947.8.20 174쪽 130원

노도양 **중등서양사** 사회생활과 동방문화사 1947.8 84쪽 100원 出

노도양 **경제지리** 을유문화사 1948.9.20 138쪽 250원

노도양 **먼나라**지리부분 탐구당 1949.6.20 380원 i

노도양 **우리나라**^{지리부분} 탐구당 1950.5.20^(수정판) 510원 

노도양 **자연환경과 인류생활** 탐구당 1950.5.20 168쪽 450원

노동전선사 편,발행 **공산당선언** 1945.11.15 83쪽 4원50전 朴

노두영 편 **고압선**^{시집} 강릉문화협회 1946 河

노여천 편 **주석천자문** 문명사 1947.12.25 188쪽 180원

노영호 **한글조선말사전** 동명사 1948.9.20 487쪽 800원

노영호 편 **역대시조정해** 대한교육학회 1946 170쪽 30원 出

노영호 편 **시조해석** 동방문화사 1948.1 130쪽 80원 出

노일관 **살기 좋은 나라**^{삼중당대중문고} 삼중당 1949.11.30 150원 i

노일관 **천안삼거리**^{삼중당대중문고} 삼중당 1949 i

노자영 **인생안내**^{수필기행평론잡필} 영문사 1946년판 299쪽 60원 i

노자영 **인생안내** 석담사 1950 291쪽 i

노자영 **인생안내** 홍문서관 1950.1.30 291쪽 i

노진설 **선거법해설**^{실무본위} 수선사 1948 203쪽 300원 韓

노천명 **산딸기**^{수필집} 정음사 1948.10.20 157쪽 250원

노천명 **노천명집**^{현대시인전집②} 동지사 1949.3.15 155쪽 350원

노천명 **여성서간문독본** 박문출판사 1949.12.20 400원 i

노천명 외 **현대시집**Ⅰ 정음사 1950.3.19 197쪽 600원

노철환 **세계경제의 현상** 경화출판사 1949 352쪽 750원 韓

노춘성 **나의 화환** 삼중당 1946.3.10 253쪽 朴

노춘성(모리스루부랑) **이억만원의 사랑** 문언사 1948.5.1 390쪽 450원 i

노춘성 **홍장미 필 때**^{미문서간집} 삼중당 1949.1.15 150원 i

노춘성 **나의 화환**^{문예미문서간집} 삼중당 1950.4.25 253쪽 3,000원

노태준 **조직에 관한 참고** 조선민족청년단조직부 1948.3.1 25쪽 비매

농림부농지국 편,발행 **농지개혁법관계법령집** 1950.5.1^(서문일자) 76쪽

농림부농지국 편,발행 **농지개혁법해설** 1949 47쪽 i

농림신문사 편,발행 **농업경제연보**¹⁹⁴⁹ 1949.1.25 341쪽 600원 Z

농사개량원 편,발행 **경상남도토성조사보고서**^{상중하} 1948 비매 韓

농사개량원 편,발행 **충청남도토성조사보고서**¹⁹⁴⁸ 1948 596쪽 1,200 韓

농업교육연구회 **농업통론**^{초급용} 수도문화사 1948.4.15 167쪽 320원

『맑스주의의 원천과 구성』(이주홍 장정)

노천명 『산딸기』(홍우백 장정)

농업교육연구회　**농업통론** 실업과1,2학년용　수도문화사　1949.8.15　全

다니엘·파이버　**삼일운동의 진상**　혁신사　1946.2.25　93쪽

대건인쇄소 편,발행　**위폐사건공판기록**　1947　143쪽　35원　出

대구사범부속국민학교 편　**지능검사문제와 해답**　대홍사　1948.8.15　400원　ⓘ

대성당서점 편,발행　**초등국어교본** 첫째권　1945.10.2　全

대성출판사 역,발행(룻소)　**민약론**　1949.1.30(六)　190쪽　350원

대야발(이화사,김해암)　**단기고사**　조선복음사　1949.12.3　100쪽　ⓘ

대야발(이화사,김해암)　**단기고사**　경찰교양협회　1950.5.1　167쪽　ⓘ

대양출판사 편,발　**실용사전** 국한영　1949　543쪽　600원　韓

대양출판사 편,발행　**중등국어학습서** ①　1949.11.15　90쪽　120원

대한계몽단　**남북통일의 열쇠**　후생문화사　1950　120쪽　ⓘ

대한교육연합회 편　**겨울동무** ②　삼중당　1948.11.25　45원　ⓘ

대한교육연합회 편　**겨울방학** ⑤　청구서점　1948.11.25　55원　ⓘ

대한교육연합회 편　**겨울동무** ⑥　조선교학사　1948.11.25　55원　ⓘ

대한교육연합회 편,발행　**겨울공부** ⑵　1949.12.1　60원　ⓘ

대한기독교교육협회 편　**1950년 만국통일 주일공과**　조선기독교서회　1949.11.25 (서문일자)
186쪽

대한기독교교육협회 편　**유년만국통일 주일공과**　조선기독교서회　1949.12.5　174쪽　250원　ⓘ

대한기독교서회 편,발행　**찬송가** 곡조절판　1950　636쪽　2,600원　韓

대한기독교서회 편,발행　**찬송가** 곡조찬송신약성서합부　1950　1,058쪽　3,500원　韓

대한기독교서회 편,발행　**찬송가** 곡조포의　1950　634쪽　1,000원　韓

대한기독교서회 편,발행　**찬송가** 무곡5호　1949　376쪽　400원　韓

대한독립국회성립사간행회 편,발행　**대한국회성립사**　1948　600쪽　韓

대한문장연구회 편　**수험논문작성요결**　세문사　1950　520쪽　9,000원　韓

대한민국공보처 편,발행　**이북공산도당화폐개혁의 진상**　1948(?)　8쪽　ⓘ

대한민국공보처 편,발행　**제1회총인구조사원명심서**　1949　42쪽　비매

대한민국공보처 편,발행　**제1회총인구조사질의응답**　1949　12쪽　비매

대한민국공보처 편,발행　**독립일주년 기념문헌집**　1949　40쪽

대한민국공보처 편,발행　**UN총회와 한국문제**　1949　82쪽　ⓘ

대한민국공보처 편,발행　**한국독립문제에 관한 덜레스씨의 연설전문**　1949(?)　13쪽　朴

대한민국공보처 편,발행 **한국의 정치·경제** 1950 96쪽 150원 ℹ

대한민국공보처 편,발행 **소련군정의 시말** 1950.2(서문일자) 105쪽 300원

대한민국공보처 편,발행 **3·1절 31주년대통령기념사** 1950 10쪽 ℹ

대한민국공보처 편,발행 **북한의 정치보위국전모** 1950 44쪽 200원 朴

대한민국국회사무처 편,발행 **제헌국회경과종합보고** 1948 186쪽 비매 韓

대한민국임시정부선전부 편,발행 **대한민국임시정부에 관한 참고문건**(제1집) 1948.2.1 42쪽 비매 ℹ

대한법정협회 편 **법령총집** 제1집 조선출판문화사 1949 318쪽 500원 韓

대한상공회의소 편,발행 **은행회사단체명부**−1950 1950 380쪽 韓

대한상공회의소 편,발행 **대한상공회의소3년사** 1949 543쪽 雅

대한성서공회 편,발행 **신약의 사복음과 사도행전** 1950 374쪽 ℹ

대한행정학회 편,발행 **지방행정구역 명칭일람** 1949.11.25 239쪽 500원 ℹ

덕흥서림 편,발행 **무쌍명심보감** 1945.10.28 93쪽 6원

덕흥서림 편,발행 **무선생영어자통** 1945.10.30 258쪽 10원 ℹ

덕흥서림 편,발행 **대학집주** 원본비지 1946.5.25 80쪽 ℹ

덕흥서림 편,발행 **상례** 국한문 1946.7.25 79쪽 ℹ

덕흥서림 편,발행 **천자뒤푸리 노래** 천하명작 1946.9.7 册

덕흥서림 편,발행 **정본만세력** 1947.10.30 100쪽

덕흥서림 편,발행 **시톄국문편지틀** 1948.9.25(五) 130원 ℹ

덕흥서림 편,발행 **중용집주** 1948.9.30 140쪽 280원 ℹ

덕흥서림 편,발행 **원본소학집주** 상 1949.3.20(再) 194쪽

덕흥서림 편,발행 **맹자집주** 정본 1949.7.15 ℹ

덕흥서림 편,발행 **고문진보** 전집 1949.9.5 143쪽 3000원

덕흥서림 편,발행 **고문진보** 후집 1949.1.25 333쪽 600원

덕흥서림 편,발행 **신옥편** 1950.4.15(六) 496쪽 1200원

도마수 **가톨릭사상의 기초** 경향잡지사 1949 181쪽 300원 韓

도봉섭,심학진 **조선식물도설** 유독식물편 금룡도서 1948.9 170쪽 300원 出

도산안창호선생기념사업회 편,발행 **도산안창호** 1947.5.30 398쪽 300원

동국대불교사학연구실편,발행 **원효대사전집** 제2책 1949.7.30 40장 ℹ

동국대불교사학연구실편,발행 **원효대사전집** 제3책 1950.3.1 67장 ℹ

『소련군정의 시말』

동국대불교사학연구실편,발행 **원효대사전집** 제4책 1949.8.15 55장

동국대불교사학연구실편,발행 **원효대사전집** 제6책 1949.9.30 73장

동국대불교사학연구실편,발행 **원효대사전집** 제7책 1949.10.15 43장

동국대불교사학연구실편,발행 **원효대사전집** 제8책 1949.8.30 44장

동국대불교사학연구실편,발행 **원효대사전집** 제9책 1950.3.1 58장

동국대불교사학연구실편,발행 **원효대사전집** 제10책 1950.2.15 61장

동국대불교사학연구회편,발행 韓滿漢英四譯合照 **불설아미타경** 1950 98쪽 4,500원

동명사(본다광태랑) **물리학본론** 상 동명사 1950 253쪽

동무사 편,발행 **쏘베트동맹 교육제도** 1945.10.1 20쪽 1원

동무사 역편,발행 **미국의 흑인문제** 신세기문고⑨ 1947.5 38쪽 30원

동무사 역편,발행 **현정세와 다음의 과업** 신세기문고⑦ 1947.5 35쪽 30원

동문사서점 편,발행 **조선민족운동연감** 自대정9년至소화7년 1946.4.7 326쪽 300원

동문사 편,발행 **백가면** 그림이야기 1947.2 133쪽 4원

동문사 편,발행 **동물문화** 1948 80쪽 120원

동문사 편,발행 **베토벤** 1948 80쪽 120원

동문사 편,발행 **성웅간듸-전** 1948 80쪽 110원

동문사 편,발행 **아브라함 · 린컨** 1948 50쪽 65원

동방문화사 편,발행 **먼나라 역사지도** 1949.9.5 400원

동방문화사 편,발행 **우리나라 역사지도** 1949.9.5 450원

동방문화사 편,발행 **아동연감** 1950년판 1949.11.20 402쪽 900원

동방문화사 편,발행 **학생연감** 1950.2.27 366쪽 1200원

동심사 편,발행 **재미나는 세계탐험이야기** 소년과학문고③ 1947.3.20 97쪽 70원

동심사 편,발행 **쏘련선거제도해설** 1947.8 82쪽 60원

동심사 편,발행 **재미나는 동물이야기** 1947.11.15

동심사 편,발행 **재미나는 理化실험** 소년과학문고① 1946.9.15 202쪽 25원

동심사 편,발행 **The New English Composition** book② 1947.9.10(再)

동심사 편,발행 **The New English Composition** book①easy course 1947.9.15 80원

동아문화사 편,발행 **입학시험문제모범답안집** (1949) 1949.1.20(再) 350원

동아출판사 편,발행 **수험생의 셈본** 1950.3.20(六) 300원

동양문화사 편,발행 **풍금교칙본** 1947.9 80쪽 354원

동양사편집부(사아젠트) **한미회화** 광지사 1950 281쪽 65원 韓

동지사아동원 편,발행 **유관순** 1948.3.15 50쪽 65원 ⓘ

동지사 편,발행 **가정과 학교**일학년용 1947.2.10 38쪽 50원 ⓘ

동지사 편,발행 **고장생활**② 1947 ⓘ

동지사 편,발행 **마음에 꽃다발** 1948 50쪽 65원 出

동지사 편,발행 **연합국의 정치조직, 정당, 각 주의주장, 연합각국의 학교제도** 1948 46쪽 ⓘ

동지사 편,발행 **우리나라의 생활**4학년용 1947.4.10 ⓘ

동화당서점 편,발행 **강명화**딱지본 1945.9.20 58쪽

동화출판사 편,발행 **임금노동과 자본**맑쓰경제학제1편 1946.6 47쪽 15원 出

로어학회 편,발행 **로어독본**제1권 1947 155쪽 290원 出

마로H **집 없는 아이** 온문사 1950 350쪽 660원 韓

마명 **유일한 재건정신 강력주의** 재건사 1946.7.5 134쪽 30원

마학선 편 **경상북도회사총람** 합동통신대구지사 1947.1 308쪽 150원 出

마해송 **토끼와 원숭이**상하 각각 청구문화사 1948 50쪽 50원 韓

마해송 **편편상** 새문화사 1948.4.5 94쪽 180원

마해송 **속편편상** 새문화사 1949.2.28 121쪽 200원

맹원영,조병욱 **일반과학**Ⅰ 조선교학도서 1947.8.20 140원 全

맹원영 **일반과학**Ⅲ-Ⅰ 식물 조선교학도서 1947.8.21 86쪽 80원 ⓘ

맹원영 **일반과학**Ⅲ-Ⅱ 동물 조선교학도서 1947.8.21 全

맹원영 **일반과학**Ⅲ-Ⅲ 조선교학도서 1947.8.2(검정일자) ⓘ

멘탈테스트연구회 **최신지능검사문제집** 삼문사출판부 1947.5 全

명문당 편,발행 **병술년농서** 1945.12.10 80쪽

명문당 편,발행 **국어독본**상 명문당 1945.12.15 78쪽 5원 朴

명문당 편,발행 **무자년민력** 1947.12.10 50원 ⓘ

명문당 편,발행 **새유행가요명곡집** 1950.4.30 79쪽 180원 賢

모윤숙 **옥비녀**시집 동백사 1947.2.15 102쪽

모윤숙 **렌의 애가** 청구문화사 1949 356쪽 650원 韓

모의국회준비위원회 편 **학생공화국** 서울문화사 1950.2.15 ⓘ

모의국회준비위원회 편 **모의국회의사록** 서울문화사 1950 115쪽 300원 韓

무대예술연구회 **전후세계연극동향** 무대예술사 1948.7.10 ⓘ

『강명화』 딱지본

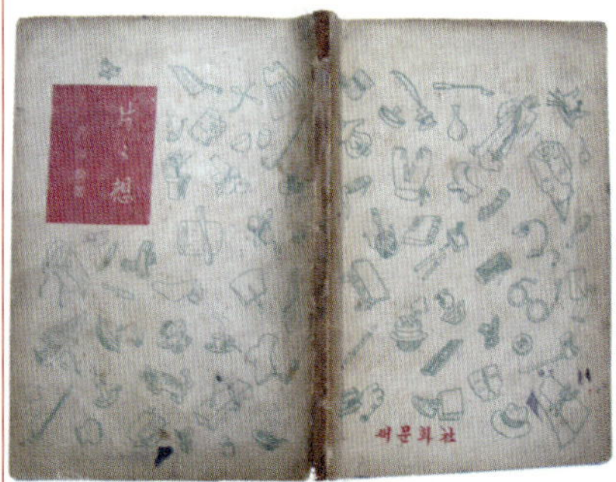

마해송 『편편상』

마해송 『편편상』 속편(노수현 장정)

모윤숙 『옥비녀』(정홍거 장정)

모윤숙 『옥비녀』 면지

문교부 **한자 안쓰기의 이론** 조선교학도서 1948.8.6 44쪽 全

문교부 **한글 첫걸음** 광주형무소 1950 18쪽 ℹ

문교부교화국예술과 편 **전국음악경연대회지정곡집**^(문교부주최) 1946 73쪽 80원 韓

문교부교화국 편,발행 **교화급문화사업 개황** 1947.10 56쪽 비매 出

문교부문화국성인교육과 편,발행 **성인교육지도총서** 1949.6.15 ℹ

문교부성인교육국 편 **성인교본**^{공민학교} 성인교육협회총본부 1947.10 92쪽 出

문교부정신측정연구소 편,발행 **지능검사법** 1949.5.1^(서문일자) ℹ

문교부조사기획과 편 **문교행정개황** 문교부 1947.1 60쪽 40원 出

문교부 편 **과학공부**⁴⁻¹ 조선서적인쇄 1949.9.10^(六) 65원 ℹ

문교부 편 **과학공부**⁴⁻² 조선서적인쇄 1950.1.20 110원 ℹ

문교부 편 **과학공부**⁵⁻¹ 조선서적인쇄 1949.8.20 95원 朴

문교부 편 **과학공부**⁵⁻² 조선서적인쇄 1950.1.30 95원 朴

문교부 편 **과학공부**⁶⁻¹ 조선서적인쇄 1949.6.15^(再) 100원 ℹ

문교부 편 **과학공부**⁶⁻¹ 조선서적인쇄 1950.5.10 146쪽 190원 朴

문교부 편 **과학공부**⁶⁻² 조선서적인쇄 1949.10.30^(再) 120원 ℹ

문교부 편 **농사짓기**⁵ 조선서적인쇄 1948.3.20 1949.4.10 100원 ℹ

문교부 편 **농사짓기**⁶ 조선서적인쇄 1949.6.30 100원 ℹ

문교부 편 **다른나라의 생활**⁵⁻¹ 조선서적인쇄 1949.2.20 180원 ℹ

문교부 편 **다른나라의 생활** 대한교과서주식회사 1949.12.5 220원 ℹ

문교부 편 **다른나라의 생활** 대한교과서주식회사 1950.3.25 250원 ℹ

문교부 편 **도덕론** 조선교학도서 1948 64쪽 55원 韓

문교부 편 **여러 곳의 사회생활**³⁻¹ 조선서적인쇄 1949.9.30^(再) 180원 ℹ

문교부 편 **여러 곳의 생활**^{3학년소용} 조선서적인쇄 1950.5.10^(六) 180원 ℹ

문교부 편 **우리나라의 발달**¹ 대한교과서 1949.8.31 145원 ℹ

문교부 편 **우리나라의 발달**² 대한교과서 1949.12.20 143쪽 125원

문교부 편 **우리나라의 발달**³ 대한교과서 1949.12.30 126쪽 110원 ℹ

문교부편 **우리나라의 발달**⁶⁻² 조선교학도서 1948.12.15 135원 ℹ

문교부편 **우리말 도로 찾기** 조선교학도서 1948.6.2 36쪽 30원

문교부 편 **중등공민**^하 조선교학도서 1947.10.28^(개정) 22원 ℹ

문교부 편 **중등국어**¹ 조선교학도서 1948.1.20 120원

문교부 편　**중등국어**2　조선교학도서　1949.8.29　155쪽　210원

문교부 편　**중등국어**3　조선교학도서　1949.8.29　184쪽　240원

문교부 편　**중등국어**5　조선교학도서　1949.10.15　133쪽　190원

문교부 편　**초등가사**5학년소용　조선교학도서　1948.7　50원　**ⓘ**

문교부 편　**초등가사**6학년소용　조선교학도서　1948.7.25　45원　**ⓘ**

문교부 편　**초등공작**①　대한인쇄공사　1950.5.20　180원　**ⓘ**

문교부 편　**초등공작**②　대한인쇄공사　1950.5.20　170원　**ⓘ**

문교부 편　**초등공작**③　대한인쇄공사　1949.6.20　100원　**ⓘ**

문교부 편　**초등국어**3-2　조선서적인쇄주식회사　1949.3.10　70원　**ⓘ**

문교부 편　**초등국어**5-1　조선서적인쇄주식회사　1947.11.10　30원　**ⓘ**

문교부 편　**초등국어**5-1　조선서적인쇄주식회사　1950.3.30(再)　**ⓘ**

문교부 편　**초등국어**5-2　조선서적인쇄주식회사　1948.12.30(再)　75원　**ⓘ**

문교부 편　**초등국어**6-1　조선서적인쇄주식회사　1949.7.10　105원　**ⓘ**

문교부 편　**초등국어**6-1　조선서적인쇄주식회사　1950.4.30　123쪽　105원　**朴**

문교부 편　**초등국어**1-1: 바둑이와 철수　한국인쇄㈜　1950.5.30(六)　85쪽

문교부 편　**초등국어교본**2-1　조선서적인쇄주식회사　1947.8.5　30원　**ⓘ**

문교부 편　**초등글씨본**4학년소용　조선서적인쇄　1949.10.30(再)　45원　**ⓘ**

문교부 편　**초등글씨본**5학년소용　조선서적인쇄　1949.10.30(再)　50쪽　45원　**ⓘ**

문교부 편　**초등노래책**③　조선교학도서　1948.4.27　40원　**韓**

문교부 편　**초등노래책**④　조선교학도서　1948.4.27　24원　**ⓘ**

문교부 편　**초등노래책**⑤　조선교학도서　1948.4.27　24원　**韓**

문교부 편　**초등노래책**⑥　조선교학도서　1948.4.27　26원　**ⓘ**

문교부 편　**초등셈본**산수공부4-1　조선서적인쇄　1948.8.30(六)　51원　**ⓘ**

문교부 편　**초등셈본**4-2　조선서적인쇄　1949.2.10(再)　67쪽　60원　**朴**

문교부 편　**초등셈본**4-2　조선서적인쇄　1950.1.30(六)　60원　**ⓘ**

문교부 편　**초등셈본**6-1　조선서적인쇄　1948.9.10(再)　60원　**ⓘ**

문교부 편　**초등셈본**6-1　조선서적인쇄　1949.5.30(六)　60원　**ⓘ**

문교부 편　**초등셈본**산수공부6-1　조선서적인쇄　1947.8.30(再)　25원　**ⓘ**

문교부 편　**초등잇과**6-1　조선서적인쇄　1948.3.30　37원　**ⓘ**

문교부 편　**공민독본**④성인교육용　합동도서㈜　1949.5.15　62원　**ⓘ**

문교부 편 『우리말 도로 찾기』

문교부 편 『초등국어』 1-1

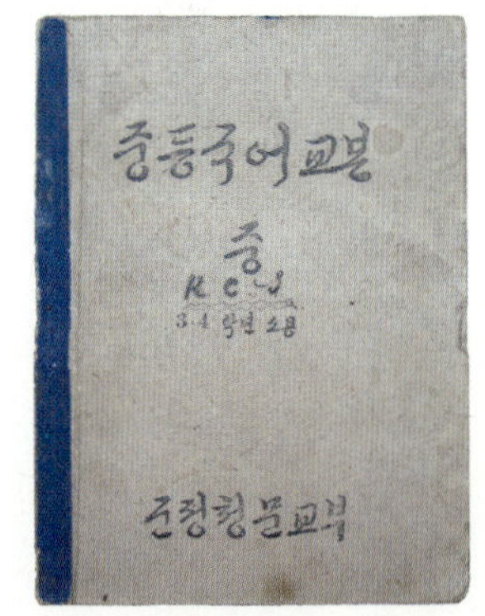

문교부 편 『중등국어교본』 중편(3·4학년소용)

문교부 편 **우리나라의 생활** ^{사회생활과4학년1} 조선서적인쇄 1948.9.15 56원 朴

문교부 편 **우리나라의 생활** ^{사회생활과4학년1} 조선서적인쇄 1949.8.10(再) 64쪽 55원 i

문교부 편 **우리나라의 생활** ^{사회생활과4학년2} 조선서적인쇄 1950.1.20(再) 55원 i

문교부 편,발행 **학교급교학단체 실태조사표** 1947 308쪽 300원 韓

문교부 편,발행 **중등교육기관열록** 1949 110쪽 비매 韓

문교부 편,발행 **문화론**^{중학교사회임시교재} 1949 90쪽 i

문교부편수국(맥밀런회사 편집) **민주주의교육법** 군정청문교부 1946.8^(서문일자) 46쪽

문교연구동인회 역편(로버트힐레인) **진보적 초등학교** 정음사 1948.7.10 159쪽 200원

문교영어학교 편 **영어연습**¹⁻³ 국제문화사 1948.11 30쪽 50원 出

문리과대학조선어문학연구회 주최 **조선고전문학작품전람회목록** 자가본 1947.10.24-26 12쪽

문명훤 **국어의 참 두루미** 한미프린트사 1948 29쪽 40원 韓

문세영 편 **조선어사전** ^{수정증보} 영창서관 1946.5 1854쪽 500원 出

문세영 **중국어속성강의록** 근흥인서관 1946 500원 韓

문세영 편 **국어소사전** 정문관 1947.6.10 244쪽 350원 i

문세영 편 **국어소사전** 삼문사 1947.6 247쪽 300원 出

문세영 편 **신옥편** ^{中國漢} 동화당서점 1947.4 199쪽 150원 出

문세영 편 **중등조선어사전** 삼문사출판부 1948.1(再) 356쪽 400원

문세영 편 **중등조선어사전** 삼문사출판부 1950.3.25(四) 356쪽 900원

문세영 편 **신옥편** 장문사 1950.4.10(六) 259쪽 350원

문승아(촬스어드맨) **빌립보서**^{신약성서강해⑪} 조선기독교서회 1950(初) 221쪽 i

문예서림 편,발행 **주해강의 Fifty famous stories** 1948 153쪽 250원 韓

문우인서관연구부 편,발행 **주해 The New King's Crown** 1946.1 91쪽 50원 出

문우인서관연구부 편,발행 **The New King's Crown Readers 주해** 1946.1 91쪽 50원 出

문이각 **운동경기해설** 진리총서간행회 1946.11 150쪽 35원 出

문일평 **조선사화** 청구사 1945.11.18 271쪽 12원 i

문일평 **조선사화** 금룡도서 1947.12.22 271쪽 250원 i

문일평 **조선사화** 조광사 1948.10.15 271쪽 400원

문일평 **한미50년사**^{호암전집(권1)} 조광사 1945.12.30(再) 233쪽 18원 賢

문일평 **조선문화예술**^{호암전집(권2)} 조광사 1946.3.20 185쪽 22원

문일평 **사외이문비화**^{호암전집(권3)} 조광사 1946.5.20 218쪽 30원

문세영 편 『신옥편』

문일평 **소년역사독본** 연학사 1947.7.15 112쪽 140원 🛈

문일평 **호암전집**제1권 일성당서점 1948.3.31 413쪽 비매

문일평 **호암전집**제2권 일성당서점 1948.3.31 413쪽 비매

문일평 **호암전집**제3권 일성당서점 1948.3.31 413쪽 비매

문일평 **호암전집**전3권 연학사 1948.5 2,000원 出

문일평 **조선인물지**정음문고 정음사 1949.5.15 149쪽 200원

문장연구회 편 **문장보감** 신창사 1949.4.1 217쪽 380원

문전택(에드가스노) **중국소비에트지구시찰기** 고려선봉사 1946.11 45쪽 18원 出

문조사 편,발행(WB헷셀린) **제3정당론** 1948 171쪽 🛈

문진문화사 편,발행 **시정방침연설집** 1948.12 200원 出

문철민 **신영문법** 학영사 1947.9 345쪽 300원 出

문철민 역 **젊은베르테르의 슬픔** 서광출판사 1948.10 350원 出

문충곤 **과수재배제요** 경북과물동업조합 1949 530쪽 🛈

문학감상회 편 **세계문학선집**상 중앙서사 1948.11 218쪽 380원 出

문학준 **양악감상법** 을유문화사 1948.7.20 127쪽 280원

문홍범 **삼팔선은 어찌 되나** 근우출판사 1948.8.15 61쪽 🛈

문화교육출판사 편,발행 **농사짓기** 1948.10 130원 出

문화당 편,발행 **글씨첫걸음**상 1946 32쪽 淸

문화당 편,발행 **THE ENGLISH COMPOSITION**BOOK1 1947.1.20 55원 🛈

문화당 편,발행 **주의와 해설** 1947.8.10 94쪽 100원

문화당 편,발행 **고급중학물리** 1947.8 72쪽 80원 出

문화당 편,발행 **국사사전**국민학교 1947 115쪽 🛈

문화당 편,발행 **국어사전**국민학교 1948.4.20 100원 🛈

문화당 편,발행 **지리사전**국민학교 180쪽

문화당 편,발행 **사회생활**3학년용 1948.8.30 80원 🛈

문화당 편,발행 **사회생활**5학년용(상) 1948.8.30 64쪽 80원 🛈

문화당 편,발행 **중등삼각법** 1948.1 85원 出

문희석 **인식론** 동방문화사 1949.5.10 270쪽 550원

미국공보원 편,발행(톰골트) **국제연합과 세계평화** 1948.7.25 108쪽 🛈

미국공보원 편,발행 **미국대중**對中**백서요약** 1949.8 🛈

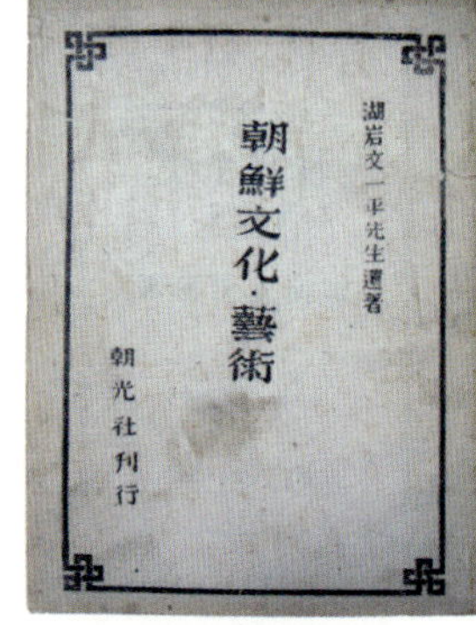

문일평 『조선문화예술』

문일평 『호암전집』 1

문일평 『조선인물지』

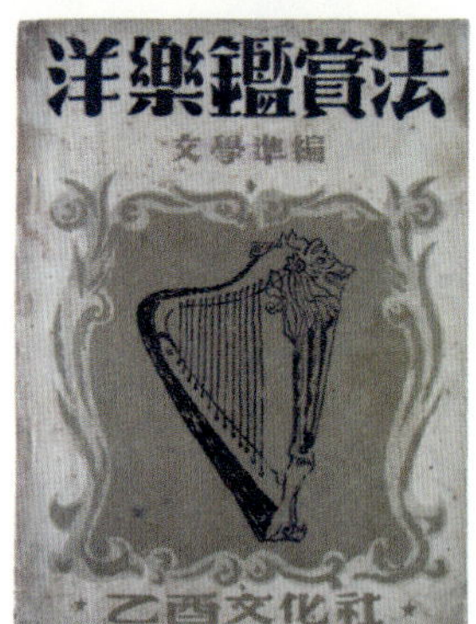

문학준 『양악감상법』(조병덕 장정)

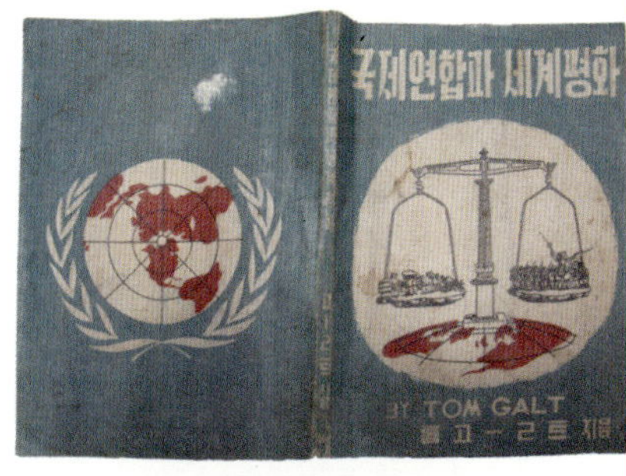

『국제연합과 세계평화』

민병선 편 『마술교본』

민주주의민족전선 편 『조선해방1년사』

미국공보원 편,발행 **애치슨국무장관의 연설** 1949 45쪽 ℹ

미술교재연구회 **초등미술**^{도화와 공작} 조선문화교육출판사 1948.8.20 80원 ℹ

미술프린트사 편,발행 **등사인쇄술강의** 1950? 76쪽

민교사 편,발행 **Paramount English Composition** 1950.5.20 숲

민병도 편 **조선역대여류문집** 을유문화사 1950.1.1^(오백부) 577쪽

민병선 편 **마술교본** 을유문화사 1947.10.20 109쪽 90원

민병태(라스키) **정치학강요**^{이론편} 문조사 1949 400쪽 900원 韓

민복기,정윤환 **형사소송개정법해설** 법률평론사 1947 262쪽 500원 韓

민복기,정윤환 **형사소송법개론** 조선출판문화사 1948.7 171쪽 350원 出

민소천 **양산도** 경향출판사 1947.10 123쪽 100원 出

민소천 **비둘기**^{연애소설} 경향출판사 1948.12.5 187쪽 300원 ℹ

민심사 편,발행 **대한민국임시정부의 내용** 1945.10 46쪽 3원 ℹ

민우사 역편,발행 **민후시해사건의 진상** 1946.7.30 136쪽 30원

민조사 편,발행 **국제공산당기본강령** 1946.4 108쪽 20원 出

민조사 편,발행 **신어사전** 1946.4.15 190쪽 35원 ℹ

민족문화협회 편,발행 **영작문문법 백인백답**^(속편) 1948.11.30 숲

민족정경문화연구소 편 **친일파군상** 삼성문화사 1948.11.1 174쪽 350원 朴

민주주의민족전선선전부 편,발행 **민주주의민족전선결성대회의사록** 1946.2.25 111쪽 35원 賈

민주주의민족전선 편 **조선해방1년사** 문우인서관 1946.10.30 461쪽 100원

민중서관 편,발행 **LIVING ENGLISH READERS** ² 1946.8.20 124쪽 38원 ℹ

민중서관 편,발행 **겨울방학 국어**^{③1948년} 1948.12.20 숲

민중서관 편,발행 **겨울방학 국어**^{③1949년} 1949.12.5 100원 ℹ

민중서관 편,발행 **여름방학 국어**^{②1949년} 1949.6.15 숲

민중서관 편,발행 **중등국어**^{교사용1,2} 1948.9.1 숲

민중서관 편,발행 **Winter Exercise** ^③ 1947.11.25 숲

민촌 **세계정의** 사회문화사 1948.4.27 100쪽 130원 朴

민태식(진고용) **중국의 문화운동** 을유문화사 1949.12.10 136쪽 210원 乙

민태원 **무쇠탈** 덕흥서림 1948.10 620원 ℹ

민태원 **갑신정변과 김옥균** 국제문화협회 1947.9.30 154쪽 300원

박거영 **바다의 합창**^{시집} 시문학사 1949.11.25 157쪽 350원

박경찬 **신중등수학**^{2-상} 한성도서 1948.1 冊

박경찬 **신수학** ② 동명사 1949.8.25 ⓘ

박경찬 **중등수학요람** ^(기타사항 미상) 350원 出

박경찬,김호량 **신제중등수학요람**^{제2류} 수문관 1948.10.5 350원 ⓘ

박경찬,이경형 **고등대수학** 동명사 1949.8.20 全

박경찬,이경형 공역 **적분학** 동명사 1949.11.25 全

박경철 **태극기의 원리** 신고사출판부 1946.1 26쪽 5원 出

박경호 **전쟁·과학·모략** 서울신문사출판국 1948.11.25 250쪽 350원

박계주 **순애보**^하 박문출판사 1949.7.25(49판) 616쪽 500원

박계주 **처녀지** 박문출판사 1948.8.15 258쪽 400원

박계주 **진리의 밤**^하 경향신문사문화부 1949.12.20 568쪽 600원

박관숙 **국제법요론** 선문사 1949.12.15(六) 239쪽 450원

박극채 **민족과 인민** 조선과학동맹서울시지부 1947.7 96쪽 90원

박극채 **민족과 인민의 이론** 개척사1948.6.5(再)1천부 96쪽 120원

박긍완 **음악이론**^{기초편} 경성인서사 1947.5 60쪽 120원 出

박긍완 **중등음악이론**^(기초편) 홍문사 1948 66쪽 ⓘ

박기실 **New Business English** 문화출판사 1948.11.25 全

박기준(월터립맨) **냉정전쟁** 고려문화사 1948.9.30 74쪽 150원

박기혁 **경제학입문**^상 삼성문화사 1948.8 280원 出

박남길,박영희 **육아수첩** 대성출판사 1949 133쪽 280원 韓

박노갑 **사십년** 육문사 1948.7.30 308쪽 480원 朴

박노식 **지리**^{이웃나라의 생활} 동지사 1949.3.15(수정再) 165쪽 350원

박노식 **이웃나라**^{중등지리} 동지사 1947.8.20 72쪽 100원 ⓘ

박노식 **이웃나라**^{중등지리} 동지사 1948.4.15 (수정증보) 91쪽 180원 ⓘ

박노식 **먼나라**^{중등지리} 동지사 1947.9.5 150원 ⓘ

박노식 **신조선지리** 동지사 1947.8 130쪽 200원 出

박노춘 **이조가요선주**^{상하} 출판문화보급사 1949 197쪽 500원 韓

박노춘 **이조산문문학선주**^하 출판문화보급사 1949 155쪽 300원 韓

박노춘(W다그라스) **민주주의와 공산주의** 국제문화협회 1948 35쪽 60원 出

박노춘,홍웅선 편 **고시가주해** 삼중당 1949.4.10 204쪽 300원

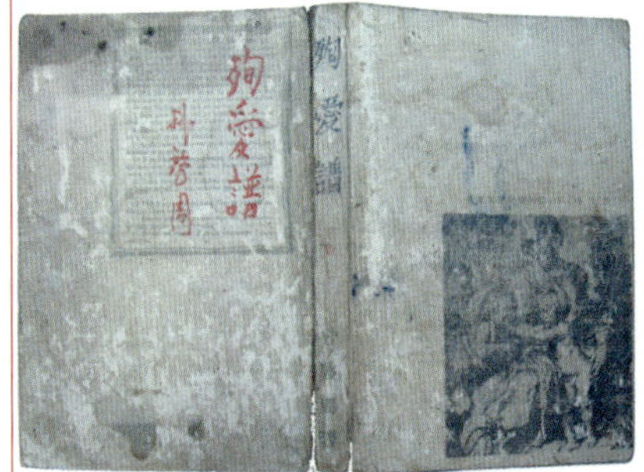

박계주 『순애보』(박계주 장정)

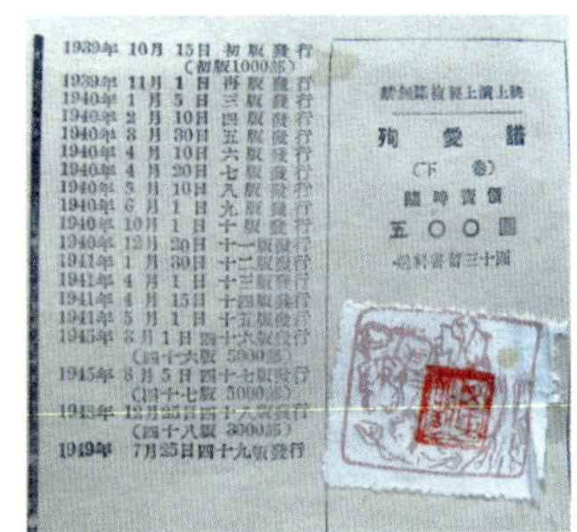

『순애보』 판권

박계주 『처녀지』(김기창 장정)

『처녀지』 면지

『처녀지』 속표지(정지용 題字)

박기준 『냉정전쟁』

박노춘 · 홍웅선 편 『고시가주해』(정종여 장정)

『고시가주해』 면지

박도일(코난도일) **흡혈귀** 상호출판사 1948 160쪽 [i]

박동규 **협동조합강화** 조선금융조합연합회 1949.5.15 188쪽 270원 [朴]

박동호 **문화사강의안** 조선대학교(등사본) 1950.3.31(서문일자) 42쪽

박두진 **해** 시집 청만사 1949.5.15 128쪽 380원

박두진 외 **청록집** 을유문화사 1946.6.6 109쪽 30원

박두진 외 **청록집** 을유문화사 1949.11.20(再) 109쪽 300원

박로아 **녹두장군** 희곡집 정음사 1950.1.25 800원

박루월 편 **춘향전** 신흥서관 1945.10.10 120쪽 4원50전

박만규 **고등생물** 상 동방문화사 1949.8.15 360원 [i]

박만규 **고등생물** 상 동방문화사 1950.5.15 [全]

박만규 **고등생물** 하 동방문화사 1950.5.15 175쪽 400원 [i]

박만규 **이과교수법의 지침** 건국사 1947.1 64쪽 40원 [出]

박만규 **생물편** 중등과학 청구서점 1948.2 [冊]

박만규 **생물** 중학교자연과학 청구서점 1948.8.15 [全]

박만규,홍원식 **식물도보** 서울문화사 1949.4.8 [全]

박만규 **우리나라식물명감** 조선교학도서 1949.2.10 515쪽 2200원

박만규 **생물도해** 조선교학도서 1949 131쪽 600원 [韓]

박목월 **박영종동시집** 조선아동회 1946.6.15 72쪽

박목월 **초록별** 동요집 을유문화사 1946.10.1 82쪽 30원 [乙]

박목월 외 **청록집** 을유문화사 1946.6.6 109쪽 30원

박목월 외 **청록집** 재판 을유문화사 1949.11.20 109쪽 300원

박목월 편 **현대동시선** 한길사 1949.3.15 이인성 그림 [i]

박목월 외 **현대시집**III 정음사 1950.3.20 234쪽 800원

박목월 편 **현대명작동요선** 산아방 1950.6.10 [河]

박목월 외 **시창작법** 선문사 1949.12.25 233쪽 480원

박목월,전림 **초등글짓기** 5,6학년용 국제사 1950.5.10 280원 [全]

박몽환 **이성과 신앙** 계성문화사 1949 154쪽 300원 [韓]

박문규 **조선토지문제논고** 신한인쇄공사 1946 145쪽 [i]

박문서 **소백산** 시집 백우사 1948.11.15 115쪽

박민 **산역의 밤** 시집 문예신문사 1949.5.5 80쪽

박병규 **세계위인미담일화선집** 서울문화사 1949.5.20 190쪽 300원

박병연 **신수한문독본** 문화당 1946.9.20⒢ 全

박봉석 **조선십진분류표** (K.D.C) 국립도서관 1947.10 88쪽 280원 出

박봉석 **조선동서편목규칙** 국립도서관 1948.10.11 50쪽 ℹ

박봉석 **조선사정해** 온문사 1949.6.21 292쪽 480원

박봉양 **어린이역사이야기** (출판처 미상) 20원 出

박봉양 **조선외교사개요** 조선학교도서출판사 1950.3.20 160쪽 650원

박산운 외 **전위시인집** 노농사 1946.12.30 70쪽 60원 Z

박상남 **도야지 삼신** 대양당 (전주) 1948 132쪽 130원 韓

박상길 **우주탄선언** 조양사출판부 1948.12.25 156쪽 250원

박상길 **영웅이여 나오라** 조양사출판부 1949.4.15 83쪽 160원 賢

박상길 **20세기의 동태** 제1집 대한민국공보처 1950 41쪽 ℹ

박상동 **중등도법** 상 조선과학문화사 1949.7.5⒢ 98쪽 250원

박상일 **법학대요** 백양당 1950 306쪽 3000원 韓

박상일,윤세창 **법제개요** 문조사 1949.12.10 270쪽 550원

박성강 편 **안중근선생 공판기** 독립운동선구 경향잡지사 1946.4.8 235쪽 25원

박성규 **향토풍물화집** 조선문화교육출판사 1949 20쪽 250원 雅

박성환 역편 **대역50명화집** 하 민조사 1947 121쪽 40원 出

박세영 **산제비** 시집 별나라사 1946.2.1⒢ 157쪽 15원

박세영외 **횃불** 해방기념시집 우리문학사 1946.4.20 151쪽 25원

박손혁(촬스어드맨) **마태복음** 조선기독교서회 1949.11.30 338쪽 500원 ℹ

박수복 **고급국사의 정해** 수험본위 동광문화사 1948.10.8 全

박수복 **우리나라의 지리개관** 서울문화사 1949 223쪽 370원 韓

박순래(덕부저일랑) **패전학교** 창인사 1950.1.25⒢ 130쪽 300원

박순범 **철도운전사고방지대책 및 처치법** 동화출판사 1948 228쪽 250원 韓

박술음 **Model English Book** ② 을유문화사 1950.4.20 全

박승걸 **박승걸시집** 상호출판사 1947.11 80쪽 100원

박승훈 **외별시집** 평문사 1949 78쪽 150원 韓

박승훈 **수험영문법연구** 계림인서관 1950 222쪽 500원 韓

박시인,황찬호 **고급영작문** ② 수문관 1950.6 3,000원 ℹ

박두진 『해』(김용준 장정)

박루월 편 『춘향전』

박목월 외 『청록집』 초판(김용준 장정)

박목월 외 『청록집』 재판(김용준 장정)

박문서 『소백산』(김정걸 장정)

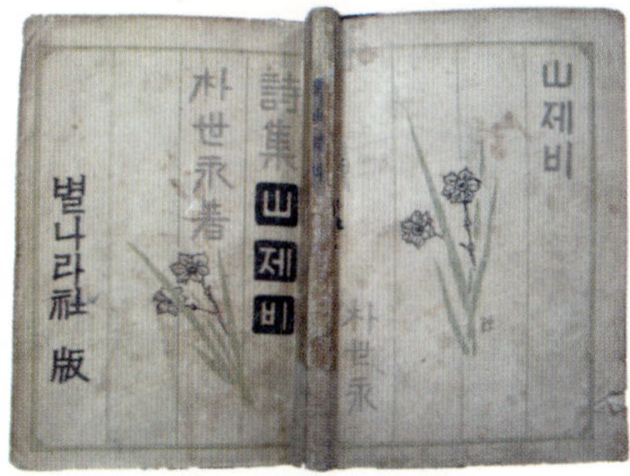

박세영 『산제비』(이주홍 장정)

박세영 외 『횃불』(이주홍 장정)

박승걸 『박승걸시집』

박아지 **심화** 시집 우리문학사 1946.3.10 90쪽 15원

박양수 **영어공부** 알기쉬운 삼중당 1949 178쪽 250원 韓

박연빙 **기우** 일심사 1949.5.18 157쪽 350원

박영만 **새로운 성** 상권 학예사 1948.11.1 284쪽 420원

박영만 **새로운 성** 하권 금룡도서 1949 559쪽 600원 ⓘ

박영준 **목화씨 뿌릴 때** 서울타임스사출판국 1946.8.5 217쪽 60원

박영희 **문학의 이론과 실제** 일월사 1947.4.25 112쪽 80원

박영히 글 이철경 씀 **가정편지글** 한글습자 정문관 1947.4.1 52쪽 60원

박영희,박남길 **육아수첩** 대성출판사 1949 133쪽 280원 韓

박오양 편 **김립시집** 동진문화사 1948.9.20 314쪽 500원

박완朴浣 **제3노예** 소설 청수사 1949 188쪽 270원 韓

박용구 **음악과 현실** 민교사 1949.4.15 193쪽 350원

박용구 **음악입문** 박문출판사 1949.5.15 105쪽 200원

박용도(헨리토마스) **영어개론** 종로서관 1949 330쪽 550원 韓

박용호 **새 무용 안무집** 예술신문사 1947.4 15쪽 35원 韓

박용환 **연당의 비밀** 성문당서점 1948 282쪽 300원 韓

박웅걸(하상조) **무산계급이야기** 적성문화회 1946.2 113쪽 10원 ⓘ

박원수 **운동화** 동지사 1948.5 100원 出

박원식 **청춘잡조** 조선금융조합연합회 1948.9.1 120쪽 120원 ⓘ

박윤선 **계시록주석** 고려신학교 1949.4.1 443쪽 비매 ⓘ

박윤철 편 **시조집** 민중문고② 1946.8.30 160쪽 25원

박은식 저 하경덕 편 **한국독립운동지혈사** 서울신문사출판국 1946.4.15 305쪽 50원

박은식 저 김영세 편 **한국통사** 삼호각 1946.6.15 172쪽 120원

박은용 역편 **콩코―네CONCONE** 50番錬習曲 국제음악문화사 1947.6 ⓘ

박은용 **음악개설** 아문각 1949.5.10 132쪽 ⓘ

박의창 **최신중등서양사** 신민사 1948.8.28 全

박인수 편,발행 **조선고전가사집** 자가본 1946.6.1 90쪽 20원

박인수 편 **조선고전가사집** 권일 낙동서관 1946.12.1 90쪽 30원 賢

박인식(로엠까리닌) **위대한 쏘베트국가** 휘인서사 1947.7 50쪽 30원 出

박인환 **신영어회화** 현대사교 덕흥서림 1948 151쪽 180원 韓

박일경 **헌법강의** 국민대학도호국단문화부 1949 116쪽 350원 韓

박일경 **비교정부론** 국민대학교출판부 1950.3 ^(서문일자) 79쪽

박일룡(로조프스키) **레닌과 노동조합운동** 우리서원 1946.8.15 99쪽 30원

박일민 **소련교육시찰기** 동서문화출판사 1949.4.15 153쪽 200원

박일원 **남로당총비판** 극동정보사 1948.1.20 164쪽 150원 朴

박일원 **총선거에 대한 남로당의 동향비판** 극동정보사 1948.4.1 22쪽 30원 朴
　　　* 출판사 표기가 없어 추정한 것임.

박일원 **남로당의 선전선동에 관하여** 미국공보원 1948.11.5 10원 ｉ

박임련 **신제화학문제기본** 과학진흥사 1948 131쪽 250원 韓

박임련 **고급표준화학** Ⅰ 과학진흥사 1950.3.15 ^{증정(再)} 156쪽 480원

박장희 **국문학선** 대동사 1946.4.5 127쪽 16원

박재우 **신경찰법** 대성출판사 1948.11 365쪽 550원 出

박재훈 **일맥동요집** 봉선화동요회 1948.2.25 20쪽 100원

박제가 저 김한석 역 **북학의** ^{협동문고(3-1)} 조선금융조합연합회 1947.10 79쪽 50원 出

박종대 **통일조선을 위하여** 청년사 1948.4 30원 出

박종목(올레슈ㄲ) **전후구라파제국에 있어서의 민주주의의 발전** 조선문화단체총연맹 1948 58쪽
　　　50원 韓

박종문 **신자동차관계법규해설집** 정문사 1950.3.10 434쪽 2000원

박종옥 **상원시조집** 고려문화사 1948.10.20 94쪽 150원

박종옥 **일용어사전** ^{틀리기쉬운} 조선어사전간행회 1949.9.1 145쪽 250원 ｉ

박종홍 **일반논리학** 동지사 1947.9 195쪽 350원 出

박종홍 **일반논리학** 동지사 1949.10.31 ^(증정三) 195쪽 600원

박종홍 외 **공민** ^{중등사회③} 동지사 1949.9.5 230원

박종화 **청자부** ^{시집} 고려문화사 1946.5.5 96쪽 20원

박종화 **민족** ^{전편} 예문각 1947.6.20 292쪽 280원

박종화 **민족** ^{후편} 예문각 1947.9.15 292쪽 280원

박종화 **청춘승리** 수선사 1949.2.10 242쪽 380원

박종화 **금삼의 피** ^{역사소설} 을유문화사 1949.4 514쪽 乙

박종화 **대춘부** ^{전편} 을유문화사 1949.2.15 334쪽 450원 乙

박종화 **대춘부** ^{후편} 을유문화사 1949.6.5 330쪽 450원

박종화 **다정불심** ^{역사소설} 을유문화사 1950.6.10 462쪽 1000원 乙

박아지 『심화』(이주홍 장정)

『심화』 속표지(이주홍 그림)

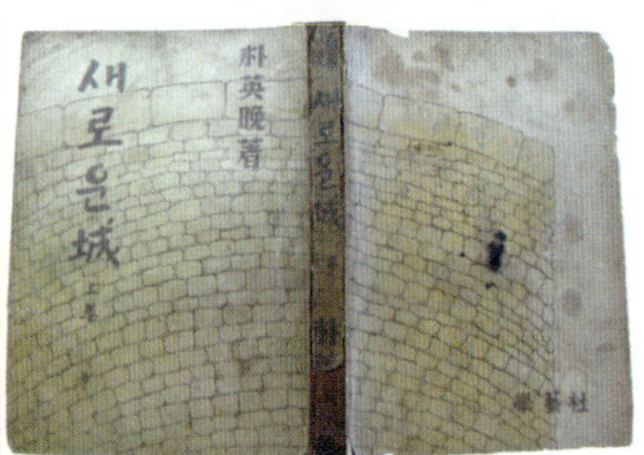
박영만 『새로운 성』 상권(서현 표지)

박영준 『목화씨 뿌릴 때』(오지호 장정)

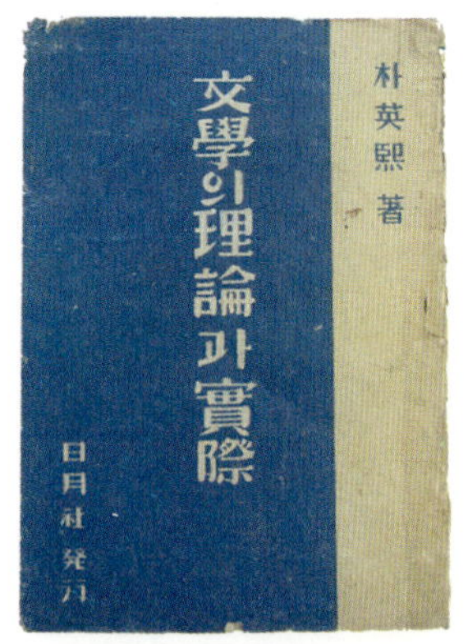

박영희 『문학의 이론과 실제』

박용구 『음악과 현실』(박문원 장정)

박일룡 『레닌과 노동조합운동』

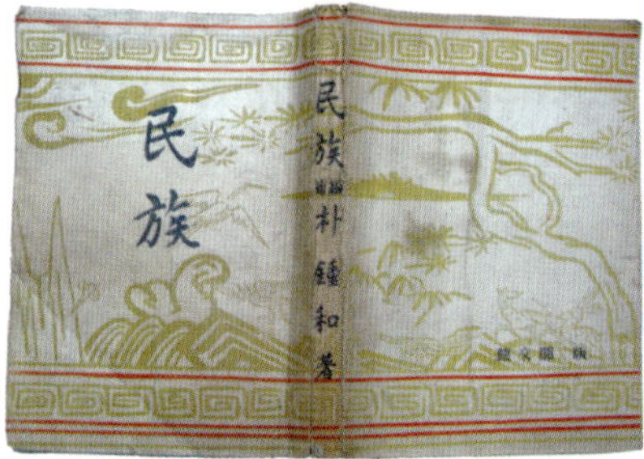

박종화 『민족』(이승만 장정)

박증구 편　**국어국문학요람**　무등서적인쇄㈜　19502.10　84쪽　비매　朴

박지영 편　**페스타롯찌의 생애와 사업**　대한교육연합회　1949.12.5　211쪽　300원

박지원 저　김성칠 역　**열하일기** I　도강록－정음문고　정음사　1948.1.30　122쪽　70원

박지원 저　김성칠 역　**열하일기** II　성경잡지－정음문고　정음사　1948.1.20　137쪽　80원

박지원 저　김성칠 역　**열하일기** III　정음문고　정음사　1948.4.30　122쪽　100원　ⓘ

박지원 저　김성칠 역　**열하일기** IV　정음문고　정음사　120쪽　100원　ⓘ

박지원 저　김성칠 역　**열하일기** V　정음문고　정음사　1950.2.10　172쪽　250원

박지원 저　이석구 역　**양반전**　협동문고(2-3)　조선금융조합연합회　1947.11.1　103쪽　70원

박지원 저　이윤재 역　**도강록**　대성출판사　1946.5.10　133쪽　25원

박지원 志遠　**관상과학**　정신문화사　1949.6.11　450원　ⓘ

박진규　**익쌀주머니 우슴동산**　문교당　1946.10　88쪽　25원　出

박진규 편　**교육실화선집**　계몽구락부　1947　94쪽　70원　出

박찬모,김영건 공역　**세계사교정** 1 유물사관　백양당　1947.8.15　284쪽　250원

박찬모,김영건 공역　**세계사교정** 2 유물사관　백양당　1948.8.31㈎　242쪽　380원

박찬모,김영건 공역　**세계사교정** 3 유물사관　백양당　1948.7.30　276쪽　450원

박찬모,김영건 공역　**세계사교정** 4 유물사관　백양당　1948.12.31　366쪽　500원

박찬모 역　**맑스엥겔스예술론**　건설출판사　1946.12.1　90쪽　40원

박창기　**불교의 인생관**　원불교중앙총부원광사　1949　105쪽　200원　韓

박창해　**쉬운 조선말본**　계문사　1946.11　108쪽　40원　雅

박철 哲　**동서미담**　신생사　1947.7.5　册

박철 哲　**해방** 소년소설　동문사　1948.3.20　72쪽　100원

박철 鐵　**북조선노선비판**　문화공론사　1949　126쪽　150원　雅

박철재(데빗드드씨)　**신세기의 원자세력**　건문사　1948.11.30　208쪽

박춘석　**한민족의 혈누사**　한민출판사　1946　110쪽　20원　淸

박치우　**사상과 현실** 평론집　백양당　1946.11.20　230쪽　90원

박태례　**태극기의 의의와 그 유래**　경성인서사　1948　36쪽　雅

박태보 편　**석개** 石凱　석금동인사 石琴同人社　1946.3　56쪽　75원　出

박태원　**천변풍경**　박문출판사　1947.5.1　491쪽　480원

박태원　**성탄제** 자전창작집－을유문고⑦　을유문화사　1948.2.10　236쪽　200원　ⓘ

박태원　**이순신장군** 역사소설　을유문화사　1948.7　114쪽　180원　乙

박태원 **홍길동전** 협동문고(4-4) 조선금융조합연합회 1949.2.15 176쪽 250원

박태원 **금은탑** 조선문학전집⑤ 한성도서 1949 ⓘ

박태원 **여인성장** 영창서관 1949 574쪽 750원 韓

박태원 **중국동화집** 정음사 1946? 83쪽 15원

박태원 **조선독립순국열사전** 제1집 유문각 1946.2.15(再) 74쪽 7원

박태원 **약산과 의열단** 백양당 1947.9.25 211쪽 200원

박태원 **약산과 의열단** 백양당 1948.10.31(再) 211쪽 280원

박태원 편 **중등문범** 정음사 1947 104쪽

박태원 역 이분 저 **이충무공행록** -을유문고⑧ 을유문화사 1948.5.20 138쪽 160원 乙

박태원 역 **삼국지** 권1 정음사 1950.3.15 395쪽 1000원

박태원 역 **수호전** 권2 정음사 1950.2.15(再) 432쪽 1000원

박태원 역 **수호전** 권3 정음사 1950.1.15 536쪽 ⓘ

박태원 역 **중국소설선** Ⅰ -정음문고 정음사 1948.2.10 125쪽 80원

박태원 역 **중국소설선** Ⅱ -정음문고 정음사 1948.3.20 116쪽 80원

박태윤 **중등국어문법** 초급용 경성인서사 1948.8.25 220원 ⓘ

박태윤 **중등국어문법** 하급용 서울문화사 1950.5.20 全

박태윤 **현대문장신강** 교문사 1948.9.5 243쪽 350원

박태윤 **고대문문답선** 서울문화사 1950.3.20 243쪽 100원 ⓘ

박태준 **박태준동요곡집** 음악사 1947 40쪽 韓

박항식 저 이원팽 편 **백사장** 시집 자가본 (발행인:곽안순) 1946.8.1(120부) 55쪽 비매 ⓘ

박헌영 **삼상회의 결정과 조선** 해방일보사 1946.2 32쪽 4원 出

박헌영 **세계와 조선** 조선인민사 1946.8 66쪽 18원 出

박헌영 **일반정세와 조선의 진로** 조선공산당중앙위원 1946.5 39쪽 8원 出

박헌영 **조선인민에게 드림** 우리문화사 1946.8 206쪽 40원 出

박현朴賢 **사랑의 길** 영인서관 1949 220쪽 300원 韓

박홍규(데칼트) **방법론서설** 대성출판사 1948.10 95쪽 180원 出

박홍준 **동양사대요** 수험자습최신 대양출판사 1950.3.15 312쪽 全

박화성 **고향 없는 사람들** 중앙문화보급사 1948.1 119쪽 200원 出

박화성 **홍수 전후** 백양당 1948.12.15 309쪽 450원

박화성 **백화** 덕흥서림 1949 487쪽 650원 韓

박재훈 『일맥동요집』

박종화 시집 『청자부』(박계주 장정)

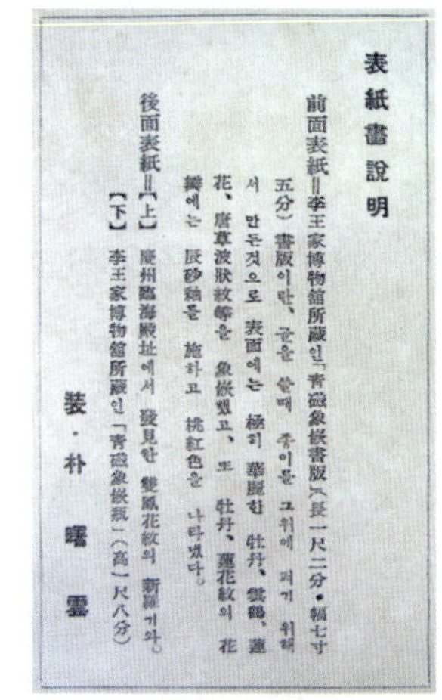

『청자부』 표지화 설명글

박종화 『대춘부』

박찬모 역 『맑스엥겔스예술론』(박문원 장정)

박철 『해방』

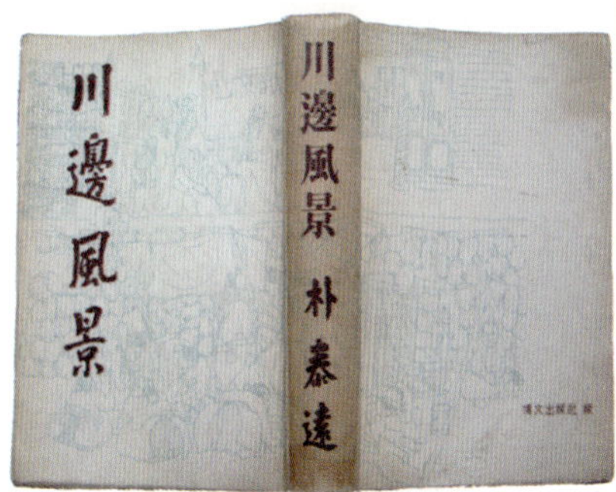

박태원 『천변풍경』(박문원 장정)

『천변풍경』 속표지

박희병　**교육법해의**　교육주보사　1950.4.15　223쪽　600원

방기환　**녹야** 시집　자가본　1947.1 (후기일자) (면수표시 없음)

방기환　**누나를 찾아서**　문화당　1948　130쪽　120원　出

방기환　**손목잡고** 아동극집　문화사　1949　ℹ

방수원　**동포에게 호소함**　기독교신문사　1947.3　25쪽　出

방승환(브루노B)　**철학입문**　문화당　1949.8.15　156쪽　300원

방신영　**조선음식 만드는 법**　대양공사　1946.11.5　569쪽　500원

방신영　**조선요리제법**　한성도서　1949　284쪽　450원　韓

방윤수　**영어공부법**　문헌사　1949.1.26　107쪽　200원

방인근　**새 출발** 전편　근흥인서관　1946.8.25　242쪽　ℹ

방인근　**새 출발** 장편소설　평범사　1948.12.18　250쪽　680원　賢

방인근　**괴시체**　영인서관　1946　160쪽　50원　韓

방인근　**여학생의 정조**　영인서관　1946　150쪽　50원　韓

방인근　**마도의 향불**　영창서관　1947　533쪽　120원　韓

방인근　**살인마**　조선공업도서　1948.2　371쪽　350원　韓

방인근　**사랑과 결혼**　경향출판사　1948.7　300원　出

방인근　**애정**　숭문사　1948.8.10(再)　222쪽　350원　賢

방인근　**복수**　문운당　1948.12.10　218쪽　350원　賢

방인근　**화심**　한성도서　1949.1.25　280쪽　400원　ℹ

방인근　**괴도루팡 813의 비밀** 상,하　문운당　1949.1.30　226쪽　350원　ℹ

방인근　**젊은 안해**　삼문사출판부　1949.2.25　251쪽　380원

방인근　**생의 비극** 비련소설　문운당　1949.3.30　316쪽　500원　賢

방인근　**혁명가의 일생** 장편소설　삼팔사　1949.4.15　380원　ℹ

방인근　**정조와 여학생** 장편소설　중앙출판사　1949.4.20　131쪽　200원　賢

방언근　**홍운백운**　덕흥서림　1949.5.30　479쪽　700원　ℹ

방인근　**악마** 탐정소설　문운당　1949.11.20　201쪽　450원　賢

방인근　**방화살인사건** 탐정소설　호남문화사　1949.11.30　193쪽　450원　ℹ

방인근　**사랑의 편지** 청년남녀서간집　중앙출판사　1949　74쪽　150원　韓

방인근　**청춘야화**　한성도서　1949　313쪽　500원　韓

방인근　**여학생의 정조**　한흥출판사　1949　152쪽　300원　韓

방인근 **방랑의 가인**^하 계몽사서점 1950.3.10 318~572쪽 600원 賢

방인근 **괴시체** 중앙출판사 1950.5.5 138쪽 2,500원 ⓘ

방인근 **동방의 새봄**^{상권} 조선공업도서출판사 1949 533쪽 700원 韓

방인근 **동방의 새 봄** 조선공업도서출판사 1950 396쪽 韓

방인근 **그 여자의 사랑** 동명문화사 1950 300쪽 6000원 韓

방정환 글 김의환 그림 **까치옷**^{소파동화독본①} 조선아동문화협회 1946.12 170쪽 30원 乙

방정환 글 정현웅 그림 **울지 않는 종**^{소파동화독본②} 조선아동문화협회 1946.11 140원 乙

방정환 글 윤희순 그림 **나비의 꿈**^{소파동화독본③} 조선아동문화협회 1947.6.1 60원 ⓘ

방정환 글 김규택 그림 **귀먹은 집오리**^{소파동화독본④} 조선아동문화협회 1948.1.5 68쪽 80원

방정환 글 한홍택 그림 **황금거위**^{소파동화독본⑤} 조선아동문화협회 1946.11 72쪽 140원 乙

방정환 **사랑의 선물**^{세계명작동화집(하)} 박문출판사 60원 出

방종현 **훈민정음**^{원본해석} 진학출판협회 1946.7.10 全

방종현 **속담집**^{朝漢英연학문고} 연학사 1946.8.31 103쪽 25원

방종현 **고어재료사전**^{전집} 동농사(등사본) 1946.12 133쪽

방종현 **고어재료사전**^{후집} 동성사(등사본) 1947.6 194쪽

방종현 **세시풍속집**^{연학문고} 연학사 1946.11.20 133쪽 35원

방종현 편 **조선문화총설** 동성사 1947.11.25 214쪽 250원

방종현 **훈민정음통사** 일성당서점 1948.1.20 215쪽 300원

방종현 외 **조선민요집성** 정음사 1948.11.20 342쪽

방종현 **고시조정해** 일성당서점 1949.2.15 379쪽 600원

방종현 역 **송강가사**^{정음문고} 정음사 1949.9.30(六) 103쪽 150원

방종현,김형규 **문학독본** 동성사 1946.9.20 146쪽 全

방종현,김형규 **문학독본**^{改訂} 동성사 1947.9.15 146쪽 160원 ⓘ

방종현,김형규 **문학독본** 연학사 1949.8.20 全

방종현,김사엽 **속담대사전** 교문사 1949.1.31 437쪽 950원

방종현,김사엽 **속담대사전** 교문사 1950.2.3 437쪽 1700원

방한 **왜 가난한가?**^{조선사문고①} 조선사 1947 淸

배달학원 편,발행 **용비어천가** 1945.12.5 印진주프린트사 ⓘ

배성룡 **자주 조선의 지향** 광문사 1949 208 雅

배옥천 글 백문규 그림 **아이나의 모험**^{만화} 아문사 1948.11.15 32쪽 ⓘ

박태원 『홍길동전』

박태원 『중국동화집』

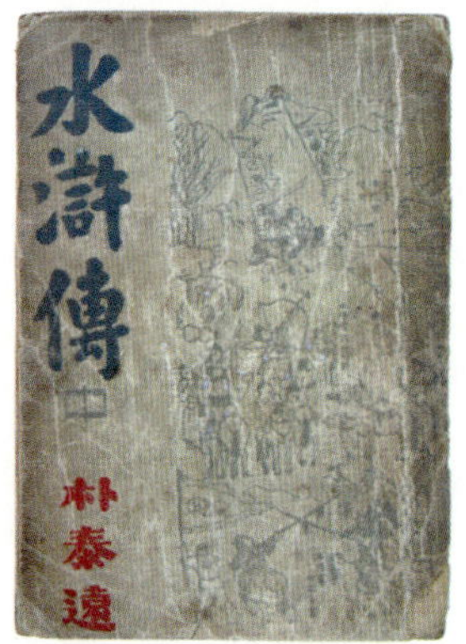

박태원 『수호전』 중편

방기환 『녹아』

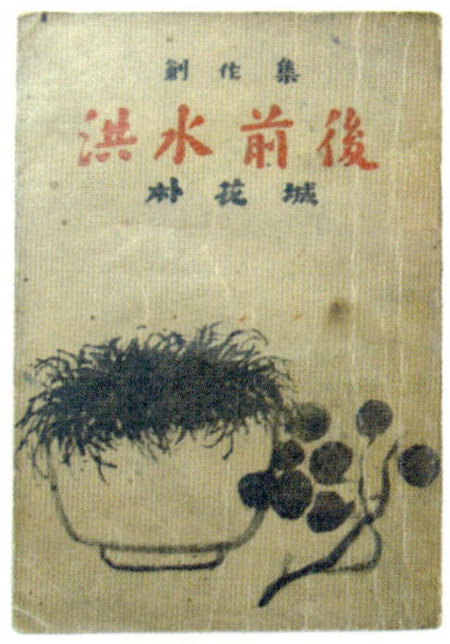

박화성 『홍수 전후』

방신영 『조선음식 만드는 법』 속표지(심형구 장정)

방종현 『세시풍속집』

『홍수 전후』 속표지

방인근 『젊은안해』

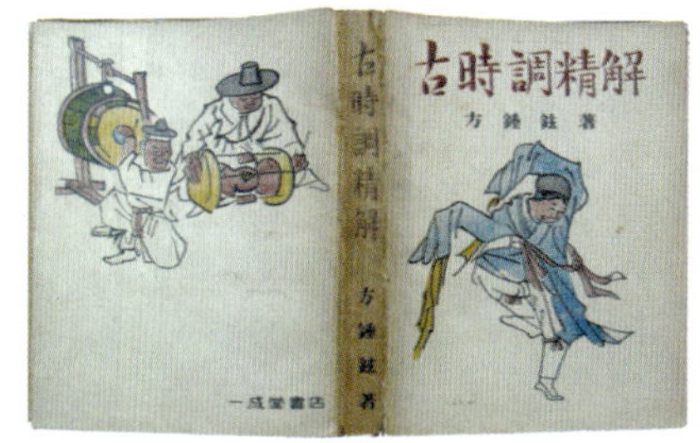

방종현 『고시조정해』(김기창 장정)

방인근 『젊은안해』

방인근 『생의 비극』

『고시조정해』 면지

방정환 『귀먹은 집오리』(김규택 그림)

방인근 『정조와 여학생』(김호성 장정)

배용찬 **한글상해 명심보감** 낙동서관 1947.1 102쪽 60원 韓

배호 外 **토끼와 시계와 회심곡** 서울출판사 1946.10.20 146쪽 45원

백규수 **혜산유고** ^(충남 장옥정사) 자가본 1948 24쪽 雅

백남운 **조선민족의 진로** 신건사 1946.7.15 64쪽 18원

백남운 **조선민족의 진로 재론** 민족문화연구소 1947.6 29쪽 30원 出

백남혁 **농업통론** 대동문화사 1949.7.15 165쪽 320원

백대현 **생물학교본** 세문사 1947 192쪽 85원 韓

백문규 그림 배옥천 글 **아이나의 모험** ^{만화} 아문사 1948.11.15 32쪽 i

백문영 그림 **김상옥의사** ^{만화} 대명문화사 1949 32쪽 i

백봉의 **자습독일어** 신한출판사 1950 韓

백성기 편 **해방기념 서울안내** 경성안내사 1947 120쪽 220원 韓

백세명 편 **신국민간독** 웅변구락부 1946.1.15 63쪽 6원 朴

백영수 **미술개론** 남향문화사 1950.4.10 228쪽 600원

백제현 **노원장** ^{단편집} 지문각 1948.11.20 142쪽 230원 出

백철白鐵 **문학개론** 동방문화사 1947.3.30 179쪽 250원

백철白鐵 **문학개론** 동방문화사 1947.4.25 179쪽 특제180원,병제150원

백철白鐵 **문학개론** 동방문화사 1948.1.20(再) 200원 i

백철白鐵 **문학개론** 동방문화사 1948.8.20(六) 179쪽 250원

백철白鐵 **조선신문학사조사** 수선사 1948.9.25 421쪽

백철白鐵 **조선신문학사조사** 백양당 1949.7.25 413쪽 700원

백철白鐵 外 **학생과 신문** 수도문화사 1950.4.20 175쪽 700원

백철白哲 **복면신사** 백엽문화사 1948.10 320원 出

백효원(누시노프) **문학의 본질** 신학사 1947.11.1 97쪽 80원 i

백효원(이시첸코) **철학사전** 개척사 1948.7.15 369쪽 700원

백효원(투이미얀스키) **변증법적 논리학** 신학사 1948.11.15(再) 132쪽 220원

백효원(누시노브세이트린) **문학원론** 문경사 1949.6.25 278쪽 400원

백홍수,이용기 **행형법개론** 치형협회 1948.2.1 180원 258쪽

범조사 편 **우리말새사전** 범조사 1948 1292쪽 3000원 韓

법무부조사국 편,발행 **서서**^{瑞西}**형법전및서반아형법전**^{—법무자료⑨} 1948.12 399쪽 i

법무부조사국 편,발행 **불란서형법전 및 인도형법전**^{—법무자료⑦} 1948.12 129쪽 i

백영수『미술개론』

법무부조사국 편,발행 **이태리형법전 외** ^{법무자료⑧} 1948.12 361쪽 **i**

법무부조사국 편,발행 **불란서민법전** ^{법무자료④} 1949.7 448쪽 **i**

법무부조사국 편,발행 **서서^{瑞西}채무법전** ^{법무자료⑫} 1949.7 252쪽 **i**

법무부조사국 편,발행 **중국상법전 외** ^{법무자료⑬} 1949.7 285쪽 **i**

법무부조사국 편,발행 **미국국제사법전** ^{법무자료⑮} 1949.7 175쪽 **i**

법무부조사국 편,발행 **영국민사소송법** ^{법무자료⑰} 1950.3 303쪽 **i**

법무부조사국 편,발행 **미주각국헌법전** ^{법무자료⑲} 1950.4 289쪽

법제처법무조사국 편,발행 **현행각국헌법전** 법제자료 제1집 1949.5.25 365쪽 비매

베·옷신스키 **계획경제론** 서울출판사 1949 274쪽 **i**

변경걸 편 **기초미분적분** 조선공업문화사 1947.10 230쪽 200원 **出**

변영로,이하윤 선역 **영시선집** 동방문화사 1948.4.10 93쪽 150원

변영로 편 **Grove of Azalea** ^{영시 진달래숲} 국제출판사 1947.7 83쪽 120원

변영태 **Tales From Korea** ^{조선동화집:영문판} 국제문화협회 1946.10.20 148쪽 60원

변영태 **Songs From Korea** 국제문화협회 1948.12.30 112쪽 200원

변영태 **Korea My Country** 국제문화협회 1950.1.20 224쪽 450원

변인선 **기초영어5천어집** 정문관 1948.6 280원 **出**

변인선 **한영사전** 을문관 1945 1114쪽 60원 **韓**

변인선 **한미사전** 정문관 1945.12 214쪽 60원 **出**

변인선 편 임규일 역 **에숖우화** 정문관 1946.7.1 120쪽

변홍규 **신학원론** 기독세계사 1949.12 438쪽 **i**

보현산인 **의사안중근** 한성출판사 1946.1 32쪽 3원50전 **出**

보현산인 **왜놈이 민비 죽인 이야기** 중앙출판사 1946.9.20 34쪽 20원 **朴**

부인사 편,발행 **임신과 해산독본** ^{가정교양총서1} 1949.7.1 19쪽

북미세계교회사업상담소외국전도조선위원회 편,발 **찬송가** 1947 331쪽 150원 **韓**

사공환,이동윤 **중등서양사** 동방문화사 1948.8.25 **全**

사공환 외 **민주주의민족교육론** 동심사 1949.5.20 139쪽 360원 **i**

사대부속성동국교 편 **사회생활공부** ^{5학년용 하} 조선교육연구회 1947.4.30 35원 **i**

사대부속성동국교 편 **사회생활공부** ^{5-1:다른나라의 생활} 문화당 1947.7.30 30원 **i**

사대부속성동국교 편 **사회생활공부** ^{5학년용 하} 문화당 1947.7.30 50원 **i**

사대부속성동국교 편 **사회생활공부** ^{6-1:우리나라의 생활} 문화당 1947.7.30 30원 **i**

변영로 편 『Grove of Azalea』

변인선 편 임규일 역 『에숖우화』

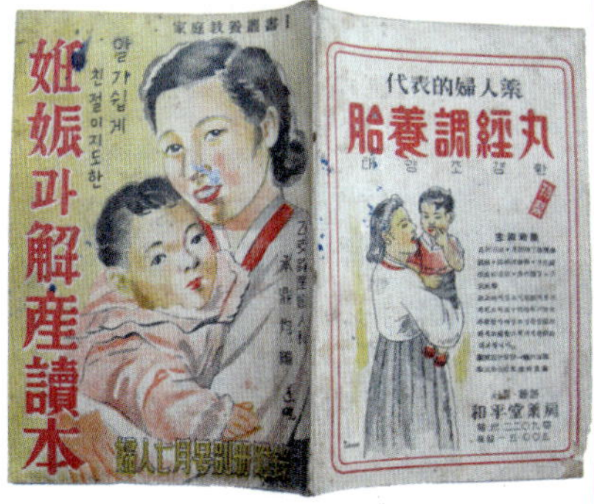

『임신과 해산독본』

사법신문사 편,발행 **현행대한민국법령유집** 1948.11.10 🅸

사서연역회 역 **삼국유사** 고려문화사 1946.6.25 362쪽 150원

사회과학연구소(엥겔스) **공산주의원칙 공산당선언에 관한 초안** 동심사 1945.12 45쪽 3원50전 🔳

사회과학연구회 역,발행(레닌) **국가론** 1945.12.28 32쪽 3원50전

사회과학연구회 편,발행(니콜라이레닌) **민주주의와 독재** 1946.3 24쪽 4원 🔳

사회과학총서간행회 역편,발행(레닌) **국가와 혁명** 사회과학총서② 1946.5 150쪽 20원 🔳

사회과학총서간행회 역편,발행(레닌) **레닌주의의 기초** 사회과학총서① 1946.1 114쪽 8원 🔳

사회부노동국 편,발행 **미영노동운동소사** 1949.3.30 80쪽 비매

산천국영,계리언 **사회주의의 부인관급남녀관계의 진화** 맑레출판사 1946.1.30 32쪽 4원 🔳

삼문사 편,발행 **스파이의 마수** 1946 314쪽 50원 🔳

삼문사출판부 편,발행 **한글역대선집** 제1집 1945 192쪽

삼문사출판부 편,발행 **한글통일조선어문법** 1945.9.30 🔳

삼문사출판부 편,발행 **한글통일조선어문법** 1946.9 98쪽 20원 🔳

삼문사출판부 편,발행 **한글통일조선어철자법** 1946.9 77쪽 30원 🔳

삼문사출판부 편,발행 **조선역사** 1945.9.30 🅸

삼문사출판부 편,발행 **국어철자법** 1945 78쪽 🔳

삼문사편집부 편,발행 **한글통일조선철자법** 1946 98쪽 20원 🔳

삼문사출판부 편,발행 **사회문제사전** 1947.3 154쪽 100원

삼문사출판부 편,발행 **시조집** 1948.5.30 🅸

삼문사출판부 편,발행 **홍길동전** 조선문학전집④소설집(하) 1948.5.30 366쪽 550원

삼문사출판부 편,발행 **소학생국어사전** 1948.7 100원 🔳

삼문사출판부 편,발행 **고시조선** 1950 304쪽 🅸

삼문사 편,발행 **조선민요집** 1950.5.5 600원 🔳

삼성문화사 편,발행 **The Use of Life** 1948(再) 167쪽 🅸

삼성사 편,발행 **뉴잉그리쉬리더 자습서** ① 1947.9.7 96쪽 75원 🅸

삼양사 편 **결혼 직업 과학적 운명판단** 삼양사 (부산) 1950 112쪽 220원 🔳

삼우사 편,발행 **단국오천년사조선역사** 1946 90쪽 30원 🔳

삼의사 편 **초등국어모범참고서** 2-1 1948.8.15 90원 🅸

삼의사 편,발행 **초등국어참고서** 5-1 1948.7.5 140원 🅸

사회과학연구회 역 『국가론』

『미영노동운동소사』(육종호 표지)

『한글통일조선어문법』

『홍길동전』

『총선거정견집』 상·하

상민 『옥문이 열리든 날』

삼중당 편,발행 **경인년대한민력** 삼중당대중문고 1949.12 59쪽 **i**

삼천리사 편,발행 **총선거정견집** 상 1950.4.27 248쪽 600원

삼천리사 편,발행 **총선거정견집** 하 1950.5.18 208쪽 600원

삼청초등학교 편,발행 **졸업기념** 제3회 1947.7 **i**

상무부기술교육지도위원회 편 **미국공과대학입학시험문제집** 조선공업도서출판사 1947 118쪽 100원 **韓**

상무부기술교육지도위원회 편 **미국파견유학생급시험문제집** 조선공업도서출판사 1947 118쪽 100원 **韓**

상민 **옥문이 열리든 날** 시집 신학사 1948.9.10 138쪽 140원

상업일보사 편,발행 **무역연감** 1949 1948.12 450쪽 400원 **出**

상호출판사 편,발 **현대청년필독예의법과 사교상식** 1947 52쪽 50원 **韓**

상호출판사 편,발행 **가정상식보전** 1947 119쪽 30원 **韓**

새한민보사 편,발행 **임시정부수립대강** 새한판프레트1집 1947.8.5 121쪽 130원

서경보 **불교입문강화** 불교사 1949.6.10 147쪽 300원

서경보 **불교입문강화** 호국역경원 1948 300쪽 450원 **韓**

서경보 **석가여래와 그 제자전** 호국역경원 1949.9.15 150쪽 400원

서경보 **불교개론** 호국역경원 1949.11.20 177쪽 550원

서경보,장도환 **부처님의 설화** 불교사 1949 99쪽 **雅**

서광제 **북조선기행** 청년사 1948.7.25 162쪽 250원

서상천 **아국의 국방론** 대한독립청년단총본부 1948 114쪽 **雅**

서영해 **불어교과서** 제1집 밝은문화사 1949.10.15 182쪽 **i**

서울대학교 편 **미국독립선언문 급 헌법** 영문 국제출판사 1947.9 50쪽 80원 **出**

서울문화사 편,발행 **학생웅변선집** 1950.3.15 700원 **i**

서울미술연구회 편 **중등미술교본** 권1 서울미술연구회(?) 1946 **i**

서울사대부속국교 편 **국민학교각과생활요목집** 삼중당 1949 345쪽 700원 **韓**

서울사대국문학회 편 **고급국어** ①-③ 조선서적인쇄주식회사 1945 **雅**

서울사대부속사회생활과연구회 **국사** 삼중당 1948.8.20 280원 **i**

서울사대부속사회생활과연구회 **중등동양사** 동방문화사 1948.8.25 **全**

서울사대부속사회생활과연구회 **중등지리통론** 수문관 1948.3.31 160원 **全**

서울사대체조보건연구회 **체육보건교범** 과학문화사 1949 278쪽 500원 **韓**

서울사대 편 **고급국어** 권⑥ 고려문화사 1947.6.1 **全**

서울사대 편 **지리통론** 수문관 1948 160원 韓

서울사대학도호국대훈련부 **훈련필휴** 조선과학문화사 1949.3.25 197쪽 200원

서울시학무국 편,발행 **서울시학무국 직원록** 1948.1월말 현재 100쪽 ℹ

서울신문사 편,발행 **전후의 세계동향** 1948.8 300원 出

서울의사회 편,발행 **서울의사회회원명부** 1947 91쪽 70원 韓

서울정치교육사 역,발행 **투쟁과 승리** 스딸린연설집 1946.3 162쪽 20원 ℹ

서울조선지도연구원 편 **초등지도6학년용** 조선과학문화사 1949.8.10 130원 ℹ

서위徐湋 **심신단련법** 역도중앙총본부출판부 1950 200쪽 500원 韓

서인균 **조선사회민족운동의 회고** 사선을 넘어서 시조사 1945.11 47쪽 3원50전 出

서임수(라스키) **정치학개론** 과학사 1949.5.1(再) 107쪽 200원

서임수(슈테른베르히) **정치학설사** 명세당 1949.7.17 189쪽 350원

서재원 외 **신조선법학전집** 제4권 서울통신대학 1949 190쪽 비매 ℹ

서정률 **빛 잃은 태양** 시집 행문사 1950.2.10 河

서정주 **귀촉도** 시집 선문사 1948.4.1 71쪽 150원

서정주 **김좌진장군전** 을유문화사 1948.12.10 176쪽

서정주 **이승만박사전** 삼팔사 1949.10.15 306쪽 500원 ℹ

서정주 외 **시창작법** 선문사 1949.12.25 233쪽 480원

서정주 외편 **소학생문예독본** 6학년치 아동예술원 1949.8.12 51쪽 100원

서정주 편 **작고시인선** 정음사 1950.3.13 163쪽 450원

서정주 편 **현대조선명시선** 온문사 1950.2.15 268쪽 600원

서지열 편 **대한국민운동의 기초이론** 협계사 1949.12.23 137쪽 370원 朴

서창근 **어머님의 모습** 여학생시집 삼천리인서관 1947.5 76쪽 50원 出

서창근 **소년시집** 서울대학교 문리과대학 예과 1947.3.15 110쪽 50원 雅

서태관 **황우** 시집 자가본 1948.1.25 49쪽 100원

서필원 **정치학원론** 애지사 1950.1.20 350원 ℹ

서항석(안데르센) **그림 없는 그림책** 을유문고㉓ 을유문화사 1949.6.20 104쪽 130원 ℹ

석금타 **觀音文字** 增補正音 자가본 운문도량(장성 백양사) 등사본 1947.6.30 ℹ

석단石單 **김일성장군투쟁사** 전진사 1946.1 33쪽 5원 出

석동수 역편 **세계는 어데로?** 삼향사 1947.12 121쪽 100원 朴

석동수(윌리암C뷸리트) **소련의 역사적 현실** 보광출판사 1947.1.15 67쪽 40원 朴

서광제 『북조선기행』 (일본어판) (정현웅 장정)

서울사대학도호국대훈련부 『훈련필휴』

서정주 『김좌진장군전』 (이병현 장정)

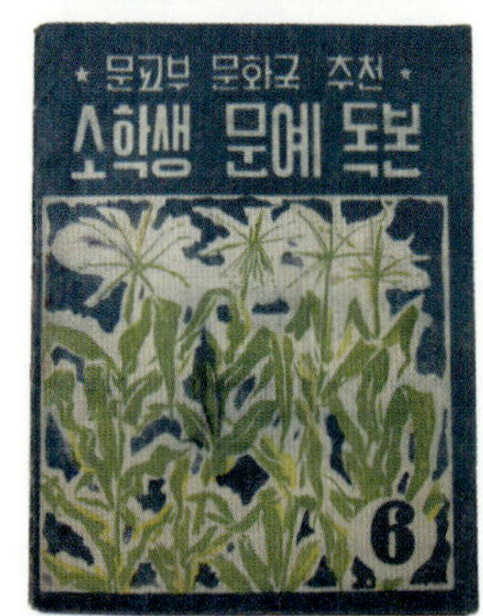

서정주 외편 『소학생문예독본』 (조병덕 표지)

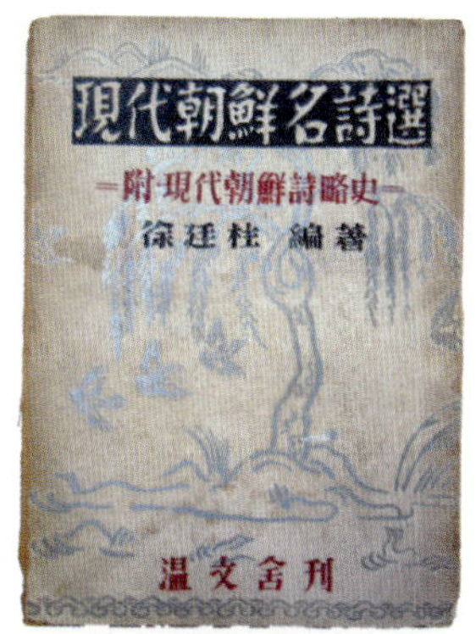

서정주 『현대조선명시선』(홍우백 장정)

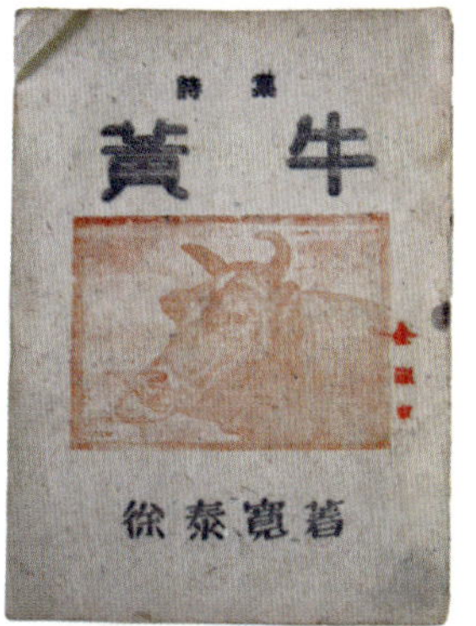

서태관 『황우』(이형모 장정)

석주명 『조선나비이름유래기』

석주명의 제주도 관련 저서들

석이경 **대한의사한의사 시험준비서** 보건문화사 1949 1,098쪽 4,300원 韓

석주명 **조선산접류총목록** 국립과학박물관연구보고① 을유문화사 1947.7 40원 乙

석주명 **제주도의 접류** 국립과학박물관연구보고② 을유문화사 1948.9 100원 乙

석주명 **조선 나비 이름의 유래기** 백양당 1947.12.5 61쪽 70원

석주명 **제주도방언집** 서울신문사출판국 1947.12.30 188쪽 250원

석주명 **제주도의 생명조사서** 서울신문사출판국 1949.3.30 190쪽 400원

석주명 **제주도문헌집** 서울신문사출판국 1949.11.1 252쪽 500원

석주명 **국제어에스페란토교과서** 조선에스페란토학회 1949 75쪽 200원 韓

석주명 **동물계교과서** 정음사 1947년판 100쪽

석주명 **중등동물** 교육연구사 1948.8.20(四) 106쪽 200원

석주선 **의복과 창의** 양재학기초 을유문화사 1948.9 120원 乙

석주선 **수예도안집** (기타사항 미상) 500원 出

선문사 편,발행 **8.15이후 방송소설걸작집** ① 1946.6 142쪽 25원 出

선문사 편,발행 **부부일기** 1946 142쪽 60원 出

선문사 편,발행 **학생과 문학** -학생총서제2집 1950.3.25 298쪽 800원

선문사 편,발행 **학생과 정치** -학생총서제1집 1950.3.10 285쪽 750원

선봉사(HANS KELSEN) **GENERAL THEORY OF STATE** (영문판) 선봉사 1948 208쪽 朴

선우기 **동물계** 일반과학 동지사 1950.5.5 (수정판) 335원 全

선우기성 **서북의 애국자** 평안청년회 1946.9.10 56쪽 25원 朴

선우훈 **민족의 수난** 105인사건 태극서관 1948.11.20 146쪽 280원

선우훈 **민족의 수난** 105인사건 태극서관 1950.1.30(六) 154쪽 400원

선진수 **인생일대의 경제학** 청구사 1945.12 41쪽 6원 出

선학원 편,발행 **선가구감** 1948.1 i

설국환 **일본기행** 수도문화사 1949.5.5(再) 195쪽 350원

설의식 **해방이후** 동아일보사 1947.2.20 306쪽 200원

설의식 **신국가의 국호** 새한판프레트2집 새한민보사 1947.8.5 44쪽 60원

설의식 **독립전야** 새한민보사 1948.7.5 263쪽 350원

설의식 **해방이전** 새한민보사 1948.10.15 256쪽 350원

설의식 **통일조국** 새한민보사 1948.11.10 273쪽 350원

설의식 **화동시대** 새한민보사 1949.1.20 287쪽 400원

설의식 **금단의 자유** 새한민보사 1949.2.20 255쪽 350원

설의식 **응접실**상 모던출판사 1949.7 156쪽 250원

설정식 **종**시집 백양당 1947.4.1 152쪽 150원

설정식 **포도**시집 정음사 1948.1.15 111쪽 130원

설정식 **제신의 분노**시집 신학사 1948.11.18 137쪽 280원

설정식 **청춘**소설 민교사 1949.1.15 401쪽 600원

설정식 역 **하므렡** 백양당 1949.1.30 285쪽 350원

성경린 **조선음악독본** 조선아동문화협회 1947.5.27 102쪽 100원 乙

성경린 **조선의 아악** 박문출판사 1947.7.10 220쪽 200원

성경린,장사훈 **조선의 민요** 국제음악문화사 1949.2.10 580원

성공사 편,발행 **지방행정법규집** 1950 560쪽 2000원 韓

성낙훈 **불타전**석가모니일생 호국역경원 1947.5.1 137쪽 100원

성내운(루스G스트릭랜드) **단위교육조직법**공부단위세우기 문교사 1948.12.30 230원

성내운(미국어린이교육협회) **사회생활과 교수지침** 문교사 1949.5.3 73쪽 200원 教

성문사 편,발 **경상남도농용토성도**1,2 1947 각1000원 韓

성백선(르본) **군중심리** 대성출판사 1950.5.25 289쪽 900원

성분도수도원 역 **서간성서** 가톨릭출판사 1945 719쪽 90원 韓

成신부 편 **합송미사** 가톨릭출판사 1949 54쪽 5원 韓

성인교육협회총본부 편,발행 **성인교육종합교본**공민학교 1947.9 43쪽 70원 出

성인교육협회총본부 편,발행 **성인교본** 1947 92쪽 80원 韓

성인기(밀) **자유론** 대성출판사 1946.6.15 112쪽 25원 朴

성인기(손문) **삼민주의** 대성출판사 1947.3.25 196쪽

성인기(크로포트킨) **상호부조론** 대성출판사 1948.9.15 230쪽 400원 朴

성인기(아리스토텔레스) **정치철학** 대성출판사 1948.11.10 295쪽 500원

성인기(CD뻔즈) **정치와 이상** 대성출판사 1950 305쪽

성홍(칼맑쓰) **혁명과 반혁명** 동심사 1947.5 186쪽 180원 出

성홍철(라리,양) **자연의 교실** 동심사 1949 170쪽 300원 韓

세계사정연구회 **현대세계인물평** 문화출판사 1948.7.20 220쪽 380원

세계약소민족해방사 편,발행 **만국에 웨치는 한국인의 소래** 1946.5 58쪽 10원 出

세문사교재연구부 편,발행 **중등식물**보충교재 1946.9.20 25원

석주명 『중등동물』

선우훈 『민족의 수난』(김기창 표지)

설의식 『신국가의 국호』

설의식 『통일조국』(박찬식 장정)

설의식 『독립전야』 (김규택 장정)

설의식 『금단의 자유』 (정현웅 장정)

설정식 『종』 (배정국 장정)

『종』 속표지

세문사중등교재연구회 편,발행 **중등서양사** 1946.11.30 75쪽 75원 全

세문사 편,발행 **제학교편람** 1948.1 180쪽 250원 出

세문사 편,발행 **전국남녀 제학교안내편람** 1948 240쪽 250원 韓

세의대치과학교실 편 **영한치과의학소사전** 과학서원 1949 160쪽 400원 韓

소석학인 **기미년학생운동의 전모** 근역출판사 1946.2.10 42쪽 4원50전

소안논 **구약사기** 조선기독교서회 1948 284쪽 i

소완규 **우리 민족의 살 길** 농본사 1949.12.25 124쪽 300원

손낙범 **고등국어** 범인사 1947.8 册

손낙범,정학모 **고급국어** 상중하 고려문화사 200원 出

손대호 **신라사화** 선일사 1950 156쪽 500원 韓

손명규 **인공육추**育雛**법해설**(등사판) 충남농업기술원 1950.3.30 비매 i

손병수,김동일 **무기화학** 조선문화사 1947.12 163쪽 250원 出

손보기 외 **수험참고명해국사** 영화출판사 1950.6.15 全

손소희 **이라기** 창작집 시문학사 1949.1.5 271쪽 400원

손우성 **중급불어선집** 경위사 1949 250원 韓

손원배 **孫式아궁이개조법**燃料半節約 증보 자가본 1949.3.1(증보) i

손응록(라피두스) **경제학교정** 상 청구문화사 1949 750원 韓

손응록(레빈스키) **경제학의 건설자** 문조사 1949 168쪽 350원 韓

손응록(부루넬) **기독자의 신앙** 청구문화사 1949 340원 韓

손응록(부루넬) **위기의 신학** 청구문화사 1949 170쪽 360원 韓

손응록(마샬) **경제학개요** 상 청구문화사 1949.5.20 294쪽 680원

손응록(에밀·부룬넬) **성서와 세계** 청구문화사 1949.2.28 116쪽 220원

손응록,이용규 **고등물리학** 상 청구문화사 1949.5.15(수정三) 288쪽 650원

손정규 **조선 재봉** 삼중당 1947.3 150원 出

손정규 **우리 음식** 삼중당 1948.8 350원 出

손정규 외 **중등가사교본** 동지사 1948.8.20 134쪽 280원 i

손정규 외 **중등가사교본**3 동지사 1948.9.20 250원 i

손정규 외 **중등가사교본**4 동지사 1949.8.9 全

손종진 **New English Grammer** 학생월보사 1946.4 149쪽 100원 出

손중산 **삼민주의** 덕흥인서관 1945.10.1 册

손진태　**조선 민족설화의 연구**　을유문화사　1947.4.1　238쪽　260원

손진태　**조선 민족문화의 연구**　을유문화사　1948.1.25　451쪽　800원

손진태　**우리 민족의 걸어온 길**　국제문화관　1948.7　100원　出

손진태　**조선 민족사개론** 조선문화총서⑪　을유문화사　1948.12.20　332쪽　600원

손진태　**우리나라 생활**　을유문화사　1949.7.1　220쪽　400원　ℹ

손진태　**국사대요**　을유문화사　1950.1.25(六)　259쪽　650원

손진태　**국사강화**　을유문화사　1950.5.1　220쪽　650원

손치무,이건식　**지질학통론**　정음사　1947.11　125쪽　150원　出

송경재(파네트)　**꽃피는 동산** 소년소녀소설　동지사아동원　1949.3.1　87쪽　130원　19　ℹ

송기주　**우리나라지도**　삼문사　1949.10.10　16쪽　480원　ℹ

송범의 역　**골키선집** 제2권:나의 대학(상)　창인사　1947.4.18　143쪽　180원　ℹ

송병하 편　**조선자동차취체법규수험준비문답서**　서울자동차운수협력사　1947.7　31쪽　50원　出

송시열 저　**우암선생계녀서**　정음사　1946　48쪽　4원

송신용 교열　**촌담해이,어면순,속어면순**　정음사　1947.8.15　63쪽　200원

송신용 교열　**수어록**　정음사　1947.6.20　142쪽　200원

송신용 주　**한양가** 정음문고　정음사　1948?　160쪽　120원　出

송영호　**상식독본**　홍문서관　1947.4.25　137쪽　130원

송영호　**상식질문응답** 2　홍문서관　1947.12.15　125쪽　ℹ

송완순(프리체)　**구주문학발달사**　개척사　1949.4.20　342쪽　600원

송완식 편　**신수국한문대사전**　영창서관　1946.10.2　881쪽

송원귕　**유물론통사**　문우인서관　1948　175쪽　150원　韓

송정도　**영웅나폴레온**　문예서림　(판권 없음)

송정훈　**제주도현지보고** 평화의 동경　국제보도연맹　1949　38쪽　300원　韓

송정훈 편　**KOREA** 1950년판　국제보도연맹　1950.1.10　229쪽　2500원

송정훈 편　**KOREA** 1950년판　국제보도연맹　1950.4.1(再)　229쪽　US ＄ 3.00　朴

송종익　**3천만의 서원**　홍사단　1946.12　52쪽　15원　ℹ

송주헌　**조선유림기미독립운동사**　자가본　1946.4　71쪽　出

송주헌 편　**조선역대어제시선**　홍문서관　1947.3.15　60쪽　40원

송지영 역 장개석 저　**중국의 운명**　서울타임스사출판국　1946.7.5　129쪽　30원

송지영 역 이범석 저　**방랑의 정열**　정음사　1950.2.15　152쪽　500원

설정식 『포도』(배정국 장정)

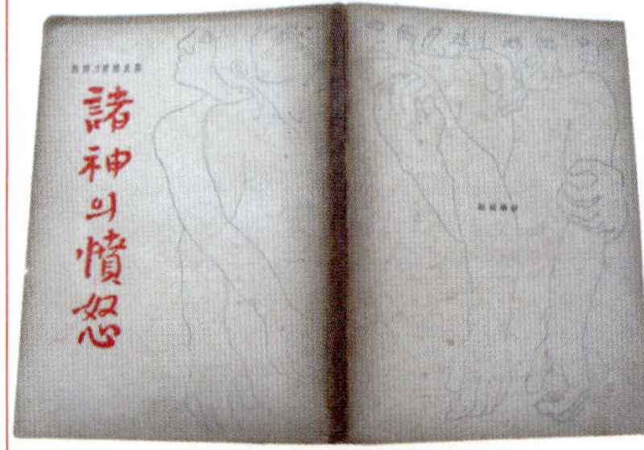

설정식 『제신의 분노』(박문원 장정)

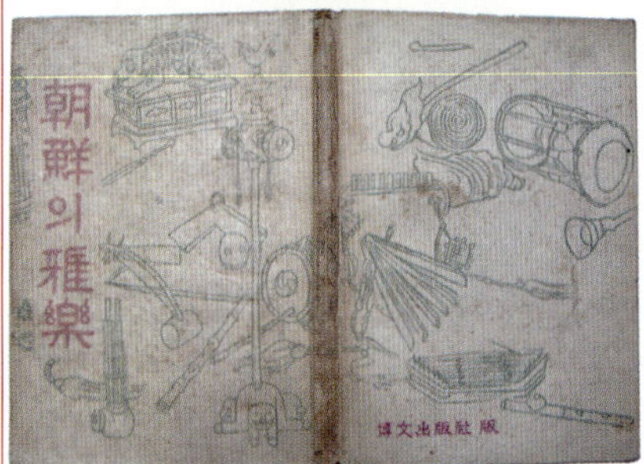

성경린 『조선의 아악』(김기창 장정)

성인기 역 『자유론』(김용준 장정)

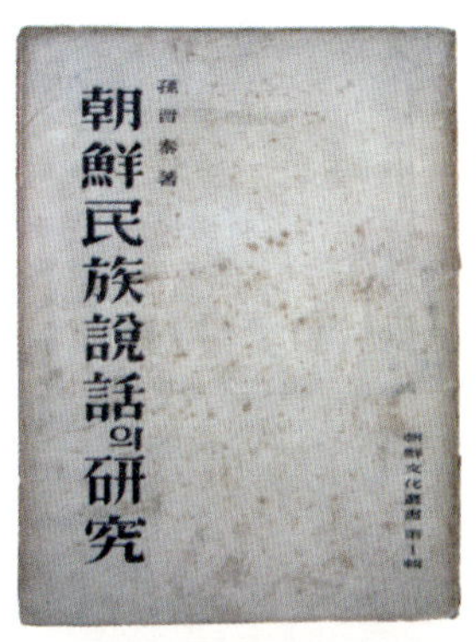

손진태 『조선민족설화의 연구』

송범의 역 『골키선집』 제2권

송시열 『우암선생계녀서』

송신용 교열 『촌담해이, 어면순, 속어면순』

송필수 **국자신론** 금강문화연구사 1946 38쪽 30원 韓

수도관구경찰청 편,발행 **수도경찰발달사** 1947.7.31 321쪽 비매

수도교통운수협력회 편 **자동차학전집** 문조사 1949 282쪽 800원 韓

수리연구회 편 **중등수학자습서** 제2학년기하제2류 고려출판사 1946.11 88쪽 68원 出

수문관 편,발행 **탁상식사연설보감** 1948.9.1 189쪽 250원

수문관편집부 편,발행 **물리학연습** 1949 211쪽 550원 韓

수문당 편,발행(레닌) **무엇을할것인가** 레닌문고③ 1946.9 124쪽 35원 出

수물연구회 **인수분해풀이연구** 제1권 영웅사 1949.4.1 全

수험연구사 편,발행 **시험공부** 1947.4 100쪽 40원 出

수험연구사 편,발행 **The New English Readers** ④ 주해서 1949.11.25 300원 i

수험영어교육연구회 **영어단어숙어의 철저적 연구** 신학사 1949 550원 韓

수험영어연구회(소야규차랑) **영어문법** English Gramma 계몽사 (대구) 1950.2.25 375쪽 800원

수험지도사 편,발행 **형사소송법문제해의** 1949.6.28(再) 211쪽 450원

숙명여자중학교 편,발행 **제39회졸업기념** 1949년도 1950.4

숭문사 편,발행 **가정의학보감** 1946.11 457쪽 26원 i

숭문사 편,발행 **신어사전** 1947.11.15(六) 156쪽 180원

스딸린 **변증법적,사적 유물론** 창인사 1946 42쪽 i

스탈린학회(모택동) **연합정부론** 사회과학총서간행회 1946.2.20 112쪽 15원 朴

승리사 편,발행 **북한진상**1 1949.2.15 61쪽 150원

시조사 편,발행 **안식일 학교교과** 1948 83쪽 20원 韓

신고송 **백설공주** 아동극집−아협문고 조선아동문화협회 1946.11.20 73쪽 30원

신고송 **소인극하는 법** 신농민사 1946.8.15 77쪽 18원

신규철 **모범중등작문** (출판처 미상) 180원 出

신기석 **근대외교사** 탐구당 1950.2.15 378쪽 1,200원

신기석 **근세동양외교사** 동방문화사 1948.9.30 421쪽 600원

신기언,황진남(번즈) **미쏘외교비사** 을유문화사 1948.10.10 161쪽 250원

신기철 **한글공문의 기초지식** 동방문화사 1949.11.3 328쪽 880원

신기철 **표준국문해석법** 문창당 1950.3.30(再) 364쪽 i

신남철 **전환기의 이론** 평론집 백양당 1948.5.31 278쪽 400원

신남철 **역사철학** 서울출판사 1948.1.30 228쪽 400원

신덕균 편 **각도군읍면간 이정표** 경성도서출판사 1945.8.25 冊

신동엽 **조선역사**사회생활과참고 대아출판사 1947(再) 265쪽 i

신동엽 **조선역사**사회생활과참고 대아출판사 1947.9 165쪽 130원 i

신동엽 **조선위인의 소년시대** 대아출판사 1947.11 100원 出

신동엽,신석호 **우리나라의 발달** 따른 그림책 교문사 1948.3.10 34쪽 115원

신동엽 **국사 첫걸음** 금룡도서 1947.4.10(六) 全

신동집 **대낮** 시집 교문사 1948.8.25 87쪽 160원

신명구 편 **소련아 잘 있거라** 한국문화연구소 1950 178쪽 400원 韓

신명균 편 이병기 교열 **시조집** 조선문학전집① 삼문사출판부 1945.11.10 331쪽 10원

신문예사(하상조) **계급투쟁의 필연성과 필연적 전화** 일본어 신문예사 1945.11.25 85쪽
4원50전 i

신문화사(크로포트킹) **청년에게 소함** 신문화사(부산) 1946.5.5 54쪽 12원

신문화연구소 역,발행(HW월레쓰) **미국의 극동정책** 1946.11.27 57쪽 25원

신문화연구소 **아메리카사개설** 과학사 1948.10.15 149쪽 250원

신문화연구소 편,발행 **유물사관** 1945.12 20쪽 3원 韓

신삼수 편 **실용옥편** 철야당서점 1949.12.5 80원 i

신상순 역주 **알리바바와 40명의 도적** 반딧불사 1950.4.15 65쪽 200원

신상우 **신식교제법** 대성당서점 1945.10.5 朴

신상우 **농국사담** 협동문고2-3 조선금융조합연합회 1949.11.5 227쪽 300원

신상우 **외교학대의** 삼일출판사 1949.12.31 139쪽 300원

신생사 편,발행 **Schiler William Tell** 1947 186쪽 12원 出

신생활연구회 편 **결혼교본** 1950 187쪽 500원 韓

신생활협회 편,발행 **나의 포부와 희망** 1946.1.1 192쪽 15원

신석정 **슬픈목가** 시집 낭주문화사 1947.7.25 94쪽 90원

신석정 외 **현대시집** II 정음사 1950.3.10 254쪽 800원

신석주 역 **육도삼략** 정음문고 정음사 1948.11.20 201쪽 200원

신석초 **석초시집** 을유문화사 1946.6.30 94쪽 25원

신석호 **우리나라의 생활** 동방문화사 1949 216쪽 淸

신석호,신동엽 **우리나라의 발달** 따른 그림책 교문사 1948.3.10 34쪽 115원

신성문화사아동출판부 편,발행 **홍길동모험** 만화 1947.3 14쪽 80원 出

송영호 『상식독본』

송주헌 편 『조선역대 어제시선』

이범석 『방랑의 정열』(정현웅 장정)

스탈린 역 『연합정부론』

신고송 『백설공주』(정현웅 그림)

신동집 시집 『대낮』(백태호 장정)

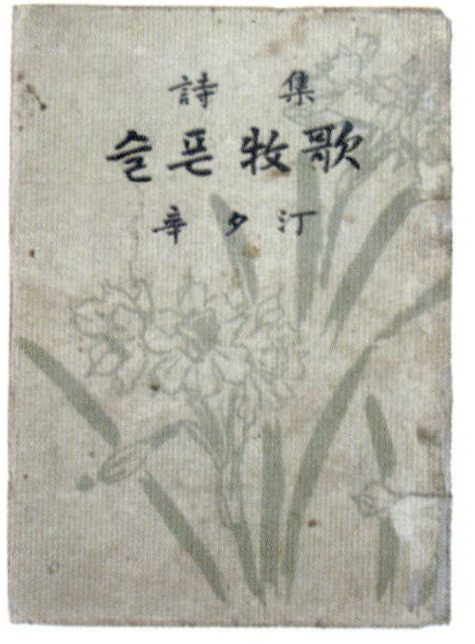

신석정 『슬픈목가』(홍우백 장정)

신석초 『석초시집』

신여근(모택동) **연합정부론** 우리서원출판부 1946.3.1 117쪽 10원 朴

신영묵 편 **평면해석기하학** 상 (출판처 미상) 1947.10 159쪽 140원 出

신영철 **국문신선** 소양학술연구회 1946.1.25 全

신영철 **고문신석** 동방문화사 1947.12.30 308쪽 300원 i

신영철 **고시조신석** 동방문화사 1948 266쪽 i

신영철 **고시조신석** 연학사 1948.4.10 217쪽 130원

신영철 **신문장강화** 동방문화사 1950.2.20 384쪽 1500원

신영철 역 **노계가사** 정음문고 정음사 1948.12.5 115쪽 100원

신용우 **청년을 위한 로서아 현대사** 청년사 1948.8 150쪽 出

신윤선(아·콜론타이여사) **연애와 신도덕** 신학사 1947.10 121쪽 100원 出

신윤선(에스·야·보리브손) **신부인론** 신학사 1948.8.20 142쪽 240원

신윤선(에스·야·보리브손) **결혼과 가족사회학** 신학사 1949.4.2 i

신응균 **전완운필영습자** 제1권 조선교학사 1948 56쪽 120원 韓

신응식 ☞ 신석초

신의섭 **학생청년애국독본** 학생사 1947.9 137쪽 100원 出

신익성 **검정시험안내** 육문사 1948.8 150원 出

신인사 역편,발행(맑쓰,엔겔스) **공산당 선언** 1945.12.1 47쪽 5원

신인사 역편,발행(유소기) **혁명가의 수양** 1946.6.25(再) 95쪽 20원

신인사 역편,발행(모택동,주덕) **신민주주의론** 신인문고제1집 1946.2 73쪽 25원 i

신인사 역편,발행(모택동,주덕) **문예정책론** 신인문고제1집 1946.3 69쪽 25원 i

신인사 역편,발행(모택동,주덕) **연합정부론** 신인문고제1집 1946.4 82쪽 25원 出

신인사 역편,발행(모택동,주덕) **지구전론** 신인문고제1집 1946.9 104쪽 30원 出

신장각 역편(모택동) **중국혁명과 중국공산당** 신장각 1946.4.15 44쪽 8원 出

신재균 **한글맞춤법해설 참고서** 개정한 근흥인서관 1946.5.30 i

신정언 **조선독립의 긴급문제** 계몽총서제1집 계몽구락부 1945.10.30(再) 87쪽 5원

신정언 **상식국사** 계몽구락부 1945.12.20(再) 181쪽 100원(개정가)

신정언 **구휼국사** 계몽구락부 1946.3.9 121쪽 15원

신정언 **원앙가연** 야담집 조선출판사 1946.8 198쪽 40원 出

신정언 **어린이국사지리서** (상하) 계몽구락부 1947.3.20 66쪽 60원 i

신정언 편 **조선국세독본** 성인교육협회총본부 1947.10(서문일자) 103쪽

신정언　**행운 개척의 사화** ^{삼중당대중문고} 삼중당　1949.6.20　200원　**i**

신정언　**염서방의 횡재** ^{삼중당대중문고} 삼중당　1949.6.30　116쪽　180원

신정언　**이인기화** 삼중당　1949　250원　韓

신정언　**이토정의 기화** ^{삼중당대중문고} 삼중당　1949.11.20　180원　**i**

신정언　**호국정신사화집** 계몽구락부　1950　179쪽　**i**

신조선아동문화건설회 편　**국사학습사전** ^{유길학습사전④} 유길서점　1948.5.15　200원　**i**

신조선아동문화건설회 편　**잇과학습사전** 유길서점　1948.6.20　150원　**i**

신조선아동문화건설회 편　**지능고사공부** ^{6-1,2} 유길서점　1949.1.10　250원　**i**

신창사편집부 편,발행　**중점동양사** 1950　274쪽　500원　韓

신채호　**조선사론** ^{제1집} 광한서림　1946.4.30　61쪽

신채호　**조선사연구초** 연학사　1946.8.31　137쪽　45원

신채호　**조선상고사** 종로서원　1948.10.5　372쪽

신충선,김진팔　**보건공부** ③ 과학문화사　1950.5.10　87쪽　180원　**i**

신태삼 편　**인생여로** 세창서관　1949　441쪽　300원　韓

신태윤　**정사** ^{正史배달조선} 자가본　1945.9.3　112쪽　㊞김봉수^(순천)

신태환　**경제원론** 일한도서　1950　500쪽　2000원　韓

신태환(GDH코올)　**정치이론과 경제이론** 을유문화사　1949.11.10　124쪽　220원　乙

신학습지도연구회 편　**새잇과자습서** ⁵⁻¹ 삼중당　1947.9.7　55원　**i**

신학습지도연구회 편　**새잇과자습서** ⁶⁻¹ 삼중당　1947.9.7　77쪽　60원　**i**

신학습지도연구회 편　**초등모범전과** ³⁻¹ 삼중당　1948.8.16　**i**

신학습지도연구회 편　**초등모범전과** ⁴⁻² 삼중당　1949　**i**

신학습지도연구회 편　**초등모범전과** ⁶⁻² 삼중당　1948　**i**

신학습지도연구회 편　**초등모범전과** ⁶⁻² 삼중당　1949.12.25　500원　**i**

신학습지도연구회 편　**초등새전과자습서** ⁴⁻¹ 삼중당　180원　**出**

신학습지도연구회 편　**초등새전과자습서** ⁶⁻¹ 삼중당　200원　**出**

신한정의사 편,발행　**임시정부 혁명영수 약력** 1947.5　37쪽　50원　**出**

신호　**현정치노선비판과 그 신방향** 연건출판부　1949　96쪽　200원　韓

신효선,이종서　**물상** ①일반과학 을유문화사　1946.9.9^(서문일자) 77쪽　130원

신효선,이종서　**물상** ①일반과학 을유문화사　1949.7.1　全

신효선,이종서　**물상편** ③일반과학 을유문화사　1947.9.1　120원　**i**

신영철 『고시조신석』

신영철 『신문장강화』 속표지

『신문장강화』 면지화

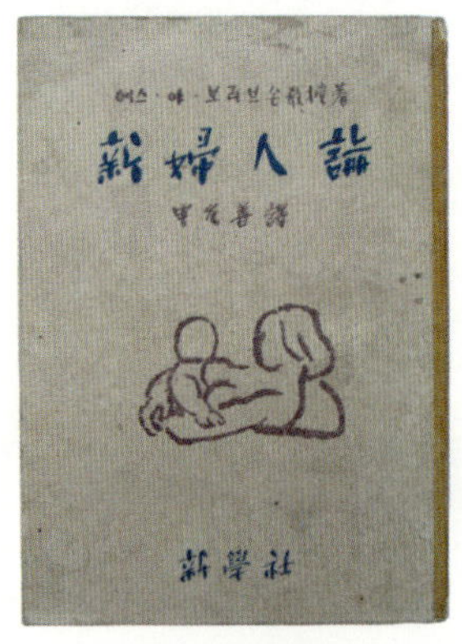

신윤선 『신부인론』

신정언 『구휼국사』

신채호 『조선사론』 제1집

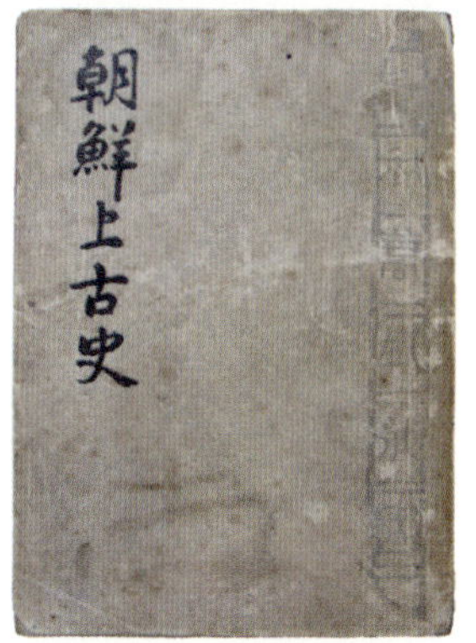

신채호 『조선상고사』(김용준 장정)

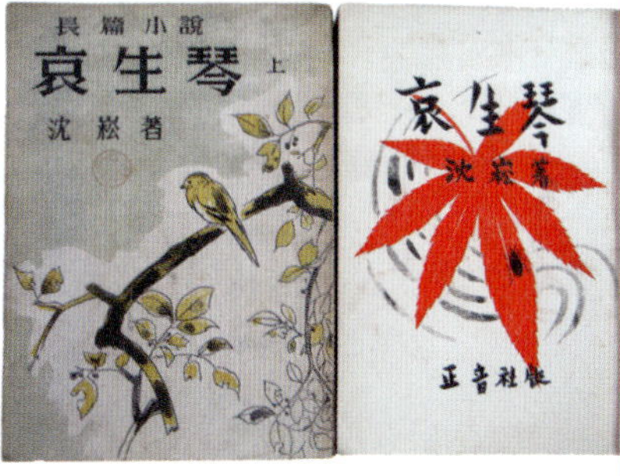

심숭 『애생금』 상편 표지와 속표지(정현웅 장정)

신효선,이종서 **물상편** ③일반과학 을유문화사 1950.4.20 全

신효선 **물리학통론** 을유문화사 1949.8 400원 乙

실업교재편찬회 **기초제도** 계림인서관 1947 120쪽 140원 韓

심길순,이정기,이낙복 **물상편**¹일반과학 조선공업문화사출판부 1950.5.25(五) 146쪽 445원

심길순,이정기,이낙복 **물상편**²일반과학 조선공업문화사출판부 1949.7.27 250원 ℹ

심길순,이정기,이낙복 **물상편**³일반과학 조선공업문화사출판부 1949.7.27 全

심숭 **애생금** 상 정음사 1950.3.21(三) 248쪽 650원

심숭 **애생금** 중 정음사 1950.2.20 206쪽 500원

심율암(유소기) **당원의 수양** 문우인서관 1947 138쪽 150원 韓

심의린 **국어문법** (출판처 미상) 1949 142쪽 淸

심의린 **음성언어의 교육** 해동문화사 1949.10.20 120쪽 300원

심인섭 외 **네 동무** 시집 예술문화동맹(목포) 1946.2.10 147쪽 20원

심태진 외 **민주주의 민족교육론** 동심사 1949.5.20 139쪽 360원 ℹ

심태진,김진팔 **유희경기지도서** 국민학교 초급중학 문화당 1947.11 216쪽 300원 出

심학진,도봉섭 **조선식물도설** 유독식물편 금룡도서 1948.9 170쪽 300원 出

심향학인 **현대중국혁명사** 전진사 1946.4.15 88쪽 12원 ℹ

심현상 **형법총론** 건민문화사 1949.9.25 288쪽 600원

심현상 **형법총론** 천문사 1950.5.15 288쪽 800원

심현상 **형법각론** 천문사 1950 294쪽 700원 韓

심형필 **중등새수학** I 건국사 1949.8.25 111쪽 200원 ℹ

심형필 **중등새수학** II 건국사 1949.8.8 全

심훈 **상록수** 한성도서 1948.3.20(七) 389쪽 400원

심훈 **영원의 미소** 하 한성도서 1949.4.15 308쪽 500원

심훈 **그날이 오면** 시가,수필 한성도서 1949.7.30 208쪽 350원

심훈 **직녀성** 상 한성도서 1949.8.30 477쪽 700원

아동과학연구회 편 **전기** 어린이과학전집 금룡도서 1948 50쪽 ℹ

아동과학연구회 편 **식물의 일년 동안** 어린이과학전집 금룡도서 1948.11.30 40쪽 120원 ℹ

아동과학연구회 편 **이로운 동물과 식물** 어린이과학전집 금룡도서 1948 60쪽 50원 出

아동과학연구회 편 **하늘** 어린이과학전집 금룡도서 1948.9.30 50쪽 120원 ℹ

아동과학연구회 편 **씨와 씨의 여행** 어린이과학전집 금룡도서 1949.2.20 78쪽 120원 ℹ

아동교육연구사 편,발행 **이솝이야기** 1948.7 80쪽 35원 出

아동교육연구회 편 **아동과학공부** 초등학교4-2 학생사 1949.3.1 (서문일자)

아동교육연구회 편(존듀이) **민주주의와 교육** 아동교육연구회문고⑤ 문교사 1947.4 82쪽
100원 出

아동교육연구회 편 **아동과학공부** 6 학생사 1949.2.15 150원 ℹ

아동교육연구회 편 **어린이국사사전** 문교사 1948.5.15 166쪽 200원 ℹ

아동교육연구회 편 **어린이국어사전** 문교사 1948.5 200원 出

아동교육연구회 편 **페스타롯찌의 교육사상** 문교사 1947.1 21쪽 8원 出

아동문예춘추사 편,발행 **현상작문선집** 제1회전국아동현상문선집 1946.7 128쪽 20원 出

아동문예춘추사 편 **초등수공공부** 금룡도서 1947.5.7 50원 ℹ

아동문예춘추사 편 **현상작문책** 금룡도서 1948 70쪽 80원 出

아동문예춘추사 편 **조선동요전집** 신성문화사 1948 100쪽 150원 出

아동문화건설회 편 **아동연감** 1949년판 동방문화사 1948

아동문화연구회 편 초등사회생활교실 **우리나라의 발달** 6-2 민교사 1949.2.20 200원 ℹ

아시아문화사 편,발행 **첫영문법** 상 1950.1.30 金

안동원 **세계일주기** 봉정십만리 태극서관 1949.9 203쪽 400원

안동원 **구주이상국가군** 태극서관 1949.12.5 186쪽 400원

안동철도국 편,발행 **교양열차첨승기** 1949 27쪽 ℹ

안동혁 **과학기술의 건설** 제일출판사 1946.7 124쪽 30원 雅

안동혁 **과학신화** 조선공업도서출판사 1947.5.25 433쪽 350원

안동혁,양동수(윌헤름·오스트왈드) **화학의 학교** (상)과학기술총서③ 조선공업도서 1947.9.20
336쪽 350원 ℹ

안민익(투루게네프) **첫사랑** 선문사 1949 160쪽 180원 韓

안석영 **희망** 영화작품집① 금룡도서 1948.10.25 200원 ℹ

안석영 **여학생** 영화작품집② 금룡도서 1948.10 186쪽 300원 ℹ

안석제 **웅변법강화** 연학사 1948.9.20(六) 106쪽 150원

안석제 **웅변학과 연설식사지침** 연학사 1949.12.20 97쪽 450원

안영섭 **우리글 가로 푸러쓰기 법 통일안** 조선어연구회 1946 23쪽 雅

안영섭 **조선민족의 살 길** 조선어연구회 1946.12 48쪽 50원 出

안영태 **하나의 철학** 동심사 1949.11.15 197쪽 450원

안용대 **공무원제도해설** 청진서관 1949 132쪽 250원 韓

심훈 『상록수』

심훈 『영원의 미소』 하

심훈 『그날이 오면』

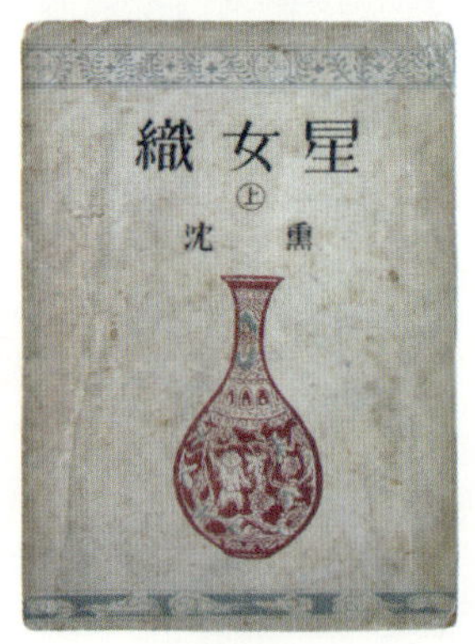

심훈 『직녀성』 상

안동원 『세계일주기』

안동원 『구주이상국가군』

안응렬 역 『뀌리부인』

안자산 『조선무사영웅전』

안용대 **공무원법해설** 성공사 1950 400쪽 2000원 韓

안응렬(아드리앵로네) **조선순교복자전** 을유문화사 1946.10.20 260쪽 120원 乙

안응렬(앙드레지이드) **전원교향악** 을유문고④ 을유문화사 1948.8.15 124쪽 120원 乙

안응렬(에부뀌리) **뀌리부인** 을유문화사 1949.1.20 476쪽 700원

안자산 **조선무사영웅전** 성문당 1947.9.5 189쪽 180원

안자산 **시조시학** 교문사 1949.4.15 192쪽 50원

안재홍 **신민족주의와 신민주주의** 민우사 1945.12.15 67쪽 5원 ⓘ

안재홍 **조선상고사감** 상 민우사 1947.7.20 322쪽 350원

안재홍 **조선상고사감** 하 민우사 1948.4.1 328쪽 410원

안재홍 **한민족의 기본진로** 조양사 1949.5 116쪽

안재홍 외 **수필편** 현대조선문학전집(제1권) 조광사 1946.1.20 157쪽 15원

안지홍 **진정민주주의론** 일한도서출판사 1949.7.5 235쪽

안철영 **성림기행** 수도문화사 1949.10.25 178쪽 400원

안철영 외 **학생과 신문** 수도문화사 1950.4.20 175쪽 700원

안호삼 **영작문** 교육연구사 1947.9.30 108쪽 120원

안호삼 외 **Middle School English**① 박문출판사 1950 128쪽 雅

안호상 **목적적 생활** 젊은이모임출판부(등사판) 1945.11.28 63쪽 비매

안호상 **철학강론** 박문출판사 1946년판 286쪽 17원

안호상 **유물론비판** 문화당 1947.6.30 62쪽 100원

안호상 **우리의 부르짖음** 문화당 1947.6.30 127쪽 100원

안호상 **우리의 취할 길** 문화당 1947 110쪽 ⓘ

안호상 **철학논총** 을유문화사 1948.9.5 250쪽 400원 乙

안호상 **민족의 소리** 문화당 1949 199쪽 雅

안호상 **논리학** 문화당 1949.11.30(五) 241쪽 500원

안호상 **일민주의의 본바탕** 일민주의연구원 1950.4.15(四) 86쪽 190원

안회남 **전원** 창작집 고려문화사 1946.10.25 350쪽 85원

안회남 **불** 창작집 을유문화사 1947.2.20 170쪽 100원

안회남 **봄이 오면** 정음문고 정음사 1948.7.20 192쪽 180원

안회남 외 **조선단편문학선집** 범장각 1946.1.20 471쪽 27원

야담사 편 **명작야담집** 백민문화사 1946.4.20 236쪽 30원

양고봉   **조선의 안해** 평문사 1948.1 100원

양능득(크로포트킨)   **무정부주의개론 무정부주의도덕** 선구회 1947.6 68쪽 60원

양도윤   **조선체육총서** 복싱편 금룡도서 1947.2.15 114쪽 80원

양동수,안동혁(윌헤름·오스트왈드)   **화학의 학교** 상-과학기술총서③ 조선공업도서 1947.9.20 336쪽 350원

양동수(한쓰·라이헨빠흐)   **원자와 우주** 조선공업도서출판사 1947.5.30 88쪽 60원

양미림,정태병(씽크레이)   **연애와 결혼** 문화출판사 1948.8.10 192쪽 350원

양병도 역   **콕토-시집** 세계명작시인선집⑨ 동문사서점1950.3.15 176쪽 350원

양병탁(카네기)   **신처세학** 국제사정연구소 1950.4.10(六) 168쪽 360원

양병호   **국제연합의 해부** 연구편 철야당서점 1949 137쪽 250원

양상경   **출범** 시조집 자가본 1947.1.1 96쪽 60원

양승훈   **한국반백년사** 이문회출판사 1949 125쪽

양우섭(톨스토이)   **성욕론** 선문사 1947.10.1 122쪽 100원

양우섭(톨스토이)   **성욕론** 선문사 1948.3.20(四) 150원

양우정   **6학년동요동화집** 조선아동문화사 1946.4.15 108쪽

양우정   **싸우는 민족의 이론** 민족문화출판위원회 1947.10.18 102쪽 100원

양우정   **독립노선의 승리** 독립정신보급회 1949.3.25(六) 280쪽 500원

양우정   **이대통령건국정치이념** 연합신문사 1949.10.20 141쪽 250원

양일동 편   **독립노농당당헌** 독립노농당선전부 1946.7 29쪽

양재두 편   **정해년역서식일기** 경화인쇄소 1946.11.10 15원

양주동   **조선고가연구** 박문서관 1945 867쪽 350원

양주동   **여요전주** 을유문화사 1947.4.20 463쪽 170원

양주동   **민족문화독본** 상 청년사 1946.12.20 168쪽 160원

양주동   **민족문화독본** 하 청년사 1946.11.15 209쪽 180원

양주동   **국문학고전독본** 박문출판사 1949.2.15 254쪽 550원

양주동   **문장독본** 수선사 1948.11.15 194쪽 330원

양주동   **문장독본** 수선사 1949.10.5(再) 194쪽 360원

양주동   **국문학정화** 상 민중서관 1949.2.10 394쪽 1200원

양주동(AA미른)   **미른수필집** 을유문고③ 을유문화사 1948.4.10 136쪽 160원

양주동 역   **시경초** 을유문고⑤ 을유문화사 1948.8.15 182쪽 200원

안호상 『일민주의의 본바탕』

안회남 『전원』(정현웅 장정)

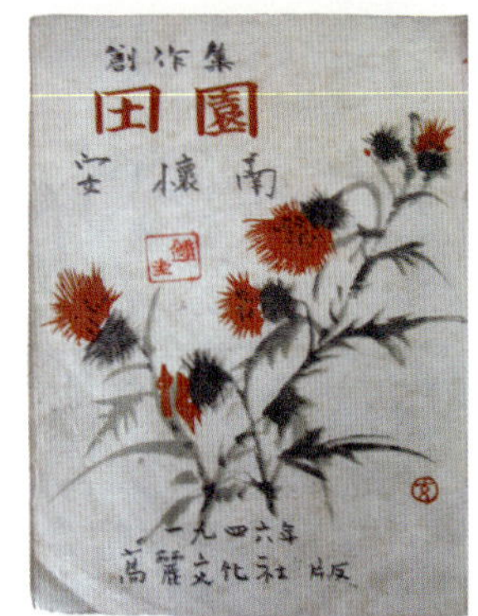

『전원』 속표지

안회남 『불』(정현웅 장정)

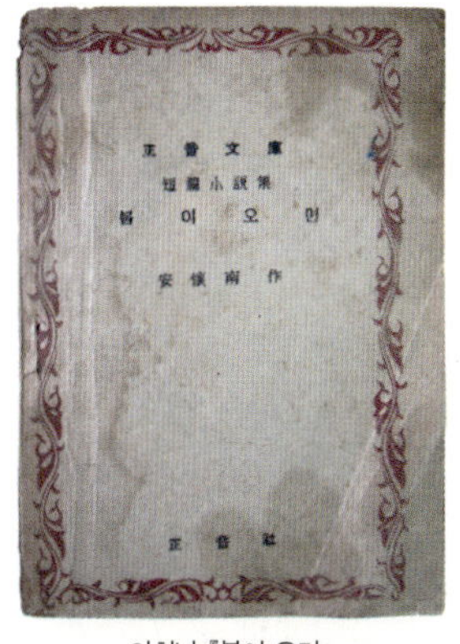

안회남 『봄이 오면』

야담사 편 『명작야담집』

양도윤 『조선체육총서』 복싱편

양우섭 역 『성욕론』

양주동 역편 **세계기문선** 청년사 1948.9.30 252쪽 500원 **i**

양주동 역편 **영시백선** 연교사 1948.10.30 163쪽 280원

양주동 역 **영시백선** 백양당 1948.12.10 226쪽 350원

양주동 역 **현대영시선** 수선사 1948.11.10 175쪽 320원

양주동 편 **영국수필선** Selected Best English Essays 연수사 1948.11.10 164쪽 300원

양주동 편 **문학론** WHAT IS LITERATURE 동화출판사 1949.11.15 202쪽 400원

양주삼 **농민의 낙원인 정말** 丁抹 금룡도서 1948.10.15(六) 41쪽 70원

양준모 **민사소송법해의** 수험지도사 1950.4.10(再) 205쪽 550원

어대경 **토양비료** 수도문화사 1949.6.25 **全**

어윤일 **상식독본** 조선교육문화㈱ 1948.1 130원 **出**

엄정우 **조선속기술강의** 조선속기보급학회 1948 65쪽 150원 **韓**

엄항섭 저 최준 편 **도왜실기** 국제문화협회 1946.3.1 119쪽 25원

엄항섭 저 최준 편 **김구선생혈투사** 국제문화협회 1946.3.1 119쪽 25원

엄항섭 **김구주석최근언론집** 삼일출판사 1948.10.30 99쪽 150원

엄흥섭 **흘러간 마음** 백양사 1948.3 250원 **出**

엄흥섭 **인생사막** 학우사 1949.1.25 355쪽 500원 **i**

엄흥섭 **봉화** 상편 성문당서점 1949.1.10 400원 **i**

엄흥섭 **봉화** 하편 성문당서점 1949 430원 **韓**

엄흥섭 **행복** 영창서관 1949 322쪽 450원 **韓**

엄흥섭 **정열기** 한성도서 1950.3.30 300쪽 650원

엥겔스 **유물변증법과 맑쓰주의** 조선좌익서적출판협의회 1946.2 14쪽 2원50전 **出**

여론사 편,발행 **조선의 장래를 결정하는 각정당 각단체 해설** 1945.10.19 85쪽 10원

여문회(뿌룩스멜킨스) **소련의 진상** 동성사 1946.12 74쪽 40원 **i**

여상현 **칠면조** 시집 정음사 1947.9.20 147쪽 130원

연구사 편,발행 **신영어독본** 1947.12 90원 **出**

연문사 역편,발행 **유물변증법교정** 상 1946.9.5 130쪽 35원

연문사 역편,발행 **회의진행의 상식** 1948.9 80원 **i**

연학사 편,발행 **기본영작문**1 1948.8.30 106쪽 150원 **i**

연합군사령부 **일본전쟁죄악사** 동양서원 1946.3(서문일자) 76쪽

연합군사령부 **일본패전의 진상** 태평양전쟁사 중앙문화협회 1946.3.30 81쪽 **i**

연합성서공회 편,발행 **신약** 1947 662쪽 200원 韓

연희대학교 편,발행 **연희대학교학칙** 1946 37쪽 朴

염상섭 **삼대**^상 을유문화사 1947.11.25 388쪽 350원

염상섭 **삼대**^하 을유문화사 1948.11.20 400쪽 600원 乙

염상섭 **삼대**^하 을유문화사 1949.12.25(再) 388쪽 750원 ⓘ

염상섭 **38선** 금룡도서 1948.1.12 159쪽 200원

염상섭 **신혼기** 금룡도서 1948.2.2 164쪽 200원

염상섭 **만세전** 수선사 1948.2.25 204쪽 250원

염상섭 **모란꽃필때**^{조선문학전집③} 한성도서 1949.12.20(再) 446쪽 700원

염상섭 **해방의 아들** 금룡도서 1949 207쪽 350원 韓

염상섭 **두 파산** 일한도서 1949 262쪽 450원 韓

염상섭(알퐁스도데) **애련**^{세계대중문학선집②} 문운당 1950.2.25 203쪽 500원

염상섭 외 **해방문학선집** 종로서원 1948.12.29 284쪽 450원

염영하 **공작기계**^{선반편} 조선기계기술협회 1947.9 166쪽 180원 出

염인걸(關口存男) **독일어문법강의** 학습연구사 1950.1.12 360쪽 900원 ⓘ

염한영편 **벽혈을 뿌린 열사의 군상** 조선시보사 1946.2 41쪽 7원 出

영어교육연구회 편 **The National English Readers**^{③주해서} 학우사 1949.10.30 217쪽 400원 ⓘ

영어교육연구회 편 **The English Readers**^{⑥주해서} 학우사 1950.3.20 380원 ⓘ

영어교재연구회 편 **The Atom and Democracy** 삼중당 1948.11.15 全

영인서관 편,발행 **최신유행가요집** 62쪽 (기타사항 미상)

영창서관 편,발행 **초등영어문법** 1946.8.31 25원 ⓘ

영창서관 편,발행 **주해부음무쌍금옥척독** 1946 132쪽 雅

영화시대사 편,발행 **배우의 수첩** 1949 160원 韓

예관수,정일권 **공산군의 유격전법과 경비와 토벌** 병학연구사 1948 154쪽 250원 韓

예천서부공립초등학교 편,발행 **졸업기념**^{제5회} 진미현사진관 1950.3

오기영 **민족의 비원** 서울신문사출판국 1947.12.18 264쪽 230원

오기영 **자유 조국을 위하여** 성각사 1948.9.15 207쪽 350원

오기영 **사슬이 풀린 뒤** 성각사 1948.9.30 256쪽 400원

오기영 **삼면불** 성각사 1948.10.15 207쪽 350원

오덕 外 **네 동무**^{시집} 예술문화동맹(목포) 1946.2.10 147쪽 20원

양상경 『출범』 자가본

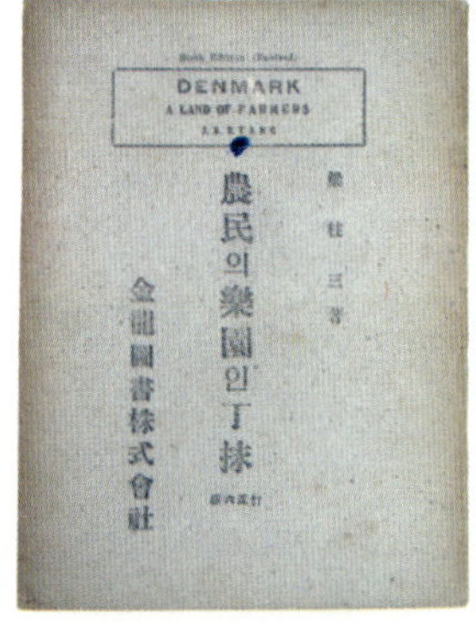

양주삼 『농민의 낙원인 정말』

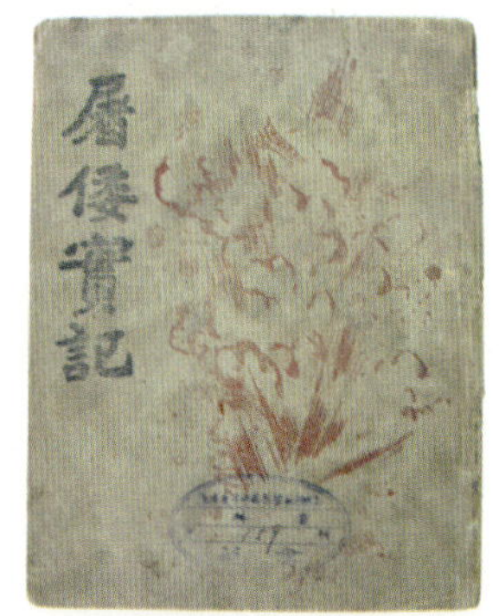

엄항섭 저 최준 편 『도왜실기』

엄항섭 저 최준 편 『김구 선생 혈투사』

엄흥섭 『인생사막』

『유물변증법교정』

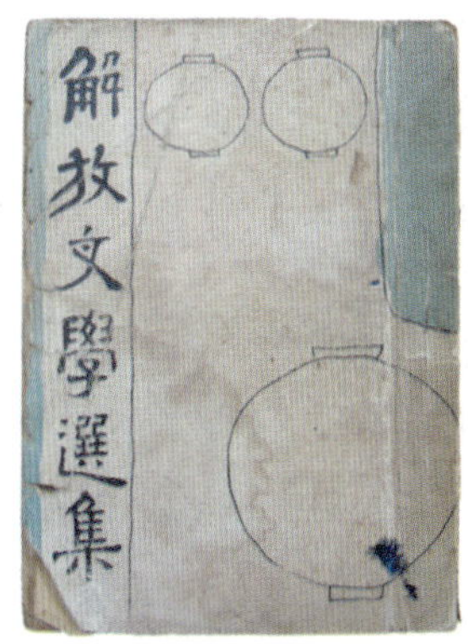

염상섭 외 『해방문학선집』 (김환기 표지)

엄흥섭 『정열기』

염상섭 『삼대』

오기영 『사슬이 풀린 뒤』 (정현웅 장정)

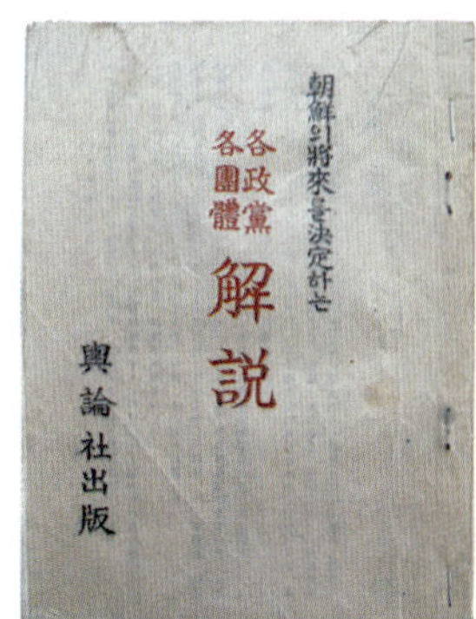

『조선의 장래를 결정하는 각정당 각단체 해설』 여론사

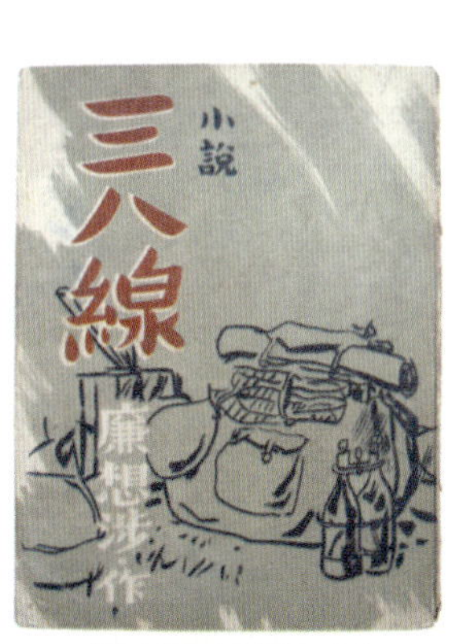

염상섭 『38선』 (임동은 장정)

오기영 『삼면불』 (정현웅 장정)

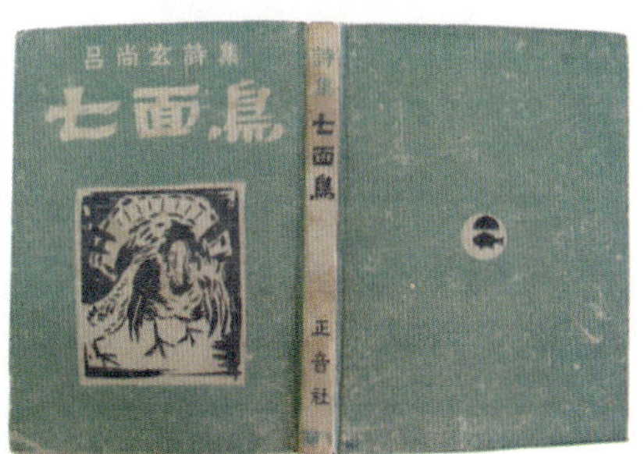

여상현 『칠면조』 (김기창 장정)

염상섭 『신혼기』 (임동은 장정)

오봉빈 편 **각계 인사가 본 박열** 박열장학회 1949.10.27 147쪽 300원 ㉠

오성국 **조선채소재배의 실제** 생활사 1946.5.30 ⓘ

오성룡 편 **국민도덕강연집**제1집 대한국민도덕과성경연구회 1947.5.25 39쪽 Ⓩ

오성우 **황산식부국농법** 광명출판사 1949.2.1 74쪽

오세근 **초등공작** 조선과학문화사 100원 ⓘ

오세호 편 **The King's Crown Readers** 주해서 신민사 1947.5 74쪽 80원 ㉱

오소백 **인간 김구**상 국제문예사 1949.3.15 233쪽 400원

오수옥,권상철 **고등공민**경제 동심사 1949.3 ㉲

오수옥,권상철 **고등공민**법제 동심사 1949.9.5 200쪽 ㉲

오수옥,권상철 **중등공민**1학년용 동심사 1949.9.18(수정) 250원 ⓘ

오수옥,권상철 **중등공민**Ⅱ 동심사 1949.9.5(수정증보) ㉲

오수옥,권상철 **중등공민**3 대한교학주식회사 1950.5.20(八) 143쪽 395원

오수옥,권상철 **중등공민**3학년용 동심사 1949.3.10(수정) 200원 ⓘ

오수옥,권상철 **고등공민** 동심사 1949.7.25(수정판) 380원 ⓘ

오신吳汛 **거리의 정보실** 국제문예사 1950 214쪽 300원 ㉴

오용진 **수학교과서**중등교육 조선출판사중앙총사 1949 90쪽 雅

오용진 **수학교과서**중등교육1학년하 조선출판사중앙총사 1949.5.5 109쪽 140원 ⓘ

오용진 **수학교과서**중등교육③ 조선출판사중앙총사 1949.8.20 290원 ㉲

오용진 **수학교과서**중등교육3학년 경북학무국 1947.11.15 ㉲

오용진 **수학교과서**중등교육4학년–하 경북학무국 1947.3.25 ㉲

오용진 **수학교과서**중등교육고급1년1류 경북학무국 1946.9.5 ㉲

오용진 **중등수학**Ⅱ 대건출판사 1950.6 ㉲

오용진 **중등수학**④ 대건출판사 1950.5.20개정(五) 216쪽 605원 ⓘ

오용진 **수학교과서**중등교육초급1년1류 경북학무국 1946.9.5 ㉲

오장환章煥 **병든 서울**시집 정음사 1946.7 57쪽 30원

오장환章煥 **성벽**시집 아문각 1947.1.10 88쪽 60원

오장환章煥 **나 사는 곳**시집 헌문사 1947.6.5 94쪽 150원

오장환章煥 역 **에세닌시집** 동향사 1946.5.28(상제 1000부) 112쪽 40원

오장환璋煥 **중등문화사**우리나라의 문화 정음사 1949.9.20 196쪽 ⓘ

오장환璋煥(HG웰쓰) **세계문화발달사**서력전편 건국사 1947.6.10 217쪽 230원 ⓘ

오소백 『인간 김구』 상편

오장환 『병든 서울』(이대원 장정)

오장환 『성벽』(최재덕 장정)

『성벽』 속표지(최재덕 그림)

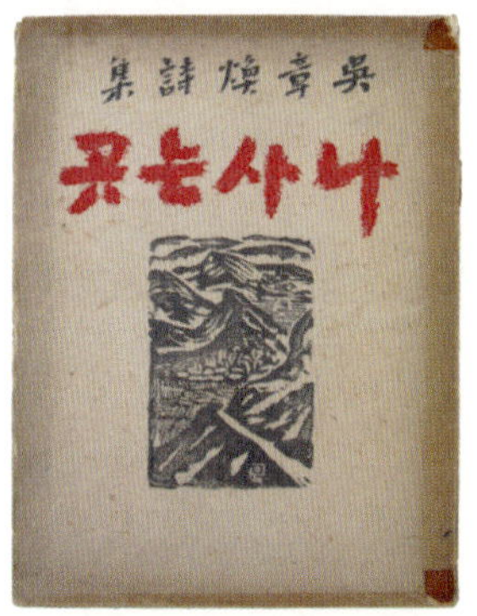

오장환 『나 사는 곳』(이수형 장정)

오한근 편 『청구영언』

오장환璋煥(HG웰쓰) **세계문화발달사**^{서력편} 건국사 1947.6.10 217쪽 230원

오제도 **국가보안법실무제요** 서울지방검찰청 1949.8.15 125쪽 250원

오준송(아더아이브라운) **자연과학의 신비** 진교문화사 1949.10.20 365쪽 500원

오준영 **먼나라**^{2학년용} 동방문화사 1947.10 124쪽 140원 全

오준영 **여러 곳의 사회생활부도** 휘진사 1947.6.25 30원 ℹ

오준영 **이웃나라**^{1학년용} 동방문화사 1947.7.15 92쪽 110원 全

오준영 **사회생활교육원론** 동방문화사 1948.7 231쪽 380원 ℹ

오준영 **지리**^{먼 나라의 생활} 동방문화사 1950.6.5 全

오지영 **동학사** 평범사 1948 300쪽 韓

오창진 **세계명가집** 문화당 1948.7.10 106쪽 200원

오창진 편 **중등음악** 문화당 1947.10.20 80쪽 100원 朴

오천석(빈센트비네) **아메리카 민주주의 성장사** 국제문화공회 1947.10.5 144쪽 120원 朴

오천석(존듀우이) **경험과 교육** 풍국학원출판사 1947 147쪽 380원 韓

오천석(잔듀우이) **민주주의와 교육**^상 국제문화관 1948.11.25 244쪽 750원

오천석,고광만 **The New Standard English Readers**^⑥ 조선교학도서 1949.9.15 146쪽 220원

오천석 **민주주의 교육의 건설** 국제문화공회 1946.11.15 57쪽 20원

오천영 **천로역정** 기독교공보사 1948.5 120원 出

오천영 역편 **천로역정** 조선기독교서회 1949 83쪽 ℹ

오한근 편 **청구영언** 조선진서간행회 1948.5.30^(42/500부) 135쪽

오한근 편 **신자원** 사서출판사 1950 1,032쪽 2,500원 韓

오화섭(헬먼) **라인강의 감시**^{전3막} 문조사 1950.2.25 129쪽 400원 ℹ

옥명찬(쩨이학스레이) **과학자가 본 소련**^{인민문고④} 노농사 1946.12 116쪽 40원 出

옥명찬(웬델우윌키) **하나의 세계** 서울신문사출판국 1947.9.25 251쪽 160원

온낙중 **노동자정치독본** 문우인서관 1946.8 80쪽 15원 出

온낙중 **조선해방의 국제적 경위와 미소공위 사업** 현우사 1947 64쪽 60원 出

온낙중 **몽중록** 조선중앙일보사출판부 1948.6.20 123쪽 150원

온낙중 **북조선기행** 조선중앙일보사출판부 1948.8 113쪽 170원 ℹ

온병헌 **종합영어분석법** 정문관 1947 247 1000원 韓

왕대아 편 **찬미가** 시조사 1947.9 250쪽 65원 出

왕대아 편 **예언의 등불** 마태복음24장연구 시조사 1948 158쪽 350원 韓

왕대아 편 **정로의 계단** 시조사 1948.4.5(三) 169쪽 300원

왕대아 편 **원자시대** 시조사 1949.1.4 150쪽 400원 i

왕대아 편 **산상설교** 시조사 1949.8.20 300원 i

왕대아 편 **가정과 건강** 시조사 1950.3.31 395쪽

왕대아 편 **예수의 행적** 시조사 1950.6.15(再) 174쪽

왕명 **오천년조선사화집** 조선출판사 1946 261쪽 i

왕명(에드가스노) **민주주의의 승리** 수문당 1946.6.30 118쪽

외국어연구회 편 **The Current English Reading for Senior Course** 헌문사 1946.10 171쪽 60원 出

우리나라연구소 편 **우리나라독본** 을유문화사 1949.5 188쪽 340원 乙

우리서원출판부 역편,발행(미-친 外) **일반철학사** 1948.5.24 151쪽 200원

우리어문학회 **국문학사** 수로사 1948.8.31 181쪽 350원

우리어문학회 **국문학사** 수로사 1949.3.15(再) 181쪽 350원

우리어문학회 **국문학사** 신흥문화사 1950.3.30(六) 168쪽 500원

우리어문학회 **국문학개론** 일성당서점 1949.10.30 361쪽 1,000원

우성于星 **동란의 중국** 삼일출판사 1949 95쪽 200원 韓

우신사 편,발행 **세계명작총서** 제1권 1948 421쪽 650원 韓

우형규 **신영어교재** 교육연구사 1947.9 91쪽 120원 出

우형규 **신영어교재Ⅱ** 박문출판사 1948 95쪽 i

우형규 **신영어교재Ⅲ** 박문출판사 1948.4.20 96쪽 220원

우형규 **영어문법** 조선교육연구회 1947.9.1(六) 全

우형규 **영어발음** 교육연구사 1947.9 38쪽 40원 出

우형규 **영어문법** 조선교육출판(주) 1946.10 124쪽 45원 出

운수국공무과건우회사업부 편,발행 **철도관계건축공사견적적산참고집** 1946 219쪽 50원 韓

운정(이기영) **순정** 장편소설 세창서관 1950.2.30(六) 300원 賣 이기영의 『신개지』 개제판

운정도인 **비난정감록진본** 세창서관 1945 100쪽 i

원동윤 **신편조선사** 동선인쇄(株) 1946.9 175쪽 50원 出

원용석 **남한의 식량사정** 식량공사 1948 218쪽 2000원 韓

원용석 **ECA와 한국경제** 대한금융조합연합회 1950.5.25 77쪽 100원

온낙중 『몽중록』

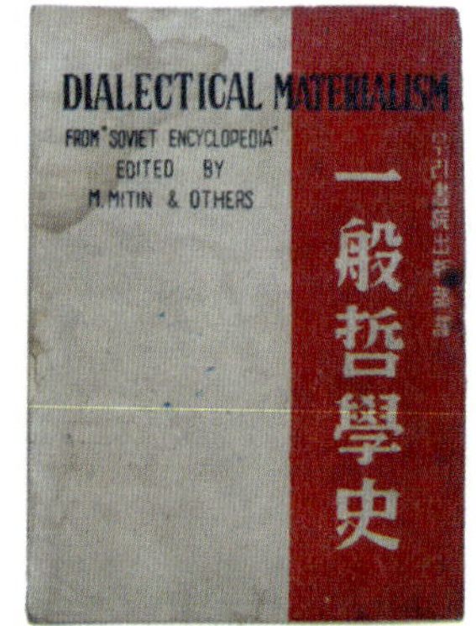

우리서원출판부 『일반철학사』

운정(이기영) 『순정』

월추산인 『조선동포에게 고함』

원홍균 **신교육학** 신한도서인쇄 1949 270쪽 **i**

월추산인 **조선동포에게 고함** 조광사 1945.9.5 72쪽 3원 **i**

월추산인 **조선동포에게 고함** 조선정치경제연구회 1945.11.2(再) 96쪽 15원

월파 **남풍** 중앙출판사 1950 **韓**

유경상 **초등영어문법** 계림인서관 1946.10.25 70원 **i**

유광렬 **미소상극과 극동풍운** 국제문화협회 1947.12.15 82쪽

유길서점 편,발행 **현대여성해부** 1946.11 54쪽 20원 **出**

유달영 **가정채소원예** 국민문고② 국제문화관 1948.10 120원 **出**

유달영,이택리 **채소원예** 수도문화사 1949 220쪽 390원 **韓**

유두웅 역 **탐정괴기루팡전집** ①천고의비밀 삼우출판사 1945.9 165쪽 20원 **出**

유물론연구회(스딸린) **공산청년회의 임무에 대하야** 현우사 1947.5 65쪽 30원 **出**

유병서 편 김명선 교열 **영한의학소사전** 과학서원 1948.7.1 179쪽 350원

유봉구 **가톨릭교인의 사명** 경향잡지사 1949 62쪽 100원 **韓**

유봉림 **정지전정** 整枝剪定**개요** 문화서원(경산) 1948 104쪽 250원 **韓**

유석룡 편 **애창가요명곡집** 정교사 1946.11.5 78쪽 30원

유석빈 역 **시경** 周南,召南 서울출판사 1946.4 45쪽 10원 **出**

유석주(서미항경) **가정치료보전** 민중서관Ⅱ 1949.5(등사본) 32쪽 150원 **i**

유열 **중등국문독본** 한얼몯음(학생동무사와 공동 발행) 1946.5.26 72쪽 20원

유열 **농가월령가** 한글사 1948.2.1 157쪽

유열 **한글강좌** 일성당 1948 286쪽 750원 **韓**

유열 **한글강좌** 조선금융조합연합회 1949.2.20(再) **朴**

유열 **훈민정음풀이** 보신각 1947.10.15 58쪽 50원

유열 **훈민정음풀이** 조선어학회 1947.8.15 57쪽 80원

유열 편 **현대학생우리말사전** 현대사 1950 1308쪽 3,000원 **韓**

유영우,장주춘 **사회과학사전** 프로레타리아사전 노농사 1947.1 256쪽 150원 **出**

유영호 **범죄과학** 국제출판사 1948.11.30 165쪽 400원

유영희 **중등화학실험서** 계림출판사 1950.4.28 63쪽 200원

유용대 **수산업정책론** 조선수산업회 1947.5 124쪽 70원 **出**

유응호 **기초독일어문전** 동방문화사 1949.12.25 **全**

유일산 편 **미쏘대립과 국제위기** 문영당 1947.5.15 82쪽 80원

유열 『농가월령가』

유열 『한글강좌』

유일엽 편 **맑스주의의 비판** 대중공론사 1946.7 62쪽 20원 出

유자후 **율곡선생전** 동방문화사 1948.8.20(再) 266쪽 350원

유자후 **이준선생전** 동방문화사 1947.10.15 419쪽 비매

유자후 **조선민주사상사** 조선금융조합연합회 1949.9.5 142쪽 250원

유자후 **조선보부상고** 정음문고 정음사 1948.10.31 123쪽 100원

유자후 **해아밀사** 일성이준선생기념사업협회 1948.9.25 132쪽 200원

유재성 감수 동심사 편,발행 **재미나는 이화실험** 소년과학문고1 1946.9.15 202쪽 25원 i

유재헌 **국어문법국어풀이 씨가름** 표해도식 동학사 1947.7.25 160쪽 130원 韓

유재환 **산림문제** 조선사 1946.12 48쪽 15원 出

유정기 **윤리학원론** 대구사범대학출판부 1946.11.19 i

유정기 **혁신유도개론** 성균관 1950.6.10 244쪽 i

유지옥 **기초국사사전** 조선공업문화사출판부 1949.4.15 383쪽 750원

유진오鎭午 **화상보** (상)장편소설전집② 한성도서 1950.2.20 356쪽 650원

유진오鎭午 **헌법해의** 명세당 1949.5.30(六) 250쪽 480원 i

유진오鎭午 **헌법의 기초이론** 명세당 1950.1.20 252쪽 800원

유진오鎭午 외 **학생과 학원** 수도문화사 1950.2.15 179쪽 400원

유진오鎭五 **창** 시집 정음사 1948.1.30 95쪽 120원

유진오鎭五 외 **전위시인집** 노농사 1946.12.30 70쪽 60원 Z

유창돈 **숙어사전** 경성인서사 1948.11.15 175쪽 290원

유창돈 **순국시조집** 건국사 1948.4.1 83쪽 120원

유철 **38이북의 현황과 우리 민족의 각오** 대한일보사 1948 142쪽 i

유철 **청년의 진로** 대동신문사 1946 149쪽 200원 韓

유치진 **자명고** 희곡집 행문사 1948.11 400원 出

유치진 **흔들리는 지축** 희곡집 정음사 1949.7.2 224쪽 400원 i

유치진 **소** 희곡집 행문사 1947.6.20 132쪽 130원

유치진 **희곡창작법** 연극과 생활 개조출판사 1949.12.10 100원 i

유치환 **생명의 서** 시집 행문사 1947.6.20 113쪽 120원

유치환 **울릉도** 시집 행문사 1948.9.1 98쪽 250원

유치환 **청령일기** 시집 백자사(행문사) 1949.5.15 127쪽 400원

유치환 외 **현대시집**Ⅱ 정음사 1950.3.10 254쪽 800원

유열 『훈민정음풀이』

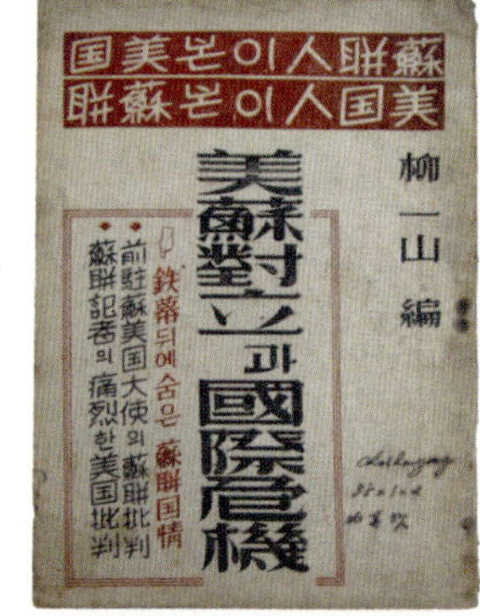

유일산 편 『미쏘대립과 국제위기』

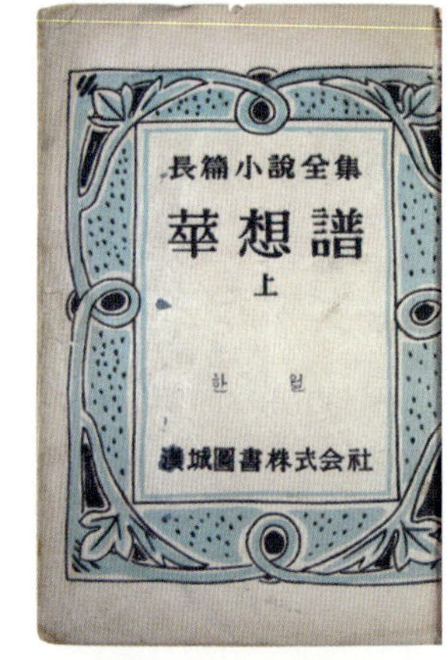

유진오 『화상보』 상편 속표지

유진오 『창』 (박문원 장정)

유치진 『소』

유치환 『생명의 서』

유치환 『울릉도』

유치환 『청령일기』(박성규 장정)

유해준 **민족학생운동의 이념** 생활신보사 1948.8.20 46쪽 60원 敎

유형기 **기독교의 진수** 신생사 1946.1.15 册

유형기 편 **가정예배서** 신생사 1946.2 371쪽 12원 出

유형기(빠튼) **나사렐예수** 신생사 1947.2 349쪽 75원 韓

유형기,기이부(웍커) **기독교사** 신생사 1946.3.15(8판) 421쪽 15원 i

유형기(무우어아아더S) **나는 이렇게 믿는다** 신생사 1947 130쪽 35원 韓

유형기 역술 **철학사화** 상권 신생사 1946.4.8 328쪽 30원

유형기 역술 **철학사화** 하권 신생사 1947.1.10 303쪽 75원

유형기 역술 **철학사화** 상권 신생사 1947.6.25 300원

유형기 역술 **철학사화** 하권 신생사 1947.6.25 303쪽 300원

유형기 **구약문학개론** 신생사 1946(六) 427쪽 i

유형기 편 **영어회화** 숭문사 1945 178쪽 30원 韓

유형기 편 **중등한영사전** 숭문사 1947 866쪽 150원 韓

유형기 편 **신생영작문** 신생사 1947.5.15(六) 全

유형기 편 **신생영한사전** 신생사 1946.10 1,145쪽 375원 出

유형기 편 **신생중등영한사전** 숭문사 1949.8.15 933쪽 1,300원

유형기 편 **신생한영사전** 신생사 1947.7.15 866쪽 500원

유형기 편 **신약전서** 영한대조 신생사 1948.1.3 764쪽 600원

유형기 편 **단권성경주석** 신생사 1949.11.10 1,149쪽 2,000원

유형기 편 **A Christmas Carol** 조선인쇄회사 1946.8.15 全

유형기 편 **English phrase book** 숭문사 1948.6.15(21판) 177쪽 300원

유형기 편 **Charls Lamb Tales from Shakespeare** 신생사 1946 171쪽 40원 出

유형기 편 **Charls Lamb Tales from Shakespeare** 신생사 1946.12.3(再) 全

유형기 **독일어문법신생소독문전** 숭문사 1948 108쪽 80원 韓

유형기 편 **독일어문법** 숭문사 1948.4 80원 出

유형기 **초급소독문전** 조선인쇄회사 1947.9.15(再) 108쪽 120원 i

유형기 편 **초급소독문전** 신생사 1947.9.15(再) 120원 i

유홍렬 **조선독립사상사고** 정음사 1948.10.20 170쪽 250원

유홍렬 **조선천주교회사** 조선천주교회순교자현양회 1949.2.10 292쪽

유희진 **건국과 유교** 조선교학사 1950.4.10 68쪽 i

육군본부작전교육국 편,발행 **군가집** 1949.4.1(서문일자) 134쪽

육군본부정보국 편,발행 **방첩과 국방** 1950.4.25 48쪽

육군본부정훈감실 편,발행 **십용사전** 1949.9.20 193쪽 250원

육군사관학교 편 **전술학교정** 임시 병학연구사 1948.1.1

육복술 편 **전북인명록** 군산민보사 1947.11.1 150쪽

육본작전교육국(김희덕) 편 **학교교련교본** 전편 문헌사 1949.5.10 405쪽 280원

육본작전교육국 편 **로서아전선사** 병학연구사 1949 106쪽

육본작전교육국 편 **훈련교범** 병학연구사 1948.12.30(再) 272쪽 250원

육성각 편,발행 **변호사시험답안집** 상권 1949 400쪽 600원 韓

육성각 편,발행 **국가시험문제모범해답집** 민법.민사소송법.국제사법 1949 344쪽 600원 韓

육지수 **먼나라의 생활** 지리 동지사 1950.5.15(수정판) 580원 全

육지수 외 **공민** 중등사회③ 동지사 1949.9.5 230원

육지수,이봉수 **지리** 우리나라의 생활 동지사 1949.3.15(再) 176쪽 350원

육지수,이지호 **지리통론** 인류와 자연환경 신민사 1947.9 104쪽 100원 出

육지수 **우리나라** 중등지리 동지사 1948.4.15(再) 114쪽 230원

윤가온(마로오) **집 없는 아이** 상 경향출판사 1948.11.20 276쪽 350원

윤계현 외 **청과집** 시집 동화사 1948.1.31 200원

윤곤강 주 **고산가집** 정음문고 정음사 1948 104쪽 100원 出

윤곤강 **살어리** 시집 시문학사 1948.7.15 138쪽 250원

윤곤강 **시와 진실** 시론집 정음사 1948.8.25 184쪽 250원

윤곤강 **피리** 시집 정음사 1948.1.30 114쪽 250원

윤곤강 **근고조선가요찬주** 생활사 1947.12.15 174쪽 170원

윤기선 외 **민족의 진로** 국민문화사 1947.12.15 102쪽 150원

윤길중 **국회의원선거법해설** 명길당 1950 175쪽 4000원 韓

윤동주 **하늘과 바람과 별과 시** 정음사 1948.1.30 71쪽 100원

윤무혁 **감자 재배, 저장 원리와 실제론** 합동도서㈜ 1950.2.25 122쪽 270원

윤백남 **조선의 마음** 계몽구락부 1946.1.15(再) 139쪽 20원

윤백남 **홍도의 반생** 원명:미수 덕흥서림 1947.10 298쪽 230원 賢

윤백남 **조선형정사** 문예서림 1948.7.25 204쪽 300원

윤백남 **흑두건** 영창서관 1948.8 526쪽 500원 出

육군본부정훈감실 편 『십용사전』

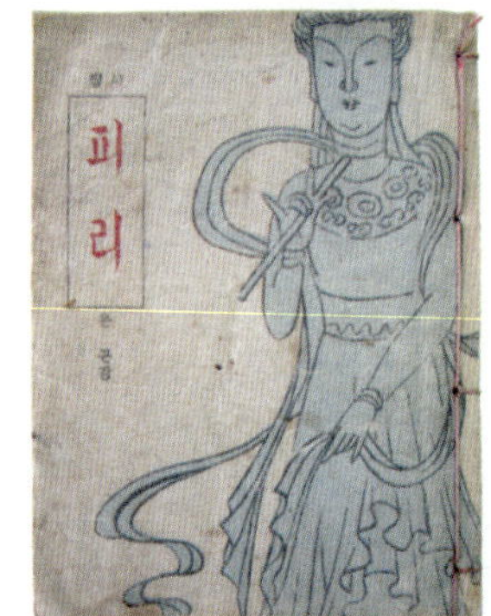

윤곤강 『피리』(김용준 장정)

윤동주 『하늘과 바람과 별과 시』(이정 표지)

윤백남 『백련유전기』

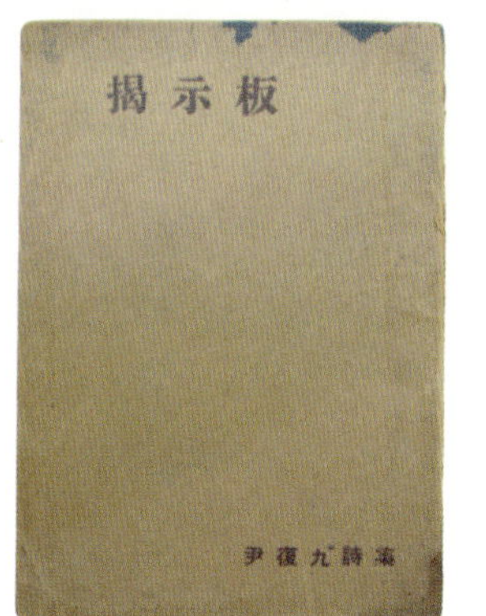

윤복구 『게시판』

윤세창 역 『제2차세계대전사』 상

윤백남 **정열의 낙랑공주** 삼중당대중문고 삼중당 1949.9.15 115쪽 賢

윤백남 편 **조선야사전집** ① 조선사료간행회 1949.11.20 ⓘ

윤백남 **해조곡** 영창서관 1949 593쪽 750원 韓

윤백남 **백련유전기** 장편소설전집④ 한성도서 1950.4.15 445쪽 1000원

윤병희 편 **중국어교편** 을유문화사 1948.7 110쪽 160원 乙

윤병희 **어린 용사** 동화집 가톨릭출판사 1950 85쪽 3000원 韓

윤보현 **국사부도** 사회생활과 동방문화사 1947.10.15 80원 ⓘ

윤복구 **게시판** 시집 중앙문화협회 1949.12.31 108쪽 300원

윤복진 **꽃초롱별초롱** 아동예술원 1949.8.25 122쪽 雅

윤복진 **가요곡집** 중등용 파랑새사 1946 冊

윤복진 **가요곡집** 초등용 파랑새사 1946 冊

윤석중 글 홍우백 그림 **어린이 한글책** 조선아동문화협회 1946.5.5 31쪽 20원 ⓘ

윤석중 **초생달** 동요집 박문출판사 1946 55쪽 13원 ⓘ

윤석중 **굴렁쇠** 동요선집 수선사 1948.11 150원 出

윤석중 편 **노래동무** 조선아동문화협회 1949.3 乙

윤석중 **아침까치** 산아방 1950.5.5 64쪽 雅

윤석훈 **조선서식보감** 일반의필요한 문영당서점 1947.3.30(再) 84쪽 60원 ⓘ

윤성범(에밀뿌룬너) **종교철학** 을유문화사 1949.6.15 192쪽 400원

윤성용 **작문독본** 동지사 1947.9.10 93쪽 150원

윤세창(DP게스데스,HS커메이거) **제2차세계대전사** 상 노농사 1947.5.27 300원 出

윤세창 **행정법요론** 백양당 1949.5.20 262쪽 400원

윤세창(WB헷셀린) **제3정당론** 미국정당정치의 사적 고찰 문조사 194811.25 185쪽 350원 乙

윤세창(오펜하이머) **국가론** 청구문화사 1950 137쪽 8000원 韓

윤세창,박상일 **법제개요** 문조사 1949.12.10 270쪽 550원

윤승한 **님 향한 일편단심** 백민문화사 1946.2.5 84쪽 7원

윤승한 **김유신** 상 숭문사 1948.7 338쪽 480원 ⓘ

윤승한 **김유신** 하 숭문사 1948.7 324쪽 450원 ⓘ

윤승한 **대원군** 상하 삼중당 1948.11 각500원 出

윤승한 **월광부** 역사소설 삼중당 1949.5.30 466쪽 750원

윤승한 **장희빈** 역사소설 일성당서점 1950.2.20 474쪽

윤시중 편 **조선명사서한대집** 동문사서점 1948.2.10 289쪽 250원

윤영 역 나만갑 저 **병자록** 정음사 1947.4.15 189쪽 150원

윤영춘 역편 **현대중국시선** 청년사 1947.7.29 174쪽 180원

윤영춘 **무화과** 시집 숭문사 1948.8.28(再) 118쪽 170원

윤영춘 **현대중국문학사** 계림사 1949.12.16 186쪽 350원 ℹ

윤영춘(곽말약) **소련기행** 을유문고㉓ 을유문화사 1949.5.10 314쪽 350원 乙

윤을수 역 **준주성범** 성신대학 1949.11.20(再) 244쪽 350원 ℹ

윤이상 **달무리** 행문사 1949 20쪽 300원 韓

윤익병 **중등인류교과서** 인체생리 문화당 1947.6.30 59쪽 90원 出

윤익병 **동물해부학** 동지사 1949 353쪽 3000원 韓

윤익병 **중등생리실험** ③ 수문관 1950.6.15 全

윤익섭 **채소원예** 대동문화사 1948.9 79쪽 160원 韓

윤일사,한철(카알·카우쓰키) **자본론해설** 조선교육문화㈱ 1949.5.20 329쪽

윤재천 **작문공부** 홍민사 1946.11.10 冊

윤재천 **신교육서설** 조선교육연구회 1946.12.25 82쪽 30원 ℹ

윤재천 **이과교육의 신진로** 조선과학사 1947.5 151쪽 160원 出

윤재천 **다른나라생활** 하 고려문화사 250원 出

윤재현 **우리 임시정부** 광창각 1946 23쪽 淸

윤재현 **사선을 헤매이며** 국제문화협회 1948.8.10 191쪽 200원 ℹ

윤주영 **상형문자** 시집 철야당 1948.11.8 84쪽 200원

윤주형 편 안진호 閱 **수양서 반야심경** 보림사 61쪽 150원 ℹ

윤지선,이능식(다례) **조선교회사** 대성출판사 1947.3.5 317쪽 280원

윤지향 **올림픽** 삼중당 1948.5.10 250원 出

윤태영 **작문교본** 자성문화사 1946.7.15(初) 134쪽 30원

윤태영 **작문교본** 자성문화사 1946.10.30(再) 35원

윤태영 **최신작문교본** 삼중당 1950 103쪽 ℹ

윤태영 **새중등작문교본** 삼중당 1948.2.29 88쪽 150원

윤태영 **육신이야기** 삼중당 1948.12.15 57쪽 80원 ℹ

윤태영 **국민학교국어지도서** 제6권 문화당 1948 379쪽 600원 韓

윤태영 **유봉이의 승리** 애국소설 삼중당 1949 160쪽 250원 韓

윤승한 『월광부』

윤승한 『장희빈』(김기창 장정)

『장희빈』 속표지

윤영춘 역편 『현대중국시선』(김기창 장정)

윤주영 『상형문자』

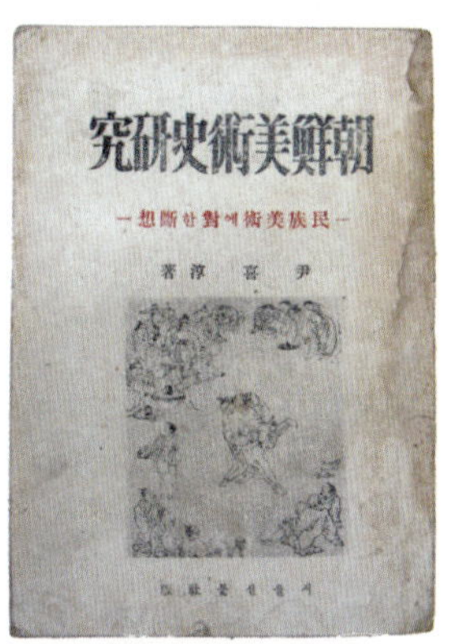

윤희순 『조선미술사연구』

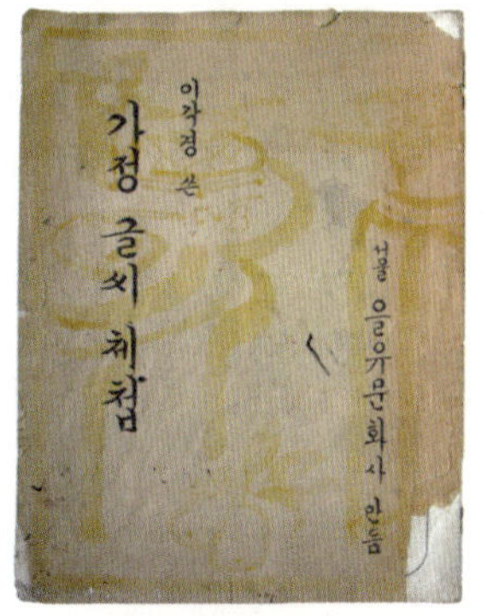

이각경 『가정글씨체첩』(조병덕 표지)

이각경 글씨 이만규 글 『새시대 가정여성훈』(김기창 표지)

윤태영 역 **전등신화** 진성당 1950.4.5 217쪽 550원 🅸

윤태웅(하이네) **하이네연애시집** 정음문고 정음사 1948.6.30 116쪽 100원

윤태웅 **영문해석법연구** 선문사 1948.7 550원 出

윤태웅(릴케) **소녀의 노래** 산호장 50원 出

윤행중 **이론경제학** 제1집 서울출판사 1947.10 217쪽 320원 出

윤행중 **민주경제론** 을유문화사 1948.4.20 120쪽 180원 乙

윤형남 **국제연합강화** 조선금융조합연합회 1949.7.15 162쪽 280원

윤형순 **국민학교행정의 개요** 무등교육출판 1948.8.5 69쪽

윤형식 **지능검사수련장** 교육자료조사연구회 7원 出

윤효정 **풍운한말비사** 취산서림 1946.4.20 199쪽 30원

윤희순 **조선미술사연구** 서울신문사출판국 1946.11.25 158쪽 70원

윤희순 그림 방정환 글 **나비의 꿈** 소파동화독본③ 조선아동문화협회 1947.6.1 60원 🅸

을유문화사 편 김기창 그림 **춘향전** 을유문화사 1946.2.1 96쪽 80원 賢

을유문화사 편,발행 **표준영습자** 영국교재영쇄 1948.9 150원 乙

을유문화사 편,발행(IA리챠아즈) **Basic English** 상−영어첫걸음 1946.7 144쪽 160원 乙

을유문화사 편,발행 **학생조선어사전** 1947(수정판) 223쪽 150원 朴

음악교육연구회 **중등음악교본**3 국민음악연구회 1948.8.10 冊

이각경 **가정글씨체첩** 을유문화사 1946.2.1 26쪽 8원

이각경 글씨 이만규 글 **새시대 가정여성훈** 을유문화사 1946.5.1 32쪽 20원

이각경 **어린이글씨체첩** 조선아동문화협회 1946 4원 韓

이갑성 **중등동양사정도** 신소년사 1947.12 90원 出

이갑수 **인류계** 일반과학 조선의보사 1948.9.10 全

이강국 저 정진태 편 **민주주의 조선의 건설** 조선인민보사후생부 1946.4.20 202쪽

이강국 외 **민주주의 12강** 문우인서관 1946.11.15 200쪽 60원 乙

이강렬 **교육학** 문화당 1948.4 400원 出

이강렬(플라톤) **사랑의 철학** 을유문화사 1948.7.15 83쪽 140원

이강렬 **영문구조의 기초지식** 문화당 1948.8 280원 出

이강로 **조선문학연구** 동방문화사 1947.5.25 119쪽 120원

이강세(막쓰쉐러) **철학적 인간학** 글벗사 1947.6.10 111쪽 100원 🅸

이거찬 **중등최신수학** 제일출판사 1949.4 106쪽 160원 出

이건식,손치무 **지질학통론** 정음사 1947.11 125쪽 150원 出

이건창 저 이민수,이병식 공역주 **당의통략** 협동문고(3-5) 조선금융조합연합회 1948.12.25 372쪽 480원

이건혁 **돈과 물건** 인플레대책 금룡도서 1946.12.28 105쪽 40원

이건혁 **건국과 국민경제** 우리는 어떻게 살까 금룡도서 1946 128쪽 50원 雅

이건호 **형법강의** 총론 청구문화사 1949.11.15(再) 303쪽 850원

이건호 외 **학생과 학원** 수도문화사 1950.2.15 179쪽 400원

이경남 **조선의 유우모아** 향학사 1949.1.30 114쪽 200원 賢

이경형,박경찬 공역 **적분학** 동명사 1949.11.25 全

이경형,박경찬 **고등대수학** 동명사 1949.8.20 全

이경형 역 **미분학** 동명사 1950.6.15(六) 全

이경형 **문과의 수학** 동명사 1950 228쪽 i

이경형 **측량학** 동명사 1950 143쪽 80원 韓

이관섭 **중등예법요항** 경기중학교 1947.9.15 72쪽 70원 i

이광근 **육아법** 을유문화사 1949.6.1 184쪽 350원 乙

이광수 **유랑** 홍문서관 1945.9 205쪽 50원 出

이광수 **유랑** 성문당 1948.9 204쪽 300원 出

이광수 **혁명가의 안해** 숭문사 1946.8.15 88쪽 25원

이광수 **꿈** 면학서보 1947.6.5 180쪽 150원

이광수 **나** 생활사 1947 200쪽 200원 韓

이광수 **돌벼개** 생활사 1948.6.15 228쪽 350원

이광수 **돌벼개** 생활사 1948.8.20(再) 228쪽 350원

이광수 **원효대사** 상 생활사 1948.6.10 302쪽 450원

이광수 **원효대사** 하 생활사 1948.7.21 336쪽 500원

이광수 **이순신** 영창서관 1948.8.31 469쪽 600원

이광수 **스므살고개** 나청춘편 생활사 1948.10.15 224쪽 350원 i

이광수 **나의 고백** 춘추사 1948.12.1 213쪽 380원

이광수 **선도자** 태극서관 1948 322쪽 500원 i

이광수 **애욕의 피안** 하 국문사 1949.1.15 634쪽 450원

이광수 **방랑자** 중앙출판사 1949 205쪽 i

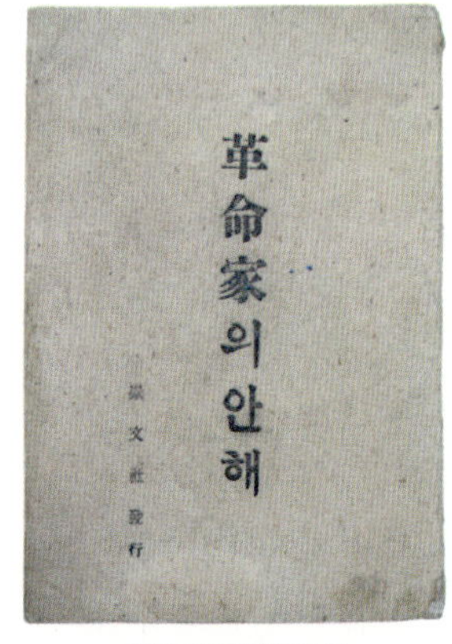

이광수 『혁명가의 안해』

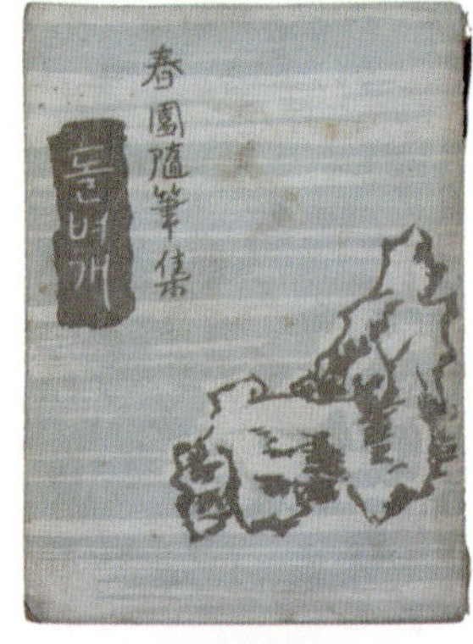

이광수 『돌벼개』

이광수 『원효대사』 하

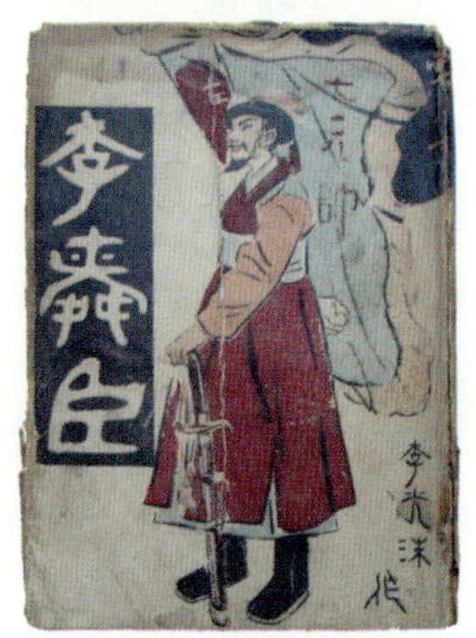

이광수 『이순신』(김호성 장정)

이광수 『나의 고백』

이광수 『애욕의 피안』

이광수 외 『삼천리강산』

이극로 『고투사십년』

이광수 **단종애사**^하 박문출판사 1950.1.30 235쪽 600원

이광수 **사랑의 죄** 영문사 1950.1.10 445쪽 800원 ⓘ

이광수 **이차돈의 사** 한성도서 1950.4.30 399쪽 900원 ⓘ

이광수 **사랑** 박문출판사 1950 289쪽 1600원 韓

이광수 외 **삼천리강산** 삼중당 1946.3.20 278쪽 23원

이광수 **문장독본** 광문서림 1948.4 246쪽 300원 ⓘ

이광수 **문장독본** 대흥출판사 1948.9.30 246쪽 450원 ⓘ

이광호 **토정비결**^{만인필비} 동진당서점 1945.12.5 7원 ⓘ

이규남 **눈물의 철학** 청로사 1950 298쪽 淸

이규동 **The English Readers**^{Book3} 경북교육협회 1946.4.20 全

이규방 **한글문법** 근흥인서관 1946.1.20 213쪽 13원

이규엽 **신연애성욕론** 영인서관 1949 230쪽 300원 韓

이규철 **자동차시험**^{도해설명최신 문답정해} 정음사 1949.5.30 268쪽 500원 朴

이규하,김영훈 **건국행진곡**^{해방기념소인극} 정의사 1946.7.20 15원 ⓘ

이규홍 **영어자통**^{무선생속수} 덕흥서림 1946.4 258쪽 230원 出

이규환 편 **New King Crown Readers Book** ① 정문관 1947.12 86쪽 80원 出

이극로 **고투40년** 을유문화사 1947.2.1 90쪽 40원

이극로 **조선어음성학**^{실험도해} 아문각 1947.11.15 52쪽 120원 ⓘ

이극로 **한글** 한글사 1948.2 60원 出

이극로,정인승 편 **국어**^{①남자} 정음사 1948.3.25 78쪽 120원

이극로 **국어학논총** 정음사 1948.11.30 122쪽 ⓘ

이근무 편 **신강물리학**^{상권} 성동문화사 1949.12.20 258쪽 700원

이근영 **제3노예** 아문각 1949 550원 韓

이근태 **축산범론**^{조선농업문고(23)} 을유문화사 1949.2.15 84쪽 120원 乙

이기남 **식사연설웅변대감** 웅변문화사 1950.5.15 348쪽 850원

이기남 **최신웅변술** 문창당 1949.11.15 164쪽 350원

이기남 **웅변술강의** 세문사 1949.4.15 164쪽 250원

이기락 **표준조선전도** 대한서림 1947.11.20 ⓘ

이기범 **조일합방사** 민중조선사 1946.2.15 53쪽 6원

이기섭 편 **병술년조선역서** 권상용 1945.12.1 ⓘ
'발행인 權尙容 동대문구 창신정 131~85'인데 발행처를 알 수 없음.

이기섭 외 **우리나라** _{사회생활지리부} 정음사 1949.8.30 127쪽 250원 [i]

이기수 외 **일제하의 조선사회경제사** 조선금융조합연합회 1947.4.20 177쪽 80원

이기영 **서화** 동광당서점 1946.3.12 195쪽 [朴]

이기영 **민촌** 건설출판사 1946.6.30(再) 120쪽 28원 [i]

이기영 **인간수업** 서울타임스사출판국 1946.12.10(再) 441쪽 130원 [i]

이기영 **고향** _상 아문각 1947.6.30(五) 432쪽 350원

이기영 **고향** _하 아문각 1948.10.30(五) 423쪽 600원 [Z]

이기영 **어머니** 영창서관 1948.12.20 684쪽 800원

이기영 **신개지** 세창서관 1949 580쪽 850원 [韓]

이기인 **동물학** 연광사 1948.8.25 [全]

이기인,허인성 **가축기르기** _{협동농업총서} 조선금융조합연합회 1949.2.20 92쪽 120원

이기찬 **최신수학** 제일출판사 1947.5 103쪽 160원 [出]

이낙복,이정기,심길순 **물상편** ₁일반과학 조선공업문화사출판부 1950.5.25(五) 146쪽 445원

이낙복,이정기,심길순 **물상편** ₂일반과학 조선공업문화사출판부 1949.7.27 250원 [i]

이낙복,이정기,심길순 **물상편** ₃일반과학 조선공업문화사출판부 1949.7.27 [全]

이남준 **중등새작문** 현대문화사 1948.10.25 [全]

이능식 **서양문화사** 동지사 1948.7.15(再) 103쪽 150원

이능식 **근대사관연구** 동지사 1948.10.25 208쪽 350원

이능식,윤지선(다레) **조선교회사** 대성출판사 1947.3.5 317쪽 280원

이덕봉 **식물의 세상** 금룡도서 1947.4.26 60쪽 50원 [i]

이덕봉 **식물계** 건국사 1947.9.15 79쪽 80원 [i]

이덕봉 **새 나라의 농민** _{협동농업총서} 조선금융조합연합회 1948 78쪽 [i]

이덕봉,이덕상 **동물계** _{일반과학} 을유문화사 1947.9.1 [全]

이덕봉,이덕상 **동물계** _{일반과학} 을유문화사 1950.4.20 [全]

이덕봉,이덕상 **식물계** _{일반과학} 을유문화사 1949.7.1

이덕봉,이덕상 **식물계** _{일반과학(개정판)} 을유문화사 1950.4.20 86쪽 270원

이덕봉,이덕상 **인류계** _{일반과학(개정판)} 을유문화사 1950.4.20 90쪽 270원

이덕성 **조선고대사회연구** 정음사 1949.2.22 149쪽 250원

이덕흥 **헬렌켈러전** _{세계의 등불} 라이트서사 1948.10.26 98쪽 150원

이돈화 **천덕송** 천도교총부경리원 1946.3.15 72쪽 5원 [i]

이기영 『고향』 상(이주홍 장정)

이기영 『어머니』(김호성 장정)

이덕봉 · 이덕상 『일반과학 식물계』

이덕흥 『헬렌켈러전』(세계의 등불)

이만규 『여운형투쟁사』

이만규 『가정독본』(김호성 장정)

이만규 『조선교육사』 상·하

이명선 『중국현대단편소설선집』 『맨발』

이동근 **해방속기** 대조출판문화사 1948.4 150원 出 ·

이동윤 **중등역사동양사** 동지사 1947.8.20 72쪽 100원 全

이동윤,사공환 **중등서양사** 동방문화사 1948.8.25 全

이동주 외 **네 동무** 시집 예술문화동맹(목포) 1946.2.10 147쪽 20원

이동호 편 **대한민국대통령초대각부장관시정방침연설집** 문진문화사 1948 76쪽 200원 韓

이릉구(와아즈와즈) **와아즈와즈시집** 동문사서점 1950 180쪽 280원 i

이만규 **여운형투쟁사** 총문각 1946.5.25 277쪽

이만규 **가정독본** 영창서관 1946.10.31 245쪽 80원

이만규 **조선교육사** (상) 을유문화사 1947.12.25 404쪽 450원

이만규 **조선교육사** (하) 을유문화사 1949.2.25 488쪽 750원

이만규 글 이각경 글씨 **새시대 가정여성훈** 을유문화사 1946.5.1 32쪽 20원

이명선 역 **중국현대단편소설선집** 선문사 1946.6.30 149쪽
아래 책과 제목만 다를 뿐 내용은 동일함.

이명선 역 **맨발** 중국현대단편소설선집 선문사 1946.6.30 149쪽 50원

이명선 **홍경래전** 협동문고(3-4) 조선금융조합연합회 1947.3.15 126쪽 45원

이명선 **조선고전문학독본** 선문사 1947.10.30(再) 155쪽 170원

이명선 **조선문학사** 조선문학사 1948.11.25 153쪽 250원

이명선 교정 **임진록** 민족문학총서제1집 국제문화관 1948.11.30 160쪽 250원

이명선 **국문해석법연구** 선문사 1949.9.20(六) 290쪽 650원

이명직 **기독교의 대강령** 성결교회출판부 1948.4.17 87쪽 100원

이목(앙드레모로아) **도발된 전쟁** 란수사 1949.2.28 72쪽

이무영 **흙의 노예** 조선출판사 1946.7.15 336쪽 40원 i

이무영 **세기의 딸** 상 동진문화사 1949.1.20 352쪽 500원

이무영 **산가** 이무영농민문학선집1 민중서관 1949.3.5 500원 i

이무영 **향가** 이무영농민문학선집2 민중서관 1949.3.5 335쪽 500원 i

이무영 **먼동이 틀 제** 영창서관 1949 450쪽 650원 韓

이무영 **소설작법** 동진문화사 1949.9.1 336쪽 550원

이무영 **소설작법** 영문사 1950.3.30(再) 336쪽 900원

이무영 **고도승지대관** 조선여행사출판국 1948.1.20 438쪽 500원

이문근 편 **카톨릭성가집** 성신대학음악부 1948 i

이민,김택영(뜨라이닌,바르가) **특별한 형태의 민주주의** 청년사 1949 150원 韓

이민수,이병식 공역주 이건창 저 **당의통략** ^{협동문고(3-5)} 조선금융조합연합회 1948.12.25 372쪽 480원

이민재 **식물계** 금룡도서 1950.4.11 114쪽 870원 ⓘ

이민재,강영선 **생물학** ^상 동지사 1948.7 400원 出

이백주 **제3차전쟁은 일어날까** 동아인서관 1949 308쪽 400원 韓

이범석 저 김광주 역 **한국의 분노** ^{일명청산리혈전실기} 광창각 1946.4 82쪽 15원 出

이범석 **민족과 청년** 백수사 1948 253쪽 ⓘ

이범석 **혈전** 건국사 1947.8 120원 出

이범석 저 송지영 역 **방랑의 정열** 정음사 1950.2.15 152쪽 500원

이범혁 **표정** ^{시집} 국학연구회 1949.6.1 河

이병기 교 신명균 편 **시조집** ^{조선문학전집①} 삼문사출판사 1945.11.10 331쪽 10원 出

이병기 **어린이역사** ^{조선아동문고} 정음사 1946 128쪽 30원 出

이병기 교주 **역대시조선** ^{박문문고⑫} 박문출판사 1946.8 180쪽 32원

이병기 주해 **인현왕후전** ^{박문문고⑲} 박문출판사 1946 86쪽 13원 出

이병기 **가람시조집** 백양당 1947.9.20 104쪽 150원

이병기 교주 **의유당일기** 백양당 1948.5.15 82쪽 150원

이병기 주해 **근조내간선** ^{민족문학총서제2집} 국제문화관 1948.12.25 102쪽 150원

이병기 교주 **어우야담** ^{민족문화총서제4집} 국제문화관 1949.5.30 100쪽 150원

이병기 교주 **가루지기타령** ^{민족문화총서제3집} 국제문화관 1949.5.10 72쪽 120원

이병기 편 **요로원야화기** ^{을유문고②} 을유문화사 1949.5.10 175쪽 220원

이병기 편 **중등국어** ② 금룡도서 1949.9.15(再) 200원 全

이병기 편 **중등국어** ④ 금룡도서 1949.8.5 134쪽 250원

이병기 편 **중등국어** ⑤ 금룡도서 1949.8.5 270원 全

이병기 편 **문학독본** 상문당 250원 出

이병기 감수 **국문단어의 종합적 정리** 유문사 1950 276쪽 ⓘ

이병도 **고려시대의 연구** 을유문화사 1948.3.30 428쪽 900원 乙

이병도 **새국사교본** 동지사 1948.7 211쪽 380원 出

이병도 **국사대관** 동지사 1948.11.20(四) 557쪽 1500원

이병도 **조선사대관** 동지사 1948.7.25 520쪽 1000원 ⓘ

이병도 **역사** ^{우리나라의 생활} 동지사 1949.4.30 430원 ⓘ

이명선 『조선문학사』(이주홍 장정)

이목 『도발된 전쟁』

이무영 『세기의 딸』 속표지(김천혜 장정)

이무영 『고도승지대관』

이병기 『가람시조집』(배정국 장정)

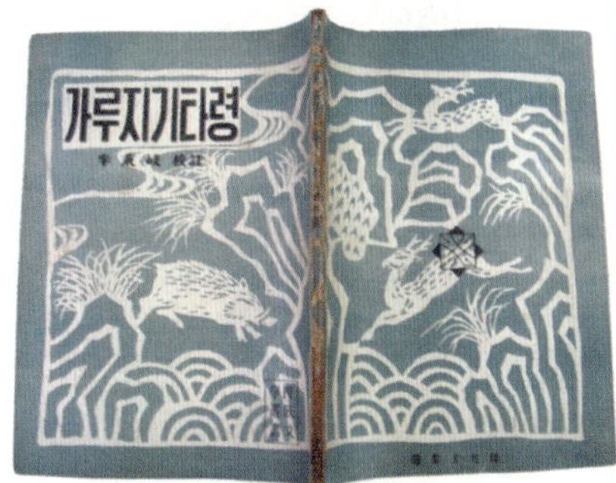

이병기 교주 『가루지기타령』

『가루지기타령』 속표지

이병철 편 한하운 저 『한하운시초』(정현웅 장정)

이병도 **역사** ^{우리나라의 생활} 동지사 1950.5.15 555원 211쪽

이병도 역 **삼국사기** I ^{박문문고} 박문출판사 1947.1 343쪽 130원

이병도 역 **삼국사기** II ^{박문문고} 박문출판사 1947.5 479쪽 260원

이병도 역 **삼국사기** III ^{박문문고} 박문출판사 1947 253쪽 [i]

이병도 주해 **하멜표류기** ^{박문문고} 박문출판사 1946년판 98쪽 12원

이병도 편 **고려사** ^{권1고전총서①} 국제신문사출판부 1948.12.25 293 1,000원

이병도 편 **고려사** ^{권2고전총서②} 국제신문사출판부 1949.1.15 605쪽 1,000원

이병석 **식물계** 목포정명공립여중 1946.12.15 80원 [i]

이병식,이민수 역주 **당의통략** ^{협동문고(3-5)} 조선금융조합연합회 1948.12.25 372쪽 480원

이병위,김종섭 **체육보건** 삼중문화사 1950.2.10(三) 110쪽 260원

이병철 외 **전위시인집** 노농사 1946.12.30 70쪽 60원 [乙]

이병철 편 한하운 저 **한하운시초** 정음사 1949.5.30 300원 69쪽

이복림 **효성** ^{시집} 순천건국부인회 1948.9.25 40쪽

이복영 **나전어문법** 350원 [出]

이봉상 **중등미술** ① 조선과학문화사 1950.4.15(再) 500원 [i]

이봉수,육지수 **지리** ^{우리나라의 생활} 동지사 1949.3.15(再) 176쪽 350원

이봉수,최홍준 **인류와 자연환경** 동지사 1948 115쪽 250원 [韓]

이봉수 **자연환경과 인류생활** 동지사 1949 142쪽 [i]

이봉수 우리나라의 **생활부도** ^{지리부} 동지사 1950.5.15(수정) 425원 [i]

이봉희 **천일제염공업** 행림서원 1950.6.5 282쪽 1200원

이부성 외 **우리나라** ^{사회생활지리부} 정음사 1949.8.30 127쪽 250원 [i]

이북 **김일성위조사** 삼팔사 1950(再) 52쪽 [i]

이북만 **이조사회경제사연구** 대성출판사 1948.12.25 388쪽 800원

이분 저 박태원 역 **이충무공행록** ^{을유문고⑧} 을유문화사 1948.5.20 138쪽 160원 [乙]

이상 저 김기림 편 **이상선집** 백양당 1949.3.31 219쪽 330원

이상백 **조선문화사연구논고** 을유문화사 1947.8.15 342쪽 300원

이상백 **이조건국의 연구** ^{조선문화총서9} 을유문화사 1949.12.20 240쪽 900원

이상백,홍순창 **미소의 교육제도** 을유문화사 1947.2.20 168쪽 60원

이상범(좌아몬드) **성공의 비결** 여명각 1949.7.30 181쪽 350원 [朴]

이상선 **사회생활과의 이론과 실제** 금룡도서 1946.12.5(再) 128쪽 60원

이상선 외 **민주주의민족교육론** 동심사 1949.5.20 139쪽 360원 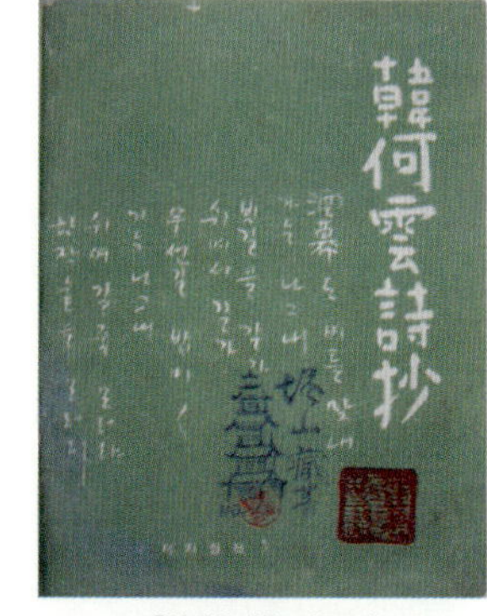

이상선 **경제생활** 공민부문3학년용 탐구당 1949.6.23 290원

이상선 **경제생활** 공민부문3학년용 탐구당 1950.4.25(수정) 440원

이상은(H·J·라스키) **공산주의론** 예문출판사 1947.8.10 199쪽 170원

이상정 **중국유기** 청구출판사 1950.2.15 163쪽 500원

이상조 **법학통론** 세계서림 1947 112쪽 90원

이상춘 **국어문법** 조선국어학회출판국 1946.9.7 165쪽

이상춘 **조선옛말사전** 을유문화사 1949.9.10 325쪽 1000원

이상춘 **용비어천가** 동화출판사 1946.9.20 78쪽 80원

이상하(카네기) **인간처세학** 선문사 1949.9.8(七) 139쪽 220원

이상호 **대순전경** 대법사편집국 1949.2.16(四) 367쪽 600원

이석구 역 박지원 저 **양반전** 협동문고(2-3) 조선금융조합연합회 1947.11.1 103쪽 70원

이석락 **영어회화** 계림학회 1945.12 180쪽 3원

이석범 **경제학개설** 삼성문화사 1948.12.1 215쪽 350원

이석태 **파리콤뮨** 우리서원 1946.10 58쪽 15원

이석태 역 **맑스엥겔스 농업이론급농민정책** 조선정치교양동지회 1945.12.8(再) 64쪽 20원

이석태 역 **레닌급콤민테룬의 농업이론급농민정책** 조선정치교양동지회 1945.12.25 72쪽 6원50전

이석태 편 **사회과학대사전** 문우인서관 1949.6.20(再) 767+20쪽 1700원

이석현(웰리너그린여사) **연애수첩** 출발사 1950.2.15 250원

이석훈(보리스고르바또프) **항복 없는 백성** 창인사 1947.3.15 127쪽 100원

이석훈(톨스토이) **부활** 상 대성출판사 1947.6.30 235쪽 200원

이석훈 **황혼의 노래** 소설집 조선출판사 1947(초추初秋)서문일자 236쪽

이석훈 **순국혁명가열전** 조선출판사 1947.9 218쪽 200원

이석훈(코난도일) **심야의 음모** 세계서림 1948.3 239쪽

이석훈(코난도일) **바스카아빌의 괴견** 야사연구회 1948.9.1 239쪽 300원

이석훈 **문학감상독본** 백민문화사 1949.4.20 222쪽 300원

이석훈 역 **비밀의 열쇠** 탐정소설 개조출판사 1950.1.30 480원

이선근 **조선최근세사** 정음사 1945.12.1(발문일자) 218쪽 15원

이선근 **민족의 위기와 청년의 진로** 해동문화사 1949 56쪽 100원

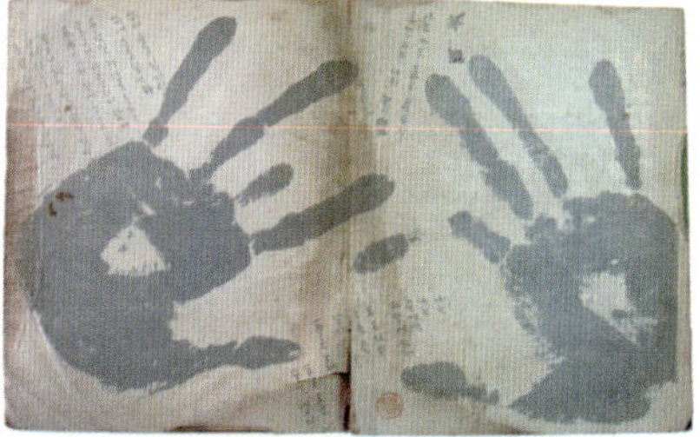

『한하운시초』 속표지

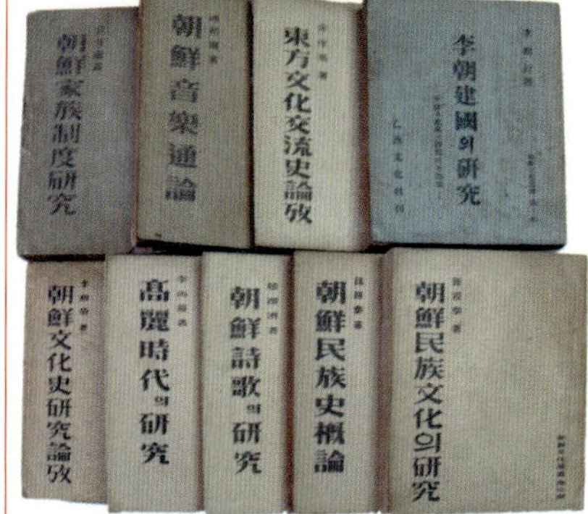

『한하운시초』 면지

을유문화사 조선문화총서 9책

이상정 『중국유기』

이설주『들국화』

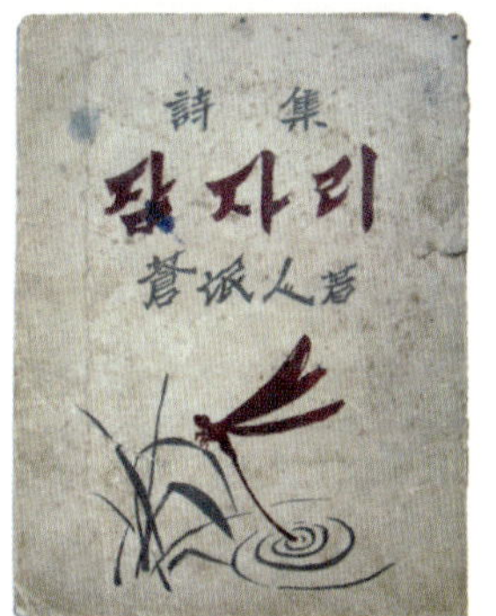

이설주『잠자리』

이설주『시집 방랑기』

이선근 **조선최근정치사** 정음사 1950.1.30 358쪽 1200원

이설주 **들국화** ^{시집} 민고사 1947.2.25 211쪽 70원

이설주 **방랑기** ^{시집} 계몽사서점 1948.9.15 117쪽 200원

이설주(창맹인) **잠자리** ^{시집} 육생사 1949.10.9 148쪽 250원

이성두 **신중등작문** ^{초급용} 대양출판사 1947.11.10 53쪽 60원 全

이성만 **목포고하진사지와 충무공유적** 정신문화사(목포) 1949.9.5 32쪽 100원

이성봉 **천로역정강화** 십자가사 1949.10.1 186쪽 비매

이세린 **쏘베트로씨아토지법** 극동문화사 1947 97쪽 90원 韓

이세린 역 **마르스, 엔겔스, 레닌, 쓰딸린전기** 전동맹공산당중앙위원회소속정치출판부 1947.5.1 568쪽

이세만, 전풍진 **요해유기화학** 을유문화사 1948.7 700원 乙

이세열(미이친) **변증법적유물론** 서울출판사 1948 200쪽 350원 韓

이소담 **재봉교본** 고려문화사 1948.3 140원 出

이소 **군인의 사고** 학생사 1950.1.15 350원 ℹ

이수방 **성요셉성월** 가톨릭출판사 1945 183쪽 18원 韓

이수영 **국제살인사건** ^{탐정소설} 보문서관 1946.10 76쪽 25원 出

이순이 모음 **종이접기수공책** 을유문화사 1946.10 62쪽 40원 乙

이숭녕 **조선어음운론연구제1집**‘•’음고 을유문화사 1948.12.20 332쪽 乙

이숭녕 **고어의 음운과 문법** 문화당 1949.4.1 140쪽 300원 全

이숭녕, 방종현 **중등국어** ¹ 민중서관 1948 88쪽 淸

이숭녕, 방종현 **중등국어** ³ 민중서관 1949 122쪽 淸

이승만^{承晩} **건국과 이상** 국제문화협회 1945.12.12 40쪽 ℹ

이승만^{承晩} **독립정신** 활문사출판부 1946.6(六) 344쪽

이승만^{承晩} **독립정신** 활문사출판부 1949.1(四) 344쪽 600원

이승만^{承萬} 그림 조용만 글 **정몽주전** ^{조선역대위인화첩제1집} 현우사 1946.3.1 10쪽 15원

이승철 **똘똘이의 모험** 인창서관 1946 64쪽 80원 韓

이승택(영정웅) **장기의 종** 삼일출판사 1949.11.21(四) 143쪽 280원

이승학 **중등악전교본** 국민음악연구회 1948.1.30 150원 ℹ

이승학 **중등음악교본** 국제문예사 1948.8.30 48쪽 200원

이승학 **중등음악교본** ^{권3} 국제문예사 1948 54쪽 ℹ

이승학 편 **세계명가백곡집** 국제문화사 1949 228쪽 1400원 韓

이시역 편 **시조 가요 민요선집** 협신인쇄사 1948 155쪽 250원 韓

이양하 **이양하수필집** 을유문화사 1947.12.25 226쪽 250원

이양하(IA리챠아즈) **시와 과학** 을유문화사 1947.2.1 64쪽 50원 乙

이양하 A Concise English Grammar 민중서관 1950.4.30(10판) 204쪽 440원

이양하 English Composition And Conversation ① 1950.4.30(12판) 85쪽 230원

이양하 The New Living English Readers ③ 민중서관 1949.8.1(16판) 155쪽 250원

이양하 The New Living English Readers ④ 민중서관 1949 186쪽 200원 i

이양하,권중휘 스쿨**영한사전** 민중서관 1949.4.30 872쪽 1300원

이양하 외역 **사랑의 시집**〈婦人〉1949년2,3월합호 별책부록 1949.2 42쪽

이여성 **조선복식고** 백양당 1947.1.25 370쪽 550원

이영배,김세련(리카도) **경제학원리** 상 서울출판사 1948 204쪽 500원 i

이영배,김세련(리카도) **경제학원리** 하 서울출판사 1949.2.20 228~446쪽 800원

이영철 편 이희승 감수 **학생조선어사전** 조선아동문화협회 1946.10.9 226쪽 70원 乙

이영철 **소년소설집** 고려문화사 1947.10 70원 出

이영철편 **틀리기 쉬운 말** 조선아동문화협회 1947.5.10 98쪽 80원 i

이영철 **중등국어문법** 을유문화사 1948.2 130쪽 130원 乙

이영철 **백설공주** 정음사 1948.4 130원 出

이영철(아미치쓰) **사랑의 학교** 조선아동문화협회 1948.12.10 204쪽 300원 乙

이영희,조규동(노스롭) **세계문화사론** 상 삼성출판사 1948.8.15 299쪽 800원

이용규,김광주 역 **노신단편소설집** 제1집 서울출판사 1946.8.20 200쪽 45원

이용규,김광주 역 **노신단편소설집** 제2집 서울출판사 1946.11.15 148쪽 45원

이용규,손원록 **고등물리학** 상 청구문화사 1949.5.15(수정三) 288쪽 650원

이용기,백홍수 **행형법개론** 치형협회 1948.2.1 180원 258쪽

이용달 **고등물리학** 하 청구문화사 1948.5 600원 出

이용빈 **축산각론** 수도문화사 1949.3.25 全

이용승 **여학생을 위한 생리 위생** 선문사 1948.11 400원 韓

이용승 **결혼과 성 문제** 선문사 1946 116쪽 80원 出

이용악 **오랑캐꽃** 시집 아문각 1947.4.20 94쪽 80원

이용악 **이용악집** 현대시인전집① 동지사 1949.1.25 168쪽 350원

이승만 『독립정신』

이승만 그림 조용만 글 『정몽주전』

이승택 역 『장기의 종』

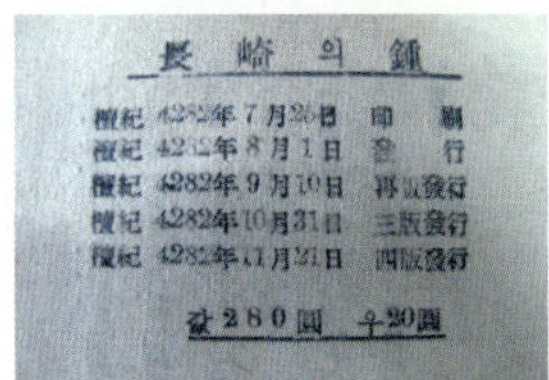

『장기의 종』 판권

이양하 『이양하수필집』 속표지(길진섭 그림)

이양하 외역 『사랑의 시집』(『부인』 1949.2-3월합호 별책부록)

이용악 『오랑캐꽃』(김호현 장정)

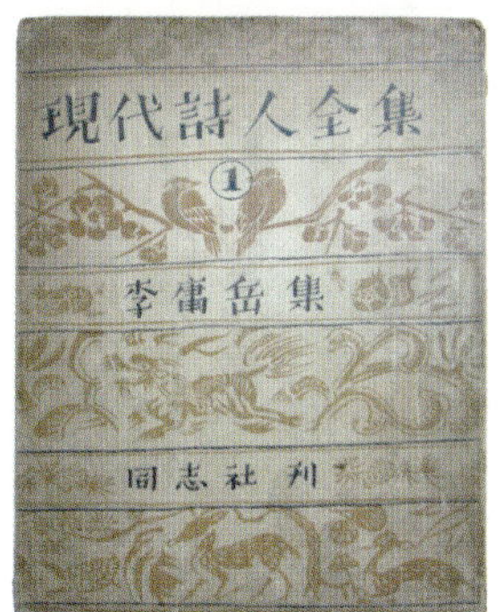

이용악 『이용악집』(현대시인전집1)

이용원(에슐리)　**경영경제학**　조선공업문화사출판부　1950.1.15　133쪽　300원

이용택,정영술　**부기회계**^{제1,2권}　제일출판사　1946.10　104쪽 95쪽　出

이용택　**부기회계**　연학사　1948.8.15　154쪽　i

이용택　**은행부기** ^{부기회계Ⅱ}　연학사　1949.8.20　320원　i

이용택　**법규 민법집**^{상권 민법총칙}　연구사　1947　75쪽　50원　韓

이용호(싱거)　**스파이비화** ^{제2차세계대전}　국제사정연구소　1950　262쪽　550원　韓

이우영　**국제살인사건**　우신상사출판부　1946.10.15　76쪽　25원　買

이우적　**정치상식문답**　문우인서관　1946.10　72쪽　20원　出

이우적　**황진이는 왜 기생이 되었는가**　문우인서관　1947　71쪽　30원　韓

이운용　**Deutche Grammatik**　조선교학사　1948.5.10　全

이원규　**친일파의 비명**^{한말비사}　한흥출판사　1946　80쪽　25원　韓

이원규　**매국노암살사건**^{한말비화}　인창서관　1946　80쪽　40원　韓

이원규　**매국노암살사건**　영보서관　1946　80쪽　20원　出

이원규　**봄은 도처에**^{소설집}　인화출판사　1950　201쪽　180원　韓

이원수　**종달새** ^{동요집}　새동무사　1947　河

이원수　**종달새** ^{동요집}　남향문화사　1946　126쪽　30원　韓

이원식(크라브첸코)　**나는 자유를 선택하였다**^상　국제문화협회　1949.7.10(六)　388쪽　600원

이원식(크라브첸코)　**나는 자유를 선택하였다**^하　국제문화협회　1948.10.1　426쪽　600원

이원희　**옛터에 다시 오니** ^{시집}　평화도서㈜　1948.1.20　90원　i

이육사　**육사시집**　서울출판사　1946.10.20　70쪽　40원

이윤성 편　**최신유행가집**　정문관　1946.7.5　i

이윤성　**청춘의 정열**　계몽사　1950　250쪽　7000원　韓

이윤재　**성웅이순신**　통문관　1946.2　78쪽　9원

이윤재 역 박지원 저　**도강록**　대성출판사　1946.5.10　133쪽　25원

이윤재 편　**문예독본** ^{상하합편}　한성도서　1947.8.25(九)　287쪽　200원

이윤재 저 김병제 편　**표준조선말사전**　아문각　1947.12.20　908쪽　특제본1000원

이윤희　**우리나라 세시기**　금룡도서　1948.10.13　110쪽　150원　朴

이윤희　**신편중학한문권**³　민중서관　1950　40쪽　i

이은상　**노산문선** ^{야화집}　유하출판사　1947년도판　624쪽　450원

이은상　**무상**　정상장학회　1947.6.20(五)　100쪽　120원

2
저
자
별
목
록

이은상 **대도론** ^{수필집} 중앙문화사 1947.3.20 112쪽 100원 ![i]

이은상 **이충무공일대기** 국학도서출판관 1946.12.20㈜ 120쪽 70원

이은상 **조선사화집** ^{삼국시대편} 한성도서 1947.8 271쪽 200원 出

이은상 **조선사화집** ^{고려편} 한성도서 1949 210쪽 400원 韓

이은화 편집겸발행 **국민심독** 자가본 1949.12.25 41쪽 2000원

이응수 편 **김립시집** 유길서점 1946.10.15 152쪽 30원

이응수 편 **김립시집** 영화시대사 1949 151쪽 230원 韓

이응수 편 **김립시집** 종삼서방 1949 151쪽 200원 韓

이인선 편 **애창곡집** ^{제1집} 오선사 1948 38쪽 500원 韓

이인수 **ENGLAND AND AMERICA** ^(영문판) 을유문화사 1947.9.1 120원 93쪽

이인수,권중휘 **영작문** ^상 국제출판사 1948.9 110쪽 150원 出

이인수,권중휘 **영작문** ^하 국제출판사 1948.9 125쪽 200원 出

이인수,권중휘 **Rudiments of English Composition** ^{part①} 국제출판사 1948.6.30 全

이인영 **국사요론** 금룡도서 1950.4.27 242쪽 160원

이일선 **이상촌** 농촌문화사 1947.3.30 84쪽 50원 賢

이임학(그랜드빌) **미분학** 청구문화사 ^(연도미상) 310쪽 730원 出

이임학(그랜드빌) **적분학** 청구출판사 1950.3.5㈜ 288쪽 980원 ![i]

이임학(그랜드빌) **미적분학** 청년문화사 1948.10 730원 出

이재명 **묵시록 새 해석** 조선복음사 1949 290쪽 ![i]

이재병 **조선불교사지연구** 동계문화연양사 1946 319쪽 120원 韓

이재수 **삼림과 벌채** 전남산림회 ^(광주) 1948 108쪽 200원 韓

이재욱 序 송시열 저 **우암선생계녀서** 정음사 1946 48쪽 4원 ![i]

이재욱 역 **고려보조국사법어** ^{원문국역대조} 연심사 1946 179쪽 雅

이재욱 **독서와 문화** 조선계몽문화사 1947.7 78쪽 80원

이재욱 **이조실록고** 정음사 1947 冊

이재현 역 **연중묵상** 가톨릭출판사 1945 467쪽 70원 韓

이재현 편 **게세마니의 예수** 가톨릭출판사 1945 125쪽 20원 韓

이재현 역편 **연성성월** 가톨릭출판사 1945 109쪽 10원 韓

이재현 편 **가정봉헌의식서** 가톨릭출판사 1945 26쪽 3원 韓

이재현(알퐁스리고리오) **성체조배** 가톨릭출판사 1945 561쪽 70원 韓

이원식 『나는 자유를 선택하였다』

이육사 『육사시집』(길진섭 장정)

이은상 『노산문선』(김호성 장정)

이재욱 『독서와 문화』

이재훈 『민족의식과 계급의식』(윤승욱 장정)

이재훈 『철학개론』(이순석 장정)

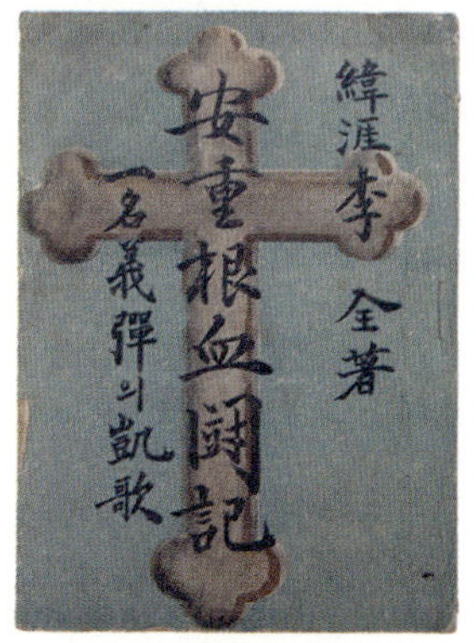

이전 『안중근 혈투기』

이재현 **예수수난**[1-3] 경향잡지사 1948~1949 20원~30원 韓

이재현 역 **예수수난** 성신대학부속중학교 1948.11.10 130쪽 250원

이재현 **성심의 멧세지** 성신중학 1949.4.17(再) 217쪽 130원 ⓘ

이재현 역 **강림시기묵상** 경향잡지사 1949 102쪽 15원 韓

이재현 역 **성탄시기묵상** 가톨릭출판사 1949 172쪽 25원 韓

이재현 역 **성체성사에서 성삼께로** 가톨릭출판사 1949 114쪽 2000원 韓

이재현 **강림시기묵상**(상) 경향잡지사 1950 158쪽 300원 韓

이재현 역 **부활시기묵상** 경향잡지사 1950 166쪽 30원 韓

이재현 역 **사순시기묵상** 경향잡지사 1950 205쪽 30원 韓

이재훈 **민족의식과 계급의식** 동양공사출판부 1946.10.30 138쪽 70원

이재훈 **논리학** 대성출판사 1947.4.30 197쪽 200원

이재훈 **철학개론** 동방문화사 1948.3.30 271쪽 400원

이재훈 **철학 급 철학사입문** 종로서원 1948.11.29 251쪽

이재훈 **서양철학사** 을유문화사 1948.12.10 397쪽 550원

이재훈 **금명일의 국가** 신한출판사 1949.4.20 149쪽

이재훈 **철학사전** 동방문화사 1949.6.20 489쪽 1500원

이재훈 **사회학개론** 동방문화사 1949.11.25(六) 259쪽 600원

이재훈 **민족문화와 세계문화** 보문출판사 1950.4.30 149쪽 350원 朴

이재훈 **인생과 사회** 공민3학년 탐구당 1950 134쪽 ⓘ

이전李全 **안중근혈투기** 연천중학교기성회 1949.12.31 89쪽 200원

이정기李廷基 **발자국** 시집 대한민족청년단김천단부 1948.12.10 河

이정기,심길순,이낙복 **물상편**[1]일반과학 조선공업문화사출판부 1950.5.25(五) 146쪽 445원

이정기,심길순,이낙복 **물상편**[2]일반과학 조선공업문화사출판부 1949.7.27 250원 ⓘ

이정기,심길순,이낙복 **물상편**[3]일반과학 조선공업문화사출판부 1949.7.27 123쪽 260원 全

이정기李廷紀 **고등미분학강의** 상 광문사 1948.7 250원 出

이정립 **대순철학** 대법사편집국 1949.2.16(再) 221쪽 500원

이정섭 외 **민족의 진로** 국민문화사 1947.12.15 102쪽 150원

이정일(레닌) **빈농에게** 민주문화사 1946.8 126쪽 30원 出

이제구 **근화사** 가곡집 서울음악연구회 1948.12.30 24쪽 500원

이제 편 **세계명작에 나타난 사랑의 편지** 조선출판사 1946.12 121쪽 40원 出

이제황 **신유도** 대한유도연맹 1950.4.10 151쪽 비매

이조승 **무정한 긔적성**^{딱지본} 태화서관 1948.1.15㈥ 59쪽

이종갑 **각국 선거제도 독본** 조선금융조합연합회 1947.4.20 册

이종극 **기초경제학** 연학사 1949 203쪽 450원 韓

이종극 **한국행정법강의** 개조출판사 1949 240쪽 550원 韓

이종극 **신법학통론** 동명사 1950 172쪽 600원 韓

이종기 **형법개론** 육성각 1949.10.10 233쪽 600원

이종서,신효선 **물상편**③일반과학 을유문화사 1947.9.1 120원 i 1950.4.20 全

이종서,신효선 **물상편**①일반과학 을유문화사 1946.9.9^(서문일자) 77쪽 130원

이종서,신효선 **물상편**①일반과학 을유문화사 1949.7.1 全

이종성 글 김용환 그림 **우리집은 초가집** 동지사 1948 60쪽 80원 出

이종수 편 **조선명사서한대집** 유길서점 1946.5.1 289쪽 35원 韓

이종수 편 **이천자문** 성문당서점 1947.2.10 i

이종우 **철학개론** 대성출판사 1948 191쪽 40원 韓

이종우 **철학개론** 을유문화사 1948.10.1 212쪽 280원 乙

이종장 **국회의 이론과 운영** 경찰교양원조회 1949 292쪽 450원 韓

이종철 **동서금언경구집** 고려서적 1949 113쪽 150원 韓

이종호 **적산과 배상** 동방신문사^(대전) 1948 139쪽 150원 韓

이주홍 **초등국사** 명문당 1945.12.15 全

이주홍 **못난 도야지**^{동화집} 아동사 1947.6.10 i

이준^{李俊} **이준시집** 지문각 1949.11.20 102쪽 200원

이준^{李儁} **한국혼의 부활** 일성이준선생기념사업협회 1946 52쪽 i

이준식,황성희 **민법정선백이십제연구** 등용각 1950 205쪽 5000원 韓

이지호,육지수 **인류와 자연환경**^{지리통론} 신민사 1947.9 104쪽 100원 出

이지호 **세계지리통계** 동지사 1950.3.25 116쪽 800원

이지호 외 **최신 자연환경과 인류생활** 과학문화사 1950.4.30 161쪽 600원

이진숙 **심리학** 박문출판사 1949 197쪽 400원 韓

이진숙 **심리학개론** 을유문화사 1949.5.20 329쪽 650원

이진영 **중국민족해방사서설** 을유문화사 1949.5.10 380쪽 480원 乙

이진원(스탕달) **연애론** 건설출판사 1948.7.1 121쪽 200원

이조승 『무정한 긔적성』 딱지본

이준 『이준시집』(김기창 장정)

이집생,조기호 **근대자본주의발전사론** 대성출판사 1948.12.15 314쪽 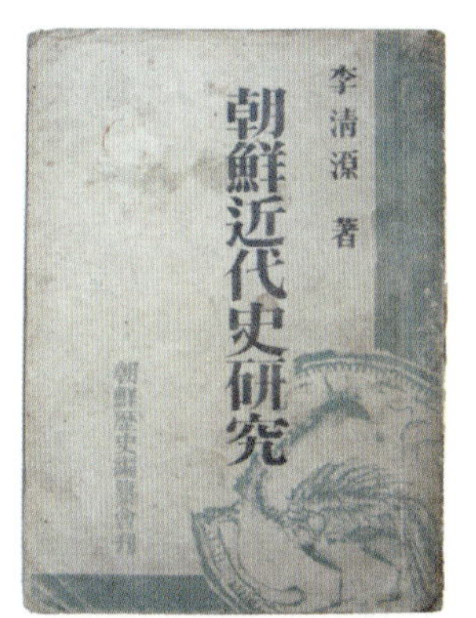

이창범(WG크리부이쯔키) **쏘베트로서아를 폭로함** 병학연구사 1949.4.15 133쪽

이창복 **조선수목** 조선임업회 1948.6.30 400원

이창석 **학생백과사전** 합동사서점 1948 292쪽 350원

이창수 **대한민국헌법대의** 동방문화사 1948.10.5 350원

이창수 **대한민국헌법대의** 동아인서관 1949.9.22(再) 242쪽 450원

이창수 **총선거와 민주정치** 남조선과도정부공보부여론국정치교육과 1948.1.10 181쪽 130원

이창환 **조선역사** 세창서관 1945.12.30 186쪽

이창훈 편 **역사이야기** 보문출판사 1950 140쪽 30원

이철경 **초등한글글씨체** 첫째권 청구사 1946.4.25(四) 28쪽

이철경 씀 박영히 지음 **가정편지글** 한글습자 정문관 1947.4.1 52쪽 60원

이철경 **초등새글씨본** 육문사 1948.9.5 50원

이철우 **한글의 빠른 길** 경상북도학무국 1947.4.21

이철(막심고리키) **유년시대** (상)정음문고 정음사 1949.1.9 176쪽 170원

이철(필리프) **어머니와 아들** 정음문고 정음사 1948.3.20 163쪽 130원

이철(골키) **골키선집** 제1권:단편집첼카슈 창인사 1947.3.25(再) 146쪽 100원

이청 **소학생웅변집** 신명사 80원

이청열 **대한이조말사** 공신인쇄주식회사 1946.3.25 43쪽

이청원 **조선근대사연구** 조선역사편찬회 1947.6.20(서문일자) 362쪽

이춘영 **조선농업기술소사** 을유문화사 1950.2.1 62쪽 140원

이춘영,최응상 **유기화학** 정음사 1947 266쪽 25원

이춘호 **신제중등수학** 조선서적판매주식회사 1949.9.5 133쪽 250원

이태준 **왕자호동** 상 남창서관 1945.9.15 180쪽 30원

이태준 **왕자호동** 하 남창서관 1945.9.18 374쪽 22원

이태준 **세동무** 전편 범문사 1946.5.30 202쪽 25원

이태준 **황진이** 동광당서점 1946.8.10 245쪽

이태준 **사상의 월야** 을유문화사 1946.11.1 318쪽 100원

이태준 **돌다리** 박문출판사 1946년판 228쪽 40원

이태준 **해방전후** 소설집 조선문학사 1947.1.10 148쪽 80원

이태준 **복덕방** 을유문화사 1947.5.20 174쪽 150원

이청원 『조선근대사연구』(강호 장정)

이태준 『왕자호동』 상·하권(이승만 장정)

이태준 『사상의 월야』(윤희순 장정)

이태준 **농토** 삼성문화사 1948.8.10 300원 205쪽 朴

이태준 **신혼일기** 일명 세동무 광문서림 1949.2.15 384쪽 550원

이태준 **구원의 여상** 영창서관 1948.9 353쪽 500원 韓

이태준 **제2의 운명** 상 한성도서 1948.7.15 293쪽 450원

이태준 **제2의 운명** 하 한성도서 1948.8 450원 出

이태준 **이태준단편집** 박문문고 박문출판사 1946? 162쪽

이태준 **소련기행** 조선문학가동맹 1947.5.1 282쪽 300원

이태준 **상허문학독본** 백양당 1946.7.25 247쪽 65원

이태준 **상허문학독본** 백양당 1949.2.1(四) 247쪽 65원

이태준 **문장강화** 박문출판사 1947.4 342쪽 280원

이태준 **문장강화** 박문출판사 1949.4.10 342쪽 280원

이태준 **서간문강화** 박문출판사 1948.1.30 166쪽 300원 朴

이태호 역주 **소아의방** 신역주해 행림서원 1949(再) 186쪽 i

이태호 **침구경험방** 행림서원 1949.3.20(再) 700원 i

이태환 **조선미** 시집 자가본 1945.9(후기일자) 104쪽

이택리,유달영 **채소원예** 수도문화사 1949 220쪽 390원 韓

이파호 역 **보—드레—ㄹ시집** 동문사서점 1949.11.5 190쪽 300원

이필갑 **국문학해제** 백아사 1950.6.25 123쪽 500원

이하유(巴金) **혁명가의 생애** 애미사 1949 62쪽 130원 韓

이하윤 편 **현대국문학정수** 중앙문화협회 1946.9.15 118쪽 50원

이하윤 편역 **불란서시선** 수선사 1948.7.27 108쪽 200원 i

이하윤 편역 **현대영국시인집** Modern English Poets 합동사서점 1949 136쪽 i

이하윤 편 **현대서정시선** 박문출판사 1949 172쪽 180원 韓

이하윤 역편 **원문대역 영시선집** (기타사항 미상) 150원 出

이하윤,변영로 선역 **영시선집** 동방문화사 1948.4.10 93쪽 150원

이한용 **국회지식** 홍민사 1949.2(서문일자) 98쪽 i

이한일 **국회의원선거법해설** 청화사 1950 105쪽 300원 韓

이항신 **전후구미역방기** 조선YMCA연합회 1949 143쪽 250원 韓

이해남 역 **사회질서의 대헌장** 경향신문사 1948.3.1 236쪽 250원 朴

이해남 **국민교육학** 문화당 1950.3.10(再) 227쪽 600원

이태준 『해방전후』(이주홍 장정)

이태준 『복덕방』(김용준 장정)

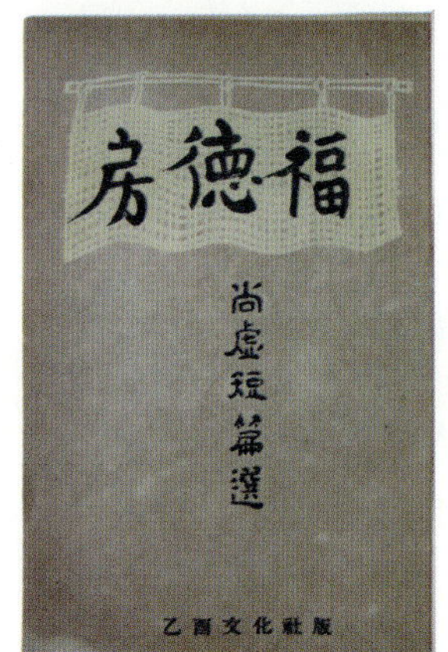

『복덕방』 속표지

이태준 『신혼일기』(김호성 장정)

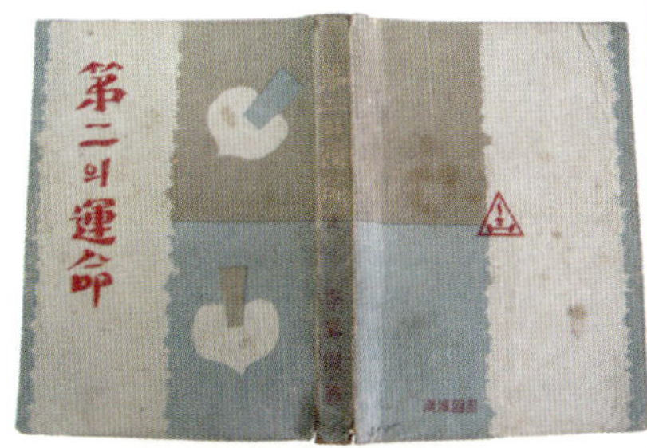

이태준 『제2의 운명』 상

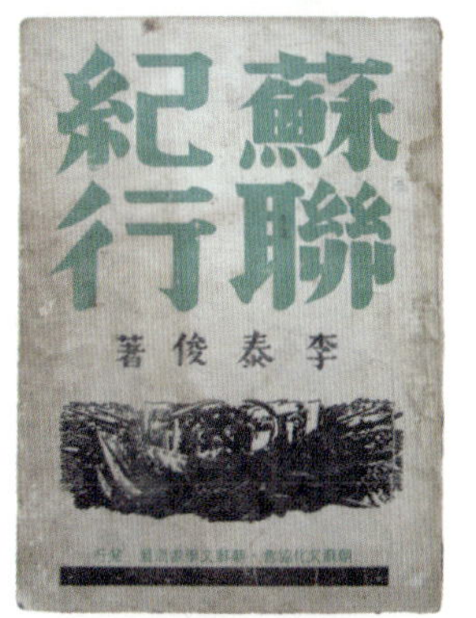

이태준 『소련기행』(배정국 장정)

이태준 『상허문학독본』 초판(배정국 장정)

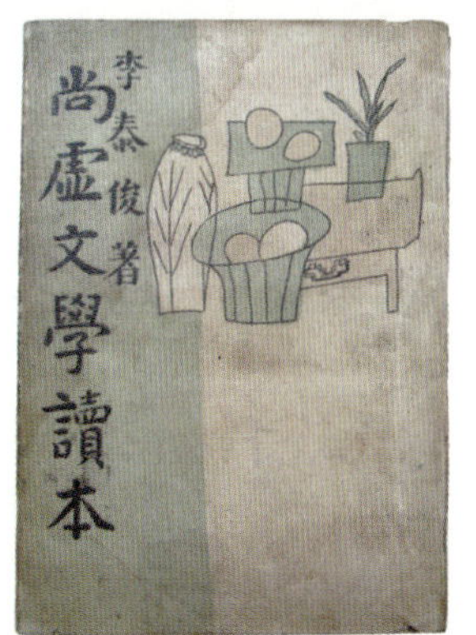

이태준 『상허문학독본』 4판(배정국 장정)

이해남 **역사부분**먼나라생활 탐구당서점 1948.9.2 164쪽 280원 ⓘ

이해남 **역사부분**먼나라생활 탐구당서점 1950.4.10 164쪽 440원 ⓘ

이해동 **재정학요론** 명세당 1949.7.25 273쪽 580원

이해환 편 **조선독립혈사** 국로사 1945.12.2 107쪽 12원50전

이혁 편 **애국삐−라전집** 조국문화사 1946.6.25 130쪽 25원

이현우 **상업법인 등기수속요람** 대구지방법원심리원등기과 1948 601쪽 800원 韓

이형우 **상업경제**하 을유문화사 1947.8 90쪽 65원 ⓘ

이형우 **상업경제**제1,2학년용 을유문화사 1947 52쪽 45원 出

이호근 **ALDOUS HUXLEY'S SHORT STORIES** 한성도서 1949.1.15 93쪽 160원 ⓘ

이호근,임학수 공역 **죄수** 백수사 1947.5 183쪽 100원 出

이호기 **실용과학** 홍문서관 1947.12 170원 出

이호기 **지식보고** 홍문서관 1948.1 554쪽 350원 韓

이호성 **국어교수법강화** 문교사 1948.8.30 151쪽 300원

이호운 **성어거스틴어머니 몬니카** 한밝사 1949 124쪽 200원 韓

이홍권 **불과 불꽃** 정신문화사 1950 100쪽 ⓘ

이홍기 편 **정부한**야담집 조선출판사 1946.8.25 222쪽 40원

이홍종,현덕(쇼−로홉) **고요한 동**제1권 대학출판사 1949.4.25 209쪽 380원 ⓘ

이홍직(니오랏체) **서백리아 제민족의 원시종교** 서울신문사출판국 1949.9.30 176쪽 400원

이화사,김해암 역 대야발 원저 **단기고사** 조선복음사 1949.12.3 100쪽 ⓘ

이화사,김해암 역 대야발 원저 **단기고사** 경찰교양협회 1950.5.1 167쪽 ⓘ

이화여대영어교육연구회 **THE GIRL'S ENGLISH READERS 1** 박문출판사 1948.8.20 200원 ⓘ

이화여대영어교육연구회 편 **여자영어독본**1,2,3 박문출판사 1948 379쪽 600원 ⓘ

이환신(카네기) **우도** 숭문사 1947.8.15 207쪽 200원 ⓘ

이효명(예사기) **대중철학** 서울출판사 1948.10.30 226쪽 400원

이효상 역사 讀譜詞 **독창명곡집**獨伊 조선음악교육협회 1945 114쪽 1원 韓

이효상 **산**시집 조선출판중앙총사 1948.12.15 98쪽 특제250원,병제200원

이효석 **화분**후편 범문사 1946.6.20 108쪽 20원

이효석 **화분**전편 범문사 1946.3.30 151쪽 18원

이효석 **황제** 박문출판사 1946? 278쪽 (판권 없음)

이효석 **이효석단편선**^{박문문고⑭} 박문출판사 1946? 176쪽 180원

이효웅 **영어회화편** 서울문화사 1949 181쪽 320원 韓

이효웅 **영어회화편** 평범사 1950 韓

이효진(선산신일) **현대유물론철학개론** 신학사 1948.8.31 156쪽 270원

이휘영 **기초불란서어** 조선공업문화사 1949.10.25 156쪽 380원 ℹ

이휘영(로망·롤랑) **베토벤의 생애** 조선공업문화사출판부 1950.4.25 182쪽 400원

이휘영(마르탱·듀가르) **회색노오트** 조문사 1950.1.20 176쪽 400원

이휘영(메리메) **카르멘**^{을유문고⑪} 을유문화사 1948.10.20 137쪽 150원

이휘영 역 **불란서단편3인집** 서울문화사 1949.9.23 87쪽 230원

이휘영 **기본불란서어** 동서출판사 1947.10 144쪽 200원 出

이홍로 편 **경북연감**^{1950년판} 영남일보사 1950.1.25 495쪽 1,000원

이홍배 주 **獨文이솝이야기** 홍문당서점 1948.10.30 111쪽 200원 朴

이희복 **국민학교 국어교육의 이론과 실천** 학우사 1949.3.15 236쪽 600원

이희승 **조선문학연구초** 을유문화사 1946.9.20 105쪽 30원

이희승 **조선어학논고** 을유문화사 1947.11.15 272쪽 270원

이희승 **박꽃**^{시집} 백양당 1947.12.15 141쪽 150원

이희승 **박꽃**^{시집} 백양당 1949.2.28(再) 143쪽 250원 ℹ

이희승 **한글맞춤법통안강의** 동성사 1946.11.10 208쪽 70원

이희승 **한글맞춤법통일안강의** 동성사 1947.3.15(再) 120원 ℹ

이희승 **한글맞춤법통일안강의** 박문출판사 1949.12.20(수정三) 308쪽 600원

이희승 **역대조선문학정화**정정 박문출판사 1947.7.20 275쪽 200원

이희승 **역대조선문학정화**정정 박문출판사 1948.10.1 274쪽 400원

이희승 **모범중등글짓기** 신흥출판사 1950.6.5 全

이희승 **초등국어문법** 박문출판사 1950 194쪽 ℹ

이희재(러셀) **철학의 제문제** 경위사 1949.10.5 183쪽 400원

이희철 **공식표** 우리사 1948.3 120원 出

인민문화사 편,발행 **소비에트동맹의 실상**^{일본어판} 1945.11.15 37쪽 ℹ

인민문화사 편,발행 **조선인민공화국의 탄생경로와 중앙인민위원회의 활동** 1945.11 36쪽 2원 出

인민문화연구소 편 **사회주의경제학제일보** 신학사 1947.5.10 102쪽 90원 ℹ

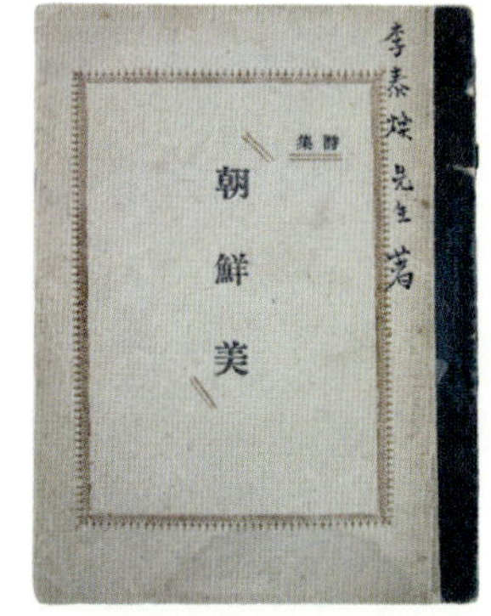

이태환 『조선미』

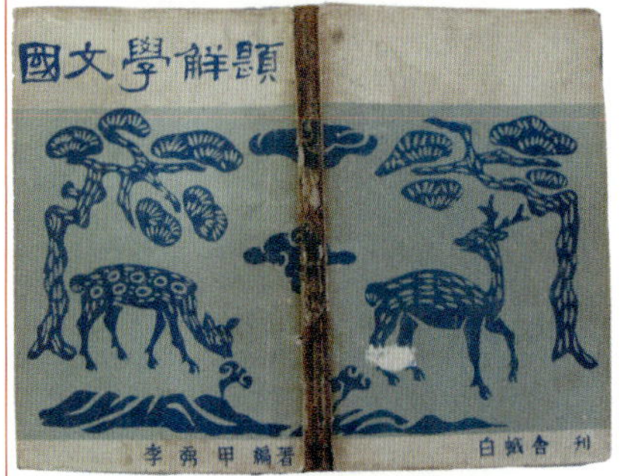

이필갑 『국문학해제』

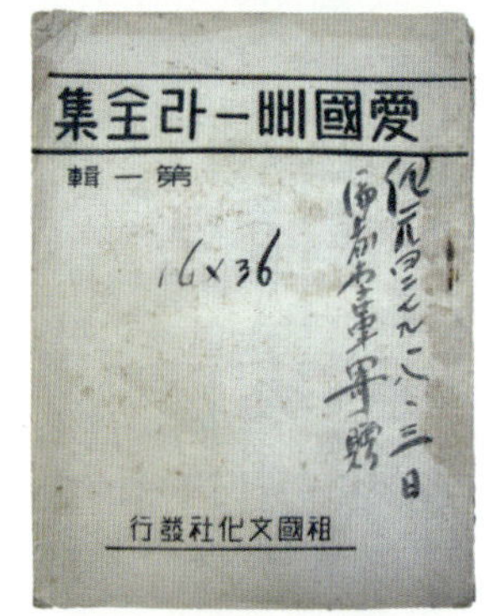

이혁 편 『애국삐-라전집』

이효상 『산』(오석구 표지)

이효석 『화분』 후편

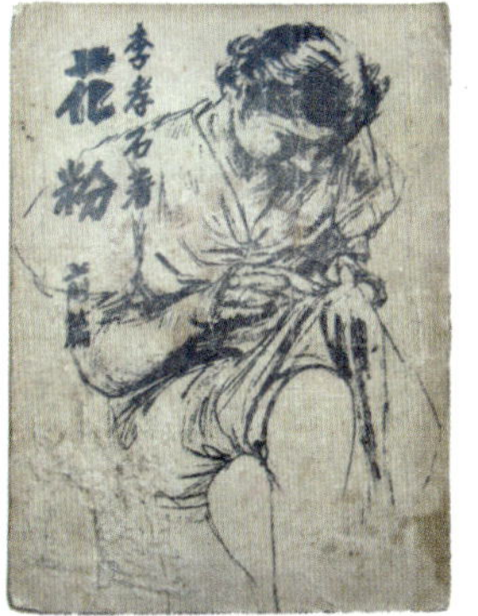

이효석 『화분』 전편

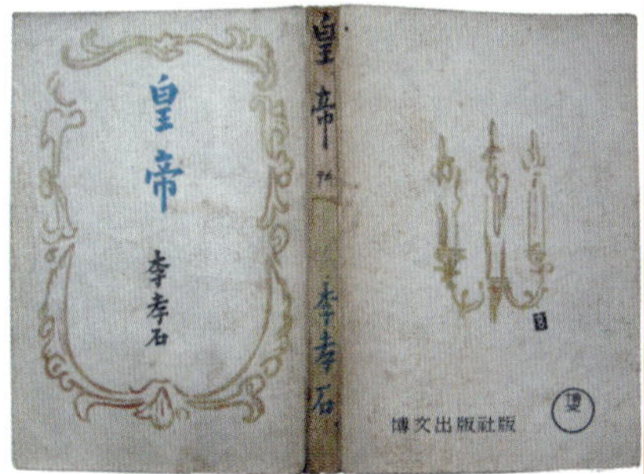

이효석 『황제』 (정현웅 장정)

『황제』 속표지

인민문화연구소 편 **사회주의정치학제일보** 신학사 1947.5.10 93쪽 ℹ️

인민평론사 역편,발행 **해방조선의 진상** 1946.8.1 95쪽 28원

인왕거사 편 **조선야사집** 야사연구회 1946.4.15 ℹ️

인정식 **조선의 토지문제** 청수사 1946 134쪽 25원 ℹ️

인정식 **조선농업경제론**−경제학전집제4권 박문출판사 1949.4.10 213쪽 350원

인정식(고교장치) **철학입문**^(상) 서울출판사 1949 400원 韓

인정식(레닌) **유물론과 경험비판론**^(상) 문우인서관 1947.3.25 156쪽 120원 ℹ️

인정식(레닌) **유물론과 경험비판론**^(중) 문우인서관 1947.6.30 133쪽 120원

인정식(레닌) **제국주의론** 동심사 1946.3.20 152쪽 20원

인정식(마르텔) **쏘련토지혁명사** 현우사 1946.6 85쪽 10원 出

인정식(N·뿌하린) **공산주의ABC**^{상편} 현우사 1946.6.15 110쪽 25원

인정식,김병겸(에드가스노) **신민주주의의 건설**^{홍군종군기} 동심사 1946.5.25 177쪽 33원

인정식(레닌) **무엇을 할 것인가?**^{레닌문고제3집} 사회과학총서간행회 1946.8^(서문일자)

인천부 편 **인천부세일람**^{1948년도} 태극서관^(인천) 1949 96쪽 150원 韓

일관학인 편 **해방기념 한글미문서한** 대한교육학회 1947 80쪽 15원 韓

일신사 역,발행(마르크스 외) **공산당선언** 1945 46쪽 3원 韓

임경일 **남한산성**^{역사소설} 백민문화사 1946.1.25 15원 ℹ️

임경일 **남한산성**^{역사소설} 한풍출판사 1949.2.28^(六) 284쪽 300원

임광 **진통의 기록** 평화도서㈱ 1948.7 1 123쪽 250원 Z

임규일 역 변인선 편 **에솝우화** 정문관 1946.7.1 120쪽

임동준 **중등철필습자첩**^{둘째권} 금룡도서 1947 32쪽 60원 ℹ️

임동혁 **시조육수** 서울음악출판사 1946.3.25 20원 ℹ️

임동혁 **여성창가집** 고려문화사 1946.9.10^(再) 60쪽 40원 朴

임동혁 **합창곡집** 정음사 1947.9 48쪽 100원 出

임동혁 **음악과 문화** 동방문화사 1948.1.30 191쪽 200원

임명삼 역 **UN조선위원단보고서** 국제신문사출판부 1949.1.20 234쪽 450원 朴

임병삼,김홍주 **서양사**^{중등력사} 동지사 1947.9.5 141쪽 200원

임무덕 **일반과학**^{권1} 경북학무국 1946.9.5 31원 ℹ️

임병철 **조선의 전설**^{소년문고⑤} 고려문화사 1947.4 60쪽 55원 出

임상준 **싸우는 두 세계와 전후 약소민족의 진로** 노농사 1948.7.31 162쪽 200원 朴

임서하 **감정의 풍속** 동방문화사 1948.12.15 323쪽 500원

임인수 **어디만큼 왔나** 유년동화동시집 동지사 1948.10 40쪽 80원 出

임인수 **봄이 오는 날** 동화집 대한기독교서회 1949 76쪽 150원 韓

임정희 **학생문예** 신문학사 1950 韓

임종규 **학생의 서** 해동도서 1948.5 180쪽 200원 出

임직순,최덕휴 **도안문자집** 경성인서사 1948 42쪽 200원 韓

임창순 편술 **해석기하학개요** 청구문화사 1948.7 480원 出

임창순 편술 **해석기하학개요** 청구문화사 1950.6.15 全

임학수 **19세기초기 영시집** 한도영어총서① 한성도서 1948.7.15 97쪽 150원

임학수 역편 **Earlier ⅩⅨ Centry Poets** 조선인쇄회사 1948.7.15 97쪽 ⅰ

임학수 **팔도풍물시집** 백민문화사 1948.4.5㈜ 77쪽 150원

임학수 **필부의 노래** 시집 고려문화사 1948.7.10 130쪽 270원

임학수 **표준영한사전** 건국사 1948 252쪽 250원 韓

임학수(타골) **초생달** 시집 문조사 1948.7.5 106쪽 200원

임학수(T하아디) **슬픈 기병** 을유문고⑩ 을유문화사 1948.6.30 204쪽 210원 乙

임학수 역 **블래익시초** 산호문고⑤ 산호장 1948.7.20 62쪽 60원 出

임학수,이호근 공역 **죄수** 백수사 1947.5 183쪽 100원 出

임학수 편 **세계단편선집** 신조사 1946.7.20 183쪽 38원

임학수 편 **시집** 조선문학전집⑩ 한성도서 1949.4.20 343쪽 550원

임호 **정치학입문** 신학사 1947.12.1 98쪽 80원

임호 **경제학입문** 신학사 1948.4.1㈜ 101쪽 ⅰ

임호(필맆랖아포트) **자본주의와 가정파괴** 선문사 1946.3.5 69쪽 8원

임화 **현해탄** 건설출판사 1947.4.5㈜ 123쪽 130원

임화 **회상시집** 건설출판사 1947.4.5㈜ 123쪽 130원

임화 **찬가** 시집 백양당 1947.2.10 137쪽 80원

임희재 **종달새** 동문사 1948.3 100원 出

이과지도연구회 **모범잇과** 4학년용 삼중당 1948.3.25 册

자성문화사편집부 편 **천자문** 실용한영 문화당 1946.5 44쪽 20원 出

자성문화사 편,발행 **중등삼각법참고서** 1946.6.10 135쪽 30원

장경학 **현행민법총칙** 문창당 1950 337쪽 1000원 韓

이홍로 『경북연감』

이희승 『박꽃』(박문원 장정)

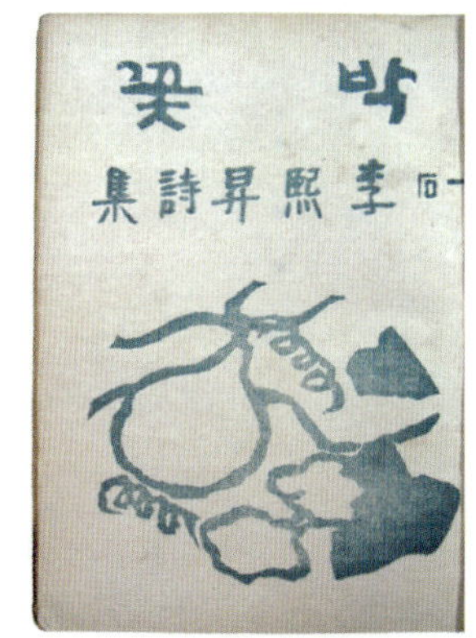

『박꽃』 속표지

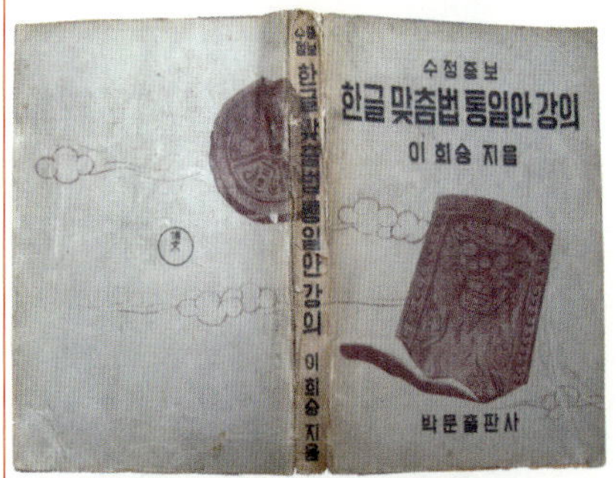

이희승 『한글맞춤법통일안강의』

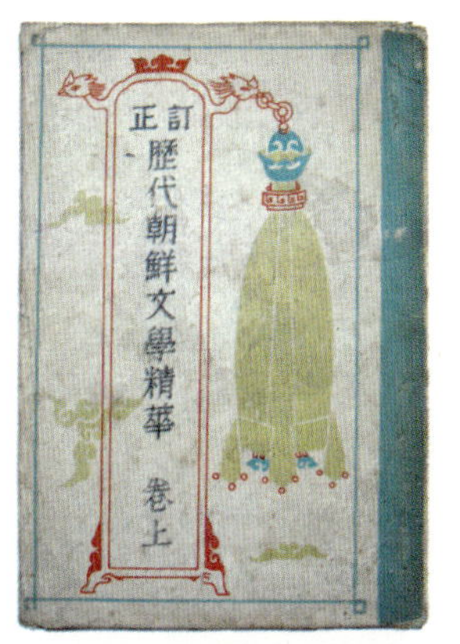

이희승 『역대조선문학정화』(김용준 장정)

인정식 역 『무엇을 할 것인가?』(레닌문고 제3집)

임경일 『남한산성』

임서하 『감정의 풍속』(김만형 장정)

장기영 편 **조선경제연보** 1948년판 조선은행조사부 1948.7.5 2,000원

장기영 편 **경제연감** 1949년판 조선은행조사부 1949.10.10 2,500원

장덕조 **월하적성** 사화집 정문관 1946.2.20 232쪽 25원

장도빈 **한국말년사** 덕흥서림 1945 280쪽 [i]

장도빈 **조선사상사** 유문각 1945 28쪽 비매 [雅]

장도빈 **국사강의** 북선학생원호회 1947.8 300원 [出]

장도빈 **국사** 국사원 1946.3.20(再) 120쪽 16원

장도빈 **중학국사** 고려도서원 1947.8 152쪽 150원 [出]

장도환,서경보 **부처님의 설화** 불교사 1949 99쪽 [雅]

장로회총회종교교육부 편,발행 **신편찬송가** 1935.9.5(初)1949.12.22(七) 416쪽 [i]

장만영 **유년송** 시집 산호장 1948.10.30 (면수표시 없음) 200원

장만영 외 **현대시집** II 정음사 1950.3.10 254쪽 800원

장민수 역 **바레리시집** 세계명작시인선집⑦ 1949.12.25 170쪽 300원

장복성 **조선공산당파쟁사** 대륙출판사 1949.11.28 110쪽 250원

장사훈,성경린 **조선의 민요** 국제음악문화사 1949.2.10 580원 [i]

장사훈 **민요와 향토악기** 상문당 1948.6.25 145쪽 250원

장서언(맨스필드) **원유회** 산호문고⑥ 산호장 1948.8.10 76쪽 70원 [i]

장석만(러스키) **정치학원론** 선문사 1950.7.1(四) 219쪽 550원

장석만(카스파리-) **정치학사요강** 학생문고① 선문사 1948.11.10 190쪽 250원

장석만(카스파리) **정치학사요강** 선문사 1949.10.5 192쪽 320원

장성언 편 **SHORT STORIES by THOMAS HARDY** 민중서관 1949.10.20 185쪽 300원

장성옥 편저 심상룡 편 **일 사형수의 참회** 치형협회 1948.3.1 94쪽 110원

장세기 **전쟁 없는 사회** 대성출판사 1949.1.25 350원 [i]

장승두 **형사정책학요강** 청구문화사 1949.11.10 198쪽 550원

장승두 **형법요론** 총론 각론 청구문화사 1950 368쪽 120원 [韓]

장시화 **건국훈화** 경천애인사 1945 44쪽 [i]

장영창 **어느 지역** 시집 태양당 1948.6.20 91쪽 150원

장인 **위인의 교훈** 서양편 통문관 1949.6 [i]

장재용(미국사회보장국아동과) **육아독본** 대한문화협조회 1950.3.10 212쪽 400원 [i]

장주춘,유영우 **사회과학사전** 프로레타리아사전 노농사 1947.1 256쪽 150원 [出]

장지영 **국어입문** 조선어학회 1946.6.15 全

장지영 **가려 뽑은 옛글** 정음사 1947.8.30 131쪽 130원 出

장지영 **가려 뽑은 옛글** 정음사 1950.5.23 160쪽 ℹ

장치경 편역 **빠이론시집** 동문사서점 1949.5.20 194쪽 200원 ℹ

장하구 종로**도이취 한 사전** 국제조판사 1949 1,540쪽 3,000원 韓

장하구 **독한사전** 종로서관 1949 1200쪽 330원 韓

장하일 **중등새말본** 교재연구사 1947.12 128쪽 150원 出

장하일 **중등새말본** 교재연구사 1948.8.1(再) 118쪽 全

장하일 **표준중등말본** 고려서적㈜ 1950.3.25(再) 108쪽 275원 ℹ

장하일 **한글맞춤법교본** 경복중학교 1946 114쪽 雅

장하일 **한글맞춤법교본** 고려문화사 1946.7.10 册

장하일 **한글맞춤법교본** 고려문화사 1946.9 114쪽 30원 出

장학연구회 편 **초등국어참고서**5-2 일신사 1948.5.30 ℹ

장학회 편 **여름방학**3학년용 동지사 1947.7.15 ℹ

장현삼 **정선중등한문** 삼중문화사 1949.8.30 68쪽 150원

장형두 **조선식물도보** 수문관 1950.5.5(五) 430원 ℹ

장후영 **현행민법총론** 동연사 1950.5.15 363쪽 1300원

장후영 **법률과 현실** 백양당 1950.4.25 230쪽 620원

장희국 **현대위생학** 남산소년교호상담소 1949.3.10 379쪽 900원

전국농민총연맹 편,발행 **토지개혁은 이렇게 하자!** 1947.7 45쪽 35원 出

전국문화단체총연맹 편 **반란과 민족의 각오** 문진문화사 1949.1.25 143쪽 150원

전국음악교육협회 편 **중등음악교본** 국민음악연구회 1947.7 41쪽 95원 出

전라남도청 편,발행 **전라남도도세일반**1948 1948 249쪽 250원 韓

전라남도학무국 **물리화학용어모음** 무등교육출판㈜ 1947.5 ℹ

전라북도학무과 편,발행 **초등지리교본**오륙학년용 1946.5 ℹ

전라북도후생국 편,발행 **의학강요**1 1948.1 78쪽 ℹ

전림 편역 **패전과학의 실상** 고려출판사 1950 154쪽 300원 韓

전림,박목월 **초등글짓기**5,6학년용 국제사 1950.5.10 280원 全

전무학 **통속철학강화** 정의사 1948 80쪽 80원 韓

전병의 **조선소년단교본** 조선소년단중앙연합회 1947.5 267쪽 ℹ

임학수 『팔도풍물시집』(김흥수 장정)

임학수 『필부의 노래』(길진섭 장정)

임학수 역 『초생달』(정현웅 장정)

임화 『회상시집』

임화 『찬가』 (배정국 장정)

장복성 『조선공산당파쟁사』

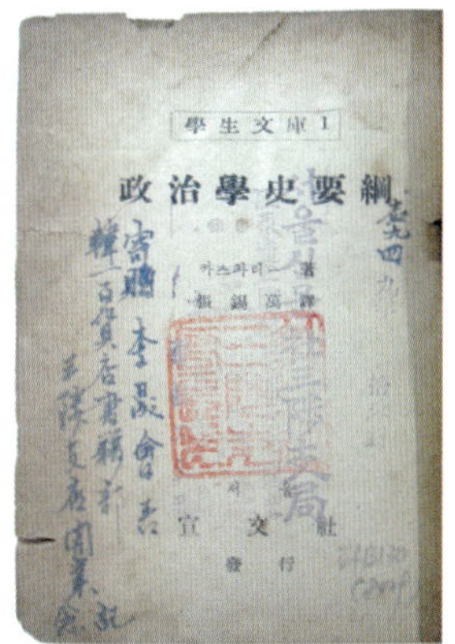

장석만 『정치학사요강』

전국문화단체총연맹 편 『반란과 민족의 각오』

전봉덕 **법학통론** 국제문화관 1949.10.1㈑ 138쪽 250원

전봉덕,김용근 **국회의원선거법해설** 단민출판사 1948 240쪽 330원 韓

전북교육협회 **동양사** 전주해방사 1946 88쪽 ⓘ

전상수 **제4의 십자가** 흥국시보사출판부 1949.3.10 81쪽 170원

전석담 외 **일제하의 조선사회경제사** 조선금융조합연합회 1947.4.20 177쪽 80원

전석담 **현대조선사회경제사** 신학사 1948.1 180원 出

전석담 **조선사교정** 을유문고⑨ 을유문화사 1948.5.15 156쪽 180원 乙

전석담 **조선경제사** 경제학전집③ 박문출판사 1949.2.15 319쪽 500원

전석담 외 **자본론** 제1권제1분책 서울출판사 1947.6.30 160쪽 330원

전석담 외 **자본론** 제1권제2분책 서울출판사 1947.8.20 161~386쪽

전석담 외 **자본론** 제1권제3분책 서울출판사 1947.11.15 387~656쪽

전석담 외 **자본론** 제2권 서울출판사 1946.12 500원 出

전석담 외 **자본론** 제4권 서울출판사 1948.4 650원 出

전석담 외 **자본론5** (2-1) 서울출판사 1948.7.15 351쪽 700원 朴

전석담 외 **자본론6** (2-2) 서울출판사 1948.10.15 352~594쪽+43쪽 650원 朴

전영탁 **동조는 어찌 되나** 삼중사 1948.7 130원 出

전영택 **유관순전** 수선사 1949.10.25㈣ 91쪽 150원

전영택(촬스어드맨) **누가복음** 신약성서강해③ 조선기독교서회 1950 386쪽 ⓘ

전원배(레닌) **유물론과 경험비판론** ⁽상⁾ 대성출판사 1948.10.10 262쪽 450원

전원배(레닌) **유물론과 경험비판론** ⁽하⁾ 대성출판사 1948.6.30 234쪽 400원

전원배(엥겔스) **반듀-링그론** 대성출판사 1948.10.20 223쪽 400원 朴

전원배(A데보오린) **자연과학과 변증법** 정음사 1948 90원 出

전원배(맑스) **임노동과 자본** 대성문고 대성출판사 1946.8.15 53쪽 25원

전일현 **고급영문법영문해석법** 동인사 1949 308쪽 550원 韓

전재섭 **한글맞춤법해설** 교양프린트사 ⁽대구⁾ 1946.5.1 ⓘ

전주전매국 편,발행 **조선종연초경작법** 92쪽 ⁽기타사항 미상⁾

전진한 **건국이념** 경천애인사 1948.12.25㈑ 50쪽 100원

전창근 **자유만세** 영화각본 태백서적공사 1946 78쪽 ⓘ

전창식(메리메) **배신자** 산호문고⑦ 산호장 1948.10.10 101쪽 100원 ⓘ

전충헌 **독립과 신생활** 독립생활연구소 1947 41쪽 40원

전충헌 **인생과 성공** 농산어촌문화협회 1949.5.25(再) 122쪽 220원

전충헌 **교양문고행정보감** 농산어촌문화협회 1950 94쪽 200원 韓

전충헌 **처세성공학** 선문사 1950.1.3(서문일자) 129쪽 ℹ

전풍진,이세만 **요해유기화학** 을유문화사 1948.7 700원 乙

전필순(J·H쪼엘) **그 날의 양식** 조선기독교서회 1949.2.20 366쪽 550원

전형국(촬스램) **쉑스피어초화집** 동심사 1947.8.5 90쪽 95원 ℹ

전호윤(고창덕태랑) **복음적기독교** 설우사 1950 169쪽 400원 韓

전흥진(天一方) **사교실** 수도문화사 1949.7.5 146쪽 230원

전흥진 **민생강화** 경제해설 조선금융조합연합회 1949.12.30 217쪽 250원

전흥진 **우리나라 인푸레 실정** 대한금융조합연합회 1950.5.25 65쪽 100원

전희복 **거울 앞에서** 수필집 문예사 1950.6.1 196쪽 500원

전희봉 **법학통론** 태백서적공사 1947.11.10 200원 ℹ

정갑 **먼나라** 사회생활과지리부 을유문화사 1948.5.25 全

정갑 **먼나라** 사회생활과지리부 을유문화사 1948.8.1 全

정갑 **먼나라생활** 중학교사회생활과지리부분 을유문화사 1949.9.1 全

정갑 **우리나라** 사회생활과지리부 을유문화사 1948.9.20 全

정갑 **우리나라생활** 중학교사회생활과지리부분 을유문화사 1950.4.20 全

정갑 **이웃나라** 사회생활과지리부 을유문화사 1947.3.1(서문일자) 120쪽 130원 全

정갑 **이웃나라생활** 사회생활과지리부 을유문화사 1949.7.1 全

정갑 **자연환경과 인류생활** 중학교사회생활과지리부분 을유문화사 1949.7.1 全

정갑(불라쉬) **인문지리학** 백양당 1949 347쪽 500원 韓

정경태 **아악보** 시조연구회 1950.2 비매 ℹ

정광현(등원데이) **내가 넘은 삼팔선** 수도문화사 1950.1.25(五) 251쪽 450원

정광현 편 **적산관계법규병수속편람** 동광당서점 1948 195쪽 350원 韓

정구산(쨘리틀페지) **철장막의 정체해부** 대한독립투사후원회사업부 1949.12.20 306쪽 500원

정구흥 **작물법** 정음사 1947.10 99쪽 90원 出

정국녹,김동철(유뿔랴꼬프) **자유와민주를위한동남구라파청년들의투쟁**
조선민주애국청년동맹중앙위 1947 54쪽 50원 出

정기영 **진양성전기** 비봉학회 1946.9.10 40쪽 15원

정달빈 **주일학교지도법** 조선기독교서회 1949 238쪽 ℹ

장영창 『어느 지역』(정현웅 장정)

전상수 『제4의 십자가』(이연호 표지)

전석담 『조선경제사』(경제학전집3)

전석담 외 『자본론』 1

전원배 역 『임노동과 자본』

전충헌 『독립과 신생활』

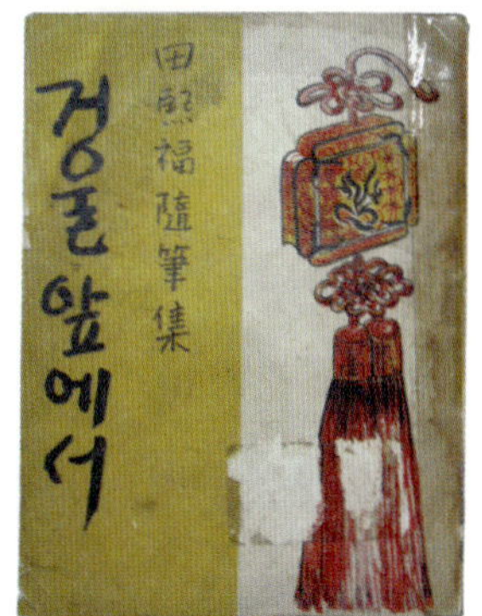

전희복 『거울 앞에서』(백영수, 한무숙 장정)

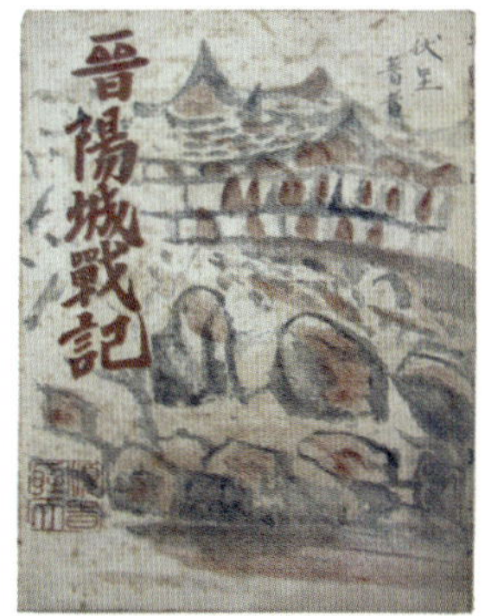

정기영 『진양성전기』(박생광 표지)

정대석　**통속사회주의강화**(상)총문각문고①　1946.4　97쪽　18원　出

정대석　**통속사회주의강화**(하)총문각문고②　1946.10　108쪽　80원

정대일　**조선상말사전**　향토문화연구회(등사판)　1947.9.10　230쪽　i

정도랑　**해인의 조화**　세문출판사　1946　44쪽　20원　韓

정두섭　**영어숙어집**　동양사　1950　243쪽　3000원　韓

정래동　**북경시대**　평문사　1949.4.25　216쪽　350원

정렬모　**검결풀이합본**　대종교총본사　개천4403년(1946)12.1(再)　96쪽　30원

정렬모 편　**한글문예독본**첫권　신흥국어연구회　1946.2.10　137쪽　130원

정렬모 편　**신편고등국문독본**현대편　동방문화사　1946　126쪽　雅

정렬모 편　**신편고등국어문법**　한글문화사　1946.10.20　219쪽　100원　全

정렬모 편 김교헌 저　**신단민사**　대종교총본사　1946.9.20(再)　250쪽　80원　i

정만금　**형법요람 각론**　수도경찰학교출판부　1948　157쪽　150원　韓

정명　**천국혼**㉮海印島彌勒山正心道總本部　자가본　1947.10.10(후기일자)　208쪽　朴

정명악　**신사회정치철학론**　동방문화사　1947.12　526쪽　600원　雅

정문기　**대마도의 조선환속과 동양평화의 영속성**　부산수산대　1945.10.15　16+6(영문)쪽　朴

정문사 편,발행　**신자동차관계법규해설집**　1950.3.10(천오백부)　434쪽　2,000원

정범수　**농민과 땅**　신농민사　1946.1　56쪽　6원　出

정범수　**변천**소인극각본집　신농민사　1946.5.20　709쪽　20원　i

정범수　**누구나 잘 사는 도리**　신농민사　1946.6　80쪽　12원　韓

정벽해　**조선역사**해방신판　중앙출판사　1946.7.15　147쪽　50원

정벽해　**조선역사**해방신판　중앙출판사　1949.11(再)　350원　i

정병모　**정포은선생 사행정선**　극동문화사　1946.5　89쪽　i

정봉훈　**건국방략**-사상편(서론)구국문고①배달민족의 건국이상과 근세사상 문제　만유사　1946.12.20　95쪽　25원

정비석　**파도**단편집　대조사　1946.7.10　187쪽　30원

정비석　**고원**　백민문화사　1946.8.25(초판 오천오백부)　240쪽　50원

정비석　**성황당**　금룡도서　1948.1.20　163쪽

정비석　**제신제**　수선사　1948.9.20　244쪽　350원

정비석(바아넬)　**소공자**조선아동문고　정음사　1948.6.25　60쪽　100원

정비석　**인도동화집**　동지사　1948.6　80원　出

정비석　**장미의 계절**　창광사　1949.1.15　370쪽　550원　i

정비석 **장미의 계절** 선문사 1949.7.1(再) 370쪽 550원 

정래동 『북경시대』 (김영주 장정)

정비석 역 **일곱가지 모험담**조선아동문고 1949.1.30 67쪽 100원

정비석 **고향의 봄** 계몽사 1950 220쪽 2000원

정비석 **소설작법** 신대한도서 1946.8.15 310쪽 500원

정상록 편 **농민의 노래** 조선금융조합연합회 1948.12.20 46쪽 100원

정성규 편 **M.Kwoh Selection from Katherine Mansfield** 1946.12 87쪽 75원

정순택 **중등수학①** 을유문화사 1950

정순택 **미분적분학연습** 탐구당서점 1948.10 650원

정렬모 편 『한글문예독본』

정시우 편 **건국투사 의사나석주전** 대한애국정신보급회 1947.1 34쪽 20원

정시우 **독립과 좌우합작** 삼의사 1946.11.20 73쪽 35원

정영만 **소년과학총서**I 문교사 1948.7 300원

정영술 **상업경제**상업편: 중학교실업과 을유문화사 1950.4.20

정영술 **은행부기**중학교실업과 을유문화사 1950.4.20 185쪽 455원

정영술,이용택 **부기회계**제1,2권 제일출판사 1946.10 104쪽 95쪽

정영술 **통계학** 을유문화사 1950.3.25 270쪽 900원

정봉훈 『건국방략』

정영진(톨스토이) **종교란 무엇인가** 상호출판사 1947 48쪽 30원

정용식 **세계신문화사** 문화사 1948 368쪽

정운갑 **행정법강의안**(등사본) 국민대학교출판부 1949.10.21 96쪽

정원섭 **어린이국사교본** 신문화연구소 1946.10 84쪽 15원

정음사 편 **수표**數表상:1,2,3학년용 정음사 1948.7.30 50원

정의택 **중등수학**II신교육 민중서관 1950.4.11(16판)

정비석 역 『소공자』

정의택 **중등수학**③신교육 진성당 1949.8.5(六) 90쪽 170원

정의택 **중등수학**④신교육 진성당 1949.9.30 300원

정의택 **중등수학정해**③신교육 진성당 1949.1.23 135쪽 270원

정의화 **채권총론** 육성각 1949 221쪽 500원

정인보 **조선사연구**상 서울신문사출판국 1946.9.20 301쪽 100원

정인보 **조선사연구**하 서울신문사출판국 1947.7.20 383쪽 500원

정인보 **담원시조** 을유문화사 1948.2.5 140쪽 240원

정인섭(메논) **메논박사연설집** 문화당 1948 182쪽

정인섭 역편 **대한현대시영역대조집** 문화당 1948.8.15 321쪽 500원

정비석 『고원』(김환기 장정)

정비석 『성황당』(박성규 장정)

정상록 편 『농민의 노래』

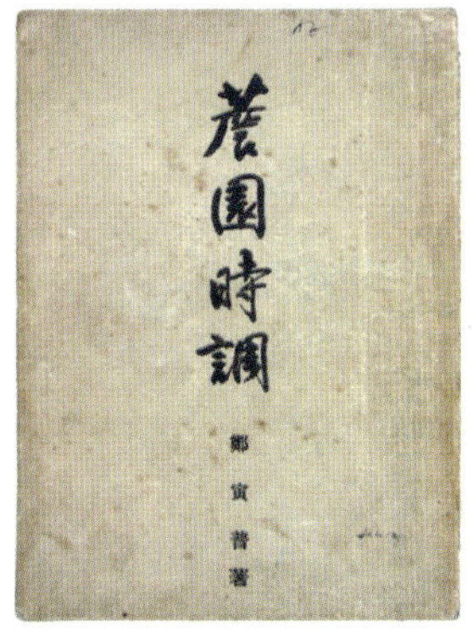

정인보 『담원시조』(홍명희 제자)

정인섭 **영어신교수법과 학습법** 문화당 1949 462쪽 700원 韓

정인소 **세계어문법** 애지세계사 1947 40쪽 80원 韓

정인소 **세계어사전** 애지세계사 1947 228쪽 500원 韓

정인소 **세계어회화** 세계평화연맹 1948 58쪽 150원 韓

정인승 **한글독본** 정음사 1946.3 全

정인승 **한글소리본** 정음사 1947.8 32쪽 30원 韓

정인승 **표준중등말본** 아문각 1949.9.15 108쪽 i

정인승 **한글문답** 현대문화사 1950.1.30 158쪽 350원

정인승,이극로 편 **국어**①남자 정음사 1948.3.25 78쪽 120원

정인승 **국어**① 정음사 1948.3.25 76쪽 120원 全

정인승 **국어**① 정음사 1949.7.25 76쪽 180원 全

정인승 **국어**② 정음사 1949.7.30 全

정인승 **국어**③ 정음사 1949.7.20 全

정인택 **연연기** 소설집 금룡도서 1948.12.27 130쪽 200원 i

정일권,예관수 **공산군의 유격전법과 경비와 토벌** 병학연구사 1948 154쪽 250원 韓

정일연 역 레닌 저 안드라츠키 편 **사적 유물론** 삼성사 1946.9 106쪽 30원 雅

정일형 **UN과 한국** 모던출판사 1950.5.5 191쪽 500원

정주상 **초등글씨본** 조선과학문화사 1949.8.8 60원 i

정지용 **정지용시집** 건설출판사 1946.5.30(再) 157쪽 35원

정지용 **지용시선** 을유문화사 1946 82쪽 20원

정지용 **백록담** 시집 백양당 1946.10.31 134쪽 보급판 50원

정지용 **백록담** 시집 백양당 1946.10.31 134쪽 특제판 80원

정지용 **백록담** 시집 동명출판사 1950.3.15(六) 134쪽 400원

정지용 **문학독본** 박문출판사 1948.2.5 214쪽 250원

정지용 **산문** 동지사 1949.1.30 300쪽(호화장서판) 700원

정지용외 **현대시집**I 정음사 1950.3.19 197쪽 600원

정진업 **풍장** 시집 시문학사 1948.8 230원 出

정진태 편 이강국 저 **민주주의 조선의 건설** 조선인민보사후생부 1946.4.20 202쪽

정철 外 **네 동무** 시집 예술문화동맹(목포) 1946.2.10 147쪽 20원

정치경제연구회 역(월레스),발행 **6천만의 취업**－정경총서② 1947.6 36쪽 35원 出

정태병 편 **조선동요전집** ^I 신성문화사 1946.2.25 94쪽 8원

정태병,양미림(싱클레어) **연애와 결혼** 문화출판사 1948.8.10 192쪽 350원

정태진 **받침공부** 신생한글연구회 1946.5.20 『석인정태진전집(상)』^(서경출판사1995.4.30)

정태진 **한자 안쓰기 문제** 아문각 1946.6.20 56쪽 12원 [Z]
『석인정태진전집(상)』^(서경출판사1995.4.30)

정태진 편 **아름다운 강산** ^{시가집} 신흥국어연구회 1946.12 86쪽 50원

정태진 **고어독본** 연학사 1947.4.25 122쪽 150원 [全]

정태진,김원표 **중등국어독본** 한글사 1946.10.15 138쪽 40원 [Z]
『석인정태진전집(상)』^(서경출판사1995.4.30)

정태진,김병제 편 **조선고어방언사전** 일성당서점 1948 244쪽 550원 [韓]

정필선 **조선사대강** ^(출판처 미상) 200원 [出]

정학모,손낙범 **고급국어** ^{상중하} 고려문화사 200원 [出]

정한경 **소련인 조선에 오다** 국제문화협회 [出]

정해준 **청년운동의 대본** 한성출판사 1949 141쪽 500원 [韓]

정해진 역 **갈리바여행기** 정음사 1946 102쪽 100원 [出]

정현웅 그림 방정환 글 **울지 않는 종** ^{소파동화독본②} 조선아동문화협회 1948.11 140원 [Z]

정현웅 **꿈나라의 아리쓰** ^{아협그림얘기책} 조선아동문화협회 1948.11.30 32쪽 80원 [Z]

정현웅 **노지심** ^{만화} 동문사 1948.10.15 24쪽 [i]

정현웅 **소년에디슨** ^{만화} 동문사 1948 60원 [出]

정현웅 **스티븐슨** ^{만화} 동문사 1948 50쪽 70원 [出]

정홍교 **박달방망이** 남산소년교호상담소 1948.10 100원 [出]

정홍교 **소년기수** ^{소년소설} 동화출판사 1947.5 118쪽 80원 [出]

정홍헌 **중등조선지리** 정음사 1946 80쪽 35원 [出]

정홍헌 외 **우리나라** ^{사회생활지리부} 정음사 1949.8.30 127쪽 250원 [i]

정화용 **중등체육** ^하 수영사 1950.5.15 375원 [i]

정훈 **머들령** ^{시집} 계림사 1949.3.5 161쪽 300원

정희준 **조선고어사전** 동방문화사 1949.1.5 512쪽 1200원

정희철,조기준 **독일어입문독본** 동지사 1948.7.15 [全]

제5광구경찰서공보실 편,발행 **건국과 경찰** 1948 100쪽 [i]

조광기 **주산술** ^{기초편} 연문사 1946.11 120쪽 30원 [出]

조광사 편,발행 **세계걸작동화집** 1946.2.25 172쪽 15원

정지용 『지용시선』(김용준 장정)

정지용 『백록담』

정지용 『백록담』(길진섭 장정)

정지용 『문학독본』(길진섭 장정)

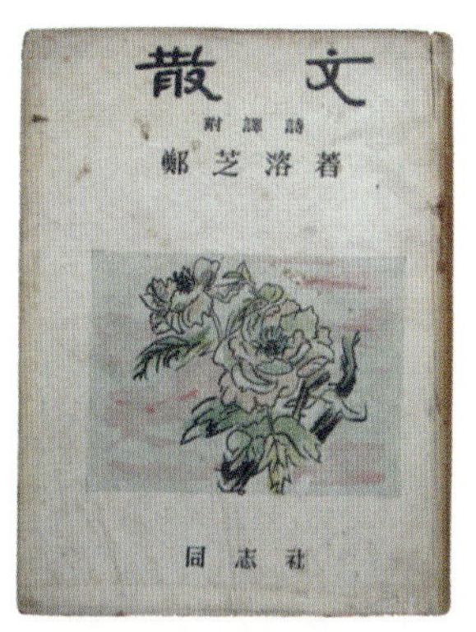

정지용 『산문』(길진섭 장정)

『동지사』 속표지

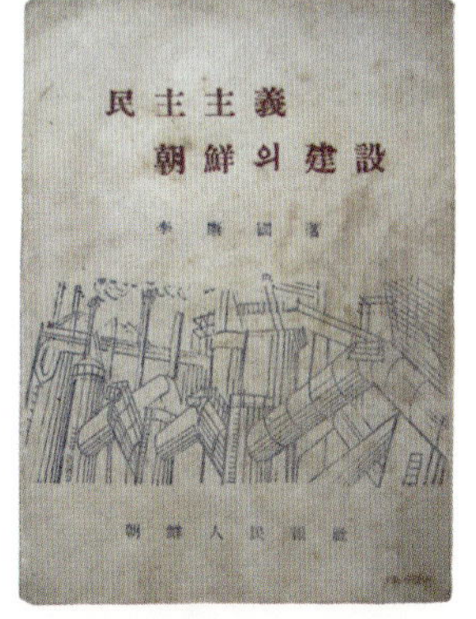

이강국 『민주주의 조선의 건설』(윤희순 표지)

정태진 편 『아름다운 강산』

조광사 편,발행 **세계명인전** 상 1948.12.30 393쪽 비매

조광사 편,발행 **세계명인전** 중 1948.12.30 417쪽 비매

조광사 편,발행 **세계명인전** 하 1948.12.30 506쪽 비매

조광사 편,발행 **조선명인전** 상 1948.12.30 338쪽 비매

조광사 편,발행 **조선명인전** 중 1948.12.30 351쪽 비매

조광사 편,발행 **조선명인전** 하 1948.12.30 408쪽 비매

조광사 편,발행 **단편집** (상)현대조선문학전집② 1946.2 171쪽 15원 出

조광휘 **주산교본** 연구사 1947 50원 韓

조구순 **현대화학** 상 경북학무국 1947.5.5 100원 i

조국형 **영어기초4천단어집** 건문사 1947.5 190쪽 90원 出

조규동,이영희(노스롭) **세계문화사론** 상 삼성출판사 1948.8.15 299쪽 800원

조규동,강이홍 역 **성과 문학** 선문사 1950.2.10(再) 312쪽 700원

조금련조사과 편,발행 **조선금융조합통계연보** 1946.12 106쪽 30원 韓

조기열,황산덕 공편 **표준세계연표** 삼의사 1948.3.15 497쪽 900원 i

조기준 **독일어독본** 230원 出

조기준 **독일어문법** 400원 出

조기준,정희철 **독일어입문독본** 동지사 1948.7.15 全

조기호 **인프레이숀의 기초이론** 박문출판사 1949.12.10 252쪽 500원

조기호,이집생 **근대자본주의발전사론** 대성출판사 1948.12.15 314쪽 i

조남사편집부 편,발행 **증감록진본** 1945.12.25 85쪽 20원 (등사본)

조두남 작곡 **옛이야기** 가곡집 중앙당 1949 26쪽 i

조두원 **조선의 토지제도와 북조선토지개혁의의의** 해방출판사 1946.5 44쪽 8원 出

조두원,권오직 **조선혁명의국제적관련성** 해방출판사 1946.2 69쪽 10원 出

조명희 **낙동강** 건설출판사 1946.5.3(再) 108쪽 20원

조문재 편 **백양** 시집 문화신문사 1949.4.20 河

조박 **민주주의의 해설** 건론사출판부 25쪽 出

조벽암 **지열** 시집 아문각 1948.7.25 126쪽 200원

조벽암 역 **큐리부인전** 하 서울출판사 1949.1.25 293쪽 400원 i

조벽암(고리키) **문학론** 서울출판사 1947.11.30 148쪽 160원

조병국 **고등수학대요** 신조사 1947.1.20 150쪽 120원 全

조병국 **기초통계** 백수사 1948.12 400원 出

조병국 편 **고등수학대요** 신조사 1947.1 150쪽 120원 出

조병덕 그림 조지훈 글 **우리 마을**^{그림동산③} 조선아동문화협회 1946.9 14쪽 15원 乙

조병렬 **조선역사**^상 (자가본 고창 월산초사) 1948.9.18^(발문일자) 162쪽

조병렬 **조선역사**^중 (자가본 고창 월산초사) 1948.9.18^(발문일자) 208쪽

조병렬 **조선역사**^하 (자가본 고창 월산초사) 1948.9.18^(발문일자) 174쪽

조병옥 **민족운명의 기로** 남조선과도정부공보실 1948 50쪽 비매 ⓘ

조병옥 **민족운명의 기로** 서울출판사 1948 50쪽 비매 ⓘ

조병옥 **특사유엔기행** 서울신문사출판국 1949.4.5 102쪽 200원

조병욱,맹원용 **일반과학 I** 조선교학도서 1947.8.20 140원 全

조병욱 **일반과학 II** 민중서관 1950.4.20^(28판) 全

조병욱 **초등이과교재**^{5,6학년} 경성초등교육건설회 1946.1 冊

조병욱 편 **라디오는 어째서 들리는가** 문교부과학교육국 1949.8.15 62쪽 100원

조병욱 편 **배 만들기**^{소년과학} 문교부과학교육국 1949.8.15 57쪽 100원

조병욱 편 **위대한 발명**^{소년과학} 문교부과학교육국 1949.8.15 100원 ⓘ

조병욱 편 **항공기이야기**^{소년과학} 문교부과학교육국 1949.8.15 62쪽 100원

조병화 **버리고 싶은 유산**^{시집} 산호장 1949.7.1^(1000부) 80쪽 특제400원,병제300원

조병화 **하루만의 위안**^{시집} 산호장 1950.4.13^(1000부) 82쪽 600원

조복성 **곤충기**^{을유문고⑲} 을유문화사 1948.12.15 132쪽 140원

조복성 **곤충이야기** 조선아동문화협회 1948.6.25 71쪽 150원

조복성 **금강산동물지**^{국립과학박물관연구보고③} 을유문화사 1948.9 150원 乙

조복성 **동물표본제작법과 채집법** 도서통판사 1949.2.20 60원 ⓘ

조복성 **일반과학 동물계** 정음사 1950.5.8 ⓘ

조봉암 **우리는 왜 개헌을 반대했나** 대한교학도서주식회사 1950.4.30 99쪽 200원

조사제(짠리틀페지 外) **소련의 현실** 신민사 1947.7.26 306쪽 300원 朴

조선경제연구소 편 **11월혁명의 교훈** 조선정판사 1946.3 58쪽 7원 出

조선고미술협회 편,발행 **서화골동입찰즉매회도록** 1946.8 冊

조선고전문학연구회 편 **국문학해설** 문조사 1949.2.15 148쪽 300원

조선공민교육협회 편,발 **영문타잎교칙서** 1948 500원 韓

조선공민교육회 편,발행 **육군사관학교 및 각학교 입학시험문제** 1949.12.10 114쪽 300원

정훈 『머들령』(이동훈 장정)

조벽암 『지열』(김만형 장정)

『지열』 속표지

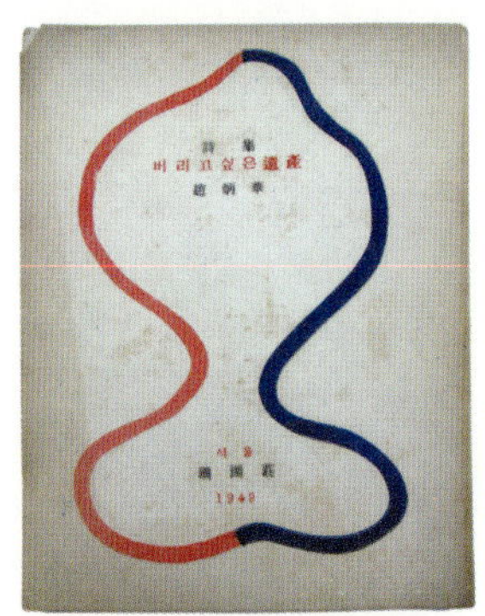

조병화 『버리고 싶은 유산』(김경린 장정)

조병화 『하루만의 위안』 (조병화 장정)

조선공산당서울시위원회선전부 편 『민주주의전선의 현단계』

조선좌익서적출판협의회 역 『청년에게 주는 연설』

조선과학자동맹 편 『근대세계 모략사건』

조선공산당서울시위원회선전부 편 **민주주의전선의 현단계** 새벽종각 1946.1.10 44쪽 5원

조선공산당중앙위선전부 편 **민주주의와 조선 건설** 조선정판사 1946.3 24쪽 4원 出

조선공산당중앙위원회편,발행 **현정세와 우리의 임무** ─ 정치노선에 대한 결정(잠정적) 1945.9.25 i

조선공산당중앙위청년부(헤르위파크) **반팟쇼통일전선의 경험과 비판** 우리문화사 1947.4 113쪽 80원 出

조선공산당청년동맹출판부(레닌) **청년에게 주는 연설** 조선좌익서적출판협의회 1946.2.1 31쪽 3원50전

조선공산주의연구소 역편 **전동맹볼세비끼사략강** ① 혁명동지사 1947.5 143쪽 250원 出

조선공산주의연구소 역편 **전동맹볼세비끼사략강** ② 혁명동지사 1947.7 143쪽 250원 出

조선공업문화사출판부 편,발행 **기초물리** (연도 미상) 380원 出

조선공업문화사출판부 편,발행 **기초영작문** 1946.10 83쪽 30원 出

조선공업문화사출판부 편,발행 **기초영작문** ① 1947.9.30 112쪽 110원 全

조선공업문화사출판부 편,발행 **속기초영작문** 1947.9 187쪽 180원 出

조선공업문화사출판부 편,발행 **수표** 1946.8.15 全

조선공업문화사출판부 편,발행 **수표** 1948.12.20(20판) 50원 i

조선공업문화사출판부 편,발행 **중학생의 기초영문법** 1948.5.10(六) 130원 i

조선과학동맹 편 **각국선거제도독본** 연구사 1947.5.30 227쪽 130원

조선과학사 편,발행 **형법총론 중요문제해결** 1949 154쪽 320원 韓

조선과학자동맹 편 **근대세계모략사건** 문우인서관 1946.6.25 82쪽 16원

조선과학자동맹 편 **이조사회경제사** 노농사 1946.10.10 267쪽 70원

조선과학자동맹 편 **조선해방사** 3.1운동편 문우인서관 1946.11 40원 153쪽 i

조선광문회 편 **신자전** 신문관 1947 498쪽 400원 韓

조선교육연합회 **여름동무** 2년용 조선교학도서 1948.6.10 i

조선교육연합회 **여름동무** 4년용 문교사 1948.6.10 i

조선교재사 편 **상급학교입학안내** 경문사 1948.8 100원 出

조선교재사 편 **실습록** 육문사 1948.8 250원 出

조선교학사편집부 편,발행 **The King′s Crown Readers** ① 주해서 1947.4.27 全

조선교학사편집부 편,발행 **The King′s Crown Readers** ③ 주해서 1947.12.5(再) 全

조선국민음악연구회 편,발행 **해방기념애국가집** 1946.2.20 18쪽 賢

조선기독교서회 편,발행(스탠리쫀쓰) **그리스도와 인생고** 1949 209쪽 i

조선농회 편,발행 **조선농가독본** 1947.1.10 142쪽 30원 i

조선도서간행회 편　**국어사전** 정문사 1946.12 1270쪽 500원 Ⓗ

조선맑스엥겔스레닌연구소(느요쓰뜨롭쓰끼)　**강철** 전편 우리서원 1946.6 203쪽 30원 Ⓗ

조선맑스엥겔스레닌연구소 역　**쏘동맹의 경제학** 신흥과학총서 개척사 1947.10 133쪽 90원 Ⓗ

조선맑스엥겔스레닌연구소 역편　**레닌선집** 제5권상부 창인사 1946.11.10 328쪽 120원 Ⓗ

조선맑스엥겔스레닌연구소 역편　**공산당선언** 동무사 1945.11 74쪽 8원 Ⓗ

조선맑스엥겔스레닌연구소 역편　**중국혁명의 전망** 동무사 1946.2 145쪽 15원 Ⓗ

조선맑스엥겔스레닌연구소 역편,발행　**레닌선집** ②푸로레타리아의헤게모니를위한투쟁이론 1946.5 268쪽35원 Ⓗ

조선맑스엥겔스레닌연구소 역편,발행　**레닌선집** ⑯공산주의에있어서의좌익소아병 1946.3 183쪽 30원 Ⓗ

조선맑스엥겔스레닌연구소 역편,발행　**시월혁명과 로시아공산주의자들의 전술** 1946.3 64쪽 7원 Ⓗ

조선맑스엥겔스레닌연구소 역편,발행　**시월혁명과 사회주의를 위한 투쟁** 1946.4 52쪽 10원 Ⓗ

조선맑스엥겔스레닌연구소 역편,발행　**쏘베트동맹의 노동자재판** 1946.3 74쪽 8원 Ⓗ

조선맑스엥겔스레닌연구소 편,발행　**이브스딸린농촌사업에 대하여** 1946 203쪽 18원 Ⓗ

조선맑스엥겔스레닌연구소 편,발행　**이－스딸린산림사업을위하여** 1946.1 203쪽 18원 Ⓗ

조선맑스엥겔스레닌연구소 편,발행　**전동맹공산당17차대회에서의사업보고** 1946.1 160쪽 16원 Ⓗ

조선맑스엥겔스레닌연구소(스탈린)　**맑스주의와 민족문제** 현우사 1947 136쪽 120원 Ⓗ

조선문예연구회 김영석,나선영(비노그라도프)　**문학입문** 선문사 1947.1.20 179쪽 90원

조선문학가동맹농민문학위원회 편　**토지** 아문각 1947.7.1 206쪽 200원 ⓘ

조선문학가동맹소설부위원회 편　**조선소설집** 1946년판 아문각 1947.6.20 244쪽 230원

조선문학가동맹시부　**조선시집** 1946년판 조선문학가동맹 1947.3.20 200원

조선문학가동맹시부/시인의집　**낭독시집** 시의 밤 조선문학가동맹 1946.4.20 10쪽

조선문학가동맹시부　**삼일기념시집** 건설출판사 1946.3.1 61쪽 10원

조선문학사 역편,발행(라비토스·오스트로비차노프)　**생산론** 맑스레닌주의경제학교정② 1946.12 270쪽 40원 ⓘ

조선문학사 역편,발행(라비토스·오스트로비차노프)　**세계경제사개론** 맑스레닌주의경제학교정① 1946.8.10 96쪽 비매

조선문학사 역편,발행(라비토스·오스트로비차노프)　**잉여가치론** 맑스레닌주의경제학교정④ 1947.5.28 474쪽 190원 ⓘ

조선국민음악연구회 『해방기념애국가집』

조선문학가동맹소설부위원회 편 『조선소설집』(이주홍 장정)

조선문학가동맹시부 『조선시집』(이주홍 장정)

조선문학가동맹시부/시인의집 『낭독시집』

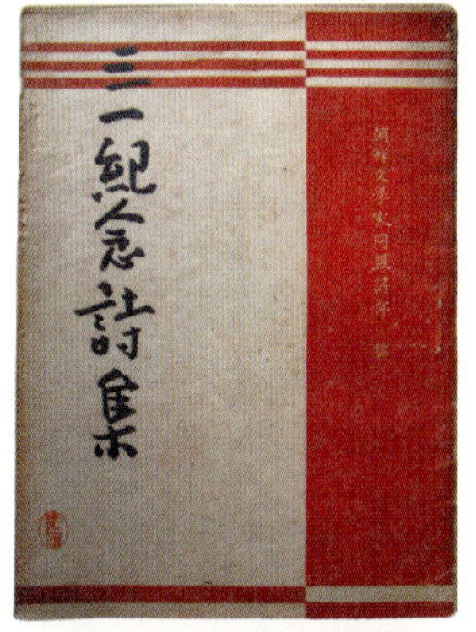

조선문학가동맹시부 『3·1기념시집』

조선문화보급회 역 『쏘련이 본 미국의 실정』

조선문학사 역편,발행(라비토스·오스트로비차노프) **화폐론** 맑스레닌주의경제학교정③ 1947.3.5 292쪽 비매

조선문학사 역편,발행(카메네프 편) **문화와 정치** 골키에게보낸레닌서한집 1946.9.30 117쪽 37원 Ⓩ

조선문학사 편,발행 **문학,비평** 1947.6 202쪽 250원 出

조선문학사 편,발행 **금일의 예술과 명일의 예술** 1947 118쪽 雅

조선문화보급회(소련국립백과사전연구소) **쏘련이 본 미국의 실정** 건국사 1946.12 64쪽 30원 出

조선문화사 편,발행 **형법** 총론각론 1947.9 128쪽 150원 出

조선발명고안연구위원회 편,발행 **연탄점결제에 관한 문헌초록** 1948 72쪽 100원 韓

조선법정연구회 편,발행 **회의편람** 1945.10.5 22쪽

조선복장협회 편,발행 **개정복장술어** 1946.12 16쪽 出

조선사료간행회 편 **조선야사전집** 제1권 백림사 1949.9(서문일자)

조선산업노동조사소(레닌) **사회주의와 종교** 우리문화사 1946.3 57쪽 6원50전 出

조선산업노동조사소 역편 **(1)쏘베트동맹의 국가와 정부의 성질에 관한 자료 (2)공장신문에 관한 결의** (1925년) 우리문화사 1946.2 40쪽 8원 出

조선산업노동조사소 역편 **제1회전세계노동조합회의의사록** 우리문화사 1946.6 115쪽 30원 出

조선산업노동조사소 편 **쏘연방헌법** 우리문화사 1945.11.7 88쪽 7원 ⓘ

조선산업노동조사소 편 **옳은 노선을 위하야** 우리문화사 1945.11 96쪽 10원 出

조선산업노동조사소 편 **중국공산당과 민족통일전선** 우리문화사 1945.12 56쪽 4원 出

조선생물학회 편 **생물학용어집** 교육연구사 1947 78쪽 70원 ⓘ

조선생물학회 편 **조선동물명** 척추동물 동지사 1949.1.20 61쪽 200원

조선생물학회 편 **조선식물명집** 목본편 정음사 1949.11.20 119쪽 350원

조선생물학회 편 **조선식물명집** 초본편 정음사 1949.11.22 235쪽 700원

조선생활개선협회 편 **처녀의 위생독본** 생활개선강좌① 건국사 1946.3.28(再) 63쪽 10원 出

조선생활개선협회 편 **신랑신부의 위생독본** 생활개선강좌② 건국사 1946.5 60쪽 10원 出

조선생활개선협회 편 **신랑신부의 위생독본** 생활개선강좌② 건국사 1947.1.8 52쪽 35원 朴

조선생활품영단 편,발행 **조선생활품영단 연혁과 개요** 1948 91쪽 180원 韓

조선성서공회 편,발행 **마가복음한영문대조** 1948 71쪽 80원 韓

조선성서공회 편,발행 **창세기** 1948 70쪽 70원 韓

조선성서공회 편,발행 **신약의사복음과 사도행전** 1950 ⓘ

조선수물연구회 편 **중등학생의 순열조합2항정리확률** 조선공업문화사 1946.10 62쪽 25원 出

조선수물연구회 편 **중등신수학**중학교용1 조선공업문화사출판부 1946.11.25(再) 70쪽 35원 i

조선아동문화보급회 편 **원숭이재판동화** 문영당 1946.8 86쪽 12원 出

조선아동문화보급회 편 **해와 달**조선동화집 조선아동순보사 1946.10 96쪽 7원 出

조선아동문화협회동요연구소 편,발행 **조선동요백곡선** 상 1946.10.1 25쪽 25원

조선아동문화협회 편,발행 **소학생모범작문집** 1946.9.1 52쪽 15원 乙

조선아동문화협회 편,발행 **우리들노래** 제1회아협당선동요집 1947.1 i

조선아동문화협회 편,발행 **걸리버여행기**아협그림 얘기책⑥ 1947.3.10 32쪽 15원 乙

조선아동문화협회 편,발행 **로빈손크루소**아협그림얘기책⑧ 1947.12.5 32쪽 40원 乙

조선아동문화협회 편,발행 **린큰**그림얘기책 1948.12.12 32쪽 150원

조선어사전간행회 편 **조선어사전**수정증보 영창서관 1949.1.31 1854쪽 3500원 朴

조선어학회 편 **한글첫걸음** 조선교학도서 1945.11.6 65전 49쪽 全

조선어학회 편 **초등국어교본교수지침** 한얼몰음 1945.10.9(서문일자) 10쪽

조선어학회 편 **초등국어교본**한글교수지침 조선서적인쇄 1945.12.30 36쪽 85전 全

조선어학회 편 **초등국어교본** 상 조선서적인쇄 1945.12.30 110쪽 1월50전 朴

조선어학회 편 **초등국어교본** 중 조선서적인쇄 1946.4.15 全

조선어학회 편 **초등국어교본** 하 조선서적인쇄 1945 雅

조선어학회 편 **초등국어교본**하 군정청학무국 1946.5.5 83쪽 7원 全

조선어학회 편 **조선말큰사전**1 을유문화사 1949.7.1(再) 564쪽 2000원

조선어학회 편 **조선말큰사전**2 을유문화사 1949.5.5 1178쪽 1500원

조선어학회 편 **중등국어교본** 중 조선교학도서 1947.1.10 199쪽 30원

조선어학회 편 **중등국어교본** 하 조선교학도서 1947.5.17 174쪽 55원 出

조선어학회 편 **초등공민**5,6학년용 조선서적인쇄 1946.5.5 48쪽 4원50전 i

조선어학회 편 **언문지** 한글사 1946.6.12(再) 19쪽 15원

조선어학회 편,발행 **한글맞춤법통일안**개정한 1945.9.11(11판) 1원 54쪽 i

조선어학회 편,발행 **한글맞춤법통일안**개정한 1945.12.10(31판)

조선어학회 편,발행 **조선어표준말모음**사정한 1946.1.18(五) 239쪽 15원

조선어학회 편,발행 **외래어표기법통일안** 1947.12.20 册

조선어학회 편,발행 **초등국어** 중 (등사본) (기타사항 미상) i

조선어학회 편,발행 **훈민정음**(영인) 1946.10.9 66쪽 i

조선생활개선협회 편 『처녀의 위생독본』

조선아동문화협회동요연구소 편 『조선동요백곡선』 상권

조선아동문화협회 편 『린큰』

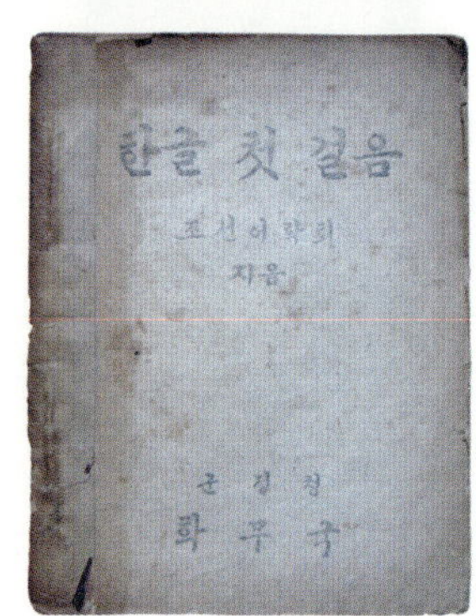

조선어학회 편 『한글첫걸음』

조선어학회 편 『조선말 큰사전』

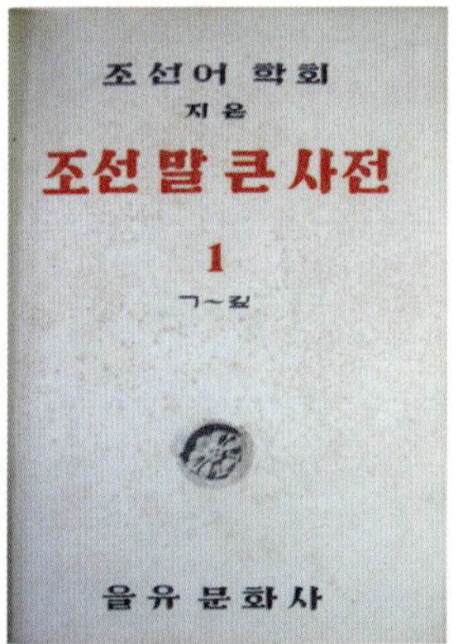

『조선말 큰사전』 속표지

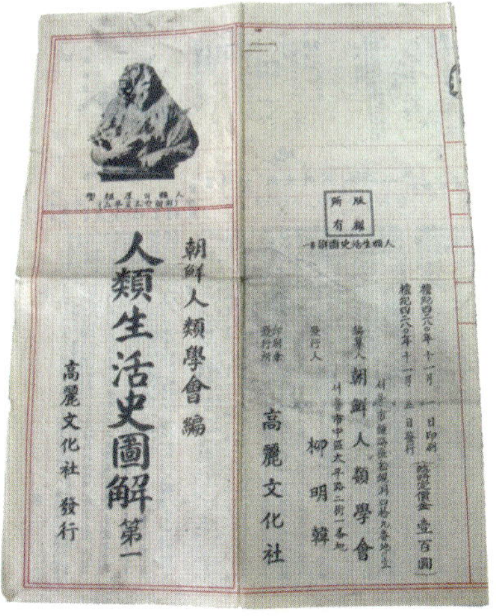

조선인류학회 편 『인류생활사도해』 (제1)

조선어학회 편,발행 **훈민정음운해** 1946.6.12㈖ 98쪽 25원 ⓘ

조선역사연구회 **조선민족사** 삼의사 1948.5.1 144쪽 ⓘ

조선영어연구회 편,발행 **영어회화독습안내** 1945.9.30 ⓘ

조선유물론연구회(S잉그로프外) **공산주의 정치교정** 문영사 1947.6 162쪽 150원 出

조선은행조사부 편,발행 **물가종람** 1945.8~1946.4 1949 120쪽 비매 韓

조선인류학회 편 **인류생활사도해**第一 고려문화사 1947.11.5 절첩본16면 100원

조선인민보사 편 **인민당의 노선** 신문화연구소 1946.4 71쪽 12원 ⓘ

조선인쇄회사 편,발행 **Lord Aveburry the use of Life** 1946.2 162쪽 70원 出

조선인쇄회사 편,발행 **The Sketchbook—By Washington Irving** 1946.8.15㈖ 177쪽 70원 全

조선적십자사 편,발행 **응급구호법** 1947 淸

조선정치자료연구소편 **국제협정서** 조선관계편 지성사 1947.6 95쪽 75원 出

조선좌익서적출판협의회번역부 역 **중국공산당 최근의 동향** 우리서원출판부 1946.4.28 93쪽 25원

조선지도연구원 **초등지도** 조선학교도서출판사 1947.8.20 60원 ⓘ

조선지도연구원 **초등지도** 우리나라생활의지도공부:4학년용 조선서적인쇄㈱ 1947.9.30 100원 ⓘ

조선천문연구회 편 **무자년조선민력** 중외문화협회 1947.12.5 60원 ⓘ

조선청년문학가협회경남본부 편,발행 **날개** 해방1주년기념시집 1946.8.15 43쪽 15원

조선체육연구원 편,발행 **체조교본** 1948.10.20㈖ 64쪽 150원

조선통신법정학회 편 **법률정치학강의** 조선통신법정학회 1948.2.5 冊

조선통신법정학회 편 **국가시험** 헌법, 형법, 상법편 세문사 1949.8.30 284쪽 480원

조선통신법정학회 편 **고등고시변호사시험문제모범해답집** 세문사 1949 379쪽 480원 韓

조선통신법정학회 편 **국사중요문제답안집** 세문사 1950.6.10 254쪽 650원

조선통신법정학회 편 **국가시험준비총서** 제2집 세문사 1950 220쪽 650원 韓

조선통신법정학회 편 **육법구술문답집** 세문사 1950 355쪽 750원 韓

조선통신사 편,발행 **조선연감**1947년판 1946.12.1 501쪽 250원

조선통신사 편,발행 **조선연감**1948년판 1947.12.1 482쪽 500원

조선학술연구회(맑쓰) **임금노동과 자본** 맑쓰경제집① 동화출판사 1946.6 47쪽 15원 出

조선학회 편 **건국방략**-사상편(속론)구국문고②공산운동의 현세와 신흥사상의 전망 만유사서적 1946.11.10 82쪽 35원 ⓘ

조선합회교육부 편,발행 **재림운동의 시작과 진행** 권1 1948.3.31 147쪽 ⓘ

조선YMCA연합회 편,발행 **에밀브루너박사강연집** 제1집 1950.1.17 38쪽 80원 ⓘ

조섭제 ☞ 조향

조성교 편 **남원지** 남원공립초등학교 1950.5.10 비매 ⓘ

조성식 **고등영문법** 청구문화사 1949.12.10 225쪽 850원

조성식(C.T.Onions) **영어문장론** 진성당 1950.6.15 185쪽 550원 全

조세장 **원대한 건국** 기독청년연합회 1947.6 冊

조세장 편 **생명있는 건설** 금룡도서 1948 292쪽 250원 韓

조약슬 편 **경북연감** 1948년판 영남일보사 1947.12.31 447쪽 500원

조연현 **문학과 사상** 세계문학사 1949.12.10 308쪽 600원

조영식 **초등국어참고서** 6-1 삼의사 1947.4.20 80원 ⓘ

조영식 **민주주의자유론** 한일공인사 1948 158쪽 ⓘ

조영암 **북한일기** 삼팔사 1950.3.25 151쪽 3000원

조영출 **위대한 사랑** 전오막육장희곡 1946 등사본 기타사항 미상 Ⓩ

조영희 역 **푸쉬킨시집** 세종문화사 1950.2.5 113쪽 250원

조완영 **기초면방직기계** 조선공업문화사출판부 1949.4.30(500부) 221쪽 900원

조용만容萬 글 이승만 그림 **정몽주전** 조선역대위인화첩제1집 현우사 1946.3.1 10쪽 15원

조용만容萬 **애국자 민충정공** 국제문화협회 1947.3.15 103쪽 800원

조용만容萬 **상식영어대전** 문예서림 1947 273쪽 120원 韓

조용만容萬(코난도일) **Three Stories from Conan Doyle** 삼의사 1948 108쪽 150원 韓

조용만容萬 외 **학생과 신문** 수도문화사 1950.4.20 175쪽 700원

조용만鏞萬 **속성한글강의** 한글동학회 1949.3.30 全

조용승 **신편중등한문독본** 상 전북중학교 1947.7.5 ⓘ

조용승 **신구숙어해설** 자가본 1949.3.10 ⓘ

조용훈 **홍경래** 정음문고 정음사 1949.7.22 175쪽 250원

조운 **조운시조집** 조선사 1947.5.5 92쪽 125원

조원 역 코민테른대회결정 **노동조합의 지도이론** 적성문화회 1946.2.10 52쪽 5원 朴

조윤제 **조선시가사강** 박문출판사 1946 453쪽 170원

조윤제 **국어교육의 당면문제** 문화당 1947.6.30 138쪽 120원

조윤제 **조선시가의 연구** 조선문화총서⑥ 을유문화사 1948.4.5 280쪽 650원

조윤제 **현대문감** 대학출판사 1948.2.15 185쪽 300원

조선청년문학가협회경남본부 『날개』

조선통신사 『1948년판 조선연감』

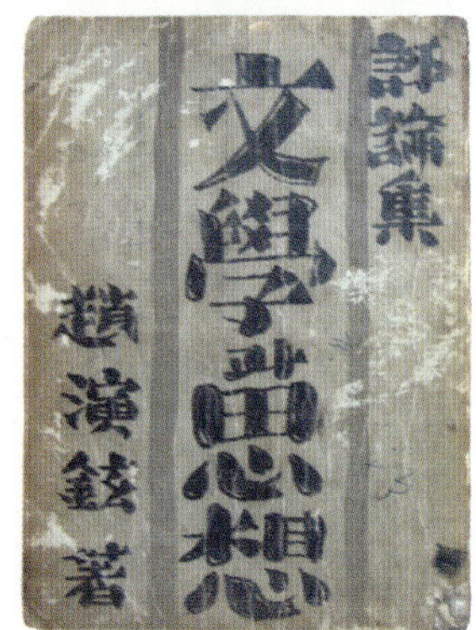

조연현 『문학과 사상』(최영수 장정)

조영암 『북한일기』

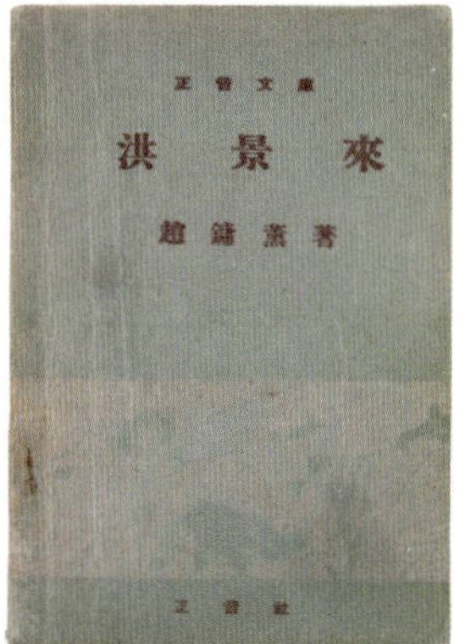

조용훈 『홍경래』

조운 『조운시조집』(이승만 장정)

조윤제 **고대문감** 대학출판사 1949.10.20⒜ 218쪽 500원

조윤제 **신생중등국어** ② 대학출판사 1949.8.11 132쪽 200원

조윤제 **국문학사** 동방문화사 1949.5.10 529쪽 1600원

조윤제 **교육국문학사** 동방문화사 1950.4.6 120쪽 550원

조응천 **통신학리** 무선 병학연구사 1948 165쪽 비매 韓

조응천 **통신술어사전** 한영영한 병학연구사 1948 100쪽 비매 韓

조의설 **희랍문화연구** 과학사 1946.12.15 103쪽 70원

조의설 **서양사** 신독본 동지사 1948 204쪽 380원 韓

조의설 **먼나라생활 역사** 동지사 1949.7.27 380원 全

조의설 **먼나라의 생활부도** 역사 동지사 1950.4.10(수정) 490원 朴

조의설 **인류문화의 발달** 동지사 1949.9.6 320원 ⓘ

조의설 **서양사개설** 동지사 1950.2.1 708쪽 2000원 ⓘ

조자산紫山 **조선의 갈 길** 1945.10.1(서문일자) 23쪽 (기타사항 미상) ⓘ

조재승,김경우 **지방자치법해설** 보문출판사 1946 223쪽 350원 韓

조재호 외 **민주주의민족교육론** 동심사 1949.5.20 139쪽 360원 ⓘ

조정 **중등한문교과서** 권2 건국사 1947.11.18 32쪽 40원 全

조정환 **전후의 일본** 동지사 1948.9.5 196쪽 400원

조종오 **조선최근3대운동사** 웅변구락부출판부 1946.8.11 57쪽 50원 ⓘ

조종오 **최해월선생일대기** 웅변구락부출판부 1946.8.21 59쪽 25원

조종오 **손병희선생전** 웅변구락부출판부 1946.9.15 78쪽 25원

조준길 편 **어린이찬송가** 전주서문외교회유년주일학교(등사판) 1950.1.15 177쪽

조중학(하루므스) **법률철학개론** 신학사 1948.7 181쪽 280원 出

조지훈 외 **청록집** 을유문화사 1946.6.6 109쪽 30원

조지훈 외 **청록집** 을유문화사 1949.11.20⒜ 109쪽 300원

조지훈 글 조병덕 그림 **우리 마을** 그림동산③ 조선아동문화협회 1946.9 14쪽 15원 乙

조지훈 엮음 **고등국어2** 한길사 1949.8.1 102쪽 200원

조지훈 외 **시창작법** 선문사 1949.12.25 233쪽 480원

조지H루 **건강과 행복** 시조사 1945 113쪽 ⓘ

조창회신부 편 **미사공과** 경향잡지사 1949.10.26⒡ 208쪽

조채현 **실제 병충해의 약제구제** 농예도서출판사 1949.7.30 115쪽 200원

조춘운 **우리나라 입헌정체는?** 정치문제연구소 1945 41쪽 雅

조풍연 글 김의환 그림 **이소프이야기**^{그림동산②} 조선아동문화협회 1946.6 14쪽 15원 乙

조풍연 편 김의환 그림 **왕자와 부하들**^{아협그림얘기책⑨} 조선아동문화협회 1948.3 64쪽 100원 乙

조풍연 **프런더어즈의 개** 성문사 1948.7 150원 出

조향 편 **현대국문학수**^{대학국문학} 행문사 1948 226쪽 500원 韓

조향 편 **고전문학수**^{대학국문학} 자유문학사 1950 343쪽 1500원 韓

조헌영 **통속한의학원론** 을유문화사 1949.11.25 532쪽 乙

조화영 **독일어숙어사전** 국제출판사 1948 132쪽 200원 韓

조효원 외편 **사람과 사회**^하 연희대학출판부 1949 186쪽 雅

조흔파 **봄은 도처에**^{소설집} 인화출판사 1950 201쪽 180원 韓

조흔홍 외 **중등가사교본** 동지사 1948.8.20 134쪽 280원 i

조흔홍 외 **중등가사교본**³ 동지사 1948.9.20 250원 i

조흔홍 외 **중등가사교본**⁴ 동지사 1949.8.9 全

존듀이 **민주주의와 교육** 고려도서원 1947.8 169원 出

주대벽(운성) **대벽선언** 조국재건본부출판국 1948.8.10 183쪽 300원

주동근 외 **민족의 진로** 국민문화사 1947.12.15 102쪽 150원

주동명 **철병문제** 이상사 1948.1 100원 出

주세중 **부업양봉법** 근우사 1949 100원 韓

주세중 **이상농가의 경영**^{협동농업총서} 조선금융조합연합회 1948 75쪽 i

주시경 **조선어문법** 정음사 1946.4 229쪽 35원

주시경 **주시경선생유고** 삼문사출판부 1945.9.30 177쪽 20원

주암산 **향**^{희곡} 조선기독교서회 1949.11.12 200원 i

주왕산 교정 **청구영언**^{신문고①} 통문관 1946.8.30 193쪽 50원

주왕산 **조선민요개론** 중앙중학교(등사본) 1947.10.28^(서문일자) 190쪽

주왕산 **조선고대소설사** 정음사 1950.2.15 319쪽 1000원

주요섭 글 김의환 그림 **웅철이의 모험**^{아협어린이문고} 조선아동문화협회 1946.7 86쪽 20원 出

주요섭 역 **승리의 날**^{구미작가단편집제1집} 상호출판사 1947 181쪽 85원 i

주요섭^{YOSUPCHU} **김유신**^{KIMYUSIN} 상호출판사 1947 110쪽

주요섭(안델센) **어머니의 사랑**^{─안델센동화선집} 수선사 1948.7.5 126쪽 200원 i

주시경 『주시경선생유고』

주왕산 교정 『청구영언』

주왕산 『조선민요개론』

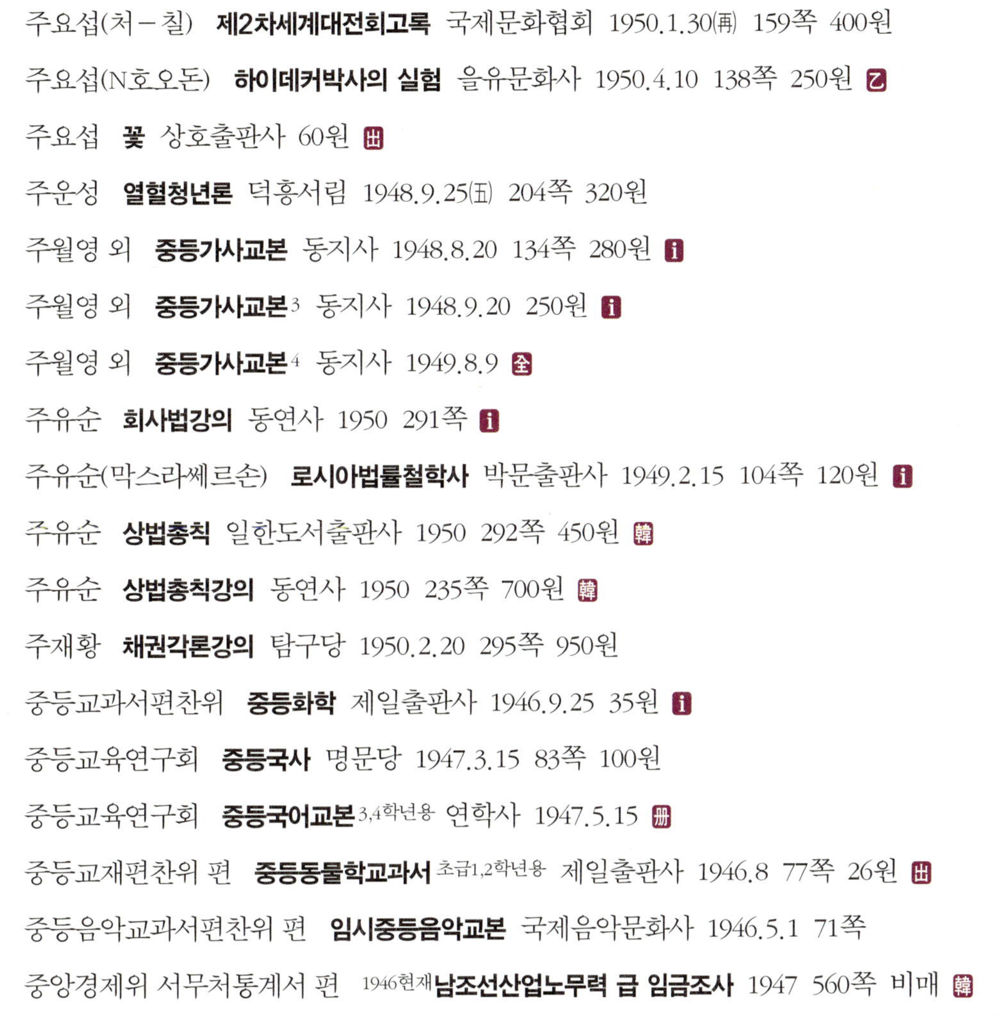

주요섭 『김유신』

주요섭 **사랑손님과 어머니** 수선사 1948.11.10 223쪽 350원

주요섭 외 **단편집** (중)조선문학전집⑧ 한성도서 1948.11.30 333쪽 500원 ⓘ

주요섭(처-칠) **제2차세계대전회고록** 국제문화협회 1950.1.30(再) 159쪽 400원

주요섭(N호오돈) **하이데커박사의 실험** 을유문화사 1950.4.10 138쪽 250원 乙

주요섭 **꽃** 상호출판사 60원 出

주운성 **열혈청년론** 덕흥서림 1948.9.25(五) 204쪽 320원

주월영 외 **중등가사교본** 동지사 1948.8.20 134쪽 280원 ⓘ

주월영 외 **중등가사교본**3 동지사 1948.9.20 250원 ⓘ

주월영 외 **중등가사교본**4 동지사 1949.8.9 全

주유순 **회사법강의** 동연사 1950 291쪽 ⓘ

주유순(막스라쎄르손) **로시아법률철학사** 박문출판사 1949.2.15 104쪽 120원 ⓘ

주유순 **상법총칙** 일한도서출판사 1950 292쪽 450원 韓

주유순 **상법총칙강의** 동연사 1950 235쪽 700원 韓

주재황 **채권각론강의** 탐구당 1950.2.20 295쪽 950원

중등교과서편찬위 **중등화학** 제일출판사 1946.9.25 35원 ⓘ

중등교육연구회 **중등국사** 명문당 1947.3.15 83쪽 100원

중등교육연구회 **중등국어교본** 3,4학년용 연학사 1947.5.15 冊

중등교재편찬위 편 **중등동물학교과서** 초급1,2학년용 제일출판사 1946.8 77쪽 26원 出

중등음악교과서편찬위 편 **임시중등음악교본** 국제음악문화사 1946.5.1 71쪽

중앙경제위 서무처통계서 편 1946현재**남조선산업노무력 급 임금조사** 1947 560쪽 비매 韓

중앙교육연구소 편(NEA교육정책위원회) **자유인의 교육** 대한교육연합회 1950 291쪽 雅

중앙농업기술원 편 **대한의 비료** 조선금융조합연합회 1949.3.10 87쪽 100원 ⓘ

중앙농업기술원 편 **고구마재배법** 농사교도문고 백양사출판부 1949.7.5 120원 ⓘ

중앙문화협회 편,발행 **해방기념시집** 1945.12.12 97쪽 15원

중앙인민위원회서기국 편,발행 **중앙인민위원회 제문헌** 제1집 1946 66쪽 300원 韓

중앙인서관대중총서편집부 **자본론입문** 하 중앙인서관

중앙정론사 편,발행 **건국공작의 구체적 노정 외** 민주노선총서① 1946.2 18쪽 3원 出

중앙정론사 편,발행 **소위임정의 단연 해산을 권고함 외** 민주노선총서② 1946.3 20쪽 3원 出

중앙정론사 편,발행 **후견제의 유래와 본질과그 실시에 대한 전망 외** 민주노선총서③ 1946.3 28쪽 5원 出

중앙출판사 편,발행 **계몽편** 1946.3.10 

중앙출판사 편,발행 **대한민국교통산업지도** 1948.7.15

중앙출판사 편,발행 **동몽필습** 1946.9.20 28쪽

중앙출판사 편,발행 **용문장군전** 딱지본 1945.12.31 49쪽

중앙출판사 편,발행 **삼쾌정** 딱지본 1948.10.1 71쪽

중앙출판사 편,발행 **원본만세력** 1949.12.5

중앙출판사 편,발행 **원본소학집주** 1949.12.2

중앙출판사 편,발행 **원본비지중용집주** 1949.12.5 121쪽

중앙출판사 편,발행 **청년편지투** 1949.10.30 121쪽 350원

중앙출판사 편,발행 **조선전도** 1946.11.15 50원

중외경제연구회 편,발행 **농지개혁법** ─경제상식보급 1950.5.1 61쪽 200원

중앙인서관대중총서편집부 『자본론입문』 하

지석영 편 **자전석요** 영창서관 1949 800원 韓

지성사 편,발행 **국회의원선거법 시행령편람** 1950 71쪽 200원 韓

지영린 **작물따로풀이** 수도문화사 1948 132쪽 410원 韓

지영린 **작물각론** 수도문화사 1949.3.30 全

지중세 역편 **조선사상범검거실화집** 신광출판사 1946.8.15 300쪽 60원

지중세 편 **3.1운동 때 외국신문에 나타난 조선** 신광출판사 1948.12.5 152쪽 250원

지중세 편 **현대어사전** 신광출판사 1948.12.15(再) 243쪽 500원

지중세 편 **최신문학신어사전** 삼문사 1950 270쪽 80원 韓

지태경(아랑) **행복론** 아문각 1949 287쪽 500원 19 韓

지하련(이현욱) **도정** 창작집 백양당 1948.12.15 292쪽 450원

지학사 편 유석룡 製圖 **중등국토지리부도** 사회생활과용 문우사 1948.4.20(再) 36쪽 200원

지학사 편 **이웃나라지도** 동방문화사 1948 36쪽

지헌모 **청천장군의 혁명투쟁사** 삼성출판사 1949.6.6 226쪽 400 원

지헌영 **향가여요신석** 정음사 1947.8.15 128쪽 130원

진금도 편 **독립기념애국시** 서광사 1945.11.5 河

진금도 **새만나** 서광사 1946 229쪽 3원 韓

진단학회 **국사교본** 조선교학도서 1946.5.26 177쪽 20원 發 군정청문교부

진단학회 편 **이충무공** 동연사 1950.5.5(再) 262쪽 7,000(개정가)

진리사(모택동) **신민주주의론** 우리서원 1949 72쪽 40원 韓

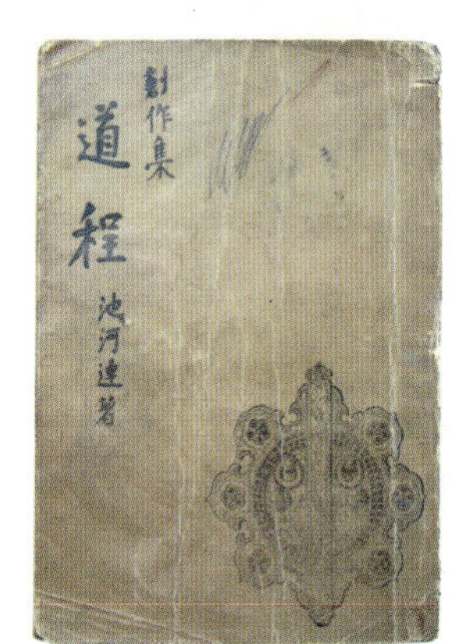

지하련 『도정』

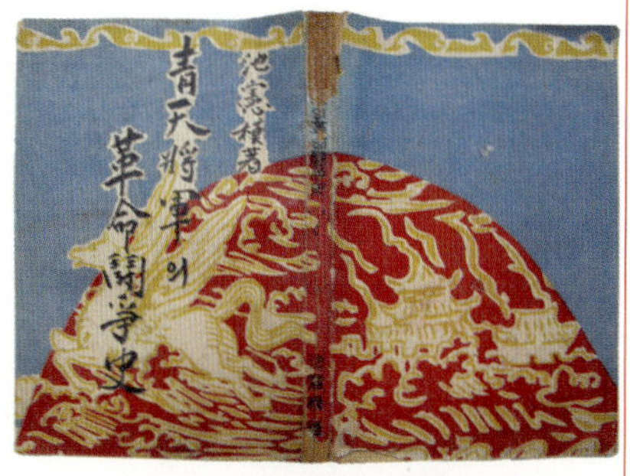

지헌모 『청천장군의 혁명투쟁사』

지헌영 『향가여요신석』

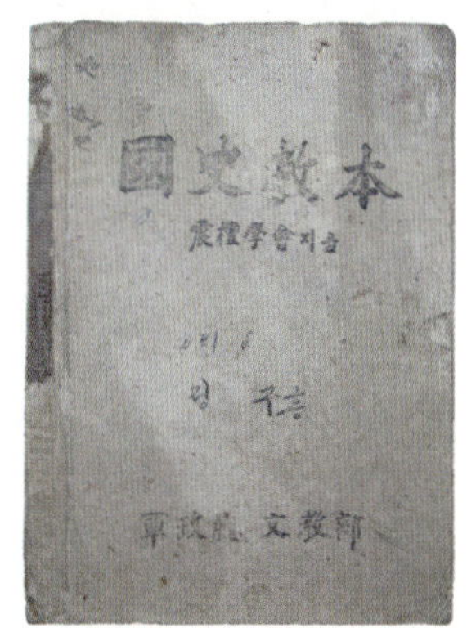

진단학회 『국사교본』

진성렬(아이다테이트) **창세기영적연구** 동양선교회성결교회출판부 1945 135쪽 5원 韓

진성준 **한일합병의 비사와 이완용내각의 최후** 전진사 1946 35쪽 淸

진승록 **민법총칙** 상편 중앙문화협회 1947.6 91쪽 出

진승록 **민법총론** 대성출판사 1949 312쪽 800원 韓

진주공립농림학교실과부 편 **농가보감** 진주농과대학기성회 1947.12 62쪽

진주동계학교 **교육학의 기본적 연구** 필기대용 진주프린트사 1947 18쪽

진학연구회 편 **초등셈본참고서** 4학년1용 광문사 1946.12.5 i

진학연구회 편 **외우는 책** 지리력사리과공민 구두시문 광문사 (연도 미상) 35원

진학연구회 편 **우리나라의 발달** 6-2참고서 광문사 1947.9.20 180원 i

진학연구회 편 **중등입학시험문답집** 광문사 1947.4 46쪽 90원 出

진학연구회 편 전과종합 **상식공부책** 오륙학년용 광문사 1948 182쪽 i

진학연구회 편 **광문전과** 4-2 광문사 1949.10.26 378쪽 550원 i

진흥서림 편,발행 **설상가상** 신소설 1949.12.15 i

쩨이피쉬 **민주주의적 생활** 남조선과도정부공보부여론국정치교육과 1947.8.20 248쪽 200원

쩨일클리란드 **새 조선의 민주정치** 남조선과도정부공보부여론국정치교육과 1947.9 84쪽 80원 出

차동운(라비투스) **유물사관경제사** 자본주의이전 적성문화사 1946.5.25 77쪽 15원 i

차상찬 **조선사외사** 명성사 1947.5.20 168쪽 150원

차상찬 **해동염사** 한성도서 1949.12.6 277쪽 1000원

찬송가합동위원회 **찬송가** 조선기독교서회 1950.3.10 i

창경(서울)공립초등학교 편,발 **졸업기념사진** 제2회 1947.6

창인사 편,발행 **민전선거강령세칙집** 1947.4 56쪽 40원 出

채관석 **Beautiful Stories** (text book) 대조출판문화사 1948.6.25(再) 全

채규항 편 **노농운동의 문헌** 새글사 1947.10.20 121쪽

채근식 **무장독립운동비사** 대한민국공보처 1949 208쪽

채례석 편 **조선식품성분연구보고** 국립화학연구소 1947.3.5 143쪽 비매

채만식 **제향날** 박문출판사 1946.4.7(서문일자) 216쪽

채만식 **아름다운 새벽** 전편 박문출판사 1947 257쪽 i

채만식 **잘난 사람들** 민중서관 1948.9.26(후기일자) 320쪽 500원 朴

채만식 **당랑의 전설** 을유문고⑭ 을유문화사 1948.10.15 241쪽 240원

채만식 **태평천하** 동지사 1948.12.5 316쪽 500원 ℹ

채만식 **탁류** (상)현대조선문학전집② 민중서관 1949.3.5 375쪽 550원

채만식 **탁류** (하)현대조선문학전집② 민중서관 1949.3.5 726쪽 550원

채만식 **황금광시대** 중앙출판사 1949.4.20 302쪽 450원

채만식 **채만식집** 서울타임스사출판국 1947.3.10 345쪽 200원

채만식 외 **단편집** (상)조선문학전집⑦ 한성도서 1948.6.20 321쪽 400원

채병덕 **국군의 진로와 국민개병의 의의** 정민문화사 1949.11.7 84쪽 120원 朴

채병석 **기술지도의 이념** 백양사출판부 1948.12.25 90쪽 130원 ℹ

채병석 **미 ＊의 상품화** 국립농사교도국 1949.1.30 115쪽 150원 ℹ

채중묵 **영어기본단어숙어집** 경성인서사 1948 198쪽 250원 韓

채희순 **동양사** 박문출판사 1948 168쪽 300원1 韓

채희순 **동양문화사** 민중서관 1948.3.15 196쪽 120원

채희순 **동양사개론** 조양사출판부 1949.2.15 384쪽 750원

채희순 **세계문화사** 조양사 1950.4.10 452쪽 1600원

천도교종학원교서편찬회 편 **동경대전** 보성사출판부 1947.4.5 93쪽

천도교총본부지도관 편 **천도교정치이념** 보성사출판부 1948 72쪽 雅

천도교총부 편 **수운심법강의** 천도교총부 1945 278쪽 400원 韓

천도교총부 편 **인내천요의** 천도교총부 1945 281쪽 300원 韓

천도교총부 편,발행 **천도교요람** 1949 28쪽 雅

천일방 ☞ 전홍진

천일편집실 **제일시집** 조선상업은행((천일)부록) 1949.12.25 河

천주교회경성교구 편,발행 **진리본원** 1947.5.15 ℹ

천주교서울교구 편 **성모성월** 가톨릭출판사 1945 157쪽 15원 韓

천주교서울교구 편,발행 **성모성월** 1948 155쪽 80원 韓

천주교서울교구 편,발행 **소일과 절요** 1947 86쪽 30원 韓

천주교회서울교구 편 **소일과 절요** 경향잡지사 1950.5.1 ℹ

철야당서점 편,발행 **김립시집** 1946.5.21 38쪽

철야당 역편,발행(A·L·테니슨) **추억의 노래** In Memorium 1949.10.25 105쪽 250원

청구문화사 편,발행 **고등수표** 1948.9.15 270원 ℹ

청년사 편,발행 **세계흥망도표** 1948 180원 出

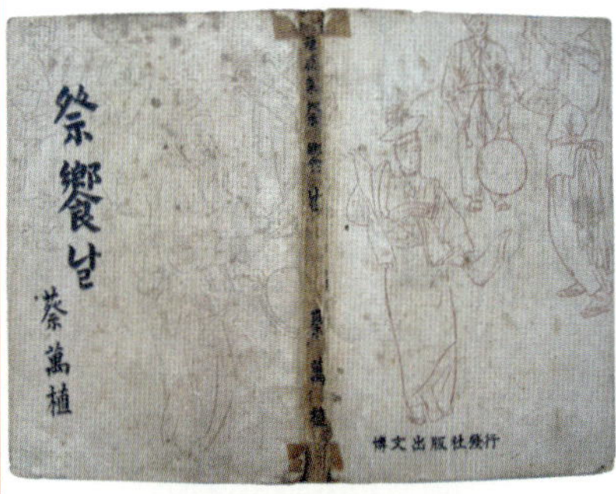

채만식 『제향날』(정현웅 장정)

채만식 『당랑의 전설』

채만식 『탁류』 상하권

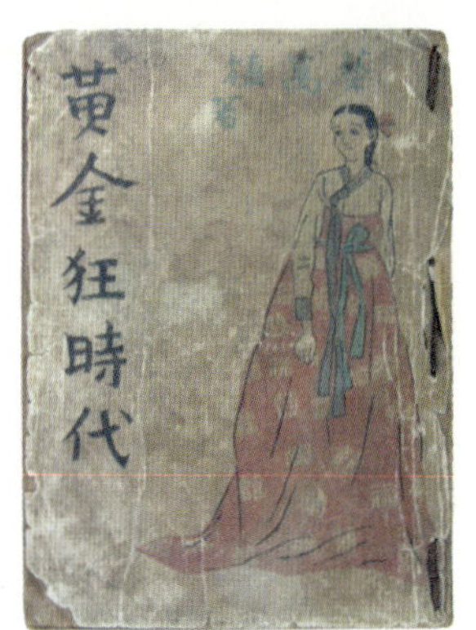

채만식 『황금광시대』

채만식 『탁류』 하 표지와 표지커버

『김립시집』 철야당 편·발행

『추억의 노래』 철야당 역·발행

청년외교협회 편,발행 **청년외교** 1949 150쪽 雅

청년전선사 역편 **국제공산당선언강령규약** 우리문화사 1946.1 126쪽 30원 出

청년전선사 역편 **일본공산당선언강령규약** 우리문화사 1946.6 29쪽 7원 出

청운초등학교 편,발행 **졸업기념** 제26회 1950.5 i

정파아青波兒 **조국** 시집 화성당 1947.8.5 100쪽 100원 韓

청황생青黃生 역 **요부의 말로** 동문사서점 1949 342쪽 500원 韓

초등교육연구회 편 **초등국어교본참고서** 연학사 1946.12.15 22원 i

초등교육연구회 편 **초등국어교본참고서**(중) 연학사 1946.6.25(六) 10원 i

초등교육연구회 편 **국어교본참고서** 오학년용 연학사 1946.9.30 i

초등교육연구회 편 **초등국어참고서**6-1 연학사 1947.9.30 80원 i

최고(펄벅) **흑과 백** 광문서림 1950.2.20 316쪽 750원

최규남 **원자** 청구문화사 1949.10.25 163쪽 500원

최규헌 **소아의방** 행림서원 1949 182쪽 i

최근식 **심리학개론** 정음사 1949.8.26(六) 151쪽 260원

최근식 **교육학개론** 정음사 1949.10.25 242쪽 500원

최근학 **초등국어공부책**5,6학년용 건문사출판부 1946.6 15원 i

최근학 **민주주의 국어교육** 금룡도서 1947.4.25 39쪽 80원 朴

최기영 **아동취급법교수법지침** 평화교육문화사 1946.4 i

최기우 **동방의 빛** 시집 동진문화사 1949 60쪽 100원 韓

최기원 **서양윤리사** 동문사서점 1945.12.25(서문일자) 217쪽

최기철 **식물 이름 찾기** 건국사 1949.5.1 136쪽 250원

최기철 **학생동물도보** 수문관 1949 95쪽 300원 韓

최기철,김준민 **고급생물**하 홍지사 1950.5 全

최낙종(단우문웅) **일본은 패했다** 삼천리사 1950.3.15(甬) 174쪽 500원

최남선 **조선독립운동사** 동명사 1946.2.15 102쪽 10원

최남선 **대한독립운동사** 동명사 1950.3.1(甬) 200원 i

최남선 **신판조선역사** 부:독립운동의 경과 동명사 1945.12.20 i

최남선 **조선역사** 동명사 1946.2.20 i

최남선 **조선역사**쉽고빠른 동명사 1946.11.5 130쪽 50원 i

최남선 **조선상식문답** 동명사 1946.10.20(甬) 184쪽 50원

최남선 **조선상식문답 속편** 동명사 1947.12.10 394쪽 350원

최남선 **조선상식제도편** 동명사 1948.7.20 170쪽 250원

최남선 **조선상식풍속편** 동명사 1948.10.31 168쪽 250원

최남선 **고사통** 삼중당 1946.10.27 306쪽 150원

최남선 **국민조선역사** 동명사 1946.12.15 240쪽 250원

최남선 **신정삼국유사** 삼중당 1946 320쪽 ⓘ

최남선 **국사독본** 성인교육 동명사 1947.11.30 67쪽 50원 ⊞

최남선 **조선유람가** 동명사 1947.8.20 57쪽

최남선 **신자전** 동명사 1947.8 498쪽 450원 ⊞

최남선 **역사일감** 상권 동명사 1947.4.20 200쪽

최남선 **역사일감** 하권 동명사 1948.7.20 423쪽 450원

최남선 **조선의 문화** 문우사 1948.4 ⊞

최남선 **조선역사지도** 동명사 1947.12.15 17쪽 50원 ⓘ

최남선 **조선의 산수** 최남선강연집(1) 동명사 1947.10.1 116쪽 100원

최남선 **조선의 고적** 최남선강연집(2) 동명사 1948.2.10 123쪽 150원

최남선 **조선의 문화** 최남선강연집(3) 동명사 1948.4.20 126쪽 200원

최남선 **중등국사** 동명사 1947.8.25 100원 ⓘ

최남선 **중등국사** 동명사 1948.7 200원 ⓘ

최남선 **중등동양사** 동명사 1947.8.25 100원 全

최남선 **중등동양사** 동명사 1948.8.10(수정판) 全

최남선 **천만인의 상식** 동명사 1948 146쪽 200원 韓

최남선 **우리나라 역사** 국문사 1950.1.25(再) 900원 ⓘ

최남선 **세계역사요항** 국사동양사서양사합편 국문사 1950 189쪽 900원 韓

최대용 **변호사시험수험비결** 육성각 1948.4 310쪽 400원 ⊞

최덕신 **인면혈전기** 영남일보사 1949 154쪽 ⓘ

최덕신 **인면항일전기** 평화도서주식회사 1947.8 120원 ⊞

최덕일(존리처드허어시) **히로시마** 정음사 1949 133쪽 250원 韓

최덕휴,임직순, **도안문자집** 경성인서사 1948 42쪽 200원 韓

최독견 **승방비곡** 무명사 1948.11.5 394쪽 550원 朴

최독견 **첫사랑** 국문사 1949 260쪽 400원 韓

최남선 『조선상식문답』 속편

최남선 『조선유람가』(김창섭 장정)

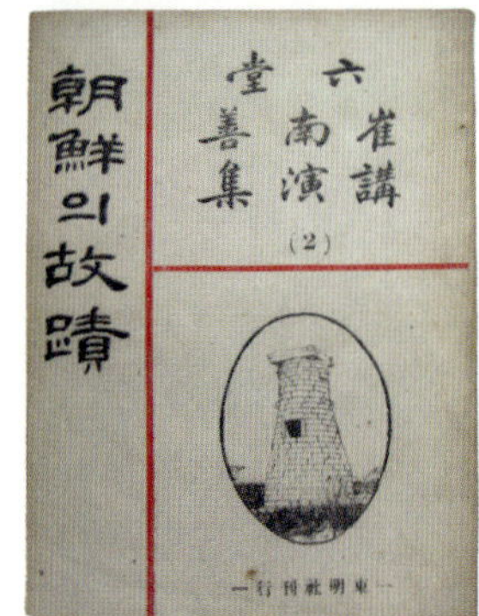

최남선 『조선의 고적』(최남선 강연집 2)

최명익 『장삼이사』 (길진섭 장정)

최병일 『대과학자전』

최병칠 역 『민주주의와 교육』 (구본웅 장정)

최상수 『조선지명전설집』

최동환 편   **여명** 시집 문화신문사출판국(김천) 1949 122쪽 雅

최두성 역   **역사철학** 헤겔철학해설총서제5부 신학사 1947.5.15 100쪽 90원

최명익   **장삼이사** 창작집 을유문화사 1947.4.10(삼천부) 234쪽 200원

최무길 편   **패망 일본군벌의 흑막** 국제문화협회 1946.11 52쪽 25원 出

최문환   **근세사회사상사** 대성출판사 1949.2.15 263쪽 500원

최병일   **대과학자전** 신한도서인쇄 1949.10.5 117쪽

최병주   **제1원리** 제1부 여섭사(대전) 1949 52쪽 250원 韓

최병칠(듀이)   **민주주의와 교육** 연학사 1948.5.25 187쪽 200원

최병칠 외   **민주주의 민족교육론** 동심사 1949.5.20 139쪽 360원 i

최병칠   **새교육사전** 홍지사 1950.5.1 2300원 i

최병협 편집겸발행   **조선농촌의 신건설** 자가본 1947.10.26(再) 105쪽 100원

최병화   **희망의 꽃다발** 소년장편소설 민교사 1949.10.30 i

최복현 외   **자연환경과 인류생활** 박문출판사 1949.8.5 全

최복현 외   **최신 자연환경과 인류생활** 과학문화사 1950.4.30 161쪽 600원

최봉만(손문)   **중국혁명운동사** 제일출판사 1947.1.5 93쪽 50원

최봉수   **최신영문해석법** 연학사 1947.1 192쪽 120원 出

최봉수 편   **현대영미일막극** 경위사 1948 130쪽 300원 韓

최상덕   **북한괴뢰집단의 정체** 대한민국공보처 1949.9(서문일자) 73쪽

최상수   **조선지명전설집** 연학사 1947.5.20 139쪽 120원

최상수   **조선민간전설집** 을유문화사 1947.7.1 257쪽 250원

최상수   **경주의 고적전설** 양양사 1947.10.25 79쪽 200원 i

최상수   **조선구비전설지** 조선과학문화사 1949.12.15 280쪽 700원

최상수   **조선수수께끼사전** 조선과학문화사 1949.11.20 238쪽 500원 朴

최상수 외   **조선민요집성** 정음사 1948.11.20 342쪽

최상수 편,발행   **학생과학** 조선교문사 1946.4.20 140쪽 20원

최상준   **야구규칙** 자가본(인천) 1947.8.20 144쪽 100원 i

최상준   **야구규칙** 교육신문사 1949 144쪽 200원 韓

최석두   **새벽길** 시집 조선사 1948.8.10 77쪽 150원

최선근(린데)   **시민의 전기학** 조선공업문화사 1950.4.25 129쪽 350원

최선근(로베손)   **물리학** 종로서관 1950.2.1 407쪽 960원

최성두 **세계명가곡집** 음악사 1946.1.20 15원 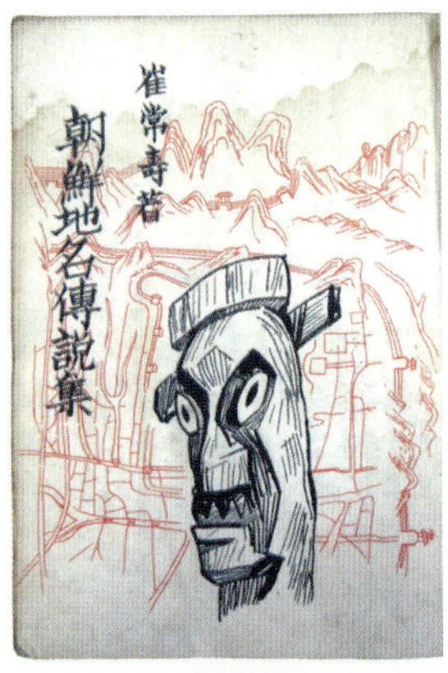 🅸

최성두 **콜위붕겐** 음악사 1946.5.20 🅲

최성두 편 홍난파 저 **조선동요백곡집** 상 음악사 1946.6.30 58쪽 50원

최성환 **국민운동의 이념** 배달재건사 1948.2.8 19쪽 🅟

최세진 **훈몽자회** (선장본)국어고전총서① 동국서림 1948 🅸

최수정 **정감록에 대한 사회학적 고찰** 해방서림 1948.4.5 55쪽 100원

최신해 **인류계** 일반과학 정음사 1948.8.20 150원 🅸

최신해,김명선 **중등생리학** 정음사 1947 🅸

최연구 **서양인과의 교제상식** 연학사 1948.3 150원 🅸

최영수 **곤비의 서** 수필집 경향신문사문화부 1949.6.1 270쪽 450원

최영수 **코** 유모어소설집 삼팔사 1950.3.15 141쪽 400원

최영식 역 **고민하는 중국** 제일출판사 1949.5.25 248쪽 400원

최영조 **수험작문연구** 단민출판사 1947.12 150쪽 133원 🅷

최영조 **글짓기공부** 대양출판사 1948.7 120원 🅷

최영조 **중등국어** ② 대양출판사 1948.11 150원 🅷

최영조 **최신수험학습국문해석법** 금룡도서 1949.4.1(六) 135쪽 🅕

최영조 **학생의 미래** 정음사 1949.6.10(六) 110쪽 180원

최영조 **현대중등글짓기** ② 금룡도서 1950.4.10(수정再) 🅕

최영철 역 **레닌그라드공방기** 수문당 1946.9 89쪽 25원 🅷

최영철 외 **자본론** 제1권제1분책 서울출판사 1947.6.30 160쪽 330원

최영철 외 **자본론** 제1권제2분책 서울출판사 1947.8.20 161~386쪽

최영철 외 **자본론** 제1권제3분책 서울출판사 1947.11.15 387~656쪽

최영철 외 **자본론** 제2권 서울출판사 1946.12 500원 🅷

최영철 외 **자본론** 제4권 서울출판사 1948.4 650원 🅷

최영철 외 **자본론** 5(2-1) 서울출판사 1948.7.15 351쪽 700원 🅟

최영철 외 **자본론** 6(2-2) 서울출판사 1948.10.15 352~594쪽+43쪽 650원 🅟

최영해 역 **이소프이야기** 조선아동문고① 정음사 1946 114쪽 15원 🅷

최영해 편 **조선시조집** 부독본총서3 정음사 1946 61쪽 20원

최영환 **신선국민애창집** 가호음사 1947.8 44쪽 90원 🅷

최완복(모팟상) **감람나무밭** 을유문고⑬ 을유문화사 1948.6.20 149쪽 150원

『조선지명전설집』 속표제지

최상수『조선구비전설지』

최석길『새벽길』(최은석 장정)

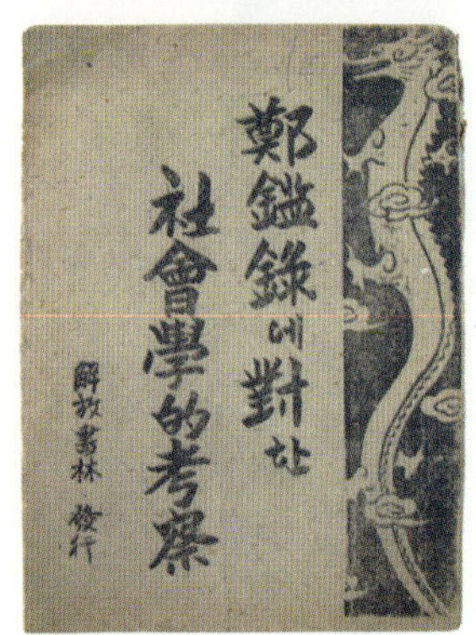

최수정『정감록에 대한 사회학적 고찰』

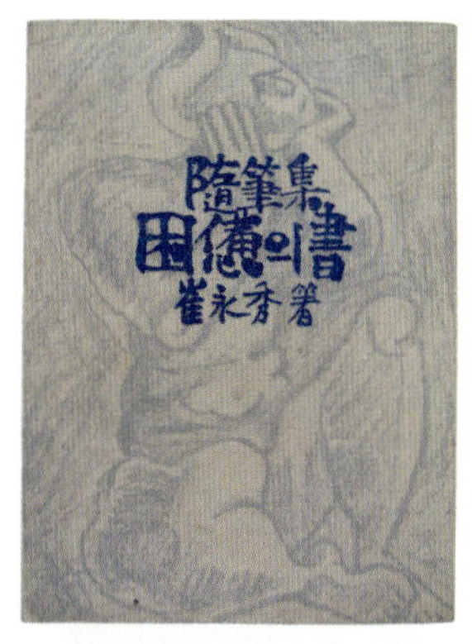

최영수『곤비의 서』(최영수 장정)

『곤비의 서』 속의 판화

최영수『코』(최영수 장정)

최영조『학생의 미래』

최용태　**동서금언집**　자가본　1950.3.22　78쪽　1500원　**i**

최용하,김사림 편　**세계삼걸전**　모던출판사　1950.3　184쪽　450원

최용하 편　**성공으로 가는 길**　모던출판사　1950.3.15⒁　190쪽　450원

최용학　**홍산시집**　신조선사　1946.1.10　36쪽　7원

최우철(양칭큰)　**미국의 대학생활**　국제문화교류협회　1947.6.1　103쪽　90원

최운걸(톨스토이)　**사람은 무엇으로 사나**정음문고　정음사　1948.11.30　102쪽　100원

최운구　**사회문화연대표**　삼중문화사　1949.11.20　164쪽　400원

최운정　**정해시조백수**　대양출판사　1949.11.15⒃　94쪽　120원

최윤식　**고등대수학**　탐구당　1947.12　450원　**全**

최윤식　**고등대수학**　탐구당　1948.10.20　650원　**全**

최윤식　**고등평면삼각법대수학평면해석기하미적분**　정음사　1948.6.5　700원　**全**

최윤식　**고등적분학 · 입체기하학**　을유문화사　1948.7.10　310쪽　700원　**乙**

최윤식　**과학위인전**　계림사　1948　280원　**韓**

최윤식　**중등수학**1초급중학교　정음사　1948.4.1　100원　**i**

최윤식　**중등수학**1　정음사　1950.5.15　140쪽　430원

최윤식　**중등수학풀이**　영웅사　1949.12.25　**全**

최윤식　**중등수학**초급3　정음사　1947.7.1　95쪽　90원　**全**

최응상　**농약의 이론과 실제**　신생활사　1946　74쪽　60원　**韓**

최응상,이춘영　**유기화학**　정음사　1947　266쪽　250원　**出**

최이권　**항주여행기**　국제문화관　1948.4.1　56쪽　70원

최익한　**조선사회정책사**　박문출판사　1947.6.15　155쪽　150원

최일민(헷세)　**헤루만 · 헷세시집**　동문사서점　1950.1.15　186쪽　300원　**i**

최자현 편　**형상**7인시집　시문학사　1949.3.10　49쪽　100원　**韓**

최장학　**각국 청년조직과 훈련**　정음사　1950.3.1　143쪽　800원　**i**

최장학 역　**천재몽**중국현대문선　문진문화사　1949.6.20　175쪽　300원

최재갑,김명윤　**과수재배법**조선농업문고⑤　을유문화사　1948.6.30　98쪽　150원　**乙**

최재갑　**농업기상강화**조선농업문고⑰　을유문화사　1949.2.15　112쪽　160원　**乙**

최재희　**우리 민족의 갈 길**　대성출판사　1946.9.25　81쪽　15원

최재희　**발전적 자유주의의 사상체계**　교문사　1947.10.25　140쪽　130원

최재희　**사상과 자유**　을유문화사　1949.6.25　239쪽　460원

최재희 **윤리학개론** 박문출판사 1948 170쪽 250원 韓

최재희 **인생의 향기** 온문사 1949.10.15 150쪽 320원

최재희 **공동생활** 중등사회생활과공민부분1학년용 탐구당 1950.4.15 113쪽 305원

최정식,김이현 **학병탈출기** 상 영웅사 1948.10.5 137쪽 240원

최정우 역 **베니스의 상인** 박문문고㉑ 박문출판사 1948.11.12 210쪽 290원

최정호 외 **민족의 진로** 국민문화사 1947.12.15 102쪽 150원

최정희 **천맥** 장편소설 수선사 1948.2 251쪽 250원 i

최정희 **풍류 잡히는 마을** 아문각 1949.7.10 221쪽 400원

최종준 **양육의 나라** 농민사화 국제출판사 1949 136쪽 200원 韓

최준 역 **위대한 아브라함·린컨** 문창당 1948.7.25 168쪽 260원

최준 편 엄항섭 저 **김구선생혈투사** 국제문화협회 1947.3.1 119쪽 25원

최준 편 엄항섭 저 **도왜실기** 국제문화협회 1946.3.1 119쪽 25원

최창국,황희영 편 **고전문학교본** 고려서적 1948.11.20 200원 i

최창익 **인류사회발전사** 문우인서관 1947.7.25 42쪽 i

최태홍 **소학생상식2,000문답집** 대동문화사 1949.11.1 192쪽 300원

최하성 **애처의 밀계** 명성출판사 1950 韓

최학소 **농민조합조직법** 사회과학총서간행회 1946.4 118쪽 18원 出

최현 역 **레닌주의철학** 유길서점 1947.3.20 73쪽 40원 朴

최현 편술 **푸로레타리아 웅변학** 혁신서원 1947.6.25 149쪽 130원 朴

최현배 **한글의 바른 길** 정음사 1945 159쪽 5원

최현배 **한글의 바른 길** 정음사 1948.1.10 100원 i

최현배 **중등조선말본** 정음사 1945㈥ 12원

최현배 **중등조선말본** 정음사 1946.2 176쪽 20원

최현배 **중등조선말본교수지침서** 정음사 1946 10원 i

최현배 **시골말 캐기 잡책** 방언채집수첩 정음사 1946.6 55쪽 100원 出

최현배 **글자의 혁명** 문교연구총서① 조선교학도서 1947.5.6 206쪽 140원 全

최현배 **우리말본** 연희전문학교 1947 1282쪽 1500원 韓

최현배 **중등조선말본** 초급학년쯤 정음사 1948.3.25 82쪽 100원 全

최현배 **한글갈** 정음학 정음사 1948.5.10 829쪽 6,000원 韓

최현배 **중등말본** 초급소용 정음사 1950.5.10 91쪽 255원

최장학 역 『천재몽』

최재희 『우리 민족의 갈 길』

최정희 『풍류잡히는 마을』(김환기 장정)

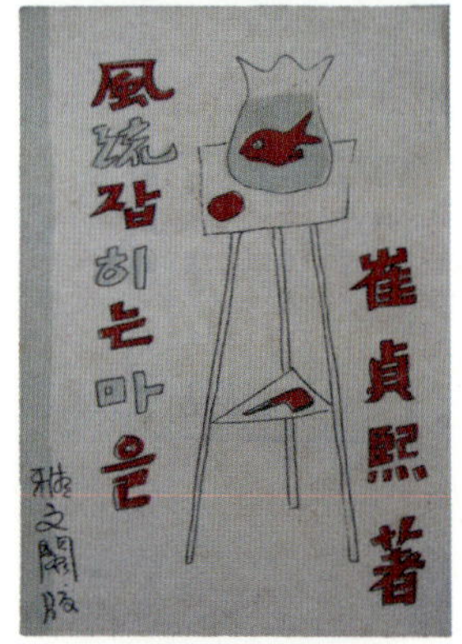

『풍류잡히는 마을』 속표지

최태홍 『소학생상식』 2000 문답집

최현 편술 『푸로레타리아 웅변학』

최화성 『조선여성독본』

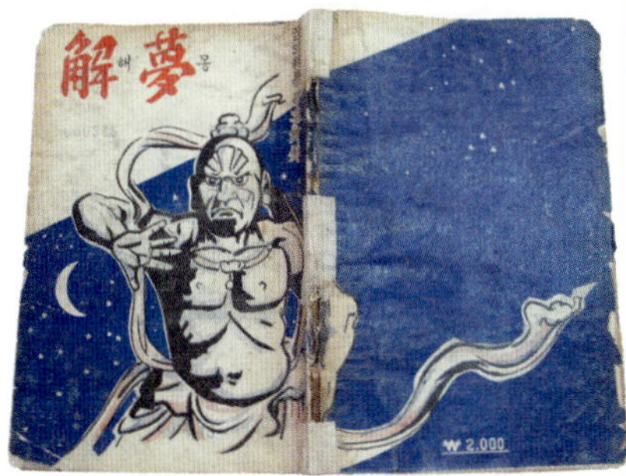

탁철수 『미인』

최형우　**해외조선혁명운동소사** 東方문화사　1945.12.10　92쪽　6원

최형우　**해외조선혁명운동소사** 2집　東方문화사　1946　69쪽　**i**

최호진　**일반경제사**　이상서원　1946.6　320쪽　130원　**出**

최호진　**근대조선경제사연구** 제1집　민중서관　1947.5　200쪽　280원　**雅**

최호진　**경제사대강**　동방문화사　1947.9　330쪽　400원　**i**

최호진　**화폐론강의**　민중서관　1947.11.25　210쪽　300원

최호진　**경제원론**　민중서관　1948　211쪽　650원　**韓**

최호진　**재정학**　백양당　1949.9.10　311쪽　700원

최호진　**경제학대요**　백양당　1949.11.10(木)　281쪽　550원

최호진　**경제사** 경제학전집제1권　박문출판사　1949.12.30(三)　195쪽　450원

최호진　**화폐금융론**　동연사　1950.1.20　248쪽　700원

최호진 외　**학생과 학원**　수도문화사　1950.2.15　179쪽　400원

최화성　**조선여성독본** 여성해방운동사　백우사　1949.1.10　142쪽　2,000원(개정가)

최홍준　**자연환경과 인류생활**　동지사　1950.5.15(수정판)　142쪽　395원

최희남 편　**중등음악교본** 2　금룡도서　1949.9.10　78쪽　290원

최희남 편　**중등음악교본**　금룡도서　1950.4.29(再)　500원　**i**

충남학무국내한밭연학회　**고장생활** 사회생활과　광신당　1947.10.28　36쪽　30원　**i**

크라라체트킨　**지식계급문제**　동심사　1946.4　50쪽　10원　**出**

탁철수　**꿈과 인간과학**　꿈의과학연구소　1948.5.15　150원　**i**

탁철수　**미인론**　꿈의과학연구소　1949.5.1　134쪽　1000원

탁철수　**해몽**　꿈의과학연구소　1948.5.15　67쪽　개정가2,000원

태화서관 편,발행　**신구유행잡가**　1945.10.25(再)　60쪽　**i**

태화서관 편,발행　**유충렬전** 딱지본　1946.2.28　85쪽

태화서관 편,발행　**꿈속의 꿈** 인정소설·딱지본　1947.11.10(五)　96쪽　**賢**

태화서관 편,발행　**콩쥐팥쥐전** 딱지본　1947.11.10(再)　36쪽

태화서관 편,발행　**장화홍련전** 딱지본　1947.12.10(五)　40쪽

태화서관 편,발행　**무정한 방초** 딱지본　1947?　53쪽

태화서관 편,발행　**박씨부인전** 딱지본　1948　58쪽　50원　36쪽　**韓**

통위부작전교육국 편　**군대부호**　병학연구사　1948　45쪽　50원　**韓**

통위부작전교육국 편　**내무위병복무규정급폭동진압의 참고**　병학연구사　1948　84쪽　100원　**韓**

통위부작전교육국 편 **훈련교범** 병학연구사 1948 291쪽 300원 韓

특허국 편,발행 **특허안내** 1947 24쪽 40원 韓

펄벅 **대지**1부 학림사 1949 421쪽 650원 韓

펄벅 **무기 없는 백성들** 정음사 1949 350쪽 韓

표경조 외 **중등가사교본** 동지사 1948.8.20 134쪽 280원 ℹ

표경조 외 **중등가사교본**3 동지사 1948.9.20 250원 ℹ

표경조 외 **중등가사교본**4 동지사 1949.8.9 全

표광호 **젊은 교사에 드림** 교학서관(부산) 1947.5 121쪽 120원 敎

표광호 **국민학교교육의 신방도** 문화당 1948.8 300원 出

표문화 **몽고어만주어교과서** 국학대학국학연구회 1947 冊

표일호 **징검다리** 시집 정문사 1947.7.1 河

표해운 **조선 지정학적 개관**―건국상식문고④ 건국사 1947.6 92쪽 80원 ℹ

표해운 **경제지리학개론** 교육연구사 1947.9.25 103쪽 130원

푸른산 **조선민족의 살 길** 조선어연구회 1946 58쪽 50원 韓

피천득 **서정시집** 상호출판사 1947.1.20 64쪽 50원

피코 **민주통일전선의 경험과 비판** 혁신서원 1948.3 120원 出

하경덕 편 박은식 저 **한국독립운동지혈사** 서울신문사출판국 1946.4.15 305쪽 50원

하상조 **맑쓰주의 경제학의 기초** 해방출판사 1946.2 31쪽 5원 出

하영원(소영) **파종** 시집 자가본(진주) 1946 ℹ

학생사 역,발행 **어머니를 찾어서 삼천리** 학생사 1946.6 62쪽 出

학생사 역,발행(삼포수오) **사랑의 학교** 1946.6 117쪽 20원 出

학술연구회 역편 **카―니포사회주의적 민주주의의 승리** 선문사 1947.7 85쪽 80원 出

학습연구회 편 **사회생활과사전** 국민학교 동진문화사 1948.3.25 120원

학습지도연구회 편 **다른나라의생활**제5학년용 삼성사 1948.8.30 90원 ℹ

학습지도연구회 편 **모범공부책** 삼성사 1947.2.20 112쪽 85원 ℹ

학습지도연구회 편 **초등셈본참고서**5―2 삼성사 1948.2.20 85원 ℹ

학원사역,발행(Washington Irving) **The Sketch Book 주해서** 1949.11.15㈜ 141쪽 300원

한경직 **건국과 기독교** 보린원 1949.5.10 222쪽 400원

한국민족청년단 편 **훈련수지** 병학연구사 1948 186쪽 200원 韓

한국민주당선전부 편,발행 **한국민주당소사** 1948 101쪽 100원 韓

탁철수 『미인론』(김윤철 장정)

『꿈속의 꿈』 딱지본

『장화홍련전』 딱지본

『무정한 방초』 딱지본

한국여론협회비판국 편 **위폐공판소동진상** 한국여론협회 1946.8 38쪽 20원 出

한국출판회 편 **사회진화론** 영인서관 1946.9 78쪽 28원 出

한귀동 **조선영양독본** 을유문화사 1947.3.10 77쪽 90원

한글문화보급회 편 **한글문예독본** 답권 신흥국어연구소 1946.6.5 175쪽 35원 i

한글선학간행회 **선가구감** 선학원 1948.1 i

한글학회 **조선말큰사전3** 을유문화사 1950.6.1 1179~1812쪽 2,000원

한남구 역 **햇세의 두 단편** (기타사항 미상) 150원 出

한남철 **도이취말교본** 채문사출판부 1949.5.25 250원 i

한덕희 **북소리** 시집 동백(시회) 1947.11.20 80원

한무숙 **역사는 흐른다** 백양당 1950 367쪽 i

한문수(무출장오랑) **이론경제학개요** 실업교육회 1950.6.5 379쪽 1400원

한바오로 역 **복음성서** 가톨릭출판사 1945 587쪽 100원 韓

한백 **양복재단전집** 전국복장연구회 1949 122쪽 700원 韓

한상진(허버트·리이드) **예술과 사회** 조선문화교육출판사 1949.2.25 207쪽 380원

한상진 **서양미술사** 조선문화교육출판사 1950.1.25 103쪽 350원

한설야 **이녕** 건설출판사 1946.9.20 127쪽 33원 (개정가100원) i

한설야 **김일성장군** 신생사 1947.5 110쪽 100원 出

한설야 **황혼** 영창서관 1948.11 750원 出

한성韓成 **영어숙어천제해** 배민사 1948.11.15 109쪽 220원

한성도서 편,발행 **열세동무** 1948 100쪽 180원 出

한성서림 편,발행 **유충렬전** 딱지본 1946.1.27 99쪽

한세광(흑구) **미국의 대학제도** 국제출판사 1948.4.25 81쪽 100원 i

한승연 **동양의학 원리의 과학적 체계** 고려출판사 1949 111쪽 i

한양학술연구회(죽내단삼) **고등적분학** 동명문화사 1949.11.15 243쪽 i

한양학술연구회 역 **최신연구영문법** 동명문화사 1950 477쪽 800원 韓

한에녹 **영원한 복음** 영원한복음사 1947.12.24 372쪽

한영기 편 **독일어교본** 한성도서 1948.10.30 97쪽 180원

한영석 **심리학개론** 조선시론사 1948 140쪽 300원 韓

한용선 편 **소독문전** 숭문사 1947 108쪽 40원 韓

한용선 편 **Selection from fifty famous stories** 숭문사 1947 151쪽 50원 韓

한상진 역 『예술과 사회』

『유충렬전』 딱지본

한용선 편 **Tales from Shakespeare** 숭문사 1946 171쪽 25원 韓

한용손(이두공부) **청년을 위한 세계역사** 청년사 1947.3.5 58쪽 45원

한용운 **님의 침묵** 한성도서 1950.4.5 167쪽 90원 韓

한을출 **영문해석 총괄적 연구법** 고려문화사 1948.1.25 153쪽 150원 ⓘ

한인택 **선풍시대** 조선문학전집④ 한성도서 1949.1.15 433쪽 600원

한인현 **문들레** 시집 제일출판사 1946.11.10 158쪽 25원 河

한인현 **어린이국어책** 고려문화사 (재판 인쇄 중) 出

한정우 편 **페스타롯치와 숨은 이의 저녁 때** (서울)철야당 1950.4.20 ⓘ

한종명 **기초현대과학** 조선공업문화사 1949 164쪽 280원 韓

한종수 저작겸발행 **섬색씨** 신소설 경향출판사 1947.8.20 賢

한지성 역편 **제2차세계대전문헌** 태평문화출판사 1946.8.31 170쪽 40원 ⓘ

한찬석 **합천해인사지** 창인사 1949.1.1(서문일자) 250쪽 400원

한찬오 **기본학생영문법** 동심사 1949.7.5개정(三) 128쪽 200원

한찬오 편 **The Standard Dictionary Of English Phrases** 민교사 1950.2.10(四) 349쪽 700원

한철,윤일사(카알·카우쓰키) **자본론해설** 조선교육문화㈜ 1949.5.20 329쪽

한춘섭(슘페타) **사회주의정당사론** 서울대학교신문사출판부 1948.5 176쪽 230원 ⓘ

한춘섭(칼디러) **사회주의·공산주의·무정부주의** 제1부 박문출판사 1947.2 226쪽 100원 朴

한치진 **사회학개론** 조선문화연구사 1947.3.1 216쪽 200원

한치진 **민주주의원론** 권1 조선문화연구사 1947.5.1 248쪽 200원

한치진 **민주주의원론** 권2 남조선과도정부공보부여론국정치교육과 1947.7.1 322쪽 220원

한치진 **민주주의원론** 권3 남조선과도정부공보부여론국정치교육과 1947.9 297쪽 260원 出

한치진 **민주주의원론** 권4 조선문화연구사 1947.5.1 冊

한치진 **조선과 민주주의** 남조선과도정부공보부여론국정치교육과 1947 297쪽 ⓘ

한치진 **미국민주주의** 중앙청공보부 1948.5 冊

한치진 **미국실용주의** 조선문화연구사 1947.10.1 100쪽

한치진 **인생과 우주관사** 세계철학사 조선문화연구사 1948.8.10 534쪽 550원

한치진(월든카) **변화철학** 조선문화연구사 1948.10 145쪽 150원 出

한치진 **동서문화철학** 조선문화연구사 1949 ⓘ

한치진 **종교개혁사요** 조선문화연구소 1949 211쪽 250원 韓

한종수 『섬색씨』

한철·윤일사 역 『자본론해설』

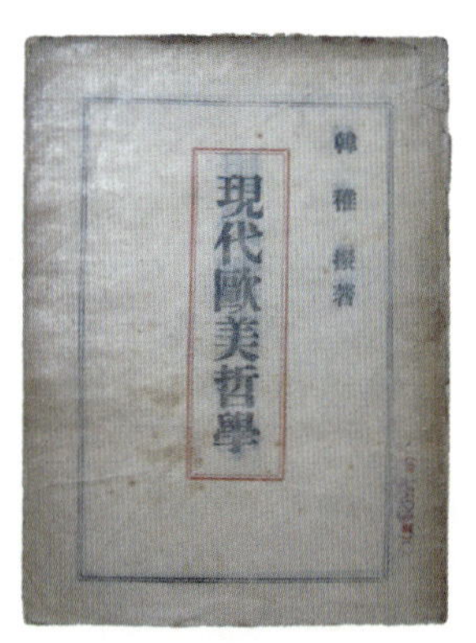

한치진 『현대구미철학』

한치진　**종교철학**　조선문화연구사　1949.10.5　338쪽　800원

한치진　**현대사회문제**　조선문화연구사　1949　143쪽　200원　**i**

한치진(JE피시어)　**민주주의투쟁사**　조선문화연구사　1949　52쪽　**i**

한치진　**현대구미철학**　조선문화연구사　1950.3.10　241쪽　600원

한치진　**철학개론**　조선문화연구사　1950.5.30(五)　250쪽　600원

한태연(슈타믈러)　**법과 법학의 본질**　조선공업문화사출판부　1950.1.30　147쪽　350원

한하운 저 이병철 편　**한하운시초**　정음사　1949.5.30　300원　69쪽

한학韓學 편　**조선의 새 주인**　일월사　1947.1.1　**册**

한홍구　**한국약사**　자가본(청주)　1945.11(서문일자)　102쪽　35원

한홍택 그림 방정환 글　**황금거위** 소파동화독본④　조선아동문화협회　1946.11　72쪽　140원　**乙**

한훈 편　**광복단약사**　광복단중앙총본부　1946.8.3　28쪽　**Z**

한흑구 역　**현대미국시선**　선문사　1949.6.10　161쪽　350원

한흥출판사 편,발행　**임호은전** 딱지본　1949.1.20　132쪽　**i**

한흥출판회 편　**로국혁명사** 현대총서　한흥출판사　1946.9　26쪽　10원　**出**

한흥출판회 편,발행　**사회진화론**　1946.9.20　28원　**i**

한희석　**지방자치법해설**　자가본　1949.7.22　**i**

함대훈　**순국혁명가열전**　조선출판사　1947　218쪽　**i**

함대훈　**순정해협** 장편소설전집③　한성도서　1950.3.30　320쪽　700원　**朴**

함대훈　**청춘보** 장편소설　경향출판사　1947　183쪽

함대훈　**폭풍전야**　세창서관　1949　532쪽　**i**

함대훈　**희망의 계절**　경향출판사　1948.1　300원　**出**

함대훈(고리끼)　**밤주막** 문화신서(50-1)　조선공업문화사출판부1949.10.15　139쪽　300원

함돈익　**조선역사**　조선문학사　1947(五)　**i**

함돈익　**조선역사**　한글문화보급회　1946.6.134쪽　**雅**

함돈익　**조선영웅명현전** 학생대중독본　육영사　1949.3.25　266쪽　500원

함돈익　**조선영웅명인전** 학생대중독본　신조선문화사　1947.5.5　226쪽　비매　**i**

함돈익　**조선역사** 중등학교　조선문화사　1946.6.10(六)　**全**

함상훈　**조선독립과 국제관계**　생활사　1948.3　174쪽　230원　**i**

함석헌　**함석헌시문집**　수선사　1948.10　**河**

함석헌　**편지**　일심프린트사　1948　202쪽　250원　**韓**

함대훈 『청춘보』

함석헌   **성서적 입장에서 본 조선역사** 성광문화사 1950.4.1 286쪽 750원

함세덕   **동승** 희곡집 박문출판사 1946.6.20 209쪽 170원

함처식   **보육독본** 생활공인사 1948.7.10 124쪽 200원 教

함화진   **조선음악통론** 조선문화총서10 을유문화사 1948.12.20 236쪽 1000원

합동통신사외신부   **오늘의 지식** 수도문화사 1949.1.20 153쪽 350원

합동통신사편집부   **격동하는 세계** 수도문화사 1950.3.20 260쪽 700원

해군본부교육감실 편,발행   **군대붕대학교범** 해위교령 제1호 1949.10.25 淸

해군본부교육감실   **항해와 기상** 해군본부 1950.6.30 221쪽

해방사 역편,발행(피앳트닛키)   **조직론** 1946.1.25 75쪽 7원

해방사 편,발행   **정치노선에 관하여** 1945.11 75쪽 1원50전 出

해방사 편,발행   **문맹퇴치인민독본** 1946.1.20(서문일자) 56쪽

해방사 편,발행   **시월인민항쟁** 1947.1.25인쇄 30원 i

해방일보사   **삼일운동의 역사적 의의** 해방일보72호 부록 1946.2.28 12쪽

해방출판사 편,발행   **민족통일전선 결성에 대하야** 1946.2 44쪽 5원 出

해방출판사 역편,발행(R·S·삭스)   **과학적 사회주의의 기초** 1946.3 74쪽 10원 出

해양경제연구소 편,발행   **해운계의 현세와 전망** 1948 62쪽 300원 韓

해외사정연구소   **전후 아세아 각국의 최근정세** 광성서점 1947 i

행림서원 편,발행   **동의사상진료의전** 1949 290쪽 i

향학사 편,발행   **모범지능검사수련장** 사회생활편6-1 1949.10.1 120원 i

허동 外   **자본론** 제1권제1분책 서울출판사 1947.6.30 160쪽 330원

허동 外   **자본론** 제1권제2분책 서울출판사 1947.8.20 161~386쪽

허동 外   **자본론** 제1권제3분책 서울출판사 1947.11.15 387~656쪽

허동 外   **자본론** 제2권 서울출판사 1946.12 500원 出

허동 外   **자본론** 제4권 서울출판사 1948.4 650원 出

허동 外   **자본론** 5(2-1) 서울출판사 1948.7.15 351쪽 700원 朴

허동 外   **자본론** 6(2-2) 서울출판사 1948.10.15 352~594쪽+43쪽 650원 朴

허만학   **신제수학의 연구** 초급중학1,2,3년용 계림인서관 1948.5.1 全

허연   **최신영어분류해석법** 고려선봉사 1946.10 72쪽 25원 出

허우성(장내염)   **공산당 치하의 중국** 대한민국공보처 1949.12.15(서문일자) 123쪽

허인성   **감자농사** 조선금융조합연합회 1948.11.30 73쪽 100원 i

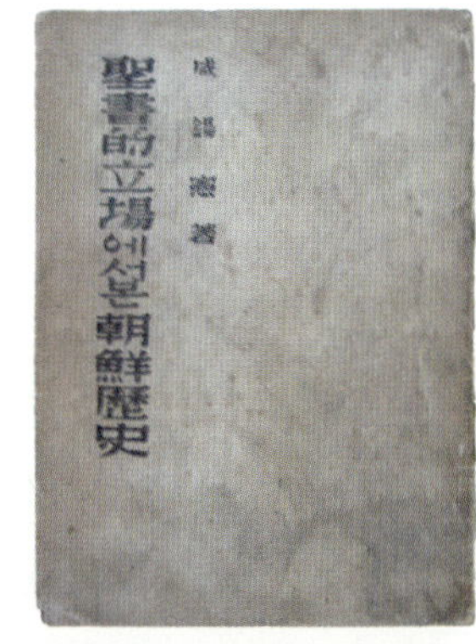

함석헌 『성서적 입장에서 본 조선역사』

함세덕 『동승』(정순모 장정)

『문맹퇴치인민독본』

허준 『잔등』(김용준 장정)

『잔등』 속표지

『민족정기의 심판』

현덕 『남생이』(박문원 장정)

허인성,이기인　**가축기르기** 협동농업총서　조선금융조합연합회　1949.2.20　92쪽　120원

허준　**잔등** 창작집　을유문화사　1946.9.20　185쪽　50원

허집(입센)　**인형의 집**　조선공업문화사출판부　1949.10.20　171쪽　380원　朴

허철중　**최신서양사대요** 수험자습　대양출판사　1950　i

허현　**사회생활(해설)**　제일출판사　1946.8　55쪽　20원　出

헌문사 편,발행　**Short Stories by Aldous Huxley**　1946.11.5　全

혁명사 역,발행　**공산당선언** 혁명문고①　1946.2　46쪽　3원50전　出

혁신출판사 편,발행　**민족정기의 심판**　1949.4.17　231쪽　470원

현규환　**구호수첩** 건민문화사　1949.8.15(四)　277쪽　500원　i

현근　**조선농업행정의 개혁론**　농사개량원　1948　40쪽　60원　韓

현대평,강석범　**식물 이름 찾기**　조선향토생물연구회보급부　1947.6　71쪽　200원　出

현덕　**포도와 구슬**　정음사　1946　91쪽　15원　出

현덕　**집을 나간 소년** 소년소설집　아문각　1946.10　214쪽　45원　出

현덕　**토끼삼형제** 동화집　조선아동문화협회　1947.5.10　40원　i

현덕　**남생이**　아문각　1947.11.20　285쪽　250원

현덕,이홍종(쇼-로홉)　**고요한 동** 제1권　대학출판사　1949.4.25　209쪽　380원　i

현동수　**전후의 국제정세** 민주주의전서①　희망각　1947.5　60쪽　70원　出

현무진 편 현성진 교열　**로어발음명해**　조선학술원문화출판부　1949　101쪽　i

현상윤　**조선유학사**　민중서관　1949.12.5　488쪽　1200원

현상윤　**중등공민** 사회생활과 공동생활　민중서관　1950.5.7　133쪽　400원　i

현성진(게베려프)　**쏘베트동맹제4차5개년계획**　극동문화사　1946.1　45쪽　6원　出

현성진 역　**위대한 10월 사회주의혁명 28주년**　1947　50쪽　45원　韓

현승종　**로마법개론**　동연사　1950.8.15(甬)　169쪽　1400원

현신규　**임업통론**　수도문화사　1950.4.15　101쪽　345원

현우사 역(에스크리브로프),발행　**이쩨스탈린**　1946.8　64쪽　18원　出

현재덕 역　**삼국지**④　일성당서점　1950　352쪽　i

현제명　**세계명작가곡집**　한성도서　1948　31쪽　200원　i

현진건 외　**단편집** (하)현대조선문학전집(제4권)　조광사　1946.9.20　153쪽　30원

현진건　**단군성적순례**　예문각　1948.2.23　108쪽　180원

혜화공립국민학교편,발행　**졸업기념사진첩** 제22회　1949.6

호서남공립국민학교음악부편,발행 **음악교재집** 1948.11^(서문일자)

호악사 편,발행 **신선국민애창가** 1947 44쪽 90원 韓

홍관(촬스어드맨) **에베소서** 신약성서강해⑩ 조선기독교서회 1950(再) 199쪽

홍구 **유성** 창작집 아문각 1948 243쪽

홍구 편집겸발행 **건설기의 조선문학** 조선문학가동맹 1946.6.28(5천부) 234쪽 50원

홍기문 **정음발달사** 상 서울신문사출판국 1946.8.30 231쪽

홍기문 **정음발달사** 하 서울신문사출판국 1947.5.10(再) 238쪽

홍기문 **조선문법연구** 서울신문사출판국 1947.6.30 420쪽 3000원

홍기문 **조선문화총화** 정음사 1946.8.14(발문일자) 181쪽 65원

홍기창,김인권 **과수채소** 정음사 1948.8.10 95쪽 150원

홍기창,김희태 **토양비료** 정음사 1947 71쪽 70원 出

홍기창 **수도병충해연구** 대한농회 1949.10.25 123쪽 200원

홍난파 저 최성두 편 **조선동요백곡집** 상 음악사 1946.6.30 58쪽 50원

홍난파 편 **세계의 악성** 조선아동문화협회 1946.7 66쪽 20원

홍두표(카알맑스) **경제학비판서설** 정음문고 정음사 1948.1.20 92쪽 80원

홍만길 **공산주의의 정체** 조선애국부녀동맹출판부 1946.10 43쪽 20원 出

홍면식(로젠타리) **창작방법론** 문경사 1949.4.10 229쪽 400원 Z

홍명회 **임거정①** 조광사 1946.6.27 212쪽 30원

홍명회 **임거정** 의형제1 을유문화사 1948.11.15 440쪽 700원

홍명회 **임거정** 의형제2 을유문화사 1948.4.1 412쪽 700원

홍명회 **임거정** 의형제3 을유문화사 1948.6.1 589쪽 750원

홍명회 **임거정** 화적1 을유문화사 1948.7.15 480쪽 700원

홍명회 **임거정** 화적2 을유문화사 1948.10.15 436쪽 650원

홍명회 **임거정** 화적3 을유문화사 1948.11.15 410쪽 650원

홍무경,홍주경 **조선의복·혼인제도의 연구** 을유문화사 1948.7.20 73쪽 140원

홍문서관 편,발행 **무쌍명심보감** 1945.9.20

홍문서관 편,발행 **소학집주** 1948.2.28 172쪽

홍문서관 편,발행 **맹자집주** 정본 1949.3.15

홍병선 **농업협동조합과 조직법** 광문출판사 1948.3.15 38쪽 40원

홍병선 **丁抹농민과 조선** 광문출판사 1949.6.10(再) 63쪽 120원

『남생이』 속표지

현진건 『단군성적순례』(김규택 장정)

홍구 편집겸발행 『건설기의 조선문학』

홍기문 『조선문화총화』(정현웅 장정)

홍기문 『조선문법연구』

홍난파 편 『세계의 악성』

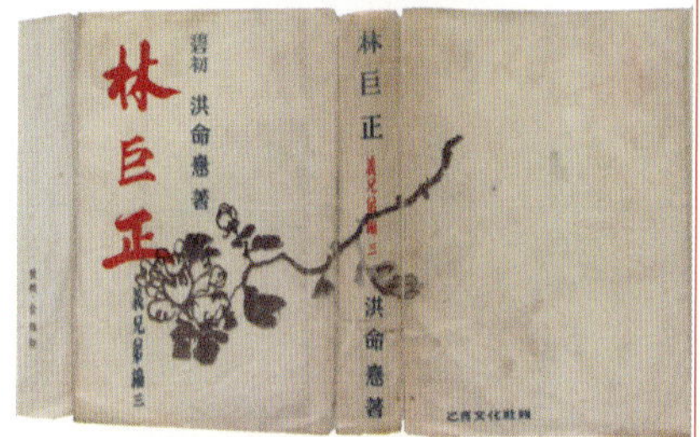

홍명희 『임거정』 페이퍼커버(김용준 장정)

홍명희 『임거정』 화적편3과 의형제편1

홍복유　**상급영작문**　문조사　1948　123쪽　220원　韓

홍복유　**초급영작문**　문조사　1948　149쪽　220원　韓

홍봉룡　**셈자**계산척**쓰는 법**　백양사　1949.9.25　115쪽　300원　i

홍봉진　**UNION READERS** ③　일심사　1949.8.20(六)　126쪽　250원

홍성문　**발자국** 시집(제2호)　김천형무소　1949.12　95쪽　250원　i

홍순봉　**경찰법대의**　동아출판사　1947.10　96쪽　100원　出

홍순정　**이과공부**6학년용　세기과학사　1948.2.10(六)　全

홍순정　**이과공부**5학년용　세기과학사　1948.4.5　冊

홍순창(스타린)　**쏘베트민족정책론**　대성출판사　1947.8.30　164쪽　130원　朴

홍순창,김우암 공역　**쏘련의 신문화**　과학사　1947.7.15　65쪽　60원

홍순창 역편　**청년운동의 이론과 역사**　문우인서관1947.8　80쪽　30원　出

홍순창,이상백　**미소의 교육제도**　을유문화사　1947.2.20　168쪽　60원

홍우　**경제문제** 공민5학년　탐구당　1950.5.5　146쪽　400원

홍우　**경제원론**　을유문화사　1950.5　334쪽　900원

홍우　**경제정책** 경제학전집제5권　박문출판사　1949.6.20　217쪽　600원

홍우　**상업경제**　정음사　1948.4　120원　出

홍우백 그림　윤석중 글　**어린이 한글책**아협그림동산①　조선아동문화협회　1946.5.5　i

홍웅선　**읽기 지도의 실제**1-1　조선교학도서　1949.12.19　700원　i

홍웅선,박노춘 편　**고시가주해**　삼중당　1949.4.10　204쪽　3,000원

홍원길　**남녀동등권**　충북문화사　1948　75쪽　200원　韓

홍원길　**우위낭필**　충북문화사　1949　52쪽　200원　韓

홍원길　**의병대장**　충북문화사　1950　121쪽　200원　韓

홍원길　**의병대장한봉수**　국민일보사　1950　124쪽　400원　韓

홍원식,박만규　**식물도보**　서울문화사　1949.4.8　全

홍은순　**그림수공책**　고려문화사　150원　出

홍이섭　**조선역사연대도표**　현우사　1945.11.15　절첩본　5원　비도서자료

홍이섭　**이웃나라역사**　정음사　1950.6.11　全

홍이섭　**조선과학사**　정음사　1946.9.20(1,000부)　274쪽

홍이섭　**조선과학사**　정음사　1949.12.25(再)　274쪽

홍이섭 편　**조선사도해표** 세계사와 대조한　정음사　1946　40원　出

홍이섭 외 **태조강헌대왕실록** ^(조선실록제2책) 정음사 1946.4

홍이섭 외 **태조강헌대왕실록** ^(조선실록제3책) 정음사 1946.5

홍이섭 외 **태종공정대왕실록** ^(조선실록제6책) 정음사 1946.7 朴

홍이섭 외 **태종공정대왕실록** ^(조선실록제10책) 정음사 1947.2

홍이섭 외 **태종공정대왕실록** ^(조선실록제13책) 정음사 1947.6 朴

홍익대학국문학연구회 편,발행 **악장가사** 1950.4.12 등사본 i

홍익사편집부 편,발행 **중등국어** ②참고서 1949.10.25 全

홍재익(밀스키) **로서아사** 을유문고㉞ 을유문화사 1949.6.20 137쪽 180원

홍재필 편 **새싹** 동요집 수영사 1950 64쪽 雅

홍종인 외 **학생과 신문** 수도문화사 1950.4.20 175쪽 700원

홍주경,홍무경 **조선의복 · 혼인제도의 연구** 을유문화사 1948.7.20 73쪽 140원

홍창 역 **자유 일본의 자기 비판** 신세대사 1949.1.20 208쪽 300원 朴

홍천성 편 **천자문** 동진당서점 1946.1.10 5원 i

홍태화(노렌조스꾸뿔리) **심전** 경향잡지사 1949.5.26(再) 242쪽 i

홍형의 **국제어에스페란토교과서** 조선에스페란토학회 1947.6.10 100원 全

홍효민 **로서아문학사** 동방문화사 1947.9.10 162쪽 160원

홍효민 **태종대왕** 역사소설 대성출판사 1948.9.30 246쪽 360원

홍효민 **양귀비** 삼중당 1948.11.5 244쪽 350원 i

홍효민 **여걸민비** 삼중당 1948.11.5 252쪽 350원 賢

홍효민 **일성이준 영생의 밀사** 치형협회 1949.7.26 296쪽 i

홍효민 **인조반정** 광문서림 1949.1.25 420쪽 580원

홍효민 **구리개기담** 삼중당대중문고 1949.9.30 119쪽 250원

홍효민 **문학개론** 일성당서점 1949.11.30 166쪽 400원

황계주(레닌) **평화혁명론** 민주문화사 1947.7 74쪽 60원 出

황기 **화수도교본** 조선문화교육출판사 1949.5.30 193쪽 380원

황동준 **한국행정법총론** 일한도서출판사 1949.8.5(初) 322쪽 700원

황동준 **한국행정법총론** 일한도서출판사 1949.11.20(再) 900원

황동준 **한국행정법** 중 일한도서출판사 1949.12.25 650원 i

황민(레닌) **맑스주의의 본질** 레닌문고제1집 사회과학총서간행회 1947.5.15 106쪽

황산덕,조기열 편 **표준세계연표** 삼의사 1948.3.15 497쪽 900원

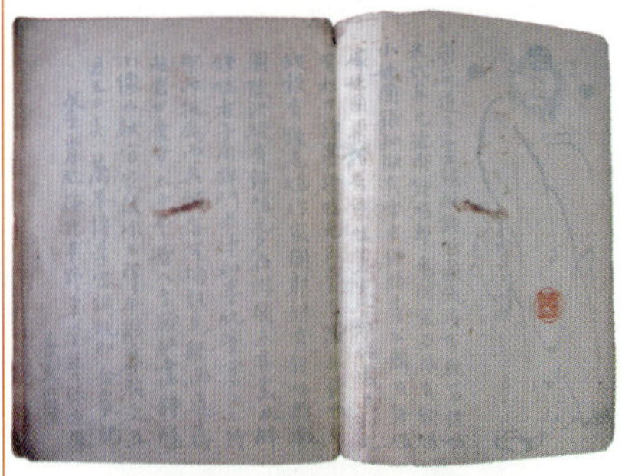

『임거정』 면지

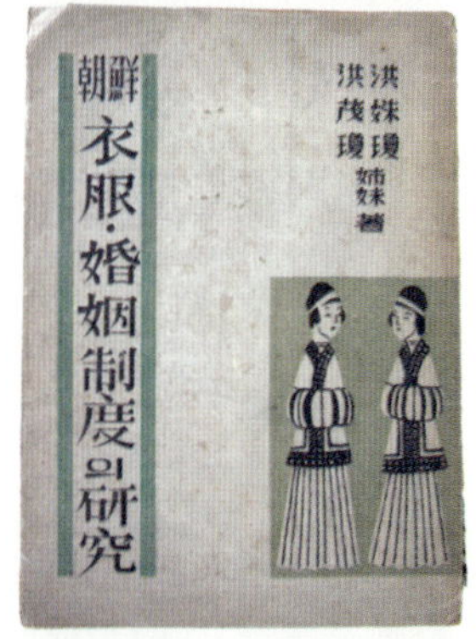

홍무경 · 홍주경 『조선의복 · 혼인제도의 연구』(김용준 장정)

홍이섭 『조선과학사』(홍우백 장정)

홍이섭 외 『태조강헌대왕실록』

홍효민 『로서아문학사』 (이승만 장정)

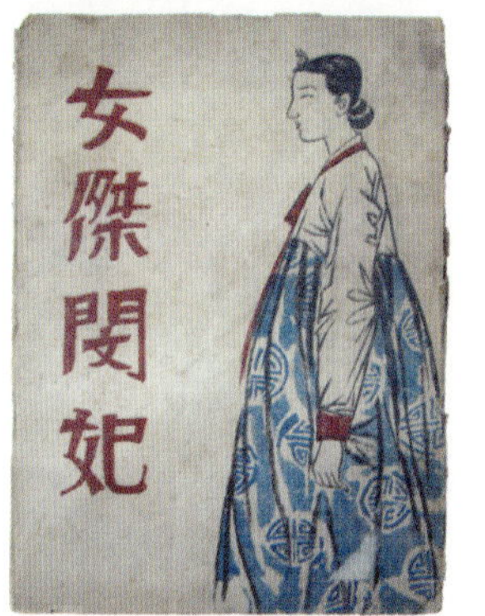

홍효민 『여걸민비』

홍효민 『인조반정』 (김호성 장정)

홍효민 『구리개기담』

황산덕(켈젠) **순수법학** 문화신서(50-3) 조선공업문화사 1949.10.25 500원

황성충 **형법독본** 일한도서출판사 1949 180쪽 300원 韓

황성희(미고주웅) **민주주의의 법률 원리** 수선사 1950.4.26 147쪽 350원

황성희 편 **현행형법요설** 등용각 1947.7 129쪽 120원 出

황성희,이준식 **민법정선백이십제연구** 등용각 1950 205쪽 5000원 韓

황순원 **목넘이마을의 개** 육문사 1948.12.7 272쪽 400원

황순원 **별과 같이 살다** 장편소설 정음사 1950.2.27 280쪽 800원

황윤섭 **규보시집** 조선아동회 1947.9.15 58쪽 110원 i

황의돈 **중등조선역사** 삼중당 1946.4.15 全

황재욱 A New English Composition course① 문우인서관 1947.9.15 112쪽 100원 全

황재욱 **최신영문법** 연학사 1946.12.5 50원 i

황중엽 **신흥자연과학통론** (기타사항 미상)190원 出

황중엽 **시작과 진실** 배신과 혁명 진성당 1948.10 156쪽 260원

황중엽(FA맥캔지) **조선의 비극** 영창서관 1946.7.20 150쪽 35원

황진남,신기언 공역 **미쏘외교비사** 을유문화사 1948.10.10 161쪽 250원

황찬호,박시인 **고급영작문**② 수문관 1950.6 3,000원 i

황호근 **신라사** 동아출판사 1948.12.3 116쪽 비매 i

황호근 **서양사상해** 학생을 위한 철야당서점 1949.11.30 211쪽 i

황훈 **자본주의와 사회주의 그리고 공산주의** 새나라사 1946.4 39쪽 8원 出

황희영,최창국 편 **고전문학교본** 고려서적 1948.11.20 200원 i

홍국출판사 편,발행 **청년서간문** 1950.3.10 163쪽 450원

흥사단국내위원부 편,발행 **흥사단운동략해** 1947 87쪽 i

중국, 일본인명은 우리 한자음 표기에 따랐다. 서양인의 경우에는 원칙적으로 원전의 한글 표기를 따랐다.
이름과 성을 모두 찾을 필요가 있다.

NEA교육정책위원회(중앙교육연구소 편) **자유인의 교육** 대한교육연합회 1950 291쪽 雅

강아오스딩 **가톨릭과 공산주의** 종현가톨릭청년회 1948 56쪽 60원 韓

게베려프(현성진) **쏘베트동맹제4차5개년계획** 극동문화사 1946.1 45쪽 6원 出

게ㅅ데스,커메이거(윤세창) **제2차세계대전사** (상) 노농사 1947.5.27 185쪽 300원 Z

겟텔(김경수) **정치학개론** 삼일출판사 1949.9.30 369쪽 670원

계리언 산천국영 **사회주의의 부인관급남녀관계의 진화** 맑레출판사 1946.1.30 32쪽 4원 出

고교장치(인정식) **철학입문** (상) 서울출판사 400원 韓

고리끼(함대훈) **밤주막** 문화신서(50-1) 조선공업문화사출판부 1949.10.15 139쪽 300원

고리키(조벽암) **문학론** 서울출판사 1947.11.30 148쪽 160원

고창덕태랑(전호윤) **복음적기독교** 설우사 1950 169쪽 400원 韓

골키(이철) **골키선집** 제1권:단편집첼카슈 창인사 1947. 3.25(再) 146쪽 100원

곽말약(윤영춘) **소련기행**－을유문고(23) 을유문화사 1949.5.10 314쪽 350원 乙

관구존남(염인걸) **독일어문법강의** 학습연구사 1950.1.12 360쪽 900원 i

괴테(김우정) **괴테－시집** 세계명작시인선집③ 동문사서점 1949.10.20 168쪽 300원

그랜드빌(이임학) **미분학** 청구문화사 (연도미상) 310쪽 730원 出

그랜드빌(이임학) **미적분학** 청년문화사 1948.10 730원 出

그랜드빌(이임학) **적분학** 청구출판사 1950.3.5(四) 288쪽 980원 i

글렌키이퍼어 **심리학** 을유문화사 1947.7.20 55쪽 45원

기뿌슨(김정수) **위대한 발명** 학생사 1946.9.18 144쪽 25원

노렌조스꾸뽈리(홍태화) **심전**·心戰 경향잡지사 1949.5.26(再) 242쪽 i

노스롭(조규동,이영희) **세계문화사론** (상) 삼성출판사 1948.8.15 299쪽 800원

노신(이용규,김광주) **노신단편소설집** 제1집 서울출판사 1946.8.20 200쪽 45원

노신(이용규,김광주) **노신단편소설집** 제2집 서울출판사 1946.11.15 148쪽 45원

누시노프(백효원) **문학의 본질** 신학사 1947.11.1 97쪽 80원 i

누시노브세이트린(백효원) **문학원론** 문경사 1949.6.25 278쪽 400원

느요쓰뜨롭쓰끼(조선맑스엥겔스레닌연구소) **강철** (전편) 우리서원 1946.6 203쪽 30원 出

니오랏체(이홍직) **서백리아 제민족의 원시종교** 서울신문사출판국 1949.9.30 176쪽 400원

홍효민 『문학개론』

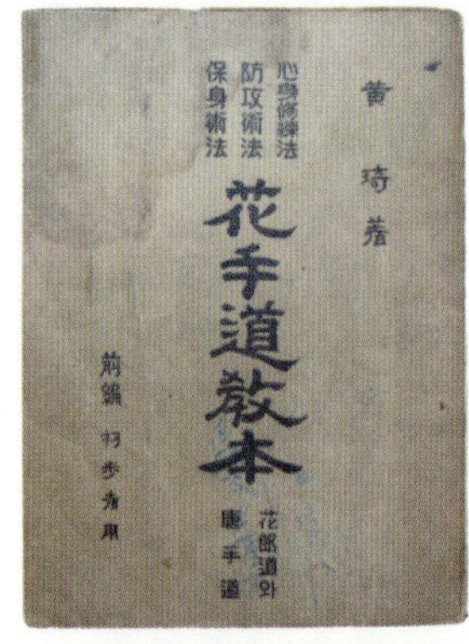

황기 『화수도교본』

황민 『맑스주의의 본질』(레닌문고 제1집)

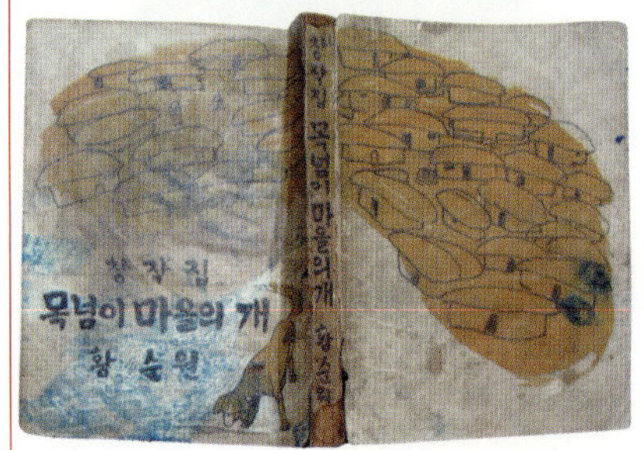

황순원 『목넘이 마을의 개』(정현웅 장정)

『목넘이 마을의 개』 속표지

황순원 『별가 같이 살다』

황중엽 『시작과 진실』

니콜라이레닌(사회과학연구소편, 발행) **민주주의와 독재** 1946.3 24쪽 4원 出

다그라스(박노춘) **민주주의와 공산주의** 국제문화협회 1948 35쪽 60원 出

다니엘데포(김상봉) **로빈손크루스** 도서통판사 1949 172쪽 i

다니엘파이버(강영수) **3.1운동의 진상** 외국기자가 본 혁신사 1946.2 93쪽 10원

다레(이능식, 윤지선) **조선교회사** 대성출판사 1947.3.5 317쪽 280원

단우문웅(최낙종) **일본은 패했다** 삼천리사 1950.3.15 174쪽 500원

덕부저일랑(박순래) **패전학교** 창인사 1950.1.25(再) 130쪽 300원

데보오린(전원배) **자연과학과 변증법** 정음사 1948 90원 出

데빗드드위쓰(박철재) **신세기의 원자세력** 건문사 1948.11.30 208쪽

데칼트(박홍규) **방법론서설** 대성출판사 1948.10 95쪽 180원 出

도희성(김일출) **중국봉건사회사** 정음문고 정음사 1948.3.5 141쪽 120원 i

두부로후쓰키(강정택) **농민과 혁명** 대성출판사 1947.3.20 197쪽 170원 朴

듀이(최병칠) **민주주의와 교육** 연학사 1948.5.25 187쪽 200원

듈케엠(김정학) **사회과학입문** 종로서관 1950.1.10 194쪽 800원

등원데이(정광현) **내가 넘은 삼팔선** 수도문화사 1950.1.25(五) 251쪽 450원

뜨라이닌,바르가(김택영,이민) **특별한 형태의 민주주의** 청년사 1949 150원 韓

라리,양(성홍철) **자연의 교실** 동심사 1949 170쪽 300원 韓

라비토스·오스트로비차노프(조선문학사 역,발행) **생산론** 조선문학사 1946.12 270쪽 40원 出

라비토스·오스트로비차노프(조선문학사 역,발행) **세계경제사개론** 1946.8.10 96쪽 비매

라비토스·오스트로비차노프(조선문학사 역,발행) **잉여가치론** 1947.5 474쪽 190원

라비토스·오스트로비차노프(조선문학사 역,발행) **화폐론** 1947.3.5 292쪽 비매

라비투스(차동운) **유물사관경제사** 적성문화사 1946.5.25 77쪽 15원 i

라스라쎄로손(주유순) **로서아법률철학사** 민중서관 100쪽 120원 出

라스키(국립서울대학) **An Introduction To Politics** 정치학입문 영문판 국제출판사 1947.11.15 112쪽 220원

라스키(김성대 외) **칼 · 맑쓰론** 과학사 1946.11 106쪽 40원 出

라스키(권중휘) **서구자유주의의 발달** 대성출판사 1947.12.10 189쪽 200원

라스키(서임수) **정치학개론** 과학사 1949.5.1(再) 107쪽 200원

라스키(이상은) **공산주의론** 예문출판사 1947.8.10 199쪽 170원 朴

라스키(민병태) **정치학강요** 이론편 문조사 1949 400쪽 900원 韓

라우터백크(국제신문사출판부 역,발행) **한국미군정사** ^{국제소총서①} 1948.12.25 143쪽 250원

라퍼두스(손응록) **경제학교정** ^(상) 청구문화사 1949 750원 韓

러셀(이희재) **철학의 제문제** 경위사 1949.10.5 183쪽 400원

러스키(장석만) **정치학원론** 선문사 1950.7.1㈣ 219쪽 550원

럿셀(김병순) **신정치사상** 웅변구락부출판부 1946.1.25 90쪽 12원 ℹ

레닌(노농사 역,발행) **맑스주의의 원천과 구성** ^{인민문고①} 1946.8.20 80쪽 16원

레닌(노농사 역,발행) **카―르맑쓰** 1945.12 64쪽 5원 ㊌

레닌(사회과학연구회 역,발행) **국가론** 1945.12.28 32쪽 3원50전

레닌(사회과학연구회 편,발행) **민주주의와 독재** 1946.3 24쪽 4원 ㊌

레닌(사회과학총서간행회 역편,발행) **국가와 혁명** ^{사회과학총서②} 1946.5 150쪽 20원 ㊌

레닌(사회과학총서간행회역 편,발행) **레닌주의의 기초** ^{사회과학총서①} 1946.1 114쪽 8원 ㊌

레닌(이정일) **빈농에게** 민주문화사 1946.8 126쪽 30원 ㊌

레닌(인정식) **무엇을 할 것인가?** ^{레닌문고제3집} 사회과학총서간행회 1946.8^(서문일자)

레닌(수문당 편,발행) **무엇을할것인가** ^{레닌문고③} 1946.9 124쪽 35원 ㊌

레닌(인정식) **유물론과 경험비판론** ^(상) 문우인서관 1947 156쪽 ℹ

레닌(인정식) **유물론과 경험비판론** ^(중) 문우인서관 1947.6.30 133쪽 120원

레닌(인정식) **제국주의론** 동심사 1946.3.20 152쪽 20원

레닌 저 안드라츠키 편 정일연 역 **사적 유물론** 삼성사 1946.9 106쪽 30원 雅

레닌(전원배) **유물론과 경험비판론** ^(상) 대성출판사 1948.10.10 262쪽 450원

레닌(전원배) **유물론과 경험비판론** ^(하) 대성출판사 1948.6.30 234쪽 400원

레닌(조선공산당청년동맹출판부) **청년에게 주는 연설** 조선좌익서적출판협의회 1946.2.1
31쪽 3원50전

레닌(조선산업노동조사소) **사회주의와 종교** 우리문화사 1946.3 57쪽 6원50전 ㊌

레닌(황계주) **평화혁명론** 민주문화사 1947.7 74쪽 60원 ㊌

레닌(황민) **맑스주의의 본질** ^{레닌문고제1집} 사회과학총서간행회 1947.5.15 106쪽

레빈스키(손응록) **경제학의 건설자** 문조사 1949 168쪽 350원 21 韓

레쉘,시실(김규당,구례인) **신학요람** 조선기독교서회 1949.1.30 108쪽

로망·롤랑(이휘영) **베토벤의 생애** 조선공업문화사출판부 1950.4.25 182쪽 400원

로바드딕숀 **기초영어교본** ^{영문} 국제출판사 1948.12 190쪽 300원 ㊌

로바드딕숀 **영문법교본** ^{영문} 국제출판사 1948.9 160쪽 250원 ㊌

로바드딕숀 **회화영어교본** 영문 국제출판사 1948.8 130쪽 200원 出

로버트루이스스티븐슨(김희창) **보물섬** 해양모험소설 문예서림 1947.10.30 296쪽 280원 賢

로버트마기도프(구원회) **소련을 스파이하고** 서울신문사출판부 1950.1.25 i

로버트힐레인(문교연구동인회 역편) **진보적 초등학교** 정음사 1948.7.10 159쪽 200원

로베숀(최선근) **물리학** 종로서관 1950.2.1 407쪽 960원

로엠까리닌(박인식) **위대한 쏘베트국가** 휘인서사 1947.7 50쪽 30원 出

로젠타리(홍면식) **창작방법론** 문경사 1949.4.10 229쪽 400원 韓

로조프스키(박일룡) **레닌과 노동조합운동** 우리서원 1946.8.15 99쪽 30원

루스G스트릭랜드(성내운) **단위교육조직법** 문교사(교육문화협회) 1948.12.30 230원 i

루이스스트롱(김태) **쏘동맹민주주의** 인민문고⑦ 노농사 1947.7 148쪽 100원 i

룻소(대성출판사 역,발행) **민약론** 1949.1.30(六) 190쪽 350원

르네세디오(고병익,곽윤직) **세계의 역사** 일한도서출판사 1950 340쪽 1200원 韓

르본(성백선) **군중심리** 대성출판사 1950.5.25 289쪽 900원

리챠아즈(을유문화사 편,발행) **Basic English** (상)영어첫걸음 1946.7 144쪽 160원 乙

리챠아즈(이양하) **시와 과학** 을유문화사 1947.2.1 64쪽 50원 乙

리카도(이영배,김세련) **경제학원리** 상 서울출판사 1948 226쪽 i

리카도(이영배,김세련) **경제학원리** 하 서울출판사 1949.2.20 446쪽 800원

린데(최선근) **시민의 전기학** 조선공업문화사 1950.4.25 129쪽 350원

릴케(윤태웅) **소녀의 노래** 산호장 50원 出

마로오(윤가온) **집 없는 아이** 상 경향출판사 1948.11.20 276쪽 350원 i

마로H **집 없는 아이** 온문사 1950 350쪽 660원 韓

마르크스 외(일신사 역편) **공산당선언** 일신사 1945 46쪽 3원 韓

마르탱·듀가르(이휘영) **회색노오트** 조문사 1950.1.20 176쪽 400원

마르텔(인정식) **쏘련토지혁명사** 현우사 1946.6 85쪽 10원 出

마샬(손응록) **경제학개요** (상) 청구문화사 1949.5.20 294쪽 680원

마운키엘(김준민) **식물의 생활형** 과학서원 1949 188쪽 460원 韓

막스라쎄르손(주유순) **로시아법률철학사** 박문출판사 1949.2.15 104쪽 120원 i

막심고리키(이철) **유년시대** (상)정음문고 정음사 1949.1.9 176쪽 170원

막쓰쉐러(이강세) **철학적 인간학** 글벗사 1947.6.10 111쪽 100원 i

만나루이스스트롱(김진태) **쏘동맹민주주의** 인민문고⑦ 노농사 1947 韓

맑스(전원배) **임노동과 자본** 대성문고 대성출판사 1946.8.15 53쪽 25원

맑쓰(조선학술연구회) **임금노동과 자본** 맑쓰경제집① 동화출판사 1946.6 47쪽 15원 出

맑쓰,엥겔스(신인사 역편,발행) **공산당 선언** 1945.12.1 47쪽 5원

매원말치(김경안) **조선고대문화** 정음문고 정음사 1948.6.10 162쪽 i

맥캔지(황중엽) **조선의 비극** 영창서관 1946.7.20 150쪽 35원

맨스필드(장서언) **원유회** 산호문고⑥ 산호장 1948.8.10 76쪽 70원 i

메논(정인섭) **메논박사연설집** 문화당 1948 182쪽 i

메도크롭트(국제사업연구소) **에디슨전기** 국제사업연구소 1950 205쪽 450원 韓

메리메(이휘영) **카르멘** 을유문고⑪ 을유문화사 1948.10.20 137쪽 150원

메리메(전창식) **배신자** 산호문고⑦ 산호장 1948.10.10 101쪽 100원 i

모리스루부랑(노춘성) **이억만원의 사랑** 문언사 1948.5.1 390쪽 450원 i

모리스쿠랑(김수경) **조선문화사서설** 개척사 1947.10.31 191쪽 170원

모리스쿠랑(김수경) **조선문화사서설** 범장각 1946.5.20 191쪽 특장본

모택동(김일출) **신민주주의론** 신문화총서① 신문화연구소 1946.1.30 41쪽 5원 i

모택동 **중국혁명과 중국공산당** 신장각 1946.4 44쪽 8원 出

모택동(사회과학총서간행회 역편,발행) **연합정부론** 사회과학총서② 1946.2 112쪽 15원 出

모택동(스탈린학회) **연합정부론** 사회과학총서간행회 1946.2.20 112쪽 15원 朴

모택동(신여근) **연합정부론** 우리서원출판부 1946.3.1 117쪽 10원 朴

모택동(신장각 역편) **중국혁명과 중국공산당** 신장각 1946.4.15 44쪽 8원

모택동(진리사) **新민주주의론** 우리서원 1949 72쪽 40원 韓

모택동,주덕선집①(신인사역,편,발행) **신민주주의론** 신인문고제1집 1946.2 73쪽 25원 i

모택동,주덕선집②(신인사역,편,발행) **문예정책론** 신인문고제1집 1946.3 69쪽 25원 i

모택동,주덕선집③(신인사역,편,발행) **연합정부론** 신인문고제1집 1946.4 82쪽 25원 出

모택동,주덕선집④(신인사역,편,발행) **지구전론** 신인문고제1집 1946.9 104쪽 30원 出

모팟상(최완복) **감람나무밭** 을유문고⑬ 을유문화사 1948.6.20 149쪽 150원

무우어아더S(유형기) **나는 이렇게 믿는다** 신생사 1947 130쪽 35원 出

무출장오랑(한문수) **이론경제학개요** 실업교육회 1950.6.5 379쪽 1400원

미고방응 외(김현제) **패주병원선의 애욕** 육생사 1950 187쪽 500원 韓

미고주웅(황성희) **민주주의의 법률 원리** 수선사 1950.4.26 350원

미국사회보장국아동과(장재용) **육아독본** 대한문화협조회 1950.3.10 212쪽 400원 i

미국어린이교육협회(성내운) **사회생활과 교수지침** 문교사 1949.5.3 73쪽 200원 敎

미른(양주동) **미른수필집** 을유문고③ 을유문화사 1948.4.10 136쪽 160원 乙

미이친(우리서원출판부 역편,발행) **일반철학사** 1948.5.24 151쪽 150원

미이친(이세열) **변증법적유물론** 서울출판사 1948 200쪽 350원 韓

밀(성인기) **자유론** 대성출판사 1946.6.15 112쪽 25원 朴

밀스키(홍재익) **로서아사** 을유문고㉞ 을유문화사 1949.6.20 137쪽 180원

바아넬(정비석) **소공자** 조선아동문고 정음사 1948.6.25 60쪽 100원

버어네트(송경재) **꽃피는 동산** 동지사 1949 87쪽 130원 韓

번즈(신기언,황진남) **미쏘외교비사** 을유문화사 1948.10.10 161쪽 250원

베르그송 外(김정학) **문화과학입문** 종로서관 1950.4.10 218쪽 700원

베옷신스키(김세련) 계획경제론 서울출판사 1949 274쪽 i

벤네트(김경보) **문학입문** 수문사 1947 100쪽 90원 韓

벨리냐크(김윤우) **미국의 자유문화** 일명 OK 삼성출판사 1948.11.25 202쪽 350원 i

보리스고르바또프(이석훈) **항복 없는 백성** 창인사 1947.3.15 127쪽 100원 i

본다광태랑 **물리학본론** ⁽상⁾ 동명사 1950 253쪽 i

부루넬(손응록) **기독자의 신앙** 청구문화사 1949 340원 韓

부루넬(손응록) **위기의 신학** 청구문화사 1949 170쪽 360원 韓

불라쉬(정갑) **인문지리학** 백양당 1949 347쪽 500원 韓

뷕톨유고(김광주) **인간무정** 숭문사 1949.11.30⑷ 334쪽 700원 i

브루노B(방승환) **철학입문** 문화당 1949.8.15 156쪽 300원

블레익(임학수) **블래익시초** 산호문고⑤ 산호장 1948.7.20 62쪽 60원 出

비노그라도프(조선문예연구회) **문학입문** 선문사 1946.9 179쪽 50원 出

뷕톨유고(남훈) **희무정(짠발챤)** 세계명작문고① 온문사 1950.6.5 217쪽 350원

빈센트비네(오천석) **아메리카 민주주의 성장사** 국제문화공회 1947.10.5 144쪽 120원 朴

빠이론(김시홍) **빠이론시집** 영창서관 1946.7 144쪽 30원

빠이론(장치경) **빠이론시집** 동문사서점 1949.5.20 194쪽 200원 i

빠튼(유형기) **나사렡예수** 신생사 1947.2 349쪽 75원 韓

CD뻔즈(성인기) **정치와 이상** 대성출판사 1950 305쪽 i

뿌룩스멜킨스(여문희) **소련의 진상** 동성사 1946.12 74쪽 40원 i

뿌하린(인정식) **공산주의ABC** 상편 현우사 1946.6.15 110쪽 25원

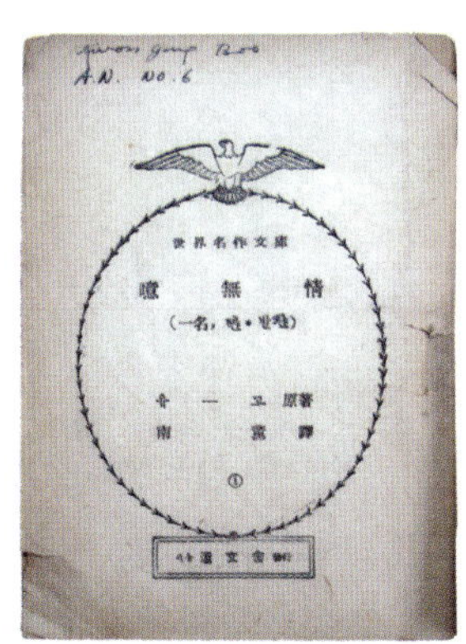

남훈 역 『희무정(짠발챤)』

사아젠트(동양사편집부) **한미회화** 광지사 1950 281쪽 65원 韓

삭스(해방출판사 역편,발행) **과학적 사회주의의 기초** 1946.3 74쪽 10원 出

산천국영,계리언 **사회주의의 부인관 급 남녀관계의 진화** 맑레출판사 1946.1.30 32쪽 4원 朴

삼포수오(학생사 역,발행) **사랑의 학교** 1946.6 117쪽 20원 出

샤아안(김주병) **명상과 기도** 대한기독교서회 1950 165쪽 200원 韓

서경수(김동성) **한문학상식** 을유문고㉕ 을유문화사 1949.5.10 279쪽 310원

서미항경(유석주) **가정치료보전** 민중서관Ⅱ 1949.5(등사본) 32쪽 150원 i

석전문차랑(강봉제) **채권총론** 삼협문화사 1949.11.5 350쪽 850원

선산신일(이효진) **현대유물론철학개론** 신학사 1948.8.31 156쪽 270원

셈조우크(김은우) **철학입문** 정음사 1949.4.25 133쪽 250원

소련국립백과사전연구소(조선문화보급회) **쏘련이 본 미국의 실정** 건국사 1946.12 64쪽 30원 出

소야규차랑(수험영어연구회) **영어문법** English Gramma) 계몽사 (대구) 1950.2.25 375쪽 800원

손문(성인기) **삼민주의** 대성출판사 1947.3.25 196쪽

손문(최봉만) **중국혁명운동사** 제일출판사 1947.1.5 93쪽 50원

송원굉松原宏 **유물론통사** 문우인서관 1948 175쪽 150원 韓

쇼－로홉(이홍종,현덕) **고요한 동** 제1권 대학출판사 1949.4.25 209쪽 380원 i

슈니츨러(김진섭) **맹인과 그의 형** 산호장 60원 出

슈타믈러(한태연) **법과 법학의 본질** 조선공업문화사출판부 1950.1.30 147쪽 350원

슈테른베르히(서임수) **정치학설사** 명세당 1949.7.17 189쪽 350원

슘페타(한춘섭) **사회주의정당사론** 서울대학교신문사출판부 1948.5 176쪽 230원 i

스딸린 **변증법적사적유물론** 창인사 1946 42쪽 i

스딸린(유물론연구회) **공산청년회의 임무에 대하야** 현우사 1947.5 65쪽 30원 出

스타린(홍순창) **쏘베트민족정책론** 대성출판사 1947.8.30 164쪽 130원 朴

스타린(노농사 역,발행) **레닌주의의 기초** 스타린선집① 1946.1 147쪽 30원 出

스타린(노농사 역,발행) **레닌주의의 제문제** 스타린선집② 1946.7 119쪽 20원 出

스타린(노농사 역,발행) **레닌주의와 민족문제** 스타린선집③ 1946.5 119쪽 20원 出

스타린(노농사 역,발행) **레닌주의를 위한 투쟁** (상)스타린선집④ 1946.6 204쪽 60원 出

스타린(노농사 역,발행) **레닌주의를 위한 투쟁** (중)－타린선집⑤ 1946.6 204쪽 60원 出

스타린(노농사 역,발행) **레닌주의를 위한 투쟁** (하)스타린선집⑥ 1946.9.29 150쪽 비매

인정식 역 『공산주의ABC』 상편

스타린(노농사 역,발행) **10월혁명에의 길** (상)스타린선집⑦ 1947.7.20 193쪽 비매

스타린(노농사 역,발행) **10월혁명에의 길** (하)스타린선집⑧ 1947.7.30 191쪽 비매 朴

스탠리쫀쓰(조선기독교서회 편,발행) **그리스도와 인생고** 1949 209쪽 ℹ️

스탈린(조선맑스엥겔스레닌연구소 역편,발행) **맑스주의와 민족문제** 1947 136쪽 120원 韓

스탕달(이진원) **연애론** 건설출판사 1948.7.1 121쪽 200원

시실,레쉘(김규당,구례인) **신학요람** 조선기독교서회 1949.1.30 108쪽

싱거(이용호) **스파이비화** 제2차세계대전 국제사정연구소 1950 262쪽 550원 韓

싱클레어(김광학) **신연애론** 여명각 1948.8 178쪽 300원 凹

싱클레어(정태병,양미림) **연애와 결혼** 문화출판사 1948.8.10 192쪽 350원

쏘련국립백과사전연구소(조선문화보급회) **쏘련이 본 미국의 실정** 건국사 1946.12 64쪽 30원 凹

쓰딸린(서울정치교육사 역,발행) **투쟁과 승리** 스딸린연설집 1946.3 162쪽 20원 ℹ️

씨모노브(곽하신) **낮이나 밤이나** 상 정음사 1948.10.15 (再)278쪽 350원

씨모노브(곽하신) **낮이나 밤이나** 하 정음사 1948.11.25 331쪽 500원

C·씽어,D·씽어(김홍) **과학발달사** 창원사 1946.6.30 76쪽 20원

아·콜론타이여사(신윤선) **연애와 신도덕** 신학사 1947.10 121쪽 100원 凹

아가사크리스티(김해랑) **사인도의 비밀** 경향출판사 1948.5.10 119쪽 150원 賢

아놀드벤넷트(김경보) **문학입문** 수문사 1947.12 100쪽 ℹ️

아더아이브라운(오준송) **자연과학의 신비** 진교문화사 1949.10.20 500원 ℹ️

아드리앵로네(안응렬) **조선순교복자전** 을유문화사 1946.10.20 260쪽 120원 乙

아랑(지태경) **행복론** 아문각 1949 287쪽 500원 韓

아리스토텔레스(성인기) **정치철학** 대성출판사 1948.11.10 295쪽 500원

아미치스(학생사) **사랑의 학교** 학생사 1946 117쪽 20원 韓

아미치쓰(이영철) **사랑의 학교** 아협그림얘기책 조선아동문화협회 1948.12.10 204쪽 300원 乙

아우구스트베벨(김삼불) **부인론** (상)민중문고③ 민중서관 1946.5.30 143쪽 20원

아우구스트베벨(김삼불) **부인론** (하)민중문고④ 민중서관 1946.6.25 82쪽 15원

아이다테이트(진성렬) **창세기영적연구** 동양선교회성결교회출판부 1945 135쪽 5원 韓

아인슈타인(김영록) **나의 세계상** 과학사 1947.4.15 86쪽 60원

안데르센(서항석) **그림 없는 그림책** 을유문고㉔ 을유문화사 1949.6.20 108쪽 130원 ℹ️

안델센(주요섭) **어머니의 사랑** 안델센동화선집 수선사 1948.7.5 126쪽 200원 ℹ️

안드라츠키 편 레닌 저 정일연 역 **사적 유물론** 삼성사 1946.9 106쪽 30원 雅

알버트모델(강이홍,조규동) **성과 문학** 선문사 1950.2.10(再) 312쪽 700원

알폰스도데(염상섭) **애련** 세계대중문학선집② 문운당 1950.2.25 203쪽 500원

알퐁스리고리오(이재현) **성체조배** 가톨릭출판사 1945 561쪽 70원 韓

앙드레모로아(이목) **도발된 전쟁** 란수사 1949.2.28 72쪽

앙드레지이드(김병규) **좁은문** 을유문고⑯ 을유문화사 1948.8.15 260쪽 260원 乙

앙드레지이드(안응렬) **전원교향악** 을유문고④ 을유문화사 1948.8.15 124쪽 120원 乙

앨벌르스피터스(김규당,구례인) **기독신앙의 사실과 신비** 조선기독교서회 1949(初) 232쪽 i

야나이하라矢內原忠雄(고영춘) **맑스주의와 기독교** 설우사 1949 192쪽 380원 i

양칭큰(최우철) **미국의 대학생활** 국제문화교류협회 1947.6.1 103쪽 90원

어니언스(조성식편) **영어문장론** 진성당 1950.6.15 185쪽 550원 全

에드가스노(왕명) **민주주의의 승리** 수문당 1946.6.30 118쪽

에드가스노(인정식,김병겸) **신 민주주의의건설** 홍군종군기 동심사 1946.5.25 177쪽 33원

에드가슨노(문전택) **중국소비에트시찰기** 고려선봉사 1946.11 45쪽 18원 出

에드가A포우(김래성) **마심불심** 해왕사 1949.11 212쪽 350원 出

에루잘렘(김종흡) **철학개론** 수선사 1948.2.20 242쪽 350원

에밀브루너(조선YMCA연합회 편,발행) **에밀브루너박사강연집** 제1집 1950.1.17 38쪽 80원 i

에밀·부룬넬(손응록) **성서와 세계** 청구문화사 1949.2.28 116쪽 220원

에밀뿌룬너(윤성범) **종교철학** 을유문화사 1949.6.15 192쪽 400원

에부뀌리(안응렬) **뀌리부인** 을유문화사 1949.1.20 476쪽 700원

에세닌(오장환) **에세닌시집** 동향사 1946.5.28(상제 1000부) 112쪽 40원

에슐리(이용원) **경영경제학** 조선공업문화사출판부 1950.1.15 133쪽 300원

에스·야·보리브손(신윤선) **신부인론** 신학사 1948.8.20 142쪽 240원

에스·야·보리브손(신윤선) **결혼과 가족사회학** 신학사 1949.4.2 i

에스크리브로프(현우사 역,발행) **이뻬스탈린** 1946.8 62쪽 18원 出

엥겔스 **유물변증법과 맑쓰주의** 조선좌익서적출판협의회 1946.2 14쪽 2원50전 出

엥겔스(김상형) **가족·사유재산 및 국가의 기원** 현우사 1947.4.15 270쪽 250원 i

엥겔스(김상형) **사회주의의 발전** 현우사 1946.10.20 114쪽 35원

엥겔스(사회과학연구소) **공산주의원칙 공산당선언에 관한 초안** 민심사 1945.12 45쪽
　　　　　3원50전 出

엥겔스(전원배) **반듀링그론** 대성출판사 1948.10.20 223쪽 400원 [朴]

엽검영(권준) **유격전강요** 권준장군병서출판후원회 1949.8.1 277쪽 300원 [i]

영전광지(노농사역,발행) **계급과 국가**^{인민문고⑤} 1946.12 117쪽 40원 [出]

영정융(남병헌) **원자들의 비애** 대동문화사 1950 179쪽 80원 [韓]

영정융(이승택) **장기의 종** 삼일출판사 1949.11.21㈣ 143쪽 280원

예사기(이효명) **대중철학** 서울출판사 1948.10.30 226쪽 400원

오브킨니코바(김동환) **사회과학입문** 선문사 1947.9.30 158쪽 140원

오어웰(김길준) **동물농장** 국제문화협회 1948.10.31 111쪽 150원 [i]

오펜하이머(윤세창) **국가론** 청구문화사 1950 137쪽 8000원 [韓]

올더스헉슬리(김익호) **반공일** 조선문화사 1948 48쪽 70원 [韓]

올레슈끄(박종목) **전후구라파제국에 있어서의 민주주의의 발전** 조선문화단체총연맹 1948 58쪽 50원 [韓]

와아즈와즈(이릉구) **와아즈와즈시집** 동문사서점 1950 180쪽 280원 [i]

와일드(강영수) **행복한 왕자**^{조선아동문고} 정음사 1946 98쪽

워리엄씨불릍(김여제) **소련의 세계정책** 삼팔사 1948.11 237쪽 380원 [韓]

Washington Irving(학원사역,발행) **The Sketch Book**^{주해서} 1949.11.15㈇ 141쪽 300원

월터맆맨(박기준) **냉정전쟁** 고려문화사 1948.9.30 74쪽 150원

월터맆맨(강형렬) **미국외교정책** 한국외교협회 1950 210쪽 5000원 [韓]

월프(강정하) **부부애정독본** 여명각 1948.10 200원 [出]

웨벨(강문석) **당조직활동의 ABC** 우리문화사 1946.6 89쪽 18원 [出]

웬델우윌키(옥명찬) **하나의 세계** 서울신문사출판국 1947.9.25 251쪽 160원

웰리너그린여사(이석현) **연애수첩** 출발사 1950.2.15 250원 [i]

웰쓰(오장환) **세계문화발달사**^{서력前편} 건국사 1947.6.10 217쪽 230원 [i]

웰쓰(오장환) **세계문화발달사**^{서력편} 건국사 1947.6.10 217쪽 230원

윅커(유형기,기이부) **기독교사** 신생사 1946.3.15㈧ 421쪽 15원 [i]

윌든카(한치진) **변화철학** 조선문화연구사 1948.10 145쪽 150원 [出]

윌레스(정치경제연구회 역,발행) **6천만의 취업**^{정경총서②} 1947.6 36쪽 35원 [出]

윌레쓰(신문화연구소 역,발행) **미국의 극동정책** 1946.11.27 57쪽 25원

윌리암C블리트(석동수) **소련의 역사적 현실** 보광출판사 1947 67쪽 40원 [韓]

윌헤름·오스트왈드(양동수,안동혁) **화학의 학교**^상 조선공업도서 1947.9.20 336쪽 350원 [i]

유뿔랴꼬프(정국녹,김동철) **자유와 민주를 위한 동남구라파청년들의투쟁**
조선민주애국청년동맹중앙위 1947 54쪽 50원 出

유소기(신인사) **혁명가의 수양** 신인사 1946.6.25(再) 95쪽 20원

유소기(심율암) **당원의 수양** 문우인서관 1947 138쪽 150원 韓

이두공부(과학사) **청년을 위한 세계역사** 과학사 1947 55쪽 70원 韓

이두공부(한용손) **청년을 위한 세계역사** 청년사 1947.3.5 58쪽 45원

이시첸코(백효원) **철학사전** 개척사1948.7.15 369쪽 700원

입센(허집) **인형의 집** 조선공업문화사출판부 1949.10.20 171쪽 380원 朴

잉그로프 外(조선유물론연구회) **공산주의 정치교정** 문영사 1947.6 162쪽 150원 出

장개석(송지영) **중국의 운명** 서울타임스사출판국 1946.7.5(初)2만부 129쪽 30원

장내염(허우성) **공산당 치하의 중국** 대한민국공보처 1949.12.15(서문) 123쪽

장원유인(나한,김만선,김영석) **예술론** 개척사 1948.2.25 250쪽 270원

쟌듀우이(오천석) **민주주의와 교육**상 국제문화관 1948.11.25 244쪽 750원

전로중앙집행위(이세린) **쏘베트로씨아토지법** 극동문화사 1947 97쪽 90원 韓

조우(김광주) **뇌우**희곡 선문사 1946.4 115쪽 25원 出

조지H루 **건강과 행복** 시조사 1945 113쪽 i

존듀우이(오천석) **경험과 교육** 풍국학원출판사 1947 147쪽 380원 韓

존듀이 **민주주의와 교육** 고려도서원 1947.8 169원 出

존듀이(아동교육연구회 편) **민주주의와 교육**아동교육연구회문고⑤ 문교사 1947.4 82쪽
100원 出

존리처드허어시(최덕일) **히로시마** 정음사 1949 133쪽 250원 韓

존듀이(강정덕) **학교와 사회**정음문고 정음사 1948.1.6 124쪽 100원 朴

죤허쉬(김종건) **광도**히로시마 경위사 1949.11.3 164쪽 300원

죽내단삼(한양학술연구회) **고등적분학** 동명문화사 1949.11.15 243쪽 i

진고용(민태식) **중국의 문화운동** 을유문화사 1949.12.10 136쪽 210원 乙

쟌리틀페지 外(조사제) **소련의 현실** 신민사 1947.7.26 306쪽 300원 朴

쟌리틀페지(정구산) **철장막의 정체해부** 대한독립투사후원회사업부 1949.12.20 306쪽 500원

쩨이피쉬 **민주주의적 생활** 남조선과도정부공보부여론국정치교육과 1947.8.20 248쪽 200원

쩨이학스레이(옥명찬) **과학자가 본 소련**인민문고④ 1946.12 116쪽 40원 出

쩨일클리란드 **새 조선의 민주정치** 남조선과도정부공보부여론국정치교육과 1947.9 84쪽
80원 出

쪼엘(전필순) **그 날의 양식** 조선기독교서회 1949.2.20 366쪽 550원

쫀뛰이(강정덕) **학교와 아동** 정음문고 정음사 1947.12.25 117쪽 70원 [i]

찰스램(전형국) **쉑스피어초화집** 동심사 1947.8.5 90쪽 95원 [i]

처-칠(주요섭) **제2차세계대전회고록** 국제문화협회 1950.1.30(再) 159쪽 400원

청목일랑(윤성범) **초급소독문전** 조선인쇄사 1947.3 108쪽 70원 [出]

촤아몬드(이상범) **성공의 비결** 여명각 1949 350원 [韓]

촬스어드맨(김재준) **공동서간** 신약성서강해⑯ 조선기독교서회 1949(初) 297쪽 [i]

촬스어드맨(김재준) **데살로니가** 전·후서신약성서강해⑬ 조선기독교서회 1949(初) 169쪽 [i]

촬스어드맨(김재준) **듸모데전·후서 듸도 서** 신약성서강해⑭ 조선기독교서회 1950 266쪽 [i]

촬스어드맨(김재준) **사도행전** 신약성서강해⑤ 조선기독교서회 1950(再) 318쪽 [i]

촬스어드맨(문승아) **빌립보서** 신약성서강해⑪ 조선기독교서회 1950(初) 221쪽 [i]

촬스어드맨(박손혁) **마태복음** 조선기독교서회 1949.11.30 338쪽 500원 [i]

촬스어드맨(전영택) **누가복음** 신약성서강해③ 조선기독교서회 1950 386쪽 [i]

촬스어드맨(홍관) **에베소서** 신약성서강해⑩ 조선기독교서회 1950(再) 199쪽 [i]

촬스포스터(김필례) **성경사화대집** 조선기독교서회 1949.3.10 800원 [i]

카네기(김세억 편) **사람을 통솔하는 법** 응용심리학편 건국사 1950.5.1(六) 176쪽 500원

카네기(양병탁) **신처세학** 국제사정연구소 1950.4.10(六) 168쪽 360원

카네기(이상하) **인간처세학** 선문사 1949.9.8(七) 139쪽 220원

카네기(이환신) **우도** 숭문사 1947.8.15 207쪽 200원 [i]

카메네프편(조선문학사 역편,발행) **문화와 정치** 골키에게보낸레닌서한집 1946.9.30 117쪽 37원 [Z]

카스파리(장석만) **정치학사요강** 선문사 1949.10.5 192쪽 320원

카알·카우쓰키(한철,윤일사) **자본론해설** 조선교육문화(株) 1949.5.20 329쪽

카알맑스(홍두표) **경제학비판서설** 정음문고 정음사 1948.1.20 92쪽 80원

칼디러(한춘섭) **사회주의·공산주의·무정부주의** 제1부 박문출판사 1947.2 226쪽 100원 [朴]

칼맑쓰(성홍) **혁명과 반혁명** 동심사 1947.5 186쪽 180원 [出]

칼맑스,엥겔스(노동전선사 편,발행인) **공산당선언** 1945.11.15 83쪽 4원50전 [朴]

케인즈(김두희) **경제학의 범위와 방법** 조선공업문화사출판부 1950.1.20 231쪽 500원

켈젠(김기수) **국가학** 조선문화연구사 1949.11.20 128쪽 250원

HANS KELSEN(선봉사 편) **GENERAL THEORY OF STATE** 영문판 선봉사 1948 208쪽 [朴]

켈젠(황산덕) **순수법학** 문화신서(50-3) 조선공업문화사 1949.10.25 500원

코난도일(김래성) **심야의 공포** 여명각 1947.10 185쪽 150원 賢

코난도일(박도일) **흡혈귀** 상호출판사 1948 160쪽 ⓘ

코난도일(이석훈) **바스카아빌의 괴견** 야사연구회 1948.9.1 239쪽 300원 ⓘ

코난도일(이석훈) **심야의 음모** 세계서림 1948.3 239쪽 ⓘ

코난도일(조용만) **Three Stories from Conan Doyle** 삼의사 1948 108쪽 150원 韓

코올(신태환) **정치이론과 경제이론** 을유문화사 1949.11.10 124쪽 220원 乙

크라라체트킨 **지식계급문제** 동심사 1946.4 50쪽 10원 出

크라브첸코(이원식) **나는 자유를 선택하였다** 상 국제문화협회 1949.7.10(六) 388쪽 600원

크라브첸코(이원식) **나는 자유를 선택하였다** 하 국제문화협회 1948.10.1 426쪽 600원

크로포트킹(신문화사) **청년에게 소함** 신문화사 (부산) 1946.5.5 54쪽 12원

크로포트킨(양능득) **무정부주의개론 무정부주의도덕** 선구회 1947.6 68쪽 60원 出

크로포트킨(성인기) **상호부조론** 대성출판사 1948.9.15 230쪽 400원 朴

크리부이쯔키(이창범) **쏘베트로서아를 폭로함** 병학연구사 1949.4.15 133쪽

타골(임학수) **초생달** 시집 문조사 1948.7.5 106쪽 200원

테니슨(철야당 역편,발행) **추억의 노래** In Memorium 1949.10.25 105쪽 250원

톨스토이(김세휘) **인생의 행복** 근흥인서관 1947.6(再) 205쪽 30원

톨스토이(남원) **행복한 사람들** 정문관 1948 100쪽 200원 出

톨스토이(남훈) **사람은 얼마만한 토지가 필요한가** 여명각 1948.12.20 108쪽 220원

톨스토이(양우섭) **성욕론** 선문사 1947.10.1 122쪽 100원 賢

톨스토이(이석훈) **부활** 상 대성출판사 1947.6.30 235쪽 200원 ⓘ

톨스토이(정영진) **종교란 무엇인가** 상호출판사 1947 48쪽 30원 出

톨스토이(최운걸) **사람은 무엇으로 사나** 정음문고 정음사 1948.11.30 102쪽 100원

톰골트(미공보원 역편,발행) **국제연합과 세계평화** 미국공보원 1948.7.25 108쪽 150원

톰슨(김기림) **과학개론** 을유문고⑥ 을유문화사 1948.6.30 303쪽 260원

투이미얀스키(백효원) **변증법적 논리학** 신학사 1948.11.15(再) 132쪽 220원

트루불러드(김주병) **세계재건의 기초** 조선기독교서회 1950 108쪽 ⓘ

트루뿔러드(김재준) **현대인의 위기** 조선기독교서회 1948.11.25 126쪽 170원

투루게네프(안민익) **첫사랑** 선문사 1949 160쪽 180원 韓

파금巴金(이하유) **혁명가의 생애** 애미사 1949 62쪽 130원 韓

파네트(송경재) **꽃피는 동산**소년소녀소설 동지사아동원 1949.3.1 130원 [i]

파다야정일(김재범) **서양철학사요**상 고려선봉사 1947.7.15 173쪽 160원

파울S라인슈(강지원) **근대식민정치론** 백양당 1949.5.20 310쪽 480원

펄벅 **대지**1부 학림사 1949 421쪽 650원 [韓]

펄벅 **무기 없는 백성들** 정음사 1949 350쪽 [韓]

펄벅(최고) **흑과 백** 광문서림 1950.2.20 316쪽 750원

포시진치(강일석) **박열투쟁기** 조양사 1948.11.30 194쪽 350원 [出]

포시진치(강일석) **박열투쟁기** 조선사출판부 1948 196쪽 350원 [韓]

폴라인코흘레르(김종건) **히틀러시녀의 고백** 경위사 1950 206쪽 [i]

푸스킨(조영희) **푸쉬킨시집** 세종문화사 1950.2.5 113쪽 250원

프레스톤슬로손(고광림) **미국은 전쟁을 원하는가?** 박문출판사 1949.12.30 153쪽 350원

프리체(김용호) **예술사회학** 대성출판사 1948.10.30 236쪽 400원

프리체(송완순) **구주문학발달사** 개척사 1949.4.20 342쪽 600원

플라톤(김은우) **쏘크라테쓰의 변명** 을유문화사 1947.2.1 77쪽 40원

플라톤(이강렬) **사랑의 철학** 을유문화사 1948.7.15 83쪽 140원

피시어(한치진) **민주주의투쟁사** 조선문화연구사 1949 52쪽 [i]

피앳트닉키(해방사 역편,발행) **조직론** 1946.1.25 75쪽 7원

피코 **민주통일전선의 경험과 비판** 혁신서원 1948.3 120원 [出]

필리프(이철) **어머니와 아들**정음문고 정음사 1948.3.20 163쪽 130원 [出]

필맆랖아포트(임호) **자본주의와 가정 파괴** 선문사 1946.3 69쪽 8원 [出]

하루므스(조중학) **법률철학개론** 신학사 1948.7 181쪽 280원 [出]

하상조(신문예사) **계급투쟁의 필연성과 필연적 전화**일어 신문예사 1945.11.25 85쪽
　　　4원50전 [i]

하상조 **맑쓰주의 경제학의 기초** 해방출판사 1946.2 31쪽 5원 [出]

하상조(박웅걸) **무산계급이야기** 적성문화회 1946.2 113쪽 10원 [i]

하아디(김영근 주해) **언니의 일기**Alicia's Diary 광문사 1948.5.5 119쪽 200원

하아디(임학수) **슬픈기병**을유문고⑩ 을유문화사 1948.6.30 204쪽 210원 [乙]

하이네(김시홍) **하이네시집** 영창서관 1946.7.31 233쪽 35원

하이네(윤태웅) **하이네연애시집**정음문고 정음사 1948.6.30 116쪽 100원

한쓰·라이헨빠흐(양동수) **원자와 우주** 조선공업도서출판사 1947.5.30 88쪽 60원

허드(김홍) **인류사상사** 창원사 1946.4.25 86쪽 17원

허버트·리이드(한상진) **예술과 사회** 조선문화교육출판사 1949.2.25 207쪽 380원

헤르만뚱카(노농사 역,발행) **경제학교정** 인민문고② 1946.9 68쪽 20원 出

헤르위파크(조선공산당중앙위청년부) **반팟쇼통일전선의 경험과 비판** 우리문화사 1947.4
113쪽 80원 出

헉슬레(이호근) **헉슬레단편집** 한성도서 1949.1.15 93쪽 160원 i

헨리토마스(박용도) **영어개론** 종로서관 1949 330쪽 550원 韓

헬만·헷세(김준섭) **싣달타** 한 印度의 詩 웅변구락부출판부 1946.6.5 59쪽 15원 i

헬먼(오화섭吳說) **라인강의 감시** 전3막 문조사 1950.2.25 129쪽 400원 i

헷세(최일민) **헤루만·헷세시집** 동문사서점 1950.1.15 186쪽 300원 i

헷셀린WB(윤세창) **제3정당론** 미국정당정치의사적고찰 문조사 1948 171쪽 350원 韓

호오돈(주요섭) **하이데커박사의 실험** 을유문고⑱ 을유문화사 1950.4.10 138쪽 250원 乙

호판윤(노농사 역,발행) **철학입문강화** 인민문고③ 1947 韓

후올랜더어(김경수) **사회주의사상사** 을유문고㉔ 을유문화사 1949.5.10 244쪽 300원 乙

일러두기

1. 주제별 목록 역시 앞의 저자별 목록과 같이 최소한의 서지만을 제시하였으므로 자세한 서지를 알고자 할 경우 출판사별 목록을 찾아보면 된다.
2. 주제별 목록의 구체적 例는 저자별 목록과 같으므로 생략한다.
3. 주제별 분류는 기준에 따라 다양할 수 있기 때문에 한 도서가 중복 배치될 수도 있는데 이 책에서는 그것을 최소화하였다.
4. 5년에 불과한 해방기이지만 일정한 시기 동안에 출판된 도서의 전체를 분류한다는 것은 매우 어려운 일이다. 이 책에서는 해방기 출판 양상의 특징을 염두에 두고 다음과 같이 구분하였다.

인문과학
밑줄 문학
  한국문학
    시가
    소설(야담사화 포함)
    평론, 희곡/시나리오, 수필 기타
    아동문학
    고전문학
  외국문학
어학
  사전
  한국어학
  외국어학
  웅변/서식
역사 지리
  한국사
  기타 역사
  지리 전기(傳記)
철학
종교
  종교일반 불교
  기독교
  천주교
  종교 기타

예술
  예술일반
  미술/서예 음악
  연극/영화 체육 문화/문화재
  만화

사회과학
정치
  정치학 일반
  미국관련 소련관련
  중국관련
  일본관련
  북한관련
  정치1945-1950
  사회주의, 공산주의 기타
  국제관계
  의회 행정
법률
경제
산업
사회학
  사회학일반 풍습/민속
  여성/아동 기타

교육
출판/언론

자연과학
자연과학 각론
의학/약학

학습서
교과서
  국어
  역사
  영어
  수학
  사회
  과학
  기타
참고서
  국어 역사
  영어
  수학 사회 과학
  기타

주제별 분류의 범주 설정에 대하여

해방기에 간행된 도서들을 내용별로 분류하는 데 있어 KDC의 분류는 참고사항 정도로 그칠 수밖에 없다. 왜냐하면 해방기가 갖고 있는 차별적이면서 독자적인 특성이 우선되어야 하기 때문이다. 일제강점기를 벗어나자마자 기다렸다는 듯이 저서를 낼 수는 없었을 것이고, 학문적 성숙을 거쳐야만 나올 수 있는 책들을 1946년이나 1947년에는 만날 수 없었다.

이런 점들을 고려하여 이 책에서는 크게 인문과학, 사회과학, 자연과학, 학습서의 네 가지 범주를 설정하였다. 그리고 인문과학의 범주 내에 문학, 어학, 역사, 철학, 종교, 예술을 두었는데 이것들은 십진 분류에 의하면 독자적 영역을 갖고 있는 부분들이다. 사회과학의 경우에도 그 밑에 정치, 법률, 경제, 산업, 사회학 등을 두었는데 해방기의 복잡하면서도 다양한 출판물들은 '정치 1945~1950'을 설정하여 분류하였다. 객관적으로 볼 때 성립되기 힘든 범주 설정이라 할 수 있는데 이것은 전적으로 『국내 간행물 기사색인 1945~1957』(국회도서관 1969.12.30)의 분류를 따른 것이다.

범주를 설정하면서 가장 망설였던 대목이 학습서 분야이다. 교과서와 참고서들을 포함하고 있는 이 범주에 대해 사람마다 견해 차이가 적지 않았다. 『한국잡지백년』을 쓰신 故 崔德敎 선생께서는 포함시킬 필요가 없는 분야라고 강조하셨고, 문학 내지는 문학교육 연구자들은 당연히 포함시켜야 한다고 주장하였다. 이러한 과정을 거쳐 이 책에서는 학습서도 당시의 출판 상황을 알 수 있게 해주는 중요한 자료이기 때문에 포함시키기로 하였다. 물론 일반출판물과 학습서는 성격이 매우 다르다. 그러나 해방기 출판의 全貌를 파악하자면 반드시 포함시켜야 한다. 그 이유는 학습서 또한 출판사의 출판활동을 파악하는 단서가 되며, 저작자의 저술활동을 파악하는 데에도 큰 도움이 되기 때문이다. 오늘날 유명한 문인으로 평가받는 이라 하더라도 그 당시에는 교과서나 참고서를 집필한 경우가 적지 않다. 그것이 호구지책 때문이든 문학교육에 대한 소신의 결과이든 관계없이 그러한 저술활동은 정리되어야 한다. 다만 교과서와 참고서를 구분하고 거기에서 다시 과목별로 나누다보니 지나치게 세분화된 느낌이 없지 않은데 이는 오로지 사용자의 편의를 염두에 둔 결과이다.

이제 주제별 각 분야에 속하는 목록들의 총합을 도표를 통해 살펴보면 다음과 같다.

현대시	176	어학 사전	53	철학	104	법률	94
소설(야담사화)	310	한국어학	83	종교	160	경제	82
평론	36	외국어학	84	예술	127	산업	95
희곡 시나리오	21	웅변 서식	39	정치학	22	사회학	127
수필 독본류	101	한국사	205	국제관계	126	교육	118
아동문학	96	기타 역사	23	정치 1945~1950	166	자연과학	124
고전문학	101	지리	14	사회주의 공산주의	178	교과서	553
외국문학	148	전기傳記	74	의회 행정	82	참고서	174

세분화된 위의 분류를 다시 크게 묶어 살펴보면 대략 아래와 같다.

구분	件數	구분	件數
문학	989	법률 경제 산업	271
어학	259	사회학 교육	245
역사 지리	316	예술 문화	127
철학 종교	264	자연과학	124
정치 행정	574	학습서	727
사회주의 공산주의	178		

표를 보면 알 수 있듯이 문학 범주에 속하는 책들이 절대 다수였다. 그리고 일제로부터 되찾은 우리 역사와 우리글에 대한 높은 관심 때문에 어학과 역사 관련 서적들도 많이 출판되었음을 알 수 있다. 그러나 사회과학 내지는 정치이념 관련 서적들의 총합이 천여 종에 달하는 것으로 보아 해방기가 이데올로기 내지는 정치의 시대였음을 출판물만으로도 확인할 수 있다. 그에 반해 자연과학의 경우에는 저술이 나올 정도로 성숙되지 못했고, 예술 분야 또한 여건이 성숙되지 못했으리라 생각된다. 다만 신흥독립국으로서 새로운 세대들의 교육에 기대하는 바가 컸기 때문에 교육 내지는 교재들의 출판이 활발했음을 알 수 있다.

경주중학교문예반 편,발행 **옥적** 1950.2.1 河

고영진 **사랑물레** 평문사 1948.1.31 105쪽 100원

고영진 **제3시집** 평문사 1948.10.15 76쪽 100원

권환 **동결** 건설출판사 1946.8.20 120쪽 33원

김경린 외 **새로운 도시와 시민들의 합창** 도시문화사 1949.4.5 92쪽 350원

김경탁 **얼** 취영암 1947.8.1 57쪽 60원

김광균 **와사등** 정음사 1946(연도,쪽수 표시없음) 10원

김광균 **기항지** 정음사 1947.5.1 47쪽 50원

김광균,장만영,신석정,유치환 **현대시집Ⅱ** 정음사 1950.3.10 254쪽 800원

김광섭 **마음** 중앙문화협회 1949.12.10 141쪽 특제400원

김광현,이병철,유진오,박산운,김상훈 **전위시인집** 노농사 1946.12.30 70쪽 60원 Z

김기림 **바다와 나비** 신문화연구소 1946.4.20 106쪽 30원

김기림 **새노래** 아문각 1948.4.15 126쪽

김기림 **기상도** 산호장 1948.9.20 64쪽 400원

김기림 편 **이상선집** 백양당 1949.3.31 219쪽 330원

김기한 **제사** 안동기독청년회 1945.12.25 68쪽 25원

김도성 **불사른 일기** 자가본 1947.2 河

김도성 **고란초** 문영사출판부 1948.10.30 153쪽 200원

김동명 **삼팔선** 문응사 1947.9.20 127쪽 130원

김동명 **하늘** 문응사 1948.1.12 128쪽 180원

김동석 **길** 정음사 1946.1 71쪽 30원

김목랑 **흰나비** 김목랑시집간행회 1946.6.20 河

김병호 **황야에 규환** 자가본 1949.3.10 110쪽 230원

김상렬 **피리소리** 철야당서점 1950.4.30 河

김상옥 **초적** 수향서헌 1947.4.1 72쪽 90원

김상옥 **고원의 곡** 성문사 1949.1.10 116쪽 280원

김상옥 **이단의 시** 청석장 1949.6.15 126쪽 250원

김상용 **망향** 이화여대출판부 1950.3.1(三) 57쪽 450원

김상원 **백로** 구고산방 1949.3.30 104쪽 300원

김상훈 **대열** 백우사 1947.5.28 99쪽 120원

김상훈 **대열** 백우사 1948.6.10(再) 99쪽 150원

김상훈 **가족** 백우사 1948.10.30 136쪽 250원

김소월 저 김억 선 **소월시초**^{박문문고⑧} 박문출판사 1946? 184쪽

김소월 저 김억 찬 **소월민요집** 산호장 1948.1 河

김소월 **진달래꽃** 숭문사 1950.2.5 227쪽 800원

김수돈 **소연가** 문예신문사 1947.2.15 96쪽 80원

김수환 **성황당고개** 문학연구회^(수원) 1947.6.30 82쪽 150원 韓

김억 **먼 동 틀제** 백민문화사 1947.2.15 127쪽 120원

김억 **민요시집** 한성도서 1948.12.20 206쪽 280원

김억 선 **애송시집** 숭문사 1946.3.15 100쪽 12원 朴

김억 역 **꽃다발** 박문서관 1947(중판) 200쪽 i

김억 역 **금잔듸** 동방문화사 1947.4.1 188쪽 특제150원,병제120원

김억 역 **옥잠화** 이우사 1949.12.20 238쪽 600원

김영랑 **영랑시선** 중앙문화협회 1949.10.25 ^(쪽수표시없음) 400원

김용경 편 **베틀노래집** 경기공립상업중학교 1948.5.5 河

김용득 **요람** 자가본 1946.10.15 71쪽 20원

김용호 **해마다 피는 꽃** 시문학사 1948.6.25 118쪽

김윤국 **그집앞** 진흥정판사 1948.6.20 120쪽 230원

김일렬 **남종시조집** 자가본 1949.10.1 河

김철수 **추풍령** 산호장 1949.1.15 106쪽 350원

김춘수 **구름과 장미** 행문사 1948.9.1 66쪽 250원 韓

김춘수 **늪** 문예사 1950.3.20 100쪽 350원 i

김태홍 **땀과 장미와 시** 홍민사 1950.4.10 108쪽 300원

김평옥 **몽로** 서울대학교신문사출판부 1949 119쪽 雅

노두영 편 **고압선** 강릉문화협회 1946 河

노천명 **노천명집** 동지사 1949.3.15 155쪽 350원

모윤숙 **옥비녀** 동백사 1947.2.15 102쪽

박거영 **바다의 합창** 시문학사 1949.11.25 157쪽 350원

박두진 **해** 청만사 1949.5.15 128쪽 380원

박두진,조지훈,박목월 **청록집** 을유문화사 1946.6.6 109쪽 30원

박두진,조지훈,박목월 **청록집** 을유문화사 1949.11.20(再) 109쪽 300원

박목월,박두진,서정주,조지훈 **현대시집Ⅲ** 정음사 1950.3.20 234쪽 800원

박문서 **소백산** 백우사 1948.11.15 115쪽

박민 **산역의 밤** 문예신문사 1949.5.5 80쪽

박세영 **산제비** 별나라사 1946.2.1(再) 157쪽 15원

박세영 외 **횃불**해방기념시집 우리문학사 1946.4.20 151쪽 25원

박승걸 **박승걸시집** 상호출판사 1947.11 80쪽 100원

박승훈 **외별시집** 평문사 1949 78쪽 150원 韓

박아지 **심화** 우리문학사 1946.3.10(3천부) 90쪽 15원

박오양 편 **김립시집** 동진문화사 1948.9.20 314쪽 500원

박종옥 **상원시조집** 고려문화사 1948.10.20 94쪽 150원

박종화 **청자부** 고려문화사 1946.5.5 96쪽 20원

방기환 **녹야** 자가본 1947.1(후기일자) (쪽수표시 없음)

변영로 편 **Grove of Azalia**영시 진달래술 국제출판사 1947.7 83쪽 120원

변영태 **Songs From Korea** 국제문화협회 1948.12.30 112쪽 200원

상민 **옥문이 열리든 날** 신학사 1948.9.10 138쪽 140원

서정률 **빛 잃은 태양** 행문사 1950.2.10 河

서정주 **귀촉도** 선문사 1948.4.1 71쪽 150원

서정주편 **현대조선명시선** 온문사 1950.2.15 268쪽 600원

서정주편 **작고시인선** 정음사 1950.3.13 163쪽 450원

서창근 **소년시집** 서울대학교 문리과대학 예과 1947.3.15 110쪽 50원 雅

서창근 **어머님의 모습**여학생시집 삼천리인서관 1947.5 76쪽 50원 出

서태관 **황우** 자가본 1948.1.25 49쪽 100원

설정식 **종** 백양당 1947.4.1 152쪽 150원

설정식 **포도**정음사 1948.1.15 111쪽 130원

설정식 **제신의 분노** 신학사 1948.11.18 137쪽 280원

신동집 **대낮** 교문사 1948.8.25 87쪽 160원

신석정 **슬픈 목가** 낭주문화사 1947.7.25 94쪽 90원

신응식(석초) **석초시집** 을유문화사 1946.6.30 94쪽 25원

심훈 **그날이 오면**^{시가,수필} 한성도서 1949.7.30 208쪽 350원

양상경 **출범**^{시조집} 자가본 1947.1.1 96쪽 60원

여상현 **칠면조** 정음사 1947.9.20 147쪽 130원

오장환 **병든 서울** 정음사 1946.7 57쪽 30원

오장환 **성벽** 아문각 1947.1.10 88쪽 60원

오장환 **나 사는 곳** 헌문사 1947.6.5 94쪽 150원

유진오 **창** 정음사 1948.1.30 95쪽 120원

유치환 **생명의 서** 행문사 1947.6.20 113쪽 120원

유치환 **울릉도** 행문사 1948.9.1 98쪽 250원

유치환 **청령일기** 백자사(행문사) 1949.5.15 127쪽 400원

윤계현 외 **청과집** 동화사 1948.1.31 河

윤곤강 **피리** 정음사 1948.1.30 114쪽 250원

윤곤강 **살어리** 시문학사 1948.7.15 138쪽 250원

윤동주 **하늘과 바람과 별과 시** 정음사 1948.1.30 71쪽 100원

윤복구 **게시판** 중앙문화협회 1949.12.31 108쪽 300원

윤영춘 **무화과** 숭문사 1948.8.28(再) 118쪽 170원

윤주영 **상형문자** 철야당 1948.11.8 84쪽 200원

이동주,심인섭,정철,오덕 **네 동무** 예술문화동맹^{목포} 1946.2.10 147쪽 20원

이범혁 **표정** 국학연구회 1949.6.1 河

이병기 **가람시조집** 백양당 1947.9.20(再) 104쪽 150원

이병철 편 **한하운시초** 정음사 1949.5.30 300원 69쪽

이복림 **효성** 순천건국부인회 1948.9.25 40쪽

이설주 **들국화** 민고사 1947.2.25 211쪽 70원

이설주 **방랑기** 계몽사서점 1948.9.15 117쪽 200원

이설주^{창맹인} **잠자리** 육생사 1949.10.9 148쪽 250원

이용악 **오랑캐꽃** 아문각 1947.4.20 94쪽 80원

이용악 **이용악집** 동지사 1949.1.25 168쪽 350원

이원희 **옛터에 다시 오니** 평화도서(株) 1948.1.20 90원 ℹ

이육사 **육사시집** 서울출판사 1946.10.20 70쪽 40원

이응수 **김립시집** 유길서점 1946.10.15 152쪽 30원

이응수 **김립시집** 영화시대사 1949 151쪽 230원 韓

이응수 편 **김립시집** 종삼서방 1949 151쪽 200원 韓

이정기 **발자욱** 시집 제1호 대한민족청년단김천단부 1948.12.10 河

이준 **이준시집** 지문각 1949.11.20 102쪽 200원

이태환 **조선미** 자가본 1945.9(후기일자) 104쪽

이효상 **산** 조선출판중앙총사 1948.12.15 98쪽 특제250원, 병제200원

이희승 **박꽃** 백양당 1947.12.15 141쪽 150원

임학수 **팔도풍물시집** 백민문화사 1948.4.5(再) 77쪽 150원

임학수 **필부의 노래** 고려문화사 1948.7.10 130쪽 270원

임학수 편 **조선문학전집⑩시집** 한성도서 1949.4.20 343쪽 550원

임화 **찬가** 백양당 1947.2.10 137쪽 80원

임화 **현해탄** 건설출판사 1947.4.5(再) 123쪽 130원

임화 **회상시집** 건설출판사 1947.4.5(再) 123쪽 130원

장만영 **유년송** 산호장 1948.10.30 (쪽수 표시 없음) 200원

장만영,김광균,신석정,유치환 **현대시집**Ⅱ 정음사 1950.3.10 254쪽 800원

장영창 **어느 지역** 태양당 1948.6.20 91쪽 150원

정운삼 편 **동국학생시집제1집** 동국대학생회문화실 1949.5.30 152쪽

정인보 **담원시조** 을유문화사 1948.2.5 140쪽 240원

정인섭 역편 **대한현대시영역대조집** 문화당 1948.8.15 321쪽 500원

정지용 **정지용시집** 건설출판사 1946.5.30(再) 157쪽 35원

정지용 **지용시선** 을유문화사 1946 82쪽 20원

정지용 **백록담** 백양당 1946.10.31 134쪽 보급판50원

정지용 **백록담** 백양당 1946.10.31 134쪽 특제판 80원

정지용 **백록담** 동명출판사 1950.3.15(三) 134쪽 400원

정지용,김영랑,김기림,노천명 **현대시집**Ⅰ 정음사 1950.3.19 197쪽 600원

정진업 **풍장** 시문학사 1948.8.31 230원 河

정태진 편 **아름다운 강산** 시가집 신흥국어연구회 1946.12 86쪽 50원

정훈 **머들령** 계림사 1949.3.5 161쪽 300원

조문재 편 **백양** 문화신문사 1949.4.20 河

조벽암 **지열** 아문각 1948.7.25 126쪽 200원

조병화 **버리고 싶은 유산** 산호장 1949.7.1 80쪽 특제400원,병제300원

조병화 **하루만의 위안** 산호장 1950.4.13 82쪽 600원

조선문학가동맹시부 **삼일기념시집** 건설출판사 1946.3.1 61쪽 10원

조선문학가동맹시부 **조선시집1946년판** 조선문학가동맹 1947.3.20 200원

조선문학가동맹시부/시인의집 **낭독시집 시의 밤** 조선문학가동맹 1946.4.20 10쪽

조선청년문학가협회경남본부 편,발행 **날개** 해방1주년기념시집 1946.8.15 43쪽 15원

조운 **조운시조집** 조선사 1947.5.5 92쪽 125원

중앙문화협회 편,발행 **해방기념시집** 1945.12.12 97쪽 15원

진금도 편 **독립기념애국시** 서광사 1945.11.5 河

천일편집실 **제일시집** 조선상업은행〈天一〉부록 1949.12.25 河

철야당서점 편,발행 **김립시집** 1946.5.21 38쪽

청파아 **조국** 화성당 1947.8.5 100쪽 100원 韓

최기우 **동방의 빛** 동진문화사 1949 60쪽 100원 韓

최남선 **조선유람가** 동명사 1947.8.20(再) 57쪽

최동환 편 **여명** 문화신문사(김천) 1949 122쪽 雅

최석두 **새벽길** 조선사 1948.8.10 77쪽 150원

최용학 **홍산시집** 신조선사 1946.1.10 36쪽 7원

최자현 편 **형상** 7인시집 시문학사 1949.3.10 49쪽 100원 韓

표일호 **징검다리** 정문사 1947.7.1 河

피천득 **서정시집** 상호출판사 1947.1.20 64쪽 50원

하영원(소영) **파종** 자가본(진주) 1946 i

한덕희 **북소리** 동백시회 1947.11.20 80원

한용운 **님의 침묵** 한성도서 1950.4.5 167쪽 90원 韓

한인현 **문들레** 제일출판사 1946.11.10 158쪽 25원 河

함석헌 **함석헌시문집** 수선사 1948.10 河

함석헌 **편지** 일심프린트사 1948 202쪽 250원 韓

홍성문 **발자국** 시집 제2호 김천형무소 1949.12 95쪽 250원 i

황윤섭 **규보시집** 조선아동회 1947.9.15 58쪽 110원 i

강금종 **해방의 날** 청년문화사 1946.4.25 116쪽 16원 朴

강용흘 저 김성칠 역 **초당** 금룡도서 1948.10.22 225쪽 400원

계용묵 **병풍에 그린 닭이**창작집 조선출판사 1946.4.20 375쪽 40원

계용묵 **백치아다다** 대조사 1946.7.20 194쪽 30원 i

계용묵 **청춘도**창작집 조선문화교육출판사 1949.4.20 330원

계용묵 **별을 헨다** 수선사 1949.5.15 194쪽 350원

광문서림 편,발행 **편수미인** 1949 213쪽 200원 韓

권태익 **임진왜란**전편 조선문화연구사 1948.2.1(再) 250원 i

권태익 **임진왜란**후편 광문사 1949.1.5 457쪽(연속) 300원

귀풍도사 편 **가인정담집** 야사연구회 1946.6.30 167쪽 90원 賢

김규택 **망부석**유모어소설 경향출판사 1948.10.30 300원 i

김남천 **맥**창작집 을유문화사 1946.11.25 237쪽 200원

김남천 **대하** 백양당 1947.3.1 396쪽 200원

김남천 **삼일운동**창작집 아문각 1947.8 270쪽 250원 朴

김남천 **사랑의 수족관** 평범사 1949.2.22 546쪽 780원

김남천 외 **단편집**(중) 한성도서 1948.11.30 333쪽 500원 i

김동리 **무녀도**소설집 을유문화사 1947.5.10 217쪽 180원

김동리 **황토기**소설집 수선사 1949.1.20 217쪽 350원

김동인 **김연실전** 금룡도서 1946.11.30 155쪽 50원 i

김동인 **태형** 대조사 1946 192쪽 100원 i

김동인 **광화사**소설집 백민문화사 1947.4.25 158쪽 120원 i

김동인 **토끼의 간**사담집 태극서관 1948.4.30 211쪽 280원 i

김동인 **운현궁의 봄** 한성도서 1948.9 600원 出

김동인 **운현궁의 봄** 한성도서 1949.10.20(再) 446쪽 i

김동인 **젊은 그들**(상) 영창서관 1948.10.20 414쪽 600원 i

김동인 **젊은 그들**(하) 영창서관 1948.10.20 415~850쪽 600원 i

김동인 **동자삼** 금룡도서 1948.10 300원 出

김동인 **수양대군**(상) 숭문사 1948.10 400원 出

김동인 **수양대군** (하) 숭문사 1948.10 307쪽 400원 ℹ️

김동인 **발가락이 닮았다** 수선사 1948.12.20 192쪽 230원

김동인 **화랑도** 구 아기네(상) 한성도서 1949.4.10 267쪽 400원

김동인 **화랑도** 구 아기네(하) 한성도서 1949.4.30 293쪽 400원

김동인 **수평선 넘어로** 영창서관 1949.5.30 466쪽 650원 ℹ️

김동인 **약혼자에게** 단편집(상) 박문출판사 1949.8.10 208쪽

김동인 **배회** 단편집(하) 박문출판사 1949 211~427쪽 (위 책과 같음)

김동인 **깨여진 물동이** 삼중당 1949.9.30 134쪽 180원 賢

김동인 **활민숙** 젊은그들 수문사 1950.2.13 100원 ℹ️

김동인 외 **단편집** (중) 조광사 1946.4.20 176쪽 20원

김래성 **백가면** 추리소설 조선출판사 1946.2.25 206쪽 50원

김래성 **광상시인** 탐정소설집 동방문화사 1947.6 270쪽 250원 ℹ️

김래성 **행복의 위치** 백조사 1947.7.15 212쪽 ℹ️

김래성 **행복의 위치** 해왕사 1949.2.28(再) 350원 ℹ️

김래성 **도깨비감투** (상하) 백조사 1947.12.5 110원 出

김래성 **진주탑** 복수편 백조사 1947.12.20 332쪽 250원 賢

김래성 **진주탑** 보은편 백조사 1948.2.15(三) 299쪽 300원

김래성 **진주탑** 보은편 종로서원 1949.2.1(四) 299쪽 450원 朴

김래성 **보굴왕** 여명각 1948.2 300원 出

김래성 **마인** 탐정편 해왕사 1948.9 450원 290~554쪽 (이하 낙장)

김래성 **마인** 범죄편 해왕사 1949.11.28(20판) 289쪽 550원

김래성 **비밀의 문** 해왕사 1949.11.15(再) 259쪽 600원 ℹ️

김래성 **청춘극장** 제1부 청춘의 전설 청춘사 1950(再) 369쪽 ℹ️

김만선 **인간의 역사** 조선금융조합연합회 1947.7.1 112쪽 60원

김만선 **압록강** 창작집 동지사 1948 278쪽 400원 韓

김말봉 **찔레꽃** 합동사서점 1948.11.20(七) ℹ️

김송 **무기 없는 민족** 백민문화사 1948.5.15(再) 236쪽 220원

김송 **순정기** 일성당 1948 309쪽 450원 韓

김송 **남사당** 단편집 숭문사 1949.3.10 264쪽 390원

김송 **탁류속에서** 장편소설 신조사 1950 400쪽 250원 韓

김(현)송 편 **명랑소화집** 동문사서점 1948.12.10 220쪽 330원

김영석 **이춘풍전** 협동문고(2-4) 조선금융조합연합회 1947.1.15 109쪽 30원

김영석 **지하로 뚫린 길** 아문각 1948.8.15 219쪽 320원 出

김영수 **소복** 단편집 정음사 1949.2.25 207쪽 400원

김영훈 **길** 콩트 동지사 1946.1 77쪽 5원 出

김진복 **최후의 복수** 사회소설 중앙출판사 1946.12 96쪽 15원 出

김진복 편 **이등박문 죽인 안중근실기** 중앙출판사 1946.9 28쪽 20원 出

김춘광 저 이원규 편 **검사와 여선생** 한흥출판사 1947.3 106쪽 130원 出

김춘광 저 이원규 편 **촌색시** 한흥출판사 1947.3 100쪽 130원 出

나만식 **무인도의 비밀** 계몽사 1950 220쪽 5000원 韓

노일관 **살기 좋은 나라** 삼중당대중문고 삼중당 1949.11.30 150원 i

노일관 **천안삼거리** 삼중당대중문고 삼중당 1949 i

동화당서점 편,발행 **강명화전** 딱지본 1945.9.20 58쪽

민소천 **양산도** 경향출판사 1947.10 123쪽 100원 出

민소천 **비둘기** 연애소설 경향출판사 1948.12.5 187쪽 300원 i

민태원 **무쇠탈** 덕흥서림 1948.10 620원 出

박계주 **처녀지** 박문출판사 1948.8.15 258쪽 400원

박계주 **순애보**(하) 박문출판사 1949.7.25(49판) 616쪽 500원

박계주 **진리의 밤**(하) 경향신문사문화부 1949.12.20 568쪽 600원

박노갑 **사십년** 육문사 1948.7.30 308쪽 480원 朴

박영만 **새로운 성** 상권 학예사 1948.11.1 284쪽 420원

박영만 **새로운 성** 하권 금룡도서 1949 559쪽 600원 i

박영준 **목화씨 뿌릴 때** 서울타임스사출판국 1946.8.5 217쪽 60원

박완 朴浣 **제3노예** 청수사 1949 188쪽 270원 韓

박용환 **연당의 비밀** 성문당서점 1948 282쪽 300원 韓

박종화 **민족** 전편 예문각 1947.6.20 292쪽 280원

박종화 **민족** 후편 예문각 1947.9.15 292쪽 280원

박종화 **청춘승리** 수선사 1949.2.10 242쪽 380원

박종화 **대춘부** 전편 을유문화사 1949.2.15 334쪽 450원 乙

박종화 **대춘부** 후편 을유문화사 1949.6.5 330쪽 450원

박종화 **금삼의 피** ^{역사소설} 을유문화사 1949.4 514쪽 乙

박종화 **다정불심** ^{역사소설} 을유문화사 1950.6.10 462쪽 1000원 乙

박태원 **천변풍경** 박문출판사 1947.5.1 491쪽 480원

박태원 **성탄제** ^{자선창작집－을유문고⑦} 을유문화사 1948.2.10 236쪽 200원 ℹ

박태원 **이순신장군** ^{역사소설} 을유문화사 1948.7 114쪽 180원 乙

박태원 **홍길동전** ^{협동문고(4-4)} 조선금융조합연합회 1949.2.15 176쪽 250원

박태원 **여인성장** 영창서관 1949 574쪽 750원 韓

박태원 **금은탑** ^{조선문학전집⑤} 한성도서 1949 ℹ

박현朴賢 **사랑의 길** 영인서관 1949 220쪽 300원 韓

박화성 **고향 없는 사람들** 중앙문화보급사 1948.1 119쪽 200원 出

박화성 **홍수 전후** 백양당 1948.12.15 309쪽 450원

박화성 **백화** 덕흥서림 1949 487쪽 650원 韓

방기환 **누나를 찾아서** 문화당 1948 130쪽 120원 出

방인근 **새 출발** ^{전편} 근흥인서관 1946.8.25 242쪽 ℹ

방인근 **새 출발** ^{장편소설} 평범사 1948.12.18 250쪽 680원 買

방인근 **괴시체** 영인서관 1946 160쪽 50원 韓

방인근 **여학생의 정조** 영인서관 1946 150쪽 50원 韓

방인근 **애정** 숭문사 1947.5 222쪽 200원 ℹ

방인근 **마도의 향불** 영창서관 1947 533쪽 120원 韓

방인근 **살인마** 조선공업도서 1948.2 371쪽 350원 韓

방인근 **사랑과 결혼** 경향출판사 1948.7 300원 出

방인근 **복수** 문운당 1948.12.10 218쪽 350원 買

방인근 **화심** 한성도서 1949.1.25 280쪽 400원 ℹ

방인근 **젊은 안해** 삼문사출판부 1949.2.25 251쪽 380원

방인근 **생의 비극** ^{비련소설} 문운당 1949.3.30 316쪽 500원 買

방인근 **혁명가의 일생** ^{장편소설} 삼팔사 1949.4.15 380원 ℹ

방인근 **정조와 여학생** ^{장편소설} 중앙출판사 1949.4.20 131쪽 200원 買

방인근 **홍운백운** 덕흥서림 1949.5.30 479쪽 700원 ℹ

방인근 **악마** ^{탐정소설} 문운당 1949.11.20 201쪽 450원 買

방인근 **방화살인사건** ^{탐정소설} 호남문화사 1949.11.30 193쪽 450원 ℹ

방인근 **청춘야화** 한성도서 1949 313쪽 500원 韓

방인근 **여학생의 정조** 한흥출판사 1949 152쪽 300원 韓

방인근 **동방의 새봄** 상 조선공업도서출판사 1949 533쪽 700원 韓

방인근 **동방의 새봄** 조선공업도서출판사 1950 396쪽 淸

방인근 **방랑의 가인** 하 계몽사서점 1950.3.10 318~572쪽 600원 賢

방인근 **괴시체** 중앙출판사 1950.5.5 138쪽 2,500원 ℹ️

방인근 **그 여자의 사랑** 동명문화사 1950 300쪽 6000원 韓

백제현 **노원장** 단편집 지문각 1948.11.20 142쪽 230원 出

백철白哲 **복면신사** 백엽문화사 1948.10 320원 出

보현산인 **왜놈이 민비 죽인 이야기** 중앙출판사 1946.9.20 34쪽 20원 朴

삼문사 편,발행 **스파이의 마수** 1946 314쪽 50원 韓

선문사 편,발행 **8.15이후 방송소설걸작집**① 1946.6 142쪽 25원 出

설정식 **청춘** 소설 민교사 1949.1.15 401쪽 600원 ℹ️

손소희 **이라기** 창작집 시문학사 1949.1.5 271쪽 400원

신정언 **원앙가연** 야담집 조선출판사 1946.8 198쪽 40원 出

신정언 **행운 개척의 사화** 삼중당대중문고 삼중당 1949.6.20 200원 ℹ️

신정언 **염서방의 횡재** 삼중당대중문고 삼중당 1949.6.30 116쪽 180원

신정언 **이토정의 기화** 삼중당대중문고 삼중당 1949.11.20 180원 ℹ️

신정언 **이인기화** 삼중당 1949 250원 韓

신태삼 편 **인생여로** 세창서관 1949 441쪽 300원 韓

심숭 **애생금**(상) 정음사 1950.3.21(三) 248쪽 650원

심숭 **애생금**(중) 정음사 1950.2.20 206쪽 500원

심훈 **상록수** 한성도서 1948.3.20(七) 389쪽 400원

심훈 **영원의 미소** 하 한성도서 1949.4.15 308쪽 500원

심훈 **직녀성** 상 한성도서 1949.8.30 477쪽 700원

안회남 **전원** 창작집 고려문화사 1946.10.25 350쪽 85원

안회남 **불** 창작집 을유문화사 1947.2.20 170쪽 100원

안회남 **봄이 오면** 정음문고 정음사 1948.7.20 192쪽 180원

안회남 외 **조선단편문학선집** 범장각 1946.1.20 471쪽 27원

야담사 편 **명작야담집** 백민문화사 1946.4.20 236쪽 30원

양고봉 **조선의 안해** 평문사 1948.1 100원 出

엄흥섭 **흘러간 마음** 백양사 1948.3 250원 出

엄흥섭 **인생사막** 학우사 1949.1.25 355쪽 500원 i

엄흥섭 **봉화** 상 성문당서점 1949.1.10 400원 i

엄흥섭 **봉화** 하 성문당서점 1949 430원 韓

엄흥섭 **행복** 영창서관 1949 322쪽 450원 韓

엄흥섭 **정열기** 한성도서 1950.3.30 300쪽 650원

염상섭 **삼대** (상) 을유문화사 1947.11.25 388쪽 350원

염상섭 **삼대** (하) 을유문화사 1949.12.25(再) 388쪽 750원 i

염상섭 **38선** 금룡도서 1948.1.12 159쪽 200원

염상섭 **신혼기** 금룡도서 1948.2.2 164쪽 200원

염상섭 **만세전** 수선사 1948.2.25 204쪽 250원

염상섭 **모란꽃필때** 조선문학전집③ 한성도서 1949.12.20(再) 446쪽 700원

염상섭 **해방의 아들** 금룡도서 1949 207쪽 350원 韓

염상섭 **두 파산** 일한도서 1949 262쪽 450원 韓

염상섭 외 **해방문학선집** 종로서원 1948.12.29 284쪽 450원

운정(이기영) **순정** 장편소설 세창서관 1950.2.30(三) 300원 賢 이기영의 『신개지』 개제판

월파 **남풍** 중앙출판사 1950 韓

유진오 **화상보** (상)장편소설전집② 한성도서 1950.2.20 356쪽 650원

윤백남 **조선의 마음** 계몽구락부 1946.1.15(再) 139쪽 20원

윤백남 **홍도의 반생** 원명:미수 덕흥서림 1947.10 298쪽 230원 賢

윤백남 **흑두건** 영창서관 1948.8 526쪽 500원 出

윤백남 **정열의 낙랑공주** 삼중당대중문고 삼중당 1949.9.15 115쪽 賢

윤백남 **해조곡** 영창서관 1949 593쪽 750원 韓

윤백남 **백련유전기** 장편소설전집④ 한성도서 1950.4.15 445쪽 1000원

윤백남 편 **조선야사전집**① 조선사료간행회 1949.11.20 i

윤승한 **님 향한 일편단심** 백민문화사 1946.2.5 84쪽 7원

윤승한 **김유신** 상 숭문사 1948.7 338쪽 480원 i

윤승한 **김유신** 하 숭문사 1948.7 324쪽 450원 i

윤승한 **대원군** 상하 삼중당 1948.11 각500원 出

윤승한 **월광부** ^{역사소설} 삼중당 1949.5.30 466쪽 750원

윤승한 **장희빈** ^{역사소설} 일성당서점 1950.2.20 474쪽

윤태영 **룩신이야기** 삼중당 1948.12.15 80원 ⓘ

이광수 **유랑** 홍문서관 1945.9 205쪽 50원 出

이광수 **유랑** 성문당 1948.9 204쪽 300원 出

이광수 **혁명가의 안해** 숭문사 1946.8.15 88쪽 25원

이광수 **꿈** 면학서보 1947.6.5 180쪽 150원

이광수 **나** 생활사 1947 200쪽 200원 韓

이광수 **원효대사** ^상 생활사 1948.6.10 302쪽 450원

이광수 **원효대사** ^하 생활사 이광수 1948.7.21 336쪽 500원

이광수 **이순신** 영창서관 1948.8.31 469쪽 600원

이광수 **스므살고개** ^{나청춘편} 생활사 1948.10.15 224쪽 ⓘ

이광수 **선도자** 태극서관 1948 322쪽 500원 ⓘ

이광수 **애욕의 피안** ^하 국문사 1949.1.15 634쪽 450원

이광수 **방랑자** 중앙출판사 1949 205쪽 ⓘ

이광수 **사랑의 죄** 영문사 1950.1.10 445쪽 800원 ⓘ

이광수 **단종애사** ^하 박문출판사 1950.1.30 235쪽 600원

이광수 **이차돈의 사** 한성도서 1950.4.30 399쪽 900원 ⓘ

이광수 **사랑** 박문출판사 1950 289쪽 1600원 韓

이근영 **제3노예** 아문각 1949 550원 韓

이기영 **서화** 동광당서점 1946.3.12 195쪽 朴

이기영 **민촌** 건설출판사 1946.6.30㈯ 120쪽 28원 ⓘ

이기영 **인간수업** 서울타임스사출판국 1946.12.10㈯ 441쪽 100원 ⓘ

이기영 **고향** ^상 아문각 1947.6.30㈤ 432쪽 350원

이기영 **고향** ^하 아문각 1948.10.30㈤ 423쪽 600원 ⓩ

이기영 **어머니** 영창서관 1948.12.20 684쪽 800원

이기영 **신개지** 세창서관 1949 580쪽 850원 韓

이명선 **홍경래전** ^{협동문고(3-4)} 조선금융조합연합회 1947.3.15 126쪽 45원

이무영 **흙의 노예** 조선출판사 1946.7.15 336쪽 40원 ⓘ

이무영 **세기의 딸** ^(상) 동진문화사 1949.1.20 352쪽 500원

이무영　**산가** ^{이무영농민문학선집1} 민중서관　1949.3.5　500원　ⓘ

이무영　**향가** ^{이무영농민문학선집2} 민중서관　1949.3.5　335쪽　500원　ⓘ

이무영　**먼동이 틀 제**　영창서관　1949　450쪽　650원　韓

이석훈　**황혼의 노래** ^{소설집} 조선출판사　1947 初秋(서문일자)

이수영　**국제살인사건** ^{탐정소설} 보문서관　1946.10　76쪽　25원　出

이우영　**국제살인사건**　우신상사출판부　1946.10.15　76쪽　25원　賢

이원규　**매국노암살사건**　영보서관　1946　80쪽　20원　出

이원규　**매국노암살사건**　인창서관　1946　80쪽　40원　韓

이원규　**봄은 도처에** ^{소설집} 인화출판사　1950　201쪽　180원　韓

이윤성　**청춘의 정열**　계몽사　1950　250쪽　7000원　韓

이조승　**무정한 긔적성** ^{딱지본} 1948.1.15(三)　59쪽

이태준　**왕자호동** ^(상) 남창서관　1945.9.15　180쪽　30원　賢

이태준　**왕자호동** ^(하) 남창서관　1945.9.18　374쪽　22원

이태준　**세동무** ^{전편} 범문사　1946.5.30　202쪽　25원

이태준　**황진이**　동광당서점　1946.8.10　245쪽

이태준　**사상의 월야**　을유문화사　1946.11.1　318쪽　100원

이태준　**이태준단편집** ^{박문문고} 박문출판사　1946?　162쪽　160원

이태준　**돌다리**　박문출판사　1946년판　228쪽　40원

이태준　**해방 전후** ^{소설집} 조선문학사　1947.1.10　148쪽　80원

이태준　**복덕방**　을유문화사　1947.5.20　174쪽　150원

이태준　**제2의 운명** ^(상) 한성도서　1948.7.15　293쪽　450원

이태준　**제2의 운명** ^(하) 한성도서　1948.8　450원　出

이태준　**농토**　삼성문화사　1948.8.10　300원　205쪽　朴

이태준　**구원의 여상**　영창서관　1948.9　353쪽　500원　韓

이태준　**신혼일기** ^{일명 세동무} 광문서림　1949.2.15　384쪽　550원

이홍기 편　**정부한** ^{야담집} 조선출판사　1946.8.25　222쪽　40원

이효석　**화분** ^{전편} 범문사　1946.3.30　151쪽　18원

이효석　**화분** ^{후편} 범문사　1946.6.20　108쪽　20원

이효석　**이효석단편선** ^{박문문고⑭} 박문출판사　1946?　176쪽　180원

이효석　**황제**　박문출판사　1946?　278쪽 (판권 없음)

인왕거사 편   **조선야사집** 야사연구회 1946.4.15 [i]

임경일 **남한산성** 역사소설 백민문화사 1946.1.25 15원 [i]

임경일 **남한산성** 역사소설 한풍출판사 1949.2.28(三) 284쪽 300원

임서하 **감정의 풍속** 동방문화사 1948.12.15 323쪽 500원

장덕조 **월하적성** 사화집 정문관 1946.2.20 232쪽 25원

정비석 **파도** 단편집 대조사 1946.7.10 187쪽 30원

정비석 **고원** 백민문화사 1946.8.25 240쪽 50원

정비석 **성황당** 금룡도서 1948.1.20 163쪽

정비석 **제신제** 수선사 1948.9.20 244쪽 350원

정비석 **장미의 계절** 창광사 1949.1.15 370쪽 550원 [i]

정비석 **장미의 계절** 선문사 1949.7.1(再) 370쪽 550원 [i]

정비석 **고향의 봄** 계몽사 1950 220쪽 2000원 [韓]

정인택 **연연기** 금룡도서(株) 1948.12.27 130쪽 200원 [i出]

조광사 편,발행 **단편집** (상)현대조선문학전집② 1946.2 171쪽 15원 [出]

조명희 **낙동강** 건설출판사 1946.5.3(再) 108쪽 20원

조선문학가동맹농민문학위원회 편 **토지** 아문각 1947.7.1 206쪽 200원 [i]

조선문학가동맹소설부위원회 편 **조선소설집1946년판** 아문각 1947.6.20 244쪽 230원

조선사료간행회 편 **조선야사전집**① 백림사 1949.9(서문일자)

조흔파 **봄은 도처에** 소설집 인화출판사 1950 201쪽 180원 [韓]

주요섭YOSUPCHU **김유신KIMYUSIN** 상호출판사 1947 110쪽

주요섭 **사랑손님과 어머니** 수선사 1948.11.10 223쪽 350원

주요섭 **꽃** 상호출판사 60원 [出]

지하련(이현욱) **도정** 창작집 백양당 1948.12.15 292쪽 450원

진흥서림 편,발행 **설상가상** 신소설 1949.12.15 [i]

채만식 **제향날** 박문출판사 1946.4.7(서문일자) 216쪽

채만식 **채만식집** 조선대표작가전집⑧ 서울타임스사출판국 1947.3.10 345쪽 200원

채만식 **아름다운 새벽** 전편 박문출판사 1947 257쪽 [i]

채만식 **잘난 사람들** 민중서관 1948.9.26(후기일자) 320쪽 500원 [朴]

채만식 **탁류** (상)현대조선문학전집② 민중서관 1949.3.5 375쪽 550원

채만식 **당랑의 전설** 을유문고⑭ 을유문화사 1948.10.15 241쪽 240원

채만식 **태평천하** 동지사 1948.12.5 316쪽 500원 🛈

채만식 **탁류** (하)현대조선문학전집② 민중서관 1949.3.5 726쪽 550원

채만식 **황금광시대** 중앙출판사 1949.4.20 302쪽 450원

채만식 외 **단편집** (상)조선문학전집⑦ 한성도서 1948.6.20 321쪽 400원

최독견 **승방비곡** 무명사 1948.11.5 394쪽 550원 朴

최독견 **첫사랑** 국문사 1949 260쪽 400원 韓

최명익 **장삼이사** 창작집 을유문화사 1947.4.10(삼천부) 234쪽 200원

최영수 **코** 유모어소설집 삼팔사 1950.3.15 141쪽 400원

최정희 **천맥** 장편소설 수선사 1948.2 251쪽 250원 🛈

최정희 **풍류 잡히는 마을** 아문각 1949.7.10 221쪽 400원

최하성 **애처의 밀계** 명성출판사 1950 韓

태화서관 편,발행 **꿈속의 꿈** 인정소설 딱지본 1947.11.10(五) 96쪽 賢

태화서관 편,발행 **무정한 방초** 딱지본 1947? 53쪽

한무숙 **역사는 흐른다** 백양당 1950 367쪽 🛈

한설야 **이녕** 건설출판사 1946.9.20 127쪽 33원(개정가100원) 🛈

한설야 **황혼** 영창서관 1948.11 750원 出

한성도서 편,발행 **열세동무** 1948 100쪽 180원 出

한인택 **선풍시대** 조선문학전집④ 한성도서 1949.1.15 433쪽 600원

한종수 저작겸발행 **섬색씨** 신소설 경향출판사 1947.8.20 賢

함대훈 **청춘보** 장편소설 경향출판사 1947 183쪽

함대훈 **희망의 계절** 경향출판사 1948.1 300원 出

함대훈 **폭풍전야** 세창서관 1949 532쪽 🛈

함대훈 **순정해협** 장편소설전집③ 한성도서 1950.3.30 320쪽 700원 朴

허준 **잔등** 창작집 을유문화사 1946.9.20 185쪽 50원

현덕 **남생이** 창작집 아문각 1947.11.20 285쪽 250원

현진건외 **단편집** (하)현대조선문학전집④ 조광사 1946.9.20 153쪽

홍구 **유성** 창작집 아문각 1948 243쪽 🛈

홍명희 **임거정**① 조광사 1946.6.27 212쪽 30원 🛈

홍명희 **임거정** -의형제1 을유문화사 1948.11.15 440쪽 700원

홍명희 **임거정** -의형제2 을유문화사 1948.4.1 412쪽 700원

홍명희 **임거정**⁻의형제3 을유문화사 1948.6.1 589쪽 750원

홍명희 **임거정**⁻화적1 을유문화사 1948.7.15 480쪽 700원

홍명희 **임거정**⁻화적2 을유문화사 1948.10.15 436쪽 650원

홍명희 **임거정**⁻화적3 을유문화사 1948.11.15 410쪽 650원

홍효민 **구리개기담**삼중당대중문고 1949.9.30 119쪽 250원

홍효민 **태종대왕**역사소설 대성출판사 1948.9.30 246쪽 360원

홍효민 **양귀비** 삼중당 1948.11.5 244쪽 350원

홍효민 **여걸민비** 삼중당 1948.11.5 252쪽 350원

홍효민 **인조반정** 광문서림 1949.1.25 420쪽 580원

황순원 **목넘이마을의 개** 육문사 1948.12.7 272쪽 400원

황순원 **별과 같이 살다**장편소설 정음사 1950.2.27 280쪽 800원

인문과학 〉 문학 〉 한국문학 〉 평론

김기림 **문학개론** 문우인서관 1946.12.20 87쪽 90원

김기림 **문학개론** 신문화연구소 1948.11.4(四) 127쪽 220원

김기림 **시론** 백양당 1947.11.15 249쪽 250원

김기림 **시의 이해** 을유문화사 1950.4.10 225쪽

김대균 **근대문학사조** 정음사 1948.12.15 312쪽 500원

김동리 **문학과 인간**평론집 백민문화사 1948.10.25 231쪽 350원

김동석 **뿌르조아의 인간상**평론집 탐구당 1949.2.5 274쪽 400원

김동석 **예술과 생활**평론집 박문출판사 1947.6.10 229쪽 200원

김영건 **문화와 평론** 서울출판사 1948.6.20 134쪽 250원

김용호 **시문학입문** 창인사 1950.2.11(再) 229쪽 500원

김진섭 **교양의 문학** 조선공업문화사출판부 1950.1.20 269쪽 800원

김철수 **동요 짓는 법** 고려서적㈜ 1949.4.20 113쪽 200원

박영희 **문학의 이론과 실제** 일월사 1947.4.25 112쪽 80원

박치우 **사상과 현실**평론집 백양당 1946.11.20 230쪽 90원

백철 **문학개론** 동방문화사 1947.3.30 179쪽 250원

백철 **문학개론** 동방문화사 1947.4.25 79쪽 특제180원,병제150원

백철 **문학개론** 동방문화사 1948.1.20㊐ 200원 ℹ️

백철 **문학개론** 동방문화사 1948.8.20㊂ 179쪽 250원

백철 **조선신문학사조사** 수선사 1948.9.25 421쪽

백철 **조선신문학사조사**^{현대편} 백양당 1949.7.25 413쪽 700원

서정주 외 **시창작법** 선문사 1949.12.25 233쪽 480원

신남철 **전환기의 이론**^{평론집} 백양당 1948.5.31 278쪽 400원

유치진 **희곡창작법**^{연극과 생활} 개조출판사 1949.12.10 100원 ℹ️

윤곤강 **시와 진실**^{시론집} 정음사 1948.8.25 184쪽 250원

이명선 **조선문학사** 조선문학사 1948.11.25 153쪽 250원

이무영 **소설작법** 동진문화사 1949.9.1 336쪽 550원

이무영 **소설작법** 영문사 1950.3.30㊐ 336쪽 900원

이석훈 **문학감상독본** 백민문화사 1949.4.20 222쪽 300원

이태준 **상허문학독본** 백양당 1946.7.25 247쪽 65원

정비석 **소설작법** 신대한도서 1946.8.15 310쪽 500원

정지용 **지용문학독본** 박문출판사 1948.2.5 214쪽 250원

조연현 **문학과 사상** 세계문학사 1949.12.10 308쪽 600원

지중세 편 **최신문학신어사전** 삼문사 1950 270쪽 80원 韓

홍구 편,발행 **건설기의 조선문학** 조선문학가동맹 1946.6.28 234쪽 50원

홍효민 **문학개론** 일성당서점 1949.11.30 166쪽 400원

황중엽 **시작과 진실**^{배신과 혁명} 진성당 1948.10 156쪽 260원

인문과학 〉 문학 〉 한국문학 〉 희곡/시나리오

김영수 **혈맥**^{희곡집} 영인서관 1949.9.20 305쪽 700원

김춘광 **안중근사기**^{희곡: 전편} 청춘극장출판부 155쪽 후편에 준하는지 별도 판권 없음.

김춘광 **안중근사기**^{희곡: 후편} 청춘극장출판부 1946.3.1 121쪽 15원

김춘광 **안중근사기**^{희곡집} 삼중당 1946.1 冊

김춘광 **단종애사**^{희곡} 청춘극장출판부 1946.4.10 156쪽 25원

김춘광 **대원군** 희곡 청춘극장출판부 1946.10.27 131쪽 35원

김춘광 **미륵왕자** 복수편 청춘극장출판부 1946 130쪽 50원 出

김춘광 **미륵왕자** 출세편 영인서관 1949 127쪽 130원 韓

박로아 **녹두장군** 희곡집 정음사 1950.1.25 312쪽 800원

방기환 **손목잡고** 아동극집 문화사 1949 i

신고송 **백설공주** 아동극집·아협문고 조선아동문화협회 1946.11.20 73쪽 30원

안석영 **희망** 영화작품집① 금룡도서 1948.10.25 200원 i

안석영 **여학생** 영화작품집② 금룡도서 1948.10 186쪽 300원 i

유치진 **소** 희곡집 행문사 1947.6.20 132쪽 130원

유치진 **자명고** 희곡 행문사 1948.11 400원 出

유치진 **흔들리는 지축** 희곡집 정음사 1949.7.2 224쪽 400원 i

이규하,김영훈 **건국행진곡** 해방기념소인극 정의사 1946.7.20 15원 i

정범수 **변천** 소인극각본집 신농민사 1946.5.20 709쪽 20원 i

조영출 **위대한 사랑** 전오막육장 희곡 1946 등사본 기타사항 미상 Z

주암산 **향** 희곡 조선기독교서회 1949.11.12 200원 i

함세덕 **동승** 희곡집 박문출판사 1946.6.20 209쪽 170원

인문과학 〉 문학 〉 한국문학 〉 수필 독본류 기타

강영수 **연애기담** 모던출판사 1948 84쪽 150원 韓

강영수 편 **스파이와 스파이** 모던출판사 1950 221쪽 5000원 i

고영환 **청은수필** 동광신문사 1947.11.18 126쪽 170원

고황경 **인도기행** 을유문화사 1949.6.1 178쪽 330원 Z

김광주 **춘우송** 수필집 백민문화사 1948.4.30 167쪽 300원

김기림 **바다와 육체** 수필집 평범사 1948.12.25 264쪽 420원

김남수 **부부행진곡** 갑문당 1948.10 99쪽 200원 出

김동석 **해변의 시** 수필집 박문출판사 1946.4.23 (후기일자) 128쪽 25원

김동석 **해변의 시** 수필집 박문출판사 1949.2.10(再) 128쪽 300원

김동성 **미국인상기** 국제문화협회 1948.10.30 120쪽 180원

김사림 편 **괴기사건실화집** 모던출판사 1948.8.20 500원 🛈

김사림 편 **국제스파이실화** 모던출판사 1949.6.5(再) 123쪽 500원

김사림 편 **일선기자의 고백** 모던출판사 1949.6.18 367쪽 550원

김사림 편 **응접실** (하) 모던출판사 1949.7 250원 🛈

김사림 편 우습고 재미있는 **세계거짓말구락부** 모던출판사 1949 155쪽 250원 韓

김상용 **무하선생방랑기** 수필집 수도문화사 1950.2.28 117쪽 280원 朴

김송 **백만인의 교사** 백민문화사 1945.10.30 54쪽 2원50전

김영건 **어록** 백양당 1947.8.15 112쪽 100원

김영제 **철창** 재소자일화 기독교신문사 1947.10.5 153쪽 120원 🛈

김용준 **근원수필** 을유문화사 1948.6.30 164쪽 240원

김인형 **창조** 논문집 창조사 1946.11.30 140쪽 80원

김진섭 **생활인의 철학** 선문사 1949.7.25 213쪽 380원

김진섭 **인생예찬** 동방문화사 1947.7.1 212쪽 200원 出

김찬승 **연필의 분류** 개벽사 1950.1.10 225쪽

김철수,김동석,배호 **토끼와 시계와 회심곡** 서울출판사 1946.10.20 146쪽 45원

김호익 **국제간첩사건** 삼팔사 1949.11.20 500원 🛈

노자영(노춘성) **나의 화환** 1946.3.10 153쪽 朴

노자영 **인생안내** 수필기행평론잡필 영문사 1946년판 299쪽 60원 🛈

노자영 **인생안내** 홍문서관 1950.1.30 291쪽 🛈

노자영 **인생안내** 석담사 1950 291쪽 🛈

노천명 **산딸기** 수필집 정음사 1948.10.20 157쪽 250원

마해송 **속편편상** 새문화사 1949.2.28 121쪽 200원

마해송 **편편상** 새문화사 1948.4.5 94쪽 180원

모윤숙 **렌의 애가** 청구문화사 1949 356쪽 650원 韓

문장연구회 편 **문장보감** 신창사 1949.4.1 217쪽 380원

박연수 **기우** 일심사 1949.5.18 157쪽 350원

박원식 **청춘잡조** 조선금융조합연합회 1948.9.1 120쪽 120원 🛈

방수원 **동포에게 호소함** 기독교신문사 1947.3 25쪽 出

방종현,김형규 **문학독본** 동성사 1946.9.20 146쪽 全

방종현,김형규 改訂**문학독본** 동성사 1947.9.15 146쪽 160원 🛈

방종현,김형규 **문학독본** 연학사 1949.8.20 全

변영태 **Korea My Country** 국제문화협회 1950.1.20 224쪽 450원

삼문사출판부 편,발행 **한글역대선집** 제1집 1945 120쪽

선문사 편,발행 **부부일기** 1946 142쪽 60원 出

설국환 **일본기행** 수도문화사 1949.5.5(再) 195쪽 350원

설의식 **해방이후** 동아일보사 1947.2.20 306쪽 200원

설의식 **독립전야** 새한민보사 1948.7.5 263쪽 350원

설의식 **해방이전** 새한민보사 1948.10.15 256쪽 350원

설의식 **통일조국** 새한민보사 1948.11.10 273쪽 350원

설의식 **화동시대** 새한민보사 1949.1.20 287쪽 400원

설의식 **금단의 자유** 새한민보사 1949.2.20 255쪽 350원

설의식 **응접실**(상) 모던출판사 1949.7 156쪽 250원

신영철 **신문장강화** 동방문화사 1950.2.20 384쪽 1500원

안동원 **구주이상국가군** 태극서관 1949.12.5 186쪽 400원

안동원 **세계일주기** 붕정십만리 태극서관 1949.9 203쪽 400원

안동철도국 편,발행 **교양열차첨승기** 1949 27쪽 i

안재홍 외 **수필편** 현대조선문학전집① 조광사 1946.1.20 157쪽 15원

양주동 **민족문화독본**(상) 청년사 1946.12.20 168쪽 160원

양주동 **민족문화독본**(하) 청년사 1946.11.15 209쪽 180원

양주동 **국문학정화**(상) 민중서관 1949.2.10 394쪽 1200원

양주동 **문장독본** 수선사 1949.10.5(再) 194쪽 360원

오신묏콴 **거리의 정보실** 국제문예사 1950 214쪽 300원 韓

이경남 **조선의 유우모아** 향학사 1949.1.30 114쪽 200원 賢

이광수 **문장독본** 광문서림 1948.4 246쪽 300원 i

이광수 **문장독본** 대흥출판사 1948.9.30 246쪽 450원 i

이광수 **돌벼개** 생활사 1948.6.15 228쪽 350원

이광수 **돌벼개** 생활사 1948.8.20(再) 228쪽 350원

이광수 **나의 고백** 춘추사 1948.12.1 213쪽 380원

이광수 외 **삼천리강산** 삼중당 1946.3.20 278쪽 23원

이극로 **고투40년** 을유문화사 1947.2.1 90쪽 40원

이명선　**조선고전문학독본**　선문사　1947.10.30⒀　155쪽　170원

이병기 편　**문학독본**　상문당　250원　凸

이양하　**이양하수필집**　을유문화사　1947.12.25　226쪽　250원

이은상　**대도론** 수필집　중앙문화사　1947.3.20　112쪽　100원　ⅰ

이은상　**무상**　정상장학회　1947.6.20⒀　100쪽　120원

이은상　**노산문선** 야화집　유하출판사　1947년도판　624쪽　450원

이재욱　**독서와 문화**　조선계몽문화사　1947.7　78쪽　80원

이태준　**문장강화**　박문출판사　1947.4　342쪽　280원

이태준　**문장강화**　박문출판사　1949.4.10　342쪽　280원

이태준　**소련기행**　조선문학가동맹　1947.5.1　282쪽　300원

이태준　**상허문학독본**　백양당　1949.2.1⒁　247쪽　65원

이하윤 편　**현대국문학정수**　중앙문화협회　1946.9.15　118쪽　50원

이항신　**전후구미역방기**　조선YMCA연합회　1949　143쪽　250원　韓

이홍권　**불과 불꽃**　정신문화사　1950　100쪽　ⅰ

임정희　**학생문예**　신문학사　1950　韓

장성옥 편저 심상룡 편집　**일 사형수의 참회**　치형협회　1948.3.1　94쪽　110원

전희복　**거울 앞에서** 수필집　문예사　1950.6.1　196쪽　500원

정래동　**북경시대**　평문사　1949.4.25　216쪽　350원

정렬모 편　**한글문예독본** 첫권　신흥국어연구회　1946.2.10　137쪽　130원

정지용　**산문**　동지사　1949.1.30　300쪽　호화장서판 700원

조윤제　**현대문감**　대학출판사　1948.2.15　185쪽　300원

조향 편　**현대국문학수** 대학국문학　행문사　1948　226쪽　500원　韓

진금도　**새만나**　서광사　1946　229쪽　3원　韓

천일방(전흥진)　**사교실**　수도문화사　1949.7.5　146쪽　230원

최영수　**곤비의 서** 수필집　경향신문사문화부　1949.6.1　270쪽　450원

최이권　**항주여행기**　국제문화관　1948.4.1　56쪽　70원

최재희　**인생의 향기**　온문사　1949.10.15　150쪽　320원

한글문화보급회 편　**한글문예독본** 담권　신흥국어연구소　1946.6.5　175쪽　35원　ⅰ

현진건　**단군성적순례**　예문각　1948.2.23　108쪽　180원

홍기문　**조선문화총화**　정음사　1946.8.14(발문일자)　181쪽　65원

홍원길 **우위낭필** 충북문화사 1949 52쪽 200원 韓

인문과학 〉 문학 〉 한국문학 〉 아동문학

강금종 **어린 천사** 단편집 아세아출판사 1948 133쪽 150원 朴

강소천 **꿈을 찍는 사진관** 동요집 남향문화사 1945 120쪽 40원 韓

강소천 **진달래와 철쭉** 동요집 남향문화사 1945 110쪽 40원 韓

강영수(와일드) **행복한 왕자** 조선아동문고 정음사 1946? 98쪽

계용묵 역 **세계명작동화선** 대조사 1946.6.15 88쪽 7원 i

고병돈 편 **어린이독본** 동문사서점 1946.5.5 174쪽 20원

권태응 **감자꽃** 동요집 글벗집 1948.12.12 河

김래성 **똘똘이의 모험** 상권:박쥐편 영문사 1947.1(再) 160쪽 60원 i

김래성 **똘똘이의 모험** 난쟁이나라구경편 문구당서점 1947.5.1 賢

김상덕 **난쟁이 나라와 키다리 나라** 영문사 1946 30원 韓

김송 **아름다운 전설** 백민문화사 1947.12 80원 出

김송 글 김용환 그림 **아름다운 전설** 소년소녀과외독본 광문서림 1949(三) 101쪽 i

김영배 편 **봄나라** 동화집 대양당 1948.5.1 50원 i

김영일 **다람쥐** 아동자유시집 고려서적㈜ 1950.2.20 99쪽 280원

김용환 그림 **흥부와 놀부** 아협그림얘기책① 조선아동문화협회 1946.9.1 32쪽 15원 乙

김용환 그림 **손오공** 아협그림얘기책② 조선아동문화협회 1946.9.1 32쪽 15원 乙

김용환 그림 **보물섬** 아협그림얘기책④ 조선아동문화협회 1946.10.1 32쪽 15원 乙

김용환 그림 **토끼전** 아협그림얘기책⑦ 조선아동문화협회 1947.8 32쪽 40원 乙

김원용 **내 고향** 동요집 새동무사 1947 59쪽 雅

김원용 **내 고향** 동요집 남향문화사 1946 124쪽 30원 韓

김의환 그림 **피터어팬** 조선아동문화협회 1946.10.1 32쪽 15원 乙

김의환 그림 **어린예술가** 조선아동문화협회 1946.11 32쪽 15원 乙

김정의 **소공녀** 정음사 1948 50쪽 60원 出

동지사아동원 편,발행 **유관순** 1948.3.15 50쪽 65원 i

마해송 **토끼와 원숭이** 상하 각각 청구문화사 1948 50쪽 50원 出

박목월 **박영종동시집** 조선아동회 1946.6.15 72쪽

박목월 **초록별** 동요집 을유문화사 1946.10.1 82쪽 30원 乙

박목월 편 **현대동시선** 한길사 1949.3.15 이인성 그림 i

박목월 편 **현대명작동요선** 산아방 1950.6.10 河

박상남 **도야지 삼신** 대양당(전주) 1948 132쪽 130원 韓

박원수 **운동화** 동지사 1948.5 100원 出

박진규 **익쌀주머니 우슴동산** 문교당 1946.10 88쪽 25원 出

박철朴哲 **해방** 소년소설 동문사 1948.3.20 72쪽 100원

박태원 **중국동화집** 정음사 (연도 표시 없음 1946?) 83쪽 15원

방기환 **손목잡고** 아동극집 문화사 1949 i

방정환 글 김의환 그림 **까치옷** 소파동화독본① 조선아동문화협회 1946.12 170쪽 30원 乙

방정환 글 정현웅 그림 **울지 않는 종** 소파동화독본② 조선아동문화협회 1946.11 140원 乙

방정환 글 윤희순 그림 **나비의 꿈** 소파동화독본③ 조선아동문화협회 1947.6.1 60원 i

방정환 글 김규택 그림 **귀먹은 집오리** 소파동화독본④ 조선아동문화협회 1948.1.5 68쪽 80원

방정환 글 한홍택 그림 **황금거위** 소파동화독본⑤ 조선아동문화협회 1946.11 72쪽 140원 乙

방정환 **사랑의 선물** 세계명작동화집(하) 박문출판사 60원 出

변영태 **Tales From Korea** 영문판 국제문화협회 1946.10.20 148쪽 60원

서정주 외편 **소학생문예독본** 6학년치 아동예술원 1949.8.12 51쪽 100원

서항석(안데르센) **그림 없는 그림책** 을유문화사 1949.6.20 104쪽 130원 乙

송경재(파네트) **꽃피는 동산** 소년소녀소설 동지사아동원 1949.3.1 87쪽 130원 19 i

신고송 **백설공주** 아동극집－아협문고 조선아동문화협회 1946.11.20 73쪽 30원

아동문예춘추사 편,발행 **현상작문선집** 제1회전국아동현상문선집 1946.7 128쪽 20원 出

아동문예춘추사 편 **조선동요전집** 신성문화사 1948 100쪽 150원 出

아동문예춘추사 편 **현상작문책** 금룡도서 1948 70쪽 80원 出

아동문예춘추사 편 **조선동요전집** 신성문화사 1948 100쪽 150원 出

양우정 편 **6학년동요동화집** 조선아동문화사 1946.4.15 108쪽

윤병희 **어린 용사** 동화집 가톨릭출판사 1950 85쪽 3000원 韓

윤복진 **꽃초롱별초롱** 아동예술원 1949.8.25 122쪽 雅

윤석중 **굴렁쇠** 수선사 1948.11 150원 出

윤석중 **아침까치** 산아방 1950.5.5 64쪽 雅

윤석중 **초생달** ^{동요집} 박문출판사 1946 55쪽 13원 🇮

윤석중 편 **노래동무** 조선아동문화협회 1949.3 乙

윤태영 **유봉이의 승리** ^{애국소설} 삼중당 1949 160쪽 250원 韓

이승철 **똘똘이의 모험** 인창서관 1946 64쪽 80원 韓

이영철 **백설공주** 정음사 1948.4 130원 ⊞

이영철 **소년소설집** 고려문화사 1947.10 70원 ⊞

이영철(아미치쓰) **사랑의 학교** 조선아동문화협회 1948.12.10 204쪽 300원 乙

이원수 **종달새** ^{동요집} 새동무사 1947 河

이원수 **종달새** ^{동요집} 남향문화사 1946 126쪽 30원 韓

이주홍 **못난 도야지** ^{동화집} 아동사 1947.6.10 🇮

임규일 역 **에숲화** 정문관 1946.7.1 120쪽

임인수 **어디만큼 왔냐** ^{유년동화동시집} 동지사 1948.10 40쪽 80원 ⊞

임인수 **봄이 오는 날** ^{동화집} 대한기독교서회 1949 76쪽 150원 韓

임희재 **종달새** 동문사 1948.3 100원 ⊞

정비석(바아넬) **소공자** ^{조선아동문고} 정음사 1948.6.25 60쪽 100원

정비석 **일곱가지 모험담** ^{조선아동문고} 정음사 1949.1.30 67쪽 100원 乙

정비석 **인도동화집** 동지사 1948.6 80원 ⊞

정태병 편 **조선동요전집**① 신성문화사 1946.2.25 94쪽 8원

정현웅 **꿈나라의 아리쓰** 조선아동문화협회 1948.11.30 32쪽 80원 乙

정홍교 **박달방망이** 남산소년교호상담소 1948.10 100원 ⊞

정홍교 **소년기수** ^{소년소설} 동화출판사 1947.5 118쪽 80원 ⊞

조광사 편,발행 **세계걸작동화집** 1946.2.25 172쪽 15원

조선아동문화보급회 편 **원숭이재판** ^{동화} 문영당 1946.8 86쪽 12원 ⊞

조선아동문화보급회 편 **해와 달** ^{조선동화집} 조선아동순보사 1946.10 96쪽 7원 ⊞

조선아동문화협회 편,발행 **소학생모범작문집** 1946.9.1 52쪽 15원 乙

조선아동문화협회 편,발행 **우리들노래** ^{제1회아협당선동요집} 1947.1 🇮

조선아동문화협회 편,발행 **걸리버여행기** ^{아협그림얘기책⑥} 1947.3.10 32쪽 15원 乙

조선아동문화협회 편,발행 **로빈손크루소** ^{아협그림얘기책⑧} 1947.12.5 32쪽 40원 乙

조선아동문화협회 편,발행 **린큰─그림얘기책** 1948.12.12 32쪽 150원

조선아동문화협회동요연구소 편,발행 **조선동요백곡집** ^상 1946.10.1 25쪽 25원

조용만 글 이승만 그림 **정몽주전** 조선역대위인화첩제1집 현우사 1946.3.1 10쪽 15원

조지훈 글 조병덕 그림 **우리 마을** 그림동산③ 조선아동문화협회 1946.9 14쪽 15원 乙

조풍연 글 김의환 그림 **이소프이야기** 그림동산② 조선아동문화협회 1946.6 14쪽 15원 乙

조풍연 편 김의환 그림 **왕자와 부하들** 조선아동문화협회 1948.3 64쪽 100원 乙

조풍연 **프런더어즈의 개** 성문사 1948.7 150원 出

주요섭 글 김의환 그림 **웅철이의 모험** 조선아동문화협회 1946.7 86쪽 20원 出

주요섭(안델센) **어머니의 사랑** 안델센동화선집 수선사 1948.7.5 126쪽 200원 i 出

최병화 **희망의 꽃다발** 소년장편소설 민교사 1949.10.30 i

현덕 **집을 나간 소년** 소년소설집 아문각 1946.10 214쪽 45원 出

현덕 **포도와 구슬** 정음사 1946 91쪽 15원 出

현덕 **토끼삼형제** 동화집 조선아동문화협회 1947.5.10 40원 i

홍재필 편 **새싹** 동요집 수영사 1950 64쪽 雅

인문과학 〉 문학 〉 한국문학 〉 고전문학

계몽사서점 편,발행 **한양가** 1949.2.10 170원 i

고정옥 **국어국문학요강** 대학출판사 1949.2.20 488쪽 750원

고정옥 선주 **고장시조선주** －정음문고 정음사 1949.1.20 115쪽 100원

곽병주 **고시조풀이** 산악사 1948.8 200원 出

구자균 편집겸발행 **국문학** 1946.4.18 등사본 자가본 i

구자균 **조선평민문학사** 문조사 1948.7.15 135쪽 270원

권상로 **조선문학사** 일반프린트사 1947.11.25 238쪽 350원

권우상 **한양오백년가** 성도사(대구) 1947 119쪽 100원 韓

김근수 **녹수청산** 時調類選 1948 120쪽 125원 出

김사엽 **조선문학사** 정음사 1948.12.20 342쪽 600원 1950.1.20(再) 357쪽 900원

김사엽 **정송강연구** 계몽사 1950.6.25 425쪽 병제1400원,특제1800원

김삼불 저 이병기 감수 **국문학참고도감** 신학사 1949.11.15 109쪽

김삼불 교주 **해동가요** 정음사 1950.3.25 260쪽 800원

김삼불 교주 **배비장전옹고집전** 국제문화관 1950.4.25 111쪽 300원

김종식   **시조독본** 수사와 감상 백령사 1947.8.30 96쪽

김종식   **시조시작법** 대동문화사 1948.7.30 96쪽 150원 ⓘ

김종식   **고시조오백찬주해** 대동문화사 1949.11.15(三) 182쪽 300원

김종식   **시조개론과 작시법** 대동문화사 1950.2.10 195쪽 450원

김천호 편집겸발행   **춘정집**(김진만) 자가본 1949.7.20 208쪽 비매

김한석 역 박제가 저   **북학의** 협동문교(3-1) 조선금융조합연합회 1947.10 79쪽 50원 出

노영호 편   **역대시조정해** 대한교육학회 1946 170쪽 30원 出

노영호 편   **시조해석** 동방문화사 1948.1 130쪽 80원 出

덕흥서림 편,발행   **천하명작 천자뒤푸리 노래** 1946.9.7 冊

문리과대학조선어문학연구회 주최   **조선고전문학작품전람회목록** 자가본 1947.10.24~26 12쪽

민병도 편   **조선역대여류문집** 을유문화사 1950.1.1(500부 한정) 577쪽

박노춘,홍웅선 편   **고시가주해** 삼중당 1949.4.10 204쪽 3000원

박노춘   **이조가요선주** 상하 출판문화보급사 1949 197쪽 500원 韓

박노춘   **이조산문문학선주** 하 출판문화보급사 1949 155쪽 300원 韓

박루월 편   **춘향전** 신흥서관 1945.10.10 120쪽 4원50전

박윤철 편   **시조집** 민중문고② 1946.8.30 160쪽 25원

박인수 편,발행   **조선고전가사집** 권일 자가본 1946.6.1 90쪽 20원

박인수 편   **조선고전가사집** 권일 낙동서관 1946.12.1 90쪽 30원 賢

박장회   **국문학선** 대동사 1946.4.5 127쪽 16원

박증구 편   **국어국문학요람** 무등서적印 19502.10 84쪽 등사본 ⓘ

박지원 저 김성칠 역   **열하일기**Ⅰ(도강록)정음문고 정음사 1948.1.30 122쪽 70원

박지원 저 김성칠 역   **열하일기**Ⅱ(성경잡지)정음문고 정음사 1948.1.20 137쪽 80원

박지원 저 김성칠 역   **열하일기**Ⅲ 정음문고 정음사 1948.4.30 122쪽 100원 ⓘ

박지원 저 김성칠 역   **열하일기**Ⅳ 정음문고 정음사 120쪽 100원 ⓘ

박지원 저 김성칠 역   **열하일기**Ⅴ 정음문고 정음사 1950.2.10 172쪽 250원

박태보 편   **석개** 石凱 석금동인사石琴同人社 1946.3 56쪽 75원 出
　　『출판대감』(45쪽)에 '新詩合集'으로 분류되어 있는데『청구영언』(통문관 발행)도 함께 있는 것으로 보아 고전시가류로 추측된다.

방종현   **고시조정해** 일성당서점 1949.2.15 379쪽 600원

방종현 역   **송강가사** 정음문고 정음사 1949.9.30(三) 103쪽 150원

백규수   **혜산유고** 장옥정사(충남) 자가본 1948 24쪽 雅

삼문사출판부 편,발행   **시조집** 1948.5.30 ⓘ

삼문사출판부 편,발행 **홍길동전** 조선문학전집④소설집(하) 1948.5.30 366쪽 550원

삼문사출판부 편,발행 **고시조선** 1950 304쪽 ▮i▮

송신용 교열 **촌담해이,어면순,속어면순** 정음사 1947.8.15 63쪽 200원

송신용 교열 **수어록** 정음사 1947.6.20 142쪽 200원

송신용 주 **한양가** 정음문고 정음사 1948? 160쪽 120원 ▮出▮

송주헌 편 **조선역대어제시선** 홍문서관 1947.3.15 60쪽 40원

신명균 편 이병기 교열 **시조집** 조선문학전집① 삼문사출판사 1945.11 331쪽 10원

신영철 **고시조신석** 연학사 1948.4.10 217쪽 130원

신영철 **고시조신석** 동방문화사 1948 266쪽 ▮i▮

신영철 역 **노계가사** 정음문고 정음사 1948.12.5 115쪽 100원

신태화 편 **시조집** 삼문사출판부 1948.5.30 ▮出▮

안자산 **시조시학** 교문사 1949.4.15 192쪽 50원

양주동 **조선고가연구** 박문서관 1945 867쪽 350원 ▮出▮

양주동 **여요전주** 을유문화사 1947.4.20 463쪽 170원

양주동 **국문학고전독본** 박문출판사 1949.2.15 254쪽 550원

오한근 편 **청구영언** 조선진서간행회 1948.5.30(42/500부) 135쪽

우리어문학회 **국문학사** 수로사 1948.8.31 181쪽 350원

우리어문학회 **국문학사** 수로사 1949.3.15(再) 181쪽 350원

우리어문학회 **국문학사** 신흥문화사 1950.3.30(三) 168쪽 500원

우리어문학회 **국문학개론** 일성당서점 1949.10.30 361쪽 1000원

유창돈 **순국시조집** 건국사 1948.4.1 83쪽 120원

윤곤강 **고산가집** 정음문고 1948 104쪽 100원 ▮出▮

윤곤강 **근고조선가요찬주** 생활사 1947.12.15 174쪽 170원

윤영 역 나만갑 저 **병자록** 정음사 1947.4.15 189쪽 150원

을유문화사 편 김기창 그림 **춘향전** 을유문화사 1946.2.1 96쪽 80원 ▮賢▮

이강로 **조선문학연구** 동방문화사 1947.5.25 119쪽 120원

이명선 **국문해석법연구** 선문사 1949.9.20(三) 290쪽

이명선 교정 **임진록** 민족문학총서제1집 국제문화관 1948.11.30 160쪽 250원

이병기 교주 **가루지기타령** 민족문화총서제3집 국제문화관 1949.5.10 72쪽 120원

이병기 교주 **어우야담** 민족문화총서제4집 국제문화관 1949.5.30 100쪽 150원

이병기 교주 **역대시조선** ^{박문문고⑫} 박문출판사 1946.8 180쪽 32원

이병기 교주 **의유당일기** 백양당 1948.5.15 82쪽 150원

이병기 주해 **근조내간선** ^{민족문학총서제2집} 국제문화관 1948.12.25 102쪽 150원

이병기 주해 **인현왕후전** ^{박문문고⑲} 박문출판사 1946 86쪽 13원 出

이병기 편 **요로원야화기** ^{을유문고②} 을유문화사 1949.5.10 175쪽 220원

이석구 역 박지원 저 **양반전** ^{협동문고(2-3)} 조선금융조합연합회 1947.11.1 103쪽 70원

이시억 편 **시조 가요 민요선집** 협신인쇄사 1948 155쪽 250원 韓

이윤재 역 박지원 저 **도강록** 대성출판사 1946.5.10 133쪽 25원

이윤재 편 **문예독본** ^{상하합편} 한성도서 1947.8.25(九) 287쪽 200원

이필갑 **국문학해제** 백아사 1950.6.25 123쪽 500원

이희승 **조선문학연구초** 을유문화사 1946.9.20 105쪽 30원

이희승 **정정역대조선문학정화** 박문출판사 1947.7.20 275쪽 200원

이희승 **정정역대조선문학정화** 박문출판사 1948.10.1 274쪽 400원

정경태 **아악보** 시조연구회 1950.2 비매 ℹ

조선고전문학연구회 편 **국문학해설** 문조사 1949.2.15 148쪽 300원

조윤제 **조선시가사강** 박문출판사 1946 453쪽 170원

조윤제 **조선시가의 연구** ^{조선문화총서⑥} 을유문화사 1948.4.5 280쪽 650원

조윤제 **국문학사** 동방문화사 1949.5.10 529쪽 1600원

조윤제 **고대문감** 대학출판사 1949.10.20(再) 218쪽 500원

조윤제 **교육국문학사** 동방문화사 1950.4.6 120쪽 550원

조향 편 **고전문학수** ^{대학국문학} 자유문학사 1950 343쪽 1500원 韓

주왕산 **조선고대소설사** 정음사 1950.2.15 319쪽 1000원

주왕산 교정 **청구영언** ^{신문고①} 통문관 1946.8.30 193쪽 50원

중앙출판사 편,발행 **용문장군전** ^{딱지본소설} 1945.12.31 49쪽 ℹ

중앙출판사 편,발행 **삼쾌정** ^{딱지본} 1948.10.1 71쪽 ℹ

지헌영 **향가여요신석** 정음사 1947.8.15 128쪽 130원

최영해 편 **조선시조집** ^{부독본총서3} 정음사 1946 61쪽 20원

최운정 **정해시조백수** 대양출판사 1949.11.15(六) 94쪽 120원

태화서관 편,발행 **유충렬전** ^{딱지본} 1946.2.28 85쪽

태화서관 편,발행 **콩쥐팥쥐전** ^{딱지본} 1947.11.10(再) 36쪽 (김씨열행록 합본)

태화서관 편,발행 **장화홍련전** 딱지본 1947.12.10(五) 40쪽

태화서관 편,발행 **박씨부인전** 딱지본 1948 58쪽 50원 36쪽 [韓]

한성서림 편,발행 **유충렬전** 딱지본 1946.1.27 99쪽

한용선 편 **애송시조집** 숭문사 1946.3.15 100쪽 12원 [i]

한흥출판사 편,발행 **임호은전** 딱지본 1949.1.20 132쪽 [i]

황희영,최창국 편 **고전문학교본** 고려서적 1948.11.20 200원 [i]

인문과학 〉 문학 〉 외국문학 — 역자명순

강봉식 **영시첫걸음** 경위사 1949.6.25 119쪽 230원

곽종원 역 **잔발잔** 양양사 1948.8 150원 [出]

곽하신(씨모노브) **낮이나 밤이나** 상 정음사 1948.10.15(再) 278쪽 350원

곽하신(씨모노브) **낮이나 밤이나** 하 정음사 1948.11.25 331쪽 500원

김경보(아놀드벤넷트) **문학입문** 수문사 1947.12 100쪽 90원 [i]

김광주(조우) **뇌우** 희곡 선문사 1946.4.30 125쪽 25원 [朴]

김광주(뷕톨유고) **인간무정** 숭문사 1949.11.30(初) 334쪽 700원 [i]

김광주,이용규 역 **노신단편소설집** 제1집 서울출판사 1946.8.20 200쪽 45원

김광주,이용규 역 **노신단편소설집** 제2집 서울출판사 1946.11.15 148쪽 45원

김금호(하이네) **하이네시집** 동문사서점 1949.1.13 200쪽 250원 [i]

김길준(G오어웰) **동물농장** 국제문화협회 1948.10.31 111쪽 150원 [i]

김동성 편역(서경수) **한문학상식** 을유문고(25) 을유문화사 1949.5.10 279쪽 310원

김래성(코난도일) **심야의 공포** 여명각 1947.10 183쪽 150원 [賢]

김래성(에드가A포우) **마심불심** 해왕사 1949.11 212쪽 350원 [出]

김병규(앙드레지이드) **좁은문** 을유문고⑯ 을유문화사 1948.8.15 260쪽 260원 [乙]

김상봉(다니엘데포) **로빈손크루스** 도서통판사 1949 172쪽 [i]

김상용 편 **Selected Short Stories** 청구문화사 1948.2.5 130쪽 250원

김상용 편 **Gems of Poetry** 청구문화사 1949.6.10 162쪽 450원 [i]

김상훈 역 **역대중국시선** 정음문고 정음사 1948 120쪽 100원 [i]

김시홍 역 **빠이론시집** 영창서관 1946.7 144쪽 30원 [朴]

김시홍 역 **하이네시집** 영창서관 1946.7.31 233쪽 35원

김우정 역 **괴테－시집** 세계명작시인선집③ 동문사서점 1949.10.20 168쪽 300원

김익호(올더스헉슬리) **반공일** 조선문화사 1948 48쪽 70원 韓

김종욱 편 **강한 사람들** 흑인시집 민교사 1949.1.10 150쪽 250원

김준섭(헬만·헷세) **싣달타** 한 印度의 詩 웅변구락부출판부 1946.6.5 59쪽 15원 i

김진섭(슈니츨러) **맹인과 그의 형** 산호장 60원 出

김해랑(아가사크리스티) **사인도의 비밀** 경향출판사 1948.5.10 119쪽 150원 賢

김현제(미고방웅 외) **패주병원선의 애욕** 육생사 1950 187쪽 500원 韓

김희봉 편 **국제살인사건** 문예서림 1947.8.30 102쪽 80원 賢

김희창(로버트루이스스티븐슨) **보물섬** 해양모험소설 문예서림 1947.10.30 296쪽 280원 賢

남원(톨스토이) **행복한 사람들** 정문관 1948 100쪽 200원 出

남훈(톨스토이) **사람은 얼마만한 토지가 필요한가** 여명각 1948.12.20 108쪽 220원

남훈(빅톨유고) **희무정(짠발챤)** 세계명작문고① 온문사 1950.6.5 217쪽 350원

노춘성(모리스루부랑) **이억만원의 사랑** 문언사 1948.5.1 390쪽 450원 i

덕흥서림 편,발행 **고문진보** 전집 1949.9.5 143쪽 3000원

덕흥서림 편,발행 **고문진보** 후집 1949.1.25 333쪽 600원

마로H **집 없는 아이** 온문사 1950 350쪽 660원 韓

문철민 역 **젊은베르테르의 슬픔** 서광출판사 1948.10 350원 出

문학감상회 편 **세계문학선집**(상) 중앙서사 1948.11 218쪽 380원 19 出

박도일(코난도일) **흡혈귀** 상호출판사 1948 160쪽 i

박태원 역 **중국소설선** I 정음문고 정음사 1948.2.10 125쪽 80원

박태원 역 **중국소설선** II 정음문고 정음사 1948.3.20 116쪽 80원

박태원 역 **삼국지** 권1 정음사 1950.3.15 395쪽 1000원

박태원 역 **수호전** 권2 정음사 1950.2.15(再) 432쪽 1000원

박태원 역 **수호전** 권3 정음사 1950.1.15 536쪽 i

방인근 **괴도루팡813의 비밀**(상하) 문운당 1949.1.30 226쪽 350원 i

백효원(누시노프) **문학의 본질** 신학사 1947.11.1 97쪽 80원 i

백효원(누시노브세이트린) **문학원론** 문경사 1949.6.25 278쪽 400원 Z

변영로,이하윤 선역 **영시선집** 동방문화사 1948.4.10 93쪽 150원

설정식 역 **하므렡** 백양당 1949.1.30 285쪽 350원

송범의 역 **골키선집** 제2권:나의 대학(상) 창인사 1947.4.18 143쪽 180원 ⓘ

송완순(프리체) **구주문학발달사** 개척사 1949.4.20 342쪽 600원

신상순 **알리바바와 40명의 도적** 반딧불사 1950.4.15 65쪽 200원

아동교육연구사 편,발행 **이솝이야기** 1948.7 80쪽 35원 出

안민익(투루게네프) **첫사랑** 선문사 1949 160쪽 180원 韓

안응렬(앙드레지이드) **전원교향악** 을유문고④ 을유문화사 1948.8.15 124쪽 120원 乙

양병도 역 **콕토—시집** 세계명작시인선집⑨ 동문사서점 1950.3.15 176쪽 350원

양우섭(톨스토이) **성욕론** 선문사 1947.10.1 122쪽 100원 ⓘ

양주동(AA미른) **미른수필집** 을유문고③ 을유문화사 1948.4.10 136쪽 160원 乙

양주동 역 **시경초** 을유문고⑤ 을유문화사 1948.8.15 182쪽 200원 乙

양주동 역편 **세계기문선** 청년사 1948.9.30 252쪽 500원 ⓘ

양주동 역편 **영시백선** 연교사 1948.10.30 163쪽 280원

양주동 역 **영시백선** 백양당 1948.12.10 226쪽 350원

양주동 역 **현대영시선** 수선사 1948.11.10 175쪽 320원

양주동 편 **영국수필선** SelectedBestEnglishEssays 연수사 1948.11.10 164쪽 300원

양주동 편 **WHAT IS LITERATURE 문학론** 동화출판사 1949.11.15 202쪽 400원

염상섭(알폰스도데) **애련** 세계대중문학선집② 문운당 1950.2.25 203쪽 500원

오장환 역 **에세닌시집** 동향사 1946.5.28(상제 1000부) 112쪽 40원

오화섭(오설)(헬먼) **라인강의 감시** 전3막 문조사 1950.2.25 129쪽 400원 ⓘ

우신사 편,발행 **세계명작총서** 제1권 1948 421쪽 650원 韓

유두웅 역 **탐정괴기루팡전집** ①천고의비밀 삼우출판사 1945.9 165쪽 20원 出

유석빈 역 **시경** 周南,召南 서울출판사 1946.4 45쪽 10원 出

윤가온(마로오) **집 없는 아이**(상) 경향출판사 1948.11.20 276쪽 350원 ⓘ

윤영춘 **현대중국문학사** 계림사 1949.12.16 186쪽 350원 ⓘ

윤영춘(곽말약) **소련기행** 을유문고(23) 을유문화사 1949.5.10 314쪽 350원 乙

윤영춘 역편 **현대중국시선** 청년사 1947.7.29 174쪽 180원

윤태영 역 **전등신화** 진성당 1950.4.5 217쪽 550원 ⓘ

윤태웅(릴케) **소녀의 노래** 산호장 50원 出

윤태웅 역 **하이네연애시집** 정음문고 정음사 1948.6.30 116쪽 100원

이룽구(와아즈와즈) **와아즈와즈시집** 동문사서점 1950 180쪽 280원 ⓘ

이명선 역　**맨발** 중국현대단편소설선집　선문사　1946.6.30　149쪽　50원

이명선 역　**중국현대단편소설선집**　선문사　1946.6.30　149쪽

이목(앙드레모로아)　**도발된 전쟁**　란수사　1949.2.28　72쪽

이석훈(보리스고르바또프)　**항복 없는 백성**　창인사　1947.3.15　127쪽　100원　🛈

이석훈(톨스토이)　**부활**⁽상⁾　대성출판사　1947.6.30　235쪽　200원　🛈

이석훈(코난도일)　**심야의 음모**　세계서림　1948.3　239쪽　🛈

이석훈(코난도일)　**바스카아빌의 괴견**　야사연구회　1948.9.1　239쪽　300원　🛈

이석훈 역　탐정소설**비밀의 열쇠**　개조출판사　1950.1.30　480원　🛈

이양하(IA리챠아즈)　**시와 과학**　을유문화사　1947.2.1　64쪽　50원　乙

이양하 외역　**사랑의 시집**⟨婦人⟩1949년2,3월합호 별책부록　1949.2　42쪽

이제편　**세계명작에 나타난 사랑의 편지**　조선출판사　1946.12　121쪽　40원　出

이진원(스탕달)　**연애론**　건설출판사　1948.7.1　121쪽　200원

이철(필리프)　**어머니와 아들** 정음문고　정음사　1948.3.20　163쪽　130원　🛈

이철 역　**골키선집** 제1권:단편집첼카슈　창인사　1947.3.25⑷　146쪽　100원

이파호 역　**보─드레─ㄹ시집**　동문사서점　1949.11.5　190쪽　300원

이하유(파금)　**혁명가의 생애**　애미사　1949　62쪽　130원　韓

이하윤 역편　**원문대역영시선집**　500원　出

이하윤 편역　**불란서시선**　수선사　1948.7.27　108쪽　200원　🛈

이하윤 편역　**현대영국시인집** Modern English Poets　합동사서점　1949　136쪽　🛈

이하윤 편　**현대서정시선**　박문출판사　1949　172쪽　180원　韓

이호근　**ALDOUS HUXLEY'S SHORT STORIES**　한성도서　1949.1.15　93쪽　160원　🛈

이휘영(메리메)　**카르멘** 을유문고⑪　을유문화사　1948.10.20　137쪽　150원

이휘영(마르탱·듀가르)　**회색노오트**　조문사　1950.1.20　176쪽　400원

이휘영 역　**불란서단편3인집**　서울문화사　1949.9.23　87쪽　230원

임규일 역　**에슌화**　정문관　1946.1　27원　出

임학수 편　**세계단편선집**　신조사　1946.7.20　183쪽　38원

임학수(T하아디)　**슬픈 기병** 을유문고⑩　을유문화사　1948.6.30　204쪽　210원　乙

임학수(타골)　**초생달**　문조사　1948.7.5　106쪽　200원

임학수 역편　**19세기초기 영시집** 한도영어총서①　한성도서　1948.7.15　97쪽　150원

임학수 역편　**Earlier XIX Centry Poets**　조선인쇄회사　1948.7.15　97쪽　🛈

임학수 역 **블래익시초**^{산호문고⑤} 산호장 1948.7.20 62쪽 60원 出

임학수,이호근 공역 **죄수** 백수사 1947.5 183쪽 100원 出

장민수 역 **바레리시집**^{세계명작시인선집⑦} 1949.12.25 170쪽 300원

장서언(맨스필드) **원유회**^{산호문고⑥} 산호장 1948.8.10 76쪽 70원 i

장성언 편 SHORT STORIES by THOMAS HARDY 민중서관 1949.10.20 185쪽 300원

장치경 편역 **빠이론시집** 동문사서점 1949.5.20 194쪽 200원 i

전창식(메리메) **배신자**^{산호문고⑦} 산호장 1948.10.10 101쪽 100원 出

전형국(촬스램) **쉑스피어초화집** 동심사 1947.8.5 90쪽 95원 i

정해진 역 **갈리바여행기** 정음사 1946 102쪽 100원 出

조규동,강이홍역 **성과 문학** 선문사 1950.2.10(再) 312쪽 700원

조벽암(고리키) **문학론** 서울출판사 1947.11.30 148쪽 160원

조선문예연구회^{김영석,나선영}(비노그라도프) **문학입문** 선문사 1947.1.20 179쪽 90원

조선문학사 편 **문학,비평** 조선문학사 1947.6 202쪽 250원 出

조영희 역 **푸쉬킨시집** 세종문화사 1950.2.5 113쪽 250원

조용만(코난도일) **Three Stories from Conan Doyle** 삼의사 1948 108쪽 150원 韓

주요섭(N호오돈) **하이데커박사의 실험**^{을유문고⑱} 을유문화사 1950.4.10 138쪽 250원 乙

주요섭 역 **승리의 날**^{구미작가단편집제1집} 상호출판사 1947 181쪽 85원 i

지태경(아랑) **행복론** 아문각 1949 287쪽 500원 19 韓

철야당 역편,발행(A·L·테니슨) **추억의 노래**^{In Memorium} 1949.10.25 105쪽 250원

청황생 역 **요부의 말로** 동문사서점 1949 342쪽 500원 韓

최고(펄벽) **흑과 백** 광문서림 1950.2.20 316쪽 750원

최영해 역 **이소프이야기**^{조선아동문고①} 정음사 1946 114쪽 15원 出

최완복(모팟상) **감람나무밭**^{을유문고⑬} 을유문화사 1948.6.20 149쪽 150원

최운걸(톨스토이) **사람은 무엇으로 사나**^{정음문고} 정음사 1948.11.30 102쪽 100원

최일민(헷세) **헤루만·헷세시집** 동문사서점 1950.1.15 186쪽 300원 i

최장학 역 **천재몽**^{중국현대문선} 문진문화사 1949.6.20 175쪽 300원

최정우 역 **베니스의 상인**^{박문문고(21)} 박문출판사 1948.11.12 210쪽 290원

펄벽 **대지**^{1부} 학림사 1949 421쪽 650원 韓

펄벽 **무기 없는 백성들** 정음사 1949 350쪽 韓

학생사 역,발행 **어머니를 찾어서 삼천리** 학생사 1946.6 62쪽 出

한남구 역 **햇세의 두 단편** ^(기타사항 미상)150원 出

한흑구 역 **현대미국시선** 선문사 1949.6.10 161쪽 350원

함대훈(고리끼) **밤주막** 문화신서(50-1) 조선공업문화사출판부1949.10.15 139쪽 300원

허집(입센) **인형의 집** 조선공업문화사출판부 1949.10.20 171쪽 380원 朴

현덕,이홍종(쇼-로홉) **고요한 동** 제1권 대학출판사 1949.4.25 209쪽 380원 i

현재덕 역 **삼국지④** 일성당서점 1950 352쪽 i

홍면식(로젠타리) **창작방법론** 문경사 1949.4.10 229쪽 400원 Z

홍효민 **로서아문학사** 동방문화사 1947.9.10 162쪽 160원

인문과학 〉 어학 〉 사전

광문회 편 **한글조선말사전** 동명사 1948 500쪽 1200원 韓

국제출판사 편,발행 **국제영한영영사전** 1949 1074쪽 1800원 韓

김동성 **한영사전** 대한출판사 1945.11.20 672쪽 45원

김병제,정태진 **조선고어방언사전** 일성당서점 1948.12.25 244쪽 특제550원,병제450원

김병제 편 이윤재 편저 **표준조선말사전** 아문각 1947.12.20 908쪽 특제본1000원

김석규 **학생영한사전** 영인서관 1949 330쪽 250원 韓

김송규 회중**신옥편** 광한서림 1948.2 出

노영호 **한글조선말사전** 동명사 1948.9.20 487쪽 800원

대양출판사 편,발행 **국한영실용사전** 1949 543쪽 600원 韓

덕흥서림 편,발행 **신옥편** 1950.4.15(六) 496쪽 1200원

문세영 편 수정증보**조선어사전** 영창서관 1946.5 1854쪽 500원 出

문세영 편 中國漢**신옥편** 동화당서점 1947.4 199쪽 150원 出

문세영 편 **국어소사전** 삼문사 1947.6 247쪽 300원 出

문세영 편 **국어소사전** 정문관 1947.6.10 244쪽 350원 i

문세영 편 **중등조선어사전** 삼문사출판부 1948.1(再) 356쪽 400원

문세영 편 **신옥편** 장문사 1950.4.10(三) 259쪽 350원

문세영 편 **중등조선어사전** 삼문사출판부 1950.3.25(四) 356쪽 900원

문화당 편,발행 **국민학교국어사전** 1948.4.20 100원 i

박종옥 틀리기쉬운**일용어사전** 조선어사전간행회 1949.9.1⒥ 145쪽 250원 (i)

범조사 편 **우리말새사전** 범조사 1948 1292쪽 3000원 (韓)

변인선 **한미사전** 정문관 1945.12 214쪽 60원 (出)

변인선 **한영사전** 을문관 1945 1114쪽 60원 (韓)

삼문사출판부 편,발행 **소학생국어사전** 1948.7 100원 (出)

송완식 편 **신수국한문대사전** 영창서관 1946.10.2 881쪽

숭문사 편,발행 **신어사전** 1947.11.15㊂ 156쪽 180원

신삼수 편 **실용옥편** 철야당서점 1949.12.5 80원 (i)

아동교육연구회 편 **어린이국어사전** 문교사 1948.5 166쪽 200원 (i)

오한근 편 **신자원** 사서출판사 1950 1032쪽 2500원 (韓)

유열편 **현대학생우리말사전** 현대사 1950 1308쪽 3000원 (韓)

유창돈 **숙어사전** 경성인서사 1948.11.15 175쪽 290원

유형기 편 **신생영한사전** 신생사 1946.10 1145쪽 375원 (出)

유형기 편 **신생한영사전** 신생사 1947.7.15 866쪽 500원

유형기 편 **신생중등한영사전** 숭문사 1947 866쪽 150원 (韓)

유형기 편 **신생중등영한사전** 숭문사 1949.8.15 933쪽 1300원

을유문화사 편,발행 **학생조선어사전** 1948⒮수정판⒯ 223쪽 250원 (朴)

이상춘 **조선옛말사전** 을유문화사 1949.9.10 325쪽 1000원

이양하,권중휘 **스쿠울영한사전** 민중서관 1949.4.30 872쪽 1300원

이영철 편 이희승 감수 **학생조선어사전** 조선아동문화협회 1946.10.9 226쪽 70원 (乙)

임학수 **표준영한사전** 건국사 1948 252쪽 250원 (韓)

장하구 종로**도이취 한 사전** 국제조판사 1949 1540쪽 3000원 (韓)

장하구 **독한사전** 종로서관 1949 1200쪽 330원 (韓)

정대일 **조선상말사전**(등사판) 향토문화연구회 1947.9.10 230쪽 (i)

정인소 **세계어사전** 애지세계사 1947 228쪽 500원 (韓)

정희준 **조선고어사전** 동방문화사 1949.1.5 512쪽 1200원

조선광문회 편 **신자전** 신문관 1947 498쪽 400원 (韓)

조선도서간행회 편 **국어사전** 정문사 1946.12 1270쪽 500원 (出)

조선어사전간행회 편 수정증보**조선어사전** 영창서관 1949.1.31 1854쪽 3500원 (朴)

조선어학회 **조선말큰사전**[1] 을유문화사 1949.7.1⒥ 564쪽 2000원

조선어학회 **조선말큰사전** 2 을유문화사 1949.5.5 1178쪽 1500원

조용승 **신구숙어해설** 자가본 1949.3.10 [i]

지석영 편 **자전석요** 영창서관 1949 800원 [韓]

최남선 **신자전** 동명사 1947.8 498쪽 450원 [出]

한글학회 **조선말큰사전** 3 을유문화사 1950.6.1 1812쪽 2000원

인문과학 〉 어학 〉 한국어학—'국어 교과서 및 학습서' 항목과 넘나들 수 있음.

김근수 **한글 바로 읽고 바로 쓰는 법** 연학사 1947.5.15 72쪽 50원 [i]

김기림 **문장론신강** 민중서관 1950.4.25 381쪽 950원

김병제 **한글맞춤법해설** 정음사 1946.3.28^(서문일자) 132쪽 30원

김성칠 역 **용비어천가**^(상) 조선금융조합연합회 1948.4.20 180쪽 260원

김성칠 역 **용비어천가**^(하) 조선금융조합연합회 1948.5.15 270쪽 260원

김영훈 **상용한자편람** 문교사 1947 30원 [韓]

김윤경 **조선문자급어학사** 진학출판협회 1946.9.30(四) 851쪽 200원

김재찬 **바른 말과 글** 자가본^(부산) 1948.6.30 [全]

김진봉 **일용숙어강화** 문성사 1950.2.23(用) 231쪽 600원

김형규 **국어학개론** 일성당서점 1949.12.30 214쪽 500원

노여천 편 **주석천자문** 문명사 1947.12.25 188쪽 180원

문교부 편 **우리말 도로 찾기** 조선교학도서 1948.6.2 36쪽 30원

문교부 편 **한자 안 쓰기의 이론** 조선교학도서 1948.8.6 44쪽 [全]

문교부 편 **한글 첫걸음** 광주형무소 1950 18쪽 [i]

문명훤 **국어의 참 두루미** 한미프린트사 1948 29쪽 40원 [韓]

박태윤 **현대문장신강** 교문사 1948.9.5 243쪽 350원

방종현 **원본해석훈민정음** 진학출판협회 1946.7.10 [全]

방종현 **고어재료사전**^{전집} (등사본) 동농사 1946.12 133쪽

방종현 **고어재료사전**^{후집} (등사본) 동성사 1947.6 194쪽

방종현 **훈민정음통사** 일성당서점 1948.1.20 215쪽 300원

배달학원(부산) 편,발행 **용비어천가** 1945.12.5 [印]진주프린트사 [i]

송필수 **국자신론** 금강문화연구사 1946 38쪽 30원 韓

신기철 **한글공문의 기초지식** 동방문화사 1949.11.3 328쪽 880원

신재균 **개정한 한글맞춤법해설 참고서** 근흥인서관 1946.5.30 ℹ

심의린 **음성언어의 교육** 해동문화사 1949.10.20 120쪽 300원

안영섭 **우리글 가로 푸러쓰기 법 통일안** 조선어연구회 1946 23쪽 雅

유열 **훈민정음풀이** 조선어학회 1947.8.15 57쪽 80원

유열 **훈민정음풀이** 보신각 1947.10.15 58쪽 250원

유열 **한글강좌** 조선금융조합연합회 1948.9.20 全

유열 **한글강좌** 일성당 1948 286쪽 750원 韓

유열 **한글강좌** 조선금융조합연합회 1949.2.20(再) 全

유재헌 **국어풀이씨가름** 국학사 1947.7.25 冊

유재헌 **표해도식국어문법국어풀이 씨가름** 동학사 1947 160쪽 130원 韓

윤석중 글 홍우백 그림 **어린이 한글책** 조선아동문화협회 1946.5.5 31쪽 20원 ℹ

이극로 실험도해 **조선어음성학** 아문각 1947.11.15 52쪽 120원 ℹ

이극로 **국어학논총** 정음사 1948.11.30 122쪽 ℹ

이극로 **한글** 한글사 1948.2 60원 出

이병기 감수 **국문단어의 종합적 정리** 유문사 1950 276쪽 ℹ

이상춘 **용비어천가** 동화출판사 1946.9.20 78쪽 80원

이숭녕 **조선어음운론연구제1집'•'음고** 을유문화사 1948.12.20 332쪽 乙

이숭녕 **고어의 음운과 문법** 문화당 1949.4.1 140쪽 全

이영철 편 **틀리기 쉬운 말** 조선아동문화협회 1947.5.10 98쪽 80원

이종수 편 **이천자문** 성문당서점 1947.2.10 ℹ

이철우 **한글의 빠른 길** 경상북도학무국 1947.4.21 冊

이희승 **한글맞춤법통일안강의** 동성사 1946.11.10 208쪽 70원

이희승 **한글맞춤법통일안강의** 동성사 1947.3.15(再) 120원 ℹ

이희승 **한글맞춤법통일안강의** 박문출판사 1949.12.20(수정三) 308쪽 600원

이희승 **조선어학논고** 을유문화사 1947.11.15 272쪽 270원

자성문화사편집부 편 **실용한영천자문** 문화당 1946.5 44쪽 20원 出

장지영 **국어입문** 조선어학회 1946.6.15 全

장하일 **한글맞춤법교본** 고려문화사 1946.7.10 冊

장하일 **한글맞춤법교본** 고려문화사 1946.9 114쪽 30원 出

전재섭 **한글맞춤법해설** 교양프린트사⟨대구⟩ 1946.5.1 i

정렬모 편 **신편고등국어문법** 한글문화사 1946.10.20 219쪽 100원 全

정인승 **한글독본** 정음사 1946.3 全

정인승 **한글문답** 현대문화사 1950.1.30 158쪽 350원

정인승 **한글소리본** 정음사 1947.8 30원 出

정태진 **고어독본** 연학사 1947.4.25 全

정태진 **받침공부** 신생한글연구회 1946.5.20 Z 『석인정태진전집(상)』(서경출판사1995.4.30)

정태진 **한자 안쓰기 문제** 아문각 1946.6 56쪽 12원 Z 『석인정태진전집(상)』(서경출판사1995.4.30)

조선어학회 편 **외래어표기법통일안** 조선어학회 1947.12.20 冊

조선어학회 편 **언문지** 한글사 1946.6.12⟨再⟩ 19쪽 15원

조선어학회 편,발행 **개정한 한글맞춤법통일안** 1945.9.11⟨11판⟩ 1원 54쪽 i

조선어학회 편,발행 **개정한 한글맞춤법통일안** 1945.12.10⟨31판⟩

조선어학회 편,발행 **사정한 조선어표준말모음** 1946.1.18⟨五⟩ 239쪽 15원

조선어학회 편,발행 **훈민정음**⟨영인⟩ 1946.10.9 66쪽 i

조선어학회 편,발행(정인보校) **훈민정음운해** 1946.6.12⟨再⟩ 98쪽 25원 i

조용만鏞萬 **속성한글강의** 한글동학회 1949.3.30 全

조윤제 **국어교육의 당면문제** 문화당 1947.6.30 138쪽 120원

주시경 **주시경선생유고** 삼문사출판부 1945.9.30 177쪽 20원

주시경 **조선어문법** 정음사 1946.4 229쪽 35원

최근학 **민주주의 국어교육** 금룡도서 1947.4.25 39쪽 80원 朴

최세진 **훈몽자회**국어고전총서① (선장본) 1948 i

최현배 **한글의 바른 길** 정음사 1945년판 159쪽 5원

최현배 **시골말 캐기 잡책**방언채집수첩 정음사 1946.6 55쪽 100원 出

최현배 **글자의 혁명**문교연구총서① 조선교학도서 1947.5.6 206쪽 140원 i

최현배 **우리말본** 연희전문학교 1947 1282쪽 1500원 韓

최현배 **한글갈**정음학 정음사 1948.5.10⟨五⟩ 829쪽 6000원

해방사 편,발행 **문맹퇴치인민독본** 1946.1.20⟨서문일자⟩ 56쪽

홍기문 **정음발달사**⟨상⟩ 서울신문사출판국 1946.8.30 231쪽

홍기문 **정음발달사**⟨하⟩ 서울신문사출판국 1947.5.10⟨再⟩ 238쪽

홍기문 **조선문법연구** 서울신문사출판국 1947.6.30 420쪽 3000원

홍천성 편 **천자문** 1946.1.10 5원 ℹ️

인문과학 〉 어학 〉 외국어학

국제출판사 편,발행 **국제그림영어사전** 1948.8.30 474쪽 700원 ℹ️

국제출판사 편,발행(로바드딕숀) **회화영어교본** 영문 국제출판사 1948.8 130쪽 200원 出

국제출판사 편,발행(로바드딕숀) **영문법교본** 영문 국제출판사 1948.9 160쪽 250원 出

국제출판사 편,발행 **Great Livies in History** 1948.10.2(三) 250원 ℹ️

국제출판사 편,발행 **독일어숙어사전** 1948.10.30 135쪽 200원 ℹ️

국제출판사 편,발행(로바드딕숀) **기초영어교본** 영문 국제출판사 1948.12 190쪽 300원 出

김규민 **로시아말 첫거름** 숭문사 1947.8.10 100쪽 100원 出

김규식 **실용영어** Practical English 을유문화사 1949.5 160쪽 330원 乙

김동순 **인생의 활용** 대역 금룡도서 1948.12.25 133쪽 250원 朴

김억 **에스페란토단기강좌** 수선사 1949 92쪽 220원 韓

김여제 **표준영어발음법** 세계문학사 1948.1 126쪽 150원 ℹ️

김영근 주해(T·하이디) **언니의 일기** Alicia'sDiary 광문사 1948.5.5 119쪽 200원

김영원 **영어발음법** 을유문화사 1947.8.10 102쪽 120원

김운봉 **신영어회화집** 계몽사 1950 180쪽 2000원 韓

김재하 **초급영어해설** 영우사 1949 156쪽 300원 韓

김태식 **중국어기초독본** 대조출판문화사 1948.1 99쪽 150원 韓

김희봉 **Tales from Shakespeare강의** 문예서림 1948.9.20 全

덕흥서림 편,발행 **무선생영어자통** 1945.10.30 258쪽 10원 ℹ️

동양사편집부(사아젠트) **한미회화** 광지사 1950 281쪽 65원 韓

로어학회 편,발행 **로어독본** 제1권 1947 155쪽 290원 出

문세영 **중국어속성강의록** 근흥인서관 1946 500원 韓

문예서림 편,발 **주해강의 Fifty famous stories** 1948 153쪽 250원 韓

문철민 **신영문법** 학영사 1947.9 345쪽 300원 出

민족문화협회 편,발행 **영작문문법 백인백담** 속편 1948.11.30 全

박기실 **New Business English** 문화출판사 1948.11.25 全

박성환 역편 **대역50명화집**⁽하⁾ 민조사 1947 121쪽 40원 出

박용도(헨리토마스) **영어개론** 종로서관 1949 330쪽 550원 韓

박인환 **현대사교신영어회화** 덕흥서림 1948 151쪽 180원 韓

방윤수 **영어공부법** 문헌사 1949.1.26 107쪽 200원

변인선 **기초영어5천어집** 정문관 1948.6 280원 出

삼성문화사 편,발행 **The Use of Life** 1948⁽再⁾ 167쪽 i

서울대학교 편 **영문미국독립선언문 급 헌법** 국제출판사 1947.9 50쪽 80원 出

석주명 **국제어에스페란토교과서** 조선에스페란토학회 1949 75쪽 200원 韓

신생사 편,발행 **Charls Lamb Tales from Shakespesre** 1946 171쪽 40원 出

신생사 편,발행 **Schiler William Tell** 1947 186쪽 12원 出

연구사 편,발행 **신영어독본** 1947.12 90원 出

염인걸(關口存男) **독일어문법강의** 학습연구사 1950.1.12 360쪽 900원 i

우형규 **영어문법** 조선교육출판㈜ 1946.10 124쪽 45원 出

우형규 **영어발음** 교육연구사 1947.9 38쪽 40원 出

우형규 **신영어교재** 교육연구사 1947.9 91쪽 120원 出

우형규 **신영어교재**Ⅱ 박문출판사 1948 95쪽 i

우형규 **신영어교재**Ⅲ 박문출판사 1948.4.20 96쪽 220원

유형기 편 **영어회화** 숭문사 1945 178쪽 30원 韓

유형기 편 **A Christmas Carol** 조선인쇄회사 1946.8.15 全

유형기 편 **Tales from Shakespeare** 신생사 1946.12.3⁽再⁾ 全

유형기 편 **신생영작문** 신생사 1947.5.15⁽三⁾ 全

유형기 편 **독일어문법** 숭문사 1948.4 80원 出

유형기 편 **English phrase book** 숭문사 1948.6.15⁽21판⁾ 177쪽 300원

유형기 **독일어문법신생소독문전** 숭문사 1948 108쪽 80원 韓

윤병희 편 **중국어교편** 을유문화사 1948.7 110쪽 160원 乙

윤태웅 **영문해석법연구** 선문사 1948.7 550원 出

을유문화사 편,발행 **표준영습자** 영국교재영쇄 1948.9 150원 乙

이강렬 **영문구조의 기초지식** 문화당 1948.8 280원 出

이복영 **나전어문법** 350원 出

이석락 **영어회화** 계림학회 1945.12 180쪽 3원 出

이효웅 **영어회화편** 서울문화사 1949 181쪽 320원 韓

이휘영 **기본불란서어** 동서출판사 1947.10 144쪽 200원 出

이휘영 **기초불란서어** 조선공업문화사 1949.10.25 156쪽 380원 ℹ

이홍배 주 **독문이숲이야기** 흥문당서점 1948.10.30 111쪽 200원 林

전일현 **고급영문법영문해석법** 동인사 1949 308쪽 550원 韓

정두섭 **영어숙어집** 동양사 1950 243쪽 3000원 韓

정성규 편 **M.Kwoh Selection from Katherine Mansfield** 1946.12 87쪽 75원 出

정인섭 **영어신교수법과 학습법** 문화당 1949 462쪽 700원 韓

정인소 **세계어문법** 애지세계사 1947 40쪽 80원 韓

정인소 **세계어회화** 세계평화연맹 1948 58쪽 150원 韓

조국형 **영어기초4천단어집** 건문사 1947.5 190쪽 90원 出

조선공민교육협회 편,발행 **영문타잎교칙서** 1948 500원 韓

조선영어연구회 편,발행 **영어회화독습안내** 1945.9.30 ℹ

조선인쇄회사 편,발행 **Lord Aveburry the use of Life** 1946.2 162쪽 70원 出

조선인쇄회사 편,발행 **The Sketchbook—By Washington Irving** 1946.8.15(再) 177쪽 70원 全

조성식 **고등영문법** 청구문화사 1949.12.10 225쪽 850원

조성식 편(C.T.Onions) **영어문장론** 진성당 1950.6.15 185쪽 550원 全

조용만 **상식영어대전** 문예서림 1947 273쪽 120원 韓

조화영 **독일어숙어사전** 국제출판사 1948 132쪽 200원 韓

채관석 **Beautiful Stories(text book)** 대조출판문화사 1948.6.25(再) 全

학원사 역,발행(Washington Irving) **The Sketch Book** 주해서 1949.11.15(再) 141쪽 300원

한남철 **도이취말교본** 채문사출판부 1949.5.25 250원 ℹ

한양학술연구회 역 **최신연구영문법** 동명문화사 1950 477쪽 800원 韓

한영기 편 **독일어교본** 한성도서 1948.10.30 97쪽 180원

한용선 편 **Tales from Shakespeare** 숭문사 1946 171쪽 25원 韓

한용선 편 **Selection from fifty famous stories** 숭문사 1947 151쪽 50원 韓

한찬오 편 **The Standard Dictionary Of English Phrases** 민교사 1950.2.10(四) 349쪽 700원

헌문사 편,발행 **Short Stories by Aldous Huxley** 1946.11.5 全

현무진 편 현성진 교열 **로어발음명해** 조선학술원문화출판부 1949 101쪽 ℹ

인문과학 〉 어학 〉 웅변/서식 기타

강제환 편 **도산안창호웅변전집** 웅변구락부출판부 1950.5.25(再) 276쪽 800원

근흥인서관 편,발행 **최신가정시행척독** 1945.9.15 98쪽

김덕한 편 **조선서식보감** 문영당서점 1946.9.15 [冊]

김억 **모범서한문** 한성도서 1948.2 176쪽 230원 [出]

김영상 편 **세계웅변집** 평범사 1948 208쪽 350원 [韓]

김영상 편 **세계웅변집** 2집 초음사 1949.12.1(初) 246쪽 500원 [i]

김영상 편 **세계웅변집** 2집 협성문화사 1950.3.31(再) 246쪽 600원

김진복 편 **신식국문가정척독** 1949.10.30 [i]

노춘성 **홍장미 필 때** 미문서간집 삼중당 1949.1.15 150원 [i]

노천명 **여성서간문독본** 박문출판사 1949.12.20 400원 [i]

노춘성 **나의 화환** 문예미문서간집 삼중당 1950.4.25 253쪽 3000원

대한문장연구회 편 **수험논문작성요결** 세문사 1950 520쪽 9000원 [韓]

덕홍서림 편,발행 **시톄국문편지틀** 1948.9.25(五) 130원 [i]

박영히 저 이철경 씀 **한글습자가정편지글** 정문관 1947.4.1 52쪽 60원

방인근 **청년남녀서간집사랑의 편지** 중앙출판사 1949 74쪽 150원 [韓]

백세명 편 **신국민간독** 웅변구락부 1946.1.15 63쪽 6원 [朴]

서울문화사 편,발행 **학생웅변선집** 1950.3.15 700원 [i]

수문관 편,발행 **탁상식사연설보감** 1948.9.1 189쪽 250원

안석제 **웅변법강화** 연학사 1948.9.20(三) 106쪽 150원

안석제 **웅변학과 연설 식사 지침** 연학사 1949.12.20 97쪽 450원

영창서관 편,발행 **주해부음무쌍금옥척독** 1946 132쪽 [雅]

윤석훈 **조선서식보감** 일반의필요한 문영당서점 1947.3.30(再) 84쪽 60원 [i]

윤시중 편 **조선명사서한대집** 동문사서점 1948.2.10 289쪽 250원

이기남 **웅변술강의** 세문사 1949.4.15 164쪽 250원

이기남 **최신웅변술** 문창당 1949.11.15 164쪽 350원

이기남 **식사연설웅변대감** 웅변문화사 1950.5.15 348쪽 850원

이종수 편 **조선명사서한대집** 유길서점 1946.5.1 289쪽 35원 [韓]

이종철 **동서금언경구집** 고려서적 1949· 113쪽 150원 [韓]

이청 **소학생웅변집** 신명사 80원 出

이태준 **서간문강화** 박문출판사 1948.1.30 166쪽 300원 朴

일관학인 편 **한글미문서한** 해방기념 대한교육학회 1947 80쪽 15원 韓

전충헌 **교양문고행정보감** 농산어촌문화협회 1950 94쪽 200원 韓

정인섭(메논) **메논박사연설집** 문화당 1948 182쪽 i

조선농회 편,발행 **조선농가독본** 1947.1.10 142쪽 30원 i

중앙출판사 편,발행 **청년편지투** 1949.10.30 121쪽 350원 i

진주공립농림학교실과부 편 **농가보감** 진주농과대학기성회 1947.12 62쪽

최현 편술 **푸로레타리아 웅변학** 혁신서원 1947.6.25 149쪽 130원 朴

홍국출판사 편,발행 **청년서간문** 1950.3.10 163쪽 450원

인문과학 〉 역사지리 〉 한국사

강영수(다니엘파이버) **3.1운동의 진상** 혁신사 1946.2.25 94쪽 10원

강홍수 **조선독립혈투사** 고려문화사 1946.5.5 165쪽 35원 i

강홍수 **임진왜란과 병자호란** 문운당 1948.11.20 213쪽 350원

경성대학조선사연구회 편 **조선사개설** 홍문서관 1949.5.15 750쪽 특제1900원,병제1700원

계림사 편,발행 **화랑도** 1949.5.30(再) 233쪽 350원

계림학인 **3.1운동과 대한민국임시정부** 국민출판사 1946.1 40쪽 4원 出

고려출판사 편,발행 **대한독립운동사감** 1950 170쪽 i

고원섭 **반민자회상기** 백엽문화사 1949.4.15 172쪽 350원 i

구기운,김순근 공편 **독립혈사** 제1권 문화정보사 1949.8.20(三) 157쪽 2500원

국사교육연구회 편 **국사사전** 신예각 1948 300원 韓

군서당서점 편,발행 **여운형선생에 대한 판결서** 조선사상운동연구자료 1946.3.1 75쪽 i

권기환 **조선오천년흥망사** 자가본(대구) 1946.6.10 12쪽 30원 i

권덕규 **조선사** 정음사 1945 230쪽 15원

권덕규 **조선유기략** 상문관 1946 99쪽 淸

김경안(매원말치) **조선고대문화** 정음문고 정음사 1948.6.10 162쪽 i

김광주 역 이범석 저 **한국의 분노** 일명청산리혈전실기 광창각 1946.4 82쪽 15원 出

김동인 **조선사온고** 상호출판사 1947.10.10 100쪽 100원

김동인 **진역오천년사초집** 조선출판사 1947.6.1 216쪽 150원 朴

김상기 **동학과 동학란** 대성출판사 1947.1.15 125쪽 70원

김상기 **동방문화교류사논고** 을유문화사 1948.6.30 243쪽 500원

김상덕 **조선독립운동사** 조선출판문화 1946.2.25 120쪽 15원

김성봉 **화랑전기** 진주사범학교 1946.8 72쪽 15원 出

김성칠 **조선역사** 정음사 1947년판 128쪽

김성칠 **조선역사** 조선금융조합연합회 1946년제1판 310쪽 50원

김성칠 **고쳐쓴조선역사** 조선금융조합연합회 1949.11.1 253쪽 500원

김수경(모리스쿠랑) **조선문화사서설** 범장각 1946.5.20 191쪽 특장본

김수경(쿠랑) **조선문화사서설** 개척사 1947.10.31 191쪽 170원 병제본

김순근,구기운 공편 **독립혈사** 제1권 문화정보사 1949.8.20(三) 157쪽 2500원

김영건 **조선개화비담** 정음사 1947년판 (서문일자1946.9) 128쪽

김영건 **여명기의 조선** 정음문고 정음사 1948.8.30 95쪽 80원

김영세 역편 박은식 저 **한국통사** 삼호각 1946.6.15 172쪽 120원

김영진 **반민자대공판기** 한풍출판사 1949.4.10 172쪽 300원

김윤경 **어린이국사** 대성출판사 1946 243쪽 50원 i

김이현,최정식 **학병탈출기** (상) 영웅사 1948.10.5 137쪽 240원

김재원 **단군신화의 신연구** 정음사 1947.1 (서문일자) 75쪽 12원

김종국 **한국최근세사** 성문당 1947.4.20 134쪽 150원

김준연 **독립로선** 흥한재단 1947.12.20(再) 152쪽 130원

김진성 역 **월남망국사** 홍문서관 1949.4.30 76쪽 150원

김하경 편 **대한독립운동과 임시정부투쟁사** 계림사 1946.3.30 107쪽 25원

김한석 역 박제가 저 **북학의** 협동문고(3-1) 조선금융조합연합회 1947.10 79쪽 50원 出

김해암,이화사 역 대야발 원저 **단기고사** 경찰교양협회 1950.5.1 167쪽 i

김해암,이화사 역 대야발 저 **단기고사** 조선복음사 1949.12.3 100쪽 i

김향운 **안중근공판속기록** 안중근선생36주기추도회 1946.2.11 冊

김희상 **4천년역사국조선사화** 단민출판사 1946 113쪽 25원

다니엘·파이버 **삼일운동의 진상** 혁신사 1946.2.25 93쪽

대한민국임시정부선전부 편,발행 **대한민국임시정부에 관한 참고문건** 제1집 1948.2.1 42쪽 비매 i

동문사서점 편,발행 **조선민족운동연감** 自대정9년至소화7년 1946.4.7 326쪽 300원

문일평 **한미50년사** 호암전집(권1) 조광사 1945.12.30(再) 233쪽 18원 買

문일평 **조선사화** 청구사 1945.11.18 271쪽 12원 i

문일평 **조선사화** 금룡도서 1947.12.22 271쪽 250원 i

문일평 **조선사화** 조광사 1948.10.15 271쪽 400원

문일평 **사외이문비화** 조광사 1946.5.20 218쪽 30원

문일평 **소년역사독본** 연학사 1947.7.15 112쪽 140원 i

문일평 **호암문집** 제1권 일성당서점 1948.3.31 413쪽 비매

문일평 **호암전집** 제2권 일성당서점 1948.3.31 413쪽 비매

문일평 **호암전집** 제3권 일성당서점 1948.3.31 413쪽 비매

문일평 **호암전집** 전3권 연학사 1948.5 2,000원 出

민심사 편,발행 **대한민국임시정부의 내용** 1945.10 46쪽 3원 i

민우사 역편,발행 **민후시해사건의 진상** 1946.7.30 136쪽 30원

민족정경문화연구소 편 **친일파군상** 삼성문화사 1948.11.1 174쪽 350원 朴

민태원 **갑신정변과 김옥균** 국제문화협회 1947.9.30 154쪽 300원

박동호 **문화사강의안**(등사본) 조선대학교 1950.3.31(서문일자) 42쪽

박봉양 **조선외교사개요** 조선학교도서출판사 1950.3.20 160쪽 650원

박성강 편 **독립운동선구 안중근선생 공판기** 경향잡지사 1946.4.8 235쪽 25원

박은식 **한국독립운동지혈사** 서울신문사출판국 1946.4.15 305쪽 50원

박춘석 **한민족의 혈누사** 한민출판사 1946.5.1 110쪽 20원 i

백대진 **조선사화** 단민출판사 1946.4 冊

사서연역회 역 **삼국유사** 고려문화사 1946.6.25 362쪽 150원

삼문사출판부 편,발행 **조선역사** 1945.9.30 i

삼우사 편 **단국오천년사조선역사** 삼우사 1946 90쪽 30원 韓

새한민보사 편,발행 **임시정부수립대강** 새한판프레트1집 1947.8.5 121쪽 130원

서인균 **조선사회민족운동의 회고** 사선을 넘어서 시조사 1945.11 47쪽 3원50전 出

선우기성 **서북의 애국자** 평안청년회 1946.9.10 56쪽 25원 朴

선우훈 **민족의 수난** 105인사건 태극서관 1948.11.20 146쪽 280원

선우훈 **민족의 수난** 105인사건 태극서관 1950.1.30(三) 154쪽 400원

소석학인 **기미년학생운동의 전모** 근역출판사 1946.2.10 42쪽 4원50전

손대호 **신라사화** 선일사 1950 156쪽 500원 韓

손진태 **우리 민족의 걸어온 길** 국제문화관 1948.7 100원 出

손진태 **조선 민족사개론** 조선문화총서⑪ 을유문화사 1948.12.20 332쪽 600원

손진태 **국사대요** 을유문화사 1950.1.25(삼) 259쪽 650원

손진태 **국사강화** 을유문화사 1950.5.1 220쪽 650원

송주헌 **조선유림기미독립운동사** 자가본 1946.4 71쪽 出

송지영 역 이범석 저 **방랑의 정열** 정음사 1950.2.15 152쪽 500원

신기석 **근대외교사** 탐구당 1950.2.15 378쪽 1200원

신상우 **농국사담** 협동문고(2-3) 조선금융조합연합회 1949.11.5 227쪽 300원

신정언 **상식국사** 계몽구락부 1945.12.20(再) 181쪽 100원(개정가)

신정언 **구휼국사** 계몽구락부 1946.3.9 121쪽 15원

신정언 **호국정신사화집** 계몽구락부 1950 179쪽 ℹ

신채호 **조선사론** 제1집 광한서림 1946.4.30 61쪽

신채호 **조선사연구초** 연학사 1946.8.31 137쪽 45원

신채호 **조선상고사** 종로서원 1948.10.5 372쪽

신태윤 **배달조선 정사** 正史 자가본 1945.9.3 112쪽 發 김봉수(전남순천)

신한정의사 편,발행 **임시정부 혁명영수 약력** 1947.5 37쪽 50원 出

안자산 **조선무사영웅전** 성문당 1947.9.5 189쪽 180원

안재홍 **조선상고사감** (상) 민우사 1947.7.20 322쪽 350원

안재홍 **조선상고사감** (하) 민우사 1948.4.1 328쪽 410원

양승훈 **한국반백년사** 이문회출판사 1949 125쪽 ℹ

엄항섭 **김구주석최근언론집** 삼일출판사 1948.10.30 99쪽 150원

오지영 **동학사** 평범사 1948 300쪽 韓

왕명 **오천년조선사화집** 조선출판사 1946 261쪽 ℹ

원동윤 **신편조선사** 동선인쇄㈜ 1946.9 175쪽 50원 出

유자후 **조선보부상고** 정음문고 정음사 1948.10.31 123쪽 100원

유지옥 **기초국사사전** 조선공업문화사출판부 1949.4.15 383쪽 750원

유홍렬 **조선독립사상사고** 정음사 1948.10.20 170쪽 250원

윤재현 **우리 임시정부** 광창각 1946 23쪽 淸

윤효정 **풍운한말비사** 취산서림 1946.4.20 199쪽 30원

이기범 **조일합방사** 민중조선사 1946.2.15 53쪽 6원

이덕성 **조선고대사회연구** 정음사 1949.2.22 149쪽 250원

이민수,이병식 역주 **당의통략** 협동문고(3-5) 조선금융조합연합회 1948.12.25 372쪽 480원

이병기 **어린이역사** 조선아동문고 정음사 1946 128쪽 30원 出

이병도 **고려시대의 연구** 을유문화사 1948.3.30 428쪽 900원 乙

이병도 **조선사대관** 동지사 1948.7.25 520쪽 1000원 ℹ

이병도 **국사대관** 동지사 1948.11.20(四) 557쪽 1500원

이병도 역 **삼국사기** Ⅰ 박문문고 박문출판사 1947.1 343쪽 130원

이병도 역 **삼국사기** Ⅱ 박문문고 박문출판사 1947.5 479쪽 260원

이병도 역 **삼국사기** Ⅲ 박문문고 박문출판사 1947 253쪽 ℹ

이병도 주해 **하멜표류기** 박문문고 박문출판사 1946년판 98쪽 12원

이병도 편 **고려사** 권1고전총서① 국제신문사출판부 1948.12.25 293 1000원

이병도 편 **고려사** 권2고전총서② 국제신문사출판부 1949.1.15 605쪽 1,000원

이분 저 박태원 역 **이충무공행록** 을유문고⑧ 을유문화사 1948.5.20 138쪽 160원 乙

이상백 **조선문화사연구논고** 을유문화사 1947.8.15 342쪽 300원 乙

이상백 **이조건국의 연구** 조선문화총서⑨ 을유문화사 1949.12.20 240쪽 900원

이선근 **조선최근세사** 정음사 1945.12.1(발문일자) 218쪽 15원

이선근 **조선최근정치사** 정음사 1950.1.30 358쪽 1200원

이성만 **목포고하진사지와 충무공유적** 정신문화사(목포) 1949.9.5 32쪽 100원

이원규 **한말비사 친일파의 비명** 한흥출판사 1946 80쪽 25원 韓

이은상 **조선사화집** 삼국시대편 한성도서 1947.8 271쪽 200원 出

이은상 **조선사화집** 고려편 한성도서 1949 210쪽 400원 韓

이인영 **국사요론** 금룡도서 1950.4.27 242쪽 160원

이재욱 **이조실록고** 정음사 1947 冊

이주홍 **초등국사** 명문당 1945.12.15 全

이창환 편 **조선역사** 세창서관 1945.12.30 186쪽

이창훈 **역사이야기** 보문출판사 1950 140쪽 30원 韓

이청열 **대한이조말사** 공신인쇄주식회사 1946.3.25 43쪽 ℹ

이청원 **조선근대사연구** 조선역사편찬회 1947.6.20(서문일자) 362쪽

이해환 편 **조선독립혈사** 국로사 1945.12.2 107쪽 12원50전

임병철 **조선의 전설** 고려문화사 1947.4 55원 ㊀

장도빈 **한국말년사** 덕흥서림 1945 280쪽 ⓘ

장도빈 **국사** 국사원 1946.3.20(再) 120쪽 16원

장도빈 **국사강의** 북선학생원호회 1947.8 300원 ㊀

전석담 **조선사교정** 을유문고⑨ 을유문화사 1948.5.15 156쪽 180원 乙

정기영 **진양성전기** 비봉학회 1946.9.10 40쪽 15원

정벽해 **조선역사** 중앙출판사 1946.7.15 147쪽 50원

정벽해 **조선역사** 중앙출판사 1949.11(再) 350원 ⓘ

정시우 **독립과 좌우합작** 삼의사 1946.11.20 73쪽 35원

정원섭 **어린이국사교본** 신문화연구소 1946.10 84쪽 15원 ㊀

정인보 **조선사연구** 상 서울신문사출판국 1946.9.20 301쪽 100원

정인보 **조선사연구** 하 서울신문사출판국 1947.7.20 383쪽 500원

정필선 **조선사대강** (출판처 미상) 200원 ㊀

조병렬 **조선역사** 상 (자가본 고창 월산초사) 1948.9.18(발문일자) 162쪽

조병렬 **조선역사** 중 (자가본 고창 월산초사) 1948.9.18(발문일자) 208쪽

조병렬 **조선역사** 하 (자가본 고창 월산초사) 1948.9.18(발문일자) 174쪽

조선과학자동맹 편 **조선해방사** 3.1운동편 문우인서관 1946.11 40원 153쪽 ⓘ

조선역사연구회 편 **조선민족사** 삼의사 1948.5.1 ⓘ 冊

조의설 **동양사개설** 동지사 1950 708쪽 2000원 韓

조종오 **조선최근3대운동사** 웅변구락부출판부 1946.8.11 57쪽 50원 ⓘ

지중세 편 **3.1운동 때 외국신문에 나타난 조선** 신광출판사 1948.12.5 152쪽 250원

진단학회 편 **이충무공** 동연사 19505.5(再) 262쪽 7,000(개정가)

진성준 **한일합병의 비사와 이완용내각의 최후** 전진사 1946 35쪽 淸

차상찬 **조선사외사** 명성사 1947.5.20 168쪽 150원

차상찬 **해동염사** 한성도서 1949.12.6 277쪽 1000원

채근식 **무장독립운동비사** 대한민국공보처 1949 208쪽

최남선 신판 **조선역사** 부·독립운동의 경과 동명사 1945.12.20 ⓘ

최남선 **조선독립운동사** 동명사 1946.2.15 102쪽 10원

최남선 **조선역사** 동명사 1946.2.20 ⓘ

최남선 **조선상식문답** 동명사 1946.10.20(再) 184쪽 50원

최남선 **조선상식문답** 속편 동명사 1947.12.10 394쪽 350원

최남선 **조선상식** 제도편 동명사 1948.7.20 170쪽 250원

최남선 **조선상식** 풍속편 동명사 1948.10.31 168쪽 250원

최남선 **고사통** 삼중당 1946.10.27 306쪽 150원

최남선 **국민조선역사** 동명사 1946.12.15 240쪽 250원

최남선 **조선역사** 쉽고빠른 동명사 1946.11.5 130쪽 50원

최남선 **신정삼국유사** 삼중당 1946 320쪽

최남선 **역사일감** 상권 동명사 1947.4.20 200쪽

최남선 **역사일감** 하권 동명사 1948.7.20 423쪽 450원

최남선 **성인교육국사독본** 동명사 1947.11.30 67쪽 50원

최남선 **조선역사지도** 동명사 1947.12.15 17쪽 50원

최남선 **조선의 산수** 최남선강연집(1) 동명사 1947.10.1 116쪽 100원

최남선 **조선의 고적** 최남선강연집(2) 동명사 1948.2.10 123쪽 150원

최남선 **조선의 문화** 최남선강연집(3) 동명사 1948.4.20 126쪽 200원

최남선 **조선의 문화** 문우사 1948.4

최남선 **우리나라 역사** 국문사 1950.1.25(再) 900원

최남선 **대한독립운동사** 동명사 1950.3.1(再) 200원

최남선 **국사동양사서양사합편세계역사요항** 국문사 1950 189쪽 900원

최덕신 **인면항일전기** 평화도서주식회사 1947.8 120원

최덕신 **인면혈전기** 영남일보사 1949 154쪽

최운구 **사회문화연대표** 삼중문화사 1949.11.20 164쪽 400원

최형우 **해외조선혁명운동소사** 東方문화사 1945.12.10 92쪽 6원

최형우 **해외조선혁명운동소사** (2집) 東方문화사 1946 69쪽

한홍구 **한국약사** 자가본(청주) 1945.11(서문일자) 102쪽 35원

한훈 편,발행 **광복단약사** 광복단중앙총본부 1946.8.3 28쪽

함돈익 **조선역사** 한글문화보급회 1946.6 134쪽

함돈익 **조선역사** 조선문학사 1947(五)

해방일보사 **삼일운동의 역사적 의의** 해방일보72호부록 1946.2.28 12쪽

혁신출판사 편,발행 **민족정기의 심판** 1949.4.17 231쪽 470원

홍이섭 **조선역사연대도표** 현우사 1945.11.15 절첩본 5원 비도서자료

홍이섭 **조선과학사** 정음사 1946.9.20(1,000부) 274쪽

홍이섭 **조선과학사** 정음사 1949.12.25(再) 274쪽

홍이섭 외 **태조강헌대왕실록** 조선실록제2책 정음사 1946.4

홍이섭 외 **태조강헌대왕실록** 조선실록제3책 정음사 1946.5

홍이섭 외 **태종공정대왕실록** 조선실록제6책 정음사 1946.7 朴

홍이섭 외 **태종공정대왕실록** 조선실록제10책 정음사 1947.2

홍이섭 외 **태종공정대왕실록** 조선실록제13책 정음사 1947.6 朴

홍이섭 편 **조선사도해표** 세계사와 대조한 정음사 1946 40원 出

황호근 **신라사** 동아출판사 1948.12.3 116쪽 비매 i

인문과학 〉 역사지리 〉 기타 역사

고병익,곽윤직(르네세디오) **세계의 역사** 일한도서출판사 1950 340쪽 1200원 韓

과학사 역,발행(이두공부) **청년을 위한 세계역사** 1947 55쪽 70원 韓

김상기 **중국고대사강요** 정음사 1948.4.30 184쪽 350원

김유방 **문화사개론** 한성도서 1948.1.15 73쪽 130원

김일빈 편 **데카브리스트연구** 세문사 1947.3 60쪽 55원 出

김정현 **학생세계연표** 경위사 1948 47쪽 100원 韓

신기석 **근세동양외교사** 동방문화사 1948.9.30 421쪽 600원

오장환(HG웰쓰) **세계문화발달사** 서력전편 건국사 1947.6.10 217쪽 230원 i

오장환(HG웰쓰) **세계문화발달사** 서력편 건국사 1947.6.10 217쪽 230원

이능식 **서양문화사** 동지사 1948.7.15(再) 103쪽 150원

이능식 **근대사관연구** 동지사 1948.10.25 208쪽 350원

정용식 **세계신문화사** 문화사 1948 368쪽 淸

조규동,이영희(노스롭) **세계문화사론** (상) 삼성출판사 1948.8.15 299쪽 800원

조선인류학회 편 **인류생활사도해제일** 第一 고려문화사 1947.11.5 절첩본16면 100원

조의설 **희랍문화연구** 과학사 1946.12.15 103쪽 70원

채희순 **동양문화사** 민중서관 1948.3.15 196쪽 120원

채희순 **동양사** 박문출판사 1948 168쪽 300원1 韓

채희순 **동양사개론** 조양사출판부 1949.2.15 384쪽 750원

채희순 **세계문화사** 조양사 1950.4.10 452쪽 1600원

청년사 편,발행 **세계흥망도표** 1948 180원 田

최창익 **인류사회발전사** 문우인서관 1947.7.25 42쪽 i

한용손(이두공부) **청년을 위한 세계역사** 청년사 1947.3.5 58쪽 45원

황산덕,조기열 편 **표준세계연표** 삼의사 1948.3.15 497쪽 900원

인문과학 〉 역사지리 〉 지리

고석균 중학교겸일반용**최근세계지도** 조선지도출판사 1948.5.12 250원 i

김태영 **안성대감** 안성문화사 1950 270쪽 i

박수복 **우리나라의 지리개관** 서울문화사 1949 223쪽 370원 韓

석주명 **제주도방언집** 서울신문사출판국 1947.12.30 188쪽 250원

석주명 **제주도의 생명조사서** 서울신문사출판국 1949.3.30 190쪽 400원

석주명 **제주도문헌집** 서울신문사출판국 1949.11.1 252쪽 500원

이무영 **고도승지대관** 조선여행사출판국 1948.1.20 438쪽 500원

정갑(불라쉬) **인문지리학** 백양당 1949 347쪽 500원 韓

정문기 **대마도의 조선환속과 동양평화의 영속성** 부산수산대 1945.10.15 16+6(영문)쪽 朴

조성교 편 **남원지** 남원공립초등학교 1950.5.10 비매 i

중앙출판사 편,발행 **조선전도** 1946.11.15 50원

표해운 **조선지정학적개관**─건국상식문고④ 건국사 1947.6 92쪽 80원 i

표해운 **경제지리학개론** 교육연구사 1947.9.25 103쪽 130원

해군본부교육감실 **항해와 기상** 해군본부 1950.6.30 221쪽

인문과학 〉 역사지리 〉 전기傳記

박지영 편 **페스타롯찌의 생애와 사업** 대한교육연합회 1949.12.5 211쪽 300원

동지사아동원 편,발행 **유관순** 1948.3.15 i

강일석(포시진치) **박열투쟁기** 조양사 1948.11.30 194쪽 350원 ⊞

강홍수 **동서고금여류명인전** 문연당 1949 139쪽 250원 淸

계림사 편,발행 **세계과학계위인전** 1948.12.5 196쪽 280원

계림사 편,발행 **조선위인전** 1949.11.20㈣ 142쪽 230원

계림인서관 편,발행 **조선위인의 어머니의 힘** ^{어머니독본제1집} 1946 78쪽 15원 ⊞

국제사업연구소(메도크롭트) **에디슨전기** 국제사업연구소 1950 205쪽 450원 韓

권덕규 **을지문덕** 정음사 1946 151쪽 50원

김구 **백범일지** 同출판사무소 1947.12.15㈜ 385쪽 300원

김구 **백범일지** 同출판사무소 1948.3.1㈜ 385쪽 300원

김구 **백범일지** 同출판사무소 1949.11.11㈜ 385쪽 300원

김도태 **남강이승훈전기** 문교사 1950.6.25 350쪽 1000원

김도태 **서재필박사자서전** 수선사 1948.7.25 269쪽 특장본450원,병제본380원

김사림,최용하 편 **세계삼걸전** 모던출판사 1950.3 184쪽 450원

김상옥열사기념사업협회 편,발행 **김상옥열사의 항일투쟁실기** 1949 258쪽 350원 韓

김종렬 **거승사명당** 문창당 1948.7.25 123쪽 200원

김진섭 **김구주석약사** 군성문화사 1947.10.30 6쪽 30원 ℹ

김환 **장개석전** 조선신론사 1946.4.25 145쪽 25원

도산안창호선생기념사업회 편,발행 **도산안창호** 1947.5.30 398쪽 300원

문일평 **조선인물지** ^{정음문고} 정음사 1949.5.15 149쪽 200원

박병규 **세계위인미담일화선집** 서울문화사 1949.5.20 190쪽 300원

박태원 **약산과 의열단** 백양당 1947.9.25 211쪽 200원

박태원 **조선독립순국열사전** ^{제1집} 유문각 1946.2.15㈜ 74쪽 7원

박태원 역 이분 저 **이충무공행록** ^{을유문고⑧} 을유문화사 1948.5.20 138쪽 160원 乙

보현산인 **의사안중근** 한성출판사 1946.1 32쪽 3원50전 ⊞

서정주 **김좌진장군전** 을유문화사 1948.12.10 176쪽

서정주 **이승만박사전** 삼팔사 1949.10.15 306쪽 500원 ℹ

석담 **김일성장군투쟁사** 전진사 1946.1 33쪽 5원 ⊞

선우기성 **서북의 애국자** 평안청년회 1946.9.10 56쪽 25원 朴

세계사정연구회 편 **현대세계인물평** 문화출판사 1948.7.20 220쪽 380원

송정도 **영웅나폴레온** 문예서림 (낙장 미상)

송주헌 **정포은선생 사행정선** 극동문화사 1946.5 册

신동엽 **조선위인의 소년시대** 대아출판사 1947.11 100원 出

안응렬(에부꿔리) **꿔리부인** 을유문화사 1949.1.20 476쪽 700원

엄항섭 저 최준 편 **김구선생혈투사** 국제문화협회 1946.3.1 119쪽 25원

엄항섭 저 최준 편 **도왜실기** 국제문화협회 1946.3.1 119쪽 25원

염한영 편 **벽혈을 뿌린 열사의 군상** 조선시보사 1946.2 41쪽 7원 出

오봉빈 편 **각계 인사가 본 박열** 박열장학회 1949.10.27 147쪽 300원 朴

오소백 **인간 김구** 상편 국제문예사 1949.3.15 233쪽 400원

유자후 **이준선생전** 동방문화사 1947.10.15 419쪽 비매

유자후 **율곡선생전** 동방문화사 1948.8.20(再) 266쪽 350원

유자후 **해아밀사** 일성이준선생기념사업협회 1948.9.25 132쪽 200원

이덕흥 **세계의 등불 헬렌켈러전** 라이트서사 1948.10.26 98쪽 150원

이석훈 **순국혁명가열전** 조선출판사 1947.9 218쪽 200원 i

이윤재 **성웅이순신** 통문관 1946.2 78쪽 9원

이은상 **이충무공일대기** 국학도서출판관 1946.12.20(再) 120쪽 70원

이전추全 **안중근혈투기** 연천중학교기성회 1949.12.31 89쪽 200원

이준 **한국혼의 부활** 일성이준선생기념사업협회 1946 52쪽 i

이휘영(로망·롤랑) **베토벤의 생애** 조선공업문화사출판부 1950.4.25 182쪽 400원

전영택 **유관순전** 수선사 1949.10.25(四) 91쪽 150원

정시우 편 **건국투사 의사나석주전** 대한애국정신보급회 1947.1 34쪽 20원 出

조광사 편,발행 **세계명인전** (상) 1948.12.30 393쪽 비매

조광사 편,발행 **세계명인전** (중) 1948.12.30 417쪽 비매

조광사 편,발행 **세계명인전** (하) 1948.12.30 506쪽 비매

조광사 편,발행 **조선명인전** (상) 1948.12.30 338쪽 비매

조광사 편,발행 **조선명인전** (중) 1948.12.30 351쪽 비매

조광사 편,발행 **조선명인전** (하) 1948.12.30 408쪽 비매

조벽암 역 **큐리부인전** (하) 서울출판사 1949.1.25 293쪽 400원 i

조용만 **애국자 민충정공** 국제문화협회 1947.3.15 103쪽 800원

조용만 글 이승만 그림 **정몽주전** 조선역대위인화첩제1집 현우사 1946.3.1 10쪽 15원

조용훈 **홍경래** 정음문고 정음사 1949.7.22 175쪽 250원

조종오 **최해월선생일대기** 웅변구락부출판부 1946.8.21 59쪽 25원

조종오 **손병희선생전** 웅변구락부출판부 1946.9.15 78쪽 25원

지헌모 **청천장군의 혁명투쟁사** 삼성출판사 1949.6.6 226쪽 400원

최병일 **대과학자전** 신한도서인쇄 1949.10.5 117쪽

최윤식 **과학위인전** 계림사 1948 280원 韓

최준역 **위대한 아브라함 · 린컨** 문창당 1948.7.25 168쪽 260원

한설야 **김일성장군** 신생사 1947.5 110쪽 100원 出

함대훈 **순국혁명가열전** 조선출판사 1947 218쪽 ℹ

함돈익 **조선영웅명인전** ^{학생대중독본} 신조선문화사 1947.5.5 226쪽 비매 ℹ

함돈익 **조선영웅명현전** ^{학생대중독본} 육영사 1949.3.25 266쪽 500원

홍원길 **의병대장** 충북문화사 1950 121쪽 200원 韓

홍원길 **의병대장한봉수** 국민일보사 1950 124쪽 400원 韓

홍효민 **일성이준 영생의 밀사** 치형협회 1949.7.26 296쪽 ℹ

인문과학 〉 철학

광문서림편 **천기대요** 광문서림 1949.3.30 350원 ℹ

글렌키이퍼어 **심리학** 을유문화사 1947.7.20 55쪽 45원

김경탁 **유교철학사상개요** 성균관 1950.6.20 112쪽 500원

김경탁 **태극의 원리** 취영암 1946.6 25쪽 10원 出

김기석,권상철 **논리학** 삼중당 1950.5.30 全

김동진편 **중용집주** 덕흥서림 1948.9.30 140쪽 280원 ℹ

김두헌 **윤리학개론** 대성출판사 1946.11 234쪽 100원 出

김두헌 **증정 윤리학개론** 대성출판사 1949.10.20 600원 ℹ

김득황 **한국사상의 전개** 북악사 1950.4.10 403쪽 1000원

김영록(아인슈타인) **나의 세계상** 과학사 1947.4.15 86쪽 60원

김용배 **철학신강** 금룡도서 1947.1.15 156쪽 120원

김용배 **철학신강** 금룡도서 1947.6.15(四) 156쪽 180원

김윤동 **성공요체** 정신과학연구회 1949 114쪽 200원 ℹ

김은우(셈조우크) **철학입문** 정음사 1949.4.25 133쪽 250원

김은우(플라톤) **쏘크라테쓰의 변명** 을유문화사 1947.2.1 77쪽 40원

김재범(파다야정일) **서양철학사요**(상) 고려선봉사 1947.7.15 173쪽 160원

김재출 편 **심리학개론** 흥민사 1947.3.21 90쪽 80원

김정환 **논리학신강** 금룡도서 1948.5.22 254쪽 400원

김종흡(W에루잘렘) **철학개론** 수선사 1948.2.20 242쪽 350원

김준섭 **철학개론** 세계서림 1946.11.30 80쪽 60원

김준섭 **철학요론** 웅변구락부출판부 1946.6 182쪽 20원

김준섭 **논리학** 태백서적공사 1947.10.31 160쪽 150원 朴

김준섭 **서양철학사** 정음사 1949.1.20 308쪽 650원

김태오 **심리학** 동방문화사 1949.4.10 326쪽 900원

김태오 **민족심리학** 동방문화사 1950.4.20 376쪽 1800원

김홍(G·허드) **인류사상사** 창원사 1946.4.25 86쪽 17원

노농사(호판윤) 역,발행 **철학입문강화**－인민문고③ 1947 韓

대성출판사(룻소) 역,발행 **민약론** 1949.1.30(三) 190쪽 350원

덕흥서림 편,발행 **무쌍 명심보감** 1945.10.28 93쪽 6원

덕흥서림 편,발행 **원본비지 대학집주** 1946.5.25 80쪽 i

덕흥서림 편,발행 **원본소학집주**(상) 1949.3.20(再) 194쪽

덕흥서림 편,발행 **정본맹자집주** 1949.7.15 i

문희석 **인식론** 동방문화사 1949.5.10 270쪽 550원

박경철 **태극기의 원리** 신고사출판부 1946.1 26쪽 5원 出

박종홍 **일반논리학** 동지사 1949.10.31增訂(三) 195쪽 600원

박홍규(데칼트) **방법론서설** 대성출판사 1948.10 95쪽 180원 出

방승환(브루노B) **철학입문** 문화당 1949.8.15 156쪽 300원

배용찬 **명심보감**한글상해 낙동서관 1947.1 102쪽 60원 韓

백효원(이시첸코) **철학사전** 개척사1948.7.15 369쪽 700원

백효원(투이미얀스키) **변증법적 논리학** 신학사 1948.11.15(再) 132쪽 220원

성인기(밀) **자유론** 대성출판사 1946.6 112쪽 25원 出

성인기(손문) **삼민주의** 대성출판사 1947.3.25 196쪽

성인기(크로포트킨) **상호부조론** 대성출판사 1948.9.15 230쪽 400원 朴

손중산 **삼민주의** 덕흥인서관 1945.10.1 冊

신남철 **역사철학** 서울출판사 1948.1.30 228쪽 400원

신석주 역 **육도삼략** 정음문고 정음사 1948.11.20 201쪽 200원

안호상 **목적적 생활** 젊은이모임출판부 1945.11.28(등사판) 63쪽 비매

안호상 **철학강론** 박문출판사 1946년판 286쪽 17원

안호상 **철학논총** 을유문화사 1948.9.5 250쪽 400원 乙

안호상 **논리학** 문화당 1949.11.30(五) 241쪽 500원

양우섭(톨스토이) **성욕론** 선문사 1947.10.1 122쪽 100원 賢

우리서원출판부 역(미－친사)편,발행 **일반철학사** 1948.5.24 151쪽 200원

운정도인 **비난정감록진본** 세창서관 1945 100쪽 ⓘ

유정기 **윤리학원론** 대구사범대학출판부 1946.11.19 ⓘ

유정기 **혁신유도개론** 성균관 1950.6.10 244쪽 ⓘ

유형기 역술 **철학사화** 상권 신생사 1946.4.8 328쪽 30원

유형기 역술 **철학사화** 하권 신생사 1947.1.10 303쪽 75원

유형기 역술 **철학사화** 상권 신생사 판권이 없지만 아래 책과 한 질인 듯

유형기 역술 **철학사화** 하권 신생사 1947.6.25 303쪽 300원

이강렬(플라톤) **사랑의 철학** 을유문화사 1948.7.15 83쪽 140원

이강세(막쓰쉐러) **철학적 인간학** 글벗사 1947.6.10 111쪽 100원 ⓘ

이규남 **눈물의 철학** 청로사 1950 298쪽 淸

이재훈 **민족의식과 계급의식** 동양공사출판부 1946.10.30 138쪽 70원

이재훈 **논리학** 대성출판사 1947.4.30 197쪽 200원

이재훈 **철학개론** 동방문화사 1948.3.30 271쪽 400원

이재훈 **철학 급 철학사입문** 종로서원 1948.11.29 251쪽

이재훈 **서양철학사** 을유문화사 1948.12.10 397쪽 550원

이재훈 **철학사전** 동방문화사 1949.6.20 489쪽 1500원

이종우 **철학개론** 을유문화사 1948.10.1 212쪽 280원 乙

이종우 **철학개론** 대성출판사 1948 191쪽 40원 韓

이진숙 **심리학개론** 을유문화사 1949.5.20 329쪽 650원

이진숙 **심리학** 박문출판사 1949 197쪽 400원 韓

이효명(예사기) **대중철학** 서울출판사 1948.10.30 226쪽 400원

이희재(러셀) **철학의 제문제** 경위사 1949.10.5 183쪽 400원

인정식(고교장치) **철학입문** ^(상) 서울출판사 1949 400원 韓

장도빈 **조선사상사** 유문각 1945 28쪽 雅

전무학 **통속철학강화** 정의사 1948 80쪽 80원 韓

조남사편집부 편,발행 **증감록진본**^(등사본) 1945.12.25 85쪽 20원

중앙출판사 편,발행 **계몽편** 1946.3.10 i

중앙출판사 편,발행 **동몽필습** 1946.9.20 28쪽 i

중앙출판사 편,발행 **원본소학집주** 1949.12.2 i

중앙출판사 편,발행 **원본비지중용집주** 1949.12.5 121쪽

최근식 **심리학개론** 정음사 1949.8.26(三) 151쪽 260원

최기원 **서양윤리사** 동문사서점 1945.12.25^(서문일자) 217쪽

최두성 역 **역사철학** ^{헤겔철학해설총서제5부} 신학사 1947.5.15 100쪽 90원

최문환 **근세사회사상사** 대성출판사 1949.2.15 263쪽 500원

최병주 **제1원리** ^{제1부} 여섬사^(대전) 1949 52쪽 250원 韓

최수정 **정감록에 대한 사회학적 고찰** 해방서림 1948.4.5 55쪽 100원

최재희 **발전적 자유주의의 사상체계** 교문사 1947.10.25 140쪽 130원

최재희 **사상과 자유** 을유문화사 1949.6.25 239쪽 460원

최재희 **윤리학개론** 박문출판사 1948 170쪽 250원 韓

탁철수 **꿈과 인간과학** 꿈의과학연구소 1948.5.15 150원 i

탁철수 **해몽** 꿈의과학연구소 1948.5.15 67쪽 2,000원^(개정가)

탁철수 **미인론** 꿈의과학연구소 1949.5.1 134쪽 1000원

한영석 **심리학개론** 조선시론사 1948 140쪽 300원 韓

한치진 **인생과 우주관사**^{—세계철학사} 조선문화연구사 1948.8.10 534쪽 550원

한치진 **동서문화철학** 조선문화연구사 1949 i

한치진 **철학개론** 조선문화연구사 1950.5.30(五) 250쪽 600원

한치진 **현대구미철학** 조선문화연구사 1950.3.10 241쪽 600원

한치진(윌든카) **변화철학** 조선문화연구사 1948.10 145쪽 150원 出

현상윤 **조선유학사** 민중서관 1949.12.5 488쪽 1200원

홍문서관 편,발행 **무쌍명심보감** 1945.9.20

홍문서관 편,발행 **소학집주** 1948.2.28 172쪽

홍문서관 편,발행 **정본맹자집주** 1949.3.15

인문과학 〉 종교 〉 종교학

윤성범(에밀뿌룬너) **종교철학** 을유문화사 1949.6.15 192쪽 400원

한치진 **종교개혁사요** 조선문화연구소 1949 211쪽 250원 韓

정영진(톨스토이) **종교란 무엇인가** 상호출판사 1947 48쪽 30원 出

한치진 **종교철학** 조선문화연구사 1949.10.5 338쪽 800원

인문과학 〉 종교 〉 불교

김영수 **불교요의경** 내장사(정읍) 1947 270원 韓

동국대불교사학연구실편,발행 **원효대사전집** 제2책 1949.7.30 40장 i

동국대불교사학연구실편,발행 **원효대사전집** 제3책 1950.3.1 67장 i

동국대불교사학연구실편,발행 **원효대사전집** 제4책 1949.8.15 55장 i

동국대불교사학연구실편,발행 **원효대사전집** 제6책 1949.9.30 73장 i

동국대불교사학연구실편,발행 **원효대사전집** 제7책 1949.10.15 43장 i

동국대불교사학연구실편,발행 **원효대사전집** 제8책 1949.8.30 44장 i

동국대불교사학연구실편,발행 **원효대사전집** 제9책 1950.3.1 58장 i

동국대불교사학연구실편,발행 **원효대사전집** 제10책 1950.2.15 61장 i

동국대불교사학연구회편,발행 韓滿漢英四譯合照**불설아미타경** 1950 98쪽 4500원 韓

박창기 **불교의 인생관** 원불교중앙총부원광사 1949 105쪽 200원 韓

서경보 **불교입문강화** 호국역경원 1948 300쪽 450원 韓

서경보 **불교입문강화** 불교사 1949.6.10 147쪽 300원

서경보 **불교개론** 호국역경원 1949.11.20 177쪽 550원

서경보 **석가여래와 그 제자전** 호국역경원 1949.9.15 150쪽 400원

석금타 증보정음**관음문자**(등사본) 자가본 운문도량(장성 백양사) 1947.6.30 i

선학원 편,발행 **선가구감** 1948.1 冊

성낙훈 **불타전** ^{석가모니일생} 호국역경원 1947.5.1 137쪽 100원 ⓘ

윤주형 편 안진호 閱 **수양서 반야심경** 보림사 61쪽 150원 ⓘ

이재병 **조선불교사지연구** 동계문화연양사 1946 319쪽 120원 韓

이재욱 역 원문국역대조**고려보조국사법어** 연심사 1946 179쪽 雅

장도환,서경보 **부처님의 설화** 불교사 1949 99쪽 雅

한글선학간행회 **선가구감** 선학원 1948 ⓘ

한찬석 **합천해인사지** 창인사 1949.1.1^(서문일자) 250쪽 400원

인문과학 〉 종교 〉 기독교

강흥수목사 **썬다싱그전** 조선기독교서회 1949.2.1(再) 157쪽 250원 ⓘ

구례인,김규당(시실,레쉘) **신학요람** 조선기독교서회 1949.1.30 108쪽

구례인,김규당(앨벌르스피터스) **기독신앙의 사실과 신비** 조선기독교서회 1949(初) 232쪽 ⓘ

구례인,김규당 공역 **방문전도법** 조선기독교서회 1949 ⓘ

군산기독청년회 편,발행 **어린이찬송** ^{유년주일학교초등부용} 1948.12.25 ⓘ

기독교사상계몽협회 편 **맑쓰주의와 기독교의 노선** 신라서점 1947.2.10 36쪽 20원

김교신 **신앙과 인생** ^{을유문고⑮} 을유문화사 1948.6.30 210쪽 200원

김상권 **십자가의 호소**^{설교집} 신앙세계사 1950 172쪽 250원 韓

김유연 **복음의 강단** 세광사 1947.11 202쪽 220원 出

김재준 **신앙의 사도 허드손테일러** 신라서점 1946.10.20 155쪽 50원 出

김재준 **농촌의 사도 오벌린전** 조선기독교서회 1948.11.25 140쪽 100원 ⓘ

김재준(트루뺄러드) **현대인의 위기** 조선기독교서회 1948.11.25 126쪽 170원

김재준(촬스어드맨) **데살로니가전 · 후서** 조선기독교서회 1949(初) 169쪽 ⓘ

김재준(촬스어드맨) **공동서간**^{신약성서강해⑯} 조선기독교서회 1949(初) 297쪽 ⓘ

김재준(촬스어드맨) **듸모데전 · 후서 듸도서** 조선기독교서회 1950(再) 266쪽 ⓘ

김재준(촬스어드맨) **사도행전**^{신약성서강해⑤} 조선기독교서회 1950(再) 318쪽 ⓘ

김정준 **어거스틴** 조선기독교서회 1949.10.10 197쪽 350원

김주병(샤아안) **명상과 기도** 대한기독교서회 1950 165쪽 200원 韓

김주병(트루불러드) **세계재건의 기초** 조선기독교서회 1950 108쪽 ⓘ

김춘배 **기독교 생활철학** 중앙도서출판사 1947.10 120원 [出]

김춘배 **성서인물고** 성문학사 1949.12.15 208쪽 400원

김필례(촬스포스터) **성경사화대집** 조선기독교서회 1949.3.10 800원 [i]

대한기독교교육협회 편 **1950년 만국통일 주일공과** 조선기독교서회 1949.11.25 186쪽

대한기독교서회 편,발행 **찬송가**─무곡5호 1949 376쪽 400원 [韓]

대한기독교서회 편,발행 **찬송가**─곡조절피 1950 636쪽 2600원 [韓]

대한기독교서회 편,발행 **찬송가**─곡조찬송신약성서합부 1950 1058쪽 3500원 [韓]

대한기독교서회 편,발행 **찬송가**─곡조포의 1950 634쪽 1000원 [韓]

문승아(촬스어드맨) **빌립보서** 신약성서강해⑪ 조선기독교서회 1950(初) 221쪽 [i]

박몽환 **이성과 신앙** 계성문화사 1949 154쪽 300원 [韓]

박손혁(촬스어드맨) **마태복음** 조선기독교서회 1949.11.30 338쪽 500원 [i]

박윤선 **계시록주석** 고려신학교 1949.4.1 443쪽 비매 [i]

변홍규 **신학원론** 기독세계사 1949.12 438쪽 [i]

북미세계교회사업상담소외국전도조선위원회 편,발행 **찬송가** 1947 331쪽 150원 [韓]

소안논 **구약사기** 조선기독교서회 1948 284쪽 [i]

손응록(부루넬) **기독자의 신앙** 청구문화사 1949 340원 [韓]

손응록(부루넬) **위기의 신학** 청구문화사 1949 170쪽 360원 [韓]

손응록(에밀·부룬넬) **성서와 세계** 청구문화사 1949.2.28 116쪽 220원

시조사 편,발행 **안식일 학교교과** 1948 83쪽 20원 [韓]

안응렬(아드리앵로네) **조선순교복자전** 을유문화사 1946.10.20 260쪽 120원 [乙]

연합성서공회 편,발 **신약** 1947 662쪽 200원 [韓]

오천영 **천로역정** 기독교공보사 1948.5 120원 [出]

오천영 역편 **천로역정** 조선기독교서회 1949 83쪽 [i]

왕대아 편 **찬미가** 시조사 1947.9 250쪽 65원 [出]

왕대아 편 **예언의 등불** 마태복음24장연구 시조사 1948 158쪽 350원 [韓]

왕대아 편 **정로의 계단** 시조사 1948.4.5(三) 169쪽 300원 [韓]

왕대아 편 **원자시대** 시조사 1949.1.4 150쪽 400원 [i]

왕대아 편 **산상설교** 시조사 1949.8.20 300원 [i]

왕대아 편 **가정과 건강** 시조사 1950.3.31 395쪽

왕대아 편 **예수의 행적** 시조사 1950.6.15(再) 174쪽

유형기 **기독교의 진수** 신생사 1946.1.15 ⊞

유형기(빠튼) **나사렐예수** 신생사 1947.2 349쪽 75원 韓

유형기 편 **가정예배서** 신생사 1946.2 371쪽 12원 ⊞

유형기 편 영한대조**신약전서** 신생사 1948.1.3 764쪽 600원

유형기 편 **단권 성경주석** 신생사 1949.11.10 1149쪽 2,000원

유형기,기이부(윅커) **기독교사** 신생사 1946.3.15(8판) 421쪽 15원 ⓘ

유형기(무우어아아더S) **나는 이렇게 믿는다** 신생사 1947 130쪽 35원 韓

윤지선,이능식(다레) **조선교회사** 대성출판사 1947.3.5 317쪽 280원

이명직 **기독교의 대강령** 성결교회출판부 1948.4.17 87쪽 100원

이성봉 **천로역정강화** 십자가사 1949.10.1 186쪽 비매

이재명 **묵시록 새 해석** 조선복음사 1949 290쪽 ⓘ

이호운 **성어거스틴어머니 몬니카** 한밝사 1949 124쪽 200원 韓

장로회총회종교교육부 편,발행 신편**찬송가** 1949.12.22(土) 416쪽 ⓘ

전상수 **제4의 십자가** 홍국시보사출판부 1949.3.10 81쪽 170원

전영택(촬스어드맨) **누가복음** 신약성서강해③ 조선기독교서회 1950 386쪽 ⓘ

전필순(J·H쪼엘) **그 날의 양식** 조선기독교서회 1949.2.20 366쪽 550원

전호윤(고창덕태랑) **복음적기독교** 설우사 1950 169쪽 400원 韓

정달빈 **주일학교지도법** 조선기독교서회 1949 238쪽 ⓘ

조선YMCA연합회 편,발행 **에밀브루너박사 강연집** 제1집 1950.1.17 38쪽 80원 ⓘ

조선기독교서회(스탠리쫀쓰) 편,발행 **그리스도와 인생고** 1949 209쪽 ⓘ

조선합회교육부 편,발행 **재림운동의 시작과 진행** 권1 1948.3.31 147쪽 ⓘ

조준길 편 **어린이찬송가** 전주서문외교회 유년주일학교 1950.1.15 177쪽

조지H루 **건강과 행복** 시조사 1945 113쪽 ⓘ

진성렬(아이다테이트) **창세기 영적 연구** 동양선교회성결교회출판부 1945 135쪽 5원 韓

찬송가합동위원회 **찬송가** 조선기독교서회 1950.3.10 ⓘ

한경직 **건국과 기독교** 보린원 1949.5.10 222쪽 400원

한에녹 **영원한 복음** 영원한복음사 1947.12.24 372쪽

함석헌 **성서적 입장에서 본 조선역사** 성광문화사 1950.4.1 286쪽 750원

홍관(촬스어드맨) **에베소서** 신약성서강해⑩ 조선기독교서회 1950(再) 199쪽 ⓘ

강승히　**가톨릭성가집**　군산천주교회　1948.11.10　148쪽　(등사판)

강아오스딩　**가톨릭과 공산주의**　종현가톨릭청년회　1948　56쪽　60원　韓

고요왕　**천주교회의 신학**　경향잡지사　1949　119쪽　130원　韓

노기남 편　**성교공과**　카토릭출판사　1945　649쪽　50원　韓

노기남 편　**성교례규**　카토릭출판사　1945　183쪽　25원　韓

도마수　**가톨릭사상의 기초**　경향잡지사　1949　181쪽　300원　韓

성분도수도원 역　**서간성서**　가톨릭출판사　1945　719쪽　90원　韓

成신부 편　**합송미사**　가톨릭출판사　1949　54쪽　5원　韓

유봉구　**가톨릭교인의 사명**　경향잡지사　1949　62쪽　100원　韓

유형기　**구약문학개론**　신생사　1946(三)　427쪽　ⅰ

유홍렬　**조선천주교회사**　조선천주교회순교자현양회　1949.2.10　292쪽

윤을수 역　**준주성범**　성신대학　1949.11.20(再)　244쪽　350원　ⅰ

이문근 편　**카톨릭성가집**　성신대학음악부　1948　ⅰ

이수방　**성요셉성월**　가톨릭출판사　1945　183쪽　18원　韓

이재현　**예수수난** 1-3　경향잡지사　1948~1949　20원~30원　韓

이재현 역　**예수수난**　성신대학부속중학교　1948.11.10　130쪽　250원

이재현 역　**연중묵상**　가톨릭출판사　1945　467쪽　70원　韓

이재현 편　**게세마니의 예수**　가톨릭출판사　1945　125쪽　20원　韓

이재현 역편　**연성성월**　가톨릭출판사　1945　109쪽　10원　韓

이재현 편　**가정봉헌의식서**　가톨릭출판사　1945　26쪽　3원　韓

이재현(알퐁스리고리오)　**성체조배**　가톨릭출판사　1945　561쪽　70원　韓

이재현　**성심의 멧세지**　성신중학　1949.4.17(再)　217쪽　130원　ⅰ

이재현 역　**성체성사에서 성삼께로**　가톨릭출판사　1949　114쪽　2000원　韓

이재현 역　**강림시기묵상**　경향잡지사　1949　102쪽　15원　韓

이재현　**강림시기묵상** (상)　경향잡지사　1950　158쪽　300원　韓

이재현 역　**성탄시기묵상**　가톨릭출판사　1949　172쪽　25원　韓

이재현 역　**부활시기묵상**　경향잡지사　1950　166쪽　30원　韓

이재현 역　**사순시기묵상**　경향잡지사　1950　205쪽　30원　韓

조선성서공회 편,발행 **마가복음한영문대조** 1948 71쪽 80원 韓

조선성서공회 편,발행 **창세기** 1948 70쪽 70원 韓

조선성서공회 편,발행 **신약의사복음과 사도행전** 1950 ℹ

조창회신부 편 **미사공과** 경향잡지사 1949.10.26㈂ 208쪽

천주교회경성교구 편,발행 **진리본원** 1947.5.15 ℹ

천주교서울교구 편, **성모성월** 가톨릭출판사 1945 157쪽 15원 韓

천주교서울교구 편,발행 **소일과 절요** 1947 86쪽 30원 韓

천주교서울교구 편,발행 **성모성월** 1948 155쪽 80원 韓

천주교회서울교구 편 **소일과 절요** 경향잡지사 1950.5.1 ℹ

한바오로 역 **복음성서** 가톨릭출판사 1945 587쪽 100원 韓

홍태화(노렌조스꾸뽈리) **심전** 경향잡지사 1949.5.26㈇ 242쪽 ℹ

인문과학 〉 종교 〉 기타 종교

구세군대한본영 편,발행 **구세군지침** 1948 250원 韓

유희진 **건국과 유교** 조선교학사 1950.4.10 68쪽 ℹ

이돈화 **천덕송** 천도교총부경리원 1946.3.15 72쪽 5원 ℹ

이상호 **대순전경** 대법사편집국 1949.2.16㈣ 367쪽 600원 ℹ

이정립 **대순철학** 대법사편집국 1949.2.16㈇ 221쪽 500원

이홍직(니오랏체) **서백리아 제민족의 원시종교** 서울신문사출판국 1949.9.30 176쪽 400원

정렬모 **검결풀이합본** 대종교총본사 개천4403년(1946)12.1㈇ 96쪽 30원

정렬모 편 김교헌 저 **신단민사** 대종교총본사 1946㈇ 250쪽 ℹ

정명 **천국혼** 特히 眞正한 愛國者에게 ㉞海印島彌勒山正心道總本部 1947.10.10⒨후기일자⒩ 208쪽 朴

천도교종학원교서편찬회 편 **동경대전** 보성사출판부 1947.4.5 93쪽

천도교총본부지도관 편 **천도교정치이념** 보성사출판부 1948 72쪽 雅

천도교총부 편 **수운심법강의** 천도교총부 1945 278쪽 400원 韓

천도교총부 편 **인내천요의** 천도교총부 1945 281쪽 300원 韓

천도교총부 편,발행 **천도교요람** 1949 28쪽 雅

김영석,김만선,나한(장원유인) **예술론** 개척사 1948.2.25 250쪽 270원

김용배 **미학·예술학** 동방문화사 1948.11.30 221쪽 450원

김용호(프리체) **예술사회학** 대성출판사 1948.10.30 236쪽 400원

김용호 편 **예술연감** 1947년판 예술신문사 1947.5.1 175쪽 150원

김정학 역 **문화과학입문** 종로서관 1950.4.10 218쪽 700원

김정환 편 **현대문화독본** 문영당 1948 225쪽 350원

김태오 **미학개론** 정음사 1950.4.28 235쪽 700원

조선문학사 편,발행 **금일의 예술과 명일의 예술** 1947 118쪽 雅

한상진(허버트·리이드) **예술과 사회** 조선문화교육출판사 1949.2.25 207쪽 380원

김영기 **조선미술사** 금룡도서 1948.4.22 341쪽 800원

김용준 **조선미술대요** 을유문화사 1949.6.15 310쪽 800원

김충현 **우리글씨체** 근역인서관 1946 36쪽 13원 ⓘ

김충현 **배우고 본받을 편지체** 문운당 1948 32쪽 150원 ⓘ

김충현 **우리 글씨 쓰는 법** 생활미술연구회 1948 봄(서문일자) 82쪽

문화당 편,발행 **글씨첫걸음**(상) 1946 32쪽 淸

박성규 **향토풍물화집** 조선문화교육출판사 1949 20쪽 250원 雅

백영수 **미술개론** 남향문화사 1950.4.10 228쪽 600원

윤희순 **조선미술사연구** 서울신문사출판국 1946.11.25 158쪽 70원

이각경 **가정글씨체첩** 을유문화사 1946.2.1 26쪽 8원

이각경 **어린이글씨체첩** 조선아동문화협회 1946 4원 韓

이각경 글씨 이만규 글 **새 시대 가정 여성훈** 을유문화사 1946.5.1 32쪽 20원

이철경 글씨 박영히 글 **한글습자 가정편지글** 정문관 1947.4.1 52쪽 60원

임직순,최덕휴 **도안문자집** 경성인서사 1948 42쪽 200원 韓

국민음악연구회 편,발행 **김순애가곡집** 1948 50쪽 35원 韓

국민음악연구회 편,발행 **올갠교본** 1948 56쪽 450원 韓

국민음악연구회 편,발행 **화성학** 제1집 1948 98쪽 280원 ℹ

국민음악연구회 편,발행 **초등음악책** 1,2,3학년용 1949.6.15 200원 ℹ

국민음악연구회 편,발행 **초등음악책** 4,5,6학년용 1949.7.20 300원 ℹ

국민음악연구회 편,발행 **오르갠명곡집** 1950 33쪽 700원 韓

김성태 편 **조선민요집** 제1집 금룡도서 1946.11.10 17쪽 50원 ℹ

김신덕 **악전과 악보** 연학사 1949.11.20 90쪽 300원

김진복 편 **독립창가집** 중앙출판사 1946.3.1 冊

김초향 작사 김일우 작곡 **조선가요곡** 무명악기점 1946 16쪽 雅

김형규 작시 김형래 작곡 **건국학도가** 오선사 1946.10.10 8원 ℹ

김형근 **고─뤼─분겐** 조선음악출판사 1946 48쪽 ℹ

낙동서관출판부 편,발행 **걸작유행가요집** 제1집 50曲 1946.4.5 46쪽 賢

동양문화사 편,발행 **풍금교칙본** 1947.9 80쪽 354원 出

명문당 편,발행 **새유행 가요명곡집** 1950.4.30 79쪽 180원 賢

문교부교화국예술과 편 **전국음악경연대회지정곡집** 문교부주최 1946 73쪽 80원 韓

문학준 **양악감상법** 을유문화사 1948.7.20 127쪽 280원

박용구 **음악과 현실** 민교사 1949.4.15 193쪽 350원

박용구 **음악입문** 박문출판사 1949.5.15 105쪽 200원

박은용 **음악개설** 아문각 1949.5.10 132쪽 ℹ

박재훈 **일맥동요집** 봉선화동요회 1948.2.25 20쪽 100원

박태준 **박태준동요곡집** 음악사 1947 40쪽 韓

성경린 **조선음악독본** 조선아동문화협회 1947.5.27 102쪽 100원 ℹ

성경린 **조선의 아악** 박문출판사 1947.7.10 220쪽 200원

아협동요연구소 편 **조선동요백곡집** (상) 조선아동문화협회 1946.10.1 25쪽 25원

영인서관 편,발행 **최신유행가요집** 62쪽 (기타사항 미상) Z

오창진 **세계명가집** 문화당 1948.7.10 106쪽 200원

유석룡 편 **애창가요명곡집** 정교사 1946.11.5 78쪽 30원

육군본부작전교육국 편,발행 **군가집** 1949.4.1^(서문일자) 134쪽 ⓘ

윤이상 **달무리** 행문사 1949 20쪽 300원 韓

이승학 편 **세계명가백곡집** 국제문화사 1949 228쪽 1400원 韓

이윤성 편 **최신유행가집** 정문관 1946.7.5 ⓘ

이인선 편 **애창곡집** 제1집 오선사 1948 38쪽 500원 韓

이제구 **근화사** 가곡집 서울음악연구회 1948.12.30 24쪽 500원

이효상 譯詞 **獨伊독창명곡집** 조선음악교육협회 1945 114쪽 1원 韓

임동혁 **시조육수** 서울음악출판사 1946.3.25 20원 ⓘ

임동혁 **여성창가집** 고려문화사 1946.9.10(再) 60쪽 40원 朴

임동혁 **음악과 문화** 동방문화사 1948.1.30 191쪽 200원

임동혁 **합창곡집** 정음사 1947.9 48쪽 100원 出

정상록 편 **농민의 노래** 조선금융조합연합회 1948.12.20 46쪽 100원

조두남 작곡 **옛이야기** 가곡집 중앙당 1949 26쪽 ⓘ

조선국민음악연구회 편,발행 **해방기념애국가집** 1946.2.20 18쪽 賢

최성두 **세계명가곡집** 음악사 1946.1.20 15원 ⓘ

최성두 **콜위붕겐** 음악사 1946.5.20 冊

최영환 **신선국민애창집** 가호음사 1947.8 44쪽 90원 出

태화서관 편,발행 **신구유행잡가** 1945.10.25(再) 60쪽 ⓘ

함화진 **조선음악통론** 조선문화총서⑩ 을유문화사 1948.12.20 236쪽 1000원

현제명 **세계명작가곡집** 한성도서 1948 31쪽 ⓘ

호악사 편,발행 **신선국민애창가** 1947 44쪽 90원 韓

홍난파 저 최성두 편 **조선동요백곡집**(상) 음악사 1946.6.30 58쪽 50원

홍난파 편 **세계의 악성** 조선아동문화협회 1946.7 66쪽 20원

홍익대학국문학연구회 편,발행 **악장가사** 1950.4.12 (등사본) ⓘ

인문과학 〉 예술 〉 연극/영화

무대예술연구회 **전후세계연극동향** 무대예술사 1948.7.10 ⓘ

신고송 **소인극하는 법** 신농민사 1946.8.15 77쪽 18원

안철영 **성림기행** 수도문화사 1949.10.25 178쪽 400원

영화시대사 편,발행 **배우의 수첩** 1949 160원 韓

전창근 **자유만세** 영화각본 태백서적공사 1946 78쪽 ⓘ

최봉수 편 **현대영미일막극** 경위사 1948 130쪽 300원 韓

인문과학 〉 예술 〉 체육/기타

곽동철 **무예도보신지** 고려서적 1949.8.31 380원 ⓘ

김태식 **올림픽경기사** 문화당 1948.6.15 124쪽 100원

김태식 **학생수영독본** 문화인쇄사 1949.7.30 71쪽 300원

민병선 편 **마술교본** 을유문화사 1947.10.20 109쪽 90원

박용호 **새 무용 안무집** 예술신문사 1947.4 15쪽 35원 韓

서위徐達 **심신단련법** 역도중앙총본부출판부 1950 200쪽 500원 韓

양도윤 **조선체육총서** 복싱편 금룡도서 1947.2.15 114쪽 80원

유호기 외 **올림픽** 삼중당 1948.5.10 冊

윤지향 **올림픽경기사** 삼중당 1948.5 250원 出

이제황 **신유도** 대한유도연맹 1950.4.10 151쪽 비매

조선체육연구원 편,발행 **체조교본** 1948.10.20(再) 64쪽 150원

최상준 **야구규칙** 자가본 (인천) 1947.8.20 144쪽 100원 ⓘ

최상준 **야구규칙** 교육신문사 1949 144쪽 200원 韓

황기 **화수도교본** 조선문화교육출판사 1949.5.30 193쪽 380원

인문과학 〉 예술 〉 문화/문화재

고유섭 **송도고적** 박문출판사 1946.3 (발문일자) 328쪽 120원

고유섭 **조선탑파의 연구** 조선문화총서3 을유문화사 1948.2.10 269쪽 700원

고유섭 **조선미술문화사논총** 서울신문사출판국 1949.2.27 385쪽 800원

김재원 감수 **호우총과 은령총** 을유문화사 1948.4.10 250쪽 1200원 乙

문일평 **조선문화예술** 호암전집(권2) 조광사 1946.3.20 185쪽 22원

방종현편 **조선문화총설** 동성사 1947.11.25 214쪽 250원

조선고미술협회 편,발행 **서화골동 입찰즉매회도록** 1946.8 📖

인문과학 〉 예술 〉 만화류

금룡도서문구 편,발행 **바보온달** 만화 1946.10 114쪽 20원 🀫

금룡도서문구 편,발행 **을지문덕장군의 전술** 만화 1946.10 128쪽 20원 🀫

금룡도서 편,발행 **화랑관창** 만화 1946.11 28쪽 20원 🀫

금룡도서문구 편,발행 **효동이** 만화 1946.12 128쪽 20원 🀫

금룡도서 편,발행 **거북선** 만화 1947.1 28쪽 20원 🀫

금룡도서 편,발행 **똘똘이의 모험** (남양편)만화 1947.1 28쪽 20원 🀫

금룡도서 편,발행 **화랑김유신** 만화 1947.3 28쪽 25원 🀫

김규택 그림 **풍자해학가열전** 만화 을유문화사 1946.9.1 80쪽 25원 乙

김용환 **삼국지** 1집-신소년사그림책 신소년사 1947.12.25 28쪽 ℹ

김용환 그림 이종성 글 **우리 집은 초가집** 동지사 1948 60쪽 80원 🀫

김용환 **콜롬버스** 동문사 60원 🀫

김태형 그림 동화출판사 편 **흥부와 놀부** 만화-그림동화집① 동화출판사 1946.6 120쪽 13원 🀫

동문사 편,발행 **백가면** 그림이야기 1947.2 33쪽 4원 🀫

동문사 편,발행 **동물문화** 1948 80쪽 120원 🀫

동문사 편,발행 **베토벤** 1948 80쪽 120원 🀫

동문사 편,발행 **성웅간듸-전** 1948 80쪽 110원 🀫

동문사 편,발행 **아브라함 · 린컨** 1948 50쪽 65원 🀫

백문규 그림 배옥천 글 **아이나의 모험** 만화 1948.11.15 32쪽 ℹ

백문영 그림 **김상옥의사** 만화 대명문화사 1949 32쪽 ℹ

신성문화사아동출판부 편,발행 **홍길동모험** 만화? 1947.3 14쪽 80원 🀫

이승철 **똘똘이의 모험** 만화? 인창서관 1946 64쪽 80원 韓

정현웅 **노지심** 만화 동문사 1948.10.15 24쪽 ℹ

정현웅 **소년에디슨** 만화 동문사 1948 60원 🀫

정현웅 **스티븐슨**^{만화} 동문사 1948 50쪽 70원 出

사회과학 〉 정치 〉 정치학 일반

강상운 **현대정치학개론** 문예서림 1949.1.15(再) 210쪽 350원

강지원(파울S라인슈) **근대식민정치론** 백양당 1949.5.20 310쪽 480원

고권삼 **조선정치사** 을유문화사 1948.9.10 254쪽 400원

국립서울대학(Lasky) **An Introduction To Politics** ^{정치학입문(영문판)} 국제출판사 1947.11.15 112쪽 220원

김경수(겟텔) **정치학개론** 삼일출판사 1949.9.30 369쪽 670원

김기수(켈젠) **국가학** 조선문화연구사 1949.11.20 128쪽 250원

김병순 **정치요론** 웅변구락부출판부 1946.2.20(再) 94쪽 10원

김병순(럿셀) **신정치사상** 웅변구락부출판부 1946.1.25 12원 ⓘ

민병태(라스키) **정치학강요**^{이론편} 문조사 1949 400쪽 900원 韓

서임수(라스키) **정치학개론** 과학사 1949.5.1(再) 107쪽 200원

서임수 역 **정치학설사** 명세당 1949.7.17 189쪽 350원

서필원 **정치학원론** 애지사 1950.1.20 350원 ⓘ

선봉사(HANS KELSEN) **GENERAL THEORY OF STATE** ^{영문판} 선봉사 1948 208쪽 朴

성인기(아리스토텔레스) **정치철학** 대성출판사 1948.11.10 295쪽 500원

성인기(CD뺀즈) **정치와 이상** 대성출판사 1950 305쪽 ⓘ

신상우 **외교학대의** 삼일출판사 1949.12.31 139쪽 300원

유자후 **조선민주사상사** 조선금융조합연합회 1949.9.5 142쪽 250원

윤세창(오펜하이머) **국가론** 청구문화사 1950 137쪽 8000원 韓

장석만(러스키) **정치학원론** 선문사 1950.7.1(四) 219쪽 550원

장석만(카스파리-) **정치학사요강**^{학생문고①} 선문사 1948.11.10 190쪽 250원

장석만(카스파리) **정치학사요강** 선문사 1949.10.5 192쪽 320원

정명악 **신사회정치철학론** 동방문화사 1947.12 526쪽 600원 雅

강덕수 **미국과 극동** 청년사 1947 73쪽 35원 雅

강형렬(월터맆맨) **미국외교정책** 한국외교협회 1950 210쪽 5000원 韓

고광림(프레스톤슬로손) **미국은 전쟁을 원하는가?** 박문출판사 1949.12.30 153쪽 350원

김병규 **미국론** 을유문화사 1947.5.20 112쪽 80원

김윤우(벨리냐크) **미국의 자유문화** 삼성출판사 1948.11.25 202쪽 350원 ℹ

동무사 역편,발행 **미국의 흑인문제** 신세기문고⑨ 1947.5 38쪽 30원 出

미국공보원 편 **미국대중** 對中 **백서요약** 미국공보원 1949.8 ℹ

미국공보원 편 **애치슨국무장관의 연설** 미국공보원 1949 45쪽 ℹ

신문화연구소 역,발행 **미국의 극동정책** 1946.11.27 57쪽 25원

신문화연구소 편 **아메리카사개설** 과학사 1948.10.15 149쪽 250원

사회부노동국 편,발행 **미영노동운동소사** 1949.3.30 80쪽 비매

오천석(빈센트비네) **아메리카 민주주의 성장사** 국제문화공회 1947.10.5 144쪽 120원 朴

윤세창(WB헷셀린) **제3정당론** 미국정당정치의 사적 고찰 문조사 1948.11.25 171쪽 350원 ℹ

조선문화보급회 역 **쏘련이 본 미국의 실정** 건국상식문고③ 건국사 1946.12 64쪽 30원 出

한치진 **미국민주주의** 중앙청공보부 1948.5 册

한치진 **미국실용주의** 조선문화연구사 1947.10.1 100쪽

구원회(로버트마기도프) **소련을 스파이하고** 서울신문사출판국 1950.1.25 122쪽 300원

김영철 **쏘베트연방의 진상** 조선문화사출판부 1947.4 79쪽 60원 出

김완직 역 **쏘련헌법** 우리서원 1946.6 115쪽 15원 出

김일수 **쏘련의 일상생활** 세계문화연구소 1948.5.20 208쪽 300원

김홍제(윌리엄C블리트) **소련의 세계정책** 삼팔사 1948.11 237쪽 380원 韓

동무사편,발행 **쏘베트동맹 교육제도** 1945.10.1 20쪽 1원 ℹ

동심사편,발행 **쏘련선거제도해설** 1947.8 82쪽 60원 出

박인식(로엠까리닌) **위대한 쏘베트국가** 휘인서사 1947.7 50쪽 30원 出

석동수(윌리암C뷸리트) **소련의 역사적 현실** 보광출판사 1947.1.15 67쪽 40원 [朴]

신명구 편 **소련아 잘 있거라** 한국문화연구소 1950 178쪽 400원 [韓]

신용우 **청년을 위한 로서아 현대사** 청년사 1948.8 150쪽 [出]

여문회(뿌룩스멜킨스) **소련의 진상** 동성사 1946.12 74쪽 40원 [i]

옥명찬(쩨이학스레이) **과학자가 본 소련** 인민문고④ 노농사 1946.12 116쪽 40원 [出]

육본작전교육국 편 **로서아전선사** 병학연구사 1949 106쪽 [i]

육본정보국 편 **쏘베트로서아를 폭로함** 병학연구사 1949.4.15 133쪽

이세린 **쏘베트로씨아토지법** 극동문화사 1947 97쪽 90원 [韓]

이원식(크라브첸코) **나는 자유를 선택하였다** 상 국제문화협회 1949.7.10(三) 388쪽 600원

이원식(크라브첸코) **나는 자유를 선택하였다** 하 국제문화협회 1948.10.1 426쪽 600원

인민문화사 편,발행 **소비에트동맹의 실상** 일본어판 1945.11.15 37쪽 [i]

인정식(마르텔) **쏘련토지혁명사** 현우사 1946.6 85쪽 10원 [出]

정구산(쨘리틀페지) **철장막의 정체해부** 대한독립투사후원회사업부 1949.12.20 306쪽 500원

조사제(쨘리틀페지外) **소련의 현실** 미국인의소련십년간체험기 신민사 1947.7.26 306쪽 300원 [朴]

조선맑스엥겔스레닌연구소 역 **쏘동맹의 경제학** 신흥과학총서 개척사 1947.10 133쪽 90원 [韓]

조선맑스엥겔스레닌연구소 역편,발행 **쏘베트동맹의 노동자재판** 1946.3 74쪽 8원 [出]

조선산업노동조사소 편 **쏘연방헌법** 우리문화사 1945.11.7 88쪽 7원 [i]

주유순(막스라쎄르손) **로시아법률철학사** 박문출판사 1949.2.15 104쪽 120원 [i]

한홍출판회 편 **로국혁명사** 현대총서 한홍출판사 1946.9 26쪽 10원 [出]

현성진 역 **쏘베트동맹제4차5개년계획** 극동문화사 1946.1 45쪽 6원 [出]

홍순창(스타린) **쏘베트민족정책론** 대성출판사 1947.8.30 164쪽 130원 [朴]

홍순창,김우암 공역 **쏘련의 신문화** 과학사 1947.7.15 65쪽 60원

홍재익(밀스키) **로서아사** 을유문고㉞ 을유문화사 1949.6.20 137쪽 180원

사회과학 〉 정치 〉 중국 관련

김병도 **신문기자가 본 중국** 서울문화사 1950.3.25 253쪽 600원

김석찬 **동란중의 중국과 한국** 중앙도서출판사 1949.7.15 62쪽 150원

김일출(도희성) **중국봉건사회사** 정음문고 정음사 1948.3.5 141쪽 120원 [i]

모택동 **중국혁명과 중국공산당** 신장각 1946.4 44쪽 8원 出

민태식(진고용) **중국의 문화운동** 을유문화사 1949.12.10 136쪽 210원 乙

송지영(장개석) **중국의 운명** 서울타임스사출판국 1946.7.5 ⑩2만부 129쪽 30원

심향학인 **현대중국혁명사** 전진사 1946.4.15 88쪽 12원 出 i

우성于呈 **동란의 중국** 삼일출판사 1949 95쪽 200원 韓

이상정 **중국유기** 청구출판사 1950.2.15 163쪽 500원 乙

이진영 **중국민족해방사서설** 을유문화사 1949.5.10 380쪽 480원 乙

허우성(장내염) **공산당 치하의 중국** 대한민국공보처 1949.12.15⁽서문일자⁾ 123쪽

최봉만(손문) **중국혁명운동사** 제일출판사 1947.1.5 93쪽 50원

최영식 역 **고민하는 중국** 제일출판사 1949.5.25 248쪽 400원

계림사편,발행 **전후일본문화의 현실과 비판** 1948.3.15 158쪽 150원

김종건(존허쉬) **광도**히로시마 경위사 1949.11.3 164쪽 300원

김창헌 **일본의 극동침략비사** 서울신문사출판부 1949.1.10 262쪽 380원 i

김철우 편 **일본전범재판기** 조선정경연구사 1947.11.20⑤ 126쪽 100원

박순래(덕부저일랑) **패전학교** 창인사 1950.1.25⑪ 130쪽 300원

연합군사령부 **일본전쟁죄악사** 동양서원 1946.3⁽서문일자⁾ 76쪽

연합군사령부 **일본패전의 진상**태평양전쟁사 중앙문화협회 1946.3.30 81쪽 i

이승택(영정융) **장기의 종** 삼일출판사 1949.11.21⑭ 143쪽 280원

전영탁 **동조는 어찌 되나** 삼중사 1948.7 130원 出

조정환 **전후의 일본** 동지사 1948.9.5 196쪽 400원

최덕일(존리처드허어시) **히로시마** 정음사 1949 133쪽 250원 韓

청년전선사 역편 **일본공산당선언강령규약** 우리문화사 1946.6 29쪽 7원 出

최낙종(단우문웅) **일본은 패했다** 삼천리사 1950.3.15⑪ 174쪽 500원

최무길 편 **패망 일본군벌의 흑막** 국제문화협회 1946.11 52쪽 25원 出

홍창 역 **자유 일본의 자기 비판** 신세대사 1949.1.20 208쪽 300원 朴

사회과학 〉 정치 〉 북한 관련

강제환 **38도선에 이상 있다** 웅변구락부 1946.6.20 128쪽 100원 ℹ️

김기석 **북조선의 현상과 장래** 조선정경연구사 1947.3.25(再) 168쪽 100원

대한계몽단 **남북통일의 열쇠** 후생문화사 1950 120쪽 ℹ️

대한민국공보처 편,발행 **이북공산도당화폐개혁의 진상** 공보처 1948(?) 8쪽 ℹ️

대한민국공보처 편,발행 **소련군정의 시말** 1950.2(서문일자) 105쪽 300원

대한민국공보처편 ,발행 **북한의 정치보위국전모** 1950 44쪽 200원 朴

박철 **북조선노선비판** 문화공론사 1949 126쪽 150원 雅

문홍범 **삼팔선은 어떻게 되나** 근우출판사 1948.8.15 61쪽 ℹ️

박종대 **통일조선을 위하여** 청년사 1948.4 30원 出

서광제 **북조선기행** 청년사 1948.7.25 162쪽 250원

승리사 편,발행 **북한진상**(1) 1949.2.15 61쪽 150원

유철 **38이북의 현황과 우리 민족의 각오** 대한일보사 1948 142 ℹ️

온낙중 **북조선기행** 조선중앙일보사출판부 1948.8 113쪽 170원 ℹ️

이북 **김일성위조사** 삼팔사 1950(再) 52쪽 ℹ️

인민문화사 편,발행 **조선인민공화국의 탄생경로와 중앙인민위원회의 활동** 1945.11 36쪽 2원 出

최상덕 **북한괴뢰집단의 정체** 대한민국공보처 1949.9(서문일자) 73쪽

조영암 **북한일기** 삼팔사 1950.3.25 151쪽 3000원

사회과학 〉 정치 〉 국제관계

강제환 **제2대전의 원근인** 웅변구락부 1946.4.30 冊

김기태 **세기의 과제** 백양사 1949.8.20 186쪽 350원 朴

김동철,정국녹(유뿔랴꼬프) **자유와민주를위한동남구라파청년들의투쟁** 조선민주애국청년동맹중앙위 54쪽 50원 出

김병순 **제이대전의 원인근인** 웅변구락부 1946.2 52쪽 8원 出

김연식 **유엔헌장** 과학사 1948 46쪽 60원 韓

김영희 **세계정세** 조선광문사 1948.7.26 208쪽 200원 ℹ️

김정실 **세계헌장** 삼중당 1947.5.20 267 250원 ℹ️

김종건(폴라인코홀레르) **히틀러시녀의 고백** 경위사 1950 206쪽 [i]

김창한 **국제정세**^(상) 인민평론사 1947.5.18 96쪽 50원 [i]

노농사 역편,발행 **양세계관** 스탈링웰스회담기 1945.12.30 45쪽 3원80전 [朴]

대한민국공보처 편,발행 **UN총회와 한국문제** 1949 82쪽 [i]

대한민국공보처 편,발행 **한국독립문제에 관한 덜레스씨의 연설전문** 1949(?) 13쪽 [朴]

동무사역편,발행 **현정세와 다음의 과업** 신세기문고⑦ 1947.5 35쪽 30원 [出]

동지사 편,발행 **연합국의 정치조직, 정당, 각 주의주장, 연합각국의 학교제도** 1948 46쪽 [i]

민촌 **세계정의** 사회문화사 1948.4.27 100쪽 130원 [朴]

박기준(월터맆맨) **냉정전쟁** 고려문화사 1948.9.30 74쪽 150원

박종목(올레슈끄) **전후구라파제국에 있어서의 민주주의의 발전** 조선문화단체총연맹 1948 58쪽 50원 [韓]

서울신문사 편,발행 **전후의 세계동향** 1948.8 300원 [出]

석동수 역편 **세계는 어데로?** 삼향사 1947.12 121쪽 100원 [朴]

양병호 **국제연합의 해부** 연구편 철야당서점 1949 137쪽 250원 [韓]

옥명찬(웬델우윌키) **하나의 세계** 서울신문사출판국 1947.9.25 251쪽 160원

유광렬 **미소상극과 극동풍운** 국제문화협회 1947.12.15 82쪽

유일산 편 **미쏘대립과 국제위기** 문영당 1947.5.15 82쪽 80원

윤세창(DP게ㅅ데스,HS커메이거) **제2차세계대전사**^(상) 노농사 1947.5.27 185쪽 300원 [朴]

윤형남 **국제연합강화** 조선금융조합연합회 1949.7.15 162쪽 280원

이백주 **제3차전쟁은 일어날까** 동아인서관 1949 308쪽 400원 [韓]

이용호(싱거) **제2차세계대전 스파이비화** 국제사정연구소 1950 262쪽 550원 [韓]

임명삼 역 **UN조선위원단보고서** 국제신문사출판부 1949.1.20 234쪽 450원 [朴]

임상준 **싸우는 두 세계와 전후 약소민족의 진로** 노농사 1948.7.31 162쪽 200원 [朴]

정일형 **UN과 한국** 모던출판사 1950.5.5 191쪽 500원

주요섭(처어칠) **제2차세계대전회고록** 국제문화협회 1950.1.30(再) 159쪽 400원

박경호 **전쟁·과학·모략** 서울신문사출판국 1948.11.25 250쪽 350원

톰골트 **국제연합과 세계평화** 미국공보원 1948.7.25 108쪽 150원

한지성 역편 **제2차세계대전문헌** 태평문화출판사 1946.8.31 170쪽 40원 [出]

해외사정연구소 편 **전후 아세아 각국의 최근정세** 광성서점 1947 [i]

현동수 **전후의 국제정세** 민주주의전서① 희망각 1947.5 60쪽 70원 [出]

황진남,신기언 공역 **미쏘외교비사** 을유문화사 1948.10.10 161쪽 250원

사회과학 〉 정치 〉 정치 1945-1950

강형 **동포에 충고** 건국정신추진회 1948 68쪽 70원 韓

강원용 **새 시대의 건설자** 조선기독교서회 1949.4.20 183쪽 300원

경성정치문제연구소 편,발행 **정당단체조사** 1945(추정) 쪽 油印本 Ⓩ

광주부총무과공보계 **해방전후회고** 광주부 1946.8.15 171쪽

국제신문사출판부 역,발행(라우터백크) **한국미군정사** 국제소총서① 1948.12.25 143쪽 250원

권준 역 **현대각국정당론** 한중협회중앙본부 1948.8.20 240쪽 300원 ℹ

김갑주 편 **일인재산을 사면은?** 동방사출판부 1945.11 30쪽 4원 出

김경 **민족의 각서** 백조사 1949.5.15 115쪽 220원

김경(국립조선해양대학강사) **민족의 각서** 교계춘추사 1949 115쪽 ℹ

김동운,김종범 **해방전후의 조선진상** 조선정경연구사 1945.12.26 120쪽 10원

김병순 **신국민독본**제1권 웅변구락부출판부 1946.1.15 61쪽 6원

김병순 **현대사상독본** 문화보급사 1946 71쪽 35원 韓

김병순 **건국요강** 문화보급사 1947.7 64쪽 70원 出

김삼규 **민족사회주의 서곡** 민주의원공보부 1947.4.10 38쪽 30원

김삼규 **민족의 여명**논설집 삼팔사 1950.5.10 273쪽 600원

김석길 **한국민족의 당면진로** 건국실천원양성소 1948.5.10 248쪽 280원

김섭 **여운형살해사건진상기** 독립신문사출판부 1948.5.1 234쪽 250원

김영훈 **사람**史觀時事 정의사 1946.6 87쪽 10원 出

김오성 **지도자론** 조선인민보사후생부 1946.4.25 147쪽 25원

김오성 **지도자군상**제1집 대성출판사 1946.9.15 195쪽 60원 ℹ

김윤 편 **주의해설** 사회발전사 1945.12 73쪽 10원 ℹ

김윤 편 **사회용어집설** 발전사출판부 1946.5.20 105쪽 18원 朴

김의탁 **흥국방도** 계양사(대구) 1948 58쪽 雅

김일수 편 **적화전술** 경찰교양협회 1949.12.15(再) 256쪽 10000원 ℹ

김종문 **선전전의 이론과 실제** 정민문화사 1950(再) 109쪽 ℹ

김준엽 **사선만리** 삼일출판사 1950.4.15(再) 219쪽 550원(지방600원) 朴

김형찬 **금후활동에 필요한 사회사상의 기초지식**─건국상식문고② 건국사 1947.4.13 62쪽 40원

대건인쇄소 편,발행 **위폐사건공판기록** 1947 143쪽 35원 出

대한민국공보처 편,발행 **독립일주년 기념문헌집** 1949 40쪽

마명 **유일한 재건정신 강력주의** 재건사 1946.7.5 134쪽 30원

문진문화사 편,발행 **시정방침연설집** 1948.12 200원 出

문화당 편,발행 **주의와 해설** 1947.8.10 94쪽 100원

민조사 편,발행 **신어사전** 1946.4.15 190쪽 35원 i

민주주의민족전선선전부 편,발행 **민주주의민족전선결성대회의사록** 1946.2.25 111쪽 35원 賢

민주주의민족전선 편 **조선해방1년사** 문우인서관 1946.10.30 461쪽 100원

박상길 **20세기의 동태** 제1집 대한민국공보처 1950 41쪽 i

박상길 **영웅이여 나오라** 조양사출판부 1949.4.20 83쪽 160원 賢

박상길 **우주탄선언** 조양사출판부 1948.12.25 156쪽 250원

박일원 **남로당총비판** 극동정보사 1948.1.20 164쪽 150원 朴

박일원 **총선거에 대한 남로당의 동향비판** 극동정보사 1948.4.1 22쪽 30원 朴
　　　　* 출판사 표기가 없어 추정한 것임.

박일원 **남로당의 선전선동에 관하여** 미국공보원 1948.11.5 10원 i

박헌영 **삼상회의 결정과 조선** 해방일보사 1946.2 32쪽 4원 出

박헌영 **세계와 조선** 조선인민사 1946.8 66쪽 18원 出

박헌영 **일반정세와 조선의 진로** 조선공산당중앙위원 1946.5 39쪽 8원 出

박헌영 **조선인민에게 드림** 우리문화사 1946.8 206쪽 40원 出

방한 **왜 가난한가?** 조선사문고① 조선사 1947 淸

배성룡 **자주 조선의 지향** 광문사 1949 208 雅

백남운 **조선민족의 진로** 신건사 1946.7.15 64쪽 18원

백남운 **조선민족의 진로 재론** 민족문화연구소 1947.6 29쪽 30원 出

백성기 편 **해방기념서울안내** 경성안내사 1947 120쪽 220원 韓

삼천리사 편,발행 **총선거정견집** (상) 1950.4.27 248쪽 600원

삼천리사 편,발행 **총선거정견집** (하) 1950.5.18 208쪽 600원

서상천 **아국의 국방론** 대한독립청년단총본부 1948 114쪽 雅

서지열 편 **대한국민운동의 기초이론** 협계사 1949.12.23 137쪽 370원 朴

설의식 **신국가의 국호** 새한판프레트2집 새한민보사 1947.8.5 44쪽 60원

세계약소민족해방사 편,발행 **만국에 웨치는 한국인의 소래** 1946.5 58쪽 10원 出

소완규 **우리 민족의 살 길** 농본사 1949.12.25 124쪽 300원

송정훈 **제주도현지보고** 평화의 동경 국제보도연맹 1949 38쪽 300원 韓

송정훈 편 KOREA^{1950년판} 국제보도연맹 1950.1.10 229쪽 2500원

송정훈 편 KOREA^{1950년판} 국제보도연맹 1950.4.1⒃ 229쪽 US $ 3.00 朴

송종익 **3천만의 서원** 흥사단 1946.12 52쪽 15원 ℹ

신생활협회 편,발행 **나의 포부와 희망** 1946.1.1 192쪽 15원

신정언 **조선독립의 긴급 문제** 계몽구락부 1945.10.30⒃ 87쪽 5원

신호申皓 **현정치노선비판과 그 신방향** 연건출판부 1949 96쪽 200원 韓

안영섭 **우리민족의 살 길** 조선어연구회 1946.12 48쪽 50원 出

안영태 **하나의 철학** 동심사 1949.11.15 197쪽 450원

안재홍 **신민족주의와 신민주주의** 민우사 1945.12.15 67쪽 5원 ℹ

안재홍 **한민족의 기본진로** 조양사 1949.5 116쪽

안지홍 **진정민주주의론** 일한도서출판사 1949.7.5 235쪽

안호상 **우리의 부르짖음** 문화당 1947.6.30 127쪽 100원

안호상 **유물론비판** 문화당 1947.6.30 62쪽 100원

안호상 **우리의 취할 길** 문화당 1947 110쪽 ℹ

안호상 **민족의 소리** 문화당 1949 199쪽 雅

안호상 **일민주의의 본바탕** 일민주의연구원 1950.4.15㈣ 86쪽 190원

양우정 **싸우는 민족의 이론** 민족문화출판위원회 1947.10.18 102쪽 100원

양우정 **독립노선의 승리** 독립정신보급회 1949.3.25㈢ 280쪽 500원

양우정 **이대통령건국정치이념** 연합신문사 1949.10.20 141쪽 250원

양일동 편 **독립노농당당헌** 독립노농당선전부 1946.7 29쪽 出

여론사 편,발행 **조선의 장래를 결정하는 각정당각단체 해설** 1945.10.19 85쪽 10원

오기영 **민족의 비원** 서울신문사출판국 1947.12.18 264쪽 230원

오기영 **자유 조국을 위하여** 성각사 1948.9.15 207쪽 350원

오기영 **사슬이 풀린 뒤** 성각사 1948.9.30 256쪽 400원

오기영 **삼면불** 성각사 1948.10.15 207쪽 350원

오성룡 편 **국민도덕강연집**제1집 대한국민도덕과성경연구회 1947.5.25 39쪽 Z

온낙중 **조선해방의 국제적 경위와 미소공위 사업** 현우사 1947 64쪽 60원 出

온낙중 **몽중몽** 조선중앙일보사출판부 1948.6.20 123쪽 150원

월추산인 **조선동포에게 고함** 조광사 1945.9.5 72쪽 3원 ℹ

월추산인 **조선동포에게 고함** 조선정치경제연구회 1945.11.2⒃ 96쪽 15원

유영우, 장주춘 **사회과학사전** 프로레타리아사전 노농사 1947.1 256쪽 150원 [出]

윤세창(WB헷셀린) **제3정당론** 미국정당정치의 사적 고찰 문조사 1948 171쪽 350원 [韓]

윤재현 **사선을 헤매이며** 국제문화협회 1948.8.10 191쪽 200원 [出]

이강국 **민주주의 조선의 건설** 조선인민보사후생부 1946.4.20 202쪽

이강국 외 **민주주의 12강** 문우인서관 1946.11.15 200쪽 60원 [Z]

이만규 **여운형투쟁사** 총문각 1946.5.25 277쪽

이범석 **혈전** 건국사 1947.8 120원 [出]

이범석 **민족과 청년** 백수사 1948 253쪽 [i]

이석태 편 **사회과학대사전** 문우인서관 1949.6.20(再) 767+20쪽 1700원

이선근 **민족의 위기와 청년의 진로** 해동문화사 1949 56쪽 100원 [韓]

이승만 **독립정신** 활문사출판부 1910.2(初)1946.6(三) 344쪽

이승만 **건국과 이상** 국제문화협회 1945.12.12 40쪽 [i]

이우적 **정치상식문답** 문우인서관 1946.10 72쪽 20원 [出]

이은화 편, 발행 **국민심독** 자가본 1949.12.25 41쪽 2000원

이인수 **ENGLAND AND AMERICA** 을유문화사 1947.9.1 120원 93쪽

이재훈 **금명일의 국가** 신한출판사 1949.4.20 149쪽

이재훈 **민족문화와 세계문화** 보문출판사 1950.4.30 149쪽 350원 [朴]

이해남 역 **사회질서의 대헌장** 경향신문사 1948.3.1 236쪽 250원 [i]

이혁 편 **애국삐-라전집** 조국문화사 1946.6.25 130쪽 25원

인민평론사 역편, 발행 **해방조선의 진상** 1946.8.1 95쪽 28원

임광 **진통의 기록** 평화도서(株) 1948.7 1 123쪽 250원 [Z]

장복성 **조선공산당파쟁사** 대륙출판사 1949.11.28 110쪽 250원

장세기 **전쟁 없는 사회** 대성출판사 1949.1.25 350원 [i]

장시화 **건국훈화** 경천애인사 1945 44쪽 [i]

전국문화단체총연맹 편 **반란과 민족의 각오** 문진문화사 1949.1.25 143쪽 150원

전진한 **건국이념** 경천애인사 1948.12.25(再) 50쪽 100원

전충헌 **독립과 신생활** 독립생활연구소 1947. 41쪽 40원

정광현(등원데이) **내가 넘은 삼팔선** 수도문화사 1950.1.25(五) 251쪽 450원

정범수 **누구나 잘 사는 도리** 신농민사 1946.6 80쪽 12원 [韓]

정봉훈 **건국방략** –사상편(서론)구국문고①배달민족의 건국이상과 근세사상 문제 만유사 1946.12.20 95쪽 25원

정한경 **소련인 조선에 오다** 국제문화협회 田

조두원,권오직 **조선혁명의 국제적 관련성** 해방출판사 1946.2 69쪽 10원 田

조박 **민주주의의 해설** 건론사출판부 25쪽 朴

조병옥 **민족운명의 기로** 남조선과도정부공보실 1948 50쪽 비매 i

조병옥 **민족운명의 기로** 서울출판사 1948 50쪽 비매 i

조병옥 **특사유엔기행** 서울신문사출판국 1949.4.5 102쪽 200원

조봉암 **우리는 왜 개헌을 반대했나** 대한교학도서주식회사 1950.4.30 99쪽 200원

조선공산당서울시위원회선전부 편 **민주주의전선의 현단계** 새벽종각 1946.1.10 44쪽 5원

조선공산당중앙위원회 편,발행 **현정세와 우리의 임무** 정치노선에 대한 결정(잠정적) 1945.9.25 i

조선공산당중앙위선전부 편 **민주주의와 조선 건설** 조선정판사 1946.3 24쪽 4원 田

조선공산당중앙위청년부 역 **반팟쇼통일전선의 경험과 비판** 우리문화사 1947.4 113쪽 80원 田

조선인민보사 편 **인민당의 노선** 신문화연구소 1946.4 71쪽 12원 i

조선정치자료연구소 편 **국제협정서** 조선관계편 지성사 1947.6 95쪽 75원 田

조선통신사 편,발행 **조선연감** 1947년판 1946.12.1 501쪽 250원

조선통신사 편,발행 **조선연감** 1948년판 1947.12.1 482쪽 500원

조선학회 편 **건국방략** −사상편(속론)구국문고②공산운동의 현세와 신흥사상의 전망 만유사서적 1946.11.10 82쪽 35원 i

조세장 **원대한 건국** 기독청년연합회 1947.6 冊

조세장 편 **생명 있는 건설** 금룡도서 1948 292쪽 250원 韓

조약슬 편 **경북연감** 1948년판 영남일보사 1947.12.31 447쪽 500원

조영식 **민주주의자유론** 한일공인사 1948 158쪽 i

조자산紫山 **조선의 갈 길** 1945.10.1(서문일자) 23쪽 (기타사항 미상) i

조춘운 **우리나라 입헌정체는?** 정치문제연구소 1945 41쪽 雅

조효원 외편 **사람과 사회** 하 연희대학출판부 1949 186쪽 雅

주대벽 **대벽선언** 조국재건본부출판국 1948.8.10 183쪽 300원

주동근 외 **민족의 진로** 국민문화사 1947.12.15 102쪽 150원

주동명 **철병문제** 이상사 1948.1 100원 田

중앙인민위원회서기국 편,발행 **중앙인민위원회 제문헌** 제1집 1946 66쪽 300원 韓

중앙정론사 편,발행 **건국공작의 구체적 노정 외** 민주노선총서① 1946.2 18쪽 3원 田

중앙정론사 편,발행 **소위 임정의 단연 해산을 권고함 외** 민주노선총서② 1946.3 20쪽 3원 田

중앙정론사 편,발행 **후견제의 유래와 본질과 그 실시에 대한 전망 外** 민주노선총서③ 1946.3 28쪽 5원 田

지중세 역편 **조선사상범검거실화집** 신광출판사 1946.8.15 300쪽 60원

지중세 편 **현대어사전** 신광출판사 1948.12.15(再) 243쪽 500원

최성환 **국민운동의 이념** 배달재건사 1948.2.8 19쪽 🄫

최재희 **우리 민족의 갈 길** 대성출판사 1946.9.25 81쪽 15원

푸른산 **조선민족의 살 길** 조선어연구회 1946 58쪽 50원 🄪

한국민주당선전부 편,발행 **한국민주당소사** 1948 101쪽 100원 🄪

한국여론협회비판국 편 **위폐공판소동진상** 한국여론협회 1946.8 38쪽 20원 🄪

한학韓學 편 **조선의 새 주인** 일월사 1947.1.1 🄫

함상훈 **조선독립과 국제관계** 생활사 1948.3 174쪽 230원 🄓

합동통신사외신부 **오늘의 지식** 수도문화사 1949.1.20 153쪽 350원

합동통신사편집부 **격동하는 세계** 수도문화사 1950.3.20 260쪽 700원

해방(출판)사 편,발행 **민족통일전선 결성에 대하야** 1946.2 44쪽 5원 🄪

해방사 편,발행 **정치노선에 관하여** 1945.11 75쪽 1원50전 🄪

허헌 **사회생활해설** 제일출판사 1946.8 55쪽 20원 🄪

황훈 **자본주의와 사회주의 그리고 공산주의** 새나라사 1946.4 39쪽 8원 🄪

흥사단국내위원부 편,발행 **흥사단운동략해** 1947 87쪽 🄓

사회과학 〉 정치 〉 사회주의, 공산주의, 기타

강문석(A웨벨) **당 조직 활동의 ABC** 우리문화사 1946.6 89쪽 18원 🄪

강정택(두부로흐스키) **농민과 혁명** 대성출판사 1947.7 197쪽 170원 🄪

계몽출판사 편,발행 **공산주의해설**-계몽문고① 1946.3.23 8원 🄓

고영춘(야나이하라) **맑스주의와 기독교** 설우사 1949 192쪽 380원 🄓

과학사편집실 역편,발행 **민주주의혁명의 역사와 이론** 1947.5.30 100쪽 70원 🄫

군정청공보부 편,발행 **민주주의해설강연집** 1947 79쪽 50원 🄪

권중휘(라스키) **서구자유주의의 발달** 대성출판사 1947.12.10 189쪽 200원

권중휘 역 **현대문호의 민주주의관** 을유문화사 1949.12.10 101쪽 150원

김경수(후올랜더어) **사회주의사상사** 을유문화사 1949.5.10 244쪽 300원 🄬

김경탁 **유물론철학의 근본문제** 취영암 1947 49쪽 90원 🄓

김두헌 **민족이론의 전망** 을유문화사 1948.2.20 311쪽 400원

김상형(엥겔스) **사회주의의 발전** 현우사 1946.10.20 114쪽 35원

김상형(엥겔스) **가족·사유재산 및 국가의 기원** 현우사 1947.4.15 270쪽 250원 🛈

김영건,박찬모 공역 **유물사관세계사교정** 1 백양당 1947.8.15 284쪽 250원

김영건,박찬모 공역 **유물사관세계사교정** 2 백양당 1948.8.31(再) 242쪽 380원

김영건,박찬모 공역 **유물사관세계사교정** 3 백양당 1948.7.30 276쪽 450원

김영건,박찬모 공역 **유물사관세계사교정** 4 백양당 1948.12.31 366쪽 500원

김영민,김성대(라스키) **칼맑스론** 과학사 1946.11 106쪽 40원 出

김운상 편 **국제공산당대응변집** 숭문사 1946.8 117쪽 30원 出

김일출(모택동) **신민주주의론** 신문화총서① 신문화연구소 1946.1.30 41쪽 5원 🛈

김진태(만나루이스스트롱) **쏘동맹민주주의** 인민문고⑦ 노농사 1947.7 148쪽 100원 韓

김환수 역 **역사관** 동화출판사 1946.9.20 122쪽 65원

김효성 역 **레닌의 생애와 사업** 청년사 1945.12.30 58쪽 4원 朴

노농사 역,발행(레닌) **카―르맑쓰** 1945.12 64쪽 5원 出

노농사 역,발행 **레닌주의의 기초** 스타린선집① 1946.1 147쪽 30원 出

노농사 역,발행 **레닌주의의 제문제** 스타린선집② 1946.7 119쪽 20원 出

노농사 역,발행 **레닌주의와 민족문제** 스타린선집③ 1946.5 119쪽 20원 出

노농사 역,발행 **레닌주의를 위한 투쟁** (상)스타린선집④ 1946.6 204쪽 60원 出

노농사 역,발행 **레닌주의를 위한 투쟁** (중)스타린선집⑤ 1946.6 204쪽 60원 出

노농사 역,발행 **레닌주의를 위한 투쟁** (하)스타린선집⑥ 1946.9.29 150쪽 비매

노농사 역,발행 **10월혁명에의 길** (상)스타린선집⑦ 1947.7.20 193쪽 비매

노농사 역,발행 **10월혁명에의 길** (하)스타린선집⑧ 1947.7.30 191쪽 비매 朴

노농사 역,발행(레닌) **맑스주의의 원천과 구성** 인민문고① 1946.8.20 80쪽 16원

노농사 역,발행(영전광지) **계급과 국가** 인민문고⑤ 1946.12 117쪽 40원 出

노동전선사 편,발행인(칼맑스,엥겔스) **공산당선언** 1945.11.15 83쪽 4원50전 朴

노태준 **조직에 관한 참고** 조선민족청년단조직부 1948.3.1 25쪽 비매

동화출판사 편,발행 **맑쓰경제학** 제1편: 임금노동의 자본 1946.6 47쪽 15원 出

라비트스 **유물사관경제사** 자본주의이전 적성문화사 1946.5 77쪽 15원 出

문전택(에드가슨노) **중국소비에트시찰기** 고려선봉사 1946.11 45쪽 18원 出

민조사 편,발행 **국제공산당기본강령** 1946.4 108쪽 20원 出

바아토니스키 **조직론** 노농사 (연도미상) 39쪽 2원50전 [出]

박극채 **민족과 인민** 조선과학동맹서울시지부 1947.7 96쪽 90원

박극채 **민족과 인민의 이론** 개척사 1948.6.5(再)1천부 96쪽 120원

박노춘(W다그라스) **민주주의와 공산주의** 국제문화협회 1948 35쪽 60원 [出]

박웅걸(하상조) **무산계급이야기** 적성문화회 1946.2 113쪽 10원 [出]

박일룡(로조프스키) **레닌과 노동조합운동** 우리서원 1946.8.15 99쪽 30원

박찬모 역 **맑스엥겔스예술론** 건설출판사 1946.12.1 90쪽 40원

사회과학연구소(엥겔스) **공산주의원칙 공산당선언에 관한 초안** 동심사 1945.12 45쪽 3원50전 [出]

사회과학연구회 역,발행(레닌) **국가론** 1945.12.28 32쪽 3원50전

사회과학연구회 편,발행(니콜라이레닌) **민주주의와 독재** 1946.3 24쪽 4원 [出]

사회과학총서간행회 역편,발행(레닌) **국가와 혁명** 사회과학총서② 1946.5 150쪽 20원 [出]

사회과학총서간행회 역편,발행(레닌) **레닌주의의 기초** 사회과학총서① 1946.1 114쪽 8원 [出]

산천국영,계리언 **사회주의의 부인관급남녀관계의 진화** 맑레출판사 1946.1.30 32쪽 4원 [朴]

서울정치교육사 역,발행 **투쟁과 승리** 스딸린연설집 1946.3 162쪽 20원 [出]

성백선(르본) **군중심리** 대성출판사 1950.5.25 289쪽 900원

성홍(칼맑쓰) **혁명과 반혁명** 동심사 1947.5 186쪽 180원 [出]

송원굉 **유물론통사** 문우인서관 1948 175쪽 150원 [韓]

수문사 편,발행 **무엇을할것인가?** 레닌문고③ 1946.9 124쪽 35원 [出]

스딸린 **변증법적,사적 유물론** 창인사 1946 42쪽 [ⓘ]

스탈린학회(모택동) **연합정부론** 사회과학총서간행회 1946.2.20 112쪽 15원 [朴]

신문예사(하상조) **계급투쟁의 필연성과 필연적 전화** 일본어 신문예사 1945.11.25 85쪽 4원50전 [ⓘ]

신문화사(크로포트킹) **청년에게 소訴함** 신문화사(부산) 1946.5.5 54쪽 12원

신문화연구소편,발행 **유물사관** 1945.12 20쪽 3원 [出]

신여근(모택동) **연합정부론** 우리서원출판부 1946.3.1 117쪽 10원 [朴]

신인사 역편,발행(맑쓰,엔겔스) **공산당 선언** 1945.12.1 47쪽 5원

신인사 역편,발행(유소기) **혁명가의 수양** 1946.6.25(再) 95쪽 20원

신인사 역편,발행(모택동,주덕) **신민주주의론** 신인문고제1집 1946.2 73쪽 25원 [ⓘ]

신인사 역편,발행(모택동,주덕) **문예정책론** 신인문고제1집 1946.3 69쪽 25원 [ⓘ]

신인사 역편,발행(모택동,주덕) **연합정부론** 신인문고제1집 1946.4 82쪽 25원 [出]

신인사 역편,발행(모택동,주덕) **지구전론** 신인문고제1집 1946.9 104쪽 30원 [出]

신장각 역편,발행(모택동) **중국혁명과 중국공산당** 1946.4.15 44쪽 8원

신태환(GDH코올) **정치이론과 경제이론** 을유문화사 1949.11.10 124쪽 220원 乙

심율암(유소기) **당원의 수양** 문우인서관 1947 138쪽 150원 韓

양능득(크로포트킨) **무정부주의개론 무정부주의도덕** 선구회 1947.6 68쪽 60원 出

엥겔스 **유물변증법과 맑쓰주의** 조선좌익서적출판협의회 1946.2 14쪽 2원50전 出

연문사 역편,발행 **유물변증법교정**(상) 1946.9.5 130쪽 35원

온낙중 **노동자정치독본** 문우인서관 1946.8 80쪽 15원 出

왕명(에드가스노) **민주주의의 승리** 수문당 1946.6.30 118쪽

유물론연구회(스딸린) **공산청년회의 임무에 대하야** 현우사 1947.5 65쪽 30원 出

유일엽 편 **맑스주의의 비판** 대중공론사 1946.7 62쪽 20원 出

윤일사,한철(카알·카우쓰키) **자본론해설** 조선교육문화㈜ 1949.5.20 329쪽

이민,김택영(뜨라이닌,바르가) **특별한 형태의 민주주의** 청년사 1949 150원 韓

이상은(H·J·라스키) **공산주의론** 예문출판사 1947.8.10 199쪽 170원 朴

이석태 **파리콤뮨** 우리서원 1946.10 58쪽 15원 出

이석태 역 **맑스엥겔스 농업이론 급 농민정책** 조선정치교양동지회 1945.12.8(再) 64쪽 20원

이석태 역 **레닌급콤민테룬의 농업이론급농민정책** 조선정치교양동지회 1945.12.25 72쪽 6원50전

이세린 역 **마룩스,엔겔스,레닌,쓰딸린전기**전동맹공산당중앙위원회소속정치출판부 1947.5.15 68쪽

이세열(미이친) **변증법적유물론** 서울출판사 1948 200쪽 350원 韓

이우적 **황진이는 왜 기생이 되었는가** 문우인서관 1947 71쪽 30원 韓

이정일(레닌) **빈농에게** 민주문화사 1946.8 126쪽 30원 出

이철(막심고리키) **유년시대**(상)정음문고 정음사 1949.1.9 176쪽 170원

이효진(선산신일) **현대유물론철학개론** 신학사 1948.8.31 156쪽 270원

인민문화연구소 편 **사회주의경제학제일보** 신학사 1947.5.10 102쪽 90원 i

인민문화연구소 편 **사회주의정치학제일보** 신학사 1947.5.10 93쪽 i

인정식(레닌) **제국주의론** 동심사 1946.3.20 152쪽 20원

인정식(레닌) **유물론과 경험비판론**상 문우인서관 1947.3.25 156쪽 120원 i

인정식(레닌) **유물론과 경험비판론**중 문우인서관 1947.6.30 133쪽 120원

인정식(N·뿌하린) **공산주의ABC**상편 현우사 1946.6.15 110쪽 25원

인정식,김병겸(에드가스노) **신민주주의의 건설**홍군종군기 동심사 1946.5.25 177쪽 33원

인정식 역 **무엇을 할 것인가?** 레닌문고제3집 사회과학총서간행회 1946.8(서문일자)

일신사 역,발행(마르크스 외) **공산당선언** 1945 46쪽 3원 韓

임호(필맆랖아포트) **자본주의와 가정파괴** 선문사 1946.3.5 69쪽 8원

전석담 외 **자본론** 제1권제1분책 서울출판사 1947.6.30 160쪽 330원

전석담 외 **자본론** 제1권제2분책 서울출판사 1947.8.20 161~386쪽

전석담 외 **자본론** 제1권제3분책 서울출판사 1947.11.15 387~656쪽

전석담 외 **자본론** 제2권 서울출판사 1946.12 500원 出

전석담 외 **자본론** 제4권 서울출판사 1948.4 650원 出

전석담 외 **자본론5** (2-1) 서울출판사 1948.7.15 351쪽 700원 朴

전석담 외 **자본론6** (2-2) 서울출판사 1948.10.15 352~594쪽+43쪽 650원 朴

전원배(레닌) **유물론과 경험비판론** 상 대성출판사 1948.10.10 262쪽 450원

전원배(레닌) **유물론과 경험비판론** 하 대성출판사 1948.6.30 234쪽 400원

전원배(엥겔스) **반듀-링그론** 대성출판사 1948.10.20 223쪽 400원 朴

정국녹,김동철(유뿔랴꼬프) **자유와민주를위한 동남구라파 청년들의 투쟁** 조선민주애국청년동맹중앙위 54쪽 50원 出

정대석 **통속사회주의강화** (상)총문각문고① 1946.4 97쪽 18원 出

정대석 **통속사회주의강화** (하)총문각문고② 1947.9.15(再) 108쪽 80원

정일연 역 레닌 저 안드라츠키 편 **사적유물론** 삼성사 1946.9 106쪽 30원 雅

조선경제연구소 편 **11월 혁명의 교훈** 조선정판사 1946.3 58쪽 7원 出

조선공산당청년동맹출판부(레닌) **청년에게 주는 연설** 조선좌익서적출판협의회 1946.2.1 31쪽 3원50전

조선공산주의연구소 역편 **전동맹공산당사략강**① 혁명동지사 1947.5 143쪽 250원 出

조선공산주의연구소 역편 **전동맹공산당사략강**② 혁명동지사 1947.7 143쪽 250원 出

조선과학자동맹 편 **근대세계모략사건** 문우인서관 1946.6.25 82쪽 16원

조선맑스엥겔스레닌연구소역편 **공산당선언** 동무사 1945.11 74쪽 8원 出

조선맑스엥겔스레닌연구소 편,발행 **이－스딸린산림사업을위하여** 1946.1 203쪽 18원 出

조선맑스엥겔스레닌연구소 편,발행 **전동맹공산당17차대회에서의사업보고** 1946.1 160쪽 16원 出

조선맑스엥겔스레닌연구소 역편 **중국혁명의 전망** 동무사 1946.2 145쪽 15원 出

조선맑스엥겔스레닌연구소 역편,발행 **레닌선집** ⑯공산주의에있어서의좌익소아병 1946.3 183쪽 30원 出

조선맑스엥겔스레닌연구소 역편,발행 **레닌선집** ②푸로레타리아의헤게모니를위한투쟁이론 1946.5 268쪽35원 出

조선맑스엥겔스레닌연구소 역편,발행 **시월혁명과 로시아공산주의자들의 전술** 1946.3 64쪽 7원 出

조선맑스엥겔스레닌연구소 역편,발행 **시월혁명과 사회주의를 위한 투쟁** 1946.4 52쪽 10원 出

조선맑스엥겔스레닌연구소(느요쓰뜨롭쓰끼) **강철** 전편 우리서원 1946.6 203쪽 30원 出

조선맑스엥겔스레닌연구소 역편 **레닌선집** 제5권상부 창인사 1946.11.10 328쪽 120원 朴

조선맑스엥겔스레닌연구소 편,발행 **이브스딸린농촌사업에 대하여** 1946 203쪽 18원 韓

조선맑스엥겔스레닌연구소(스탈린) **맑스주의와 민족문제** 현우사 1947 136쪽 120원 韓

조선문학사 역편,발행(라비토스·오스트로비차노프) **세계경제사개론** 맑스레닌주의경제학교정① 1946.8.10 96쪽 비매

조선문학사 역편,발행(라비토스·오스트로비차노프) **생산론** 맑스레닌주의경제학교정② 1946.12 270쪽 40원 i

조선문학사 역편,발행(라비토스·오스트로비차노프) **화폐론** 맑스레닌주의경제학교정③ 1947.3.5 292쪽 비매

조선문학사 역편,발행(라비토스·오스트로비차노프) **잉여가치론** 맑스레닌주의경제학교정④ 1947.5.28 474쪽 190원 i

조선문학사 역편,발행(카메네프편) **문화와 정치** 골키에게보낸레닌서한집 1946.9.30 117쪽 37원 Z

조선산업노동조사소(레닌) **사회주의와 종교** 우리문화사 1946.3 57쪽 6원50전 出

조선산업노동조사소 역편 **(1)쏘베트동맹의국가와정부의성질에관한자료 (2)공장신문에관한결의(1925년)** 우리문화사1946.2 40쪽 8원 出

조선산업노동조사소 역편 **제1회전세계노동조합회의의사록** 우리문화사 1946.6 115쪽 30원 出

조선산업노동조사소 편 **옳은로선을위하야** 우리문화사 1945.11 96쪽 10원 出

조선산업노동조사소 편 **중국공산당과민족통일전선** 우리문화사 1945.12 56쪽 4원 出

조선유물론연구회 역 **공산주의 정치교정** 문영사 1947.6 162쪽 150원 出

조선좌익서적출판협의회번역부 역 **중국공산당 최근의 동향** 우리서원출판부 1946.4.28 93쪽 25원

조원 역 코민테른대회결정**노동조합의 지도이론** 적성문화회 1946.2.10 52쪽 5원 朴

중앙인서관대중총서편집부편,발행 **자본론입문** 하 (66쪽 이하 낙장)

쩨이피쉬 **민주주의적 생활** 남조선과도정부공보부여론국정치교육과1947.8.20 248쪽 200원

쩨일클리란드 **새 조선의 민주정치** 남조선과도정부공보부여론국정치교육과 1947.9 84쪽 80원 出

차동운(라비투스) **유물사관경제사** 자본주의이전 적성문화사 1946.5.25 77쪽 15원 i

채규항 **노농운동의 문헌** 새글사 1947.10.20 121쪽

청년외교협회 편,발행 **청년외교** 1949 150쪽 雅

청년전선사 역편 **국제공산당선언강령규약** 우리문화사 1946.1 126쪽 30원 出

최영철 역 **레닌그라드공방기** 수문당 1946.9 89쪽 25원 出

최현 역 **레닌주의철학** 유길서점 1947.3.20 73쪽 40원 朴

크라라체트킨 **지식계급문제** 동심사 1946.4 50쪽 10원 出

피코 **민주통일전선의 경험과 비판** 혁신서원 1948.3 120원 出

학술연구회 역편 **카니포사회주의적 민주주의의 승리** 선문사 1947.7 85쪽 80원 出

한춘섭(슘페타) **사회주의정당사론** 서울대학교신문사출판부 1948.5 176쪽 230원

한춘섭(칼디러) **사회주의·공산주의·무정부주의** 제1부 박문출판사 1947.2 226쪽 100원

한치진 **민주주의원론** (권1) 조선문화연구사 1947.5.1 248쪽 200원

한치진 **민주주의원론** (권2) 남조선과도정부공보부여론국정치교육과1947.7.1 322쪽220원

한치진 **민주주의원론** (권3) 남조선과도정부공보부여론국정치교육과 1947.9 297쪽 260원

한치진 **민주주의원론** (권4) 조선문화연구사 1947.5.1

한치진 **조선과 민주주의** 남조선과도정부공보부여론국정치교육과 1947 297쪽

한치진(JE피시어) **민주주의투쟁사** 조선문화연구사 1949 52쪽

해방사 역편,발행(피앳트닉키) **조직론** 1946.1.25 75쪽 7원

해방사 편,발행 **시월인민항쟁** 1947.1.25인쇄 30원

해방출판사 역편,발행(R·S·삭스) **과학적 사회주의의 기초** 1946.3 74쪽 10원

헷셸린WB **제3정당론** 미국정당정치의사적고찰 문조사 1948 171쪽

혁명사 역,발행 **공산당선언** 혁명문고① 1946.2 46쪽 3원50전

현성진 역 **위대한 10월 사회주의혁명 28주년** 1947 50쪽 45원

현우사 역,발행(에스크리브로프) **이뻬스탈린** 1946.8 64쪽 18원

홍만길 **공산주의의 정체** 조선애국부녀동맹출판부 1946.10 43쪽 20원

홍순창 역편 **청년운동의 이론과 역사** 문우인서관1947.8 80쪽 30원

황계주(레닌) **평화혁명론** 민주문화사 1947.7 74쪽 60원

황민(레닌) **맑스주의의 본질** 레닌문고제1집 사회과학총서간행회 1947.5.15 106쪽

황중엽(FA맥캔지) **조선의 비극** 영창서관 1946.7.20 150쪽 35원

사회과학 〉 정치 〉 의회

군정청정치교육과편 ,발행 **입헌정치개요** 1946.9 (서문일자) 48쪽 10원

김정실 **의회론** 삼일출판사 1949.3.10 218쪽 350원

김정실 **의회정치론** 삼일출판사 1950(再) 213쪽

대한독립국회성립사간행회 편,발행 **대한국회성립사** 1948 600쪽

대한민국국회사무처 편,발행 **제헌국회경과종합보고** 1948 186쪽 비매

모의국회준비위원회 편 **학생공화국** 서울문화사 1950.2.15

모의국회준비위원회 편   **모의국회의사록** 서울문화사 1950 115쪽 300원 韓

연문사 역편,발행   **회의진행의 상식** 1948.9 80원 ⓘ

윤길중   **국회의원선거법해설** 명길당 1950 175쪽 4000원 韓

이종장   **국회의 이론과 운영** 경찰교양원조회 1949 292쪽 450원 韓

이한일   **국회의원선거법해설** 청화사 1950 105쪽 300원 韓

전봉덕,김용근   **국회의원선거법해설** 단민출판사 1948 240쪽 330원 韓

지성사 편,발행   **국회의원선거법 시행령편람** 1950 71쪽 200원 韓

사회과학 〉 정치 〉 행정

강진화 편   **대한민국인사록** 내외공보사 1949 280쪽 3700원 韓

개성부 편   **개성부세일반** 개성부 1948 54쪽 100원 韓

경기도내무국공보과 편,발행   **경기도세일반** 1949 38쪽 70원 韓

계몽사 편,발행   **병사필수요람** 1950 170쪽 400원 韓

국무원총무처 편,발행   **전신략부호** 電信略符號 1950.5.20 158쪽 ⓘ

국방부병기행정본부정훈과 편,발행   **국방과 기술** 제1,2호 1950 비매 韓

국방연구회 편,발행   **건군의 이론적 근거** 국방연구총서제1권 1948 54쪽 60원 韓

군정청보건후생부 편,발행   **남조선지역 급 성별현주인구** 1946.9현재 1946 70쪽 50원 朴

군정청보건후생부 편,발행   **남조선인구동태총계** 1946 1948 105쪽 200원 韓

권준(엽검영)   **유격전강요** 권준장군병서출판후원회 1949.8.1 277쪽 300원 ⓘ

김광섭 편   **이대통령훈화록** 중앙문화협회 1950.3.1 142쪽 300원

김남영   **사법경찰실무대요** 삼중당 1948.2.29 198쪽 200원

김남영   **경찰관,형무관,소방관수험준비서** 삼중당 1948 167쪽 180원 ⓘ

김남영   **행정경찰실무대요** 경찰교양협조회 1949.11.30 171쪽 300원

김남영   **범죄보고서작성실례요람** 삼중당 1949 226쪽 350원 韓

김남영   **범죄수사법** 삼중당 1949 158쪽 300원 韓

김도원   **경찰실무요강** (상) 수도관구경찰청 1948.6.20(再) 89쪽 비매

김도원   **경찰실무요강** (하) 수도관구경찰청 1948.6.20(再) 78쪽 비매

김동빈   **보병교육의 지침** 세문사 1949 900쪽 1500원 韓

김양재 **노동조합교정** 노동자사 1947 221쪽 300원 韓

김정호 편 **경찰관승진시험문제해답집** 경무부경찰교육국 1947.12.10 147쪽 ⓘ

김종삼 **현행 사법경찰관 집무편람** 정문공사 1947.5 160쪽 90원 出

김재향 **대한민국정부행정구역편람** 동양건설문화사 1948 153쪽 300원 韓

김헌 **민주조국발전과 사찰경찰의 임무** 국민사상통일협회 1949 300원 韓

김홍일 **국방개론** 고려서적 1949.11.15 98쪽 200원 ⓘ

남조선과도정부노동부 편,발행 **단체교섭** 1948.3.25 ^(삼천부) 47쪽 비매

남조선과도정부노동부 편,발행 **노동관계법령집** 1948 50쪽 80원 韓

남조선과도정부노동부 편,발행 **노동조합해설** 1948 비매 韓

남조선과도정부노동부 편,발행 **제2회남조선노동통계조사경과보고** 1948 251쪽 300원 韓

남조선과도정부노동부 편,발행 **최고노동시간해설** 1948 38쪽 40원 韓

대한민국공보처 편,발행 **제1회총인구조사원명심서** 1949 42쪽 비매

대한민국공보처 편,발행 **제1회총인구조사질의응답** 1949 12쪽 비매

대한민국공보처 편,발행 **한국의 정치 · 경제** 1950 96쪽 150원 ⓘ

대한행정학회 편,발행 **지방행정구역 명칭일람** 1949.11.25 239쪽 500원 ⓘ

박일경 **비교정부론** 국민대학교출판부(등사본) 1950.3 ^(서문일자) 79쪽

박재우 **신경찰법** 대성출판사 1948.11 365쪽 550원 出

서울의사회 편,발행 **서울의사회회원명부** 1947 91쪽 70원 韓

성공사 편,발행 **지방행정법규집** 1950 560쪽 2000원 韓

수도관구경찰청 편,발행 **수도경찰발달사** 1947.7.31 321쪽 비매

신덕균 편 **각도군읍면간 이정표** 경성도서출판사 1945.8.25 冊

신정언 편 **조선국세독본** 성인교육협회총본부 1947.10 ^(서문일자) 103쪽

안용대 **공무원제도해설** 청진서관 1949 132쪽 250원 韓

안용대 **공무원법해설** 성공사 1950 400쪽 2000원 韓

육군본부정보국 편,발행 **방첩과 국방** 1950.4.25 48쪽

육군본부정훈감실 편,발행 **십용사전** 1949.9.20 193쪽 250원

육군사관학교 편 **전술학교정** ^{임시} 병학연구사 1948.1.1 ⓘ

육복술 **전북인명록** 군산민보사 1947.11.1 150쪽

육본작전교육국^(김희덕)편 **학교교련교본** ^{전편} 문헌사 1949.5.10 405쪽 280원 ⓘ

육본작전교육국 편 **훈련교범** 병학연구사 1948.12.30^(再) 272쪽 250원 ⓘ

이동호 편　**대한민국대통령초대각부장관시정방침연설집**　문진문화사　1948　76쪽　200원　韓

이소(국방부정훈국)　**군인의 사고**　학생사　1950.1.15　350원　ⓘ

이종갑　**각국 선게제도 독본**　조금련　1947.4.20　冊

이창수　**총선거와 민주정치**　남조선과도정부공보부여론국정치교육과　1948.1.10　181쪽　130원

이한용　**국회지식**　홍민사　1949.2(서문일자)　98쪽　(판권 낙장)　ⓘ

이홍로 편　**경북연감1950년판**　영남일보사　1950.1.25　495쪽　1000원

인천부 편　**인천부세일람**1948년도　태극서관(인천)　1949　96쪽　150원　韓

전라남도청 편,발　**전라남도도세일반**1948　1948　249쪽　250원　韓

전림 편역　**패전과학의 실상**　고려출판사　1950　154쪽　300원　韓

정일권,예관수　**공산군의 유격전법과 경비와 토벌**　병학연구사　1948　154쪽　250원　韓

제5광구경찰서공보실 편,발행　**건국과 경찰**　1948　100쪽　ⓘ

조선과학동맹 편　**각국선거제도독본**　연구사　1947.5.30　227쪽　130원

조재승,김경우　**지방자치법해설**　보문출판사　1946　223쪽　350원　韓

창인사편,발행　**민전선거강령세칙집**　1947.4　56쪽　40원　出

채병덕　**국민정신의 확립과 국민개병의 의의**　정민문화사　1949.11.7　84쪽　120원　朴

통위부작전교육국 편　**군대부호**　병학연구사　1948　45쪽　50원　韓

통위부작전교육국 편　**내무위병복무규정급폭동진압의 참고**　병학연구사　1948　84쪽　100원　韓

통위부작전교육국 편　**훈련교범**　병학연구사　1948　291쪽　300원　韓

해군본부교육감실 편,발행　**군대붕대학교범**해위교령 제1호　1949.10.25　清

홍순봉　**경찰법대의**　동아출판사　1947.10　96쪽　100원　出

사회과학 〉 법률

갑문당 편,발행　**대한민국헌법**　1948　55쪽　100원　ⓘ

강명옥　**귀속재산처리법해의**　명세당　1950　238쪽　500원　ⓘ

경기도내무국법무과 편,발행　**허가관계법규집**　1948　142쪽　(판권 없음)

경향신문사 편,발행　**대한민국헌법**　1948.7.27(再)　27쪽　50원　ⓘ

고담용　**법학개론**　성균관대출판부　1947.7　91쪽　110원　出

국무원법제처 편　**대한민국법령집**　대한행정학회　1949　487쪽　ⓘ

군정청 **군정법령집** 조선행정학회 1947.4.15 190쪽

군정청 **남조선과도정부법령집** 조선행정학회 1947.12.15 185쪽

군정청상무부특허국 편 **특허법** 조선행정학회 1946.11 49쪽 35원 出

군정청특허원 편,발행 **특허법** 1946 126쪽 60원 韓

권오규 **강제수사와 경찰연구** 조선과학문화사 1948.10 280원 出

김남영 **형법** 삼중당 1948.3 144쪽 200원 出

김안진 **법학개론** 을유문화사 1949.12.24(四) 341쪽 650원

김윤근 외 **헌법요론** 육성각 1949 350쪽 600원 韓

김정수 편 **신조선법학전집** 제1권 서울통신대학 1948.1.20 비매

김정수 편 **신조선법학전집** 제2권 서울통신대학 1948 285쪽 250원 韓

김정수 편 **신조선법학전집** 제3권 서울통신대학 1949.8.20 171쪽 비매 i

김정실 **각국헌법론** 금룡도서 1946.10.18 108쪽 40원

노진설 **실무본위 선거법해설** 수선사 1948 203쪽 300원 韓

대한법정협회 편 **법령총집** 제1집 조선출판문화사 1949 318쪽 500원 韓

민복기,정윤환 **형사소송개정법해설** 법률평론사 1947 262쪽 500원 韓

민복기,정윤환 **형사소송법개론** 조선출판문화사 1948.7 171쪽 350원 出

박관숙 **국제법요론** 선문사 1949.12.15(三) 239쪽 450원

박상일 **법학대요** 백양당 1950 306쪽 3000원 韓

박상일,윤세창 **법제개요** 문조사 1949.12.10 270쪽 550원

박일경 **헌법강의** 국민대학도호국단문화부 1949 116쪽 350원 韓

법무부조사국 편,발행 **서서**瑞西**형법전및서반아형법전** 법무자료⑨ 1948.12 399쪽 i

법무부조사국 편,발행 **불란서형법전 및 인도형법전** 법무자료⑦ 1948.12 129쪽 i

법무부조사국 편,발행 **이태리형법전 외** 법무자료⑧ 1948.12 361쪽 i

법무부조사국 편,발행 **불란서민법전** 법무자료④ 1949.7 448쪽 i

법무부조사국 편,발행 **서서**瑞西**채무법전** 법무자료⑫ 1949.7 252쪽 i

법무부조사국 편,발행 **중국상법전 외** 법무자료⑬ 1949.7 285쪽 i

법무부조사국 편,발행 **미국국제사법** 법무자료⑮ 1949.7 175쪽 i

법무부조사국 편,발행 **영국민사소송법** 법무자료⑰ 1950.3 303쪽 i

법무부조사국 편,발행 **미주각국헌법전** 법무자료⑲ 1950.4 289쪽

법제처법무조사국 편,발행 **현행각국헌법전** 법제자료 제1집 1949.5.25 365쪽 비매

사법신문사 편,발행 **현행대한민국법령유집** 1948.11.10 [i]

서재원 외 **신조선법학전집** 제4권 서울통신대학 1949 190쪽 비매 [i]

수험지도사 편,발행 **형사소송법문제해의** 1949.6.28(再) 211쪽 450원

심현상 **형법총론** 건민문화사 1949.9.25 288쪽 600원

심현상 **형법총론** 천문사 1950.5.15 288쪽 800원

심현상 **형법각론** 천문사 1950 294쪽 700원 [韓]

양준모 **민사소송법해의** 수험지도사 1950.4.10(再) 205쪽 550원

오제도 **국가보안법실무제요** 서울지방검찰청 1949.8.15 125쪽 250원

유영호 **범죄과학** 국제출판사 1948.11.30 165쪽 400원

유진오 **헌법해의** 명세당 1949.5.30(三) 250쪽 480원 [i]

유진오 **헌법의 기초이론** 명세당 1950.1.20 252쪽 800원

육성각 편,발행 **국가시험문제모범해답집** 민법.민사소송법.국제사법 1949 344쪽 600원 [韓]

육성각 편,발행 **변호사시험답안집** (상권) 1949 400쪽 600원 [韓]

윤백남 **조선형정사** 문예서림 1948.7.25 204쪽 300원

윤세창 **행정법요론** 백양당 1949.5.20 262쪽 400원

이건호 **형법강의** 총론 청구문화사 1949.11.15(再) 303쪽 850원

이상조 **법학통론** 세계서림 1947 112쪽 90원 [出]

이용기,백홍수 **행형법개론** 치형협회 1948.2.1 180원 258쪽

이용택 **법규 민법집** 상권 민법총칙 연구사 1947 75쪽 50원 [韓]

이종극 **한국행정법강의** 개조출판사 1949 240쪽 550원 [韓]

이종극 **신법학통론** 동명사 1950 172쪽 600원 [韓]

이종기 **형법개론** 육성각 1949.10.10 233쪽 600원

이준식,황성희 **민법정선백이십제연구** 등용각 1950 205쪽 5000원 [韓]

이창수 **대한민국헌법대의** 동방문화사 1948.10.5 350원 [i]

이창수 **대한민국헌법대의** 동아인서관 1949.9.22(再) 242쪽 450원

이현우 **상업법인 등기수속요람** 대구지방법원심리원등기과 1948 601쪽 800원 [韓]

장경학 **현행민법총칙** 문창당 1950 337쪽 1000원 [韓]

장승두 **형사정책학요강** 청구문화사 1949.11.10 198쪽 550원

장승두 **형법요론**-총론 각론 청구문화사 1950 368쪽 120원 [韓]

장후영 **법률과 현실** 백양당 1950.4.25 230쪽 620원

장후영 **현행민법총론** 동연사 1950.5.15 363쪽 1300원

전봉덕 **법학통론** 국제문화관 1949.10.1㈌ 138쪽 250원

전희봉 **법학통론** 태백서적공사 1947.11.10 200원 ⓘ

정광현 편 **적산관계법규병수속편람** 동광당서점 1948 195쪽 350원 韓

정만금 **형법요람 각론** 수도경찰학교출판부 1948 157쪽 150원 韓

정운갑 **행정법강의안** 국민대학교출판부 1949.10.21 96쪽 등사본

조선문화사 편,발행 **형법** 총론각론 1947.9 128쪽 150원 出

조선법정연구회 편,발행 **회의편람** 1945.10.5 22쪽

조선통신법정학회 편 **법률정치학강의** 조선통신법정학회 1948.2.5 冊

조선통신법정학회 편 **국가시험** 헌법,형법,상법편 세문사 1949.8.30 284쪽 480원

조선통신법정학회 편 **고등고시변호사시험문제모범해답집** 세문사 1949 379쪽 480원 韓

조선통신법정학회 편 **국사중요문제답안집** 세문사 1950.6.10 254쪽 650원

조선통신법정학회 편 **국가시험준비총서** 제2집 세문사 1950 220쪽 650원 韓

조선통신법정학회 편 **육법구술문답집** 세문사 1950 355쪽 750원 韓

조중학(하루므스) **법률철학개론** 신학사 1948.7 181쪽 280원 出

진승록 **민법총칙** 상편 중앙문화협회 1947.6 91쪽 出

진승록 **민법총론** 대성출판사 1949 312쪽 800원 韓

최대용 **변호사시험수험비결** 육성각 1948.4 310쪽 400원 出

한태연(슈타믈러) **법과 법학의 본질** 조선공업문화사출판부 1950.1.30 147쪽 350원

한희석 **지방자치법해설** 자가본 1949.7.22 ⓘ

현승종 **로마법개론** 동연사 1950.8.15㈎ 169쪽 1400원

홍원길 **남녀동등권** 충북문화사 1948 75쪽 200원 韓

황동준 **한국행정법총론** 일한도서출판사 1949.11.20㈎ 322쪽 900원

황동준 **한국행정법** 일한도서출판사 1949.12.25 650원 ⓘ

황산덕(켈젠) **순수법학** 문화신서(50-3) 조선공업문화사 1949.10.25 500원

황성충 **형법독본** 일한도서출판사 1949 180쪽 300원 韓

황성희(미고주웅) **민주주의의 법률 원리** 수선사 1950.4.26 147쪽 350원

황성희 편 **현행형법요설** 등용각 1947.7 129쪽 120원 出

사회과학 〉 경제

강봉제(석전문차랑) **채권총론** 삼협문화사 1949.11.5 350쪽 850원

고승제 **경제학입문** 을유문고⑫ 을유문화사 1948.7.15 218쪽 200원 乙

군정청상무부 편,발행 **상공행정연보** 1946 1947 58쪽 出

권태섭 **조선경제의 기본구조** 동심사 1947.1.10 242쪽 120원

권태섭 **조선경제의 기본구조** 조선시론사 1947.4.10 242쪽 120원 i

길익선 역(주한경제협조처) **남한경제살림** 백조사 1950.1.10 154쪽 350원 i

김경보 **경제학입문** 동방문화사 1949.1.15 198쪽 400원

김두희(케인즈) **경제학의 범위와 방법** 조선공업문화사출판부 1950.1.20 231쪽 500원

김려일 **부기회계** 상업부기 동문사서점 1949 155쪽 290원 韓

김세련,이영배(리카도) **경제학원리** 상 서울출판사 1948 204쪽 i

김세련,이영배(리카도) **경제학원리** 하 서울출판사 1949.2.20 205~414쪽 800원

김세련(베 · 옷신스키) **계획경제론** 서울출판사 1949 274쪽 i

김영상 **보험요론** 조선화재해상보험㈱사우회 1946.11.25 162쪽 36원

김영호 **협동조합론** 경제학전집② 박문출판사1948.12.2 136쪽 300원

김주현 **통계학입문** (출판처 미상) 1948 250원 出

김형찬 **경제의 기초지식** 건국상식문고① 건국사 1947.4.13 63쪽 40원

남조선과도정부 편,발행 **서기1947년도세입세출총예산** 1947(?) 125쪽 乙

노농사역,발행(헤르만뚱카) **경제학교정** 인민문고② 1946.9 68쪽 20원 出

노철환 **세계경제의 현상** 경화출판사 1949 352쪽 750원 韓

대한상공회의소 편,발행 **은행회사단체명부** 1950 1950 380쪽 韓

대한상공회의소 편,발행 **대한상공회의소3년사** 1949 543쪽 雅

마학선 **경상북도회사총람** 합동통신대구지사 1947.1 308쪽 150원 出

박기혁 **경제학입문** 상 삼성문화사 1948.8 280원 出

상업일보사 편,발행 **무역연감** 1949 1948.12 450쪽 400원 出

선진수 **인생일대의 경제학** 청구사 1945.12 41쪽 6원 出

손응록(라피두스) **경제학교정** 상 청구문화사 1949 750원 韓

손응록(레빈스키) **경제학의 건설자** 문조사 1949 168쪽 350원 韓

손응록(마샬) **경제학개요** 상 청구문화사 1949.5.20 294쪽 680원

신태환　**경제원론**　일한도서　1950　500쪽　2000원　韓

원용석　**ECA와 한국경제**　대한금융조합연합회　1950.5.25　77쪽　100원

윤행중　**민주경제론**　을유문화사　1948.4.20　120쪽　180원　乙

윤행중　**이론경제학** 제1집　서울출판사　1947.10　217쪽　320원　出

이건혁　**건국과 국민경제** 우리는 어떻게 살까　금룡도서　1946　128쪽　50원　雅

이건혁　**돈과 물건** 인플레대책　금룡도서　1946.12.28　105쪽　40원

이북만　**이조사회경제사연구**　대성출판사　1948.12.25 (1천부)　388쪽　800원

이석범　**경제학개설**　삼성문화사　1948.12.1　215쪽　350원

이용원(에슐리)　**경영경제학** 조선공업문화사출판부　1950.1.15　133쪽　300원

이용택,정영술　**부기회계** 제1,2권　제일출판사　1946.10　104쪽　95쪽　出

이종극　**기초경제학**　연학사　1949　203쪽　450원　韓

이종호　**적산과 배상**　동방신문사 (대전)　1948　139쪽　150원　韓

이집생,조기호　**근대자본주의발전사론**　대성출판사　1948.12.15　314쪽　i

이해동　**재정학요론**　명세당　1949.7.25　273쪽　580원

인정식　**조선농업경제론** 경제학전집제4권　박문출판사　1949.4.10　213쪽　350원

임호　**정치학입문**　신학사　1947.12.1　98쪽　80원

임호　**경제학입문**　신학사　1948.4.1(再)　101쪽　i

장기영 편　**조선경제연보** 1948년판　조선은행조사부　1948.7.5　2000원

장기영 편　**경제연감** 1949년판　조선은행조사부　1949.10.10　2500원

전석담　**조선경제사** 경제학전집③　박문출판사　1949.2.15　319쪽　500원

전석담　**현대조선사회경제사**　신학사　1948.1　180원　出

전석담,이기수,김한주　**일제하의 조선사회경제사**　조선금융조합연합회　1947.4.20　177쪽　80원

전원배(맑스)　**임노동과 자본** 대성문고　대성출판사　1946.8.15　53쪽　25원

전홍진　**경제해설 민생강화**　조선금융조합연합회　1949.12.30　217쪽　250원

전홍진　**우리나라 인푸레 실정**　대한금융조합연합회　1950.5.25　65쪽　100원

정영술　**통계학**　을유문화사　1950.3.25　270쪽　900원

정의화　**채권총론**　육성각　1949　221쪽　500원　韓

정치경제연구회역,발행(윌레스)　**6천만의 취업** 정경총서②　1947.6　36쪽　35원　出

조기호　**인프레이숀의 기초이론**　박문출판사　1949.12.10　252쪽　500원

조기호,이집생　**근대자본주의발전사론**　대성출판사　1948.12.15　314쪽　i

조선과학사 편,발행 **형법총론중요문제해결** 1949 154쪽 320원 韓

조선과학자동맹 편 **이조사회경제사** 노농사 1946.10.10 267쪽 70원

조선금융조합연합회 편,발행 **조선금융조합통계연보** 1946.12 106쪽 30원 出

조선은행조사부 편,발행 **물가종람** 1945.8~1946.4 1949 120쪽 비매 韓

조선학술연구회(맑쓰) **임금노동과 자본** 맑쓰경제집① 동화출판사 1946.6 47쪽 15원 出

주유순 **회사법강의** 동연사 1950 291쪽 ℹ

주유순 **상법총칙** 일한도서출판사 1950 292쪽 450원 韓

주유순 **상법총칙강의** 동연사 1950 235쪽 700원 韓

주재황 **채권각론강의** 탐구당 1950.2.20 295쪽 950원

최호진 **일반경제사** 이상서원 1946.6 320쪽 130원 出

최호진 **근대조선경제사연구제1집** 민중서관 1947.5 200쪽 280원 雅

최호진 **경제사대강** 동방문화사 1947.9 330쪽 400원 ℹ

최호진 **화폐론강의** 민중서관 1947.11.25 210쪽 300원

최호진 **경제원론** 민중서관 1948 211쪽 650원 韓

최호진 **재정학** 백양당 1949.9.10 311쪽 700원

최호진 **경제학대요** 백양당 1949.11.10(六) 281쪽 550원

최호진 **경제사** 경제학전집제1권 박문출판사 1949.12.30(三) 195쪽 450원

최호진 **화폐금융론** 동연사 1950.1.20 248쪽 700원

특허국 편 **특허안내** 특허국 1947 24쪽 40원 韓

하상조 **맑쓰주의 경제학의 기초** 해방출판사 1946.2 31쪽 5원 出

한문수(무출장오랑) **이론경제학개요** 실업교육회 1950.6.5 379쪽 1400원

홍두표(카알맑스) **경제학비판서설** 정음문고 정음사 1948.1.20 92쪽 80원

홍우 **상업경제** 정음사 1948.4 120원 出

홍우 **경제정책** 경제학전집제5권 박문출판사 1949.6.20 217쪽 600원

홍우 **경제문제** 공민5학년 탐구당 1950.5.5 146쪽 400원

홍우 **경제원론** 을유문화사 1950.5 334쪽 900원

강진국 **농지개혁법해설** 문화출판사 1949.11.1(再) 74쪽 120원

경상북도농촌경제과 편,발행 **농촌지도전망** 1948.8.10 36쪽 朴

계몽문화사 편,발행 **연초경작인보감**^{나의 할 일} 1949.11.15 100원 ⓘ

교통부 편,발행 **운전취급규칙** 1948.5.27 122쪽 달갑達甲 제30호 별책

교통부 편,발행 **운전취급세칙** 1948.5.27 132쪽 달갑達甲 제31호 별책

국립농사교도국 편 **DDT사용법**^{농사교도문고} 백양사출판부 1948.8.15 20쪽 30원 ⓘ

국립농사교도국 편 **비료기술**^{농사교도문고} 백양사출판부 1948.11.11 44쪽 60원 ⓘ

국립농사교도국 편 **육지면재배법**^{농사교도문고} 백양사출판부 1948.12.15 34쪽 ⓘ

국립농사교도국 편 **양토법** 백양사출판부 1949.1.25 70원 ⓘ

국립농사교도국 편 **조선의 토양** 백양사출판부 1949.3.25 57쪽 60원

국립농사교도국 편 **보리밟기** 백양사출판부 1949.3.25 25원 ⓘ

국립농사교도국 편 **과수재배법** 백양사출판부 1949.4.1 153쪽 160원 ⓘ

국립농사교도국 편 **감자소출을 더 많게 하는 법**(제1부) 백양사출판부 40원 ⓘ

국립농사시험장 편,발행 **국립농사시험장요람** 1948 41쪽 비매 韓

군정청 **남조선농업의 현세** 군정청 1947.4 冊

김명윤,최재갑 **과수재배법**^{조선농업문고⑤} 을유문화사 1948.6.30 98쪽 150원 乙

김선필 **실용양계법** 동인사 1948.11 168쪽 320원 出

김성원 **이론실험 과수원예각론** 대한원예회 1949 732쪽 1300원 19 韓

김성제 **고구마재배론** 새글사 1947.9.15 84쪽 90원

김성제 **농사와 농촌**^{농촌문고} 대한농회 1949 87쪽 300원 ⓘ

김성회 편 **건국과 전매사업** 조선여행안내전매사업발행부 1947.12 61쪽 50원 出

김승준 **식량문제와 수리사업** 조선수리조합연합회 1947 59쪽 100원 韓

김영기 **조선의 농업**^{통계로본식량사정} 창원사 1946.7 115쪽 37원 ⓘ

김종범 **조선식량문제와 그 대책** 창건사 1946.12.12 106쪽 50원 ⓘ

김준보 **토지개혁론요강** 삼일출판사 1949 57쪽 120원 ⓘ

김치선 **미작법**^{조선농업문고④} 을유문화사 1948.6.30 97쪽

김호식 **미국농촌시찰기** 수도문화사 1950.3.6 130쪽 350원

김희태 **농업통론** 정음사 1947.8.17 100쪽 65원

김희태 **조선미작연구** 정음사 1948.4.15 338쪽 500원

김희태,홍기창 **토양비료** 정음사 1947 71쪽 70원 韓

남조선과도정부중앙경제위원회 편,발행 **남조선산업노무력급임금조사** 1946.11현재 1948.3 560쪽 ℹ

농림부농지국 편,발행 **농지개혁법관계법령집** 1950.5.1(서문일자) 76쪽

농림부농지국 편,발행 **농지개혁법해설** 1949 47쪽 ℹ

농림신문사 편,발행 **농업경제연보** 1949 1949.1.25 341쪽 600원 Z

농사개량원 편,발행 **경상남도토성조사보고서** 상중하 1948 비매 韓

농사개량원 편,발행 **충청남도토성조사보고서** 1948 1948 596쪽 1200 韓

문충곤 **과수재배제요** 경북과물동업조합 1949 530쪽 21 ℹ

박동규 **협동조합강화** 조선금융조합연합회 1949.5.15 188쪽 270원 朴

박문규 **조선토지문제논고** 신한인쇄공사 1946 145쪽 ℹ

박순범 **철도운전사고방지대책 및 처치법** 동화출판사 1948 228쪽 250원 韓

박종문 **신자동차관계법규해설집** 정문사 1950.3.10 434쪽 2000원

성문사 편,발행 **경상남도농용토성도** 1,2 1947 각1000원 韓

손명규 **인공육추**育雛**법해설** 충남농업기술원(등사판) 1950.3.30 비매 ℹ

손원배 燃料半節約 **증보孫式아궁이개조법** 자가본 1949.3.1(증보) ℹ

송병하 편 **조선자동차취체법규수험준비문답서** 서울자동차운수협력사 1947.7 31쪽 50원 出

수도교통운수협력회 편 **자동차학전집** 문조사 1949 282쪽 800원 韓

양주삼 **농민의 낙원인 정말**丁抹 금룡도서 1948.10.15(六) 41쪽 70원

오성국 **조선채소재배의 실제** 생활사 1946.5.30 ℹ

오성우 **황산식부국농법** 광명출판사 1949.2.1 74쪽

운수국공무과건우회사업부 편,발행 **철도관계건축공사견적적산참고집** 1946 219쪽 50원 韓

원용석 **남한의 식량사정** 식량공사 1948 218쪽 2000원 韓

유달영 **가정채소원예** 국민문고② 국제문화관 1948.10 120원 出

유달영,이택리 **채소원예** 1949 220쪽 390원 韓

유봉림 **정지전정**整枝剪定**개요** 문화서원(경산) 1948 104쪽 250원 韓

유용대 **수산업정책론** 조선수산업회 1947.5 124쪽 70원 出

유재환 **산림문제** 조선사 1946.12 48쪽 15원 出

윤무혁 **감자 재배, 저장 원리와 실제론** 합동도서㈜ 1950.2.25 122쪽 270원

이규철 **도해설명 최신자동차시험문답정해** 정음사 1949 268쪽 500원 韓

이근태 **축산범론** 조선농업문고(23) 을유문화사 1949.2.15 84쪽 120원 乙

이덕봉 **새 나라의 농민** 협동농업총서 조선금융조합연합회 1948 78쪽 ℹ

이봉희(재무부전매국) **천일제염공업** 행림서원 1950.6.5 282쪽 1200원

이일선 **이상촌** 농촌문화사 1947.3.30 84쪽 50원 賢

이재수 **삼림과 벌채** 전남산림회 (광주) 1948 108쪽 200원 韓

이춘영 **조선농업기술소사** 을유문화사 1950.2.1 62쪽 140원 乙

인정식 **조선의 토지문제** 청수사 1946 134쪽 25원 ℹ

전국농민총연맹 편,발행 **토지개혁은 이렇게 하자!** 1947.7 45쪽 35원 出

전주전매국 편,발행 **조선종연초경작법** 92쪽 (기타사항 미상)

정구흥 **작물법** 정음사 1947.10 99쪽 90원 出

정범수 **농민과 땅** 신농민사 1946.1 56쪽 6원 出

조금련조사과 편,발행 **조선금융조합통계년보** 1946 106쪽 30원 韓

조두원 **조선의 토지제도와 북조선토지개혁의 의의** 해방출판사 1946.5 44쪽 8원 出

조선생활품영단 편,발행 **조선생활품영단 연혁과 개요** 1948 91쪽 180원 韓

조채현 **실제 병충해의 약제구제** 농예도서출판사 1949.7.30 115쪽 200원

주세중 **감자농사** 협동농업총서 조선금융조합연합회 1948 73쪽 ℹ

주세중 **부업양봉법** 근우사 1949 100원 韓

주세중 **이상농가의 경영** 협동농업총서 조선금융조합연합회 1948 75쪽 ℹ

중앙경제위 서무처통계서 편 1946현재**남조선산업노무력 급 임금조사** 1947 560쪽 비매 韓

중앙농업기술원 편 **대한의 비료** 조선금융조합연합회 1949.3.10 87쪽 100원 ℹ

중앙농업기술원 편 **고구마재배법**−농사교도문고 백양사출판부 1949.7.5 120원 ℹ

중앙출판사 편,발행 **대한민국교통산업지도** 1948.7.15 ℹ

중외경제연구회 편,발행 **농지개혁법** 경제상식보급 1950.5.1 61쪽 200원 ℹ

채병석 **기술지도의 이념** 백양사출판부 1948.12.25 90쪽 130원 朴

채병석 **미＊의 상품화** 국립농사교도국 1949.1.30 115쪽 150원 ℹ

최병협 편,발행 **조선농촌의 신건설** 자가본 1947.10.26(甬) 105쪽 100원

최응상 **농약의 이론과 실제** 신생활사 1946 74쪽 60원 韓

최재갑 **농업기상강화** 을유문화사 1949.2.15 112쪽 160원 乙

최종준 농민사화**양육의 나라** 국제출판사 1949 136쪽 200원 韓

최학소 **농민조합조직법** 사회과학총서간행회 1946.4 118쪽 18원 出

해양경제연구소 편,발행 **해운계의 현세와 전망** 1948 62쪽 300원 韓

허인성,이기인 **가축기르기** 협동농업총서 조선금융조합연합회 1949.2.20 92쪽 120원

현근 **조선농업행정의 개혁론** 농사개량원 1948 40쪽 60원 韓

홍기창 **수도병충해연구** 대한농회 1949.10.25 123쪽 200원

홍기창,김인권 **과수채소** 정음사 1948.8.10 95쪽 150원 ⓘ

홍병선 **농업협동조합과 조직법** 광문출판사 1948.3.15 38쪽 40원

홍병선 **丁抹농민과 조선** 광문출판사 1949.6.10(再) 63쪽 120원

사회과학 〉 사회학 〉 사회학일반

김동환(오브킨니코바) **사회과학입문** 선문사 1947.9.30 158쪽 140원

김현준 **사회학개론** 대성출판사 1950.2.15 281쪽 900원 ⓘ

김정학역 **사회과학입문** 종로서관 1950.1.10 194쪽 800원

삼문사출판부 편,발행 **사회문제사전** 1947.3 154쪽 100원

이재훈 **사회학개론** 동방문화사 1949.11.25(三) 259쪽 600원

최익한 **조선사회정책사** 박문출판사 1947.6.15 155쪽 150원

한치진 **사회학개론** 조선문화연구사 1947.3.1 216쪽 200원

한흥출판회 편,발행 **사회진화론** 1946.9.20 28원 ⓘ

한국출판회 편 **사회진화론** 영인서관 1946.9 78쪽 28원 出

한치진 **현대사회문제** 조선문화연구사 1949 143쪽 200원 ⓘ

사회과학 〉 사회학 〉 풍습/민속

경성도서출판사 편,발행 **1946년조선민력** 1945.11.30 32쪽 5원

고정옥 **조선민요연구** 수선사 1949.3.10 544쪽 1200원

국립개성박물관 편,발행 **국립개성박물관안내** 1948 35쪽 50원 韓

국립중앙관상대 편 **세차정해** 丁亥**역서** 조선서적인쇄 1947.12 58쪽 30원 出

국립중앙관상대 편 **단기4282년약력** 대한민국정부 1948.11.30 100원 ⓘ

국립중앙관상대 편 **세차경인역서** [1950] 대한민국정부 1949.11.15 70쪽 100원

국립중앙관상대 편,발행 **세차무자**[戊子]**역서** 1947.12 50원 出

국립중앙관상대 편,발행 **세차병술**[丙戌]**역서** 1946.12 58쪽 1원95전 出

김경봉 **수수꺼끼** 거이집 1946 32쪽 雅

김성태 편곡 김치윤 편 **조선민요집**[제1집] 금룡도서 1946.11.10 17쪽 50원 i

김소운 **조선구전민요집** 영창서관 1950.4.20 606쪽 3500원 韓

김원표 **조선속담집** 정음사 1946.5[서문일자] 49쪽 12원

덕흥서림 편,발행 **국한문상례** 1946.7.25 79쪽 i

덕흥서림 편,발행 **정본만세력** 1947.10.30 100쪽

명문당 편,발행 **병술년농서** 1945.12.10 80쪽

명문당 편,발행 **무자년민력** 1947.12.10 50원 i

방종현 **세시풍속집**[연학문고] 연학사 1946.11.20 133쪽 35원

방종현 **조한영**[朝漢英]**속담집**[연학문고] 연학사 1946.8.31 103쪽 25원

방종현,김사엽 **속담대사전** 교문사 1949.1.31 437쪽 950원

방종현,김사엽 **속담대사전** 교문사 1950.2.3 437쪽 1700원

방종현,김사엽,최상수 **조선민요집성** 정음사 1948.11.20 342쪽

삼문사 편,발행 **조선민요집** 1950.5.5 600원 朴

삼중당 편,발행 **경인년대한민력**[삼중당대중문고] 1949.12 59쪽 i

성경린,장사훈 **조선의 민요** 국제음악문화사 1949.2.10 580원 i

손진태 **조선 민족설화의 연구** 1947.4.1 238쪽 260원

손진태 **조선 민족문화의 연구** 을유문화사 1948.1.25 451쪽 800원

양재두 편 **정해년역서식일기** 경화인쇄소 1946.11.10 15원 i

유열 **농가월령가** 한글사 1948.2.1 157쪽 한갑수 제자

이광호 [만인필비]**토정비결** 동진당서점 1945.12.5 7원 i

이기섭 편 **병술년조선역서** 권상용 1945.12.1 i

이윤희 **우리나라 세시기** 금룡도서 1948.10.13 110쪽 150원 朴

장사훈 **민요와 향토악기** 상문당 1948.6.25 145쪽 250원

장사훈,성경린 **조선의 민요** 국제음악문화사 1949.2.10 580원

조선천문연구회 편 **무자년조선민력** 중외문화협회 1947.12.5 60원 i

주왕산 **조선민요개론** 중앙중학교(등사본) 1947.10.28[서문일자] 190쪽

중앙출판사 편,발행 **원본만세력** 1949.12.5 🛈

최상수 **조선지명전설집** 연학사 1947.5.20 139쪽 120원

최상수 **조선민간전설집** 을유문화사 1947.7.1 257쪽 250원

최상수 **경주의 고적전설** 양양사 1947.10.25 79쪽 200원 🛈

최상수 **조선수수께끼사전** 조선과학문화사 1949.11.20 238쪽 500원 朴

최상수 **조선구비전설지** 조선과학문화사 1949.12.15 280쪽 700원

홍주경,홍무경 **조선의복·혼인제도의 연구** 을유문화사 1948.7.20 73쪽 140원

사회과학 〉 사회학 〉 여성/아동 기타

강정하(월프) **부부애정독본** 여명각 1948.10 200원 出

경성여자사범대학가사과 편 **조선가정요리** 건국사 1946.8.25 64쪽 18원 朴

경찰교양협조회 편,발행 **결혼독본** 1949.5.20 268쪽 400원 朴

김광학(싱클레어) **신연애론** 여명각 1948.8 178쪽 300원 出

김두헌 **조선가족제도연구** 을유문화사 1949.6.30 786쪽 2200원

김복길 **재봉** 양재편 금룡도서 1949 128쪽 300원 韓

김사림 편 **성공실기** 모던출판사 1948.9.25(再) 275쪽 450원

김삼불(아우구스트베벨) **부인론** (상)민중문고③ 민중서관 1946.5.30 143쪽 20원

김삼불(아우구스트베벨) **부인론** (하)민중문고④ 민중서관 1946.6.25 82쪽 15원

김세억 편(D카네기) **사람을 통솔하는 법** 응용심리학편 건국사 1950.5.1(三) 176쪽 500원

김세휘(톨스토이) **인생의 행복** 근흥인서관 1947.6(再) 205쪽 30원

김윤동 **성공요체** 정신과학연구회 1949 114쪽 200원 韓

김일빈 **인생의 진로** 세문사 1946.11 45쪽 28원 出

김정수 편 **성공의 길** 학생사 1947.4 84쪽 40원 出

김치항 **성교육독본** 문예서림 1948.9.10(再) 150쪽 250원

동방문화사 편,발행 **아동연감** 1950년판 1949.11.20 402쪽 900원 🛈

동심사 편,발행 **재미나는 세계탐험이야기**—소년과학문고③ 1947.3.20 97쪽 70원 🛈

박영희,박남길 **육아수첩** 대성출판사 1949 133쪽 280원 韓

박지원 **관상과학** 정신문화사 1949.6.11 450원 🛈

박철^{朴哲}　**동서미담**　신생사　1947.7.5　冊

방신영　**조선음식 만드는 법**　대양공사　1946.11.5　569쪽　500원

방신영　**조선요리제법**　한성도서　1949　284쪽　450원　韓

부인사 편,발행　**임신과 해산독본**〈婦人〉1949년7월호 별책부록　1949.7.1　19쪽

삼양사 편　**결혼 직업 과학적 운명판단**　삼양사(부산)　1950　112쪽　220원　韓

상호출판사 편,발행　**현대청년필독예의법과 사교상식**　1947　52쪽　50원　韓

상호출판사 편,발행　**가정상식보전**　1947　119쪽　30원　韓

석주선　**의복과 창의**양재학기초　을유문화사　1948.9　120원　乙

석주선　**수예도안집**　(기타사항 미상)　500원　出

손정규　**조선 재봉**　삼중당　1947.3　150원　出

손정규　**우리 음식**　삼중당　1948.8　350원　出

신상우　**신식교제법**　대성당서점　1945.10.5　朴

신생활연구회 편　**결혼교본**　1950　187쪽　500원　韓

신윤선(아·콜론타이 여사)　**연애와 신도덕**　신학사　1947.10　121쪽　100원　出

신윤선(에스·야·보리브손)　**신부인론**　신학사　1948.8.20　142쪽　240원

신윤선(에스·야·보리브손)　**결혼과 가족사회학**　신학사　1949.4.2　i

아동문화건설회 편　**아동연감**1949년판　동방문화사

양병탁(카네기)　**신처세학**　국제사정연구소　1950.4.10(三)　168쪽　360원

유길서점편,발행　**현대여성해부**　1946.11　54쪽　20원　出

이광근　**육아법**　을유문화사　1949.6.1　184쪽　350원　乙

이규엽　**신연애성욕론**　영인서관　1949　230쪽　300원　韓

이만규　**가정독본**　영창서관　1946.10.31　245쪽　80원

이상범(촤아몬드)　**성공의 비결**　여명각　1949.7.30　181쪽　350원　朴

이상하(카네기)　**인간처세학**　선문사　1949.9.8(七)　139쪽　220원

이석현(웰리너그린여사)　**연애수첩**　출발사　1950.2.15　250원　i

이소담　**재봉교본**　고려문화사　1948.3　140원　出

이여성　**조선복식고**　백양당　1947.1.25　370쪽　550원

이용승　**결혼과 성 문제**　선문사　1946　116쪽　80원　出

이용승　**여학생을 위한 생리 위생**　선문사　1948.11　150원　出

이재욱 서문(송시열)　**우암선생계녀서**　정음사　1946　48쪽　4원　i

이환신(카네기) **우도** 숭문사 1947.8.15 207쪽 200원 **i**

장재용(미국사회보장국아동과) **육아독본** 대한문화협조회 1950.3.10 212쪽 400원 **i**

전병의 **조선소년단교본** 조선소년단중앙연합회 1947.5 267쪽 **i**

전충헌 **인생과 성공** 농산어촌문화협회 1949.5.25(再) 122쪽 220원

전충헌 **처세성공학** 선문사 1950.1.3 (서문일자) 129쪽 **i**

정도랑 **해인의 조화** 세문출판사 1946 44쪽 20원 **韓**

정태병,양미림(씽크레이) **연애와 결혼** 문화출판사 1948.8.10 192쪽 350원

조선복장협회 편,발행 **개정복장술어** 1946.12 16쪽 **出**

조선생활개선협회편 **처녀의 위생독본** 생활개선강좌① 건국사 1946.3 63쪽 10원 **出**

조선생활개선협회 편 **신랑신부의 위생독본** 생활개선강좌② 건국사 1946.5 60쪽 10원 **出**

조선생활개선협회 편 **신랑신부의 위생독본** 생활개선강좌② 건국사 1947.1.8 52쪽 35원 **朴**

주운성 **열혈청년론** 덕흥서림 1948.9.25(五) 204쪽 320원

채례석 **조선식품성분연구보고** 보건후생부국립화학연구소 1947.3.5 143쪽 비매

최연구 **서양인과의 교제상식** 연학사 1948.3 150원 **i**

최용하 편 **성공으로 가는 길** 모던출판사 1950.3.15(再) 190쪽 450원

최장학 **각국 청년조직과 훈련** 정음사 1950.3.1 143쪽 800원 **i**

최화성 **조선여성독본** 여성해방운동사 백우사 1949.1.10 142쪽 2000원(개정가)

한귀동 **조선영양독본** 을유문화사 1947.3.10 77쪽 90원

한백 **양복재단전집** 전국복장연구회 1949 122쪽 700원 **韓**

함처식 **보육독본** 생활공인사 1948.7.10 124쪽 200원 **敎**

현규환 **구호수첩** 건민문화사 1949.8.15(四) 277쪽 500원 **i**

사회과학 〉 사회학 〉 교육

강정덕(쫀뛰이) **학교와 아동** 정음문고 정음사 1947.12.15 117쪽 70원 **敎**

강정덕(존듀이) **학교와 사회** 정음문고 정음사 1948.1.6 124쪽 100원 **朴**

강필상 **체육과 보건** 조선체조연맹출판사 1947.9 116쪽 80원 **i**

경기공립중학교 편,발행 **졸업기념** 제45회 1949.6 **활**柳사진관 **印**경성사진인쇄소 **朴**

경기공립중학교 편,발행 **졸업기념** 제46회 1950 봄 **印**수도사진공예사

과학진흥고사연구회 편 **옳으냐긇으냐**^{과학적지능고사문제집} 국제사 1949.11.25 📕

교사수험지도연구회 편 **준교사 시험문제 해답집** 삼중당 1949.8.15 208쪽 350원 教

교사시험지도연구회 **교사시험문제해답집** 삼중당 1950.3.10 523쪽 1200원

교원고시지도연구회 편 **국민학교교원시험문제급해설집** 수험연구사 1947 179쪽 150원 韓

교육사조연구회 편 **아동상식문답** 대양출판사 1950.6.5 400원 📕

교육사조연구회 편 **지능고사문답** 대양출판사 1948.4.10 100원 📕

국립서울사대부속국민학교 **제2회초등교육연구발표대회요강** 남프린트사 1949.5 152쪽

국립서울사대부속국민학교 **국민학교각과생활요목집** 삼중당 1949 345쪽 700원 韓

국학대학 편,발 **대학**¹⁹⁴⁹ 活해동사진관 印경성사진인쇄소

군정청문교부 **국민학교 교칙** 조선교학도서 1947.7.25 📕

군정청문교부편집국 역 **민주주의교육법** 조선교학도서 1946.11 46쪽 8원 出

권혁풍 **교수신론** 문화당 1948.4.10 193쪽 400원

권혁풍 **현대교육학** 삼중당 1949 200쪽 370원 韓

글벗집 편 **소년상식1000문답집** 조선아동문화협회 1949.5 90쪽 140원 乙

글벗집 편 ^{중학교들기위한}**소년상식3000문답집** 을유문화사 1949.12 450원 乙

금룡도서 편,발행 **보건체육의 이론과 실제** 1947.5.20(再) 218쪽 158원

김기림,유진오,최호진,이건호 **학생과 학원** 수도문화사 1950.2.15 179쪽 400원

김성식 **대학사** 금룡도서 1950.3.21 340쪽 1500원 教

김용욱 **신교수법개설** 정음사 1947.11 303쪽 200원 出

김용호 **여학생의 심리** 보문출판사 1950 113쪽 250원 韓

김운한 **문제교수법** 유길서점 1947.4.10 61쪽 50원 📕

김원규 **아동보호교육제요** 소년교호상담소 1948.8 280원 出

김진팔,심태진 **국민학교초급중학 유희경기지도서** 문화당 1947.11 216쪽 300원 出

남대문초등학교 편,발행 **남대문교육재건**⁷ 1949 38쪽 비매 教

대구사범부속국민학교 편 **지능검사문제와 해답** 대흥사 1948.8.15 400원 📕

동계학교 **교육학의 기본적 연구**^{필기대용} 진주프린트사 1947 18쪽

동방문화사 편 **학생연감** 1950.2.27 366쪽 1200원

멘탈테스트연구회 편 **최신지능검사문제집** 삼문사출판부 1947.5 全

문교부교화국 편,발행 **교화 급 문화사업 개황** 1947.10 56쪽 出

문교부문화국성인교육과 편,발행 **성인교육지도총서** 1949.6.15 📕

문교부성인교육국 편 **성인교본** 성인교육협회총본부 1947.10 92쪽 出

문교부정신측정연구소 편,발행 **지능검사법** 1949.5.1 (서문일자) i

문교부조사기획과 편 **문교행정개황** 문교부 1947.1 60쪽 40원 出

문교부 편,발행 **학교 급 교학단체 실태조사표** 1947 308쪽 300원 韓

문교부 편,발행 **중등교육기관열록** 1949 110쪽 비매 韓

문교부편수국(맥밀런회사편집) **민주주의교육법** 군정청문교부 1946.8 (서문일자) 46쪽

문교연구동인회역편(로버트힐레인) **진보적 초등학교** 정음사 1948.7.10 159쪽 200원

문이각 **운동경기해설** 진리총서간행회 1946.11 150쪽 35원 出

박일민 **쏘련교육시찰기** 동서문화출판사 1949.4.15 153쪽 200원

박진규 편 **교육실화선집** 계몽구락부 1947 94쪽 70원 出

박희병 **교육법해의** 교육주보사 1950.4.15 223쪽 600원

사공환,조재호,이상선,심태진,최병칠 **민주주의민족교육론** 동심사 1949.5.20 139쪽 360원 i

상무부기술교육지도위원회 편 **미국공과대학입학시험문제집** 조선공업도서출판사 1947 118쪽 100원 韓

상무부기술교육지도위원회 편 **미국파견유학생급시험문제집** 조선공업도서출판사 1947 118쪽 100원 韓

삼청초등학교 편,발행 **졸업기념 제3회** 1947.7 i

서울사대부속국교 편 **국민학교각과생활요목집** 삼중당 1949 345쪽 700원 韓

서울시학무국 편,발행 **서울시학무국 직원록** 1948.1월말 현재 100쪽 i

선문사 편,발행 **학생과 문학** 학생총서제2집 1950.3.25 298쪽 800원

선문사 편,발행 **학생과 정치** 학생총서제1집 1950.3.10 285쪽 750원

성내운(루스G스트릭랜드) **단위교육조직법** 공부단위세우기 문교시 1949.5.3 73쪽 200원 教

성인교육협회총본부 편,발행 **공민학교성인교육종합교본** 1947.9 43쪽 70원 出

성인교육협회총본부 편,발행 **성인교본** 1947 92쪽 80원 韓

세문사 편,발행 **제**학교편람 1948.1 180쪽 250원 出

세문사 편,발행 **전국남녀 제학교안내편람** 1948 240쪽 250원 韓

송영호 **상식독본** 홍문서관 1947.4.25 137쪽 130원

송영호 **상식질문응답** 2 홍문서관 1947.12.15 125쪽 i

수험연구사 편,발행 **시험공부** 1947.4 100쪽 40원 出

숙명여자중학교 편,발행 **제39회졸업기념** 1949년도 1950.4

신의섭 **학생청년애국독본** 학생사 1947.9 137쪽 100원 出

신익성 **검정시험안내** 육문사 1948.8 150원 出

아동교육연구회 편 **민주주의와 교육** 아동교육연구회문고⑤ 문교사 1947.4 82쪽 100원 出

아동교육연구회 편 **페스타롯찌의 교육사상** 문교사 1947.1 21쪽 8원 出

어윤일 **상식독본** 조선교육문화㈜ 1948.1 130원 出

엄정우 **조선속기술강의** 조선속기보급학회 1948 65쪽 150원 韓

연희대학교 편,발행 **연희대학교학칙** 1946 37쪽 朴

예천서부공립초등학교 편,발 **졸업기념** 제5회 1950.3 진미현사진관

오준영 **사회생활교육원론** 동방문화사 1948.7 231쪽 380원 i

오천석 **민주주의 교육의 건설** 국제문화공회 1946.11.15 57쪽 20원

오천석(존듀우이) **경험과 교육** 풍국학원출판사 1947 147쪽 380원 韓

오천석(쟌듀우이) **민주주의와 교육** 상 국제문화관 1948.11.25 244쪽 750원

원홍균 **신교육학** 신한도서인쇄 1949 270쪽 i

유철 **청년의 진로** 대동신문사 1946 149쪽 200원 19 韓

유해준 **민족 학생운동의 이념** 생활신보사 1948.8.20 46쪽 60원 教

윤재천 **신교육서설** 조선교육연구회 1946.12.25 82쪽 30원 i

윤재천 **이과 교육의 신진로** 조선과학사 1947.5 151쪽 160원 出

윤형순 **국민학교 행정의 개요** 무등교육출판 1948.8.5 69쪽

윤형식 **지능검사수련장** 교육자료조사연구회 7원 出

이강렬 **교육학** 문화당 1948.4 400원 出

이동근 **해방속기** 대조출판문화사 1948.4 150원 出

이만규 **조선교육사** 상 을유문화사 1947.12.25 404쪽 450원

이만규 **조선교육사** 하 을유문화사 1949.2.25 488쪽 750원

이상백,홍순창 **미소의 교육제도** 을유문화사 1947.2.20 168쪽 60원

이상선 **사회생활과의 이론과 실제** 금룡도서 1946.12.5㈜ 128쪽 60원

이창석 **학생백과사전** 합동사 1948 292쪽 350원 韓

이해남 **국민교육학** 문화당 1950.3.10㈜ 227쪽 600원

이호기 **지식보고** 홍문서관 1948.1 554쪽 350원 韓

이호성 **국어교수법강화** 문교사 1948.8.30 151쪽 300원

이희복 **국민학교 국어교육의 이론과 실천** 학우사 1949.3.15 236쪽 600원

임종규 **학생의 서** 해동도서 1948.5 180쪽 200원 出

장인   **위인의 교훈**^{서양편} 통문관 1949.6 [i]

정해준   **청년운동의 대본** 한성출판사 1949 141쪽 500원 [韓]

조선교재사 편   **상급학교입학안내** 경문사 1948.8 100원 [出]

조선교재사 편   **실습록** 육문사 1948.8 250원 [出]

존듀이   **민주주의와 교육** 고려도서원 1947.8 169원 [出]

중앙교육연구소편(NEA교육정책위원회)   **자유인의 교육** 대한교육연합회 1950 291쪽 [雅]

창경공립초등학교 편,발행   **졸업기념사진**^{제2회} 1947.6

청운초등학교 편,발행   **졸업기념**^{제26회} 1950.5 [i]

최근식   **교육학개론** 정음사 1949.10.25 242쪽 500원

최기영   **아동취급법교수법지침** 평화교육문화사 1946.4 [i]

최남선   **천만인의 상식** 동명사 1948 146쪽 200원 [韓]

최병칠   **새교육사전** 홍지사 1950.5.1 2300원 [i]

최병칠(듀이)   **민주주의와 교육** 연학사 1948.5.25 187쪽 200원

최영조   **학생의 미래** 정음사 1949.6.10(三) 110쪽 180원

최용태   **동서금언집** 자가본 1950.3.22 78쪽 1500원 [i]

최우철(양칭큰)   **미국의 대학생활** 국제문화교류협회 1947.6.1 103쪽 90원

최태홍   **소년상식2,000문답집** 대동문화사 1949.11.1 192쪽 300원

표광호   **국민학교교육의 신방도** 문화당 1948.8 300원 [出]

표광호   **젊은 교사에 드림** 교학서관^(부산) 1947.5 121쪽 120원 [教]

학생사(삼포수오)   **사랑의 학교** 학생사 1946.6 117쪽 20원 [韓]

한국민족청년단 편   **훈련수지** 병학연구사 1948 186쪽 200원 [韓]

한세광   **미국의 대학제도** 국제출판사 1948.4.25 81쪽 100원 [i]

한정우 편   **페스타롯치와 숨은 이의 저녁 때** 철야당^(서울) 1950.4.20 [i]

혜화공립초등학교 편,발   **졸업기념사진첩**^{제22회} 1949.6

사회과학 〉 사회학 〉 출판/언론

국립도서관 편,발행   **조선서지관계도서전람회목록** 1948.6 [冊]

김두홍   **저작권법개요** 보문출판사 1950.2.25 145쪽 450원

김사림 편 **신문기자수첩** 모던출판사 1948.7.26㈜ 300원

박봉석 **조선동서편목규칙** 국립도서관 1948.10.11 40쪽 ⓘ

박봉석 **조선십진분류표** (K.D.C) 국립도서관 1947.10 88쪽 280원 ⊞

홍종인,백철,조용만,안철영 **학생과 신문** 수도문화사 1950.4.20 175쪽 700원

자연과학 〉 자연과학각론

강석범,현대평 **식물 이름 찾기** 조선향토생물연구회보급부 1947.6 71쪽 200원 ⊞

강창섭 **역직기학** 섬유공업총서2 을유문화사 1949.9.1 184쪽 1800원 1천부

건국사과학부 편(김동일감수) **자연과학발달사** 건국사 1950.3.1㈜ 227쪽 700원

경상북도산림과 편,발행 **조선주요삼림수목명칭표** 1946 20쪽 ⓘ

교문사 편 **과학의 지식** 고려문화사 1947.7 145쪽 45원 ⊞

국립서울대학화학교실 **화학** I 동지사 1948.8.1 全

김계택 **천문교실** 고려문화사 1948.4 145원 ⊞

김공권 **비행기이야기** 소년문고⑦ 고려문화사 1949 63쪽 100원 ⊞

김기림역 **과학개론** 을유문고⑥ 을유문화사 1948.6.30 303쪽 260원

김동일,손병수 **무기화학** 조선문화사 1947.12 163쪽 250원 ⊞

김병운 **면방직** 섬유공업문화총서① 을유문화사 1949.2 1800원 乙

김봉집 **자연과학론** 대성출판사 1947.11.25 262쪽 220원 ⓘ

김봉집 **자연과학론** 제2권 대성출판사 1949.5.10 382쪽 800원

김이갑 **물리학강의** ⑷ 보성사 1948.7 270쪽 580원 ⊞

김정수(기뿌슨) **위대한 발명** 학생사 1946.9.18 144쪽 25원

김종건 **기초화학** 조선공업문화사출판부 1946.6.20 228쪽 55원

김종건 **기초무기화학** 조선공업문화사 1948.7 285쪽 500원 ⊞

김준민(마운키엘) **식물의 생활형** 과학서원 1949 188쪽 460원 韓

김철우 편 **재미있는 세계발명가 이야기** 삼중당 1948.6.15 125쪽 150원

김형찬 편 **재미많은 과학얘기** 우리과학문고① 1946.5.18㈢ 12원 ⓘ

김형찬 편 **재미많은 과학공부** 우리과학문고② 1946.8.10㈣ 35원 ⓘ

김홍(C·씽어,D·씽어) **과학발달사** 창원사 1946.6.30 76쪽 20원

남병헌(영정웅) **원자들의 비애** 대동문화사 1950 179쪽 80원 韓

남태경 **한국산조류목록** 서울문리대 동물학교실 1949.8 ℹ

남태경 **한국조류명휘** 문화당 1950.3.30 218쪽 1200원

도봉섭,심학진 **조선식물도설** 유독식물편 금룡도서 1948.9 170쪽 300원 凸

동명사(본다광태랑) **물리학본론** 상 동명사 1950 253쪽 ℹ

동심사 편,발행 **재미나는 理化실험** 소년과학문고① 1946.9.15 202쪽 25원 ℹ

동심사 편,발행 **재미나는 동물이야기** 1947.11.15 冊

박만규 **우리나라식물명감** 조선교학도서 1949.2.10 515쪽 2200원

박철재(데빗드듸쓰) **신세기의 원자세력** 건문사 1948.11.30 208쪽

변경걸 편 **기초미분적분** 조선공업문화사 1947.10 230쪽 200원 凸

석주명 **조선산접류총목록** 국립과학박물관연구보고① 을유문화사 1947.7 40원 乙

석주명 **제주도의 접류** 국립과학박물관연구보고② 을유문화사 1948.9 100원 乙

석주명 **조선 나비 이름의 유래기** 백양당 1947.12.5 61쪽 70원

성홍철(라리,양) **자연의 교실** 동심사 1949 170쪽 300원 韓

손응록,이용규 **고등물리학** 상 청구문화사 1949.5.15(수정三) 288쪽 650원

손치무,이건식 **지질학통론** 정음사 1947.11 125쪽 150원 凸

신효선 **물리학통론** 을유문화사 1949.8 400원 乙

아동과학연구회편 **하늘** 어린이과학전집 금룡도서 1948.9.30 50쪽 120원 ℹ

아동과학연구회 편 **식물의 일년 동안** 어린이과학전집 금룡도서 1948.11.30 40쪽 120원 ℹ

아동과학연구회편 **이로운 동물과 식물** 어린이과학전집 금룡도서 1948 60쪽 50원 凸

아동과학연구회 편 **전기** 어린이과학전집 금룡도서 1948 50쪽 ℹ

아동과학연구회 편 **씨와 씨의 여행** 어린이과학전집 금룡도서 1949.2.20 78쪽 120원 ℹ

안동혁 **과학기술의 건설** 제일출판사 1946.7 124쪽 30원 雅

안동혁 **과학신화** 조선공업도서출판사 1947.5.25 433쪽 350원

안동혁,양동수,(윌헤름·오스트왈드) **화학의 학교** 상 조선공업도서 1947.9.20 336쪽 350원 ℹ

양동수(한쓰·라이헨빠흐) **원자와 우주** 조선공업도서출판사 1947.5.30 88쪽 60원

염영하 **공작기계선반편** 조선기계기술협회 1947.9 166쪽 180원 凸

오준송(아더아이브라운) **자연과학의 신비** 진교문화사 1949.10.20 365쪽 500원

윤익병 **동물해부학** 동지사 1949 353쪽 3000원 韓

이경형 **문과의 수학** 동명사 1950 228쪽 ℹ

이경형 **측량학** 동명사 1950 143쪽 80원 韓

이경형역 **미분학** 동명사 1950.6.15(三) 全

이경형,박경찬공역 **적분학** 동명사 1949.11.25 全

이규철 도해설명최신**자동차시험** 문답정해 정음사 1949.5.30 268쪽 500원 朴

이근무 편 **신강물리** 상 성동문화사 1949.12.20 258쪽 700원

이기인 **동물학** 연광사 1948.8.25 全

이덕봉 **식물의 세상** 금룡도서 1947.4.26 50원 i

이세만,전풍진 **요해유기화학** 을유문화사 1948.7 700원 乙

이용달 **고등물리학** 청구문화사 1948.5 600원 出

이임학 **미적분** 청년문화사 1948.10 730원 出

이임학(그랜드빌) **미분학** 청구문화사 (연도미상) 310쪽 730원 出

이임학(그랜드빌) **적분학** 청구출판사 1950.3.5(四) 288쪽 980원 i

이정기 **고등미분학강의** 상 광문사 1948.7 250원 出

이창복 **조선수목** 조선임업회 1948.6.30 400원 i

이춘영,최응상 **유기화학** 정음사 1947 266쪽 25원 出

이호기 **실용과학** 홍문서관 1947.12 170원 出

임창순 편술 **해석기하학개요** 청구문화사 1950.6.15 全

장형두 **조선식물도보** 수문관 1950.5.5(五) 430원 i

전원배(A데보오린) **자연과학과 변증법** 정음사 1948 90원 出

정영만 **소년과학총서** Ⅰ 문교사 1948.7 300원 出

조병욱 편 **라디오는 어째서 들리는가** 소년과학 문교부과학교육국 1949.8.15 62쪽 100원

조병욱편 **배 만들기** 소년과학 문교부과학교육국 1949.8.15 57쪽 100원

조병욱편 **위대한 발명** 소년과학(4) 문교부과학교육국 1949.8.15 100원 i

조병욱편 **항공기이야기** 소년과학 문교부과학교육국 1949.8.15 62쪽 100원

조복성 **곤충이야기** 조선아동문화협회 1948.6.25 71쪽 150원

조복성 **금강산동물지** 국립과학박물관연구보고③ 을유문화사 1948.9 150원 乙

조복성 **곤충기** 을유문고⑲ 을유문화사 1948.12.15 132쪽 140원

조복성 **동물표본제작법과 채집법** 도서통판사 1949.2.20 60원 i

조선발명고안연구위원회 편,발행 **연탄점결제에 관한 문헌초록** 1948 72쪽 100원 韓

조선생물학회 편 **생물학용어집** 교육연구사 1947 78쪽 70원 i

조선생물학회 편 **조선동물명** 척추동물 동지사 1949.1.20 61쪽 200원

조선생물학회 편 **조선식물명집** 목본편 정음사 1949.11.20 119쪽 350원

조선생물학회 편 **조선식물명집** 초본편 정음사 1949.11.22 235쪽 700원

조완영 **기초면방직기계** 조선공업문화사출판부 1949.4.30 221쪽 900원

조응천 **통신학리** 무선 병학연구사 1948 165쪽 비매 韓

조응천 **한영영한통신술어사전** 병학연구사 1948 100쪽 비매 韓

최규남 **원자** 청구문화사 1949.10.25 163쪽 500원

최기철 **식물 이름 찾기** 건국사 1949.5.1 136쪽 250원

최상수 편,발행 **학생과학** 조선교문사 1946.4.20 140쪽 20원

최선근(로베손) **물리학** 종로서관 1950.2.1 407쪽 960원

최선근(린데) **시민의 전기학** 조선공업문화사 1950.4.25 129쪽 350원

한양학술연구회(죽내단삼) **고등적분학** 동명문화사 1949.11.15 243쪽 ℹ

한종명 **기초현대과학** 조선공업문화사 1949 164쪽 280원 韓

현대평,강석범 **식물 이름 찾기** 조선향토생물연구회보급부 1947.6 71쪽 200원 出

황중엽 **신흥자연과학통론** (기타사항 미상) 190원 出

자연과학 〉 의학/약학

강필구 **미국약품해설집** 서울의사회 1948.9 600원 出

강필구 **미국약품해설집** 제2집 서울의사회 1948.12.25 600원 ℹ

강호 **백초약학** 기아서관 1949 34쪽 등사본 朴

국민후생연구소 편 **가정치료법전서** 명광사 1946.12 144쪽 100원 出

군정청여론국출판부 편,발행 **제중신편** 1946 166쪽 80원 韓

권기주 편 **아동정신위생학** 남산소년교호상담소 1948.1.5 326쪽 300원

권야성 **과학적불로강력법** 중앙도서출판사 1948 107쪽 200원 韓

김기호(미국국립결핵협회편) **결핵과 요양** 상호출판사 1948 40쪽 90원 韓

김명선 **생리학강의** 세브란스의대출판부 1948 498쪽 1800원 韓

김일주 **성의 신비** 생활과학사 1948.7 175쪽 300원 出

김종주 **결핵요양의 대도** 문화당 1948.5 105쪽 150원 ℹ

김형익 **통속의학강좌** ① 대양출판사 1948.7 250쪽 350원 出

김정준 **나의 투병기** 을유문화사 1950.5 264쪽 800원 乙

석이경 **대한의사한의사시험준비서** 보건문화사 1949 1098쪽 4300원 韓

세의대치과학교실 편 **영한치과의학소사전** 과학서원 1949 160쪽 400원 韓

숭문사 편,발행 **가정의학보감** 1946.11 457쪽 26원 出

유병서 편 김명선 교열 **영한의학소사전** 과학서원 1948.7.1 179쪽 350원

유석주(서미항경) **가정치료보전** 민중서관Ⅱ 1949.5(등사본) 32쪽 150원 i

이태호 **침구경험방** 행림서원 1949.3.20(再) 700원 i

이태호 역주 **신역주해 소아의방** 행림서원 1949(再) 186쪽 i

장희국 **현대위생학** 남산소년교호상담소 1949.3.10 379쪽 900원

전라북도후생국 편,발행 **의학강요**1 1948.1 78쪽 i

조선적십자사 편,발행 **응급구호법** 1947 清

조헌영 **통속한의학원론** 을유문화사 1949.11.25 532쪽 乙

최규헌 **소아의방** 행림서원 1949 182쪽 i

한승연 **동양의학 원리의 과학적 체계** 고려출판사 1949 111쪽 i

행림서원 편,발행 **동의사상진료의전** 1949 290쪽 i

학습서 〉 교과서 〉 국어

강의영 편 **초등언문독본** 영인서관 1945 70쪽 30원 韓

국어교육연구회 편 **초등국어**6-1 삼중당 1947 74쪽 雅

군정청문교부 편 **초등국어교본**4-1 조선서적인쇄 1946.11.6 15원 i

군정청문교부 편 **초등국어교본**6-1 조선교학도서 1947.10.15 41원 i

김근수 **중학 국문법책** 문교당 1947.8.15 83쪽 85원

김근수 **고등국어** 문교당 1948.3.5 171쪽 400원

김사엽 **중등신생국어교본**초급1년용 경북학무국 1946.9.25 全

김사엽 **중등신생국어교본**고급용 신생교재사 1946.9.26 52원 i

김사엽 편 **신생국어독본**중등용(상) 경북교육협회 판권 없음(1946년?)

김사엽 편 **신생국어독본**중등용(하) 경북교육협회 판권 없음(1946년?)

김영랑 외 **중등작문** ③ 홍지사 1950.6.10 全

김윤경 초급용**중등말본** 동명사 1948.7 114쪽 200원 朴

김윤경 **나라말본** 동명사 1948.5.15 500원 全

김호규 편 **국문독본** 성인교육협회총본부 1948.4.5 58쪽 全

대성당서점 편,발행 **초등국어교본** 첫째권 1945.10.2 全

명문당 편,발행 **국어독본** 상 명문당 1945.12.15 78쪽 5원 朴

문교부 편 **중등국어** 1 조선교학도서 1948.1.20 120원

문교부 편 **중등국어** 2 조선교학도서 1949.8.29 155쪽 210원

문교부 편 **중등국어** 3 조선교학도서 1949.8.29 184쪽 240원

문교부 편 **중등국어** 5 조선교학도서 1949.10.15 133쪽 190원

문교부 편 **초등국어** 3-2 조선서적인쇄주식회사 1949.3.10 70원 i

문교부 편 **초등국어** 5-1 조선서적인쇄주식회사 1947.11.10 30원 i

문교부 편 **초등국어** 5-1 조선서적인쇄주식회사 1950.3.30(再) i

문교부 편 **초등국어** 5-2 조선서적인쇄주식회사 1948.12.30(再) 75원 i

문교부 편 **초등국어** 6-1 조선서적인쇄주식회사 1949.7.10 105원 i

문교부 편 **초등국어** 6-1 조선서적인쇄주식회사 1950.4.30 123쪽 105원 朴

문교부 편 **초등국어** 1-1 바둑이와 철수 한국인쇄㈜ 1950.5.30(三) 85쪽

문교부 편 **초등국어교본** 2-1 조선서적인쇄주식회사 1947.8.5 30원 i

민중서관 편,발행 **중등국어** 교사용1,2 1948.9.1 全

박목월,전림 **초등글짓기** 5,6학년용 국제사 1950.5.10 280원 全

박창해 **쉬운 조선말본** 계문사 1946.11 108쪽 40원 雅

박태원 편 **중등문범** 정음사 1947 104쪽

박태윤 **중등국어문법** 초급용 경성인서사 1948.8.25 220원 i

박태윤 **중등국어문법** 하급용 서울문화사 1950.5.20 全

삼문사출판부 편,발행 **국어철자법** 1945 78쪽 雅

삼문사출판부 편,발행 **한글통일조선어문법** 1945.9.30 全

삼문사출판부 편,발행 **한글통일조선어문법** 1946.9 98쪽 20원 出

삼문사출판부 편,발행 **한글통일조선어철자법** 1946.9 77쪽 30원 出

서울사대국문학회 편 **고급국어** ①-③ 조선서적인쇄주식회사 1945 雅

서울사대 편 **고급국어권** ⑥ 고려문화사 1947.6.1 全

손낙범 **고등국어** 범인사 1947.8 册

손낙범,정학모 **고급국어** 상중하 고려문화사 200원 出

신규철 **모범중등작문** 180원 出

신영철 **국문신선** 소양학술연구회 1946.1.25 全

심의린 **국어문법** 1949 142쪽 淸

유열 **중등국문독본** 한얼몯음 (학생동무사와 공동 발행) 1946.5.26 72쪽 20원

윤성용 **작문독본** 동지사 1947.9.10 93쪽 150원

윤재천 **작문공부** 홍민사 1946.11.10 册

윤태영 **작문교본** 자성문화사 1946.7.15 (初) 134쪽 30원

윤태영 **새중등작문교본** 삼중당 1948.2.29 88쪽 150원

윤태영 **최신작문교본** 삼중당 1950 103쪽 i

이규방 **한글문법** 근흥인서관 1946.1.20 214쪽 13원

이극로,정인승 편 **국어** ①남자 정음사 1948.3.25 78쪽 120원

이남준 **중등새작문** 현대문화사 1948.10.25 全

이병기 편 **중등국어** ② 금룡도서 1949.9.15 (再) 200원 全

이병기 편 **중등국어** ④ 금룡도서 1949.8.5 134쪽 250원

이병기 편 **중등국어** ⑤ 금룡도서 1949.8.5 270원 全

이상춘 **국어문법** 조선국어학회출판국 1946.9.7 165쪽

이성두 **신중등작문** 초급용 대양출판사 1947.11.10 53쪽 60원 全

이숭녕,방종현 **중등국어** 1 민중서관 1948 88쪽 淸

이숭녕,방종현 **중등국어** 3 민중서관 1949 122쪽 淸

이영철 **중등국어문법** 을유문화사 1948.2 130쪽 130원 乙

이희승 **모범중등글짓기** 신흥출판사 1950.6.5 全

이희승 **초등국어문법** 박문출판사 1950 194쪽 i

장지영 **가려 뽑은 옛글** 정음사 1947.8.30 131쪽 130원 出

장지영 **가려 뽑은 옛글** 정음사 1950.5.23 160쪽 i

장하일 **한글맞춤법교본** 경복중학교 1946 114쪽 雅

장하일 **중등새말본** 교재연구사 1947.12 128쪽 150원 出

장하일 **중등새말본** 교재연구사 1948.8.1 (再) 118쪽 全

장하일 **표준중등말본** 고려서적(株) 1950.3.25 (再) 108쪽 275원 i

정렬모 편　**신편고등국문독본**^{현대편}　동방문화사　1946　126쪽　雅

정인승　**국어**①　정음사　1948.3.25(120원)　1949.7.25(180원)　76쪽　全

정인승　**국어**②　정음사　1949.7.30　全

정인승　**국어**③　정음사　1949.7.20　全

정인승　**표준중등말본**　아문각　1949.9.15　108쪽　ⓘ

정태진,김원표　**중등국어독본**　한글사　1946.10.15　138쪽　40원　Z　『석인정태진전집(상)』(서경출판사1995.4.30)

조선어학회 편　**초등국어교본교수지침**　한얼몯음　1945.10.9(서문일자)　10쪽

조선어학회 편　**초등국어교본**^{한글교수지침}　조선서적인쇄　1945.12.30　36쪽　85전　ⓘ

조선어학회 편　**초등국어교본**^상　조선서적인쇄주식회사　1945.12.30　110쪽　1원50전　ⓘ

조선어학회 편　**초등국어교본**^중　조선서적인쇄주식회사　1946.4.15　全

조선어학회 편　**초등국어교본**^하　조선서적인쇄주식회사　1946.5.5　83쪽　7원　全

조선어학회 편　**중등국어교본**^중　조선교학도서　1947.1.10　199쪽　30원

조선어학회 편　**중등국어교본**^하　조선교학도서　1947.5.17　174쪽　55원　出

조선어학회 편　**한글 첫걸음**　조선교학도서　1945.11.6　65전　49쪽　全

조선어학회 편,발행　**초등국어**^중　(등사본)　(기타사항 미상)　ⓘ

조윤제　**신생중등국어**②　대학출판사　1949.8.11　132쪽　200원

조지훈 엮음　**고등국어2**　한길사　1949.8.1　102쪽　200원

중등교육연구회 편　**중등국어교본**^{3,4학년용}　연학사　1947.5.15　冊

최영조　**중등국어**②　대양출판사　1948.11　150원　出

최영조　**글짓기공부**　대양출판사　1948.7　120원　出

최영조　**현대중등글짓기**②　금룡도서　1950.4.10(수정再)　全

최현배　**중등조선말본**　정음사　1945(三)　12원　1946.2　176쪽　20원

최현배　**중등조선말본교수지침서**　정음사　1946　ⓘ

최현배　**중등조선말본**^{초급학년씀}　정음사　1948.3.25　82쪽　100원　全

최현배　**중등말본**　정음사　1950.5.10　91쪽　255원

학습서 〉 교과서 〉 역사

교육자료사연회 편　**우리나라의 발달**　조선교학사　1948　120쪽　90원　韓

군정청문교부 편   **초등국사교본** 임시교재: 오륙학년용   경기도학무과 1946.11 20원 🅘

군정청문교부 편   **우리나라의 발달** 6-1   조선교학도서 1947.9.20 56원 🅘

군정청학무국 편   **초등국사** 조선서적인쇄 1946 54쪽 雅

군정청학무국 편   **초등국사** 5,6학년용   조선서적인쇄 1946.3.15 11원30전 🅘

근흥인서관 편,발행   **초등조선력사** 1946 82쪽 雅

김상기,김일출,김성칠   **신동양사** 동지사 1948.6.10 🅘

김상기,김일출,김성칠   이웃나라의 생활**역사** 동지사 1949.3.31 390원 🅘

김성근   **먼나라역사** 박문출판사 1949.9.22 全

김성식   먼나라생활**역사** 금룡도서 1950.4.25(再) 195쪽 505원

김성칠   **동양역사** 정음사 1947.8.21 106쪽 90원 全

김성칠   우리나라생활**역사부문** 정음사 1947.7.1 135쪽 280원 🅘

김종무   **이웃나라의 생활** 문영사출판부 1950.5.20 465원 🅘

김학엽   **인류문화의 발달** 금룡도서 1950.4.21 全

노도양   **동양사개설** 동화출판사 1947.8.20 174쪽 130원

노도양   사회생활과**중등서양사** 동방문화사 1947.8 84쪽 100원 出

문교부 편   **우리나라의 발달** 1   대한교과서 1949.8.31 145원 🅘

문교부 편   **우리나라의 발달** 2   대한교과서 1949.12.20 145쪽 125원

문교부 편   **우리나라의 발달** 3   대한교과서 1949.12.30 126쪽 110원 🅘

문교부 편   **우리나라의 발달** 6-2   조선교학도서 1948.12.15 135원 🅘

사공환,이동윤   **중등서양사** 동방문화사 1948.8.25 全

서울사대부속사회생활과연구회 편   **국사** 삼중당 1948.8.20 280원 🅘

서울사대부속사회생활과연구회 편   **중등동양사** 동방문화사 1948.8.25 全

세문사중등교재연구회 편,발행   **중등서양사** 1946.11.30 75쪽 75원 全

신동엽   **국사 첫걸음** 금룡도서 1947.4.10(三) 100원 全

신석호   **우리나라의 생활** 동방문화사 1949 216쪽 淸

오장환吳璋煥   **중등문화사** 우리나라의 문화 정음사 1949.9.20 196쪽 🅘

이능식   **서양문화사** 동지사 1947.10 103쪽 140원 出

이동윤   중등역사**동양사** 동지사 1947.8.20 72쪽 100원 全

이병도   **새국사교본** 동지사 1948.7 211쪽 380원 出

이병도   우리나라의 생활**역사** 동지사 1950.5.15 211쪽 555원

이해남 먼나라생활**역사부분** 탐구당서점 1948.9.2 164쪽 280원 [i]

임병삼,김홍주 중등력사**서양사** 동지사 1947.9.5 141쪽 200원

전북교육협회 편 **동양사** 전주해방사 1946 88쪽 [i]

조의설 신독본**서양사** 동지사 1948 204쪽 380원 [韓]

조의설 먼나라생활**역사** 동지사 1949.7.27 380원 [全]

조의설 **먼나라의 생활부도**역사 동지사 1950.4.10(수정) 490원 [朴]

조의설 **인류문화의 발달** 동지사 1949.9.6 320원 [i]

중등교육연구회 편 **중등국사** 명문당 1947.3.15 83쪽 100원

진단학회 편 **국사교본** 조선교학도서 1946.5.26 177쪽 20원 [發]군정청문교부

최남선 **중등국사** 동명사 1947.8.25 100원 [i]

최남선 **중등국사** 동명사 1948.7 200원 [i]

최남선 **중등동양사** 동명사 1947.8.25 100원 [全]

최남선 **중등동양사** 동명사 1948.8.10(수정판) [全]

함돈익 중등학교**조선역사** 조선문화사 1946.6.10(三) [全]

홍이섭 **이웃나라역사** 정음사 1950.6.11 [全]

황의돈 **중등조선역사** 삼중당 1946.4.15 [全]

학습서 〉 교과서 〉 영어

경성중등영어교원회영어교과서편찬위 **TheNewEnglishGrammar** 을유문화사 1946.12.15 186쪽 70원

경성중등영어교원회영어교과서편찬위 **TheNewEnglishReaders Book**① 을유문화사 1947.8.1 142쪽 85원

경성중등영어교원회영어교과서편찬위 **TheNewEnglishReaders Book**② 을유문화사 1948.8.1 189쪽 200원

경성중등영어교원회영어교과서편찬위 **TheNewEnglishReaders Book**③ 을유문화사 1947.3.1 210쪽 85원

경성중등영어교원회영어교과서편찬위 **TheNewEnglishReaders Book**④ 을유문화사 1947.9.1 160원

경성중등영어교원회영어교과서편찬위 **TheNewEnglishReaders Book**⑤ 을유문화사 1947.9.1 [全]

고광만 **The Inductive English Grammar**① 탐구당 1950.4.20 200원 [i]

고광만,오천석, **The New Standard English Readers**⑥ 조선교학도서 1949.9.15 146쪽 220원

권중휘,이인수 **Rudiments of English Composition**ᵖᵃʳᵗ① 국제출판사 1948.6.30 全

금룡도서 편,발행 **Rudiments of English Composition**ᵖᵃʳᵗ① 1950.4.28 全

김선기 **The National English Readers**① 민교사 1949 149쪽 ⓘ

김선기 **The National English Readers**④ 민교사 1949.8.20 270원 ⓘ

김선기 **THE NATIONAL ENGLISH READERS**Ⅵ 민교사 1950.4.15 380원

동심사 편,발행 **TheNewEnglishComposition**ᵇᵒᵒᵏ② 1947.9.10(再) 全

동심사 편,발행 **The New English Composition**ᵇᵒᵒᵏ① ᵉᵃˢʸ ᶜᵒᵘʳˢᵉ 1947.9.15 80원 ⓘ

문교영어학교 편 **영어연습**¹⁻³ 국제문화사 1948.11 30쪽 50원 卅

문화당 편,발행 **THE ENGLISH COMPOSITION BOOK**¹ 1947.1.20 55원 ⓘ

민교사 편,발행 **ParamountEnglishComposition** 1950.5.20 全

민중서관 편,발행 **LIVING ENGLISH READERS**² 1946.8.20 124쪽 38원 ⓘ

민중서관 편,발행 **Winter Exercise**③ 1947.11.25 全

박술음 **ModelEnglishBook**② 을유문화사 1950.4.20 全

박시인,황찬호 **고급영작문**② 수문관 1950.6 3,000원 ⓘ

손종진 **New English Grammer** 학생월보사 1946.4 149쪽 100원 卅

아시아문화사 편,발행 **첫영문법**ˢ 1950.1.30 全

안호삼 **영작문NewMethodEnglishGrammarandComposition** 교육연구사 1947.9.30 108쪽 120원

안호삼 외 **Middle School English**① 박문출판사 1950 128쪽 雅

오천석,고광만 **TheNewStandardEnglishReaders**⑥ 조선교학도서 1949.9.15 146쪽 220원

외국어연구회 편 **The Current English Reading for Senior Course** 헌문사 1946.10 171쪽 60원 卅

유경상 **초등영어문법** 계림인서관 1946.10.25 70원 ⓘ

을유문화사 편,발행(IA리챠아즈) **Basic English**⁽ˢ⁾영어첫걸음 1946.7 144쪽 160원 乙

이규동 **The English Readers**ᴮᵒᵒᵏ³ 경북교육협회 1946.4.20 全

이양하 **English Composition And Conversation**① 1950.4.30(12판) 85쪽 230원

이양하 **The New Living English Readers**③ 민중서관 1949.8.1(16판) 155쪽 250원

이양하 **The New Living English Readers**④ 민중서관 1949 186쪽 200원 ⓘ

이양하 **A Concise English Grammar** 민중서관 1950.4.30(10판) 204쪽 440원

이인수,권중휘 **영작문**ˢ 국제출판사 1948.9 110쪽 150원 卅

이인수,권중휘 **영작문**ʰ 국제출판사 1948.9 125쪽 200원 卅

이화여대영어교육연구회 **THE GIRL'S ENGLISH READERS 1** 박문출판사 1948.8.20 200원 ℹ

이화여대영어교육연구회 편 **여자영어독본** 2,3 박문출판사 1948 379쪽 600원 韓

조선공업문화사출판부 편,발행 **기초영작문** 1946.10 83쪽 30원 出

조선공업문화사출판부 편,발행 **기초영작문** ① 1947.9.30 112쪽 110원 全 1947.8.20㈃ 全

조선공업문화사출판부 편 ,발행 **속기초영작문** 1947.9 187쪽 180원 出

황재욱 **A New English Composition** course① 문우인서관 1947.9.15 112쪽 100원 全

학습서 〉 교과서 〉 수학

경성인서사 편,발행 **수표** 중학교용 1948.7.8 50원 ℹ

계림인서관 편,발행 **중등수학** 3 제이류 1947.8.31㈛문일자 68쪽 60원 ℹ

계림인서관 편,발행 **중등수학** 前學期用1,2,3 1947 117쪽 60원 出

군정청문교부 편 **초등셈본** 5-상 조선교학도서 1946.10.13 10원 ℹ

군정청문교부 편 **초등셈본** 6-1 조선서적인쇄 1946.9.15 71쪽 10원 ℹ

군정청문교부 편 **초등셈본** 6-2 조선서적인쇄 1947.5.5 71쪽 15원 ℹ

김철수金哲壽 **초등셈본지도해설서** 제1학년전기용 금룡도서 1948 80쪽 60원 出

김철수金哲壽 **초등셈본지도해설서** 제2학년용 금룡도서 1947.10 69쪽 65원 出

김철수金哲壽 **초등셈본지도해설서** 제2학년전기용 금룡도서 1948 78쪽 60원 出

김철수金哲壽 **초등셈본지도해설서** 제3학년전기용 금룡도서 1948 76쪽 70원 出

김철수金哲壽 **초등셈본지도해설서** 제4학년전기용 금룡도서 1948 94쪽 85원 出

김철수金哲壽 **초등셈본지도해설서** 제5학년전기용 금룡도서 1948 90쪽 80원 出

김철수金哲壽 **초등셈본지도해설서** 제5학년후기용 금룡도서 1948 68쪽 65원 出

김철수金哲壽 **초등셈본지도해설서** 제6학년후기용 금룡도서 1948 61쪽 65원 出

김철수金哲壽 외 **초등셈본모범학습서** 5-1 문명사 1946.11.5 35원 ℹ

문교부 편 **초등셈본** 산수공부4-1 조선서적인쇄 1948.8.30㈢ 51원 ℹ

문교부 편 **초등셈본** 4-2 조선서적인쇄 1949.2.10㈓ 67쪽 60원 朴

문교부 편 **초등셈본** 4-2 조선서적인쇄 1950.1.30㈢ 60원 ℹ

문교부 편 **초등셈본** 산수공부6-1 조선서적인쇄 1947.8.30㈓ 25원 ℹ

문교부 편 **초등셈본** 6-1 조선서적인쇄 1948.9.10㈓ 60원 ℹ

문교부 편 **초등셈본** 6-1 조선서적인쇄 1949.5.30(三) 60원 [i]

문화당 편,발행 **중등삼각법** 1948.1 85원 [出]

박경찬 **신수학** ② 동명사 1949.8.25 [i]

박경찬 **신중등수학** 2-상 한성도서 1948.1 [册]

박경찬 **중등수학요람** (기타사항 미상) 350원 [出]

박경찬,김호량 신제**중등수학요람** 제2류 수문관 1948.10.5 350원 [i]

박경찬,이경형 **고등대수학** 동명사 1949.8.20 [全]

박경찬,이경형 공역 **적분학** 동명사 1949.11.25 [全]

신영묵 편 **평면해석기하학** 상 출판처 미상 1947.10 159쪽 140원 [出]

심형필 **중등새수학** I 건국사 1949.8.25 111쪽 200원 [i]

심형필 **중등새수학** II 건국사 1949.8.8 [全]

오용진 중등교육**수학교과서** 조선출판사중앙총사 1949 90쪽 [雅]

오용진 중등교육**수학교과서** 1학년하 조선출판사중앙총사 1949.5.5 109쪽 140원 [i]

오용진 중등교육**수학교과서** 3학년 경북학무국 1947.11.15 [全]

오용진 중등교육**수학교과서** 4학년-하 경북학무국 1947.3.25 [全]

오용진 중등교육**수학교과서** 고급1년1류 경북학무국 1946.9.5 [全]

오용진 중등교육**수학교과서** 초급1년1류 경북학무국 1946.9.5 [全]

오용진 중등교육**수학교과서** ③ 조선출판사중앙총사 1949.8.20 290원 [全]

오용진 **중등수학** II 대건출판사 1950.6 [全]

오용진 **중등수학** ④ 대건출판사 1950.5.20(개정五) 216쪽 605원 [i]

이거찬 **중등최신수학** 제일출판사 1949.4 106쪽 160원 [出]

이기찬 **최신수학** 제일출판사 1947.5 103쪽 160원 [出]

이춘호 **신제중등수학** 조선서적판매주식회사 1949.9.5 133쪽 250원 [i]

정순택 **미분적분학연습** 탐구당서점 1948.10 650원 [出]

정순택 **중등수학** ① 을유문화사 1950 [乙]

정음사 편 **수표** 數表:상:1,2,3학년용 정음사 1948.7.30 50원 [i]

정의택 **신교육중등수학** II 민중서관 1950.4.11(16판) [全]

정의택 **신교육 중등수학** ③ 진성당 1949.8.5(三) 90쪽 170원

정의택 **신교육중등수학** ④ 진성당 1949.9.30 300원 [i]

조병국 **고등수학대요** 신조사 1947.1.20 150쪽 120원 [全]

조병국 **기초통계** 백수사 1948.12 400원 出

조선공업문화사출판부 편,발행 **수표** 1946.8.15 全

조선수물연구회 편 **중등학생의 순열조합2항정리확률** 조선공업문화사 1946.10 62쪽 25원 出

조선수물연구회 편 **중등신수학**1 조선공업문화사출판부 1946.11.25(再) 70쪽 35원 i

진성당 편,발행 **신교육중등수학정해** 1949.1.23 135쪽 270원

최윤식 **고등대수학** 탐구당 1948.10.20 650원 全

최윤식 **고등적분학 · 입체기하학** 을유문화사 1948.7.10 310쪽 700원 乙

최윤식 **고등평면삼각법대수학평면해석기하미적분** 정음사 1948.6.5 700원 出

최윤식 **중등수학**초급3 정음사 1947.7.1 95쪽 90원 全

최윤식 **중등수학**1초급중학교 정음사 1948.4.1 100원 i

최윤식 **중등수학**1 정음사 1950.5.15 140쪽 430원

학습서 〉 교과서 〉 사회

경기도학무과내임시교재연구회 편,발행 **초등지리교본** 오륙학년용 1946.4 60쪽 10원 i

경기도학무과임시교재연구회 편 **초등국토지리**초등지리임시교재5.6학년용 한양서적도매공사 1946.10 i

경성초등교육건설회 편,발행 **초등지리교재**6학년용 1946.2.10(再) 3원40전 i

고려선봉사 편,발행 **신제중등공민교과서** 1947.1 94쪽 50원 出

고병국,김두헌,박종홍,육지수 **중등사회 공민** ③ 동지사 1949.9.5 230원 i

고석균 **다른나라지도** 조선지도출판사 1947.5.20 i

고석균 **다른나라지도**5학년용 조선과학문화사 1948.8.20 200원 i

군정청문교부 편 **초등공민**하 조선교학도서 1946.5.5 4원50전 i

군정청학무국 편 **초등공민**상:제1,2학년용 조선서적인쇄 1946.5.5 4원50전 i

군정청학무국 편 **중등공민**3,4학년용 조선서적인쇄 1946 44쪽 i

권상철,김기석 **논리학** 삼중당 1950.5.30 全

권상철,오수옥 **고등공민** 동심사 1949.7.25(수정판) 380원 i

권상철,오수옥 **고등공민**경제 동심사 1949.3 全

권상철,오수옥 **고등공민**법제 동심사 1949.9.5 200쪽 全

권상철,오수옥 **중등공민**1학년용 동심사 1949.9.18(수정) 250원 i

권상철,오수옥　**중등공민**³학년용　동심사　1949.3.10⒴정）　200원　ℹ

권상철,오수옥　**중등공민Ⅱ**　동심사　1949.9.5⒴정증보）　全

권상철오수옥　**중등공민**³　대한교학주식회사　1950.5.20(八)　143쪽　395원

김두헌 외　**중등사회생활공민**①　동지사　1949.7.28　全

김원숙　**이웃나라**　연학사　1948.8.15　250원　ℹ

김정기　**신요목 중등공민**¹학년용　새한출판사(조치원)　1948.11.25　101쪽　180원　ℹ

노도양　**경제지리**　을유문화사　1948.9.20　138쪽　250원

노도양　**먼나라**지리부분　탐구당　1949.6.20　330원　ℹ

노도양　**우리나라**지리부분　탐구당　1950.5.20⒴정판）　510원　ℹ

노도양　**자연환경과 인류생활**　탐구당　1950.5.20　168쪽　450원

동방문화사 편,발행　**우리나라 역사지도**　1949.9.5　450원　ℹ

동방문화사편집부　**먼 나라 역사지도**　동방문화사　1949.9.5　400원　ℹ

동지사 편,발행　**가정과 학교**¹학년용　1947.2.10　38쪽　50원　ℹ

동지사 편,발행　**고장생활**②　1947　ℹ

동지사 편,발행　**마음에 꽃다발**　1948　50쪽　65원　出

동지사 편,발행　**우리나라의 생활**⁴학년용　1947.4.10　ℹ

문교부 편　**공민독본**성인교육용④　합동도서㈜　1949.5.15　62원　ℹ

문교부 편　**다른나라의 생활**⁵⁻¹　조선서적인쇄　1949.2.20　180원　ℹ

문교부 편　**다른나라의 생활**　대한교과서주식회사　1949.12.5　220원　ℹ

문교부 편　**도덕론**　조선교학도서　1948　64쪽　55원　韓

문교부 편　**여러 곳의 사회생활**³⁻¹　조선서적인쇄　1949.9.30(再)　180원　ℹ

문교부 편　**여러 곳의 생활**³학년소용　조선서적인쇄㈜　1950.5.10(三)　180원　ℹ

문교부 편　**우리나라의 생활**⑴사회생활과⁴학년소용　조선서적인쇄　1948.9.15　56원　朴

문교부 편　**우리나라의 생활**⑴사회생활과⁴학년소용　조선서적인쇄　1949.8.10(再)　64쪽　55원　ℹ

문교부 편　**우리나라의 생활**⑵사회생활과⁴학년소용　조선서적인쇄　1950.1.20(再)　55원　ℹ

문교부 편　**우리나라의 생활**　한국인쇄㈜　1950.5.20(三)　95원　ℹ

문교부 편　**중등공민**하　조선교학도서　1947.10.28⒴정）　22원　ℹ

문교부 편,발행　**문화론**중학교사회임시교재　1949　90쪽　ℹ

문화당 편,발행　**사회생활**³학년용　1948.8.30　80원　ℹ

문화당 편,발행　**사회생활**⁵학년용(상)　1948.8.30　64쪽　80원　ℹ

박노식 **신조선지리** 동지사 1947.8 130쪽 200원 出

박노식 **지리** 이웃나라의 생활 동지사 1949.3.15(수정再) 165쪽 350원

박노식 **먼나라** 중등지리 동지사 1947.9.5 150원 i 出

박노식 **이웃나라** 중등지리 동지사 1947.8.20 72쪽 100원 i

박노식 **이웃나라** 중등지리 동지사 1948.4.15(수정증보) 91쪽 180원 i

사대부속성동국교 편 **사회생활공부** 5-1:다른나라의 생활 문화당 1947.7.30 30원 i

사대부속성동국교 편 **사회생활공부** 5학년용 하 문화당 1947.7.30 50원 i

사대부속성동국교 편 **사회생활공부** 5학년용 하 조선교육연구회 1947.4.30 35원 i

사대부속성동국교 편 **사회생활공부** 6-1:우리나라의 생활 문화당 1947.7.30 30원 i

서울사대부속사회생활과연구회 **중등지리통론** 수문관 1948.3.31 160원 全

서울사대 편 **지리통론** 수문관 1948 160원 韓

서울조선지도연구원 편 **초등지도** 6학년용 조선과학문화사 1949.8.10 130원 i

아동문화연구회 편 초등사회생활교실 **우리나라의 발달** 6-2 민교사 1949.2.20 200원 i

오준영 **지리** 먼 나라의 생활 동방문화사 1950.6.5 全

오준영 **먼나라** 2학년용 동방문화사 1947.10 124쪽 140원 全

오준영 **이웃나라** 1학년용 동방문화사 1947.7.15 92쪽 110원 全

우리나라연구소 편 **우리나라독본** 을유문화사 1949.5 188쪽 340원 乙

육지수 **지리** 먼나라의 생활 동지사 1950.5.15(수정판) 580원 全

육지수 **우리나라** 중등지리 동지사 1948.4.15(再) 114쪽 230원

육지수,이봉수 **지리** 우리나라의 생활 동지사 1949.3.15(再) 176쪽 350원

육지수,이지호 **지리통론** 인류와 자연환경 신민사 1947.9 104쪽 100원 出

윤재천 **다른나라생활** 하 고려문화사 250원 出

이관섭 **중등예법요항** 경기중학교 1947.9.15 72쪽 70원 i

이봉수,최홍준 **인류와 자연환경** 동지사 1948 115쪽 250원 韓

이봉수 **자연환경과 인류생활** 동지사 1949 142쪽 i

이봉수 우리나라의 **생활부도** 지리부 동지사 1950.5.15(수정) 425원 i

이상선 **경제생활** 공민부문3학년용 탐구당 1949.6.23 290원 i

이재훈 **인생과 사회** 공민3학년 탐구당 1950 134쪽 i

이지호 **세계지리통계** 동지사 1950.3.25 116쪽 800원

전라북도학무과 편,발행 **초등지리교본** 오륙학년용 1946.5 i

정갑 **먼나라** ^{사회생활과지리부} 을유문화사 1948.5.25 全

정갑 **먼나라** ^{사회생활과지리부} 을유문화사 1948.8.1 全

정갑 **먼나라생활** ^{중학교사회생활과지리부분} 을유문화사 1949.9.1 全

정갑 **우리나라** ^{사회생활과지리부} 을유문화사 1948.9.20 全

정갑 **우리나라생활** ^{중학교사회생활과지리부분} 을유문화사 1950.4.20 全

정갑 **이웃나라** ^{사회생활과지리부} 을유문화사 1947.3.1 120쪽 130원 全

정갑 **이웃나라생활** ^{사회생활과지리부} 을유문화사 1949.7.1 全

정갑 **자연환경과 인류생활** ^{중학교사회생활과지리부분} 을유문화사 1949.7.1 全

정홍헌 **중등조선지리** 정음사 1946 80쪽 35원 出

정홍헌,이기섭,이부성 **우리나라** ^{사회생활지리부} 정음사 1949.8.30 127쪽 250원 i

조선어학회 편 **초등공민** ^{5,6학년용} 조선서적인쇄 1946.5.5 4원50전 i

조선지도연구원 편 **초등지도** 조선학교도서출판사 1947.8.20 60원 i

조선지도연구원 편 **초등지도** ^{우리나라생활의지도공부:4학년용} 조선서적인쇄 1947.9.30 100원 i

지학사 편(유석룡 제도) **중등국토지리부도** ^{사회생활과용} 문우사 1948.4.20(再) 36쪽 200원 i

지학사 편 **이웃나라지도** 동방문화사 1948 36쪽 i

최복현,김상호,이지호 **최신 자연환경과 인류생활** 과학문화사 1950.4.30 161쪽 600원

최복현 외 **자연환경과 인류생활** 박문출판사 1949.8.5 全

최재희 **공동생활** ^{공민부분1학년용} 탐구당 1950.4.15(수정판) 113쪽 305원

최흥준 **자연환경과 인류생활** 동지사 1950.5.15(수정판) 142쪽 395원

충남학무국내한밭연학회 편 **고장생활** ^{사회생활과} 광신당 1947.10.28 36쪽 30원 i

학습지도연구회 편 **다른 나라의 생활** ^{제5학년용} 삼성사 1948.8.30 90원 i

현상윤 **중등공민** ^{사회생활과공동생활} 민중서관 1950.5.7 133쪽 400원 i

학습서 〉 교과서 〉 과학

건국사편,발행 ^{겨울방학중등}**물상과제장** Ⅱ 1948.11.1 50원 i

경성초등교육건설회 편,발행 **초등이과교재** ^{4학년용} 1946.2.10(再) 3원20전 i

공정 **인류계** ^{일반과학} 기신사 1950.5.20(三) 330원 i

군정청문교부 편 **초등잇과** ⁵⁻¹ 조선교학도서 1947.5.20 65쪽 20원 i

군정청문교부 편　**초등잇과**임시교재6-1　조선서적인쇄　1947.1.30　7원50전　**i**

군정청편수국 편　**초등이과**임시교재5-1　제일출판사　1946.11.10　35원　**i**

권영대　**물리** I　동지사　1949.9.20　320원　**i**

권영대　**물리** II　동지사　1949.9.20　320원　**i**

권영대　**물리** 2　동지사　1950.6.10(수정)　365원　**i**

권영대,김용호　**물상**③일반과학　동지사　1949.8.31　290원　**i**

김병희　**고등물리학**역학,물성편　정음사　1948　106쪽　300원　**韓**

김봉집　**중등물리**　정음사　1947년판　129쪽　**i**

김종한　초등이과**생물교과서**　대전사범생물연구실　1947.4.28서문일자　80쪽　등사본　**i**

김준기　**물리학**　동지사　1947.10.1　179쪽　200원

김준민　**식물편**일반과학　연광사　1949.9.1　84쪽　130원　**i**

김준민　**중등식물**　정음사　1947　100쪽　**出**

김준민　**고급생물**상　국제문화관　1948　142쪽　280원　**韓**

남태경　**식물계**일반과학　건국사　1950.5.8　100쪽　2700원

맹원영,조병욱　**일반과학** I　조선교학도서　1947.8.20　140원　**全**

맹원영　**일반과학** III - I식물　조선교학도서　1947.8.21　86쪽　80원　**i**

맹원영　**일반과학** III - II동물　조선교학도서　1947.8.21　**全**

맹원영　**일반과학** III - III　조선교학도서　1947.8.2(검정일자)　**i**

문교부 편　**과학공부**4-1　조선서적인쇄　1949.9.10(三)　65원　**i**

문교부 편　**과학공부**4-2　조선서적인쇄　1950.1.20　110원　**i**

문교부 편　**과학공부**5-1　조선서적인쇄　1949.8.20　95원　**朴**

문교부 편　**과학공부**5-2　조선서적인쇄　1950.1.30　95원　**朴**

문교부 편　**과학공부**6-1　조선서적인쇄　1949.6.15(再)　100원　**i**

문교부 편　**과학공부**6-1　조선서적인쇄　1950.5.10　146쪽　190원　**朴**

문교부 편　**과학공부**6-2　조선서적인쇄　1949.10.30(再)　120원　**i**

문교부 편　**초등잇과**6-1　조선서적인쇄　1948.3.30　37원　**i**

문화당 편,발행　**고급중학물리**　1947.8　72쪽　80원　**出**

박만규　**고등생물**상　동방문화사　1949.8.15　360원　**i**

박만규　**고등생물**상　동방문화사　1950.5.15　**全**

박만규　**고등생물**하　동방문화사　1950.5.15　175쪽　400원　**i**

박만규 **생물편** 중등과학 청구서점 1948.2 冊

박만규 **생물** 중학교자연과학 청구서점 1948.8.15 全

박만규,홍원식 **식물도보** 서울문화사 1949.4.8 全

박만규 **생물도해** 조선교학도서 1949 131쪽 600원 韓

백대현 **생물학교본** 세문사 1947 192쪽 85원 韓

석주명 **동물계교과서** 정음사 1947년판 100쪽

석주명 **중등동물** 교육연구사 1948.8.20(四) 106쪽 200원

선우기 **동물계** 일반과학 동지사 1950.5.5(수정판) 335원 全

세문사교재연구부 편,발행 **중등식물**-보충교재 1946.9.20 25원 ⓘ

유영희 **중등화학실험서** 계림출판사 1950.4.28 63쪽 200원

이갑수 **일반과학인류계** 조선의보사 1948.9.10 全

이덕봉 **식물계** 건국사 1947.9.15 79쪽 80원 ⓘ

이덕봉,이덕상 **동물계** 일반과학 을유문화사 1947.9.1 全

이덕봉,이덕상 **동물계** 일반과학 을유문화사 1950.4.20 全

이덕봉,이덕상 **식물계** 일반과학 을유문화사 1949.7.1 86쪽

이덕봉,이덕상 **식물계** 일반과학개정판 을유문화사 1950.4.20 86쪽 270원

이덕봉,이덕상 **인류계** 일반과학개정판 을유문화사 1950.4.20 90쪽 270원

이민재 **식물계** 금룡도서 1950.4.11 114쪽 870원 ⓘ

이민재,강영선 **생물학** 상 동지사 1948.7 400원 出

이병석 **식물계** 목포정명공립여중 1946.12.15 80원 ⓘ

이정기,심길순,이낙복 **물상편**1일반과학 조선공업문화사출판부 1950.5.25(五) 全

이정기,심길순,이낙복 **물상편**2일반과학 조선공업문화사출판부 1949.7.27 250원 ⓘ

이정기,심길순,이낙복 **물상편**3일반과학 조선공업문화사출판부 1949.7.27 123쪽 260원 全

이종서,신효선 **물상편**1일반과학 을유문화사 1946.9.9 77쪽 130원 1949.7.1 全

이종서,신효선 **물상편**3일반과학 을유문화사 1947.9.1 120원 ⓘ

이종서,신효선 **물상편**3일반과학 을유문화사 1950.4.20 全

임무덕 **일반과학** 권1 경북학무국 1946.9.5 31원 ⓘ

조구순 **현대화학** 상 경북학무국 1947.5.5 100원 ⓘ

조병욱 **일반과학** I 조선교학도서 1947.8.20 140원 ⓘ

조병욱 **일반과학** II 민중서관 1950.4.20(28판) 全

조병욱　**초등이과교재**5,6학년　경성초등교육건설회　1946.1　冊

조복성　**동물계**일반과학　정음사　1950.5.8　ⓘ

조선공업문화사출판부 편,발행　**기초물리**　(연도 미상)　380원　出

중등교과서편찬위 편　**중등화학**　제일출판사　1946.9.25　35원　ⓘ

중등교재편찬위 편　**중등동물학교과서**초급1,2학년용　제일출판사　1946.8　77쪽　26원　出

최기철　**학생동물도보**　수문관　1949　95쪽　300원　韓

최기철,김준민　**고급생물**하　홍지사　1950.5　全

최신해　일반과학**인류계**　정음사　1948.8.20　150원　ⓘ

홍순정　**이과공부**6학년용　세기과학사　1948.2.10(三)　全

홍순정　**이과공부**5학년용　세기과학사　1948.4.5　冊

홍원식,박만규　**식물도보**　서울문화사　1949.4.8　全

학습서 〉 교과서 〉 기타(총류,가정,농업,미술,상업,생리,외국어,음악,체육,한문,기타 순서)

군정청문교부 편　초중등학교각과**교수요목**1－(ㄱ)국민학교이과(ㄴ)중학교과학과　조선교학도서　1946.11.17　25쪽　12원　ⓘ

군정청문교부 편　초중등학교각과**교수요목**3－(ㄱ)국민학교산수과(ㄴ)중학교수학과　조선교학도서　1946.11.17　25쪽　12원　ⓘ

군정청문교부 편　초중등학교각과**교수요목**4－국민학교사회생활과　조선교학도서　1947.1.10　54쪽　14원　Z

경기도교육회 편　겨울방학**공부동무**삼학년용　동지사　1947.12.15　ⓘ

경상북도학무국 편　**겨울방학공부**　경북교육협회　1947.12.10　ⓘ

대한교육연합회 편　**겨울동무**②　삼중당　1948.11.25　45원　ⓘ

대한교육연합회 편　**겨울방학**⑤　청구서점　1948.11.25　55원　ⓘ

대한교육연합회 편　**겨울동무**⑥　조선교학사　1948.11.25　55원　ⓘ

대한교육연합회 편,발행　**겨울공부**⑵　1949.12.1　60원　ⓘ

장학회 편　**여름방학**3학년용　동지사　1947.7.15　ⓘ

조선교육연합회 편　**여름동무**2년용　조선교학도서　1948.6.10　ⓘ

조선교육연합회 편　**여름동무**4년용　문교사　1948.6.10　ⓘ

경상북도학무국 편　초등용**가사재봉교수세목**사오륙학년용　남선문화사　1946.9.15　69쪽　40원　ⓘ

문교부 편 **초등가사** 5학년소용 조선교학도서 1948.7 50원 ℹ️

문교부 편 **초등가사** 6학년소용 조선교학도서 1948.7.25 45원 ℹ️

김정희 **중등가사교본** 문화당 1947.10 108쪽 120원 出

손정규 외 **중등가사교본**④ 동지사 1949.8.9 全

손정규,조흔홍,표경조,주월영 **중등가사교본** 동지사 1948.8.20 134쪽 280원 ℹ️

계정삼 **중등양잠독본** 창인사 1947.9.12(再) 82쪽 70원 出

계정삼 **중등양잠학** 창인사 1950.6.20(再) 130쪽 450원 ℹ️

농업교육연구회 편 **농업통론** 초급용 수도문화사 1948.4.15 167쪽 320원

농업교육연구회 편 **농업통론** 실업과1,2학년용 수도문화사 1949.8.15 全

문교부 편 **농사짓기** 5 조선서적인쇄 1949.4.10 100원 ℹ️

문교부 편 **농사짓기** 6 조선서적인쇄 1949.6.30 100원 ℹ️

문화교육출판사 편,발행 **농사짓기** 1948.10 130원 出

백남혁 **농업통론** 대동문화사 1949.7.15 165쪽 320원

어대경 **토양비료** 수도문화사 1949.6.25 全

윤익섭 **채소원예** 대동문화사 1948.9 79쪽 160원 韓

이용빈 **축산각론** 수도문화사 1949.3.25 全

지영린 **작물따로풀이** 수도문화사 1948 132쪽 410원 韓

지영린 **작물각론** 수도문화사 1949.3.30 全

현신규 **임업통론** 수도문화사 1950.4.15 101쪽 345원

김경승,김인승 **중등미술**② 민중서관 1948 ℹ️

김경승,김인승 **중등미술**③ 민중서관 1950.4.20(10판) 20쪽 530원 全

서울미술연구회 편 **중등미술교본** 권1 서울미술연구회(?) 1946 ℹ️

이봉상 **중등미술**① 조선과학문화사 1950.4.15(再) 500원 ℹ️

미술교재연구회 편 **초등미술** 도화와 공작 조선문화교육출판사 1948.8.20 80원 ℹ️

한상진 **서양미술사** 조선문화교육출판사 1950.1.25 103쪽 350원

김태석 **중등습자교본** 제1학년용 금룡도서 1949.8.15 全

김태석 **중등습자첩** 초급중학제1학년용 금룡도서문구 1946.7 31쪽 15원 全

문교부 편 **초등글씨본** 4학년소용 조선서적인쇄 1949.10.30(再) 45원 [i]

문교부 편 **초등글씨본** 5학년소용 조선서적인쇄 1949.10.30(再) 50쪽 45원 [i]

이철경 **초등한글글씨체** 첫째권 청구사 1946.4.25(四) 28쪽 [i]

이철경 **초등새글씨본** 육문사 1948.9.5 50원 [i]

임동준 **중등철필습자첩** 둘째권 금룡도서 1947 32쪽 60원 [i]

정주상 **초등글씨본** 조선과학문화사 1949.8.8 60원 [i]

권오익 **새상업경제** 중 조선교학도서 1949 161쪽 [i]

권오익 **새상업경제** 하 조선교학도서 1949.8.8 [全]

김효록 **상업경제** 상 금룡도서 1950.4.11 280원 [全]

김효록 **상업경제** 하 금룡도서 1950.4.11 240원 [全]

이형우 **상업경제** 제1,2학년용 을유문화사 1947 52쪽 45원 [出]

이형우 **상업경제** 하 을유문화사 1947.8 90쪽 65원 [i]

이용택 **부기회계** 연학사 1948.8.15 154쪽 [i]

이용택 **은행부기** 부기회계II 연학사 1949.8.20 320원 [i]

정영술 **상업경제** 상업편: 중학교실업과 을유문화사 1950.4.20 [全]

정영술 **은행부기** 중학교실업과 을유문화사 1950.4.20 185쪽 455원

정영술,이용택 **부기회계** 제1,2권 제일출판사 1946.10 104쪽 95쪽 [出]

김명선,최신해 **중등생리학** 정음사 1947 [i]

윤익병 **중등생리실험**③ 수문관 1950.6.15 [全]

윤익병 **중등인류교과서** 인체생리 문화당 1947.6.30 59쪽 90원 [出]

김진섭 **독일어초급문법독본** 국제문화협회 1947.2 100쪽 50원 [出]

유형기 편 **초급소독문전** 신생사 1947.9.15(再) 120원 [i]

이운용 **Deutche Grammatik** 조선교학사 1948.5.10 [全]

정희철,조기준 **독일어입문독본** 동지사 1948.7.15 [全]

조기준 **독일어독본** 230원 [出]

조기준 **독일어문법** 400원 [出]

조기준,정희철 **독일어입문독본** 동지사 1948.7.15 [全]

한용선 편 **소독문전** 숭문사 1947 108쪽 40원 韓

남용기 **초등불어문전** 혁신서원 1947.12 105쪽 250원 韓

서영해 **불어교과서** 제1집 밝은문화사 1949.10.15 182쪽 ℹ

홍형의 **국제어에스페란토교과서** 조선에스페란토학회 1947.6.10 100원 全

표문화 **몽고어만주어교과서** 국학대학국학연구회 1947 冊

계정식 **중등노래교본** 초급용 교회음악연구회 1946.12.5 58쪽 40원 ℹ

군정청문교부 편 **초등노래책** 제일이학년용 조선서적인쇄 1946.8.3 4원50전 ℹ

군정청문교부 편 **초등노래책** 제3,4학년소용 조선서적인쇄 1946.8.3 5원 ℹ

군정청문교부 편 **초등노래책** 제5,6학년소용 조선서적인쇄 1946.7.20 3원50전 ℹ

국민음악연구회 편,발행 **남녀중등음악교본** 제1권 1949 65쪽

국민음악연구회 편,발행 **남녀중등음악교본** 제2권 1949 53쪽(이하 낙장)

김성태 **중등악전** 정음사 1949.9.18 52쪽 200원

김순용 **중등악전교과서** 연진사 1947.11 55쪽 120원 出

김신덕 편 **음악교본** 여자중등 금룡도서문구㈜ 1947 45쪽 ℹ

김형근 **중등음악통론** 국민음악연구회 1950.5.15 106쪽 305원

문교부 편 **초등노래책** ③ 조선교학도서 1948.4.27 40원 韓

문교부 편 **초등노래책** ④ 조선교학도서 1948.4.27 24원 ℹ

문교부 편 **초등노래책** ⑤ 조선교학도서 1948.4.27 24원 韓

문교부 편 **초등노래책** ⑥ 조선교학도서 1948.4.27 26원 ℹ

박긍완 **음악이론** 기초편 경성인서사 1947.5 60쪽 120원 出

박긍완 **중등음악이론** 기초편 홍문사 1948 66쪽 ℹ

오창진 편 **중등음악** 문화당 1947.10.20 80쪽 100원 朴

윤복진 **중등용가요곡집** 파랑새사 1946 冊

윤복진 **초등용가요곡집** 파랑새사 1946 冊

음악교육연구회 편 **중등음악교본** 3 국민음악연구회 1948.8.10 冊

이승학 **중등악전교본** 국민음악연구회 1948.1.30 150원 ℹ

이승학 **중등음악교본** 국제문예사 1948.8.30 48쪽 200원

이승학 **중등음악교본** 3 국제문예사 1948 54쪽 ℹ

전국음악교육협회 편 **중등음악교본** 국민음악연구회 1947.7 41쪽 95원 出

중등음악교과서편찬위 편 **임시중등음악교본** 국제음악문화사 1946.5.1 71쪽

최희남 편 **중등음악교본** 2 금룡도서 1949.9.10 78쪽 290원

최희남 편 **중등음악교본** 금룡도서 1950.4.29(再) 500원 ℹ️

호서남공립국민학교음악보 편,발행 **음악교재집** 1948.11(서문일자) ℹ️

김희덕 편 **학교교련교본** 전편 문헌사 1949.5.10 405쪽 280원 ℹ️

서울사대학도호국대훈련부 편 **훈련필휴** 조선과학문화사 1949.3.25 197쪽 200원

서울사대체조보건연구회 편 **체육보건교범** 과학문화사 1949 278쪽 500원 韓

김종섭,이병위 **체육보건** 삼중문화사 1950.2.10(三) 110쪽 260원

김진팔,신충선 **보건공부** ③ 과학문화사 1950.5.10 87쪽 180원 ℹ️

정화용 **중등체육** 하 수영사 1950.5.15 375원 ℹ️

김경탁 **중등한문독본** 권1 동방문화사 1950.5.10 41쪽 全

김경탁 **중등한문독본** 권3 동방문화사 1949.7.30 140원 全

김경탁 **중등한문독본** 권4 동방문화사 1950.5.20 175원 朴

김경탁 **초급중학한문독본** 권1 취영암 1946.10 45쪽 20원 出

김경탁 **초급중학한문독본** 권2 동방문화사 1947.8 45쪽 60원 出

김경탁 **초급중학한문독본** 권2 취영암 1947 64쪽 50원 出

김경탁 **초급중학한문독본** 권3 동방문화사 1947.10 57쪽 65원 出

김능근 **중등한문교본권** 1 문교도서주식회사 1947.8.5 全

김능근 **중등한문교본권** 2 문교도서주식회사 1948 38쪽 ℹ️

김능근 **중등한문교본권** 3 문교도서주식회사 1950.4.15 51쪽 140원 ℹ️

김능근 **중등한문교본권** 4 문교도서주식회사 1949.8.20 50쪽 110원

김능근 **중등한문교본권** 4 문교도서주식회사 1950(再) 55쪽 ℹ️

김능근 **중등한문교본권** 5 문교도서주식회사 1948.8.30 100원 全

김득초 **신수중등한문** 권2 홍문사 1950 30쪽 ℹ️

김용배 **신편고등한문** 금룡도서문구 1947.5.10 90원 ℹ️

김용배 **신편고등한문상해** 금룡도서문구 1947.10.31 80원 ℹ️

김춘동 **정선고등한문독본** 삼성사 1947 80쪽 雅

박병연 **신수한문독본** 문화당 1946.9.20(再) 全

3
주제별 목록

이윤희 **신편중학한문** 권3 민중서관 1950 40쪽 ℹ️

장현삼 **정선중등한문** 삼중문화사 1949.8.30 68쪽 150원

조용승 **신편중등한문독본** 상 전북중학교 1947.7.5 ℹ️

조정 **중등한문교과서** 권2 건국사 1947.11.18 32쪽 40원 全

문교부편 **초등공작** ① 대한인쇄공사 1950.5.20 180원 ℹ️

문교부편 **초등공작** ② 대한인쇄공사 1950.5.20 170원 ℹ️

문교부편 **초등공작** ③ 대한인쇄공사 1949.6.20 100원 ℹ️

오세근 **초등공작** 조선과학문화사 100원 ℹ️

박상동 **중등도법** 상 조선과학문화사 1949.7.5(再) 98쪽 250원

실업교재편찬회 편 **기초제도** 계림인서관 1947 120쪽 140원 韓

아동문예춘추사 편 **초등수공공부** 금룡도서 1947.5.7 50원 ℹ️

이순이모음 **종이접기수공책** 을유문화사 1946.10 62쪽 40원 乙

학습서 〉 참고서 〉 국어

교육사조연구회 편 **국어참고서** 5-1 대양출판사 1948.4.10 90원 ℹ️

국어연구회 편 **초등새국어자습서** 6-2 삼중당 1948.4.15 120원 ℹ️

금룡도서 편,발행 **중등국어참고서** ① 1948.9 130원 出

김석경 편 **현대문수** 국문학보습서 동아출판사 1949.12.1 131쪽 ℹ️

김시필 편 **중등국어참고서** ① 금룡도서 1948.9 130원 出

낙동서관출판부 편,발행 **중등작문학습서** 1946.10.5(三) 46쪽 20원 朴

대양출판사 편,발행 **중등국어학습서** ① 1949.11.15 90쪽 120원

민중서관 편,발행 **겨울방학 국어** ③1948년 1948.12.20 全

민중서관 편,발행 **여름방학 국어** ②1949년 1949.6.15 ℹ️

민중서관 편,발행 **겨울방학 국어** ③1949년 1949.12.5 100원 ℹ️

박증구 편 **국어국문학요람** 무등서적인쇄㈜ 19502.10 84쪽 비매 朴

박태윤 **고대문문답선** 서울문화사 1950.3.20 243쪽 100원 ℹ️

삼의사 편 **초등국어모범참고서** 2-1 1948.8.15 90원 ℹ️

삼의사 편,발행　**초등국어참고서** 5-1　1948.7.5　140원　🛈

신기철　**표준국문해석법**　문창당　1950.3.30(再)　364쪽　🛈

신영철　**고문신석**　동방문화사　1947.12.30　308쪽　300원　🛈

윤태영　초등학교**국어지도서** 제6권　문화당　1948　379쪽　600원　韓

장학연구회 편　**초등국어참고서** 5-2　일신사　1948.5.30　🛈

조영식　**초등국어참고서** 6-1　삼의사　1947.4.20　80원　🛈

초등교육연구회 편　**초등국어교본참고서** 중　연학사　1946.6.25(三)　10원　🛈

초등교육연구회 편　**초등국어교본참고서**　연학사　1946.12.15　22원　🛈

초등교육연구회 편　**국어교본참고서** 오학년용　연학사　1946.9.30　🛈

초등교육연구회 편　**초등국어참고서** 6-1　연학사　1947.9.30　80원　🛈

최근학 교열　**초등국어공부책** 5,6학년용　건문사출판부　1946.6　15원　🛈

최영조　**수험작문연구**　단민출판사　1947.12　150쪽　133원　出

최영조　**최신수험학습국문해석법**　금룡도서　1949.4.1(三)　全

한인현　**어린이국어책**　고려문화사　(재판 인쇄 중)　出

홍웅선　**읽기 지도의 실제** 1-1　조선교학도서　1949.12.19　700원　🛈

홍익사편집부 편,발행　**중등국어** ②참고서　1949.10.25　全

학습서 〉 참고서 〉 역사

강초인　**국사정해**　정문관　1950.4.10　258쪽　650원

문화당 편,발행　국민학교**국사사전**　1947　115쪽　🛈

박봉석　**조선사정해**　온문사　1949.6.21　292쪽　480원

박봉양　**어린이역사이야기**　(출판처 미상)　20원　出

박수복　수험본위 고급**국사의 정해**　동광문화사　1948.10.8　全

박의창　최신중등**서양사**　신민사　1948.8.28　全

박홍준　수험자습최신**동양사대요**　대양출판사　1950.3.15　312쪽　全

손보기 외　수험참고명해**국사**　영화출판사　1950.6.15　全

손진태　**우리나라 생활**　을유문화사　1949.7.1　220쪽　400원　🛈

신동엽　사회생활과참고**조선역사**　대아출판사　1947(再)　265쪽　🛈

신동엽 ^{사회생활과참고}**조선역사** 대아출판사 1947.9 165쪽 130원 ℹ️

신동엽,신석호 **우리나라의 발달**^{따른 그림책} 교문사 1948.3.10 34쪽 115원

신석호,신동엽 **우리나라의 발달**^{따른 그림책} 교문사 1948.3.10 34쪽 115원

신정언 **어린이국사지리서** 계몽구락부 1947.3.20 66쪽 60원 ℹ️

신조선아동문화건설회 편 **국사학습사전** ^{유길학습사전④} 유길서점 1948.5.15 200원 ℹ️

신창사편집부 편,발행 **중점동양사** 1950 274쪽 500원 韓

아동교육연구회 편 **어린이국사사전** 문교사 1948.5.15 200원 ℹ️

윤보현 ^{사회생활과}**국사부도** 동방문화사 1947.10.15 80원 ℹ️

이갑성 **중등동양사 정도** 신소년사 1947.12 90원 出

장도빈 **중학국사** 고려도서원 1947.8 152쪽 150원 出

허철중 ^{수험자습최신}**서양사대요** 대양출판사 1950 ℹ️

황호근 ^{학생을 위한}**서양사상해** 철야당서점 1949.11.30 211쪽 ℹ️

학습서 〉 참고서 〉 영어

계몽사서점 편,발행 **TheNewEnglishReaders**^{Book5연습문제及본문주해서} 1949.1.5 145쪽 300원 ℹ️

교문사 편,발행 **교문영습자** 1948.8 25쪽 50원 ℹ️

교육연구사 편,발행 **The New Living English Readers** ^{주해서} 1949.11.25 全

교학사 편,발행 **The King's Crown Readers** ^{주해서2} 1947.3.3 40원 ℹ️

교학사 편,발행 **TheNewEnglishReadersBook** ^{주해서} 1947.8 87쪽 65원 出

교학사 편,발행 **The New English Readers** ^{주해서2} 1947.10.20 95원 ℹ️

국제출판사 편,발행 **Workbook for winter vacation** ^① 1948 30쪽 ℹ️

권대주 역 ^{대역}**The Use of Life** 장문사 1950.3.1^{개정(四)} 155쪽 700원

김구승 **영어교실** 혁신서원 1948 71쪽 140원 韓

김귀석 **영어문법기초** 일한도서 1947.12 出

김동성 **영어자습** 영인서관 1945 100쪽 20원 韓

문우인서관연구부 편,발행 **The New King's Crown Readers** ^{주해} 1946.1 91쪽 50원 出

박승훈 **수험영문법연구** 계림인서관 1950 222쪽 500원 韓

박양수 **알기쉬운 영어공부** 삼중당 1949 178쪽 250원 韓

삼성사 편,발행 **뉴잉그리쉬리더 자습서**① 1947.9.7 96쪽 75원 🛈

수험연구사 편,발행 **The New English Readers**④주해서 1949.11.25 300원 🛈

수험영어교육연구회 편 **영어단어숙어의 철저적 연구** 신학사 1949 550원 韓

수험영어연구회(소야규차랑) **영어문법**English Grammar 계몽사(대구) 1950.2.25 375쪽 800원

신응균 **전완운필영습자**제1권 조선교학사 1948 56쪽 120원 韓

연학사 편,발행 **기본영작문**1 1948.8.30 106쪽 150원 🛈

영어교육연구회 편 **The English Readers**⑥주해서 학우사 1950.3.20 380원

영어교육연구회 편 **The National English Readers**③주해서 학우사 1949.10.30 217쪽 400원 🛈

영어교재연구회 편 **The Atom and Democracy** 삼중당 1948.11.15 全

영창서관 편,발행 **초등영어문법** 1946.8.31 25원 🛈

오세호 편 **The King's Crown Readers주해서** 신민사 1947.5 74쪽 80원 出

온병헌 **종합영어분석법** 정문관 1947 247 1000원 韓

우형규 **영어문법** 조선교육연구회 1947.9.1(三) 全

유형기 **신생영작문** 신생사 1946.12 185쪽 65원 出

이규홍 무선생속수**영어자통** 덕흥서림 1946.4 258쪽 230원 出

이규환 편 **New King Crown Readers Book**① 정문관 1947.12 86쪽 80원 出

조선공업문화사출판부 편,발행 **중학생의 기초영문법** 1948.5.10(六) 130원 🛈

조선교학사편집부 편,발행 **The King's Crown Readers**①주해서 1947.4.27 全

조선교학사편집부 편,발행 **The King's Crown Readers**③주해서 1947.12.5(再) 全

채중묵 **영어기본단어숙어집** 경성인서사 1948 198쪽 250원 韓

최봉수 **최신영문해석법** 연학사 1947.1 192쪽 120원 出

한성韓成 시험에흔히나는가장중요한 **영어숙어천제해** 배민사 1948.11.15 109쪽 220원

한을출 **영문해석 총괄적 연구법** 고려문화사 1948.1.25 153쪽 150원 🛈

한찬오 **기본학생영문법** 동심사 1949.7.5개정(三) 128쪽 200원

허연 **최신영어분류해석법** 고려선봉사 1946.10 72쪽 25원 出

홍복유 **상급영작문** 문조사 1948 123쪽 220원 韓

홍복유 **초급영작문** 문조사 1948 149쪽 220원 韓

황재욱 **최신영문법** 연학사 1946.12.5 50원 🛈

강노식 **대수정해** 정문관 1947.12 224쪽 200원 出

강노식 학습본위**대수학** 삼중당 1950.1.30 900원 i

교육사조연구회 편 **셈본참고서**6-1 대양출판사 1947.9.5 60원 i

교육사조연구회 편 **셈본참고서**5-2 대양출판사 1948.2.10 100원 i

김민태 **중학생의 대수** 동방문화사 1950.3.20(三) 全

김정래 **수험대수학연습** 해동문화사 1948.4 300원 出

김철수哲壽 **초등셈본모범학습서**6-2 중앙출판사 1947.2.25 65원 i

동아출판사 편,발행 **수험생의 셈본** 1950.3.20(三) 300원 i

삼성사 편,발행 **셈본참고서**5-2 1948.2.20 85원 i

수리연수회 편 **중등수학자습서**제2학년기하제2류 고려출판사 1946.11 88쪽 68원 出

수물연구회 편 **인수분해풀이연구**제1권 영웅사 1949.4.1 全

이희철 **공식표** 우리사 1948.3 120원 出

자성문화사 편,발행 **중등삼각법참고서** 1946.6.10 135쪽 30원

정의택 신교육**중등수학정해**③ 진성당 1949.1.23 135쪽 270원

진학연구회 편 **초등셈본참고서**4-1 광문사 1946.12.5 i

청구문화사 편,발행 **고등수표** 1948.9.15 270원 i

최윤식 **중등수학풀이** 영웅사 1949.12.25 全

학습지도연구회 편 **초등셈본참고서**5-2 삼성사 1948.2.20 85원 i

허만학 **신제수학의 연구**초급중학1,2,3년용 계림인서관 1948.5.1 全

홍봉룡 **셈자**계산척**쓰는 법** 백양사 1949.9.25 115쪽 300원 i

국민교육연구회 편 **여러 곳의 사회생활학습서** 근흥인서관 50원 出

문화당 편,발행 **국민학교지리사전** 180쪽

송기주 **우리나라 지도** 삼문사 1949.10.10 16쪽 480원 i

오준영 **여러 곳의 사회생활부도** 휘진사 1947.6.25 30원 i

이기락 **표준조선전도** 대한서림 1947.11.20 ⓘ

진학연구회 편 **우리나라의 발달** 6-2참고서 광문사 1947.9.20 180원 ⓘ

향학사 편,발행 모범지능검사수련장**사회생활편** 6-1 1949.10.1 120원 ⓘ

학습서 〉 참고서 〉 과학

강상운 역편 **학생자연관찰** 혁신사 1946.9 79쪽 30원 出

강윤모,김종건 **물리화학술어 급 정리공식집** 수문관 1949(四) 104쪽 150원 ⓘ

건국사 편,발행 **과학공부첫거름** 우리과학문고 1946.9.1 63쪽 18원 出

계림사 편,발행 **어린이물리화학이야기** 1946.10.8 142쪽 25원 ⓘ

구건 **과학문답** 삼중당 1949 78쪽 100원 韓

김병건 **중학생의 물상** 동방문화사 1949.10.5 700원 ⓘ

김보현 **아기네과학** 생물편 초등교육출판(株) 1947.4 89쪽 50원 出

김종건 **요령화학** 민교사 1949.5.20 184쪽 ⓘ

김종건 **요령화학** 조선과학문화사 1949.9.30(再) 183쪽 200원

김종건,강윤모 **물리화학술어 급 정리공식집** 수문관 1949(四) 104쪽 150원 ⓘ

박만규 **이과교수법의 지침** 건국사 1947.1 64쪽 40원 出

박임련 **고급표준화학** I 과학진흥사 1950.3.15증정(再) 156쪽 480원

박임련 **신제화학문제기본** 과학진흥사 1948 131쪽 250원 19 韓

수문관편집부 편,발행 **물리학연습** 1949 211쪽 550원 韓

신조선아동문화건설회 편 **잇과학습사전** 유길서점 1948.6.20 150원 ⓘ

신학습지도연구회 편 **새잇과자습서** 5-1 삼중당 1947.9.7 55원 ⓘ

신학습지도연구회 편 **새잇과자습서** 6-1 삼중당 1947.9.7 77쪽 60원 ⓘ

아동교육연구회 편 **초등학교아동과학공부** 4-2 학생사 1949.3.1(서문)

아동교육연구회 편 **아동과학공부** 6 학생사 1949.2.15 150원 ⓘ

이과지도연구회 편 **모범잇과** 4학년용 삼중당 1948.3.25 冊

전라남도학무국 편 **물리화학용어모음** 무등교육출판(株) 1947.5 ⓘ

곽복록 **독문신선** 200원 出

교육자료연구회 편 **지능고사수련장** 6-1 도서통판사 1947.10.20 14쪽 i

국민음악연구회 편,발행 **중등합창교본** 1948.4.2 66쪽 200원 i

금룡도서 편,발행 **판화자료** 1946.12.28 13쪽 35원 i

김경수 **독문해석연구** 문해사 1949.12.5 242쪽 580원

김동욱 편 **남녀각대학입학시험문제모범해답안집** 조선문화사 1946.11 172쪽 80원 出

김려일 **부기회계** 상업부기 동화출판사 1950.5.30 全

김혁제 편 **명문구두시문** 명문당 1947.3 146쪽 100원 出

동아문화사 편,발행 **입학시험문제모범답안집** 1949 1949.1.20(再) 350원 i

백봉의 **자습독일어** 신한출판사 1950 韓

손우성 **중급불어선집** 경위사 1949 250원 韓

신조선아동문화건설회 편 **지능고사공부** 6-1,2 유길서점 1949.1.10 250원 i

신학습지도연구회 편 **초등모범전과** 3-1 삼중당 1948.8.16 i

신학습지도연구회 편 **초등모범전과** 4-2 삼중당 1949 i

신학습지도연구회 편 **초등모범전과** 6-2 삼중당 1948 i

신학습지도연구회 편 **초등모범전과** 6-2 삼중당 1949.12.25 500원 i

신학습지도연구회 편 **초등새전과자습서** 4-1 삼중당 180원 出

신학습지도연구회 편 **초등새전과자습서** 6-1 삼중당 200원 出

유응호 **기초독일어문전** 동방문화사 1949.12.25 全

조광기 **주산술** 기초편 연문사 1946.11 120쪽 30원 出

조광휘 **주산교본** 연구사 1947 50원 韓

조선공민교육회 편,발행 **육군사관학교 및 각학교 입학시험문제** 1949.12.10 114쪽 300원

진학연구회 편 지리력사리과공민 구두시문**외우는 책** 광문사 (연도 미상) 35원

진학연구회 편 **중등입학시험문답집** 광문사 1947.4 46쪽 90원 出

진학연구회 편 전과종합**상식공부책** 오륙학년용 광문사 1948 182쪽 i

진학연구회 편 **광문전과** 4-2 광문사 1949.10.26 378쪽 550원 i

학습연구회 편 국민학교**사회생활과사전** 동진문화사 1948.3.25 120원

학습지도연구회 편 **모범공부책** 삼성사 1947.2.20 112쪽 85원 i

홍은순 **그림수공책** 고려문화사 150원 出

약호 범례

i 인터넷 확인본

會 『국내간행물기사색인〈1945-1957〉』 국회도서관 편,발행 1969.12.30

雅 『아단문고 장서목록(1)』 雅丹문화기획실 편,발행 1995.3.2

金 『한국잡지개관 및 호별목차집(해방15年)』 金根洙 편 한국학연구소 1988.6.20

出 『出版大鑑』 조선출판문화협회 편,발행 1949.4.15

元 金元龍 '雜誌蒐集' 〈신천지〉1947년2월호 132쪽-134쪽

根 吳漢根장서목록 〈한국고서동우회보〉제3호 한국출판판매(주) 1986.10 206쪽-229쪽

藝 『예술연감1947』 예술신문사 편,발행 168쪽-175쪽

47 『1947년조선연감』 조선통신사 편,발행 1946.12.1 310쪽-314쪽

雜 『雜誌總攬』 한국잡지협회 1972.11.1

全 전갑주님 소장본

朴 박성모님 소장본

賢 김현식님 소장본

* 표시 없는 것은 오영식 소장所藏(**Z** 영인본 또는 복사본)

잡지 서명별 목록

이 책은 단행본을 중심으로 한 목록집이다. 그런데 해방기에 존재했던 출판사의 전체 내지는 출판활동의 전모를 파악하기 위해서는 잡지 출판 분야를 완전히 제외시킬 수는 없었다. 따라서 출판사별 목록에서 각 출판사의 잡지 출판 정보를 간략히 제시한 바 있는데 거기에서 잡지의 자세한 서지를 다루는 것은 오히려 혼란을 가중시키는 일이 될 것 같아 이렇게 잡지 목록을 따로 설정하였다. 다만 잡지의 경우 보편적으로 해당 출판사의 이름을 통해 잡지를 기억하기보다는 잡지 이름을 통해 기억하고 있기 때문에 잡지 서명에 의해 목록을 정리하였다.

후속 작업에 대한 언급은 항상 조심스러운 대목인데 필자는 이 목록집의 작업을 마치고나서 『해방기 정기간행물 기사색인』을 계획하고 있다. 따라서 이 책에서는 잡지의 경우 이미지는 물론, 구체적 논의 또한 생략한다. 1969년 국회에서 나온 『국내 간행물기 사색인』이나 김근수 선생의 목록집의 성과를 이어받아 해방기에 국한된 정간물 기사색인 작업을 계획하고 있는 것이다. 다시 밝히지만 그런 이유로 인해 이 책에서의 잡지 관련 내용은 소략함을 면할 수 없었다.

잡지의 경우 목록을 수집한 출처가 단행본과 구별되기 때문에 그 내용을 밝히면 다음과 같다.

略號	잡지별 목록
會	199
雅	117
i	114
金	97
全	73
出	50
藝	48
雜	26
朴	23
元	15
賢	13
根	3
47	3
Z	99
오영식	545
총합계	1,413

ALMA MATER 聖神大學誌　聖神大學　發莊金龜　編崔玟順　혜화동161

제1집　1947.7.1　126쪽　21㎝　印대건

家庭講義錄　金正修　藝

家庭文化　李東燮　出

가톨릭靑年　가톨릭靑年社　명동2가1　尹亨重　(印,賣)대건인쇄소　허가번호56(1946.6.24)→번호52(1947.7.29)　1933년 <가톨닉청년> 창간. 1936년 말 중단, 1947년 4월 속간.　21㎝

(5-1)통44호-속간호　1947.4.15　88쪽　50원　編梁基涉

(5-3)통46호　1947.6.24　90쪽　以下 편집겸발행尹亨重

(5-5)통48호　1947.8.10　102쪽　金

(5-6)통49호　1947.10.1　83쪽

(5-9)　1947.12.1　會

(6-1)통53호　1.2월합호　1948.2.15　107쪽　100원

(6-3)통55호　1948.4.15　107쪽　100원

(6-9)통61호　1948.12

(7-1)통62호　1.2.3월합호　1949.3.25　127쪽　200원

(7-2)통63호　1949.4.30　64쪽　100원

(7-3)통64호　1949.6.20　70쪽　100원

(7-5)통66호　8,9월합호　1949.9.25　110쪽　200원

(7-6)통67호　1949.10.30　67쪽　100원

(7-10)통68호　11.12월합호　1949.12.25　88쪽　100원

가톨릭학생　가톨릭학생회　1950.4　雅

간호대한　全鮮看護協會　1948 창간　雅

江華(계간)　강화문화원　發具鳳會　編尹甲老

창간호　1948.5　21㎝　雅

開闢　開闢社　경운동 88　金起田　허가번호116　21㎝
1920년 1월 창간, 1926년 중단, 1935년 속간 후 다시 중단. 해방 후 1946년 복간.

통73호(복간신년호)　1946.1.1　168쪽　10원　印한성도서　金東玉

통74호　1946.4.1　196쪽　25원　印조선정판사　朴洛鍾　Z

통75호　1946.8.1　116쪽　100원　印창인사인쇄　宋永鎬　Z

통76호　1948.1.1　148쪽　100원　印국제　편집겸발행李應辰　Z

통77호　1948.3.1　104쪽　120원　印협동　김상익　배운성 비화,목차,컷

통78호　1948.5.5　105쪽　120원　印협동　배운성 비화,목차,컷　Z

통79호 1948.8.1 135쪽 150원 印수영사 成在慶
통80호 1948.12.20 105쪽 150원 印보성사 金龍南 乙
통81호(종간호) 1949.3.25 102쪽 150원 印보성사 乙

開城新報(주간) 林昺植 개성 出

建國公論(韓國公論) 建國公論社 대구부 東本町70 (편집겸발행)鄭泰永 허가번호241(1946.7.15)
(제1편집국)견지동110 (제2편집국)대구시 공평동13

(5－10) 1949.10.1 46쪽 150원 26cm 印柳漢植 金章勳 表紙

1945년 12월 25일 창간 기념 크리스마스호號는 2도 옵셋의 흰 창호지 표지에, 본문은 백운색의 선화지(상백지)로 만들어 3만부를 발행하였다. 최석채, 박목월, 오석구 등이 편집을 맡았으며, 1949년 11월호를 끝으로 〈한국공론〉으로 제호를 바꿔 한국전쟁 전까지 7호를 내고 이후 전시판으로 12호까지 내고 종간되었다.

— 조상원 『책과 30년』(현암사 1974.12.20)

1호 1945.12.25 32쪽 4원50전
2호(2－1) 1946.2.5 26쪽 4원50전
3호(2－2) 1946.4.1 58쪽 10원
4호(3－1) 1947.4.10 8쪽 10원
5호(3－2)속간호 1947.7.1 32쪽 60원
6호(3－3) 1947.8.1 32쪽 60원
7호(3－4) 1947.9.25 32쪽 60원
8호(3－5) 1947.11.1 36쪽 60원
9호(4－1) 1948.1.1 42쪽 80원
10호(4－2) 1948.2.20 38쪽 80원
11호(4－3) 1948.4.1 42쪽 80원
12호(4－4) 1948.5.13 32쪽 130원
13호(4－5) 1948.7.1 42쪽 130원
14호(4－6) 1948.8.16 42쪽 130원
15호(4－7) 1948.9.16 38쪽 130원
16호(4－8) 1948.10.16 42쪽 130원
17호(4－9) 1948.11.14 38족 130원
18호(5－1) 1949.1.1 46쪽 150원
19호(5－2) 1949.2.1 46쪽 150원
20호(5－3) 1949.3.1 46쪽 150원
21호(5－4) 1949.4.1 46쪽 150원
22호(5－5) 1949.5.1 46쪽 150원
23호(5－6) 1949.6.1 46쪽 150원
24호(5－7) 1949.7.1 46쪽 150원
25호(5－8) 1949.8.1 46쪽 150원
26호(5－9) 1949.9.1 46쪽 150원
27호(5－10) 1949.10.1 46쪽 150원
28호(5－11) 1949.11.1 50쪽 150원

한국공론

1호 1949.12.1 46쪽 150원
2호(2－1) 1950.1.1 58쪽 200원
3호(2－2) 1950.3.1 50쪽 200원
4호(2－3) 1950.4.1 58쪽 200원
5호(2－4) 1950.5.1 38쪽 200원
6호(2－5) 1950.6.1 38쪽 200원
7호(2－6) 1950.7.1 38쪽 200원
8호(3－1) 1951.1.15 126쪽 1000원
9호(3－2) 1951.6.25 8쪽 1000원
10호(3－3) 1951.9.28 222쪽 50000원
11호(3－4) 1951.12.28 62쪽 2500원
12호(3－5)종간호 1952.4.25 96쪽 7000원)

— 조상원 『책과 30년』(현암사 1974.1) 30~83쪽

建設(週報) 건설출판사 장곡천정93 **趙大夏** 매주 토요일 발행   26㎝

　창간호 1945.11.10 18쪽 2원 ㊞공신사인쇄부

　통2호 1945.11.17 18쪽 2원 ㊞공신사인쇄부

　통3호 1945.12.1 18쪽 3원 ㊞창흥사인쇄부

건설(격월간) 대한토건협회   1949.5 창간 雅

　(1−2) 1949.6 會

　(1−3) 1949.8 會

　(2−1) 1950.1 會

건설 건설문화사 대구

　1947 2−7·8합호 雅

慶南敎育(月二回) 경상남도학무과 (발)尹仁駒 (편)金東鮮

　창간호 1946.10.9 8면 2원 26㎝ ㊞부산신문사

경남상공신문 李在鉉 부산   藝

경남신문(주간) 姜明鎬 부산   出

경북경찰공보 제5관구경찰관공보실   1947 1호, 2호 雅

경북교육(연간) 경상북도교육회 대구   1947 창간   雜

警聲 제8관구경찰청기관지 목포?

　1946.11 (호수 및 정확한 발행일자 미상) 83쪽 21㎝

京城大學豫科新聞(반월간) 예과학생회   藝

警友 경우사 갈월동7-44 (편집겸발행겸인쇄)鄭萬金

　통8호(2−1) 1950.1.31 i

　통9호(2−2) 1950.2.28 i

　통10호(2−3) 1950.3.30 i

京電 경성전기주식회사 (편집겸발행)鄭寅應 등록번호74(1947.9.30)

　(2−7) 1949.7.10 70쪽 비매 19㎝ ㊞동아사인쇄 入

경제 부산경제연구회   1946 창간호 雅

경제공론 경제공론사

  1947.8월호 雅

경제시보(월3회) 晉州 경제시보사 藝

經濟評論 서울경제연구회 남대문로2가123 羅翼鎭 허가번호84(1948.7.26)

  (1−1) 1948.7 會

  (2−2)통4호 1948.9.5 52쪽 150원 26㎝ 印고려문화사 김문태

京鄕雜誌 경향잡지사 명동2가1 尹亨重 허가번호59(1947.6.1) 매월1일 발행
                1906년 반월간 창간, 917호부터 월간으로 바뀜.

  제42권 제994호 1948.1.1 16쪽 21㎝ 印종현

  제42권 제999호 1948.6.1 81~96쪽 印종현

  제43권 제1016호 1949.11.1 161~176쪽 1년치300원 印종현

  제44권 제1019호 1950.2.1 32쪽 1년치4백원 印종현

慶熙(年刊) 서울중학교문예부 1948 창간호 雅

鷄林 계림학회 대구

  창간호 1945.12 21㎝ 雅

啓星 계성여중학도호국단 서울

  창간호 1949.7 雅

桂友 중앙중학문예부 18㎝

  제28호 1948.9.1 114쪽 編金奭東,吳世卓 印국립도서관출판처 번호151(1947.9.30) 김용준 표지

  제30호 1950.4.30 168쪽 비매품 印평안인쇄사 朴容軾 동자동43-52 번호99(1947.9.30) 심형필 표지

고려시보(주간) 洪鍾大 開城 出

고무공업 대한고무공업협회

  창간호 1949.8 雅

공업강의록 金正修 藝

과학과 기술 金永健 出

과학과 발명 조선발명장려회 박기원

  창간호 1948.11 會

科學나라 세문사 남산동3-13

통6호 국립과학박물관 1947.6.25 25쪽 20원 21㎝ [印]국도인쇄소

科學時代(격월간) 중앙공업연구소연구회 (편집겸발행)金珩敦동숭동199 허가번호87(1948.5.13) 26㎝

창간호 1947.4 [會]

통3호 1947.9.15 50쪽 [金]

통4호 1947.12.25 50쪽 [金]

통5호(2-1) 1948.9.25 46쪽 [金]

통7호(3-2) 1949.10.28 62쪽 [金]

통8호(4-1) 1950.1.25 62쪽 [金]

제9호 1950.3.5 62쪽 200원 [印]한성당 [編]白雙巖인현동1가217

科學戰線 청년사(1,2호) 다옥정 170 朴鍾大 21㎝
문우인서관(2-4, 2-5) 허가번호158 (발행겸편집)조선과학자동맹종로2가5

창간호 1946.2.1 132쪽 12원 [印]김시달 [編]박극채종로2정목3

제2호 1946.4.1 126쪽 15원 [印]조선정판사 [編]박극채

(2-4) 1947.1.5 132쪽 65원 [印]고려문화사공무국 [發]조선과학자동맹

(2-5) 1947.4.15 52쪽 60원 [印]고려 이강렴 [編]김옥균[發]박극채,이북만

鑛工 경기도상공국광공과과우회

1948.3 26cm [雅]

鑛業技術 조선광업기술협회

창간호 1946.10 [會]

教界春秋 趙香祿 [出]

教導月報 전라남도농업기술원 전남 광주부 농성동 260 宋在哲

(1-2) 1949.7.25 46쪽 100원 21㎝ [印]전남지공(株)인쇄부 朴信海 광주부 충장로4가32

校友會誌 경복공립중학교 1946 [雅]

教育 서울시교육회 (편집겸발행)학무국장 등록번호33(1948.2.24)

창간호 1948.2.28 134쪽 100원 21㎝ [印]서울신문사인쇄국

教育 崔明姬 [藝]

教育新聞(주간) 교육신문사 태평로1가31 李北

  제58호 1949.6.7 19쪽 50원 26㎝ **編**李海文

교통문화 宋好耀 **藝**

救國 구국문화사 남대문로2가12 申泰嶽 허가번호244 21㎝

  창간호 1948.1.31 109쪽 120원 **印**애지사 김팔봉 **編**丁洪敎
  제2호 1948.3.31 110쪽 120원 **印**애지사 **編**신태익**發**白信子

國文學會月報 서울대학교사범대학 국문학회 26㎝

  제1집 1949.10 12쪽 등사본
  제2집 1949.11.19 14쪽 등사본
  제3집 1950.1.19 10쪽 등사본
  제4집 1950.5.1 6쪽 등사본

國民 대한독립촉성회선전부 운니정114 (편집겸발행겸인쇄)吳夏英

  창간호 1946.8.7 10원 **i**

國民公論 대한독립촉성국민회 국민공론사 姜顯元

  창간호 1947.12 **雅**

국민대학학보 李新憲 **出**

국민순보(반월간) 閔大鎬 **藝**

국방 육군본부정훈감실

  (1호) 1949.1 **會**
    〉
  (8호) 1949.8 **會**
  (12호) 1949.12 **會**

국어 영남국어학회

  (2-2)통3호 1947.6.15 30쪽 **金**

국어교육 국어교육연구회 (발)조윤제(편)천성환

  창간호 1948.10.26 104쪽 **金**

국어교육 전남국어학회 광주 동명동1 유찬식

제2호 1948.12 43쪽 100원 21㎝ [印]호남신문사인서관

國際報道 국제보도연맹 황금정3-349 宋政勳 허가번호42(1946.6.20) 30㎝

창간호 1945.11.20 28쪽 20원 [印]고려 洪淳文 표지사진

제2호 1946.3 [i]

제3호 1946.6 [i]

제4호 1946.9.30 25쪽 35원 [印]경성사진인쇄소 [編]崔垣烈 [朴]

제5호 1946.11.30 28쪽 50원 [印]경성사진인쇄소 [編]崔垣烈

제6호 1947.1.10 28쪽 60원 [印]경성사진

제7호 1947.3.30 34쪽 100원 [印]경성사진 김용환 표지

제8호 1947.6 [i]

제9호 1947.9 [i]

제10호증보(再) 1947.12.1(初)1948.3.15(再) 33쪽 200원 [印]경성사진 [朴]

(3-1)제11호 1948.1 [i]

(3-2)제12호 1948.4 [i]

(3-3)제13호 1948.7 [i]

제14호 1948.9.10 43쪽 300원 [印]경성사진

제15호 1948.11 [i]

제16호 1948.12.20 24쪽 200원 [印]국제보도인서국 [i]

제22호 1950.1.25 38쪽 [印]경성사진 박영선 표지 [朴]

국제정보 국제사정연구소 李重春 1949 창간 26㎝ [雅]

국제평론 高峻石 [出]

國學 국학전문학교편집부 현저동46 (발행겸편집)金昌眞 다동152

창간호 1946.6.30 116쪽 [金]

제2호 1947.1.18 138쪽 15원 21㎝ [印]고려문화사 문석린 국학연구회

제3호 1947.12.25 152쪽 160원 [印]고려문화사 국학연구회

국회보 대한민국국회 1950년 2호 [雅]

군정청관보 군정청 1947.3-1948.4합본 [雅]

권투 신조선권투사

창간호 1946.8 [元]

歸鄕者 靑濤社   1948 창간 雜

근우 南鮮고등여학교   1946 창간 雅

글동무 글동무사   1948 창간 雅

金融組合(協同으로 개제)   조선금융조합연합회 (편집겸발행)朴元植

　1946.6 雅
　제13호 1947.12.1 54쪽 40원 26cm 印경화
　제14호 1948.1 ℹ
　제17호 1948.8 ℹ

禁酒新聞 鄭寅笑 忠武   出

기계기술 조선기계기술협회   1948 창간 雜

基督敎家庭 조선기독교서회 (발행겸편집)김춘배   등록번호84(1947.9.30)

　(1-1) 1948.12 會
　제4호 1949.4.8 63쪽 100원 21cm 印文榮鎭
　(1-6) 1949.6 會
　　〱
　(1-8) 1949.8 會
　(1-12) 1949.12 會

기독교공보 기독교공보사   1948 雅

기독교청년 조선기독교청년연합회   邊成玉

　창간호 1948.10   21cm 雅

畸人 金亨 부산   藝

浪漫 낭만파사   경남 마산부 본정 3정목2   趙燮濟

　제3집 신년호-현대청년시인사화집(1) 1947.1.1 58쪽 35원 編輯兼發行趙燮濟 18cm 印玉正道
　　남선신문사인쇄부 賣일성당서점 ℹ

內外經濟 國民經濟同人會

　(2-4) 1950.5 會

노동 노동사 (발)鄭仁和 (편)崔信植

　창간호 1950.3   26cm 雜

노동자 우리서원

창간호 1946.1 21㎝ 元

綠十字 녹십자사문화부(조선신학교내 동자동15) 李鍾桓

창간호 1946.1.10 64쪽 21㎝ 金

11월호 1947.10.20 50쪽 50원 印광성 朴

鹿苑 조선불교학생동맹→조선불교학생회문화부 필동3가79 (편집겸발행)金昌浩

창간호 1947.9.15 84쪽 130원 21㎝ 印근우 韓炯轅 익선동154

제2집 1949.7.12 90쪽 비매품 印중앙인쇄 김규상 Z

綠芝 경기도鑛工部광공과과우회 韓鍾洙

제2호 1946.8.15 137쪽 비매품 26㎝ 印조선노트

農民聲報 농민성보사 주교동313 (편집겸발행)나운몽 허가번호8

통7호 1946.12.1 24쪽 26㎝ 金

통12호 1947.7.1 34쪽 30원 21㎝

농민회보 기독교농민회 대구

창간호 1946.5 21㎝ 雅

農銀(격월) 농업은행조사부 朴壽熙

1948.12 창간? 21㎝ 雜

農村 대한농회 견지동111 崔鍾睿 21㎝

제1호 1947.7 會

제2호 1947.10.15 114쪽 70원 金聖濟 편 印조선인쇄회사 이명규 朴

제4호 948.7 會

제8호 1949.9.15 114쪽 170원 金聖濟 편 印신한도서인쇄 김재경

제9호 1949.12.11 118쪽 170원 金聖濟 편 印백양사 백근영

제10호 1950.3 會

農土 조선수리조합연합회 세종로2가 朱碩均(동회부회장 옥인동47-3) 허가번호254(1946.7.23)

(1-1) 1946.5 會

제2호 1946.11.5 90쪽 20원 21㎝ 印문영사

(2-1)제3호 1947.1.1 118쪽 40원 印문영사 노수현 표지

(2-4) 1947.11 會

(3-1)제7호 1948.2.1 118쪽 80원 編趙俊基

(3-2) 1948.7 會

(4-1) 1949.4 會

(4-2) 1949.11 會

농토(연3회) 토지개량조합연합회 구윤석

1949.12 창간? 21㎝ 雜

단국대학강좌 李宗洽 出

단대학보 金正實 出

대구신문(주간) 崔榮培 대구 出

大同 (편집겸발행)대동상업중학교

제9호 대동상업중학교 1950.4.30 114쪽 비매품 21㎝ 印서울

大東政論 대동신문사 수송정27 이종영

제1집 1946.3.7(10판) 93쪽 10원 18㎝ 印대동신문사출판국

大聲 중등학교동창회연합회 1945 창간 雅

大友 대구중학교교우회 1948 창간 雅

大潮 대조사 仁寺町37 수창동194 (편집겸발행)李弘基 허가번호93

창간호 1946.1.1 216쪽 10원 印대조사인쇄부 皮昌錄 수창동194

(1-2) 1946.6.25 328쪽 35원 21㎝ 印일신

5월호 1947.4.20 32쪽 40원 印대조사 Z

(2-2) 1947.8.1 64쪽 70원 印대조사 Z

(2-3) 1947.11.1 64쪽 70원 印대조사 Z

(3-1) 1948.1.2 40쪽 50원 印대조사 Z

(3-2) 1948.4.20 26쪽 허가번호222(1947.9.20) Z

(3-3) 1948.8.15 140쪽 200원 21㎝ 印대조 金周萬

(3-4) 1948.11.30 156쪽 250원 印대조사 編박연희 Z

(4-1) 1949.3.25 146쪽 200원 印대조 編박연희

(4-2) 1949.7.30 144쪽 200원 印대조사 編박연희 Z

大衆公論 대중공론사 黃宅秀

　창간신년호 1946.1.1 66쪽 21㎝

大衆科學 조선과학기술연맹 崔新燮 26㎝

　창간호 1946.3.26 80쪽 金

　통2호 1946.8.10 74쪽 金

　통3호(2-1) 1947.4.30 26쪽 金

　통5호 1947.10 會

대중문학 朴元圭 청주 出

大衆佛敎(月刊) 전국불교도총연맹선전부 안국동40 (편집겸발행)張祥鳳

　제2호 1947.6.1 4쪽 Z

대중신보(주간) 張時漢 대구 出

大韓(朝鮮의 개제) KoreaBranch, RoyalAsiaticSociety 1948 통31호 雅

大韓敎育 대한민국장학사회 안호상

　창간호 1950.3.1 80쪽 150원 21㎝ 印대건

대한민보

　창간호 1949.10.25 24쪽 21㎝ 金

대한민국경제월보 대한민국정부기획실 1950 雅

大韓民國施政月報 대한민국정부 세종로1 (편집겸발행)김훈

　제6호 1949.10.27 208쪽 비매품 25㎝ 印경화 하홍기

대한민국통계월보 공보처통계국 1949 창간 雅

대한소방 대한소방사 田昌烈 1950.1 창간 雜

　1948년 8월호 會

　　〈

　1948년 12월호 會

大韓醫學協會會報 대한의학협회

　(2-1) 1949.10 會

대한화학회지(계간)   대한화학회   1949 창간 26cm 雜

도덕 조선도덕촉진회 金振璜

　　창간호 1946.3   21cm 元

도서관 ☞ 국립도서관보

獨學生 서울통신대학동공회본부   을지로2가180   김정수   허가번호250(1946.5.25)

　　제7호 1947.9.15 16쪽 26cm

돌다리 石橋敎會基督靑年會   돌다리사 (발)安斗榮(편)李培根

　　창간호 1949.3   21cm   會

東光 동광사

　　통1호(속간호, 6-1) 1947.4.15 86쪽 金

東國 동국대학생회 李外潤

　　창간호 1948.6.20 89쪽 21cm i

東國學生詩集 동국대학학생회문화실   필동3가 26   金映遂   18cm

　　제1집 1949.5.30 152쪽 編鄭雲三청파동1가87-54

同德(속간)   동덕여자중학교문예부 (편)이남준

　　14호 1948.8.30 100쪽 21cm 印경성인서사

동방시보 李斗山   出

東亞情報 동아정보사 趙廷殷

　　창간호 1947.4 會

동양순보 동양순보사

　　창간호 1945.12   26cm 雅

동양의학 동양의학회 (발)李炳天(편)黃玄   1947 창간 雅

동양정보 李富一   藝

同友誌 건국기술학교

창간호 1946 20쪽 18㎝ 등사본

瞳子 光州의과대학학우회문예부

창간호 1947.5 雅

東興중학강의록 吳義謙 出

루강

창간호 1949.9 根

리더스다이제스트 李春雨　1950 雜

마을 목포공립상업중학교 문예부 (편)李匡植

제3호 1950.4.27 72쪽 비매품 21㎝ 印목포광선인쇄 차보륜

만화뉴스(주간) 김용환 1949.3.13 창간 (편)方吉榮　창간호 1만부 발행
김용환『코주부표랑기』(융성출판 1983.7.25) 111쪽

漫畵塾新聞(부정기) 金漢聖 藝

만화행진(월간) 靑驢社 김소운 김용환『코주부표랑기』(융성출판 1983.7.25) 113쪽

말씀 星座사 함석헌

1집~6집 1948 200원 21㎝ 未

梅苑 경기여자학도호국단 문예반 (편집겸발행)박은혜

창간호 1950.5.1 167쪽 비매품 21㎝ 印대건 金源 표지

梅花 대구여자중학교교우회 (발)김준기(편)李崇子　1948 창간 21㎝ 雅

名妓界 趙廷殷 47

모던서울 모던서울사　1948 창간 雜

無窮 조선식산은행행우회본부 金永徽　허가번호126(1947.6.1)

(1-1) 1946.1 會
 ⟨
(1-6) 1946.12 會
(2-1) 1947.4 會
 ⟨

(2-3) 1947.8 會

(3-3) 1948.8 會

(3-4) 1948.11 會

(4-1) 1949.3 會

〉

(4-4) 1949.12 會

(5-1) 1950.1 會

(5-3) 1950.4.25 123쪽 비매품 21㎝ 印문영사 편집겸발행姜源基

(5-4) 1950.5 會

無窮花 無窮花社 갈월동69번지 蔡龍煥

창간호 1945.12.21 49쪽 5원 21㎝ 印국도 매근역문화출판사 Z

제2호 1946.2.21 8원 印국도 매근역문화출판사 i

無窮花 鷄林書館 建文社無窮花出版局 대구부 대화정81 李光雨 21㎝

창간호 1945.12.15 110쪽 6원 印대영사 대구부 동문정13

통2호 1946.2.10 105쪽 10원 印인민출판사 대구부 봉산정7 매계몽사

4월호 1946.4.5 84쪽 10원 入

(2-5) 1946.9.1 15원 印경북신문사출판국 金潤福 i

貿易(격월) 한국무역협회 남대문로2가144 김도연 등록번호59(1948.1.15)

제3호 1948.7.30 40쪽 100원 26㎝ 印서울신문사 編羅翼鎭

無花果   1946.5 창간 元

文敎旬報 문교부비서실 허가번호98(1949.3.22)

13호 1950.3.10 i

文藝 문예사 남대문로2가6 (발)모윤숙(편)김동리 오세창 題字 21㎝

창간호 1949.8.1 202쪽 300원 21㎝ 印고려문화사 남관 표지화

제2호 1949.9.1 236쪽 350원 印고려

제3호 1949.10.1 176쪽 300원 印고려 백영수 표지 구본웅 커트

제4호 1949.11.1 168쪽 300원 印고려 김문태 최영수 표지화

제5호 1949.12.1 168쪽 300원 印고려 매수선서림 김환기 표지,커트

(2-1)제6호 1950.1.1 248쪽 350원 印고려 남관 표지 커트

(2-2)제7호 1950.2.1 194쪽 380원 印고려 백영수 표지 커트

(2-3)제8호 1950.3.1 200쪽 400원 印고려 김환기 표지

(2-4)제9호 1950.4.1 160쪽 400원 印고려 고희동 표지
(2-5)제10호 1950.5.1 170쪽 400원 印고려 남관 표지 編조연현
(2-6)제11호 1950.6.1 170쪽 400원 印고려 유경채 표지

文藝京畿 경기공립중학교   1949년 6호, 9호 雅

文藝新聞(주간) 廉周甲 부산 出

文藝朝鮮 문예조선사 부산   1946 창간호 雅

文藝塔 申永淳 인천 藝

文苑 龍山공립중학교   1950 雅

文苑(국립도서관관보) 국립도서관 남대문로2가 (편집겸발행)朴奉石
제34호 1949.9.1 4쪽 26㎝ 印관우회출판처

文章 문장사 을지로1가 101 金鍊萬   허가번호120(1948.6.17)
속간호 1948.10.15 258쪽 300원 21㎝ 印협동 김연만 수표동67-4

文學 조선문학가동맹(남대문통2정목23 인사정110 양동86 남대문로2가133) 이태준
허가번호27(1946.6.18) 배정국 제자   21㎝
창간호 1946.7.15 197쪽 印조선단식 매아문각 이주홍 표지,커트
제2호 1946.11.25 196쪽 60원 印조선단식 매아문각 이주홍 표지,커트
임시증간호 1947.2.25 35쪽 40원 印조선단식 매아문각 박문원 표지 朴
제3호 1947.4.15 156쪽 130원 印조선단식 매아문각 이주홍 표지,커트
제4호 1947.7.14 38쪽 40원 i
제7호 1948.4.10 142쪽 170원 印애지사 편집겸발행현덕 길진섭 표지
제8호 1948.7.10 161쪽 200원 印서울신문사 박문원 표지 미술동맹 커트

文學(白民 改題) ☞ 白民

文鶴 인천공업중학교   1950 창간호 雅

文學批評 조선문학사 소공동93 지봉문 21㎝
창간호 1947.6.30 250원 203쪽 저작자白鐸基 印금명당평판인쇄소, 협동인쇄사 김화일

문학예술 金南中 광주 1949.12 등록 雜

문학정신 문학정신사   1947 창간호 雅

文學評論(百濟의 개제) 문학평론사 명동1가 59 朴海文 개제허가(1947.2.15)

　　통3호 1947.4.19 128쪽 90원 21㎝ 印근영사 박문원 표지,커트

　　(3-1) 1949.1 會

文化 신문화사 회현동2가10 (편집겸발행)河駿錫 허가번호281(1946.9.17) 21㎝

　　창간호 1947.4.20 80쪽 70원 印서울인쇄사 Z

　　제2호 1947.7.20 68쪽 80원 午柳 표지 鄭弘巨 커트 編모윤숙

　　제3호 1947.10.10 109쪽 100원 編모윤숙 Z

문화건설 金廷漢 부산 出

문화시보 1948.1 根

문화신문(주간) 金圻洙 대구 出

文化創造 조선문화창조사 앵정정1정목130 종로1가42 김용호 허가번호244(1946.7.19)

　　창간호 1945.12.1 50쪽 5원 21㎝ 印대한인쇄소

　　제2호 1947.3.1 47쪽 40원 21㎝ 印조선노트 이갑기 표지 박문원 내제화

文化探究 서울대학 商科大學

　　제5호 1949.6 會

　　제6호 1949.12 會

文化通信(주간) 문화통신사 종로3정목8 黃珪運 26㎝

　　제6호 1945.12.24 35쪽 5원 印조선정판사 安舜奎

　　제7호(2-1) 1946.1.20 34쪽 5원 印조선정판사

文化·風俗 미국공보원

　　1~4호 1948.7 39쪽 100원 30㎝ 印고려

民 1945.12 창간호 根

民鼓 민고사 대구부 上町 54 (편집겸발행)崔榕

　　창간호 1946.5.10 128쪽 20원 21㎝ 印대구인쇄합자

民聲 고려문화사 유명한 등록번호195(1947.9.20) 26㎝

　　(2-1) 1946.12 會

　　(3-1) 1947.2 會

(3-3) 1947.3 會

(3-10) 1947.10 會

(3-11) 1947.11 會

(4-2) 1948.2 會

(4-3) 1948.3.1 84쪽 140원 ㈜임학수 길진섭 표지 Z

(4-4) 1948.4.1 84쪽 140원 印이강렴 ㈜임학수 최재덕 표지

(4-5) 1948.5.1 84쪽 140원 ㈜임학수 길진섭 표지 Z

(4-6) 1948.6.1 84쪽 140원 ㈜임학수 김기창 표지 Z

(4-7,8합) 1948.8.20 104쪽 200원 ㈜임학수 奇雄 표지

(4-9,10합) 1948.10.20 99쪽 200원 ㈜임학수 김용준 표지

(4-11) 1948.11.20 76쪽 200원 ㈜임학수 Z

(5-1) 1948.12.31 92쪽 金

(5-2) 1949.1.30 78쪽 200원 Z

(5-3) 통32호 1949.2.30 86쪽 200원 編김창집 김인승 표지 賢

(5-4) 통33호 1949.3.30 90쪽 200원 編김창집 박영선 표지 Z

(5-5) 1949.4.30 90쪽 金

(5-6) 통35호 1949.5.30 200원 編김창집 Z

(5-8) 통37호 1949.8.1 92쪽 250원 編김창집 Z

(5-9) 통38호 1949.9.1 250원 Z

(5-10) 1949.10.1 94쪽 金

(5-11) 통40호 1949.11.1 94쪽 250원 編김창집 김인승 표지

(5-12) 통41호 1949.12.1 250원 編박영준 박영선 표지 Z

(6-1) 통42호 1950.1.1 250원 編박영준 남관 표지 Z

(6-2) 통43호 1950.2.1 90쪽 300원 編박영준 김환기 표지

(6-3) 통44호 1950.3.1 86쪽 300원 編박영준 이쾌대 표지 Z

(6-4) 통45호 1950.5.1 84쪽 300원 編박영준 김흥수 표지 Z

(6-5) 통46호 1950.6.1 300원 編박영준 임동은 표지 Z

民心 민심사 金三龍 金斗洪 영락정2정목73(영락삘딩) 21㎝

창간호 1945.11.25 147쪽 5원 印일신

통2호 1946.3.1 155쪽 15원 印광성 강호 표지 이주홍 커트

民友 민우사 1946.1 雅

民政 민정사 殷有仁 21㎝

창간호 1948.9.1 120쪽 金

民族公論　삼팔사　(편집겸발행)李北　중구 태평로1가31　허가번호49(1947.9.15)

　(1−4)　1948.12　會

　(2−9)　1949.9　會

　(3−4)　1950.5.1　52쪽　200원　26㎝　印삼팔사

民族文化　민족문화연구소　장곡천정111　백남운　21㎝

　제1집　1946.7.20　136쪽　30원　印서울인쇄사

　제2집　1946.10.25　140쪽　50원　印서울인쇄사

　제3집　1947.4.1　128쪽　100원　印서울인쇄사　發李聖熙

民族文化　전국문화단체총연합회　남대문 문총삘딩　고희동　허가번호246　21㎝

　창간호　1949.10.28　212쪽　350원　印서울신문사　조병덕,이인성 컷 삽화

　제2호(2−1)　1950.2.20　200쪽　300원　印고려　김문태　조병덕 컷 삽화

民主警察　경무부경찰교육국(15호 이후 발행처가 내무부치안국으로 바뀜)　세종로　金正皓　21㎝

　창간호　1947.6.20　168쪽　비매품　印선광

　(1−2)　1947.8　會

　(2−1)통6호　1948.1월호　120쪽　비매품　印선광

　(2−2)　1948　會

　(2−3)통8호　1948　印석담사　人

　(2−4)통9호　1948.8월?　236쪽　趙能植 표지,컷

　(2−6)　1948.12　會

　(3−1)　1949.1　會

　(3−2)통13호　1949.3.20　124쪽　조병덕 표지　i

　(3−3)　1949.3　會

　(3−4)통15호　1949.5.30　130쪽　비매품　印서울공인사　發李澔

　(3−6)통17호　1949.9.15　122쪽　人

　(4−1)통20호　1950.1.15　124쪽　비매품　印선광　이승만 표지

民主公論　민주공론사　李秀泳　21㎝

　창간호　1948.4.20　105쪽　金

民主的 民族教育研究　(편집겸발행)문교부기획과(대표 曺在浩)　21㎝

　제1집　1949.6.25　220쪽　450원　印협진

民主戰線 민주전선사 세종로3 梁泰淳 허가번호401(1947.3.8)

  제2호 1947.6.1 22쪽 20원 27㎝

  제6호(6호부터 週刊) 1947.6.24 24쪽 10원 26㎝

  제8호 1947.7.8 24쪽 10원 ℹ️

民主朝鮮 중앙청공보부여론국정치교육과 (발)李哲源(주간)한치진(편집)권태익

  창간호 1947.11.1 119쪽 金

  제2호 1947.12.1 100쪽 金

  제3호 1948.1.1 120쪽 70원 21㎝ 印문화인쇄사 충무로4가 145

  제5호 1948.4.1 110쪽 70원 印문화인쇄사

  제6호 1948.6.1 70원 印문화인쇄사

  제7호 1948.7.1 100쪽 100원 印문화인쇄사 入

  (2-8·9)제8호 1948.9.1 100쪽 金

民主主義(주보) 조선과학자동맹 (발)박극채(편)김옥균 허가번호107(1946.6.29) 26㎝

  제10호 1947.2.5 20쪽 15원 印협진 賣문우인서관 孫英奇 표지

민중신보(월2회) 朴英煥 晉州 藝

民衆朝鮮 민중조선사 종로3정목 3번지 金尙勳

  창간호 1945.11.30 104쪽 8원 21㎝ 印청구사

盤石 사범대학 기독학생회

  제10호 서울사대기독학생회 1950.3.20(100부) 57쪽 18㎝ (등사판)

紡織 조선방직기술협회

  창간호 1948.12 會

배꽃 이화여자중학교 辛鳳祚 1950.5 雅

培材 배재중학교

  제18호 1949.6.8 98쪽 비매품 21㎝

白南 백남공업중학교

  창간호 1949.12 雅

白脈 백맥회 旭町2정목 소화삘딩내 具慶書(하왕십리정 339-25)

창간호 1946.1.1 62쪽 6원 21㎝ [印]광성 [Z]

白民 백민문화사 누상정 9번지 (발행겸주간)김현송(편)박연희 허가번호5(1947.11.1) 통21호부터 중앙문화협회세종로187에서 발행. 통22호부터 <문학>으로 개제

창간호 1945.12.1 50쪽 3원 21㎝ [印]金東인쇄소

(2-1)제2호 1946.1.25 52쪽 5원 [印]대동 [매]삼중당서점

(2-2)통3호 1946.3.10 72쪽 8원 [印]대동

(2-3)통4호 1946.6.1 60쪽 10원 [印]이상오 [Z]

(2-4)제5호 1946.10.20 96쪽 30원 박성규 표지,커트

(3-1)통6호 1946.12.25 108쪽 40원 [印]이상오 [Z]

(3-2)통7호 1947.3.1 172쪽 95원 [印]이상오 [Z]

(3-3)통8호 1947.5.1 60원 [Z]

(3-4)통9호 1947.7.1 104쪽 70원 [Z]

(3-5)통10호 1947.9.5 114쪽 90원 [Z]

(3-6)통11호창간2주년기념호 1947.11.1 94쪽 80원 [印]대동

(4-1)신년특집호 1948.1.1 108쪽 80원 김흥수 표지

(4-2) 1948.3.1 114쪽 120원 김흥수 표지 [Z]

(4-3) 1948.5.1 158쪽 200원 [Z]

(4-4)통15호 1948.7.10 104쪽 150원 김흥수 표지 [Z]

(4-5)통16호 1948.10.1 174쪽 250원 김흥수 표지 [Z]

(5-1)통17호 1949.1.1 144쪽 250원 [印]이상오 김영주 표지

(5-2)통18호 1949.3.1 114쪽 200원 [印]대동

(5-3)통19호 1949.5.20 216쪽 [金]

(6-1)통20호 1950.2.1 326쪽 300원 [매]한풍서점 백영수 표지 정현웅외 커트

(6-2)통21호 1950.3.1 168쪽 250원 [매]한풍 남관 표지 [編]김광섭

(6-3)文學제22호 1950.5.1 202쪽 400원 [印]박문 박영선 표지 [편집겸발행]김광섭

(6-4)文學제23호 1950.6.10 170쪽 400원 이인성 표지화,내제화 [Z]

百濟(文學評論으로 개제) 백제사 명동1가59 박해문 허가번호114(1946.6.30) 21㎝

제2호 1947.1.21 157쪽 65원 [印]신한인쇄 박문원 표지 손영기 扉繪

법률정치학강의록 趙聖鎭 [出]

法律評論 대한법리연구회(법제처법제조사국내) 朱東佺 (편)유달호 허가번호180(1949.3.14) 26㎝

제3호 1949.10.20 44쪽 100원 [印]귀속농지관리

法政(월간) 법정사 병목정29-6 을지로1가 12   (발)최대용(편)이봉재 허가번호291(1946.10.22) 26㎝
(1-1) 1946.9 會

(1-1) 1946.9 會

(1-2) 1946.10.25 44쪽 20원

(2-3) 1947.3 會

(2-4) 1947..4 會

(2-6) 1947.6 會
〈
(2-12) 1947.12 會

(3-1) 1948.1 會

(3-3)제17호 1948.3.1 44쪽 70원 印고려문화사 김강민
〈
(3-8) 1948.8 會

(3-10)제24호 1948.10.1 50쪽 100원 印고려문화사 이강렴

(3-11)제25호 1948.11.1 50쪽 100원 印고려문화사 이강렴

(3-12)제26호 1948.12.1 50쪽 100원 印고려문화사 이강렴

(4-1) 1949.1 會

(4-4) 1949.4 會
〈
(4-12) 1949.12 會

(5-1)제39호 1950.1.1 80쪽 200원 印고려문화사 김문태

(5-2)제40호 1950.2.1 50쪽 150원 印고려문화사 김문태
〈
(5-5) 1950.5 會

法政時報 法學者同盟 혁진사

창간호 1946.4 雅

法曹協會雜誌 법조협회 정동38 洪璡基 허가번호119

(1-1) 1949.4 會

(1-2) 1949.5.1 200원 印평화당 ℹ

(1-3) 1949.6.1 ℹ

(1-4) 1949.7.1 313~412쪽 200원 21㎝ 印평화당 이일수

(1-5) 1949.8.1 100쪽 200원 21㎝ 印평화당 이일수
〈
(1-9) 1949.12 會

(2-1) 1950.1 會

(2-2) 1950.2 會

(2-3) 1950.3 會

별 한국문화연구소

창간호 1950.3.10 108쪽 21㎝ 🟥金

별나라 별나라사 서대문정1정목166 安俊植 1926년 창간, 1934년 폐간, 해방 후 속간.

해방속간제1호 1945.12.15 32쪽 3원 21㎝ 印동아사 🟥Z

제2호 1946.2 🟥會

保健厚生 전라남도 보건후생국

(1-1) 1947.11 🟥會

보리수 능인중학교문예부 (발)郭基琮(편)徐丙文

창간호 1949.12.5 149 21㎝ 印달성인쇄㈜ 변종하 표지장정

保育 朝鮮保育社 崔明姫

창간호 1946.4 21㎝ 🟥雅

福音時代 金仁善

(1-1) 1948.3 🟥會

복음주의신앙운동 청년신앙운동본부 1949 창간호 🟥雅

婦人 부인사 운니동100-1 김상덕 허가번호91(1947.6.28) 26㎝

(1-1) 1946.4 🟥會

통3호 1946.10.1 68쪽 25원 印협진 🟥Z

(1-4)통4호 1946.11.5 68쪽 30원 印협진 매삼중당 🟥賢

(2-1) 1947.1 🟥會

(2-4)통9호 1947.6.5 56쪽 70원 印협진 한홍택 표지 🟥賢

(2-5)통10호 1947.8.15 64쪽 80원 印협진 정종여 표지 🟥Z

(2-6)통11호 1947.9.15 70쪽 90원 김규택 표지 🟥Z

(2-7) 1947.11 🟥會

(3-2)통14호 1948.4.20 70쪽 150원 印대건 매유길서점 박래현 표지

(4-1)통18호 1949.1.20 66쪽 🟥金

(4-2)통19호 1949.3.15 74쪽 🟥金

(4-3) 1949.4 🟥會

(4-4) 1949.7 🟥會

(4-5)통22호 1949.8.20 72쪽 🟥金

(4-6)통23호 1949.11.10 46쪽 🟥金

(5-1)통24호 1950년 1,2월호

(5-2) 1950.4 會

婦人京鄉 경향신문출판국 (편집겸발행)韓昌愚 등록번호184(1949.10.4)
(편집위원)최영수, 임옥인, 崔琪鉉

창간호 1950.1.1 58쪽 100원 印대건 정현웅 표지 賢

제2호 1950.2.1 58쪽 100원 印대건

(1-3) 1950.3 會

(1-4) 1950.4 會

(1-5) 1950.5 會

(1-6) 1950.6.1 74쪽 200원 人

附中 국립서울대학사범대부속중학교   1948 창간호 雅

復興 (발)金致善(편)강흥수

창간호 1948.3   雜

北韓特報 북한특보사 을지로1가192 高聖勳 등록번호130 26㎝

창간호 1949.12.10 50쪽 100원 印고려 編구상 人

(2-1) 1949.12.25 54쪽 100원 印고려 김문태 박성환 표지 김영주 삽화

佛敎(新生의 개제) 불교사 한강로1가177 본각사 張道煥 허가번호131(1946.7.2)

신년호 1947.1.1 107쪽 70원 21㎝ 印二和인쇄소 창신동126 Z

제10집 1948.1.1 65쪽 100원 印이화 Z

4월호 1948.4.1 61쪽 150원 印이화 Z

7월호 1948.7.1 78쪽 80원 印이화 Z

8월호 1948.8.1 62쪽 150원 印이화

佛敎公報(月刊) 불교공보사

창간호 1949.5.4 4쪽 Z

제2호 1949.6 4쪽 Z

제3호 1949.7.20 4쪽 Z

佛敎新報(月刊)

제2호 1946.6.1 4쪽 印수영사 Z

제3호 1946.7.1 4쪽 印수영사 Z

제4·5합호 1946.9.1 4쪽 印수영사 Z

제6호 1946.10.1 4쪽 ㊞수영사 Z

제10호 1947.4.1 2쪽 ㊞수영사 Z

제13·14합호 1947.5.27 2쪽 ㊞수영사 Z

제15호 1947.7.1 2쪽 ㊞수영사 Z

제16호 1947.8.1 2쪽 ㊞수영사 Z

제21호 1948.1.1 4쪽 ㊞수영사 Z

제24호 1948.6.17 4쪽 ㊞수영사 Z

불기둥 신앙동지회

(2-1) 1948 雅

(2-2·3합호) 1948 雅

비판신문(月6회) 韓慶洙 藝

사리못가 대구서부공립초등학교 1950년 창간 雅

사법신문(반월간) 車相道 藝

寫眞文化 朝鮮寫眞文化社 명동2가69 (발)李揆完(편)申吾星(주)李東浩 허가번호133

제2호 1948.8.25 27쪽 150원 26cm ㊞보성사 ㈜중앙사진문화사 이동호 표지

제8호 1949.8.10 32쪽 26cm ㊞同社 ㈜文進洋行 ㈜이동호 賢

寫眞旬報 사진순보사 1949 창간호 雅

史海 고려문화사 (발)유명한(편)조선사연구회 태평로2가1(주간)이병도 등록번호160(1948.7.14)

창간호 1948.12.12 159쪽 250원 21cm ㊞고려

史話·野談 南星社출판부 趙正鎬 1946.12 雅

社會科學論文集(8.15기념) (편)조선사회과학연구소 (발)문우인서관

8.15기념호 1946.8.15 164쪽 40원 21cm ㊞협진

사회실정 金龍吉 개성 藝

山聲 (편)산성회 (발)합진 [山林 내지 林業 관계]

제3호 1946.10 33쪽 18cm

산업공론 산업공론사 1948 창간 雅

産業勞動時報　조선산업노동조사소　고주석(종로구 견지동49-2)　장곡천정74(조선정판삘딩)
　　　　　허가번호129(1946.7.6)　26㎝

　제1호　1946.1.1　116쪽　15원　印협진　賣우리문화사

　(2-1)　1947.3.1　32쪽　印태양당　賣우리서원

　(2-2)　1947.4.15　32쪽　40원　印서울인쇄사　賣우리서원

　(2-3)통4호　1947.5.15　40쪽　金

　(2-4)통5호　1947.7.15　32쪽　金

산업시보(주간)　金慶鎬　대구　出

三千里(續刊)　三千里社　崔洛鍾(편집겸발행겸인쇄인)　남대문통2가12
　　　　　허가번호281(1946.9.17)→258(1947.9.20)　타블로이드판

　　　1929년 6월 김동환이 창간한 종합월간지로 1942년 1월까지 통권 152호가 발행되었다. 해방 이후 1948년 5월 〈삼천리〉를 속간되었는데 김동환은 일제 말 친일행적 때문에 최정희 의 인척인 최낙종을 표면에 내세웠다. 속간 삼천리는 신문 형태인 타블로이드판으로 1950년 6.25 전까지 통 20호가 발행되었다.

　제2호　1948.6.1　20쪽　100원　Z

　제3호　1948.7.1　20쪽　100원　印조선노트

　제4호　1948.8.1(再)　28쪽　150원　印조선노트　Z

　제5호　1948.9.1　20쪽　100원　印조선노트　Z

　제6호　1948.10.1　20쪽　100원　印서울공인사　Z

　제9호　1949.1.1　20쪽　100원　印서울공인사　賣숭문사　Z

　제14호　1949.12.1　20쪽　100원　印서울공인사　Z

상공　崔東海　出

商工經濟　대한상공회의소

　(1-2)　1949.6　會

상공신문(주2회)　權珽龍　부산　出

상공행정연보　軍政府商務所　1947　雅

象牙塔(週刊→5호부터 月刊)　상아탑사　황금정1정목　金東錫　26㎝

　창간호　1945.12.10　10쪽　50전　Z

　제2호　1945.12.17　4쪽　50전　Z

　제3호　1946.1.14　4쪽　50전

　제4호　1946.1.30　4쪽　50전　Z

　제5호　1946.4.1　16쪽　4원　Z

제6호 1946.5.10 16쪽 5원 乙
제7호 1946.6.25 16쪽 5원 ㊟裵澔 乙

상업강의록 김정수 藝

相互(계간) 閔圭植 出

새공론 金宗亮 出

새교육 조선교육연합회 최규동 (발)조선교학사 등록번호18 21㎝
창간호 1948.7.15 111쪽 印협진 白儂 題字
제2호 8·9月특집호 1948.9.15 158쪽 朴
제3호 1948.12.30 116쪽 200원 印조선교학사
제4호 1949.2.25 128쪽 200원 印선광 김규택 커트
(2-2)제5호 1949.3.25 114쪽 김규택 커트
(2-5·6) 1949.9.25 150쪽 270원 印선광 김규택 표지 장정
11.12합호 1950.3.25 160쪽 320원 印선광 김규택 표지화 비회 發오천석

새교육 문교부기관지 유억겸 문교부 조사기획과
창간호 1947.7.15 30쪽 15원 印서울공인사 i
제2호 1947.8.31 32쪽 印서울국도인쇄국 i

새길 사법부형치부 申彦瀚
창간호 1948.4 26cm 雜

새동무 새동무사 소공동93 김원룡 허가번호139(1946.7.2)
제2호 1946.4.1 i
제7호 1947.6.10 i
제9호 1947.8.1 25원 21cm 印보성사 i
제10호 1947.9.10 i

새사람 새사람사 충정로2가69-12 (발)趙敏衡(편)전영택 1937년 창간, 1946년 속간
제11호(2-4) 1947.3.1 27쪽 20원 21cm 印고려문화사

새살림 군정청보건후생부부녀회 (2-5호 이후 중앙정부사회부부녀회 발행)
(1-1) 1947.1 會
(1-2) 1947.3 i
(1-3) 1947.5 會

(1-5) 1947년8,9월합호 1947.8.1 印조선인쇄회사 ⓘ

(1-6) 1947.10 ⓘ

(1-7) 1947.12 會

(2-1) 1948.2 會

(2-2) 1948.4 ⓘ

(2-3) 1948.6 ⓘ

(2-4) 1948.8 會

(4-1) 迎春號 1949.2 70쪽 26㎝ ⓘ

(4-2) 1949.5 會

(4-3) 1949.7 會

새싹 새싹사 崔敏泰 대구 1946.3 雅

창간호 1946.1.10 ⓘ

제5호 1947.7.8 ⓘ

제8호 1948.3.10 ⓘ

제14호 1949.12.5 ⓘ

새한민보 새한민보사 (발)정규현(편)장인갑 허가번호89(1946.6.28) 26㎝

창간호 1947.6.15 24쪽 50원 김규택 표지

(1-2) 1947.6.30 28쪽 50원 印이치종 김규택 표지

(1-3) 1947.7.15 28쪽 50원 印서울공인사 이치종 김규택 표지

(1-4) 1947.7.31 28쪽 50원 印서울공인사 안호승 編백남교 김용환 표지

(1-5) 1947.8.15 52쪽 100원 印서울공인사 김용환 표지 朴

(1-6) 1947.8.25 28쪽 50원 印서울공인사 안호승 김규택 표지

(1-7) 1947.9.5 28쪽 50원 印서울공인사 김규택 표지

(1-8) 1947.9.15 28쪽 50원 印서울공인사 김규택 표지

(1-9) 1947.9.25 32쪽 50원 印서울공인사 김용환 표지

(1-10) 1947.10.5 28쪽 50원 印서울공인사 김규택 표지

(1-11) 1947.10.15 28쪽 50원 印서울공인사 김규택 표지

(2-5)통22호 1948.3.10 48쪽 150원 印서울공인사 김규택 표지 朴

(2-12)통29호 1948.6.21 36쪽 100원 印서울신문사 김규택 표지 朴

(2-15)통32호 1948.9.10 김규택 표지 ⓘ

(2-17)통34호 1948.10.11 100원 印서울신문사 ⓘ

(2-21)통38호 1948.12.26 36쪽 100원 印서울신문사 Z

(3-15)통53호 1949.7.25 50쪽 150원 印서울신문사 編김상겸

(3-17)통55호 1949.8.25 50쪽 150원 印서울신문사 안호승 發설의식 編김상겸 朴

(3-21)통59호 1949.11.20 42쪽 150원 印서울신문사 발행겸인쇄안호승 編김상겸 朴

(3-22)통60호 1949.12.18 34쪽 100원 印서울신문사 발행겸인쇄안호승 編김상겸 朴

(4-2)통63호 1950.1.5 41쪽 150원 印서울신문사 편집발행인쇄안호승 朴

샛별 安義중학교문예부

제6집 1949.12.25 43쪽 비매품 21㎝ 印진주개문사 編손동인

생물 조선생물교육회

창간호 1948.4 雅

生活文化 조선건민후생단생활문화사 張雲杓 26㎝

창간호 1946.1.1 62쪽 7원 26㎝ 印한성도서 李海晟 표지 Z

(1-2) 1946.2 會

曙光(월3회) 金起虎 藝

서울 서울시공보과 李泰雨

창간호 1949.9 會

서울그래프 조선사진문화사 (발)李揆完(편)申吾星

창간호 1948.3 雅

서울의사회회보 朴容海 藝

서울週報(주간) 서울신문사

창간호 1945.11 出

선거특보 중앙정경연구소 1950 창간호 雅

先驅 선구회본부 (발)高麟燦(편)安峯守 남미창정159 허가번호189 21㎝

창간호 1945.10.15 92쪽 金

임시호 1945.11.20 11쪽 2원 印행정학회인쇄소관리위 김경수

통3호 1945.12.1 52쪽 5원 印행정학회인쇄소관리위

(2-4)11월호 1946.9.5

(3-7)10월호 1947.10.10 15쪽 50원 印金倉인쇄소 發洪鍾夏

(4-8)1월호 1948.1.10 14쪽 50원 印金倉인쇄소 發홍종하

善隣 선린공립상업중학교 학도호국대문화부잡지반 21㎝

제3호 1950.5.5 96쪽 비매품 印애지사 김홍수 표지

先鋒 선봉사 종로6정목 238-17 양재건   21㎝

  12월송년호 1945.12.1 80쪽 5원 [印]행정학회인쇄소

  통2호 1945.12.1 80쪽 [金]

  (2-1)통3호 1946.1.1 76쪽 [金]

  (2-3)4월호 1946.4.1 80쪽 15원 [印]협진

成均 성균관대학학도호국단문화부

  3호 1950.4 [i]

성서연구 盧平久   1948.9 [雅]

聖神大學誌 ☞ ALMA MATER

世界經濟(격월) 한국은행조사부 劉彰順   1949 창간 21㎝ [雅]

  통3호(2-1) 1950.1.1 147쪽 [金]

세계뉴쓰 林哲   [出]

세계문화 국제보도연맹   1948 창간호 [雅]

世界評論(An Anthology of the Review of the World) 一心舍   황금정 4정목271 영문선

  제2집 1946 33쪽 21㎝ (영문판)

世風 金鍾泰 대전   [藝]

소년 金琪午 (주간)방기환 1948.5 [雅]

  창간호 1948.7.1 [i]

  제3호 1948.10.1 [i]

  제4호 1948.11.1 [i]

  제5호 1948.12.1 [i]

  제6호 1949.1.1 [i]

  제7호 1949.2.1 [i]

  제8호 1949.3.1 [i]

  제9호 1949.4.1 [i]

  제10호 1949.5.1 [i]

  제11호 1949.6.1 [i]

  제12호 1949.7.1 [i]

  제13호 1949.8.1 [i]

  제14호 1949.9.1 [i]

제15호 1949.10.1 ⓘ

제16호 1949.11.1 ⓘ

소년운동 조선소년운동중앙협의회출판부 南基薰 1946.3 雅

小芸群像 소예(운)군상동인회 동아대학 부산

제3호 1948.1.1 60쪽 비매품 등사판

소학생(주간→월간) (편집겸발행)조선아동문화협회(주간)윤석중 영보삘딩 허가번호196(1946.7.5) 26㎝
1946년 2월11일 창간호부터 1947년 4월21일 46호까지는 週刊으로 발행. 이후 47호부터 79호까지는 월간으로 발행되었음.

제1호 1946.2.11 12쪽 1원20전 21㎝(이하 같음) 全

제2호 1946.2.18 12쪽 1원20전 全

제3호 1946.2.25 12쪽 1원20전 全

제4호 1946.3.4 12쪽 1원20전 全

제5호 1946.3.11 12쪽 1원20전 全

제6호 1946.3.18 12쪽 1원20전 全

제7호 1946.3.25 12쪽 1원20전 全

제8호 1946.4.1 12쪽 1원20전 全

제9호 1946.4.8 12쪽 2원 全

제10호 1946.4.15 12쪽 2원

제11호 1946.4.22 12쪽 2원 全

제12호 1946.4.29 12쪽 2원 全

제13호 1946.5.6 12쪽 2원 全

제14호 1946.5.13 12쪽 2원

제15호 1946.5.20 12쪽 2원 全

제16호 1946.5.27 12쪽 2원 全

제17호 1946.6.3 12쪽 2원 全

제18호 1946.6.10 12쪽 2원 全

제19호 1946.6.17 12쪽 2원 全

제20호 1946.6.24 12쪽 2원 全

제21호 1946.7.1 12쪽 2원 全

제22호－여름방학특집호 1946.7.8 30쪽 6원 全

제23호 1946.9.2 12쪽 2원 全

제24호 1946.9.9 12쪽 2원 全

제25호 1946.9.16 12쪽 2원 全

제26호 1946.9.23 12쪽 2원 全

제27호 1946.10.14 12쪽 2원 全

제28호 1946.10.21 12쪽 2원 ⟨全⟩

제29호 1946.10.28 12쪽 2원 ⟨全⟩

제30호 1946.11.4 12쪽 2원 ⟨全⟩

제31호 1946.11.11 12쪽 2원 ⟨全⟩

제32호 1946.11.18 12쪽 2원 ⟨全⟩

제33호 1946.11.25 12쪽 2원 ⟨全⟩

제34호 1946.12.2 12쪽 2원 ⟨全⟩

제35호 1946.12.9 12쪽 2원 ⟨全⟩

제36호 1947.1.1 22쪽 8원 ⟨全⟩

제37호 1947.2.3 12쪽 4원 ⟨全⟩

제38호 1947.2.10 12쪽 4원 ⟨全⟩

제39호 1947.2.17 12쪽 4원 ⟨全⟩

제40호 1947.2.24 12쪽 4원 ⟨全⟩

제41호 1947.3.3 12쪽 4원 ⟨全⟩

제42호 1947.3.10 12쪽 4원 ⟨全⟩

제43호 1947.3.17 12쪽 4원 ⟨全⟩

제44호 1947.3.24 12쪽 4원 ⟨全⟩

제45호 1947.4.21 12쪽 4원 ⟨全⟩

제46호 1947.5.1 46쪽 30원 ⟨全⟩

(월간)제47호 1947.6.1 46쪽 40원 26cm(이하 같음) [편집발행인쇄주간]윤석중

제48호 1947.7.1 46쪽 40원 [총발매]을유문화사 [소매]문장각 김용준 표지

제49호 1947.8.1 50쪽 40원 정현웅 표지

제50호 1947.9.1 50쪽 40원 홍우백 표지 ⟨全⟩

제51호 1947.10.1 50쪽 40원 ⟨全⟩

제52호 1947.11.1 50쪽 40원 ⟨全⟩

제53호 1948.1.1 42쪽 50원 김의환 표지 ⟨全⟩

제54호 1948.2.1 42쪽 50원 김기창 표지 ⟨全⟩

제55호 1948.3.1 42쪽 60원 김규택 표지 ⟨全⟩

제56호 1948.4.1 42쪽 90원 조병덕 표지 ⟨全⟩

제57호 1948.5.1 42쪽 90원 정현웅 표지 ⟨全⟩

제58호 1948.6.1 42쪽 90원 ⟨全⟩

제59호 1948.7.1 42쪽 90원 김의환 표지 ⟨全⟩

제60호 1948.9.1 42쪽 90원 김기창 표지 ⟨全⟩

제61호 1948.10.1 42쪽 90원 박래현 표지 ⟨全⟩

제62호 1948.11.1 42쪽 90원 정현웅 표지 ⟨全⟩

제63호 1948.12.1 42쪽 90원 이인성 표지

제64호 1949.1.1 50쪽 100원 한홍택 표지 ⟨全⟩

제65호 1949.3.1 50쪽 100원 임동은 표지 全

제66호 1949.4.1 50쪽 100원 정현웅 표지 全

제67호 1949.5.1 54쪽 100원 김기창 표지 全

제68호 1949.6.1 50쪽 100원 한홍택 표지 全

제69호 1949.7.1 54쪽 100원 김규택 표지 全

제70호 1949.9.1 54쪽 100원 정현웅 표지 全

제71호 1949.10.1 54쪽 100원 김의환 표지 全

제72호 1949.11.1 54쪽 100원 임동은 표지 全

제73호 1949.12.1 54쪽 100원 김규택 표지 全

제74호 1950.1.1 50쪽 100원 정현웅 표지 全

제75호 1950.2.1 50쪽 150원 정현웅 표지 全

제76호 1950.3.1 54쪽 150원 정현웅 표지 全

제77호 1950.4.1 54쪽 150원 정현웅 표지 全

제78호 1950.5.1 54쪽 150원 정현웅 표지 全

제79호 1950.6.1 54쪽 150원 全

송도신문 林昺植 개성 藝

수산월보 조선수산협회 1948 창간호 雅

修養 교화사업국민수양원 인천 1947 창간호 雅

수험계 育成閣 (발)최대용(편)이봉재 26㎝

창간호 1949.11.1 72쪽 150원 印고려 김문태

통4호 1950.2.1 72쪽 150원 印고려 김문태

통5호 1950.3.1 73쪽 150원 印고려 김문태

(2-4)통6호 1950.4.1 72쪽 150원 印고려 김문태

(2-5)통7호 1950.5.1 102쪽 200원 印고려 김문태

수험생 受驗社 을지로3가36 (발)李寬昌(편)朴泰潤 허가번호327(1950.5.8)

창간호 1950.6.10 300원 21㎝ 印백양사 i

수험생강의록 김정수 藝

수험일보 梁在建 出

淑明 숙명여자중학교교우회문예부→학도호국대출판부 21㎝

제24호 1948.5.22 228쪽 비매품 印대건

제25호 1949.6.14 173쪽 비매품 印대건 洪逸杓 표지

詩文學 山雅房　원효로3가 277-46　박목월　　21㎝

　　창간호　1950.1.27　50쪽　200원　[印]서울신문사공장　[매]한풍서점　[編]조지훈
　　제2호　1950.6.5　50쪽　200원　[印]애지사　[編]조지훈

시사순보(월2회)　조선통신사　金丞植

　　창간호　1948.2　[雜]

시사춘추　辛泰嶽　[出]

時兆　裵義德　[出]

詩塔　시탑사　을지로5가224　정한모　허가번호41(1946?월20일)　17×19㎝

　　제4집　1947.4.15　40쪽　40원　[印]朝京社 을지로2가34　鄭永煥 표지,커트

食糧研究　조선생산품관리원　명동1가59-1　(편집겸발행)李寅基

　　제1집　1948.3.25　65쪽　비매　25㎝
　　제4집　1949.3　[會]

殖銀調査月報　조선식산은행조사부　남대문통2정목　權石臣　허가번호127(1946.7.2)

　　(1-2)　1946.8.1　144쪽　20원　21㎝　[印]조선인쇄

신가정　崔斗善　[出]

新建設　민성사　남대문통 4정목66　康祐榮　21㎝

　　창간호　1945.11.15　64쪽　5원　[印]행정학회 김경수
　　제2호　1945.12.30　64쪽　7원　[印]협진 김경수

新京鄉　경향신문사출판국　소공동74　한창우　등록번호177(1949.10.5)　26㎝

　　창간호　1949.12.1　80쪽　[金]
　　(2-1)　1950.1.1　80쪽　200원　[印]대건　이승만 표지 김규재 커트
　　(2-2)　1950.2.1　80쪽　200원　[印]대건　素允 표지 圭哉 커트
　　(2-4)　1950.4.1　80쪽　300원　[印]대건　표지 제목:올 스토리ALL STORY　[賢]
　　(2-6)　1950.6.1　80쪽　300원　[印]경향신문사　임동은 표지 김영주 커트

新教師　충청북도건국교육회　柳大馨　청주

　　1호　1946.6　[會]
　　2호　1946.11　[會]

新教育 신교육연구회 尹在千

  창간호 1947.5.15 96쪽 120원 21㎝ 印조선단식

新教育建設 학생사 필동2가78 (발)김정수(편)鄭錫胤(교육과학연구소대표) 허가번호245

  창간호 1947.9.1 136쪽 100원 印서울인쇄소 ⓘ

新堂 宋長好 [46]

신동아 崔斗善 出

신라

  창간호 1949.8.30 32쪽 26㎝ 金

新文藝(新朝鮮으로 개제) 황금정 3정목291 신문예사 허가번호18(1946.6.18) 21㎝

  창간호 1945.12.1 142쪽 10원 印행정학회 發朴東華 編安悅波 Z
  제2호 1946.7.1 88쪽 25원 印협진 편집겸발행李敏 Z
  제3호 1946.10.15 74쪽 35원 印협진 Z

新聞評論 신문평론사 충무로2가49 이해창 허가번호330(1947.3.14) 21㎝

  창간호 1947.4.17 56쪽 70원 印서울공인사
  제2호 1947.7.15 80쪽 80원 印서울공인사
  제3호 1947.10.14 75쪽 70원 印새한공인사 Z
  제4호 1948.2.27 66쪽 70원 Z
  (2-2)제5호-창간1주년기념호 1948.12.15 38쪽 100원 印보성사 Z
  제6호-혁신판 1949.7.1 51쪽 150원 印보성사 편집발행인쇄이해창 ⓘ

新文學 서울타임스사출판국 황금정1정목 101 민원식 21㎝

  창간호 1946.4.1 193쪽 20원 印서울인쇄사 오지호 표지,커트
  제2호 1946.6.15 30원 印서울인쇄사 오지호 표지,커트 Z
  제3호 1946.8.10 170쪽 35원 印서울인쇄사 編이무영 오지호 표지,커트
  제4호 1946.11.20 200쪽 50원 印서울인쇄사 編이무영 오지호 표지
  (2-1) 1947.4 會

신문화 조선문화연구소 雅

  창간호 1946.2.20 92쪽 21㎝ 金

新思潮 신사조사 명동2가63 金后今 (편집고문)김영랑 허가번호212(1949.11.30)
(편집위원)趙石濟, 李東柱

창간호 1950.5.1 105쪽 300원 21cm [印]대한인쇄공사 김환기 제자, 표지

新生 신생사 전남 제주읍 三徒里 高石志

(2-1) 1946.1.20 62쪽 6원 [印]姜成秋 제주읍 일도리 [編]고석지 [i]

新生(1947년 이후 佛教로 개제) 신생사 한강통1정목177 본각사 장도환

창간호 1946.3.1 43쪽 10원 [印]대동 [Z]

제2집 1946.4.1 73쪽 10원 [印]평화당 [Z]

제3집 1946.7.2 46쪽 15원 [印]대동 [Z]

제4집 1946.10.1 74쪽 [Z]

新星 신성문화사 을지로1가97-1 宋辰浩 허가번호3(1946.6.17) 26cm

통3호 1947.1.1 50쪽 35원 [주간]蔡奎哲 崔銖燮 표지,커트

통4호 1947.4.1 40쪽 50원 [印]고려 이강렴 최수섭 표지 김의환 컷

新聲 신성문화사 대전부 中洞 120 朴東根 허가번호24(1946.6.18)

(3-6) 1948.8.25 80쪽 21cm [印]조건실업㈱인쇄부 선화동319 홍기윤

新世紀 三八社 (발행,편집,인쇄)李北 허가번호298 26cm

(2-1) 1949.4 [會]

(2-2) 1949.5.1 39쪽 100원 [印]동사 [賢]

(2-3)6월호 1949.6.1 39쪽 100원 [印]동사 [賢]

(2-5)7월호 1949.6.1 37쪽 100원 [印]동사 [賢]

(3-4) 1950.4.1 43쪽 150원 [印]동사 [編]崔眞

新世代 서울타임스사출판국 을지로1가101 閔瑗植 허가번호29(1946.6.19)

창간호 1946.3.15 136쪽 20원 26cm [印]서울인쇄사 白雲 표지 이주홍 컷

(1-2) 1946.5.10 125쪽 [金]

(1-3) 1946.7.20 104쪽 35원 26cm [印]서울인쇄사 [編]이무영

(1-4) 1946.9.10 136쪽 40원 26cm [印]서울인쇄사 오지호 표지 컷

(2-1) 1947.1.1 130쪽 60원 26cm [印]서울인쇄사 박성규 표지 김용환 목차 [Z]

12월호 1947.12.1 32쪽 50원 [印]신한공사 김용환 표지 [賢]

(3-1) 1948.1.1 104쪽 120원 26cm [印]조선인쇄회사 박성규 표지

(3-2) 1948.2.1 66쪽 26cm [金]

(3-3) 1948.5.1 134쪽 200원 21cm [印]서울인쇄사 朴燦植 표지

(3-5) 1948.12 會

(4-1)통30호 1949.1.25 84쪽 200원 26cm 印서울 奇雄 표지

新少女 日月社 전농정558-43 (발)金鉦大(편)高在善   21cm

창간호 1946.2.1 52쪽 5원50전 21cm 印대동신문사 賢

신소년 高在善   藝

新詩論(부정기) 산호장 (편집겸발행)장만영 등록번호568(1947.12.31)

제1집 1948.4.20 16쪽 60원 21cm 印고려 김강민 Z

新女苑 신여원사 文景錫

창간호 1949.3.15 126쪽 21cm 金

新映畵 신영화사 (발)申永淳(편)金宗訓

창간호 1948.12 26cm 雅

新苑 신원사

창간호 1949.4.1 66쪽 26cm 金

新人(1) 청년사 명동2가82 (발)박종대(편)양철 허가번호207 21cm

제5호 1948.3.1 34쪽 100원 印청년사인쇄부 최재덕 표지,컷

제6호 1948.7.10 107쪽 150원 印애지사 奇雄 표지,컷

新人(2) 문예서림 김희봉 1949.5 창간 허가번호207 21cm

(1-3)8,9월합호 1949.9.1 157쪽 250원 印대한인쇄공사 Z

(1-4)10,11월합호 1949.11.1 150쪽 유윤상 표지 Z

(2-3)3,4월합호 1950.4.1 150쪽 300원 印경화 朴

新人文學 조선문학신인회서기국출판사

창간호 1947.10.25 36쪽 21cm 金

신인조선 조선건국촉진청년동맹 (발)洪賢基(편)林松竹

창간호 1947.11 雜

신자유 崔世宗 出

新政 精華社 북창동152 金壽善 허가번호76(1949.5.31)

　제2호 1949.9.20 35쪽 100원 26㎝ ㊞협동인쇄㈱

新潮 신조사 李桂錫

　창간호 1947.4 26㎝ ㊊

新朝鮮(新文藝에서 改題1946.12.7認可) 노농사 황금정3정목291 李敏 허가번호18(1946.6.18)

　(개제1호)제4호 1947.2.10 137쪽 60원 21㎝ ㊞협진 이주홍 표지

　개제2호 1947.3 ㊌

　개제3호 1947.4.20 108쪽 80원 ㊞협진 ㊏김광현 손영기 표지

　개제4호 1947.5.20 116쪽 100원 ㊞협진 ㊏김광현 최은석 표지

　개제5호 1947.6.20 116쪽 100원 ㊞협진 ㊏김광현 윤홍섭 외 표지컷

新朝鮮 新朝鮮社 부산시 大橋通1-63 梁星哲 1946.1 창간 21㎝ ㊊

　(1-3) 1946.3.5 84쪽 15원 ㊞大原인쇄공사 부산 대교통5-63 ㊊

新天地 서울신문사출판국 하경덕 허가번호73(1946.6.26) 21㎝

　창간호 1946.1.15 148쪽 7원 ㊞서울신문사 박성규 표지

　제2호 1946.3.1 276쪽 15원 ㊞서울신문사 유창현

　제3호 1946.4.1 164쪽 15원 ㊞서울신문사 박성규 표지

　제4호-여성문제특집 1946.6.1(5월의 誤記) 220쪽 20원 ㊞서울신문사

　제5호-신인창작특집 1946.6.1 208쪽 20원 ㊞서울신문사

　제6호-중국특집 1946.7.1 210쪽 30원 ㊞서울신문사 김원식

　제7호-해방기념호 1946.8.1 208쪽 30원 ㊞서울신문사 ㊏윤희순,정현웅

　제8호-아메리카특집 1946.9.1 208쪽 30원 ㊞서울신문사

　제9호 1946.10.1 188쪽 ㊞서울신문사 ㊐김무삼 ㊏정현웅

　제10호-쏘련특집 1946.11.1 212쪽 50원 ㊞서울신문사

　제11호 1946.12.1 172쪽 ㊞서울신문사

　(2-1)통12호 1947.1.1 172쪽 80원 ㊞서울신문사

　(2-2)제13호 1947.2.15 164쪽 80원 ㊞서울신문사

　(2-3)제14호47년3,4월합호 1947.4.1 164쪽 80원 ㊞서울신문사

　(2-4)제15호 1947.5.1 ㊞서울신문사

　(2-5)제16호 1947.6.1 164쪽 120원 ㊞서울신문사

　(2-6)제17호 1947.7.1 172쪽 ㊞서울신문사

　(2-7)제18호 1947.8.1 164쪽 100원 ㊞서울신문사

　(2-8)제19호 1947.9.1 180쪽 100원 ㊞서울 ㊐鄭宇洪

　(2-9)제20호 1947.10.1 172쪽 100원 ㊞서울신문사

(2-10)제21호47년 11,12월합호 1947.11.1 220쪽 印서울신문사

(3-1)제22호-아메리카영화특집 1948.1.1 236쪽 130원 印서울신문사

(3-2)제23호-대학특집 1948.2.1 212쪽 140원 印서울 편집국장이건혁

(3-3)제24호-조선의유모어특집 1948.3.1 204쪽 150원 印서울신문사

(3-4)제25호48년4,5월합호 1948.4.1 204쪽 150원 印서울신문사

(3-5)제26호-창작특집 1948.6.1 204쪽 150원 印서울신문사

(3-6)제27호 1948.7.1 204쪽 200원 印서울신문사

(3-7)제28호 1948.8.1 204쪽 200원 印서울신문사

(3-8)제29호 1948.9.1 204쪽 200원 印서울신문사

(3-9)제30호 1948.10.1 204쪽 200원 편집겸발행하경덕 출판국장전홍진

(3-10)제31호48년11,12월합호 1948.12.1 204쪽 200원 출판국장전홍진

(4-1)제32호-흑인문학특집 1949.1.1 236쪽 200원 印서울신문사

(4-2)제33호-창작특집 1949.2.1 254쪽 200원 印서울신문사

(4-3)제34호-희랍의 정세 특집 1949.3.1 236쪽 200원 印서울신문사

(4-4)제35호-미국의 경제동향 1949.4.25 236쪽 200원 印서울신문사

(4-5)제36호49년5,6월합호-꽁트특집 1949.5.25 304쪽 250원 印서울

(4-6)제37호 1949.7.1 304쪽 250원 印서울신문사

(4-7)제38호 1949.8.1 236쪽 200원 發박종화 編김진섭 정현웅 표지

(4-8)제39호 發하경덕 編정현웅 1949.9.1 204쪽 200원

(4-9)제40호 1949.10.1 284쪽 250원 편집겸발행박종화 출판국장김진섭

(4-10)제41호 1949.11.1 304쪽 250원 印서울신문사

(5-1)제43호 1950.1.1 364쪽 300원 印서울신문사 백영수 표지

(5-2)제44호 1950.2.1 254쪽 300원 印서울신문사 남관 표지

(5-3)제45호 1950.3.1 254쪽 300원 印서울 尹孝炳 정현웅 표지

(5-4)제46호 1950.4.1 254쪽 300원 印서울신문사 윤효병

(5-5)제47호 1950.5.1 254쪽 300원 印서울신문사 윤효병

(5-6)제48호 1950.6.1 254쪽 300원 印서울 김환기 표지

新太陽 新太陽社 (발)金世涼(주간)金周鳳 허가번호41 26㎝
7호부터 第一文化社로 회사명 변경. (발)崔祥林(편)柴均錫(편집고문)崔泰應

제4호 1949.7.23 42쪽 150원 印서울공인사 김영주 표지컷

제7호 1949.11.23 51쪽 150원 印석담사 김영주 표지 賢

신태평양(주간) 신태평양사 윤치영

창간호 1946.6 雅

神學正論 장로회신학교 서울남산공원 (편집겸발행)박형룡

　(2-1) 1950.2.10 200원 ㊞최세종 **i**

實業朝鮮 실업조선사 양동86 金應芳 허가번호297

　(1-1) 1947.1 **會**

　(1-6) 1947.10.25 108쪽 100원 26㎝ ㊞수영사 길진섭 표지

십자가 宋台用 **出**

십자군 교계춘추사 김재준 1950.1 **雜**

아동 대구 조선아동회 1946.4 창간 **元**

　제3호 1946.6.20 **i**

　제7호 1948.4.25 **i**

兒童敎育 서울사대부속국민학교내 (편)아동교육연구회(대표 김기서) 문화당 발행 허가번호96(1947.6.29)

　제3호 1947.10.15 81쪽 80원 21㎝

　제5호 1948.2 **會**

아동구락부(진달래에서 개제) 아동구락부사

　신년호 1950.1 부록: 운동회 말판 임동은 표지 **i**

　2월호 1950.2 부록: 세계걸작미술집 **i**

　4월호 1950.4 부록: 별나라여행 **i**

　5월호 1950.5 부록: 오락실만화집 **i**

　6월호 1950.6 부록: 오락만화집 이쾌대 표지 **i**

兒童文學 朝鮮文學家同盟兒童文學委員會 남대문로2가133 (편집겸발행)金永鍵

　3호(속간1호) 1947.7.13 69쪽 60원 ㊞조선단식 ㎒아문각 정현웅 표지 **i**

兒童文化 동지사아동원 백남홍 이대의 등록번호501

　창간호 1948.11.10 122쪽 200원 21㎝ ㊞명진 김용환 장정

아동순보(반월간) 朴魯一 **藝**

兒童會그림책 金尙信 대구 **出**

아마몬드 鄭寅燮 **藝**

(월간)**아메리카** 미국공보원본부 (발)J.L.스튜워트(편)이종학 허가번호255

    (1-1) 1949.3 會

    〉

    통8호 1949.10.1 84쪽 100원 26㎝ 印고려 김문태

    〉

    (1-10) 1949.12 會

    (2-1) 1950.1 會

    〉

    (2-3)통13호 1950.3.1 84쪽 150원 印협진

    (2-4)통14호 1950.4.1 84쪽 150원 印협진

    (2-5)통15호 1950.5.1 84쪽 150원 印협진

    〉

    (2-7) 1950.7 會

아멘 구국기도단 1948 창간호 雅

亞美理駕會報 한미협회출판부 李晳洛 26㎝

    (1-1) 1946.9 會

野談 야담사

    (속간호) 1948 11 雅

藥友(연간) 서울약대문화부학술계 全炳忠 1949 창간호 雅

藥苑(藥友의 改題)

養老 신망애양로원 韓衛世 부산

    창간호 1949.10 雅

洋裁문화 韓興양재문화연구회

    창간호 1946.6 元

養正(연간) 양정중학교 1946-1949 雅

어린이 개벽사 경운동 88 이응진 허가번호113 18.5㎝
        1923년 3월 개벽사에서 방정환 창간, 1934년 정간, 1948년 8월 복간

    제125호(복간호) 1948.8 18.5㎝ 김태형 표지 ℹ

    제132호 1949.4.5 67쪽 80원 印보성사 김태형 표지 Z

    제133호 1949.5.5 91쪽 100원 印보성사 Z

    제134호 1949.6.5 91쪽 100원 印보성사 Z

제135호 1949.7.1 91쪽 100원 印보성사 Z
제136호 1949.10.1 91쪽 100원 印보성사 Z
제137호 1949.12.1 91쪽 100원 印보성사 Z

어린이나라 동지사아동원 백남홍 이대의   허가번호159   26㎝

창간1월호 1949.1 특별부록: 칼렌다 김용환 표지 ℹ
2월호 1949.2 42쪽 100원 印명진 編이종성 ℹ
3월호 1949.3 박성규 표지 ℹ
4월호 1949.4 기웅 표지? ℹ
5월호 1949.5 정현웅 표지 ℹ
6월호 1949.6 작품 특집 ℹ
7월호 1949.7 김용환 표지 ℹ
8월호 1949.8 바다와 부산특집 박성규 표지 ℹ
9월호 1949.9 백영수 표지 ℹ
10월호 1949.10 임동은 표지 ℹ
11월호 1949.11 백영수 표지 ℹ
12월호 1949.12.1 정현웅 표지 ℹ
(2-1)1950.1 부록: 서울일주윷노리말판 김용환 표지 ℹ
(2-2)1950.2.1 박성규 표지 ℹ
(2-3)1950.3 정현웅 표지 ℹ
(2-4)1950년 4,5월호 부록: 거북선 시간표, 움직이는 만화 백영수 표지 ℹ

어린이세계 新紀문화사 1947.4 雅

어린이조선 前進社

창간호 1946.3 21㎝ 元

語文 啓蒙社 의주로1가 13 趙宗夏 등록번호35(1947.9.10)

창간호 1949.12.25 30쪽 60원 21㎝ 編우리어문학회
통2호 1950.1.31 36쪽 金
통3호 1950.4.15 44쪽 金

에코노미스트 대한경제(旬刊) 에코노미스트사 1949 창간호 雅

3호 1949.12 會

에코노믹스테이티스틱스 한국은행

22호 1949 雅

여론(주간)　金敦英　경기도 고양　出

여성공론　여성공론사　李庚植
　　창간호　1946.1　21㎝　雅

女性文化　여성문화사　吳承元
　　창간호　1945.12.1　64쪽　5원　26㎝　印조선단식　Z

麗水解放時報(부정기)　李珍文　藝

女醫大　서울여자의과대학문화부　崔德瓊
　　창간호　1949.2　21㎝　雅

여학생　학생사　1946 창간　雅

女學生　山雅房　태평로1가64　(발)李再淳(편)박목월　허가번호328　1949.11 창간　雅
　　(1-4)1950.6.5　69쪽　200원　21㎝　印서울신문사　매한풍서점　김환기 표지

여학원　학생사　남대문통3가 86　金正修
　　창간호　1946.1.　48쪽　5원　21㎝　印광성 신창환　정종녀 표지

歷史學硏究　정음사
　　제1집　1949.4.20(서문일자)　編역사학회　21㎝

연극영화　1948?　雜

延禧타임쓰　연희대학신문부　出

嶺南敎育　경북교육협회(경상북도학무과 내)
　　(1-1)　1946.1.10　5원　印영남일보사공무국　發영남일보사　i
　　(1-2)　1946.3　會

영남문학　☞嶺文

영남민보(월3회)　姜喆成　진주　藝

靈斷　宋斗用　경기 富川　出

嶺文　영남문학회　薛昌洙　대구　<등불>→<영남문학>→<영문> 제호변경
　　제5집　1948.6.5　100쪽　100원　21㎝　印진양당　配본문건화랑　Z

제6집 1948.10.10 102쪽 220원 **Z**

제8집(3-2) 1949.11.1 300원 박생광 표지 嶺文으로 개제 **Z**

嶺友회보 1948.5 창간 **雜**

映畫旬報 조선문화영화연구소

(1-1) 1947.12 **會**

(2-1) 1948.3 **會**

映畫時代 영화시대사 본정3정목 34-1 (발)韓鏡(주필)朴嶁越 21㎝

(1-1)속간호 1946.4.5 82쪽 15원 21㎝ 印서울인쇄사 賣서울화장품상회 **Z**
〉
(1-3) 1946.3 **會**

(2-1) 1947.1.1 122쪽 45원 印서울인쇄사 이숙 표지사진

(2-4) 1947.9.9 129쪽 90원 印서울인쇄사

(2-5) 1947.11.20 100원 賣종삼서점 **Z**

(3-1)1948년1.2.3월합호 1948.2.25 144쪽 180원 印서울 賣종삼서점

(3-2)1948년初秋임시호 1948.9.1 122쪽 200원 印서울인쇄사

藝術(월2회) 건설출판사 소공동93 조대하 26㎝

제1호 1945.12.1 18쪽 3원 印창흥사 김주경 표지 **朴**

(1-2) 1945.12 **會**

(2-1)통3호 1946.1.1 18쪽 3원 印창흥사

(2-2)통4호 1946.2.1 18쪽 3원 印창흥사 김주경 표지

藝術文化 목포예술문화동맹 吳德

창간호 1945.12 **雜**

藝術部落 예술부락사 명치정2정목69 조연현 26㎝

제1집 1946.1.1 18쪽 3원50전 印서울인쇄소

제2집 1946.3.1 19쪽 5원 印창흥사

제3집 1946.6.5 11쪽 10원 印서울인쇄소('예술부락사출판부 發鄭炳漢'로 변경)

예술시대 예술시대사

(1-1) 1947.7 **會**

예술신보

창간호 1946.1 **元**

예술영화 예술영화사 李喆燦

　　창간호 1948.5 창간 雅

藝術運動 조선예술연맹 다옥정61 洪九

　　창간호 1945.12.5 128쪽 10원 21㎝ 印행정학회 이주홍 표지,컷

藝術朝鮮 선문사 당주동45-2 윤경섭 허가번호247 21㎝

　　제1호 1947.10 會
　　제2호 1947.12.31 80원 印서울인쇄사 編김광주 i
　　제3호 1948.4.20 32쪽 120원 印보성사 編김광주
　　제4호 1948.8.25 44쪽 200원 印국도인쇄국 編김광주

예술타임스(월2회) 예술타임스사 韓鍾植

　　창간호 1945.12 元

藝術評論 예술평론사 필동3가 79 채규철

　　신년2월합호 1948.1.15 100쪽 100원 21㎝ 印애지사 길진섭 표지

外務月報 대한민국외무부정보국 黃聖秀(정보국장) 등록번호103

　　제8호 1950.2 會
　　제9호 1950.3.1 134쪽 100원 21㎝ 印백양사 백근영

窯業之朝鮮 朝鮮窯業協會 서린정128 金容瓘 26㎝

　　창간호 1946.10.15 88쪽 40원 印太平文化出版社 梁定鎬 황금정6정목20

우리공론 白民會출판부 (발)姜旭中(편)李亨雨

　　창간호 1946.7 雅

우리공론

　　창간호 1945.12.30 48쪽 21㎝ 金

우리농사 미국군정 경상남도농회 부산부 中島町2정목16 金景洙(同會 囑託主事)

　　이월치(2-2) 1947.2.1 비매 21㎝ 印三省社 孫聖龍 부산부 부평정3정목72 i

우리문학 우리문학사 다옥정61 洪九 허가번호255(1946.7.23) 21㎝

　　창간호 1946.1.28 96쪽 10원 印협진 이주홍 표지

제2호 1946.3.10 107쪽 15원 [印]협진 [매]문우사 통의정134 이주홍 표지
제3호 1947.3.15 125쪽 60원 [印]창흥사 [매]서울출판사 이주홍 표지
제10호 1948.9.20 74쪽 120원 최재덕 표지

雲水(鄕保 개제) 第十區경찰서 (발)경찰서장 河滿鎬 (편)安鄕

1948.6.20 73쪽 21cm [印]이봉규

運協 운수국운전과내운전협회 (발)尹萬用(편)金仁洙

제4호 1946.11.20 162쪽 비매품 21cm [印]서울인쇄사

雄辯(1) 웅변사

창간호 1946.8.30 60쪽 21cm [金] [會]에는 1946.6으로 되어 있음.

雄辯(2) 웅변문화사 (발)조만석(편)한봉영

창간호 1950.5.20 71쪽 250원 21cm [印]세문사

雄辯(3) 건국웅변회 대구

창간호 1946.7 21cm [元]

웅변강의록 김정수 [藝]

雄飛 新人會 1950.1 [雅]

원광 원불교원광사 전북 익산군 북일면 新龍里 李共珠 편집겸발행

제3호 1949.12.30 200원 [印]和成堂인쇄소 이리시 남중동131 [i]

원동력(격월) 경기도汽罐協會 장택상 1947 창간호 26cm [雅]

園藝 조선원예회 농무부 농산국 작물과 내 (발)金乎(편)金福卿 등록번호28(1947.7.10)

제1호 1947.11 [會]
제2호 1948.5.1 65쪽 130원 26cm [印]서울신문사
제4호 1949.3.15 150원 26cm [印]서울신문사 [發]鄭求興(조선원예회장) [i]

儒道 성균관 (발)최석영(편)조국현 허가번호300

제1호 1950.6.15 79쪽 200원 21cm [印]서울공인사

陸軍 육군본부정훈감실

1호 1949.9 [會]

陸士之光 陸軍士官學校教務處

　　제4호 1949.10 44쪽 26㎝ 朴

銀映 은영사 태평로1가61 등록번호628(1949.6.14)

　　(호수 미상) 1949.9.1 42쪽(끝장 낙장) 200원 26㎝

音樂文化 국제음악문화사

　　창간호 1948.4 會

음악주보(주간) 金守賢 부산 出

의대 국립서울대학교의과대학 1950 창간호 雅

醫友(年刊) 醫友會 全秉勳

　　1호 1947.5 會

以北通信 三八社 (편집출판인쇄)李北 허가번호109 26㎝

　　창간호 1946.6.25(제1판) 5만부 20원 印同인쇄부 i
　　　　　　8. 1(제2판) 3만부
　　　　　　8.10(제3판) 3만부
　　　　　　8.15(제4판) 3만부
　　1947년초하호 1947.7.15(再)5만부 37쪽 50원 印삼팔사인쇄부
　　(4－2) 1949.2.1 39쪽 100원 후원泰院재단 朴
　　(4－5) 1949.5 會
　　(4－10) 1949.10 會
　　(4－11) 1949.11.1 47쪽 150원
　　(5－1) 1950.1.1 47쪽 150원

理想村 이상촌사 廣州 張時華

　　창간호 1947.4 會

梨花 이화여대출판부 이대학도호국대문화부 (편)이대YWCA문예부 등록번호423(1950.2.24)

　　속간9호 1950.4.1 197쪽 350원 21㎝ 印대건 김원 표지,컷

인경 보성중학교문예반 혜화동1번지 26㎝

　　9호 1947.6.1 Z
　　10호 1949.6.7 24쪽 비매품 印서울공인사 澗松 題字

11호 1950.3 49쪽 印서울공인사 金鍾夏 표지

人民 인민사 황금정 2정목40 姜大玉 21㎝

창간호 1945.12.1 221쪽 10원 印서울인쇄사 천문민 표지

(2-1)신년호(제2호) 1946.1.25 156쪽 12원 印협진

(2-2) 1946.3.1 133쪽 15원 印협진 Z

(2-3)통4호 1946.4.10 154쪽 金

人民科學 범장각 御成町 86 김동진

창간호 1946.3.1 84쪽 21㎝ 金

(1-2) 1946.4.1 96쪽 20원 21㎝ 印조선정판사

인민비판 安景福 47

人民藝術 연문사 중구 壽町5 남대문통 2정목133 李喆爀 21㎝

창간호 1945.12.1 81쪽 5원 印일신 피창록 김만형 표지

제2호 1946.10.1 133쪽 30원 印동흥서적 여원형 부산 본정3정목1 김만형 표지

人民評論 인민평론사 중구 旭町1-181 충무로1가 31 林哲 허가번호17(1946.6.18) 21㎝

창간호 1946.3.1 104쪽 10원 印창홍사 유석연 표지,컷

제2호 1946.7.1 150쪽 30원 印창홍사 최재덕 표지,컷

제4호 1947.1.1 32쪽 20원 매문우인서관,우리서원

一葉舟 경기중학일엽주 편집겸발행

창간호 1946.4.15 65쪽 21㎝ 印협진 i

임마누엘 임마누엘사 1950 창간호 雅

자유연합 河岐洛 藝

자유와 해방(월2회) 林光祚 개성 藝

자주생활 조선문화연구소 한치진

창간호 1948.11 21㎝ 雅

2호 1949.1 會

蠶絲新報 대한잠사회 저동2가26-3 發權憲吉 (編輯印刷)柳翼秀

(2-5) 1950.4.1 120원 印문성 i

再建 재건사(세종로139) (발)안동원홍파동2-4(편)변희용냉천동79-6 허가번호295(1946.11.8)

　　(1-1) 1947.2 會
　　　　〈
　　(1-4) 1947.8.10 82쪽 100원 26㎝ 印한흥 박광식

裁判新聞(주간) 朴良奉 목포 出

財務 대한재무협회 印泰植 등록번호117(1949.7.15)

　　제4호 1949.12.15 338쪽 400원 21㎝ 印국도 오민환

赤星 적성문화회 (발)李源憲(편)朴雄傑

　　1946.3.1 103쪽 21㎝ 印협진 이주홍 표지,컷

赤十字消息 대한적십자사선전국

　　창간호 1949.2.10 12쪽 i

展望 申永淳 出

全北公論 전북공론사 전주부 본정2정목64 선북동48 (편집겸발행)金光弼 21㎝

　　창간호 1946.7.1 62쪽 20원 印동양인쇄사 본정2정목64
　　제2호 1946.8.10 70쪽 20원 印동양인쇄사 編金豹
　　제3호 1946.9.15 62쪽 20원 印동양인쇄사 청석동64 사장겸인쇄李鳳圭 편집겸발행김광필
　　제4호 1946.10.10 64쪽 20원 印동양인쇄사 李鳳圭 편집겸발행김광필

전북농민신문(월3회) 金炳化 전주 藝

前線 부산 인민해방보사 鄭成昊

　　창간호 1946.3 元

젊은이 白完基 광주 1949.12 등록 雜

政經 정경연구회출판부 李晶燮 1950 창간호 26㎝ 雅

政論新聞(월6회) 金章鉉 藝

正友 정우동지회

　　(1-1) 1949.1 會

朝光　조광사　(발)李甲燮(편)金光現　허가번호194　21㎝

  (12-1)통123호　1946.3.25　120쪽　金

  (14-1)통124호　1948.6.10　100쪽　金

  (14-2)통125호　1948.12.25　60쪽　100원　印조선일보인쇄국

調査及資料　조선금융조합련합회조사과　1948 창간호　雅

調査月報　조선식산은행

  (1-1)　1946.4　會
   〰
  (1-3)　1946.11　會

  (2-1)　1947.4　會
   〰
  (2-4)　1947.12　會

  (3-1)　1948.3　會
   〰
  (3-5)　1948.12　會

  (4-1)　1949.3　會
   〰
  (4-7)　1949.12　會

조선(대한으로 改題 - 1948년 통31호부터)

朝鮮建築　조선건축기술단

  (1-1)　1947.3　會

  (1-2)　1947.6　會

朝鮮經濟(반월간)　조선경제사　남대문로2가135　申鉉七　26㎝

  창간호　1946.4.1　32쪽　8원

  통2호　1946.6.1　38쪽　金

  통3호　1946.7.1　32쪽　金

  통6호　1946.11.1　34쪽　金

  (2-1)통7호　1947.1.1　38쪽　金

  (2-2)통8호　1947.4.1　32쪽　金

  (2-4)통10호　1947.8.1　64쪽　金

  (3-1)통11호　1948.1.1　57쪽　20원

  (3-4)　1948.9　會

朝鮮教育(1)　조선교육연구회　효제동130　안호상(전 민주교육연구회)

　제1집　1946.12.25　148쪽　50원　21㎝　印문화당 김기오

朝鮮教育(2)　조선교육연구회　종로6가185　대표 안호상　허가번호119　21㎝

　창간호　1947.4.15　93쪽　80원 印문화당 이원택

　(1-2)　1947.5.15　98쪽 金

　(1-3)　1947.6.15　100쪽 金

　(1-4)　1947.7.15　100쪽　80원　印문화당 매문화당

　(1-5)　1947.9.15　100쪽 金

　(1-6)　1947.10.15　120쪽 金

　(1-7)　1947.12.15　147쪽 金

　(2-1)　1948.1.15　133쪽　120원　印문화당 이원택

　(2-3)　1948.3.15　124 金

　(2-4)　1948.6.15　128 金

　(2-5)　1948.8.15　100 金

　(2-6)　1948.10.15　102 金

　(2-7)　1948.12.25　109쪽　200원　印문화당　조병덕 표지

　(3-1)　1949.2.25　113쪽　200원　印문화당　조병덕 표지

　(3-2)　1949.4.10　116쪽　200원　印문화당　조병덕 표지

　(3-3)　1949.5.10　111 金

　(3-4)　1949.7.10　116 金

　(3-5)　1949.10　會

朝鮮纖維　조선섬유회　金聖奎

　창간호　1946.6　雅

조선수산학회지　조선수산학회　부산　1949 창간호　雅

조선스포-쓰　조선스포-쓰사

　창간호　1946.2　雅

朝鮮時報　조선시보사　을지로5가255　(편집,발행,인쇄)廉漢榮　허가번호67(1947.6.1)

　통16,18,19호　1947　26㎝　雅

　제20호　1948.5.10　40쪽　100원　26㎝　印세문사 朴

朝鮮運輸　李潤世　藝

朝鮮銀行調査月報 조선은행 (편집겸발행인)장기영

1호 1947.5 會

4호 1947.8 會
〜
통22호 1949.5.31 비매 26㎝ 印조선인쇄부 金賢培 남대문로3가110 入

통23호 1949.6.30 212쪽 비매 26㎝ 印조선인쇄부 入
〜
통25호 1949.8 會

통26호 1949.9 會
〜
통33호 1950.3 會

朝鮮銀行統計月報 조선은행

(23−9)1945년12월분 1946.2.28 13쪽 26㎝

朝鮮醫報 조선의보사 (발)이갑도(편)김두종 필동3가21−3 허가번호280(1946.9.17)
편집고문: 김명선,이갑수,이용설,명주완,박명진,백인제,심호섭,윤일선,정구충,최동
편집위원: 김시창,김희준,이돈희,이종윤,문인주,조동수,최재위,최재유,최희영,허규

(1−1) 1946.12 會

(1−3) 1947.2.28 82쪽 21㎝ 金

(1−5) 1947.6.25 81쪽 70원 21㎝ 印조선노트

(1−6) 1947.9.25 91쪽 70원 印근영사 發金壽龍

(1−7.8합) 1947.12.25 141쪽 140원 印근영사

조선의학신보 1947 2호 雅

조선의학협회보 조선의학협회 金晟鎭

창간호 1948.5 ℹ

조선인사통신록(월2회) 金泰鉉 藝

朝鮮雜筆時報 閔淑雷 藝

朝鮮週報 조선주보사 남대문통4정목76 卞東珉 허가번호142 26㎝

(1−1) 1945.10 會

통2호 1945.10.22 18쪽 2원 印조선정판회사 최순홍 표지사진 길진섭 컷

통3호 1945.10.29 18쪽 2원 印조선정판회사 박성규 표지 길진섭 컷

통4호 1945.11.12 18쪽 2원 印조선정판사 김만형 표지 박성규 컷

통5호 1945.11.19 22쪽 2원 印조선정판사 박성규 표지

통6호 1945.11.26 22쪽 2원 印조선단식 香隣 표지 朴

(2−1)통7호 1946.1.8 26쪽 金

(2−2)통8호 1946.1.18 18쪽 3원 印조선정판사 發정태양 정현웅 표지

(2−3)통9호 1946.2.4 18쪽 3원 印협진 최재덕 표지

(2−4)통10호 1946.5.5 18쪽 5원 印협진 發박종선

(2−5)통11호 1946.6.30 22쪽 10원 印협진 박성규 표지

(2−6)통12호 1946.10.20 19쪽 10원 印대건 임동은 컷

(2−7)통13호 1946.11.4 19쪽 10원 印영광

(2−8) 1946.12 會

朝鮮春秋 조선통신사출판 남대문로2가122 (발행겸편집)김명식 허가번호208(1946.7.8)

창간호 1947.12.1 74쪽 90원 26㎝ 印대건 매조선서점 Z

朝鮮齒界 黃永基 出

朝鮮齒科醫報 보건후생부

(1−1) 1947.9 會

조선행정 조선행정학회 林炳濂 1947.2 26㎝ 雅

조선화보 趙廷殷 47

조알(반월간) 조알社 (발)羅士行(편)이봉구

창간호 1946.1 雅

朝運 조선운수주식회사 1949.2 雅

(1−1) 1949.3 會
 〜
(1−4) 1949.12 會

(2−1) 1950.3 會

(2−2) 1950.5 會

朝通時事旬報 조선통신사 1948 창간호 雅

造型藝術 조선조형예술동맹

창간호 1946.5 金

朝興證券株式 尹重原 부산 藝

좁은문 연대기독학생회

창간호 1949.9 雜

棕櫚 Palma 종려사 (발)林白圭(편)朴甲星

(1-2) 1947.2 會

(2-1) 1948.1 會

(2-5) 1948.5 會

週刊서울 서울신문사 태평로1가 (인)김원식 허가번호88(1947.7.5) 39×27㎝

5호 1948.1.24 8쪽 30원 發유재명編설국환

6호 1948.4.3 8쪽 50원

7호 1948.8.29 8쪽 50원

8호 1948.9.6 8쪽 50원

9호 1948.9.13 8쪽 50원

12호 1948.11.1 8쪽 30원 發하경덕編전홍진

13호 1948.11.8 8쪽 30원

14호 1948.11.15 8쪽 30원

16호 1948.11.29 8쪽 30원

17호 1948.12.6 8쪽 30원

18호 1948.12.13 8쪽 30원

19호 1948.12.20 8쪽 30원

20호 1949.1.1 8쪽 50원

21호 1949.1.10 8쪽 50원

22호 1949.1.17 8쪽 50원

23호 1949.1.24 8쪽 50원

24호 1949.1.31 8쪽 50원

25호 1949.2.7 8쪽 50원

26호 1949.2.14 8쪽 50원

27호 1949.2.21 8쪽 50원

28호 1949.3.28 8쪽 50원

29호 1949.3.7 8쪽 50원

30호 1949.3.14 8쪽 50원

31호 1949.3.21 8쪽 50원

32호 1949.3.28 8쪽 50원

33호 1949.4.4 8쪽 50원

34호 1949.4.11 8쪽 50원

35호 1949.4.18 8쪽 50원

36호 1949.4.25 8쪽 50원

37호 1949.5.2 8쪽 50원

38호 1949.5.16 8쪽 50원

39호 1949.5.23 8쪽 50원

40호 1949.6.6 8쪽 50원

41호 1949.6.18 8쪽 50원

42호 1949.7.4 8쪽 50원 發박종화 編김진섭

43호 1949.7.11 8쪽 50원

44호 1949.7.18 8쪽 50원

45호 1949.7.25 8쪽 50원

46호 1949.8.1 8쪽 50원

47호 1949.8.8 8쪽 50원

48호 1949.8.15 12쪽 50원

49호 1949.8.22 12쪽 50원

50호 1949.8.29 12쪽 50원

51호 1949.9.5 12쪽 50원

52호 1949.9.12 12쪽 50원

53호 1949.9.19 12쪽 50원

54호 1949.9.26 12쪽 50원

55호 1949.10.3 12쪽 50원

71호 1950.1.23 12쪽 50원

82호 1950.4.10 16쪽 100원

83호 1950.4.17 16쪽 100원

84호 1950.4.24 16쪽 100원

85호 1950.5.1 16쪽 100원

週間英語學友 THE SCHOOL FRIEND 學英社 (발)安容哲(주간)安容盒(편)金相浩

제1권제1호 1946.6.10(월요일) 3원 ℹ️

週報(주간) 대한민국공보처출판국편집과 18㎝

제2호 1949.4.13 41쪽

제7호 1949.5.18 33쪽

제9호 1949.6.1 41쪽

제11호 1949.6.15 41쪽 印대한인쇄공사 40원

제12호 1949.6.22 33쪽 印대한인쇄공사 40원

제13호 1949.6.29 33쪽 印대한인쇄공사 40원

제14호 1949.7.6 33쪽 印대한인쇄공사 40원

제15호 1949.7.13 33쪽 印대한인쇄공사 40원

제16호 1949.7.20 41쪽 印대한인쇄공사 40원

제17호 1949.7.27 33쪽 印대한인쇄공사 40원

제19호 1949.8.10 33쪽 印대한인쇄공사 40원

제20호－전국1주년기념호 1949.8.17 63쪽 印대한인쇄공사 60원

제21호 1949.8.24 33쪽 印대한인쇄공사 40원

제22호 1949.8.31 33쪽 印대한인쇄공사 40원

제23호 1949.9.7 41쪽z 印대한인쇄공사 40원

제24호 1949.9.14 33쪽 印대한인쇄공사 40원

제25호 1949.9.21 33쪽 印대한인쇄공사 40원

제28호 1949.10.12 33쪽 印대한인쇄공사 40원

제29호 1949.10.19 33쪽 印대한인쇄공사 40원

제30호 1949.10.26 33쪽 印대한인쇄공사 40원

제31호 1949.11.2 33쪽 印대한인쇄공사 40원

제32호 1949.11.9 33쪽 印대한인쇄공사 40원

제33호 1949.11.16 33쪽 印대한인쇄공사 40원

제34호 1949.11.23 33쪽 印대한인쇄공사 40원

제35호 1949.11.30 33쪽 印대한인쇄공사 40원

제36호 1949.12.7 33쪽 印대한인쇄공사 40원

제37호 1949.12.14 33쪽 印대한인쇄공사 40원

竹筍 전주 북공립중학교문예부

창간호 1946.4.1 12쪽 26cm 印吳永文 전주부 대화정140

竹筍 죽순시인구락부 대구시 본정2정목32 李潤守 허가번호224(1946.7.15)

창간호 1946.5.1 46쪽 15원 26cm 印태평 金命守 표지
창간호는 '대동서원:대구삼립정35'에서 발행, 창간호에만 '이윤수 발행' 표기가 없음.

제2집 1946.8.15 51쪽 15원 21cm 印태평 趙炳鎭 표지 🅉

제3집 1946.12.23 46쪽 20원 印태평 조병진 표지 🅉

제4집 1947.5.18 42쪽 40원 印태평 조병진 표지

제5집 1947.8.1 28쪽 20원 印태평 조병진 표지

제6집 1947.10.1 58쪽 50원 印교문사 이경해 대구 동1동10 조병진 표지

제7집 1947.12.25 52쪽 65원 印태평 유재영 대구 동본정77

제8집 1948.3.25 62쪽 150원 印태평

제9집 1949.1.15 42쪽 150원 印태평

제10집 1949.4.1 70쪽 100원 印합진 용덕동8 조병진 표지

제11집 1949.7.1 70쪽 100원 印수창

中年新聞(주간) 金成龍 대구 出

중등영어 李炳俊(민중서관) 出

中等學友(중앙중학강의록 부록) 중앙통신중학교 태평로1가 (편집겸발행)오의겸

제5호 1948.9.1 4쪽 비매품
제7호 1949.1.1 4쪽 비매품
제8호 1949.5.15 4쪽 비매품
제9호 1949.8.15 4쪽 비매품

衆聲(주간) 중성사 부산 1946.3 창간 雅

衆聲(월간) 중성사 부산

1호 1946.2 會
5호 1946.9 會

중앙경제 趙鍾煥 藝

中央工業研究所보고 중앙공업연구소

3호 1948.9 會
4호 1948.11 會

中央工業研究所年報 중앙공업연구소 동숭동199

1946 조선공업도서출판사 72쪽 21㎝ (기타 사항 없음)
1947－1948 76쪽 (기타 사항 없음)

中央防疫研究所報 중앙방역연구소

(1－1) 1949.8 會

中央旬報 중앙문화협회 적선동51 21㎝

제4호 1946.1.1 20쪽 2원50전 印 청구사 이태영

중앙정론 鄭喜燦 藝

中央週刊(주간) 중앙평론사

창간호 1945.12 金

中央興信報(월3회) 洪吉善 藝

中外情報(주간)　중외정보사　申徽

　창간호　1946.9　元

중학강의록　김정수　出

中學生　중학생사　남대문로4가76　(발)沈活(편)교육문화협회　허가번호139(1949.4.2)

　제4호　1949.12.1　50쪽　150원　매중학생사　26㎝　조병덕 표지

職業女性　직업여성문화사　崔天基　허가번호272(1950.4)

　창간호　1950.6.1　60쪽　200원　印성동공업인쇄　등록번호141(1947.9.30)　朴

震檀學報　진단학회

　통15호(9-1)　1947.5.28　154쪽　26㎝　金

　통16호(10-1)　1949.1.10　180쪽　26㎝　金

진달래　진달래사　을지로2가17　유익　등록번호308(1947.1.16)

　창간호　1949.1.1　50쪽　100원　26㎝　印대동　i

　11월호　1949.11.1　34쪽　80원　26㎝　印조선단식　임동은 표지

進學　학생사　남대문통3정목86 영락정(영락삘딩)　(발)김정수(편)안기종　21㎝

　(1-2)1946년3월호　1946.3.15　59쪽　8원　印협진　鄭鍾汝 表紙

　(1-3)1946년4월호　1946.4.23　59쪽　8원　印협진　정종녀 표지

　(1-4)1946년7월호　1946.7.1　71쪽　12원　印김시달　정종녀 표지

　1946년11월호　1946.11.1　72쪽　15원　印김시달　朴

　(2-2,3)1947년2,3월호　1947.3.2　64쪽　印서울인쇄사　i

　1947년10월호　1947.10.1　50원　印서울인쇄사　i

창립2주년기념특보　대한민족청년단　을지로5가77

　2주년기념호　1948.10.9　37쪽　21㎝　비매　최상순 장정

天農　천안공립농업중학교

　1949.3.25　춘계호　i

天民報(부정기)　宋重坤　藝

天一　조선상업은행행우회문예부　曺秉模　21㎝

　제2호　1948.12.20　114쪽　印泰興商會　尹源培 삼각동111

제4호 1949.10.5 107쪽 비매품 印백양사 강대봉 박래현 표지
제6호 1950.4 會

鐵馬 서울機關협회   1946 창간호 雅

鐵塔 조선전업사

(1-1) 1946.2 會

청년문학 청년문학예술연구회

창간호 1948.6   雅

청년예술 靑銅시대사   黃皓

창간호 1948.5 雅

靑年外交 청년외교협회 남대문로2가12 등록번호42(1950.1.13) *단행본이라고 표기되어 있으나 잡지형태임

(1-1) 1949.12.30 300원 編集겸發行李康性 印고려문화사 ℹ

청년조선 청년조선동맹남산지부 楊常權

창간호 1947.11 雅

淸凉里 서울대학예과최종기념잡지편집위원회

1948.9.10 184쪽 朴

廳友 공주군청우회 등사본 20㎝

제3호 1947.10.5 64쪽 비매품 印영명프린트사 공주읍 중학동37

淸友 청우구락부   1948 창간호 雅

遞信文化 조선체신문화협회 체신부총무국 내 21㎝

제5호 1947.6.1 108쪽 40원 印평화당 이일수 李翊寧 표지
제6호 1948.1 會
제8호 1948.5 會
 〈
제14호 1950.1.1 138쪽 印국도인쇄국 發체신부비서실 체신문화협회
 〈
제17호 1950.5 會

體育文化(文敎部體育課 機關誌) 체육문화사 명동2가82 李丙學 인가등록번호35(1947.8.11)

  창간호 1948.4.25 84쪽 100원 21㎝ 印조선인쇄회사

  (2-1)제2호 1949.3.20 101쪽 200원 21㎝ 印조선인쇄회사

초등영어 李炳俊(민중서관) 出

春秋 조선춘추사 (발)韓寅洙(편)張鉉七 齋洞112

  (5-1)속간제1호 1946.2.1 124쪽 10원 21㎝ 印중앙인쇄소 박인환

出版文化 조선출판문화협회 金昌集 26㎝

  창간호 1948.2.1 8쪽 金

  제7호(특집호: 출판대감) 1949.4.15 108쪽 400원 26㎝ 編최영해 Z

출판월보 溫樂中 藝

크리스찬 조알사 1949~1950 雅

탁구타임스 조선탁구타임스사 1946 창간 雜

琢磨(연4회) 大邱國民琢磨塾 金政圭

  창간호 1946.1 藝

探求 조선대학학우회문예부

  창간호 1947.4.10 27쪽 비매품 21㎝ 印무등서적인쇄 김일선

探求 愼鏞軫 개성 出

太白 태백출판사 을지로2가199-53 崔鍾煥 허가번호330 26㎝

  창간호 1949.12.1 51쪽 150원 印보성사 安高弘 표지 이봉상 목차컷

태양 태양사 金永植

  창간호 1946.2 雅

太陽 전주사범학교학생회문예부 金亨培

  창간호 1946.4.1 비매 (등사본) i

太平洋 태평양사 수송정27 宋義淳 허가번호109(1946.6.29)

  (1-1) 1946.3 會

(1-3) 1946.6.15 50쪽 15원 26㎝ 印대동신문사 金東守

太和江 蔚山文友會

  2호 1948.7 會

파랑새 金榮滿 전주

  9월호 1948.9 ℹ

把守軍 고려신학학우회 광복동1가7 21㎝

  통6호 1950.6.1 33쪽 100원 印대동출판인쇄 부산 신창동3가36

豊文 풍문여자중학교 金性達

  창간호 1949.6.20 130쪽 비매품 21㎝ 印문양사 김경승 표지

필하아모니 서울교향악협회 태평로1가60 국립극장 (발)金生麗(편)金聖道(주간)金聖泰 허가번호233

  (2-5) 1950.5.25 32쪽 150원 21㎝ 印고려 김문태

學兵 학병동맹본부 삼청동1 이춘영

  창간호 1946.1.1 110쪽 10원 21㎝ 印협진 임동은 표지,컷

  제2집 1946.2.25 76쪽 10원 印조선정판사 박문원 표지,목차컷

學生 학생사 황금정2정목 김정수 허가번호251(1946.7.19) 21㎝

  창간호 1946.10.1 50쪽 12원 印文憲社 崔廷翰 표지,컷

  신년호(2-1) 1947.1.1 20원 50쪽 印김시달 ℹ

학생강의록 김정수 藝

학생공론 학생공론사 李泰元

  창간호 1946.1 元

學生文藝 학생문예지도연구회 대구 남산정225-2 崔榮基 21㎝

  제1집 1947.3.17 41쪽 印太起社 대구명치정1정목26 竹農 題字

學生文化 학생문화연구사 (편집겸발행)김재준 목포시 상락동2가8

  창간호 1949.12.20 54쪽 200원 21㎝ 印광선인쇄 賣문우사서점

학생동무 東興書籍 鄭容洙 부산

　　창간호 1946.12 藝

學生英語(반월간) (편집겸발행)崔昌健(편)玄受吉 남영동71 허가번호161

　　제10호 1949.7.1 134~156쪽 100원 26㎝ 印성광사

학생영어주보 신성문화사출판부 1946 창간 雅

학생월보 李成器 出

學生月報 학생월보사 종로3가1 종로4가11 (발)申井雨(주간)金衡均

　　창간호 1947.3.10 80쪽 60원 21㎝ 印조선노트 이주홍 표지,컷 ⓘ

　　제2호 1947.5.30 106쪽 90원 21㎝ 印조선노트 김만형 표지,컷

　　제3호 1947.8.20 60원 21㎝ 印조선노트 ⓘ

學術(조선학술원논문집) 서울신문사출판국 하경덕 21㎝

　　제1집 1946.8.25 251쪽 60원 印金元植 재都相祿

學窓 申輔榮 藝

學風 을유문화사 (발)민병도(편)조풍연 허가번호278(1948.6.29) 21㎝

　　창간호 1948.9.28 120쪽 200원 印서울신문사 김용준 표지

　　제2호 1948.11.1 122쪽 200원 印서울신문사 김환기 표지

　　2-1 1949.1.1 122쪽 200원 印서울신문사 李秉玹 표지,컷

　　2-2 1949.3.1 116쪽 200원 印서울신문사

　　2-3 1949.4.1 118쪽 200원 印서울신문사

　　2-4(임시증간호) 1949.5.20 100쪽 200원 印채문사 정봉규

　　2-5 1949.7.1 286쪽 200원 印서울신문사

　　2-8 1949.10.1 80쪽 150원 印서울신문사

　　통9호-정치학특집 1950.1.1 124쪽 300원 印서울신문사

　　통10호 1950.2.13 100쪽 250원 印조선교학도서

　　통11호 1950.3.12 85쪽 250원 印서울신문사 金關斌

　　통12호 1950.5.1 121쪽 400원 印협진

　　통13호 1950.6.1 130쪽 400원 印협진

學海 경동공립중학교 학도호국단 문화부 문예반

　　제4호 1950.4.30 122쪽 비매품 21㎝ 印한일공인사

韓國公論(建國公論의 개제) ☞ 建國公論

　　창간호 1949.12.1 46쪽 26cm 金

　　통3호 1950.3.1 50쪽 26cm 金

　　통7호 1950.7.1 38쪽 26cm 金

한국다이제스트 한국상공회의소

　　창간호 1946.5 雜

韓國政戰日誌 대한민국정부공보처 1949-1952 雅

한글 조선어학회→한글사 허가번호219(1946.7.12) 21cm

　　(11-1)통95호 1946.4.1 72쪽 金

　　(11-2) 1946.5.1 72쪽 12원 印대동 편집겸발행조선어학회

　　(11-3) 1946.7.15 72쪽 12원 印대동 편집겸발행김병제

　　(11-4) 1946.9.15 72쪽 15원 印대동 편집겸발행김병제

　　(11-5)통98호 1946.11.30 72쪽 15원 印대동 편집겸발행김병제

　　(12-1)통99호 1947.3.20 72쪽 金

　　(12-2)통100호 1947.5.20 67쪽 35원 印선광 편집겸발행김병제

　　(12-3)통101호 1947.7.15 72쪽 12원 印선광 편집겸발행김병제

　　(12-4)통102호 1947.10.15 61쪽 35원 印선광 편집겸발행김병제

　　(13-1)통103호 1948.2.28 76쪽 金

　　(14-2)통108호 1949.7.31 139쪽 250원 印선광 편집겸발행김원표

한글문화 한글문화보급회 수송동 숙명고녀 내 김현송

　　창간호 1946.3.10 50쪽 6원 21cm 印고려문화사

韓美時報 李勳九 出

韓方醫藥 경남한방의약회 부산부 중앙동4가 59

　　창간호 1948.2.1 80쪽 印동흥서적인쇄 김원형 부산부 동광동3가1

한보(旬刊) 한보사 충무로1가38 (발행,인쇄)趙覺山(편)嚴道海 허가번호252(1946.7.19)

　　제4호 1947.12 會

　　제5호 1948.2 會

　　제29호 1949.1.10 32쪽 70원

한얼 한얼몯음 부산 1946.5-1947.3.15 (至2권1호) 金

한얼 영남국어학회 (발)유열(편)장삼식 부산 雅

　창간호 1946.5.1 66쪽 21㎝ 金

韓中文化 한중문화협회

　1호 1949.3 會

韓中新報(旬刊) 洪鍾祐 洪川 出

航空朝鮮 조선항공협회 尹昌鉉

　창간호 1945.12 雜

海東公論 해동공론사 金后今 1946.5 창간 21㎝ 雅

　(1-3) 1946.12 會

　(2-1) 1947.4 會

　(3-1) 1948.3 會

　(3-2) 1948.5 會

　(4-1)통49호 1949.3.9 57쪽 金

해방뉴-스(旬刊) 해방통신사 1945.9 元

해방의 종교 1948 ⓘ

解放週報(주간) 해방일보사

　1호 1946.4 會

海洋

　(1-1) 1949.9 會

　(1-3) 1950.1 會

　(2-2) 1950.2 會

　(2-3) 1950.3 會

海外經濟事情 조선은행조사부 남대문로3가110 장기영 등록번호684(1948.7.3)

　제1집 1949.1 會

　제2집 1949.4.1 198쪽 300원 21㎝ 印대건

海潮 趙鴻經 인천 藝

行苑 조선은행행우회본부 1947 창간호 [雅]

2호 1948.2 [會]
~
6호 1950.3 [會]

鄕土 정음사 (발)최영해(편)홍이섭 허가번호180(1946.7.5) 21㎝

창간호 1946.7.15 40쪽 12원
(1-2)9월호 1946.8.30 44쪽 12원
(1-3) 1946.12.15 36쪽 [金]
(2-1)통4호 1947.4.15 20쪽 [金]
(2-2)통5호 1947.7.15 32쪽 [金]
(2-3)통6호 1947.10.15 39쪽 [金]
(3-1)통7호 1948.1.15 18쪽 [金]
(3-2)통8호 1948.3.15 21쪽 [金]
(3-3)통9호 1948.6.15 39쪽 [金]

革命 혁명동지사

(1-1) 1946.1 [會]

革新 혁신사 (발)孔在信(편)姜尙雲

창간호 1945.12.15 70쪽 8원 21cm [印]행정학회

革進 혁진사 李圭鎬 1946.1 창간 [元]

現代 현대사 金鍾泰 대전 元洞47 허가번호24(1946.6.18) 21㎝

송년호(2-4) 1947.10.20 30쪽 40원 [印]고려 朴壽巖 군산 중앙로1가

現代公論 박애원문화부 史泰鉉

창간호 1948.12 26cm [雅]

現代科學 현대과학사 앵정정(인현동)2가130 (발)白南興 허가번호13(1946.6.18)
현대과학사→중앙공업연구소연구회(1948년 8월) 김형돈 허가번호13(1949.5.13)

창간호 1946.5.27 80쪽 30원 26cm [印]고려문화사 문석린
제3호 1946.12.1 80쪽 50원 26cm [印]고려문화사 문석린
(2-2)제5호 1947.5 [會]
(2-3)제6호 1947.9.25 70쪽 26cm [金]
(2-4)제7호 1947.12.25 66쪽 26cm [金]
(3-3)제9호 1948.11.25 59쪽 26cm [金]

제10호 1949.9.1 60쪽 200원 26㎝ 印한성당 編白雙巖

協同 조선금융조합연합회 죽첨정1정목75 박원식 21㎝

창간호 1946.8.1 128쪽 16원 印문화당 박영선 표지

통2호 1946.10.15 148쪽 21원 印문화당 이주홍 표지

통3호 1947.1.20 158쪽 45원 印근영사

통4호 1947.3.10 120쪽 45원 印근영사 조병덕 표지

통5호 1947.4 會

[1947년6월 이후 휴간 중 조합기관지 금융조합을 협동으로 개제하여 속간함.]

통14호 198.2 會

통20호 1949.1.1 128쪽 150원 印경화 정현웅 표지

(4−6)통25호 1949.11.1 180쪽 金

통27호 1950.3 會

통29호 1950.5.1 136쪽 150원 印경화 정현웅 표지 기관지등록번호11

협동전선 崔泳達 대구 藝

刑政

창간호 1947.4.1 70쪽 21㎝ 金

彗星 혜성사 (발)손소희(편)전숙희

(1−1) 1950.2 會

(1−2) 1950.3.25 86쪽 300원 26㎝ 印고려 Z

(1−3) 1950.5 會

호남경제 전남물가감찰서호남경제편집부 광주 1947 창간 雅

湖南公論 호남공론사 김남중 광주 금남로1−1 허가번호26(1949.12.30

제1호 1950.1 會

제3호 1950.5.15 84쪽 300원 21㎝ 印호남신문사 이응로 제자,표지

湖南文化 林秉周 광주

(1−1) 1948.5 會

湖南評論(복간) 호남평론사 이순우

복간호 1950.4 26㎝ 雜

護生(부정기) 丁夏鎭 藝

湖西文壇 호서문학회

　1호 1946.3 會

湖西學報 호서민중대학 대전　1949 창간호 雅

號外時談 농민성보사　1948 창간호 雅

弘益 홍익대학

　1호 1950.3 會

홍중 洪城公立中學校學徒護國團　蔡奎昌 (편집겸발행)홍성공립중학교학도호국단

　창간호 1950.3.22 79쪽 21㎝ 印 창흥사

花郎 화랑사 李志雄　會에는 화랑구락부 발행

　창간호 1946.8 雅

　(1-2) 1946.12 會

華岳 화악동인회 경남 밀양

　창간호 1947.6.15 비매품 印 밀양인쇄소 安秉喆 i

活泉 1946.1 속간(1922년 창간 이후 동양선교회에서 발행하다 1946년 활천사로 바뀜) 雅

會誌 조선방직협회 (발)金容完(편)李種世 등록번호91(1948.10.27)

　제2호 1949.6.15 93쪽 비매품 26㎝ 印 五星堂 운니동110

　제3호 1950 i

厚生 중앙후생사업연합회 사회부후생국조사연구과 내 을지로2가1

　창간호 1947.4.15 92쪽 25원 21㎝ 印 고려문화사 i

　(1-2) 1947.11 會

　(2-2) 1948.10.20 50쪽 60원 21㎝ 印 고려문화사

徽文 휘문중학교문예반 종로구 원서동 206　21㎝

　제21호 1949.8.10 139쪽 비매품 印 서울문화사 李寬昌　劉澉基 제자 閔丙穆 표지

黑鷹山 一六同進會 18㎝

　제1집 1946 봄?(본문 참고) 42쪽 이후 낙장

興國時報(반월간)　기독교중국형제단본부　咸台永　　1946-1947　雅

戲曲文學　희곡문학사　경운동88　(발)金同順(편)李娘民　등록번호405(1949.1.20)

　창간호　1949.5.20　159쪽　300원　21㎝　印보성사　김용남　蔡南仁 표지,컷

希望　미국공보원　을지로1가　(발)JL스튜워드(편)洪信　등록번호36

　창간호　1950.2.1　75쪽　100원　26㎝　印조선교학도서

부 록

1
서점별 스탬프 모음

2
해방기 출판사명부 1
해방기 출판사명부 2

건문서점

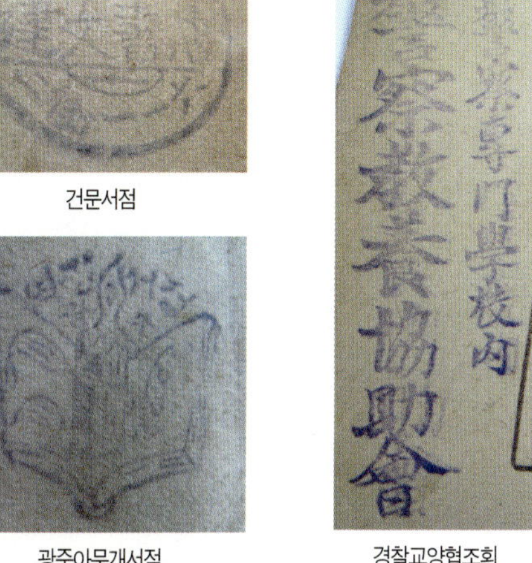

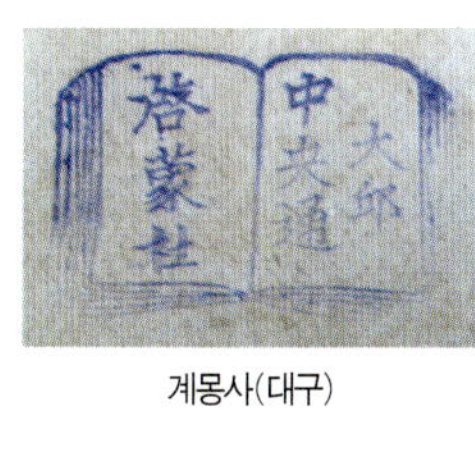

계몽사(대구)

계몽사서점

광명당서점(광주)

광주아무개서점

경찰교양협조회

금운당책방

김천시모암동 ○○서원(김천)

낙동서관(대구)

대영당서점

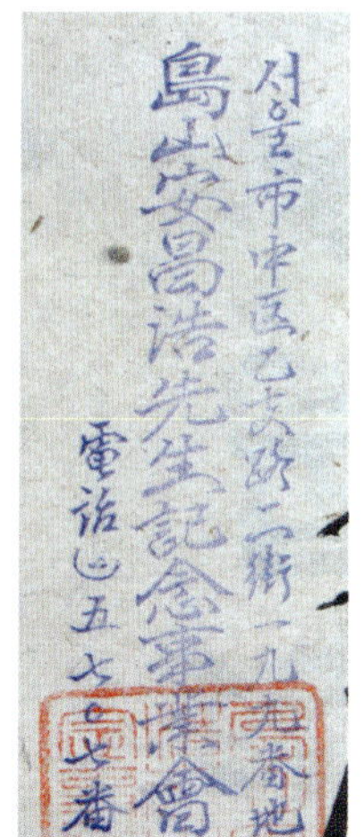

도산안창호선생기념사업회

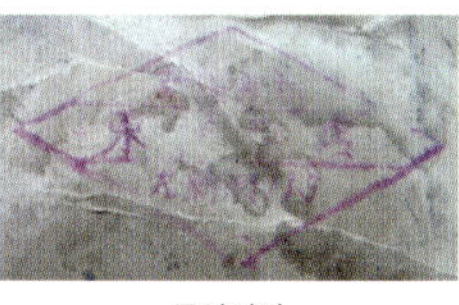

동양서림

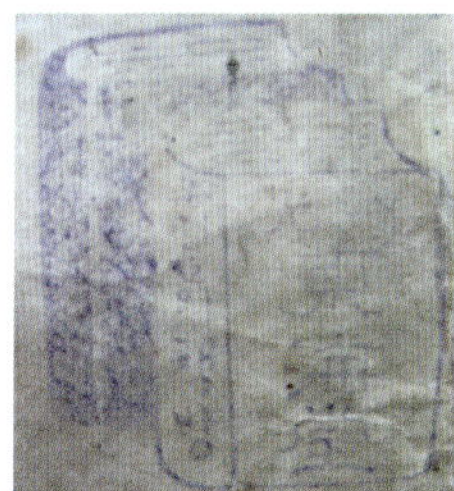

동해당서점(광주)

마리서사

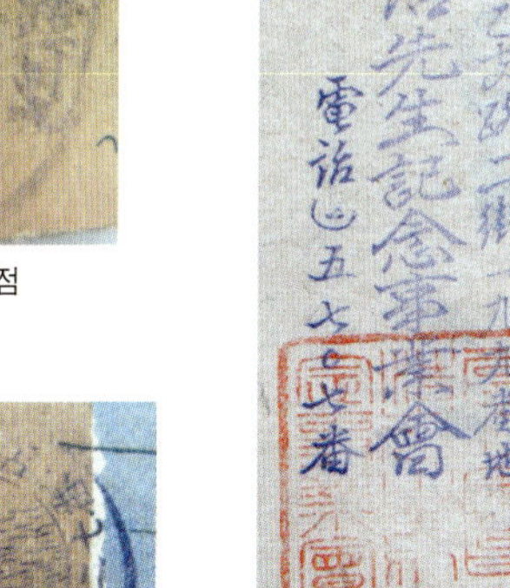

문성당서점(대구)

망월서원

문계사서점

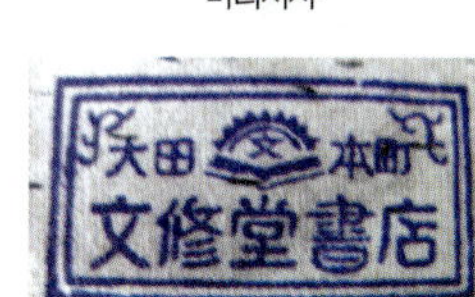

문수당서점(대전)

문예사서점(대구)

문성당서점(대구)

문수당서적(도산매)

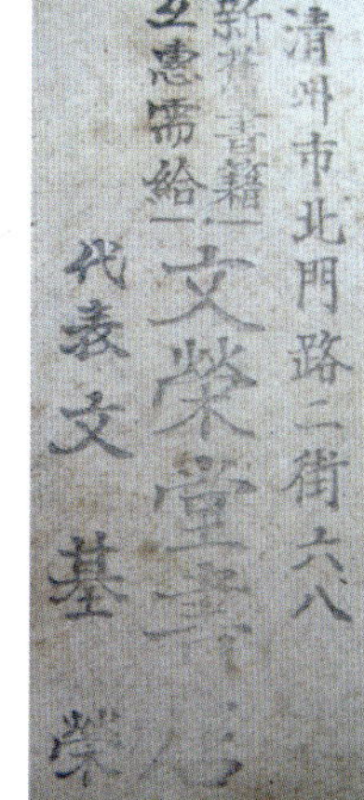

문영당서점(청주)

문수당책방

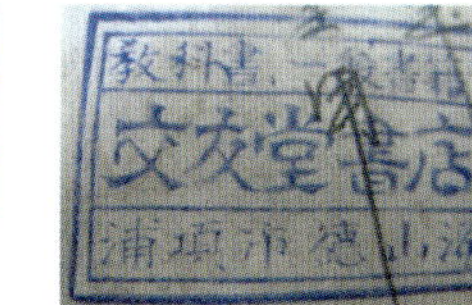

문우당서점(포항)

문화당서점(안동)

문화서점(대구)

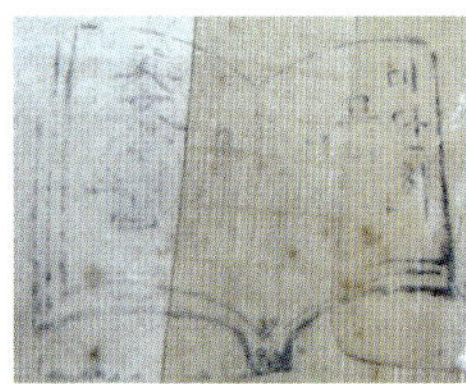

미문당서점

민중서점(진주)

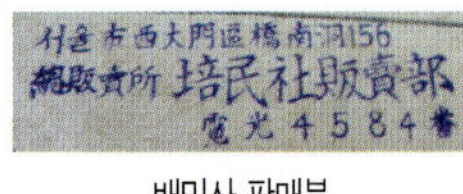

배민사 판매부

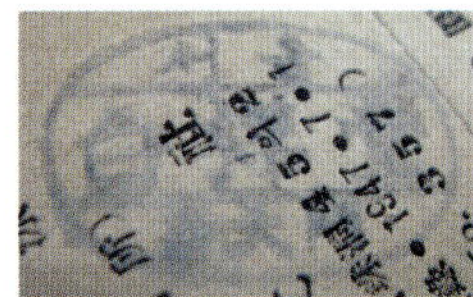

백양당서점

백영당서점

보문당(경주)

보문당서점(인천) 스탬프들

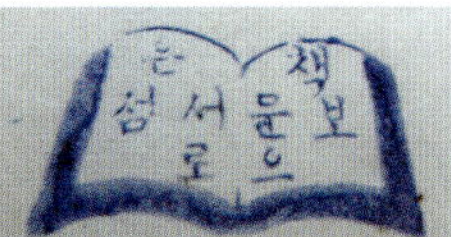

보문서점

백양당서점 증정본 도장

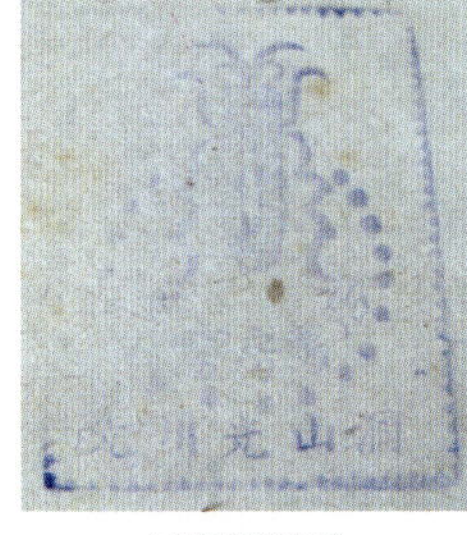

복방서점(광주)

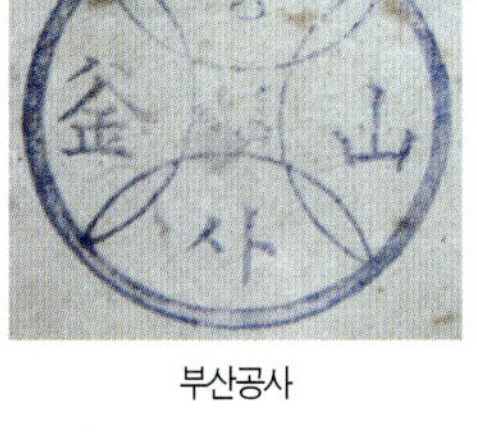

부산공사

산수당서점

삼덕서점

삼문사(강릉)

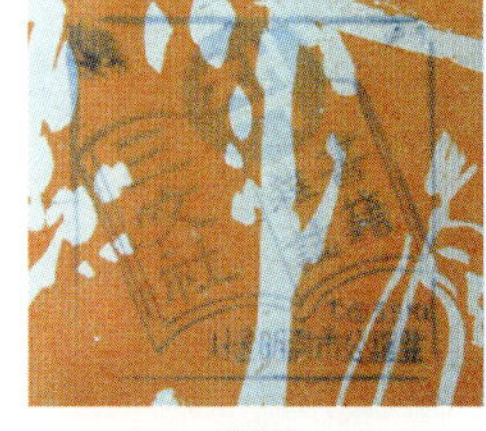

삼문사

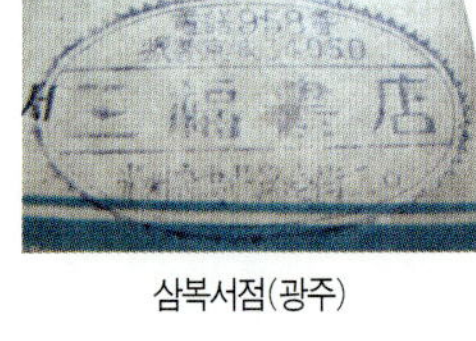

삼복서점(광주)

삼우사서점

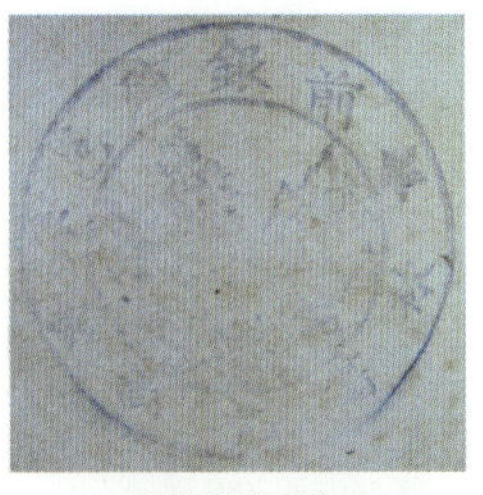

상광서림(정읍)

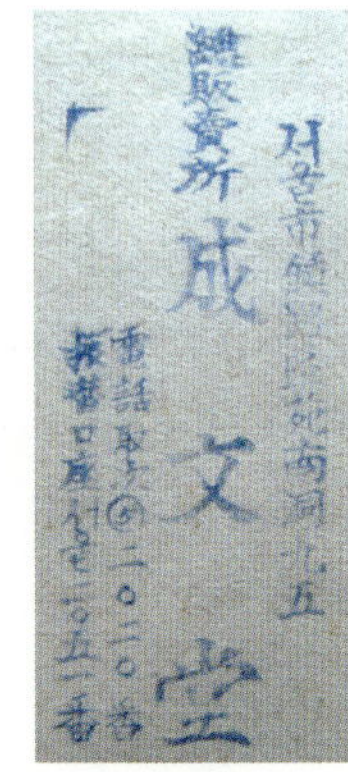

성문당

세계서림

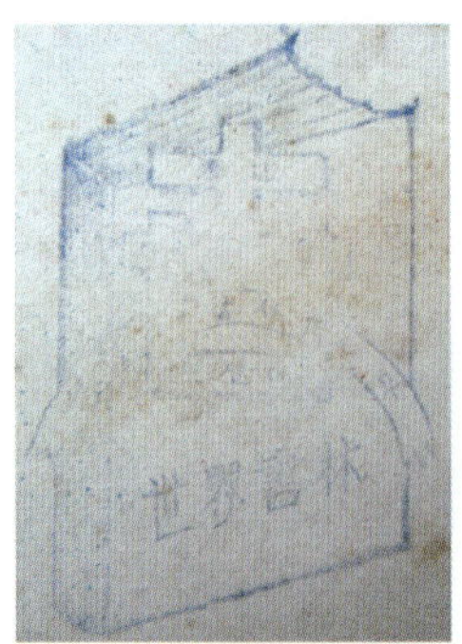

세계서림

소피아서점

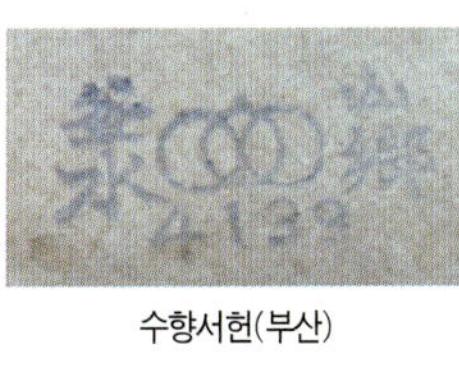

수향서헌(부산)

신광사(진주)

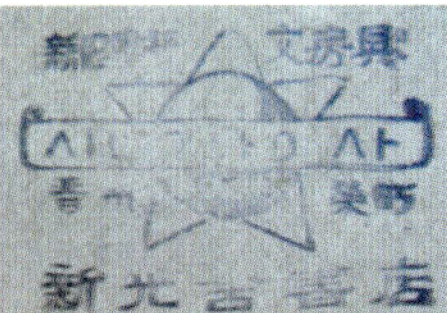

신광사(진주)

수향서헌(부산)　　수향서헌(부산)

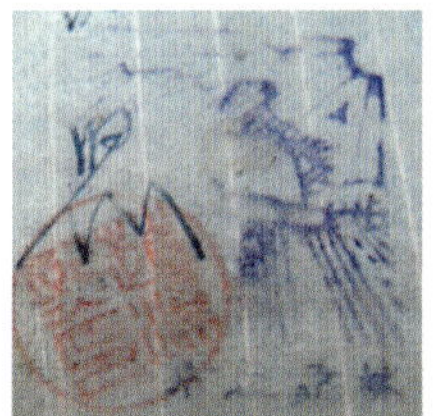

신라서점(목포)

신구서림

연문당서점(대전)

영남서점(김천)

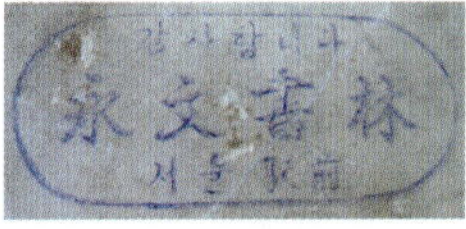

영문서림(서울역전)

신조선사(부산)

영창서관

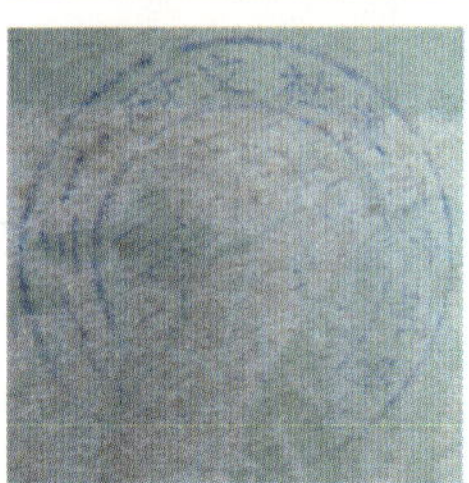

연문사서점(대구)

오동사(대구)

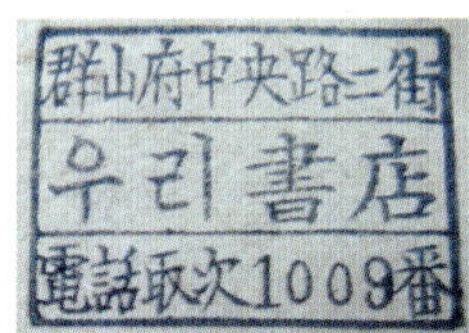

우리서점(군산)

일광당서점(주문진)

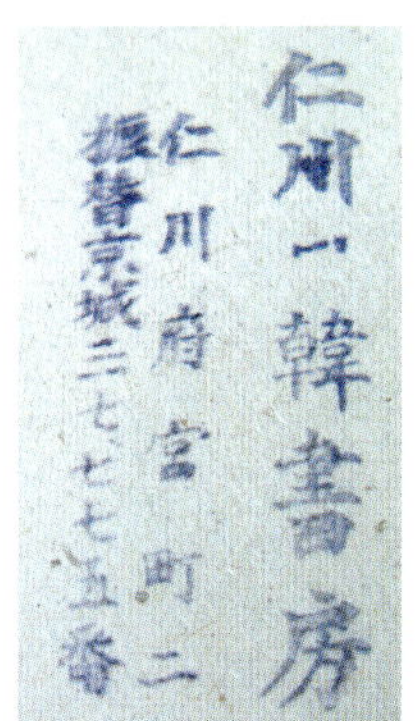

원서동서림

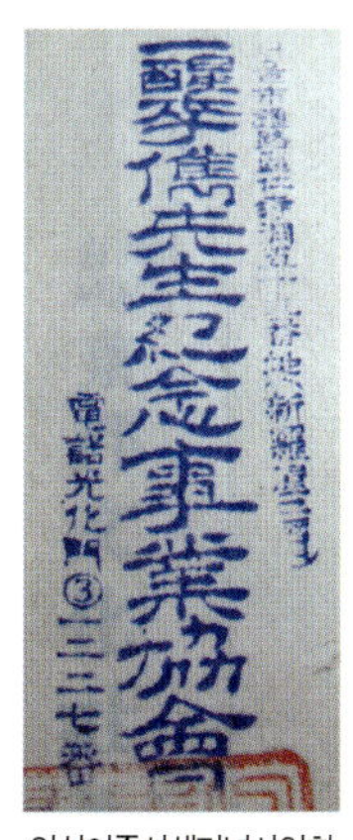

일성이준선생기념사업회

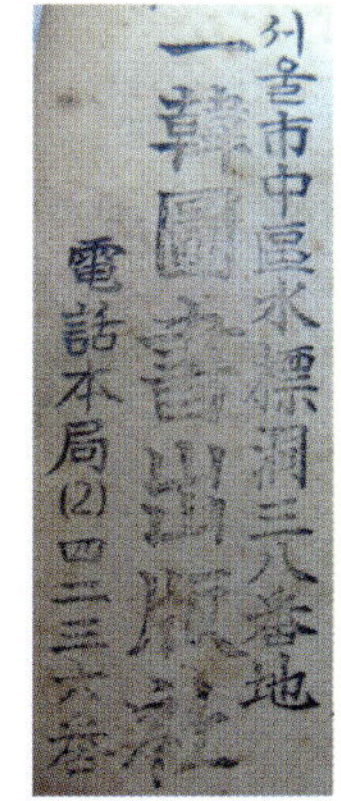

일한도서출판사

칠성당

일한서방(인천)

홍문당서점(전주)

철야당(대구)

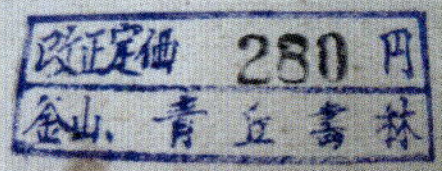

청구서림(부산)

청학서림(부산)

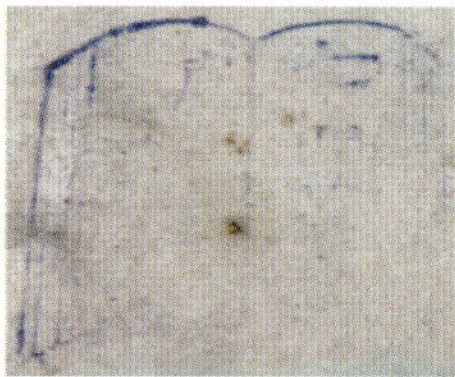

칠성당백화점(예천)

칠성서림(경산)

평범사(부산)

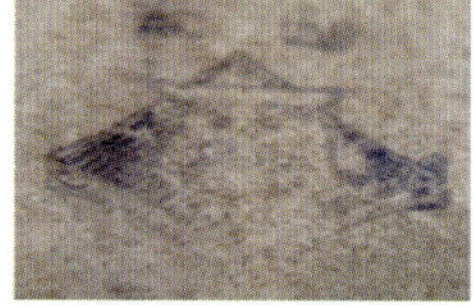

학습사

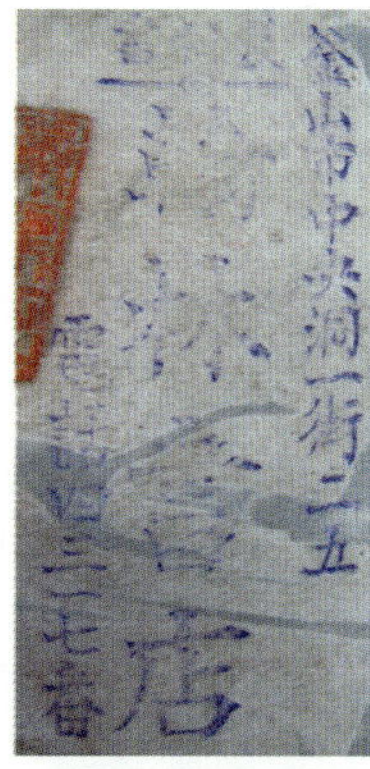

항도서점

해방서점(군산)

평화당서점(전주)

한림서점(부산)

형제서점(전주)

호남서점(전주)

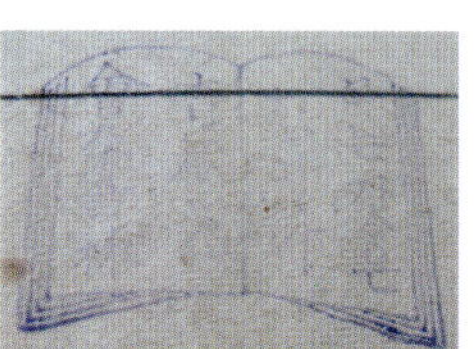

회우서림

가나다서점(인천)

홍문당서점(전주)

| 해방기 출판사명부 1 | 『출판대감』 출판사 명부(57~63쪽) 가나다순 재작성

출판사명	등록번호	대표명	주소
TT프린트사	678	방영찬	북창동71
가토릭청년사	523	尹亨重	명동2가1
각우사	43	이현재	청파동2가3
갑문당	371	정범수	종로4가112
개명서점	585	이동은	충정로2가146
개문사	594	정병덕	돈암동458-14
개벽사	168	김기전	경운동88
開城社	741	金仁煥	종로2가71
개조사	660	오직호	충무로3가1
개척사	149	김대운	의주로1가32
건국사	543	김형묵	원남동23
건국실천원양성소	646	김석길	충무로2가109
健文社	673	김종필	충무로4가150
건민문화사	656	현규환	신당동333-61
건설문화사	121	김창진	남대문로2가15
건설출판사	235	조벽암	무교동6
건양사	381	송화섭	충무로5가27-1
경기공립중학교	272		화동1
경성서점	165	원대홍	다동22
경성인서사	276	이관창	인현동1가11
경위사	572	김응현	계동147-24
경진기업공사출판부	565	윤영춘	을지로3가312
경천애인사	559	장시화	한강로1가205
경향신문사	151	양기섭	소공동167
경향잡지사	131	윤형중	명동2가1
경향출판사	2	한종수	서대문로2가94
계림사	125	김하경	광희동2가303
계림인서관	138	조용길	종로6가215-6

출판사명	등록번호	대표명	주소
계명사	353	장사달	북창동45
계몽구락부	541	신정언	을지로1가168
계몽동지사	456	황준성	충무로2가11
계몽사	135	조종하	상도동75
고려도서원	146	한관섭	을지로1가46
고려문화사	195	유명한	태평로2가1
고려문화협회	152	백악	소공동74
고려문화협회	540	오상순	을지로2가199-17
고려상사출판부	368	윤시중	창신동80-1
고려서적주식회사	682	이강렴	의주로1가21
고려선봉사	34	양재건	종로6가238-17
고려출판사	400	홍사영	종로1가54
高麗通信社	771	金容采	종로2가8
고려홍신사	62	정문홍	갈월동14
公立文化社	772	鄭斗根	을지로2가199
공립통신사	531	김범승	을지로2가199
과학기술신문사	338	김봉집	을지로1가168
과학동맹서울지부	398	이병남	다동62
과학사	252	張炳壹?	교남동156
과학서원	88	김영윤	명륜동2가21
과학세계사	211	愼鏞福	세종로210
과학진흥사	596	이기순	만리동2가1-2
관악출판회	137	박장렬	대방동180
광명일보사	532	노재혁	을지로3가337
광문사	251	김동구	을지로4가156
光文社	791		
광문서림	78	김정규	돈암동242-2
광문출판사	604	홍병선	홍파동2-22
광신당	355	윤철	와룡동132
光音출판사	665	이을규	중학동18-5
교문사	162	손희조	후암동289-9
교육과학연구소	443	정석윤	필동2-78
교육대성사	201	황의성	공덕도165

출판사명	등록번호	대표명	주소
교육문화사	621	박승은	당주동96-3
교육사조연구소	303	김익달	을지로4가187
교육연구사	193	이응규	인사동119
교재사	305	이일권	상왕십리753-10
교재사진신구회	685	이동호	명동2가69
교재연구사	533	김석배	청운동89-1
교학사	37	이규하	필동1가46
교학서관서울지점	356	정인석	당주동45-12
구국문화사	401	백신자	남대문로2가15
국도출판사	326	오민환	세종로210
국동사	631	김안제	종로1가61
국립도서관사업회	307	이재욱	남대문로2가
국문사	446	이성구	돈의동88
국민근로교육문화사	397	한월당	원효로1가65
국민대학출판부	765	李新憲	창성동117
국민문화사	564	이동엽	충정로3가3-29
국민음악연구회출판부	166	이강렴	궁정동87
국민장학회출판부	302	이청	청파동1가89-53
국민학관	69	한덕희	세종로210
국사원	189	장도빈	용문동27-4
국제문예사	437	심상준	창신동290
국제문화관	582	하경덕	충무로2가3
국제문화협회출판부	267	김을한	종로2가9YMCA
국제보도연맹	26	송정훈	을지로3가349
국제서점	311	연장성	신당동117
국제신문출판부	788	宋志英	소공동45
국제음악문화사	325	박태현	명동2가66
국제일보사	128	오재동	중학동14
국제출판사	142	조화영	충무로1가39
국제통신사	153	백성기	인현동1가47
국학사	239	유재헌	돈암동산11-26
국학연구회	120	김창진	현저동46
菊化社	664	張眞珦	신창동89

출판사명	등록번호	대표명	주소
군서당서점	696	김성기	충무로2가14
극동사	232	송현구	후암동123-26
근성출판사	418	현희운	창신동494-2
근역인사통신사	145	현철	창신동497-2
근옥문화사	701	李鍾殷	창신동269
근우사	606	이용헌	영등포본동126
근우인쇄사	212	한형원	
근홍출판사	373	윤시중	창신동323
글벗집	712	이영철	원효로4가122
금강문화사	577	彭輚皞	을지로2가199-53
금룡도서주식회사	102	김시필	종로2가91
금칙자사상연구소	570	노정일	명동2가69
기독교공보사	86	김웅락	종로2가100
기독교신문사	558	장시화	종로2가9
기독교아동문화사	544	김치점	종로2가9
紀新社	725	黃泰恩	갈월동98-1
김천도서출판사	597	이기락	충무로1가130
김훈출판사	635	김훈	당주동171
꿈의과학연구소	649	탁철수	종로5가71
낙양당서점	517	조강룡	원남동96-5
남북사	270	백효원	종로?가59기독교삘
남산소년교호상담소	552	권기주	남산동1가18-1
남창서관	343	남창희	신설동135-4
낭낭사	375	김지승	남대문로3가10
네오르네쌍스	448	문철민	봉래동1가118
노농사	484	이민	종로2가8
노동자사	453	박거정	충무로1가31
녹십자문화부	298	이종환	康子洞15
농민성보사	164	나운몽	주교동313
다가문화사	388	신정우	제동112-1
단국대학교외대학부	601	박정숙	낙원동282
단민출판사	246	백학수	무교동63
單式출판사	694	조규동	현저동46-799

출판사명	등록번호	대표명	주소
淡淡社	658	신영현	갈월동101
대국사	220	황석하	양동99
대동문화사	627	김종식	창신동593-14
大同社	292	김용필	주자동5
대범사	332	임경일	성북동178-19
대법사편집국	589	이정현	합정동27
대생원출판부	260	박희원	남대문로2가133
대성당	240	신태은	관철동104
大成書林	775	姜殷馨	창신동138-14
대성출판사	254	성재경	예지동200
大水文化社	743	李相權	청진동230
대양출판사	123	김익달	양동87
대조사	222	이홍기	내수동194
대조출판문화사	268	황수열	을지로3가41
대지문화사	605	김재영	공덕동115-98
대치출판주식회사	57	양규봉	태평로2가207
대학사	474	정재규	동숭동12
대학출판사	575	조재희	종로4가59
대한공서출판사	726	이원규	명동1가39
대한교육학회	295	노영호	계동96-1
대한국민문화사	587	조경호	소공동111
대한민보사	161	고천구	도동1가38-18
대한서림	492	이기락	충무로2가59
대한식량공사	354	조규설	명동1가59-1
대한신문사	160	고천구	도동1가38-18
大韓釀造出版部	797	尹秉鉉	문탑동40
대한운수협회	645	신익희	동자동12
대한화재해상보험주식회사사우회	624	김인한	남대문로5가1
대홍출판사	415	이기용	청운동57-2
덕문사	715	高德山	을지로4가274
덕홍서림	347	김동진	종로2가20
도서출판국사원	654	김지림	충무로2가10
도서통판사	377	윤형중	종로2가100

출판사명	등록번호	대표명	주소
도향문화사	351	김형균	누상동36-3
독립경제특보사	524	양점수	종로2가55
독립노농신문사	464	유림	필동1가44
독립문제연구소	174	조두흠	을지로1가17
독립생활연구소출판부	310	김충헌	서린동88
독립신문사	85	張洵覺	을지로1가96
독립정신보급회출판부	731	김영옥	회기동95-5
독립정치경제문제연구소출판부	196	이종수	종로3가79(原文誤植?)
돈암서운	402	조영덕	돈암동26-1
동광당서점	273	이정래	齊洞112-1
동광문화사	625	서중인	연건동28
동국서림	748	廉仁燦	관훈동37
洞東文社	435	金大炫	효자1동78-2(原文誤植?)
동명문화사	724	黃宗連	홍파동2-16
동명사	28	최남선	익선동34-3
동무사	202	윤병익	종로2가82
童文社	81	김영석	명동2가83
東文社書店	327	윤시중	충무로4가7
東邦社出版部	337	김교붕	숭인동61-180
東邦문화사	78	김희준	종로1가60
東方문화사	79	정열모	북창동93
동방문화창조사	516	이건철	남대문로1가1
동방문화협진회	499	이두산	저동2가88
동방실업문화사	669	홍석은	갈월동71
동서문화사	333	서경동	필동3가9
동서문화출판사	179	오용환	충무로3가82
동서출판사	329	김영식	용강동284
동서출판사	393	오재동	충무로5가25
동성사	70	노영근	세종로210
동심사	387	김준수	을지로2가199
동심사	608	김판엄	적선동267-4
동아상공안내사	556	임규봉	영등포동446
동아출판사	262	박순한	을지로3가173

출판사명	등록번호	대표명	주소
동양건설문화사	641	김재경	필동2가19
동양문화사	10	민동식	소공동50
동양문화사	337	정두섭	신당동377-120
동양서림	219	정상기	명동2가40
동양서원출판부	192	조진호	인사동119-1
동양프린트출판사	227	南瑢洽	남대문로2가133
동인사	571	송춘봉	서대문로1가58
동인사	760	金善泌	남산돈3가17
同人社	794	吳永在	태평로2가115
동일지도사	46	김동필	인사동242-2
동지사	501	이대의,백남홍	태평로2가
동진당서점	372	홍왕표	숭인동106
동진문화사	607	김지수	내자동233
동화당서점	80	신창환	종로3가77
동화출판사	263	손홍명	경운동96-6
등등각	430	최효향	돈암동505-4
라이트서사	757	최준	동자동12-32
만유출판사	359	김교영	종로3가83
만화사	409	이태영	인현동1가110
명동타잎사	674	허길봉	남대문로2가16
명문당	431	김혁제	수송동19
명세당	677	박기실	청진동201
모던출판사	465	이득구	남창동33
무대예술사	243	허집	아현동8-7
무명사	749	노익환	중림동65
무선과학사	737	권유	종로1가42
戊于文藝社	779	徐相原	서소문동62
문건사	363	김경배	회현동1가3-2
문교당	83	박진규	원남동145
문교도서주식회사	425	고지영	을지로2가199-146
문교사	636	박정서	을지로2가166
문구당서점	143	이종삼	충무로4가68
문안당	549	이임풍	서린동132

출판사명	등록번호	대표명	주소
문언사	140	신태영	종로2가70
문연사	447	권상원	관수동36-11
문영당	55	윤석훈	인현동1가37
문영사	416	박규서	종로3가2
文榮社출판부	734	문영환	충정로3가598
문예서림	205	김희봉	명동1가63
문우인서관	52	정종근	중학동12
문우출판사	8	김진섭	을지로4가154-10
문우출판사	91	조정환	통의동134
文運堂	773	李茂濈	훈정동89-2
문조사	362	김진구	충무로1가47
문창각	261	여운경	종로3가90-1
문창당	653	이재복	연지동5-3
문학정신사	156	이상로	이화동91
문학평론사	476	이해문	충무로2가12
문헌사	94	최세종	세종로153
문화당	50	김기오	효제동130
문화사	395	이인영	충무로4가9
문화촌출판사	225	姜齊煥	사직동262-14
문화출판사	22	양제현	을지로2가40
문화홍보사	537	김동진	원남동243-2
미술사	300	김만형	을지로2가38
미용타임스사	382	윤원섭	인현동1가87
民生舍	304	배인수	을지로2가199-53
민영사	593	박민진	소공동112-9
민우사	444	安晸鏞	태평로2-43
民朝社	688	민장식	내수동186
민족문화사	508	최장학	명동2가25
민족문화사	729	崔翼	종로5가155
민족문화사	755	김민암	종로2가8
민족문화출판위원회	173	양우정	운니동98
민족문화협회	663	김형규	다동24
민족정신문화연구소	681	서금호	장교동26

출판사명	등록번호	대표명	주소
민중서관	519	이병준	관훈동112
박문출판사	191	이응구	종로2가86
박화서관	642	이응규	종로2가86
발명과학사	389	김용관	청진동188
밝은문화사	241	목성표	충무로1가47
배달문화사	406	유관우	도원동4-1
배민사	764	李汝圭	낙원동198
백구문	482	오억근	태평로2가190
백단사	462	윤태순	중학동18-5
白더堂	675	고순유	북아현동382-19
백령사	324	최인식	효자동145
백록출판사	637	이명효	행총동41-2
백민문화사	14	김현송	누상동9
백민회출판부	479	강욱중	명동1가10
백수사	318	이규완	관수동132
백양당	29	배정국	종로2가8
백양사출판부	695	백근영	을지로2가117
백엽문화사	750	장호	을지로4가149
백우서림	280	김상훈	관훈동39
白潮社	419	서광원	당주동37-3
白鳥社	507	전영순	을지로2가179
백조프린트사	514	정인명	남영동46
범인사	165	변성봉	태평로2가364
범인사	485	권태현	을지로3가136
법정사	350	최대용	을지로1가12
법정신문사	390	오명동	동자동93
별나라사	188	안준식	서대문로1가166
병학연구사	95	최세종	세종로153
보문사	414	윤보금	주교동282
보성사출판부	167	金南	경운동88
보신각	488	유열	사간동91-11
부인사	286	김상덕	운니동100-1
부흥사	450	김치선	남대문로2가115

출판사명	등록번호	대표명	주소
북악사	483	이유춘	양동86
불교사	428	장도환	한가로1가177
불교신보사	182	김해진	초동197
비판신문사	259	한경수	남대문로4가64
사랑사	561	장시화	한강로1가205
사법신문사	63	차상도	서소문동37
사서출판사	407	임표	소격동43-17
사화연구사	580	박하명	충무로2가39
사회문화사	440	장예학	청파동1-31
산호장	568	장만영	회현동2가42-7
삼공출판사	612	주재명	명동2가57
삼광당	93	이의주	신설동281-5
삼문사	218	신태화	명동2가49
삼성당	341	이지정	을지로2가199-153
삼성당사	97	이욱선	초동140
三星문화사	315	이성기	원서동123
三省문화출판사	759	이기영	남대문로1가1
三省사	36	박봉수	삼청동62-14
三星출판사	584	김명근	충정로3가466
삼양사	352	김한두	서린동
삼우당	551	서우석	관훈동124
삼의사	141	박민영	충정로3가3-44
삼일문화사	200	김광한	의주로1가3
삼일문화사	640	남극순	을지로4가259
삼일출판사	378	이영재	인현동1가93
삼일출판사	753	이병수	명동1가59
삼중당서점	5	서재수	관훈동123
삼천리사	258	김동환	남대문로2가15
삼천리서점	417	김만복	종로6가78
삼팔사	49	이북	태평로1가31
삼향사	566	석동수	원효로1가17-62
삼화서점	44	배훈덕	관훈동143
삼화출판사	23	심종익	체부동65

출판사명	등록번호	대표명	주소
상공안내사	703	金東旲	을지로1가85
상공정보사	546	조남룡	을지로3가30
상문당	500	이석중	공평동121
相陽堂	686	김상균	도동2가50
상호출판사	221	주요섭	견지동49
새글사	206	박영호	주교동813
새글의집		金永一	다동53
새동무사	53	김원용	소공동93
새문화사	555	김종화	원남동145
새사람사	269	전영택	충정로2가69
새한민보사	422	설의식	태평로1가31
새한출판사	569	이형래	초동54
생활과학사	691	김윤우	순화동68
생활사	124	오역	다동145
서광출판사	671	김희봉	연지동5-2
서북건설사	518	이영녕	충무로2가92
서울경제연구회	693	나익진	남대문로2가144
서울도서출판사	105	국순엽	태평로1가64-2
서울상공통신사	317	최원식	초동33
서울신문사	84	하경덕	태평로1가31
서울신보사	213	박만용	태평로1가32
서울음악신문사	316	김병태	을지로2가199
서울醫師社	204	백인제	관훈동198
서울인서관	170	韓皇寅	후암동141-6
서울중앙문화사	780	金元湜	의주통2가175
서울출판사	54	권혁창	태평로1가72-2
서울타임스사	208	閔瑗植	을지로1가101
서울통신대학	392	김정수	을지로2가180
서울통신사	690	성준덕	을지로2가199-46
서울합동사출판부	634	이응석	관철동33-13
선광출판사	335	최영부	을지로6가49
선구회	480	홍종하	원남동151
선문사	357	윤경섭	당주동45-12

출판사명	등록번호	대표명	주소
善一社	786	孫大鎬	낙원동181
선죽재문고출판사	306	이호섭	회현동1가18
醒覺社	698	채정근	통의동35-2
성결교회출판사	509	박현명	충정로3가35
성균관출판부	754	김창숙	명륜동3가74
성문당서점	319	이종수	서대문로1가79
성문사	19	박성산	세종로206
誠文社	680	서상원	안암동167-15
성신각	751	홍승봉	원남동142
성신대학	611	윤을수	혜화동9-2
성일사	610	김교영	관철동83
성정제세교	522	김지현	장사동224-4
세계문학사	25	이북	태평로1가31
세계문화사	491	박두헌	경운동96
세계문화연구소	655	김일수	인사동26
세계서림	132	정성규	교남동75
세광사	562	오두환	청파동2가52
세기과학사	529	이종호	중학동28
세기프린트사	68	장상원	필동1가37
세문사	344	조성진	남산동3가13
세종문화사	666	정제원	낙원동218
세창서관	139	신태삼	종로4가77
세화발명장학회출판부	410	이진수	종로3가78
소피아책방	396	조주흠	혜화동9-6
송강출판사	563	오자국	신당동328-84
수도경찰학교출판부	148	정만금	남산동2가26
수도대학안내사	617	최생규	태평로2가292-39
수도문화사	609	변영경	남대문로2가32
수로사	643	이태우	종로2가77
수문관	257	김명섭	충무로3가18
수문사	320	신상호	누상동22
秀文社	340	남성희	신당동336-144
수문사	89	이허수	효제동8

출판사명	등록번호	대표명	주소
수산경제신문사	226	柳龍大	을지로2가117
수선사	494	백인제	명동2가57
首善書林	697	白鵬濟	명동2가45
수학연구사	721	정형구	공평동93
숭문사	35	한용선	서대문로1가3
숭성사	548	김진언	북아현동1-335
勝利社	790		회현동1가189
시문학사	288	임춘길	종로1가42
시인군사	133	성기원	성북동180-8
시조사	111	원윤상	청량리1
時潮社	238	서정균	남산동2가14
신경제출판사	65	신태의	서린동161
新光출판사	784	池中世	종로6가239-37
신기문화사		최용준	청파동1가1-43
신동아경제특보사	266	이완춘	필동1가56-1
신동아경제흥신소	264	박완춘	필동1가56
新明社	667	이청	제동38-5
신문예사	47	김원용	소공동93
신문평론사	461	이해창	내자동7
신문화사	126	하준석	회현동2가90
신문화연구소출판부	18	김일출	을지로2가199-55
신민사	454	오청	신당동372-13
신민출판사	714	박홍순	아현동123
신생사	194	유형기	북아현동1-390
신생활사	374	서두수	을지로1가79
신세계사	229	김정수	장충동1가37
신세기사	704	趙洛鉉	을지로1가199
新世代社	736	안병길	충무로4가131
신소년사	367	이갑성	아현동570-54
新藝閣	745	元致豪	팔판동46
신인사	313	박한석	신당동294-34
신인사	547	차규상	서대문로1가129
신조선교육문화협회	676	金暎	명동2가25

출판사명	등록번호	대표명	주소
신조선사	463	權泰棠	청진동188
신지사	616	최진태	돈암동471-95
신진문화사	16	김용석	북창동93
신진사	283	한태환	신설동380-13
신학사	150	최태성	다동53
신한공판사	659	이회백	광희동2가28-305
신한도서출판사	423	한영협	을지로1가216-2
신한문예사	67	조중서	저동1가30
실업조선사	506	김응방	양동86
십자가사	451	송태용	주교동313-3
아동문예춘추사	103	김시필	종로2가91
아동문예출판사	98	김인경	을지로4가1
아동문화사	291	박성호	서대문로2가1
아동문화사	720	신인규	돈암동468-69
아동미술사	497	장덕	원남동228
아동원	56	이인환	충정로3가359
아모로舍	728	金義煥	후암동27-1
아문각	282	이석중	공평동121
兒文社	747	丁海興	태평로2가46
雅美莊	679	김천하	행촌동31-2
아세아출판사	567	고두만	남영동25
아세아프린트사	297	김강현	서대문로1가58-37
아이생활사	472	정인과	서대문로2가89
애미사	359	김광주	효자동69-3
애민문화사	471	鈺三賢	서대문로2가89(原文誤植?)
앵무사	247	邊鎰	무교동63
야사연구회	13	김현송	누상동9
陽山文化社	699	金容虎	효자동251-1
양양사	58	이은홍	태평로1가72-2
어리사	573	신현정	명동2가82
어린이동무사	600	김병철	서대문로4가64
여론사	281	노수연	을지로2가63
여명각	45	권명수	천연동90-6

출판사명	등록번호	대표명	주소
여성문화사	502	노천명	안국동107
연광사	467	차만기	정동17
연교사	386	박수원	이화동132
연구사	127	김주려	도동2가91
연문사	602	하헌우	상도동산6-451
硏修社	768	李昌根	냉천동250
연심사	758	이종욱	창신동13-5
연진사	256	천병승	영천동180
연학사	75	황종수	다동12
영당사서점	413	배영배	을지로4가91
영등포아동문화사	661	고한식	양평동242
영수학관출판부	486	김현문	태평로2가176
英語硏究社	774	金昌秀	돈암동92
영원한복음사	581	한예녹	저동2가88
영인서관	31	강선형	종로2가84
영창서관	244	유장렬	종로2가98
영화시대사	48	한경	충무로3가34
예문각	231	박돈수	을지로1가7-1
예술문화사	583	김종성	당주동15-1
예술신문사출판부	72	김용호	종로1가42
예술평론사	385	채규철	필동3가79
오문출판사	421	설의식	태평로1가31
五洋출판사	735	이호협	을지로1가85
五一社	662	백인헌	중현동1가46
溫文舍	308	박봉석	회현동2가37
외국사정사	668	신정근	명동2가93
요업조선사	534	김용근	서린동128
우리문학사	275	홍구	소공동93
우리문화사	469	潘鈺	남창동159
우리사	429	송춘봉	묘동130
우리서원출판부	445	전우진	경운동69
우문당	348	황윤희	을지로2가97
右文社	411	김창집	다동145

출판사명	등록번호	대표명	주소
又華社	657	김병순	낙원동133
郁文舍	309	이재욱	아현동369-8
운동공업도서출판부	66	박순범	한강로3가40-12
웅변구락부출판부	224	姜齊煥	사직동262-14
월성사	613	계명원	북아현동3-151
유길서점	77	신재영	종로1가60
육문사	144	이강준	관훈동198
육생사	595	홍석우	혜화동113-2
육성각	349	최대용	을지로1가12
육영문화사	576	김대수	후암동164
육영사	159	황종연	종로1가74
융문사	376	맹윤호	효제동39-4
을유문화사	248	민병도	종로2가영보삘
이문사	574	허형	충무로3가33
이문회출판사	364	양승운	을지로3가303-1
이상서원	460	박병순	을지로1가178
이상촌사	560	장시화	한강로1가205
二友商社	787	姜興遠	을지로1가199
인문당서점	579	심일준	훈정동34
인문사	557	김기석	서대문로1가25
인민사	369	강대옥	을지로2가40
인민평론사	277	임철	충무로1가31
一閣	436	秉河洙	소공동112(原文誤植?)
一民文化社	776	金道俊	명동2가25-14
일성당서점	74	황종수	다동12
일성이준선생기념사업협회	700		강기덕 인사동59
일신사	158	김만수	인현동1가114
일심사	639	홍봉진	을지로4가271
일월사	448	고재선	전농동588-43
일장각	113	呂南	돈암동421-8
임서사	778	성청흠	연지동5
자각출판사	4	이동일	남대문로2가133
자유문화사	620	이경선	제기동148

출판사명	등록번호	대표명	주소
자유신문사출판부	130	정인익	저동2가73-4
자유출판사	187	김한준	예지동108
자유출판사	278	김동수	충무로2가179
자유평론사	342	이지정	을지로2가199-53
壯文社	795	申臺熙	종로2가61
적성문화회	134	이원헌	남대문로1-97
전국근로자신문사	433	신진균	충무로2가27
전문사	487	정대도	북창동152
精文堂	798		
正文舘	41	이윤성	종로1가42
정문사	207	김기종	경운동96-3
精文社	477	방준영	종로2가71
정문활판사	321	조성호	후암동140-1
정민문화사	550	김성숙	상도동248
정민사	118	김정민	수표동38
정음사	106	최영해	회현동1가3-2
정의사	119	김정문	을지로3가292
제7서방	92	이해창	내자동5
제일신문사	615	조심건	회현동2가6
제일출판사	792		
조광사	711	문동표	태평로1가61
조국문화사	299	이혁	장충동2가193-37
조국재건본부출판국	710	최중집	낙원동143
조선건축기술협회	180	金究基	수표동36
조선경제사	233	홍필선	남대문로2가135
조선경제신보사	290	한기수	명동2가22
조선경제연구소	466	김규성	청파동1가1-43
조선경제연구소출판부	489	김수남	을지로1가151
조선계몽문화사	513	장직환	을지로4가55
조선공민교육협회	322	조태익	남창동159
조선공보사	638	박운봉	흑석동24-26
조선공업구락부출판부	154	최호	양동86
조선공업기술연맹	434	이석화	청진동188

출판사명	등록번호	대표명	주소
조선공업도서출판사	250	김팔현	북창동48
조선공업문화사출판부	181	변경걸	중학동12
조선과자신보사	515	정한섭	갈월동98
조선과학기술연맹출판부	289	김봉집	을지로1가168
조선과학사	236	민헌식	충무로1가48
조선과학자동맹출판부	96	윤행중	다동63
조선광고신보사	707	김돈영	관철동83
조선광복학군동지회출판사	3	김성종	경운동50
조선교육쾌도협회	11	장의영	순화동6
조선교육도서출판사	526	조득성	소공동115
조선교육동화사	370	김충경	을지로2가38
조선교육문화주식회사	101	어윤일	남대문로3가94
조선교육연구회	15	안호상	종로6가185
조선교학사	334	서성재	경운동96
조선금융조합연합회	234	배의환	충정로1가75
조선기계기술협회	528	이채용	태평로2가365
조선기독교서회	198	배례사	종로2가91
조선농업기술협회	336	유재환	수표동38
조선도서간행회	40	변인선	을지로6가18-59
조선도서문구주식회사	530	최장수	명동2가78
조선맑스엥겔스레닌연구소	184	최승우	남대문로5가
조선문광사	702	金永義	종로1가45
조선문예사	33	오광배	소공동77
조선문예사	706	賈燕	을지로3가175
조선문학가동맹출판부	279	이태준	남대문로2가133
조선문학사	129	지봉문	소공동93
조선문학신인회서기국출판부	554	우영	다동98
조선문화경제협회	100	최인재	인사동220-2
조선문화관출판부	481	양재하	돈암동262-17
조선문화교육출판사	185	이항성	필동1가37
조선문화사	61	김동욱	한강로2가32
조선문화사	622	성후덕	이태원동416
조선문화서적교환사	9	박효원	을지로2가128

출판사명	등록번호	대표명	주소
조선문화연구사	592	한치진	사직동304
조선문화협회	1	안명길	효제동128
조선문화협회	314	이동석	을지로2가199-17
조선민속학회	458	송석하	계동2
조선방직기술협회	713	劉斗燦	무교동12
조선법학회	478	이범승	명동1가10
조선병서출판사	553	변성하	태평로2가364
조선사	253	鄭橋炳	을지로2가199
조선사진출판사	228	李基挺	청파동1가122
조선산업노동조사부	403	강문석	성지동49-2
조선상공신문사	510	한응렬	회현동2가6
조선서관	175	양우정	북창동84
조선성공회	176	정태응	종로2가93
조선소년단출판부	59	전병의	중앙청 구내
조선소년문화협회	190	강명동	예장동1
조선소년운동중앙협의회	404	정성호	운니동100-1
조선수리조합연합회	12	주석균	세종로189
조선스포츠사	312	이병학	충무로2가92
조선시론사	633	허송서	서린동1-5
조선시사공론사	629	석기옥	을지로1가199
조선신론사	525	尹衡重	견지동65
조선신문학원출판부	672	곽복산	을지로2가117
조선신문화사	723	유태섭	서소문동53-5
조선아동문화보급회	285	박노일	신설동330-3
조선아동문화협회	249	민병도	종로2가영보삘
조선약보사	455	한윤수	세종로136
조선에스페란토사	468	이극로	을지로2가199-17
조선여행사	762	閔瑗植	을지로1가101
조선여행사	766	閔瑗植	을지로1가101
조선여행안내출판사	470	김성민	충무로3가93
조선예수교장로회종교교육출판부	473	정인과	서대문로2가89
조선예술원	632	박만용	남대문로2가133
朝鮮運通新置社	296	김한길	한강로2가220

출판사명	등록번호	대표명	주소
조선원예회	490	김호	세종로1
조선은행조사부	684	박재욱	남대문로3가50
조선음악출판사	457	황준성	충무로2가11
조선의보사	122	김두종	필동3가21-3
조선의약신보사	216	신호균	청진동201
조선인류학회	399	이석락	송현동49
조선인류학회	521	이석락	송현동49-1
조선인사통신사	116	김용해	을지로2가40
조선일보사	60	방응모	태평로1가61
조선자동차통신	330	차태경	청진동188
조선전기기술협회	339	김봉집	을지로1가168
조선전기기술협회	733	김봉집	청진동188
조선전보통신사	512	백남도	안국동153
조선전설학회	242	최상수	충무로2가28
조선정경연구사	274	김종범	도동2가204
조선정보사	412	박영랑	관훈동95
조선좌익서적출판협의회	496	온낙중	안국동155
조선중앙일보사출판부	172	이달영	남대문로3가105
조선지도출판사	391	차준표	세종로204
朝鮮地歷圖書出版社	647	고성균	충무로2가39
조선지적사	255	이갑태	가회동1-17
조선진서간행회	644	오한근	관훈동73
조선청년사	441	최상린	회현동2-6
조선축구협회	618	하경덕	다동93
朝鮮出版部	740	科學烈	을지로2가40
조선출판사	223	이홍기	내수동194
조선출판사	379	김천청	남대문로1가99
조선출판신문사	117	최성원	을지로2가40
조선토건경제일보사	271	이원식	무교동59
조선토건보도사	652	염준영	갈월동44-3
조선토목기술협회	237	이규완	청진동188
조선통신법제학회	345	조성진	남산동3가13
조선통신사	87	김승식	종로2가8

출판사명	등록번호	대표명	주소
조선프린트출판사	449	한웅	남대문로5가74
조선학교도서출판부	64	이강렴	궁정동87
조선해방문화사	405	남기훈	운니동100-1
조선행정학회	614	임병린	효자동143
조선혁신문화사	783	姜日馨	회현동2가7-1
조선홍신소출판부	727	정상옥	충정로1가90
조알사	439	이봉구	신설동1-31
朝陽중학교교우회문예부	796	康萬壽	동자동17
종려출판사	650	임백규	돈암동458-569
종로서원	718	김환기	종로3가13
종로서점출판부	623	강윤석	종로1가40
종현가토릭청년회	599	김연권	명동2가1
중앙경제사	115	조정건	가회동170
중앙도서출판사	73	김명식	남대문로2가122
중앙문고	603	박홍수	송현동5-1
중앙문화사	27	김치복	종로2가91
중앙문화협회	427	이헌구	남산동2가1
중앙서림출판부	763	金福鳳	무교동13
중앙일보출판부	157	한동희	한강로2가220
중앙출판사	177	김진복	을지로3가71
중앙통신사	163	柳仙	세종로139
중앙통신중학교	114	오의겸	태평로1가61
중외상공정보사	619	唐世均	종로2가43
중외정보사	215	이민구	공평동93
중외정보출판사	628	신보영	예지동88-3
지문각	761	白濟賢	봉익동159-1
지성당	328	이갑두	아현동63
지성사	199	김상호	봉래동1가
진단학회	459	송석하	예장동2
진성당	21	김우훈	충무로4가93
진흥서림	716	강남형	종로2가98
진흥출판사	591	김종석	을지로3가44-3
集文閣	777	金炳植	을지로4가4

출판사명	등록번호	대표명	주소
創建社	692	고영복	후암동335-5
創光社	744	朴鳳鎭	중학동18-5
창문사	209	徐山龍	경운동96
창원사	426	김찬식	필동2가78
창인사	38	이규하	명동2가25
창조사	588	허윤석	종로6가1-14
채문사출판부	293	인익환	서린동26
천민보사	527	송중곤	경운동88
철문사	586	나종철	중의동76
청광학문사	709	민화식	을지로1가101
청구서림	394	이병훈	충무로4가15
청구서점	360	박상완	낙원동300
청구문화사	245	이춘송	송현동47-3
청년문학예술연구회	380	박완	종로3가71
청년사	82	박종대	명동2가82
청년잡지사	545	변성옥	종로2가9
청년학생일보사	442	김용일	남대문로5-1
청담사	752	홍은건	돈암동412-9
청동시대사	648	황병호	명동2가31
靑驢社	730	金素雲	명동2가69
청수사	361	한재우	봉익동12
청우사	30	김경섭	한강로2가84
청화사	504	전부영	한강로11
초음사	51	정희철	중학동12
총문각	210	黃玄文	무교동33
春秋社	770	安光毅	을지로3가259
출판문화보급회	384	이해문	충무로4가6
취영암	107	김교희	중북동6-36
탐구당서점	217	홍석우	혜화동113-2
태극서관출판부	76	김병연	을지로3가22
태백서적공사	183	배섭	충무로2가3
태성회출판부	186	손회영	종로2가67
태양당	90	오규원	인현동2가181-53

출판사명	등록번호	대표명	주소
태양당출판사	651	최동기	갈월동71
태평문화출판사	590	조규설	을지로6가200-3
태화서관	265	강하형	예지동101
통문관	511	이겸로	관훈동147
평문사	171	조용균	종로6가215-6
平凡社	742	朴漢壽	충무로3가58
학생사	230	김정수	을지로2가180
학생신문사	71	정갑수	서대문로2가89
학생영어사	708	최창건	후암동158
학습사	136	김남주	도렴동54
학습연구사	738	서재호	관훈동53
학영사	498	안용순	신당동393-17
學藝社	746	朴英晩	인현동1가132
학우사	104	안종칠	효자동185-1
한국계몽문고사		신익희	교남동30
한국실업사	717	김업규	종로5가444-3
한국여성협회출판부	683	최은서	인현동1가26
한글문화사	539		
한글문화사	793		
한글사	203	윤영	원남동28-1
한글사	20	이극로	청진동188
한민출판사	6	박춘석	인의동92
한보사	287	조각산	운니동114
한성도서주식회사	99	이창익	견지동32
한성신문사	383	柳東冕	회현동1가198
漢城中等校	732	金容國	북아현동292
한성출판사	197	박승래	충무로4가125
韓洋社	781	宋基柱	북아현동1-223
漢榮출판사	705	朴漢榮	충무로2가91
한중협회문화부	722	안재환	봉래동1가8
한흥재단	366	유동렬	종로2가3
합동통신사	301	김동성	을지로1가101
合名會社首陽文化社	739	박철	을지로2가49

출판사명	등록번호	대표명	주소
항공조선출판사	542	윤창현	종로2가100
恒心社	785	高光來	사직동9
해동도서주식회사	155	김해천	세종로139
해동문화사	626	김시달	수송동27
해방서림	630	이거제	경운동96-3
해방출판사	495	추교철	수표동36
해양경제연구소	108	김규희	남대문로5가1
海王社	689	김래성	돈암동69-19
海月社	767	李容極	낙원동250
행문사	520	유치진	갈월동7-21
향토연구회	424	최상수	신당동407-1
向學社	769	南進沃	인사동201
헌문사	112	李秀馨	남대문로2가133
혁신사	169	강상운	세종로210
혁신서원	538	김봉손	충정로3가65
혁진사	408	변재근	묘동143
현대과학사	42	백남홍	종로2가130
현대문화사	109	이강세	후암동105
현대문화사	432	여상현	충무로2가49
현대사	475	박대우	갈월동27
현대일보사출판부	110	서상천	관훈동130
현우사	323	원정환	종로1가74
현우사	32	이근종	천연동120-9
현인출판사	493	김광한	남대문로2가133
협동공제출판부	346	김명수	관훈동197
형제출판사	17	박공	남대문로1가90
호문사	294	양재기	을지로2가69
호텔타임스사	420	김휘영	동자동12
홍문서관	24	김완기	종로5가44
홍익사	284	송호요	회현동3가9
화성양행출판부	505	이재주	소공동113
후생문화사	782	徐在鴻	갈월동52-3
후생신문사	503	송찬도	을지로2가199

출판사명	등록번호	대표명	주소
휘진사	214	오준영	창성동57
흑백사	578	김윤하	충정로3가3-100
흥국정보사	147	함태영	인현동1가31
홍문당서점	39	이홍배	서린동126
홍문자출판사	452	박윤규	숭인종184-10
흥민사	7	이한용	원효로1가17-45
홍한출판사	756	홍은표	저동1가59
희망사	719	이영석	종로1가40
(공란)	598		
(결번)	670		

| 해방기 출판사명부 2 | 출판대감에 없지만 본 목록집에서 확인된 곳

* 엄밀히 말하자면 전문적 출판사라기보다는 출판, 발행의 주체임.

가톨릭출판사

가톨릭학생회(잡지)

歌好音社

강릉문화협회

강화문화원(잡지)

개성부

改潮출판사

거이집

建國公論社(잡지)

建國技術學校(잡지)

건국웅변회(잡지)

건국정신추진회

建論社출판부

建設文化社(잡지)

경기공립상업중학교

京畿道鑛工部鑛工課課友會(잡지)

경기도汽罐협회(잡지)

京畿道內務局

경기도상공국광공과과우회(잡지)

경기도학무과

京畿女子·學徒護國團 文藝班(잡지)

경기중학교[단+잡지]

慶南韓方醫藥會(잡지)

京東公立中學校(잡지)

경무부경찰교육국

警務部警察敎育局(잡지)

慶文社

경복중학교[단+잡지]

경북果物동업조합

慶北敎育協會[단+잡지]

경북산림과

경북학무국

경상남도농산과(잡지)

경상북도농업경제과

京城圖書出版社

경성안내사

경성전기(주)(잡지)

경성정치문제연구소

경성초등교육건설회

경제공론사(잡지)

경주중학교

警察敎養協助會

京和出版社

鷄林社

鷄林書館(잡지)

계림학회[단+잡지]

계몽문화사[단+잡지]

계몽출판사

계문사

계성문화사

계성여중학도호국단(잡지)

啓養社

高麗神學校

高麗神學學友會(잡지)

공신인쇄주식회사

公州郡廳友會(잡지)

科學文化社

光明出版社(光州)

광복단중앙총본부

광성서점

光州府

光州의과대학학우회문예부(잡지)

광주형무소

광지사

光昌閣

廣韓書林

교계춘추사[단+잡지]

敎文社[대구]

교양프린트社

敎育新聞社(잡지)

敎育硏究社

교육자료조사연구회

교육주보社

交通部

교화사업국민수양원(잡지)

교회음악연구회

九皐山房

구국기도단(잡지)

구세군대한본영本營

菊露社

국립개성박물관

국립농사시험장

국립중앙관상대

국민공론사(잡지)

국민사상통일협회

국민일보사

국민출판사

국방부

국방부정훈국(잡지)

국방연구회

국어교육연구회(잡지)

國際文化公會

국제문화사

國際文化協會

國際社

국제사업연구소

國際事情硏究所[단+잡지]

국제조판사

國學大學[단+잡지]

國學圖書出版館(株)

군산기독청년회

群山民報社

群山天主敎會

群星문화사

군정청[단+잡지]

권준장군병서출판후원회

극동문화사

극동정보사

근역인서관

槿域出版社

槿友출판사

글동무사(잡지)

글벗사

기독교농민회(잡지)

기독교중국형제단본부(잡지)

기독세계사

기독청년연합회

奇雅서관

김구자서전『백범일지』출판사무소

金木浪시집간행회

김상옥열사기념사업협회

김천형무소

洛東서관

남대문국민학교

南星社출판사(잡지)

남원공립국민학교

남원농업중학교

남조선과도정부

南프린트社

南鄕文化社

낭만파사(잡지)

浪州文化社

내무부치안국(잡지)

내외공보사

內藏寺

노동사(잡지)

農林部農地局

農林新聞社

農本社

농사개량원

農山漁村文化協會

農藝圖書出版社

농촌문화사

能仁中學校文藝部(잡지)

대건인쇄소

대건출판사

大邱國民琢磨塾(잡지)

대구사범대학출판부

대구서부공립초등학교(잡지)

대구여자중학교교우회(잡지)

대구중학교교우회(잡지)

대구지방법원심리원등기과

大東社

大東商業中學校(잡지)

大東신문사

大東新聞社(잡지)

大陸出版社

大明문화사

大雅출판사

大洋公司

大洋堂

大倧敎總本司

대중공론사

大衆公論社(잡지)

대한고무공업협회(잡지)

대한교과서주식회사

대한교육연합회

대한교학주식회사(舊 同心社)

大韓農會[단+잡지]

대한독립국회성립사건행회

대한독립청년단총본부

대한독립촉성국민회선전부(잡지)

대한독립투사후원회사업부

대한문화협조회

大韓民國公報處[단+잡지]

대한민국국회[단+잡지]

大韓民國外務部情報局(잡지)

대한민국임시정부선전부

大韓民國奬學士會(잡지)

大韓民國政府[단+잡지]

대한민족청년단 金泉단부

大韓民族靑年團(잡지)

大韓法理硏究會(잡지)

대한상공회의소[단+잡지]

대한소방사(잡지)

대한애국정신보급회

대한원예회

大韓柔道聯盟

대한인쇄공사

대한일보사

대한잠사회

大韓財務協會(잡지)

대한적십자사선전부(잡지)

大韓出版社

대한토건협회(잡지)

大韓行政學會

대한화학회(잡지)

대흥사

덕흥인서관

島山安昌浩先生記念事業會

都市文化社

독립노동당선전부

돌다리사(잡지)

東溪文化硏楊社

東光社(잡지)

東光新聞社

東國大學佛[단+잡지]

東農社

同德女子中學校文藝部(잡지)

東明出版社

동방신문사

冬柏(詩會)

동백社

東鮮인쇄주식회사

東亞大學小芸群像同人會(잡지)

동아문화사

東亞印書館

東亞日報社

東亞出版社

東洋公司出版部

동양순보사(잡지)

東洋醫學會(잡지)

同硏社(株)

동학사

動向社

童話社

東興서적(잡지)

登龍閣

蘭水社

露語學會

만화신문사(잡지)

맑레출판사

勉學書舖

明光사

明吉堂

明星社

명성출판사

모던서울사(잡지)

목포공립상업중학교 문예부(잡지)

목포예술문화동맹[단+잡지]

목포정명공립여중

無窮花社(잡지)

무대예술사

無等敎育出版(株)

무등서적인쇄(주)

無名樂器店

文耕社

문교부[단+잡지]

文明社

文星社

文硏堂

文藝社[단+잡지]

文藝新聞社

문예조선사(잡지)

文友社

文隆社

文章社(잡지)

문진문화사

문학연구회

文海社

문화공론사

문화교육출판사

문화보급사

문화서원

문화신문사출판국

文化印刷社

文化情報社

문화통신사(잡지)

미국공보원[단+잡지]

美術프린트社

民鼓社[단+잡지]

民敎社

民聲社(잡지)

民心社[단+잡지]

민족문화연구소[단+잡지]

민주공론사(잡지)

민주문화사

民主議員公報部

民主戰線社(잡지)

민주주의민족전선선전부

民衆朝鮮社[단+잡지]

박애원문화부(잡지)

박열장학회

반딧불社

발전사출판부

배달재건사

培材中學校(잡지)

백남공업중학교(잡지)

白林社

白脈會(잡지)

白蛾社

白磁社

百濟社(잡지)

白潮社

凡文社

凡章閣[단+잡지]

범조사

법률평론사

法務部

法制處

法曹協會(잡지)

보건문화사

普光출판사

保隣院

寶林舍

보문서관

寶文출판사

普成中學校(잡지)

鳳仙花童謠會

부산경제연구회(잡지)

부산수산대학

부산인민해방보사(잡지)

북미세계교회사업상담소외국전도조선위원회

北鮮學生援護會

北韓特報社(잡지)

불교공보사(잡지)

飛鳳學會

사법부형치부(잡지)

사진순보사(잡지)

사회과학연구소

社會科學叢書刊行會

社會發展社

社會部勞動局

山聲會(잡지)

山雅房[단+잡지]

산악사

산업공론사(잡지)

三省社

三羊舍

삼우출판사

三重文化社

三中社

삼천리인서관

삼청(서울)국민학교

三協文化社

三乎閣

상문관

象牙塔社(잡지)

상업일보사

새나라사

새문화社

새벽종閣

새싹사(잡지)

생활미술연구회

생활신보사

書光社

서울公印社

서울교향악협회(잡지)

서울機關협회(잡지)

서울대학교[단+잡지]

서울文化社

서울미술연구회

서울시공보과(잡지)

서울시교육회[단+잡지]

서울여자의과대학(잡지)

서울音樂硏究會

서울音樂出版社

서울자동차운수협력사

서울정치교육사

서울중학교문예부(잡지)

서울地方檢察廳

석금동인사

石潭社

善隣公立商業中學校(잡지)

先鋒社(잡지)

禪학원

雪友社

성공사

星光文化社

醒島社

星東文化社

聖文學舍

聖神大學附屬中學校

성인교육협회총본부

星座社(잡지)

세계약소민족해방사통신처

세계평화연맹

세브란스의대출판부

世宗文化社

소양학술연구회

首都管區警察廳

秀文堂

首英社

水鄉書軒

受驗社(잡지)

수험연구사

受驗指導社

淑明女子中學校[단+잡지]

順天建國婦人會

時潮社

시조연구회

詩塔社(잡지)

식량공사

新建社

新古史출판부

新敎育硏究會(잡지)

新農民社

新大韓圖書(주)

新羅書店

신망애양로원(잡지)

신문관

신문학사

新文化社

新思潮社(잡지)

신생교재사

신생사(?)

신생한글연구회

新生活協會出版部

新星문화사[단+잡지]

新聲文化社(잡지)

신성문화사출판부(잡지)

신앙동지회(잡지)

新女苑社(잡지)

신영화사(잡지)

新苑社(잡지)

新人會(잡지)

新章閣

新潮社[단+잡지]

신조선권투사(잡지)

新朝鮮文化社

新朝鮮社

신조선사(잡지)

新昌社

新太陽社(잡지)

신태평양사(잡지)

新韓圖書印刷(株)

신한인쇄공사

新韓正義社

新韓出版社

新興國語硏究會

新興文化社

新興書舘

신흥출판사

實業敎育會

아동교육연구사출판부

아동교육연구회(잡지)

아동구락부사(잡지)

兒童社

兒童藝術院

아시아문화사

安東基督靑年會

안동철도국

안성문화사

安義中學校文藝部(잡지)

안중근선생36주기추도회

愛智社

애지세계사

야담사(잡지)

養正中學校(잡지)

輿論社出版部

麗膽社　대전

여성공론사(잡지)

여성문화사(잡지)

역도중앙총본부출판부

聯建出版部

延泉中學校期成會

연합성서공회

聯合新聞社

연희대학[단+잡지]

영남국어학회(잡지)

영남문학회(잡지)

嶺南日報社

永文社

永寶서관

英友社

영웅사

영화출판사

藝文社

藝術部落社(잡지)

예술시대사(잡지)

예술신보사(잡지)

예술영화사(잡지)

예술타임스사(잡지)

예술통신사

예천서부공립국민학교

五線社

용산공립중학교(잡지)

우리공론사(잡지)

宇信商事出版部

우신사

운수국공무과건우회사업부

운수국운전과내운전협회(잡지)

雄辯文化社[단+잡지]

웅변사(잡지)

원불교중앙총부원광사[단+잡지]

有文閣

유문사

有廈出版社

육군본부작전교육국

陸軍本部情報局

陸軍本部政訓監室

육군본부정훈감실(잡지)

육군사관학교교무처

銀映社(잡지)

을문관

音樂社

醫友會(잡지)

理想사

理想書院

梨花女子大學出版部[단+잡지]

이화여자중학교(잡지)

인민문화사

人民評論社[단+잡지]

인창서관

인천공업중학교(잡지)

仁華출판사

一民主義硏究院

一般프린트社

日新사

일심프린트사

一六同進會(잡지)

一韓圖書出版社

임마누엘사(잡지)

自省文化社

자유문학사

장로회총회종교교육부

장로회신학교(잡지)

再建社

再建社(잡지)

적성문화사[단+잡지]

전국농민총연맹선전부

全國文化團體總聯合會(잡지)

전국복장연구회

전국불교도총연맹선전부(잡지)

전남국어학회(잡지)

전남물가감찰서(잡지)

전남산림회 광주

全羅南道農業技術院(잡지)

전라남도청

전라북도학무과

전라북도후생국

全同盟共産黨中央委員會所屬政治出版部

全北公論社(잡지)

전북중학교

全鮮간호협회(잡지)

전주서문외교회 유년주일학교

全州專賣局

전주해방사

前進社[단+잡지]

젊은이모임出版部

정경연구회출판부(잡지)

精巧社

正文公司

正相獎學會

정신과학연구회

精神文化社(목포)

정치경제연구회

정치문제연구소

精華社(잡지)

제5관구경찰서

제5관구경찰서(잡지)

제8관구경찰청(잡지)

第十區경찰서(잡지)

朝光社[단+잡지]

朝南社

朝文社

조선YMCA연합회

조선건국촉진청년동맹(잡지)

조선건민후생단생활문화사(잡지)

조선건축기술단(잡지)

조선고미술협회

조선공산당중앙위원회

朝鮮科學同盟 서울市支部

朝鮮科學文化社

조선광업기술협회(잡지)

朝鮮敎文社

朝鮮敎育聯合會(잡지)

조선교육출판(주)

조선교학도서(주)

조선국민음악연구회

조선국어학회출판국

조선기독교청년연합회(잡지)

조선농회

朝鮮大學校[단+잡지]

조선도덕촉진회(잡지)

조선맑스엥겔스레닌연구소

조선문화건설중앙협의회(잡지)

조선문화단체총연맹

조선문화창조사(잡지)

朝鮮民族靑年團組織部

조선민주애국청년동맹중앙위원회

조선발명고안연구위원회

조선방직협회(잡지)

朝鮮法政硏究會

조선보육사(잡지)

조선복음사

조선복장협회

조선사료간행회

朝鮮寫眞文化社(잡지)

조선상업은행

朝鮮商業銀行(잡지)

조선생물교육회(잡지)

朝鮮生産品管理院(잡지)

朝鮮書籍印刷株式會社

조선서적판매주식회사

조선섬유회(잡지)

조선성서공회

조선소년운동중앙협의회(잡지)

조선속기보급학회

朝鮮水利組合聯合會(잡지)

조선수산업회

조선수산학회(잡지)

朝鮮時報社[단+잡지]

朝鮮殖産銀行調査部(잡지)

朝鮮殖産銀行行友會本部(잡지)

朝鮮兒童文化社

조선아동旬報社

朝鮮兒童會

조선아동회(잡지)

조선애국부녀동맹출판부

조선어사전간행회

조선어연구회

조선어학회[단+잡지]

조선여행안내출판사전매사업발행부

朝鮮歷史編纂會

조선영어연구회

조선예술연맹(잡지)

朝鮮窯業協會(잡지)

조선운수주식회사(잡지)

조선음악교육협회

조선의학협회(잡지)

조선인민보사후생부

조선인쇄회사

조선임업회

조선재건본부출판국

조선적십자사

조선전업공사(잡지)

朝鮮政治經濟硏究會

朝鮮政治敎養同志會

朝鮮精版社

조선조형예술동맹(잡지)

朝鮮週報社(잡지)

朝鮮天主敎會殉敎者顯揚會

朝鮮靑年文學家協會慶南本部

朝鮮遞信文化協會(잡지)

朝鮮體育硏究院

조선체조연맹출판사

朝鮮春秋社(잡지)

朝鮮出版文化(株)

朝鮮出版文化社(잡지)

朝鮮出版文化協會(잡지)

조선출판중앙총사

조선탁구타임스사(잡지)

조선통신법정학회

조선통신사출판부(잡지)

조선학술원문화출판부

朝鮮合會敎育部

조선항공협회(잡지)

조선향토생물연구회보급부

朝鮮火災海上保險(株)社友會

朝洋社出版部

종로서관

鐘三書房

竹筍詩人俱樂部(잡지)

衆聲사(잡지)

중앙경제위원회

中央工業硏究所(잡지)

中央工業硏究所硏究會(잡지)

中央堂

중앙문화보급사

중앙서사

중앙인민위원회서기국

중앙인서관

중앙정경연구소(잡지)

중앙정론사

중앙중학교[단+잡지]

중앙청공보부[단+잡지]

中央出版社

中央通信中學校(잡지)

중앙평론사(잡지)

中央厚生事業聯合會(잡지)

중외경제연구회

중외문화협회

中學生社(잡지)

직업여성문화사(잡지)

眞敎문화사

진달래사(잡지)

진리총서간행회

眞誠堂

진주사범학교

진주농과대학기성회

晋州프린트社

震學出版協會

振興精版社

創建社

창경(서울)공립국민학교

創造社

천도교총부경리원

千文社

천안공립농업중학교(잡지)

천주교회경성(서울)교구

哲也堂書店

靑丘舍

청구서점

청년문화사

청년신앙운동본부(잡지)

청년외교협회

청년조선동맹남산지부(잡지)

靑濤社(잡지)

靑銅時代社(잡지)

靑路사

靑巒舍

靑石庄

淸友구락부(잡지)

청운(서울)초등학교

청진서관

靑春劇場出版部

청춘사

靑和社

체육문화사(잡지)

초등교육출판주식회사

출발사

충남농업기술원

충북문화사

충청북도건국교육회(잡지)

鷲山書林

治刑協會

太極서관

太白出版社(잡지)

태양사(잡지)

태평양사(잡지)

토지개량조합연합회(잡지)

특허국

파랑새사

평안청년회

평화교육문화사

평화도서(주)

豊文女子中學校(잡지)

學林社

學兵同盟本部(잡지)

학생공론사(잡지)

學生文藝指導硏究會(잡지)

학생문화연구사(잡지)

학생월보사[단+잡지]

學苑社

한국무역협회(잡지)

한국문화연구소(잡지)

한국민주당선전부

한국발명협회(잡지)

한국상공회의소(잡지)

한국여론협회

한국외교협회

한국은행(잡지)

한국은행조사부(잡지)

韓國印刷(株)

한글동학회

한글문화보급회[단+잡지]

한길사

한미프린트사

韓美協會出版部(잡지)

한민출판사

한밝사

漢城書林

한양서적도매공사

한얼　음(배달학원)

한일공인사

韓豊出版社

韓興양재문화연구회(잡지)

韓興출판사

합동도서(주)

합동사서점

합동통신대구지사

해군본부

海東公論社(잡지)

解放社

解放日報社[단+잡지]

해방통신사(잡지)

杏林書院

獻文社

혁명동지사[단+잡지]

혁명사

革新出版社

現代社(잡지)

協啓社

협동문화사(잡지)

協成文化社

彗星社(잡지)

협신인쇄사

彗星社

혜화(서울)국민학교

護國譯經院

湖南公論社(잡지)

湖南文化社(잡지)

호남평론사(잡지)

호서남공립국민학교

호서민중대학(잡지)

好樂社

洪文社

홍성공립중학교학도호국단(잡지)

홍익대학국문학연구회

弘志社

화랑사(잡지)

華城堂

화악동인회(잡지)

활문사출판부

활천사(잡지)

휘문중학교(잡지)

輝人書社

興國時報社出版部

興國出版社

興文社

홍사단

興韓財團

戲曲文學社(잡지)

희망각

후기

모두에게 감사하며

헌책방을 드나든 지 삼십오 년.

『불암통신』을 낸 지 이십 년.

'부지런한 계절이 피어선 진' 끝에 겨우 책 한 권을 엮어내게 되었다. 감히 밝히건대 이 책의 잘잘못이야 이제는 나를 떠난 것이다. '후기'를 쓰면서 이제야 말로 새로 시작해야 하는 게 아닌가 하는 마음 절실하다. 그만큼 부족함이 눈에 선하여 아쉽고 또 민망하다. 어찌했든 나로서는 내가 이 한권의 책을 내놓기까지 이끌어 주시고 사심 없이 배려해 주고 어울려 주신 모든 분들께 오로지 감사할 뿐이다.

여든의 중반을 넘어섰어도 老當益壯하시며 여전히 보살펴주시는 부모님께 이 책을 엮은 기쁨을 드리고 싶다. 더불어 米壽, 白壽 누리시기를 간절히 축원한다. 버지니아에 계신 큰 누이부터 천안의 동생까지 모두 감사한 마음을 전하고 싶다. 못난 同氣를 아껴준 마음 깊이 간직하고 있다.

재현고교에서 삼년 남짓 있다가 1985년에 보성으로 와서 이제 이십오 년이 되었다. 100년 역사를 넘긴 보성학교는 항상 '보성가족'을 내세우는 따뜻하고 뿌듯한 일터이다. 보성의 모든 분들께 감사한다. 근무하면서 이런 작업을 할 수 있었던 것은 아마 '보성'이었기 때문에 가능했을 것이다.

지난 여름 많은 이들의 울력을 모아 '근대서지학회'를 만들었다. 흔쾌히 초대 회장을 수락해 주신 서울대 전경수 교수님 이하 모든 회원분들께 감사의 인사를 전한다. 주제넘게도 이 책이 근대서지학회의 '근대서지총서' 시리즈의 첫 자리에 놓이게 된 것도 영광스런 일이다. 우리 회원들의 서지에 대한 사랑과 열정, 몸으로 뛴 박학은 몇 줄 글로 설명되지도 않거니와 그렇게 체득되는 것도 아님을 새삼 깨닫는다. 그분들의 2호, 3호의 저작들이 하나씩 쌓이고 거듭나면서 한국 사회에서 여러모로 열악한 근대서지의 위상을 정립시켜 나아갈 것을 다짐하고 확신한다.

　삼십오 년 전 처음 만났던 연신내 중앙서점 김방호 님, 일문서점 유화종 님, 문화당 박상우 님께 해묵은 인사를 올린다. 그분들로부터 책을 배웠다. 그리고 그리로 가게 만든 상명대 문헌정보과 교수 김종천 선배께도 감사드린다. 이십오 년 전에 만나 지금까지 나를 지켜주고 있는 보성서점의 김성영 사장에게는 염치가 없을 뿐이다. '이제 책 나왔다' 하면서 막걸리 한 잔으로라도 감사의 뜻을 전해야겠다. 통문관 종운 씨를 비롯하여 송파의 준석 씨, 혜화동의 전 사장님, 부산의 권 사장님 등 내게 책을 전해주신 모든 분들께 감사하지 않을 수 없다. 이 분들이 없었다면 이 작업 또한 있을 수 없었을 것이다.

　이십 년 전 『佛巖通信』을 출발시켜주신 이명선 선배님, 이어서 지켜주신 보고사 김홍국 사장님, 특히 열화당 이기웅 사장님의 넓은 도량은 잊지 못할 것이다. 『불암통신』부터 이 책에 이르기까지 題字를 도맡아주신 茅菴 尹亮熙 교수님께도 머리 숙여 감사드린다. 그 많은 분들의 음덕 때문에라도 뭔가 밀알이 되는 작업에 매진해야 할 것이다.

　목록집을 처음 계획할 때 목차까지 넣어야 한다고 말씀해주신 전경수 교수님, 도판을 모두 실어야 한다고 일러주신 한기형 교수. 결국 두 분의 의견을 다 반영하진 못했지만 따뜻한 관심에 감사드린다. 그리고 언론학의 대학자이시면서도 항시 소박하고 겸손하신 정진석 교수님. 교수님이 주신 깨우침으로 이 작업을 시작했고, 친절한 가르침으로 마무리지을 수 있었다. 실제 작업에 그 무엇보다 소중한 藏書를 거리낌 없이 제공해주신 춘천의 김현식 님의 넓은 품은 보배로 남는다. 한국교과서출판사의 전갑주 님, 박성모 님, 그리고 후배 엄동섭 님께도 깊은 감사의 마음을 전한다. 모두 근대서지학회 회원으로 너나없이 편안한 교류를 할 수 있었기 때문에 이번 작업이 가능했고, 앞으로도 더 많은 성과를 낼 수 있을 거라고 확신한다.

　이 책 『해방기간행도서총목록』은 어쩌면 개인적 욕망의 결과로 채워졌다고 해도 과언이 아니다. 분단 60년을 넘긴 우리가, 아니 내가 할 일이 무엇일까? 65년 전, 바로 해방기에 저질렀던 愚를 재연해서는 안 될 것이다. 감히 고언컨대, 그러기 위해서는 해방기를 다시금 직시할 수 있는 시각의 교정과 재학습이 있어야 할 것이다. 무엇보다 학계의 시각교정이 가장 시급하다. 좌우를 떠나 이념의 재단으로 잘못 만들어진 역사가 지금의 모습을 만들어 냈다. 편향과 편독으로 점철된 시각으로부터 벗어나는 일은 이제부터가 아닌가 한다. 시급하다. 지금 이 순간에도 자료의 편독은 여전하고 그 편독에 대한 믿음 역시 도도하다. 그 결과야 나로서는 역시 불을 보듯 뻔하다. 과거의 실체를 넓고 깊게 볼 수 있어야 한다. 해석은 그 다음이다. 아니 한참 다음이다. 편식(편독)의 결과는 결코 건강하고 균형잡힌 육체와 정신을 만들어 내지 못한다. 그 대목에서 중요한 것이 時代知識史이고 그것은 무엇보다 지식의 공공매체인 출판에서 비롯된다고 생각한다. 2차 3차로 가공된 저작이 범람하는 지금의 현실은 더더욱 안타깝다. 원전 또는 1차 자료에도 접근하지 못하고서 2차 3차

로 편집되고 가공되는 상업주의 출판의 범람을 목도하는 사람으로서 한없이 안타깝고 두렵기까지
하다. 필자로서는 겨우 1차 자료를 찾아다니고 탐색하는 데만도 벅차고 날마다 새롭다는 걸 그 안
에서 느끼고 깨닫는다. 여기저기 산재해 있었던 목록을 한 군데 모아놓은 정도에 그친 주제에 웬
뜬금없는 군소리라고 할 분도 있을 수 있겠다. 그러나 1차자료에 대한 균형잡힌 실증적 검토 없이
소재주의로 남발되고 쉽게 가공된 주장은 이제 설 자리를 잃게 되리라 확신한다. 사실과 지식사의
왜곡이며 그것들은 그야말로 어느 날 연기처럼 화려하게 스스로 존재를 잃게 될 것이다. 그렇기에
이 책을 엮어내면서 필자는 하염없는 행복에 젖는다. 왜냐하면 이 책은 다만 하나의 출발에 불과하
기 때문이다. 아직은 미약하나 우리 학회의 회원들의 역량과 그들의 몸으로 뛴 근거만으로도 어쩌
면 이 고언은 충분히 실현되고 또 편독과 부분에 해당하는 근거를 가지고 전체로 해석되는 오류를
바로잡을 바로미터가 될 것이 눈앞에 선하기 보여지기 때문이다.

근대서지학회의 운명과 함께할 소명출판의 박성모 사장께 깊이 감사드린다. 박사장의 나서지
않는 성격 탓이었는지 나의 울타리가 협소한 탓이었던지 생각할수록 우리는 너무 늦게 만났다. 아
쉬움이 적지 않지만 지나간 것보다 저만치 앞에 놓인 숙제를 함께 풀어나가는 일들 또한 중요하고
즐겁지 않은가. 이번 작업에 대한 감사와 더불어 앞으로 해나갈 일들에 대한 기대가 적지 않다. 황
소걸음으로 뚜벅뚜벅 비록 질퍽한 물논에 발목이 빠지는 무거움을 걸어내고 감당하면서 씨앗을 뿌
릴 터를 고르는 일을 향해 나아갈 것을 우리는 믿기 때문이다.

이미지를 겸비하긴 했으나 사실 편집자로서 건조하기 그지없는 목록집을 다듬는 데 묵묵히 감
내해주고 고생해 주신 속 깊은 孔 부장님! 고맙습니다! 물론 부지런하고 친절하신 소명출판 식구들
모두에게도 감사드린다.

끝으로 항상 멀리서 지켜보면서 든든히 후원해주고, 모든 일을 감당해준 아내 지민에게 이 책
을 바친다. 오로지 아내 덕분에 책과 함께 할 수 있었다. 또한 '아빠는 책 배달부'라고 했던 딸 화영
에게도 간절한 고마움을 전한다.

기축년 세밑에 吳榮植 謹志